WALTER MÜLLER-SEIDEL

Theodor Fontane
Soziale Romankunst in Deutschland

2., durchgesehene Auflage

J. B. METZLER STUTTGART

Den Freunden

gemeinsamer Lehrjahre

gewidmet

CIP-Kurztitelaufnahme der Deutschen Bibliothek

Müller-Seidel, Walter:
Theodor Fontane: soziale Romankunst in Deutschland /
Walter Müller-Seidel. — 2., durchges. Aufl. —
Stuttgart: Metzler, 1980.
ISBN 3-476-00454-6

ISBN 3 476 00454 6

© J. B. Metzlersche Verlagsbuchhandlung und Carl Ernst Poeschel Verlag GmbH in Stuttgart 1975/80. Satz und Druck: Gulde-Druck, Tübingen. Printed in Germany. Schutzumschlag von Klaus Dempel

Die Abbildung auf dem Umschlag zeigt eine Lithographie von Hanns Fechner (1860–1931). Für die freundliche Genehmigung zum Abdruck danken wir Rosemarie Hansen und Johannes Heckert, für die Überlassung der Bildvorlage dem Bildarchiv der Staatsbibliothek Preußischer Kulturbesitz, Berlin/W.

THEODOR FONTANE

Inhalt

Einleitung 1
   1. Wirkungen in der Gegenwart 1
   2. Soziale Romankunst 10
   3. Umwege zum Roman 24
   4. Die Zeit Bismarcks 42
I. *Im Banne des Historismus* 57
   1. Grete Minde 72
   2. Ellernklipp 81
II. *Zeitwende und Zeitkritik* 89
   1. Vor dem Sturm 111
   2. Schach von Wuthenow 132
III. *Frauenporträts* 152
   1. L'Adultera 166
   2. Cécile 181
IV. *Verbrechen und Strafe* 197
   1. Unterm Birnbaum 216
   2. Quitt 228
V. *Einfache Lebenskreise* 239
   1. Irrungen, Wirrungen 252
   2. Stine 270
VI. *Besitz und Bildung* 285
   1. Frau Jenny Treibel 300
   2. Mathilde Möhring 319
VII. *Die Säkularisierung der Ehe* 332
   1. Effi Briest 351
   2. Unwiederbringlich 378
VIII. *Lebensformen des Adels* 394
   1. Graf Petöfy / Die Poggenpuhls 412
   2. Der Stechlin 426
Schluß 457
   1. Probleme des Realismus 457
   2. Stilwandel und Altersstil 463
   3. Die Individualität des Schriftstellers 475
   4. Gesellschaft und Menschlichkeit 479
Anmerkungen 484
Literatur 549
Register 558

»Das Geheimnis der Sprache ist groß; die Verantwortlichkeit für sie und ihre Reinheit ist symbolischer und geistiger Art, sie hat keineswegs nur künstlerischen, sondern allgemein moralischen Sinn, sie ist die Verantwortlichkeit selbst, menschliche Verantwortlichkeit schlechthin, auch die Verantwortung für das eigene Volk, Reinerhaltung seines Bildes vorm Angesichte der Menschheit, und in ihr wird die Einheit des Menschlichen erlebt, die Ganzheit des humanen Problems, die es niemandem erlaubt, heute am wenigsten, das Geistig-Künstlerische vom Politisch-Sozialen zu trennen und sich gegen dieses im Vornehm-›Kulturellen‹ zu isolieren; diese wahre Totalität, welche die Humanität selber ist und gegen die verbrecherisch verstieße, wer etwa ein Teilgebiet des Menschlichen, die Politik, den Staat, zu ›totalisieren‹ unternähme.«

Thomas Mann (1936)

Vorwort zur 1. Auflage

Der Veröffentlichung dieses Buches standen zahlreiche Schwierigkeiten im Wege. Darüber wäre in einem Vorwort nicht umständlich zu sprechen, wenn es sich lediglich um privates Mißgeschick handeln sollte. Eben darum handelt es sich nicht. Diese Schwierigkeiten sind sozusagen öffentlicher Natur. Sie hängen mit der beruflichen Tätigkeit des Verfassers zusammen; um es genauer zu sagen: mit der Lage der deutschen Universitäten, um die es nicht zum besten steht. Immer mehr muß an diesen Stätten der Wissenschaft und der Forschung getan werden, was mit Wissenschaft und Forschung immer weniger zu tun hat: man muß sie verwalten. Die Umwandlung vertrauter Institute in neuartige Betriebe und »Betriebseinheiten« ist in der Geschichte der deutschen Universität eines der herausragenden Ereignisse des letzten Jahrzehnts. Dieser Umwandlungsprozeß hat viele von uns in einem Maße beansprucht, wie es so nicht vorauszusehen war. Das Schreiben von Büchern wird unter solchen Umständen allmählich zur schönsten Nebensache der Welt. Doch sind es solche Behinderungen von außen nicht allein, die manche Verzögerung mit sich brachten. Es mußte auch mehrfach umdisponiert werden in dem, was beabsichtigt war. Das betrifft zum ersten die Entwicklung und den Stand der heutigen Fontaneforschung.

Eine solche Forschung — als die wissenschaftliche Erarbeitung eines schriftstellerischen Werkes und seiner Umwelt — ist neueren Datums, sieht man von einzelnen Veröffentlichungen aus der Zeit vor und nach dem Ersten Weltkrieg ab. Unter ihnen hat das schon 1919 erschienene Buch von Conrad Wandrey ein Anrecht darauf, daß man es auch heute noch mit Achtung nennt. Thomas Mann hat es seinerzeit durch eine Anzeige gewürdigt. Die Werke Fontanes, und zumal seine Romane, standen hier bereits im Mittelpunkt einer zusammenhängenden Betrachtung. Sowohl diese Monographie, wie diejenige Heinrich Spieros (1928), wurden — sieht man es aus dem Blickwinkel einer Universitätswissenschaft — von »Außenseitern« geschrieben. Es war zu erwarten, daß sich die an den Universitäten tätigen Literarhistoriker eines Tages des Schriftstellers Fontane annehmen würden. Seit den dreißiger Jahren, seit Julius Petersen in Berlin hierzu die ersten Anstöße gegeben hatte, ist das schriftstellerische Oeuvre Fontanes ein beliebtes Dissertationsgebiet geworden und bis heute auch geblieben. Zugleich wurde seit dieser Zeit eine Fülle von Briefen, Lebenszeugnissen und Fragmenten aus dem Nachlaß zu Tage gefördert. Aber erst mit der wichtigsten unter den Briefsammlungen, erst mit den Briefen an Georg Friedlaender (1954), zeichneten sich die Umrisse eines neuen Fontanebildes ab. Eine das Werk wie das Leben umfassende Darstellung, die dem erreichten Wissensstand auch nur annähernd entsprochen hätte, gab es bis dahin nicht. Es lag daher nahe, an eine solche Darstellung — an eine Biographie Fontanes also — zu denken. Sie eines Tages zu schreiben, habe ich mir um die Mitte der fünfziger Jahre vorgenommen. Es stand von vornherein fest, daß dabei den Romanen eine Vorzugsstellung eingeräumt werden müßte. Der Aufsatz über *Gesellschaft und Menschlichkeit im Roman Fontanes*, 1958 im damals noch bestehenden Marianne-Weber-Kreis in Heidelberg vorgetragen, geht auf solche Pläne zurück. Einzeluntersuchungen und Interpretationen schlossen sich an: über den *Stechlin* (1963), *Schach von Wuthenow* (1965), *Fontane und Bismarck* (1967), *Effi Briest* (1969), *Fontanes Autobiographik* (1969) und über *Frau Jenny Treibel* (1972). Dem Fortgang der Arbeit kam es zugute, daß sich das wissenschaftliche Gespräch in jenen Jahren aufs erfreulichste belebte. So vor allem durch die Symposien, die das Potsdamer Fontane-Archiv dankenswerter Weise veranstaltet hat. Das erste dieser Symposien fand im Dezember 1965 statt. Aber als zu einem zweiten im September 1969 eingeladen wurde, lag die umfassende Biographie Hans-Heinrich Reuters längst achtunggebietend auf dem Tisch. Zwei Bände von insgesamt 1100 Seiten! Es war klar, daß sich damit der Plan einer eigenen Biographie von selbst erledigen mußte. Sie hätte nur eine im wörtlichen Sinne sekundäre Darstellung erbringen können. So wurde denn die Zusammenstellung der bis dahin erschienenen Aufsätze über einzelne Werke in Aussicht genommen, zumal sich zeigte, daß es an zusammenhängenden Werkanalysen noch durchaus fehlte. Im Überdenken der damit verbundenen Ergänzungen und Umarbeitungen entstand der Plan zu vorliegendem Buch. Als Ende der sechziger Jahre mit der Ausarbeitung begonnen werden konnte, wurde der Fortgang der Arbeit durch Ereignisse gänzlich anderer Art unterbrochen. Die wohl tiefgehendste Krise, die es in der Geschichte der Geisteswissenschaften gegeben hat, wurde nunmehr offenkundig. Man sah sich zum Umdenken und zu Auseinandersetzungen aufgefordert.

Auf eine recht radikale Art wurde Überliefertes in Frage gestellt: die Autorität der Dichterpersönlichkeit, die »Meisterwerke«, die Interpretation, die Philologie, schließlich die Literatur selbst. Linguistik und Soziologie, Strukturalismus und Marxismus, Sozialgeschichte und Wirkungsästhetik, kritischer Rationalismus und kritische Theorie: sie alle machten von sich reden, und es war nicht immer leicht, sich im Streit der Meinungen und Methoden noch zurechtzufinden. Nichts mehr schien sich hinfort von selbst zu verstehen. Nahezu alles war neu zu überdenken. Dennoch war diese das eigene Vorhaben verzögernde Zeit alles andere als eine fruchtlose Zeit. Daß es sich dabei — nicht durchweg, aber doch vielfach — um echte Fortschritte handelte, wie sie zum Wesen der Wissenschaft gehören, ist kaum zu bestreiten. Eine Fülle neuer Fragestellungen wurde erkennbar. Doch ist heute ebenso wenig zu bestreiten, daß die Enwicklung steril zu werden beginnt, falls sie es nicht schon geworden ist. Die Theorie, die zum Verständnis literarischer Texte unerläßlich ist, hat sich zu verselbständigen begonnen. Man spricht vielfach über Literaturtheorie, um über Literatur nicht mehr sprechen zu müssen — eine eigentlich absurde Situation! Vor fast zwei Jahrzehnten stellte eine namhafte englische Germanistin, Elizabeth Wilkinson, fest: »[...] die andauernde exegetische und explikatorische Wut, die Anhäufung von Einzelinterpretationen, so unerläßlich, ja unumgänglich sie seinerzeit gewesen, drohen jetzt in eine wissenschaftliche Sackgasse zu führen.« Man kann die Feststellung auf die noch immer verbreitete Theorienwut übertragen, um damit die derzeitige Situation der Literaturwissenschaft zu bezeichnen. Es werden Theorien für die Theorie produziert, und fast könnte man den Eindruck gewinnen, als werde in dieser oder in jener »Schule« das Schrifttum vergangener Zeiten und Völker nur noch als Material benutzt, damit man sich seiner Lust überlassen kann: der Lust an Theorien aller Art. Ansichten über Ansichten über Ansichten! Der Weg ist so sicher nicht fortzusetzen. Im Blick auf Entwicklungen wie diese empfiehlt es sich, gegen den Strom zu schwimmen und nicht mit ihm. Damit wird weder zu Regression noch zu Reaktion aufgerufen.

Es war mir darum zu tun, nach Jahren einer überanstrengten Methodendiskussion zu den Texten zurückzukehren, ohne diese ihrerseits — wie vielleicht früher — als etwas Selbstgenügsames aufzufassen: als gleichsam letzte und einzige Zielorte, in die alle literarhistorischen Wege führen. Mit der Rückkehr zum literarischen Text und seiner Deutung gilt es zu sehen, daß sich seine Stellung aufgrund der veränderten Bewußtseinslage verändert hat: der »Kontext« ist heute so wichtig geworden wie der Text selbst. Das Verfolgen der in ihnen wirksamen Denkformen in verwandte und benachbarte Wissensgebiete und Lebensbereiche hinein widerlegt die Berechtigung jeder isolierenden, jeder bloß ästhetischen Betrachtung, wie wichtig diese auch weiterhin bleiben muß. In solchen Verknüpfungen, in der Verbindung literarischer Gegenstände mit außerliterarischen Vorgängen, liegt das Schwergewicht dieser Betrachtung — das Unabgeschlossene, das vielfach »Essayistische«, in Rechnung gestellt! Und als unabgeschlossen erst recht sind die Romananalysen anzusehen. Sie sind Gesprächsanstöße weit mehr als erschöpfende Aussagen. Daß sich das Gespräch über die Romane Fontanes wieder oder weiterhin beleben möge, ist ein Wunsch des Verfassers: das wirkliche Gespräch, der Disput, der Diskurs, die Diskussion — nicht das, was man heute, bloß metaphorisch, als den Dialog zwischen Dichter und Leser nennt, der es in keinem Fall ist.

Ein Wort zur Sprache, in der man sich anderen verständlich zu machen bemüht oder auch unverständlich bleibt, sei angefügt. Daß man sich heute unter Linguisten, Soziologen oder Kommunikationstheoretikern einer eigens hierzu geschaffenen Metasprache bedient, ist deren gutes Recht. Aber zu denken gibt das Paradoxon gleichwohl: daß man im Übermaß von Kommunikation spricht, um sie im sprachlichen Ausdruck recht eigentlich zu »hintertreiben«. Gegenüber solchen, vielleicht unvermeidlichen Entwicklungen sollte wenigstens die Literaturwissenschaft darauf achten, daß sie bleibt, was sie sein kann: eine Wissenschaft, der eine verständliche Sprache schon deshalb gut anstünde, weil ihr Gegenstand — die Literatur — ein für viele verständlicher Gegenstand bleiben muß. Sie ist niemals das Besitztum nur weniger, und mögen sie als Gelehrte noch so belesen sein. Daß Literatur nicht für Philologen geschrieben werde, sondern für Leser, war eine der heilsamen Erinnerungen, die wir in den letzten Jahren vernommen haben. Aber so heilsam sie war: es zeigte sich bald, daß über den Leser weiterhin gesprochen wurde — als seien es die Philologen nun eben doch, für welche die »Verfertiger« literarischer Textsorten lediglich das Material liefern. Daß man gerade im Schreiben eines Buches über Fontane an seine Leser denkt, sollte man diesem Schriftsteller schuldig sein. Das ist hier ganz konkret gemeint — in dem Sinne nämlich, daß sich dieses Buch seiner Konzeption nach zwar an die Fachwissenschaft richtet, aber an diese nicht nur. Es sucht seine Leser unter allen, die sich für Fontane und sein literarisches Werk interessieren.

Das Buch erscheint in dem Jahr, in dem sich der Geburtstag Thomas Manns zum hundersten Male jährt; und mit Fontane fühlte sich der nunmehr hundertjährige Verfasser der *Buddenbrooks* in mehr als einem Sinne verbunden. Einer der frühen Essays über den alten Fontane ist noch immer im literarischen Bewußtsein der Gegenwart lebendig, und schon hier, spätere Forschung vorwegnehmend, ist das Alterswerk als das alles überragende Werk in seinem Rang und in seinem Anspruch erkannt. Mit gutem Grund durften daher die eingangs zitierten Sätze als Motto vorangestellt werden. Sie sind dem denkwürdigen *Briefwechsel mit Bonn* entnommen, geschrieben in einer traurigen Zeit, die aus der deutschen Geschichte nicht wegzudenken ist. Mag man den Abstand zur Sprache spüren, die hier gesprochen wird: das Problem, um das es geht, ist so aktuell, wie es damals aktuell war — die Mahnung nämlich, daß man Humanität verfehlen muß, wenn man das Kulturelle vom Sozialen trennt. Mit dem Motto steht die Widmung in zeitlichem Zusammenhang; denn es ist dieselbe traurige Zeit, an die mit ihr erinnert wird. Um so mehr darf aus solchem Anlaß der guten Freunde gedacht werden, der lebenden wie der toten, die geholfen haben, Übereinstimmung und Verbundenheit unter oft schwierigen Verhältnissen zu bewähren.

Daß das Buch trotz zahlreicher Schwierigkeiten endlich abgeschlossen werden konnte, ist so mancher helfenden Hand zu danken. Besonders danke ich Frau Hildegard Schönert, die das Manuskript in den verschiedenen Fassungen geschrieben und die Korrekturen mitgelesen hat; ebenso Herrn Christian Kreuzer für die Arbeit am bibliographischen Teil und für die Herstellung des Registers. Herrn Dr. Günter Hess schulde ich Dank für die klugen Bemerkungen, Erinnerungen und »Bedenken« in der letzten Phase der »Entstehungsgeschichte«. Schließlich sei dem Verlag ein Wort des Dankes gesagt: Herrn Dr. Uwe Schweikert für die freundliche »Betreuung« und dem Hausherrn, Herrn Professor Hermann Leins, für das durch die Jahre hin bekundete Interesse.

München, im Mai 1975 WALTER MÜLLER-SEIDEL

Vorwort zur 2. Auflage

Fünf Jahre nach Erscheinen dieses Buches hat sich der Verlag für eine Neuauflage entschieden. Dafür danke ich. An eine Überarbeitung war nach einer so kurzen Zeit noch nicht zu denken; ebenso wenig konnte es darum gehen, neuere Forschung zu berücksichtigen. Eine Überarbeitung in dieser Form wird einer weiteren Auflage vorbehalten sein, falls es zu einer solchen kommen sollte. Die zweite durchgesehene Auflage, um die es sich handelt, enthält keine nennenswerten Veränderungen im Text. Im allgemeinen war Einzelnes zu korrigieren, und natürlich waren Druckfehler zu beseitigen. Da die Durchsicht innerhalb kürzester Frist vorzunehmen war, war ich auf Mithilfe angewiesen. Dr. Thomas Anz, Dr. Michael Titzmann, Dr. Adalbert Wichert und Dr. Marianne Wünsch haben sie bereitwillig übernommen. Dafür sage ich ihnen auch an dieser Stelle meinen Dank.

München, im Juli 1980   WALTER MÜLLER-SEIDEL

Einleitung

1. Wirkungen in der Gegenwart

Den Entschluß, die Sehenswürdigkeiten seiner märkischen Heimat zu schildern, hat Fontane bekanntlich im Angesicht der schottischen Schlösser gefaßt, denen sein Herz gehörte. Das Vorwort zu den *Wanderungen durch die Mark Brandenburg* gibt darüber Auskunft. Wie eine Fata Morgana sei aus der Erinnerung an diese Landschaften und ihre Geschichte das Bild des Rheinsberger Schlosses aufgestiegen, bei dem die *Wanderungen* wiederholt und ausführlich verweilen. (I/10) Und wo von Rheinsberg die Rede ist, ist zumeist auch vom Kronprinzen, dem späteren Preußenkönig, die Rede. Für den geschichtskundigen Wanderer sind dies alles »historische Erinnerungen ersten Ranges«. Und wie allem Historischen gegenüber gefragt werden kann, so fragt Fontane auch hier: »Was haben 150 Jahre zerstört, was ist geblieben?« [1] Die beiläufig und im Plauderton geäußerte Frage ist eine Grundfrage historischen Denkens. Sie gilt der Vergangenheit und dem, was davon in einer jeweiligen Gegenwart fortlebt; und sie gilt der eigentümlichen Synchronie, die darin beruht, daß bestimmte Gegenstände der geschichtlichen Welt über die Zeiten hinweg in »schöpferischer Unmittelbarkeit« noch immer zu uns sprechen. »Wie kommt es«, so wird es in einer Betrachtung über Probleme des Historismus formuliert, »daß wir ein Werk wie den ›Julius Caesar‹ von Shakespeare nicht als historisches Stück empfinden, sondern als eine Tragödie von schöpferischer Unmittelbarkeit?« [2] Wo das der Fall ist, wo eine solch schöpferische Unmittelbarkeit – in gewissen Grenzen – vernommen wird, handelt es sich zumeist um Gegenstände der geschichtlichen Welt von Anspruch und Rang. Das kann bedeuten, daß uns im Bereich der Geschichte das Ältere möglicherweise »gegenwärtiger« berührt als etwas Jüngeres, das sich mit der Zeit erledigt hat, in der es entstanden ist. Wir sprechen über Theodor Fontane und wiederholen die Frage mit Beziehung auf ihn selbst: »Was haben 150 Jahre zerstört, was ist geblieben?« Da sein Werk aus sehr Verschiedenartigem besteht – aus Gedichten, Balladen, Reisebeschreibungen und erzählender Literatur – wird man keine einheitliche Antwort erwarten dürfen.

Zu seinen Lebzeiten galt Fontane vielen als Dichter der Ballade schlechthin. Seine Schöpfungen auf diesem Gebiet – so stellt es sich dem Kunsthistoriker Wilhelm Lübke rückblickend dar – »gehören zum Kostbarsten im Balladenschatz unsrer Nation.« [3] Hier habe er sein Bestes gegeben, bemerkt Konrad Alberti 1889 in der Zeitschrift ›Die Gesellschaft‹. Er sei nach Uhland der erste Balladendichter in Deutschland. [4] Fontane selbst war als Siebzigjähriger der Meinung, daß am ehesten seine Gedichte die Zeit überdauern könnten, wie er in einem Brief an seinen Verleger Wilhelm Hertz (vom 9. 11. 1889) schreibt: »Es ist sehr selten, daß nach 50 Jahren erscheinende Schriften noch ein großes Interesse wecken. Jeder Tag hat andere Götter. [...] Alles, was ich geschrieben, auch die ›Wanderungen‹ mit einbegriffen, wird sich nicht weit ins nächste Jahrhundert hineinretten, aber von den ›Gedichten‹ wird manches bleiben [...].« [5] Mit den Gedichten ist in dieser Briefäußerung der Band gemeint, der zuerst im Jahre 1851 unter diesem Titel erschienen war. Er enthält in seinem ersten Teil »Lieder und Sprüche«, im zweiten »Bilder und Balladen« und faßt in einem dritten Teil unter der Überschrift »Gelegenheitliches« Gedichte der verschiedensten Art zusammen. Die Balladen sind gleichwohl die beherrschende Mitte des Ganzen. In die Gedichte, von denen Fontane 1889 meint, daß sie am ehesten die Zeit überdauern könnten, sind mithin die Balladen als deren wichtigster Bestandteil einzuschließen. Fontane befindet sich in diesem Punkt in Übereinstimmung mit seinen Zeitgenossen, die wie Lübke und Alberti ähnlich geurteilt haben; und da den Romanen eine solche Lebensdauer nicht zugestanden wird, befindet er sich zugleich in Übereinstimmung mit Schriftstellern einer sehr viel jüngeren Generation, die von seiner Erzählkunst nicht viel hielten. Die Söhne verhalten sich meistens undankbar gegenüber den Vätern; und gegenüber einem Autor wie Fontane verhielten sich einige expressionistische Bilderstürmer wie jene. Alfred Döblin ebenso wie Gottfried Benn meinten zu wissen, daß der Romancier des märkischen Adels keine Zukunft habe. Seine Causerien wurden ihm von beiden verdacht. Fontane, so warf ihm Döblin vor, habe alles verplaudert: »Wie er die Großstadt nicht gesehen hat und sie verplaudert, hat er die starken, ja gefährlichen Erscheinungen der märkischen Rasse nicht gesehen und sie verplaudert.« [6] Gottfried Benn hat ähnlich geurteilt. Ihm war vor allem das verdächtig, was er das Pläsierliche nannte. Fontane, führt Benn aus, habe »Sicherheit, Kontur und Überlegenheit, er wird mit seinem Thema fertig, er ist innerhalb der deutschen Romaninferiorität eine große Leuchte, er ist vaterländisch, ohne dumm zu sein, er ist märkisch und trotzdem betreibt er das Geschäft der Musen, aber dies Pläsierliche [...]. Es tritt so sehr hervor in jedem seiner Sätze, in jeder seiner weltanschaulichen und politischen Äußerungen, daß es ganz offenbar für ihn das Mittel war, um zu Ausdruck zu gelangen, das Mittel, mit dem allein er seine märkische Welt erfaßte.« Dies Pläsierliche entziehe ihm den Rang; und verdächtig erst recht ist Gottfried Benn das Verhältnis zur Geschichte: »Fontane wurde beruhigt durch Geschichte, und die Geschichte beruhigte in seinen Augen alles [...].« So ist denn der jüngere Schriftsteller auch überzeugt, daß man den älteren Kollegen bald »nur noch aus historischen und städtekundlichen Gründen lesen« werde. [7]

Die Literaturgeschichte hat solche Prophezeiungen bekanntlich widerlegt. Zwar sind anderthalb Jahrhunderte eines Menschenlebens weltgeschichtlich betrachtet nicht viel mehr als ein Augenblick. Aber für unser immer kürzer werdendes Gedächtnis in literarischen Dingen bedeutet Fontanes lebendige

Gegenwart nicht wenig; und um eine solche handelt es sich. In der Spanne, die zwischen seiner Zeit und unserer Zeit liegt, kann vieles im »Brunnen der Vergangenheit« versinken. Im Falle Fontanes ist es eher umgekehrt: je weiter wir uns zeitlich von ihm entfernt haben, um so näher ist er uns gerückt. Seine damals berühmten Zeitgenossen — Emanuel Geibel ebenso wie Paul Heyse — haben im Museum der Literaturgeschichte ihren Ort, und alle Wiederbelebungsversuche blieben vergeblich. [8] Fontane hingegen ist lebendige Literatur; oder mit den Worten des klassischen Philologen Ernst Howald: »Er allein überdauert als ein Ganzes, als einmaliges Individuum, als schöpferische Potenz, die als solche über dem Einzelwerk steht und zum ewigen Besitz der deutschen Kultur gehört.« [9] Aber solches Ansehen gilt in bevorzugter Weise dem Alterswerk: »Er war geboren, um der ›alte Fontane‹ zu werden, der leben wird«, so hat es Thomas Mann in seinem noch heute hochgeschätzten Essay formuliert. [10] Und der ›alte Fontane‹: das ist fast ausschließlich der Romancier. So kann denn festgestellt werden: die Balladen sind weithin Lesebuchliteratur geworden, wenn sie es noch sind. Sie sind historisch. Auch die frühe Lyrik ist 19. Jahrhundert, und die späte — eine Poesie der Lässigkeit von großem Charme — wenig bekannt. Zwar finden die *Wanderungen durch die Mark Brandenburg* auch heute noch ihre Leser, wie die Neuauflagen vermuten lassen. Aber es dürften vereinzelte Leser und Liebhaber sein, die solche Lektüre schätzen. Anders als alle diese Teile des umfangreichen Werkes sind die Romane im literarischen Bewußtsein der Gegenwart anwesend. Sie recht eigentlich sind das, was »blieb«.

Eine Betrachtung über Fontanes Romankunst ist daher nicht umständlich zu begründen. Diese Romane sind geschätzt, wohin man hört. In allen Ländern seiner Sprache werden sie erforscht, ediert und kommentiert. Solche Ehre wird der »schönen Literatur« und dem, was man gelegentlich Belletristik nennt, nicht immer zuteil; und daß wenigstens einige seiner Romane der Belletristik als einer vorwiegend unterhaltsamen und anspruchslosen Literatur zuzurechnen sind, ist keine Frage. [11] Dennoch wird Fontanes Romankunst auch und gerade von literarisch anspruchsvollen Lesern geschätzt. Selbst Gelehrte vom Rang Theodor Mommsens hat er für sie einzunehmen vermocht. An der Verleihung der Ehrendoktorwürde anläßlich des 75. Geburtstages war der große Historiker maßgeblich beteiligt. [12] Es sieht ganz so aus, als habe Fontane seine Leser allerorten. Daß sich auch die Generationen in seinem Namen miteinander vertragen, darf man annehmen. Seine Kunst ist Alterskunst, davon wurde schon gesprochen. Er war fast ein Sechzigjähriger, als der erste Roman, *Vor dem Sturm*, erschien. Gleichwohl ist er nicht einfach ein Schriftsteller alter Herren oder älterer Damen geworden, obgleich gerade diese Altersschicht ihre eigenen Ansprüche an ihn machen darf. Denn die Freude am Plaudern und Konversieren — sie wird zumal alternden Menschen nachgesagt — kommt solchen Erwartungen in ausgeprägter Weise entgegen. Doch lehnt die jüngere Generation Fontane keineswegs ab. Sie interessiert sich für ihn auf ihre Art, forschend wie lesend — sofern man eben noch liest. Daß heutzutage nicht mehr alle mit seinen »Weisheiten« einverstanden sind, wird nicht auszuschließen sein; und möglicherweise nimmt auch die Zahl derer zu, die seiner »politischen Unzuverlässigkeit« mißtrauen. [13] Solcher Unzuverlässigkeit sei es zuzuschreiben, meint Georg Lukács, daß Fontane zur »schwankenden Gestalt« werden konnte: »zu einem Menschen und Schriftsteller, der für keine der kämpfenden Klassen oder Parteien wirklich zuverlässig ist.« [14] Mit anderen Worten: sein Charakterbild schwankt, wenigstens in Fragen der Politik. Solches Schwanken – man nenne es Unzuverlässigkeit oder nicht – wird man in erster Linie seiner allseitigen Skepsis zuzuschreiben haben. Und Skepsis findet heute vermutlich nicht mehr überall Anklang, sicher am wenigsten bei einer Generation, die eine »skeptische Generation« nicht mehr sein will. Dafür wird anderes, auch und gerade unter jüngeren Lesern, geschätzt: die Schärfe seiner gesellschaftskritischen Beobachtung, der wache Sinn für Wahrheit und Lüge in allen Lebenslagen; endlich die Verachtung starrer Konventionen und sein jederzeit mutiges Eintreten für das Neue, wie es zumal im *Stechlin* zum Ausdruck kommt. Zu solchen und anderen Vorzügen gesellt sich das, woran man diesen Schriftsteller recht eigentlich erkennt: ein Sprachbewußtsein von hohen Graden, das sich auch im Momentanen seiner brieflichen Mitteilungen einprägsam artikuliert. Nicht selten in einer Schlagfertigkeit, die kaum ihresgleichen unter den »poetischen Realisten« des 19. Jahrhunderts hat.

Einen solchen Schriftsteller – wie sollte es anders sein! – wissen denn auch die Verlage zu schätzen. Sie sind mit Eifer bei der Sache. Auch am Wetteifer fehlt es nicht. Die meisten Romane liegen in den Buchhandlungen griffbereit. In billigen Ausgaben und in zahlreichen Taschenbüchern stehen sie zur Verfügung. Aber damit nicht genug! Selbst Beiläufiges und für den Tag Geschriebenes wird zu Tage gefördert. Ein Wiederabdruck der Kriegsbücher – 3500 Seiten in Großformat! – liegt inzwischen vor. [15] Fast gibt es nichts mehr in diesem uferlos anmutenden Werk, das nicht wieder aufgelegt wurde. Es lohnt sich mithin, etwas für diesen Schriftsteller zu tun. Theodor Fontane ist ebenso im Gespräch wie im Geschäft; und das ist gewiß nicht abwertend gemeint gegenüber jenen, die ihn ins »Geschäft« bringen. Es gibt ganz im Gegenteil beträchtliche Verdienste hinsichtlich einer solchen Verbreitung. Nur zu einer feierlichen, zu einer historisch-kritischen Ausgabe hat es Fontane bis zum heutigen Tage nicht gebracht. Darin ist und bleibt ihm ein Dichter wie Hölderlin überlegen. Aber trotz der Ausgabe, die man Fontane schuldig blieb und wohl auch schuldig bleiben mußte, hat man in seinem Fall mit einem gegenüber Hölderlin beträchtlich größeren Leserkreis zu rechnen. Seine Romane sind nicht im geringsten esoterisch, was zum Teil der Gattung zuzuschreiben ist. Doch gibt es Esoterisches auch auf dem Gebiet des Romans. Altes und Neues wäre zu nennen. Fontane hingegen kommt eine schriftstellerische Eigenart zustatten, die solchen Tendenzen kräftig entgegenwirkt. Er gibt sich als Romanautor weltläufig, gefällig und leicht. Kein Hang zur »Tiefe«, zur Metaphysik und zu deutschem Gottsuchertum! Diese

Romane beschreiben vorzugsweise Lebensformen märkischen Adels. Ihre Schauplätze liegen nicht selten in der Provinz. Aber provinzieller Dünkel und Partikularismus jeder Art waren ihm zeitlebens verhaßt. Mit Theodor Storm war er in solchen Fragen nicht immer derselben Meinung, und gelegentlich legte er Wert darauf, sich von diesem zu unterscheiden: »Er war für den Husumer Deich, *ich* war für die Londonbrücke.« [16] Und was er eine seiner Figuren in dem Romanfragment *Allerlei Glück* sagen läßt, entspricht gleichermaßen seinem eigenen Denken: »Vielgereiste, sprachensprechende, kosmopolitisch geschulte Menschen, die sich von dem Engen des Lokalen und Nationalen von Dünkel und Vorurteilen freigemacht haben, Mut, Sicherheit, Wissen und freie Gesinnung haben. Das sind meine Lieblinge.« (V/663) In diesem Punkt sind ihm englische Lebensformen seit seinen Aufenthalten im britischen Inselreich stets vorbildlich geblieben: »An Schulbildung stehen sie [die Engländer] zurück, an Weltbildung, die für mich alles bedeutet, sind sie allen überlegen.« [17]

Mit der Weltläufigkeit seiner Romankunst korrespondieren die Gespräche im Roman selbst: die Lust ihrer Figuren an Plauderei, Causerie und geselligen Redeformen jeder Art. [18] Das gefällig Unterhaltsame von *Vor dem Sturm* bis zum *Stechlin* beruht in hohem Maße im Vergnügen an den Gesprächen, die in diesen Romanen Eheleute, Kunstkenner, Gäste oder Gastgeber miteinander führen. Da gibt es die Beschreibung ausgedehnter Diners mit ihren Tischreden und mit Konversation nach Tisch. Oft aber sind solche Tafelfreuden nur der Anlaß jener Gespräche, die man auf dem Heimweg freimütig und offenherzig führt; und nicht alles ist eitel Freude, was man da als Leser zu hören beziehungsweise zu lesen bekommt. Aber die Freude an dem, wie es erzählt wird, bleibt ungetrübt. Es liegt daher nahe, daß man von den Figuren der Erzählung auf den Erzähler schließt, um diesen als einen betont geselligen Autor zu empfehlen; und gesellige Autoren, so steht zu vermuten, sind ihrerseits an geselliger Romanlektüre interessiert. Dies unbeschadet der Tatsache, daß sich jeder Leser in einer Situation der Einsamkeit befindet, wie sie nun einmal zum Lesen gehört. Die erzählte Geselligkeit teilt sich dem Leser auf ihre Weise mit; und weil es in diesen Romanen weniger um Existenzprobleme des Einzelnen geht als um das, was innerhalb einer Gesellschaft geschieht, ist es um so leichter möglich, in Gesellschaft mit anderen darüber zu sprechen. Ein geselliger Autor also ohne Frage! Eben damit bringt sich alles das in Erinnerung, was man an ihm in der Geschichte seiner Rezeption wiederholt beanstandet hat: das Unverbindliche, das Pläsierliche, die bloße Causerie; und womöglich bringt sich in solchen Charakteristiken die mißverständlichste aller Formeln im Schrifttum über Fontane in Erinnerung: diejenige vom »heiteren Darüberstehen.« [19] Aber Fontanes Geselligkeit — was eigentlich geht uns das an? Was gehen uns die Konversationen an, so könnte eingewandt werden, die man in den Salons der oberen Zehntausend führt? Besonders jüngere Leser hätten zu Mißtrauen Anlaß, wenn dies der Rede letzter Sinn und der Weisheit letzter Schluß sein sollte. Denn allen diesen Anwälten der Geselligkeit kann man entgegenhalten, was die kluge Helene Altenwyl ihnen entgegenhält und worüber sie sich beschwert: »Wir haben alle Ursache, wir jüngeren Menschen, wenn uns vor etwas auf der Welt grausen muß, so davor: daß es etwas gibt wie Konversation: Worte, die alles Wirkliche verflachen und im Geschwätz beruhigen.« [20]

Zweifellos liefe es auf reine Belletristik hinaus, wüßte man nichts anderes zur Empfehlung dieser Romankunst zu sagen; und auf eine Verharmlosung im Namen von Causerie, Konversation und Geselligkeit obendrein! Die Unterhaltung, die dem Leser damit zuteil wird, ist unbestritten. Aber Unterhaltung in der Literatur endet vielfach in Unterhaltungsliteratur, wenn sie sich nicht mit der Erkenntnis von etwas verbindet. Denn wie Wissenschaft auf ihre Weise ist Literatur auf Erkenntnis angelegt. In den Erkenntnisformen liegt ihr »Nutzen«. Aber es kommt ihr zugute, wenn man das Vergnügen nicht schroff davon trennt, sondern das eine mit dem anderen vermischt. Dasjenige Darstellungsmittel im Roman Fontanes, das einer solchen Vermischung bereitwillig entgegenkommt, ist das kritische Element, seine Gesellschaftskritik. Geselligkeit aber ist nicht einfach identisch damit, sie ist allenfalls ein Teil davon. Gesellig ist man unter sich, unter seinesgleichen. Dagegen äußert sich Gesellschaftskritik häufig im Denken über seinesgleichen hinaus: in der Fürsorge für andere, in der Kritik am Bestehenden, auch wohl im klassenbewußten Denken und Tun. Geselligkeit hat nicht unbedingt eine Tendenz zum Sozialen im ethischen Sinn, während Gesellschaftskritik gerade solches intendiert: Ungutes innerhalb einer Gesellschaft aufzuzeigen, damit es beseitigt wird. Aber dies alles nun — Kritik, Ethos oder gesellschaftliche Verantwortung — wird im Roman Fontanes nicht doziert, sondern auf eine gefällige, ansprechende und in jeder Hinsicht lesbare Art erzählt. Und vorzüglich in solcher Gesellschaftskritik, in der sich Erkenntnis mit Gefälligkeit verbindet, kommt der Leser, auch der heutige, immer wieder auf seine Kosten. In neueren Schriften über Fontane scheint Gesellschaftskritik hier und da der einzige Bezugspunkt aller Erörterungen zu sein — als sei alles gesagt, wenn darüber etwas gesagt worden ist. Und natürlich ist solchen Auffassungen nicht einfach zu widersprechen. Zweifellos hat er sich für Konflikte in der Gesellschaft und für Wandlungen in ihr zeit seines Lebens interessiert. Auch seine eigene Stellung — die Stellung des Schriftstellers in der Gesellschaft — war ihm ein Gegenstand wiederholten Nachdenkens. Er fand sie miserabel: »Die für ›Freiheit‹ arbeiten, stehen in Unfreiheit und sind oft trauriger dran als der mittelalterliche Hörige«, heißt es in einer 1891 veröffentlichten Stellungnahme über *Die gesellschaftliche Stellung der Schriftsteller*. (1/573) Solcher Anteil am Öffentlichen, am Gemeinwohl und an der Vielzahl gesellschaftlicher Probleme ist unter deutschen Schriftstellern des 19. Jahrhunderts nicht die Regel; und nirgends treten solche Interessen eindringlicher hervor als in den Briefen, die er seit 1884 mit dem Amtsgerichtsrat Georg Friedlaender aus dem schlesischen Schmiedeberg gewechselt hat.

Schon die Anfänge dieser Korrespondenz sind bezeichnend für die wache Aufmerksamkeit, die Fontane den Konflikten und Problemen des politisch-gesellschaftlichen Lebens entgegenbringt. Georg Friedlaender — er hatte ihn während einer Sommerfrische im Riesengebirge kennengelernt — war 1886 mit einem Erinnerungsbuch hervorgetreten, mit der Schrift *Aus den Kriegstagen 1870*. [21] Aufgrund einer harmlosen Erwähnung fühlte sich ein Offizier in seiner Ehre verletzt. Für den Verfasser des Buches, für den Schmiedeberger Amtsgerichtsrat, waren damit zahlreiche Unannehmlichkeiten verbunden. Seine Publikation wurde ihm gründlich verleidet. Als Fontane die Einzelheiten erfuhr, antwortete er mit Äußerungen unverhüllter Empörung: »Ich finde es geradezu gräßlich, und außer Ihnen werde ich wohl der am meisten Empörte sein. Man erlebt etwas und beschreibt es 16 Jahre später, so viel mir gegenwärtig ist, niemandem zu Leide, und für solche rein persönlichen Aufzeichnungen soll ich einem militärischen Gerichtshof oder einem Ehrengericht verantwortlich sein? Unsinn. Ich finde, daß Staat und Behörden auf dem Punkt stehn, in ihrem Uebereifer sich beständig zu blamiren. Wenn man *solch* Buch, wie das Ihrige, nicht mehr publiciren darf ohne den ›Staat‹ an irgend einer Stelle zu kränken, so kann mir der ganze Staat gestohlen werden.« Zwei Gesichtspunkte sind es vor allem, die Fontanes Gesellschaftskritik motivieren und die inzwischen in Gang gekommene Korrespondenz begleiten. Der Ehrenstandpunkt zum ersten: er werde, meint Fontane, bis zur Lächerlichkeit übersteigert. »Der militärische Rechts-, Anstands- und Ehr-Begriff fängt an überzuschnappen.« [22] Es müsse etwas »faul im Staate Dänemark« sein, wenn ein solcher Begriff zum Götzenbild werden könne. [23] Der zweite Gesichtspunkt betrifft das Militär und seine beherrschende Stellung in Preußen. Die Übersteigerungen, die wir uns angewöhnt haben, als »Militarismus« zu bezeichnen, umschreibt Fontane mit eben diesem Begriff. [24] Andernorts ist von einer Militäranschauung die Rede, die bis zur Karikatur getrieben werde. Vom Militärpopanz wird gesprochen, dem ein Staatspopanz entspricht. [25] Auch der Adel, wie kaum anders zu erwarten, kommt in solcher Kritik nicht unbehelligt davon. Zwar hatte ihm Fontane lange Zeit eine stille, und häufig auch eine öffentlich bekundete Zuneigung bewahrt. Aber von einem bestimmten Zeitpunkt an können auch hinsichtlich dieses Standes nicht mehr nur Rücksichten gelten. Wie ein Widerruf früherer Auffassungen hört sich an, was ihm bei Gelegenheit solcher Entrüstungen in die Feder fließt: »Mit dem Adel, hohen und niedren, bin ich fertig; er war zeitlebens ein Gegenstand meiner Liebe, die auch noch da ist, aber einer unglücklichen Liebe.« [26] Fontane ist sich zunehmend bewußt, daß »diese Form in die moderne Welt nicht mehr paßt, daß sie verschwinden muß [...].« [27] Das alles wird mit unmißverständlicher Deutlichkeit gesagt, die keinen Zweifel daran läßt, wie es gemeint ist. Aber es wird dies alles auch mit dem klaren Blick des politisch erfahrenen Schriftstellers formuliert, der sich nicht einfach seinen Emotionen überläßt.

Die Kritik am Märkischen, Preußischen und Nationalen, am deutschnationalen Standpunkt, der etwas Borniertes habe, geht mit der Kritik am Luthertum als dem *alter ego* des Preußentums einher. Wie Fontane zeitlebens einem bestimmten Typ des Landadeligen seine Zuneigung bewahrte, so machte er aus seiner Sympathie für Theologen von der Art Pastor Lorenzens kein Hehl. Um so schärfer wird es nun der herrschenden Kirchlichkeit heimgezahlt. Der Ton macht die Musik, und es ist keine sanfte Musik, die wir vernehmen: »Alles Blech, alles ödeste Phrase, keine Spur von Natur, von Herz. Haben Sie neulich vielleicht gelesen, wie ostpreußische Pastoren ihrem neu-ernannten Superintendenten als ›Bischof‹ gehuldigt haben? Schafsköpfe, Heuchler, Narren. Diese Stümper [...].« Und was in solchen Beispielen noch dem Einzelfall zugeschrieben werden mag, wird sogleich erweitert und ins Allgemeine gewendet: »Ich kenne keinen Menschen, zu dessen Glaubensbekenntniß, wenn es sich mit dem lutherischen deckt, ich das geringste Vertrauen hätte; nur offener Unglaube, Redensartlichkeit und Heuchelei treten mir entgegen [...].« [28] Es gibt keinen Bereich, der von dieser oft unnachsichtigen Kritik verschont bliebe, auch die Bildung nicht, denn sie ist zum Besitz der herrschenden Klasse geworden. Immer erneut verwahrt sich Fontane in diesen Briefen gegen Kleinlichkeit, Enge und Unfreiheit; gegen den Tanz um das goldene Kalb und gegen das verflachende Leben, wie es zumal die Großstädte mit sich bringen. Verfall auf der ganzen Linie macht den Tenor dieser Korrespondenz aus. Die *Buddenbrooks* werfen ihre Schatten voraus. Und abermals dient die militärische Welt zur Verdeutlichung des Gemeinten; von ihr gilt in gesteigertem Maße das, was von der Zeit generell gilt: »im Ganzen glänzend, im Einzelnen jämmerlich. Dabei mehren sich die Zeichen innerlichen Verfalls.« [29] Solche Zeugnisse zu Fragen des gesellschaftlichen Lebens sind auch in anderen Briefen zu finden. Nirgends aber so verdichtet, durchdacht und pointiert wie hier. Unter den Kennern Fontanes waren die Friedlaender-Briefe ein literarisches Ereignis ohnegleichen, als sie Mitte der fünfziger Jahre zuerst als eine geschlossene Sammlung bekannt wurden. Das Klischee vom »heiteren Darüberstehen« erledigte sich damit von selbst. In diesen Briefen vor anderen äußert sich ein wacher politischer Sinn, den man am wenigsten bei einem Romanschriftsteller vermutet, der es immerhin fertigbrachte, einige seiner Romane im belletristischen Wochenblättchen der ›Gartenlaube‹ zu publizieren. Vollends mit dieser Korrespondenz war Fontane als ein Gesellschaftsdenker von Rang entdeckt; und daß sich der Gesellschaftsdenker im Romancier nicht verleugnet, wird sich zeigen.

Solche Betonung der Gesellschaftlichkeit darf nicht mißverstanden werden. Wie zeitgemäß sich das Wort auch heute anhört: sie ist kein absoluter Wert. Auch im Denken Fontanes ist sie es nicht. Das Gesellschaftliche, im positiven wie im kritischen Sinn, ist ihm nicht der Maßstab, an dem alles und jedes gemessen wird. In *Effi Briest* steht das Wort vom Einzelnen, der nicht für sich lebt, sondern einem Ganzen angehört. Aber vom »tyrannisierenden Gesellschaftsetwas« ist in demselben Roman die Rede. Das »Gesellschaftliche« ist daher schon aufgrund solcher Äußerungen nicht der Bezugspunkt für alles und jedes. Der Gesellschaftsdenker Fontane war nicht bereit, ausschließlich gesellschaftlich zu denken. Was er das Menschliche nannte, war ihm nicht nebensächlich; und die Gesellschaft ist in seiner Sicht damit nicht einfach identisch. Gesellschaft und Menschlichkeit sind zumal für den Romancier weit mehr Gegensätze, als daß sich das eine im anderen »erfüllt«. Dieses Menschliche ist als Wort und Begriff infolge häufigen Gebrauchs dem Mißverständnis ausgesetzt. Es besteht die Gefahr, daß es als bloße Redensart genommen wird, die verstimmt. Aber mag es vieles bedeuten, so schließt das Wort in jedem Fall das ein, was wir dem Einzelnen als einer menschlichen Person schulden. Auch aus diesem Grund hat sich die Individualität im Denken Fontanes nicht einfach erledigt, wenn man ihn als Gesellschaftsdenker bezeichnet, wie wir es tun. Wie es zahlreiche Äußerungen gibt, die sein Interesse am Gesellschaftlichen bestätigen, so andere, die sich unüberhörbar für die Rechte des Individuums verwenden. An einem historischen Roman von Willibald Alexis genügt Fontane nicht, daß die Gestalten nur typische Gestalten sind. Es fehlen ihm die individualisierenden Züge, so daß es mit Betonung des grundsätzlich Geforderten heißen kann: »Das bloße Allgemeine, die Rubrik, die Inhaltsangabe fesseln so gut wie nie; alles Interesse steckt im Detail; das Individuelle [...] ist der Träger unserer Teilnahme; das Typische ist langweilig.« (1/430) [30] Und mit Beziehung auf Wilhelm Raabe (in einem Brief an diesen vom 13. Juli 1881): »Es ist so hocherfreulich, einem Individuum zu begegnen und seiner Eigenart; alles, was jetzt den Tag und die Journale beherrscht, ist physiognomielos, kann von Müller, aber auch von Schultze sein [...].« Wie sehr auch die gesellschaftlichen Probleme an Bedeutung gewinnen — die Rechte des Individuums werden deshalb nicht preisgegeben. »Das ›Ich‹ ist nichts — damit muß man sich durchdringen.« So steht es im *Stechlin*. Es wäre gleichwohl verfehlt, mit der Devise von der »Antiquiertheit des Individuums« im Namen Fontanes zur Tagesordnung überzugehen. Vielmehr handelt es sich um Ambivalenzen im eigentlichen Sinn — darum, daß zwei Seiten die gleichen Rechte beanspruchen. Und das ist nicht nur bei Fontane der Fall. Das Nebeneinander individueller und kollektiver Ansprüche ist für die Epoche im ganzen charakteristisch. Der Gesellschaftsdenker Karl Marx und Sören Kierkegaard, der Philosoph des Einzelnen, scheinen wenig Gemeinsamkeit zu besitzen. Aber gerade in solcher Gegensätzlichkeit sind sie nur die ungleichen Brüder desselben Jahrhunderts. Denn auch im Denken einer Persönlichkeit wie Karl Marx wird das Individuum nicht einfach liquidiert. »Die erste Voraussetzung aller Menschengeschichte ist natürlich die Existenz lebendiger menschlicher Individuen.« So steht es in der *Deutschen Ideologie*. [31] Die Trennung zwischen dem individuellen und dem gesellschaftlichen Menschen ist das, was überwunden werden soll — zugunsten einer Totalität, in der sich menschliche Emanzipation erst erfüllt. [32] Im gesellschaftlichen Denken der Epoche geht es immer auch um den »konkreten« Menschen; so vor allem bei Feuerbach. Das schließt in jedem Fall das Individuum ein — den Menschen, wie er leibt und lebt. Mit anderen Worten: das Zeitalter der sozialen Frage und des beginnenden Sozialismus ist in mehr als einer Hinsicht zugleich ein Zeitalter des Einzelnen, der Individualität und der Besinnung auf menschliche Existenz. Stirner, Kierkegaard, Baudelaire, Bakunin oder Nietzsche: das sind im Zeitalter des Sozialismus und der sozialen Frage die großen Individualitätsdenker dieser Epoche. [33] Weder der Gesellschaft noch dem Individuum kann daher ein »Alleinvertretungsanspruch« zukommen. Die Ansprüche der einen wie der anderen Seite fordern sich gegenseitig. Sie sind der Ausdruck tiefreichender Spannungen, die offensichtlich mit dem zusammenhängen, was man das Soziale nennt. In einer Einleitung zur Romankunst Fontanes ist dies einstweilen »graue Theorie«. Aber diese Romane bleiben uns die »Beweise« nicht schuldig. Die Spannungen, von denen das Jahrhundert in nahezu allen europäischen Ländern und Literaturen erfüllt ist, sind in seine Romane eingegangen. Der europäische Gesellschaftsroman, dessen Tradition Fontane auf seine Weise fortführt, ist ihr getreues Spiegelbild. Mit Fug und Recht darf man daher im Hinblick auf solche Entwicklungen und Spannungen von sozialer Romankunst sprechen.

2. Soziale Romankunst

Vom eingeborenen Demokratismus des Romans, von seiner natürlichen Eignung, modernem Leben zum Ausdruck zu verhelfen, handelt Thomas Mann in dem berühmt gewordenen Vortrag, den er 1939 in Princeton gehalten hat. [34] Wörtlich heißt es: »Die große soziale Roman-Dichtung der Dickens, Thackeray, Tolstoi, Dostojewskij, Balzac, Zola, Proust ist geradezu die Monumentalkunst des neunzehnten Jahrhunderts.« Auch Fontane wird in diesen Zusammenhang erwähnt; von seinen »hochdifferenzierten Alterswerken« ist die Rede, von *Effi Briest*, einem Meisterwerk, das ins Europäische reiche. [35] Ein genauer Begriff des Sozialen ist uns damit nicht gegeben. Noch weniger kann von einer Definition die Rede sein; denn das Soziale vermag vieles einzuschließen. [36] Der Auslegung sind Tür und Tor geöffnet. Sozialhilfe, Sozialkunde, Sozialwissenschaft, sozialdemokratisch, christlich-sozial — damit ist in der Sprache der Gegenwart so Verschiedenes gemeint, daß es schwer fällt, noch dieselbe Bedeutung in so divergenten Wortverbindungen zu entdecken. Dennoch hat es mit der Wendung von der sozialen Romankunst oder der sozialen Roman-Dichtung, wie es bei Thomas Mann heißt, seine Richtigkeit. Nur muß man sich an den »Kontext« halten, wenn man den Begriff gebraucht; und der Kontext ist in unserem Fall das 19. Jahrhundert, in dem er epochemachend hervortritt. Erst in dieser seiner historischen Umgebung gewinnt er Prägnanz. Es gibt eine reichhaltige Semantik des Sozialen in der Gegenwart. Sie ist hier nicht zu untersuchen. Und es gibt eine allgemeine Bedeutung, fast im überzeitlichen Sinn. Von ihr handelt Arnold Hauser in seiner *Sozialgeschichte der Kunst und Litera-*

tur, ohne daß ihm deswegen die Besonderheit des Sozialen im 19. Jahrhundert entgeht. Der Kampf zwischen den verschiedenen Schichten der Gesellschaft sei von Dichtern selbstverständlich auch früher schon geschildert worden, führt er aus. Aber der eigentliche Sinn des Kampfes »blieb nicht nur den dichterischen Gestalten, sondern auch ihren Schöpfern unbewußt«. [37] Mit anderen Worten: das Soziale ist eine Bewußtseinsfrage. Die Geschichte dieses Bewußtwerdens ist die Geschichte des Sozialen im spezifischen Sinn. Neue Sachverhalte erfordern neue Begriffe, und die »soziale Frage« ist ein solcher. Seit den vierziger Jahren des 19. Jahrhunderts ist dieser Begriff in den deutschen Wortschatz eingegangen und rasch zum allseits gebrauchten Schlagwort avanciert. [38] In der Sache selbst handelt es sich um einen folgenreichen Strukturwandel im wirtschaftlichen Gefüge: um die Verdrängung von Handwerk und Handarbeit durch die Maschine und in eins damit um die »Lage der arbeitenden Klasse«, um die Misere des Arbeiters im maschinellen Betrieb. Aber bereits im Wortverständnis der Zeitgenossen blieb die soziale Frage nicht auf solche Vorgänge und Entwicklungen beschränkt. Schon dem 19. Jahrhundert war sie ein ganzes Bündel von Fragen. »Was aber ist nun die sociale Frage?« heißt es in einer Schrift über den radikalen deutschen Sozialismus, die in den siebziger Jahren erschien; und die Antwort lautet: »Zunächst nicht eine einzelne, sondern ein Complex von einzelnen Fragen.« [39] In diesem Zusammenhang werden genannt: die Lohn- und Wohnungsfrage, die Frauenfrage, die Kinderarbeitsfrage; und wenigstens hinsichtlich der Frauenfrage hat man es nicht nur mit Problemen einer Arbeiterfamilie zu tun. Mehr und mehr erweist sich gerade diese Frage als überaus komplex, und die Stellung der arbeitenden Frau im industriellen Betrieb ist nur einer ihrer Aspekte. Um diesen geht es auch, aber vor allem und generell um bestimmte Eigenrechte, die geltend gemacht und als Emanzipation der Frau gefordert werden. Der Anspruch auf Bildung und auf Arbeit in akademischen Berufen, die ihr bisher weithin verwehrt waren, läßt nicht lange auf sich warten. Er wird zunehmend von den Betroffenen selbst erhoben. Die soziale Frage ist damit in den Herrschaftsbereich der »guten Gesellschaft« gelangt. Bestimmte Herrschaftsformen sind von einer bestimmten Zeit an nicht mehr sakrosankt. Die Art, wie sie ausgeübt werden, und die Personen, die sie bisher ausgeübt haben, werden in Frage gestellt. Alle diese Fragen machen uns darauf aufmerksam, daß sich nicht allein im engeren Bereich eines Berufsstandes, in demjenigen des Arbeiters, etwas »bewegt«. Die Gesellschaft im ganzen – in allen ihren Gliedern, Gruppen und Klassen – ist in Bewegung geraten. Dieser Strukturwandel des gesellschaftlichen Lebens, um den es sich handelt, geht letztlich auf Wandlungen des Denkens zurück. Denkformen, die lange Zeit die beherrschenden gewesen sind, werden von anderen verdrängt oder abgelöst. Ein Paradigmawechsel findet statt; [40] und zumeist sind es einzelne, die ihn antizipieren, ehe er sich »auf der ganzen Linie« durchzusetzen vermag. Das Soziale – als soziale Frage ebenso wie als politische Bewegung – ist eine Denkform in dem so verstandenen Sinn. Dies besagt, daß bestimmte Denkschemata allmählich als überholt erkannt werden, weil sie der Realität immer weniger entsprechen. In der Literatur ist ein solcher Bewußtseinswandel an den Personen eines Werkes ebenso ablesbar wie an seinem Schöpfer, dem Autor. Die soziale Frage wird zu einer Bewußtseinsfrage erweitert, um die es sich in der Tat handelt; oder noch einmal mit den Worten der bereits erwähnten Schrift: »Die sociale Frage ist also die Voraussetzung des Socialismus. Sie liegt im Gebiet des Bewußtseins.« [41] Das Soziale als eine derart sich entwickelnde Denkform, als ein Vorgang in der Geschichte des menschlichen Bewußtseins, ist weder mit reiner Geistesgeschichte von ehedem identisch noch mit reiner Wirtschaftsgeschichte von heute. Eher handelt es sich um Wechselbeziehungen zwischen beiden Bereichen: zwischen »Oben« und »Unten«, zwischen Basis und Überbau oder wie man es bezeichnen will. Das eine beeinflußt jeweils das andere — und umgekehrt. Was da vor sich geht und sich als Strukturwandel des Denkens bemerkbar macht, ist auch sprachgeschichtlich zu belegen, wie kaum anders zu erwarten. Und nicht nur die Wortgeschichte, die Semantik des Sozialen im engeren Sinn, ist damit gemeint, sondern das Denken im ganzen und auf nahezu allen Gebieten des Lebens und der Lebenspraxis. In Zeiten wie diesen werden eingebürgerte Begriffe obsolet; sie erledigen sich und werden durch neue ersetzt. Ein älterer Begriff dieser Art ist in der deutschen Sprache der Begriff des Pöbels. Darunter verstand man das Volk unterhalb der ständischen Geltung: »Es war die zahlreiche Schicht unterhalb der Vollbauern und zünftigen Handwerksmeister, gleichsam die Unterständischen, die aber doch ständisch gebändigt waren«, wie es der Historiker Werner Conze erläutert. [42] Noch in der Goethezeit sprach man mit fast selbstverständlicher Verächtlichkeit von Pöbel und meistens mit gutem Gewissen. Dieser Begriff wird im Laufe des Jahrhunderts durch den des Proletariers ersetzt, mit dem sich für Marx die völlige Wiedergewinnung des Menschen verbindet. Mit der Wendung »Vom Pöbel zum Proletariat« ist zutreffend bezeichnet, was im Laufe weniger Jahrzehnte vor sich geht — sprachgeschichtlich ebenso wie in der Geschichte des menschlichen Bewußtseins. Dem entspricht, daß der Begriff »Gesellschaft« lange Zeit mit dem Status wohlhabender Bürger identisch war. [43] Diese Identität verliert im 19. Jahrhundert zunehmend ihre Glaubwürdigkeit und ihren Sinn. Der Kreis derer, denen Menschenwürde zukommt, erweitert sich; und das heißt abermals, daß sich das Denken im ganzen erweitert. Die Literatur ist davon ein Teil. Es ist daher folgerichtig anzunehmen, daß dem allgemeinen Strukturwandel auch ein Strukturwandel der literarischen Formen entspricht. Die Literaturgeschichte ist kein isolierbares Gebiet. Sie mündet ihrerseits in den umgreifenden Prozeß einer so verstandenen Bewußtseinsgeschichte ein.

Am Beispiel der epischen Dichtung hat diesen Prozeß Erich von Kahler in einigen seiner Essays beschrieben. Seine Überlegungen sind von dem Gedanken geleitet, daß neue Realitätserfahrungen neue Ausdrucksmittel erfordern, und aus der »Sphäre der Naturerkenntnis« wie aus der »Sphäre der sozialen

Entwicklungen« werden solche Erfahrungen in erster Linie abgeleitet. Sie führen seiner Auffassung nach zur Auflösung der sinnlich-organischen Einheit: der menschlichen Person wie des sehbaren Gegenstandes. Statt dessen treten überindividuelle Zusammenhänge in den Vordergrund, die ihrerseits nach neuen künstlerischen Ausdrucksformen verlangen. Dies zeige sich in der Tendenz zur Kollektivierung, zur Auflösung des Individuums, der individuellen Person, des individuellen Gegenstandes, schließlich im wachsenden Interesse an individueller Psychologie, mit der sich verbindet, was man vielfach als Verinnerung des Erzählens bezeichnet. [44] Formenwandel in Kunst und Literatur basiert auf Bewußtseinswandel: die Erfahrungen der Realität werden über den »Umschlagplatz« des Bewußtseins – und der Bewußtseinserweiterung – in Kunst und das heißt: in einen neuen Stil überführt. Sie werden »vermittelt«, wie man seit Hegel gern sagt, ohne deshalb immer genau zu sagen, wie man sich Art und Weise solcher Vermittlungen denkt. An solchen Vermittlungen in der Erörterung von Formproblemen war der junge Georg Lukács interessiert, ehe er seine Aufmerksamkeit einseitig den gesellschaftlichen Inhalten zuwandte. Seiner Abhandlung zur *Entwicklungsgeschichte des modernen Dramas* aus dem Jahre 1909 kann man noch heute fast unbesehen zustimmen, wenn es in dieser heißt: »Die größten Fehler der soziologischen Kunstbetrachtung sind, daß sie in den künstlerischen Schöpfungen die Inhalte sucht und untersucht und zwischen ihnen und bestimmten wirtschaftlichen Verhältnissen eine gerade Linie ziehen will. Das wirklich Soziale aber in der Literatur ist: die Form.« [45]

Die gerade Linie – von der Gesellschaft zur Literatur – muß man sich in der Tat verbitten. Denn wollte man ihr folgen und annehmen, was man auf den ersten Blick erwarten kann, so scheint sich im 19. Jahrhundert das Drama als die gemäße Ausdrucksform des tiefgreifenden Wandels im Politischen und Sozialen anzubieten. Die Kämpfe, Konflikte und Kollisionen der miteinander rivalisierenden Klassen, für deren Darstellung in der Tragödie Spieler und Gegenspieler als Figuren der Kunst zur Verfügung stehen, scheinen wie geschaffen zu sein, eine Blütezeit des Dramas heraufzuführen. Von einer solchen kann aber um die Mitte des 19. Jahrhunderts keine Rede sein. In einer Zeit, in der die sozialen Fragen längst nach Lösungen verlangen, ist ein soziales Drama, wie es der Zeitlage gemäß wäre, kaum in Sicht, sieht man von Georg Büchner als Ausnahme einmal ab. Ein neues Drama wurde um diese Zeit zwar gelegentlich gefordert. Hermann Hettner hat es getan. »Alles drängt rüstig vorwärts nach einem unbekannten, dunkel geahnten Neuen«, heißt es in der 1851 veröffentlichten Schrift *Das moderne Drama* [46]; und Friedrich Theodor Vischer empfiehlt in seiner *Ästhetik*, Kämpfe der Reformationszeit zu behandeln: »Da lägen Momente für ein Drama, grob und stark, wie wir es bedürfen, und wie es doch die verwöhnten Nerven unserer Zeit schwerlich ertragen könnten.« [47] Aber der Realisierung standen erhebliche Schwierigkeiten im Wege, wie sich vielerorts zeigt, und Ferdinand Lassalles *Sickingen*-Drama ist nur ein Beispiel neben anderen. [48] Das hat verschiedene Gründe; zum ersten solche der Rezeption. Das Drama bleibt auf ein bestimmtes Publikum angewiesen; es kann nicht unabhängig vom Zuschauer existieren. Im 19. Jahrhundert — und weithin noch heute — ist es das zumeist wohlhabende und gebildete Bürgertum, das die Zuschauer stellt. Dem Drama fällt es aufgrund solcher Umstände schwerer als anderen Gattungen der Literatur, sich aus seinen Traditionen zu lösen; und zu seiner Tradition gehört neben anderem der Held im ursprünglichen Sinn. Bis in die Zeit der Aufklärung hinein war es vorwiegend ein Aristokrat, wenigstens im tragischen Drama. Noch im bürgerlichen Trauerspiel hat sich das nicht überall geändert; auch hier ist es der individuelle Held, der im Mittelpunkt steht. Es sind individuelle Konflikte, aus denen das »klassische Drama« lebt, wie es Hebbel noch 1843 mit seiner *Maria Magdalene* bestätigt. Dieser Held des alten Trauerspiels gerät mehr und mehr ins Hintertreffen; er kommt uns mit der Zeit anachronistisch vor. Der Einzelne ist nach einem Wort des jungen Georg Büchner nur Schaum auf der Welle. [49] Es sind vorwiegend solche Probleme, die es dem Drama erschweren, sich in die neue Situation zu finden. »Seit dem Ende des neunzehnten Jahrhunderts aber«, so erläutert es wiederum Erich von Kahler, »seitdem die Industrialisierung und Technisierung der Welt in großem Maße eingesetzt hat, ist das entscheidende Geschehen der Welt nicht mehr individuelles, sondern kollektives und technisches Geschehen.« [50] Diese Zeitangabe ist zu korrigieren: nicht erst seit dem Ende des 19. Jahrhunderts hat das begonnen, was hier beschrieben wird.

Gegenüber solchen und anderen Entwicklungen hat sich der Roman als überaus wandlungsfähig erwiesen. Er ist um diese Zeit nicht in gleicher Weise »etabliert«, wie es Drama und Lyrik sind. Noch lange hat man mit den klassischen Dichtungsarten zu rechnen, wozu auch das Epos gehört; [51] es hat in der ersten Hälfte des Jahrhunderts noch keineswegs abgedankt, und der Siegeszug des Romans hat sich nicht unbehelligt von solchen Hindernissen vollzogen. [52] Ein Siegeszug ist es gleichwohl. Dies gilt für nahezu alle europäischen Literaturen, aber für die französische, englische und russische in erster Linie. Der Aufstieg des Romans zur allseits anerkannten Kunstform ist das literarhistorische Ereignis kat'exochen; und was Victor Hugo 1827 vom Drama als einer aktuellen Kunstform erwartet und im Vorwort zu *Cromwell* ausgesprochen hatte, wird vom Roman erfüllt und geleistet. [53] Obgleich sich für die Spannungen und Konflikte der Zeit das Drama hätte anbieten können, wird es von den maßgeblichen Schriftstellern umgangen. Doch dringt »Dramatisches« vielerorts in die bald allseits bevorzugte Kunstform des Romans ein. Nicht wenige Begriffe aus der Poetik des Dramas werden auf diesen angewandt. »Spannung«, »Tragik«, »Konflikt« oder »Leidenschaft« sind solche Begriffe; und dem Bereich des Tragischen, mit Tod und Katastrophe, bleibt auch der Roman vielfach zugewandt. Goethes *Wahlverwandtschaften* wurde schon von den Zeitgenossen als tragischer Roman bezeichnet. Tragik in der Tragödie setzt eine kunstvolle Sprache

Soziale Romankunst 15

voraus; sie verlangt den hohen, den pathetischen Stil. Goethes Roman wird solchen Erwartungen in den Grenzen der Prosa noch weithin gerecht. Der Roman des Realismus geht andere Wege. Ein charakteristisches Stilmerkmal realistischer Literatur — so sieht es Erich Auerbach — beruht darin, daß sich Tragisches mit Alltäglichem vermischt. Vor allem für den französischen Roman des 19. Jahrhunderts macht er solche Vermischungen geltend: »Indem Stendhal und Balzac beliebige Personen des täglichen Lebens in ihrer Bedingtheit von den zeitgeschichtlichen Umständen zu Gegenständen ernster, problematischer, ja sogar tragischer Darstellung machten, zerbrachen sie die klassische Regel von der Unterscheidung der Höhenlagen, nach welcher das alltägliche und praktisch Wirkliche nur im Rahmen einer niederen oder mittleren Stilart [...] seinen Platz in der Literatur haben dürfe.« [54] In solchen Stilmischungen sieht der Verfasser des Buches über die dargestellte Wirklichkeit in der abendländischen Literatur seinen Begriff von Realismus recht eigentlich »erfüllt«.

Der klassischen Ästhetik zufolge war dargestellte Alltäglichkeit seit je der Komödie vorbehalten. Die Vermischung des Tragischen mit dem Alltäglichen, wie sie für den Roman des Realismus als charakteristisch angesehen wird, ist daher zugleich als eine Vermischung von Komik und tragischem Ernst zu verstehen; und von der Komödie weit mehr als vom tragischen Drama übernimmt der neue Roman, was er zur Behandlung seiner Themen und Probleme braucht. Mit der Komödie hat der Gesellschaftsroman die kritische Funktion gemeinsam. Thackeray wie Meredith haben deshalb ihre Romane in die Nähe der Komödie gerückt — diese (wie im Fall Thackerays) als einen *Jahrmarkt der Eitelkeit* verstanden. Das wird deutlich in der Darstellung des Typischen. Typische Figuren sind mit komischen Figuren verwandt; vielfach sind sie mit ihnen identisch. Und wie Komik kommt Typik durch Übertreibung und Einseitigkeit zustande. Eine Spannung zum Individuellen kann auf solche Weise entstehen, wie es an Balzacs Romanen gezeigt worden ist. »Solche Formen« der Charakteristik dienen Balzac dazu«, schreibt Georg Lukács, »*die Abstufungen innerhalb eines gesellschaftlichen Typus* individuell und gesellschaftlich zu spezifizieren, zu konkretisieren und zu vertiefen. In Rigou zum Beispiel schafft Balzac ein außerordentlich interessantes, neues Exemplar in der großen Galerie seiner Geizhälze und Wucherer [...]: den Typus des epikureischen Geizhalses und Wucherers, der ebenso wie die anderen nur an Sparen, Betrügen und Akkumulieren denkt, zugleich aber sich ein behagliches Leben schafft.« [55] Man denkt an Molières *L'Avare* und die französische Typenkomödie des 18. Jahrhunderts. In Romanform, aber mit veränderter Akzentuierung, kehrt sie in die Literatur des 19. Jahrhunderts zurück.

Was aber hat die Darstellung des Typischen mit dem Bewußtwerden des Sozialen zu tun? Denn Tragik wie Komik werden in diesen Romanen von wohlsituierten Bürgern erfahren. Ihre Autoren — Stendhal, Thackeray oder

Tolstoi — scheinen vielfach am Feudalen weit mehr Gefallen zu finden als an irgendeiner sozialen Misere. Ein solcher Hang zur Feudalität bestätigt sich vollends in den Schauplätzen der Handlung. George Meredith äußert sich darüber im Präludium seines Romans *Der Egoist:* »Die Komödie ist ein Spiel, das das Leben der Gesellschaft spiegeln will. Ihr Gegenstand ist die menschliche Natur, wie sie sich in den Salons kultivierter Frauen und Männer offenbart, ohne den Staub der kämpfenden Außenwelt, ohne Schmutz und heftige Zusammenstöße [...].« [56] Die Salons kultivierter Männer und Frauen berechtigen uns, vom europäischen Gesellschaftsroman als einem Roman der guten Gesellschaft zu sprechen. Peter Demetz hat ihn in seinem Buch über Fontane so bezeichnet: »Das erzählerische Interesse richtet sich allein auf den mondänen Ort, an dem man nicht arbeitet und handelt, sondern gesellig spricht: Salons, Ballsäle, Speisezimmer, Veranden; geschlossene, nicht offene Räume, rein, ohne Gedränge und Geruch, und die Dienerschaft so selbstverständlich im Hintergrund, daß man von ihr schweigen darf.« [57] Aber die Bezeichnung des europäischen Gesellschaftsromans als eines Romans der guten Gesellschaft gibt zu Mißverständnissen Anlaß. [58] Auf keinen Fall muß man in den Autoren schon Anwälte feudaler Lebensformen vermuten, wenn sie solche in ihren Romanen schildern. Es bleibt noch genügend Raum, Soziales zur Sprache zu bringen: durch Nebenpersonen aller Art, durch bedenkliche Herrschaftsformen unter den Herrschenden selbst, durch Erörterung aktueller Fragen im Gespräch und so fort. Die Wendung vom Roman der guten Gesellschaft sagt noch wenig darüber aus, wie diese Gesellschaft im Roman erscheint: wie sie behandelt und beurteilt wird. Wenn das gesellschaftliche Leben mit der Komödie verglichen werden kann, wie es bei Meredith geschieht, so muß das gewiß nicht heißen, daß es in solchen Romanen sehr lustig zugeht. Seit den Zeiten des Aristophanes kommt der Komödie eine betont kritische, nicht selten satirische Funktion zu, und es ist dieser Gesichtspunkt zumal, der sie zum Vergleich mit dem europäischen Gesellschaftsroman des 19. Jahrhunderts geeignet macht. Wie Meredith verspricht auch Thackeray im Vorwort seines berühmten Romans, Bilder aus der Welt des Vornehmen zu geben. Aber es ist bekanntlich ein Jahrmarkt der Eitelkeit, den er schildert. Die Gesellschaft wird zur Komödie, in der jeder seine Rolle spielt. Indem ihnen allen — vom Adel bis zur Dienerschaft hinab — eine solche Rolle zugeteilt ist, sind sie oft nur das, was die Gesellschaft aus ihnen macht. Sie sind deren Produkte. Nicht mehr sie selbst haben sich gebildet und geformt. Sie sind zumeist schon »Geformte«, wenn wir sie als Leser kennenlernen. Es sind typische Figuren, denen solche Rollen zugeteilt werden; und typische Figuren, davon war schon die Rede, sind meistens auch komische Figuren. Hier wird rigoros nivelliert, und da sie alle in das Licht der Komik geraten können, verwischen sich die Standesgrenzen. Der im Roman vollzogene Strukturwandel ist offenkundig: der Tragik, die in der Tragödie alten Stils den hohen Standespersonen vorbehalten war, kommt eine solche Bedeutung im Roman nicht mehr zu. Jetzt erst, nach dem Ende des bürgerlichen Trauerspiels, hat das Tragische vollends aufgehört, ein Privileg der Aristokraten zu sein. Die womöglich folgenreichste Vermischung findet statt, wie sie für den Roman des Realismus charakteristisch ist. Nach außen hin bleibt vielfach alles beim alten: die Herrschaften bleiben, was sie waren; und sie haben auch weiterhin ihre Diener. Dagegen stellt es sich auf einer zweiten Ebene, auf derjenigen des Erzählers oder Lesers, sehr anders dar: aristokratisches Dasein wird hier durch allseitige Komik oder allseitige Tragik rücksichtslos »demokratisiert«.

Damit nicht genug! Auch innerhalb der »guten Gesellschaft« selbst macht sich Soziales bemerkbar. Das ist vornehmlich an der Frauenfrage zu verfolgen: an den Rechten der Frau, die sie in einer von Männern beherrschten Welt besitzt oder nicht besitzt. Der Gesellschaftsroman des 19. Jahrhunderts wird zum Eheroman oder gar zum »Frauenroman«, wenn man ihn mit so fragwürdigen Etiketten versehen will. Madame de Rênal in Stendhals *Le Rouge et le Noir*, Anna Karenina in Tolstois gleichnamigem Roman ebenso wie Flauberts Emma Bovary gehören den herrschenden Klassen ihres Landes an: dem Adel oder dem gebildeten und besitzenden Bürgertum. Was an solchen Romanen den Leser interessiert, sind Frauenschicksale in wohlhabenden Häusern. Herrschaft wird von diesen Frauen nirgends eigentlich beansprucht, persönliche Freiheit gegenüber tradierten Bevormundungen schon eher. Zahlreiche Frauengestalten werden überhaupt erst um der Stellung willen interessant, die man ihnen vorenthält. Der herrschenden Gesellschaftsklasse angehörend, werden sie vielfach von denen beherrscht, die sich wie Tyrannen im eigenen Hause aufführen. Die Frauen in diesen Romanen der guten Gesellschaft werden zu Außenseitern der Gesellschaft degradiert — dann vor allem, wenn sie tun, was die Herren ihrerseits tun. Die bürgerliche Ehemoral ist in solchen Gepflogenheiten der Vornehmen eine doppelte Moral: was dem einen Teil recht ist, hat dem anderen noch lange nicht billig zu sein. Anna Karenina hat in diesem Punkt Erfahrungen, die sie stellvertretend für viele ihres »Standes« gemacht hat. Die gelegentlichen Diskussionen über die Rechtslage und über das (damals noch unübliche) Universitätsstudium werden auf solche Weise mit dem Fehltritt Annas verknüpft. Einer der entschieden am status quo interessierten Gesprächsteilnehmer macht sich darüber seine Gedanken: »So müßte zum Beispiel das Anwachsen der Frauenbildung von jenem Standpunkte aus als schädlich erachtet werden; aber die Regierung richtet Ausbildungskurse für Frauen ein und läßt die Frauen zum Universitätsstudium zu.« Diese Auslassungen wiederum geben einem Jüngeren Gelegenheit zur Replik: »Ich bin im Gegenteil der Ansicht, daß diese beiden Fragen [Frauenbildung und Frauenemanzipation] unlösbar miteinander verknüpft sind [...]. Der Frau werden die Rechte versagt wegen des Mangels an Bildung, und der Mangel an Bildung ist eine Folge des Fehlens von Rechten. Man darf nicht vergessen, daß die Knechtung der Frauen eine so allgemeine und so alte ist, daß wir oft eine Abneigung dagegen haben, uns über die Kluft, die uns von ihnen trennt, klar zu werden.« [59] Es geht hier um soziale Abstufungen inmitten einer sozial homogenen Schicht. Indem die Frau gegen ihre mehr oder weniger »selbstverschuldete Unmündigkeit« aufbegehrt, kann aufgrund der sich verändernden Bewußtseinsverhältnisse nicht mehr alles so bleiben, wie es war. Solcher Bewußtseinswandel ist dem Eheroman des 19. Jahrhunderts in besonderer Weise zugute gekommen. Soziales ist hier sozusagen dialektisch mit dem Milieu der guten Gesellschaft verknüpft: Ehescheidungen können sich am wenigsten die Armen des Volkes »leisten«; sie setzen – und zum Teil noch heute – einen bestimmten Grad des Wohlstands voraus; und sicher setzen sie jene Muße voraus, an der es der ärmeren Bevölkerung fehlt: die Muße, zu lesen und sich zu bilden. Zugleich ist man an Spiel und Abwechslung interessiert, um womöglich in den »Schritt vom Wege« hinzugleiten, den man so nicht beabsichtigt hat. Der »Frauenroman« kann auf solche Weise dem guten alten Bildungsroman sich annähern, um dennoch etwas ganz anderes zu sein als dieser.

Schließlich die Dienstboten, die Kutscher, die Gastwirte, die Wilderer und wer sich sonst noch am Rande des gesellschaftlichen Lebens aufhalten mag! In der Poetik des Romans werden sie als Nebenfiguren registriert. [60] Aber Nebenpersonen und Hintergrundsfiguren sind sie nur bedingt. Da sie vom Erzähler das Recht erhalten, ihre Meinung freimütig zu äußern, bleibt die »gute Gesellschaft« nicht mehr ausschließlich unter sich. Der Leser hört oder liest mit, wie das »niedere Volk« über die »Oberen« denkt. Die Perspektive ändert sich. Die große Welt, die Lebensformen der oberen Zehntausend, werden in solchen »Episoden« von unten betrachtet – nicht ganz wie im Schelmenroman, aber damit doch nicht gänzlich unvergleichbar. Es versteht sich von selbst, daß man da nicht nur Schmeichelhaftes zu lesen bekommt. Das Vornehme wird relativiert; und indem die Kritik an der herrschenden Klasse wächst, kann sich die Sympathie für die Erniedrigten und Beleidigten regen. Dostojewski, der sich für diese auf seine Weise interessiert, beginnt seine schriftstellerische Laufbahn im Jahre 1846 mit dem Briefroman *Arme Leute.* Es handelt sich um die Geschichte eines in ärmlichen Verhältnissen lebenden Beamten, der sich auf einen Briefwechsel mit einer entfernten Verwandten einläßt, ohne in irgendeiner Weise erfolgreich zu sein. Das junge Mädchen gibt schließlich einem reichen Gutsbesitzer ihre Hand, um damit in eine glücklose Ehe einzutreten. Wenn es sich hier immerhin noch um einen Titularrat handelt, so entnimmt Dostojewskij das Personal seiner nun folgenden Romane noch ganz anderen Schichten der Armen und Ärmsten. Er am eindringlichsten führt die Außenseiter der Gesellschaft, die Verbrecher und die Asozialen, in den europäischen Gesellschaftsroman ein, der ein viel zu komplexes Gebilde ist, als daß man ihn einseitig auf die gute Gesellschaft festlegen könnte. Die Erweiterungen nach der stofflichen und inhaltlichen Seite hin haben fast stets Veränderungen in der Romanstruktur zur Folge. Sie bleiben nicht auf Dostojewski und die russische Literatur beschränkt. In Frankreich war um diese Zeit (1842/3) der Roman *Les mystères de Paris* von Eugène Sue erschienen. Ihm war ein nachgerade sensationeller Erfolg be-

Soziale Romankunst

schieden. Die Einbeziehung des vierten Standes kündigt sich an: die Außenseiter der Gesellschaft werden zu Hauptpersonen des Romans. Im Mittelpunkt steht ein junges Mädchen, das von den Pflegeeltern zur Prostitution gezwungen wird. Zwar stellt sich zu guter Letzt auf eine reichlich romanhafte Weise heraus, daß es das uneheliche Kind eines deutschen Adligen ist, so daß die veralteten Konventionen der Genealogie noch einmal zu ihrem Recht kommen. Doch fehlt es nicht an fragwürdigen Gestalten, die alle auf ihre Art das Milieu der guten Gesellschaft durchbrechen. Zola wird mit solchen Personen das Ensemble seiner Figurenwelt ergänzen. Die Helden bleiben trotz der Namen, die sie führen, eigentümlich anonym. Sie bleiben die Helden nicht mehr, die sie im alten Epos oder in der klassischen Tragödie gewesen sind. Thackerays *Jahrmarkt der Eitelkeit* ist ein Jahrmarkt ohne alle Helden — »A Novel without a Hero«, wie der Untertitel lautet. Der Naturalismus setzt fort, was der Gesellschaftsroman des europäischen Realismus begonnen hat, ohne mit der Einbeziehung des vierten Standes besonders erfolgreich zu sein. Denn da man es in erster Linie mit den Gebildeten als Lesern zu tun hatte, können ausgedehnte Elendsschilderungen im Roman nicht unbedingt mit Resonanz rechnen. Der Romancier des europäischen Gesellschaftsromans ist im allgemeinen erfolgreicher, wenn er Wohlstand und Elend »vermischt«, um damit zugleich Erkenntnis durch Vergnügen in gefälligen Erzählformen darzubieten. Und daß mit der Einbeziehung der sozial Benachteiligten in die Romanwelt nicht etwas bloß Inhaltliches hinzukommt, wird noch im einzelnen zu zeigen sein.

Diesen Roman in der Fülle seiner Gestalten vom hohen Adel bis zur Verbrecherwelt hinab hat Thomas Mann im Auge, wenn er von sozialer Roman-Dichtung spricht. Es ist der große europäische Roman, der mit Stendhal und Balzac beginnt und am Ende des Jahrhunderts mit Proust oder mit Thomas Mann selbst in den modernen Roman übergeht. Seine »Blütezeit« liegt zwischen 1830 und 1870. Dennoch kann nur mit Vorbehalt generalisierend von *dem* europäischen Roman dieser Epoche gesprochen werden. Es gibt Unterschiede in der Form und es gibt solche im zeitlichen Verlauf. Vor allem aber gibt es Unterschiede der Nationalität, ohne daß wir damit der nationalen Philologie alter Art das Wort reden wollen. Aber es sind schließlich die Komparatisten, die gar nicht daran denken, alles über einen Kamm zu scheren. Auf den deutschen Roman sind sie zumeist nicht gut zu sprechen. Man wirft ihm vor, etwas Provinzielles zu sein. Er sei über die Darstellung des bloß Idyllischen nicht hinausgelangt. So vor allem sieht es Erich Auerbach, indem er sich an der großen Romankunst der französischen Literatur als Maß und Norm orientiert: »bis gegen Ende des 19. Jahrhunderts blieben die bedeutendsten Werke, die überhaupt Gegenstände der zeitgenössischen Gesellschaft ernsthaft zu gestalten suchen, im halb Phantastischen oder Idyllischen oder doch wenigstens im engen Bezirk des Lokalen; sie geben das Bild des Wirtschaftlichen, Gesellschaftlichen und Politischen als ein ruhendes. Das trifft gleichmäßig so verschiedene und jeweils so bedeutende Schriftsteller wie Jean Paul, E. T. A. Hoffmann, Jeremias Gotthelf, Adalbert Stifter, Hebbel, Storm — noch bei Fontane greift der gesellschaftliche Realismus kaum in die Tiefe [...].« [61] Und damit ist ein unter Kennern des Romans beliebtes Thema berührt: dasjenige der deutschen Rückständigkeit. [62] Doch wird eine derart summarische Aussage dem Gegenstand nicht gerecht. Schon deshalb nicht, weil die *Wahlverwandtschaften*, die *Wanderjahre* wie der *Nachsommer* auf ihre Weise soziale Romane sind, die nur von der Norm ein wenig abweichen, an die man jeweils denkt. Es ist aber sicher richtig, daß sich die deutsche Literatur mit der Fülle bedeutender Werke nicht vergleichen kann, die es um die gleiche Zeit auf dem Gebiet des Romans in der französischen und englischen Literatur gibt. Noch weniger ist eine solche Rückständigkeit im sozialen Bereich zu bestreiten. Sie blieb in Deutschland einem Beobachter der Entwicklung wie Lorenz von Stein nicht verborgen. Im Vorwort seiner Darstellung des Sozialismus und Kommunismus in Frankreich spricht er die Hoffnung aus, es möchte sich derjenige bald finden, der die Entwicklung in England analog untersucht, wo sie sich nicht weniger mächtig und bedenklich wie in Frankreich Bahn zu brechen beginne; dabei wird festgestellt, daß er selbst eine deutsche Arbeit nicht benutzen könne, weil sie nicht existiere. [63] Hier vor allem hat man Grund, von einer verspäteten Nation zu sprechen. [64] Und da die Literatur eines Landes nicht im luftleeren Raum existiert, liegt es nahe, zwischen der Verspätung der Nation und der Verspätung des Romans gewisse Zusammenhänge herzustellen.

Mit der Rede von der Verspätung des deutschen Romans ist gemeint, daß er — als Gesellschafts- oder als Zeitroman — erst spät den Anschluß an die Entwicklung der europäischen Literatur gewinnt. Man denkt zumal an Theodor Fontane. Hans-Heinrich Reuter handelt darüber in der Einleitung seiner Biographie. Er spricht von der »Geschichte einer Verspätung«, wie der Titel seines einführenden Kapitels lautet. [65] Dem entspricht, was Wilhelm Hausenstein gelegentlich in seinem Tagebuch vermerkt, der in der europäischen Kultur wie wenige zu Hause war: »Eigentlich stellt Fontane den Gesellschaftsroman im Deutschland des vorigen Jahrhunderts *ziemlich allein* dar«, und er fügt hinzu, daß Thomas Mann ohne ihn kaum zu denken wäre. [66] Doch wäre es ungerecht, in diesem Zusammenhang das Spätwerk Wilhelm Raabes zu übersehen. Für die Werke seiner frühen und mittleren Zeit trifft weithin zu, was Erich Auerbach dem deutschen Roman im ganzen vorwirft: daß er im Phantastischen oder Idyllischen oder im engen Bezirk des Lokalen geblieben sei. Noch die Trilogie der Sonderlinge vom *Hungerpastor* über den *Abu Telfan* bis zum *Schüdderump* — zwischen 1864 und 1870 veröffentlicht — gelangt über einen gewissen Provinzialismus nicht hinaus. Dabei spielen innerliterarische Entwicklungen keine nebensächliche Rolle. Vor allem die deutsche Klassik hat die Geschichte des deutschen Romans im 19. Jahrhundert nachhaltig beeinflußt und seine »Verspätung«, wenigstens zum Teil, »verschuldet«. Sie war noch jüngste Vergangenheit in der Zeit, in der Raabe mit seinen Romanen hervortrat und Fontane als Romanschriftsteller hätte hervortreten können, wenn ihn um diese Zeit nicht anderes an der Literatur interessiert hätte. Und nicht nur war die deutsche Klassik jüngste Vergangenheit. Sie stand in Ansehen und Geltung. Im Grunde hat sie mit ihren Maßstäben und Normen das literarische Leben und Denken bis weit in unser Jahrhundert hinein bestimmt. Ihre Ästhetik kann man gewiß nicht als ein Produkt deutscher Rückständigkeit bezeichnen, am wenigsten den Roman als eines ihrer Resultate. Er war noch im 18. Jahrhundert alles andere als eine klassische Dichtungsart; und daß er am Ende des Jahrhunderts Klassizität erlangte, ist vor allem Wieland und Goethe zu danken. Der Roman *Wilhelm Meisters Lehrjahre* blieb lange Zeit das bewunderte Vorbild, und immerhin zählte ihn der »progressive« Friedrich Schlegel neben der Französischen Revolution und Fichtes *Wissenschaftslehre* zu den maßgebenden Tendenzen des Zeitalters. Der deutsche Bildungsroman, und zumal derjenige Goethes, war um 1800 eine Art »progressiver Universalpoesie«. Von Rückständigkeit kann keine Rede sein. Doch konnte er einer solchen nicht entgehen, wenn er auch unter veränderten Verhältnissen bleiben wollte, was er bisher seiner Intention nach gewesen war: eine vornehmlich auf das Individuum gerichtete Dichtung, die sich für Gesellschaftliches, Politisches und Soziales allenfalls am Rande interessiert. Gleichwohl handelt es sich um Literatur von hohem Rang, deren Wirkung sich die nachfolgenden Generationen nicht so leicht zu entziehen vermochten. Sie fühlten sich nach dem Ende der »Kunstperiode« als Epigonen. Wie bedrückend die Lage empfunden wurde, spricht Immermann überdeutlich aus: »Wir sind [...] Epigonen und tragen an der Last, die jeder Erb- und Nachgeborenschaft anzukleben pflegt. Die große Bewegung im Reiche des Geistes, welche unsre Väter von ihren Hütten und Hüttchen aus unternahmen, hat uns eine Menge von Schätzen zugeführt, welche nun auf allen Markttischen ausliegen. Ohne sonderliche Anstrengung vermag auch die geringe Fähigkeit wenigstens die Scheidemünze jeder Kunst und Wissenschaft zu erwerben. Aber es geht mit geborgten Ideen wie mit geborgtem Gelde: wer mit fremdem Gute leichtfertig wirtschaftet, wird immer ärmer [...].« [67] Auch Gottfried Keller war sich dieses Dilemmas bewußt: daß es seit dem Ende des 18. Jahrhunderts einen »klassischen« Roman in deutscher Sprache gab, der sich dennoch sehr bald als etwas Überholtes erwies. In einem Brief an Hermann Hettner (vom 4. 3. 1851) spricht er mit Beziehung auf den eigenen Roman aus, was ihn bedrängt: »Bei aller inneren Wahrheit reichen für unser jetziges Bedürfnis, für den heutigen Gesichtskreis, unsere alten klassischen Dokumente nicht mehr aus. [...] es ist der wunderliche Fall eingetreten, wo wir jene klassischen Muster noch nicht annähernd erreicht oder glücklich nachgeahmt haben und doch nicht mehr *nach ihnen zurück*, sondern nach dem unbekannten Neuen streben müssen, das uns so viele Geburtsschmerzen macht. Daß es so lange [...] ausbleibt, berechtigt uns zu keinem Pessimismus; sobald der rechte Mann geboren wird, der erste, beste, wird es da sein. Und alsdann werden veränderte Sitten und Völkerverhältnisse viele Kunstregeln und Motive bedingen, welche *nicht* in dem Lebens- und Denkkreise unserer Klassiker lagen [...]. Was ewig gleich bleiben muß, ist das Streben nach Humanität, in welchem uns jene Sterne, wie diejenigen früherer Zeiten, vorleuchten. *Was* aber diese Humanität jederzeit umfassen solle: dieses zu bestimmen, hängt nicht von dem Talente und dem Streben ab, sondern von der Zeit und der Geschichte.« [68]

Dabei bestand eigentlich kein Grund, einseitig auf den Bildungsroman von der Art des *Wilhelm Meister* fixiert zu sein. Goethe selbst hatte mit den *Wahlverwandtschaften* neue Wege gewiesen. Hier war die Handlung nicht ausschließlich um ein Individuum gruppiert; hier standen wenigstens zwei Personen im Mittelpunkt — eine Ehe und mit ihr eine soziale Institution. Schließlich die *Wanderjahre!* Man kann dieses Werk mit Fug und Recht als einen sozialen Roman im engeren Sinne bezeichnen. Ferdinand Gregorovius hat ihn in einer in der Revolutionszeit verfaßten Schrift so interpretiert. [69] Dennoch blieb auf dem Gebiet des Romans die Tradition sehr viel stärker bestimmend als in anderen Ländern Europas, obwohl es weder am Bewußtsein von der Notwendigkeit eines neuen Romans fehlte noch am Begriff selbst. In seiner *Ästhetik* sieht Friedrich Theodor Vischer eine Gruppe von Romanen dadurch charakterisiert, daß sie die Darstellung des Privat- und Familienlebens bevorzugen, von denen sich eine andere Gruppe unterscheidet: »Über diese Sphären erhebt sich unvollkommen der *historische* Roman in das politische Gebiet und der *soziale* zu den großen Fragen über das Wohl der Gesellschaft.« [70] Karl Grün ist 1845 überzeugt, daß der soziale Roman das neue Epos sein werde. [71] Ein umfangreicher Artikel mit der Überschrift »Der sociale Roman«, erscheint um dieselbe Zeit (1844) in Wigand's Vierteljahrsschrift in Leipzig. Es handelt sich um ein enthusiastisches Plädoyer für den Roman in Frankreich, das in erster Linie der streitbaren George Sand zugute kommt. In Frankreich allein, führt der Verfasser aus, sei schöpferischer Geist zu finden. Hier sei durch die Ideen der Französischen Revolution eine eigentümliche Literatur begründet worden: eben der soziale Roman. Obgleich es sich nicht um eine völlig neue Erfindung handele, werden einige von der Romantradition abweichende Stilmerkmale genannt: die Bilder aus dem Alltagsleben, der Arme als Held und so fort. Es folgt eine laudatio auf George Sand. Ihre Romane werden nacheinander besprochen und fast durchweg gelobt. Davon abgesehen kennt sich der Verfasser in der Literatur über die soziale Frage gut aus. Das Buch von Lorenz von Stein ist ihm vertraut; es wird gelegentlich auch zitiert. Am Schluß wird auf Eugène Sue verwiesen. [72] Einem neuen Roman haben auch die Jungdeutschen das Wort geredet. Er war ihnen die zeitgemäße Gattung schlechthin. [73] Er vor allem schien ihnen geeignet, die Fortschritte der Gesellschaft zu lehren —: »funfzehn Romane, und die Millionen sind auf den Weg gebracht«, verkündet Heinrich Laube. [74] Sie waren sich auch darüber im klaren, wie dieser neue Roman auszusehen habe. Es stand fest für sie, daß es ein Zeitroman sein müsse, in dem die Breite der Welt den Vorzug vor den Schicksalen des Individuums erhalten müßte. [75] Solche und andere Forderungen sind in der Theorie in großer Zahl zu belegen. Die Praxis nimmt sich anders aus, und in den Hallischen Jahrbüchern stellte man es fest: »Alle diese Schriftsteller sind durchgefallen mit ihrem Versuch, die Bildung der neuen Epoche, die politische Erziehung des Volkes in der Kunstform des Romans zu schildern, wie es Goethe mit der Kunstbildung seiner Zeit gethan.« [76] Und wie wenig der neue Roman in der Praxis zu überzeugen vermag, bestätigt auch Robert Prutz, der unmittelbar nach dem Weberaufstand des Jahres 1844 an einem Roman zu schreiben begann. Er ist 1851 unter dem Titel *Das Engelchen* erschienen. Die neuen Wirtschaftsformen, wie sie sich mit dem Übergang vom Handwerk zum Industriebetrieb entwickeln, werden vorgeführt, und soziales Pathos mischt sich ein: »Verhülle, wohlthätige Nacht, mit keuschem Schleier den entsetzlichen Anblick dieses Elends! Sechs Tage haben diese Unglücklichen gearbeitet, von früh bis spät, ... ohne Trieb, ohne Gedanken, ohne Gefühl des Eigenthums, stumpfsinnig, bewußtlos, wie das Thier im Pfluge, ja schlimmer noch: denn das Thier im Pfluge athmet doch wenigstens reine Luft — darf es uns Wunder nehmen, dürfen wir den Stein aufheben wider sie, weil sie jetzt, am Schluß dieses langwierigen Tagewerks, in den wenigen Stunden, die sie aus ihrem Joch entlassen werden, sich in ihren Freuden gleichfalls roh und thierisch zeigen?« [77] Das Bewußtsein einer sich ändernden Welt ist vorhanden, aber es fehlen die Formen künstlerischen Ausdrucks: »Prutz bediente sich der Tagessprache und überhöhte sie in das Pathetisch-Rhetorische und Agitatorische.« [78] Alle diese Versuche bleiben abseitig und gelangen selten über jene Sentimentalisierung der Wirklichkeit hinaus, wie sie für die deutsche Romanliteratur nach der gescheiterten Revolution auf weite Strecken hin so bezeichnend ist. [79] Auch die Dorfgeschichte ist kaum je große Literatur, die den bewegenden Problemen der Zeit gewachsen wäre. [80] Vom *Grünen Heinrich* und vom *Nachsommer* abgesehen, die man obendrein als Nachzügler des Bildungsromans verstehen kann, fällt die Ernte bis zur Reichsgründung — trotz Willibald Alexis und Karl Gutzkow — höchst bescheiden aus. Das wird man nicht ausschließlich der innerliterarischen Entwicklung zuzuschreiben haben. Daß es zwischen der gewissen Rückständigkeit des Romans in Deutschland und der Rückständigkeit im Politischen, Wirtschaftlichen und Sozialen Zusammenhänge gibt, liegt anzunehmen nahe. Dem Roman scheint, anders noch als anderen Gattungen der Literatur, jeder Provinzialismus und Partikularismus abträglich zu sein. Jedenfalls ändert sich mit der Reichsgründung die Lage sehr rasch. Erst seit dieser Zeit gibt es — im Sinne Thomas Manns — eine »soziale Roman-Dichtung« von Rang mit einer Reihe bedeutender Werke; erst seit dieser Zeit hat sich auf dem Gebiet des Romans der Anschluß an die europäische Entwicklung vollzogen.

Merkwürdiger Vorgang, daß sich der Aufstieg des deutschen Romans, wie er von der Zeitlage gefordert war, mit dem politischen Ereignis der Reichsgründung verknüpft! Aber das geschieht nicht in Übereinstimmung mit ihr oder gar im Dienste ihrer Propaganda. Es geschieht auf eine sozusagen dialektische Art; denn es kann natürlich keine Rede davon sein, daß der Roman jener Jahrzehnte, der Roman der Kaiserzeit, unmittelbar und direkt von dem Ereignis profitierte. Eher das Gegenteil ist der Fall. Man gewinnt den Eindruck, als seien die maßgeblichen Schriftsteller bis zur Reichsgründung voll und ganz von der Idee der deutschen Einheit beansprucht worden. Das wäre auch durchaus verständlich. Mit der Idee der deutschen Einheit wurden demokratische Grundrechte gefordert, die einem Schriftsteller nichts Nebensächliches sind. Bis weit in die zweite Hälfte des 19. Jahrhunderts ging es um die Durchsetzung solcher Rechte. Aber es ging um sie auch noch in einer Zeit, in der die sozialen Probleme infolge der sich verändernden Verhältnisse längst die Aufmerksamkeit aller verdient hätten. In diesem Punkt ändert sich mit der Reichsgründung sehr viel. Die bis dahin gebundenen Kräfte werden nunmehr gleichsam »freigesetzt«. Man ist für anderes offen und nicht mehr nur auf das eine Problem — die deutsche Einheit — fixiert. Man erkennt, daß sich die politischen, wirtschaftlichen und sozialen Verhältnisse vielfach verschärfen. Der Roman hat seinen Gegenstand gefunden: einen Gegenstand, der zur Kritik herausfordert. Aber Kritik in Ehren! Sie ergibt allein noch kein Kunstwerk von Rang. Solche Werke entstehen meistens dann, wenn sich Veränderungen außerhalb der Literatur mit Veränderungen ihrer Formenwelt verbinden — wenn sich das wirklich Soziale in der Literatur (im Sinne des frühen Georg Lukács) in der Form zeigt und bezeugt. Der Wandel im außerliterarischen Bereich mag so aufregend und beunruhigend wie immer sein —: wenn er einen Stilwandel in der Kunst nicht zur Folge hat, geht er eine Kunstwissenschaft wenig an. Eine solche Formverwandlung im Gebiet des Romans zeichnet sich seit der Reichsgründung im Werk Raabes und Fontanes deutlich ab. Bei beiden Schriftstellern sind Zeitroman und Bismarckzeit merkwürdig miteinander verknüpft; und es sieht ganz so aus, als habe der sehr unpoetische Kanzler des neuen Reiches den Gang der Literatur auf dem Gebiete des Romans auf seine Weise beeinflußt. Zumal in der schriftstellerischen Laufbahn Theodor Fontanes hat er Epoche gemacht — dadurch vor allem, daß infolge seiner Politik Fontanes Wege zum Roman zu Umwegen geworden sind. Ihre wichtigsten Stationen haben wir im folgenden zu erläutern.

3. Umwege zum Roman

Seinen schriftstellerischen Weg beginnt Fontane in einer Zeit der politischen Turbulenz. Das europäische Staatensystem ist nach einer Zeit der relativen Stagnation in Bewegung geraten. Metternichs Politik eines Gleichgewichts der Mächte ist erschüttert und in Frage gestellt. Es ist die Zeit des Vormärz, in der sich der junge Theodor Fontane anschickt, sein Glück mit der Feder zu versuchen — eine Zeit der Forderungen und der Proteste, was zur Folge hat, daß das Schrifttum zu großen Teilen politisches Schrifttum ist: Lyrik, Reisebild, Tagebuch, Essayistik, Pamphlet und anderes. [81] Zumal das Jahr 1840 bedeutet in dieser Zeit der allgemeinen Turbulenz einen wichtigen Einschnitt. Es ist das Jahr der Rheinkrise und des Regierungsantritts Friedrich Wilhelms IV. in Preußen. Wir befinden uns am Vorabend einer Revolution — einer mißglückten, wie sich erweisen wird. Aber das war um die Zeit noch nicht abzusehen, in der Fontane sich als Schriftsteller zu betätigen beginnt. Ein »roter Republikaner« ist er zwar nur mit Maßen. Aber ein Republikaner ist er gewiß, besonders in der Zeit, in der es hart auf hart geht und eine seit langem schwelende Revolution zum Ausbruch drängt. [82] Solchen Republikanismus bekommt der eher konservative als radikale Freund Bernhard von Lepel wiederholt zu spüren: »Ich will keine Republik, um sagen zu können, ich lebe in solcher. Ich will ein freies Volk; Namen thun nichts zur Sache; ich hasse nicht die Könige, sondern den Druck den sie mit sich führen. Man spielt kein ehrliches Spiel, und darum will ich die Republik. Es giebt keine deutsche Einheit bei 37 Fürsten, und deshalb will ich sie noch einmal. Von dieser letztern Wahrheit bin ich so tief durchdrungen, und das Aufgehn aller Sonderinteressen, jeder kleinen Eitelkeit und aller Vorurtheile zur Ehre und zum Ruhme des großen deutschen Vaterlandes ist so sehr Gewissenssache bei mir geworden, daß um des gewaltigen Zweckes willen die Fürsten fallen müßten und wenn sie Engel wären.« So lautet eine Briefstelle mitten aus der Zeit der Revolution. [83] Der gewaltige Zweck: das ist ganz ohne Frage die deutsche Einheit, und als einen nur rückständigen Nationalismus aus heutiger Sicht darf man Wendungen wie die vom »großen deutschen Vaterland« nicht abtun. Mit der deutschen Einheit sind Erwartungen von Demokratie, von Presse- und Redefreiheit verbunden, wie sie vom liberalen Bürgertum, von den Jungdeutschen und den Schriftstellern des Vormärz gefordert werden. Veränderung des Bestehenden und Einführung einer garantierten Verfassung sind wenigstens seit 1840 die beherrschenden Tendenzen der Epoche. Der junge Theodor Fontane macht sie sich in einer Weise zu eigen, die einen politischen Dichter im Stil der Zeit erwarten läßt.

Literarischen Epochen ist es eigentümlich, daß sie bestimmten Dichtungsarten den Vorzug geben und andere zurücksetzen. Von einigen Widerreden der Jungdeutschen abgesehen, ist die Lyrik um 1840 die allseits geschätzte Gattung der Literatur. Karl Gutzkow stellt es 1838 in einem Beitrag »zur Beurteilung der literarischen Epoche« zutreffend, aber mit spürbarer Indignation, fest: »Ich weiß, daß vor dem Richterstuhle der Aesthetik die Lyrik gegenwärtig in Deutschland das Einzige ist, was den glänzenden Firniß der Classizität besitzt; dennoch scheint sie mir interimistisch, unfruchtbar, zukunftslos. Sie enthält keine Nothwendigkeiten in sich [...].« [84] Aber die hier berufene Klassizität bezieht sich fast ausschließlich auf die Lyrik in der Tradition der klassisch-romantischen Literatur. Der politischen Lyrik wird eine solche Hochachtung von der Tradition nicht entgegengebracht. Sie erscheint vielen suspekt und als etwas, dem ein Anspruch auf »Dichtung« nicht eigentlich zukommt. Es ist aber um 1840 die politische Lyrik vor allem, die mit den Gedichten Herweghs, Heines oder Freiligraths in aller Munde ist — wenigstens was die Jüngeren angeht. Diese Lyrik ist es auch, in deren Bann der zwanzigjährige Fontane gerät. Zwar fehlt es in der Ernte der ersten Jahre nicht an Gedichten im Stil der Tradition — jener Lyrik, die sich vornehmlich auf den Ausdruck individueller Seelenlagen beschränkt. Diese Gedichte handeln im Stil Lenaus, Eichendorffs oder auch Heines von erster Liebe und ihren Leiden, von Freundschaft, sternenhellen Nächten, Todesahnung und Grab. Spätromantische Träume von Nixen und Wasserfeen werden noch einmal geträumt, und der Frühlingsglaube wird weiterhin mit jenem unverwüstlichen Optimismus verkündet, der inzwischen längst zum Klischee entartet ist:

> »Aber in die Winternacht
> Strahlt jetzt mild die Frühlingssonne; —
> Alles atmet Lebenswonne,
> Denn der Frühling ist erwacht.« (VI/609)

Einen eigenen Ton vernimmt man nicht. Diese Gedichte sind auch nicht das Augenfällige im Schrifttum der frühen Zeit. Zum Teil wurden sie überhaupt erst sehr viel später veröffentlicht. Der vorherrschende Zug in diesen ersten schriftstellerischen Versuchen beruht, unabhängig von Vers oder Prosa, in einem betont kritischen, polemischen und satirischen Ton von bisweilen beträchtlicher Schärfe. Solchen Intentionen eines jungen Schriftstellers kam die politische Lyrik entgegen, deren Wortführer — neben Heine — vor allem Georg Herwegh war. Seine *Gedichte eines Lebendigen* begannen seit 1841 zu erscheinen, und noch in demselben Jahr tritt der junge Fontane in den Herwegh-Klub ein — nunmehr in Leipzig, wo er als angehender Apotheker tätig wird. Ein Gedicht *An Georg Herwegh* läßt nicht lange auf sich warten. Es ist im Brustton der Schiller-Epigonen verfaßt, damit zugleich der Herweghschen Lyrik angenähert, und bringt im unbeholfenen Pathos zum Ausdruck, was der junge Poet dem nur wenig älteren Dichter verdankt: das Bewußtsein vor allem, einer lähmenden Lethargie entronnen zu sein. Statt dessen weiß er sich einer Welt zugehörig, die sich wieder bewegt. Der politische Dichter Georg Herwegh wird als ein Rebell gefeiert, aus dem ein deutscher Liederquell »stürzt«; und der das alles vernimmt, vergleicht sich mit einem, der verschmachtend in der Wüste lag, die Wüstensonne »unbeweglich« über ihm — bis die Wende mit eben den Liedern eintrat, die eine solche Bewegung hervorriefen. (VI/680)

Diese Leipziger Zeit ist im Werdegang Fontanes in mehrfacher Hinsicht eine epochemachende Zeit; und der Herwegh-Klub ist kein beliebiger Klub; er ist alles andere als ein Treffpunkt harmloser Poeten. Die hier ein- und ausgehen, sind politisch erfahren; sie wissen, was sie wollen. [85] Zu ihnen gehört auch Robert Blum, der später in Wien seine revolutionäre Tätigkeit mit dem Leben bezahlte; er wurde 1848 hingerichtet. [86] Ferner gehörte Hermann Kriege zu diesem Kreis, dem es offensichtlich schwer gefallen ist, mit dem Militärdienst einverstanden zu sein. Später trat er in Beziehungen zu Engels und Marx. Fontane hatte Grund, ihn in einem Gedicht zu feiern, das mit den Versen beginnt:

»Sie strebten lang die Flügel dir zu lähmen
Bei Gitterfenster und bei Kerkertor;
Du aber schrittst, um kühnern Flug zu nehmen,
Aus ihren Höhlen ungebeugt hervor.« (VI/736) [87]

Die spätere Ironisierung solcher Verse steht auf einem anderen Blatt. Sie verharmlost das, was damals nicht so harmlos gemeint war. Im Leipziger Herwegh-Klub lernte Fontane auch den aus Odessa gebürtigen Wilhelm Wolfsohn kennen, der seinerseits die Bekanntschaft mit Lassalle gemacht hatte. [88] Wolfsohn war in mehreren Literaturen zu Hause und seine Vorträge über russische Literatur, in die er auch Fontane einführte, waren allseits geschätzt. Puschkin, Lermontow, Gogol und den weniger bekannten Pawlow lernte er auf diese Weise kennen. [89] Allen sozialen Fragen der Zeit stand Wolfsohn offen und aufgeschlossen gegenüber. Aber eigentlich trifft dies für alle zu, die in diesem Kreis verkehrten. Einer dieser Bekannten war Ludwig Köhler, der 1841 in der Zeitschrift ›Die Eisenbahn‹ einen Beitrag über *Die geistigen Vorkämpfer des Radikalismus in England* veröffentlicht hatte. Es ist möglich, daß sich Fontanes Interesse am Frühsozialismus der vierziger Jahre von diesem Beitrag herleitet. [90] Robert Binder, ein Mitglied des Herwegh-Klubs auch er, war der Herausgeber dieser Zeitschrift, die es an radikalen Beiträgen nicht fehlen ließ. Auch Fontane hat hier publiziert. Und von Radikalismus ist sein Dichten und Denken in jenen Jahren geprägt. Dies gilt erst recht für den Aufenthalt in Dresden, wo er am 1. Juli 1842 in die Apotheke des Dr. Gustav Struve eintrat und bis Ostern des nächsten Jahres blieb.

In dieser Zeit erweitert sich sein Engagement zunehmend zum Sozialen hin. [91] Die Lebensverhältnisse der unteren Klassen gewinnen sein Interesse, und das ist unter den Gebildeten der Zeit durchaus nicht die Regel. Einer derjenigen, die in Deutschland den Blick für solche Fragen geschärft hatten, war Lorenz von Stein. Sein Buch *Der Socialismus und Communismus des heutigen Frankreich* war im Jahre 1842 erschienen. Der Verfasser, ein angesehener Jurist, führt aus, daß mit dem Proletariat etwas vollkommen Neues in der Geschichte aufgetaucht sei, das sich von den Armen im bisherigen Sinne unterscheide. Gegenüber den Taugenichtsen oder gegenüber der Plebs der römischen Kaiserzeit wolle der Proletarier arbeiten; aber er wolle dafür angemessenen Lohn erhalten. [92] Hier wird sozialer Wandel als Bewußtseinswandel erfaßt und beschrieben. Der junge Fontane hatte Kenntnis von diesem Buch, wie dem erst unlängst vollständig veröffentlichten John-Prince-Manuskript zu entnehmen ist. Der darin vorgestellte Dichter — ein englischer Arbeiterdichter — wird »geradezu ein Sänger des Socialismus« genannt; und dabei wird auf Steins Buch verwiesen. [93]

Dieses Manuskript, das erst spät das Licht der literarischen Welt erblickte, kann in seiner Bedeutung für die Gedankenwelt des jungen Fontane nicht hoch genug eingeschätzt werden. [94] In der Geschichte der sozialen Frage und ihres Hervortretens in Deutschland ist es ein literarisches Dokument ersten Ranges. Dieses Manuskript war als Einleitung zu einer Anthologie englischer Arbeiterdichter gedacht, die John Critchley Prince, dem »Sänger des Sozialismus«, die beherrschende Stellung einräumen sollte — neben Ebenezer Elliott, Robert Nicoll und anderen. Sie alle sollten in deutscher Übersetzung erscheinen, und daß sie mit ihren Reimen gegen die barbarischen Korngesetze Sturm liefen, war ihnen gemeinsam. Diese Gesetze, 1815 erlassen, sahen hohe Einfuhrzölle für importiertes Getreide vor und untersagten die Einfuhr überhaupt, falls der Inlandspreis unter eine bestimmte Höhe sinken sollte. [95] Die Armen und Ärmsten des Landes waren von den Gesetzen — erst 1846 wurden sie aufgehoben — in besonderer Weise betroffen. Was sich in diesen Gedichten als soziale Anklage artikuliert, kann gewiß nicht als hohe Dichtung angesehen werden. Aber noch weniger handelt es sich um belanglose Literatur. Die Übersetzungen Fontanes bleiben dem Original an künstlerischer Ausdruckskraft nichts schuldig. Robert Nicoll, von dem gesagt wird, daß er als jugendlicher Redakteur der Leeds-Times mit geharnischten Artikeln in Vers und Prosa gegen die Korngesetze focht, wird u. a. mit einem Gedicht *Der Trinker* vorgestellt, das man wohl zu den besten der Sammlung zählen darf. Es gibt sich leicht und gefällig und wirkt eben dadurch so provokativ. Das lustige Trinklied, um das es sich zu handeln scheint, geht in das Trinkerlied über, das der Titel ankündigt. Die vermeintliche Heiterkeit der Verse weicht sarkastischer Ironie:

»Sie schicken sich zum Festmahl an
Und schenken jubelnd ein,
›Vergnügen‹ suchen sie, doch ich
›Vergessen‹ nur im Wein.
Von Not und Elend will ich frei
Und frei von Sorgen sein,
Von Armut, Frost und Hunger frei, —
Und darum schenk' ich ein.

Durch meine Lumpenkleidung pfeift
Der rauhe, kalte Wind,
Seit ich mein letztes Brot verzehrt,
Zwei Tag' vorüber sind; —
Ein einzig Glas, und sieh! — ich bin
Mit Purpur angetan,

Und seh' den leeren Tisch besetzt
Wohl gar mit Goldfasan.

Mein Weib, zerlumpt, erbettelt sich
Ihr Brot von Haus zu Haus
Und ruht auf bloßer Erde nachts
Bei ihren Kindern aus;
Sie trinkt wie ich; warum? — es frommt
Der Trank ihr ebenso,
Die blassen Kinder scheinen ihr
Statt hungrig — satt und froh.

Was *auf* dem Leib, was *in* dem Leib,
So habt gut reden ihr,
Doch anders kläng' es, wär't ihr so
Halbnackt und arm, wie wir.

Daß elend ich, was liegt daran!
Drum lebt ja unserein,
Brot ist nicht da; — komm Weib und trink
Und laß uns lustig sein!« (VI/737)

Hier wird versucht, eine Situation der Verzweiflung im lyrischen Gedicht wiederzugeben; und wenn Mitleid diese Verse der Trunksucht begleitet, von der sie handeln, so ist es soziales Mitleid in erster Linie. Nach dem Denkschema Schuld und Sühne fiele es nicht schwer, im Trinker den Alleinschuldigen eines solchen Elends zu ermitteln. Im Gedicht geschieht dergleichen nicht. Es fragt im Gegenteil nach den Mitschuldigen des Elends. Darin vor allem beruht der soziale Sinn der Verse.

Dem Arbeiterdichter selbst ist der Hauptteil in diesem Manuskript vorbehalten. Sein Lebenslauf — diesen Abschnitt hat Fontane ziemlich wörtlich einer englischen Vorlage entnommen — wird liebevoll geschildert. [96] »Einstimmungen« gehen voraus, die sich im Lyrischen zu verlieren drohn. Die beabsichtigte Wirkung — auch im Gebrauch des praesens historicum — ist spürbar: »Horch! Die Vesperglocke tönt zu uns herüber, selbst die Vögel schweigen und lauschen still den feierlichen Klängen, nur das Bächlein uns zur Seite murmelt leise vor sich hin, als verricht' es sein Abendgebet im Tempel der Natur [...].« Das hört sich ein wenig biedermeierlich an. Aber der Lyrismus ist nicht Selbstzweck. Er ist Mittel zum Zweck und dient der Konfrontation. Fontane verliert sich nicht in den Schilderungen einer vermeintlich zeitlosen Natur. Die Naturstimmung wird einem sozialen Kontext zugeordnet. Wir befinden uns in Manchester: »die breiten, hellerleuchteten Straßen werden allgemach zu schmalen, dunklen Gassen; statt wohlgenährter Bediente, stehen blasse, dürftige Handwerker in den Türen ihrer baufälligen Wohnung. Finsterer, rauchgeschwärzter werden die Häuser [...].« Die selbstgenügsame Lyrik in Prosa, für die man sie halten kann, wird desillusioniert, und soziales Elend beeinträchtigt die Schönheit unserer Welt. Das alles ist auf dem Hintergrund der klassischen Aesthetik, die ein deutscher Schriftsteller um die Mitte des 19. Jahrhunderts vorfand, keine Selbstverständlichkeit. Es sieht im Gegenteil ganz so aus, als hätte man es nicht bloß mit etwas Angelesenem zu tun. In diesem Aufsatz über John Prince und die Corn-law-Rhymers sind wesentliche Aspekte einer Zeitenwende erfaßt, ehe sie — im Falle Fontanes — wieder vergessen wurden: »England und Frankreich sah seit einem halben Jahrhundert Männer erstehen, denen das Elend der niederen Volksklassen nicht nur tief zu Herzen ging, nein deren Streben auch dahin gerichtet war, rettend, hilfeleistend einzuschreiten. Man faßte die riesige Idee, die Gesellschaft zu reformieren, der Sozialismus ward geboren. Es kann derselbe füglich nur Anfeindungen von denjenigen ausgesetzt gewesen sein, welche die ihm zu Grunde liegende Idee entweder nicht richtig erkannten, oder absichtlich verkennen wollten.« [97] Der solches schreibt, ist um diese Zeit allem Vermuten nach überzeugt, etwas Richtiges erkannt zu haben. Auch die deutsche Verspätung — hier nicht auf dem Gebiete des Romans, sondern in Fragen des sozialen Lebens — entgeht nicht seinem Blick. Der junge Fontane ist sich bewußt, was alles in England und Frankreich schon geschehen war, ehe etwas in Deutschland geschehen konnte. Das Soziale, wie es in der Sprache der Zeit verstanden wird, ist eine Kategorie von zentraler Bedeutung im Gedankengang dieses Beitrags. Auch für die Artikel, die Fontane im Revolutionsjahr für die ›Dresdner Zeitung‹ schrieb, trifft das zu. In einem dieser Aufsätze greift er den erzkonservativen Leopold von Gerlach mit ungewöhnlicher Schärfe an: »Derselbe Mann, der vor Jahren in Magdeburg erklärte: ›die bürgerlichen Offiziere seien ein Schandfleck unserer Armee‹, kann unter ›wahrer Aristokratie‹ unmöglich etwas anderes verstehen, als was alle Welt unter Aristokratie überhaupt begreift: eine mehr körperlich wie geistig bevorzugte Kaste, mit einem ›von‹ vor dem Namen, einem guterhaltenen Stammbaume und mehr Rechten als Pflichten.« (1/38) Das ist eine deutliche Sprache! Sie kann als die Sprache eines bürgerlichen Rebellen verstanden werden, eines engagierten Republikaners, der die Privilegien einer Kaste, des ersten Standes, mit Vehemenz bestreitet. In der Befassung mit den englischen Arbeiterdichtern tritt etwas Weiteres hinzu. Hier werden die Grenzen bürgerlichen Denkens überschritten. Hier werden Vorgänge wahrgenommen, die außerhalb der eigenen Interessenlage liegen; und man muß hinzufügen: nicht einmal für die politisch versierten Jungdeutschen sind solche Grenzüberschreitungen etwas Selbstverständliches gewesen. Wer solches darzustellen hat, indem er den frühen Fontane in seine Darstellung einbezieht, muß sich heutigentags vor Mißverständnissen schützen. Es handelt sich nicht darum, einen Schriftsteller aus heutiger Sicht aufzuwerten, soweit es nur eben möglich ist. Aber am Lebensweg und am geistigen Werdegang Fontanes in dieser Phase seiner Biographie ist etwas anderes interessant: eine Einsicht, die sich der Verallgemeinerung nicht widersetzt und doch nur aus genauer Kenntnis einer individuellen Biographie gewonnen werden kann. Im Leben eines jeden Menschen kann etwas bereits Erkanntes in Vergessenheit geraten. Andere Erkenntnisinteressen können es überlagern und verdrängen. Mit solchen »Verdrängungen« hat man zumal in Fontanes mittlerer Zeit zu rechnen, und diese mittlere Zeit beginnt sehr früh. Sie beginnt bereits in den Jahren des revolutionären Aufbegehrens und kündigt sich mit dem Eintritt in den Berliner Dichterverein »Der Tunnel über der Spree« unüberhörbar an.

Der Name dieses Vereins war als eine Anspielung gemeint: dem »richtigen« Tunnel unter der Themse als einem Produkt moderner Technik wollte man einen Tunnel ganz anderer Art entgegensetzen: einen poetischen Tunnel über der Spree. [98] Die Bezugnahme auf das Zeitalter der Technik hat für das Selbstverständnis dieses Kreises nicht viel zu bedeuten. Zeitbezüge dieser Art waren unter den Aristokraten des »Tunnel« nicht sonderlich geschätzt. Man fühlte sich in der Historie zu Hause und zog sich gern in eine von der Prosa des Alltags unberührte Poetenwelt zurück. In diesem Sonntagsverein hatte das Heldische noch keineswegs abgewirtschaftet. Helden wurden hier wie eh und je gefeiert. So vor allem und immer erneut in der Kunstform der Ballade. Sie kam als literarische Gattung den vorwiegend konservativen Gesinnungen dieses Kreises in jeder Hinsicht entgegen; und im Publikum war sie noch immer beliebt. Es wäre ungerecht, die Ballade der neueren Literatur von vornherein als eine museale Dichtungsart abzutun. [99] Sie war zu Zeiten Herders und des jungen Goethe eine der bevorzugten Formen in der literarischen »Jugendbewegung« des Sturm und Drang, und sie verstand sich als eine neue Dichtungsart, die Altes — die komische Romanze der Anakreontik — ablöste. Ihr war also eine echte Erneuerung gelungen. Aber dieselbe Ballade, die zu Zeiten des jungen Goethe etwas Junges und Neues gewesen war, war inzwischen in die Jahre gekommen. Im »Kampf um die Tradition« stand sie auf der Seite der Tradition. Dies gilt für die Gattung im ganzen, wie es Hugo Bieber in seiner Literaturgeschichte beschreibt: »Die deutsche Balladendichtung des 19. Jahrhunderts, zeitweise mit erstaunlicher Virtuosität betrieben, bedeutet zum großen Teil das Anlegen einer Maske, die Annahme einer falschen Naivität, eines heroischen Kostüms ohne heroische Grundanschauung, zu einem andern Teil das Überwiegen stofflichen Interesses, historischen Wissens und Geschmackes, das Hantieren mit Gebärden, die weder dem Zeitcharakter noch der Persönlichkeit des Verfassers entsprechen, oder mit denen Autor und Leser sich über ihre wahre Natur, Lage und Betätigungsmöglichkeit hinwegtäuschen.« [100] Zwar fehlte es nicht an Bemühungen, Neues mit Altem zu verbinden. Die Erneuerung in den Formen — oder Stoffen — der sozialen Ballade war ein solcher Versuch. Es erwies sich sehr bald, daß den neuen Themen die gute alte Ballade am wenigsten gewachsen war.

Im »Tunnel über die Spree« sah man von vornherein mit anderen Augen in die Welt. Die Erneuerung der Ballade mit Percy und Scott an der Spitze war fraglos eine Restauration. Man hat es mit dem klassischen Fall einer solchen zu tun: mit Gegenwartsferne und Wirklichkeitsflucht als den bestimmenden Merkmalen. Wenn diese schon für die Ballade des 19. Jahrhunderts im ganzen zutreffen mögen — im »Tunnel über die Spree« wurden sie vollends evident. Formkunst ohne innere Notwendigkeit: hier recht eigentlich hatte sie ihren Ort, ehe sie Paul Heyse am bayerischen Königshof etablierte. Zwar schien es zeitweilig, als könnten sich gegenüber den stockkonservativen Tendenzen noch andere Richtungen durchsetzen. Christian Friedrich Scherenberg brachte mit einigen seiner aufwühlenden Gedichte einen anderen Ton in diese sterile Welt. Aber nicht er, sondern der schlesische Graf Strachwitz wurde um die Mitte der vierziger Jahre der Wortführer des Kreises. Von Hause aus an feudale Lebensformen gewöhnt, wurde er im »Tunnel über der Spree« für einige Jahre das allseits bewunderte Vorbild. Die Gegenwartsferne und die Auswanderung in eine poetische Welt jenseits der Welt ist in seinem Fall durch einen Brief bezeugt, der keinen Zweifel läßt, wie man hier denkt. Von der »Gütergemeinschaft der Illusion« ist in diesem Brief die Rede; und eine Gütergemeinschaft der Illusion verband auch die Tunnelfreunde untereinander. [101]

In einem solchen Kreis fand der junge, zur politischen Radikalität tendierende Dichter Aufnahme, der Fontane in jenen Jahren war. Seit 1844 trug er hier seine Gedichte und balladischen Lieder vor. Aber die soziale Lyrik, mit der er sich einführte, fand nicht die Zustimmung seiner neuen Freunde. Man verhielt sich zurückhaltend und kühl. In den Protokollen ist es nachzulesen. Kritik am Staat und an seinen Ordnungshütern war nicht erwünscht. In diesem Punkt hatte sich Fontane einiges herausgenommen; er hatte der preußischen Polizei nicht die gebührende Reverenz erwiesen, und Zurechtweisungen blieben nicht aus: »Aber der stärkste Unwille brach darüber aus, daß ein grüner Gendarmes mit Säbel und Helm, der doch gar nicht dafür könne, daß er grün und Gendarmes und mit Säbel und Helm angethan sey, gewissermaßen wegen einer seiner wichtigsten Amtshandlungen [...] lächerlich gemacht werde.« Noch weniger fanden die Übersetzungen der englischen Korngesetzdichter vor den Kunstrichtern des »Tunnel« Gnade. Im Protokoll wird mit Indignation vermerkt: »Eine kräftige ergreifende Schilderung der Trunksucht als Folge des Elends und des Elends als Folge des Trunkes. Man ließ dem Dichter in so weit allgemeine Gerechtigkeit angedeihen, als man ihm zugab, er habe den beabsichtigten Effekt, ein grelles, erschreckendes Bild eines menschlichen Zustandes, wirklich hervorgebracht. Indessen machte sich von einigen Seiten die Meinung geltend, daß eine solche Aufgabe, so verdienstlich sie auch in moralischer oder publicistischer Beziehung sein möge, aus dem ästhetischen Standpunkt doch nicht gebilligt werden könne: daß dieß Gedicht ein tüchtiges versifiziertes Plaidoyer oder ein gereimter ergreifender Artikel eines Fortschritts-Journals oder ein vortrefflicher Mäßigkeits-Gesellschafts-Präsidenten-Vortrag, kurz Alles — *nur kein Gedicht* sei!« [102] Deutlicher kann kaum gesagt werden, was man um diese Zeit und in diesem Kreis von einem Gedicht erwartet. Die Gedichte des jungen Fontane entsprachen solchen Erwartungen in keiner Weise. Er selbst gab sich nicht sofort geschlagen; und er hat die vorwiegend konservativen Gesinnungen seiner neuen Freunde auch nicht von heute auf morgen zu den seinen gemacht. Aber Abstriche wurden alsbald nötig, und erste Annäherungen an das »Weltbild« dieses Poetenklubs blieben nicht aus. So ist es gekommen, daß Fontane für einige Jahre verschiedenen Lagern zugehörte und entsprechend zwiespältig dachte. Damals, wenn irgendwann, war er eine schwankende Gestalt, die für keine der beiden Seiten zuverlässig war. Obgleich Fontane schon seit nahezu fünf Jahren dem »Tunnel« angehörte, konnte es dennoch geschehen, daß ihn die Revolution überwältigte, als sie ausbrach. In den Artikeln der ›Dresdner Zeitung‹ bekämpft er die preußische Reaktion mit einer Schärfe, die nichts zu wünschen übrig läßt. Für den Obertribunalrat Waldeck, dem von der konservativen Regierungspartei der Prozeß gemacht werden sollte, tritt er mit Entschiedenheit ein; und als der Prozeß mit Freispruch endet, teilt er es den Lesern der ›Dresdner Zeitung‹ im triumphierenden Tone mit: »Waldeck ist freigesprochen und mit ihm die geschmähte, verdächtigte, in den Kot getretene Wirksamkeit der vorjährigen Nationalversammlung [...] Das Blatt hat sich gewendet. Auf der Anklagebank sitzt jetzt der ›Zuschauer‹ der ›Neuen Preußischen‹; die öffentliche Meinung verurteilt ihn als einen Lügner, Fälscher und Verleumder, und blickt gleichzeitig, zweifelnder denn je, auf die Kreuzritter, die, in den Spalten der Zeitung selbst, ihre Lanzen zu Ehren ihrer Dame — des absoluten Königtumes — einlegen.« (1/28) Aber bereits ein Jahr später erscheint der zeitlos anmutende Romanzenzyklus *Von der schönen Rosamunde*, der 1847 im »Tunnel« vorgelesen worden war — eine liebenswürdige, aber auch eigentümlich unverbindliche Poesie, von der man den Eindruck erhält, sie hätte früher oder später oder irgendwann gedichtet sein können. Zwischen dem »roten Republikaner«, der über ein Revolutionsdrama *Karl Stuart* nachdenkt, und einer harmlosen Lyrik wie dieser fällt es schwer, einen Zusammenhang zu erkennen — es sei denn, man erkennt ihn in der Person des Verfassers, den solche Widersprüche von nun an begleiten.

Wobei sich freilich die Akzente unmittelbar nach der Revolution sehr rasch verlagern! Die konservative Ära in der schriftstellerischen Laufbahn Fontanes beginnt; und es ist die Entscheidung für den Beruf des freien Schriftstellers, die solche Widersprüche, wenigstens zum Teil, erklärt. Man muß sie sicher aus der Zeit heraus verstehen. Der Schriftstellerberuf, den der gelernte Apotheker ergreift, schließt die Entscheidung für die Tätigkeit des Journalisten ein, und der Journalismus beeinflußt seit dieser Zeit die schriftstellerische Arbeit. [103] Bei Fontane geht das eine nicht immer bruchlos in das andere über. Es gibt die Tagesschriftstellerei und es gibt die Gewißheit, eine »dichterische Natur« zu sein. [104] Aber die Einheit beider läßt vielfach zu wünschen übrig. Das eine ist das, was man täglich tut, um den Lebensunterhalt zu bestreiten. Das andere, das Poetische, ist das, was man am besten sonntags tut. Das vom »Tunnel« geprägte Dichtungsverständnis ist so rasch nicht vergessen. Der für die Revolution so wortgewaltig gefochten hatte, tritt schon 1851, der Not gehorchend, in das Kabinett der preußischen Reaktion ein, deren Leitung der Ministerpräsident von Manteuffel übernommen hatte. Einer seiner »Tunnel«-Freunde — es machte sich bezahlt — hatte ihm die Stellung verschafft; und Fontane machte sich keine Illusionen über das, was ihm dabei an Gesinnungswechsel zugemutet wurde und was er, bei so bewandten Umständen, von sich selbst zu halten hatte. Dem Freund Bernhard von Lepel wird es ohne alle Umschweife und Beschönigungen mitgeteilt: »Ich habe mich heut der Reaction für monatlich 30 Silberlinge verkauft [...]. Ich debütire mit Ottaven zu Ehren Manteuffels. Inhalt: der Ministerpräsident zertritt den (unvermeidlichen) Drachen der Revolution. Sehr nett!« [105] Daß man es nicht mit einem »wirklichen« Reaktionär zu tun hat, »mit einem Reaktionär reinsten Wassers«, verrät allein schon der selbstironische Ton der Briefe. Er ist auch sonst zu belegen. Dem Mitarbeiter im Literarischen Cabinet traut der Minister des Inneren, von Westphalen, so recht nicht über den Weg, weil die »politischen Gesinnungen« nicht ganz lauter seien. [106] Demokratisches und Konservatives, Deutsch-Nationales und Altpreußisches vermischen sich merkwürdig. Man entdeckt Widersprüche, wohin man blickt. Davon handelt ein Brief vom 28. Juli 1850, abermals an Bernhard von Lepel gerichtet: »Die Frage liegt Dir nah, was ich denn eigentlich da will. Leider kann ich sie Dir nicht beantworten, ich weiß es selbst nicht [...]. Man hat vor den gewöhnlichen Lumpenhunden nur das voraus, daß man wie der wittenberg-studirte Hamlet sich über seine Lumpenschaft vollkommen klar ist.« Sich über seine Lumpenschaft im klaren sein und doch nicht wissen, was man denn eigentlich will: solche Widersprüche sind für die Bewußtseinslage jener Jahre bezeichnend. [107] Vieles im Verhalten und Denken Fontanes ist von Opportunismus nicht frei, obwohl ihn solche Zweideutigkeiten, wie wir wissen, bedrückten. [108] In manchen Äußerungen ist der liberale und republikanisch gesinnte Schriftsteller seiner Anfänge noch immer wiederzuerkennen. Aber auch an Distanzierungen von diesen Anfängen fehlt es nicht, wenn es 1854 in einem Brief an Storm (vom 14. Februar) heißt: »Es kam die Herweghzeit. Ich machte den Schwindel gründlich mit, und das Historische schlug ins Politische um.« Diese von Widersprüchen erfüllte Phase in Fontanes Biographie — zur Hälfte waren sie ihm bewußt, zur anderen Hälfte nicht — wird mit den England-Aufenthalten nicht beendet.

Unter den sozialliberalen Gesinnungsfreunden im Leipziger Herwegh-Klub galt England als das Land der ersehnten Freiheit schlechthin. Einer der Freunde, der spätere Indologe Max Müller, wanderte dorthin aus, wurde englischer Staatsbürger und gelangte in Oxford zu akademischen Ehren. Fontane hatte England im Jahre 1844 zum erstenmal besucht; und dabei waren die politischen Motive seiner republikanischen Zeit nichts Nebensächliches gewesen. Die Reise im Sommer 1852 und der mehrjährige Aufenthalt vom Herbst 1855 bis 1859 sind aus einer von Grund auf veränderten Situation heraus zu beurteilen. Im eigenen Land, in Preußen, war die Zeit der Revolutionswirren durch eine Phase der Reaktion abgelöst worden; und in ihrem Sold, im Solde der Reaktion, wurde Fontane seit 1854 als Korrespondent tätig. Der Konservativismus bestimmt nun zunehmend sein Denken. Aber zugleich hat er diesen England-Aufenthalten eine Vielzahl neuer Erfahrungen im Politischen, Gesellschaftlichen und Sozialen zu verdanken. Kein Zweifel: England wurde eine der wichtigsten Stationen auf seinem Weg zum Roman. So haben sich die Zeiten geändert: nicht Italien mit seinen antiken Stätten ist im Werdegang Fontanes das zentrale Bildungserlebnis, das es in der deutschen Klassik selbstverständlich gewesen war. An seine Stelle ist England getreten, wenn die journalistische Tätigkeit in diesem Land so verstanden werden darf. England – das heißt: ein Land mit hoher politischer Bildung, mit einer modernen Literatur, vor allem auf dem Gebiet des Romans; und es heißt fernerhin: das Land der industriellen Revolution. Was alles er an Anregungen von hier mit in seine Heimat nahm, was ihn zu fortwährenden Vergleichen herausforderte und was ihm England zumal in seiner Spätzeit bedeutet hat, ist den zahlreichen Briefen zu entnehmen – und die Romane sind darüber nicht zu vergessen. Vor allem in den Rückblicken der späteren Zeit ist England wiederholt das gelobte Land, dem so manche Huldigung dargebracht wird. In den fünfziger Jahren hingegen wurde vieles anders gesehen. Der Korrespondent einer preußischen Zeitung findet manches bewundernswert. Aber er hält auch mit Tadel nicht zurück; und dabei kommt die eigene Heimat oft besser weg, als man erwarten sollte. Fontane beanstandet die schroffen sozialen Gegensätze, die er wahrnimmt: »Überall das Mißverhältnis zwischen untergeordneter gesellschaftlicher Stellung auf der einen und aristokratischem Gebaren auf der anderen Seite.« Aber was ihn im Vergleich mit Deutschland berechtigt, die Verhältnisse dort so viel besser zu finden, bleibt unerfindlich. Der Passus steht im Reisebericht *Aus England und Schottland*, wo es heißt: »Welche deutsche Familie von gleichem Rang, gleicher Bildung und gleichen Vermögens-Verhältnissen hätte den Mut und den Geschmack, ein ähnliches dolce far niente-Dasein zu führen!« [109] Und merkwürdig erst recht hört sich ein anderer dieser Vergleiche an: »Das Wort von der Freiheit und Gleichheit ist nirgends weniger eine Phrase als bei uns. Wir haben keine politische Demokratie, aber eine soziale.« [110] Die preußische Monarchie Friedrich Wilhelms IV., für deren Leser Fontane schreibt, eine soziale Demokratie? Was kann das heißen? Hier wird, was die sozialen Verhältnisse in Preußen angeht, eigentümlich harmonisiert. Das ist auch sonst der Fall. Anläßlich eines Buches von Herman Grimm äußert sich Fontane 1867 über die Kluft zwischen Gebildeten und Ungebildeten: »Wir persönlich möchten freilich die Ansicht aussprechen, daß wir die Schranke als längst gefallen, die Kluft, politisch wie gesellschaftlich, als überbrückt betrachten [...].« (1/380) Es sind wiederholt solche Fragen – und immerhin sind es die bewegenden des Jahrhunderts – die im

Denken des Schriftstellers Theodor Fontane in dieser Zeit merkwürdig ungeklärt bleiben. Jetzt vor allem wird er zum Poeten des märkischen Adels, der ihm ungemein imponiert. Er äußert sich darüber 1863 gegenüber seiner Frau im Zusammenhang von Erziehungsfragen, für die er wenig Sinn habe: »es hängt das damit zusammen, daß mir überhaupt ganz und gar der bürgerliche Sinn fehlt, und daß mich nur das Adlige interessiert. Ich verwahre mich übrigens feierlich dagegen, daß das, was ich ›adlig‹ nenne, bloß an der Menschenklasse haftet, die man ›Adel‹ nennt; es kommt in allen Ständen vor, es ist der Sinn für das Allgemeine, für das Ideale und die Abneigung gegen den Krimskrams des engsten Zirkels [...]. Die Alten ließen diesen Kleinkram durch ihre Sklaven besorgen [...] Ich weiß alles, was dagegen zu sagen ist, aber ich kann mir nicht helfen, es ist doch alles mehr nach meinem Geschmack« (12. Juli). Nicht sehr schön, diese Einstellung zum Krimskrams und zum Kleinkram samt der Erinnerung an die Sklaven, die ehedem alles besorgten! Aber auf solche Äußerungen muß man sich in diesen mittleren Jahren gefaßt machen. Sie sind in ihnen nichts Singuläres. Die Jahre zwischen Revolution und Reichsgründung verpflichten den heutigen Betrachter nicht nur zu liebevollem Verstehen. Sie fordern auch zu kritischer Aufmerksamkeit heraus.

Die Frage nach Fontanes Verhältnis zum Roman in dieser mittleren Zeit drängt sich auf; befinden wir uns auf dem direkten Wege, der zu ihm hinführt? Oder sind es Umwege, um die es sich handelt? Manches scheint dafür zu sprechen, daß Fontane dem Roman schon damals, und wenigstens seit dem Anfang der sechziger Jahre, sehr nahe stand, daß es mithin ein direkter Weg war, den er als Schriftsteller eingeschlagen hatte. Dafür könnte sprechen, daß die *Wanderungen durch die Mark Brandenburg* in dieser Zeit, unmittelbar nach der Rückkehr aus England, begonnen werden; und daß sie als eine unmittelbare Vorstufe seiner Romankunst anzusehen sind, entspricht einer geläufigen Auffassung der Forschung. [111] Man kann diesen direkten Weg noch mit anderen Argumenten erhärten. Fontane beginnt mit einer Gattung, die dem Roman am fernsten liegt: mit lyrischer Poesie. Aber schon 1847 teilt er dem Freund Wilhelm Wolfsohn (am 10. November) mit, daß sie hinter ihm liege: »Das Lyrische hab' ich aufgegeben, ich möchte sagen blutenden Herzens. Ich liebe eigentlich nichts so sehr und innig wie ein schönes Lied und doch ward mir gerade die Gabe für das Lied versagt [...].« Der Abschied von der Lyrik bedeutet zugleich die Entscheidung für die Ballade, die als eine erzählende Dichtungsart dem Roman näher steht als das lyrische Gedicht. Es folgen die frühen Erzählungen, die seit 1854 in der Zeitschrift ›Argo‹ veröffentlicht werden: *James Monmouth, Tuch und Locke, Die goldene Hochzeit*. Der neuen literarischen Situation ist sich Fontane bewußt. Davon handelt der programmatische Aufsatz *Unsere lyrische und epische Poesie seit 1848*. Er ist 1853 erschienen, und das Bekenntnis zum neuen Realismus ist unmißverständlich formuliert: »Was unsere Zeit nach allen Seiten hin charakterisiert, das ist ihr *Realismus*.« (1/236) Obwohl die neueste Romanliteratur in die Betrachtung nicht einbezogen ist, entgeht sie nicht seiner Aufmerksamkeit. Das beweist die 1855 veröffentlichte Rezension von Gustav Freytags *Soll und Haben*. Auf Dickens, Thackeray oder Cooper wird verwiesen. In den Reiseberichten kommt er auf englische Romanliteratur wiederholt zu sprechen. Anfang der sechziger Jahre erfahren wir erstmals von konkreten Plänen und Entwürfen. Unter dem Datum des 25. Januar 1862 ist im Tagebuch vermerkt »Vorarbeiten zum Roman«. [112] In einem Notizbuch aus demselben Jahr sind ausführliche Handlungsskizzen enthalten. Der Roman ist im Winter 1863/4 schon ein gutes Stück gediehen, ehe die nun ausbrechenden Kriege eine mehrjährige Unterbrechung erzwingen. Es sieht ganz so aus, als befinde sich Fontane auf einem kontinuierlichen Weg, als stehe er schon Anfang der sechziger Jahre kurz vor dem Ziel. In solchen Betrachtungen, vorwiegend zum äußeren Verlauf, wird freilich Wesentliches übersehen. Denn wichtiger als der Werdegang von der Lyrik zur erzählenden Ballade und zu den Erzählungen der frühen Zeit ist das Verhältnis zum Roman gewissermaßen von innen her. Es geht um das schriftstellerische Bewußtsein und um Klärungsprozesse, aus denen der Romancier erst eigentlich hervorgehen wird. Daß Fontane zu einem sehr viel früheren Zeitpunkt als Romanschriftsteller hätte hervortreten können, ist durchaus denkbar. Aber man darf bezweifeln, ob es um diese Zeit schon der Romanschriftsteller hätte sein können, als den wir ihn schätzen. Die Frage ist irreal und fiktiv. Dennoch läßt sich zeigen, daß die Verspätung kein Zufall ist. Als Fontane mit den Novellen der fünfziger Jahre dem Roman am nächsten war, war er ihm in Wirklichkeit sehr fern, wenn man die späteren Romane als Maßstab nimmt. Es ist daher angebracht, auf diese Novellen in aller Kürze einzugehen.

Die frühen Erzählungen Fontanes sind im allgemeinen wenig bekannt. Sie deshalb als verkannte Schöpfungen eines bedeutenden Schriftstellers ans Licht zu ziehen, könnte reizvoll sein; um so mehr, als diejenigen auf ihre Kosten kämen, die es lieben, entstehungsgeschichtlich und in Genesen zu denken. Im Früheren wird dabei das Spätere aufgespürt, und wenn sich daraus eine ungebrochene Kontinuität ergeben sollte, sind wir wieder einmal befriedigt und froh. Aber gedankenlos sind solche Entwicklungen nicht zu übernehmen: das Kontinuitätsdenken erweist sich manchmal als ein bloßes Denkschema, das nicht unbedingt der Erkenntnis dient. Die frühen Erzählungen Fontanes, die er für die ›Argo‹ beisteuerte, kündigen noch nicht den Romanschriftsteller an, dessen Weg uns hier beschäftigt. Nirgends eigentlich tun sie das. Die Versuche, eine möglichst bruchlose Verbindung zwischen dem frühen und dem späteren Erzähler herzustellen, können nicht überzeugen. Die Novellen geben uns kein Recht, von verkannten literarischen Werken zu sprechen. Alles andere als dies! *James Monmouth*, dessen unglückliche Rebellion und Hinrichtung geschildert wird, wahrt getreu die Nähe zur Balladenliteratur. So auch sah es Theodor Storm. »Wollt Ihr [...] Freund Fontane liebgewinnen«, schrieb er 1853 an seine Eltern, »so lest die Novelle

James Monmouth und die prächtigen Percyballaden«. [113] Zwei Jahre später kommt Storm auf diese Novelle in seinem Fontane-Essay zurück: »die zweite ›James Monmouth‹, welche wiederum aus der englischen Historie entnommen ist und in kühnen, aber skizzierten Zügen das Schicksal der unglücklichen Stuarts erzählt, wüßten wir nicht besser zu charakterisieren, als wenn wir sie eine Fontanesche Ballade in Prosa nennen [...].« [114] Und als eine Ballade in Prosa kann man Fontanes Erzählung mit Fug und Recht bezeichnen. Balladische Gedichte aus dem schottischen Milieu unterbrechen als Verseinlagen den Fluß der Prosa. In diesem Punkt steht *James Monmouth* der frühesten Novelle *Geschwisterliebe* näher als irgendeinem Werk der späteren Zeit. Alle diese Dichtungen — die Balladen ebenso wie die Prosa — variieren den Schicksalsgedanken, wie er für die Zeit charakteristisch ist. Was James Monmouth widerfährt, muß ihm widerfahren — »*weil er ein Stuart war*«. (V/564) Und nicht weniger charakteristisch als der Schicksalsgedanke ist das Denkschema, das Schuld und Sühne heißt: Lady Anna bekennt sterbend, was in solchen Situationen meistens zu bekennen ist: »Vergib James, — ich wollte dich groß sehen — dich und mich — flieh... nein, bleib ... — vergib!« (V/560) Aber deutlicher noch bekennt Monmouth selbst in der Sterbestunde die Sünde seines Lebens: »Mein Werk war Lüge; drum ist es gescheitert. Sende mir den Beichtiger [...].« (V/563) Das Ganze ist einem historischen Kontext eingefügt, der in jedem Betracht auch der Kontext der Balladen ist. Die Sprache gibt dem gebildeten Leser keinen Anlaß zum Tadel. Sie ist schön und kultiviert, wohlgeformt und von jeder störenden Alltäglichkeit frei. Die gehobene Sprache und der aristokratische Historismus sind zur vollkommenen Einheit geworden. Man lese es in der Beschreibung unseres unglücklichen Helden nach: »Er selber trug ein schwarzes reichgesticktes Sammetcollet, gepuffte Ärmel, ein Blondentuch um seinen Hals geknotet und ausgeschweifte kurze Reiterstiefel. Sein braunes Lockenhaar fiel wallend über seinen Nacken und stimmte zu dem dunklen Auge und dem olivenfarbenen Teint, die ganz das Erbteil seines Vaters waren.« (V/546)

Die Erzählung *Tuch und Locke*, wie *James Monmouth* 1854 in dem genannten ›Belletristischen Jahrbuch‹ erschienen, vermittelt trotz ihrer zeitgeschichtlichen Thematik kein wesentlich anderes Bild. Die erzählten Leidenschaftsgeschichten, die genußvoll am Lagerfeuer im Stil der italienischen Novellentradition zum besten gegeben werden, muß man ihrer Leidenschaftlichkeit wegen nicht überschätzen. Sie sind selbstverständliche Elemente jenes poetischen Realismus, wie man ihn in den fünfziger Jahren pflegt: mit Betonung des Privaten, des einzelnen Falles. [115] Für solche Darstellungen des Einzelnen und Privaten bietet sich die Novelle mit dem berühmten »Falken« nachgerade an. Sie ist Kunstform und Formkunst gleichermaßen — eine literarische Gattung, die es im 19. Jahrhundert zu bedeutenden Meisterwerken gebracht hat. Aber der Eifer, mit dem sie gepflegt wird, ist vielfach der Eifer der Epigonen. Er grenzt an Ideologie, an eine Novellen-Ideologie, die mit verwandten Erscheinungen auf dem Feld der Ballade korrespondiert. In solchem Denken und Tun, in der poetischen Theorie ebenso wie in der poetischen Praxis, ist Paul Heyse so leicht nicht zu übertreffen. Er weiß, was Vergnügen macht; aber er weiß erst recht, was sich gehört. Unzüchtiges und Unziemliches vernimmt man nicht, und über eine sprachlich wohlgeformte Erotik wagen sich seine Leidenschaftsszenen nicht hinaus. Man bedenke, wie eingehend Flaubert einige Jahre später die Ehebrüche seiner Heldin schildern wird! An solch artistisch verfeinerte Novellenkunst im Stil Paul Heyses — nicht zufällig ist seine L'Arrabbiata 1854 in der ›Argo‹ erschienen — erinnert auch Fontanes leidenschaftserfüllte Erzählung. Seine Gräfin Julia, die nachts zusammen mit dem Geliebten und dem ungeliebten Ehemann überfallen wird, ist aber nicht mehr als ein Schemen, sollte man auf den Gedanken kommen, sie mit den leidenschaftlichen Naturen im Roman Flauberts zu vergleichen. Die außereheliche Leidenschaft ist in die Momente einer nächtlichen Szene zusammengedrängt. Die Erinnerung in Form des erhaltenen Tuches ist das, was »bleibt«, das unvermeidliche Symbol. Eine andere Liebesgeschichte handelt von Aufwallungen menschlicher Leidenschaft, der gegenüber Glück, Ehre und Ruhm verblassen: »Die Erde hat nichts Süßeres als verbotene Liebe, und nichts Höheres als den Sieg über ein Weib«, sagt einer der Gesprächsteilnehmer, dem ein anderer mit »fester Stimme« erwidert: »›Doch!‹ [...] ›den Sieg über sich selbst.‹« (V/569)

Unter den Schriftstellern der ›Argo‹, die ihren Lesern so feinsinnige Lektüre boten, unterscheidet man zwischen den Vorsichtigen wie Franz Kugler und Paul Heyse und jenen, die sich wie Fontane wagemutig für Neues einsetzten. [116] Leicht fallen uns solche Unterscheidungen nicht, weil man den Eindruck gewinnt, die Fracht des Schiffes sei weithin dieselbe: eine gepflegte Formkunst, die viel zu schön ist, um allen Wahrheitsansprüchen zu genügen. Nicht daß sich diese in die Niederungen einer Unterhaltungsliteratur verlöre, die kein anderes Ziel als das glückliche Ende kennt — koste es was es wolle. So nicht! Das Tragische im stilisierten Tod wird im Umkreis Paul Heyses gepflegt. Aber gerade das Gepflegte und Stilisierte einer auf das Tragische gerichteten Erzählkunst gibt zu denken. Die Frage drängt sich auf, ob damit nicht an der Zeit und ihrer veränderten Weltlage vorbeigedacht wird, weil tragischer Held, tragische Individualität und tragische Sprache von der Entwicklung allmählich überholt sind. Von Komik, über die der spätere Fontane so souverän verfügt, ist in diesen Erzählungen nichts zu entdecken. Das kritische Element fehlt. Man vermißt an diesen Poesien ihre innere Notwendigkeit. Paul Heyse wurde sich rückblickend solcher Mängel bewußt. Es habe Geschick und Neigung gefehlt, heißt es in seinen Erinnerungen, »in die Zeit hineinzuhorchen und uns zu fragen, welchen ihrer mannichfachen Bedürfnisse, sozialen Nöthen, geistigen Beklemmungen wir mit unserer Poesie abhelfen könnten«. [117] Mit seinem Duzfreund Heyse stimmte Fontane später in Fragen der Literatur häufig nicht überein. Um die Mitte der fünfziger Jahre, als man gemeinsam in der ›Argo‹ saß, hat es solche Differenzen nur selten gegeben. Was man an Heyse vermißt, vermißt man an Fontane auch: ein schriftstellerisches Bewußtsein, das in Dichtung mehr sieht als nur ein Mittel zur Verschönerung des Daseins.

Doch ist nicht zu übersehen, daß Fontane seit den sechziger Jahren an der Absicht, einen Roman zu schreiben, unverrückbar festgehalten hat. Das Buch über den dänischen Krieg ist ihm keine Herzenssache. Sein Roman aber ist es. Er äußert sich darüber in einer Art Bekenntnisbrief gegenüber seinem Verleger (vom 11. August 1866): »Sie dürfen nicht glauben, daß mein Feuer für den Roman niedergebrannt ist [...]. Ich wünsche das Kriegsbuch zu schreiben [...] aber die Sache ist *mir keine Herzenssache* [...] der Roman aber darf nicht ungeschrieben bleiben [...]. Ich möchte das Kriegsbuch schreiben, weil der Roman, wenn Gott mich leben läßt, doch *unter allen Umständen* geschrieben würde«. Wie der Roman aber ausgesehen hätte, wie er ausgefallen wäre, wenn er um diese Zeit, Mitte der sechziger Jahre, erschienen wäre, ist gewiß eine unbeantwortete, weil unhistorische Frage. Die Äußerungen über Fragen des politischen und gesellschaftlichen Lebens, die es hierüber gibt, lassen gleichwohl gewisse Schlüsse zu. Die Briefe aus dieser Zeit lassen keine Zweifel am konservativen Denken seines Verfassers. An den Aufsätzen Leopold von Gerlachs lobt Fontane im Jahre 1861 das Brillante mit dem Zusatz: »So können doch nur die Conservativen schreiben ...« (An Hertz vom 29. Januar 1861). Deutlicher noch wird es in einem Brief aus demselben Jahr formuliert, in dem es heißt: »Uebrigens hab' ich doch auch heute wieder gesehn, daß alle ernsten Leute, die nach Zuverlässigkeit, Treue, Charakter, meinetwegen auch ein bischen nach Fanatismus aussehn, *Conservative* sind; — das andre ist doch der reine Triebsand [...]« (An Hertz vom 19. November 1861). Ist es selbstverständlich, daß ein deutscher Schriftsteller in der zweiten Hälfte des neunzehnten Jahrhunderts so denkt in Anbetracht dessen, was sich in dieser Zeit in so unerhörter Weise verändert und schon verändert hat? Versteht sich das Konservative für einen Schriftsteller von selbst, wenn man das epochale Bewußtsein einer Zeitwende in Rechnung stellt? Es geht auch dabei um das schriftstellerische Bewußtsein. Im Falle Fontanes erfährt es zu später Stunde eine letzte Klärung. Wir befinden uns in unmittelbarer Nähe der Zeit, in der sein erster Roman endlich erscheint. In diesem Zusammenhang ist von einem familiären Ereignis zu sprechen: von der Möglichkeit, daß sich Fontane hinfort gesicherten Lebensverhältnissen gegenübersehen könnte. Zu Anfang des Jahres 1876 wurde er vor diese folgenreiche Entscheidung gestellt: er hatte zwischen der unsicheren Existenz des freien Schriftstellers und der Stelle eines Ersten Sekretärs der Akademie der Künste zu wählen. Von den Seinen gedrängt und im Bewußtsein seines Alters sagte er zu und nahm im März desselben Jahres die neue Tätigkeit auf. Es kam sehr bald zu Differenzen. Aber schlimmer als diese war die Differenz zwischen der beruflichen Tätigkeit und dem schriftstellerischen Beruf, den er darüber mit Entschiedenheit verteidigt. In den Briefen an Mathilde von Rohr spricht er sich darüber freimütig aus. Zunächst hört sich alles an, als handle es sich um ein vorwiegend persönliches

Freiheitsbedürfnis, als könne er sich in eine geregelte Berufsarbeit nicht finden: »Die Stelle ist mir, nach der persönlichen wie nach der sachlichen Seite hin, gleich sehr zuwider; alles verdrießt mich, alles verdummt mich, alles ekelt mich an. Ich fühlte deutlich, daß ich immer unglücklich sein, daß ich gemüthskrank, schwermüthig werden würde« (17. Juni 1876). Aber im Fortgang der Korrespondenz wird es immer deutlicher, daß Fontane zäh und beharrlich um seine Schriftsteller-Existenz kämpft — im Bewußtsein aller Gefahren, die damit verbunden sind. Er braucht »diese Art des freien Daseins«, um als freier Schriftsteller er selber zu sein; und Freiheit heißt nicht bloß, tun und lassen zu können, was man will (22. August 1876). Im Herbst des Jahres 1876 ist dieser Klärungsprozeß abgeschlossen: »Sie [die Geheimen Räte] finden es impertinent, daß jemand erklärt, ich ersehe kein Glück und keine große Ehre darin, langweilige, um den äußersten Kleinkram sich drehende Berichte zu schreiben, und ziehe es vor das Leben eines Schriftstellers weiter zu führen« (1. November 1876).

Die Klärung, die mit der Entscheidung des Jahres 1876 erfolgt — zugunsten der freien, aber ungesicherten Schriftstellerexistenz — wirft noch einmal ein Licht auf das, was im Werdegang Fontanes vielfach ungeklärt blieb. Es handelt sich um die Vielzahl der Widersprüche, die seinen Weg begleiten und die man stets wahrgenommen hat, zumal sie Fontane selbst nicht entgangen sind. [118] Georg Lukács hat sich für Derartiges stets besonders hellhörig gezeigt; so auch im Fall Fontanes. Aber die Unterschiede im zeitlichen Verlauf nimmt er nicht in gleicher Weise wahr wie die Widersprüche selbst. Er ist der Auffassung, Fontane sei auch später noch in solchen Widersprüchen steckengeblieben. Eben darin ist ihm nicht zu folgen. Es trifft nicht zu, daß der »stärkere Zwiespalt« erst nach der Reichsgründung einsetzt, wie gesagt wird. [119] Man wird nicht bestreiten, daß Fontane von nun an durch zahlreiche Vorgänge und Entwicklungen weit mehr beunruhigt ist als je zuvor. Doch werden die Widersprüche des gesellschaftlichen Lebens seiner Zeit, wenn sie die Ursachen solcher Beunruhigungen sind, gerade jetzt durchschaut, durchdacht und schließlich erzählt. An keiner Gestalt so eindringlich wie an Fontanes Zeitgenossen, dem Kanzler des neuen Reiches. Er ist die womöglich maßgeblichste Figur, die dafür gesorgt hat, daß die Wege zum Roman zu Umwegen geworden sind. Denn Bismarck vor allem ist es gewesen, der Fontane nach jenem Winter 1863/4 am Fortgang des Romans gehindert hat — durch die Kriege, die er ab 1864 führte. Man kann sie getrost als Bismarcks »Eigentum« ansehen. Aber mit diesen lediglich äußeren Umständen ist noch wenig erklärt. Die Rolle, die der Staatsmann und Realpolitiker im Werdegang Fontanes, des Schriftstellers und »poetischen Realisten«, spielt, betrifft den Werdegang im ganzen; und dabei geht es um ein persönliches Verhältnis obendrein. Und sie betrifft erst recht und abermals den Klärungsprozeß im schriftstellerischen Bewußtsein, von dem schon die Rede war. Zu solcher Klärung hat Bismarck durch seine Person, aber ohne sein Zutun, nicht wenig beigetragen. Was in der Zeit an Ungereimtheiten, Gegensätzen und Ambivalenzen enthalten war, wird in seiner Person offenkundig. Das zielt auf keinen Heroenkult hin, nicht einmal auf »Das Zeitalter Bismarcks« als »Firmenschild« der Epoche. Aber wie Theodor Fontane die Zeit nach der Reichsgründung sah, ist nicht ablösbar von der Frage, wie er Bismarck sah. Mit eindeutigen Antworten ist dabei nicht zu rechnen.

4. Die Zeit Bismarcks

Mit der Differenz von wenigen Jahren haben Fontane und Bismarck als Zeitgenossen dieselbe Epoche durchlebt, und noch das Todesjahr haben sie gemeinsam. Aus dem »Weltbild« des Schriftstellers ist der erste Kanzler des neuen Reiches nicht wegzudenken. Aber daß dies so ist, versteht sich keineswegs von selbst. Auf Poeten, Zeitungsschreiber und verwandte Existenzen war Bismarck nicht eben gut zu sprechen. Er hatte sie gelegentlich als »catilinarische Existenzen« bezeichnet. [120] Dennoch ist Fontanes Verhältnis zu Bismarck ein eigenes Kapitel, nicht nur in seiner Biographie, sondern im Bewußtwerden seines schriftstellerischen Berufs erst recht. Daß sich ein solches Verhältnis ergeben konnte — ein höchst seltsames Gemisch von Bewunderung und kritischer Schärfe — stand keineswegs von Anfang an fest. Die Anfänge beider sind vielmehr bis zum Extrem voneinander verschieden. Doch ist Fontane wie Bismarck gemeinsam, daß sie im Zeitraum der Revolution beginnen; und die Art, wie der politische Journalist 1849 in der ›Dresdner Zeitung‹ mit den »Kreuzrittern« der ›Neuen Preußischen‹ abrechnet, könnte auf den damaligen Abgeordneten Otto von Bismarck gemünzt sein, der mit Entschiedenheit zu den Kreuzrittern dieser Zeitung hielt. Bismarck seinerseits zog in seiner Verteidigung des Vertrages von Olmütz vor der preußischen Zweiten Kammer im Jahre 1850 gegen die »geheimen Orgien der Demokratie« und ihre Vertreter zu Felde. Er zielte damit auf den Obertribunalrat Benedikt Waldeck, der es fertig gebracht habe, der ungarischen Revolution zu Hilfe zu eilen — auf denselben also, den Fontane ein Jahr zuvor in der Dresdner Zeitung so leidenschaftlich verteidigt hatte; Bismarck zielte auf einen Revolutionär wie Robert Blum: Preußen müsse mit Beschämung hören, daß dessen Bildnis, mit den preußischen Farben geschmückt, aufgestellt werde — das Bildnis mithin eines Mannes, der noch wenige Jahre zuvor zu Fontanes Gesinnungsgenossen in Leipzig gehört hatte. [121] Bismarck hatte in einer Debatte über die Zivilehe gesagt: »Das Narrenschiff der Zeit wird an dem christlichen Bewußtsein des Volkes wie an einem Felsen zu Grunde gehen.« Fontane greift dieses Zitat auf, um es für seine Zwecke zu modifizieren. Er teilt den Lesern der Abendzeitung mit, »daß das Narrenschiff der Reaktion endlich an dem beleidigten Rechtsgefühle des Volkes scheitern wird.« [122] Bleibt der Abgeordnete Otto von Bismarck-Schönhausen in dieser Anspielung ungenannt, so nennt ihn ein anderer Artikel (vom 13. Dezember 1849) namentlich: »diese Stahls, diese

Bismarcks und Gerlachs« seien die eigentlichen Revolutionsmänner, die immer neue Revolutionen vorbereiten, was heißen soll, daß durch ihr Verhalten immer neue Revolutionen entstehen. (1/38) Die Gegensätze sind offenkundig: Fontane war in den Jahren der Revolution für diese tätig, auch wenn er es später anders sah. Bismarck hat sie erbittert bekämpft. Fontane trat als engagierter Republikaner für die Abschaffung des Königtums zugunsten einer deutschen Einheit ein, während Bismarck seine Laufbahn als königstreuer Politiker begann, dem die deutsche Einheit zunächst etwas Sekundäres bedeutete. [123] Die Ritter der Kreuzzeitung nennt Fontane Lügner, Fälscher und Verleumder. Es sind dieselben, die Bismarck um diese Zeit zu seinen politischen Freunden zählt.

Bald danach sitzen der noch wenig bekannte Schriftsteller und der nicht mehr unbekannte Junker in demselben Boot: in demjenigen der Regierung von Manteuffel, die Bismarck als Gesandter am Frankfurter Bundestag vertritt und in deren Presseabteilung Fontane ein Unterkommen gefunden hat. [124] Für Bismarck standen irgendwelche Gewissenskonflikte nicht zur Diskussion. Fontane wurde von solchen Konflikten nachgerade bedrängt. In der Zeit zwischen Revolution und Reichsgründung werden die Rollen zwar nicht vertauscht. Aber bemerkenswerte Annäherungen finden statt, und in keiner Phase ihrer Laufbahn sind sich die beiden prominenten Zeitgenossen näher gewesen als in dieser. Denn nicht nur die Schlachtfelder der preußischen Könige hat der Wanderer durch die Mark Brandenburg wieder und wieder besucht. Er hat auch die Schlachtfelder der Kriege besucht, die Bismarck führte. »Schlachten und immer wieder Schlachten, Staatsaktionen, Gesandtschaften — man kam nicht recht dazu Einblicke in das private Leben zu thun«, so lautet eine etwas verdrossene Äußerung im Brief an den Verleger (vom 31. Oktober 1861). Aber Schlachten und immer wieder Schlachten: so läßt sich die schriftstellerische Tätigkeit — infolge Bismarcks Tätigkeit — in den Jahren von 1864 bis 1870/71 umschreiben. Jahrzehnte später konstatiert es Fontane im Rückblick selbst: »Zwölf Jahre lang von 1864 bis 1876 habe ich nur in dieser Zeit- und Kriegsgeschichte gelebt« (an Richard Sternfeld vom 8. August 1895).

Als Kriegsberichterstatter nahm Fontane an allen Feldzügen in Dänemark, Österreich und Frankreich teil. An Romane war da nicht zu denken. Über jeden dieser Feldzüge wurden umfangreiche Bücher verfaßt; und mit diesen Kriegsbüchern — *Der Schleswig-Holsteinsche Krieg im Jahre 1864*, *Der deutsche Krieg von 1866* und *Der Krieg gegen Frankreich 1870—1871* — steht Fontane Bismarck zweifellos am nächsten. Verehrungsvoll hat er sie dem Kanzler übersandt; und als er im Winter 1870/71 in Kriegsgefangenschaft geraten war, gestalteten sich die Beziehungen zwischen ihm und Bismarck sozusagen persönlich. [125] Die Freunde in der Heimat taten, was sie konnten. Bernhard von Lepel begab sich ins Kriegsministerium; dort nahm sich der Minister von Roon höchstpersönlich der Sache an, indem er sich bei Bismarck für Fontane verwandte; und Bismarck ließ nicht mit sich spaßen. Über einen amerikanischen Gesandten ließ er der französischen Regierung eine Note übergeben, in der dieser mitgeteilt wurde, man werde mit französischen Gefangenen entsprechend verfahren, wenn Dr. Fontane »ein preußischer Untertan und wohlbekannter Geschichtsschreiber« nicht umgehend seine Freiheit erhalte. Schon wenige Tage später konnte Fontane die Heimreise antreten. [126] Wir verdanken dem so nicht beabsichtigten Frankreichaufenthalt das Buch *Kriegsgefangen*, dem alsbald ein zweiter Bericht — *Aus den Tagen der Occupation* — folgte. Das umfangreichste dieser Kriegsbücher — über den deutsch-französischen Krieg — wurde 1876 abgeschlossen und veröffentlicht. Ob es einem Schriftsteller sehr zuträglich ist, mit seiner Tätigkeit solche Kriegsdienste zu leisten, ist eine berechtigte Frage. Aber man darf sie gewiß nicht »abstrakt« und unhistorisch stellen. Man muß sie aus der Zeit heraus stellen und entsprechend beantworten, ohne deshalb sein kritisches Bewußtsein zu verleugnen. Zweifellos ist einiges für und gegen diese Tätigkeit zu sagen. Fontane selbst hat die Kriege Bismarcks wie viele seinesgleichen gutgeheißen um der deutschen Einheit willen; und bisweilen hat er sie in Gedichten auch gehörig gefeiert, deren Hurra-Patriotismus nicht bemäntelt werden soll. Das ist noch bei dem letzten dieser Kriege der Fall, obwohl sich unmittelbar danach und zum Teil schon während dieser Zeit die folgenreichsten Wendungen im Denken Fontanes ankündigen. Aber wie es zu geschehen pflegt, so geschieht es auch hier: das Neue wird vom Alten noch vielfach überlagert und verdeckt. Fontane läßt es sich nicht nehmen, aus Anlaß des Einzuges der siegreichen Truppen poetisch tätig zu werden. Das Gedicht *Der Tag von Düppel* kommt weit mehr der preußisch-deutschen Gesinnung zugute als der Poesie. Der humoristische Ton der Preußenlieder von einst wird wieder aufgenommen, und offensichtlich im Einklang mit dem konservativen Fühlen und Denken jener Jahre klingt das Gedicht in den Versen aus:

»»Die Preußen sind die alten noch,
Du Tag von *Düppel* lebe hoch!«« (VI/237)

Theodor Storm hielt wenig von Gedichten wie diesen, und zu seiner Ehre sei angeführt, was er seiner Frau damals schrieb: »Das Fontanesche Einzugslied ist meisterhaft, obgleich überall der Zipfel der verfluchten Kreuzzeitung heraushängt.« [127] Noch 1872, als die für Fontanes Spätwerk so charakteristische Wendung zur Kritik längst vollzogen war, kann er im Rückblick auf die Epoche seit 1863 von sich sagen: »Es waren, wie die besten so auch die interessantesten Jahre meines Lebens. Drei Kriege und welche! Alles an den Fenstern vorüber, Dänen, Croaten, Turcos«, (an Mathilde von Rohr vom 25. September 1872). Dennoch hat man mit solchen Begeisterungen, die dem Augenblick zuzuschreiben sind, nicht erfaßt, worum es eigentlich geht. In allen solchen Äußerungen, wie befremdlich sie sich zum Teil auch anhören mögen, ist die deutsche Einheit der zentrale Gedanke; und es ist kein schlechthin undemokratisches Denken, das sich mit diesem Gedanken verknüpft. Die auch später nie ganz verleugnete Verehrung Bismarcks hat vorzüglich darin ihren Grund. [128]

Schließlich die Kriegsbücher selbst! Die Schreibeleistung ist gewaltig. Richtet man sich über sie hinaus auf das, was schriftstellerisch in ihnen geleistet wurde, so fällt es in Erinnerung an Fontanes späte Romankunst nicht ganz leicht, mit der Auftragsarbeit einverstanden zu sein, um die es sich handelt. Es liegt daher nahe, daß man sie übergeht und als Gebrauchsliteratur von der »eigentlichen« Literatur – der »schönen« – separiert. Der fragwürdige, weil viel zu enge Literaturbegriff, wollte man so verfahren, zeigte sich damit einmal mehr. Es erweist sich, daß Literatur mehr ist als Dichtung im engeren Sinn, die Roman-Dichtung eingeschlossen. Diese Kriegsbücher sind ein Bestandteil im Gesamtwerk Fontanes – trotz allem und allem. Schon aus diesem Grund verdienen sie die Zurücksetzung nicht, wie sie üblich ist. Fontane selbst hat zum Ausdruck gebracht, daß sie ihm in seinem Werden und in seinem Werk nicht wenig bedeuten: »Zwölf Jahre habe ich an diesen Kriegsbüchern Tag und Nacht gearbeitet; sie feiern, nicht in großen, aber in empfundenen Worten, unser Volk, unser Heer, unsren König und Kaiser.« So steht es wiederum im Brief an Mathilde von Rohr (vom 30. November 1876). Das nationale Bewußtsein, das sich in solchen Sätzen ausspricht, ist unüberhörbar. Gleichwohl behauptet das literarische Bewußtsein sein Recht. So zumal in der bedeutungsvollen Mitteilung an seine Frau (vom 17. August 1882): »Ich sehe klar ein, daß ich eigentlich erst beim 70er Kriegsbuche und dann bei dem Schreiben meines Romans ein *Schriftsteller* geworden bin d. h. ein Mann, der sein Metier als eine *Kunst* betreibt, als eine Kunst, deren *Anforderungen* er kennt.« Nicht zum erstenmal bringt Fontane seine Kriegsbücher mit seiner Romankunst in Verbindung. Schon einige Jahre zuvor war es im Zusammenhang des deutsch-dänischen Krieges geschehen. Seinen Verleger hatte er 1866, wie schon gesagt, davon in Kenntnis gesetzt, daß er das Kriegsbuch schreiben möchte – »weil der Roman [...] doch *unter allen Umständen* geschrieben würde«. Der Zusammenhang, der nunmehr zwischen den Kriegsbüchern zum deutsch-französischen Krieg und seinen Romanen gesehen wird, hat offensichtlich eine erhöhte Bedeutung erhalten, ohne daß man auf den ersten Blick erkennt, welcher Art dieser Zusammenhang ist. Denn was hat ein Kriegsbuch mit Kunst – mit Romankunst – zu tun? Welche Anforderungen sind gemeint? Fontane erläutert es, indem er auf eine Aussage Goethes verweist, die er sich zu eigen macht: »die Produktion eines anständigen Dichters und Schriftstellers entspricht allemal dem Maaß seiner *Erkenntniß.*« Und das Maß der Erkenntnis impliziert Kritik – gegenüber dem Gegenstand und wohl auch gegenüber sich selbst. Eben diese Erkenntnis habe er dreißig Jahre zuvor in »*poetischen* Dingen« – damit sind die Gedichte gemeint – gehabt; aber in seiner Prosa habe er sie nicht gehabt. Weil in der Lyrik das beteiligt war, was er im Anschluß an Goethe Erkenntnis nennt, lese er sie heute noch mit Vergnügen — »während meine Prosa aus derselben Zeit mich beständig genirt und erröthen macht« (an seine Frau vom 17. August 1882). Die Prosa dieser Zeit — und dabei wird in erster Linie an die Erzählungen der fünfziger Jahre zu denken sein — sei mithin ohne Erkenntnis, was wohl heißen soll, daß ihre Anforderungen kaum mehr bedeuten als nur technisches Können. Die von Kritik bestimmte Erkenntnis zielt auf eine Verbindlichkeit des schriftstellerischen Tuns, auf innere Notwendigkeit, gegenüber unverbindlicher Poeterei. Sie zielt auf ein Wissen, wofür dergleichen gut sei und wozu es dienen kann. Den Gedichten der frühen Zeit wird solches zugestanden, vielleicht weil hier, in Fontanes Sicht, ausgesagt wurde, was ausgesagt werden mußte. Für die Prosa gelten offenbar andere Bedingungen. Die Verantwortlichkeit wird anders gesehen; dies vor allem scheint es zu sein, was über dem Schreiben des siebziger Kriegsbuches erfahren wurde. Aber daß ein solches Moment im Prozeß der Bewußtwerdung mit einem Kriegsbuch in Verbindung gebracht wird, überrascht. Fontane scheint sich dabei einiger Sorgen bewußt geworden zu sein, der Sorge vor allem, es könnte der Sieg nach dem Gewinn der deutschen Einheit schlimme Folgen haben, wie sie Nietzsche in der ersten seiner *Unzeitgemäßen Betrachtungen* unumwunden zum Ausdruck bringt — in der Warnung nämlich vor einem Wahn: »Dieser Wahn ist höchst verderblich: nicht etwa weil er ein Wahn ist [...] sondern weil er imstande ist, unseren Sieg in eine völlige Niederlage zu verwandeln: *in die Niederlage, ja Exstirpation des deutschen Geistes zugunsten des ›deutschen Reiches‹*.« [129] In jedem Fall besinnt sich Fontane mehr und mehr darauf, was in solchem Schreiben den Schriftsteller macht, um sich freilich am Ende seines Lebens von der Rolle des Kriegsschriftstellers nun vollends zu distanzieren: »Die letzte Rolle, die zu spielen ich geneigt sein könnte, ist die des Kriegsberserkers. Abgesehen von dem Entsetzlichen jedes Krieges, stehe ich außerdem noch allem Heldentum sehr kritisch gegenüber«, schreibt er 1896 an den Engländer James Morris (31. Januar 1896).

Erst aus einem solchen Prozeß der zunehmenden Selbstbesinnung geht Fontane als ein bedeutender Schriftsteller hervor. Das siebziger Kriegsbuch bezeichnet eine Wende, und das Jahr 1870 wird zum Entscheidungsjahr in seiner schriftstellerischen Entwicklung. [130] Dabei muß man bei den Büchern über den siebziger Krieg noch etwas verweilen. Bezeichnenderweise blickt Fontane hier schon vielfach auf die späteren Romane voraus, wobei er an eine künstlerische Darstellungsweise zu denken scheint, die sich vom Gebrauchsschrifttum einer solchen Auftragsarbeit beträchtlich entfernt. Seinem Verleger teilt er schon 1870 mit: »Noch Ende September, als ich meine Reise antrat, blickte ich auf das neue Buch wie auf eine *schwere Arbeit*. Jetzt blicke ich darauf wie auf eine *freudige*, den Schreiber selbst erhebende Aufgabe. Die Dinge haben sich so gestaltet, der Stoff ist so *überreich*, daß wie von selber ein Werk entstehen wird, das mit den beiden vorhergehenden wenig Ähnlichkeit

Die Zeit Bismarcks

haben wird. Es muß sich lesen wie ein *Roman*. Es muß nicht bloß fleißig und ordentlich werden, nicht bloß Klarheit in einen chaotischen Stoff bringen [...] es muß fesseln, Interesse wecken wie eine Räubergeschichte«; und mit der humoristischen Distanz, die Fontane eigen ist, unterläßt er es nicht hinzuzusetzen: »Etwas davon ist es ja auch leider« (an Rudolf von Decker v. 23. Dezember 1870). Ein vertieftes Zeitbewußtsein geht mit solchen Selbstbesinnungen einher: ein Bewußtsein der Moderne, das die früheren Epochen seines Schaffens nicht in gleicher Weise bestimmt. Von seiner »modernsten und realistischsten Romanschreiberei« spricht er in einem auf die »Likedeeler« bezogenen Brief aus dem Jahre 1895 (an H. Hertz vom 16. März). Es gibt mit anderen Worten einen Zusammenhang dieser Kriegsbücher mit der Romankunst seiner späteren Zeit. Dieser Zusammenhang erschließt sich nicht auf den ersten Blick. Liest man sie bloß an, ohne sich in sie eingelesen zu haben, so gewinnt man den unzutreffenden Eindruck, es handele sich dabei in erster Linie um eine Quellensammlung, die alle Prinzipien der Anordnung und der Komposition vermissen läßt. Doch würde man mit solchen Urteilen diesen Büchern nicht gerecht. Sie sind auf ihre Weise durchdacht und komponiert. Auch hinsichtlich der Gesinnung, die sie zum Ausdruck bringen, hat man sich vor leichtfertigen Urteilen zu hüten. Für Bismarck treten sie ein, wo immer die Gelegenheit sich bietet. [131] Sie haben einen vaterländischen Sinn und sind dem Nationalbewußtsein verpflichtet, das eines der bestimmenden Generationserlebnisse Fontanes gewesen ist. Aber von jedem Chauvinismus sind sie denkbar weit entfernt. Im rücksichtsvollen Umgang mit dem besiegten Gegner folgen sie der Bismarckschen Politik, die den Frieden nach allen Seiten zu sichern sucht — kaum, daß der Krieg beendet ist. Solche Befriedungspolitik kommt in dem Buch *Kriegsgefangen* auf eine imponierende Art zum Ausdruck. Es ist zugleich das erste Buch Fontanes, das in eine fremde Sprache übersetzt wurde — nicht zufällig ins Französische. [132] Schon hier arbeitet Fontane der deutschen Überheblichkeit entgegen — der »Weltherrschaftsqualität der germanischen Rasse«, wie es heißt. [133] Er teilt den vielfach noch im Siegesrausch befangenen Landsleuten in Preußen mit, daß hinter dem Berg auch Leute wohnen. Wir lesen den Satz: »Ich *meinerseits* habe indessen immer nur gefunden, daß die Bewohner anderer Kulturländer, besonders der westlichen, nicht schlechter lesen, wohl aber erheblich besser schreiben können, als die Menschen bei uns.« [134] Im Schreiben dieser Kriegsbücher gewinnt Fontane Klarheit über den humanen Sinn, der sich mit solcher Literatur und mit Literatur überhaupt verbindet. Gelegentlich eines französischen Kriegsbuches (von Charles Rabou) wird er sich dessen deutlich bewußt: »›Solche Bücher‹, sagt' ich mir, ›schreibst du selbst. Sind sie *ebenso*, so taugen sie nichts. Die bloße Verherrlichung des Militärischen, ohne sittlichen Inhalt und großen Zweck, ist widerlich.‹ Damit klappte ich das Buch zu und sah wieder auf die Kathedrale hinüber.« [135] Da es nicht ausschließlich um den Krieg geht, sowenig seine Darstellung der einzige Zweck dieser

Schriften ist, ist es angebracht, ihren literarischen Wert zu bestimmen. Vorurteilslosigkeit, Objektivität und Perspektivenwechsel in der Einbeziehung von Quellen, auch des Kriegsgegners, erweisen sich hier wie im siebziger Kriegsbuch als eine Verfahrensart, die belebt. Immer weniger ist in diesen Büchern das Nationale der ausschließliche Bezugspunkt ihres Verfassers. Das auf die Einheit des Reiches bedachte Nationalbewußtsein Fontanes — wenigstens seit 1848 das prägende Erlebnis seines politischen Denkens — wird gewissermaßen vom schriftstellerischen Bewußtsein überholt; und abermals bezeichnen die letzten Lebensjahre den Endpunkt in diesem Klärungsprozeß, wenn es im Brief an den Engländer James Morris heißt: »Alles, was an Patriotismus oder gar Chauvinismus appelliert, taugt nichts in der Kunst« (13. Mai 1898). In diesem »Lernprozeß« erhält Bismarck seit 1870 eine schlechterdings zentrale Bedeutung. Im Brief an Maximilian Harden vom 4. März 1894 spricht es Fontane aus: »In fast allem, was ich seit 70 geschrieben, geht der ›Schwefelgelbe‹ um und wenn das Gespräch ihn auch nur flüchtig berührt, es ist immer von ihm die Rede.« [136]

Wie ein Präludium zu den Büchern, in denen der »Schwefelgelbe« umgeht, lesen sich die einleitenden Kapitel des Buches *Aus den Tagen der Occupation*, in dem sich die Klärung des schriftstellerischen Bewußtseins so deutlich vollzieht. Die Bekanntschaft mit einem Gelehrten unverkennbar süddeutscher Herkunft wird beschrieben, der keinen Geringeren als Gottfried Keller zum Freunde hat. Der Gesprächspartner ist ein Gegner des deutschen Partikularismus. Er ist für die Einheit des Reiches. Nur der »Baumeister« dieser Einheit gefällt ihm nicht. »Es dauert mich, daß es gerade dem Bismarck gelingen mußte«, sagt er. Und der es sagt, ist Friedrich Theodor Vischer — der »V-Vischer«, wie Fontane die Vorstellung kommentiert. [137] Diese das späte Werk präludierenden Gespräche stehen im Zeichen der Kritik; und Kritik — an Bismarck wie an seiner Zeit — bestimmt das solcherart veränderte Bewußtsein des Schriftstellers Fontane. Noch ganz von den Kriegsbüchern in Anspruch genommen, registriert er, wie das Stimmungsbarometer der öffentlichen Meinung sinkt: »Ich kann es weniger beweisen als ich es *fühle*, daß in breiten Volksschichten, berechtigt und unberechtigt, eine tiefe Unzufriedenheit gährt. Das Sozialdemokratenthum wächst, reiht sich bereits in die standesgemäßen politischen Parteien ein; Frankreich sinnt Revanche; der Partikularismus sammelt alle politisch Unzufriedenen um seine Fahne, und die Katholiken — was man auch sagen mag — sind aufs tiefste verstimmt. Und von ihrem Standpunkt aus mit Recht.« [138] Der Dichter des Preußentums wird zunehmend schärfer in seiner Kritik an der »preußischen Idee«, wenn er 1894 in einem Brief an seinen Verleger rückhaltlos bekennt: »Welch Glück, daß wir noch ein außerpreußisches Deutschland haben. Oberammergau, Bayreuth, München, Weimar, — das sind die Plätze, daran man sich erfreuen kann« (an Wilhelm Hertz vom 27. Mai 1894). Der hochgradige Borussismus, das »Deutschland, Deutschland über alles« verärgern ihn. Sie machen ihn nervös. [139] Dennoch ist die Gesellschaftskritik der späteren

Romane mit der Kritik an Bismarck nicht einfach identisch. Noch 1896 kann es geschehen, daß der frühere Kanzler im Vergleich mit der Gesellschaft seiner Zeit eher gewinnt, als an Ansehen verliert: »Alles, was jetzt bei uns obenauf ist, entweder *heute* schon oder es doch vom *morgen* erwartet, ist mir grenzenlos zuwider: dieser beschränkte, selbstsüchtige, rappschige Adel, diese verlogene oder bornirte Kirchlichkeit, dieser ewige Reserve-Offizier, dieser greuliche Byzantinismus. Ein bestimmtes Maß von Genugtuung verschafft einem nur Bismarck und die Sozialdemokratie, die beide auch nichts taugen, aber wenigstens nicht kriechen« (an Georg Friedlaender vom 2. November 1896). Unbeschadet solcher Nuancen in der Kritik, bleibt unverkennbar, daß Bismarck seit der Reichsgründung zunehmend in die allgemeine Zeitkritik einbezogen wird. Gegen den Kanzler braue sich im Volk ein Wetter zusammen, heißt es 1881 in einem Brief an den Grafen zu Eulenburg (vom 23. April). Nicht seine Maßregeln, sondern seine Verdächtigungen seien es, die ihn ruinierten: »Er täuscht sich über das Maß seiner Popularität.« Und ähnlich an Friedlaender (vom 26. Januar 1887): »Dazu kommt, daß der Bismarck-Enthusiasmus, selbst bei seinen aufrichtigsten Bewunderern, immer mehr ins Wackeln kommt [...] Man hat das Gefühl, er glaubt sich, gottgleich, alles erlauben zu dürfen [...].« Bismarck habe, so wiederum gegenüber Friedlaender, »keinen größeren Anschwärmer« gehabt als ihn. Aber die Kritik läßt nunmehr nichts zu wünschen übrig, wenn wir in demselben Satz mit Bezug auf die inzwischen erfolgte Entlassung des Kanzlers den lapidaren Satz lesen: »Es ist ein Glück, daß wir ihn los sind« (1. Mai 1890). Daß alles nur dem Zweckdienlichen untergeordnet werde, wird als bedenklich vermerkt; und der Vorwurf wird erhoben, daß seinen Taten jede Idee fehlt. Mit kaum zu überbietender Schärfe wird die Kritik in einem Brief vom 5. August 1893 (an August von Heyden) formuliert: »Das ewige Sich-auf-den-Waisenknaben-und-Biedermeier-hin-Ausspielen ist gräßlich, und man muß sich immer wieder all das Riesengroße zurückrufen, was er genialisch zusammengemogelt hat, um durch diese von den krassesten Widersprüchen getragenen Mogeleien nicht abgestoßen zu werden [...]; aber dieser beständige Hang, die Menschen zu betrügen, dies vollendete Schlaubergertum ist mir eigentlich widerwärtig, und wenn ich mich aufrichten, erheben will, so muß ich doch auf andere Helden blicken.« Von den Mogeleien des Fürsten spricht Fontane häufig in den Briefen aus dieser Zeit. Auch am Vorabend zu Bismarcks 80. Geburtstag ist der Bewunderer von einst nicht zu feierlicher Redeweise gestimmt. Der neue »Freund«, Klaus Störtebeker, zentrale Gestalt des unvollendet gebliebenen Romans, beschäftigt ihn unpatriotischer Weise weit mehr als der mit diesem nicht ganz unverwandte Altreichskanzler. Beide, so heißt es in seinem Brief, »waren ›Stürzebecher‹ und ein Schrecken ihrer Feinde. Selbst mit Religion und Kirche haben sich beide befaßt, wenn es gerade vorteilhaft war. Nur war Bismarck nie ein ›Likedeeler‹; er behielt immer möglichst viel für sich« (an H. Hertz vom 31. März 1895).

Dennoch ist die zunehmende Kritik nur die eine Seite der Sache. Sie setzt zeitlich auch nicht dort ein, wo die Bewunderung aufhört. Bewunderung und Kritik gehen stets nebeneinander her, obschon seit dem Anfang der neunziger Jahre mit dem Übergewicht der letzteren. Dabei bleibt mancherlei im Lebenswerk Bismarcks unbestritten. So stets die Gründung des Reiches als seine große Leistung. Auch über Bismarcks Größe hat Fontane nachzudenken nie aufgehört; und eines Irrtums ist er dabei so rasch auch nicht zu überführen. Denn selbst dezidierte Gegner (wie Georg Lukács) bestätigen es: »Bismarck ist der einzige Staatsmann größeren Stils, den das neue Preußentum hervorgebracht hat.« [140] Diese Größe war Fontane stets gegenwärtig. [141] Ungeachtet der Selbstherrlichkeit Bismarcks und der manchmal brutalen Art, mit Gegnern und Untergebenen umzugehen, hört er nicht auf, für Fontane die interessanteste Figur zu sein. [142] Die große Reichstagsrede des Jahres 1888 — »die von einem Pol zum andern klingt« — wie es im Tagebuch heißt, hat es ihm angetan. [143] Und Bismarcks Reden überhaupt! Von ihren Pointen, Kanten und Sentenzen war der dafür empfängliche Schriftsteller immer erneut entzückt. [144] Wo eine geistreiche Formulierung zu hören war, wird sie Freunden mitgeteilt. Das Berliner Leben, so steht es in einem Brief an Heyse (vom 8. Januar 1891), verlaufe seit Wochen etwas schläfrig, und wäre »der alte Löwe in Friedrichsruh« nicht, so ließe sich von Langeweile sprechen: »Darin ist sich Bismarck in und außer dem Amte gleichgeblieben, daß, ›was er auch packt, er packt's interessant‹ [...]. Er ist der glänzendste Bildersprecher und hat selbst vor Shakespeare die Einfachheit und vollkommenste Anschaulichkeit voraus.« Auch der Humorist, der Bismarck sein konnte, sagt ihm zu. So wundert man sich nicht, wenn die Nachricht vom Tod des Kanzlers den fast gleichaltrigen Schriftsteller tief bewegt. In einem Brief der Tochter an deren Freundin steht der schlichte Satz: »Papa sitzt und weint, was ich sehr begreife.« [145] Aber zum Gedicht, das sich Ernst Heilborn einen Tag später erbittet, ist der Dichter nicht aufgelegt: »Da muß viel Wasser die Spree runter, eh Bismarck wieder ein Stoff geworden ist. Dann freilich ein gehöriger [...]«, schreibt er diesem am 1. August. Zwei Tage später ist die bewegende Totenklage entstanden: das Gedicht *Wo Bismarck liegen soll*, das man aus älteren Lesebüchern kennt, aus denen es nicht entfernt werden muß. [146]

Daß Fontane der Tod Bismarcks tief ergreift; daß er das erbetene Gedicht ablehnt und zwei Tage später dennoch schreibt, scheint die schwankende Haltung zu bestätigen, von der man gesagt hat, daß sie für sein Spätwerk wie für sein Bismarckbild charakteristisch sei. [147] Aber das ist, wie schon ausgeführt, eine ungenaue Interpretation. Es wäre verfehlt, anzunehmen, Fontane sei noch immer der Schriftsteller, der nicht recht weiß, was er will. Das Gegensätzliche der Aussagen deutet auf eine Widersprüchlichkeit hin, die Fontane auf der Höhe seines schriftstellerischen Schaffens erfährt, durchdenkt und im Roman gestaltet. Sie ist von der Gestalt Bismarcks nicht zu trennen. Im Grunde ist schon die deutsche Einigung für ihn von der Erfahrung einer solchen Widersprüchlichkeit bestimmt, wenn er den Despotismus des Kanzlers gleichzeitig rechtfertigt und verwirft: »Der Kanzler ist ein Despot; aber er darf es sein, er *muß* es sein. Wär' er es nicht, wär' er ein parlamentarisches Ideal, das sich durch das Dümmste, was es gibt, durch Majoritäten, bestimmen ließe, so hätten wir überhaupt noch keinen Kanzler und am wenigsten ein Deutsches Reich« (an Graf Philipp zu Eulenburg vom 12. März 1881). [148] Zumal im Thema der großen historischen Persönlichkeit werden für Fontane die Widersprüche offenkundig, wie er sie erfahren hat: »je größer der Mann, je größer der Irrtum«. [149] Bismarcks Größe wird anerkannt, aber sie erscheint mit Despotismus vermischt; und sie schließt Züge des Kleinlichen nicht aus: »Er ist ein großes Genie, aber ein kleiner Mann.« [150] Eben dadurch entsteht immer wieder der Eindruck der Zweideutigkeit. Das eine scheint durch das andere bedingt zu sein, wie es Erich Eyck in seinem Bismarckbuch mit Beziehung auf einen Gegner des Kanzlers formuliert: »Das Recht großer Menschen, zu sein, was sie sind, wird damit nicht angetastet, daß man die Grenzen ihres Wesens feststellt. Vielleicht sind sie gerade eine Vorbedingung ihrer Größe.« [151] In stets neuen Formulierungen sucht Fontane das Widerspruchsvolle dieser über die Maßen komplexen Persönlichkeit zu erfassen. Er nennt ihn Genie, Staatsretter und sentimentalen Hochverräter zugleich. Transzendenz und Immanenz scheinen in seiner Person merkwürdig vermischt: »Wo ich Bismarck als Werkzeug der göttlichen Vorsehung empfinde, beuge ich mich vor ihm; wo er einfach er selbst ist, Junker und Deichhauptmann und Vortheilsjäger, ist er mir gänzlich unsympathisch« (an die Tochter vom 29. Januar 1894). Es sind solche und andere Vermischungen, für die sich Fontane nicht aufhört zu interessieren, wenn er gegenüber Georg Friedlaender vom »genialen Kraftmeier im Sachsenwald« spricht (6. April 1897); deutlicher noch wird er in einem Brief an die Tochter: »Diese Mischung von Uebermensch und Schlauberger, von Staatengründer und Pferdestall-Steuerverweigerer [...], von Heros und Heulhuber, der nie ein Wässerchen getrübt hat — erfüllt mich mit gemischten Gefühlen und läßt eine reine helle Bewunderung in mir nicht aufkommen.« Der Brief ist vom 1. April 1895; vor allem aus dieser Zeit sind die Zeugnisse solcher Widersprüche zahlreich. Die Bismarck gewidmete Jubiläumsnummer der Zeitschrift ›Die Gegenwart‹ bestätigt es eindrucksvoll. Fontane bezeichnet die meisten Beiträge als Blech und Blödsinn. Aber ein Artikel von Henryk Sienkiewicz, dem Verfasser des historischen Romans *Quo vadis*, hat es ihm angetan: »Eine Perle aber befindet sich unter diesem minderwertigen Material [...]. Verfasser ist ein Pole (lächerlicherweise Romanschriftsteller): Henrik Sienkiewicz. Auch nicht annähernd Ähnliches ist, was Tiefe der Erkenntnis angeht, bisher über Bismarck gesagt worden. Es ist, wenn ich nur einen Schimmer von Bismarck habe, einfach nicht zu übertreffen. Schlägt alle Historiker aus dem Felde; schlechtweg großartig. Lassen Sie sich diesen Happen nicht entgehen. Es ist ein Leitartikel *comme il faut*« (an Friedrich Stephany vom 3. April 1895). Noch am gleichen Tag schreibt Fontane an den Übersetzer, an Gustav Karpeles. Der Brief ist des Lobes gleichermaßen voll:

»Da ich dem Verfasser nicht danken kann, will ich Ihnen danken dafür, daß Sie mir durch Ihre Kenntnis des Polnischen diesen Hochgenuß vermittelt haben. Es ist nicht bloß das weit weitaus Bedeutendste und Richtigste, was über Bismarck gesagt worden ist, auch wohl je gesagt werden wird. Es ist überhaupt das Bedeutendste, was ich von *Erfassung* einer historischen Persönlichkeit je gelesen habe, die berühmtesten Historiker nicht ausgeschlossen. Ich bilde mir ein, ihn, Bismarck, nach zahllosen kleinen und großen Zügen genau zu kennen, und bin die helle Bewunderung, daß ein Fremder ihn so treffen konnte. Das ist dichterische Intuition.«

Der Beitrag des bekannten polnischen Schriftstellers, der Fontane in helle Bewunderung versetzte, arbeitet die Widersprüche in prägnanten Formulierungen heraus: »Es war etwas in seiner Methode, was in ungewöhnlicher Weise die menschliche Phantasie frappirte. Es vereinigten sich in ihm scheinbar die entgegengesetztesten Eigenschaften: Unbesonnenheit mit der größten Vorsicht; er war gleichzeitig aufrichtig und hinterlistig. Er liebte nicht die Wahrheit und doch bediente er sich zeitweilig derselben, wie die Anderen der Lüge, um seine Gegner irre zu führen. Der Bau, den er aufgerichtet, war kunstvoll und fein und zugleich war er wie aus cyclopischen Blöcken hergestellt. In jeder seiner Thaten sah man eine geschickte Riesenhand. Ein Verehrer der Kraft, hat er die Kraft ausgebildet. Er hat das Werk vollbracht. Er hat die Einigung Deutschlands mit dem Hammer geschmiedet, mit dem er nicht anstand, auf die deutschen Köpfe zu schlagen, wo er es für nöthig fand. Sein Name verbündet sich mit der ruhmvollsten Epoche Deutschlands. Darum ist es nicht verwunderlich, daß er für die Deutschen eine Art Thor aus der Walhalla ist und bleiben˚ wird, das ist, die Verkörperung des deutschen Ruhmes, das Monument seiner Kraft. Aber aus derselben Quelle, aus der seine Vorzüge flossen, stammten auch seine Fehler. Der praktische Politiker hat in ihm den großen Menschen getödtet. Dieser Verehrer und Schöpfer der Kraft war zugleich oft ein Philister derselben [...]. Das fühlt der Kern der deutschen Gesellschaft, und bei der vollen Bewunderung für Bismarck sagt ihm zugleich der Instinct der Abwehr wie auch das Bewußtsein der hohen Bestimmung, daß die Einigung Deutschlands vielleicht wirklich das Werk dieses Mannes gewesen sein konnte, daß aber in Zukunft Deutschland nicht mit seinem Geiste fortleben könne. Die Epochen der christlichen Cultur sowie der gesunde Menschenverstand sprechen viel lauter als die Götzenanbeter aus Varzin, daß diese Cultur, mit der die Menschheit seit fast zweitausend Jahren lebt, positiv größer sei und unbesieglicher als die Bajonette und daß der Imperator der ungezählten Heerschaaren die Gerechtigkeit allein sein müsse.« [152]

Man versteht, was Fontane an diesem Bismarck-Porträt des polnischen Schriftstellers faszinierte; und dessen Versuch, die Gegensätze und Widersprüche einer ungewöhnlich komplexen Natur zu erfassen, ist ohne Frage der Kern seiner Aussagen. Eine derart »doppelte Optik«, in welcher der ebenso umstrittene wie bewunderte Staatsmann erscheint, ist auch im Falle Nietz-

Die Zeit Bismarcks

sches zu beobachten.«Alle Züge der Bismarck-Enthusiasten und leidenschaftlichen Bismarck-Kritiker und -Hasser zugleich sind in ihm enthalten«, stellt Theodor Schieder in einer Gegenüberstellung beider fest. [153] In seiner *Bilanz der Moderne* kommt Samuel Lublinski gelegentlich auf Bismarck zu sprechen. Auch ihm entgeht nicht die Zwiespältigkeit der Person. Da diese aber für Bismarck selbst eine organische Einheit bedeutete, so hätten auch die Zeitgenossen »den innern Widerspruch« für eine organische Einheit genommen. [154] Aber eine Persönlichkeit von der Statur Bismarcks ist nicht zufällig das, was sie in ihren Widersprüchen ist. Ein Mensch wie er ist stets auch Symbol und Symptom der eigenen Zeit, die er durch sein Tun und Wirken maßgeblich beeinflußt und repräsentiert. [155] Er ist demzufolge auch Symbol und Symptom der Widersprüche dieser Zeit und damit nicht nur handelndes Subjekt, sondern Ausdruck von Richtungen und Strömungen, die sich in seiner Person »objektivieren«. Niemand sonst als Bismarck — dessen war sich Fontane bewußt — hätte die Einigung Deutschlands zustandegebracht. Was man gemeinhin Bismarcks Realpolitik nennt — Handeln nach den Interessen eines staatlichen Egoismus unter Vermeidung starrer Prinzipien — hängt mit der Einsicht zusammen, daß einzig ihm gelang, wonach man seit gut einem halben Jahrhundert verlangte. Fontane war ein für Politik viel zu aufgeschlossener Geist, als daß er es verkannt hätte. Er bestätigt sich selbst den ausgebildeten »Sinn für Tatsächlichkeiten«, durch den sich Bismarck von dem doktrinären Mentor seiner frühen Jahre unterschied, der Leopold von Gerlach gewesen war (an Georg Friedlaender vom 3. Oktober 1893). Bismarck wendet sich in der berühmt gewordenen Kontroverse mit dem preußisch-konservativen Doktrinär dagegen, daß man Realitäten ignoriert. [156] »Wir müssen mit den Realitäten wirtschaften und nicht mit Fiktionen«, heißt es andernorts. [157] Aber gerade die aus solchem Realitätssinn betriebene Politik — die Idee der nationalen Einheit — erweist sich als bedenklich von dem Zeitpunkt an, an dem sie an ihr Ziel gelangt ist. Dieselbe Politik, die wegen eines solchen Realitätssinns Bewunderung verdient, fordert zunehmend zur Kritik heraus. Das eine behält sein Recht, aber das andere nicht minder. Im Durchdenken solcher Erfahrungen muß sich über den Sinn für Tatsächlichkeiten hinaus jener Sinn für Ambivalenzen und Widersprüche entwickeln, der das Denken in Alternativen und Parteiparolen erschwert. Eindeutige Positionen — welche es auch sein mögen — erweisen sich als begrenzt; denn die Widersprüche, die sich aus solchen Entwicklungen ergeben, sind nichts Zufälliges. Sie sind von der Zeitlage her gegeben. In der Optik Bismarcks nennt Fontane William Gladstone kritisch einen Prinzipienreiter. [158] Aber daß Bismarck der größte Prinzipienverächter sei, wird nicht weniger kritisch vermerkt (an die Tochter vom 29. Januar 1894). Was sichtbar wird, läuft zuletzt auf die Allerweltsweisheit hinaus, daß schließlich jede Sache ihre zwei Seiten hat. [159] Thomas Mann hat sie in dem schönen Satz formuliert: »Es gehört zu den Widersprüchen dieses ungebundenen und auf nichts eingeschworenen Geistes, der alle Dinge in seinem Leben von mindestens zwei Seiten gesehen hat, wenn er sich eines Tages mit erstaunlicher Entschiedenheit gegen das preußische Deutschland erklärt und Oberammergau, Bayreuth, München, Weimar die Plätze nennt, daran man sich erfreuen könne [...].« [160] Nur handelt es sich von nun an nicht mehr um die Widersprüche eines Schriftstellers, die diesen beherrschen und die er selbst nicht durchschaut. Diese Widersprüche sind von einer bestimmten Zeit an zunehmend solche, die er als Schriftsteller wahrnimmt, um als Erzähler davon zu »profitieren«. Die Allerweltsweisheit, daß alle Dinge ihre zwei Seiten haben, ginge uns wenig an, wenn sie nicht in seine Romankunst als Strukturprinzip eingegangen wäre. Und dabei ist der Schriftsteller gegenüber dem Staatsmann die gewissermaßen überlegene Figur. Er als denkendes Subjekt durchschaut, was am »Objekt« als dem Brennpunkt solcher Widersprüche — diesem vielleicht unbewußt — durchschaut werden kann. Auch aus diesem Grund steht Bismarck in fast allen Zeitromanen als diejenige Gestalt im Hintergrund, über die gesprochen wird, wo immer sich die Gelegenheit bietet. Der »Schwefelgelbe« wird in den Romanen Theodor Fontanes zur sozusagen »grauen Eminenz«.

Die zahlreichen Andeutungen, Redensarten und Pointen, die sich im Roman Fontanes auf Bismarck beziehen, sind ein Kapitel für sich. Sie müßten in extenso verzeichnet werden, damit einsichtig wird, daß es sich um alles andere als um unverbindliche Anspielungen handelt. Und nicht einmal in denjenigen Romanen, wie am Ort zu zeigen ist, sind sie ausgespart, die sich wie *Unwiederbringlich* vom preußischen Milieu entfernen und obendrein Romane aus der Bismarckzeit gar nicht sind. Es gibt im Romanwerk Fontanes Bismarckverehrer und Bismarck-Frondeure, und nicht selten — wie in *L'Adultera* — treffen sie in demselben Roman aufeinander. Solche Anspielungen lassen die beherrschende Gestalt der Zeit immer nur als Hintergrundsfigur erscheinen, die selbst nicht spricht, sondern über die gesprochen wird. Und obwohl sie stets im Hintergrund bleibt, wird sie nicht selten zum Fluchtpunkt der Gespräche, die man führt. Auch dadurch sind die Eheromane Fontanes nicht solche einer beliebigen Zeit, sondern der Bismarckzeit. Über diesen, den Kanzler, das ist zuzugeben, wird zumeist geplaudert — boshaft oder geistreich — je nachdem. Hier werde Bismarck »verplaudert«, würden Schriftsteller wie Alfred Döblin oder Gottfried Benn erneut mit Indignation feststellen, wenn sie auf solche Passagen aufmerksam würden. Und was sich in diesen Romanen noch leidlich in Grenzen hält, kennt im *Stechlin* keine Grenzen mehr. Hier nun vollends ist der Causeur in seinem Element, und die Anspielungstechnik bedient sich der gewagtesten Mittel. Dubslav von Stechlin ist auf versteckte Weise zur einen Hälfte eine Art Selbstporträt Fontanes. Aber zur anderen ist er zugleich ein Porträt Bismarcks. Denn daß er einen Bismarck-Kopf habe, wird ihm allgemein nachgesagt. Der Roman des märkischen Junkers — und ein solcher ist ja auch Bismarck gewesen — hat wie der geplante Störtebeker-Roman seine »sozialdemokratische Modernität« (an F. Holtze vom 16. März 1895).

Damit ist über eine letzte Stufe im schriftstellerischen Bewußtsein Fontanes zu sprechen: über eine Bewußtseinsstufe, die ganz im Zeichen Bismarcks steht. Es handelt sich bis zu einem gewissen Grad um eine Wiederaufnahme dessen, was ihn in seiner frühesten Zeit bewegte: um die soziale Frage vor allem, wie er sie in seinen letzten Lebensjahren erfaßt, aufnimmt und gestaltet. Der vielfach humoristische Ton in solchen Äußerungen steht dem nicht entgegen. Man erinnert sich der Neulandtheorie des alten Stechlin und des Gesprächs mit dem betont christlich-sozial »angehauchten« Pastor Lorenzen. Was nur Plauderei zu sein scheint, hat durchaus seine Verbindlichkeit. Sie beruht in der schon erläuterten Bewußtseinserweiterung, die zum Erstaunlichsten in der Biographie Fontanes gehört. Die soziale Frage meldet sich erneut zu Wort. Sie meldet sich zurück. Das geschieht nicht erst jetzt, in der Zeit des *Stechlin*. Solche erneute Aufmerksamkeit kündigt sich schon früh in der Epoche seines Romanschaffens an. Sie ist aus dieser Zeit nicht wegzudenken und epochemachend in mehr als einem Sinn. Schon 1878 gibt es hierüber die erstaunlichsten Äußerungen. So im Brief an die Familie, in dem es heißt: »Millionen von Arbeitern sind gerade so gescheit, so gebildet, so ehrenhaft wie Adel und Bürgerstand; vielfach sind sie ihnen überlegen.« Die Sätze wurden am 5. Juni 1878 niedergeschrieben. Wenige Tage zuvor — am 2. Juni — war das zweite Attentat auf den Kaiser verübt worden; er wurde schwer verletzt. Die Vorgänge führten im Oktober desselben Jahres zur Annahme der Sozialistengesetze, die den Ruhm Bismarcks neben dem Kulturkampf am meisten verdunkelt haben. Fontanes Äußerung im vertrauten Brief an seine Frau ist nicht beziehungslos zu diesen Zeitereignissen zu verstehen. Aus der Antwort geht hervor, daß er selbst gefragt worden war, wie man denn früher solcher Bewegungen Herr geworden sei. Fontane erwidert, es habe früher solche Bewegungen nicht gegeben: die Volksmassen waren harmlos, und ihre Anführer erst recht. Das sei nun anders. Es folgt die Äußerung über die »gerade so gescheiten Arbeiter«, die wir oben zitierten. Die von Grund auf veränderte Situation hatte Lorenz von Stein dreieinhalb Jahrzehnte zuvor ebenso gesehen. Die These von der verspäteten Nation ist nicht aus der Luft gegriffen. Fontanes Spätwerk bestätigt sie auf seine Weise.

Genaueres über diese letzte und so erstaunliche Bewußtseinserweiterung erfährt man aus den Briefen an den englischen Arzt James Morris, die man zugleich als einen versteckten Dank an England ansehen möchte: »Alles Interesse ruht beim vierten Stand. Der Bourgeois ist furchtbar, und Adel und Klerus sind altbacken [...]; *das*, was die Arbeiter denken, sprechen, schreiben, hat das Denken, Sprechen und Schreiben der altregierenden Klassen tatsächlich überholt« (22. Februar 1896). Aber mit einer solchen Bewußtseinserweiterung nach der Seite des Sozialen hin hat der späte Fontane auch Bismarck überholt — die für die damalige Zeit bemerkenswerte Sozialgesetzgebung in Rechnung gestellt! Auch Bismarck hat auf seine Weise in diesen Fragen noch im hohen Lebensalter gelernt. Er ist aus der junkerlichen Enge seiner Anfänge über das nationalstaatliche Denken in die europäische Politik hineingewachsen; und er hat trotz »seiner« Kriege für den Frieden einiges getan. Das läßt sich vergleichen. Fontanes Weg vom Verfasser historisierender Balladen zum Zeitroman von europäischem Rang ist zugleich der Weg zum Sozialen hin, dieses als eine Stufe in der Geschichte des menschlichen Bewußtseins verstanden. Aber in der Offenheit und Zeitbewußtheit, im Weiterdenken der Probleme, die ihrerseits Weltprobleme sind, ist er seinem bewunderten und kritisierten Zeitgenossen Bismarck »eins über«. Das denkwürdigste Zeugnis solcher Weite und Offenheit ist das, was der überaus sympathische Botschaftsrat Barby im *Stechlin* hierzu bemerkt. Gewiß ist das im Bewußtsein Erreichte nicht etwas von Anfang an Erreichtes. Es gibt Entwicklungen und Rückschritte innerhalb dieser Epoche selbst, in der die Romane entstanden sind und veröffentlicht wurden. Sein »Eigentlichstes« ist der Zeitroman als der Roman der zeitgenössischen Gesellschaft, und die historischen Erzählungen und Romane sind mit diesem ihrer Struktur nach aufs engste verwandt. Dennoch verharren einige von ihnen in einer älteren Stufe des Denkens. Dem Historismus, in dem Fontane aufgewachsen ist, sind offensichtlich einige Regressionen zuzuschreiben. Fontane wurde geboren, um der alte Fontane zu werden, der leben wird. Aber aus dem Banne des Historismus mußte er sich erst lösen, um der zu sein, als den wir ihn schätzen. Das geschah nicht von heute auf morgen, zumal der Historismus des 19. Jahrhunderts nicht etwas ist, das man nur übergehen muß, um für anderes frei zu sein. Er war eine Denkform dieser Zeit und seinerseits etwas Fortgeschrittenes, wie man nicht vergessen darf.

I. Im Banne des Historismus

In seinem Buch *Umgang der Jahre* beschreibt Rudolf Kassner aus der Erinnerung höchst anschaulich seine Berliner Studienzeit am Ende des 19. Jahrhunderts. Große Namen werden erwähnt: Adolf Wagner, Harnack, Treitschke, Paulsen, Herman Grimm. Auch Mommsen wird in diesem Zusammenhang genannt — »damals wohl die größte Gelehrtenfigur Europas, ein leibhaftiges Monument seiner selbst«. Mit sichtlichem Wohlgefallen verweilt Kassner bei den Gewohnheiten dieses »Monuments«. Er schildert, wie und wo man ihn am häufigsten sah: »doch wer im Winter 1895/96 von der Königlichen Bibliothek unter den Linden zum Brandenburgertor hin ging, konnte durch Wochen täglich dem schmächtigen Mann begegnen, wie er, den Überrock meist offen, die Taschen rechts und links vollgestopft mit Büchern — für dünnere breite war eine innen im Futter vom Schneider angebracht —, den Wind, zuweilen wohl auch Schneeflocken im weißen, bis auf die Schulter herabreichenden Haar, zur Charlottenburger Pferdebahn hin eilig schritt, die vor dem Brandenburger Tor ihre Endstation hatte.« Ein Zusammentreffen im Lesesaal der Königlichen Bibliothek wird geschildert: »Mit zittriger Hand warf er die Seiten hin und her und machte Notizen. Dann und wann entfiel ihm die Feder, zu mir hin gegenüber rollend. Ich reichte sie ihm zurück, nicht ohne die gebotene Deferenz, doch war diese jedesmal im Nichts oder All vertan, denn nie geschah es, daß er aufgesehen hätte.« Schließlich sein Erscheinen im Vatikan: »Sooft Leo XIII. die vatikanische Bibliothek besuchte — wurde in Rom erzählt —, war das erste, was er tat: sehen, ob Mommsen an seinem Platz, den man kannte, säße. Und wenn seine Augen ihn dort fanden, legte er den Finger an die Lippen, damit bedeutend, daß der dort nicht gestört werden dürfe.« Kassner fährt fort, indem er das Porträt im Sinne seiner Physiognomik kommentiert: »Das 19. Jahrhundert war unter anderem das der großen Philologen. Auch Leo XIII. war Philologe, der Philologenpapst. Sie hatten alle gute Gesichter, diese Philologen mit den starken Brillen, die dazugehörten. Sie wußten alles, und alles wurde ihnen zu Philologie.« [1]

Aber der Jurist Theodor Mommsen, von dem hier so ausführlich gesprochen wird, war Historiker, und als solcher einer der geachtetsten seiner Zeit. Dennoch ist es kein Zufall, daß Kassner so eingehend bei einem Historiker verweilt, um anschließend Allgemeines über den Philologen und sein Ansehen im 19. Jahrhundert zu sagen. Denn beide — Historie und Philologie — gehören in dieser bis in unsere Zeit hineinreichenden Tradition aufs engste zusammen. Weshalb das Fazit eines solchen Rückblicks mit gutem Recht auch ein wenig anders formuliert werden könnte; etwa so: diese Historiker wollten stets wissen, wie es eigentlich gewesen war, und alles wurde ihnen dabei zu Historie. Aber gleichviel, ob es sich um Geschichte oder Philologie handeln mag: man spürt auch etwas Bedenkliches im Ausmaß solchen Tuns. Daß diesen Gelehrten alles unter ihren Händen zu Philologie oder zu Historie wird, läßt Einseitigkeiten befürchten — als habe anderes kaum noch Anspruch, beachtet zu werden. Eine Totalisierung des Historischen, eine Wirklichkeitsflucht, ist damit möglicherweise verbunden. Die Gegenwart wird versäumt, weil man die Vergangenheit über alles stellt. Ein Jahrhundert der extremen Geschichtlichkeit hat man daher das 19. Jahrhundert genannt. [2] »Nirgends als in Deutschland«, so sieht es Karl Reinhardt, »hat man, so kurz nacheinander, beidem, erst dem Humanismus, dann dem Historismus, sich so leidenschaftlich hingegeben.« [3] In den *Unzeitgemäßen Betrachtungen* hat Nietzsche solche Rückzüge in die Vergangenheit auf seine Weise und in seiner Sprache verurteilt; und es ist vornehmlich die Übersättigung mit Geschichte, die seine Abrechnungen motiviert. Auf die antiquarische Historie der Zeit hat er es abgesehen. Sie in erster Linie wird vor das Gericht seiner unzeitgemäßen Betrachtungen zitiert: »Die antiquarische Historie entartet selbst in dem Augenblicke, in dem das frische Leben der Gegenwart sie nicht mehr beseelt und begeistert [...] Dann erblickt man wohl das widrige Schauspiel einer blinden Sammelwut, eines rastlosen Zusammenscharrens alles einmal Dagewesenen. Der Mensch hüllt sich in Moderduft; es gelingt ihm, selbst eine bedeutendere Anlage, ein edleres Bedürfnis durch die antiquarische Manier zu unersättlicher Neubegier, richtiger Alt- und Allbegier herabzustimmen; oftmals sinkt er so tief, daß er zuletzt mit jeder Kost zufrieden ist und mit Lust selbst den Staub bibliographischer Quisquilien frißt.« [4]

Solche Urteile lassen aufhorchen. Ihre Schärfe geht über das Maß des Üblichen hinaus; und das wäre vermutlich nicht der Fall, wenn man es mit einem abseitigen und in seinen Folgen bedeutungslosen Phänomen zu tun hätte. Um ein solches handelt es sich mit Gewißheit nicht. Mit Fug und Recht legt Nietzsche den Finger auf eine Wunde, die es ist. Dennoch sind seine Urteile nicht unbesehen zu übernehmen. Sie gelten einer Art von »historistischem« Historismus, einer Degeneration der »Historischen Schule« weit mehr als dieser selbst. Gewiß ist eine solche Unterscheidung zwischen dem Historismus und seiner historistischen Variante nur eine solche nach Graden und Stufen. Aber die Degeneration einer Denkform, die es überall gibt, muß noch nicht diese selbst diskreditieren. Damit wird der Historismus der Historischen Schule nicht im vornhinein jeder kritischen Betrachtung entzogen. Aber da es sich um ein höchst komplexes Gebilde handelt, kann man es nicht mit summarischen Verurteilungen erledigen. »Errungenschaften«, die es gibt, und Versäumnisse, die es gleichermaßen gibt, sind gegeneinander abzuwägen. Doch bleibt zu klären, was man meint, wenn man »Historismus« sagt, und daß dieser sich nicht so leicht auf den Nenner einer Definition bringen läßt, setzen wir voraus.

Historismus kann verstanden werden als eine Art, die Geschichte zu betrachten, als eine Denkform, in der das Individuelle — dieses im weitesten Sinne verstanden — den Vorrang vor anderen Erscheinungen erhält. [5] Solche Bevorzugung des Individuellen hat in Deutschland ihre eigene Tradition. Leibniz, Herder oder Humboldt haben ihr die Wege geebnet. Ein Zusammenhang wird erkennbar zwischen der Denkschule Rankes und dem deutschen Idealismus — von dem gesagt worden ist, daß er fast ausschließlich die Erziehung des individuellen Menschen zum Ziel gehabt habe. [6] Demzufolge will sich Ranke vornehmlich oder ausschließlich dem Besonderen widmen. Nur in ihm glaubt er Allgemeines zu erkennen. Als Denkform läßt der Historismus andere Denkformen — die sozialpsychologische zum Beispiel — weithin außer Betracht. [7] Noch Friedrich Meinecke sieht in den dreißiger Jahren im Sinn für das Individuelle das Kernstück des deutschen Historismus. Wörtlich heißt es: »Der Kern des Historischen besteht in der Ersetzung einer generalisierenden Betrachtung geschichtlich-menschlicher Kräfte durch eine individualisierende Betrachtung.« [8] Daß dieselbe Geschichtswissenschaft der Biographie nicht sonderlich gewogen war — sieht man von Droysens *Yorck*, Rankes *Wallenstein* und einigen anderen Ausnahmen einmal ab — ist einer der zahlreichen Widersprüche, die man auch sonst entdecken kann. [9] Der Sinn für das Individuelle ist mit dem Genre der Biographie jedenfalls nicht ohne weiteres identisch; und er steht bestimmten Erweiterungen nicht im Weg. Man kann ihn übertragen auf Epochen, Völker und Staaten. Das hat Ranke getan, und er gibt dafür auch die Begründung: »Es giebt etwas, wodurch jeder Staat nicht eine Abtheilung des Allgemeinen, sondern wodurch er Leben ist, Individuum, er selber.« [10] Epochen, Völker, Staaten: sie alle können als individuelle Gebilde verstanden werden aufgrund eben jenes Eigenrechts, das ihnen ein für allemal zuerkannt wird. Das schließt Gesetzmäßigkeiten aus und damit Betrachtungsweisen, in denen das Typische, Generelle und Wiederholbare in den Vordergrund tritt. Da im Denken des Historismus alles als individuell angesehen wird, wird es zugleich und eo ipso als einmalig, unwiederholbar und unvergleichbar angesehen — gegenüber der Wiederkehr des Gleichen in anderen Geschichtsbegriffen. Diese Art, Geschichte zu betrachten, wie sie sich vor allem im deutschen Historismus ausgeprägt hat, setzt Gerechtigkeit voraus, die tunlichst gegenüber jeder Erscheinung des historischen Lebens zu üben ist. Unnötig zu sagen, daß solche Gerechtigkeitsliebe eine große Tugend sein kann, ein wissenschaftliches Ethos von hohen Graden. Aber jede Tugend hat ihre Grenzen. Solche Gerechtigkeitsliebe kann gelegentlich auch in Rechtfertigungen übergehen, in denen die kritische Distanz vermißt wird, die man erwartet. Das ist bei Ranke vielfach der Fall. Auch einem gewiß nicht unproblematischen Denker wie Machiavelli gegenüber bleibt er gerecht — fast um jeden Preis: »Um gerecht zu sein, müssen wir diesen Unterschied im Auge behalten: Macchiavell suchte die Heilung Italiens; doch der Zustand desselben schien ihm so verzweifelt, daß er kühn genug war, ihm Gift zu verschreiben.« [11] Die Bevorzugung des Individuellen kommt vor allem dem großen Individuum der Weltgeschichte zustatten. Es sind dieser Denkweise zufolge die großen Männer, die Geschichte machen. Nach ihnen werden ganze Zeitalter benannt: das Zeitalter Karls des Großen, Ottos des Großen, Friedrichs des Großen und so fort. Von solchen Voraussetzungen her kann sich eine Betrachtungsweise entwickeln, die Nietzsche die monumentalische nennt. Auch Jacob Burckhardt geht in seinen *Weltgeschichtlichen Betrachtungen* auf sie ein. [12] In der Gründerzeit hatte diese mit dem Geschichtsdenken verbündete Monumentalität ihre große Stunde. Geschichte erhielt die Funktion, das neue Reich entsprechend zu erhöhen. Nun vollends geht der Sinn für das Individuelle in Ideologie über. Er wird zum Individualitätsdogma, wie Hans-Ulrich Wehler den Vorgang bezeichnet. [13]

Viel Heldenverehrung spielt hinein, für die sich in England Thomas Carlyle nachhaltig verwendet. In der Geschichte der englischen Sozialkritik ist er keine nebensächliche Gestalt und die Industrialisierung hat er als einer der ersten erkannt. Der Mechanisierung, die er auf allen Gebieten des Lebens wahrnimmt, setzt er den edlen Machtmenschen entgegen. Seine Biographien über Cromwell oder Friedrich den Großen, nicht ohne deutschen Einfluß, bezeugen es; erst recht sein Essay *On Heroes, Hero-Worship and the Heroic in the History*. [14] Und Heldenverehrung — so oder so verstanden — ist ein integraler Bestandteil des deutschen Historismus, dessen Einfluß, nicht nur in diesem Punkt, bis weit in unser Jahrhundert hineinreicht. Die großen Männer sind in erster Linie die Wortführer der großen Mächte, deren souveränes Spiel einen Geschichtsdenker wie Leopold von Ranke zeit seines Lebens fasziniert. In der Sprache der Zeit kommt für das Mögliche, Erreichbare und Pragmatische solchen »Spiels« der Begriff »Realpolitik« in Gebrauch, und es ist keine Frage, daß es Zusammenhänge zwischen dem Real-Geistigen im Sinne Rankes, der Realpolitik im Sinne Bismarcks und dem poetischen Realismus der Literaturgeschichte gibt. [15] Ein deutlich wahrnehmbarer Zusammenhang zwischen Historismus und Realismus wäre im einzelnen zu beschreiben, was hier nicht unsere Aufgabe ist. Doch bliebe und bleibt zu beachten, daß es nicht einfach ein weltliterarischer Realismus ist, der von der Erde abgelöst über den Wassern schwebt, sondern einer, der in Deutschland existiert, mit eben den Besonderheiten, die nichts Nebensächliches sind. Rudolf Haym, ein Repräsentant beider Bereiche, verpflichtet die ›Preußischen Jahrbücher‹ auf jenen historischen Sinn, »in dem wir ein Hauptcorrectiv gegen ausschweifende Deutungsart wie gegen abstract verständige Nüchternheit erblicken.« [16] Daß es derselbe Historismus unterlassen habe, die Vergangenheit mit der Gegenwart zu verknüpfen, wie behauptet worden ist, entspricht nicht den Tatsachen. [17] Der deutsche Historismus hat im Gegenteil sehr viel »verknüpft«. Eine Flucht in die Vergangenheit vor den Aufgaben der Gegenwart ist ihm und seinen maßgeblichen Wortführern nicht vorzuwerfen, am wenigsten in den Anfängen seiner Entwicklung.

Im Vorwort zum ersten Band seiner ›Zeitschrift für geschichtliche Rechtswissenschaft‹ (1815) erläutert Friedrich Karl von Savigny, der Freund und Verwandte der Brüder Grimm, was man unter geschichtlichem Sinn zu verstehen habe. Dieser könne nicht darin beruhen, die Vergangenheit als eine Nacht der Vergangenheit zu behandeln. Vor solcher Behandlung schütze der geschichtliche Sinn. Zugleich wird, in einer Art Vorwegnahme Nietzsches, vor blinder Überschätzung der Vergangenheit gewarnt — vor jener Überschätzung, »die alle Kräfte der Gegenwart lähmt«. Alle »Absonderung von der Gegenwart« wird als heillos bezeichnet. Auf die »richtige Würdigung der gegenwärtigen Zeit und ihres Verhältnisses zu früheren Zeitaltern« komme es an. [18] Die auf die Begründer der Historischen Schule folgenden Geschichtsschreiber von Ranke bis Treitschke haben solche »Verknüpfungen« eher intensiviert als beseitigt; und zwar dadurch, daß sie nichts unversucht gelassen haben, mit den geltenden Staatsanschauungen ihrer Gegenwart in Einklang zu sein. Von irgendeiner Opposition gegenüber dem, was in ihrem Staat den offiziellen Auffassungen entsprach, kann nur ausnahmsweise gesprochen werden. Der Sinn für Empirie und Realität im Geschichtsdenken und der Sinn für Realpolitik im Staatsdenken sind Erscheinungen dieser Epoche. Sie basieren auf einer Gemeinsamkeit der Denkformen im ganzen. Wenn Ranke in seiner Darstellung der deutschen Reformation die Stellungnahme Luthers zugunsten der Fürsten und gegen die Bauern mit schöner Selbstverständlichkeit rechtfertigt — die destruktiven Tendenzen, welche »die gebildete Welt mit allgemeiner Auflösung« bedrohen! — so ist das nicht nur aus dem Geist der Zeit heraus gedacht. [19] Es ist mehr noch für die Zeit gedacht — in Richtung auf die sie stabilisierenden und konsolidierenden Tendenzen. Die Denkform dieser Schule — und auch das läuft auf eine Verknüpfung der Vergangenheit mit der Gegenwart hinaus — ist auf frappierende Weise aristokratisch. Dem Adel angehörende oder in den Adelsstand erhobene Historiker gibt es so wenige nicht: Leopold von Ranke, Friedrich Karl von Savigny, Julius von Ficker, Heinrich von Sybel, Heinrich von Treitschke, Lorenz von Stein, um nur diese zu nennen. Sinn für Geschichte, das heißt auch: Interesse an der Geschichte der ersten Familien des Landes. Der Sinn für Tatsächlichkeiten, für reale Gegebenheiten und für Realpolitik, die keine Prinzipienpolitik sein soll, schließt nicht aus, daß man bestimmten Prinzipien folgt: solchen einer vorzüglich königstreuen Gesinnung. Es wird deutlich, wie die Verknüpfung beschaffen ist, um die es geht. Geschichtliches Denken im Verständnis der Historischen Schule ist der Vergangenheit liebevoll zugetan und dem Gewordenen, als der staatlichen Gegenwart des eigenen Volkes, erst recht. Aber das Werden selbst, der Ablauf, die Formen der Erneuerung finden nicht gleicherweise Interesse, und am wenigsten dann, wenn sie über die Gegenwart hinaus und in die Zukunft hinein weisen. Die Verknüpfung, die unterbleibt, betrifft weniger die Gegenwart. Sie betrifft die Zukunft weit mehr. Dem Geschichtsdenken des 19. Jahrhunderts, wie es sich im Historismus entwickelt hat, fehlen Kategorien wie Zukunft, Erneuerung oder Fortschritt. Die Historiker, denen alles zu Historie wird, wollen wissen, wie es war — weniger, wie es werden wird. Solche Einstellungen könnten eine Definition wohl rechtfertigen wie die, »daß der Historismus die Haltung ist, in der die Betrachtung und die Benutzung der Geschichte wesentlicher ist als die Entdeckung und Entwicklung neuer Systeme, neuer Formen der eigenen Zeit«. [20]

Daß man aber — alle erstrebte Objektivität in Ehren! — nicht ganz so wertfrei denkt, wie es den Anschein hat, und die Geschichte auf seine Art zu »benutzen« versteht, wird an der »Verknüpfung« offenkundig, die im deutschen Geschichtsdenken des 19. Jahrhunderts die zweifellos folgenreichste gewesen ist: an derjenigen des Historischen mit dem Nationalen, der Vergangenheit des eigenen Volkes mit seiner Gegenwart und der staatlichen Einheit, für die man kämpft — auch mit »Blut und Eisen«. Die Art dieser Verknüpfung geht aus dem schon erläuterten Individualitätsdenken hervor: indem man den Sinn für das Individuelle auf das Volk »überträgt«, hat man Kollektives individualisiert und innerhalb einer Vielzahl von Völkern zum »völkischen« oder staatlichen Individuum »erhoben«. Der Volksgeist ist das Resultat einer solchen Übertragung. [21] Historismus und nationalstaatliches Denken sind nicht voneinander zu trennen. Es ist die »*Denkart der Nation*« im ganzen, um einen bezeichnenden Ausdruck Herders zu gebrauchen, die der zeitgenössischen Politik und der zeitgenössischen Wissenschaft — als Geschichtswissenschaft — gleichermaßen zugrunde liegt. [22] Aber selbstverständlich nicht nur dieser! Aus heutiger Sicht sind gegenüber dieser Verknüpfung alle jene Vorbehalte anzumelden, die man kennt. Ob man damit historisch denkt, stehe dahin. Denn es spielt vieles hinein, was alles die Entstehung eines solchen Denkens erklärt: der Verlauf der Französischen Revolution, das Auftreten Napoleons, die deutsche Romantik und anderes. Bis zu einem gewissen Grade hat der deutsche Historismus als eine heute historisch gewordene Erscheinung Anspruch darauf, aus seinen eigenen Voraussetzungen heraus verstanden zu werden — aber auch nur bis zu einem gewissen Grade. Die eigenen Voraussetzungen sind nicht widerspruchsfrei. Die Intention geht auf Objektivität, auf gerechtes Abwägen im Für und Wider der Dinge. Das schließt eigentlich ein, daß man Einseitigkeiten in der Betrachtung vermeidet. Aber eine Einseitigkeit ist die Art und Weise der Verknüpfung des Historischen mit dem Nationalen gleichwohl. Daß sich die »nationale Denkungsart« — so vor allem in der deutschen Frage — nicht einfach im Aristokratischen und Feudalen verliert, ist ihr zugute zu halten. Die nationale Einheit wird, zumal vor 1848, auch um der Demokratie willen erstrebt. Aber zugleich macht dieselbe nationale Denkungsart blind. Sie macht erkenntnisblind. Indem man einseitig an das eine denkt, verdrängt man alles andere; und verdrängt wird im deutschen Historismus alles Soziale. [23]

Abermals bleibt zu klären, was man damit meint. Faßt man den Begriff sehr weit, um ihn womöglich gleichbedeutend mit dem Politischen oder Gesellschaftlichen überhaupt zu verwenden, so dürfte es nicht schwer fallen herauszufinden, daß es auch innerhalb des deutschen Historismus Soziales gibt; und der Sinn dafür ist selbst einem Geschichtsdenker wie Leopold von Ranke nicht abzusprechen. Tatsächlich hat sich die neuere Geschichtswissenschaft mit seinem Verhältnis zur sozialen Welt befaßt und in seinem Denken »Soziales« wahrgenommen. [24] Versteht man dagegen das Wort im engeren Sinn, wie es genommen werden muß — mit Beziehung auf die soziale Frage und den Wandel des gesellschaftlichen Denkens — so hat man Grund, auf den Historismus im ganzen zu übertragen, was in neuerer Zeit über Ranke gesagt worden ist: »In Rankes historisch-politischer Auffassung spielt das soziale Problem kaum eine Rolle [...]. Alle Regungen breiterer Schichten werden mit Antipathie behandelt, Unterstützung durch die ›untersten Stände‹ ist stets nachteilig. Echte soziale Reformbestrebungen gegen das Bestehende werden fast immer abgelehnt.« [25] Und was um die Mitte des Jahrhunderts für Ranke gilt, das gilt an seinem Ende für einen Historiker wie Heinrich von Treitschke erst recht, der als Liberaler begann, um später auf sehr andere Denkwege zu geraten. In der Zeit nach der Reichsgründung wird die soziale Frage von ihm traktiert, als habe sie es nicht zu geben. Er hat sich darüber 1874 in einem Aufsatz der ›Preußischen Jahrbücher‹ geäußert. Harte, schmutzige und halbtierische Arbeit, führt er aus, müsse nun einmal sein. Und wenngleich diese Feststellung nicht so rasch zu widerlegen ist, so erscheint doch ihre Rechtfertigung im höchsten Grade bedenklich. Für Treitschke ist harte und halbtierische Arbeit unerläßlich zur »Erhaltung der errungenen Gesittung«, so daß ungeniert gefolgert werden kann: »Die Millionen müssen ackern und schmieden und hobeln, damit einige Tausende forschen, malen und regieren können.« [26] Daß es innerhalb solcher Denkschemata einzelne gegeben hat, die vom vorgezeichneten Wege abgewichen sind — Lorenz von Stein, Gustav Droysen, später Gustav von Schmoller, Karl Lamprecht oder Otto Hintze — sei um der Gerechtigkeit willen nicht verschwiegen. [27] Aber als Einzelne haben sie es nicht vermocht, das offizielle Geschichtsdenken zu verändern. Man kommt an der Einsicht nicht vorbei, daß der Historischen Schule des 19. Jahrhunderts Begriff und Bedeutung des Sozialen weithin fremd geblieben sind; und das betrifft den historistischen Historismus als die Degeneration einer Denkform nicht nur. Es betrifft diesen selbst. Die Geschichtsdenker dieser Schule waren durchaus aufgeschlossen für die politischen Fragen ihrer Zeit. Aber sie dachten einseitig, weil sie an ihrer Gegenwart zu einseitig das geschichtlich Gewordene sahen, nicht den geschichtlichen Wandel. Paradoxerweise haben diese so über die Maßen geschichtskundigen Männer in vieler Hinsicht ungeschichtlich gedacht, wenn geschichtliches Denken den Sinn für Wandel, Veränderung und Erneuerung einschließt.

Die Literatur kann sich solchen Richtungen und Strömungen des Denkens nicht entziehen. Sie bleibt auf ein Publikum angewiesen, wenn sie wirken will — auf ein Publikum, das seinerseits mit solchen Strömungen denkt. Der Zeitgeist ist meistens etwas Diffuses; aber was man damit auch meinen mag, ist nicht dadurch erledigt, daß man den Begriff für ungenau erklärt — was er natürlich ist. Die Richtungen und die Strömungen des Denkens, die im viel gescholtenen Zeitgeist zusammenkommen, sind bis zu einem gewissen Grade zeitgerecht und zeitgemäß. Sie entsprechen dem, was von der Zeitlage her gefordert ist. Aber zum anderen Teil — so damals wie heute — sind sie Opportunismus, als Vorteil der Mitläufer und Epigonen, auch wohl Ideologie, als jenes »falsche Bewußtsein«, das die Sachlage verkennt, weil es sie zu einseitig beurteilt. Die Verhärtungen des Denkens im Dogma der Epigonen beruhen zumeist im Verkennen geschichtlichen Wandels: nicht nur Wissenschaft, wie es Max Weber formuliert, will überholt und überboten sein. Auch für andere »Systeme« — für Politik, Religion oder Kunst — trifft das zu. Die Tradition wird in solchen Augenblicken der Weltgeschichte zum »Schicksal« eines solchen Systems, an dem sich entscheidet, ob seine maßgeblichen Vertreter und Wortführer im Banne dieser Traditon verharren oder sich von ihr befreien, indem sie das Erreichte fortführen und weiterdenken. In solchen Augenblicken wird es unumgänglich, gegen den Strom zu schwimmen — gegen den Strom der Traditionen wie der Opportunisten. Der »Widerstand gegen das Vorgedachte«, wie eine Formulierung Theodor W. Adornos lautet, kommt der Literatur in besonderer Weise zu. [28] Das macht bestimmte Taktiken und Strategien erforderlich, wenn ein Schriftsteller sein Publikum erreichen will. Die nur für die Nachwelt schreiben wollen oder geschrieben haben, die Seher und Propheten, die alles haben kommen sehen, wie es gekommen ist, haben der Mitwelt am Ende wenig gedient. Um mit seinem Publikum im Kontakt zu bleiben, kann es durchaus geraten sein, dem Zeitgeist entgegenzukommen, ohne in ihm zu verschwinden. Man kann ihn als Mittel benutzen, um andere Zwecke zu erreichen. Wir nehmen dabei an, daß ein Schriftsteller bewußt so verfährt, wenn wir ihm solche »Strategien« unterstellen. Aber ebenso ist denkbar, daß nicht alles im Bewußten verläuft: daß ein Autor in überlieferten und vielleicht veralteten Denkformen verharrt, ohne sich neuen Themen und Stilmitteln völlig zu verschließen. Das Neue wird dann vom Alten überlagert, das Alte wirkt im Neuen fort. Handelt es sich um literarische Kunstwerke, so wird man dabei Uneinheitlichkeiten des Stils feststellen. Man wird Widersprüche gewahren, die möglicherweise daran schuld sind, daß es keine Meisterwerke sind. Aber für die Erkenntnis können sie um vieles ergiebiger sein als die vollendete Dichtung, an der es eines Tages nicht mehr viel zu erkennen gibt. Zumal im Umkreis von Historie und Historismus ist der Maßstab der Meisterwerke meistens deplaciert, und ein vorwiegend an klassischer Ästhetik orientierter Literaturforscher wie Georg Lukács kennt keinen anderen als diesen. Wenn er über historische Romane handelt, so will er »nur die für die Weltliteratur bedeutsamen Typen der Entwicklung analysieren [...].« [29]

Zwischen Formen des Bewußtseins und des Unbewußten in der Aufnahme zeitgenössischen Gedankenguts und zeitgemäßer Denkformen hat man mithin zu unterscheiden. Auch aus diesem Grunde ist der Begriff der »Widerspiegelung« denkbar ungeeignet, weil es dabei dem Wortsinn nach allenfalls um das Unbewußte im Werk eines Schriftstellers geht, nicht um seine bewußten Verfahrensweisen und Strategien. Wo sich der Zeitgeist und das zeitgemäße Denken nur »widerspiegeln«, handelt es sich zumeist um ein Schrifttum der Epigonen. Vor allem nach der gescheiterten Revolution des Jahres 1848 hat das Geschichtsdenken der Historischen Schule solchen bloß dem Zeitgeist verhafteten Strömungen in der Literatur Vorschub geleistet. Eine Woge der Geschichtsbegeisterung – zum Teil schon früher, aber vor allem doch jetzt – breitet sich aus. [30] Es ist die Zeit, in der 1855 Victor von Scheffels Roman *Ekkehard* erscheint, dem ein Bucherfolg von ungewöhnlichem Ausmaß beschieden ist. Vor allem nach der Reichsgründung steigen die Auflagezahlen sprunghaft an. Bis 1900 sind mehr als 330 000 Exemplare verkauft. Der Roman liegt 1904 in der 200. Auflage vor. [31] Die antiquarische Historie, mit der Nietzsche um diese Zeit abrechnet, erlebt ihre Blütezeit. Die Geschichte, mit der man seine Leser mit Sicherheit gewinnt, ist die Geschichte des eigenen Volkes und der eigenen Heimat. Sie ist damit unverkennbar gegenwartsbezogen, wie es Gustav Freytag in einer 1866 verfaßten Widmung zum Ausdruck bringt, die er seinen *Bildern aus der deutschen Vergangenheit* vorausschickt: »Seit dem Staufen Friedrich I haben neunzehn Geschlechter unserer Ahnen den Segen eines großen und machtvollen deutschen Reiches entbehrt, im zwanzigsten Menschenalter gewinnen die Deutschen durch Preußen und die Siege der Hohenzollern zurück, was Vielen so fremd geworden ist wie Völkerwanderung und Kreuzzüge: ihren Staat.« [32] Der Historismus als eine der beherrschenden Denkformen des Jahrhunderts zieht vieles in seinen Bann, so vor allem die Literatur. Der nationalen Denkungsart entspricht die nationale Dichtungsart. Aber besser, man bedient sich von vornherein des Plurals; denn es gibt ihrer viele. Die Ballade, als historische Ballade im Dienst der Nation, ist hier vor anderen Gattungen zu nennen. Im Vorwort zu einer Anthologie *Deutschland's Balladen- und Romanzen-Dichter* nennt ihr Herausgeber (Ignaz Hub) die Ballade »diese beliebteste und nationalste Dichtungsart der Deutschen, die noch täglich mit nicht versiegender Liebe ihre Anerkennung und Feier im Munde des Volkes findet [...].« [33] Aber historischer Roman und Geschichtsdrama haben nicht minder die Tendenz, nationale Dichtungsarten zu sein. Zum Teil wird das Historisch-Nationale dieser Literatur schon im Untertitel zum Ausdruck gebracht. Man schreibt vaterländische Dramen, wie man vaterländische Romane verfaßt. »Das Schicksal eines Volkes [...] ist seine Geschichte. Darum ist und bleibt das historische Drama das eigentliche.« So verkündet es Ernst von Wildenbruch noch 1898, am Ende des Jahrhunderts, das in mehr als einem Sinn »ein Jahrhundert der Historie und der Historiker gewesen ist.« [34] Im Banne der Geschichte bleiben vielfach auch die Chroniknovellen als eine beliebte Unterart der deutschen Novellistik. Theodor Storm hat sie auf seine Weise kultiviert. Die Fiktion der erzählten Vergangenheit wird durch Verwendung älterer Sprachformen betont, und was dabei in Brentanos *Chronika eines fahrenden Schülers* erzählerisch beglaubigt wird, bleiben uns Meinhold oder Storm vielfach schuldig. Die sprachliche Archaisierung wird zur bloßen Stimmungskunst. Sie wird historisch und der Geschichte untertan. Damit sind jene Werke nicht gemeint, denen, vom Geschichtsdenken angeregt, eine literarische Gestaltung des Geschichtlichen gelingt: Tiecks *Vittoria Accorombona*, Stifters *Witiko* oder Conrad Ferdinand Meyers *Jürg Jenatsch*. Theodor Fontane, den wir in solchen Vorüberlegungen nicht aus dem Auge verlieren wollen, hat auf diesem Gebiet ein Wort mitzureden. Aber das braucht in seinem Fall seine Zeit. Wie andere ist er zunächst in den Bann der Geschichte und ihrer historistischen Spielarten geraten: eines Geschichtsdenkens, das jeden kritischen Sinn gegenüber dem historischen Sinn vergißt. Erst allmählich hat er sich aus diesem Bann befreit, um schließlich als Romancier auch gegenüber der Geschichte er selbst zu sein.

Fontane hat die verschiedensten Stadien geschichtlichen Denkens durchlaufen. Zeit seines Lebens war er von Geschichte umgeben; und gelegentlich war er ihr bis zur Kritiklosigkeit verfallen. Mit namhaften Historikern, so mit Mommsen, war er persönlich bekannt. [35] An Rankes Geselligkeit und seiner Gabe, Anekdoten zu erzählen, fand er Gefallen; [36] und die Geschichtsschreibung Droysens — seine Yorck-Monographie! — war dem Verfasser des historischen Romans *Vor dem Sturm* kein unbekanntes Werk. Im Jahre 1848, unter dem Eindruck der revolutionären Ereignisse, ist er mit Plänen eines Stuartdramas befaßt. Was behandelt werden sollte, lag um Jahrhunderte zurück. Aber der Ausflug in die Vergangenheit hat mit Wirklichkeitsflucht nichts zu tun. Die Historie steht hier ganz im Dienste der Politik; sie steht im Bann revolutionären Denkens. [37] Keine Frage: mit diesem Drama wollte der junge Fontane unmittelbar auf seine Landsleute wirken. Geschichte mithin als Exempelfall und mehr noch als Versuch, die Trägen im Geist aus ihrem Schlummer zu wecken! Solche Aktualisierungen stehen im betonten Gegensatz zur Historienfreude, wie sie im »Tunnel über der Spree« an der Tagesordnung war. Der Umgang mit Geschichte in diesem Kreis kommt uns unverbindlich vor: Historie als Schmuck oder als Flucht vor der Gegenwart in eine Vergangenheit, die dazu verhelfen soll, daß man sich ins Zeitlose erhebt. Völlig antiquarisch nimmt sich die Verherrlichung des Heldischen aus, wie man sie aus den Balladen des Grafen Strachwitz kennt. Für diese Zeit am ehesten könnte gelten, was Gottfried Benn tadelnd vermerkt: daß Fontane durch die Geschichte beruhigt worden sei. [38] Nirgends so deutlich wie im Zusammenhang der Übersiedlung an den bayerischen Königshof wird offenkundig, wie man in diesen Kreisen — in Berlin oder in München — über Geschichte denkt und wozu man sie gebrauchen kann. Wir schreiben das Jahr 1859. Paul Heyse, Hofpoet des Hauses Wittelsbach, ist bemüht, den »Tunnel«-Freund aus der kargen märkischen Landschaft ins Oberbayerische zu »verpflanzen«. Er tut, was er kann. Aber Fontane müßte auch seinerseits, meint Heyse, einiges tun, damit das Vorhaben gelingen kann. Er müßte sich dazu verstehen, seine Poesie bevorzugterweise in den Dienst der bayerischen Geschichte zu stellen. Ein Brief Fontanes an die Mutter (vom 3. März 1859) gibt darüber Auskunft. Die Stellung am bayerischen Hof sei ihm so gut wie sicher, wenn er den Wünschen des Königs poetisch ein wenig entgegenkomme — wenn er sich dazu verstehen könne, »einige Vorgänge der bairischen Geschichte in Balladenform zu behandeln«. Paul Heyse gibt zusätzliche Erläuterungen zur poetischen Tätigkeit im Dienst der Geschichte: »Wie wir den König und seine Vorliebe für wohlgewachsene, gewandte, reingewaschene Männer kennen, zweifeln wir alle nicht, daß gerade Du ihm mächtig zusagen würdest. Du bist überdies in Politik beschlagen und hast das Zeug dazu, im Notfall Rede und Antwort zu geben. Machtest Du ihm die Freude, Ludwig den Bayern oder die Sendlinger Schlacht à la Hemmingstedt zu illustrieren, so wäre nichts zu wünschen übrig [...].« Der Wechsel von der preußischen zur bayerischen Geschichte, obwohl das nicht gerade identische Bereiche sind, wird nicht als gravierend angesehen: »Was Du an Balladen [...] besitzest, raffst Du zusammen. Kannst Du über Nacht noch etwas Wittelsbachisches schmieden, ist's gut. Wo nicht, auch gut.« [39]

So leicht und mühelos war das alles zu arrangieren! Man muß nur ein »Verse-Schmied« von der Statur des königlich-bayerischen Hofpoeten Heyse sein, um über Nacht die preußischen Stoffe mit den bayerischen zu vertauschen — wenn es nur Geschichte ist, und die ist es in der Tat! Sie ist derjenige Bereich, um den sich alles dreht; sie ist im Kreis unseres Hofpoeten die »Geistesbeschäftigung« schlechthin: geehrt, gefeiert, geschätzt, und um so mehr, als sie dem Ruhme dient. Sie betrifft zumeist den Ruhm hoher Herren, wie es Könige, Fürsten, Generale und andere Persönlichkeiten der Weltgeschichte sind. Geschichte als das Ruhmesblatt, das man in Vers oder Prosa schreibt, ist ebenso individuell wie auswechselbar: es ist nicht so wichtig, ob es preußische oder bayerische »Große« sind, wenn es nur Große sind; und es ist nicht so wichtig, ob man — als Poet — für den Ruhm Preußens oder Bayerns tätig wird, wenn man nur für den Ruhm tätig wird, der das A und O solcher Geschichtsauffassungen ist. Deren Unverbindlichkeit ist offenkundig. Erst recht wird offenkundig, daß man sich nicht viel denkt, wenn man so mit der Geschichte umgeht wie hier. Alles hört sich einigermaßen gedankenlos an. Der Geschichtsbegriff, der dieser Geschichtsfreude zugrunde liegt, ist reichlich naiv. Das muß nicht zuerst auf Theodor Fontane bezogen werden, der es schließlich abgelehnt hat, in den Dienst der bayerischen Geschichte zu treten. Aber bis zu einem gewissen Grade betrifft es ihn doch. Als eine Zumutung, über Nacht ein paar Balladen aus der bayerischen Geschichte zu schmieden, hat Fontane den Vorschlag seines Freundes, des Hofpoeten, nicht aufgefaßt. Sein Antwortbrief ist zwar zur Hälfte schon ein Absagebrief. Aber der famosen Geschichtsauffassung Heyses wird nicht widersprochen. Sie stand auch der seinen nicht so völlig fern. Zweifellos blieb er gegenüber dem in Frage stehenden Tätigkeitsbereich mißtrauisch und skeptisch zugleich. Aber abwegig ist der Gedanke keineswegs, daß er bei einigem Entgegenkommen seitens des bayerischen Königs getan hätte, was Dichterkollegen wie Geibel, Heyse, Lingg oder Scheffel zu tun sich nicht gescheut haben: »den süddeutschen Parnaß mit Heldenliedern, Balladen und vermutlich auch Epen und Dramen zu versorgen.« [40]

Solche Begeisterung für das Historische — für alles Historische! — hatte sich zuerst am nachhaltigsten im »Tunnel über der Spree« geäußert; und sie war, wie man sieht, am Ende der fünfziger Jahre noch nicht erloschen. Die Englandaufenthalte dieses Jahrzehnts haben daran wenig geändert. Sie haben die Geschichtsfreude eher gefördert und belebt. Mit den zahlreichen Bearbeitungen englischer und schottischer Ereignisse in balladischen Gedichten war schon viel von dem vorweggenommen worden, was nun an Ort und Stelle anschaulich erfahren wird. Mit wahrer Leidenschaft versenkt sich Fontane in die Details dieser Vergangenheit. Er wird einer ihrer besten Kenner. Eine wahre Bücherleidenschaft für alles Historische, so Helmuth Nürnberger, habe ihn in jenen Jahren erfaßt. [41] In London: Westminster, St. Paul, der Tower, der Buckingham-Palast; in Schottland: Edinburgh — Castle, Linlithgow, Stirling — es ist stets eine von Geschichte begeisterte Rede, wenn Fontane auf solche Stätten zu sprechen kommt. Nicht minder äußert sich seine Geschichtsfreude in der ausgeprägten Vorliebe für historische Porträts. In fremden Städten sind sie das, was er sich nie entgehen läßt; am wenigsten in England und Schottland. Auf dem Wege nach London macht er in Paris Station und berichtet darüber in einem Brief an seine Frau (vom 16. Oktober 1856). Ob die englischen Galerien besser seien als diese, sei noch die Frage: »Aber zugegeben, daß sie's sind, so gehört doch ein monatelanger Aufenthalt dazu, um diese Vorzüge völlig als solche zu erkennen und zu würdigen. Diese Galerien sind mein Trost [...].« In England angekommen, hat es ihm zumal die Bildergalerie in Hampton-Court angetan. Man werde ihr nicht gerecht, schreibt Fontane in seinen Reiseberichten, wenn man sich dabei nur vom künstlerischen Interesse leiten lasse: »Aber ich mache kein Hehl daraus, daß ich Galerien gelegentlich auch in anderem Interesse durchwandere, als um den Schönheitslinien Raphaëls nachzugehen, und welcher Hamptoncourt-Besucher gleich mir ein Gefühl für die englische Geschichte mitbringt, das an Lebhaftigkeit dem künstlerischen mindestens die Wage hält, der wird diese Zimmerreihen nicht ohne Erregung und Befriedigung durchschreiten können.« [42] Das Künstlerisch-Mittelmäßige solcher Galerien wird durch den Eindruck der »historisch-unvergleichlichen Bildergewalt« aufgewogen.

Alle diese Ausflüge in ferne Vergangenheiten ziehen den geschichtskundigen Betrachter in ihren Bann; und dem »sanften Gesetz«, wie es Stifter schätzte, entspricht die Geschichte nicht unbedingt, die hier erinnert, erzählt und beschworen wird. Sie ist von Gewalttaten durchsetzt — ein wahres Theater der Grausamkeit. Der Begeisterung für den Gegenstand muß das nicht abträglich sein. Solche Begeisterung wird nach der Rückkehr aus England auf die heimatliche Geschichte, auf diejenige der märkischen Heimat, übertragen; und sie setzt sich in den *Wanderungen durch die Mark Brandenburg* fast ungebrochen fort. Geschichtsfreudigkeit gegenüber dem Gegenstand ist der bestimmende Eindruck dieser Schriften, und der Preußenkönig, Friedrich der Große, die beherrschende Figur. Er ist in den *Wanderungen* »die Mittelpunktsgestalt der preußischen Geschichte« schlechthin. [43] Bis in den historischen Roman *Vor dem Sturm* hinein ist es zu verfolgen. Mit diesem Werk zumal, mit den *Wanderungen*, bleibt Fontane den Traditionen des Historismus treu und nur zögernd geht er über sie hinaus. Zu solchen Traditionen — gewiß nicht zu den schlechtesten — gehört auch das Bestreben, sich mit Parteinahmen zurückzuhalten und Gerechtigkeit nach allen Seiten hin zu üben. [44] Grundsätze geschichtlichen Denkens wie diese werden Fontane nun, seit den fünfziger Jahren, vollends selbstverständlich; hin und wieder beruft er sich auch expressis verbis auf sie. Aufschlußreich ist die Stellungnahme zur Kontroverse in der Beurteilung der Quitzows. Er stellt hier zwei Historiker des 19. Jahrhunderts — Adolf Friedrich Riedel und Friedrich von Raumer — gegenüber. Der erstere sei zwar ein namhafter Forscher, aber noch kein Historiker; er werfe »Raumer Tendenzen und Vorurteile vor, während er selber in Vorurteilen steckt und derselben Parteilichkeit Ausdruck gibt, die sich schon in Wusterwitz's Aufzeichnungen findet«. Zwar stelle sich das Fühlen des Volkes, merkt Fontane an, ganz auf Riedels Seite. Aber die Verurteilung sei ungerecht. (III/81) Solches Denken ist gewiß nicht einfach als Irrweg abzutun. Es ist Geist vom Geist des Historismus, der ein Fortschritt in der Geschichte des wissenschaftlichen Denkens bleibt. Aber kaum je denkt der Verfasser der *Wanderungen* über diese Denkform hinaus. Die Hinrichtung des Leutnants von Katte, des Jugendfreundes Friedrichs des Großen, ist hierfür aufschlußreich. Mehr als vierzig Seiten sind in den *Wanderungen* dieser »Tragödie« vorbehalten, als die sie erzählt wird. Der Sinn für das Tragische in der Geschichte ist unüberhörbar; und wie in der klassischen Ästhetik wird es im gerechten Abwägen nach beiden Seiten hin interpretiert. Weder der eine noch der andere wird im Schema von Spiel und Gegenspiel eindeutig ins Unrecht gesetzt: weder der Preußenkönig, der auf Gehorsam und Unterordnung insistiert, noch der Leutnant, der für sich das Recht der aufbegehrenden Jugend in Anspruch nimmt. Fontane kommentiert seine Geschichtserzählung mit Bemerkungen, die dem Historismus innerhalb seiner Grenzen zur Ehre gereichen. Aber auch nur in Grenzen! Denn ganz so unparteilich, wie es beabsichtigt ist, bleibt Fontane als Historiker keineswegs. Seine Parteinahme für die »preußische Idee« bringt er deutlich zum Ausdruck: »Die Hinrichtung Kattes, abgesehen von ihrer geschichtlichen Bedeutung«, heißt es in diesem Zusammenhang, »ist auch in ihrer Eigenschaft als *Rechtsfall* immer als eine cause célèbre betrachtet worden. War es Gesetz oder Willkür? War es Gerechtigkeit oder Grausamkeit? So steht die Frage. Unsere Zeit [...] hat in dem Geschehen einen *Fleck* auf dem blanken

Schilde der Hohenzollern erkennen wollen. Ich meinerseits erkenne darin einen *Schmuck*, einen Edelstein«. (I/866) Und ganz im Sinne des zeitgenössischen Historismus fügt er hinzu: »Es ist nötig [...] den Fall aus der *damaligen Zeit* heraus zu beurteilen.« (I/868) [45] Die damalige Zeit aber, so dürfen wir ergänzen, fordert im Interesse eines erst aufzubauenden Staates Zucht, Unterordnung und Gehorsam. Aber fordert sie unbedingt ein Exempel wie dieses? Geschichtliches Denken und Staatsanschauung (als Bindung an den bestehenden Staat) sind zur selbstverständlichen Einheit geworden, die nirgends in Frage gestellt wird. Auch in späteren Jahren sind historischer Sinn und Staatsidee im Denken Fontanes miteinander verknüpft. Der Gedanke, daß der preußische Staat durch sein Wichtignehmen groß geworden sei, findet noch 1880 seine Zustimmung: »der historische Sinn, den ich habe, läßt mich mit Achtung von dieser Seite unsres Staats- und Volkslebens sprechen, so weit als *das der Vergangenheit angehört*.« (An die Tochter vom 8. August 1880). Die *Wanderungen durch die Mark Brandenburg* sind in ihrer Art ein Geschichtswerk von Anspruch und Rang, das seine Leser zu gewinnen weiß. Aber zugleich sind sie so sehr aus der Geschichtsauffassung des Historismus konzipiert, daß sie sich vielfach im Konservatismus zu verfestigen drohen — in einer erzählten Geschichte, die sich in hohem Maße als Adelsgeschichte versteht. Die brennenden Fragen der Epoche treten in den Hintergrund oder werden verdrängt. Es herrscht eitel Freude — und manchmal deren zu viel — wo immer es um Historisches geht. Eine bekenntnishafte Äußerung aus den fünfziger Jahren ist bezeichnend. »Von Kindesbeinen an hab ich eine ausgeprägte Vorliebe für die Historie gehabt. Ich darf sagen, daß diese Neigung mich geradezu beherrschte und meinen Gedanken wie meinen Arbeiten eine einseitige Richtung gab.« So steht es im Brief an Theodor Storm vom 14. Februar 1854. Noch 1889 heißt es (in einem Brief an Friedrich Stephany vom 24. Juni): »Denn eigentlich interessiert mich nur alles Historische und gibt mir die Kraft und Wärme der Darstellung«; und ähnlich an Georg Friedlaender (vom 25. Februar 1891) mit Beziehung auf den preußischen Adel: »das was ›Historie‹ ist oder doch daran streift, geht mir, bei meiner Organisation, immer tiefer ins Blut«. Vor allem um die Mitte des Jahrhunderts, in der Zeit unmittelbar nach der Revolution, ist die Geschichtsfreudigkeit Fontanes ausgeprägt. Sein sich regendes Interesse am Roman ist in hohem Maße ein Interesse am historischen Roman. Selbst der antiquarische *Ekkehard* entgeht nicht seinem Lob. Der Roman wird im Gegenteil gefeiert — und wie er gefeiert wird! »›Ekkehard‹«, so lesen wir, »zählt zu den besten Büchern, die ich gelesen. Man empfängt einen ganz reinen Eindruck. Die Himmelsluft, in der Kunst und Schönheit zu Hause sind, weht durch das Ganze.« (1/404) Bezeichnend für solche Geschichtsfreude im schriftstellerischen Werdegang ist auch die Vorliebe für Anekdoten aller Art, aber vorzüglich für solche des geschichtlichen Lebens; und als literarische Form setzt die Anekdote ihrerseits Geschichtliches voraus. Sie braucht einen gewissen Grad an Prominenz, um sich zu entfalten. Im Falle Fontanes ist die Freude an der Anekdote aufs nachhaltigste mit seiner Geschichtsfreude verknüpft. Schon für den eigenwilligen Geschichtsunterricht des Vaters trifft das zu. Er war mit Anekdoten angefüllt, wie wir zumal aus den autobiographischen Schriften wissen. »Historischen Anekdoten habe ich nie widerstehen können, bin auch jetzt noch der Meinung, daß sie das Beste aller Historie sind.« [46] Im Grenzgebiet zwischen Geschichte und Dichtung angesiedelt, verdankt diese Kurzform literarischer Prosa einer bestimmten Vermischung ihr Entstehen. Sie bringt Öffentliches und Privates, Großes und Kleines zusammen, damit sie sich vertragen. Das entspricht bei der vorwaltenden Tendenz zur großen Persönlichkeit nicht unbedingt der offiziellen Geschichtsauffassung des 19. Jahrhunderts, und daß eine solche Anschauung — als Geschichtswissenschaft — einer literarischen Form wie dieser nicht besonders zugetan ist, leuchtet ein. Im Falle Fontanes kündigen sich bei aller Geschichtsfreudigkeit in der Vorliebe für Anekdotisches zugleich erste Entfernungen vom Geschichtsdenken der deutschen Historiographie an. Darüber ist noch zu sprechen, wenn über die Geschichtsanschauung gehandelt wird, die seinen historischen Romanen und Erzählungen zugrunde liegt. Um Entfernungen vom offiziellen Geschichtsdenken handelt es sich bezüglich der Anekdote auch insofern, als sich mit ihr eine Vorliebe für das Kleine verbindet, für alles das, was nicht im Rampenlicht der Geschichte steht.

Solche Entfernungen vom herrschenden Geschichtsdenken der Zeit kann man als erste Schritte über dieses hinaus im Sinne eines fortschreitenden Bewußtseins auffassen, während die Erzählungen Fontanes aus den fünfziger Jahren, von denen einleitend gesprochen wurde, das Geschichtliche um vieles »naiver« behandeln. Man lese die Novelle *James Monmouth*! Die Novellen *Grete Minde* und *Ellernklipp*, die schon durch ihren erzählerischen Rekurs auf alte Chroniken das eher naive Geschichtsverständnis betonen, bestätigen die Entwicklungen zu höheren Bewußtseinsstufen der Geschichtlichkeit nur zum Teil. Diese Erzählungen wurden 1879 und 1881 veröffentlicht und folgen mithin dem bereits veröffentlichten Roman *Vor dem Sturm* unmittelbar. Dennoch erhalten sie Älteres, obwohl wenigstens eine von ihnen auch der Entstehung nach jüngeren Datums ist. Eine Betrachtung der Romankunst Fontanes kann daher mit ihnen beginnen. Chronologie soll wohl sein. Aber sie darf nicht zur Diktatur entarten. Ihre Ansprüche sind zugunsten idealtypischer Konstruktionen einzuschränken; und zuletzt ist alle geschichtliche Betrachtung Konstruktion. Im vorliegenden Fall handelt es sich darum zu zeigen, daß die »Geschichte« im Gesamtwerk eines Autors nicht unbedingt immer der »Geschichte« seines Bewußtseins entspricht. Späteres als das zeitlich Jüngere kann ältere Reflexionsstufen des Denkens tradieren, und Früheres kann »fortschrittlicher« sein als manches von dem, was danach folgt. Ein literarisches Werk — aber dieses nicht nur — besteht stets, wie geologisches Gestein, aus mehreren Schichten. Fontanes Chroniknovellen sind ein gutes Beispiel. Er befindet sich mit ihnen noch durchaus im Banne der Geschichte und einer Geschichtsfreudigkeit, die der vorausgegangene Roman

Vor dem Sturm schon teilweise durchbrochen hat. Diese Novellen sind gute Erzähltradition des 19. Jahrhunderts. [47] Aber der Wille zur Chronik vermag den gewissen Anachronismus nicht ganz zu verdecken.

1. Grete Minde

Zwei junge Menschen — Grete und Valtin — treffen sich im Garten ihrer Angehörigen. Die Szenerie erinnert an idyllisches Dasein. Sie erinnert an paradiesisches Leben, an Märchen und Märchenglück. Mehrfach im Verlauf der Erzählung wird auf solche Motive angespielt. Mit Beziehung auf seine Stiefmutter erwähnt Valtin das Märchen vom Machandelboom. Als sich eines Abends die Angehörigen des Mädchens außerhalb des Hauses befinden, sucht sie der Geliebte heimlich auf. Die Zusammenkunft selbst wird ganz so beschrieben, wie man sie in Märchen erzählt finden könnte: »Und dahinter war das von Wein überwachsene Gitter, von dem aus die sechs Treppenstufen niederführten, und durch die offenen Stellen des Laubes hindurch sah man die Malvenkronen und die Strauchspitzen des tiefer gelegenen Gartens. Alles märchenhaft und wie verwunschen [...].« (I/52) Und wie im Märchen wird vorzugsweise in den Kategorien von Gut und Böse gedacht. Zugleich wird mit solchen Evokationen an die Zeit vor dem Sündenfall erinnert. Die Welt des Märchens ist dieser Zeit analog oder identisch mit ihr. Die Fahrenden, die eines Tages in Tangermünde auftauchen, führen ein Spiel vom Sündenfall auf; und nicht zufällig ist es gerade ein solches Spiel. Beides, Märchenwelt und Paradieseswelt, hat man sich außerhalb der Gesellschaft zu denken. Die Zusammenkunft der jungen Menschen geschieht außerhalb der gestörten Familiengemeinschaft. Hier gibt es die böse Stiefmutter oder die bösen Stiefgeschwister nicht, die den Kindern das Zuhause verleiden. Während des Maienfestes außerhalb der Stadt genießen die beiden ein freies, ein von Konventionen unverstelltes Leben. Märchen, Idylle und Paradies konstituieren eine Welt außerhalb der gesellschaftlichen Welt. Sie wird als eine Idylle ungetrübten und ungestörten Einverständnisses ersehnt, so wie sie liebende Menschen ersehnen: »Nein, Grete, *nicht* in die Stadt und *nicht* nach Haus, lieber weit, weit fort, in ein schönes Tal, von Bergen eingeschlossen, und oben weiß von Schnee und unten bunt von Blumen...« (I/34) Man denkt an das Tal, in das Jeronimo und Josephe in Kleists *Erdbeben in Chili* gelangen, nachdem sie das Schlimmste überstanden haben — »als ob es das Tal von Eden gewesen wäre«. [48]

Es ist naheliegend, eine Betrachtung der Romane und Erzählungen Fontanes mit solchen Hinweisen einzuleiten. Denn es handelt sich um kein singuläres Motiv: Paradies, Sündenfall und Märchen sind so etwas wie Leitmotive in seinem erzählerischen Werk. Aber damit wird nichts Außergewöhnliches festgestellt. Die Verwendung solcher Motive erklärt sich mühelos aus der christlichen Tradition. Sie ist der europäischen Literatur des Mittelalters ebenso geläufig wie der neuzeitlichen Literatur, und hier mit gewissen Variationen in allen ihren Epochen. Den Zustand der Unkenntnis, in dem sich Simplicius Simplicissimus befand, vergleicht er — als Erzähler — rückblickend mit der Zeit vor dem Sündenfall: »dann ich kennete weder GOtt noch Menschen / weder Himmel noch Höll / weder Engel noch Teuffel / und wuste weder Gutes noch Böses zu unterscheiden: Dahero ohnschwer zu gedencken / daß ich vermittelst solcher Theologiae wie unsere erste Eltern im Paradis gelebt / die in ihrer Unschuld von Kranckheit / Todt und Sterben / weniger von der Aufferstehung nichts gewust / O edels Leben!« [49] Die durch Reflexion gestörte Menschlichkeit ordnet Kleist in seinem Gleichnis vom Marionettentheater in eine Aufeinanderfolge der Weltalter ein mit dem Ziel, das Paradies wiederherzustellen. Es muß im Durchgang durch das Unendliche wiedergewonnen werden, wozu erforderlich wäre, daß wir erneut vom Baume der Erkenntnis essen, um wieder in den Stand der Unschuld zurückzukehren. [50] Solche Bilder sind der klassisch-romantischen Literatur in Deutschland die vertrautesten, die man sich denken kann; man findet sie allerorten belegt. In der Zeit des Realismus wie des beginnenden Naturalismus sind sie gleichermaßen beliebt. Von seiner Erzählung *Grete Minde* hatte Fontane gehofft, daß sie im Aprilheft der Zeitschrift ›Nord und Süd‹ (1879) erscheinen würde. Aber nicht *Grete Minde* wurde in diesem Heft abgedruckt, sondern Riehls Erzählung *Das verlorene Paradies*. [51] Die Wiederkehr der Motive also auch hier! Was kann uns veranlassen, davon zu sprechen, wenn man Motive wie diese in nahezu allen Epochen verwendet findet? Gewiß wäre dabei auf die Art und Weise der Verwendung einzugehen, auf den »Stellenwert«, wie es in der Fachsprache heißt. Aber davon abgesehen, ist für Fontane ihre »Vergesellschaftung« im höchsten Grade aufschlußreich. Anders noch als in der klassisch-romantischen Literatur ist es nicht so sehr die Reflexion, die dem Menschen alle Unmittelbarkeit und Unbefangenheit seiner Gestik nimmt. Es ist die Gesellschaft als diese, die entfremdet, verstört und Eintracht verhindert; und mehr noch verhindert sie idyllisches Dasein im Hier und Jetzt überhaupt. Denn im Grunde werden die Märchenmotive vom Erzähler der *Grete Minde* nur benutzt, um die Unmöglichkeit des Märchens zu »beweisen«. Die Erzählung endet nicht im Märchenglück, sondern mit Katastrophe und Tod. Der Ausgang entspricht der Struktur des Antimärchens, wie man solche Schlüsse bezeichnet hat. [52] Das ist sogleich am Fortgang der Erzählung zu zeigen.

Die Idyllik setzt sich mit der Flucht der Patrizierkinder fort. Sie scheint sich nunmehr ihrer Realisierung zu nähern. Die Art, wie sie auf dem Floß Aufnahme finden, läßt diese Erwartung zu. Die unverstellte Natur der Fahrenden wird förmlich verklärt. Das Schilf, die Wasservögel, der sich wölbende Himmel und der Mittagswind — alles ist reine und gesellschaftsferne Natur, ein paradiesisch anmutendes Leben einfacher Menschen, das hier genossen wird: »Sie setzten sich unter das Dach und genossen nun erst der eigentümlichen Schönheit ihrer Fahrt. Am Ufer hin stand das hohe Schilf, und wenn das Floß den grünen Schilfgürtel streifte, flogen die Wasservögel in ganzen Völkern auf und fielen plätschernd und schreiend an weiter flußabwärts gelegenen Stellen wieder ein. Der Himmel wölbte sich immer blauer, und ein Mittagswind, der sich aufgemacht hatte, strich frisch an ihnen vorüber und kühlte die Tageshitze. Vorne, durch die ganze Länge des Floßes von ihnen getrennt, standen nach wie vor die beiden älteren Männer und angelten [...].« (I/67) Mit einem Bild einfachen Lebens haben wir es auf den ersten Blick zu tun. Aber damit sind bemerkenswerte Einschränkungen verbunden. Auch hinsichtlich dieser Gemeinschaft ist nicht alles Gold, was glänzt. Eine Frauengestalt mit »stechenden kohlschwarzen Augen« sieht argwöhnisch auf Grete. Sie scheint nichts Gutes im Schilde zu führen. Das vermeintliche Idyll wird empfindlich gestört — so sehr, daß Grete und Valtin das Floß bei nächster Gelegenheit heimlich verlassen. Sie schließen sich danach den fahrenden Puppenspielern an und finden auch hier nicht alles so, wie es der unverfälschten Idylle entspricht. Oder, um es schon vorwegzunehmen, worum es hier geht: nicht die Idylle, sondern die verhinderte Idylle ist das Motiv, auf das es Fontane ankommt. [53] Wo immer es erscheint, wird offenkundig, daß es die Idylle, rein und unverfälscht, nicht gibt. Sie ist von Gesellschaft umgeben, wohin man blickt. »Real« innerhalb der Erzählung und der erzählten Welt ist nur das irreale Bild: das idyllische Leben als Illusion. Die Erzählung selbst übernimmt die Aufgabe der Desillusionierung.

Solche Desillusionierungen kündigen sich bereits mit den ersten Sätzen an, im Grunde schon mit der Überschrift: »Das Hänflingsnest«. Damit wird ein Bild der Geborgenheit evoziert. Aber diese Geborgenheit steht im deutlichen Kontrast zum Ungeborgenen der jungen Menschen, zu deren Fremdsein im eigenen Hause. Von Gretes verstorbener Mutter wird gesprochen, die als eine Fremde, spanisch und katholisch obendrein, ins Land gekommen ist. Damit ist ein zweites Motiv genannt, dem im erzählerischen Werk Fontanes die Bedeutung eines Leitmotivs zukommt: das Motiv des Fremden. Auch hier hat man Anlaß, eine Tendenz zur »Vergesellschaftung« zu betonen. Um der gesellschaftlichen Bedeutung willen werden sie alle im Grunde eingeführt und gebraucht, die so unverwechselbar zum Figurenensemble Fontanes gehören: Melanie von Caparoux, Cécile von St. Arnaud, Victoire von Carayon und wie sie sonst noch heißen mögen. Die biographische Erklärung drängt sich auf, daß der Verfasser aller dieser Erzählungen die »Tatbestände« der eigenen Genealogie, seine hugenottische Herkunft, in die Erzählungen einbringt. Aber damit ist nicht erklärt, warum das so häufig im Spätwerk geschieht. Die Gedichte, die Balladen und frühen Erzählungen, machen von dieser Motivik kaum Gebrauch. Zudem sind es die »westlichen« Einwanderer nicht nur, mit denen wir als Leser Fontanes bekannt gemacht werden. Solche aus dem Osten, aus den polnischen Provinzen des Preußenlandes, gesellen sich hinzu. Und gleichviel, ob sie aus dem Osten oder aus dem

Westen Europas kommen: die vielfach positive Wertung, die ihnen zuteil wird, haben sie gemeinsam. Sie sind die ganz anderen gegenüber allem Heimischen, Eigenen und Nationalen; sie verweisen auf Ursprünglichkeit, Spontaneität, auf unverstelltes, naturhaftes Leben gegenüber der Gesellschaft und ihrer Konvention. Die Fremden können auch Fremde im eigenen Lande sein, wie Lehnert Menz in *Quitt*, der nach Amerika auswandert. Sie können so oder auf andere Weise zu Außenseitern der Gesellschaft werden – zu jenen, die nicht eigentlich hinzugehören, sondern in ihren Randbezirken leben. Auch in *Grete Minde* gibt es Außenseiter dieser Art. Es gibt die Puppenspieler, fahrende Leute, denen sich Grete und Valtin anschließen. Die Ambivalenz der Motive ist evident: die Außenseiter – hier die Kinder aus dem Patriziat der Stadt Tangermünde – stehen zu der Gesellschaft, aus der sie kommen, in unverkennbarem Gegensatz. Daß es sie als Außenseiter gibt, deutet auf Verhärtungen des Denkens hin, auf Vorurteile vor allem der besitzenden Schicht. Aber zugleich haben die Fahrenden einen sozusagen poetischen Wert. Als diejenigen, die weithin außerhalb der Gesellschaft leben, lassen sie an eine Welt denken, die ihren eigenen Wert besitzt. Diese Fahrenden sind Symbole freien, ungebundenen Lebens, wie die Vögel, auf die das Eingangsbild verweist. Aber eine Realität in dieser von Gesellschaft umgebenen Welt kommt ihnen nicht zu. Eben darin beruht, wie ausgeführt, das desillusionierende Verfahren, das die Erwartungen hintergeht, auf die alles hinzudeuten schien.

Schon mit dem Hinweis auf solche Grundmotive im erzählerischen Werk Fontanes erhält *Grete Minde* eine vorzüglich gesellschaftliche und soziale Bedeutung. Der Begriff »Gesellschaftsnovelle« könnte sich als Bezeichnung anbieten, wenn man ihn von der Zeitlage her versteht und entsprechend definiert. Äußerungen in einem Brief an Paul Lindau (vom 6. Mai 1878) bestätigen diese Intention: »Heldin: Grete Minde, Patrizierkind, das durch Habsucht, Vorurteil und Unbeugsamkeit von seiten ihrer Familie, mehr noch durch Trotz des eigenen Herzens [...] zugrunde geht«. Einen solchen Werdegang – vom Patrizierkind zur Brandstifterin – hat sich Fontane zu schildern vorgenommen; und Lebensläufe wie diese sind keine Lebensläufe in aufsteigender Linie. Hier wird im Gegenteil etwas nach unten sich Entwickelndes erzählt – die Geschichte eines sozialen Abstiegs. Denn wenn es das eine gibt, den sozialen Aufstieg, samt allem Zubehör einer erfolgreichen Laufbahn, so muß es auch das andere geben: den Weg nach unten. Die Zeit, in der Fontane diese Erzählung schrieb, war an den Lebensläufen in aufsteigender Linie weit mehr interessiert als am Abstieg in irgendeiner Form. Insofern erhält man den Eindruck, als entspräche die erzählte Geschichte nicht in jedem Betracht den Erwartungen der zeitgenössischen Leser. Anderes kommt hinzu, wodurch die vorwiegend gesellschaftliche Intention der Motive bestätigt wird. Es geht um die Fragen der Schuld. Im 19. Jahrhundert waren sie über alles geschätzt. Man sprach gern über sie. Sühne und Vergeltung waren bevorzugte Begriffe, die man in der Nähe dieses Wortes gebrauchte. Und dabei wurde in erster Linie an den Einzelnen gedacht: an seine Tat und an seine Schuld, die in solchen Auffassungen Verurteilung verdiente. Die Gesellschaftlichkeit unserer Erzählung kommt auch darin zum Ausdruck, daß es um die Schuld eines Einzelnen nicht ausschließlich geht. Die Familie, die Bürger der Stadt sind nicht unschuldig an dem, was geschieht: wenn eine ganze Stadt in Schutt und Asche versinkt, wie es auch den geschichtlichen Tatsachen entspricht. Die beiden Frauen, die in den Häusern Gretes und Valtins das Regiment führen, sind Frauen von nachgerade märchenhafter Bösartigkeit — aber nicht, weil ihre Charaktere so sind. Ihre Bösartigkeit hängt mit ihrem Besitzdenken aufs engste zusammen. Der Streit um das Erbe macht die Katastrophe perfekt, nachdem Grete Mindes Bruder deren Bitte um Vergebung abgewiesen hat. Gesellschaftliches verdrängt die Liebe, auf die es ankäme. Die Rache der Patriziertochter ist die notwendige Folge solchen Verhaltens. Der kausale Nexus ist lückenlos: die Erzählung wird zum parabelartigen Fall, der deutlich macht, was geschehen muß, wenn solches geschieht — wenn sehr junge Menschen ohne die Liebe leben müssen, deren sie bedürfen. [54] Die Analogie zu Kleists rücksichtsloser Erzählung *Der Findling* ist frappant. [55] Hier wie dort dieselbe Struktur: der kausale Nexus von fehlender Liebe und Rache im Nachweis dessen, daß das eine geschieht, wenn das andere geschehen ist. Aber dieser Schuldkomplex ist nur die eine Seite der Sache. Nur zur Hälfte ist die Erzählung eine Gesellschaftsnovelle zu nennen. Zur anderen Hälfte soll sie als Charakternovelle verstanden werden. Fontane selbst hat sie so bezeichnet. Er hat damit nolens volens auf die überaus zwiespältige Anlage aufmerksam gemacht, um die es sich in der Tat — zum Nachteil der Novelle — handelt.

Schon in dem oben zitierten Brief (an Paul Lindau) wird dieser Zwiespalt erkennbar: Patrizierkind, Habsucht, Vorurteil — das alles weist auf gesellschaftliche Motive hin. Aber daß die »Heldin« zugrunde geht, ist nur zum einen Teil ihrer Familie zuzuschreiben: mehr noch geschieht es »durch Trotz des eigenen Herzens«. Auch die Wendung vom Sitten- und Charakterbild in demselben Brief bestätigt die doppelte Optik, mit der wir es zu tun haben; den Zwiespalt, der die geforderte Einheitlichkeit schon in der Anlage beeinträchtigt. Nicht daß in einem literarischen Werk — nach den Gesetzen klassischer Ästhetik — alles einheitlich und stimmig zu sein hätte. So nicht! Aber was Fontane hier vermischt, ist etwas, was nicht ohne weiteres vermischt werden darf: es sind eigentlich zwei verschiedene Denkformen, die uns die Einheit schuldig bleiben: Gesellschaftlichkeit einerseits und Individualität andererseits. Es kommt nicht zum Ausgleich, aber auch nicht zur ausgetragenen oder unausgetragenen Spannung beider Bereiche; es bleibt lediglich beim Nebeneinander von Gesellschaftsnovelle und Charakternovelle, von Sittenbild der Zeit einerseits und von Charakterbild zum anderen. Auch die Zeitgenossen haben *Grete Minde* vorwiegend so, als Charakternovelle, verstanden. Der Stoff, meint ein zeitgenössischer Rezensent, sei das Kohlhaas-Motiv, nur daß man es diesmal mit einer Frau zu tun habe: »Das eine entwickelt sich folgerecht aus dem anderen. Bei dieser Charakteranlage konnte es in diesen Verhältnissen nicht anders kommen, wie es kam. Die Erzählung ist eine regelrechte Tragödie und hat Furcht und Mitleid im Gefolge wie eine solche.« [56] Der Charakter, auf den alles Unglück letztlich zurückgeführt wird, ist ein störrischer Charakter, und gelegentlich wird Grete Minde eine »verwilderte Seele« genannt. Im späteren Verlauf der erzählten Geschichte ist wiederholt von ihrem Trotz oder ihrem trotzigen Gemüt die Rede — bis schließlich Stolz, Trotz und leidenschaftliche Natur in unendlichen Haß und Rache umschlagen. (I/93) Vier Jahre nach Erscheinen dieser Novelle hat der Stadtgerichtsrat Ludwig Parisius seine historische Darstellung über die Vorfälle in Tangermünde veröffentlicht. Er hat sie ausdrücklich als eine Ehrenrettung der Grete Minde bezeichnet und den Nachweis geführt, daß das Geständnis der Brandstiftung durch Folter erpreßt worden sei. [57] Fontane betreibt eine solche Ehrenrettung von anderen Voraussetzungen her — dadurch, daß er die Schuld zum Teil gesellschaftlich motiviert. Aber auch nur zum Teil, wie ausgeführt wurde, tut er dies. Zum anderen Teil geht er einem solchen Verfahren aus dem Wege. Indem der störrische Charakter im Charakterbild der Grete Minde betont wird, kann Trotz als Schuld verstanden werden und Sühne fordern, wie es dem Denkschema der Zeit entspricht. Es wäre durchaus historisch gedacht, eine solche Ehrenrettung konsequent in die Erzählstruktur einzubringen. Das ist nicht geschehen. Das Historische dieser Chroniknovelle ist vorhanden; aber es hat eine nicht recht einsehbare Funktion.

Denn auch der Glaubenswandel bleibt letztlich Nebenmotiv. Historisches — in der Versicherung »aus einer altmärkischen Chronik« — äußert sich als Geschichtsfreude, die nichts bewirkt. Die Erzählung hat Geschichte als Geschichte nicht nötig. Ihre Gesellschaftskritik käme auch ohne sie aus. Die Chronik, auf die sich der Erzähler beruft, ist geeignet, das Geschehen als etwas tatsächlich Geschehenes zu verbürgen. Aber das läuft in erster Linie auf die Freude am Alten und auf die Verehrung für Altes hinaus. Der Historismus solcher Erzählungen erhält lediglich einen Stimmungswert. Auch eine einsehbare Funktion des Archaischen, wie es sie in Brentanos *Chronika eines fahrenden Schülers* gibt, ist bei Fontane nicht zu erkennen. [58] Das Volkstümliche, Einfache und Naive ist bei Brentano das, worauf alles gerichtet ist: auf die Wiedergewinnung des Paradieses nach seinem Verlust. Die altertümelnde Sprache hat eine erkennbare Funktion. In Fontanes *Grete Minde* hat sie das nicht. Das historisierende Erzählen scheint zum Selbstzweck geworden zu sein. Das zeigt sich an der sprachlichen Archaisierung, die so entbehrlich ist wie das historische Kostüm selbst. [59] Altertümliche Sprachformen werden lediglich zu Stimmungszwecken gebraucht. »Das gab ein großes Aufsehen, und noch mehr der Unruhe, weilen der Herr Kurfürst in eben jenen Tagen nicht bloß von seinem lutherischen Glauben zum reformierten übergetreten [...],« so liest man es in dem Kapitel, daß die Ankunft des Kurfürsten so archaisch wie nur möglich beschreibt (I/50). Stellenweise erhält der Chronist das Wort — »wie die Chronisten melden« — und die Sprache des Erzählers nähert sich ganz unnötig seiner Sprache an. Es wird im Stil des 19. Jahrhunderts archaisiert, und der sprachlichen Archaisierung entspricht die »Simplizitätssprache«, auf die sich Fontane so viel zugute tut. Auch in *Ellernklipp* wird sie entschlossen durchgehalten. Ihre Künstlichkeit wird vornehmlich durch die Konjunktion »und« bestritten. Von ihr macht Fontane im Übermaß Gebrauch. Das geschieht in *Grete Minde* fast Seite für Seite: »Und er nahm ihre Hand und drückte sie und sagte ihr, wie lieb er sie habe. Und dann sprach er leiser und fragte sie, ob sie sich nicht öfter sehen könnten, so wie heut, und so ganz wie von ungefähr. Und dann nannt' er ihr die Plätze, wo's am ehesten ginge [...]. Und als sie das beschlossen, hing ihm Grete die Kastanienkette um, die sie bis dahin getragen [...]. Und dabei lachten sie.« (I/42 f.) Und dann... und dann — fast wie in einem nicht sehr guten Schulaufsatz hören sich solche Passagen an, wenn man sie aus ihrem Kontext entfernt. Aber auch ohne solche Entfernungen bleibt das sprachliche Verfahren einfallslos — Historismus, wie ihn die Novellistik des 19. Jahrhunderts tradiert. Die Absicht ist unverkennbar, womit aber der Manierismus noch nicht gerechtfertigt ist. Ein Brief aus dem Jahre 1881 (an Gustav Karpeles vom 3. März) erläutert solche Intentionen des sprachlichen Ausdrucks: »Und so kommt es denn, daß ich Sätze schreibe, die vierzehn Zeilen lang sind und dann wieder andre, die noch lange nicht vierzehn Silben, oft nur vierzehn Buchstaben aufweisen. Und so ist es auch mit den ›Unds‹. Wollt' ich alles auf den Undstil stellen, so müßt' ich als gemeingefährlich eingesperrt werden. Ich schreibe aber Mit-Und-Novellen und Ohne-Und-Novellen, immer in Anbequemung und Rücksicht auf den Stoff. Je moderner, desto Und-loser. Je schlichter, je mehr *sancta simplicitas*, destomehr ›und‹.« Ähnlich andernorts: »Meine ganze Aufmerksamkeit ist darauf gerichtet, die Menschen so sprechen zu lassen, wie sie *wirklich* sprechen [...]. In ›Grete Minde‹ und ›Ellernklipp‹ herrscht eine absolute Simplicitätssprache, aus der ich, meines Wissens, auch nicht einmal herausgefallen bin [...]« (an die Tochter am 24. August 1882). Man muß sprachliche Archaismen wie diese nicht im vornhinein verwerfen. Sie können sehr wohl gerechtfertigt sein. Von Brentanos *Chronika* als Beispiel war schon die Rede. Auch das Lutherdeutsch im *Doktor Faustus* Thomas Manns ist natürlich ein über die Maßen künstliches Deutsch; als dieses hat es seine einsehbare Funktion. Es hat die Funktion der Verfremdung, und jede historisierende Geschichtsfreude als Erklärung verbietet sich von selbst. In Fontanes Chroniknovelle wird an einfaches Leben allenfalls erinnert, — daran, daß es unwiederbringlich der Vergangenheit angehört. Wozu aber dann ein solches Durchhalten mit dem stolzen Gefühl, auch nicht einmal herausgefallen zu sein?

»Simplicität« ist ein Begriff der klassischen Ästhetik. Schiller gebraucht ihn oft. Aber im Grunde gehört er zum Besitz der an der griechischen Antike gebildeten Kultur des 18. Jahrhunderts im ganzen. Winckelmanns »edle Einfalt« ist damit verwandt; und vielleicht auch sind es identische Begriffe oder doch solche, die weithin dasselbe bezeichnen. Maß, Harmonie oder Schönheit werden herkömmlicherweise damit verbunden. Über Schlegels *Lucinde* äußert sich Schiller empört. Er vermißt die echte »Griechheit« an diesem Werk und hätte gehofft, so 1799 an Goethe, »doch ein klein wenig an die Simplicität und Naivität der Alten erinnert zu werden.« [60] In Verbindung mit Naivität verweist der Begriff auf die große geschichtsphilosophische Abhandlung Schillers, in der von Simplicität gesprochen wird. Es ist nicht nur eine geistige Welt, die mit dem Begriff geöffnet wird; es sind deren mehrere. Wie aber steht es mit Fontanes »Simplicität« und welche künstlerische Bewandtnis hat es mit der Simplicitätssprache, die ihm so wichtig war? In *Grete Minde* wird, wie bemerkt, auf einfaches Leben, auf naturhaftes Dasein und Idyllik wiederholt angespielt. Aber diese Lebensbereiche sind im Fiktionsraum der Erzählung Irrealitäten — Illusionen, die nichts bedeuten. Sie sind auch nicht Zielpunkte des Zukünftigen wie bei Brentano oder Kleist. Die »Romantik« dieser poetischen Lebensbereiche wird vom Realismus der Erzählung und des Erzählers widerlegt. Die Einsicht, daß es eine solche Welt außerhalb der gesellschaftlichen Welt nicht gibt, ist der »Poesie« überlegen. Die Simplicitätssprache hat nach dieser Seite hin keinerlei Funktionen zu erfüllen. Sie erhält lediglich eine davon abgelöste Funktion der Verklärung mit dem Ziel, durch eine befreiende Geste über die Katastrophe hinauszuweisen. Diese Simplicitätssprache Fontanes ist gewissermaßen poésie pure, aber ohne jede künstlerische Notwendigkeit. Es geht in erster Linie um Stimmungswerte, historisches Kostüm und sprachliches Können — um Formkunst von der Art Paul Heyses. Der war denn auch nicht zufällig gerade von dieser Novelle im höchsten Grade entzückt. Einen »brillianten Stoff« gekonnt erzählen: das war ganz nach seinem Sinn. [61] Er war ein paar Jahre später im Begriff, eine Novellensammlung zusammenzustellen und herauszugeben, und dabei sollte *Grete Minde* nicht fehlen. Von seinem Verleger erbat er sich die Erlaubnis zum Abdruck: »[...] Freund Fontane. Seine beste Erzählung ist doch wohl ›Grete Minde‹, mit der er eine höchst stattliche Figur unter den Kollegen machen würde«, schrieb er diesem. Die Erlaubnis wurde ihm nicht verweigert. Fontanes *Grete Minde* erhielt ihren Ehrenplatz in Heyses *Novellenschatz*. [62] Die beiden Dichterfreunde waren sich nach langer Zeit endlich wieder einig, wie sehr auch sonst ihre Wege auseinandergegangen waren.

Zugleich weist die Simplicitätssprache dieser historischen Erzählung auf den Balladendichter von einst zurück. Ende der siebziger Jahre, als die historischen Novellen konzipiert wurden, hatte er sich nach dem Abschluß seines ersten Romans noch einmal dieser in den Hintergrund getretenen Gattung zugewandt. Die *Brück' am Tay* ist in dieser Zeit entstanden. In ihr sollte das Altertümliche der Gattung mit einem modernen Stoff vereinigt werden. Mathilde von Rohr, die ihn getreu mit Stoffen versorgte, erhielt hierüber im

Januar 1880 eine Nachricht: »Letzte Woche hab ich in N° 2 der ›Gegenwart‹ ein Gedicht publiciert [...] in dem ich den furchtbaren Eisenbahnunfall bei Dundee balladesk behandelt habe.« (15. Januar) Aber daß Altes und Neues in diesem Gedicht zur Einheit geworden sind, darf man bezweifeln. [63] Julius Rodenberg, der Herausgeber der ›Deutschen Rundschau‹, trifft sicher das Richtige, wenn er bemerkt: »Immer wenn er aus dem Modernen in die Historie hineingerät, gerät er auch ins Balladeske.« [64] Historie heißt hier soviel wie: Geschichte um der Geschichte willen. Die Historisierung in dem so verstandenen Sinn bleibt aber auf Balladen nicht beschränkt. Sie betrifft die historisierende Novellenkunst gleichermaßen, deren Nähe zur Ballade stets gesehen worden ist. Fontane habe die ihm vertraute Technik, Situationen unvermittelt nebeneinanderzustellen, auf seine Novellen übertragen: so formulierte es seinerzeit Conrad Wandrey. [65] Von Balladen in Prosa hat man gesprochen. Schon Theodor Storm hat solche Wendungen gebraucht. [66] Doch ist von der Sache her am wenigsten eine Übertragung der Balladentechnik angemessen. Weil die Gesellschaft so entscheidend an der Motivierung der erzählten Geschichte beteiligt ist, ist nicht mit »Sprüngen und Würfen« zu operieren, wie das in der Ballade geschehen kann. Die Historie trägt mit anderen Worten zur erforderlichen Motivierung so gut wie nichts bei. Sie wird zu einer Art von blindem Motiv. Fontane war sich dessen teilweise selbst bewußt. Er war sich darüber im klaren, wie schwer es einem denkenden Menschen gemacht wird, sich aus überlieferten Denkformen zu lösen, um für neue Formen frei zu sein. Davon handelt ein Beitrag, der 1882 unter der Überschrift *Ein Stück Autokritik* in der Zeitschrift ›Die Gegenwart‹ erschien. Er bezieht sich bereits auf die zweite der historisierenden Novellen, auf *Ellernklipp*. Darin heißt es freimütig: »Jeder bleibt im Bann einer besonderen Beanlagung und Schulung, namentlich wenn er sich die letztere selbst gegeben [...] Ich war, von meinem 16. Lebensjahre an, Balladenschreiber, habe mich später daraufhin einexerziert und kann deshalb, meiner Natur und Angewöhnung nach, von der Ballade nicht los. Die Ballade liebt Sprünge; ja diese Sprünge sind ihr Gesetz, ihre Lebensbedingung [...]. Dies balladeske Gefühl leitet mich bei allem, was ich schreibe [...]. Aber freilich an dem für die Erzählungsliteratur geltenden Gesetz, das mir sehr wahrscheinlich entgegensteht, wird dadurch nichts geändert.« [67] Das Jahr übt, um mit Schillers Wallenstein zu sprechen, eine heiligende Kraft, und wer in den Bann solcher »Kräfte« geraten ist, der bleibt ihnen eine Weile verhaftet — oft noch dann, wenn er bereits neuen Ufern nahe ist. Gewiß handelt es sich dabei lediglich um poetische Techniken, und mithin um sehr unschuldige Dinge. Doch geht es, genau besehen, um mehr als nur um poetische Formen, die uns — so oder so — nicht weiter zu beunruhigen hätten. Solchen »Techniken«, solchen literarischen Formen und Gattungen, liegen in jedem Fall Denkformen zugrunde, die nichts Nebensächliches sind; und wie jene können diese steril werden und stagnieren. In solchen Fällen hat der Historiker zu kritischer Betrachtung allen Grund, weil es sich dabei um Bewußtseinslagen handelt oder handeln kann, die nicht mehr der Realität entsprechen, daher jenes falsche Bewußtsein zur Folge haben, das mit einigem Recht als Ideologie bezeichnet wird. Und von einer Art Balladen-Ideologie – vor der Erneuerung dieser Gattung im 20. Jahrhundert – kann hier sehr wohl gesprochen werden. [68] Die unverbindlich gewordene Historie als Stimmung und archaisierender Schmuck ist davon ein Teil.

2. Ellernklipp

Wie *Grete Minde* zählt man *Ellernklipp*, 1881 in ›Westermanns Illustrierten Monatsheften‹ zuerst erschienen, zu den balladesken Novellen Fontanes. [69] Wie jene ist diese einer alten Chronik nacherzählt. Im Ilsenburger Kirchenbuch, das die Mordgeschichte verzeichnet, ist die folgende Eintragung zu lesen: »Gestorben 1752. Den 28. Juni morgens gegen 1 Uhr ist Johann Michael Bäumler, ein Jägerbursche, durch mordrische Hand seines Vaters erstochen, woran er bald darauf verschieden und den 29. nach vorhergegangener Anatomie in der Stille beigesetzt, sein Alter ist 19 Jahr.« [70] Wie *Grete Minde* führt die zweite Chronik-Novelle, das »Gesetz« der »sixty years ago« im historischen Roman mißachtend, in ein früheres Jahrhundert zurück. Mit späteren Erzählungen wie *Unterm Birnbaum* und *Quitt* hat sie gemeinsam, eine Mordgeschichte zu sein, die im vorliegenden Fall noch dadurch »dramatisiert« wird, daß es der Vater ist, der den eigenen Sohn aus niedrigen Motiven in den Abgrund stürzt.

Ohne daß es der Titel zum Ausdruck bringt, steht abermals eine Frauengestalt im Zentrum der Erzählung: ein zum Waisenkind gewordenes Mädchen, das sich von der Titelheldin in *Grete Minde* durch seine Passivität und Müdigkeit unterscheidet. Sie ist ein ohne Frage leidendes Geschöpf, ein Mensch, um dessentwillen andere handeln. An die Ottilie der *Wahlverwandtschaften* erinnert sie in mehrfacher Hinsicht: wie diese ist die weibliche Hauptgestalt in Fontanes Erzählung »dämonisch« in der Weise, daß sie Entsetzliches bewirkt, ohne es zu wollen. Daß der Erzähler sie als ein Wesen vorstellt, das nicht Gut und Böse kennt, erhöht das Geheimnisvolle ihrer Erscheinung. [71] In jedem Fall ist sie die Hauptfigur der Geschichte. Auch die Kapitelüberschriften bestätigen es. Die meisten nennen ihren Namen, und daß sie ursprünglich als Hauptgestalt konzipiert worden war, geht auch aus einer Briefäußerung hervor: »Hauptfigur: ein angenommenes Kind, schön, liebenswürdig, poetisch-apathisch, an dem ich beflissen gewesen bin, die dämonisch-unwiderstehliche Macht des Illegitimen und Languissanten zu zeigen. Sie tut nichts, am wenigsten etwas Böses, und doch verwirrt sie regelrechte Verhältnisse. Sie selbst, ohne den Grundton ihres Wesens zu ändern, verklärt sich und überlebt das Wirrsal, das sie gestiftet.« [72] Elternlos geworden, hat sie der Pfarrer des Ortes dem Heidereiter Baltzer

Bocholt zu sittsamer Erziehung anvertraut. In dessen Haus wächst sie auf und wird schließlich seine zweite Frau, nachdem er den eigenen Sohn in einem Anfall von Eifersucht auf Ellernklipp getötet hat — sei es vorsätzlich oder sei es versehentlich, das bleibt offen. Im »Generationenkonflikt« einer Eifersucht zwischen Vater und Sohn beruht die Melodramatik der Geschichte, die zur Mordgeschichte wird. Die Tat bleibt unentdeckt, aber nicht ungesühnt. Den Heidereiter treibt es zum Gericht über sich selbst: an der Stelle auf Ellernklipp, an der er getötet hat, gibt er sich eines Tages selbst den Tod, obwohl auch diese Tat, wie anderes, im Dunkel bleibt. »Ewig und unwandelbar ist das Gesetz«, lautet die Überschrift des letzten Kapitels. Wie ein Leitmotiv ist der Spruch durch die Erzählung zu verfolgen. Aber deshalb schon auf einen absoluten Determinismus zu schließen, könnte sich als voreilig erweisen. [73]

Die Mordgeschichte Fontanes enthält somit aufgrund ihres inhaltlichen Verlaufs gewissermaßen zwei »Lesarten«, die sich beide aus den Denkformen des 19. Jahrhunderts erläutern. Die erste dieser »Lesarten« betrifft die »Schicksalsnovelle«, mit der man es diesem Leitspruch entsprechend zu tun hat. [74] An die *Judenbuche* der Droste fühlt man sich erinnert. Hier wie dort sühnt der Mörder an der Stelle, an der er gemordet hat; und dem 19. Jahrhundert kommt es vorzüglich darauf an, daß die Sühne nicht unterbleibt. Daß gesühnt wird, entspricht der »poetischen Gerechtigkeit«. Es entspricht ehrwürdigen Traditionen des Denkens, die man nicht gern in Frage gestellt sieht. Daß es die Sonne an den Tag bringt, stimmt tröstlich. Die säkulare Dichtungsart der Ballade läßt sich solche Themen nicht entgehen. »Vergeltung« als Motiv oder auch als Titel von Gedichten ist ein in der Literatur des 19. Jahrhunderts wiederkehrender Begriff. Schicksal in solchen »Schicksalsnovellen« ist dann ebenso das, was den Einen widerfährt, indem sie den Tod von der Hand des Mörders finden, wie das, was den Anderen widerfährt, die der Sühne nicht entgehen: Schicksal mithin als eine dämonisch wirkende Macht, die im Denkschema von Schuld und Sühne ihre Funktion erfüllt. Eine zweite »Lesart« ist nicht weniger Gedankengut der Zeit und ihrer Literatur. Es geht um die »dämonisch-unwiderstehliche« Macht eines schönen Menschen, der aufgrund einer solchen Macht unschuldig am Tode anderer schuldig wird. Die Tendenz zum Tragischen ist offenkundig; so zumal in Goethes Roman *Die Wahlverwandtschaften*, in dem Ottilie dieses Dämonische verkörpert. In der die Tragik der Schönheit bewirkenden Agnes Bernauer Friedrich Hebbels wird das Motiv aufgegriffen und variiert. Für den zeitgenössischen Leser Fontanes sind das alles vertraute Dinge. So auch hat es die Kritik aufgenommen, wo sie mit der erzählten Geschichte einverstanden war. Vom »mystischen Dämmerschein«, der über dieser Erzählung liege, ist die Rede; [75] vom Dämonischen andernorts, das Fontane wie das harmlos Idyllische zu Gebote stehe. [76] Zutreffend beschreibt die erzählerische Atmosphäre Otto Brahm, dem die Nähe zu Storms Novellenkunst nicht entgeht: »Beide, Storm und Fontane, haben ein intimes Verhältnis zur Lyrik und holen sich von dorther ihre reinsten Wirkungen; nur daß Storm Lyriker im engeren Sinne ist und das eigentliche Lied beherrscht, während bei Fontane ein Zug zur Ballade vorschlägt: jener wirkt daher auch in der Novelle durch verhaltene Empfindung, dieser bewegt sich mit seiner Darstellung gern in balladenmäßigen Sprüngen, ruht auf den Hauptmomenten verweilend aus und läßt das Dazwischenliegende im Dunkel.« [77]

Doch sind im Blick auf die Hauptgestalt der Novelle einige Motive nicht zu übersehen, die der Erzählung einen Zug ins Moderne geben. Daß sie im Personenensemble Fontanes zu den Fremden gehört, die sich vom Gewöhnlichen ihrer Umgebung unterscheiden, ist nicht überraschend. Solche Fremdartigkeit ist jedem Leser Fontanes vertraut. Aber in *Ellernklipp* gesellt sich zum Fremden das Müde und das, was Fontane selbst das Languissante nennt. In der Umgebung der Gräfin, deren Beziehung zu Hilde lange ungeklärt bleibt, unterhalten sich die Offiziere über das müde Geschöpf: »›Und nun gar *die*: blaß und rotblond, und matt und müde. Wir sagen ›languissant‹, und ich denke, wir wissen, was es meint.‹« (I/190) Das Müde in der Erscheinung der Hauptfigur wird auch sonst betont. Der Vater neidet dem Sohn das Mädchen vor allem aus diesem Grund: »Ich neid' ihm das schöne, müde Geschöpf, das müd ist, ich weiß nicht um was.« (I/175) Dann wieder verdrießt ihn diese Müdigkeit. [78] Diese geht oft in Melancholie über. Hilde habe, so heißt es, den melancholischen Zug. Diese Müdigkeit im Verhalten der jungen Frau hat sich auf ihr Kind übertragen: »Elend war sie, elend und lebensmüde wie das Kind, das sie weinend an ihrem Busen barg.« (I/194) Die Frauengestalt dieser Erzählung scheint eine Verwandte der schönen Cécile von St. Arnaud zu sein, und es sieht ganz so aus, als bekunde Fontane damit sein Interesse an der heraufkommenden Décadence als einem der zentralen Probleme am Ende des ausgehenden Jahrhunderts.

Zugleich wird mit dem müden Geschöpf auf das leidende Geschöpf verwiesen. Dem entspricht sein Mitleid mit der leidenden Kreatur des Tieres: »Da hockte sie stundenlang und sah in das Feuer [...] und hörte, wie die Katze spann und wie die Sperlinge, die sich naß und hungrig auf das Fensterbrett geflüchtet hatten, ängstlich und traurig zirpten und zwitscherten. Dann jammerte sie der Kreatur [...].« (I/115) Selbst an dem aus der Bahn geworfenen Mörder zeigt sich das: »Und dann wieder sah er ihn in seinem Elend daliegen, nicht lebend und nicht tot, und ein Schauder natürlichen Mitgefühls ergriff ihn, nicht mit dem Sohn, aber mit der leidenden Kreatur.« (I/180) Sehr genau motiviert ist die leidende Kreatur in der Bedeutung nicht, die ihr im Aufbau der Erzählung zugedacht ist. An Schopenhauer und seine Philosophie des Mitleids zu denken liegt nahe, an der Fontane, wie auch der junge Gerhart Hauptmann, Gefallen fand. Es ist keine Frage, daß die Philosophie Schopenhauers in diese aus dem Ideengut des 19. Jahrhunderts stammende Novelle hineinredet. Dafür spricht nicht nur die Vorliebe für Wendungen wie »leidendes Geschöpf« oder »leidende Kreatur«. Deutlicher noch kommt es im Mitleid zum Ausdruck, an das wir als Leser wiederholt erinnert werden. Das geht so weit, daß ein ungeheueres Mitleid mit dem späteren Mörder ihres Geliebten sie noch dort erfaßt, wo sich dieser lediglich in seiner Ehre gekränkt fühlt. (I/136) Noch Jahre danach hat Fontane erkennen lassen, was ihm Schopenhauers Mitleidsphilosophie bedeutet hat, wenn er in einem Brief an die Tochter (vom 24. August 1893) beiläufig bemerkt: »Schopenhauer hat ganz Recht: ›das Beste was wir haben, ist Mitleid.‹ Mitleid ist auch vielfach ganz echt.« [79] Schließlich deuten die Bezugnahmen auf den Willen — »Hilde hat einen Willen« — auf philosophisches Gedankengut Schopenhauers hin. Die Lektüre seiner Werke wie von Schriften über ihn ist durch Aufzeichnungen belegt, und daß Fontane als Romanschriftsteller an einigen Motiven des Philosophen Gefallen fand, ist unbestreitbar. Solche Motive sind Mitleid oder Resignation, wie alles das, was der Passivität näher steht als der Entschlossenheit zum Handeln. Über den Stellenwert derartiger »Einflüsse« ist damit noch nichts entschieden. Aber es ist vergebliche »Liebesmüh« zu leugnen, daß es Einflüsse dieser Art im Falle Fontanes gegeben hat, die ihre Spuren auch im Werk hinterlassen haben. [80]

Man sieht nicht recht, was die Schopenhauer-Motive zur Einheit dieser Mordgeschichte beitragen und wie sie mit anderen Motiven verknüpft sind. Doch deutet sich schon hier eine durchgehende Struktur im Roman Fontanes an, die sich durch das gesamte Werk verfolgen läßt. Konflikte — hier führen sie zu Totschlag oder Mord — werden nicht ausschließlich als etwas Zeitbedingtes gesehen, das man beseitigen kann, indem man die Verhältnisse ändert. Die erzählten Konflikte haben stets noch einen anderen, einen in der Natur des Menschen begründeten Sinn — diesen nämlich, etwas letztlich Unveränderliches zu sein, was immer von Menschenhand zum Zwecke einer Veränderung getan wird. Auf solche Konflikte, im gewissermaßen Schicksalhaften oder Zeitlosen ihrer Beschaffenheit, reagieren bei Fontane die betroffenen Figuren nicht selten in einer eigentümlichen Passivität, die als Resignation, Müdigkeit oder Ergebung dargestellt erscheint. Die Art, wie sich der Erzähler in solchen Fällen seinen Figuren verbunden fühlt, um womöglich Partei für sie zu ergreifen, deutet darauf hin, daß man sich vor eilfertigen Abwertungen zu hüten hat.

Aber von solchen Eigenschaften des Charakters abgesehen, gibt es das durch und durch Zeitbedingte und das, was alles an diesen Verhältnissen veränderbar erscheint, sofern es sich um geschichtliches Leben handelt. Es geht damit um eine dritte »Lesart« der im ganzen anspruchslosen Erzählung; denn in einigen, keinesfalls nebensächlichen Aspekten deutet *Ellernklipp* schon auf den späteren Zeitroman voraus. Im Historischen wird Gesellschaftskritik aktualisiert. Gegenstand einer solchen Kritik — darauf hat man im allgemeinen wenig geachtet — ist Preußen und seine Geschichte. Wir befinden uns im Zeitalter Friedrichs des Großen — im Geschichtsbild Fontanes stets ein Gegenstand seiner Achtung und Verehrung. Aber davon erfährt der Leser so gut wie nichts. Auf den Siebenjährigen Krieg wird nur gelegentlich angespielt, und die Meinung Fontanes wird damit nicht wiedergegeben. Aber noch weniger wird hier die Geschichtsfreude der *Wanderungen* zum Ausdruck gebracht, wenn es heißt: »Dazu bracht er auch eine Neuigkeit mit, und zwar die: daß die Preußen bald wieder einen Krieg haben würden; denn ohne Krieg könnten sie nicht sein.« [81] Alles das, was Fontane als Wanderer durch die Mark an historischen Details liebevoll geschildert hatte, wird ausgespart. Vom Aufstieg Preußens ist nirgends die Rede, und das Kulturhistorische, wie man es aus dem Schrifttum Gustav Freytags kennt, fehlt ganz. Das Historische liegt im Gesellschaftlichen versteckt: in der Gesellschaft dieser Zeit, in der bis in die entlegenen Gebiete eines Dorfes hinein gut preußisch gedacht wird. Die Kritik findet vorzüglich hier — in der Art, wie man preußisch denkt — ihren Gegenstand im engeren Sinn. Die Mordgeschichte erscheint damit nicht mehr ausschließlich vom psychologischen Einzelfall her motiviert. Sie erhält einen gesellschaftlichen Aspekt. Dies geschieht nach zwei Seiten hin. Zum ersten nach der Seite der Kirchlichkeit; und wie in *Grete Minde* ist es die protestantische Kirche, das Luthertum in seinen vielfach bedenklichen Verfallserscheinungen, das hier ganz unverkennbar der Kritik ausgesetzt wird.

Wie in nahezu allen märkischen Romanen Fontanes gibt es die Pastoren und Konventikler des Luthertums. Sie gehören als Personal zum festen Bestand seines Erzählens. In *Ellernklipp* hat der Pastor mehr oder weniger unschuldig seine Hand im Spiel mit dem, was hier ein so schlimmes Ende nimmt. Die Mutter des Mädchens ist gestorben, wovon das erste Kapitel mit der Überschrift »Hilde kommt in des Heidereiters Haus« handelt. Über das Waisenkind, das sie geworden ist, hat sich der Pastor seine Gedanken gemacht, die er später dem Heidereiter mitteilt: »ich fürchte«, heißt es in einem seiner Selbstgespräche, »sie kennt nicht Gut und nicht Bös, und darum hab' ich sie zu dem Baltzer Bocholt gegeben. Der hat die Zucht und Strenge, die das Träumen und das Herumfahren austreibt.« (I/109) Die märchenhaft-idyllischen Züge aus *Grete Minde* werden aufgenommen und variiert. Aber gegenüber dem, was Sitte, Gesetz und kirchliche Vorschrift unabänderlich vorschreiben, bedeutet das Träumen dem Pfarrer etwas, was man auszutreiben hat. Er scheint beide — das Waisenkind und den Heidereiter — schlecht zu kennen und kennt in erster Linie Zucht und Strenge, die sein Handeln bestimmen. Ein Konventikler in unserer Erzählung ist der siebzigjährige Melcher Harms, dem sich die jungen Leute später anvertrauen, wodurch er gegenüber der lutherischen Strenge des Pfarrers sympathische Züge erhält. Auch die Art, wie er von der alten Magd des Heidereiters verdächtigt wird, nimmt uns für ihn ein. Die Magd wittert in seinem Tun und Denken Katholisches und verdenkt es dem Pfarrer, daß er gegenüber einem solchem Konventiklertum so wenig auf Ordnung sieht. Und Ordnung: das kann keine andere als eine streng lutherische sein. Weil der alte Harms sie so wenig achtet, ist die Magd nicht gut auf ihn zu sprechen. Die Erweckten von Emmerode erscheinen aufgrund ihres von der lutherischen Ordnung abweichenden Denkens in einem vielfach günstigen Licht. Hier beginnen die Standesgegensätze nebensächlich zu werden, wenn sich Menschen aus einfachen Lebenskreisen im Schloß der Gräfin mit Generalen treffen. Aber ein historisch getreues Bild pietistischen Lebens in einer Dorfgemeinde des 18. Jahrhunderts zu geben, versagt sich Fontane durchaus; und ein Zug zum Orthodoxen scheint auch dem Konventikler eigen zu sein. Sein Leitspruch ist das Wort vom ewigen und unwandelbaren Gesetz. Doch ist die Religiosität, die seinem Determinismus eigen ist, eher calvinistisch, als daß sie dem Pietismus entspricht. Bis in das letzte Kapitel der Erzählung hinein wird der Leitspruch in Erinnerung behalten, obwohl es voreilig wäre, diesen aus der Optik der Erzählung zu verstehen. Dem ewigen und unwandelbaren Gesetz, allem Zwangsläufigen und allem Sühnedenken im Stil des Alten Testaments, wird am Ende die neutestamentarische Gnade entgegengehalten. Sonst aber wird Glaube zum Aberglauben und zum Schicksalsglauben, der den »wirklichen« Glauben verfehlt. Das Denken dieser Menschen ist »verstellt«. Es wird von Vorurteilen und abergläubischen Vorstellungen beeinträchtigt — wie im Falle des Heidereiters, der sich selbst als abergläubisch bezeichnet, oder seiner Magd, die alles Katholische fürchtet wie die Pest. Orthodoxie als eine Form verhärteten Denkens bestimmt das religiöse Leben innerhalb dieser Erzählung. Sichtbarer Ausdruck ist die Art, wie das »Rechte« als rechter Glaube im Vordergrund steht. Aber zugleich ist das Religiöse mit dem Politischen in der Idee des Preußentums verknüpft; denn Luthertum und Preußentum sind schon hier, in dieser frühen Erzählung Fontanes, nicht mehr voneinander zu trennen.

Preußisches wird vor allem im Verhalten des Mörders motiviert — eine eigentlich unerhörte Begebenheit! Denn der Heidereiter, der den eigenen Sohn tötet, ist ein typischer Vertreter der Gesellschaft, in der er lebt. Eitelkeit und Überheblichkeit gehören zu den Eigenschaften seines Charakters; sein Standesdenken ist ausgeprägt — bis zum Standesdünkel. Er war ein dünkelhafter Mann, wird gesagt. An den Beziehungen seiner Frau zum Konventikler Melcher Harms nimmt er Anstoß, weil sich das für sie nicht passe: »Aber eines Heidereiters Frau, die müsse sich in ihrem Stand halten und dürfe nicht Freundschaft haben mit einem Schäfer.« (I/193) Dennoch ist es nicht einfach die Beschreibung eines Charakters, um die es in solchen Einzelheiten geht. Die Eifersucht auf den eigenen Sohn ist von solchem Standesbewußtsein beeinflußt. Dem entspricht die selbstgerechte Art, über die Erfüllung seiner Pflichten gut preußisch zu denken. Der Tat selbst geht eine Art innerer Monolog voraus, in dem es ihn nach innerer Ruhe verlangt, die er sich dadurch verschafft, daß er sich beruhigt. Und zu solcher Beruhigung des schlechten Gewissens sind ihm die Tendenzen des Preußentums eben recht: »›wenn wir die Besinnung verlieren [...] dann sollen wir uns fragen: was ist hier das Nächstliegende? Und wenn wir das gefunden haben, so sollen wir's tun als unsere *nächstliegende* Pflicht. Und dabei werd' uns immer leichter und freier ums Herz werden; denn in dem Gefühl erfüllter Pflicht liege was Befreiendes [...]'« Und auf die Frage, worin denn nun dieses Nächstliegende beruhe, gibt er sich selbst die folgende Antwort: »'Meine nächstliegende Pflicht ist die des Vaters und Haushalters und Erziehers. Wohl ist es ein Unglück, daß es in meinem alten Herzen anders aussieht, als es drin aussehen sollt'. Aber das darf mich nicht hindern, diese Pflicht zu tun. Ich habe für Recht und Ordnung einzustehen und für Gebot und gute Sitte. *Das ist meine Pflicht.*'« (I/174 f.)

Fontane auf dem Weg zum inneren Monolog: es wird noch öfter von solchen Selbstgesprächen seiner Figuren die Rede sein, und in der Tatsache, daß es Selbstgespräche sind, liegt noch nichts Besonderes. Aber auf das Wie kommt es an! Liest man die Passage herausgelöst und isoliert, so meint man, es mit einer Gewissenserforschung zu tun zu haben, wie man sie aus dem Drama Schillers kennt — aus dem Monolog seines Wallenstein, der sich selbst auf eine so erregende Weise in die Enge treibt:

»Wärs möglich? Könnt ich nicht mehr, wie ich wollte?
Nicht mehr zurück, wie mirs beliebt? Ich müßte
Die Tat *vollbringen,* weil ich sie *gedacht* [...]?«

Aber der Wallenstein dieses Monologs geht ehrlich mit sich zu Rate, wägt ab und kennt sich aus. Er macht sich nichts vor und ist ein Wissender von hohen Graden. Der im intellektuellen Zuschnitt um vieles bescheidenere »Held« in Fontanes Novelle ist ein derart Wissender nicht. Er täuscht sich über sich selbst, obwohl sich alles so verständig, moralisch und idealistisch anhört — als wirke die *Kritik der praktischen Vernunft* bis in die entferntesten Dorfgegenden hinein. Der hier spricht, kennt sich in der Sprache nicht aus, derer er sich bedient. Er verwendet sprachliche Klischees wie: Pflicht, Gebot, gute Sitte, Recht und Ordnung. Sie dienen nicht der Wahrheitsfindung im individuellen Verhalten. Sie verhindern sie. Und das individuelle Verhalten, auf das es ankäme, wird von gesellschaftlichen Redeformen überlagert. In diesem Punkt, was die gedankenlose Berufung auf das Gesetz betrifft, sind sich so verschiedene Menschen wie der Heidereiter Baltzer Bocholt und der Konventikler Melcher Harms im Grunde gleich. Sie sind lutherisch und preußisch zugleich, aber in den Formen konventionellen, erstarrten Denkens. Der gut bürgerliche Heidereiter in gräflichen Diensten freut sich des Sonntags, indem er sich an der »überall herrschenden Ordnung« freut; (I/161) ganz besonders aber freut er sich darüber, daß der Katechismus in Ordnung ist. (I/157) Und wie der Herr beschaffen ist, so auch die Magd. Sie kann es nicht verwinden, daß von Ordnung so wenig die Rede ist. Sie ist eine Rechtgläubige, sofern sie in allem an die rechte Ordnung glaubt. Daß aus so gut fundierter bürgerlicher Ordnung unversehens ein Mörder hervorgeht, ist das Unerhörte der erzählten Begebenheit. In der Person dieses vermeintlich so gewissenhaft auf seine Pflicht bedachten Menschen führt Fontane die etwas altmodisch anmutende Chroniknovelle auf bemerkenswerte Weise über die der Gattung vorgezeichneten Grenzen hinaus. Er führt die preußisch-deutsche Tüchtigkeit und ihr Pflichtethos genau an jene Grenze, an der uns das höchst Bedenkliche einer sonst achtbaren »Lebensform« zum Bewußtsein gebracht wird. Der zum Vormund ausersehene Heidereiter, von dem der Pfarrer überzeugt war, daß er mit Zucht und Strenge das Gute verficht, verfehlt eben deshalb die »Gebote« der Menschlichkeit und wird zum Mörder.

So gesehen entfernt sich die Novelle sehr weit vom Lyrismus Theodor Storms, in dessen Nähe *Ellernklipp* von der zeitgenössischen Kritik gebracht wurde. Auch die Chroniknovelle und ihr Historismus geraten über den gesellschaftskritischen Ansätzen in Vergessenheit. Das Historische der Erzählung wird nebensächlich, und der historisierende Stil bleibt unverbindliches Relikt. Wie in *Grete Minde* praktiziert Fontane seinen Und-Stil in einer Weise, die zum Ärgernis wird. Hier nun vollends wird die Simplizitätssprache bis zum bitteren Ende durchgehalten; man kann das Kapitel für Kapitel belegen. Die Funktionslosigkeit dieser mit »und« gesättigten Sprache ist evident. Gelegentliche Archaismen wie der »Titul« statt des »Titels« fließen ein; aber zu bedeuten haben sie nichts. Daß er seine Menschen so sprechen läßt, wie sie wirklich sprechen, davon ist Fontane als Erzähler überzeugt. Es kann keine Rede davon sein, daß es sich so verhält. Sie alle — Erzähler wie Figuren — sprechen dieselbe Sprache, eine »Simplizitätssprache« ohne besondere Nuancen. Sie vor allem bestätigt den Historismus, in dessen Bann Fontane noch immer steht. Die gesellschaftskritischen Ansätze vertragen sich damit schlecht. Aber sie gelten unbeschadet aller balladesken Reminiszenzen schon in *Ellernklipp* dem Luthertum und dem Preußentum. Schon hier wird der gesellschaftliche Hintergrund durch diese Erscheinungsformen des geschichtlichen Lebens entscheidend motiviert. Im historischen Roman werden sie Fontanes ideales Modell, in dem sich nunmehr Geschichtsbewußtsein und Geschichtskritik untrennbar verbinden. Dem Bann des Historismus hat sich Fontane zumal als Verfasser historischer Romane und Erzählungen weithin entzogen. Erst auf dem Hintergrund dieser Entwicklung ist das komplexe Geschichtsdenken zu erläutern, das nicht mehr abreißende Interesse für Zeitwenden und Zeitwandel als den Grunderfahrungen seines geschichtlichen Denkens. Das kritische Element in den Chroniknovellen scheint nach dem verheißungsvollen Anlauf, der mit *Vor dem Sturm* erkennbar geworden war, wieder in Vergessenheit geraten zu sein. Die für Fontane bezeichnende Verbindung von geschichtlichem Denken und Geschichtskritik haben wir im folgenden Kapitel zu erläutern.

II. Zeitwende und Zeitkritik

Die Legitimität der Neuzeit ist die Legitimität der neuzeitlichen Wissenschaft; und Wissenschaft ist stets auch Wissenschaftsgeschichte. [1] Aber der Geschichtsbegriff hat hier einen spezifischen Sinn. Den an und in der Wissenschaft Beteiligten geht es weniger darum zu wissen, wie es eigentlich war. Sie wollen hinsichtlich ihrer eigenen Wissenschaft und ihres Forschungsstandes allererst wissen, woran sie sind, um zu erfahren, wie es weitergeht. Was erreicht worden ist, baut sich auf dem auf, was viele in der Vergangenheit beigetragen haben. Irrtümer, die es gegeben hat, sind endgültig vergangen und haben für den Weg in die Zukunft nicht mehr viel zu bedeuten. Was gilt, ist der wissenschaftliche Progreß selbst, die höhere Reflexionsstufe, die in der Entwicklung einer Wissenschaft erreicht wird; und es ist in erster Linie die Naturwissenschaft, an die man dabei denkt. Sie vor allem ist gemeint, wenn von neuzeitlicher Wissenschaft die Rede ist. In ihr ist Fortschritt ein maßgebliches Element. Er ist fast eine conditio sine qua non ihres Existierens. Wissenschaft will überholt und überboten sein, so hat es Max Weber formuliert, indem er zutreffend ergänzt: eben dies sei ihr eigentlicher Sinn. [2] Der Fortschrittsbegriff, der das Denken seit der Aufklärung so folgenreich beflügelt hat und im 19. Jahrhundert den Höhepunkt seines Ansehens erreichte, ist durch zahlreiche Vorgänge ruiniert. Er ist alles andere als ein unangefochtener Begriff. Dennoch ist er aus der Geschichte der neuzeitlichen Wissenschaft und ihrem evolutionären Verlauf nicht wegzudenken. Hier vor allem ist Geschichte mit geschichtlichem Fortschritt nahezu identisch. Es bleibt zu fragen, ob dieser auf Zukunft gerichtete Fortschrittsbegriff im Bereich des historischen Bewußtseins auf den evolutiven Gang der neuzeitlichen Wissenschaft beschränkt bleibt, ob unser Geschichtsdenken hinfort auf diese Kategorie verzichten kann, wie es der Tradition des Historismus entspricht. Es fragt sich erst recht, ob die an der Geschichte interessierte Literaturwissenschaft ohne diese Kategorie auszukommen vermag. Denn sie, die Literatur in ihrem Verhältnis zur Geschichte, ist es ja, die zu Überlegungen wie diesen Anlaß gibt.

Die im vergangenen Jahrhundert entwickelten Denkformen haben den Fortschrittsbegriff in ihre Geschichtsauffassung aufgenommen und zum Teil vulgarisiert. Helmuth Plessner hat den Vorgang beschrieben: »Ausgesprochen bürgerlich und wieder ein Stück weiter der heiligen Zeitordnung entfremdet ist jene Art von Geschichtsschreibung, welche liberal-fortschrittlich in der Perspektive eines allgemeinen Aufstiegs der welthistorischen Völker zu immer höherer Gesittung und Aufklärung verharrt und für die Comte und Saint-Simon das Schema entworfen haben. Jede Art evolutionärer Universalgeschichte stützt den Menschen der industriellen Epoche. Sie führt ihn in seiner Entscheidung und sichert ihm seine Zukunft. Sie ist das Zauberwort, dem er den Sinn seines Lebens entnimmt. Sie bestätigt ihn in dem, was er ohnehin muß, wenn er den Heroismus nicht aufbringen will, gegen den Strom zu schwimmen. In ihr steht der Mensch europäisch-amerikanischer Zivilisation auf der Höhe der Zeit, hinter sich überwundene Stadien des Daseins, vor sich eine unendlich offene Zukunft stetiger Steigerungsmöglichkeiten.« [3] Diese Auffassung, so meint Plessner — und man wird ihm zustimmen — hat in der deutschen Geschichtswissenschaft des 19. Jahrhunderts keinen nennenswerten Einfluß gewinnen können. Das offizielle Geschichtsdenken der Historischen Schule hielt sich davon weithin frei. Die evolutive Geschichtsauffassung blieb auf Naturwissenschaftler und Mediziner einerseits, auf Industrielle und Kaufleute zum andern beschränkt: »Deutschlands verspätete nationale Festigung und innere Verhältnislosigkeit zur Aufklärung haben verhindert, daß die evolutive Geschichtsauffassung [...] den ihr in einem aufstrebenden Industrieland zukommenden Platz einnehmen konnte.« [4]

Dieses die Schule Rankes einigermaßen belastende Urteil bleibt gewiß zu differenzieren; denn diese Schule selbst ist ja nicht so einheitlich gewesen, wie es auf den ersten Blick scheint. Ein aus ihr hervorgegangener Historiker wie Gustav Droysen geht durchaus seine eigenen Wege; und selbstverständlich ist auch der Historischen Schule selbst das evolutive Moment nicht fremd. Sie kommt ohne es nicht aus, wenn es ihren Vertretern darum geht, Entstehungsgeschichte zu treiben, die zumal im Bereich der Philologien lange Zeit zu den beliebtesten Exerzitien gehörte. Indem der Historismus der Historischen Schule, an Rankes Vorbild orientiert, in Epochen denkt, kommt er am evolutiven Nacheinander der Epochen nicht vorbei. Aber das dem Historismus zugehörende Gerechtigkeitsethos, das jede dieser Epochen aus sich selbst versteht, sieht sie als etwas Gleichberechtigtes und Gleichwertiges an, so daß sich im Prozeß des Verstehens Kritik weithin verbietet, wie es Ranke ja auch selbst formuliert: »Man hat der Historie das Amt, die Vergangenheit zu richten [...] beigemessen: so hoher Aemter unterwindet sich gegenwärtiger Versuch nicht: er will blos zeigen, wie es eigentlich gewesen [...].« [5] Innerhalb eines solchen Denken hat der Fortschrittsgedanke wenig zu bedeuten, wenn geschichtliches Denken heißt: den eigenen Wert einer Vergangenheit zu beschreiben und zu erkennen, ohne ihn einfach zur Vorgeschichte einer Gegenwart zu degradieren. [6] Die Grenzen eines solchen Denkens liegen dort, wo der Geschichte als geschichtlichem Wandel nicht hinreichend Rechnung getragen wird; und das ist in der Historischen Schule vielfach der Fall. [7] Denken mit dem Blick auf geschichtlichen Wandel muß sich in besonderer Weise für die Eigenart einer Zeitwende interessieren, und in gewisser Hinsicht ist die Legitimität der Neuzeit das legitime Interesse an diesem Problem als einem solchen, das mit der Renaissance beginnt. [8] Auch der neuzeitliche Fortschrittsgedanke nimmt von hier seinen Ausgang. [9] Vita nuova, erneuertes Leben, ist ein Grundgedanke des neuen

Zeitalters, der sich zunächst noch, wie bei Machiavell, mit zyklischen Geschichtsauffassungen verträgt. [10] Das Interesse am Evolutionären, an Verjüngung, Erneuerung und neuem Leben bildet seither einen Bestandteil des neuzeitlichen Denkens — vielfach im Rekurs auf die Kultur und Lebenswelt der Antike, wie vor allem in der italienischen Renaissance oder in der deutschen Klassik. Aber weder dort noch hier ist das Alte als Vorbild, Muster und Norm mit Regression oder Restauration zu verwechseln. Das Alte ist höchstens Bestandteil des evolutiven, auf Erneuerung gerichteten Denkens. Die Literatur ist von solchen Denkformen geprägt. Die neuzeitliche Literatur in den Ländern Europas hat das evolutive Moment aufgenommen und nicht nur vielfach in der Literatur selbst thematisiert. Sie hat es zugleich als ein Formprinzip ihrer eigenen Geschichte erkannt, wenn sie sich als Stilgeschichte, Formgeschichte oder Strukturgeschichte versteht. Ihre Diachronie ist, recht verstanden, das, was man seit den Zeiten des russischen Formalismus als Stilwandel bezeichnet. Stilwende und Stilwandel, Zeitwende und Zeitwandel sind jeweils aufeinander bezogen: Wandel kann erst hervortreten, wo bereits eine Wende erfolgt ist. Es leuchtet ein, daß der Historismus mit seiner Vorliebe für die Synchronie einer Epoche mit solchen Erkenntnisinteressen in Schwierigkeiten gerät. Denn an den Epochenschwellen gibt es zwei verschiedene Zeitalter zu verstehen, die jeweils gegeneinander gerichtet sind. Die ältere Epoche steht gegen die jüngere, die Generation der Söhne gegen die der Väter. So auch beginnt es mit und in der Renaissance. Die Vertreter der neuen Zeit nehmen das Licht des neuen Denkens in Anspruch, indem sie die vorausgegangene Epoche als finsteres Mittelalter herabsetzen. [11] Es wird erforderlich, daß der verstehende Historiker Gerechtigkeit gegenüber verschiedenen Vergangenheiten übt; ja, daß er selbst die Ungerechtigkeit zu verstehen hat, mit der eine Zeit über die ihr vorausgegangene urteilt. Der Betrachter solch historischer Abläufe muß gegebenenfalls aus der Reserve seiner Objektivität heraustreten und zu Kritik bereit sein. Er kann sich gegenüber dem Alten und Neuen nicht immer wertneutral verhalten; gegenüber dem Alten schon insofern nicht, als Konvention und Erstarrung nicht die Werte sind, an denen gemessen werden soll. Wo Literatur in Epigonentum übergeht, verliert sie an Wert gegenüber der Spontaneität und Originalität neuen Denkens. Erstarrte Formen verlieren den Anspruch, lebendige Literatur zu sein. Diese aber setzt Kritik voraus — Literaturkritik, die unnachsichtig dort geübt wird, wo ein neuer Stil durchgesetzt werden soll. Im Grunde ist jede Gegenwartsliteratur auf eine gewisse Traditionsfeindlichkeit angewiesen, um leben zu können; wenigstens gegenüber der unmittelbar vorausgehenden »Tradition« ist eine solche »Feindschaft« unumgänglich. Nietzsches Angriff auf das Gerechtigkeitsethos der Geschichtswissenschaft mag für diese selbst — nicht nur im Bereich des Historismus — unannehmbar sein. Als Geschichte aber, deren Lebendigkeit sich im Wandel bezeugt, bleibt Literatur auf solche Ungerechtigkeiten angewiesen. Eine Umwertung überlieferter Werte ist unerläßlich, damit neue an ihre Stelle treten können. Ungerecht urteilt Lessing, wenn er im 17. Literaturbrief über Gottsched herfällt und dessen Verdienste schlechterdings negiert: »›Niemand‹, sagen die Verfasser der ›Bibliothek‹, ›wird leugnen, daß die deutsche Schaubühne einen großen Teil ihrer ersten Verbesserung dem Herrn Professor *Gottsched* zu danken habe.‹ Ich bin dieser Niemand; ich leugne es gerade zu.« [12] Indem man solchen Ungerechtigkeiten ihr gewisses Recht läßt, kommen Fortgang und Entwicklung zustande, die lebendige Literatur verbürgen.

Es geht um einen bestimmten Strukturzusammenhang von Zeitwende und Zeitkritik, wie er im geschichtlichen Denken angelegt ist. Auch der Historismus kommt ohne ein solches Element der Kritik nicht aus. Denn die Synchronie einer Epoche, die der Historiker konstruiert, ist eine solche Synchronie immer nur in Grenzen. Es gibt in ihr einen bestimmten, fast gesetzmäßig erfaßbaren Verlauf. Es gibt Entstehung, Höhepunkt und Verfall. Was einmal neu war und die Menschen mit Leben erfüllte, verliert seine Neuheit und erstarrt. Dieser biologisch anmutende Verlauf wiederholt sich in allen Lebensformen und Lebensbereichen, wenn der Mensch erst einmal gelernt hat, in solchen Kategorien zu denken. Eine Zeitwende — wie die der Renaissance — interessiert dann weniger als eine Epoche des großen Menschen, sondern aus Gründen des zeitlichen Verlaufs selbst. Das Alte ist in den Formen der Erstarrung und der Degeneration zu beschreiben, das Neue womöglich auf die Notwendigkeit des Neuen hin zu untersuchen: in Hinsicht nämlich auf die Erfordernisse, wie sie sich von der Zeitlage her als berechtigt erweisen. Indem das Alte seine Wahrheit und Glaubwürdigkeit einbüßt, die ihm in den Stadien seiner Entstehung und auf seinem Höhepunkt zuerkannt wurden, verliert es sich in Dogmen und Doktrinen. Die Rede wird zur leeren Rede; sie wird zur Phrase und zum hohlen Wort. Bewußtsein, ehedem auf der Höhe der Zeit, geht in falsches Bewußtsein über. Man kann die Resultate solcher Verfallserscheinungen des Denkens gut und gern als Ideologie bezeichnen, die zur Kritik herausfordert — zur Ideologiekritik, die das Verstehen der Hermeneutik ergänzt. [13]

Solchen der Zeitwende zugekehrten Geschichtsinteressen kommt zumal der historische Roman bereitwillig entgegen. Man denkt, spricht man von diesem, gern an eine betont provinzielle Literatur, sofern es nicht Jugendlektüre nach der Art Felix Dahns ist, die sich in Erinnerung bringt. Kurz und gut: man ist im allgemeinen auf den historischen Roman nicht gut zu sprechen, sieht man von Georg Lukács einmal ab, dem wir eines der noch immer maßgeblichen Bücher über den Gegenstand verdanken. [14] Anders Hermann Broch, der den historischen Roman geradezu verdammt. Er hält die Rückwendung zum Historischen, wie sie in dieser Gattung vollzogen wird, für den »Ausfluß des ewig lebendigen konservativen Geistes«, für eine »Flucht ins Historisch-Idyllische«. Wörtlich führt er aus: »Diese persönliche Sehnsucht nach einer besseren und gesicherteren Welt macht es zwar verständlich, daß heute das Historische und der historische Roman eine neue Blüte erleben, zeigt aber auch, daß damit ein Terrain beschritten wird — denn jene ersehnte historische Welt ist ›schön‹ —, das bereits der Machtsphäre des Kitsches angehört.« [15] Mit derartigen Unterstellungen — und um solche handelt es sich — gerät eine ehedem angesehene Gattung der Literatur in die unmittelbare Nähe von Ritter- und Räuberromanen. Der historische Roman wird unbarmherzig zu Trivialliteratur degradiert. Unnötig zu sagen, daß eine solche Verurteilung unannehmbar ist, weil sie jeden historischen Sinn vermissen läßt.

Brochs Verdammung des historischen Romans ist ohne jedes historische Augenmaß formuliert. Nicht einmal für den historisierenden Roman des 19. Jahrhunderts, für Meinhold oder Scheffel z. B., trifft zu, was hier gesagt wird. Zu ihren Gunsten ist nicht viel vorzubringen, wenn man auf ästhetische Qualität sieht. Wer ein Wort für den historischen Roman einzulegen bereit ist, muß nicht bereit sein, sich vor Romane wie diese zu stellen. Sie bleiben, was sie sind: vergangene Literatur. Aber sie sind keine Fluchtliteratur. Es ist dies ohnehin einer der oberflächlichen Begriffe, der oft nur der Denunzierung, weniger der Erkenntnis dient. [16] Schon die »Flucht« in die Historie in Zeiten der Diktatur ist keine Flucht im gewöhnlichen Sinn. Und Wilhelm Meinhold oder Victor von Scheffel sind unbeschadet aller Historisierung an ihrer Gegenwart weit mehr interessiert als an den fernen Vergangenheiten, die sie archaisierend beschwören. Daß das Erzählerische mißlingt, steht auf einem anderen Blatt. Willibald Alexis hat einige seiner historischen Romane in der Zeit des späten Mittelalters angesiedelt, ohne deshalb Romantiker zu sein, und er verschweigt nicht, was ihn in diesen Fällen zu solchen »Emigrationen« veranlaßt hat: »Nur die trostlosen Censurverhältnisse [...] verhinderten mich, meinem Cabanis andere vaterländische Gemälde aus der moderneren Zeit folgen zu lassen, wie früher meine Absicht war.« [17] Zwischen der Gegenwartsabkehr, wie sie Alexis notgedrungen vollzieht, und dem Balladenhistorismus im »Tunnel über der Spree« besteht ein Unterschied, den man verkennt, wenn man die Vokabel »Fluchtliteratur« auf undifferenzierte Art lediglich zum Zwecke der Denunzierung gebraucht.

Der historische Roman hat wie andere Gattungen die Möglichkeit, eine »große Form« zu sein, was zugleich heißt, daß er uns nicht bloß seiner Inhalte wegen etwas angeht. Kommt es ihm in erster Linie auf diese an, so sinkt er in das bloß Kulturhistorische ab, wie oft bei Freytag, Meinhold oder Riehl. Aber das ist bei anderen Gattungen der Literatur nicht grundsätzlich anders. Entgleisungen gibt es auf allen Gebieten der Literatur. Im Falle des historischen Romans enden sie vielfach in »Historienmalerei«. Man kann aber einer Gattung, einer Dichtungsart nicht schon deshalb den Prozeß machen, weil es »Entartungen« davon gibt. Auch müßte man sich im Umgang mit Literatur nicht unnötig bei Begriffen aufhalten, die bloß Inhaltliches bezeichnen. E. M. Forster hat solche Bezeichnungen souverän dem Spott preisgegeben. [18] Sollte es sich im Falle des historischen Romans nur um ein Beispiel für thematische Ordnungen handeln, so hätten wir wenig Grund, bei dem Gegenstand zu verweilen. Es muß darum gehen, das Historische des historischen Romans als Form, als Denkform gegebenenfalls, zu erfassen. Selbst dort, wo dieser im Raum oder im Bann des Historismus verharrt, hat er Anspruch darauf, nicht bloß als etwas Inhaltliches verstanden zu werden. Auch der historische Roman ist eine literarische Form.

Den Zusammenhang mit dem Stilwillen der Epoche — mit derjenigen des Realismus — gibt Willibald Alexis zu erkennen, wenn er als Verfasser historischer Romane auf Objektivität dringt. Schon 1821 ist sie ihm in der Romankunst Sir Walter Scotts eine der wichtigsten Kategorien. In den ›Jahrbüchern der Literatur‹ führt er aus: »Rein objektiv legt er vor uns die Welt hin. Wir wissen nicht einmal, ob sich *Scott* in einem seiner Romane unter irgend einem Namen selbst gezeichnet hat.« [19] Aber nicht zufällig ist es dieser Begriff des Objektiven und der Objektivität, der den individuellen Helden der Romantik oder des Bildungsromans in den Hintergrund drängt. Alexis kommt schon sehr früh zu der Einsicht, daß der Roman als die zur Prosa herabgestimmte Epopöe bezweckt habe, wie im alten Epos »das Leben des Einen statt zu besingen — zu beschreiben«: [20] Damit tritt nicht nur das Beschreiben an die Stelle des Besingens. Es tritt auch der Eine gegenüber dem Allgemeinen zunehmend zurück, so daß Alexis noch mitten in der Epoche der Romantik am Beispiel des historischen Romans den sozialen Roman des späteren 19. Jahrhunderts antizipiert, wenn es in demselben Essay über Scott — 1823! — heißt: »Wie in der Natur muß daher auch der Romanenheld in Verwickelungen mit der Außenwelt kommen, und mit je mehreren Erscheinungen er in Konflikt geräth, um so interessanter wird der Roman. Steigern wir dieses Verhältniß immer mehr, so wird endlich die Person des sogenannten Helden ganz zurücktreten, wogegen die andern mannigfachen Gegenstände zur Hauptsache im Romane werden. Dieß scheint uns der Sieg der Objektivität über die Subjektivität und vielleicht die Bestimmung aller Romane.« [21] Solches Zurücktreten des *einen* Helden zugunsten einer Vielheit von Figuren ist mit dem »mittleren Helden« in Beziehung zu setzen, wie er zumal im Roman Scotts erscheint. Georg Lukács hat die Zweckmäßigkeit dieses Verfahrens beschrieben und erläutert. [22] Je mehr eine solche Objektivität als Gerechtigkeitsliebe und als Absehen von jeder einseitigen Parteinahme in die historische Erzählung eingebracht wird, wie in Conrad Ferdinand Meyers *Jürg Jenatsch*, um so mehr verflüchtigt sich die Objektivität des genauen Beschreibens in das Vieldeutige einer schwankenden Gestalt. Die Intention der Objektivität bewirkt, daß sich die erzählte Figur der Objektivität entzieht. Man sieht sich auf Mutmaßungen verwiesen. In beiden Fällen — bei Alexis wie bei Conrad Ferdinand Meyer — bleibt man der Geschichte zugewandt. Man bleibt ihr, auch und gerade als Romancier, verpflichtet. Erst recht erhält der historische Roman die Möglichkeit, eine literarische Form zu sein, wo Kritik die Feder führt. Sie kann der Geschichte im ganzen gelten, womit die »Denkschule« des Historismus meistens verlassen wird.

Geschichte ist das Feld menschlichen Handelns. So vor allem hat es Schiller verstanden. Er hat dem Geschichtsdrama den Vorzug gegeben, weil die Probleme des handelnden Menschen im Raume der Geschichte um vieles deutlicher hervortreten als andernorts. Und wo menschliches Dasein in der Notwendigkeit des menschlichen Handelns erkannt wird, ist Geschichte als Daseinsraum solchen Handelns immer schon anerkannt und bejaht. Aber das Drama ist Handeln und Leiden zugleich, und es kommt auf die Akzente an, die man setzt. Auch Geschichte ist Handeln und Leiden gleichermaßen, und die Betonung des Leidens schließt eigentlich die Kritik an der Geschichte schon immer mit ein. Im Traditionsraum des deutschen Geschichtsdramas wird es am Beispiel Büchners offenkundig. Sein Danton weigert sich, inmitten der Revolution ein Handelnder zu sein. Er zieht es statt dessen vor zu erkennen. Das Geschichtsdrama, von Schiller als ein Drama des handelnden Menschen konzipiert, geht über in ein Drama des leidenden Menschen. Die von der Geschichte »betroffen« sind, sind diejenigen, um die es vorzüglich geht. Der Roman hat die Möglichkeit, die so Betroffenen auf seine Weise darzustellen, aber die Auffassung und Deutung der Geschichte ist hier wie dort dieselbe. Sie ist in solchen Deutungen am wenigsten ein Anlaß zu Geschichtsfreude und Geschichtszuversicht. Geschichte wird in Auffassungen und Deutungen wie diesen prinzipiell kritisch gesehen, wie es Karl Löwith beschrieben hat: »Das wichtigste Element aber, aus dem überhaupt die Geschichtsdeutung hervorgehen konnte, ist die Erfahrung von Übel und Leid, das durch geschichtliches Handeln hervorgebracht wird [...] Die Auslegung der Geschichte ist zuerst und zuletzt ein Versuch, den Sinn geschichtlichen Handelns und Erleidens zu begreifen. In unserer Zeit haben Millionen das Kreuz der Geschichte schweigend erlitten, und wenn etwas dafür spricht, daß der ›Sinn‹ der Geschichte theologisch verstanden werden könnte, so ist es das christliche Verständnis des Leidens.« [23] Geschichte also nicht im Glorienschein großer Taten und großer Männer, sondern als das, was sich in seiner gewissen Vergeblichkeit erweist: sic transit gloria mundi, wie ein vielzitierter Kommentar lautet. Die Hinfälligkeit alles Irdischen wird als Jahrmarkt der Eitelkeit beschreibbar und erzählbar. Wir sind bei Thackeray, der mit *Henry Esmond* einen eigenen Typus des historischen Romans repräsentiert, einen Typus, der Kritik an der Geschichte voraussetzt. [24] In der deutschen Literatur vertritt diesen Typus des historischen Romans auf eine faszinierende Art Alfred Döblin. Sein *Wallenstein* ist die grandiose Darstellung solchen Leidens an der Geschichte, und es wäre ein höchst einseitiger Geschichtsbegriff, den man zugrunde legt, wollte man einen Roman wie diesen als historischen Roman nicht gelten lassen. [25] Er steht ohne Frage außerhalb des deutschen Historismus und seines Denkens. Vielfach ist er gegen ihn gerichtet. Aber auf keinen Fall sind historische Romane nur solche, die sich mit den Grundpositionen des Historismus im Einklang befinden. Denn Geschichte — um es zu wiederholen — ist Handeln und Leiden gleichermaßen.

In historischen Romanen wie in Thackerays *Henry Esmond* oder Döblins *Wallenstein* ist die Kritik umfassend gemeint; in anderen Fällen ist sie partikulär und eher auf bestimmte Zeiten bezogen als auf die Geschichte im ganzen: Kritik mithin als Zeitkritik, die dort zu ihrem Recht kommt, wo es Zeiten des Niedergangs, des Verfalls, des Abstiegs zu kritisieren gibt. Aber damit geht es eo ipso um Zeiten der Zeitwende erneut. Die so intendierte Zeitkritik muß den Raum geschichtlichen Denkens, wie es sich in der Historischen Schule entwickelt hat, nicht verlassen. Objektivitätsideal und Gerechtigkeitsethos müssen nicht preisgegeben werden, wenn der Erzähler, an einer Zeitwende angesiedelt, Zeitkritik übt. Es fällt auf, daß der historische Roman in Deutschland dort einigermaßen zu Ansehen gelangt, wo solches geschieht: wo sich der Roman einer Zeitwende auf Zeitkritik verwiesen sieht. Schon Scott ist diesem Prinzip weithin gefolgt. Er stelle in seinen Romanen große Krisen des gesellschaftlichen Lebens dar, führt Georg Lukács aus. [26] Willibald Alexis, ihm darin folgend, verfährt nicht anders. In seinem Scott-Essay bezeichnet er die »Krisis zwischen dem Alten und dem Neuen« als den geeigneten Vorwurf eines historischen Romans. [27] Arnims Roman *Die Kronenwächter* hat es mit der Reformation als einer Zeitwende zu tun, Tiecks *Vittoria Accorombona* mit der Renaissance. Aber vor allem ist in diesem Zusammenhang über Willibald Alexis und seine vaterländischen Romane zu sprechen. Mehrere behandeln die Zeit der Reformation, und es sind die miserablen Zensurverhältnisse nicht nur, die in seinem Fall die Wahl der Epoche motivieren. Hier, wie ähnlich bei Fontane, sind es nun nicht mehr nur Renaissance und Reformation. Alexis wie Fontane führen dem historischen Roman in Deutschland die märkisch-preußische Geschichte als ein neues und dankbares Stoffgebiet zu. Aber als ein Stoffgebiet nicht allein! [28]

Wie ein Modellfall im Bereich solcher Geschichtsinteressen bietet sich Preußen als Staat und als »Lebensform« an: sein unerhörter Aufstieg, wie er mit dem Großen Kurfürst begann, und sein jäher Sturz mit der Schlacht von Jena und Auerstedt, der einen Barockpoeten hätte faszinieren müssen. [29] Aber dem Sturz zu Beginn des 19. Jahrhunderts folgt der erneute Aufstieg auf dem Fuße: eine Zeitwende ohnegleichen, in der sich das politische und geistige Leben in allen seinen Bereichen erneuert — nirgends so sichtbar und so folgenreich wie im Bereich der Bildung mit der Gründung der Berliner Universität. Mit ihr wird ein Aufstieg der Wissenschaften eingeleitet, der in unserer Geschichte nicht seinesgleichen hat. Ein solcher Aufstieg — aus dem Nichts und nach dem Sturz — fällt keinem Staat und keiner Nation als Geschenk einfach zu. Er ist mit zahlreichen Anstrengungen erkauft. Sie lassen sich als Tugenden definieren, um die es sich in der Tat handelt: Sparsamkeit, Nüchternheit oder Pflicht; die Toleranz auf diesem Weg zur Höhe, für die sich ein König wie Friedrich II. verwendet, muß man nicht verschweigen. Toleranz ist ein Begriff des religiösen Lebens. Er ist aus den Glaubenskämpfen hervorgegangen, mit denen die sogenannte Neuzeit beginnt. Reformation und Protestantismus sind daran beteiligt, und am wenigsten in diesem Land sind die Prozesse der Erneuerung von den Erneuerungen im religiösen Leben ablösbar. Die Kurfürsten der Mark beginnen ihren Weg in die Weltgeschichte im Zeichen des neuen Glaubens, der sich mit der Toleranz des aufgeklärten Preußenkönigs durchaus verträgt. Dieser seinerseits, also Friedrich II., hat die fortschrittlich Denkenden auf seiner Seite. Man dichtet, wie Karl Wilhelm Ramler, seine Oden auf ihn, ohne sich dabei in seinem bürgerlichen Selbstbewußtsein etwas zu vergeben. Ewald von Kleist schreibt ein Gedicht *An die preußische Armee;* und wie man in Frankfurt, in Goethes Haus am Hirschgraben, dachte, ist aus *Dichtung und Wahrheit* bekannt: man dachte »fritzisch«. Friedrich der Große, wie er noch heute genannt wird, hat zum Aufstieg Preußens das Seine — nicht wenig! — beigetragen. Noch für Willibald Alexis ist er die exemplarische Figur des aufgeklärten Humanismus, der »Lichtbringer« schlechthin. Eine zentrale Figur ist er entsprechend den »Gesetzen« des historischen Romans auch in seinen Romanen nicht. [30] Aber am Anfang auch dieses Aufstiegs steht ein Ereignis des religiösen Lebens: die Aufhebung des Edikts von Nantes im benachbarten Frankreich.

Herbert Roch leitet sein Buch *Fontane, Berlin und das 19. Jahrhundert* mit einem Hinweis auf dieses Ereignis ein: »Am 29. Oktober 1685 erließ der Große Kurfürst jenes berühmte Potsdamer Edikt, in dem er den verfolgten französischen Hugenotten seine volle Unterstützung zusicherte [...].« [31] Er beschreibt anschaulich, was in der Folgezeit geschah und was man diesem Aussiedlungsvorgang der neueren Geschichte zu verdanken hat: »Unter diesem Flüchtlingsstrom nahm das kulturelle und wirtschaftliche Leben in Preußen alsbald einen spürbaren Aufschwung. Die einwandernden Handwerker brachten bisher unbekannte Gewerbe ins Land und verhalfen anderen zu einer noch nie dagewesenen Vollkommenheit [...] Adel und Bürgertum profitierten gleichermaßen durch geschäftliche, dienstliche oder familiäre Bindungen und Verbindungen mit den Zugewanderten [...]. Die Kolonisten faßten Fuß in allen Gesellschaftsschichten, aus Zugewanderten wurden Zugehörige, und als Napoleon I. im Jahre 1806 das Verbannungsdekret aufhob, kehrten nur wenige in die alte Heimat zurück.« [32] Also Prosperität auf der ganzen Linie! Aber sind die Bürger des Staates, ist die herrschende Schicht dem gewachsen? Der Fall Preußens läßt nicht lange auf sich warten — so wenig wie der abermalige Aufstieg, der dem Sturz unmittelbar folgt. Doch bleibt die zu Beginn des 19. Jahrhunderts so verheißungsvoll eingeleitete Erneuerung mit den Reformprogrammen Steins, Hardenbergs oder Humboldts bald wieder stecken. Ein so rechtlich denkender Schriftsteller wie E. T. A. Hoffmann sieht sich unmittelbar nach der Niederwerfung Napoleons Verfolgungen ausgesetzt. Preußen, noch Jahrzehnte danach die Hoffnung liberaler Demokraten, schwenkt in die Politik der Restauration ein, die nach der gescheiterten Revolution des Jahres 1848 nun vollends in Reaktion übergeht.

Schließlich der Bereich des Sozialen! Für altpreußische Konservative vom Schlage Leopold von Gerlachs ist die soziale Frage keine Frage. Wahre Demokratie ist für den Mentor des jungen Bismarck mit gesunder Aristokratie identisch: »Ich freue mich aussprechen zu können, daß die *wahre Demokratie mit der wahren gesunden Aristokratie im Einklange steht.*« [33] Zwar wird unter Bismarck der Aufstieg Preußens und Deutschlands zur europäischen Großmacht beschleunigt. Aber das geistige Leben stagniert. Vor allem nach der Gründung des Reiches als dem Ziel, auf das man so lange hingearbeitet hatte, sieht man es deutlicher als zuvor. Die Idee des Preußentums, die »preußische Idee«, wird Ideologie. Kritik am Preußentum wird unumgänglich, aber an Luthertum und lutherischer Kirche nicht minder; denn Thron und Altar haben beide nie so innig sich in die Hände gearbeitet wie seit den Zeiten des staatsfrommen Königs Friedrich Wilhelms IV. Die Revolution wurde innerhalb der Erweckungsbewegung als ein Werk des Satans angesehen. Selbst Goethe war den Frommen nicht geheuer. Er wurde vielfach aus den Lesebüchern entfernt. Zunehmend verstrickt sich die Kirche zumal hier in die restaurative Politik, die jeden geforderten Fortschritt lähmt. [34]

Dies alles und anderes in der Geschichte Preußens muß nur aufgedeckt werden, um für historische Romandichtungen verfügbar zu sein. Hier ist keineswegs alles einmalig, unvergleichbar und unwiederholbar. Die preußische Geschichte ist ein Modellfall der Geschichte, in der bestimmte Invarianten des Aufstiegs und des Niedergangs einen bestimmten Geschichtsablauf mit sich bringen. In der Romankunst machen sie eine Thematik verständlich, die seit der Reichsgründung Fontanes erzählerisches Schaffen begleitet: die Thematik des Alten und Neuen; des Neuen, das mit der Zeit veraltet, und des Alten, das sich eines Tages erneuert, um auf einer höheren Entwicklungsstufe wieder Gegenwart zu sein — ein Kreislauf geschichtlichen Lebens. Seit der Reichsgründung wird Fontanes Geschichtsdenken von solchen Erfahrungen bestimmt, geprägt und verändert. Es wird überaus komplex. Die Kritik — an Preußen und an seiner Geschichte — gewinnt an Schärfe. Sie geht vielfach über in eine Kritik an der Geschichte überhaupt. Geschichtsfreude und Geschichtskritik, im Modell von Aufstieg und Niedergang angelegt, führen zu einem sehr differenzierten Geschichtsdenken, das immer weniger im Banne des Historismus verweilt, sondern ihm gegenüber eine eigene Position behauptet. Nun vollends wird der Gegensatz zu jedem antiquarischen Historismus offenkundig. Im »Leitmotiv« der Erneuerung macht Fontane Geschichte und geschichtlichen Wandel zum zentralen Thema seines Erzählens.

Daß Geschichtsfreude und Geschichtskritik nicht als ein deutlich unterscheidbares Nacheinander aus seinem schriftstellerischen Werdegang herauszulösen sind, wurde schon gesagt. Auch die Reichsgründung ist kein unverrückbarer Einschnitt, der das eine vom anderen ein für allemal scheidet. Die

Entfernungen vom überlieferten Geschichtsdenken der Historischen Schule, der Fontane viel verdankt, beginnen früh. Sie beginnen noch mitten in seiner hochkonservativen Zeit. Zwar ist der Historismus seiner Balladenproduktion in jenen Jahren ausgeprägt. Aber das Heldische wird nicht gleichermaßen verklärt, wie es bei Strachwitz geschieht. Die Helden seiner *Preußenlieder* werden durch Humor — eine Spielart des lyrischen Humors — erträglich. Als die Mythisierung Kaiser Barbarossas in jenen Jahren ihren Höhepunkt erreichte, trug sich auch Fontane vorübergehend mit Plänen eines Epos, in dessen Mittelpunkt der Staufenkaiser stehen sollte; nur hielt die Begeisterung nicht sehr lange an, und die Art, wie er sich von diesem Gegenstand distanziert, entspricht gewiß nicht dem offiziellen Geschichtsdenken der Epoche: »Ich wollte ein Epos ›Barbarossa‹ in solchen Strophen schreiben, bin aber von dem Stoff ganz zurückgekommen. Es ist mir durchaus nicht möglich, mich für den alten Rotbart zu begeistern. Alle meine Sympathien sind auf Seite seiner Gegner.« [35] Ein neuer Realismus macht sich bemerkbar. Mit ihm kündigt sich verhalten eine Abkehr vom Geschichtsenthusiasmus der Balladenzeit an. In dem programmatischen Aufsatz *Unsere lyrische und epische Poesie seit 1848* wendet sich Fontane gegen jeden bloß antiquarischen Historismus. Dieser neue Realismus, so wird es 1853 formuliert, »läßt die Toten oder doch wenigstens das Tote ruhen; er durchstöbert keine Rumpelkammern und verehrt Antiquitäten nie und nimmer, wenn sie nichts anderes sind als eben — alt.« (1/242) Eine solche Aussage kann bis zu einem gewissen Grade noch in Übereinstimmung mit den Anschauungen der Zeit verstanden werden, denen zufolge Historismus und Realismus nur unterschiedliche Seiten derselben Sache sind. Dagegen spricht ein 1861 geschriebener Brief eine um vieles deutlichere Sprache. Hier ist die Geschichtskritik unverkennbar, die aus einer Kritik an der preußischen Geschichte abgeleitet wird. Es handelt sich um einen Brief an den Verleger des ersten historischen Romans (*Vor dem Sturm*). Fontane schreibt: »Die letzten 150 Jahre haben dafür gesorgt, daß man von den Brandenburgern (oder Märkern, oder Preußen) mit Respekt spricht; die Thaten die geschehn und die Männer die diese Thaten geschehen ließen, haben sich Gehör zu verschaffen gewußt, aber man kümmerte sich um sie mehr *historisch* als *menschlich*. Schlachten und immer wieder Schlachten, Staatsaktionen, Gesandtschaften — man kam nicht recht dazu Einblicke in das private Leben zu thun [...]« (31. Oktober 1861). [36] An den Schlachtenbeschreibungen dieser sehr kriegsgeschichtsfreudigen Epoche freilich hat sich Fontane tatkräftig beteiligt. Die *Wanderungen durch die Mark Brandenburg* bestätigen es; erst recht die eigene Historiographie der Kriege von 1864 bis 1871. Dennoch ist die Beschwerde gegenüber dem Genre nicht einfach als Gelegenheitsäußerung abzutun. In ihr kündigt sich der Romanschriftsteller unüberhörbar an. Das Historische wird gleichgesetzt mit Schlachten, Gesandtschaften und Staatsaktionen. Historie wird gesehen als das, was sich vornehmlich in öffentlicher Repräsentanz darbietet, was als die Sache der jeweiligen Regierung erscheint. Das Historische ist in solchen Auffassungen dem Menschlichen als dem Privaten entgegengesetzt und wird gleichbedeutend mit Gesellschaft, wie sie ist, mit Geschichte, wie sie die Staatsmänner machen. Es ist möglich, daß ein solcher Gegensatz zwischen dem Historischen und Menschlichen durch die Englandaufenthalte vertieft worden ist, daß englische Geschichtsschreibung und Geschichtsdichtung heilsame Korrektive gewesen sind; und als einen vorzüglichen Kenner englischer Literatur, auch und gerade nach der Seite des Historischen hin, hat man sich Fontane zu denken. Seine gute Kenntnis eines so liberalen Geschichtsschreibers wie Macaulay ist bezeugt. Paul Heyse bestätigt die Kenntnis in einem Brief aus dem Jahre 1861: »Aber ein Kenner Macaulays, wie Du, weiß doch wohl Rat zu schaffen«, heißt es beiläufig in diesem Brief. [37] Auch der englische Roman war ein für Fontane vertrauter Gegenstand, und auch er kam einem Geschichtsverständnis entgegen, das sich vom deutschen Historismus entfernt. In Thackerays historischem Roman *The history of Henry Esmond* — er ist 1852 erschienen und wurde noch in demselben Jahr ins Deutsche übersetzt — bringt der Held in der Form eines autobiographischen Berichts sein Mißfallen an der Geschichte zum Ausdruck, wenn sie vornehmlich aus Haupt- und Staatsaktionen besteht: »I would have History familiar rather than heroic«, heißt es gleich zu Eingang des Romans. [38] Georg Lukács, der ein ebenso guter wie einseitiger Kenner des historischen Romans war, hat solche Auffassungen — voreilig, wie es scheint — als »Privatisierung der Geschichte« diskreditiert. Sie ist ihm ein Zeichen für den beginnenden Niedergang des »großen Realismus«. In diesem Zusammenhang kommt er auch auf Thackeray zu sprechen, der nach seiner Meinung in eine künstliche Erneuerung des Stils der englischen Aufklärung geflüchtet sei: »Dieser Zusammenhalt ist aber doch nur ein stilistischer, er reicht nicht in die Tiefe der Gestaltung herab, kann also diese Problematik, die aus der Privatisierung der Geschichte entsteht, bestenfalls verdecken, nicht lösen.« [39] Heutige Forschung sieht es anders. Wolfgang Iser nimmt einen von Thackeray intendierten Abbau des Monumentalen und Historischen wahr. Die Entheroisierung wird zum Stilprinzip; eine Art Entmythologisierung der Geschichte findet statt: »Erst die Destruktion des heroischen Anscheins deckt die niedrigen Motive auf, durch die historisches Geschehen bewirkt wird. Sind aber das Unmenschliche und Verlogene als Triebkräfte der Geschichte begriffen, so entsteht der Umriß eines virtuellen Tugendkatalogs, der Esmonds Haltung deutlich werden läßt.« [40] In solcher Geschichtskritik, wie bei Thackeray, äußert sich Gesellschaftskritik, und sie äußert sich im Denken Fontanes entsprechend. So zunehmend in den späteren Lebensjahren. Aus dem Jahre 1884 gibt es einen Brief an Georg Friedlaender (vom 5. Dezember), der die Beschönigungen im »Biographie-Rezept« kritisiert, das »*beautifying for ever*«. Von den Essays des Historikers Alfred Dove ist die Rede, in denen auch über die beiden Humboldts gehandelt wird, aber in einer Manier, meint Fontane, der man nicht zustimmen kann: »Wenn man sich entschließen könnte, die Geschichte der Humboldts ächt und wahr zu erzählen und beispielsweise bei den sexuellen Uncorrektheiten ich glaube Beider [...] zu verweilen, so würde ihr Lebensbild 10 mal interessanter werden [...].« Der für jede Art von Historie Begeisterte setzt zur Kritik am Gegenstand seiner Begeisterung an. Er beginnt die Nachteile der Historie zu erfassen, wenn sie im Übermaß genossen wird. Doch ist dabei ein Gesichtspunkt von grundsätzlicher Bedeutung nicht zu übersehen. Der Gegensatz zwischen dem Historischen und dem Menschlichen wird sehr früh als Konflikt antizipiert, der zu den »Grundtatsachen« der Fontaneschen Romankunst gehören wird. Sieht man das Historische mit dem Gesellschaftlichen weithin als gleichbedeutend an, so sind Gesellschaft und Menschlichkeit in dem antizipierten Antagonismus diejenigen Prinzipien, die das Strukturmodell seiner Romane ergeben. In diesem Modell erhalten beide Seiten das gleiche Recht, so daß das eine am anderen kritisiert werden kann. Sofern daraus Konflikte resultieren, sind sie nicht ohne weiteres aufzulösen und zu versöhnen. Dieser Geschichtsbegriff, der sich in den Jahrzehnten zwischen Revolution und Reichsgründung entwickelt und im historischen Roman der späteren Zeit entfaltet, ist mit dem offiziellen Geschichtsbegriff des 19. Jahrhunderts nicht durchweg identisch.

Die Vorliebe für das Private verweist auf eine Seite in der Geschichtsauffassung Fontanes, die sich von den Anschauungen der Historischen Schule unterscheidet. Diese Vorliebe tritt vor allem im historischen Roman hervor. Als literarische Gattung ist er ein Kind der Epoche, wie es die Geschichtsschreibung des Historismus ist. Dennoch sind die Phänomene weit entfernt, in allen Punkten desselben Geistes zu sein. Der historische Roman meidet im allgemeinen die großen Persönlichkeiten, die Geschichte machen. Er läßt sie allenfalls im Hintergrund agieren. Schon Scott sah eine Epoche nicht ausschließlich in den großen Männern der Weltgeschichte repräsentiert. Daß er sich für den niemals heldenhaften »Helden« entschied, hat Georg Lukács bemerkt. [41] Ähnlich hatte es auch der russische Literaturkritiker Belinskij gesehen, auf den Lukács in diesem Zusammenhang verweist, indem er ihn zitiert: »In der Epopöe wird der Mensch sozusagen dem Ereignis unterworfen, überschattet das Ereignis durch seine Größe und Wichtigkeit die menschliche Persönlichkeit, lenkt es unsere Aufmerksamkeit von ihm ab durch die eigene Interessantheit, Vielfältigkeit und Vielheit seiner Bilder.« [42] Damit verstärkt sich das Interesse für die von der Geschichte Betroffenen, die in der offiziellen Geschichtsschreibung im allgemeinen recht stiefmütterlich behandelt werden. An dem Roman *Isegrimm* von Willibald Alexis erkennt Fontane die eigentliche Bedeutung darin, wie hier gezeigt wird, daß die Gesellschaft nichts tauge, aber das einfache Volk gesund geblieben sei: »Deshalb sind die dem dörfischen und kleinstädtischen Leben entnommenen Charaktere und Schilderungen die eigentlichste Zierde des Buches. In ganzen Abschnitten sein eigentlichster Inhalt. [...] Überhaupt, der Charakter des gemeinen Mannes, soweit die Mark in Betracht kommt, ist nie treffender und, trotz aller Schwächen dieser Rasse, nie entzückender geschildert worden«, führt er in der großen Würdigung seines Vorgängers auf dem Gebiete des historischen Romans aus. (1/454) Die Gesellschaft ist hier eine solche, die mit den in der Geschichte Herrschenden und Handelnden übereinstimmt, während das abseits und im Windschatten der Geschichte lebende Volk seine »Gesundheit« zu bewahren vermag.

Auffassungen dieser Art — daß sich Geschichte nicht ausschließlich in den Kreisen der Herrschenden abspielt, sondern daß auch die Beherrschten ständig von Geschichte »umgeben« sind — liegen zum Teil schon den *Wanderungen durch die Mark Brandenburg* zugrunde; zum Beispiel dort, wo von Sorben, Wenden, Polen oder anderen slawischen Volksgruppen gesprochen wird. Innerhalb des preußischen Staates und seines Machtanspruches sind sie in erster Linie die Beherrschten und Unterdrückten. Der Chauvinismus, dem sich mancher deutsche Schriftsteller in diesem Punkt bereitwillig überließ, ist bei Fontane allenfalls die Ausnahme, keineswegs die Regel. Wo er auf Angehörige slawischen Volkstums zu sprechen kommt, spricht er von ihnen zumeist mit ausgeprägtem Sinn für Gerechtigkeit, Achtung und Ausgleich. Solchen Gerechtigkeitssinn hat Fontane mit der Geschichtsauffassung der Historischen Schule gemeinsam. Aber er wird von ihm zugleich auf Staatsgebiete, Volksgruppen und Minderheiten übertragen, denen ein solcher Gerechtigkeitssinn im allgemeinen kaum zugute kam. Abweichend vom offiziellen Geschichtsdenken wendet hier ein Schriftsteller sein Interesse den Personen zu, die nicht in gleicher Weise im Rampenlicht der Weltgeschichte stehen wie jene Männer, die sie machen. Fontane liebt die »Rettungen«, aber es sind nicht unbedingt die Heroen, an denen er sie übt. [43] Schließlich ist es Geschichtskritik, wenn er so vielfach das betont, woran die Geschichte meistens vorübergeht. Dem Professor Schmidt in *Frau Jenny Treibel* ist solches zu betonen wichtig. [44] Er ist seinerseits ein naher »Verwandter« Schopenhauers, bei dem man Ähnliches lesen kann.

Die sicher weitreichendste Entfernung vom offiziellen Geschichtsdenken der Epoche betrifft Auffassungen, die eigentlich auf einen von Grund auf anderen Geschichtsbegriff zielen. Er ist im Jahrhundert Fontanes durchaus nichts Neues, sondern hat eine ehrwürdige Geschichte, die bis in die Antike zurückreicht. Es geht um eine Geschichtsauffassung, derzufolge alles wiederkehrt — Geschichte mithin als etwas, das zyklisch verläuft. [45] Es gibt zahlreiche Äußerungen Fontanes — im Roman wie andernorts — die bestätigen, daß ihm solche Auffassungen nichts Fremdes gewesen sind. In den Romanen sind sie meistens in Redensartlichkeiten versteckt. Die sprachliche Form ist vorwiegend bagatellisierend: das eine wie das andere sei dasselbe. Über Schlachten zum Beispiel kann so gesprochen werden, wie in *Frau Jenny Treibel* gesprochen wird: »Und dann [...] eigentlich ist eine Schlacht wie die andere, besonders Seeschlachten — ein Knall, eine Feuersäule, und alles geht in die Luft.« (IV/324) In *Irrungen, Wirrungen* sagt die alte Nimptsch, was ihr Schöpfer selbst wohl gesagt haben könnte: »Aber die Menschen waren damals so wie heut [...]« Auffassungen wie diesen

war man längst im Roman Scotts begegnet; das bleibt hier zu betonen. Die
These von der Gleichheit menschlicher Leidenschaft erläutert gleich das erste
Kapitel des *Waverley*-Romans. Diese Leidenschaften, hören wir, seien etwas
dem Menschen auf allen Schauplätzen der Gesellschaft Gemeinsames. Scott
beruft sich dabei auf das Buch der Natur, wenn er Geschichte als etwas
derart Gleichbleibendes interpretiert. [46]

Im 19. Jahrhundert stand kein anderer als Schopenhauer mit solchen Geschichtsauffassungen gegen den Strom der Zeit. Er war ohnehin auf die Geschichte nicht gut zu sprechen und denunziert sie, wo es ihm geboten erscheint. Schopenhauer ist überzeugt, daß die Zeit nichts wirklich Neues und
Bedeutendes hervorbringe. Die Geschichte des Menschengeschlechts — »das
Gedränge der Begebenheiten« — ist ihm, in eigenwilligem Anschluß an
Platons Philosophie, »nur die zufällige Form der Erscheinung der Idee«, so
daß es im dritten Buch seines Hauptwerkes mit verachtungsvoller Geste
heißen kann: »Wer dieses wohl gefaßt hat [...] dem werden die Weltbegebenheiten nur noch sofern sie die Buchstaben sind, aus denen die Idee
des Menschen sich lesen läßt, Bedeutung haben, nicht aber an und für sich.
Er wird nicht mit den Leuten glauben, daß die Zeit etwas wirklich Neues
und Bedeutsames hervorbringe [...] Er wird endlich finden, daß es in der
Welt ist, wie in den Dramen des Gozzi, in welchen allen immer die selben
Personen auftreten, mit gleicher Absicht und mit gleichem Schicksal.« [47]
Daß sie vorwiegend von Kriegen und Empörungen erzähle — »Schlachten
und immer wieder Schlachten«, so hatte es Fontane formuliert — wird er
nicht müde darzutun. [48] So liegt es für Schopenhauer nahe zu folgern,
daß Geschichte kaum noch der ernsten und mühsamen Betrachtung wert sei.
Hier und sonst ist es der von Nietzsche aufgenommene Gedanke von der
Wiederkehr des Gleichen, der jede übertriebene Ehrfurcht vor der Vergangenheit desillusioniert. [49] Die Philosophie der Geschichte, lehrt Schopenhauer, bestehe in der Einsicht, daß die Geschichte schon in ihrem Wesen
lügenhaft sei; denn sie gibt vor, »allemal etwas anderes zu erzählen; während
sie von Anfang bis zum Ende stets nur das Selbe wiederholt.« [50]

Einem solchen Geschichtsdenken kommt im deutschen Sprachraum unter
den Historikern Jacob Burckhardt sicher am nächsten. [51] Der Sinn und
das Verständnis für die an der Geschichte Leidenden hängt damit zusammen.
Dagegen reagiert Heinrich von Treitschke entsprechend empört. Er bezeichnet
Schopenhauers Auffassungen als »willkürliche Geschichtskonstruktionen«,
weil der Werdegang der Menschheit als eine ewige Krankheit dargestellt
werde. [52] Gustav Freytag nennt ihn gar einen elenden Gesellen. [53]
Aber wenigstens in Fragen der Geschichte ist es mehr als voreilig, Schopenhauer einen »Modephilosophen der deutschen Bourgeoisie« zu nennen. [54] Man mag über ihn denken, wie man will: der Bourgeoisie kam
seine Philosophie des Mitleids mit Sicherheit nicht entgegen. Von alledem wäre in einer Betrachtung über Fontane nicht zu sprechen, wenn es in
der Biographie dieses Schriftstellers nicht einige Beziehungen gäbe, die es

verdienen, daß man sie erwähnt. Natürlich sind es nicht Beziehungen persönlicher Art, sondern solche der Lektüre. Eingehend hat sich Fontane zu Anfang der siebziger Jahre mit Schopenhauer und seiner Gedankenwelt befaßt. Die intensive Beschäftigung mit ihm bestätigt ein Brief aus dem Jahre 1873: »in die Tiefen Schopenhauers wird hinabgestiegen, und Wille und Vorstellung, Trieb und Intellekt sind beinahe Haushaltwörter geworden, deren sich auch die Kinder bemächtigt haben [...].« [55] Man spürt es am Ton: Fontane bleibt in solchen Beschäftigungen der, der er ist. Er liefert sich nicht aus. Er »übersetzt« das Andere in die eigene Gedankenwelt; und für das Eigene bürgt der Humor. Die »Haushaltwörter« — an solchen Wörtern erkennt man ihn! — machen die überaus reizvolle Verbindung von Schopenhauers Pessimismus und Fontaneschem Humor auch im Fortgang des Berichts (an das Ehepaar Zöllner) offenkundig: »Mete sagt nicht mehr: ›Theo, du bist zu dumm‹, sondern ›suche das Mißverhältnis zwischen Deinem Willen und Deinem Intellekt auszugleichen‹« (14. Juli 1873). Daß Schopenhauer Anfang der siebziger Jahre den Höhepunkt seines Einflusses gehabt habe, hat die Forschung bestätigt. [56] Aber »Einfluß« kann vielerlei bedeuten, und im Falle Schopenhauers und seiner Wirkung am Ende des Jahrhunderts besagt dies zugleich, daß sich die Naturalisten, allen voran Gerhart Hauptmann, die Mitleidsphilosophie auf ihre Weise aneignen und sie zugleich ins Soziale wenden. Genau an diesem Punkt, was das Mitleid angeht, hat es Schopenhauer Fontane angetan. Die Äußerungen, die es hierfür gibt, sprechen eine so deutliche Sprache, daß es sich verbieten sollte, daran herumzudeuteln. [57] In diesem Zusammenhang ist auch über den Gutsherrn Ferdinand Wiesike zu sprechen, der ein begeisterter Schopenhauer-Verehrer war und dessen Porträt in den Abschlußband der *Wanderungen* eingegangen ist. Über die Begegnung dieses Gutsherrn mit dem Philosophen handelt Fontane mit bemerkenswerter Ausführlichkeit, und hinsichtlich des Mitleids heißt es: »Er hatte seinen Schopenhauer immer wieder und wieder gelesen und bot ein geradezu leuchtendes Beispiel dafür, daß der Pessimismus nicht bloß ruiniere, sondern unter Umständen auch eine fördernde humanitäre Seite habe. Wiesike hatte das *Mitleid* und half immer, wo Hilfe verdient war.« (III/139) [58] Doch geht es in unserem Zusammenhang nicht nur um den Einfluß der Philosophie Schopenhauers auf Fontanes Romankunst im ganzen, sondern um bestimmte Geschichtsbegriffe, die es im 19. Jahrhundert gab, obwohl es »offiziell« eigentlich nur einen gab — denjenigen des Historismus. Aber außerhalb dieser »Denkschule« redeten noch andere Geschichtsdenker mit, und Schopenhauer ist einer unter ihnen. Das muß man wissen, wenn man über Fontanes Romankunst Genaueres wissen will. Daß dessen Geschichtsdenken von den Prämissen des Historismus nachhaltig geprägt worden ist, haben wir ausgeführt; und diese Herkunft erledigt sich nicht, wenn man anderes — wie Schopenhauers Deutung der geschichtlichen Welt — in Betracht zieht. Man gewahrt — hier und sonst — daß in einer Epoche oder in einer Person mehrere »Begriffe« desselben Bereichs nebeneinander existieren können. [59] Ihre Koexistenz ist der offiziellen Geschichtsauffassung des Historismus fremd. Aber ein Schriftsteller ist nicht verpflichtet, sich in jeder Hinsicht an das zu halten, was in einer Wissenschaft das jeweils Gültige ist. Die Pluralität der Geschichtsbegriffe, um die es sich handelt, gibt im Gegenteil dem Geschichtsdenken Fontanes ein eigenes Recht gegenüber den »offiziellen« Denkformen seiner Zeit. Es ist im Falle Thomas Manns nicht grundsätzlich anders. Auch hier sind es eigentlich mehrere Geschichtsbegriffe, die friedlich im Raum seiner Erzählprosa koexistieren. [60]

In allen diesen Beispielen geht es um Geschichtskritik, um generelle Vorbehalte und Reserven. Sie sind im Falle Fontanes eher die Ausnahme als die Regel, aber gelegentlich handelt es sich auch um sie, obgleich es in erster Linie Preußen ist, dessen Gegenwart und dessen jüngste Geschichte zum Anlaß seiner Zeitkritik werden. Die Kritik am Preußentum ist zugleich Teil einer umfassenden Gesellschaftskritik, aber einer solchen, die sich nicht ausschließlich auf die eigene Zeit, die unmittelbare Gegenwart, bezieht. Sie wird in der Geschichte zurückverfolgt — bis an den Punkt, an dem die Versäumnisse in der Vergangenheit das Unbehagen an der Gegenwart verständlich machen und erklären. Und dabei wird Zeitkritik wiederholt in Geschichtskritik überführt. Doch geschah dies alles erst, als Preußen nach der vollzogenen Reichsgründung aufhörte, der »Staat der Zukunft« zu sein, der es bis dahin gewesen war. Erst jetzt, da das Denken gleichsam freigesetzt war für anderes, gehen vielen die Augen für das auf, was an der preußischen Geschichte schon früher zu Kritik hätte Anlaß geben können. Seinen Weg als Schriftsteller beginnt Fontane, ohne seine preußische Gesinnung im mindesten zu verleugnen. Das trifft schon für die ersten Anfänge im Zeichen des Vormärz zu. Selbst gegenüber einem so betont sozialliberalen Freund wie dem aus Odessa gebürtigen Wolfsohn hält er mit dem Bekenntnis nicht zurück: »Ich bin nun mal Preuße«, wie es im Brief vom 11. Dezember 1849 nachzulesen ist. In dieser Zeit wird ihm die Annahme revolutionärer Artikel von einem so demokratischen Blatt wie der ›Dresdner Zeitung‹ zum Teil wegen der altpreußischen Gesinnung verweigert, und der revolutionär denkende Verfasser, der sich nicht scheut, kein Blatt vor den Mund zu nehmen, scheint da den konservativen Revolutionär eines späteren Jahrhunderts schon zu antizipieren. Zwar ist Fontane ein völlig kritikloser Verkünder des Preußentums zu keiner Zeit gewesen. Gleichwohl spricht der Aufsatz *Preußens Zukunft* eine deutliche Sprache — und zwar zugunsten Preußens als dem führenden Staat Deutschlands. Vollends in seiner konservativen Phase, seit dem Anfang der fünfziger Jahre, überwiegt der Ton des Einklangs und der vielfach unverhüllten Parteinahme. Seine gut preußische Gesinnung läßt jetzt nichts mehr zu wünschen übrig. Ein Brief an Freund Lepel, der sich gefreut haben dürfte, solches zu hören, spricht für sich selbst: »Ich darf ohne alle Uebertreibung sagen, daß ich Preußen und die Hohenzollern so aufrichtig und so immer wachsend liebe, daß ich wohl wünschte, ein Gedicht das so durch und durch ein vaterländisches und seinem Stoff nach ein Unicum ist, — wäre nun auch der Familie, deren Haussage es behandelt, so wie meiner Loyalität würdig« (vom 23. Februar 1853). Der Brief wurde 1853 geschrieben. Auch in den Briefen an Storm macht sich der etwas apologetische Ton zugunsten des Preußentums wiederholt bemerkbar. Die Liebe zum preußischen Vaterland verbindet sich mit der Liebe zu seiner Geschichte. Das Verlangen, »vaterländisches Leben künstlerisch zu gestalten«, ist ausgeprägt. [61]

Solche Geschichtsfreude ist vor allem den großen Zeiten des Aufstiegs zugewandt. Der Große Kurfürst überragt sie alle, denen Fontanes Interesse und vielfach seine Bewunderung gilt. [62] Die Preußenlieder sind nicht einfach panegyrische Poesie; aber geschichtskritische und zeitkritische Gedichte sind sie noch weniger. [63] Ineins mit Preußen wird der Protestantismus gefeiert, der um diese Zeit nicht mehr so ohne weiteres zu feiern gewesen wäre. Aber noch ist Preußen für Fontane eine Idee, die der Realisierung bedarf, so daß es 1855 in der Rezension von *Soll und Haben* heißen kann: »Preußen ist der Staat der Zukunft, weil er, solang es einen Protestantismus gibt, immer ›einem tiefgefühlten Bedürfnis‹ entsprechen wird.« (1/303) Wie anders hört sich an, was einige Jahrzehnte später dem Schmiedeberger Amtgerichtsrat zu demselben Thema mitgeteilt wird: »Ein lebendiges Lutherthum kann wohl Lutherfestspiele schaffen, aber mit Ach und Krach zusammengebrachte Lutherfestspiele können kein lebendiges Lutherthum wiederherstellen. Ich wüßte nichts zu nennen, was so in der Decadence steckte, wie das Lutherthum« (29. November 1893). Es ist nicht der Ort, noch einmal alles das anzuführen, was sich in Fontanes späterer Zeit an Unbehagen, Entrüstung und Anklage artikuliert. Sofern dabei Luthertum und Preußentum die Steine des Anstoßes sind, äußert sich das Unbehagen ganz so, wie es eingangs beschrieben wurde. Aber dem Preußischen gebührt dabei der Vorrang, was die Schärfe der Kritik betrifft. Nirgends einprägsamer als in der Fragment gebliebenen Erzählung mit dem Titel *Die preußische Idee*. Sie ist voll von Sarkasmus, Ironie und kritischer Schärfe. Ein gut Teil Selbstkritik in Erinnerung an die eigene Vergangenheit hinsichtlich seines Preußentums ist nicht zu überhören.

Der in diesem Fragment am Ende des Jahrhunderts auf seine Lebenszeit zurückblickt, führt den deutschen Allerweltsnamen Schulze. Die preußische Idee ist seine fixe Idee. Sie verfolgt ihn durch alle Stationen seiner Laufbahn. In der Herwegh-Zeit — und das beunruhigte ihn — deckte sich das Antipreußische nicht mit der »preußischen Idee«, an welcher er festhielt. Nach der Revolution — Schulze ist inzwischen zum Polizei-Regierungsrat avanciert — wird der Drache der Revolution bekämpft und zertreten, alles im Namen der preußischen Idee. Die Konfliktszeit — unser »Held« ist inzwischen als Geheimrat ins Ministerium gelangt — war auch für ihn eine Zeit der Konflikte: »Er wußte nicht, wo die preußische Idee lag.« (V/864) Spätestens nach dem 70er Krieg ist sich Schulze — Geheimrat Schulze — bewußt, daß der preußische Schulmeister gesiegt habe, weil man es so sagt. Schließlich Bismarck: die preußische Idee läßt sich seitdem besser definieren: »Preußen nimmt, wenn es geht, und nimmt nicht, wenn es nicht geht. Das andre besorgt sich so nebenbei, mal so und so.« (V/868) Aber noch später meint Schulze, nicht mißverstanden zu werden, wenn er die preußische Idee ein wenig modifiziert —: »wenn er mutig ausspreche: die Sozialdemokratie sei die preußische Idee.« Der Wandel ist frappant und geschieht im Werdegang dieser Preußenfigur so mühelos, daß man in dieser Skizze die prinzipienlose Anpassung der neupreußischen Realpolitik ebenso parodiert findet wie den vorweggenommenen Mann ohne Eigenschaften, der im Wechsel der Zeiten nicht mehr weiß, was er ist, weil er sich — wie in unserem Fall — auf immer neue Varianten seiner preußischen Idee einstellen muß. Zugleich ist der Vertreter einer derart prinzipienlosen Idee voller Prinzipien, die alle als Schlagwörter wie Perlen auf eine Kette aufgereiht erscheinen: »Die Welt ruht nicht fester auf den Schultern des Atlas als Preußen auf seiner Armee [...].« (V/865) — »In dem kategorischen Imperativ steckt alles Heil [...] Indem er uns lehrt, daß wir nicht da sind um glücklich zu sein sondern um unsre Schuldigkeit zu tun [...].«, und so fort. (V/870) Die Reden sind zu Redensarten geworden. Was Idee war — das spricht dieses Fragment überdeutlich aus — ist Ideologie geworden. [64] Bezeichnend für den Werdegang dieser Idee ist schon das Aufkommen des Wortes »Preußentum« zu Beginn des Jahrhunderts. 1819 ist es in einer Zeitschrift erstmals belegt. Noch in demselben Jahr erscheint die Broschüre *Rede über Blüchers Grab* von Julius von Voß. Ihr Verfasser handelt über Blücher und damit über gewisse Ideen, die man seit kurzem mit dem Namen Preußentum belegt habe. In diesem Zusammenhang wird vermerkt, daß niemand es vorher eingefallen sei, von einem Preußentum als einer Eigenschaft zu sprechen, die sich von anderen unterscheide. [65] Um die Mitte des Jahrhunderts ist der Begriff offensichtlich schon weit verbreitet. Willibald Alexis bezeichnet sich 1849 als »Dichter in der Idee des Preußentums«. [66] Fontane gebraucht die Wendung am Ende des Jahrhunderts kritisch und hatte natürlich dafür seine Gründe. Sein Fragment *Die preußische Idee* skizziert höchst anschaulich den Verfall einer Idee. Sie ist in jedem Fall das Ergebnis eines geschichtlichen Wandels, aber als »Verfallsprodukt« ist sie kein wertfreies Gebilde. Sie läßt nach dem Warum eines solchen Verfalls fragen und fordert zu Kritik heraus — zur Kritik an der Zeit, die es an Erneuerung fehlen ließ. Diese Zeit muß eo ipso auch vergangene Zeit sein, wenn man sich genötigt sieht, die Ursachen des Verfalls in die Vergangenheit zurückzuverfolgen. Zeitwende und Zeitkritik fordern sich gegenseitig. Fontane war damit aufs beste vorbereitet, einem Formtypus des historischen Romans das Wort zu reden, den man am besten aus seinen eigenen Voraussetzungen erläutert, statt ihn, was den zugrunde liegenden Geschichtsbegriff angeht, auf die Denkformen des Historismus festzulegen.

Vorbereitet war er indessen auf diese Gattung seit langem. Seit den fünfziger Jahren hatte er sehr genau verfolgt, was es auf dem Gebiet des Historischen gab, und auf den antiquarischen Historismus solcher Romane war er zu keiner Zeit gut zu sprechen. Das bestätigt unmißverständlich seine Rezension der *Ahnen* Gustav Freytags: »Drei Bände Mosaik, von geschickter, aber kühler Hand zusammengestellt. Nirgends ein *Gemußtes*, überall ein *Gewolltes*. Der Verstand entwarf den Plan, und ein seltener, durch Umsicht und Geschmack unterstützter Sammelfleiß schaffte die Quadern, oft auch die schon fertigen Ornamente herbei. [...] Anlehnungen überall; ein Buch der Reminiszenzen; in gewissem Sinne ein Werk der Renaissance, in dem alles, was jemals war und wirkte, aus einem eklektischen Geiste heraus wiedergeboren wird.« (1/321) Vorbereitet war Fontane auf den historischen Roman vor allem durch Sir Walter Scott. Dessen Romane waren ihm seit den Kinderjahren vertraut; und seit den zwanziger Jahren des 19. Jahrhunderts gehörte Scott in Deutschland zu den viel gelesenen Autoren der englischen Literatur. Dennoch hat man sich die Rezeption Scotts nicht zu einfach vorzustellen. Weder bei Alexis noch bei Fontane handelt es sich um »Einflüsse« im üblichen Sinn. Immerhin ironisiert Alexis in seinem ersten Roman, in *Walladmor*, den schottischen Romancier auf seine Art. Auch im Falle Fontanes hat man es nicht einfach mit Abhängigkeiten zu tun. Es fehlt nicht an Reserven. [67] Vom Massenproduzenten, der Scott in gewisser Hinsicht war, hielt er nicht viel: »Sehr feine Schriftsteller [...] können nicht 60 oder 70 Bände schreiben, und so stell ich denn freilich [...] in gewissem Sinne Talente wie Mörike, Tieck, Eichendorff, Keller, Storm höher als beispielsweise Scott.« [68] Dann wieder zollt Fontane dem schottischen Dichter seinen Respekt, wenn er bemerkt, diesem gegenüber sei Alexis die »kleine Ausgabe«. [69] Dennoch stand ihm, was das Metier betrifft, der preußische Vorgänger, der Alexis war, um vieles näher. Das ergibt sich allein aus der Gemeinsamkeit des Gegenstands, der preußischen Geschichte. Aufmerksam verfolgt Fontane an dessen Romankunst, was ihr durch das Zuviel an Historie abträglich ist. Er ist der Auffassung, daß Alexis in dem Roman *Der falsche Woldemar* zu weit ins Mittelalter zurückgeht. Manches sei hier zu sehr Enthusiasmus für die dargestellte Zeit, in den sich Alexis mehr und mehr hineingeschrieben habe. Also Geschichtsfreude ohne die geforderte Geschichtskritik! Wörtlich heißt es: »Ich persönlich habe von dieser Zeit, in all und jeder Beziehung, die allerniedrigste Vorstellung [...]. Es war eine rohe, tölpische, allem Geistesleben weit abstehende Bevölkerung und nur von einem noch weiter entfernt als von Geist und Kultur — von wirklicher *Freiheit*.« (1/433) So spricht man nicht, wenn man denkt, wie Ranke denkt. Epochen, die man möglicherweise für die allerniedrigsten halten kann, sind nicht unmittelbar zu Gott. Als Verfasser oder Kritiker historischer Romane ist Fontane weit entfernt, der Historist zu sein, wie er im Buche der Geschichte steht. Auch Alexis ist dieser Historist nicht gewesen, obgleich ihm Heinrich von Treitschke bescheinigt, die Historiker antizipiert zu haben. [70] Auch sein Geschichtsbegriff ist komplex. Der Staat seiner Preußenromane ist kein statischer Staat. Es gibt in ihm Wandel und Progression: »Seine Herrscher legitimieren sich vor der Geschichte, indem sie Licht und Fortschritt bringen. Fast immer handeln sie im Widerstreit mit einem starren, festhaltenden Adel«, stellt Wolfgang Monecke fest. [71] Auch bei Alexis steht das Bewußtsein einer neuen Zeit im Vordergrund. Fontane hebt es in seinem Essay ausdrücklich hervor. Aber Alexis läßt es auch an Preußenkritik nicht fehlen. So sehr kann sie in seinen Romanen geübt werden, daß Fontane daran Anstoß nimmt — mit der Bemerkung, der preußische Staat sei hier zum Popanz geworden. (1/447) Im Einzelnen — in Romantechnik, Sprache und Erzählstruktur — unterscheiden sich Alexis und Fontane in vielen Punkten. Sie sind keine Zwillinge in der Geschichte des historischen Romans. Aber den Typus dieses Romans — eines Romans der Zeitwende — haben sie gemeinsam; und gemeinsam haben sie Voraussetzungen, die das Interesse für solche Themen erklären. Auch hier besteht Grund, die Differenz zur Historischen Schule nicht ganz zu übersehen, für die das Bestehende und Gewordene in erster Linie die Leitmotive ihres Denkens sind. Nicht wenige Geschichtsromane in der deutschen Literatur des 19. Jahrhunderts bleiben diesem Denken verpflichtet. Wo dagegen Fortschritt, Wandel und Zeitwende thematisiert werden, wirkt in stärkerem Maße der Geschichtsbegriff der Aufklärung fort — sofern es nicht das »Erlebnis« der Französischen Revolution ist, das den Sinn für Themen wie diese belebt. Und gewiß wird man ein solches Interesse für Zeitwende und Zeitwandel auch der zweiten Revolution, der industriellen, zuzuschreiben haben, woran Helmuth Plessner erinnert. Daß sich in allen europäischen Ländern unter dem Eindruck der Industrialisierung das epochale Bewußtsein einer Zeitwende entwickelt, führt er in seinem Buch über die verspätete Nation aus. [72] Solcher Krisen und Zeitwenden war sich unter den Historikern der Historischen Schule nicht zufällig Johann Gustav Droysen am deutlichsten bewußt, der 1854 schrieb: »So ist die Gegenwart; alles im Wanken, in unermeßlicher Zerrüttung, Gärung, Verwilderung. Alles Alte verbraucht, gefälscht, wurmstichig, rettungslos. Und das Neue noch formlos, ziellos, chaotisch, nur zerstörend. [...] Wir stehen in einer jener großen Krisen, welche von einer Weltepoche zu einer neuen hinüberleiten.« [73]

Im Denken Fontanes war das Bewußtsein solchen Wandels ausgeprägt. Schon in der Zeit seiner Wanderungen war dies der Fall. Das bestätigt eines der zahlreichen literarischen Porträts, das sich in diesen Büchern findet: dasjenige des Freiherrn von der Marwitz, der in der Gestalt Berndts von Vitzewitz als eine der zentralen Figuren in *Vor dem Sturm* wiederkehrt. Es handelt sich um den einleitenden Abschnitt zu diesem Porträt aus dem Band *Oderland*. In seiner Bedeutung für Fontanes Geschichtsverständnis ist es kaum zu überschätzen. Der in Frage stehende Abschnitt lautet wie folgt: »Die Marwitze haben dem Lande manchen braven Soldaten, manchen festen Charakter gegeben, keinen aber braver und fester, als Friedrich August *Ludwig* von der Marwitz, dessen Auftreten einen Wendepunkt in unserem staatlichen

Leben bedeutet. Erst von Marwitzs Zeiten ab existiert in Preußen ein politischer *Meinungs*kampf. Das achtzehnte Jahrhundert mit seinem rocher de bronze hatte hierlandes überhaupt keinen Widerstand gekannt, und die Opposition, die während der drei vorhergehenden Jahrhunderte, von den Tagen der Quitzows an bis zum Regierungsausgange des Großen Kurfürsten, oft ernsthaft genug hervorgetreten war, war immer nur eine Opposition des Rechts oder der Selbstsucht gewesen. Ein *Ideen*kampf auf politischem Gebiete lag jenen Tagen fern. Das geistige Leben der Reformationszeit und der ihr folgenden Epoche bewegte sich innerhalb der *Kirche*. Erst die Französische Revolution schuf politisch-freiheitliche Gedanken, und aus der Auflehnung gegen den siegreichen Strom derselben, aus dem ernsten Unternehmen Idee mit Idee und geistige Dinge mit geistigen Waffen bekämpfen zu wollen, gingen wahrhaft politische Parteien und ein wirklich politisches Leben hervor. Derjenige, der meines Wissens zuerst den Mut hatte, diesen Kampf aufzunehmen, war *Marwitz*.« (I/763)

Das Interesse an Wendepunkten ist unverkennbar; und Wendepunkte werden gegebenenfalls durch Rebellionen herbeigeführt, denen Widerstand gegen das Bestehende vorausgeht. Widerstand und Widerstandsrecht sind mit Wendepunkten in der Weltgeschichte eng verknüpft. Erst damit und erst eigentlich seit dieser Zeit hat ein umfassender und womöglich gewaltsamer Wandel geschichtlichen Lebens Aussicht auf Erfolg. Die Bürger, ohne die ein solcher Wandel nicht herbeizuführen ist, müssen zuvor in den Stand gesetzt worden sein, sich am Meinungskampf zu beteiligen. Sie müssen die Möglichkeit erhalten haben, die eigene Meinung, wenn es sein muß, durchzusetzen. Das Heraustreten des Menschen aus seiner selbstverschuldeten Unmündigkeit muß wenigstens in gewissem Umfang stattgefunden haben. Erst die Aufklärung oder das von ihr mitvorbereitete Ereignis — die Französische Revolution — haben solchen Wandel möglich gemacht: einen gegebenenfalls gewaltsamen Wandel der Verhältnisse durch Widerstand. In Fontanes Marwitz-Porträt wird die Revolution zum Schlüsselpunkt solchen Wandels. Aber sie wird damit nicht Maß und Norm schlechthin. Widerstand gegen sie — mit Marwitz als Beispiel — ist denkbar; und er ist ehrenwert. Aber noch der Widerstand des Konservativen — das geht aus diesen Ausführungen hervor — führt nicht einfach in das längst Gewesene zurück. Er ist seinerseits, wie hier, das Signal eines neuen geschichtlichen Lebens. Und sofern ein derart Neues, eine wie hier sich entwickelnde Erneuerung, erzählt werden soll, ist der historische Roman die gegebene Form, die bis zu einem gewissen Grade das Ereignis der Französischen Revolution als Wendepunkt zur Voraussetzung hat. Das führt zu den Fragen hin, die Fontanes Roman erzählend »behandelt«.

1. Vor dem Sturm

Daß die Entstehungsgeschichte eines literarischen Werkes seine Interpretation ersetzen kann, ist eine Auffassung von gestern. Sie gilt heute als überholt. Aber der Auffassung von den unvermeidlichen Widersprüchen eines Werkes, dem eine lange Entstehungszeit vorausgeht, ist gleichwohl ein zähes Leben beschieden. Fontanes historischer Roman *Vor dem Sturm* ist ein solches Werk. [74] Es hat wenigstens zwanzig Jahre gebraucht, bis es im Jahre 1878 das Licht der literarischen Öffentlichkeit erblickte. Wir wollen bestreiten, daß es schon deshalb in Aufbau und Komposition widerspruchsvoll, uneinheitlich oder unvollkommen sein müsse. Dieser Roman – das sei im vorhinein bemerkt – hat es nach fast hundert Jahren verdient, vorurteilslos betrachtet zu werden; und wie sehr er auch ein sorgfältiges Verzeichnen der entstehungsgeschichtlichen Daten erforderlich macht – alle Überlegungen zur Entstehungsgeschichte sind Vorüberlegungen, nicht mehr. Was das Werk ist, was es als Erzählwerk darstellt, das ist an ihm selbst zu zeigen, weder an seinem Vorher noch an seinem Danach. Es bleibt anzumerken, daß es eine solche auf das Werk konzentrierte Analyse bis zum heutigen Tage nicht gibt, so daß es schon aus diesem Grund schwerfällt, über einige noch immer kursierende Urteile – dem Roman fehle die epische Souveränität ebenso wie die künstlerische Geschlossenheit – zu befinden. [75] Die zu modischem Ansehen gelangte Diskreditierung einer Werkanalyse als Ideologie ist ihrerseits Ideologie. [76] In wissenschaftsgeschichtlicher Sicht kein Fortschritt, sondern Regression!

Vorbehalte gegenüber entstehungsgeschichtlichen Dogmen jeder Art bei gleichzeitigem Insistieren auf der Analyse eines Werkes, ehe Vorurteile darüber verbreitet werden, können uns nicht hindern, einige entstehungsgeschichtliche Probleme zu nennen, die zugleich den Roman als fertiges Werk angehen. Das für jedermann augenfällige Problem beruht darin, daß *Vor dem Sturm* seinem Erscheinen nach ein Werk des späten Fontane ist, dessen Kritik nach der Gründung des neuen Reiches an Schärfe gewinnt. Aber seiner Entstehung nach und aufgrund seiner ersten Konzeption ist dieser Roman ein Produkt der frühen Zeit, in der zugleich die *Wanderungen durch die Mark Brandenburg* konzipiert und geschrieben wurden. Und damit ist hinsichtlich unseres Romans auf eine Meinung einzugehen, die in alter und neuer Fontaneforschung wie eine Legende tradiert wird: daß es sich lediglich um ein Übergangsprodukt handele und daß die Technik der *Wanderungen* in den Roman – aber zum Nachteil des Romans – hineinrede. Der Zusammenhang beider Teile des Werkes ist evident. Es gibt die Beschreibungen des eigenen Lebens von Friedrich August Ludwig von der Marwitz; es gibt das Porträt dieses Landedelmannes in den *Wanderungen* aufgrund dieser Beschreibung; und es gibt die »Umsetzung« dieser Figur in die Kunstfigur des Romans, die den Namen Berndt von Vitzewitz erhalten hat. [77] Auch Verwandtschaften in der Handhabung der Technik sind unverkennbar: in den

Wanderungen wie im Roman selbst. Dennoch ist damit noch nichts über die Veränderungen solcher Techniken gesagt, wenn sich der Kontext verändert, wie es geschieht. Es kann sich nicht darum handeln, Kritik zum Schweigen zu bringen, wo sie sich als berechtigt erweist. Urteile — auch im Umgang mit Literatur — sollen sein. Aber Vorurteile als Resultate von Nachlässigkeit oder Gedankenlosigkeit sollen nicht sein. Und Fontanes erster Roman ist hinsichtlich der Vorurteile, die sich in der Forschung von Generation zu Generation vererben, ein Musterfall seiner Art.

Das Problem der entstehungsgeschichtlichen Differenz — vom Anfang der sechziger Jahre, in der das Marwitz-Porträt der *Wanderungen* geschrieben wurde, bis zum Ende der siebziger Jahre, in der unser Roman erschien — ist nicht zuletzt ein politisches Problem. Mit der Biographie des Freiherrn von Marwitz geht es um die Biographie eines preußischen Konservativen, der gegen die Reformen aufbegehrt; nicht minder geht es um den konservativen Fontane jener Jahre. Er hält in diesem Punkt mit seiner Meinung nicht hinter dem Berg. Dem Verleger seines ersten Romans (Wilhelm Hertz) teilt er schon um diese Zeit unumwunden mit, wie er denkt: »Ich denke jetzt allgemach an Edirung meiner ›Märkischen Bilder‹, die ich unter dem Titel ›zwischen Oder und Elbe‹ [...] in die Welt schicken möchte [...]. Der Inhalt ist entschieden konservativ (nicht in dem häßlichen Sinne von ›reaktionär‹) [...]« (31. Oktober 1860). Es ist dieselbe Zeit, in der Fontane der »Poesie des Adels« fast kritiklos das Wort redet. Für das Erscheinungsjahr des Romans trifft weder das eine noch das andere zu: weder ist Fontane so konservativ, wie er es zu Anfang der sechziger Jahre war; noch steht er dem Adel so nachsichtig gegenüber wie ehedem. Der Wandel vom konservativen Wanderer zum kritischen Romancier müsse unvermeidlich den Bruch im Roman zur Folge haben, sofern seine Entstehungszeit eben diesen Wandel dokumentiert. So hat es weiland Georg Lukács gesehen, als er seinen gewiß lesenswerten Fontane-Essay schrieb, der dann in das Buch *Deutsche Realisten des 19. Jahrhunderts* eingegangen ist. Lukács kommt dabei nolens volens auf den preußischen Konservativen von der Marwitz zu sprechen. Er nennt ihn einen Reaktionär und begründet mit diesem Hinweis die Einschränkung, die er gegenüber Fontanes historischen Roman geltend macht: »Im historischen Roman, der seine epische Produktion einleitet, zieht ihn, wie früher Willibald Alexis, die exzentrisch-eigenwillige Figur des junkerlichen Reaktionärs Marwitz an [...]. Dieser — falsche, preußisch-konservative — Subjektivismus hat aber zur Folge, daß Fontane in seiner Gesamtdarstellung das wesentlichste Merkmal dieser Zeit, die Richtung Scharnhorst-Gneisenau zugunsten der junkerlichen Reaktion völlig vernachlässigt. Die damalige Absicht Fontanes, der phrasenhaften Vaterlandsliebe eine echte phrasenlose gegenüberzustellen, kann sich unmöglich durchsetzen, weil jene gesellschaftliche Realität, in der dieser echte Patriotismus, wenn auch noch so verworren, vorhanden war, infolge des falschen Zentrums, der kritiklos hingenommenen Hauptgestalt des reaktionären Junkers in der Darstellung fehlen muß.« [78] An dieser Aussage — Georg Lukács in Ehren! — ist so ziemlich alles falsch. In der Sicht Fontanes war der Freiherr von der Marwitz ein Konservativer, kein Reaktionär; und man darf einem politischen Denker doch wohl zumuten, daß er zwischen beiden Begriffen unterscheidet, wenn es schon beide Begriffe gibt. Wiederholt wird im Porträt der *Wanderungen* von Marwitz gesagt: er wollte reformieren; und ausdrücklich heißt es an anderer Stelle der *Wanderungen*: »Nicht ein reaktionäres Wesen schuf er, nicht ein albernes Junkertum; er war es, der den Mut einer Meinung hatte [...]. Er war kein Rückschrittsmann.« (I/780) [79] Es trifft auch nicht zu, daß dieser märkische Konservative das Zentrum des Romans sei. Keine der Gestalten kann beanspruchen, es zu sein; und weil es das Zentrum einer individuellen Figur in diesem Vielheitsroman nicht gibt, kann es auch kein falsches Zentrum geben. Vollends abwegig ist es, im Hinblick auf den fertigen Roman von der kritiklos hingenommenen Hauptgestalt zu sprechen.

Schließlich die Differenz im Denken Fontanes zwischen 1855, als die Rezension von *Soll und Haben* verfaßt wurde, und 1861, da er das Marwitz-Porträt der *Wanderungen* schrieb! Der aus England zurückgekehrte Schriftsteller, der über einen Roman nachzudenken beginnt, ist nicht mehr durchweg derjenige, der er vor Beginn dieser Aufenthalte war. Er hatte auch im Politischen und Sozialen mancherlei gelernt. Aufschlußreich ist eine der ersten detaillierten Äußerungen über das neue Projekt. Fontane erbittet sich 1865 von dem Historiker Friedrich Wilhelm Holtze einige Biographien. Aber es müßten nicht Biographien der Berühmtheiten sein, schreibt er ihm, er ziehe die Biographien verhältnismäßig kleiner Leute vor (6. Dezember). Das ist durchaus gegen die vorherrschende Tendenz der Historischen Schule gedacht. Von Anfang an — und so schon um die Mitte der sechziger Jahre — ist Fontane auch und gerade nach »unten« hin interessiert. Er hält es keineswegs mit dem Adel allein, noch weniger mit jenen, die Geschichte machen. Das Wort von den »einfachen Lebenskreisen« gehört zu den ersten Äußerungen über den werdenden Roman, die uns überliefert sind (an W. Hertz vom 17. Juni 1866). Im Interesse am Historischen verbirgt sich ein Sinn für Soziales, über das noch zu sprechen ist. Dem entspricht ein weiteres, und zwar gleichfalls von Anfang an. Noch 1855 (in dem Aufsatz über *Soll und Haben*) war einigermaßen verächtlich von der Polenwirtschaft gesprochen worden, die durch sich selbst dem Untergang geweiht sei. Aber die Anfänge seines Romans belehren uns in diesem Punkt eines Besseren, was das Deutsch-Wendische angeht: »Ohne Mord und Brand und große Leidenschaftsgeschichten, habe ich mir einfach vorgesetzt eine große Anzahl märkischer (d. h. *deutsch-wendischer*, denn hierin liegt ihre Eigenthümlichkeit) Figuren aus dem Winter 12 auf 13 vorzuführen« (17. Juni 1866). So selbstverständlich wird das Märkische mit dem Wendischen in Beziehung gebracht! Den Herrenstandpunkt gegenüber dem Nachbarn im Osten wird man, anders als bei Gustav Freytag, im Roman Fontanes seit seiner ersten Konzeption vergeblich suchen. Schon diesen frühen Äußerungen zufolge ist Fontanes Roman mit der Reflexionsstufe der Erzählungen nicht ohne weiteres zu vergleichen, die er ein Jahrzehnt zuvor in der Gefolgschaft Paul Heyses geschrieben hat. Daß sich der märkische Junker seines Romans von der Vorlage des Junkers von der Marwitz beträchtlich entfernt, betrifft die Analyse des Werkes selbst.

Eine solche Analyse kann gut und gern bei den Lebenskreisen ansetzen. Sie sind so etwas wie das Schlüsselwort zum Ganzen. Sie sind in der Tat das Prinzip, nach welchem Fontane die Figuren gruppiert und die Handlung organisiert. Peter Demetz hat es zutreffend erläutert. [80] Solche Lebenskreise werden durch die Familie von Vitzewitz — Vater, Sohn und Tochter — und durch die Familie von Ladalinski — gleichfalls Vater, Sohn und Tochter — gebildet. Hier wie dort die fehlende Mutter; hier wie dort die Beziehung eines der Kinder zu einem Kind der anderen Familie! Renate und Tubal einerseits, Kathinka und Lewin zum anderen: das sind die Paare, die der Roman eine Zeitlang erhoffen läßt — bis sich zeigt, daß sich keine dieser Hoffnungen erfüllt. Damit sind die Lebenskreise aber nur angedeutet, keineswegs vollständig erfaßt. Es gibt solche auf dem Lande und solche in der Stadt. Der Roman beginnt dort, wo die meisten Romane Fontanes spielen: in Berlin. Der junge Vitzewitz bricht am Heiligabend des Jahres 1812 mit seinem Kutscher auf und begibt sich auf das Land, um das Fest im elterlichen Haus zu feiern. Die Gesellschaft auf Schloß Guse steht deutlich im Kontrast zu der merkwürdigen »Soirée«, die Frau Hulen, eine Berliner Bürgersfrau, gibt. Die einfachen Lebenskreise sind solche in der Stadt und solche auf dem Land, und der Adel partizipiert an beiden. Berndt von Vitzewitz bildet mit seinem Herrensitz das Zentrum eines märkischen Dorfes. Aber Geheimrat von Ladalinski ist früh nach Berlin gekommen und hat bezeichnenderweise in der preußischen Hauptstadt sein Zuhause.

Über die Proportionen, was den Anteil des Adels und des Bürgertums an der Schilderung dieser Lebenskreise angeht, läßt sich streiten. Keine Frage aber ist, daß die »gute Gesellschaft« mit Generalen, Gutsherren und Geheimräten den Vorrang erhalten hat. Dennoch kann von einem Roman des märkischen Adels nur bedingt die Rede sein. Die bürgerliche Gesellschaft ist in der erzählten Gesellschaft des Romans auf angemessene Weise repräsentiert. Der vierte Stand freilich fehlt. Auch insofern könnte es berechtigt sein, von einem altertümlichen Gesellschaftsbild zu sprechen, das der Roman bietet. [81] Dennoch hat Fontane als Verfasser dieses Romans darauf Wert gelegt, die Einfachen des Volkes vertreten zu sehen. Und die Einfachen des Volkes sind innerhalb des Figurenensembles die einfachen Bauern, die sich im Dorfkrug versammeln, nicht nur. Es gibt die Armen und Kranken, die am Weihnachtsabend ihr Teil von der Herrschaft erhalten; und es gibt die Gestalt der Botenfrau, jene Zwergin, die Fontanes Romanpläne seit frühester Zeit begleitet. Das Hoppenmarieken, auf dem Forstacker am Rande des Dorfes und eigentlich außerhalb der Gesellschaft lebend, ist gerade aufgrund dieser ihrer Stellung eine fast zentrale Gestalt des Romans. Ihre Gesellschaftlichkeit beruht in ihrer Gesellschaftsferne: »Es war das Armenviertel von Hohen-Vietz, zugleich die Unterkunftsstätte für alle Verkommenen und Ausgestoßenen, eine Art stabilgewordenes Zigeunerlager [...].« (III/62) Zugleich ist sie eine historische Gestalt, eine Figur, die es gegeben hat, obgleich das Historische in diesem Zusammenhang etwas Besonderes meint. Als das, was es in der Geschichte gegeben hat, ist es gerade nicht das historisch Relevante sondern das Geschichtslose. Die geschichtlich-geschichtslose Gestalt des Hoppenmarieken steht für die Außenseiter der Gesellschaft, denen die Aufmerksamkeit des Romanschriftstellers Fontane von Anfang an gilt. Sie steht zugleich für das Fremde und in seiner Herkunft Unbestimmte, also für das — so darf man ergänzen — was die Gesellschaft in Frage stellt und eben damit vor ihrer Erstarrung bewahrt.

Das Fremde — wir kennen es aus den vorweggenommenen Betrachtungen der Chroniknovellen — hat im Mit- und Gegeneinander der Lebenskreise seine deutlich wahrnehmbare Funktion. Im realistischen Roman Fontanes bedeutet es vielfach das Poetische schlechthin, und es ist kennzeichnend für den jungen Vitzewitz, wie er zur poetischen Erscheinung dieser Botenfrau steht. Er jedenfalls hält, anders als andere, entschieden zu ihr: »Nur Lewin stand ihr mit einer gewissen poetischen Zuneigung zur Seite. Er liebte scherzhaft, über sie zu phantasieren.« (III/64) Märchenhafte Motive in der Symbolik des Fremden mischen sich ein. So vor allem in der Gestalt Maries, die Schulze Kniehaase als sein Pflegekind aufgenommen hat. Ein fremdes Wesen, ein Außenseiter der Gesellschaft auf ihre Art, ist auch sie. Ihre Herkunft ist unbekannt; und da sie im Hause des Dorfschulzen herangewachsen ist, kommt ihre spätere Vermählung mit dem Sohn einer märkischen Adelsfamilie einer Mesalliance gleich, als die wir sie keineswegs verstehen sollen. Mit diesen so unterschiedlichen Fremden wird der etablierten Gesellschaft etwas entgegengesetzt, das zum Idyllischen und Utopischen hin zu verlaufen scheint. Die einfachen Lebenskreise nähern sich der Idee des einfachen Lebens an, wie es angedeutet wird, wenn der junge Lewin von Vitzewitz auf dem Weg ins Elternhaus im Gasthof des Dorfes einkehrt, um damit zugleich Zeuge eines bürgerlich verklärten »Weihnachtsbildes« zu werden: »Auch Lewin war abgestiegen. Er stampfte ein paarmal in den Schnee, wie um das Blut wieder in Umlauf zu bringen, und trat dann in die Gaststube, um sich zu wärmen und einen Imbiß zu nehmen. Drinnen war alles leer und dunkel; hinter dem Schenktisch aber, wo drei Stufen zu einem höher gelegenen Alkoven führten, blitzte der Christbaum von Lichtern und goldenen Ketten. In diesem Weihnachtsbilde [...] stand die Krügersfrau in Mieder und rotem Friesrock und hatte einen Blondkopf auf dem Arm, der nach den Lichtern des Baumes langte. Der Krüger selbst stand neben ihr und sah auf das Glück, das ihm das Leben und dieser Tag beschert hatten. Lewin war ergriffen von dem Bilde, das fast wie eine Erscheinung auf ihn wirkte.« (III/10) Idylle und Utopie werden als Gegenbilder der Gesellschaft vorgehalten, wie sie ist. Das Fremde ist mit Bildern oder Gegenbildern wie diesen weithin identisch. Zugleich hat das Motiv eine betont politische Funktion. Es geht um den Gegensatz des Heimischen zum Fremden im Zusammenleben benachbarter Völker. Das betrifft vor allem die Vermischung des Deutschen mit dem Wendischen, darüber hinaus einen der unseligsten Vorgänge der preußischen Geschichte: das Verhältnis zu Polen, womit sich die Struktur der Lebenskreise erneut in Erinnerung bringt. Denn befreundet und fremd zueinander gleichermaßen sind die beiden Familien Vitzewitz und Ladalinski, an denen diese Gegensätzlichkeit anschaulich wird. Auch die poetische Botenfrau ist in diesem Zusammenhang nicht zu vergessen. Sie ist eine Gestalt aus den Weiten Europas — »ein geheimnisvolles Überbleibsel der alten wendischen Welt«, wie es gelegentlich heißt. (III/64) Und überhaupt werden wir an Wendisches Kapitel für Kapitel erinnert. Das Motiv selbst, das da zur Sprache kommt, kann man in seiner Bedeutung kaum überschätzen, und über das, was es im Roman zu bedeuten hat, reicht es weit hinaus.

Man sieht sich auf die Geschichte verwiesen: auf die wiederholten Teilungen des Landes mit den Fremdherrschaften, die ihnen auf dem Fuße folgten; auf die mißglückte Erhebung im Jahre 1830 und auf die Rolle, die Polen seither in der deutschen Literatur bis wenigstens zur Mitte des Jahrhunderts gespielt hat. [82] Die Polenlieder Lenaus, Platens und anderer waren Fontane seit frühester Zeit vertraut, zum Teil haben sie seinen schriftstellerischen Weg beeinflußt; und vertraut erst recht war ihm das Land selbst als Grenzland der östlichen Provinzen. In Letschin, wo der Vater eine Apotheke besaß, konnte Deutsch-Wendisches in der Vielzahl seiner Vermischungen erfahren und studiert werden. Fontane hat das mit Interesse auch getan. Daß es in der Folgezeit und im Fortgang des Jahrhunderts nicht bei der Stimmung des Jahres 1830 blieb und bleiben konnte, ist verständlich; aber alles Verächtliche, wie es der Nationalismus des 19. Jahrhunderts mit sich brachte, blieb Fontane auch späterhin fremd. [83] Wo immer er Liebenswertes entdeckte, sprach er es rückhaltlos aus, wobei häufig genug der beiläufigen Äußerung zu entnehmen ist, wie jemand über etwas denkt. Eine solche beiläufige Äußerung, und dennoch mehr als eine solche, ist das, was Fontane gelegentlich in einem Brief schreibt: »Es ist doch kein leerer Wahn, was von der Liebenswürdigkeit und einem eigenthümlichen ›charme‹ der Polinnen gesagt wird. Die Deutschen mit ihrer ›ewigen Ordnung‹ kann ich nicht als das Ideal der Schöpfung ansehn« (an seine Frau vom 17. Juli 1880). Die gerecht abwägende Art in der Verteilung von Licht und Schatten, wie sie in den *Wanderungen* gegenüber den östlichen Völkern und Volksgruppen geübt wird, ist charakteristisch für Fontanes Verhältnis zu diesen. In ebendem Band kommt er auf die Wenden und ihre Geschichte zu sprechen und schreibt, Vorurteile beiseite räumend: »Die Wenden waren tapfer und gastfrei und, wie wir uns überzeugt halten, um kein Haar falscher und untreuer als ihre Besieger, die Deutschen; aber in einem waren sie ihnen allerdings unebenbürtig, in jener gestaltenden [...] Kraft, die zu allen Zeiten der Grundzug der germanischen Race gewesen und noch jetzt die Bürgschaft ihres Lebens ist. *Die Wenden von damals waren wie die Polen von heut.* Ausgerüstet mit liebenswürdigen und blendenden Eigenschaften, an Ritterlichkeit ihren Gegnern mindestens gleich, an Leidenschaft, an Opfermut ihnen vielleicht überlegen, gingen sie dennoch zugrunde, weil sie jener gestaltenden Kraft entbehrten.« (II/26) Ob man dem zustimmen will, ob man bereit ist, sich das polnische »Schicksal« so zu erklären, stehe dahin. Es kann aber kein Zweifel sein, daß im Falle Fontanes niemals Haß die Feder führt. Davon abgesehen, war er sich, wie wenige Schriftsteller seines Jahrhunderts, bewußt, was alles im Gang der Geschichte hier im Osten des alten wie des neuen Reiches zur Entscheidung stand. Einer beiläufigen Äußerung über die Aufnahme seines Romans, um zu diesem zurückzukehren, kann durchaus Bedeutung zuerkannt werden. In einem Brief an den Verleger stehen die Sätze: »Durch Zufall hab ich in Erfahrung gebracht, daß an zwei Stellen, von denen ich es am wenigsten erwartet hätte, mein Roman mit besondrem Interesse gelesen worden ist: am Rhein und im Posenschen. Was den Rhein angeht, so bedeutet es wohl nicht viel, Posen aber, über das ich gut unterrichtet bin, ist wichtig«, (an W. Hertz vom 9. Oktober 1878).

Aber wichtig vor allem ist Polen als ein den Roman konstituierendes Motiv. Das hört sich möglicherweise befremdlich an. Aber daß es sich dabei nicht um Episodisches oder um bloß stimmungshafte Elemente handelt, müßte jedem Leser einleuchten. In der Konfiguration ist der aus Polen expatriierten Familie der eine Part vorbehalten; die märkisch-preußische Familie stellt den anderen. Märkisches und Polnisches sind von Anfang bis zum Ende des Romans aufeinander bezogen: teilweise im Zusammenspiel und teilweise im Widerspiel. Das Hinüberwechseln von einer Nationalität zur anderen steht in Frage. Der junge Ladalinski beklagt es. Er bedauert das, was der eigene Vater getan hat: »Ich habe kein Recht, die Motive zu kritisieren, die meinen Papa bestimmt haben mögen, sich zu expatriieren, aber er hat uns durch diesen Schritt, den er tat, keinen Segen ins Haus gebracht [...]. Und wie wir nicht recht ein Vaterland haben, so haben wir auch nicht recht ein Haus, eine Familie [...] Es fehlt uns der Mittelpunkt.« (III/236) Das kann mißverstanden werden, so, als käme es ausschließlich auf das angestammte Vaterland an, als beherrsche der Nationalgedanke des 19. Jahrhunderts die Szene des Romans. Der polnische Nationalismus des Grafen Bninski, dem die Flucht mit der Tochter Ladalinskis gelingt, gäbe dem recht. Nation stünde damit gegen Nation; Nationalismus wäre Trumpf, und alle Vermischungen, des Deutschen mit dem Wendischen, des Preußischen mit dem Polentum, hätten ihr Recht verloren — Vermischungen, denen der Roman doch so oft das Wort redet. Aber gerade so ist es nicht. Das konstituierende Motiv des Polentums erweitert sich zum politischen Motiv des Nationenwechsels im allgemeinen, und schon dabei sieht Fontane als Romanschriftsteller auf das, was ihn von Anfang an charakterisiert: auf Ambivalenzen, die keine eindeutige

Entscheidung vertragen. Keine Mitte zu haben, kann so schädlich sein wie das einseitige Beharren auf ihr. Das Sichbeschränken in den eigenen Grenzen kann ebenso bedenklich sein wie die allzu glatte Anpassung an das jeweils Andere und Fremde. Es kommt auf die Motive an, die verantwortlichem Handeln zugrunde liegen, wenn es nur verantwortliches Handeln ist. Eben daran hat es der ehedem polnische Geheimrat unseres Romans fehlen lassen. Die Gründe seiner Expatriierung sind bloß äußerlicher Art; sie sind bloß gesellschaftlich bedingt. Es ist in allem die Gesinnung, die entscheidet. Schon damit wird deutlich, daß hier nicht das Preußische gegen das Polnische ausgespielt wird, so wenig, wie das Gegenteil zutreffen kann. Es geht, recht verstanden, um sinnvolle Abgrenzungen wie um sinnvolle Vermischungen — eben um Ambivalenzen, über die einzig die Gesinnung entscheidet, mit der man es im konkreten Fall zu tun hat.

Die eine Nationalität wird nicht gegen die andere ausgespielt. Das entspricht einer Auffassung, der jede Art von Chauvinismus entgegengesetzt ist. Aber auf scherzhafte Art, gesprächsweise und im Ton des Humors, geschieht es gleichwohl. Das Requisit eines solchen Humors ist der Wagen Odins, ein archäologischer Gesprächsgegenstand, den der Pastor mit dem gut deutschen Namen Seidentopf und der Justizrat mit dem fremdländischen Namen Turgany zum Anlaß nehmen, ihre Pointen auszutauschen. Wer auf Handlung sieht, auf geschlossene Handlung — und bis in die jüngste Fontaneforschung hinein ist das der Fall — kann dergleichen nur als Episode abtun. In Wirklichkeit handelt es sich in diesen vermeintlichen Episoden um Erzählformen des Humors, aber um sie nicht nur. Der Humor ist unter bestimmten Gesichtspunkten nur Mittel zum Zweck; und der Zweck beruht in einem Verfahren der gegenseitigen Spiegelung, die bewirkt, daß das eine gleichberechtigt neben dem anderen existiert. Pastor Seidentopf verteidigt das Germanische in toto, während Justizrat Turgany seinem Panslawismus das Wort redet. Keiner von ihnen läßt es am Esprit fehlen, der den Nationalitätenkampf dieser verbalen Fechter von Anfang an ins Heitere transponiert. Nun wirklich spielt der Erzähler die eine Seite gegen die andere aus, aber so, daß alle Störungen des Gleichgewichts unterbleiben. Das Für und Wider einer Sache kann vorgebracht werden, ohne daß Erzähler und Leser vorzeitig entscheiden müßten. Das eine wie das andere, das Preußische wie das Polnische, bleibt in der Schwebe. Wir werden durch Parteinahme nicht verstimmt. Diese gibt es innerhalb der Gesprächsspiele durchaus, und nicht alles in solchen Redeformen ist Spiel. Denn hier, in der Technik der gegenseitigen Spiegelung, hat nun auch die Gesellschaftskritik als ein Strukturelement des Romans ihren Ort. Der polnische Graf z. B., der Kathinka eines Tages in das Land ihrer Väter zurückführen möchte, nimmt sich kein Blatt vor den Mund. Er ist einer der unerbittlichen Kritiker der »preußischen Idee«, wie es Herr von Bülow im *Schach von Wuthenow* ist. Dieser polnische Nationalist redet sich förmlich in einen Haß auf alles Preußische hinein, wie Berndt von

Vitzewitz ein Gefangener seines Franzosenhasses bleibt. Graf Bninski gewahrt nur Dünkel und große Worte: »Denn alles, was hier in Blüte steht, ist Rubrik und Formelwesen, ist Zahl und Schablone, und dazu jene häßliche Armut, die nicht Einfachheit, sondern nur Verschlagenheit und Kümmerlichkeit gebiert [...]. Angenähtes Wesen, Schein und List, und dabei die tiefeingewurzelte Vorstellung, etwas Besonderes zu sein.« (III/474)

Solche Maßlosigkeiten im Ton berechtigen uns natürlich nicht, das Gesagte für bare Münze zu nehmen, als hätte es Fontane selbst gesagt und als sei, was Preußen betrifft, genau dies seine Meinung. Hier geht es nicht um Identifikation. Aber auch mit Distanzierung hat man nicht erfaßt, worum es geht. Es ist ja nicht alles »falsch«, was wir hier hören. Herausgelöst und zum »Weltbild« erhoben, ist diese Kritik ganz und gar einseitig und damit unannehmbar. Aber eine Seite ist es doch, und eben darauf kommt es an. Das Verfahren der gegenseitigen Spiegelung im Gespräch verhindert einseitige Identifikation und Distanzierung gleichermaßen, und sofern sich dabei Kritik erzählerisch artikuliert, bleibt sie auf kunstvolle Weise offen. Dagegen wird sie nicht in gleicher Weise offen geübt, wo der Erzähler selbst das Wort führt; wo er unmittelbar charakterisiert, indem er sich der Karikatur oder der Komik bedient. Die gegenseitige Spiegelung im Gespräch ist eine Form dieser kritischen Erzählweise; die dargestellte Komik ist eine andere. In Fontanes Erzählungen der fünfziger Jahre fehlt dieses kritische Element in der Verwendung von Komik und Karikatur fast ganz; auch die »rückfälligen« Chroniknovellen sparen es nahezu aus. Mit solchen Erzählformen, wie sie dem europäischen Roman geläufig sind, schließt sich Fontane einer Tradition an, ohne ihr Epigone zu werden. Balzac, Thackeray oder Meredith sind Meister in der Beherrschung solcher Mittel. Zugleich wird mit der Komik einer Figur die Gesellschaft getroffen. Der kritische Abstand, der vorliegt, wenn wir uns zu einer komischen Figur in Beziehung setzen, geht in Gesellschaftskritik über, die das Interesse an der individuellen Person übersteigt. Mit der an diesen Personen aufgezeigten Unvollständigkeit wird auf eine Unvollständigkeit im Zustand der Gesellschaft aufmerksam gemacht. Komisch — und dies gilt nun für nahezu alle Romane Fontanes — sind schon die Namen. Sie sind Signale für den Leser und bereiten vor. Solche Namen aus dem Wortschatz der Komik sind Seidentopf, Bamme oder Drosselstein. Auch Faulstich, Kiekebusch oder Miekley hören sich komisch an, von Sahnepott oder Lämmerhirt ganz zu schweigen. Die Komik der Namen trifft sie alle, ohne Ansehen der Person, sofern ihnen eine solche Komik zugedacht ist. Bestimmte Figuren sind davon völlig frei; andere, wie der Justizrat Turgany, der sympathische Apostel des Slawentums, werden nur davon tangiert. Die Personenbeschreibung fällt entsprechend differenziert aus: »Sein frisch erhaltenes Gesicht wäre regelmäßig zu nennen gewesen, wenn nicht sein linker Nasenflügel, der ihm abgehauen und von einem Paukdoktor schlecht angenäht worden war, eine Art Portal gebildet hätte [...].« (III/94) Fast stets kommt Komik dort zu ihrem Recht, wo man vorwiegend gesellschaftlich denkt und wo man — wie in Komödien — bloß seine Rolle spielt. [84] So zumal im Salon der Gräfin Pudagla, Berndts Schwester. Bamme, der General, ist keineswegs der Einzige, dessen Porträt ins Komische verzeichnet ist — »ein kleiner, sehr häßlicher Mann mit vorstehenden Backenknochen und Beinen wie ein Rokokotisch; die ganze Erscheinung husarenhaft, aber doch noch mehr Kalmück als Husar.« (III/150) Mit den geistigen Gaben dieser edlen und adligen Gäste ist es häufig nicht so weit her — was die Komik nur erhöht. Bei dem einen besteht sie in »Necken, Spotten und Mystifizieren«; (III/151) der andere ist »ein langweiliger, pedantischer Herr [...] Seine Spezialität waren Erfindungen, in betreff deren er, nach Art der Philosophen, nichts Großes und Kleines kannte. Er hatte für alles die gleiche Liebe. Sparheizung, luftdichter Fensterverschluß, Zerstörung des Mauersalpeters in Schaf- und Pferdeställen, künstliche Morchelzucht, das waren einige der Fragen, die seinen beständig auf Lösungen und Verbesserungen gerichteten Geist beschäftigen.« (III/153) Gesellschaftlich erst recht geht es im Kreise der Frau Hulen zu: man ahmt nach und gleicht sich an. Die Kleinbürger haben das Wort. Ein besonders einprägsames Geschöpf des Kreises ist Fräulein Laacke — »Musik- und Gesanglehrerin und die besondere Freundin der Hulen, die sich durch diesen Umgang geschmeichelt fühlte, ein Mädchen von vierzig, groß, hager, mit langem Hals und dünnem rotblonden Haar. Ihre wasserblauen Augen, beinahe wimperlos, hatten keine selbständige Bewegung, folgten vielmehr immer nur den Bewegungen ihres Kopfes und lächelten dabei horizontal in die Welt hinein, als ob sie sagen wollten: ›Ich bin die Laacke; ihr wißt schon, die Laacke, mit reinem Ruf und unbescholtener Stimme.‹« (III/336) Sie alle »verkörpern« auf ihre Weise Unstimmigkeit oder Unangemessenheit und werden eben damit — mehr oder weniger — zu komischen Figuren. Unstimmigkeit: das heißt, daß etwas nicht zusammen stimmt oder sich widerspricht; daß die Teile die Einheit nicht ergeben, die man sich wünscht.

Der Privatgelehrte Faulstich ist eine solche Figur — eine halb romantische, halb realistische Existenz. Die ihn besuchen, finden an seiner Daseinsart Gefallen. Er wehrt ab: »In dieser meiner Einsamkeit aber, deren friedlicher Schein Sie bestrickt, ist alles Widerspruch und Gegensatz. Was Ihnen Freiheit dünkt, ist Abhängigkeit; wohin ich blicke, Disharmonie: gesucht und nur geduldet, ein Klippschullehrer und ein Champion der Romantik, Frau Griepe und Novalis [...] hüten Sie sich vor jener Lüge des Daseins, die überall da, wo unser Leben mit unserem Glauben in Widerspruch steht, stumm und laut zum Himmel schreit.« (III/205) Am Ende des 19. Jahrhunderts hatte unter Fontanes Zeitgenossen keiner so wie Ibsen für die Lügen des Lebens das Bewußtsein geschärft. Daran erinnert die Wendung von der Lüge des Daseins in unserem Roman. Sie wird in eine noch nicht zu ferne Vergangenheit zurückprojiziert: in die Zeit der Romantik und der bevorstehenden Befreiungskriege, in der »Romantik« und Wirklichkeit zunehmend in Widerspruch zueinander gerieten. Aber Widersprüche wie diese bleiben auf den Privatgelehrten einer schon vergehenden Romantik keineswegs beschränkt. Sie beziehen sich auf die im Roman dargestellte Gesellschaft im ganzen. Denn was von einer einzelnen Person gesagt wird, hat stets einen über sie hinausweisenden Sinn: »Sie berühren da einen feinen Punkt, wenn Sie wollen, einen Widerspruch in meiner Natur. Vielleicht auch in mancher andern«, sagt eine der Figuren des Romans, und es könnten viele sein, die solches sagen. (III/484) Auch die Schwester Berndts, die Schloßherrin auf Guse, ist eine vom Widerspruch gezeichnete Figur. Sie ist ebenso freigeistig im Stil der Aufklärung, wie sie am bloß Gesellschaftlichen im Stil des Rokoko haftet. Ihre patriotischen Empfindungen teilt sie zwischen ancien régime und Republik. Aber es zeichne sie aus, daß sie es weiß. Sie habe sich, wie Renate versichert, »zu dem Widerspruchsvollen, das in ihrer Haltung liegt, bekannt.« (III/123) Von der widerspruchsvollen Natur des ursprünglich polnischen Edelmanns von Ladalinski ist mehrfach die Rede. Was ihn nach Preußen zog, bleibe ungewiß: »Es bleibt ein Rätsel und ein Widerspruch.« (III/474) Sein Sohn ist in solchen Widersprüchen aufgewachsen: »Tubal erzählte von seinen Kinderjahren, seiner in Paris lebenden Mutter, von Kathinka und schüttete sein Herz aus über das unruhige und widerspruchsvolle Leben, das er von Jugend auf geführt habe.« (III/236) Auch Othegraven, der streng lutherische Konrektor, der sich vorübergehend auf Marie Kniehase Hoffnung macht, ist eine durch und durch widerspruchsvolle Natur. Der verständnisvolle und konziliante Pastor klärt ihn entsprechend auf: »Wir sollten vielleicht vor solchen Widersprüchen, in die auch ein gläubig Herz geraten kann, weniger erschrecken, als wir gewöhnlich tun.« (III/275) [85] Alle diese Widersprüche dienen nicht so sehr der Beschreibung der Charaktere. Sie haben einen gesellschaftlichen Sinn. Was eigentlich zusammengehören sollte, ist im Begriff auseinanderzufallen. Was Einheit war, löst sich auf. Schein und Wesen treten in den Lügen des Daseins auseinander. Sie beginnen ein je selbständiges Leben zu führen — ein Scheinleben, das der Wahrheit ermangelt. Der Widerspruch, der sich, einem Leitmotiv vergleichbar, durch den Roman verfolgen läßt, ist zuletzt ein Widerspruch im Dasein selbst, eine Antinomie, die auf Unvereinbares verweist. Gesellschaft und Menschlichkeit stehen gegeneinander und widersprechen sich: Gesellschaft, die dazu neigt, das Wesen des Menschen, seine Wahrheit und seine eigentliche Natur, zu verfehlen. Kathinka hat eine Erziehung genossen, die lediglich Erziehung für die Gesellschaft ist. Sie ist schon aus diesem Grunde nicht dazu ausersehen, glücklich zu sein. Anders Marie! Sie verkörpert, wonach es sie alle verlangt: »denn sie war reinen Gemüts und ohne Schein und Falsch.« (III/594)

Die dargestellte Gesellschaft unseres Romans ist also weit entfernt, durch »unbedingte Übereinstimmung« verbunden zu sein. Diese Lebenskreise bleiben uns den Zusammenhang der Dinge durchaus schuldig, den der Roman herzustellen sucht; sie treten auseinander und verweigern den Einklang, den man sich wünschte. Diese Gesellschaft kann so nicht bleiben, wie sie ist. Auf ihre Erneuerung kommt es an: und Erneuerung ist das eigentliche Thema des Romans, seine alles beherrschende Mitte, die das Ganze organisiert. Diesem Zustand der Gesellschaft entspricht die historische Situation, der die Handlung des Romans folgt. Die Niederlage von Jena und Auerstedt ist gewesen. Der Zusammenbruch Preußens ist erfolgt. Auf die Sammlung der Kräfte, auf einen Neubeginn kommt es an, wie es der schließlich gewählte Titel des Romans *Vor dem Sturm* erläutert. Die in jeder Hinsicht bescheidene Handlung, kaum daß es eine ist, wird von dieser beherrschenden Mitte eines neuen gesellschaftlichen Lebens organisiert. Berndt von Vitzewitz ist die treibende Kraft, der unermüdlich Tätige im Dienste dieser Idee. Er stimmt darin wenigstens von fern mit seinem historischen Vorbild, dem Junker von der Marwitz, überein, der seinerseits auf Reformen drängt, aber anders freilich als die preußischen Reformer um Stein, Gneisenau und Hardenberg, deren Tätigkeit in den Roman nicht mehr einbezogen wird. Der Reformwille des Junkers von der Marwitz hat sich in eine Handlungsbereitschaft verlagert, die vor Insurrektion nicht zurückschreckt. Die Tat Yorcks von Wartenburg, die Konvention von Tauroggen, liefert hierzu das Vorbild. Johann Gustav Droysen hatte sie in einer mehrbändigen Monographie dargestellt. Fontane zählte sie zu einem seiner Lieblingsbücher. [86] Die Konvention von Tauroggen ist in dieser noch heute lesenswerten Biographie ein Höhepunkt und ein Glanzpunkt zugleich. Aus der Rolle des historischen Erzählers, der beschreibt, wie es »objektiv« war, tritt Droysen heraus, indem er sein Verfahren — die Ausführlichkeit dieser Beschreibung — rechtfertigt: »Wir haben uns verpflichtet gehalten, den Abschluß der Konvention nach der ganzen Härte des sittlichen Konfliktes, auf dem derselbe ruht, darzustellen; wir haben es nicht verhehlt, daß Yorck ohne Autorisation, eigenmächtig und wenn nicht gegen die ausdrückliche, so doch gegen die wahrscheinliche Willensmeinung des Königs handelte. Indem er so, wie er tat, sein Offizierskorps aufrief, suchte er nicht etwa Mitträger seiner Verantwortlichkeit — denn ausdrücklich vorbehielt er sich diese selbst und allein; aber er stellte ihrem Ermessen anheim, sich seiner Entscheidung anzuschließen, von der sie wußten, daß es nicht die ihres Königs sei; ihre begeisterte Einstimmung tat kund, daß es einen Punkt gebe, wo die Armee aufhöre, nur zu gehorchen.« Und wie wenn dieser Historiograph preußischer Geschichte nicht nur in Akten und Archive, sondern gleichermaßen in die Seele seines Helden Einblick erhalten hätte, kann es heißen: »Es war in dieser kalten verschlossenen, finstren Natur ein Stolz, der jede Eitelkeit ausschloß, eine Schärfe des Pflichtgefühls, die selbst im Überschreiten nur doppelt strenge und gemessen erschien, eine Gewalt der Selbstbeherrschung, die selbst die lockende Gunst eines großen Augenblickes, selbst der Kitzel des Ruhmes und der Stachel des Hasses auch nicht einen Moment wankend machte.« Dies darf deshalb so ausführlich zitiert werden, weil Fontane in der Tat seines Helden etwas Analoges beschreibt, aber in den Motiven der Tat die Differenz deutlich macht.

Auf einer Soiree im Hause des Geheimrats von Ladalinski wird die Nachricht von der Konvention von Tauroggen zuerst vernommen. Sie trennt die hier Versammelten sofort in solche, die Yorcks Tat bejubeln, und in andere, die sie verwünschen — je nach der Stellung, die man gegenüber Napoleon einnimmt. Später ist von Fichtes Vorlesungen die Rede, der auf Yorcks Kapitulation eingeht und die Tat lobt. Daß es sich um eine Kapitulation handelt, entsetzt die preußischen Patrioten nicht. Da sich die Tat politisch gegen Frankreich richtet, kann sie zum Vorbild werden, das zur Nachahmung auffordert. So vor allem ist Berndt von Vitzewitz geneigt, sie zu verstehen. An dieser Stelle wird die Handlung vollends überschaubar. Die Niederlage Napoleons an der Beresina läßt den märkischen Junker nicht mehr zur Ruhe kommen. Mit der Untätigkeit seiner Regierung kann er sich nicht abfinden. Er hält den Zeitpunkt des Losschlagens für gekommen; und obwohl er mit einer Frau französischer Herkunft verheiratet war, hat er sich in einen Franzosenhaß hineingesteigert, der ihn erkenntnisblind zu machen scheint. Der Korse ist ihm die Inkarnation des Bösen schlechthin. Unermüdlich ist er daher bestrebt, das Bündnis mit den Franzosen aufzukündigen und die zum Teil schon geschlagenen Truppen des Kaisers zu schlagen, wo immer sich die Gelegenheit bietet. Seiner Natur und Herkunft nach von nobler Gesinnung, scheut er jetzt vor nichts mehr zurück. So bereitet er auf eigene Faust, aber mit den Bewohnern des Dorfes, einen Überfall auf versprengte Teile des französischen Heeres vor. Alle Standesunterschiede werden in der Gemeinsamkeit des Unternehmens nebensächlich. Aber bis es dahin kommt, sind einige Schwierigkeiten zu überwinden. Es geht um Fragen des Widerstandsrechts und damit um Traditionen, die durch Luther und die Reformation vorgezeichnet sind: durch dessen Lehre vom leidenden Gehorsam. Noch einmal hatte Kant in der *Metaphysik der Sitten*, dort in den Kapiteln über das öffentliche Recht, solche aus der Tradition des Protestantismus stammenden Auffassungen bestätigt und geschrieben: »Wider das gesetzgebende Oberhaupt des Staats gibt es also keinen rechtmäßigen Widerstand des Volks; denn nur durch Unterwerfung unter seinen allgemein-gesetzgebenden Willen ist ein rechtlicher Zustand möglich; also kein Recht des *Aufstandes* [...], noch weniger des *Aufruhrs* [...], am allerwenigsten gegen ihn, als einzelne Person (Monarch), unter dem Vorwande des Mißbrauchs seiner Gewalt [...], *Vergreifung* an seiner Person, ja an seinem Leben [...]. Der geringste Versuch hierzu ist *Hochverrat* [...], und der Verräter dieser Art kann als einer, der sein *Vaterland umzubringen* versucht [...] nicht minder als mit dem Tode bestraft werden. — Der Grund zur Pflicht des Volks, einen, selbst den für unerträglich ausgegebenen Mißbrauch der obersten Gewalt dennoch zu ertragen, liegt darin: daß sein Widerstand wider die höchste Gesetzgebung selbst niemals anders als gesetzwidrig, ja als die ganze gesetzliche Verfassung zernichtend gedacht werden muß.« [87] Die Literatur hält sich gern an den Einzelfall und seine »Dramatik«. Schillers Wilhelm Tell und

Kleists Prinz von Homburg sind Personen, die Gesetze brechen oder Gehorsam verweigern. Aber sie müssen bereit sein, ihre Insurrektion mit dem Tod zu bezahlen. Darüber kann nur von innen, von der Gesinnung her, entschieden werden, die das Handeln motiviert; und wenn es Rechtfertigungen einer solchen Gesetzwidrigkeit überhaupt geben kann, so liegen sie hier, in der Motivation des Handelns, nicht in diesem selbst.

Die eigentümliche Dialektik zwischen dem nach außen hin wahrnehmbaren Verhalten und seinen Motiven in der Frage des Widerstands wird innerhalb des Romans sichtbar im Motiv der Treue, sie gelte dem Gatten, dem König oder dem Land. Aber die Treue, die Menschen bindet, oder die Untreue, die sie trennt, ist ihrerseits vieldeutig. Treue zum angestammten Land kann, wie im Falle unseres Junkers, in Fanatismus münden; blinder Franzosenhaß, wie hier, ist dann die Folge. Andererseits kann sich in der Lässigkeit gegenüber der Treue, im unbedenklichen Nationenwechsel, schierer Opportunismus äußern. Die Treue zum König, die gelten soll, liegt für Berndt von Vitzewitz im Widerstreit mit der Treue zu seinem Land; und während er selbst zum Treuebruch bereit ist, verbirgt ein anderer nur seine Bequemlichkeit hinter der Treue zu der Regierung, die nun einmal die Herrschaft ausübt, so daß man ihr zu vertrauen hat: »Er ist Minister. Er *muß* es wissen, und verzeihen Sie, Vitzewitz, er weiß es auch.« (III/176) Das Treue-Motiv geht in Fragen des Widerstandsrechts über. Hier eigentlich ist der Angelpunkt des Romans, und man muß ermessen, was das heißt. In die Maxime, daß jedermann untertan der Obrigkeit sei, die Gewalt über ihn hat, war man seit Luthers Zeiten eingeübt; und zumal im protestantischen Preußen war man es. Das hat bis in unser Jahrhundert hinein das Denken der Verantwortlichen in Heer und Regierung bestimmt. Noch die Erhebung gegen Hitler im Jahre 1944 wurde durch Traditionen wie diese erschwert, und es hat scharfsinniger Argumentationen unter Theologen und vieler Gewissenskämpfe bedurft, ehe Widerstand gegenüber dieser Tyrannis möglich wurde. Fontanes historischer Roman wird diesen Tatsachen deutscher Geschichte in jeder Hinsicht gerecht. Der Widerstand gegen den Widerstand erhält im Verlauf der Handlung das Gewicht, das ihm von der Geschichte her gebührt. Es geht dabei um Unterschiede im Denken, die den märkischen Junker Berndt von Vitzewitz von einigen Bürgern des Dorfes trennen. Vor allem der Schulze Kniehase widersetzt sich seinen Plänen.

Die Auseinandersetzung zwischen beiden findet in der Amts- und Gerichtsstube Berndts statt. Nach einigem Redegeplänkel ist man rasch bei der Sache; und der Junker von Vitzewitz läßt keinen Zweifel an dem, was er zu tun entschlossen ist: er will losschlagen und fordert Kniehase auf, sich mit den Leuten des Dorfes am Überfall zu beteiligen. Aber der ist damit nicht einverstanden: »Es geht nicht ohne den König«, erwidert er. Mangelnde Königstreue läßt sich Berndt nicht so rasch nachsagen. So setzt er zu einer spitzfindigen Argumentation an, derzufolge die Treue zum angestammten Land den Vorrang erhalten muß: »Ich liebe den König [...] und ich habe ihm Treue geschworen, aber ich will um der beschworenen Treue willen die natürliche Treue nicht brechen. Und diese gehört der Scholle, auf der ich geboren bin. Der König ist um des Landes willen da. Trennt er sich von ihm, oder läßt er sich von ihm trennen durch Schwachheit oder falschen Rat, so löst er sich von *seinem* Schwur und entbindet mich des meinen.« (III/216) Aber der königstreue Kniehase gibt nicht auf; er bleibt ihm die Antwort nicht schuldig: »Die Erde tut es nicht, gnädiger Herr.« (III/217) Mit dem Hinzutreten des Konrektors Othegraven erreicht das Streitgespräch seinen Höhepunkt: »Zeigen wir dem König, daß wir für ihn einstehen, auch wenn wir ihm widersprechen.« An die Tat des Majors von Schill wird erinnert, und wieder ist es die Dialektik der Treue, die hier der Rechtfertigung des Außergewöhnlichen dient, wenn es heißt: »Es gibt eine Treue, die, während sie nicht gehorcht, erst ganz sie selber ist.« Die Art, wie es sich der einfache Dorfschulze, der Kniehase ist, schwer macht, gereicht ihm zur Ehre: »Kniehase sah vor sich hin. Er fühlte den Boden, auf dem er stand, erschüttert, aber noch war er nicht besiegt. ›Ich habe meinen Eid geschworen‹, sagte er, ›um ihn zu halten, nicht, um ihn zu brechen oder auszulegen. Die Obrigkeit ist von Gott. Aus der Hand Gottes kommen die Könige, die starken und die schwachen, die guten und die schlechten, und ich muß sie nehmen wie sie fallen.‹« Generationen von Generalen und Theologen haben so argumentiert, wie hier argumentiert wird — gut preußisch und gut lutherisch obendrein. Hier nun vollends steht der leidende Gehorsam auf dem Spiel, und gegen diesen wendet der Junker Berndt von Vitzewitz ein: »Aus der Hand Gottes [...] kommen die Könige, aber auch viel anderes noch. Und gibt es dann einen Widerstreit, das letzte bleibt immer das eigene Herz, eine ehrliche Meinung und — der Mut, dafür zu sterben.« (III/220)

Kniehase willigt schließlich ein. Aber das von dem märkischen Junker in Gang gebrachte Unternehmen scheitert. Es scheitert kläglich. Gedemütigt kehren die Geschlagenen auf ihren Landsitz und in ihre ländlichen Behausungen zurück. Es hat — unnötig, wie sich herausstellt — Tote gegeben. Später wird auch Tubal, der Berndts Tochter einmal versprochen war, zu ihnen gehören. In einem Selbstgespräch denkt Berndt über das nach, was vorgefallen ist, und geht mit sich zu Gericht; und wie im Drama bleibt der so konzipierte Roman auf die monologartige Rede angewiesen, damit wir über die Gesinnung etwas erfahren, die das Handeln motivierte. »›Alles gescheitert‹, sagte er. ›Und ich hab' es so gewollt. Gescheitert, ganz und gar. Soll es mir ein Zeichen sein? Ja. Aber ein Zeichen, daß wir unser Liebstes an ein Höchstes setzen müssen. Nichts anderes. Dies ist keine Welt der Glattheiten. Alles hat seinen Preis, und wir müssen ihn freudig zahlen, wenn er für die rechte Sache gefordert wird.‹ So sprach er zu sich selbst.

Aber inmitten dieses Zuspruchs, an dem er sich aufzurichten gedachte, ergriff es ihn mit neuer und immer tieferer Herzensangst, und sich vor die Stirn schlagend, rief er jetzt: ›Berndt, täusche dich nicht, belüge dich nicht selbst. Was war es? War es Vaterland und heilige Rache? Oder war es Ehrgeiz und Eitelkeit? Lag bei *dir* die Entscheidung? Oder wolltest du glänzen? Wolltest du der erste sein? Stehe mir Rede, ich will es wissen; ich will die Wahrheit wissen.‹ Er schwieg eine Weile; dann ließ er den Zweig los, an dem er sich gehalten hatte, und sagte: ›Ich weiß es nicht. Bah, es wird gewesen sein, wie es immer war und immer ist, ein bißchen gut, ein bißchen böse. Arme kleine Menschennatur! Und ich dachte mich doch größer und besser. Ja, sich besser dünken, da liegt es; Hochmut kommt vor dem Fall. Und nun welch ein Fall!‹« (III/648)

Es ist üblich, das Gespräch als das A und O in der Romankunst Fontanes anzusehen, und man hat keinen Grund, solchen Auffassungen um jeden Preis zu widersprechen. Aber einseitig sind sie gleichwohl. Denn über eine gewisse Gesellschaftlichkeit, über gewisse Konventionen der Rede gelangen diese Gespräche vielfach nicht hinaus. So auch entspricht es der Intention des Erzählers. Aber Gesellschaftlichkeit ist nur eine Seite der Sache; die andere betrifft das, was jemand »wirklich« ist — was er menschlich ist. Wir wollen als Leser wissen, wie eine Figur im Fiktionsraum der Erzählung denkt. Wir wollen Genaueres über die Gesinnung der Personen erfahren. Solcher Neugierde kommt das Selbstgespräch entgegen, und man muß ihm nicht aus einseitigem Realismus-Verständnis heraus mißtrauen — vielleicht deshalb, weil uns der dramatische Monolog nicht mehr zeitgerecht erscheint, oder weil wir meinen, die Allwissenheit des Erzählers, die das Selbstgespräch im Roman voraussetzt, habe sich erledigt. Denn erstens ist der Monolog im Drama vorwiegend ein Sprachproblem; wir vertragen immer weniger die Rede vom Kothurn herab und finden sie im dramatischen Monolog in besonderer Weise inadäquat; und zweitens ist die Aufgabe der Allwissenheit im modernen Roman so gut eine Fiktion wie die Allwissenheit selbst. Es bleibt durchaus zu fragen, ob sich Fontane in der »Handhabung« seiner Selbstgespräche — sie sind ein für ihn unverzichtbares Stilmittel seines Erzählens — nicht wenigstens auf dem Weg zum inneren Monolog befindet. Die Redensartlichkeit dieser Reden könnte es bestätigen. [88] Das Selbstgespräch Berndts verzichtet auf große Worte. Was er sagt, wird im Gegenteil in seiner bloßen Redensartlichkeit durchschaut, zum Teil von ihm selbst, der diese Worte gebrauchet. Darin liegt ihr eigentlicher Sinn. Darüber hinaus ist zu vermerken, daß dieser erzählte Monolog — anders als im klassischen Drama — kein Entscheidungsmonolog ist. Hier wird nichts mehr entschieden, da ja alles schon entschieden ist. Wir haben es daher auch nicht mit einer nur individuellen Seelenlage zu tun, mit Problemen, die nur den einzelnen als Individuum angehen. Individuelles ist mit Allgemeinem, Privates mit öffentlichen Dingen »verknüpft«. In dem vermeintlich nur privaten Gespräch geht es um Allgemeines: um das Thema der Erneuerung abermals, und dies auf eine sehr durchdachte Art.

An die Bemerkung Fontanes im Marwitz-Porträt der *Wanderungen* ist noch einmal zu erinnern: daß eigentlich erst die Französische Revolution ein Verhalten wie dasjenige des Junkers möglich gemacht habe. Das trifft auch mutatis mutandis auf den Junker unseres Romans zu. Erst jetzt, nach der voraufgegangenen Aufklärung und dem Beispiel der Revolution in Frankreich, sind Formen des Widerstands und des Ungehorsams wie diese denkbar. Sie setzen voraus, daß einzelne den Mut zum Ungehorsam aufbringen und daß zugleich viele fähig sind, so zu denken. Erneuerung, soll sie umfassend verstanden werden, kann nicht das Werk eines einzelnen sein. Sie muß das Werk vieler sein. Und worum es dabei geht: das ist in erster Linie eine Sache des Denkens, des Bewußtseins, der Gesinnung. In der Gesellschaft, mit der wir es in unserem Roman zu tun haben, steht die Erneuerung noch aus. Es steht mit ihr noch nicht zum besten, wie es durch das Scheitern des Überfalls bestätigt wird. Berndts Scheitern beweist, daß es an Einheit und Zusammenhang fehlt. Noch sind Gegensätze und Widersprüche der vorherrschende Eindruck, den wir als Leser erhalten. Erst das Selbstgericht im Selbstgespräch deutet auf eine neue Einheit hin — auf einen »Zusammenhang der Dinge« — über alle Standesunterschiede hinweg. »Eine Welt von Dingen: Krieg und Frieden und zuletzt auch Hochzeit.« (III/708) So heißt es am Ende des Romans bezeichnenderweise. Keine Frage, daß es vornehmlich um eine Erneuerung im Bewußtsein geht. Von hier aus wird auch die Erzähltechnik der Vorausdeutung einsehbar, die man vielfach mißversteht. Sie scheint auf die Formel reduzierbar zu sein, daß alles kommt, wie es kommen muß. Aber was man als Determinismus oder Schicksalsglaube ansehen könnte, läuft letztlich bloß auf die Allwissenheit des Erzählers hinaus. Diese ihrerseits verführt zu dem Irrtum, als sei sie im modernen Roman nicht mehr vorhanden, weil seine Autoren — als Erzähler — vorgeben, sie nicht mehr zu besitzen. Doch schreibt man auch heutigentags nicht einfach darauf los: weder in der Wissenschaft noch in der schönen Literatur. Man weiß im allgemeinen, was man vorhat und wo man am Ende sein wird. Wenn die Erzähler ihre Allwissenheit verlieren, so besagt das lediglich, daß sie aus zeitgerechten Motiven vorgeben, sie verloren zu haben. Sie benehmen sich als Erzähler so, als wüßten sie nicht mehr als ihre Figuren. In Wirklichkeit wissen sie sehr wohl, was mit diesen geschehen wird. Es ist auch weiterhin alles beschlossene Sache. Im Roman Fontanes ist die Vorausdeutung ein augenfälliges Stilmittel seines Erzählens; und vielfach auch ist sie ein überaus poetisches Motiv. Die Verseinlage von der Ankündigung der Prinzessin, die ins Haus kommt (was sie wahr macht), kann als Beispiel angeführt werden. Ausdrücklich heißt es denn auch am Schluß unseres Romans: »Denn es war nur gekommen, was kommen sollte; das Natürliche, das von Uranfang an Bestimmte hatte sich vollzogen.« (III/ 679) [89] Wenn damit zum Ausdruck gebracht wird, daß geschieht, was geschehen muß, so muß das zum »gesellschaftlichen Sinn« der erzählten Geschichte nicht im Widerspruch stehen. Sie entwickelt sich nach eigenen Gesetzen: nach solchen der Erneuerung und des Verfalls. Damit wird nicht auf etwas Unausweichliches verwiesen. Der tätige Anteil des einzelnen am Vorgang des sich erneuernden Lebens und die gewisse Gesetzlichkeit solcher Erneuerungen schließen sich nicht aus; so wenig wie der Anteil des einzelnen — Berndts Selbstgespräch — der Bedeutung dieses Vorgangs im allgemeinen widerspricht. Nur darf über dem berechtigten Interesse an den individuellen Figuren des Romans dieses Allgemeine nicht in Vergessenheit geraten. Denn ein Vielheitsroman — gegenüber dem Entwicklungsroman mit dem individuellen Helden im Zentrum — ist Fontanes erster Roman in der Tat.

Die Wendung vom Vielheitsroman ist eine Wendung Fontanes. Sie findet sich in einem Brief an Heyse, der den Roman sehr bald nach seinem Erscheinen von dem Verleger Wilhelm Hertz erhalten hatte. In einem Brief an diesen hatte Heyse zum Ausdruck gebracht, was alles ihm nicht behagte. Fontane erhielt davon Kenntnis und verteidigte seine Romantechnik in einer Stellungnahme, die ihm zur Ehre gereicht. Sie ist das Votum zugunsten einer modernen und zeitgerechten Romankunst, während Heyse lediglich in Traditionen und Konventionen befangen bleibt. »Meinst Du nicht auch, daß neben Romanen, wie beispielsweise ›Copperfield‹, in denen wir ein Menschenleben von seinem Anbeginn an betrachten, auch solche berechtigt sind, die statt des Individuums einen vielgestaltigen Zeitabschnitt unter die Lupe nehmen? Kann in solchem Falle nicht auch eine Vielheit zur Einheit werden? Das größte dramatische Interesse, soviel räum ich ein, wird freilich immer den Erzählungen ›mit *einem* Helden‹ verbleiben, aber auch der Vielheitsroman, mit all seinen Breiten und Hindernissen, mit seinen Porträtmassen und Episoden, wird sich dem Einheitsroman ebenbürtig — nicht an Wirkung, aber an Kunst — an die Seite stellen können, wenn er nur nicht willkürlich verfährt, vielmehr immer nur solche Retardierungen bringt, die, während sie momentan den Gesamtzweck zu vergessen scheinen, diesem recht eigentlich dienen« (an P. Heyse vom 9. Dezember 1878). Fontane als Romanschriftsteller findet sich auf der Höhe der Zeit, nicht der Briefpartner seiner frühen Jugend. Denn hier, wenn irgendwo, wird ein sozialer Roman — gegenüber dem überlieferten Roman in Deutschland — gerechtfertigt, für den Fontane den durchaus zutreffenden Begriff des Vielheitsromans verwendet. Die meisten Vorwürfe — es fehle die geschlossene Handlung — erledigen sich damit von selbst; denn auch Episoden erhalten innerhalb einer solchen Romanform ein gewisses Recht, da es gerade die Breite des zuständlichen Lebens zu zeigen gilt. Im übrigen wird das Individuum in einem Vielheitsroman wie diesem ja keineswegs liquidiert. Was gezeigt werden soll, wird an individuellen Figuren gezeigt. Aber diese sind nicht um ihretwillen vorhanden sondern um eines Ganzen, um einer Vielheit willen, der sie untergeordnet werden. Jede »Besprechung« des Romans in der Weise, daß man seine »Charaktere« beschreibt, widerspricht im Grunde dem erzählerischen Verfahren Fontanes. Sie ist im höchsten Grade altmodisch gegenüber dem Neuen einer solchen Kunst.

Dabei versteht es sich keineswegs von selbst, daß aus der Tradition des historischen Romans der Vielheitsroman hervorgeht, um den es sich handelt. Fontane hätte sich nur dem Historismus seines Jahrhunderts überlassen müssen, um eben jene Männer in das Zentrum seiner Geschichte zu stellen, die Geschichte machen oder gemacht haben. Noch in unserem Jahrhundert haben sich historische Belletristen wie Mirko Jelusich, Walter von Molo oder Robert Hohlbaum an dieses Prinzip gehalten. Sie haben die großen Persönlichkeiten der Weltgeschichte zu ihren Helden ernannt. Oliver Cromwell, Hannibal, Heinrich der Löwe, Scharnhorst, Fridericus Rex, Schiller, Luther, List, Prinz Eugen, Napoleon, Stein und andere mehr: Sie alle gibt es in den romanartigen Lebensbeschreibungen oder den biographischen Romanen der genannten Autoren; und natürlich wären die angeführten Beispiele beliebig zu ergänzen. Die Reihe ist nahezu unabsehbar. Alle diese Belletristen verstoßen gegen ein »Gesetz« des historischen Romans, wenn gewisse Traditionen der Gattung seit Walter Scott so verstanden werden dürfen. Dagegen bevorzugen gerade bedeutende Romanciers den »mittleren Helden« und lassen die großen Persönlichkeiten im Hintergrund. Auch bei Fontane ist das der Fall. Napoleon, um den sich schließlich alles dreht, kommt als redende Romanfigur nicht vor. Wir hören nur, wie über ihn gesprochen wird; aber wir »hören« ihn nicht selbst. Wie ihm nach der Niederlage an der Beresina zumute ist, wird nicht gesagt. Auch Scott sah sich trotz solchen Verzichts auf historische Persönlichkeiten nicht daran gehindert, einen individuellen Helden — nur einen »mittleren« eben — im Zentrum seiner Geschichten agieren zu lassen. Noch Fontane hatte sich um die Mitte der sechziger Jahre mit dem Gedanken getragen, seinen Roman nach dem jungen Vitzewitz zu nennen. Ein Vertrag mit seinem Verleger bestätigt es. [90] Der abgeschlossene Roman kennt eine solche Zentralfigur nicht. Weder Berndt von Vitzewitz noch sein Sohn Lewin sind solche Gestalten. Historisch im Sinne verbürgter Quellen — nicht ihrer geschichtlichen Bedeutung nach — ist dagegen eine andere Figur, eine Nebenfigur. [91] Historisch verbürgt ist das Hoppenmarieken, deren liebevolle Hereinnahme der Konzeption des Romans in doppelter Weise entgegenkommt. Sie ist weder eine große Persönlichkeit der Weltgeschichte, noch ist sie innerhalb des Figurenensembles eine zentrale Gestalt. Sie entspricht dem Vielheitsroman in jedem Betracht. Ein Umdenken auf diesen hin mit der Zurücknahme des individuellen Helden bahnt sich bei Willibald Alexis an. Der Essay über Scott (von 1823), von dem bereits die Rede war, gibt darüber Aufschluß. Fontane setzt das fort und bestätigt damit zugleich eine Unterscheidung, die sich bei Friedrich Theodor Vischer findet, der den historischen Roman — als einen sozialen Roman — den Romanen des Privatlebens gegenüberstellt. [92]

Die Frage ist aufzuwerfen, was uns veranlassen kann, von einem historischen Roman zu sprechen, wenn es die historische Persönlichkeit nicht ist, die ihn prägt. Es ist zugleich die Frage nach dem Geschichtsbegriff, die sich damit verbindet. Aufgrund des Abstandes, den wir heute zur Historischen Schule des 19. Jahrhunderts gewonnen haben, kann es sich kaum noch darum handeln, den Geschichtsbegriff dieser Schule als Maßstab zu nehmen, um literarische Begriffe daraus abzuleiten. Eben dies geschieht, wenn man an Fontanes historischem Roman tadelt, daß das Historische nicht so verstanden wird, wie man es von der Tradition her gewohnt ist. Paul Heyses Kritik ist dafür symptomatisch. Er vermißt den zügigen Fortgang, das Nacheinander der Ereignisse, wie es sich für einen historischen Roman gehört, in dem etwas passieren soll. Heyse an Hertz: »Aber die Stärke unseres Freundes in chronikhaftem Detail, die Liebe zur Scholle, zu jedem Sandkorn in dieser Scholle, hat meines Erachtens auf die Gestaltung des Ganzen, mehr als gut war, ihren zerstückelnden, zerbröckelnden Einfluß geübt. Es ist in den ersten Büchern wirklich mehr Porträtgalerie als Erzählung, und was das schlimmste ist, nicht alle diese Figuren sind von solcher Wichtigkeit für die Geschichte selbst, daß wir ihr Interieur und Exterieur, ihren Kaffee und Kuchen, ihr Lieben und Hassen mit solcher Umständlichkeit zu erfahren brauchten.« [93] Das ist der Geschichtsbegriff, den wir kennen. Diesem Begriff zufolge kommt es auf die »Wichtigkeit für die Geschichte« an — »Schlachten und immer wieder Schlachten« — wie es Fontane selbst in kritischer Distanz formuliert. Dieser Geschichtsbegriff läßt nur das Nacheinander gelten; er ist einseitig diachron. Paul Heyse ist noch ganz im Banne des Historismus befangen und in erster Linie am »eigentlich Geschehenden« interessiert, am ereignishaften Ablauf, mit anderen Worten: »Mir ist des Historischen, Anekdotischen, Kulturfarbigen zuviel, gegenüber dem eigentlich Geschehenden [...].« [94]

Dies alles meint Fontane gerade nicht. Sein Zeitbegriff ist hierfür aufschlußreich. Die dargestellte Zeit seines Romans ist nicht die geschichtliche Zeit, in der fortlaufend Wichtiges geschieht. Mehr als 20 Kapitel mit weit über hundert Seiten haben wir gelesen, aber die Weihnachtstage, mit denen der Roman beginnt, liegen erst wenige Tage zurück. Was in dieser Zeitspanne — sieht man von der Niederlage Napoleons an der Beresina einmal ab — geschehen ist, ist so gut wie nichts. Es ist weithin eine private Zeit, könnte man meinen. Die Erzählstruktur entspricht der Struktur einer Synchronie. Es wird ein Zustand beschrieben, aber es ist nicht der Zweck der Beschreibung, das zu verdrängen, was für die Geschichte wichtig ist, damit das Private zu seinem Recht kommen kann. In dieser Struktur des synchronen Erzählens geht es darum, Zusammenhänge oder Gegensätze sichtbar zu machen: solche zwischen der Historie im Hintergrund und jenen Figuren, die von ihr betroffen werden. Es handelt sich zugleich um einen Zusammenhang zwischen der Diachronie der Ereignisse und der Synchronie einer Zustandsschilderung: einer solchen vor dem Sturm als dem Zustand eines sich erneuernden Lebens. Geschichte stellt sich in Fontanes erstem Roman als etwas dar, das von vielen für viele gemacht wird. Sie ist, ebenso wie das Private, kein abgrenzbarer Bereich. Geschichte ist wie die Gesellschaft überall. Sie erreicht jeden — bis hinein in das entlegenste Dorf. Das Umgebensein von Historie, wohin man blickt und wohin man sich begibt, bringt

Vor dem Sturm 131

der Roman uns, seinen Lesern, immer erneut zum Bewußtsein. Das geschieht eindringlich und in einer stets kunstvollen Weise. Der Wanderer durch die Mark Brandenburg kann dabei außer Betracht bleiben. Hier wie sonst ist es der Kontext, der den Text verändert; und die Beschreibung derselben Dorfkirche dort, in den *Wanderungen*, oder hier, im Fiktionsraum des Romans, ist dennoch nicht dieselbe Beschreibung. Die Historie mit Schlachten, Schlachtfeldern und Friedenschlüssen wird gewiß nicht negiert. Sie wird lokalisiert und mit Menschen, die von ihr betroffen sind, in Verbindung gebracht. Wird eine Person im Roman eingeführt, wie es in jedem Roman geschieht, so wird sie im Kontext geschichtlicher Ereignisse eingeführt. Turgany, der Justizrat, wurde nach dem Siebenjährigen Krieg geboren; der Schulze Kniehase am Tag des Hubertusburger Friedens. Einer seiner Vorgänger im Amt ist Wendelin Pyterke gewesen, und in der für die Erzählkunst charakteristischen Art wird gesagt: »und als anno 1800 der alte Schulze Wendelin Pyterke starb, der seit dem Siebenjährigen Krieg volle vierundzwanzig Jahre im Amte und nach der Kunersdorfer Schlacht, als die Russen kamen, die Rettung des Dorfes gewesen war, da wählten sie den Kniehase zu ihrem Schulzen, ohne sich ums Herkommen zu kümmern [...].« (III/73) Ein einfacher Satz des Erzählers ist angefüllt mit geschichtlichen Daten. Aber das geschieht nicht deshalb, weil es sich seit den *Wanderungen* so eingeübt hat. Die erzählte Geschichtlichkeit hat Methode. Im Dorfkrug zu Hohen-Vietz hängen Kupferstiche von Schill und Erzherzog Ferdinand; am Rande des Forstackers, wo Hoppenmarieken wohnt, hat sich seit hundert Jahren und länger eine aus Lehmkaten bestehende Straße gebildet; in der Nähe von Schloß Guse liegen die historischen Dörfer, altadelige Güter mit meist wendischen Namen, und so fort. Das Prinzip ist offenkundig, und die Wendung von den historischen Dörfern spricht für sich selbst. Historisches wird nicht einseitig gesehen, sondern in der Vielheit seiner Erscheinungen. Aber das Einfache, Dörfliche, das vermeintlich »Unhistorische« darf nicht fehlen. Es wird fortwährend — und genau darauf hat es Fontane als Erzähler des Romans abgesehen — mit Geschichte im geläufigen Sinne verknüpft. Erst von hier wird die Romanstruktur der einfachen Lebenskreise in ihrer Intention und in ihrer Bedeutung einsehbar. Der Roman *Vor dem Sturm*, so formuliert es Hermann Lübbe völlig zutreffend, »bringt die Erkenntnis, daß sich das Leben einer historischen Zeit nicht durch Entschlüsse und Großtaten gewisser Individuen definieren lasse, die damit Epoche machen.« [95] Die in der Geschichte handeln, so gut wie diejenigen, die an ihr leiden, ergeben das Ganze — einen Zusammenhang der Dinge, wie ihn der aufmerksame Leser erkennt. Der freilich ist vorauszusetzen. Aber wo wäre es anders! Keine Frage: wir haben es mit einem ungewöhnlich geschichtskundigen Erzähler zu tun. Daß es dabei um einen von der Tradition abweichenden Geschichtsbegriff geht, sollte deutlich geworden sein.

Damit wird Kritik nicht einfach zum Schweigen gebracht. Zu beanstanden gibt es mancherlei, und die Eleganz des Erzählens mag man vermissen. Die

Einführung von Personen kommt uns vielfach unbeholfen vor. Im späteren Werk hat die Leidenschaftslosigkeit in einem Eheroman wie *Effi Briest* ihre einsehbare Funktion. In *Vor dem Sturm* ist nicht einzusehen, warum es in derart aufgewühlten Zeiten am Ende so leidenschaftslos und liebenswürdig zugeht — die Flucht Kathinkas mit dem polnischen Grafen ändert an dieser Feststellung nicht viel. Auch ist die Parteinahme des Erzählers für einige Personen des Romans allzu fühlbar. Vor allem Renate und Marie, Lewins spätere Frau, werden stilisiert, als verdankten sie ihr Dasein zu deutlich der Absicht ihres Schöpfers, etwas Feines zu geben. Schließlich der Schluß! Ob es ratsam war, ihn derart in der Innerlichkeit eines Tagebuches verlaufen zu lassen; ob trotz Tod und Trauer und Resignation nicht doch ein allzu harmonisches Ende angestrebt wurde — dies alles bleibt zu fragen und kritisch zu bedenken. Aber das kann uns in Würdigung des Gesagten nicht hindern, in Fontanes Roman ein Erzählwerk von Rang und Anspruch zu erkennen — einen der besten historischen Romane, die es in der deutschen Literatur gibt.

2. *Schach von Wuthenow*

Seinen Roman *Vor dem Sturm* schloß Fontane 1878 ab. Die historische Erzählung *Schach von Wuthenow* ist als Buch fünf Jahre später erschienen. Dazwischen liegen die Chroniknovellen, über die im vorausgegangenen Kapitel gehandelt wurde. Rein chronologisch folgt die historische Erzählung *Schach von Wuthenow* auf diese Novellen unmittelbar. Dennoch steht sie dem Roman sehr viel näher als den Novellen. Hier wie dort geht es um dieselbe Zeit zwischen Niederlage und Erneuerung. Hier wie dort geht es um Preußen als Gegenstand der Geschichte und der Kritik. Wo Erneuerung das Thema einer Erzählung ist, wie in Fontanes erstem Roman *Vor dem Sturm*, werden Zeitwende und Zeitwandel bewußt gemacht. Wenigstens stehen sie im Vordergrund der Interessen. In der Analyse einer Niederlage geht es in erster Linie um Zeitkritik — sie gelte der Vergangenheit oder der Gegenwart unmittelbar. Aber Zeitwende als Thema und Motiv muß deswegen nichts Nebensächliches sein, wie sich am *Schach von Wuthenow* zeigen wird. Auf eine »Erzählung aus der Zeit des Regiments Gensdarmes«, wie der Untertitel lautet, werden wir vorbereitet. Auch damit wird eine Beziehung zum voraufgegangenen Roman hergestellt. Friedrich August Ludwig von der Marwitz auf Friedersdorf, das »Vorbild« Berndts von Vitzewitz, war stolz darauf diesem Regiment angehört zu haben. Gleich im zweiten Kapitel seiner Memoiren spricht er es aus: »Es war weder mir noch meinen Eltern jemals eingefallen, daß ich etwas Anderes in der Welt werden könne, denn Soldat. Beinahe alle meine Vorfahren und Seitenverwandte waren es gewesen, und so wurde gar nicht darüber deliberirt, ob ich diesen oder einen anderen Stand ergreifen sollte, und eben so entschieden wurde angenommen, daß es nur im Regiment Gensd'armes seyn könne.« [96] Dieses Regiment, 1691 von Kurfürst Friedrich III., dem späteren König Friedrich I., gegründet, galt stets als eines der vornehmsten in Preußen. Zugleich wurde es auf vielfache Weise »stadtbekannt«, nicht zuletzt durch die Extravaganzen, die es sich erlaubte: »Wer kennt nicht das Regiment Gensdarmes? Und wer hätte nicht gehört von der Verschwendungslust und Tollkühnheit seiner Offiziere, von ihrem Mut und Übermut!«, heißt es an einer Stelle der *Wanderungen*. (I/384) So der Historiker, der seinen Lesern mitteilt, wie es war. Innerhalb der Erzählung erhält das Historische dagegen sofort seine bestimmte Funktion. Das Regiment Gensdarmes wird zum Modell des Preußischen und Militärischen schlechthin. Schon mit der Wahl dieses Regiments hat der Erzähler den empirischen Historiker »überspielt«, der bloß zu beschreiben hätte, was alles in der Geschichte dieses Regiments geschehen ist.

Das muß nicht heißen, daß Fontane mit der Geschichte umgeht, wie es ihm beliebt. Er läßt seiner Phantasie nicht einfach freien Lauf, sondern bewegt sich innerhalb der Grenzen, die ihm durch die Quellen vorgezeichnet sind; und daß der Niederschrift einer historischen Erzählung wie dieser ein umfangreiches Quellenstudium vorausgegangen ist, ist erwiesen. [97] Dabei läßt er es an Genauigkeit nicht fehlen. Aufschlußreich ist eine Äußerung, die sich auf den *Schach von Wuthenow* und die dargestellte Zeit dieser Erzählung bezieht. In einem Brief an Mathilde von Rohr, der jederzeit lebendigen »Quelle« so vieler historischer Recherchen, führt er aus: »Ich lese jetzt fleißig in Frau v. Rombergs ›Sophie Schwerin‹, finde darin S. 27 den Namen v. Schack, und wollte hiermit gehorsamst anfragen, ob dieser v. Schack derselbe ist, der in dem Leben Fräulein v. Cr...'s die Hauptrolle spielt [...]. Vielleicht fügt Frau v. R. aus ihren Erinnerungen wenigstens annähernd genau hinzu, *in welchem Jahre* der ganze traurige Vorfall stattfand. Dies ist wichtiger für mich, als Sie glauben können. Das Berliner Leben unmittelbar *nach* der Schlacht bei Jena — ich meine etwa von 1808 bis 10 wo das königliche Paar aus Ostpreußen wieder in der Hauptstadt eingetroffen war — war *total anders* als in den Jahren, die der Jenaër Affaire unmittelbar vorausgingen. Das Colorit der einen Zeit paßt nicht für die andre; Stimmungen, Anschauungen, alles hatte sich geändert. Nun ist es zwar wahr, daß ich die *eine* Zeit, sagen wir 1804 bis 6, gerade so gut schildern könnte wie die *andre* (1808 bis 10); jede der beiden Epochen läßt sich gut verwenden, jede hat, novellistisch angesehn, ihre besondren Vorzüge. Aber um mit *freudevoller Sicherheit* zu schildern, muß ich doch beim Schildern die Gewißheit haben: die Dinge vollzogen sich wirklich zu *dieser* Zeit und zu keiner andern. Beunruhigt mich fortwährend der Gedanke: ›Du schilderst jetzt 1805, es ist aber vielleicht 1809 gewesen‹, so lähmt das meine Kraft« (11. August 1878).

Solche Genauigkeit kommt uns womöglich bedenklich vor. Sie scheint einen erneuten Rückfall in den Historismus des 19. Jahrhunderts anzuzeigen. Dafür spräche auch die Freude am kulturhistorischen Detail, am bloßen Kolorit. Aber Fontanes Geschichtsbegriff ist um 1880 nicht derjenige Wilhelm Heinrich Riehls: er denkt zweifellos über das Kolorit dieser Epochen hinaus — und an die Epochen selbst; und mehr noch an alles das, was sie voneinander unterscheidet. Mit anderen Worten: es ist der Wandel der Zeit, der im Geschichtsdenken Fontanes in erster Linie interessiert, die Differenz der Epochen, die es so genau wie möglich zu erfassen gilt — auch auf Kosten der historischen Wahrheit, wenn diese lediglich das Detail, den singulären Fall und damit das in vieler Hinsicht Zufällige bedeutet. Der Historiker Fontane, der es mit der Unterscheidung zweier Epochen — und schon auf wenige Jahre wird hier dieser Begriff angewandt — so genau nimmt, weicht als Erzähler von der historischen Wahrheit recht unbekümmert ab. Der historische Vorfall ist dieser, daß sich der Major von Schack eines Tages erschoß, weil er sich mit einer dreißigjährigen Dame, der nicht sehr schönen Victoire von Crayen, eingelassen hatte, die er heiraten sollte, aber nicht heiraten mochte. Er fürchtete den Spott seiner Regimentskameraden; und er fürchtete ihn um so mehr, als er selbst nicht mehr einer der Jüngsten war. Der erwähnte Vorfall hatte sich im Jahre 1815 zugetragen, wie damals in der ›Augsburger Zeitung‹ zu lesen war, nicht in der Zeit zwischen 1804 und 1806 oder zwischen 1808 und 1810; und es war, wie schon erwähnt, kein junger Offizier, der es tat, sondern ein Mann von gut fünfzig Jahren. [98] Der Erzähler dieser Geschichte — also Fontane — der es mit dem Kolorit einer »Epoche« über die Maßen genau nimmt, als wolle er in solcher Genauigkeit den Historiker vom Fach noch übertrumpfen, nimmt es in anderer Hinsicht keineswegs genau. Er nimmt eine gravierende Umdatierung vor. Aber es wurde ganz richtig erkannt, daß erst mit dieser Umdatierung die kritische Zeitnähe gewonnen wird, auf die es ankommt. [99] Umdatierungen jeder Art sind dem Historiker auf keinen Fall erlaubt. Der Verfasser einer historischen Erzählung kann sich ihrer bedienen, und gegebenenfalls zum Vorteil der historischen Wahrheit. Der »historische« Otto Friedrich Ludwig von Schack, der sich 1815 einer Lappalie wegen erschoß, ist keine historische Persönlichkeit im Sinne der Geschichtswissenschaft. Er handelte im Grunde privat. Zu einer historischen Persönlichkeit wird er erst bei Fontane infolge der Umdatierung, die der historischen Wahrheit widerspricht. Damit das Historische frei von allem Zufälligen und Singulären sichtbar werden kann, ist eine bestimmte Gedankenarbeit zu leisten, an der es Fontane nicht fehlen ließ: er verknüpft die Geschichte des Regiments Gensdarmes mit dem Fall Preußens nach der Schlacht von Jena und beides mit der privaten Affäre eines preußischen Offiziers, die sich im Jahre 1815 zugetragen hat. Alles Zufällige und Private — worauf es ankommt — ist damit umgangen. Die Gedankenarbeit zielt hin auf Kombination und Konstruktion, ohne die es historische Erkenntnis nicht gibt. Nur daß sich der Erzähler dabei gegenüber dem wissenschaftlichen Historiker freier bewegen darf. Es gilt, im Individuellen das Allgemeine zu erkennen, ohne daß damit das eine vom anderen getrennt wird. Das Individuelle ist in unserem Fall eine Geschichte, die mit Selbstmord endet. Ihr Allgemeines zielt auf eine Zeitwende hin, wie sie durch verlorene Kriege bedingt ist.

Der Umgang mit solchen und anderen Details der Realität berührt zumeist auch das, was man gern als »Realismus« bezeichnet. Vielfach gehen beide Begriffe ein in eben jenen »Detailrealismus«, der sich im 19. Jahrhundert in sehr unterschiedlichen Formen bei Stifter oder Zola entwickelt. Im Falle Fontanes sind es die Lokalitäten in Berlin und andernorts, die er mit topographischer Genauigkeit mitteilt; so jedenfalls hat es den Anschein. Wir wissen als Leser sofort, wo wir uns befinden: »In dem Salon der in der Behrenstraße wohnenden Frau von Carayon...«, wie es im ersten Satz der Erzählung heißt. Ein so beschaffener Detailrealismus gewinnt sich seine Leser; und eine solche Leserin, die Frau eines Professors, die den *Schach von Wuthenow* in der »Vossin« bereits gelesen hatte, lernte Fontane im August 1882 auf Norderney kennen. Er teilt dieses Rezeptions-»Erlebnis« unverzüglich seiner Frau mit und schreibt: »Die Frau Professorin begrüßte mich sehr herzlich, zeigte mir die neueste Nummer der Vossin und sagte: ›Eben hab' ich von Ihnen gelesen; sehen Sie, hier; es ist so spannend, man kennt ja alle Straßennamen.‹« Und Fontane, als Autor über solches Leserverhalten einigermaßen verstimmt, kommentiert den Vorfall unmißverständlich: »Dann brach das Gespräch glücklicherweise ab [...]« (14. August 1882). Sein »Realismus« in der Schilderung lokaler Details ist offensichtlich so vordergründig nicht zu interpretieren, wie es hier geschieht. Das zeigt sich noch deutlicher im Hinblick auf Schloß Wuthenow und den geographischen Realismus des Erzählten. Dieses Schloß ist ein durchaus fiktives Gebäude. Sein gewisser Realismus wird einem Schloß Wustrau am Ruppiner See entlehnt; und das »historische« Wuthenow ist ein Dorf an der Ostseite desselben Sees. Aber ein Schloß hat es in Wuthenow nie gegeben. Dennoch ließen sich die Detailrealisten unter den Historikern der Mark nicht beirren. Sie begaben sich eines Tages nach Wuthenow und wollten beglaubigt sehen, was ihnen da von Theodor Fontane erzählt worden war. Man will den Realismus des geschätzten Freundes gewissermaßen an der Wurzel »packen«. Fontane hat den Vorfall mit dem Abstand des Humoristen beschrieben: »Der hiesige märkische Geschichtsverein [...] hatte nämlich gestern eine Exkursion nach Ruppin hin gemacht, und in der Einladung zu dieser Exkursion war ausgesprochen worden: ›Fahrt über den See bis *Schloß Wuthenow*, das neuerdings durch Th. F. eine so eingehende Schilderung erfahren hat.‹ Durch diese Einladung hatte das Comité nun eine Art von Verpflichtung übernommen, den Theilnehmern ›Schloß Wuthenow‹ zu zeigen, ein Schloß, das nicht blos nicht existirt, sondern überhaupt nie existirt hat. Denn Wuthenow war nie Rittergut, sondern immer Bauerndorf. Einige der Theilnehmer haben aber bis zuletzt nach dem Schloß gesucht ›wenigstens die Fundamente würden doch wohl noch kaum zu sehn sein‹« (An seine Frau vom 28. August 1882). Der naive Historismus des 19. Jahrhunderts kann sich kaum deutlicher äußern, als es hier geschieht. Aber Fontane befindet sich diesem gegenüber nun tatsächlich in der Position des heiteren Darüberstehens. Sein Geschichtsbegriff ist komplex.

Eine kritische Äußerung über einige seiner Kritiker, die ihn auf einen solchen Realismus des Gegenständlichen festlegen möchten, zielt in dieselbe Richtung. Fontane wird als Romanschriftsteller das Etikett nicht los, der Wanderer durch die Mark Brandenburg zu sein, und ist darüber mit Recht ungehalten: »Die gesamte deutsche Presse verfolgt, mir wie andern gegenüber, beständig den Zweck, einen bestimmten Schriftsteller an eine bestimmte Stelle festnageln zu wollen. Es ist das das Bequemste. *Mein* Metier besteht darin, bis in alle Ewigkeit hinein ›märkische Wanderungen‹ zu schreiben; alles andre wird nur gnädig mit in den Kauf genommen. Auch bei ›Schach‹ tritt das wieder hervor, und so lobt man die Kapitel: Sala Tarone, Tempelhof und Wuthenow. In Wahrheit liegt es so: Von Sala Tarone hab ich als Tertianer nie mehr als das Schild überm Laden gesehn, in der Tempelhofer Kirche bin ich *nie* gewesen, und Schloß Wuthenow existiert überhaupt nicht, hat überhaupt nie existiert. Das hindert aber die Leute nicht zu versichern: ›ich hätte ein besondres Talent für das Gegenständliche‹, während doch *alles*, bis auf den letzten Strohhalm, von mir erfunden ist, nur gerade *das* nicht, was die Welt als Erfindung nimmt: *die Geschichte selbst* [...]« (an W. Friedrich vom 19. Januar 1883).

Vom Realismus der Lokalitäten also hält Fontane nicht viel. Dagegen die Geschichte, die Handlung — das, was man die Fabel nennt! Hier ist er sozusagen Realist. Fontane erfindet nicht; er findet vor und ändert ab. Das betrifft vor allem die Konfliktromane. Nahezu keiner dieser Konflikte ist erfunden; und soweit kann die Anlehnung an das in der Wirklichkeit Geschehene gehen, daß man in manchen Fällen gut und gern von Schlüsselromanen sprechen könnte. Solche Anlehnungen sagen zweifellos einiges über das sich wandelnde Verhältnis zur Wirklichkeit in der Geschichte des menschlichen Bewußtseins aus. Aber sie haben ihrerseits ihre Tradition, und der Problematik, die für einen modernen Dichter mit der inventio einer Handlung gegeben ist, war sich schon Schiller deutlich bewußt. Zwar scheint er noch ganz der Rhetorik und ihrem Begriff der Erfindung verhaftet zu sein, wenn er in der poetischen Fabel den Cardo rei der Tragödie erkennt. [100] Aber schon bald danach kommt er über der Arbeit am *Wallenstein* auf die Problematik der erfundenen Fabel erneut zu sprechen, der gegenüber die vorgefundene im Vorteil bleibt. Es ist der berühmte Brief vom 5. Januar 1798 an Goethe, in dem er die eigene poetische Verfahrensweise bekenntnishaft formuliert: »Ich werde es mir gesagt seyn lassen, keine andre als historische Stoffe zu wählen, frey erfundene würden meine Klippe seyn. Es ist eine ganz andere Operation, das realistische zu idealisieren, als das ideale zu realisieren, und letzteres ist der eigentliche Fall bei freien Fiktionen.« [101] Keine Frage, daß es der sentimentalische Dichter ist, der sich so äußert. Die Erfindung von Fabeln erscheint demgegenüber »naiv«, während der moderne Dichter sich lieber an Vorgegebenes hält; und vorgegeben ist das, was geschichtlich vorgegeben ist. Schon bei Schiller hat der Realismusbegriff — »das realistische zu idealisieren« — eben diesen Bezug. Das ist bei Fontane erst recht der Fall: er zieht das Geschehene der Erfindung vor. Nur daß man dabei zwischen dem, was in der

Vergangenheit geschehen ist, und dem, was jetzt geschieht, zu unterscheiden hat. Der Unterschied ist hinsichtlich des zeitlichen Abstandes ein solcher zwischen historischem Roman und Zeitroman, und dieser kündigt sich mit dem *Schach von Wuthenow* bereits an.

Auf Walter Scott geht die Anweisung zurück, den zeitlichen Abstand von sechzig Jahren nicht zu überschreiten. Die Verknüpfung der Gegenwart mit einer Vergangenheit kann auf diese Weise von den noch lebenden Zeitgenossen dieser Vergangenheit vollzogen werden. Fontane befolgt als Verfasser des *Schach von Wuthenow* die Anweisung ziemlich genau: seit dem Freitod des Majors von Schack waren bis zu dem Jahre, in dem die Erzählung erschien, nicht viel mehr als 60 Jahre vergangen. Mündliche Überlieferung des wirklich Geschehenen ist da noch vielfach lebendig; so auch hier. Den fiktiven Figuren seiner Erzählung ist Fontane zum Teil in der Wirklichkeit begegnet, zum Teil hat er mit ihnen korrespondiert. So eng sind in diesem Punkt Fiktion und Realität verschwistert. Im Jahre 1860 ist Fräulein von Crayn, wie sie in Wirklichkeit heißt, 75 Jahre alt, und Fontane erkundigt sich, wann er sie treffen kann. »An Frl. von Crayn schreib' ich heute noch«, heißt es am 29. Januar 1862 (an Mathilde von Rohr). Mit dem Grafen Schack verhält es sich ähnlich. Den freilich konnte Fontane, wegen des schon 1815 erfolgten Freitods, nicht mehr kennengelernt haben. Aber Angehörigen seiner Familie ist er wiederholt begegnet. Näheres über ihn hat er aus den Memoiren der Gräfin Sophie von Schwerin erfahren, die deren Schwester, Amalie von Romberg, 1863 herausgegeben hatte. [102] Der Schack dieser Affäre war ein Vorfahre des Dichters gleichen Namens, der wie Heyse zum Münchner Poetenkreis gehörte und der sich vor allem durch seine Gemäldesammlung dem Gedächtnis der Nachwelt eingeprägt hat. Als Fontanes Übersiedlung nach Bayern betrieben wurde, hatte man sich in München getroffen. In Thale traf er den Grafen erneut. [103] Für Fontane selbst, als den Erzähler der Geschichte, verknüpfen sich auf solche Weise Vergangenheit und Gegenwart in der Geschichte seines »Helden«. Und was hier für den Erzähler zutrifft, gilt für den Leser gleichermaßen: die erzählte Geschichte war zum Zeitpunkt ihres Erscheinens etwas eben Vergangenes, ganz im Sinne Scotts. Das durch diesen zu Ansehen gelangte Problem des historischen Romans ist zugleich ein Problem der Rezeption, also aktuell. Aber ist es wirklich ein Problem? Ist die Zeitfrage in der Sicht des zeitgenössischen Lesers wirklich so wichtig, wie es uns versichert wird? War etwa der Leser der achtziger Jahre ein besserer Leser als der heutige, weil jenem die erzählte Zeit um vieles näher stand, als dies für den heutigen Leser zutrifft? Es kommt doch wohl in erster Linie auf die gelungene oder nicht gelungene »Vergegenwärtigung« des Erzählten an — darauf, daß uns über den vordergründigen Interessen nicht das eigentlich Interessante dem Blick entschwindet. Und der Ratschlag Scotts — sechzig Jahre und nicht mehr! — basiert letztlich auf vordergründigen Interessen, die es allenfalls erleichtern, den Leser bei der Stange, will sagen: bei der Lektüre zu halten. Es ist vermutlich nur eine Frage der Taktik, sich erzählend die geforderte »Vergegenwärtigung« nicht dadurch zu erschweren, daß man sich in eine ferne Vergangenheit verliert. Ein Kunstwerk von Anspruch und Rang ist aber gegenüber solchen Problemen erhaben. Es ist hinsichtlich der dargestellten Zeit ziemlich belanglos, ob Schillers *Wallenstein* vom Zuschauer des 19. oder des 20. Jahrhunderts »rezipiert« wird. Die gewisse Entfernung von einer Dramendichtung wie dieser hat vermutlich andere Gründe. Was immer Entstehungsgeschichte und Rezeptionsgeschichte zutage fördern — sie bedeuten wenig, wenn darüber die »Sache« selbst in Vergessenheit gerät. Und die »Sache« selbst — das ist nichts anderes als der Text. Ihm wenden wir uns nach mancherlei Vorüberlegungen zu.

»Der Anfang ist immer der entscheidende. Hat man's darin gut getroffen, so muß der Rest mit einer Art von innerer Notwendigkeit gelingen.« [104] Diese Bemerkung Fontanes aus dem Jahre 1879 (vom 3. Juni an Mathilde von Rohr), bezieht sich auf den *Schach von Wuthenow*; nicht zufällig, wie wir meinen. Hier zum erstenmal ist der Romananfang auf eine imponierende Art gelungen: »In dem Salon der in der Behrenstraße wohnenden Frau von Carayon und ihrer Tochter Victoire waren an ihrem gewöhnlichen Empfangsabend einige Freunde versammelt, aber freilich wenige nur, da die große Hitze des Tages auch die treuesten Anhänger des Zirkels ins Freie gelockt hatte. Von den Offizieren des Regiments Gensdarmes, die selten an einem dieser Abende fehlten, war nur einer erschienen, ein Herr von Alvensleben, und hatte neben der schönen Frau vom Hause Platz genommen unter gleichzeitigem scherzhaftem Bedauern darüber, daß gerade *der* fehle, dem dieser Platz in Wahrheit gebühre.« (I/555) Dieser Eingang kommt vermutlich dem literarhistorisch geschulten Leser realistisch vor — wegen der genauen Ortsangaben und der Beschreibungen des räumlichen Milieus. In Wirklichkeit hält sich Fontane bei den Details seiner dargestellten Raumwelt nicht sehr lange auf. Nur diejenigen Gegenstände werden erwähnt, die im System der leitmotivischen Wiederholung wichtig sind. Mit den Straßen ist es nicht anders: sie werden unverzüglich genannt, und damit gut. Daß die Dame des Hauses eine schöne Frau ist, wird sich bald als eine für das Verständnis wichtige Information erweisen. Die beiläufige Bemerkung, daß etwas »gleichzeitig« scherzhaft bedauert wird, läßt aufhorchen. Hier werden Widersprüche signalisiert. Sie beziehen sich auf denjenigen Gast, dem dieser Platz gebührt. Wir wissen vorerst noch nicht, wer es ist, aber wir erfahren es bald: kein anderer als Schach von Wuthenow, der »Held« unserer Geschichte. Noch ehe wir ihn als Leser kennenlernen, ist er in der Erzählung anwesend — dadurch, daß man über ihn spricht. Die Personen — darauf sollen wir uns gefaßt machen — sind nicht ausschließlich das, was sie selber sind: wie sie sich darstellen und was sie über sich sagen. Sie sind stets auch das, was sie im Gespräch anderer sind: Spiegelbilder, die je nach der Optik bald so und bald auch anders erscheinen. Was man polyperspektivische Erzähltechnik nennt, deutet sich an, und das Gespräch im Salon vornehmer Personen adligen Standes ist das bevorzugte Mittel solchen Erzählens.

Natürlich ist es kein »realistisches« Gespräch. Hier wird nicht so gesprochen, wie man in den Salons kultivierter Menschen unbefangen spricht. So sorglos ist der Erzähler nicht. Alle diese Gespräche — hier und sonst — sind selbstverständlich vorausbedacht. Sie beruhen in einer außerordentlichen Ökonomie. Auf kürzestem Raum ist möglichst viel zur Sprache zu bringen, wie es tatsächlich geschieht. Wir werden über die historische Situation verständigt — durch die politischen Gespräche vor allem, die sogleich die Szene beherrschen. Sympathien und Aversionen zeichnen sich ab, und das vermeintlich Beiläufige — Victoires Liebe zu Polen — ist weit entfernt, etwas bloß Beiläufiges zu sein. Ein Gegensatz zwischen Polen und Preußen, zwischen Herrschern und Beherrschten, wird im Für und Wider der Gespräche sichtbar. Aber der weitreichendste Gegensatz, der dabei aufgedeckt wird, ist der zwischen dem alsbald eintretenden Schach, der nichts auf sein Land kommen läßt, und Bülow als dem unerbittlichen Kritiker dieses Landes. Von keiner der hier beteiligten Personen wird die Kritik so souverän und überzeugend geübt wie von ihm. Auf die Offiziere des Regiments Gensdarmes ist er seit langem nicht gut zu sprechen. Schach von Wuthenow, der diesem Regiment angehört, nennt er einen Wichtigtuer und Pedanten. Dieser Rittmeister ist ihm die Verkörperung jener preußischen Beschränktheit, die nur drei Glaubensartikel kennt: »erstes Hauptstück ›die Welt ruht nicht sicher auf den Schultern des Atlas, als der preußische Staat auf den Schultern der preußischen Armee‹, zweites Hauptstück ›der preußische Infanterieangriff ist unwiderstehlich‹, und drittens und letztens ›eine Schlacht ist nie verloren, solange das Regiment Garde du Corps nicht angegriffen hat‹. Oder natürlich auch das Regiment Gensdarmes. Denn sie sind Geschwister, Zwillingsbrüder.« (I/572) Die Pointe seiner Rede beruht in der Verwendung einiger preußischer Kernsprüche, die, in Analogie zum Katechismus Luthers, als Glaubensartikel bezeichnet werden; und in dieser Bezeichnung schon liegt es! Was mit Glauben gar nichts zu tun hat, wird ohne alles Nachdenken geglaubt. Zugleich wird in der geistvollen Analogie Preußisches und Lutherisches zusammengebracht, denn beides sind Zwillingsbrüder, Geschwister. Bülow ist dem einen so wenig gewogen wie dem andern, und daß mit Luther die Freiheit in die Welt gekommen sei, nennt er eine Sage. Wenn Schach später seinerseits von den preußischen Glaubensartikeln spricht, die Bülow bereits dem Spott überantwortet hat, so sind wir als Leser verständigt und wissen, was wir davon zu halten haben. Bülow als der redegewandte Intellektuelle, der er ist, erweist sich in solchen Pointen als die geistig überlegene Persönlichkeit schlechthin. Seine Kritik an dem Rittmeister des Regiments Gensdarmes ist von seiner Kritik an Preußen nicht zu trennen; und Preußen ist hier kein beliebiges Land. Es erscheint als ein Modellfall desjenigen Landes, dem ein beispielloser Aufstieg aus dem Nichts gelungen war. Jetzt aber ist alles Abstieg, Niedergang, Verfall. Die Kritik, die hier den Duktus der erzählten Gespräche bestimmt, findet ihr Ziel in der Zeit, die es an Erneuerung gesellschaftlichen Lebens hat fehlen lassen; und das gilt für die »Staatsreligion« des Landes gleichermaßen. Luthertum ist seiner Herkunft nach identisch mit Reformation und neuem Leben. Aber aus dem Leben kann im Laufe der Zeit die Seele entweichen. Uhrwerk und seelenloser Betrieb sind die Folge. Weil Wesen und Erscheinung in der Entwicklung des Protestantismus auseinandergetreten sind, kann der ehrwürdigen Gestalt Luthers widerfahren, was ihr in unserer Erzählung tatsächlich widerfährt: sie wird zur Karikatur, und mit Beziehung auf Zacharias Werners Drama *Die Weihe der Kraft* zu einer Karikatur des Romantischen obendrein. Für den Rittmeister von Wuthenow, der das alles kaum durchschaut, ist indessen das Lutherische weiterhin sakrosankt wie das Regiment Gensdarmes. Für den Neuerer dagegen, der Bülow ist, gehört die Erneuerung des Glaubens im historischen Akt der Reformation längst der Vergangenheit an. Er verwendet dafür — herabsetzend, wie es gemeint ist — den Begriff »Episode«. Schach ist verstört und erwidert in der Betroffenheit seiner Naivität: »Ich habe Napoleon von einer ›Episode Preußen‹ sprechen hören [...]. Wollen uns die Herren Neuerer, und Herr von Bülow an ihrer Spitze, vielleicht auch mit einer ›Episode Luther‹ beglückwünschen?« Worauf Schach von dem Neuerer Bülow zur Antwort erhält: »Es ist so. Sie treffen es. Übrigens sind nicht *wir* es, die dies Episodentum schaffen wollen. Dergleichen schafft nicht der einzelne, die Geschichte schafft es. Und dabei wird sich ein wunderbarer Zusammenhang zwischen der Episode Preußen und der Episode Luther herausstellen.« Er wie keine andere Person der Erzählung ist von der Vergänglichkeit dessen überzeugt, was er kritisiert; und mit erstaunlicher Sehergabe läßt ihn Fontane sagen, was erst der heutige Leser in seinen Ausmaßen als wahr erkennt: »Der nationale wie der konfessionelle Standpunkt sind hinschwindende Dinge.« (I/ 564) [105]

Die Kritik an der Zeit als einem der Seele beraubten Leben spiegelt sich wider im Zustand der Sprache. Was in der preußisch-protestantischen Gesellschaft nur noch wie ein Uhrwerk abläuft, findet in dieser den gemäßen Ausdruck. Die Sprache ist ihrerseits zum seelenlosen Mechanismus geworden. Das wird erkennbar an den mannigfachen Unarten im Umgang mit ihr. Gesellschaftskritik wird als Sprachkritik betrieben. Damit nimmt Fontane vorweg, was Thomas Mann in den *Buddenbrooks* zum Leitmotiv seiner Verfallsgeschichte machen wird. Dies geschieht durch Komik oder Karikatur, die jeweils den gedankenlosen Gebrauch der Sprache zeigen. Die verschrobene Tante der Carayons, die das ›ü‹ in vornehmer Selbstgefälligkeit auch dort ausspricht, wo es gar nicht steht — »Kürschen« statt Kirschen — ist eine solche Figur. Es gibt sie schon bei Dickens, und im deutschen Naturalismus — bei Kretzer oder Bleibtreu — setzt sich das fort. [106] Auch die wie ein Uhrwerk ablaufende Rede des preußischen Königs unserer Erzählung ist sprachkritisch gemeint. Frau von Carayon hat ihn aufgesucht, um sich seiner Hilfe zu versichern; und es ist eine typisch preußisch-militärische Redeweise, die sie vernimmt: »›Frau von Carayon? Mir sehr wohl bekannt ... Erinnre Kinderball ... schöne Tochter ... Damals ...‹ Er schwieg einen Augenblick, entweder in Verlegenheit über das ihm entschlüpfte letzte Wort oder aber aus Mitgefühl mit der tiefen Bewegung der unglücklichen und beinah zitternd vor ihm stehenden Mutter, und fuhr dann fort: ›Köckritz mir eben Andeutungen gemacht ... *Sehr* fatal ... Aber bitte ... sich setzen, meine Gnädigste ... Mut ... Und nun sprechen Sie‹.« (I/664) Später wird Schach selbst vor dem König erscheinen, und das Militärisch-Lapidare, die Sprachverkürzungen — fast wie später bei August Stramm — werden sich wiederholen. »›Habe Sie rufen lassen, lieber Schach ... Die Carayon; fatale Sache. Spiele nicht gern den Moralisten und Splitterrichter; mir verhaßt; auch meine Verirrungen. Aber in Verirrungen nicht stecken bleiben; wiedergutmachen. Übrigens nicht recht begreife. Schöne Frau, die Mutter; mir *sehr* gefallen; kluge Frau [...] Und die Tochter! Weiß wohl, weiß; armes Kind ... Aber enfin, müssen sie doch charmant gefunden haben [...]‹.« (I/665) Dem Militärstaat entspricht die militärische Sprache. Aber nicht minder ist der Hang zu großen Worten symptomatisch. Vor allem in Kreisen des Regiments Gensdarmes ist das der Fall. Wieder ist es Bülow, der sich in solcher Kritik kein Blatt vor den Mund nimmt: »›Ich verabscheue solche Redensarten, und der Tag ist nahe, wo die Welt die Hohlheit solcher Rotomontaden erkennen wird‹.« (I/572) Bezeichnend für die Hohlheit der Rede ist die Art, wie man über Ehre spricht; und so wie es geschieht, hat es schlimme Folgen, die wiederum Bülow in seinem abschließenden Resumé beim Namen nennt: »›Ich habe lange genug dieser Armee angehört, um zu wissen, daß ›Ehre‹ das dritte Wort in ihr ist; eine Tänzerin ist charmant ›auf Ehre‹, eine Schimmelstute magnifique ›auf Ehre‹, ja, mir sind Wucherer empfohlen und vorgestellt worden, die superb ›auf Ehre‹ waren. Und dies beständige Sprechen von Ehre, von einer falschen Ehre, hat die Begriffe verwirrt und die richtige Ehre totgemacht.« (I/679) Auf den preußischen Adel seiner Zeit bezieht sich die Äußerung, die sich in einem Brief aus dem Jahre 1880 findet, wo es heißt: »sie bezahlen nur mit ›Ehre‹, und da diese ganze Ehre auch noch nicht den Werth einer altbackenen Semmel für mich hat, so wird es mir nicht schwer darauf zu verzichten« (An Mathilde von Rohr vom 15. Januar 1880).

Die Aussagen über den falschen Ehrbegriff, wie er für das Regiment Gensdarmes und darüber hinaus für den Militärstaat Preußen im ganzen charakteristisch ist, finden sich am Schluß unserer Erzählung: in Bülows Brief an den Verleger Sander mit dem Datum vom 14. September 1806. Schach hat seinem Leben ein Ende gesetzt, und die Niederlage Preußens bei Jena — am 14. Oktober — steht bevor. Der Brief zieht das Fazit aus dem, was geschehen ist, und Bülow sieht es zweifellos ganz so, wie wir als Leser es sehen sollen: der Fall Schachs ist symptomatisch für den Fall Preußens: »All das spiegelt sich auch in diesem Schach-Fall, in Schach selbst.« Das Resumé wird mit ungewöhnlicher Schärfe formuliert: »Da haben Sie das Wesen der falschen Ehre. Sie macht uns abhängig von dem Schwankendsten und Willkürlichsten, was es gibt, von dem auf Triebsand aufgebauten Urteile der Gesellschaft, und veranlaßt uns, die heiligsten Gebote, die schönsten und natürlichsten Regungen eben diesem Gesellschaftsgötzen zum Opfer zu bringen. Und diesem Kultus einer falschen Ehre, die nichts ist als Eitelkeit und Verschrobenheit, ist denn auch Schach erlegen, und Größeres als er wird folgen [...]. Wir werden an derselben Welt des Scheins zugrunde gehen, an der Schach zugrunde gegangen ist [...].« (I/679) Nicht durchweg gibt sich die Kritik an der Zeit als einer Zeit des Verfalls so rücksichtslos wie hier in Bülows Sprache. Auf weite Strecken — im Salon der Frau von Carayon ebenso wie im Salon des Prinzen Louis Ferdinand — bestimmt die Gefälligkeit den Ton der Rede. Witz und Esprit — unbeschadet aller Kritik, in deren Dienst sie treten — herrschen vor. Aber die Schärfe im ganzen, die Unnachsichtigkeit, mit der diese Kritik geübt wird, ist am wenigsten im Falle Bülows wegzuinterpretieren. Es ist auch kein Zufall, daß Fontane diese Figur aus der Geschichte übernimmt. Den »richtigen« Bülow dieser Erzählung, den Kritiker der preußischen Idee, als der er hier erscheint, hat es gegeben. Dietrich Heinrich von Bülow war zu Anfang des 19. Jahrhunderts mit zahlreichen Schriften hervorgetreten. Vom Militärdienst wenig angetan, hatte er mit dem Rang eines Stabskapitäns seinen Abschied genommen. Er war vorübergehend in England tätig gewesen und kehrte 1803 nach Berlin zurück, wo er von nun an — vor und nach der Schlacht von Jena — eine rege publizistische Tätigkeit entfaltete. Die meisten seiner Schriften — *Der Feldzug von 1805*, *Über Napoleon, Kaiser von Frankreich* und *Blicke auf künftige Begebenheiten, aber keine Prophezeiungen* — waren anonym erschienen. Er war ein unbedingter Verfechter des napoleonischen Reiches und Verehrer des Kaisers obendrein. Daß es diesem gelingen könnte, eine Universalmonarchie zu errichten, lag ganz im Sinne seines ein wenig utopischen Denkens. Auf diesen Kritiker des Preußentums, mehr als auf andere Personen unserer Erzählung, trifft zu, was Fontane selbst von ihr gesagt hat: das meiste sei erfunden, nur die Geschichte selber nicht. Die Zeitkritik als Kritik am zeitgenössischen Preußen erhält dadurch ein erhöhtes Gewicht. [107] Sie darf als verbürgt gelten, als gewissermaßen dokumentarisch innerhalb einer fiktiven Personenwelt.

Es liegt daher nahe, diese Kritik in jedem Punkt für bare Münze zu nehmen und Fontanes Zeitkritik in dem Maße zu schätzen, als er sich die Auffassungen dieser Figur zu eigen macht. In Anbetracht einer solchen Deutung ist es nur folgerichtig, in dieser Kritik den Zielpunkt der Erzählung zu erkennen. Der Fall des Schach von Wuthenow wird damit eindeutig; er wird eindeutig in Bülows Kritik. Der Fall wird zum Exempelfall. So vor allem hat Georg Lukács den Text interpretiert. Seine Deutung entspricht der Deutung Bülows, und sie unterstellt, daß es zugleich diejenige Fontanes sei — daß wir mit anderen Worten die Erzählung in der Optik Bülows zu verstehen hätten. [108] Zugleich wird alles sehr einfach: man muß nur den falschen Ehrbegriff, den Dünkel und die starre Moral beseitigen, um alles in bester

Ordnung zu finden. Aber die moralische Erzählung, mit der man es zu tun hätte, wenn man so denkt, wie Georg Lukács denkt, hat Fontane mit Gewißheit nicht gemeint; und es ist wider alle Regeln der eingebürgerten Hermeneutik, sich über die »Meinung« des Autors ohne Grund hinwegzusetzen, wenn es sich um etwas bewußt so Gemeintes handelt: um den Text und seine Intention. Eindeutigkeit im Urteil gehört nicht zu den Strukturprinzipien dieser Erzählung. Daher ist auch Bülows Kritik eine solche Eindeutigkeit nicht zuzuerkennen. Fontane — oder sagen wir es genauer: der Erzähler dieser Geschichte — ist mit dem Repräsentanten der Preußenkritik nicht in allen Punkten einverstanden. Gelegentlich kommt es sogar zu Distanzierungen, die an Deutlichkeit nichts zu wünschen übrig lassen. Im Salon der Frau von Carayon trägt Victoire ein leicht sentimental anmutendes Lied mit utopischem Inhalt vor. Man unterhält sich darüber, und es ist der Erzähler, der sich bei dieser Gelegenheit sein Urteil über Bülow bildet: »Nur Bülow schwieg. Er hatte, wie die meisten mit Staatenuntergang beschäftigten Frondeurs auch seine schwachen Seiten, und eine davon war durch das Lied getroffen worden.« Es hat ihn elegisch gestimmt, dieses von Victoire vorgetragene Lied. Aber offensichtlich ist es nicht die rechte »Elegie«, der sich Bülow bereitwillig überläßt, wenn es im Fortgang der Erzählung heißt: »Wider Wissen und Willen war er ein Kind seiner Zeit, und romantisierte.« (I/566) Wider Wissen und Willen — das sind unüberhörbare Einschränkungen, die hier gemacht werden. Das Kritische und Witzige einerseits und das Elegische zum andern bleiben uns in der Person Bülows die Einheit schuldig, die man sich wünschte.

Andererseits wird Schach nicht eindeutig ins Unrecht gesetzt. Auch in der Sicht Bülows ist er innerhalb des Regiments Gensdarmes noch immer einer der Besten; und der Stellung, die Victoire als der geheimen Heldin der Erzählung eingeräumt wird, müßte es abträglich sein, wenn sie sich mit einem in jeder Hinsicht Nichtswürdigen eingelassen hätte. Ein solcher ist er mit Gewißheit nicht. Etwas Zwiespältiges und Halbes wird an seiner Person offenkundig. Er sei eine sehr eigenartige Natur, sagt einer der Offiziere seines Regiments; er habe noch keinen Menschen kennengelernt, bei dem alles auf das Ästhetische zurückzuführen sei. Das betrifft die Motive der Schönheit, denen im Ganzen der Erzählung eine fast leitmotivische Bedeutung zukommt. Victoire urteilt in diesem Punkt nicht grundsätzlich anders. Sie ist geneigt, das Ridiküle nicht zu überschätzen. Schach habe sich vor dem Kampf mit diesem nicht eigentlich gefürchtet. Aber die Ehe habe nicht zu seinen Idealen gehört, weil er insgeheim ein Tempelritter und ein Ordensmann gewesen sei. Diese Erklärung gibt politisch und gesellschaftskritisch nicht das Geringste her. Warum läßt Fontane seine Personen so völlig entgegengesetzte Auffassungen vortragen; und welche dieser Auffassungen sollen wir uns als Leser zu eigen machen? Bülow scheint ausschließlich den politischen Fall im Auge zu haben, während sich Victoire in erster Linie für den menschlichen Fall interessiert. Doch ist in ihrem brieflichen Rückblick das Motiv schon enthalten, das den menschlich-psychologischen Fall mit dem politischen in Verbindung bringt: das Schönheitsmotiv, das die Verbindung des vermeintlich Entgegengesetzten herstellt.

Schon der Eingang bereitet darauf vor — mit dem Hinweis, daß Herr von Alvensleben neben »der schönen Frau vom Hause« Platz genommen hatte. Ihr verstorbener Mann — ein kleiner schwarzer Koloniefranzose — war alles andere als schön, während die Schönheit Victoires seit ihrer Kindheit durch Pockennarben entstellt wurde. Den Namen Mirabeaus möchte Victoire am liebsten ihrem eigenen Namen hinzufügen; nicht, weil sie eine auf das Ästhetische gestellte Natur ist, sondern weil sie in ihm einen Leidensgefährten sieht. Andererseits hat sie für historische Persönlichkeiten mit den Beinamen »des Schönen« wenig Sympathie. Im Salon des Prinzen Louis Ferdinand ist die Schönheit das Gesprächsthema, das Schachs Schritt vom Wege in schwacher Stunde motiviert. Das wirft ein Licht auf den menschlich-psychologischen Fall. Aber die gesellschaftskritische Seite ist deshalb nicht zu übersehen. Stolz und Dünkel sind ästhetische und gesellschaftliche Erscheinungen gleichermaßen. Wo sie hervortreten, bestätigen sie den Menschen, der auf Repräsentation und »Geltendmachung« gestellt ist — auf äußerliche Dinge. Selbst Schachs Ehescheu hat damit etwas zu tun. Das Gefallen, das er am Gelübde der Ehelosigkeit findet, ist ein Gefallen am Repräsentativen. Andererseits setzen auch Ehen eine Art von Gelübde voraus: eine »Innerlichkeit« der Treue, die sich die Ehepartner schulden. Im Ordensgelübde geht es um Verwandtes: um etwas Wesentliches gegenüber dem bloß gesellschaftlichen Schein. Aber dieselben Gelübde können eine Außenseite haben — eine Tendenz eben zum gesellschaftlichen Glanz. Die Phänomene können so oder so erscheinen; sie erweisen sich als eigentümlich vieldeutig — wie die Motive der Schönheit auch. Der dem Ästhetischen verfallene Schach muß in die Ehe mit Victoire einwilligen, deren »innere Schönheit« er nicht auf den ersten Blick wahrnimmt. Äußere und innere Schönheit werden zweideutig in der Ambivalenz der Dinge; und daß der auf das Ästhetische gestellte Offizier des Regiments Gensdarmes in eine Ehe einwilligt, die seinem Schönheitssinn widerspricht, geht auf Gespräche im Salon des Prinzen zurück, die ihrerseits die Schönheit zum Gegenstand haben. Darüber wird in geistvoller Rede diskutiert. Witz und Esprit kommen hier vor allem zu ihrem Recht. Der Prinz macht die Schönheit Victoires zum Gegenstand seiner geistreichen Plauderei, indem er darüber zu »philosophieren« beginnt. Unbekümmert überläßt er sich seiner Freude an zugespitzten Pointen und am funkelnden Paradox: »Ich bitte Sie, was ist Schönheit? Einer der allervaguesten Begriffe [...] *Alles* ist *schön* und *nichts*.« (I/607) Er wolle der »Beauté du diable« den Vorzug geben, und dabei wird Fräulein von Carayon als Beispiel genannt. Der Prinz sagt das alles in einem Plauderton, der etwas Unverbindliches behält, wenn er die so bezeichnete »Beauté du diable« in ihrer erweiterten Bedeutung erläutert: »Diese hat etwas Weltumfassendes, das über eine bloße Teint- und Rassenfrage weit hinausgeht. Ganz wie die katholische

Kirche. Diese wie jene sind auf ein Innerliches gestellt, und das Innerliche, das in *unserer* Frage den Ausschlag gibt, heißt Energie, Feuer, Leidenschaft« (I/608). Derart geistreiche Paradoxe sind charakteristisch für die Atmosphäre in seinem Salon. In demselben Salon führen die Frondeure das Wort. Hier spricht Bülow unumwunden aus, wie er über Preußen und seine Armee denkt: »Der Geist ist heraus, alles ist Dressur und Spielerei geworden [...] Selbst das Marschierenkönnen, diese ganz gewöhnliche Fähigkeit des Menschen, die Beine zu setzen, ist uns in dem ewigen Paradeschritt verlorengegangen.« (I/597) Mit solchen Sarkasmen bleiben die oppositionsfreudigen Gäste des Prinzen dem Erzähler nahe. Sie treffen aufs genaueste die schwachen Stellen einer Gesellschaft, deren Verfall es zu zeigen gilt. Das Mechanische, Seelenlose und in allem Äußerliche sind seine Zeichen. Aber die Kritiker im Salon des Prinzen — wie dieser selbst — sind von einem solchen nur auf das Äußerliche gerichteten Verhalten nicht freizusprechen. Die Art und Weise dieser Kritik behält ihrerseits etwas Fragwürdiges. Die Gesprächsspiele des Prinzen arten in Spielereien aus. Und die Spielernaturen erhalten im Ensemble der Figuren von nun an ihren festen Ort. In *Schach von Wuthenow* wird das zum erstenmal deutlich sichtbar. Weil sich im Kreise dieser Kritiker das Spielerische nicht verleugnet, ermangeln sie ihrerseits des Inneren und Innerlichen, das vor Mechanismus bewahrt. Der Gesprächsgegenstand im Salon mit Beziehung auf Victoire beweist es. Das Innerliche wird widerspruchsvoll als Energie, Feuer und Leidenschaft definiert. Es wird lediglich um der Freude am Paradoxen willen so definiert. Schach, in seiner gewissen Enge, nimmt das alles als bare Münze. Das ist bezeichnend für den beschränkten Horizont seines Denkens, dem es zuzuschreiben ist, daß er die »preußischen Glaubensartikel« gedankenlos nachbetet. Dennoch äußert sich in seinem Interesse an innerer Schönheit zugleich etwas von jenen Eigenschaften, die ihn noch immer zu einem der Besten des Regiments machen. Das Ästhetische, das bloß den individuellen Fall anzugehen scheint, wird unverkennbar mit dem Politischen und Zeitgeschichtlichen verknüpft. Dieser Rittmeister ist als einer der Besten seines Regiments nicht unempfänglich für Innerliches und läßt sich dennoch dazu verführen, etwas bloß Äußerliches dafür zu halten. Er nimmt den Gehorsam an, aber er versteht ihn mechanisch, indem er ihn bloß dem Schein nach erfüllt. Was er tut, bleibt stets im Halben. Das gilt erst recht für die Bewußtseinsstufen, die er erreicht oder nicht erreicht. Das Selbstgespräch macht es deutlich. Inmitten einer ganz auf Gesprächen aufgebauten Erzählung wird es fast zum Angelpunkt des Ganzen.

Schach hat sich nach Wuthenow zurückgezogen, um sich Klarheit über sich selbst zu verschaffen. Er hat eine unruhige Nacht verbracht, ist hinausgerudert auf den See und mustert nach der Rückkehr sein Domizil mit der Porträtgalerie seiner Ahnen. Die Uhr schlägt zwölf, aber die Zeit ist keine mechanische, sondern eine »erlebte« Zeit, um einen bezeichnenden Terminus Bergsons zu gebrauchen. »Zwölf. Jetzt bin ich zwölf Stunden hier, und mir ist, als wären es zwölf Jahre ... Wie wird es sein? [...] und dann gehe ich mit Victoire durch den Garten, und aus dem Park auf die Wiese, dieselbe Wiese, die wir vom Schloß aus immer und ewig und ewig und immer sehn und auf der der Ampfer und die Ranunkeln blühn. Und dazwischen spazieren die Störche. Vielleicht sind wir allein; aber vielleicht läuft auch ein kleiner Dreijähriger neben uns her und singt in einem fort: ›Adebaar, du Bester, bring mir eine Schwester‹.« (I/651) Der Schluß dieses Selbstgesprächs nimmt Bezug auf die Ahnengalerie. In der Verbitterung des sprachlichen Ausdrucks ist diese Rede kaum noch zu überbieten, wenn er sich vorstellt, was da alles passieren kann: »Vorher aber hab' ich eine Konferenz mit dem Maler und sag' ihm: ›Ich rechne darauf, daß Sie den *Ausdruck* zu treffen wissen. Die Seele macht ähnlich‹. Oder soll ich ihm geradezu sagen: ›Machen Sie's gnädig‹ [...].« Die sich dehnende Zeit in ihrem ewigen Einerlei, ist überzeugend wiedergegeben, wie schon ausgeführt. Aber der eigentliche Reiz dieses Selbstgesprächs beruht in der Art, wie sich der Sprechende die eigene Zukunft ausmalt. Dies geschieht rücksichtslos und ohne jede Illusion. Darin liegt eine Richtung zur Wahrheit und zur Realität. Schach macht sich nichts vor. Dennoch hat man damit nur die halbe Wahrheit erfaßt. Es kommt mancherlei auch nicht zur Sprache, das in einer solchen Situation zur Sprache kommen müßte. In der Erforschung des eigenen Innern, im Bewußtmachen dessen, was ihn bewegt, bleibt der Redende auf halbem Wege stehen. Das Selbstgespräch mißlingt. [109] Was er sich, verbittert und verzweifelt, ausmalt, ist das Ridiküle einer Landehe. Aber dem Ridikülen ist er nicht gewachsen, und er bietet nichts dagegen auf, um diesem gesellschaftlichen Etwas gegenüber zu bestehen. Es ist die Abhängigkeit vom Urteil der Gesellschaft, die seine Selbstaussprache beeinträchtigt. Erzähltechnisch nähert er sich dem inneren Monolog an, wie man ihn aus Schnitzlers *Leutnant Gustl*, einem Verwandten unseres Helden, kennt. Von diesem bleibt das Selbstgespräch bei Fontane zwar unterschieden durch das Unbewußte und Undurchdachte, in dem der Offizier Schnitzlers hoffnungslos versinkt. Aber auch vom Entscheidungsmonolog im klassischen Drama und vom Grad des Bewußtseins dort ist Fontanes Selbstgespräch getrennt. Es hält zwischen beiden Monologarten genau die Mitte; ein eigentümlicher Zustand des Halbbewußten ist dafür charakteristisch. Es wird sichtbar, daß weder Schach noch Bülow die höchste Bewußtseinsstufe im Fiktionsraum der Erzählung erreichen: Schach nicht, weil er mit anderen in Vorurteilen befangen bleibt; und Bülow nicht, weil er sich in romantischen Utopien verliert. Ihm schwebt ein neuer und freier Gesellschaftszustand vor, aus dem eines Tages die alten Klassen verschwinden werden: »An die Stelle der Eifersüchtelei, die jetzt das Herz unsres dritten Standes verzehrt, muß eine Gleichgiltigkeit gegen alle diese Kindereien treten, die sich einfach überlebt haben«. Worauf sein schlagfertiger Verleger erwidert: »Wie Herr von Bülow umgekehrt an Errichtung eines neuen Königreichs Utopien arbeitet.« (I/603) Es sieht nicht so aus, als sei Fontane mit der Errichtung solcher Königreiche einverstanden. Auch erhält nicht Bülow, sondern die nunmehr verwitwete Victoire das letzte Wort.

Erst in ihrer Person werden die Widersprüche des gesellschaftlichen Lebens gewissermaßen »aufgehoben«, um es so — frei nach Hegel — zu bezeichnen. Fontane verwendet für diese Vereinigung des Entgegengesetzten die Wendung vom Witzig-Elegischen, und es ist bezeichnenderweise der Prinz, der sich zuerst dieser Wendung bedient. Es kann sich hierbei weder darum handeln, die Gegensätze unvermittelt bestehen zu lassen; noch kommt es auf gedankenlose Vermischungen an. Alles zielt hin auf Vereinigung des Entgegengesetzten, aufgrund einer Gedankenarbeit, die letztlich eine solche des Lesers ist. Für Victoires Freundin kann ein Kavalier nicht zugleich ritterlich und unritterlich sein. Ein solches »Zugleich« übersteigt ihren arg begrenzten Horizont. »Solche Widersprüche gibt es nicht. Man ist entweder ein Mann von Ehre, oder man ist es nicht.« (I/613) In Personen wie Schach sind gerade solche Widersprüche das Augenfällige ihres Verhaltens. Auch Bülow ist davon nicht frei, wie schon ausgeführt. Er ist der schärfste Kritiker unter allen und verhält sich gleichwohl auf eine nicht recht angemessene Weise elegisch. In Victoire wird die Vereinigung solcher Gegensätze erkennbar. Das Witzig-Elegische wird in ihrer Person sozusagen legitim. In solchen Vereinigungen geht es um das Kritische einerseits und um das Maß des Menschlichen in aller Kritik zum andern. Die Kritik mit ihren Pointen, Spitzen und Sarkasmen behält ihrerseits etwas Fragwürdiges, wenn sie nur Kritik bleibt, oder wenn das Witzige nur unverbindlich mit dem Elegischen zusammengebracht wird, wie es im Salon des Prinzen geschieht. Victoire ist beides: sie ist witzig und »elegisch« gleichermaßen. In der Kunst espritvoller Repliken erinnert sie an Fontane selbst; aber auch hinsichtlich des »Elegischen« und der damit verwandten Resignation erinnert sie an ihn. Sie ist aufgeschlossen für Schönes, ohne sich dem Leid verschlossen zu haben, wie es angedeutet wird, wenn sie von Mirabeau als ihrem Leidensgenossen spricht. Oder um es ins allgemeine zu wenden: Kritik — als Sprachkritik ebenso wie als Gesellschaftskritik — ist zeitbezogen. Das »Elegische« als Chiffre für das, was an Victoire jenes Menschliche ist, das sich nicht definieren läßt, weist darüber hinaus ins Zeitlose, Allgemeine und Universale. Wieder wird vom Prinzen nur unverbindlich antizipiert, was sie ihrerseits »realisiert«, wenn er von einer höheren Form der Schönheit als etwas Weltumfassendem spricht und dies mit der katholischen Kirche vergleicht. Die Anspielung auf die Kirche Araceli in Rom am Schluß der Erzählung nimmt diese Chiffre des Weltumfassenden wieder auf. Im Witzig-Elegischen als einer Umschreibung für Allgemeines erhält beides seinen Ort und sein Recht: das Zeitliche einerseits und das Jederzeitliche zum andern. Kritik ist stets auf Zeitliches gerichtet: auf eine Gegenwart, damit sie in Zukunft anders werde. Aber es ist stets und jederzeit die Frage, in welchem Ausmaß und mit welchen Mitteln dies geschehen soll; ob die Veränderung ausschließlich gilt, oder ob auch noch anderes Geltung behält. Eine solcherart ausschließliche Kritik, die nur noch Veränderung kennt und sonst nichts, ist nicht Fontanes Sache. Seine Kritik ist niemals arrogant. Sie ist duldsam und läßt anderes gelten. Vor allem innerhalb seiner Erzählkunst ist das der Fall. Er hat dafür das schöne Wort von der »Zeitanmaßlichkeit« gefunden, die er vermieden sehen möchte. [110] Fontane bleibt bei aller Kritik gerecht. Daher darf auch seine Kritik am Preußentum, die er seinen Figuren erlaubt, nicht schon als Abrechnung schlechthin verstanden werden. [111] In seinem epischen »Weltbild«, wenn man das so sagen darf, ist Kritik stets nur die eine Seite der Sache; und eigentlich kommt es in allen seinen Erzählungen — so auch hier — auf die beiden Seiten an. Beide Teile — der in Königsberg und der in Rom geschriebene Brief — machen das Ganze aus; beide zusammen ergeben in der doppelten Optik die höhere Reflexionsstufe, von der schon die Rede war. Die Gesellschaftskritik in Bülows Sicht und das Menschliche in der Sicht Victoires sind im Ganzen der Erzählung vereint. Und zuletzt ist es natürlich die Persönlichkeit des Erzählers — also Fontane — der das eine tut, ohne das andere zu lassen. Mit Unentschiedenheit hat das nichts zu tun. [112]

Erzähltechnisch bleiben Umsicht und Kunstverstand hervorzuheben. Die Technik der leitmotivischen »Durchführung« ist hier voll entfaltet, fast schon so, wie man sie von Thomas Manns artistischer Erzählweise her kennt. Die Schönheit ist ein solches Motiv; die Erwähnung von Licht und Schatten ein anderes. Aus der Vielfalt solcher Bilder, Motive und Chiffren ergibt sich das mit erzählerischen Mitteln erstellte »System«, in dem das eine auf das andere verweist. Mit symbolistischer Raffinesse zeigt sich das im Erscheinen der Schwäne, die im Licht der sinkenden Sonne vorbeidefilieren: »Am schönsten aber war der Anblick zahlloser Schwäne, die, während man in den Abendhimmel sah, vom Charlottenburger Park her in langer Reihe herankamen. Andre lagen schon in Front. Es war ersichtlich, daß die ganze Flottille durch irgendwas bis in die Nähe der Villa gelockt sein mußte, denn sobald sie die Höhe derselben erreicht hatte, schwenkten sie militärisch ein und verlängerten die Front derer, die hier schon still und regungslos und die Schnäbel unter dem Gefieder verborgen wie vor Anker lagen.« (I/609) Der militärische Wortschatz in der Schilderung der Szene ist unverkennbar, und natürlich wird er mit Absicht so verwandt. Diese Absicht spricht für sich selbst: in dem Militärstaat, in dem wir uns befinden, hat sich alles in Dressur und bloße Ordnung verkehrt; das Ästhetische hat sich ins Militärische verlagert. Mit den vorbeidefilierenden Schwänen wirft der Schönheitskult der Jahrhundertwende seine Schatten voraus; denn Schwäne, sterbende zumeist, sind seit dem Symbolismus in der europäischen Lyrik beliebt. Ein eindeutiges Votum für den neuen Schönheitssinn darf man aus Fontanes Schwanenszene nicht herauslesen. Es bleibt alles ambivalent. Im übrigen treten die Gattungsprobleme, die dem 19. Jahrhundert so wichtig gewesen sind, spürbar zurück. Ob man es mit einer Novelle, mit einer Erzählung oder einem Roman — einem historischen Roman geringeren Umfangs — zu tun hat, bleibt zweitrangig gegenüber anderen Fragen. [113] Die Skepsis Fontanes gegenüber solchen Gattungsbezeichnungen und gegenüber jeder Gattungsfrömmigkeit äußert sich früh. »Wenn ich von ›Novellen‹ spreche, so bitte ich's damit nicht wörtlich zu nehmen. Ich verstehe darunter vielmehr jede Art poetischer Erzählung.« So steht es schon 1853 in einem Brief an Theodor Storm. [114] Zwar spricht manches dafür, Fontane in der Geschichte der deutschen Novelle nicht ganz zu übersehen; den Fall des Schach von Wuthenow kann man als einen spezifisch novellistischen Fall verstehen, aber ein Vielfaches an Einsicht und Erkenntnis bringen solche Betrachtungen nicht ein. Weder literarische Gattungen noch Stile werden in der Poetik Fontanes aufs genaueste getrennt. Auch die Nähe zum Tragischen, die man in der Novellistik des 19. Jahrhunderts gern sucht, ist nicht mehr das, woran man Fontane als Verfasser novellenartiger Erzählungen erkennt. Komisches und Tragisches werden merkwürdig vermischt. Es ist alles andere als erhebend, wie der Tod des »Helden« geschildert wird, der es auch darin nur zum halben Helden bringt. [115] Von tragischem Pathos in der Schilderung des Vorfalls kann nicht die Rede sein. Kaum daß der Schuß erfolgt ist, unterhalten sich die Ordonanz und der englische Groom in einer Weise, die uns sehr komisch vorkommt: »›Damm‹, sagte der Groom, ›What's that?‹ ›Wat et is? Wat soll et sind, Kleener? En Steen is et; en doter Feldwebel‹ [...].« Vollends offenkundig wird das Komische der Situation, wenn es im Fortgang der Schilderung heißt: »Er öffnete den Wagenschlag, ein dichter Qualm schlug ihm entgegen, und Schach saß aufrecht in der Ecke, nur wenig zurückgelehnt. Auf dem Teppich zu seinen Füßen lag das Pistol. Entsetzt warf der Kleine den Schlag wieder ins Schloß und jammerte: ›Heavens, he is dead‹.« (I/677) Mit strenger Form, wie sie Paul Ernst einige Jahrzehnte später propagieren wird, hat das nichts zu tun. Auf seinem Weg in die Moderne ist Fontane längst über solche Regressionen hinaus, ehe sie verkündet werden.

Und zum Teil ist Fontane auch schon über den historischen Roman hinaus. Zwar bleibt das Wechselverhältnis von Zeitwende und Zeitkritik auch für den *Schach von Wuthenow* noch bezeichnend. Aber die Kritik als eine solche an einer vergangenen Zeit ist fast zum Vorwand einer auf die Gegenwart zielenden Erzählung geworden. Der historische Roman geht in den Zeitroman über. Das sichtbare Zeugnis dieser Umorientierung ist das Romanfragment *Allerlei Glück*, von dem Fontane bereits spricht, als ihn seine historischen Erzählungen noch voll und ganz in Anspruch nehmen. Schon 1879 erfahren wir Näheres über die Wende, die sich ankündigt: »Am meisten am Herzen liegt mir mein neuer Roman [...] Zeitroman. Mitte der siebziger Jahre; Berlin und seine Gesellschaft, besonders die Mittelklassen, aber nicht satirisch [...]« (an G. Karpeles vom 3. April 1879). Diese Wendung entsprach ganz dem Zug der Zeit. Zumal die Anwälte des Naturalismus sprachen sich eindeutig gegen jede Art von Historismus aus — gegen »jene Tendenz zu einer romantisch-allegorischen, schöngeistigen Geschichtsauffassung, die uns heute im Ganzen so fremd und ungeläufig geworden«, wie es Hermann Conradi formuliert. [116] Die Reduzierung des Historischen zugunsten der eigenen Zeit bringt eo ipso ein Mehr an kritischer Schärfe mit sich. Sie gilt nun unverhüllt der Gesellschaft, so wie sie ist. Man meint in der zwischen Sarkasmus und Humor angesiedelten Ironie Robert Musil schon zu vernehmen, wenn Fontane die Lebensgewohnheiten der regierenden Klasse beschreibt: »Diese Leute machen alles. Das Linienblatt kuckt überall heraus. Sie tuen liberal; sind aber die unreifsten Menschen von der Welt. Bourgeois. Sie kommen zur rechten Zeit auf das Gymnasium und gehen zur rechten Zeit vom Gymnasium ab, sie studieren die richtige Zeit und sind mit $28^{1}/_{4}$ bis $28^{3}/_{4}$ Assessor. Höchstens daß ihnen der Spielraum von sechs Monaten gestattet wird. Ein Monat früher ist Anmaßung, ein Monat später ist Lodderei. Sie sind Reserve-Offizier. Sie heiraten immer ein wohlhabendes Mädchen und stellen bei Ministers die lebenden Bilder. Sie erhalten zu ganz bestimmter Zeit einen Adlerorden und zu noch bestimmterer Zeit den zweiten und dritten, sie sind immer in Sitzungen und sitzen immer am Webstuhl der Zeit.« (V/648) Aber erschließend vor allem ist der Titel des Fragments. Wiederholt kommt man auf ihn zu sprechen: allerlei Glück wird in Verbindung mit allerlei Moral gebracht. An anderer Stelle lesen wir die Definition: »Seine Befriedigung innerhalb des Erlaubten oder doch des Zulässigen zu finden, auf das unsre Natur hinweist, das ist Glück. Der geringste Fehltritt dabei, oder auch nur Irrtum und das Glück ist hin.« (V/642) Damit sieht man sich auf bestimmte Formprobleme des Romans verwiesen; zunächst auf die Motive des Glücks. Sie haben im deutschen Bildungsroman eine zentrale Bedeutung. Vom Augenblick des höchsten Glücks ist in den letzten Sätzen des *Wilhelm Meister* die Rede, und der Held selbst erhält in diesem Zusammenhang das letzte Wort: »Ich kenne den Wert eines Königsreichs nicht [...] aber ich weiß, daß ich ein Glück erlangt habe, das ich nicht verdiene, und das ich mit nichts in der Welt vertauschen möchte.« [117] Entsprechend heißt es am Ende des *Nachsommer*, der unter den Bildungsromanen des 19. Jahrhunderts dem Goetheschen Vorbild vielleicht am nächsten kommt: »Was mich selber anbelangt, so hatte ich nach der gemeinschaftlichen Reise in die höheren Lande die Frage an mich gestellt, ob ein Umgang mit lieben Freunden ob die Kunst die Dichtung die Wissenschaft das Leben umschreibe und vollende, oder ob es noch ein Ferneres gäbe, das es umschließe, und es mit weit größerem Glück erfülle. Dieses größere Glück, ein Glück, das unerschöpflich scheint, ist mir nun von einer ganz anderen Seite gekommen als ich damals ahnte.« [118] Auch hier geht es um allerlei Glück, um das Glück der Bildung und um das höhere Glück einer Ehe. Den individuellen Momenten in solcher Motivik kommt dabei der Vorrang zu. Bis in das Ende des Romans hinein ist es zu verfolgen. Dies ändert sich mit dem tiefreichenden Strukturwandel, der alle Lebensbereiche erfaßt. Der Schritt vom Glück Goethes oder Stifters ist der Schritt vom Bildungsroman zum Gesellschaftsroman mit seinen betont sozialen Implikationen; und ein Formproblem besonderer Art innerhalb eines solchen Strukturwandels ist der jeweilige Schluß, der als glückliches Ende immer weniger gelingen will. Das Glück selbst verändert seine Bedeutung. Es erhält einen von Grund auf veränderten Sinn. Die individuellen Aspekte, die für die

Goethezeit die bestimmenden waren, gehen nicht völlig verloren; denn Glück kann wie Schuld letztlich nur individuell erfahren werden. Aber es wird anders erfahren als zuvor. Der Kontext der Erfahrungen ändert sich. Die Motive des Glücks erhalten einen betont gesellschaftlichen Sinn. Sie werden ihrerseits sozial. Es bleibt mit Jacob Burckhardt anzunehmen — wenigstens von Fall zu Fall — daß das Glück nicht selten auf den Leiden anderer beruhe. [119] Andernorts nennt Burckhardt Glück ein »entweihtes, durch gemeinen Gebrauch abgeschliffenes Wort«. [120] Das läßt an Schopenhauer denken, der dem Begriff entgegenarbeitet, wo immer sich die Gelegenheit bietet. [121] Der Bedeutungswandel ist bei Fontane reichhaltig belegt. Wiederholt ist in seinen Schriften vom Glück die Rede. Er sieht es durch die moderne Industriegesellschaft und ihre Großstädte erschwert: »Die große Stadt hat nicht Zeit zum Denken, und was noch schlimmer ist, sie hat auch nicht Zeit zum Glück. Was sie hunderttausendfältig schafft, ist nur die ›Jagd nach dem Glück‹.« So steht es 1884 in einem Brief an Georg Friedlaender (vom 21. Dezember). [122] Ähnlich äußert er sich einige Jahre später in einem Brief aus dem Jahre 1892: »Ach, Berlin! Es liegt schon in Gedanken schwer auf mir. Der Lärm, all das wüste Treiben, die Jagd nach dem Glück und die Brücke, die bricht [...]« (an K. Zöllner vom 13. August). Welche Ansprüche der Frau in solchen Gedanken über »allerlei Glück« zukommen, war im deutschen Bildungsroman alles andere als eine zentrale Frage gewesen. Über den damit zusammenhängenden Bewußtseinswandel haben wir im nächsten Kapitel zu sprechen.

III. Frauenporträts

Von der Struktur wissenschaftlicher Revolutionen handelt ein amerikanischer Physiker (Thomas S. Kuhn), indem er das Wesen und die Notwendigkeit solcher Revolutionen beschreibt. Die Namen von Kopernikus, Newton und Einstein werden in diesem Zusammenhang erwähnt. [1] Ihre Theorien, so wird angeführt, haben unser Weltbild grundlegend, umwälzend und eben auf revolutionäre Weise verändert. Unter den Biologen wäre Charles Darwin mit gleichem Recht zu nennen. Sein 1859 erschienenes Hauptwerk *On the origin of species by means of natural selection* hat mitten in einer von Grund auf erschütterten und vom sozialen Wandel geprägten Welt zum sozialen Wandel seinerseits beigetragen. Die Theorie der Selektion, die darin entwickelt wird, gibt dem Stärkeren das Recht des Überlebens. Ein zehn Jahre später in England erschienenes Buch über das »schwache Geschlecht« ist weniger bekannt. Aber die Fragen, die es behandelt, sind auf ihre Weise revolutionierend. Sie sind gleichermaßen ein Kernstück im sozialen Wandel des 19. Jahrhunderts. Von John Stuart Mill und seiner 1869 veröffentlichten Schrift *The subjection of woman* ist die Rede, die unter dem provozierenden Titel *Die Hörigkeit der Frau* noch in demselben Jahr in deutscher Sprache erschien. [2] Sie ist ganz gewiß nicht die erste ihrer Art. Aber um die Mitte des Jahrhunderts zeigt sie an, wie man in England darüber denkt und wie man in Deutschland solche Gedanken aufnimmt.

John Stuart Mill (1806 — 1873) ist einem breiteren Publikum durch seine volkswirtschaftlichen Schriften bekannt, die er seit der Mitte des Jahrhunderts veröffentlichte. Durch die Lehre David Ricardos vorbereitet, hat er sich gegenüber den sozialen Fragen der Zeit aufgeschlossen gezeigt. Dem liberalen Sozialismus näherte er sich in mehrfacher Hinsicht an. Seine Schrift über die »Hörigkeit der Frau« ist eine der radikalsten, die er schrieb. Erbarmungslos räumt er mit überkommenen Anschauungen auf und stellt fest, daß das alte englische Gesetz den Mann den Herrn seiner Frau nennt; er werde buchstäblich wie ihr Souverän betrachtet. Wüßte man nicht, daß es in dieser Schrift Kapitel um Kapitel um die Rechte der Frau geht, für die sich sein Verfasser verwendet, so könnte man bei flüchtiger Lektüre meinen, man hätte es mit einem Anwalt der unterdrückten Klasse, also der Arbeiterklasse, zu tun. John Stuart Mill führt aus, »daß die Menschen nicht für einen vorherbestimmten Platz im Leben geboren und an die Stelle, wohin sie die Geburt gewiesen, unwiderruflich gefesselt sind [...].« [3] Von gesetzlicher Unterordnung ist die Rede, von Unterdrückung »inmitten der modernen sozialen Institutionen«. [4] Doch das bezieht sich, wie schon gesagt, nicht auf die arbeitenden Klassen der modernen Gesellschaft, sondern auf die Stellung der Frau generell, aber auf ihre Stellung in der »guten Gesellschaft« nicht zuletzt. Auch auf sie trifft zu, was andernorts gesagt wird: »In Wahrheit ist aber die Frau thatsächlich noch heute die Leibeigene ihres Mannes.« [5] Schon einige Jahre zuvor hatte John Stuart Mill die Fragen seines Buches über die Stellung der Frau in einem temperamentvollen Aufsatz behandelt. In der ›Westminster Review‹ von 1851 hatte er sich höchst freimütig über die Emanzipation der Frauen geäußert und darin ihre Zulassung zum öffentlichen Leben gefordert. Daß sie ihrem männlichen Partner an Fähigkeit und Leistung so oft nachstehen, wird nicht ihrer Natur zugeschrieben, sondern der Erziehung: »Hohe Geisteskräfte werden unter den Frauen so lange zufällige Ausnahmen bleiben, bis ihnen jeder Lebensweg offen steht, und bis sie so gut wie die Männer für sich selbst und für die Welt erzogen werden, nicht das eine Geschlecht für das andere [...].« [6] Wie in der späteren Schrift von 1869 werden Herrschaftsverhältnisse wahrgenommen und aufgedeckt: die Frau sei noch immer Dienerin oder gar Sklavin des Mannes und habe die Gesetze gegen sich: »[...] es hat keine politische Gemeinschaft oder Nation gegeben, in der sich nicht die Frauen durch Gesetz und Sitte in einer politisch wie bürgerlich untergeordneten Stellung befunden hätten.« [7] Noch vor dem Erscheinen von Darwins Werk und seiner Theorie von der natürlichen Selektion der Stärkeren nimmt Mill für die sozial Schwächeren Partei, hier für das weibliche Geschlecht, und stellt fest: »daß diejenigen, welche physisch schwächer sind, sich auch im Zustand rechtlicher Inferiorität befinden. Bis vor ganz kurzer Zeit war die Herrschaft der physischen Kraft das allgemeine Gesetz der Menschheit. Durch die ganze historische Zeit haben die Nationen, Racen und Classen, welche durch Muskelkraft, durch Reichthum oder durch militärische Schulung die stärksten waren, die übrigen unterworfen und in Unterthänigkeit erhalten.« [8] Die Stellung der Frau, die sie im privaten Kreis der Ehe oder der Familie einnimmt, wird bezeichnenderweise mit politischen Begriffen umschrieben. Herrschaft und Knechtschaft, Regierung und Untertänigkeit sind solche Begriffe des geltenden Systems. Es ist kein Zufall, daß in demselben Band der Gesammelten Werke in deutscher Sprache Aufsätze John Stuart Mills über die Arbeiterfrage und über den Sozialismus — auch über seine Problematik — enthalten sind. Der Übersetzer dieses Bandes ist übrigens kein Geringerer als Sigmund Freud. [9]

Die Aufmerksamkeit, die in Deutschland John Stuart Mill mit seinem Buch über die Frauenfrage fand, geht aus der Tatsache hervor, daß es in demselben Jahr ins Deutsche übersetzt wurde, in dem es in England erschien. Die von Gustav Freytag herausgegebenen ›Grenzboten‹ — liberal in der Richtung, aber nicht zu liberal — zeigten es unverzüglich an. Übereinstimmung, wenigstens in gewissen Grenzen, wird einleitend vermerkt: »Diese Blätter haben mit warmem Interesse die Bestrebungen unserer Tage verfolgt, das Loos der Frauen zu verbessern [...].« Aber danach werden sogleich die Einschränkungen geltend gemacht: daß Mill in seinem epochemachenden Werk sozialistischen Gedanken zuneige; daß er den Zustand als den einer völligen Sklaverei schildere, und so fort. [10] Der gutbürgerlichen Familienzeitschrift ›Daheim‹ ist auch diese einschränkende Stellungnahme noch zu liberal. Zwar erkennt der Verfasser eines Artikels über die Frauenfrage (Robert König) freimütig an, daß der Referent in der von Gustav Freytag besorgten Zeitschrift »*gegen* die *allgemeine* Stimmberechtigung der Frauen in die Schranken tritt«. Aber daß man diesen, nach Meinung der ›Grenzboten‹, das Stimmrecht auf die Dauer doch nicht verweigern könne, wird mit Bedauern vermerkt. Im ganzen gibt man sich in dieser ›Daheim‹-»Philosophie« bürgerlich-human: natürlich sei die Lage der Frauen hier und da zu verbessern. Aber zwischen (bürgerlich-humaner) Frauenfrage und (sozialistischer) Frauenemanzipation habe man ein für allemal zu unterscheiden. Denn die letztere, die Emanzipation, »ist eine Ausgeburt der *französischen Revolution von 1789*«. So stellt es sich dem deutschen Bürger um 1870 dar; denn in diesem Jahr ist der Artikel *Zur Charakteristik der Frauenfrage* in der Zeitschrift ›Daheim‹ erschienen, der mit Entrüstung auch auf John Stuart Mills Schrift eingeht — mit der Erklärung gleichwohl, daß es nicht die Absicht des Rezensenten sei, auf dieses Buch mit seinen Übertreibungen und Absurditäten »einzugehen«. Der Verfasser des Artikels interessiert sich für die Rezeption weit mehr als für den Text selbst. Da wird mit Indignation vermerkt, was in Berlin eine Frau (Luise Otto) im Anschluß an John Stuart Mill von sich gegeben hat: »Selbst wenn nur eine Frau in den Reichstag gewählt würde«, habe sie gesagt, »so würde dies doch der socialen Frage nützlich sein.« In solcher Befassung mit politischer Literatur in England, bei gleichzeitigen Rückblicken auf die »Ausgeburten« in Frankreich, wird Rußland nicht gänzlich übersehen: »Eine verwandte Erscheinung ist die des *Nihilismus* in *Rußland*, dessen zahlreiche *weibliche* Jünger mit ihren kurzgeschorenen Haaren, blauen Brillen und schlotternden Gewändern die dortige Frauenemanzipation repräsentiren.« [11]

Anders Fanny Lewald, Verfasserin vielgelesener Unterhaltungsromane, die 1870 mit einer Schrift *Für und wider die Frauen. Vierzehn Briefe* in die Debatte über die Probleme ihres Geschlechts beherzt eingreift. Zum Begriff der Emanzipation führt sie aus, daß er innerhalb der gebildeten Gesellschaft zuerst mit der Frauenfrage verknüpft worden sei. Dies habe sich schon bald nach der Juli-Revolution gezeigt. Mills eben erschienene Schrift ist ihr nicht unbekannt: er wird von ihr als der »großherzigste Verteidiger der Frauenrechte« bezeichnet. Die Übereinstimmung mit seinen Gedanken wird um vieles deutlicher in der Widmung »An John Stuart Mill« zum Ausdruck gebracht. Von dem »Vertreter der bisher niedergehaltenen Frauen« ist die Rede. Sie selbst rechnet sich denen zu, die in Deutschland vielleicht am frühesten auf die »unerläßliche Emanzipation der Frauen zur Arbeit« hingewiesen haben. [12] Ganz im Sinne Mills nimmt sie sich in ihrer Kritik an der bestehenden Gesellschaft kein Blatt vor den Mund: »ich kenne nichts Beklagenswertheres, als das Loos der unbemittelten Mädchen in den sogenannten ›besseren Ständen‹ [...]«, führt sie aus. [13]. Und sie läßt keinen Zweifel daran, daß sie die Emanzipation der Frauen zur beruflichen Selbständigkeit zu den »socialen Aufgaben« der Zeit zählt. [14] Hier nun vollends wird sie deutlich. Sie spricht vom Ernst der neuen Revolution; und sie meint damit die berufliche Arbeit in erster Linie: gerechten Lohn für gute Arbeit. An die akademischen Berufe denkt sie dabei vor allem. Schon Mill hatte in diesem Zusammenhang die Berufe der Ärzte und Anwälte als diejenigen genannt, die den Frauen bevorzugterweise offen stehen müßten. Es sind, mit anderen Worten, die Bildungsprobleme in der Sicht der Frauenfrage, die hier und auch sonst als die vordringlichen erscheinen. Den Frauen fehle jede gründliche wissenschaftliche Bildung, schreibt Fanny Lewald; sie seien hinter der Bildung der Männer zurückgeblieben. [15] Mit Genugtuung wird das zeitgeschichtliche Novum vermerkt: »[...] es sind in Zürich einige Frauenzimmer nach beendeten Studien [...] zu Doctoren der Medicin [...] promovirt worden [...].« Dasselbe Land, das sich mit der Erteilung des Stimmrechts an Frauen bis in unsere Tage hinein so viel Mühe machte, war in der Frage des Frauenstudiums auf seine Art progressiv. Man weiß es unter anderem aus der Biographie und dem literarischen Werk der Ricarda Huch. In ihrem Roman *Erinnerungen von Ludolf Urslen dem Jüngeren* hat es sich niedergeschlagen. Dort ist es der Ich-Erzähler, der gegenüber solchen Neuheiten mit seiner Skepsis nicht zurückhält: »Ich hatte infolge einer gewissen Anhänglichkeit an die Schweiz eines meiner Studiensemester in Zürich zugebracht, wo den Frauen die Erlaubnis erteilt worden war, neben den Männern die Universität zu besuchen. Ich hielt dies für eine gröbliche Verirrung des guten Geschmackes und war bereit, das Ärgste von den Mädchen zu glauben, die ich dort antreffen würde. Nun aber tat die flüchtigste Umschau dar, daß es dort weibliche Wesen gab wie anderswo auch, nette und häßliche, gescheite und einfältige, überspannte und vernünftige, zumeist mit etwas mehr Frische und Kernigkeit ausgestattet, als die Hausweiber besitzen. Ich fuhr aber nichtsdestoweniger fort, diese Mädchen grundsätzlich zu mißbilligen, und vermied sorgfältig, mich im Gespräch mit ihnen antreffen zu lassen.« [16] Es ist kaum nötig zu sagen, daß der Ich-Erzähler des Romans nicht die Meinung der Autorin wiedergibt, der es tatsächlich gestattet war, in Zürich zu studieren.

Die Frauenfrage, soviel ist deutlich geworden, ist im letzten Drittel des 19. Jahrhunderts eine Frage der Bildung und der akademischen Bildung nicht zuletzt. Das setzt den Zugang zu den Gymnasien, das setzt die Gründung höherer Mädchenschulen voraus. Ganz in der Sprache der Zeit ist das Memorandum des Berliner Vereins für höhere Töchterschulen verfaßt, das Helene Lange 1888 in ihrer Programmschrift *Die Höhere Mädchenschule und ihre Bestimmung* zitiert: »Frauen von edleren Umgangsformen, voll reger Empfänglichkeit für die Schönheit der anhebenden klassischen Literatur, waren es zunächst und zumeist, die als begeisterte Sendlinge einer neuen Zeit höhere Bildungsstätten eröffneten und die idealen Bedürfnisse des weiblichen Herzens und Geistes befriedigen lehrten.« [17] Eben damit wird die eigentümliche Beschaffenheit des zugleich soziologischen wie sozialen Problems evident: man hat es mit den Angehörigen der besitzenden Klasse zu tun, aber mit einer sozialen Frage von erheblicher Brisanz gleichwohl, die sich analog zur Arbeiterfrage entwickelt. Die Frauen, die hier ihre Stimme erheben, oder für die es andere tun, befinden sich in einer mit der arbeitenden Klasse vergleichbaren Lage. Das bestätigt John Stuart Mill fast Seite für Seite schon mit dem Wortschatz seiner Argumentation. Herrschaft, Sklaverei, Abhängigkeit — solche und andere Begriffe werden nicht auf den Arbeiterstand bezogen, sondern auf den »Stand« der vermögenden, in guten Verhältnissen lebenden Frau. Der »Klassenkampf« wird durch die Frauenfrage ein wenig durcheinander gebracht; denn es ist ja gar keine Frage, daß die geforderte Bildung der Frau aus gutem Hause eine soziale Frage ist — und mehr noch: daß Arbeiterfrage und Frauenfrage im gesellschaftlichen Strukturwandel aufeinander bezogen sind. Daß die Geschichte der Frauenbewegung und die Geschichte des Sozialismus »gleichartig« seien, bestätigt eine Schrift (von Ilse Reicke) zum selben Gegenstand: 1865 wurde der erste Frauenverein gegründet; die Forderung nach Bildung, Arbeit und freier Berufswahl wurde laut und vernehmlich erhoben. Mit dem Jahre 1887 habe dann die eigentliche »Kampfzeit« begonnen. [18] Aber nicht nur um eine Gleichartigkeit handelt es sich. Die schon am Wortschatz aufgezeigte Strukturverwandtschaft ist wichtiger als die parallele Entwicklung beider Bewegungen, weil erst damit das Soziale im Ausmaß seiner Bedeutung erkennbar wird. So ist es nur folgerichtig, daß auch die Arbeiterführer die Rechte der Frau verteidigen — nicht nur die Rechte der Arbeiterfrau. Es ist bekanntlich der Sozialdemokrat August Bebel, der solches im letzten Drittel des 19. Jahrhunderts tut. Sogar Mutterrechtliches — Johann Jakob Bachofen! — spielt in die Argumentation seines Buches *Die Frau und der Sozialismus* hinein; und daß er das kapitalistische Privateigentum mit dem Vaterrecht unmittelbar verknüpft, kommt uns wenigstens merkwürdig vor. [19] Am 13. Februar 1895 brachte er die Frage des Frauenstimmrechts vor den Reichstag. Seine schon erwähnte Schrift (*Die Frau und der Sozialismus*) ist zuerst 1883 erschienen — just um dieselbe Zeit, in der Fontane mit seinem ersten »Frauen«-Roman (1882) hervortrat. Bebels Schrift brachte es bis zum Jahre 1910 auf 50 Auflagen, und in einem maßgeblichen Lexikon der Gegenwart wird angemerkt, daß es »das meistgelesene sozialist[ische] Buch in deutscher Sprache« gewesen sei. [20] In einem Kapitel dieses Buches handelt Bebel auch, wie zu erwarten, von der Erwerbsstellung der Frau, und die Analogie von Frauenbewegung und Arbeiterbewegung wird angedeutet mit dem einleitenden Satz: »Das Streben der Frau nach selbständigem Erwerb und persönlicher Unabhängigkeit ist bis zu einem gewissen Grade von der bürgerlichen Gesellschaft als berechtigt anerkannt worden, ähnlich wie das Bestreben der Arbeiter nach freier Bewegung.« Kein Wunder, daß Bebel im Vorwort zur 25. Auflage feststellen kann, »daß der weitaus größte Theil der Auflagen, die seit Aufhebung des Sozialistengesetzes (1890) erschienen sind, in den *bürgerlichen* Kreisen Verbreitung fand«. [21] Merkwürdiger Vorgang: daß ein Arbeiterführer mit einer sozialistischen Schrift in bürgerlichen Kreisen derart gelesen wird, wie es hier der Fall ist. Der Vorgang macht eine erläuternde Bemerkung erforderlich. Die herrschende Gesellschaft war offenkundig nicht bereit oder vielleicht auch noch nicht in der Lage, eine sie angehende Frage in der ihr zukommenden Bedeutung zu erfassen, von »Lösungen« ganz zu schweigen. Die »Außenseiter« der Gesellschaft, hier in der Person August Bebels, werden zu Wortführern eines Teils dieser Gesellschaft, nämlich der Frauen. Das aber heißt, daß die Gesellschaft selbst gespalten ist. Sie wird von Krisen heimgesucht. Die Literatur, wenn sie etwas auf sich hält, kann sich dem nicht entziehen. Sie findet sich im Gegenteil angesichts solcher Krisen in dem bestätigt, was ihres »Amtes« ist. Und hier nun vor allem ist es der Roman, der sich — selbständig und auf seine Weise — der Frauenfrage annimmt, um dabei vielfach als der »Frauenroman« in Erscheinung zu treten, den man nicht immer schätzt. [22]

Was man meint, wenn man von Frauenromanen spricht, ist Verschiedenes. In erster Linie denkt man dabei an bestimmte »Figurenromane«, in denen Frauengestalten, ihr Glück und Leid, im Mittelpunkt stehen: von Frauen erzählend und für sie erzählt. [23] Daß es obendrein noch Frauen sind, die dabei das Geschäft des Erzählens ausüben, ist nicht ganz nebensächlich. Aber zumal hier läßt sich eine Auffassung von Literatur erhärten, die dafür plädiert, das sprachliche Kunstwerk nicht ausschließlich aus der Perspektive des Autors zu betrachten. Hier — wenn irgendwo — käme eine »Literaturgeschichte für den Leser« zu ihrem Recht, die beides voraussetzt: daß es Romane sind, und daß sie vorzüglich »Frauenschicksale« behandeln. Es geht zugleich um literatursoziologische Gesichtspunkte in doppelter Hinsicht: um solche einer bestimmten Autorensoziologie, wenn es Frauen sind, die Frauenschicksale erzählen; und um solche einer bestimmten Lesersoziologie, sofern es vornehmlich Frauen sind, die solches lesen. Auch lassen alle diese, nicht immer unverdächtigen, Frauenromane an eine Abweichung von der Regel denken — von der Regel nämlich, daß es Männer sind, die im alten Epos, in der Tragödie und vielfach im Roman die »Geschichte« machen. Das Abweichen vom Üblichen hängt mit bestimmten Veränderungen zusammen, die den Ort und die Stellung der Frau in der Gesellschaft betreffen. Solche Veränderungen kündigen sich mit der zunehmenden Bedeutung an, die der lesenden Frau im Dreieck zwischen Autor, Werk und Leser zukommt. Daß man um die Wende zum 19. Jahrhundert den Frauen die Lektüre von Romanen verdenkt, macht diese vielfach zu verbotenen Früchten, die man um so lieber genießt, als es sich um etwas Verbotenes handelt.

In mehrfacher Hinsicht kommt die Frau als ideale Leserin in Frage. In den privilegierten Klassen des Adels wie des aufsteigenden Bürgertums ist sie diejenige vor anderen, die zur Lektüre durch Muße begünstigt wird. Und da man Dramen vorzugsweise als Zuschauer im Theater sieht, und der Vortrag erzählender Werke im geselligen Kreis an Bedeutung verliert — im Gegensatz zum Epos alten Stils — sind es die Romane vor allem, die der Frau etwas von dem erschließen, was alles dem Mann ohnehin offensteht. In der überlieferten Kultur als handelndes Subjekt von Beruf und Politik weithin ferngehalten, blieben ihr ganze Bereiche der Wirklichkeit nachgerade verschlossen. In den moralischen Wochenschriften wird dies ganz ungeniert den Männern vorgehalten: »Wir werden gezwungen, unser Leben mit sclavischen Bemühungen zu verzehren, weil die Männer uns alle Gelegenheit abschneiden, einem Menschen anständigere Geschäffte zu unternehmen«. [24] Die Freiheiten und Freizügigkeiten, die man dem Mann nachzusehen bereit war, um solche Nachsicht womöglich noch im geltenden Eherecht zu fixieren, hat man der Frau nicht gleichermaßen erlaubt. Sich in gewisser Weise durch Romanlektüre zu entschädigen, lag nahe. Solche Entschädigung durch Lektüre war ihr immer weniger zu verwehren. Seit es einen neuzeitlichen Roman in Europa gibt, gibt es diesen Vorgang, der den Roman zugleich problematisch macht: daß er nicht Wirklichkeit darstellt, sondern Wirklichkeit ersetzt. Das bloß Romanhafte als ein Stilmerkmal des Romans findet seine zahlreichen Leser, die gerade deswegen vielfach weibliche Leser sind. Aus der Geschichte des Romans und seiner Lesersoziologie ist die Frau hinfort immer weniger wegzudenken. Die Vorreden sprechen es vielfach expressis verbis aus. Johann Timotheus Hermes, der Verfasser des Romans *Sophiens Reise von Memel nach Sachsen* (1770), hat die Schönen am Putztisch als seine Leser und zugleich als seine Richterinnen vor Augen. [25] Aber damit werden auch mancherlei Rücksichten erforderlich. Die Verfasser solcher Romane müssen um lesbare, spannende und vergnügliche Geschichten besorgt sein; um Liebesgeschichten nicht zuletzt. Zugleich sind sie gehalten, die Botschaft der Tugend zu verbreiten. Seit dem 18. Jahrhundert geht die Tendenz des Romans dahin, Kunst zu sein wie Drama und Lyrik auch. Er darf nicht ausschließlich dem Vergnügen seiner Leser und seiner Leserinnen Rechnung tragen. Es kommt ihm zu, sich dem lesenden Publikum als nützlich zu erweisen. Das kann kaum besser als dadurch geschehen, daß man seine Leser auf eine möglichst unterhaltende Art aufklärt und erzieht.

Abermals kommt in solchen Rücksichten der Frau als Leserin eine besondere Stellung zu. Da ihr bis ins 19. Jahrhundert hinein die maßgeblichen Stätten der Bildung verschlossen waren, blieb sie vorwiegend auf Lektüre angewiesen. Es ist bestes Erbe der Aufklärung, wenn Schiller zur Bildung weiblicher Leser seine Geschichte des dreißigjährigen Krieges in einem »historischen Kalender für Damen« veröffentlicht. Dem philosophischen Zeitalter konnte die Benachteiligung der Frau im Bereich der Bildung nicht gleichgültig sein, und daß sich der Roman in den Dienst einer solchen Aufklärungsarbeit stellte, gereicht ihm zur Ehre. Frauengestalten stehen im Mittelpunkt der Geschichten, die in diesen Romanen erzählt werden. Sie heißen Clarissa, Pamela, Fräulein von Sternheim, Sophie, Rosalie oder wie auch sonst. Im Falle der Sophie von La Roche ist es eine weibliche Erzählerin obendrein, die sich aktiv am so intendierten »Bildungswerk« beteiligt. Mit den Frauengestalten als den Mittelpunktsfiguren solcher Romane gewinnt man sich die weiblichen Leser um so leichter, deren Bildung sich mit unterhaltsam erzählten Frauenschicksalen verbinden kann. Belohnte Tugend ist zumeist das erklärte Bildungsziel dieser Literatur. Aber das ist nur die eine Seite der Sache; die andere hängt damit eng zusammen. Wie der Frau die Teilhabe an den Stätten der Bildung verschlossen ist, so ist ihr die große Welt überhaupt verschlossen, und der Roman ist geeignet, die Wirklichkeit zu »ersetzen«. Der »Leidenschaftsroman« macht seine Rechte geltend. Schon am Ende des 17. Jahrhunderts tritt er mit einem Buch wie *Princesse de Clèves* von Madame de Lafayette in Erscheinung. Der Roman ist 1678 erschienen und leitet in mehrfacher Hinsicht eine neue Epoche in der Geschichte dieser Gattung ein. Zwar handelt es sich um ein Beispiel unübertroffener Tugend auch hier — wenigstens am Schluß. Aber das Vorausgegangene, der Schritt vom Wege, hat möglicherweise die zeitgenössischen wie die späteren Leser weit mehr fasziniert als die Sühne, die diesem Schritt folgt. Prévosts Geschichte der Manon Lescaut, die als Buch im Jahre 1731 das Licht der literarischen Öffentlichkeit erblickt, übertrifft im Realismus dargestellter Leidenschaft alles, was man zu lesen gewohnt war. Eine Frau übernimmt in diesem Roman den aktiven Part im Ablauf des Geschehens. In dieser Gestalt, hat Maupassant bemerkt, sei das weibliche Wesen inkarniert, die Eva des verlorenen Paradieses, die ewige, listige, naive Versucherin, das ewige Liebestier. [26] Die soziale Umwelt, so Erich Auerbach, sei der »gegebene Rahmen, der genommen wird, wie er ist«. Aber Soziales bedeutet hier weit mehr als nur Umwelt und Rahmen. Hier geht es um generelle Veränderungen in der Stellung der Frau, um Soziales in der Geschichte des menschlichen Bewußtseins. [27]

Erst recht gewinnen soziale Motive im »Frauenroman« des 19. Jahrhunderts an Bedeutung, der sich mit dem Eheroman aufs engste berührt oder in diesen übergeht. Eugénie Grandet, Anna Karenina oder Emma Bovary machen in der Geschichte des europäischen Romans Epoche — eines Romans mithin, der in der Erzählung von Ehekrisen die sozialen Krisen des Jahrhunderts widerspiegelt. Daß es zumeist die gesellschaftlich hochgestellte Frau ist, die gegen ihre untergeordnete Stellung aufbegehrt, erklärt sich aus der Sozialgeschichte, wie sie einleitend skizziert wurde. Die schriftstellernde Frau, als Erzählerin solch beispielhafter Geschichten zur Verbesserung der Lage ihres Geschlechts, hat ihre Stunde. In Frankreich macht sich George Sand zur Wortführerin solcher Ideen. Soziale Bewegung und Frauenbewegung mit der Forderung nach Emanzipation treffen sich in ihrem Denken, und nicht zufällig wird in Deutschland bis in die Mitte der vierziger Jahre der Begriff des sozialen Romans mit den Büchern der George Sand wiederholt verknüpft. Innerhalb der englischen Literatur kommt um diese Zeit eine Spielart des Romans in Mode, an der beispielhaft zu zeigen ist, wie die Wendung zum Sozialen innerhalb der »guten Gesellschaft« selbst erfolgt. Es sind dies die fashionable novels, die Moderomane, und Catherine Grace Gore war eine der erfolgreichen Vertreterinnen dieses Genres. Sie schildert in ihren Büchern auf unterhaltsame Art das high life der englischen Gesellschaft, und es sieht ganz so aus, als stellten sie sich damit vollends in den Dienst der Feudalität. Aber dieselbe Autorin steht der sich entwickelnden Frauenbewegung nicht so fern, die in John Stuart Mill einen ihrer hervorragenden Anwälte erhalten wird. In *Women as They Are* hat Mrs. Gore solche Fragen behandelt, und wie sehr dabei die Langeweile im gesellschaftlichen Leben der Frau deren Verhalten bestimmen kann, macht eine ihrer Heldinnen deutlich: sie heiratet einen extravaganten Politiker, um dem zu entgehen. [28] Die betroffenen Frauen werden sich unbeschadet aller dargestellten Feudalität der untergeordneten Stellung bewußt, in der sie sich befinden. Sie werden »aktiv«. Ihr sozialer Aufstieg wird ein aktuelles Thema. In Deutschland wird die Entwicklung des »Frauenromans« mit der Vielzahl seiner sozialen Motive, wie er sich im 18. Jahrhundert zu entwickeln begonnen hatte, auf bemerkenswerte Weise unterbrochen. Einmal mehr wird sichtbar, daß die Geschichte der Literatur nicht etwas schlechthin Übernationales ist, sondern nationale Spielarten enthält, die man kennen muß. Das zeigt sich abermals am deutschen Bildungsroman als einer Gattung sui generis; und er recht eigentlich ist es auch, der die schon eingeleitete Entwicklung des »Frauenromans« wieder unterbricht.

In nahezu allen Romanen, vom *Anton Reiser* des Karl Philipp Moritz und Wielands *Agathon* bis hin zu Stifters *Nachsommer* gehören die Frauen zum Personal der Nebenfiguren. Es sind zumeist — und nicht zufällig — sehr blasse Gestalten. Die bildungsfrohen Jünglinge führen das große Wort, und alles gruppiert sich um sie. Sie heißen Wilhelm Meister, Franz Sternbald, Hans Unwirrsch, Heinrich Lee oder Heinrich Drendorf. Alle sind sie gebildet oder zur Bildung bestimmt; und so sehr ist das der Fall, daß man es als selbstverständlich ansieht, die Idee dieser Bildung im Jüngling verkörpert zu sehen, wie es in Diltheys vielzitierter Definition geschieht: »Der Hyperion gehört zu den Bildungsromanen, die unter dem Einfluß Rousseaus in Deutschland aus der Richtung unseres damaligen Geistes auf innere Kultur hervorgegangen sind [...]. Von dem Wilhelm Meister und dem Hesperus ab stellen sie alle den Jüngling jener Tage dar; wie er in glücklicher Dämmerung in das Leben eintritt, nach verwandten Seelen sucht, der Freundschaft begegnet und der Liebe, wie er nun aber mit den harten Realitäten der Welt in Kampf gerät und so unter mannigfachen Lebenserfahrungen heranreift.« [29] Den Jünglingen vor allem steht in diesen Romanen die Welt offen. Die Frau — nennen wir sie Natalie — folgt errötend seinen Spuren. Ihr kam es trotz mutiger Emanzipationsversuche in der Epoche der Romantik und trotz Schlegels *Lucinde* nicht eigentlich zu, außerhalb der Familie tätig zu sein. Und wenn ihr dennoch in dieser durch die Klassik bestimmten Tradition eine Rolle im Theater der Welt zu spielen erlaubt wurde, so gab es dafür bis zur Mitte des 19. Jahrhunderts das bürgerliche Trauerspiel mit den vorbildhaften Gestalten von der *Miss Sara Sampson* bis zur *Maria Magdalene*. Vorzüglich hier konnte sie auf heroische Art leidend tätig sein. Das ändert sich mit dem Ende der Goethezeit. Die Julirevolution und die Unruhe der Jungdeutschen bringen Bewegung in einen Zustand der Stagnation. Die Frauenfrage wird als Problem aufgegriffen und in literarische Motive umgesetzt; Junghegelianer und Jungdeutsche sind von den Ideen der George Sand und ihrer Romane ergriffen. »In allen Romanen der Sand bildet die Ehe den Mittelpunkt des Interesses, und zwar ist es das Unglück, wenn es aus der unsittlichen Schließung der Ehe entsteht [...]«, heißt es 1844 in dem eingangs erwähnten Artikel über den sozialen Roman. [30] Der 1834 erschienene Roman *Lélia* von George Sand hat in Gutzkows *Wally* seine deutlichen Spuren hinterlassen. In einem Brief läßt er seine zerrissene Heldin über das Los der Frauen lamentieren: sie seien durch Erziehung in einen Ideenkreis hineingeschleudert, in dem sie sich wie gefangene Tiere an den Eisengittern herumwinden. Die Zweiflerin ist sich ihres unwürdigen Zustands bewußt, aber sie weiß nicht eigentlich, was sie will, was sie wollen soll: »Diese Gefangenschaft unserer Meinungen — ach, war Spreu für den Wind! Rechte will ich in Anspruch nehmen, für wen? für was? O Antonie, ich habe nichts, was wert wäre, gedacht; ich will gar nicht sagen, gemeint oder gesprochen zu werden. Ich drücke an den Begriffen, die mir zu Gebote stehen; aber sie sind elastisch und geben immer nach und gehen immer wieder zurück [...].« [31] Aber zerrissen wie ihre Helden sind die Jungdeutschen auch unter sich. Mundts *Madonna*, dessen »Frauenemanzipation« und »Fleischwiedereinsetzung« wird paradoxerweise von dem Verfasser der *Wally* hart getadelt. [32] Davon abgesehen fehlt den meisten dieser Romane der Rang, den die Gattung um dieselbe Zeit in anderen Literaturen Europas erhalten hat.

Was mit dem Jungen Deutschland eingeleitet worden war, führt der deutsche Naturalismus fort. Frauenroman und Frauenbewegung treffen sich in der literarischen Situation um 1880; bis in die unabsehbare Unterhaltungsliteratur der erfolgreichen Romanschreiber unter den Frauen zeigt sich das. Eugenie Marlitt ist die rührigste unter ihnen, und schon die Titel ihrer Bücher deuten an, woran sie denkt: *Schulmeisters Marie* (1865), *Das Geheimnis der alten Mamsell* (1868), *Die Reichsgräfin Gisela* (1869), *Die zweite Frau* (1874), *Die Frau mit den Karfunkelsteinen* (1885) — und so fort. Weit folgenreicher ist das, was außerhalb der deutschen Szene und außerhalb des Romans geschieht. Das Drama Ibsens mit seinen Plädoyers zur Frauenfrage bewegt die Gemüter und scheidet die Geister. Seine *Nora* geht 1879 über die Bühne und entfacht einen Sturm der Entrüstung. Daß eine Frau sich weigert, nur das Instrument und die Puppe ihres Mannes zu sein, daß sie ein weibliches Selbstbestimmungsrecht propagiert, war so noch nicht gehört worden. In einer Betrachtung über die Romankunst Fontanes müßte über solche Fragen nicht eigentlich gesprochen werden, wenn man vernimmt, wie er über Ibsen denkt. In einem Brief aus dem letzten Jahr seines Lebens kommt er beiläufig auf *Nora* zu sprechen. Die epochemachende Wirkung des Norwegers wird nicht geleugnet; aber mit seiner Wahrheit könne er ihm (Fontane) gestohlen bleiben. Es folgt der Satz, den man ungern zitiert, weil er Ungerechtes enthält: »die bewunderte Nora ist die größte Quatschliese, die je von der Bühne herab zu einem Publikum gesprochen hat [...]« (an Friedrich Stephany vom 22. März 1898). Aber wer aus derart eindeutigen Aussagen eindeutige Schlüsse zieht, irrt. Der Brief ist aus dem Abstand der Jahre geschrieben. Um 1880 war Fontane ganz anders in die zeitgenössischen Themen und Probleme »verstrickt«, als es diese Äußerung über Ibsen vermuten läßt. Fontane war, wie nicht anders zu erwarten, mit der Frauenfrage auf seine Weise befaßt: skeptisch und aufgeschlossen zugleich.

Mit Gewißheit käme es einer Geschichtsfälschung gleich, wollten wir ihn zu einem dezidierten Frauenrechtler »ernennen«. Das ist er zu keiner Zeit seines Lebens gewesen. Alles Dezidierte lag ihm denkbar fern, und die Forderungen der Frauenbewegung waren nicht ohne weiteres die seinen. [33] Aber daß ihm als Schriftsteller die Frauen etwas bedeutet haben, belegen allein die Titel seiner Romane. Da gibt es solche, die Zeitliches bezeichnen: *Vor dem Sturm*, *Unwiederbringlich*; und es gibt andere, die den Ort hervorheben: *Ellernklipp*, *Unterm Birnbaum*. Zwei seiner Romane nennen ganze Adelsgeschlechter wie die Stechline oder die Poggenpuhls. Der Name eines männlichen Helden ist lediglich dem Rittmeister Schach von Wuthenow und dem Grafen Petöfy vorbehalten. Alle übrigen Romane — von *Irrungen, Wirrungen* und *Quitt* abgesehen — haben Frauennamen im Titel oder weisen auf Frauengestalten hin: *Grete Minde*, *L'Adultera*, *Cécile*, *Stine*, *Effi Briest*, *Frau Jenny Treibel*, *Mathilde Möhring*. Das sind sieben Titel unter den siebzehn abgeschlossenen Romanen, die es gibt — also ein Drittel. Aber das ist vorerst nicht mehr als Statistik, die nur die Oberfläche der Sache berührt. Um vieles erhellender ist die Sympathie, die Fontane als Erzähler zu nicht wenigen seiner weiblichen Geschöpfe hat; und die ihm unter allen Personen am nächsten stehen, sind zumeist Mädchen oder junge Frauen, ohne daß es die Titel der Erzählungen verraten: Renate von Vitzewitz, Lene Nimptsch, Victoire von Carayon. Auch die Witwe Pittelkow darf hier schon genannt werden. So daß es doch wohl seine Richtigkeit mit dem hat, was Fontane am Ende seines Lebens in jugendlich anmutender Begeisterung schreibt: »Wenn es einen Menschen gibt, der für Frauen schwärmt und sie beinah doppelt liebt, wenn er ihren Schwächen und Verirrungen, dem ganzen Zauber des Evatums, bis zum infernal Angeflogenen hin, begegnet, so bin ich es« (an Paul und Paula Schlenther vom 6. Dezember 1894).

Lassen wir indes das jugendliche Schwärmen des alten Fontane auf sich beruhen! An zwei »Punkten« seiner Biographie und seines schriftstellerischen Werdegangs wird deutlich, daß die im Roman sich äußernde Sympathie auf zeitkritischen Erfahrungen beruht. Es scheint zum ersten, als habe er während seiner Englandaufenthalte in Frauenfragen einiges gelernt. In demselben Jahr, in dem John Stuart Mill seinen engagierten Aufsatz über Frauenemanzipation in der ›Westminster Review‹ schrieb, im Jahre 1851, fragte Wilhelm Wolfsohn bei Fontane an, ob er nicht einen Beitrag über englische Frauen von ihm erhalten könne: »Was meinst Du zu einem Artikel: ›Die englischen Frauen‹? Hast Du Kenntniß und Material genug für diesen höchst interessanten Gegenstand? Oder könntest Du Dir das Fehlende verschaffen? Es dürfte an geschichtlichen Rückblicken so wenig wie an den lebendigsten Farben der Gegenwart fehlen. Stellung, Charakter, Wirksamkeit, Sitte, häusliches Leben, Tugenden, Eigenthümlichkeiten, *Entartung* — ein tiefes, großes Thema, was Dir gewiß sehr viel Mühe machen muß, aber was auch eine famose Arbeit werden und Dir ebenso viel Ehre einbringen könnte.« Und wie wenn dieser zeithellste aller Freunde Fontanes aufs genaueste begriffen hätte, daß soziale Frage und Frauenfrage zusammengehören, fügt er einen zweiten Vorschlag hinzu, der den englischen Arbeiterdichter John Prince betrifft: »Kannst Du eine lebensvolle Charakteristik und biographische Skizze von diesem Volksdichter geben?« [34] Fontane befand sich in der konservativsten Phase seines Lebens: er lehnte ab. Die Antwort fiel kurz und bündig aus: »Was die englischen Frauen angeht, so weiß ich von ihnen soviel wie von den Patagoniern, die sehr groß sein, oder von den Karaiben, die Menschenfleisch fressen sollen. Der Umstand, daß ich in London drei alte Weiber kennen gelernt und in Deutschland einen dicken Roman von der Mrs. Gowe übersetzt habe, berechtigt mich unmöglich, dem schönen Geschlecht Alt-Englands im deutschen Museum klarzumachen, wie's eigentlich mit ihm steht« (an W. Wolfsohn vom 22. Februar 1851). Mit Mrs. Gowe ist ohne Frage die Romanschriftstellerin Catherine Grace Gore gemeint. Fontane hat ihren sozialen Roman *The money-lender* in seiner sozialen Phase (1843) übersetzt — nicht ganz zufällig, darf man hinzufügen. [35] Die Verfasserin ist zugleich die Autorin des schon erwähnten Romans *Women as They Are*. Dieser erkennbar gewordene »Zusammenhang« zwischen Fontane und der zwanzig Jahre älteren Catherine Grace Gore ist alles andere als eine belanglose Fußnote in Fontanes Biographie. Die Verfasserin hatte sich, wie ausgeführt, ganz dem Roman der guten Gesellschaft verschrieben. Sie verfaßte soziale Romane des vornehmen Lebens. Soziales also inmitten dargestellter Feudalität: oder mit der Charakteristik Helmuth Nürnbergers: »Mrs. Gore stammte aus der Provinz, und sie hat durch ihre Heirat den Zugang zur Gesellschaft und den für ihre Arbeit unerläßlichen Informationen gefunden. Schon ein Jahr nach ihrer Vermählung erschien 1824 der erste Roman. Bald war ihr Erfolg so groß, daß sie sich zu Englands bis heute fruchtbarster Schriftstellerin entwickelte. Vor allem in der Herstellung von Moderomanen ist sie führend gewesen. In ›Women as They Are‹ wandte sie sich Ehefragen zu, die künftig eine besondere Rolle bei ihr spielen sollten. Die Emanzipation der Frau lag ihr am Herzen, und sie fand für dieses Problem eigenwillige Lösungen. [36] Der zweite »Punkt« — der zweite Gesichtspunkt — in Fontanes Biographie betrifft erneut sein Verhältnis zu Schopenhauer und dessen Philosophie.

Auf die Frauen — und dies ganz generell — war der Verfasser der *Welt als Wille und Vorstellung* bekanntlich nicht gut zu sprechen. Er hat sie als ein durchaus typisches Geschöpf der Schöpfung diffamiert, wo immer sich die Gelegenheit hierzu bot. Das 27. Kapitel im zweiten Band der *Parerga und*

Paralipomena — »Über die Weiber« — ist keine erheiternde Lektüre. Sogleich der erste Satz des zweiten Paragraphen ist eine Zumutung für jeden liberalen Leser. »Schon der Anblick der weiblichen Gestalt lehrt, daß das Weib weder zu großen geistigen noch körperlichen Arbeiten bestimmt ist.« [37] Sind diese vielfach skurrilen Behauptungen noch erheiternd, wie man finden kann, so sind sie es gegen die Absicht ihres Autors. Man kann nicht für bare Münze nehmen, was da geschrieben steht: daß Ungerechtigkeit ein Grundfehler des weiblichen Geschlechts sei, daß es nur dem vom Geschlechtstrieb umnebelten männlichen Intellekt zuzuschreiben sei, wenn man es das schöne Geschlecht genannt habe, daß ihm Gehorsam zukomme, und was es an abwegigen »Definitionen« sonst noch gibt. Man muß es der Schopenhauer-Forschung überlassen, mit den Mitteln heutiger Psychologie zu erkunden, worin solche Vorurteile ihren Grund haben. Aber man hüte sich, zuviel Zeittypisches aus den singulären und eigentlich privaten Äußerungen herauszulesen. Es handelt sich auch nicht so sehr um Schopenhauer, als darum, wie Fontane auf solche Aussagen reagiert. Seine Aufzeichnungen geben darüber Auskunft: »Ich halte das, was er über die Weiber sagt, im wesentlichen für falsch [...]. Zu behaupten, daß die Weiber sinnlicher und in ihrer Sinnlichkeit rücksichtsloser seien als die Männer, ist sehr gewagt [...]. Was er über *Monogamie* und *Polygamie* sagt, wäre als Tischunterhaltung bei einem kleiner Diner mit Cyperwein entzückend [...]. Man kann daraus zitieren [...] aber von Wahrheit, Erkenntnis, Recht und Billigkeit ist es so weit ab wie Kaliban von Antinous.« [38] Gegenüber Schopenhauer verteidigt Fontane »unser okzidentales Frauenleben«; er verteidigt Freiheit und Menschenrecht gegen Sklaventum und Hörigkeit; wolle man es anders sehen, so müßte man Mecklenburg über England stellen, heißt es bezeichnenderweise, also autokratische Kleinstaaterei über freiheitliche Demokratie. Die Aufzeichnungen schließen mit dem unzweideutigen Diktum: »Das ganze Kapitel ›Über die Weiber‹ zählt zu dem Schwächsten, was man sich denken kann; es ist das Gequackel eines eigensinnigen, vorurteilsvollen, persönlich vergrätzten alten Herrn.« [39]

Daß in diesen Aufzeichnungen einige Seiten dem Kapitel »Über die Weiber« vorbehalten sind, ist alles andere als Zufall. Das Thema hat Fontanes Interesse; und es ist immer zugleich der Romanschriftsteller, der sich dafür interessiert. Daß sich das Interesse an solchen Themen aus der Zeitlage erklärt, bestätigt der Themenwechsel seiner Romane: der Übergang von den historischen Erzählungen zum Zeitroman, und dieser erscheint zunächst im Gewand eines Frauenromans. Es sieht ganz so aus, als sei da etwas sehr Abruptes geschehen: als sei kein größerer Gegensatz denkbar als derjenige zwischen den historischen Romanen mit ihren Männern, die Geschichte machen, und den Frauenromanen mit ihren weithin geschichtslosen Personen. Aber der Übergang von der einen Romanform zur anderen — der Wechsel vom Geschichtsroman zum Zeitroman — vollzieht sich keineswegs abrupt. Dieser Wechsel ist vorgezeichnet durch die Art, wie Fontane Geschichte im historischen Roman versteht. Der Geschichtsroman scheint den männlichen Helden zu verlangen, einen Ivanhoe, Waverley, Witiko oder Ekkehard. Aber daß Fontane mit seinen historischen Erzählungen anderes im Sinne hatte, haben wir ausgeführt. Mit dem von Anfang an ausgeprägten Interesse für die von der Geschichte Betroffenen befand er sich bereits auf halbem Weg zu dem, womit er es nunmehr als Romanschriftsteller zu tun hat, wenn er sich auf die Erzählung von Frauenschicksalen einläßt. Die Frau ist damit nicht mehr nur Inhalt, Thema und Motiv. Sie bestimmt durch ihre Stellung im Figurenensemble in entscheidendem Maß die Struktur: ihr fällt die Aufgabe zu, die Rolle der von der Geschichte Betroffenen und Vergessenen zu übernehmen. Fontanes Frauengestalten befinden sich damit in einem Status, der mit dem des Untertanen verglichen werden kann. Sie sind mit anderen Worten vorzugsweise diejenigen, über die man herrscht. Wenn man sich die Welt — nach einem sehr groben Schema — in Männer und Frauen einerseits und in Herrscher und Beherrschte zum andern aufgeteilt denkt, so fällt es nicht schwer, die Männer als diejenigen anzusehen, die Herrschaft ausüben; woraus folgt, daß es den Frauen zukommt, sich solcher Herrschaft zu fügen. Es wird verständlich, und das ist hier wesentlich, daß im Gesamtwerk Fontanes die Reihe seiner Frauenromane seine soziale Romankunst nicht widerlegt sondern bestätigt. Der entscheidende Punkt ist eine Bewußtseinsfrage auch hier, auf die sich letztlich alles reduziert. Was man lange Zeit als selbstverständlich angesehen hat, ist unvermutet dieses Selbstverständliche nicht mehr. Es wird zum Problem, das einen Konflikt involviert. Daß die Frau wie bisher die Rolle zu spielen habe, die sie gespielt hat, wird nicht mehr durchweg als selbstverständlich angesehen. Das allgemeine Bewußtsein — oder doch wenigstens das Bewußtsein einzelner — erweitert sich; und Soziales bedeutet dabei das Bewußtsein eines Unterschiedes, der aufgrund einer veränderten Zeitlage als unzuträglich und allmählich auch als unerträglich erscheint. Die Spannung als die Begleiterscheinung eines offenen oder latenten Konflikts deutet abermals darauf hin, wie wenig wir uns als Leser Fontanes in einem Zustand der Stagnation befinden. Der soziale Wandel ist hier in jeder Hinsicht der nervus rerum.

Ein Zusammenhang und mehr noch eine Spannung von historischem Roman und Frauenroman liegt auch in der Einschätzung des Individuellen vor. In der Geschichtsanschauung des 19. Jahrhunderts hat es seinen festen Ort; davon war wiederholt die Rede. Der individuelle Sinn, wie ihn Friedrich Meinecke, der Historiker des deutschen Historismus, erläutert, bezieht sich auf sehr Verschiedenes, aber auf das große Individuum doch nicht zuletzt. Das sind Staatsmänner, Heerführer und Monarchen. Es sind, unnötig es zu betonen, jeweils männliche »Helden«, die hier in Frage stehen. In solcher Sicht — in der Sicht von Männern, die Geschichte machen — erscheinen die von der Geschichte Betroffenen geschichtslos, anonym und ohne erkennbare Individualität — analog den Frauen, denen in erster Linie zugedacht ist, in der Gesellschaft und ihrer Ordnung eine Rolle zu spielen, nicht aber sie selbst zu sein. Daß man noch allen Ernstes so denkt, ist der schon erwähnten Schrift Schopenhauers abermals unmißverständlich zu entnehmen, die Fontane nachweislich gelesen hat. In den *Parerga und Paralipomena*, in dem Kapitel »Über die Weiber«, heißt es: »Weil im Grunde die Weiber ganz allein zur Propagation des Geschlechts dasind und ihre Bestimmung hierin aufgeht; so leben sie durchweg mehr in der Gattung, als in den Individuen: nehmen es in ihrem Herzen ernstlicher mit den Angelegenheiten der Gattung, als mit den individuellen. Dies giebt ihrem ganzen Wesen und Treiben einen gewissen Leichtsinn und überhaupt eine von der des Mannes von Grund aus verschiedene Richtung, aus welcher die so häufige und fast normale Uneinigkeit in der Ehe erwächst.« [40] Es gibt keinen Zweifel, wie man das zu verstehen hat: das Individuelle wird den Männern vorbehalten, während die Frauen etwas bloß Gattungshaftes sind; das heißt: sie sind Minderes gegenüber dem Individuellen der Männer. Die Hierarchie der Werte wird deutlich, und im Denken Schopenhauers dauert sie unangefochten fort. Aber im Verlauf des 19. Jahrhunderts wird sie immer weniger als etwas Fragloses hingenommen. Sie wird zum Konfliktsfall, den Fontane aufgreift, um ihn erzählerisch zu behandeln. Er bedient sich hierzu gern eines Bildes, eines Zeichens, an dem die konflikthafte Situation anschaulich gezeigt werden kann: des Porträts. Zeit seines Lebens war er ein Liebhaber dieses kunstgeschichtlichen Genres. Das hing mit seiner nie ganz versiegten Geschichtsfreude zusammen. In besonderer Weise eignete sich das Frauenporträt dazu, die Spannung zwischen Geschichte als dem vorzüglich Individuellen und der Geschichtslosigkeit der bloßen Gattung sichtbar zu machen. Das gibt den Romanen *L'Adultera* und *Cécile* ihre unverwechselbare Bedeutung, wie immer der literarische Rang dieser Werke eingeschätzt werden mag.

1. *L'Adultera*

Fontanes erster Berliner Gesellschaftsroman *L'Adultera* ist, mit Peter Demetz zu sprechen, ein Roman der guten Gesellschaft. [41] Die Hauptpersonen, der Kommerzienrat van der Straaten und seine schöne Frau Melanie, »älteste Tochter Jean de Caparoux', eines Adligen aus der französischen Schweiz«, gehören ihr an; desgleichen deren Bekannte — Majore, Legationsräte, Polizeiräte — also diejenigen, die man ohne Widerrede dem militärischen oder dem diplomatischen Corps zuzählen darf. (II/9) Wer anderen Standes ist, ist Dienstpersonal und mithin Nebenperson. Solche Personen können den erzählten Vorgang allenfalls menschlich »untermalen«. Aber sie tragen zum Aufbau der eigentlichen »Geschichte« im allgemeinen wenig bei. Mit dieser, mit der Fabel des Romans, geht es um nichts mehr und nichts weniger als um einen Ehebruch, und zwar um einen von der handfesten Art. Es ist ein Ehebruch mit Folgen. Das freilich ergibt sich erst im Verlauf der Geschichte, die Fontane erzählt. Die Eingangskapitel lassen einen solchen éclat noch nicht erwarten. Sie beschreiben eine zwar nicht besonders harmonische, aber im ganzen doch intakte Ehe. Die Berolinismen des Hausherrn werden von Anfang an betont. Aber daß solche Redeformen den Schritt vom Wege motivieren könnten, den die junge Ehefrau tun wird, fällt dem Leser nicht ganz leicht zu glauben, obgleich er durch die Technik der Vorausdeutung darauf vorbereitet wird. Eine solche der Vorausdeutung dienende Funktion wird in der erzählten Geschichte dem Ankauf einer Kopie übertragen, die der Kommerzienrat seiner Frau als Geschenk zugedacht hat. Es handelt sich um die Kopie eines Bildes von Tintoretto, dessen Original Fontane in Venedig gesehen hat. »L'Adultera«, die Ehebrecherin, ist das Thema des Gemäldes wie des Romans. Und da zum Ehebruch eine dritte Person in jedem Fall gehört, läßt deren Einführung nicht lange auf sich warten. Der in Frage stehende Partner ist der Sohn eines Geschäftsfreundes mit dem jüdischen Namen Ebenezer Rubehn. Als dieser eines Tages bei den van der Straatens eintrifft, ist es um den Frieden des Hauses im Grunde schon geschehen. Nach einigen Gesprächen und flüchtigen Eingeständnissen ist man so weit: unter Palmen, in einer von Treibhausluft geschwängerten Atmosphäre, gibt sich die Ehefrau dem unverheirateten Hausfreund hin. Zur näheren Beschreibung des Vorgangs benötigt Fontane kaum mehr als einen Satz, der den Leser über den Ehebruch »informiert«. Wir hören, daß die weiche und schlaffe Luft sie weich und schlaff machte, worauf es heißt: »und die Rüstung ihres Geistes lockerte sich und löste sich und fiel.« (II/82) Das Geschehene kann dem Ehemann nicht verborgen bleiben. Als es zur Aussprache kommt, glaubt er zunächst, es mit einer gewöhnlichen Ohnmacht zu tun zu haben. Er will den Arzt rufen. »Aber sie bat ihn, es zu lassen«, heißt es in vieldeutiger Kürze. »Es sei nichts, oder doch nichts Ernstes, oder doch nichts, wobei der Arzt ihr helfen könne. Und dann sagte sie, was es sei.« (II/88) Ein Versuch des betrogenen Ehemanns, die noch immer geliebte Frau unter Zurückstellung aller persönlichen Enttäuschungen zur Fortdauer der Ehe zu überreden, scheitert. Wie die Nora Helmer in Ibsens damals umstrittenem Drama verläßt Melanie ihre Familie und begibt sich mit dem Freund in den sonnigen Süden, der indessen so sonnig nicht ist. Von der Gesellschaft verstoßen, sucht man sich in der veränderten Umgebung zurechtzufinden. Das wird den beiden Ehebrechern auf vielfache Weise erschwert. Die ehedem wohlhabende Kommerzienrätin muß Stunden geben; man lebt mehr schlecht als recht. Auch der neuen Lebensgemeinschaft bleibt die Krise nicht erspart. In dieser Situation ist es die Frau, die dem zaghaft gewordenen Geliebten durch ihre Tatkraft hilft. Die Scheidung der ersten Ehe ist inzwischen vollzogen. Die aus der Gesellschaft ausgebrochen sind, haben in der Fremde eine neue Familie gegründet. Später kehren sie nach Berlin zurück. Sie leben hier unauffällig und werden allmählich von ihrer Umwelt anerkannt. Aus der Sicht des hintergangenen Ehemanns und der von ihrer Mutter verlassenen Kinder ist der Verlauf dieser Ehegeschichte alles andere als eine glückliche Geschichte. Aber für die im Zentrum stehende Ehebrecherin und ihre neue Familie nimmt alles dennoch ein gutes und glückliches Ende; genau genommen ist es ein happy end, wie es im Buche steht, das uns da zugemutet wird. Fontane hat sich solch »billige« Lösungen in der Folgezeit meistens versagt.

Die Szenerie des Ehebruchs in diesem ersten Zeitroman ist literarisch motiviert. Das zwölfte Kapitel mit der Überschrift »Unter Palmen« geht auf ein Zitat zurück. Der literarisch gebildete Leser wird damit an Goethes *Wahlverwandtschaften* erinnert. »Man wandelt nicht ungestraft unter Palmen«, sagt die Freundin Anastasia, nachdem Melanie und ihr Geliebter das Gewächshaus verlassen haben, scherzhaft zu dieser. Und vielleicht weiß Fontane, der eine seiner Figuren diesen Satz sagen läßt, nicht einmal genau, daß er ungenau zitiert. (II/83) Es ist ein Satz Ottiliens, der hier ein wenig verändert erscheint; er findet sich im Text ihres Tagebuches und lautet: »Es wandelt niemand ungestraft unter Palmen.« [42] Das Motiv ist der zeitgenössischen Literatur vertraut. Im Jahre 1892 erschien ein Roman von Klaus Rittland (Pseudonym für Elisabeth Heinroth), in dem das inzwischen bekannt gewordene Motiv schon im Titel verwendet wird: *Unter Palmen. Roman aus dem modernen Aegypten*. Auch im Text selbst kommt die Verfasserin auf das Motiv zurück: »Nun wandeln wir also wirklich unter Palmen!«, ruft eine Frauengestalt freudig bewegt aus und fährt fort: »Woher stammt nun eigentlich das Wort und was bedeutet es?« Und die Antwort lautet so, wie sie lauten muß: »Es stammt aus den Wahlverwandtschaften.« [43] Offensichtlich ist zumal von diesem Roman Fontanes eine weitreichende Wirkung ausgegangen. Die Konstellation einer scheiternden Ehe ist in dem 1890 erschienenen Roman *Das Recht auf Liebe* von Konrad Alberti mit Fontanes *L'Adultera* auffällig verwandt. Schon im Titel wird eines der zentralen Motive aus dessen Ehegeschichte übernommen. Dieser Wirkung entsprechend wird Fontanes erster Zeitroman von den Zeitgenossen außerordentlich geschätzt. Fontane habe sich damit einen führenden Platz in der Schar der neuen Kämpfer verschafft, schrieb Konrad Alberti in der Zeitschrift ›Die Gesellschaft‹, dem Organ der Münchner Naturalisten. [44] Der heutige Leser steht diesem Roman zumeist distanziert gegenüber. Man schätzt ihn nicht besonders hoch; und dafür gibt es Gründe. [45] Anlehnungen an Ibsens *Nora* drängen sich auf, und man könnte geneigt sein, sie aufdringlich zu finden. Die Verwandtschaft mit den *Wahlverwandtschaften* Goethes kommt hinzu. Daß Fontanes sicher anspruchsloser Roman in solchen Vergleichen nicht bestehen kann, ist zuzugeben. Es ist aber die Frage, ob solche Vergleiche von seiner eigenen Intention her berechtigt sind; ob man sie nicht schon im Ansatz als verfehlt bezeichnen müßte. Dies um so mehr, wenn sich die Anspielungen als bewußte Bezugnahmen erweisen. Da der Roman die in Zitaten aus klassischer Bildung bestehenden Redeformen rügt, ist es abwegig, seinem Verfasser vorzuwerfen, was er selbst in seinem Roman tadelt: von literarischen Vorbildern nämlich über Gebühr abhängig zu sein. Doch wirft dieser erste Zeitroman Fontanes noch ganz andere Probleme der literarischen Wertung auf. Es gibt unter Kennern, und mehr noch unter »Feinschmeckern«, eine Neigung,

L'Adultera 169

nur weniges gelten zu lassen — eine »Creme« der Weltliteratur, aber nicht mehr. Weil es aber in Fontanes *L'Adultera* manches Zweifelhafte gibt — man nenne es Belletristik oder Sentimentalität oder mangelnde Originalität —, wird womöglich der Roman im ganzen beiseite gelegt, als lohne es nicht, darüber noch ein Wort zu verlieren. Es gibt aber Kunstwerke, die keine »Meisterwerke« sind und dennoch an Erkenntnis mehr einbringen, als im allgemeinen erwartet wird. Und daß dieses in unserer Zeit vielgescholtene Werk Fontanes unbeschadet aller Mängel seinen Erkenntniswert besitzt, wird zu zeigen sein.

Es geht nicht an, einen Roman wie diesen einfach abzutun, ohne vorher das punctum saliens, den eigentlichen Drehpunkt des Ganzen, zu erfassen. Diese dem Roman zugrundeliegende Problemlage hat es mit Typisierungen zu tun, die dem europäischen Gesellschaftsroman etwas durchaus Geläufiges sind. Auf solche Typisierungen richtet sich Fontanes *L'Adultera*, und das Porträt ist hierfür, wie schon angedeutet, das willkommene Zeichen.

Wie häufig, war sich Fontane über den Titel nicht sofort schlüssig. Zunächst hatte er daran gedacht, den Namen der Hauptgestalt als Überschrift zu verwenden, und noch 1881, kurz vor dem Erscheinen des Buches, scheint es ausgemacht zu sein, daß der alte und ursprüngliche Titel — »Melanie van der Straaten« — der definitiv gültige sein wird. Seine Bedenken, als Titel *L'Adultera* zu verwenden, beziehen sich auf die noch lebende Person, deren Geschichte verschlüsselt erzählt wird: es habe ihm widerstanden, »einer noch lebenden und trotz all ihrer Fehler sehr liebenswürdigen und ausgezeichneten Dame, das grobe Wort ›L'Adultera‹ ins Gesicht zu werfen« (an S. Schottländer vom 11. September 1881). Schließlich gab der Klang des italienischen Wortes den Ausschlag, das in deutscher Sprache so viel wie Ehebrecherin bedeutet. Fontane hatte sich damit zugleich für die Bezeichnung des Bildes von Tintoretto entschieden, mit dessen Aufstellung in der Wohnung des Kommerzienrates die Erzählung der Ehegeschichte beginnt. Dieses in der Realität, nämlich in Venedig, vorhandene Bild, von dem zu Zeiten Fontanes eine Kopie in Dresden zu sehen war, wird in seinem Roman zum dichterischen Zeichen, aus dem sich der innere Vorgang entwickelt. Fontane bedient sich damit nicht eines beliebigen Zeichens, sondern eines solchen, das ihm selbst etwas bedeutet hat: er liebte Porträts über alles. [46] In den Englandbüchern ist wiederholt von ihnen die Rede. Im Bericht über eine Kunstausstellung führt er aus: »Doch halten wir uns an das Gute. Da sind zunächst die Porträts. Sie prävalieren an Wert wie an Zahl [...] Bestellt wird wenig oder nichts; und auf gut Glück hin ein mächtiges Wandbild zu malen, wie wenige dürfen's wagen? Jeder flüchtet in das Klein- und Familienleben, weil das große und allgemeine ihn verhungern läßt. Die eigentliche Kunst verliert dabei, die Porträt-Kunst gewinnt: das bloße Bildnis wird gelegentlich zum historischen Bilde.« Gegenüber den deutschen Ausstellungen habe England die Schönheit der Originale, den Zauber ihrer Geschichte voraus. Liebevoll verweilt der Bericht bei einem dieser Bilder: »Da ist eine Gräfin Kintore. Ich habe von Leuten gelesen, die sich in Bilder verliebten, und von anderen, die nicht eher ruhten, bis sie das Urbild gefunden hatten [...]. Wenn mich jemand fragte, was ›Adel‹ sei, so würde ich ihn schweigend am Arme fassen und vor dies Bildnis führen; kein deutsches Wörterbuch könnte so zu ihm sprechen, wie diese stillen Züge. Da ist nichts von der herrschenden Hoheit einer Königin, und nichts von dem forcierten Stolz einer City-Tochter, die über sich hinaus will; weich und doch fest, bescheiden und doch selbstbewußt blickt Dich dies Auge an und erzählt Dir von dem echten Adel, der weder sich brüsten noch sich bücken mag, sondern die Hand zum Volk und das Auge zum Thron, gradauf und unbeirrt seine Pfade zieht. Und dazu wie schön!« [47] In den Briefen über Shakespeare kommt Fontane beiläufig auf die Bilder-Galerie zu Hampton-Court zu sprechen; und er läßt keinen Zweifel, was sie ihm bedeutet hat: »Ich fühlte mich damals in eine, wie durch Zauber wiederbelebte Zeit mitten hineinversetzt, und die Gestalten um mich her, Leben gewinnend, berührten mich mit einer unwiderstehlich poetischen Gewalt [...].« (1/79) Diese nie ganz sich verleugnende Vorliebe für Porträts, und für Frauenporträts vor allem, hat auch in den Romanen ihren Niederschlag gefunden. In *Unwiederbringlich* wird Graf Holk der Prinzessin gemeldet, und ehe diese eintritt, versenkt er sich in die Bilder, die es zu sehen gibt. Wer es in Wirklichkeit denn eigentlich sei, der sich hinter den Porträts verbirgt, ist in solchen Betrachtungen immer erneut die Frage.

In *L'Adultera* ist es vor allem der Hausherr, der Kommerzienrat selbst, der seine Vorliebe für Porträts nicht verleugnet. Von Bild- und Malerfragen, so hören wir, verstehe er mancherlei. An Bildern hat er eine ganze Sammlung zusammengebracht — obschon es meistens nur Kopien sind, weil ihn die Originale zu teuer zu stehen kommen. Auf diese seine Porträtgalerie — eigentlich handelt es sich um ein Geschenk, das er seiner Frau gemacht hat — ist er besonders stolz. Seine Gäste bekommen es zu hören. Daß die van der Straatens eine Villa mit Bildergalerie besitzen — als ob man nicht viel mehr brauche, um glücklich zu sein — ist eines der Themen, über das sich die Gäste auf dem üblichen Nachhauseweg unterhalten. Es sind das nicht irgendwelche Bilder, Landschaften oder Verwandtes, die zum Besitz des Kommerzienrats gehören, sondern Porträts im engeren Sinn, Frauenporträts vor allem. Von einem Porträt Melanies ist die Rede. Mit der Erwähnung ihres Zimmers wird es beschrieben: »Dieses Zimmer entsprach in seinen räumlichen Verhältnissen ganz dem ihres Gatten, war aber um vieles heller und heiterer, einmal weil die hohe Paneelierung, aber mehr noch, weil die vielen nachgedunkelten Bilder fehlten. Statt dieser vielen war nur ein einziges da: das Porträt Melanies in ganzer Figur, ein wogendes Kornfeld im Hintergrunde und sie selber eben beschäftigt, ein paar Mohnblumen an ihren Hut zu stecken.« (II/17) Daß damit auf freie Natur verwiesen wird in einer Welt, in der das Künstliche und Unnatürliche vorherrscht, ist kaum zu überhören. Was aber hat es mit diesen Porträts für eine Bewandtnis? Wozu sind sie im Aufbau der Handlung zu gebrauchen?

Porträtkunst ist Darstellung individuellen Menschentums. Sie ist eine spezifisch neuzeitliche Errungenschaft und hat in der Geschichte der europäischen Malerei — in Italien, in Spanien, in den Niederlanden, aber eigentlich in allen europäischen Ländern — unter bestimmten Umständen ihre große Stunde gehabt; meistens läßt man sie mit der Renaissance beginnen. Von den Triforiumsbüsten von St. Veit in Prag kann gesagt werden, daß diese Kunst hier beginne: als »die eigentliche Porträtkunst des Abendlands, ein Zeichen für das neuerwachte Interesse an der Individualität«. [48] Tintoretto, mit dem wir es im vorliegenden Roman zu tun haben, ist auf seine Weise an dieser Entwicklung beteiligt. Mit seinem Selbstporträt, wird in einer Monographie über ihn gesagt, sei eine neue Welt entdeckt, »in der das Individuum in einem ganz neuen Sinn Recht bekam«. [49] In einem seiner Essays verfolgt Erich von Kahler die Idee der Individualität durch die Jahrhunderte, ihren Aufstieg und ihr allmähliches Zurücktreten. Er kommt dabei auch auf die Kunst des Porträts zu sprechen und führt aus: »Die einmalige, individuelle Person wird erforscht und darstellerisch erobert. Es ist die große Epoche des *Portraits* in der Malerei, von Clouet, Tizian, Dürer, Holbein, Velasquez, den Niederländern und Engländern bis zu den Impressionisten, das Zeitalter, wo das Studium der sinnlichen Erscheinung eins ist mit dem Studium der individuellen Figur, wo es bei der vollen, uneingeschränkten Aufmerksamkeit auf die individuelle Figur angelangt ist; wo also das Erreichen der tiefsichtigsten individuellen Ähnlichkeit auch der Maßstab der künstlerischen Errungenschaft ist. Mit der Renaissance beginnt in Italien die praktische, in Frankreich (bei Montaigne) die theoretische Seelenergründung, das *Interesse an individueller Psychologie.*« [50] Das Interesse an der Individualität wird mit Recht betont. Dennoch ist Porträtkunst stets auch gesellschaftliche Kunst. Sie hat, wie alle Kunst, eine zugleich kommunikative Funktion. [51] Die Porträtkunst der Neuzeit hat einen spezifisch soziologischen Aspekt, der das Individuelle womöglich als zweitrangig erscheinen läßt. Schon aufgrund der Aufträge, durch die sie zustande kommt, sieht man sich auf bestimmte Besitzverhältnisse der Auftraggeber verwiesen. Zumeist sind es Fürsten, Standesherrn oder vermögende Kaufleute, die der Kunstgeschichte als Auftraggeber bekannt sind. Es sind dieselben, die man zu porträtieren pflegt. Dem gemeinen Mann ist es meistens verwehrt, von einer Kunst wie dieser zu »profitieren«. So handelt es sich eigentlich trotz des Wandels in den Besitzverhältnissen späterer Zeiten um eine ihrer Herkunft nach feudale Kunst. Man stellt sich dar, und man wünscht, vor aller Welt ausgestellt zu werden. Es ist also nicht alles unverwechselbare Individualität, die in der Porträtkunst ihren Ausdruck findet. Auch Standesbewußtsein kommt ins Spiel: eine Neigung, zu glänzen und zu repräsentieren. Und man repräsentiert das, was man nicht nur für sich selber ist, sondern was man mit anderen gemeinsam hat. In aller Porträtkunst ist daher etwas Typisches enthalten. Die Personen werden vielfach ihrem Stande gemäß stilisiert, so daß eine Spannung von Typus und Individualität entsteht. Im Betrachten solcher Porträts sieht man sich auf die Individualitäten verwiesen, die durch Typisches nivelliert werden. Schon die

Anordnung zu einer »Porträtgalerie« hat etwas Gleichmacherisches, wodurch das je Eigene der Bilder zurücktritt. Solche Gegensätze finden ihre Entsprechung im Verhältnis von Original und Kopie. Fontane hat sie für seine erzählte Ehegeschichte genutzt. [52] Sein Kommerzienrat ist ein zu Reichtum gelangter Besitzbürger. Er kann sich eine private Gemäldesammlung leisten. Aber er muß sich dabei meist mit Kopien begnügen. Nachdem man das neuerworbene Stück der Sammlung, Tintorettos »Ehebrecherin«, ausgepackt und aufgestellt hat, fragt Melanie, ob es eine Kopie sei, und van der Straaten antwortet: »›Freilich‹, [...] Originale werden nicht hergegeben. Und würden auch meine Mittel übersteigen.« (II/13) Auch die Veronesische »Hochzeit zu Cana« ist als Kopie in dieser Sammlung vorhanden. Von den Uneingeweihten, so hören wir, wurde sie ohne weiteres für das Original genommen. (II/25)

Dieser Gegensatz von Typus und Individualität, von Kopie und Original, ist das zentrale Motiv der Erzählung, ihr punctum saliens, um das sich alles dreht: die scheiternde Ehe in ihren Ursachen wie in ihren Folgen. Die Übertragung — eine Metaphorik im eigentlichen Sinn — bietet sich an: die Übertragung solcher Verhältnisse in der bildenden Kunst auf die Personen des Romans. Sie ihrerseits können vor die Wahl gestellt werden, Original oder Kopie zu sein. Dieser »Tatbestand« kann von den beteiligten Personen erkannt oder auch nicht erkannt werden. Auf ein solches Erkennen und zugleich auf das gegenseitige Kennen der Eheleute untereinander kommt es an. Der »Tintoretto« im Hause der van der Straaten ist schon ausgepackt, ohne daß Melanie sofort zu sagen wüßte, um welches Bild es sich handelt: »Melanie hatte mittlerweile die Hauptfiguren des Bildes mit ihrem Lorgnon gemustert und sagte jetzt: ›Ah, l'Adultera! ... Jetzt erkenn' ich's.‹« (II/13) Und was von den Bildern gesagt wird — daß man sie nicht sofort in ihrer Bedeutung erkennt — kann gleicherweise von den Menschen gesagt werden, die sie besitzen oder betrachten. Im Verlauf des vorab noch scherzhaft geführten Gesprächs, das Anzügliches berührt, nennt Melanie ihren Mann, wie sie ihn manchmal nennt: König Ezel; und sie fügt hinzu: »Als ich dich so hieß, war ich noch ein halbes Kind. Und ich kannte dich damals noch nicht. Jetzt aber kenn' ich dich und weiß nur nicht, ob es etwas sehr Gutes oder etwas sehr Schlimmes ist, was in dir steckt...« (II/14) Sie schränkt damit selbst zur Hälfte wieder ein, was sie eben gesagt hat; denn nicht recht zu wissen, ob das, was darin steckt, nun Gutes oder Schlimmes bedeute, heißt doch wohl, den anderen in den entscheidenden Zügen nicht zu kennen, wie es in der Tat für die Eheleute dieses Romans zutrifft. Aber zugleich stellt sich mit solchen Betrachtungen die Frage, auf die Fontane gern zu sprechen kommt, wenn er über Porträts aller Art spricht: was sich denn hinter dem Bild eigentlich verbirgt; wer derjenige ist, der da im Bilde erscheint. Bild und Erzählweise sind hier aufeinander bezogen. Das Prinzip der Mutmaßungen kommt zu seinem Recht, und das Porträt als dichterisches Bild, als Zeichen, an dem sich etwas zeigen läßt, kommt dem entgegen. [53]

Dabei ist eine schon das Eingangskapitel begleitende Ironie nicht zu überhören. Man umgibt sich mit Porträts, die dazu herausfordern, den Menschen kennenzulernen, und kennt sich selbst in dieser Ehe am wenigsten. Das Originelle, das Eigene und Unverwechselbare, für das uns solche Porträts einnehmen könnten, wird gerade nicht erkannt. Dem entspricht die Affinität des Kommerzienrats zur Kopie. Sie ist nicht nur eine Frage des Vermögens, weil die Originale, wie im Falle Tintorettos, unerschwinglich sind. Die Tendenz zur Kopie ist vielmehr im Denken dieses neureichen Bürgers angelegt. Es ist das eine Denkart, die wieder nur die Kopie anderer Denkarten ist — ein durch und durch typisches Verhalten. Was von einem der Gäste im Hause van der Straaten gesagt wird — »Er stand vielmehr ganz in den Anschauungen seines Standes« — gilt von dem Kommerzienrat erst recht. (II/25) Die Kultur überhaupt, reproduzierbar und käuflich, ist ihm zur Kopie geworden. Er nimmt an der einmal aus Originalität und Spontaneität entstandenen Tradition nur noch Konventionen wahr. Als eine allen geläufige Klassizität ist sie im Zitat verfügbar, und in diesem Punkt ist es Fontane gelungen, gewissermaßen den »Büchmann«, als Herausgeber geflügelter Worte, ins Spiel zu bringen. Van der Straaten sprudelt diese nur so aus sich heraus; und er ist ja auch nicht zufällig das dankbare Objekt für Studien zu diesem Thema. [54] Dabei profitiert er beträchtlich vom Esprit seines Schöpfers. In einer dieser Reden kommt er auf Germanisches zu sprechen, das er in Thusnelda verkörpert sieht. Im gedankenlosen Fluß der Rede heißt es: »Ich frage jeden, ob dies eine Thusnelda ist? Höher hinauf, meine Freunde. Göttin Aphrodite, die Venus dieser Gegenden, Venus Spreavensis, frisch aus demselben Wasser gestiegen, das uns eben erst unsern teuren Elimar zu rauben trachtete. Das Wasser rauscht, das Wasser schwoll. Aus der Spree gestiegen, sag' ich. Aber so mich nicht alles täuscht, haben wir hier *mehr*, meine Freunde. Wir haben hier, wenn ich richtig beobachtet, oder sagen wir, wenn ich richtig geahnt habe, eine Vermählung von Modernem und Antikem: Venus Spreavensis und Venus Kallipygos. Ein gewagtes Wort, ich räum' es ein. Aber in Griechisch und Musik darf man alles sagen.« (II/63) Hier wird alles mit allem vermischt, aber alles auf eine hoffnungslos unverbindliche Weise. Man darf Redeformen wie diese durchaus als das würdigen, was sie als Kunst bedeuten. Hier ist ja aus der Sicht dessen, der solches seine Personen sagen läßt, nicht wenig geleistet. Wir sollen trivial finden, was eine Person des Romans sagt. Aber zugleich soll das Gesagte mit Esprit vermischt sein, damit es an Lesbarkeit gewinnt. Obendrein sollen wir gegen das bloß Espritvolle eingenommen werden, gegen das Unverbindliche einer Redeweise, die ohne Zitate nicht auszukommen vermag. Daß sie für den, der sie im Roman gebraucht, dazu dienen, »sich den eigenen Ausdruck durch ein Zitat [zu] ersparen«, ist eine zutreffende Umschreibung ihrer Funktion. [55]

Das klassische Bildungserbe — darauf macht Fontane seine Zeitgenossen in wünschenswerter Weise aufmerksam — ist bis zum Extrem unverbindlich geworden. Man könnte eine solche Kultur als »uneigentlich« bezeichnen.

Unverbindlich wie der Umgang mit Zitaten ist auch der Umgang mit Bildern. Sie werden zur Gemäldegalerie geordnet und ausgestellt vor anderen, aber ihrem Besitzer selbst bedeuten sie, vom Besitz abgesehen, nicht eben viel. Besitz und Bildung werden im Umgang mit Worten wie mit Bildern zu synonymen Begriffen. Man betont damit seinen gesellschaftlichen Rang. Von einer Aneignung dessen, was diese Bilder bedeuten, gleichviel, ob es Originale oder Kopien sind, kann nicht die Rede sein. Kaum daß man das Gespräch über das eingetroffene Bild geführt hat, erhält es seinen Platz in der Galerie. In das auf dem Bild Dargestellte, in das Porträt der Ehebrecherin, dringt der Kommerzienrat van der Straaten nicht ein; und so wenig er sich um den Inhalt kümmert, so wenig kümmert er sich um das, was im Innern seiner Frau vor sich geht. Allenfalls ihre Geheimnisse möchte er erfahren; aber das ist nur abermals ein Ausdruck seiner Indiskretion und seiner mangelnden Achtung vor dem, was jeder für sich zu behalten das Recht hat. So ist er denn auch unvermögend, an einem Menschen das Besondere und Unverwechselbare zu erfassen. Jedes Einzelschicksal vergleicht er bezeichnenderweise mit einer Kopie. Das Individuelle eines Porträts entschwindet seinem Blick. Er nimmt vornehmlich das Typische wahr — die Kopie, die man in zahllosen Exemplaren besitzen kann. Das Individuelle seiner Frau erschöpft sich für ihn in dem, was Frauen allgemein sind. Es ist ganz so wie bei Schopenhauer: sie leben mehr in der Gattung als in der Individualität. Dem Kommerzienrat unseres Romans fehlt es in diesem Punkt am Vermögen der Unterscheidung. Er selbst ist denn auch nicht zufällig ein Gemisch von Gegensätzen, von denen er seinerseits keine Kenntnis hat. Er sei eine »sentimentalisch humoristische Natur«, ein Humorist mit fatalistischen Zügen: »Van der Straaten, um es zu wiederholen, bewegte sich gern in dem Gegensatze von derb und gefühlvoll, überhaupt in Gegensätzen [...].« (II/16)

Auf die selbstgenügsame Beschreibung individueller Charaktere kommt es Fontane aber nicht an, und zumal in den Gegensätzen, aus denen dieser Kommerzienrat »zusammengesetzt« ist, weist er über jede auf Individualität zielende Charakterbeschreibung hinaus. Die an ihm bemerkbaren Gegensätze sind solche seiner Zeit: der Bismarckzeit, in der wir uns befinden; und wenn Fontane sich von nun an dem Zeitroman zuwendet, so heißt das zugleich, daß er damit die Bismarckzeit schildert. Der damals noch regierende Kanzler wird von jetzt an in nahezu keinem seiner Romane fehlen. In der politischen Realität spielt er noch für einige Jahre die erste Geige im Konzert der Mächte; bei Fontane hat er sich aus Gründen der erzählerischen Ökonomie damit zu begnügen, dezent im Hintergrund zu bleiben. Nirgends erhält er das Wort und nirgends greift er ein. Aber gesprochen wird über ihn — bei Tisch und nach Tisch — immer erneut. Er ist eines der unerschöpflichen Gesprächsthemen. Nie weiß man dabei genau, woran man ist — will sagen: wie Fontane denn eigentlich über ihn denkt, wenn er ihn als Erzähler in die geistreichen Causerien einbezieht. Er überläßt die Urteile seinen Figuren und hält sich selbst mit jedem eigenen Urteil zurück. In diesem Punkt nimmt er es mit

L'Adultera

Spielhagens Romantheorie, wie es den Anschein hat, sehr genau. Auch in *L'Adultera* ist sogleich von Bismarck die Rede, nachdem das Gespräch über Tintoretto und den bevorstehenden Logierbesuch beendet ist. Das geschieht im vierten Kapitel; es ist dem engeren Zirkel gewidmet: den Gästen, die zum Diner geladen sind. Bei solchen Gelegenheiten zumal ist Bismarck Thema Nummer eins. Der Legationsrat a. D. Baron Duquede ist einer seiner schärfsten Gegner, und er macht daraus kein Hehl: »Er empörte sich eigentlich über alles, am meisten über Bismarck, von dem er seit 66, dem Jahre seiner eigenen Dienstentlassung, unaufhörlich versicherte, ›daß er überschätzt werde‹.« (II/23) Diesem Legationsrat, der scherzhafterweise ein Negationsrat genannt wird, sind die Gegensätze verhaßt, und in der Gestalt Bismarcks sieht er sie verkörpert. Er hasse die Taten, sagt er, am meisten, »wenn sie die Begriffe verwirren und die Gegensätze mengen, und wenn wir es erleben müssen, daß sich hinter den altehrwürdigen Formen unseres staatserhaltenden Prinzips, hinter der Maske des Konservatismus, ein revolutionärer Radikalismus birgt. Ich sage dir, van der Straaten, er segelt unter falscher Flagge.« (II/29) Damit ist niemand anderes als Bismarck gemeint, in dem man ja in der Tat bald einen konservativen Junker, bald einen revolutionären Neuerer, aber noch öfter beides in einem gesehen hat. Daß dem Legationsrat Duquede alle Gegensätze zuwider sind, macht zugleich deutlich, daß er seinerseits auf die Eindeutigkeit aller Dinge setzt — eine Denkweise, der man im Roman Fontanes zu mißtrauen allen Grund hat. Eindeutig sind für diesen Erzkonservativen, um den es sich handelt, alle Lebensformen, einschließlich ihrer Privilegien; und höchst verdächtig ist ihm das, was davon abweichen könnte. Die Personen dieser Gesellschaft sind nicht so sehr sie selbst, als Typen ihres Standes weit mehr. Daher ist die Erhöhung und Monumentalisierung des einzelnen — der Heroenkult der Epoche! — weniger der Ausdruck einer individuellen Denkweise als einer solchen, die im Typischen verharrt; oder auf das Zentralmotiv des Romans übertragen: man hat es auch hier mit Kopien zu tun — nicht mit Originalen.

Abermals ist Bismarck das Beispiel. Er habe Glück gehabt, aber ein solches, »das in seiner kolossalen Größe den Mann selber wegfrißt und verschlingt.« (II/28) Mit Verachtung spricht immer derselbe Bismarck-Verächter von dem Bildnis des Fürsten, das man eines Tages in einem ihm geweihten Tempel aufstellen werde: »Und in einem dieser Tempel wird sein Bildnis sein, und Göttin Fortuna ihm zu Füßen.« (II/28) Solche Äußerungen sind nicht einfach als Meinungen des Erzählers abzutun. Erst recht abwegig wäre die Annahme, sie hätten eben deshalb nichts zu bedeuten, weil man ihrem Sprecher nicht recht trauen kann. Man kann von der Person durchaus absehen, wenn man in solchen Aussagen eine Wiederaufnahme der Grundmotive erkennt: der schon bezeichneten Spannung von Typik und Individualität. Das Porträt der Eingangskapitel kehrt als Bildnis Bismarcks wieder, mit Beziehung zugleich auf geweihte Tempel, die ja nichts Wirklichkeitsfremdes sind, wenn man an die zahlreichen Bismarck-Monumente denkt, die es in Deutschland gibt. In den Gesprächen unseres Romans geht es um solche Bilder und Monumente: »Ja, meine Freunde, den Heroenkultus haben wir, und den Götterkultus *werden* wir haben. Bildsäulen und Denkmäler sind bereits da, und die Tempel werden kommen.« (II/28) Im Monumentalen handelt es sich eigentlich um eine Verkehrung der individuellen Person in das Typische des Heroenkults. Vor allem ist es der Kult der großen Männer, der hier nach Humoristenart beschworen wird. Es sind dieselben, von denen gesagt wird, daß sie Geschichte machen — diejenigen also, die eine Gesellschaft, höchst unzeitgemäß, mit Helden und Halbgöttern versorgen; denn diese können aufgrund der Typisierung nur Widersprüche in sich selber sein. So kann denn auch mit Bezug auf diese Großen und Größen von Sultanslaune gesprochen werden. Sie werden beiläufig mit Tyrannen verglichen, und mit dem Frauenroman, um den es geht, hat das sehr viel zu tun. An den Major Gryczinski hat man zu denken, der seiner Frau den Umgang mit der eigenen Schwester strikt verbietet, da er den Umgang mit einer Ehebrecherin nicht gestatten kann. Alle diese Widersprüche sind in der Zeit angelegt, die Bismarck als die sie beherrschende Figur verkörpert.

Solche Repräsentanz gilt unter Einschluß Bismarcks noch in anderer Hinsicht. Im Zusammenhang mit seiner Person werden Glück und Fortuna betont. Er wird ein Hasardeur genannt. Es handelt sich um Züge einer Spielernatur, die wiederum auf die Zeit im ganzen verweisen. »Alles Spiel und Glück«, heißt es mit Bezug auf den Kanzler. (II/28) Auch der Kommerzienrat ist auf seine Art eine Spielernatur, der seine Redeweise entspricht. Doch unverbindlich erst recht ist sein Umgang mit Menschen: er spielt, wenn es sein muß, mit anderen — dadurch, daß er sie nicht in ihrem Selbstsein anerkennt, nicht in dem, was sie »eigentlich« sind oder sein wollen. Keineswegs bleiben solche Züge des Spielerischen, Unernsten und Unverbindlichen auf ihn beschränkt. Auch Melanie ist in diesem Punkt vom Zeitgeist erfaßt. Das Ballspiel mit dem Freund während des Ausflugs hat vorausdeutende Züge; und rückblickend wird es ihr vollends bewußt, wie sie zu ihrem Ehemann steht oder stand: »Jeder Tag wurd ihr qualvoller, und die sonst so stolze und siegessichere Frau, die mit dem Manne, dessen Spielzeug sie zu sein schien und zu sein vorgab, durch viele Jahre hin immer nur ihrerseits gespielt hatte, sie schrak jetzt zusammen [...].« (II/91) Erneut erhalten Spielertum und spielerisches Verhalten bei Fontane ihre zentrale Bedeutung für eine Gesellschaftskritik, wie er sie als Stilmittel seiner Erzählkunst gebraucht. Wie die Sektierer, so haben von nun an die Spieler ihre Rollen in seiner erzählten Welt zu übernehmen. Solche Züge weisen auf die Figuren- und Gedankenwelt Arthur Schnitzlers voraus.

Damit wird auch dem Ehebruch alles bloß Private genommen. Die beschriebene Atmosphäre ist eine solche der Zeit; und diese Atmosphäre ist von Anfang an vorhanden. Im Zeitroman ist der Eheroman schon immer enthalten. Das Schuldprinzip, das in der Durchleuchtung von Ehebrüchen und Ehescheidungen bis zum heutigen Tag gilt, wird durch diesen Zeitbezug, wenn nicht außer Kraft gesetzt, so doch entkräftet; es wird relativiert. Die Gesellschaft einer Zeit trägt das ihre dazu bei, daß unter Eheleuten wie hier geschehen kann, was so nicht gewollt war. Man treibt hinein, ehe man sich's versieht. Davon handelt das zehnte Kapitel mit der Überschrift »Wohin treiben wir?«. Diese Überschrift ist zum Verständnis wichtig. In Wendungen wie diesen wird Fontanes Eheroman nach der gesellschaftlichen Seite hin motiviert. Im vorliegenden Fall ist es ein Boot, das den Vorgang erläutert: »und das Boot schaukelte leis und trieb im Strom, und in Melanies Herzen erklang es immer lauter: wohin treiben wir?« (II/68) In *Effi Briest* dient ein Schlitten zu solcher Motivierung. Hier wie dort gleitet man, fast willenlos, hinein. Mit der Szene im Palmenhaus und ihrer Atmosphäre wird solches Hineingleiten zusätzlich betont. In diesem Zusammenhang ist abermals über die Technik der Vorausdeutung zu sprechen, die man vielfach als Weltanschauung — als Fatalismus oder Prädestination — auf Fontane selbst bezieht. Daß er von ihr oft zu aufdringlich Gebrauch macht, sei zugegeben. [56] In diesem Punkt bleibt er teilweise noch in älteren Erzähltraditionen befangen. Aber nicht alles in dieser Technik des Vorausdeutens ist verfehlt. Daß von Prädestination im Roman selbst die Rede ist — hier vom Genfer Calvinismus der Ehefrau — muß kein Grund sein, darin ein Glaubensbekenntnis Fontanes zu sehen. Die Technik der Vorausdeutung in Verbindung mit Zügen des Fatalismus muß auch nicht unbedingt als Zeichen des allwissenden Erzählers verstanden werden, der bei Fontane eher zurückzutreten scheint, wie es die Mutmaßungen erweisen. Im Vorauswissen wird weit mehr das Zwangsläufige sichtbar, das in hohem Grade Unausweichliche des Geschehens. Doch wird die Begründung hierfür nicht mehr in der Symbolik der Naturwissenschaft gesucht wie im Eheroman Goethes. Das Zwangsläufige, in das die Menschen hineingleiten und hineintreiben, ist vorwiegend gesellschaftlich bedingt. Das muß man Fontane zugute halten. Jeder Vergleich mit den *Wahlverwandtschaften* hat daher seine Grenzen, und daß in *L'Adultera* auf Goethes Eheroman mehrmals angespielt wird, berechtigt uns nicht, daraus Abhängigkeiten oder Anlehnungen herzuleiten. Es wird ja gerade versucht, den ehedem naturwissenschaftlich gedeuteten Vorgang ins Gesellschaftliche zu übersetzen. Alle Anspielungen auf den Roman Goethes haben darin ihren Sinn.

Die Vorsätzlichkeit kann daher in der Beurteilung des Falles nicht das Entscheidende sein. Von solcher Vorsätzlichkeit aber geht man aus, wenn sich Leser oder Zuschauer über das Verhalten von Personen in Roman und Drama — Ibsens Nora Helmer! — entrüsten. Das Hineintreiben in den Ehebruch ist in *L'Adultera* glaubwürdig dargestellt; wenigstens ist es so gemeint. Aber zugleich ist damit noch anderes gemeint: eine Stufe der Erkenntnis nämlich, die von der jungen Frau erst jetzt, nach vollzogenem Ehebruch, erreicht wird. Erst jetzt geht ihr auf, was sie getan hat, indem sie sich treiben ließ. Was sie nur momentweise erfahren oder empfunden hatte, wird ihr nun zur Gewißheit. In der Unterredung mit ihrem solcher Erkenntnis noch nicht fähigen Ehemann spricht sie es aus: sie will hier nicht mehr bleiben. Das im

Porträt angelegte Motiv gewinnt in ihrem Denken seine nicht mehr zu übersehende Bedeutung. Melanie van der Straaten kann in dieser Ehe das nicht sein, was sie sein möchte; und es ist das Eigene, Ursprüngliche und Unverwechselbare, das ihr verwehrt wird, indem man sie wie eine Kopie behandelt. Sie will ihr eigenes »Gesetz«, ihre eigene Existenz und sonst nichts. Um dieser Existenz willen ist sie alles zu wagen bereit. Das Wort Existenz erhält an dieser Stelle — lange vor jeder Existenzphilosophie — in dieser Verwendung einen glaubwürdigen Sinn. Es hat erschließende Bedeutung: »Das Geschehene, das wußte sie, war ihre Verurteilung vor der Welt, war ihre Demütigung, aber es war doch auch zugleich ihr Stolz, dies Einsetzen ihrer Existenz [...].« (II/100) Wie wichtig Fontane solchen Einsatz verstanden sehen will, geht auch daraus hervor, daß Melanie in ihrer Ehe mit Ebenezer Rubehn eine zweite Krise zu bestehen hat, der ersten analog. Aber die Lösung gelingt. Auch hier ist der Mann vorübergehend in Gefahr, in der Frau nur die Rolle und den Typus zu sehen — nicht ihre Individualität. Was sie aber will und wonach sie verlangt, ist das Selbstsein ihrer Person in einer Welt »uneigentlicher« Menschen, die eine eigene Sprache kaum noch sprechen. Deren aus Zitaten zusammengesetzte Rede, geistreich und witzig im höchsten Grade, ist so typisch, wie sie selber typisch sind. Der Ausbruch der Melanie van der Straaten ist der Ausbruch aus einer Gesellschaft, die nur noch Rollen, Typen und Kopien zu kennen scheint; und dagegen begehrt sie auf. Daß es eine Frau ist, die sich zu solchem Protest, wie bei Ibsen, veranlaßt sieht, ist den zeitgenössischen Lesern nicht entgangen, während spätere Betrachter in erster Linie die Meisterwerke im Auge haben, denen Fontanes *L'Adultera* sicher nicht zuzurechnen ist.

Es ist heute üblich, von Themen wie diesen nicht mehr viel zu halten. Sie scheinen uns an etwas zu erinnern, was wir hinter uns wähnen. Dargestellte Ehekrisen, die in solchen Existenzkrisen ihre Ursache haben, kommen uns wie alles »Existentielle« überholt und veraltet vor. Die Zeit der Existenzphilosophie, so werden wir belehrt, sei vorbei; mit ihr die Zeit individuellen Denkens. Die Antiquiertheit des Individuums ist weit mehr das, wovon man spricht. Kann da Fontane mit einem Roman noch auf Gehör rechnen, wenn er das Einsetzen der Existenz so darstellenswert findet? Und welches Reden von Glück! Als ob sich darüber noch etwas Ernstliches sagen ließe; als ob das Wesentliche in der Zeit um 1800 nicht schon gesagt worden wäre, in der das individuelle Glück als Glück individueller Bildung noch etwas galt! Der Begriff des Glücks ist verbraucht; und wie er es ist! Kehrt Fontane mit solchen »Individualisierungen« nicht in längst vergangene Epochen zurück? Wer so fragt, ohne anderes gelten zu lassen, scheint zu glauben, es gehe um eine Geschichte des Individuellen zunächst und um eine des Gesellschaftlichen danach, als folge das eine auf das andere wie der Tag auf die Nacht. Solche »Diachronien« haben die Realität noch allemal gegen sich: sie kommen so nicht vor. Die Individualität gehört wie die Gesellschaftlichkeit zur Natur des Menschen, und nur die Art, wie das eine vom anderen verdrängt wird oder mit diesem in ein erträgliches Verhältnis gelangt, bezeichnet den Wandel der geschichtlichen Situationen. Fontanes erster Berliner Roman ist gewiß ein Gesellschaftsroman; und wenn dabei wie hier ein Individualitätsverlangen eine so zentrale Rolle spielt, so ist es in der Sicht des Romans und seines Autors kein Verlangen vor aller Erfahrung gesellschaftlichen Lebens im 19. Jahrhundert. Es ist der Versuch, das nur noch Gesellschaftliche zu durchbrechen auf eine neue Individualitätserfahrung hin. Darin liegt möglicherweise das Jederzeitliche, das jederzeit Aktuelle dieses trotz vieler Schwächen interessanten Romans. Eine solche gewiß nicht textferne Betrachtung läßt den unbefriedigenden Schluß in einem günstigeren Licht erscheinen. Er hängt mit der zentralen Thematik des Romans aufs engste zusammen – auch wenn zu sagen bleibt, daß Fontane mit den späteren Romanschlüssen besser zurecht gekommen ist als hier. Dies kann vom glücklichen Ende, das seltener wird, ebenso gesagt werden, wie von den tragischen Schlüssen, und ein tragischer war hier mit Absicht zu umgehen.

Im Text des Romans wird das wiederholt zum Ausdruck gebracht. Der Kommerzienrat tut alles, um »tragische Manieren« zu vermeiden. (II/60) Auch Melanie erwartet sie nicht ernstlich. »Es braucht nicht alles Tragödie zu sein«, sagt sie gelegentlich. (II/119) Solche Äußerungen entsprechen dem erklärten Ziel, kein tragisches Ende zu suchen. Sie entsprechen zugleich den Auffassungen Fontanes und seiner Skepsis. Die Erscheinung des Tragischen in der Tragödie, in der Zeit des aufkommenden Wagner-Kults und der Wildenbruch-Ära hoch geschätzt, muß dadurch in Mißkredit geraten und zur Skepsis herausfordern. Fontane will den tragischen Roman nicht, das steht fest; und vermutlich will er auch das tragische Pathos Ibsens vermeiden. Eine solche Skepsis gegenüber der Tragik der Tragödie ist nicht zuletzt von der Sprache her gefordert. Die großen Worte haben ausgedient. In der klassischen Tragödie hatten sie noch ihren Sinn und ihre Funktion: der hohe Ton war unerläßlich, um ihre »Ästhetik« vor Tod und Katastrophe zu bewahren, in die sie einmünden soll. Was uns in allem Untergang noch immer versöhnt, setzt voraus, daß uns im Scheitern noch etwas ergreift. Die Tragödie setzt den Helden voraus, den individuellen Menschen mit bestimmter Fallhöhe. Aber die Struktur dieser Paradoxie, die nach einem Wort Schillers den Menschen erhebt, indem sie ihn zermalmt, kann sich im Fortgang des Jahrhunderts dem gesellschaftlichen Wandel nicht entziehen. Der hohe Ton der Tragödie hat sich in eine Sprache der großen Worte verkehrt. Das Heldische, ohne das es Tragisches nicht gibt, hat sich auf einen Heroenkult eingelassen. Eben damit ist das Menschlich-Individuelle etwas Typisches geworden, eine gesellschaftliche Größe, die im Theater vorgeführt wird. Fontane kritisiert vor allem diese Liaison und er kann schon deshalb nicht mehr so recht am tragischen Roman Gefallen finden. So muß er als Erzähler um eine untragisch gemeinte Ehegeschichte bemüht sein. Dies geschieht, indem er seine Heldin ihre eigene Existenz finden läßt, um damit etwas zu erzählen, das abseits der offiziellen

Heerstraße der Heldenverehrung verläuft — mit dem Ergebnis eines betont unauffälligen, stillen Heldentums, wie eine spätere Wendung im *Stechlin* lautet. Für die Zeitgenossen im Umkreis des Naturalismus waren es diese sozialen Motive vor allem, die man schätzte. Das glückliche Ende, das den anspruchsvollen Leser mit Recht verstimmt, hat darin seinen Grund: in der Bejahung eines Daseins aus eigener Kraft und durch eigener Hände Arbeit. Mit der Betonung dieser Lebenstüchtigkeit im Einsatz der eigenen Existenz entgeht Fontane gleichwohl einer fatalen Ideologie, die man aus Gustav Freytags *Soll und Haben* oder aus Gustav Frenssens *Jörn Uhl* kennt. Damit ist dieser Berliner Gesellschaftsroman gewiß nicht im vorhinein von dem Vorwurf freizusprechen, daß seine Heldin lediglich der eigenen Herzensbestimmung folgt. Eben diesen Vorwurf hat Fontane einige Jahre später gegenüber Ibsen erhoben — in einer Kritik, die nolens volens die Themen seines ersten Ehebruchromans tangiert. Fontane formuliert sie wie folgt: »Die größte aller Revolutionen würde es sein, wenn die Welt, wie Ibsens Evangelium es predigt, übereinkäme, an Stelle der alten, nur scheinbar prosaischen Ordnungsmächte die freie Herzensbestimmung zu setzen. Das wäre der Anfang vom Ende. Denn so groß und stark das menschliche Herz ist, eins ist noch größer: seine Gebrechlichkeit und seine wetterwendische Schwäche.« (2/714) So endet eine kritische Betrachtung der *Gespenster*. Es wird deutlich, was Fontane gegenüber Ibsen vorzubringen hat: er will nicht, daß man die Ordnungsmächte — als eine Realität — übersieht; er will noch weniger, daß man die Selbstbestimmung, das Selbstsein, die Existenz (wie im Falle der Melanie van der Straaten) mit einer »Herzensbestimmung« verwechselt, die vielerlei sein könnte: Subjektivität, Willkür oder das, was in der Kritik der *Gespenster* das Wetterwendische genannt wird. Ibsen »predigt« Evangelien, mit denen er die Welt — ein für allemal — zu bessern hofft. Seine Tragik ist, so gesehen, zeitbedingt und überwindbar. Die Konflikte bei Fontane — zwischen Ordnungsmacht und Herzensbestimmung — werden gegen Ibsen ausgespielt, und damit zielt nicht eigentlich dieser, sondern Fontane auf eine jederzeit vorhandene und eigentlich unaufhebbare Tragik hin — ohne damit als Romanschriftsteller die Tragödienschlüsse und die Sprache der Tragödie, ihre oft großen Worte, zu wollen. Das Dilemma ist unverkennbar. Es geht dabei um eines der schwierigsten Formprobleme in der Poetik des Romans: um das Problem seiner Schlüsse. Daß Romane mit »zypressendunklen Schlüssen« nicht weniger gefahrvoll sein können, dessen war sich Gottfried Keller deutlich bewußt. Die Sentimentalität — die gefährlichste aller Klippen — lauert hier wie dort, wo das glückliche Ende gewagt wird. Es ist das Dilemma schlechthin, dem sich Fontane von nun an gegenübersieht: weder das glückliche Ende des *Wilhelm Meister* noch das tragische der *Wahlverwandtschaften* ist unbesehen zu gebrauchen. Der nächste seiner Frauenromane, mit dem das Thema des ersten wieder aufgegriffen wird, versagt sich dem glücklichen Ende, ohne damit das »säkulare« Dilemma der Romanschlüsse zu lösen. Daß aber *Cécile* im ganzen des Fontaneschen Romanwerkes hier, neben *L'Adultera*, seinen Ort erhalten darf, wird sich im folgenden Abschnitt zeigen.

2. *Cécile*

Der Übergang vom Geschichtsroman zum »Frauenroman« im Schaffen Fontanes — das wurde angedeutet — geschieht keineswegs abrupt. Die Frauenromane und Ehegeschichten sind kein neues Stoffgebiet. Sie gehen konsequent aus der nachhaltigen Befassung mit Geschichte und Geschichtsschreibung hervor. Wenn es in der Geschichte die Männer sind, die sie machen, so sind die Frauen diejenigen in erster Linie, die sie erleiden. Im Geschichtsroman Fontanes mit seinem ausgeprägten Interesse für die von der Geschichte Betroffenen ist daher der Frauenroman potentiell schon immer enthalten; und schon im historischen Roman werden der Geschichtsfreudigkeit deutliche Grenzen gesetzt: Geschichte ist in ihm nicht einfach das Heiligtum, das der Kritik ein für allemal entzogen wird. Der historische Roman, wie ihn Fontane verstand, schließt in jedem Fall Geschichtskritik ein. Sie gilt oder galt vornehmlich dem Geschichtsdenken der Historischen Schule. Im Zeitroman, mit dem wir es von jetzt an zu tun haben, kann sie sich um vieles deutlicher artikulieren. Indem der beherrschende Staat und die bestehende Gesellschaft der Kritik ausgesetzt werden, stehen zugleich die Geschichte dieses Staates und die Geschichte überhaupt in Frage. Gegenüber einer so historienfreudigen Zeit, wie es die Gründerzeit war, in die wir uns begeben, wenn wir über Fontanes *Cécile* sprechen, — gegenüber einer solchen Zeit spricht selbst ein im Gewande der historischen Erzählung versteckter Zeitroman von der Art des *Schach von Wuthenow* noch nicht deutlich genug. Im Zeitroman kann sich die Kritik an der Gegenwart des Erzählers und seiner Leser unmittelbar äußern, und als Zeitromane sind die Erzählungen von Anfang an gemeint, in deren Mittelpunkt Frauengestalten stehen. [57] Die Frage drängt sich auf, wie sich denn beides zusammenreimt? Was hat die Erzählung zeitloser Frauenschicksale, an die man denkt, mit dem Begriff des Zeitromans zu tun, wie ihn die Fontaneforschung geläufigerweise verwendet? Was hier und da schon dem historischen Roman vorgeworfen wurde — daß er eine Privatisierung der Geschichte betreibe — das wäre dem »Frauenroman«, den Begriff einmal ohne alle Anfechtungen gebraucht, erst recht vorzuwerfen. Eine Art Selbstanzeige scheint die Tendenz zu solcher Privatisierung noch zu bestätigen. In ihr kündigt Fontane seinen neuen Roman mit den folgenden Sätzen an: »Ein forscher Kerl, 25, Mann von Welt, liebt und verehrt — nein, verehrt ist zu viel — liebt und umkurt eine schöne junge Frau, kränklich, pikant. Eines schönen Tages entpuppt sie sich als reponirte Fürstengeliebte. Sofort veränderter Ton, Zudringlichkeit mit den Allüren des guten Rechts. Conflikte; tragischer Ausgang.« [58] Und damit noch einmal die Frage: wie sind beide »Gebiete« — Frauenroman und Zeitroman — miteinander verknüpft?

Eine erste Antwort ist vom Aufbau der scheinbar so anspruchslosen Erzählung zu erhoffen. Wir haben es zweifellos mit einer sehr kunstvollen und durchdachten Anordnung der Teile zu tun. Die beiden »Schauplätze« der Handlung — erst Thale, dann die Reichshauptstadt — bieten sich als Gesichtspunkte der Gliederung an. Diese beiden Handlungsabschnitte sind — auch dem Umfang nach — symmetrisch aufeinander bezogen: 13 Kapitel sind dem Ferienort vorbehalten, 13 dem gesellschaftlichen Leben in Berlin. Was von den insgesamt 29 Kapiteln noch verbleibt, ist Höhepunkt im wortwörtlichen Sinn. Damit ist der Ausflug nach Altenbrak gemeint, der humoristische Gipfel des Ganzen. [59] Dieser Zweiteilung nach geographischen Gesichtspunkten entspricht eine solche nach Stimmungslagen; einer heiteren und unbeschwert anmutenden Idylle folgt ein freudloses Leben, in dem die Verstimmungen dominieren — trotz gelegentlicher Theaterbesuche und gesellschaftlicher Unterhaltung. Die Frage nach dem Zusammenhang der Teile stellt sich erneut. Wir richten unseren Blick zunächst auf den ersten Teil. Er wird mit einer Fahrt in die Sommerfrische eingeleitet, abermals medias in res. [60] Das Faktum — Abfahrt eines Zuges mit Hinweisen auf Fahrgäste, die uns noch fremd sind — wird in gebotener Kürze mitgeteilt, ehe sich der Erzähler näher »erklärt«. Mit einigen stichwortartigen Informationen führt er sich ein: »›Thale. Zweiter ...‹ ›Letzter Wagen, mein Herr!‹« Und so unmittelbar ist dieser Einsatz, daß man sich ganz auf seinen Kommentar angewiesen sieht, um den kurzen Bahnsteigdialog zu verstehen: »Der ältere Herr, ein starker Fünfziger, an den sich dieser Bescheid gerichtet hatte, reichte seiner Dame den Arm und ging in langsamem Tempo [...] bis an das Ende des Zuges. Richtig, ›Nach Thale‹ stand hier auf einer ausgehängten Tafel.« (II/141) In dieselbe Gegend, die Fontane als Feriengast wiederholt besucht hat, begeben wir uns als seine Leser. Der »Realismus« ist evident. Und realistisch, wenn man es so bezeichnen will, ist auch die Vorlage, die der erzählten Geschichte zugrunde liegt. Sie geht auf Vorfälle zurück, die sich in der Familie des Grafen Eulenburg zugetragen haben. [61] Die gesellschaftlichen Bedenken, die einer Dame gegenüber geltend gemacht werden, sind das, was Fontane übernimmt und modifiziert; und etwas »Realistisches« ist auch die Sommerfrische als literarisches Motiv der Zeit. Sie ist eine »Errungenschaft« des 19. Jahrhunderts, um dessen Mitte das Wort in den allgemeinen Sprachgebrauch eindringt. [62] Nunmehr befinden wir uns am Ende des Jahrhunderts, und die Sommerfrischen sind wichtiger denn je. In Deutschland hat es mehrere Kriege gegeben. Jetzt ist Frieden, dessen man sich freut. Aus der Geschichte der Duodezfürstentümer ist der einheitliche Staat entstanden, den man Bismarck verdankt — ein moderner Industriestaat mit dem Zubehör großer Städte. Man richtet sich in diesen Städten ein, indem man ihnen von Zeit zu Zeit entflieht. Im sozialen Wandel der Verhältnisse wird die Sommerfrische ein unerläßlicher Bestandteil im Haushalt der Zeit — wenigstens für diejenigen, die in der Lage sind, es sich zu leisten. Die Bildungsreisen — in der Literatur des 18. Jahrhun-

Cécile 183

derts fast ein Element ihrer Poetik — gehören mehr und mehr der Vergangenheit an; und wenn es sie dennoch gibt, so werden sie mit anderen Reisen — aus Anlaß einer Hochzeit oder eben einer Sommerfrische — verknüpft. Wie die Landpartie in der Literatur des europäischen Realismus, so dringt nun auch die Sommerfrische allmählich in die Literatur ein. Landschaften und Orte treten auf solche Weise aus der Geschichtslosigkeit ihres bisherigen Daseins heraus. Die Sächsische Schweiz, der Thüringer Wald, das Riesengebirge und — nicht zu vergessen! — der Harz sind solche Landschaften, die man bevorzugterweise besucht. Fontane hat sich Näheres darüber nicht aus Büchern zusammengelesen, wenn er in seinen Romanen davon spricht. Er hat fast alle diese Ferienorte »durchprobiert« und kennt sich in ihnen aus. Die Berichte, zumal aus Thale, wo er mehrfach gewesen ist, vermitteln ein höchst anschauliches Bild seiner nie sich verleugnenden Beobachtungsfähigkeit und seiner sonstigen Interessen. Unter den Zeitgenossen war es neben ihm vor allem Wilhelm Raabe, der die Sommerfrische in die Romanliteratur einbrachte. In der unterhaltsamen ›Gartenlaube‹ war 1885 ein solcher »Sommerfrischen«-Roman erschienen: die für die Leser dieser Zeitschrift höchst ungeeignete Erzählung *Unruhige Gäste*. Und mit derselben »Sache« hat es der 1884 veröffentlichte Roman *Pfisters Mühle* zu tun, der im Untertitel als ein Sommerferienheft bezeichnet wird. Der Ort dieser Sommerfrische, mit der Kindheit des Icherzählers identisch, ist von den Begleiterscheinungen des Industriezeitalters in seiner Existenz bedroht. Als ein Ort, der an das Paradies zu erinnern scheint, das man verliert, weist er über die realen Gegebenheiten hinaus.

In *Cécile* ist mit dem Aufenthalt am Ferienort eine verhältnismäßig unbeschwerte Zeit für alle Beteiligten verbunden. Die Entfernung von der Großstadt trägt das ihre dazu bei. Diners, Empfänge und gesellschaftliche Veranstaltungen aller Art stehen nicht in gleicher Weise im Mittelpunkt des Romans wie sonst, obgleich es an Gesellschaftlichkeit keineswegs fehlt. Wie man an der Table d'hôte placiert wird, wen man als Tischnachbar neben sich hat, und wie die Konversation verläuft, sind keine nebensächlichen Fragen. Fontane verweilt als Erzähler mit sichtlichem Behagen bei ihnen. [63] Dennoch gibt man sich frei und gelöst. Es fehlt die Strenge der Konvention. So bestimmt denn auch der heitere Ton den Gang der Dinge. Fontane ist in solchen Passagen, wie stets, in seinem Element. Er mischt die geistreichen Anspielungen, die korrekten wie die entstellten Zitate, unbeschwert in die Causerien ein, die den Leser vor Langeweile bewahren. Wie man ankommende Gäste mustert, wie man sich mit Kellnern arrangiert, wie man schließlich Ausflüge verabredet: dies alles rechtfertigt eine im ganzen heitere Erzählart, die sich dem Leser mitteilt. Cécile, obgleich von Natur zur Melancholie geneigt, macht da keine Ausnahme; auch sie, so hören wir, gibt sich ihrer allerbesten Laune rückhaltlos hin. [64] Der Höhepunkt solcher Heiterkeit ist mit dem Ausflug nach Altenbrak erreicht. Was sich in diesem ersten Teil wie eine sich realisierende Idylle anließ, wird nun vollends

Realität, und der Präzeptor von Altenbrak, ein Humorist von hohen Graden, ist derjenige, der es zu verbürgen scheint. Er ist die ohne Frage überlegene Figur des Romans, und mit dem Erzähler ist er in mehr als einer Hinsicht verwandt. Der erhöhte Standort seines zurückgezogenen Lebens ist der Standort jenseits und oberhalb der bloß gesellschaftlichen Welt. Man fragt den Präzeptor, ob er seinerseits glücklich sei, worauf er — ein wenig ausweichend — erwidert: »Nun ja ...«, was seinem Gesprächspartner nicht genügt. »Nun ja! Was heißt das? Warum nicht bloß ja?«, fragt er zurück. (II/228) Aber der Humorist von Altenbrak scheint wenig von solchen Eindeutigkeiten zu halten. Er verhält sich ambivalent. Und Ambivalenzen gibt es auch sonst. Der Aufenthalt in Altenbrak ist nicht ganz so eindeutig heiter, wie es den Anschein hat. Auch so völlig »unschuldig« sind die Stunden nicht, die man hier verbringt; wenigstens sind sie es nicht für alle, die an diesem Ausflug beteiligt sind. Cécile und der junge Gordon sind sich für Augenblicke näher gekommen, wie streng oder wie nachsichtig man das auch verstehen will. Aber folgenlos bleibt der Ausflug nicht. Der Höhepunkt ist zugleich der Wendepunkt: das alles muß man erkennen, ehe man diesen sorgfältig komponierten Roman womöglich in die Bereiche der Belletristik verweist.

Von diesem ersten, im ganzen heiteren und humoristischen Teil unterscheidet sich der zweite beträchtlich. Ein freudloses Leben in der Berliner Gesellschaft nimmt seinen Lauf. Die heiteren und unbeschwerten Stunden gehören endgültig der Vergangenheit an, und die gelegentlichen Teenachmittage und Theaterbesuche ändern an der im ganzen trüben Stimmungslage wenig. Zwar wird die Ferienbekanntschaft fortgesetzt, aber das Verhältnis zwischen Cécile und Gordon ist durch zahlreiche Verstimmungen getrübt. Die Unbefangenheit, die zunächst das Verhalten beider zueinander bestimmte, ist nicht mehr vorhanden. Der junge Ingenieur ist wissend geworden; er hat Kenntnis von der Vergangenheit der jungen Frau erhalten, und diese Kenntnis mischt sich ein, als sich eines Tages das inzwischen gespannte Verhältnis wie ein Gewitter entlädt. Es kommt zu einer Szene der Eifersucht, indem sich der Liebhaber gegenüber der verheirateten Frau im Ton vergreift. Der Ehemann, der es erfährt, stellt den Verstoß gegen den Codex gesellschaftlichen Verhaltens fest. Und obwohl er seinerseits einer Eifersucht kaum noch fähig ist, fordert er den Hausfreund zum Duell heraus. Es geht dabei zu, wie es zuzugehen pflegt: die Frau, um die sich alles dreht, redet nicht mit. Sie ist bloß Stein des Anstoßes; und mehr noch ist sie Objekt. Aus dem Duell geht der Herausforderer als Sieger hervor, und der »poetischen Gerechtigkeit« scheint Genüge getan. Der Oberst von St. Arnaud verläßt das Land, um sich der Strafe zu entziehen und erklärt in einem Brief an seine Frau, was geschehen ist. Aber dieser Brief trifft sie lebend nicht mehr an, wie er vom Hofprediger erfährt. Leidend, schreibt dieser, sei seine Frau ohnehin gewesen — bis man sie vor einigen Tagen tot aufgefunden habe. Es könne nicht zweifelhaft sein, fährt er fort, daß sie sich selbst den Tod gegeben. Über die Beisetzung werden zusätzliche Einzelheiten mitgeteilt. Danach sei sie auf eigenen Wunsch in Cyrillenort, dem Ort ihrer fragwürdigen Vergangenheit, beigesetzt worden. Diese letzten Wünsche der unglücklichen Frau werden im Zitat beigefügt: »Ich will der Stelle wenigstens nahe sein, wo *die* ruhen, die in reichem Maße mir *das* gaben, was mir die Welt verweigerte: Liebe und Freundschaft und um der Liebe willen auch Achtung [...].« (II/316) Der an den Oberst gerichtete Brief des Hofpredigers schließt, wie Theologen solche Briefe zu schließen pflegen: »Der Friede Gottes aber, der über alle Vernunft ist, sei mit uns allen.« (II/317) Der Kontrast zum ersten Teil wird nun vollends offenkundig; und wer die Gesetze der Stiltrennung auch in einem Roman gewahrt zu sehen wünscht, kann mit solchen »Stilbrüchen«, um die es sich zu handeln scheint, nicht einverstanden sein. Die zeitgenössische Kritik hob das gebührend hervor: »Der harmlose Charakter derselben in der Mehrzahl seiner Kapitel will nicht recht zu der tragischen Schlußkatastrophe passen«, schrieb ein Rezensent in der ›Vossischen Zeitung‹. [65]

Die Frage stellt sich erneut, wie die beiden ungleichen Teile miteinander verknüpft worden sind. Der in die Gesetze der klassischen Ästhetik eingeübte Leser fühlt sich beunruhigt. Denn dort — in der klassischen Ästhetik — weiß man im allgemeinen, woran man ist. Es gibt klare Verhältnisse, wohin man blickt: Spieler hier und Gegenspieler dort. Gegenüber solchen Trennungen erscheint das Verhältnis der beiden Bereiche in Fontanes Roman eigentümlich gestört. Zwischen der einen »Welt« und der anderen sind zahlreiche Übergänge zu bemerken. Sie bringen es mit sich, daß man sich unversehens in veränderten Lebenslagen wiederfindet, die man so nicht vorausgesehen hat; und sie bringen erst recht eine Art von Nivellierung mit sich: Tragik und Humor, Entgegengesetztes und scheinbar Unvereinbares, nähern sich an. Oft sind es nur noch Nuancen, die zur Unterscheidung dienen. Diese Übergänge sind vorwiegend sprachlicher Art. Sie äußern sich im veränderten Ton der Rede, im Wechsel der Töne, die das Heterogene — den ersten heiteren Teil und den zweiten tragischen Teil — leitmotivartig miteinander verknüpfen. Cécile habe nicht den kecken Ton, wie er manchen Offiziersdamen eigen sei, berichtet Gordon seiner Schwester; und sie habe ein scharfes Ohr für den spöttischen Ton. Ihr selbst gefällt an Gordon die Art, wie er redet: »Welche Fülle von Wissen, und dabei absolut unrenommistisch. Er hat einen entzückenden Ton; es klingt immer, als ob er sich geniere, viel erlebt zu haben.« (II/191) An der Sprache der Gesellschaft weiß sie jeden Ton und jede Nuance zu unterscheiden. So ist ihr denn auch an Gordon der veränderte Ton nicht entgangen, der sie enttäuscht. Sie teilt es diesem in einem Brief mit: »Seit dem Tage, wo wir das kleine Diner hatten, sind Sie verändert, verändert in Ihrem Tone gegen mich [...] Aber was der Grund auch sei, fragen Sie sich, ob Sie den Willen und die Kraft haben, sich zu dem Tone zurückzufinden, den Sie früher anschlugen und der mich so glücklich machte.« (II/294) Es ist nicht nur der Ton, der die Musik macht, wie es im Text der Erzählung bedeutungsvoll heißt. Es ist derselbe Ton zugleich, der glücklich macht oder verstimmt. Diesen Kunstgriff, den Gang der Handlung durch den Ton der Rede zu motivieren, hatte Fontane schon in *L'Adultera* probiert, ohne damit in allem überzeugende Motivationen gegeben zu haben. In *Cécile* sind die Fäden der Handlung auf eine um vieles subtilere Art an den Ton der Rede geknüpft. Der Wendepunkt im Verlauf der Ehegeschichte ist durch Redeformen motiviert. Er liegt dort, wo sich Gordon im Ton vergreift. In diese Veränderungen des Tones spielt Gesellschaftliches hinein: die Vorstellung, daß er es letztlich mit einer Gesellschaftsdame zu tun hat, die sich nicht verhält wie andere ihresgleichen. Solchen Frauen, so stellt es sich aus der Optik Gordons zeitweilig dar, schuldet man keine besondere Rücksicht. Man kann sich ihnen gegenüber so benehmen, wie man sich ihnen gegenüber typischerweise benimmt. Wie in *L'Adultera* ist das Gesellschaftliche das Typische, und was sich Gordon gegenüber Cécile herausnehmen zu können glaubt, ist dadurch motiviert. In solcherart gesellschaftlichem Denken befangen, trägt er dem individuellen Fall nicht Rechnung, auf den es angekommen wäre. Eine Erzählweise, in der Entscheidendes aus dem Ton der Rede und ihren Nuancen folgt, ist mit dem gängigen Terminus des Realismus nicht zutreffend bezeichnet. Hier macht sich eine Verinnerung des Erzählens bemerkbar, die sich vom »klassischen« Realismus entfernt. Wir werden daran erinnert, daß wir uns im späten 19. Jahrhundert befinden. Der Sinn für Übergänge und Nuancen ist in dieser Periode ausgeprägt, und Nietzsche hat ihn auf seine Weise kultiviert. [66] Fontane nähert sich mit solchen Erzählformen der impressionistischen Nuancenkunst an, wie sie Schnitzler oder Hofmannsthal ausgebildet haben. [67]

Solche Nähe zur Sensibilität der Impressionisten ist auch sonst zu beobachten, im Motiv der Krankheit vor allem, dem im Aufbau des Romans eine offensichtlich zentrale Bedeutung zukommt. Die »Geschichte« der Frau, die hier erzählt wird, kann auf weite Strecken hin als eine Krankengeschichte verstanden werden, und wenn es keine feststellbare Krankheit ist, so doch eine sich nie ganz verlierende Kränklichkeit, die zahlreichen Schwankungen unterworfen ist. Stimmungen spielen hinein, die unversehens in Verstimmungen übergehen. Dies alles sind literarhistorisch gesehen keine zufälligen Symptome. Sie sind zeitbedingt. Ellida Wangel in Ibsens *Die Frau vom Meer* ist eine solche, »eine hochgradig nervöse Frau«, wie Fontane zu einer Aufführung des Dramas anmerkt. (2/794) Arne Garborgs Roman *Müde Seelen* erschien 1891; in Deutschland nahm sich unter anderen Eduard Graf Keyserling solcher Themen an. Erzählungen wie diese werden von nun an gern als »Studien« bezeichnet — als psychologische Studien mit fast wissenschaftlich genauen Beschreibungen ihrer Details. Man meint, es mit Krankenberichten zu tun zu haben, und die Frage, ob solches noch Dichtung sei, drängt sich dem an der Tradition orientierten Leser auf. Schnitzlers Erzählung *Sterben* ist eine in ihren Einzelheiten beklemmende Krankengeschichte von bemerkenswerter Eindringlichkeit. [68] Fontane nähert sich mit seinen ersten Zeitromanen, in deren Mittelpunkt Frauengestalten stehen, solchen Strömungen der Literatur an. Auch für *L'Adultera* trifft das zu. Melanie van der Straaten wird als eine nervöse Frau bezeichnet. In *Cécile* führt Fontane das Thema fort. Er vertieft es — auch und gerade nach der gesellschaftlichen Seite hin, wie noch zu zeigen ist. Aber zugleich weiß er die Motive für den Aufbau seines Romans zu nutzen. Auch durch die »Krankengeschichte« werden die heterogenen Teile miteinander verbunden. Das läßt fragen, welche Bewandtnis es mit dieser Krankheit hat. Als eine offensichtlich kranke oder kränkelnde Frau lernen wir Cécile kennen. Müdigkeit, Mattigkeit und Apathie sind Ausdrücke, die zur Beschreibung ihres Zustandes dienen. Hat sich Fontane von den Modeerscheinungen der Zeit verführen lassen? Und haben wir es womöglich mit einer lediglich individual-psychologisch interessanten Studie zu tun, die über den individuellen Fall hinaus keinerlei Interesse beanspruchen kann? Der Gesellschaftsroman, von dem wir üblicherweise sprechen, hätte sich damit erledigt. Auch vom Zeitroman könnte kaum noch gesprochen werden — vom Sozialen einer solchen Romankunst ganz zu schweigen.

Aber daß Fontane den individuellen Krankheitsfall verallgemeinert, wie kaum anders zu erwarten, ist leicht erweisbar. Die Krankengeschichte ist weit entfernt, etwas Selbstgenügsames zu sein. Sie ist von der Erzählweise nicht ablösbar. Die Krankengeschichte wird der Erzählstruktur untergeordnet. Das ist kaum zu übersehen. Fontane ist nicht an einer bestimmten Krankheit interessiert, die sich womöglich schon erledigt, indem man sie diagnostiziert. Er ist im Gegenteil am Unbestimmten einer Kränklichkeit interessiert, die viele Deutungen zuläßt. Als Erzähler bleibt er uns weithin diejenige Aufklärung schuldig, die man sich als Leser wohl wünschte. Das Ungewisse findet seinen Ausdruck in dem, was bloß so scheint. »Die Dame scheint krank«, wird von ihr gesagt. (II/147) »Daß sie nervenkrank ist, ist augenscheinlich«, so urteilt Gordon in einem Brief an seine Schwester. Aber verläßliche Auskünfte sind das nicht; denn in demselben Brief wird mitgeteilt, daß sich Cécile »nach Art aller Nervenkranken« verhält. (II/188) Die Rücksicht des Obersten von St. Arnaud, die er seiner Frau gegenüber übt, scheint zwar die Krankheit zu bestätigen. Aber ungewiß bleibt auch dies. Denn Cécile ihrerseits findet solche Rücksichten lästig. Sie findet sie unpassend obendrein, und wenn sie sich mit Gordon in ein von allen Beschwernissen unbelastetes Gespräch verliert, scheint alles vergessen zu sein. Ist sie also wirklich krank? Ist sie organisch krank oder vielleicht »nur« psychisch, was einer eingebildeten Krankheit nahekommen könnte? Hier vollends möchten wir Genaueres wissen; und die Frage stellt sich nun erst recht: ist es ein individueller Krankheitsfall oder kommt ihm eine allgemeine und zeitgeschichtliche Bedeutung zu? Als Erzähler tut Fontane alles, um den Eindruck der Allwissenheit zu entkräften. Er erzählt so, als wüßte er selber nicht genau, worum es sich denn eigentlich handelt. Wendungen wie die folgenden sind für die Art und Weise seines Erzählens bezeichnend: »Kein Wort wurde laut, und es schien fast, als ob dies apathische Träumen ihr [...] am meisten zusage«, heißt es sogleich im ersten Kapitel; und unmittelbar danach: »Es schien, daß ihr die Worte wohltaten, im übrigen aber doch wenig bedeuteten [...].« (II/143) Es schien, als ob es so sei, aber vielleicht ist es auch anders —: dies ist der Stil, der die Erzählweise bestimmt, gleichviel, ob dabei der Erzähler das Wort nimmt, oder ob es eine seiner Figuren erhält. Wir haben es mit Formen der Verinnerung zu tun. Das heißt, daß Entscheidendes im Inneren einer Figur vor sich geht, über die man Genaueres nicht erfährt, weil man es auf eine »realistische« Weise nicht erfahren kann. Indem sich aber der Erzähler für bestimmte Fragen seiner Geschichte nicht zuständig weiß, indem er sich nicht einfach für das zu verbürgen vermag, was im Inneren seiner Figuren vor sich geht, entsteht jener erzähltechnische Perspektivismus, den Fontane in *Cécile* zum erstenmal bewußt und überzeugend praktiziert. [69] Man erfährt in Fragen der Krankheit nichts Genaues. Man ist auf Mutmaßungen angewiesen. Es ist diese durch Verzicht auf Allwissenheit bedingte Mitteilungssituation, die uns berechtigt, von »Mutmaßungen über Cécile« zu sprechen. Damit wird nebenher und für den kundigen Leser auf den bekannten Roman von Uwe Johnson angespielt. Auf moderne Romanformen überhaupt — Nathalie Sarrautes *Portrait d'un inconnu!* — sieht man sich verwiesen. So weit »treibt« es Fontane natürlich nicht. Aber ihn immerfort in die Schablonen einer literarischen Formenwelt einzuzwängen, die man Realismus nennt, geht nicht an. Man kann solche Begriffe nur noch verwenden, indem man ihnen gründlich mißtraut. Hergeholt sind die »Mutmaßungen« im Falle Fontanes keineswegs. »Und unter solchem Rechnen und Erwägen erging er sich in immer neuen Mutmaßungen darüber, welche Bewandtnis es mit dieser etwas sonderbaren und überraschenden Ehe haben möge.« (II/149) [70] Zwar haben die Mutmaßungen Gordons, wenn man sie aus seiner Denkweise heraus erläutert, einen etwas anderen Sinn. Sie sind in seinem Fall das, was dem Mißtrauen Tür und Tor öffnet; sie sind das gesellschaftlich Typische seines Verhaltens. In der Sicht des Erzählers signalisieren sie den Verzicht auf Allwissenheit oder deren Fiktion. Mutmaßungen sind ambivalent. Eben darin zeigt sich, daß Erzählweise und Handlungsverlauf einen gemeinsamen »Fluchtpunkt« haben, und die Mutmaßungen sind ein solcher.

Daß verschiedene Deutungen möglich sind, ist erzählerische Absicht; und weil die Krankheit Céciles ärztlich nicht diagnostiziert und definiert wird, kann den Vermutungen, Kombinationen und Zusammenhängen Tür und Tor geöffnet werden. Ein solcher Zusammenhang ist mit der Zuordnung zu den gesellschaftlichen Verhältnissen der Zeit gegeben, die am Zustandekommen von Krankheiten beteiligt sind, und daß Fontane bestimmte Krankheitserscheinungen als Zeitsymptome aufzufassen geneigt war, ist keine Frage. Seine Besprechung der *Frau vom Meer* sagt es: »Und weil sie da sind, diese nervösen Frauen, zu Hunderten und Tausenden unter uns leben, so haben sie sich, einfach durch ihre Existenz, auch Bühnenrecht erworben. Oder will man ihnen gegenüber von ›Krankheit‹ sprechen? Was heißt krank? Wer ist gesund? Und *wenn* krank, nun so bin ich eventuell fürs

Cécile

Kranke.« (2/804) An dieser Passage sind vorab die Fragezeichen interessant. Sie bestätigen, daß Fontane ein Motiv wie dieses mit Mutmaßungen verknüpft, was ihm als Gesellschaftsdenker und als Erzähler von Gesellschaftsromanen zustatten kommt. Denn die somit offene Frage nach dem kausalen Erklärungsgrund läßt es zu, daß der nachdenkende Leser zwischen der Kränklichkeit einer individuellen Person und der Gesellschaftlichkeit der Verhältnisse Beziehungen herstellt. Daß es bestimmte Existenzen — nervöse Frauen — zu Hunderten und Tausenden gibt, wie Fontane schreibt, macht offenkundig, daß es sich nicht mehr nur um individuelle Fälle handelt. Wir sehen uns veranlaßt, die Zeitsymptome solcher Fälle zu erforschen. Krankheitsgeschichte und Zeitroman nähern sich dadurch einander an, und daß wir es mit einem Zeitroman zu tun haben, wird abermals durch Anspielungen bestätigt, die Bismarck gelten.

Und Zeitgeschichtliches erst recht wird mit dem Privatdozenten Eginhard Aus dem Grunde ins Spiel gebracht. Ausgerechnet ihm muß vorgehalten werden, was man eigentlich einem Historiker nicht vorhalten müßte: daß die anhaltende Treue zum Alten die Treue zum Neuen — ein Paradox! — unmöglich macht. Ist er als Romanfigur bloß Episode? Gerade das ist er nicht. Denn vieles ist bei Fontane mit vielem verknüpft, und die historische Landschaft, in die wir uns begeben, ist nicht zufällig das Ausflugsziel der Sommerfrischler von Thale. Gordon ist überzeugt, daß es ein »Roman« sei, der hinter der Ehe der St. Arnauds stecke, und mit dem Ausflug in die historische Landschaft um Quedlinburg wird es ihm vollends zur Gewißheit. Der Roman, der dahinterstecke, wird nicht nur mit der historischen Landschaft in Verbindung gebracht, sondern mit den Menschen erst recht: mit denjenigen, die — wie unser Privatdozent — Geschichte treiben; oder mit den anderen, die Geschichte *sind*. Schließlich die Geschichte selbst! Sie ist nicht einfach das unverbindliche Gesprächsthema, das der Erzähler braucht, damit Gespräche zustande kommen. Die Geschichte ist kein zufälliges Gesprächsthema des Romans. Wenn es aber die Krankengeschichte gibt, die mit Zeitgeschichte verbunden erscheint — wie ist beides mit der Geschichte als Historie und Geschichtswissenschaft verbunden? Wie reimt sich das alles zusammen? Der historische Roman wirft hier seine Schatten nicht voraus; er wirft sie hinterher: nur kann vom historischen Roman nicht mehr die Rede sein, denn der Zeitraum der Erzählung ist die Gegenwart, und die Geschichte ist nur noch das Gesprächsthema in ihr, nicht der Raum oder die erzählte Zeit, in der sie spielt. Aber als Gegenstand der Gespräche ist sie in den Zeitroman integriert, um den es sich handelt. Geschichte ist jetzt, im letzten Drittel des neunzehnten Jahrhunderts, zu einer Frage der Allgemeinbildung geworden. Als Fachwissenschaft ist sie zu Ansehen gelangt; die Herrscherhäuser wissen ihre Vertreter zu schätzen. Der Zusammenhang, um den es geht — ein Zusammenhang von Krankengeschichte, Frauenroman und Historie — wird während des Ausflugs nach Quedlinburg durchsichtig, und wieder sind es Porträts —

Frauenporträts — die Fontane als Zeichen zu solcher »Durchsichtigkeit« benutzt.

Porträts findet man in Quedlinburg in großer Zahl, in der Realität ebenso wie im Fiktionsraum unseres Romans. Auch dadurch erweist sich der Ausflug als ein Ausflug in die Geschichte. Als ein solcher war er von den Teilnehmern der Partie auch von Anfang an gemeint. Die Besichtigung des Klopstockhauses steht selbstverständlich auf dem Programm. Nachdem es die Ausflügler — Bildungsreisende neuer Art — »überstanden« haben, sind noch Schloß und Kirche zu absolvieren. Porträts gibt es hier; es gibt sie in Fülle. Zunächst kommen die Fürstäbtissinnen an die Reihe. An kecken Bemerkungen fehlt es nicht, die man sich diesen porträtierten Damen gegenüber herausnimmt. Von der Malerin heißt es, daß ihr »ungleich mehr an Bärenhatz und Sechzehnendern als an Porträts mit Pompadourfrisuren« gelegen sei. (II/177) Begleitet werden die Besichtigungen von historischen Kommentaren des Kastellans. Die französische, die schwedische und natürlich die deutsche Geschichte werden entsprechend rekapituliert. Auf Friedrich Wilhelm den Vierten, wenn er hier zur Jagd weilte, kommt man zu sprechen — bis schließlich ein Porträt unter anderen die besondere Aufmerksamkeit der Besucher in Anspruch nimmt. Es ist das Porträt einer Dame — der Gräfin Aurora von Königsmark — von dem es im Fortgang der Erzählung heißt: »Und vor das Porträt *dieser* traten jetzt alle mit ganz ersichtlicher Neugier, ja Cécile — die vor kaum Jahresfrist einen historischen Roman, dessen Heldin die Gräfin war, mit besonderer Teilnahme gelesen hatte — war so hingenommen von dem Bilde, daß sie von der Unechtheit desselben nichts hören und alle dafür beigebrachten Beweisführungen nicht gelten lassen wollte.« (II/181) Abermals macht man sich über die Galerie der ausgestellten Bilder lustig, über die »Galerie beturbanter alter Prinzessinnen«, wie gesagt wird. Nicht zufällig ist es Gordon, der sich bei dieser Gelegenheit einem unbekümmert saloppen Ton überläßt: »Daß der Unterschied von ›hübsch‹ und ›häßlich‹ in solcher Galerie zurechtgemachter Damenköpfe gar keine Rolle spielt, ja, daß einer Häßlichkeitsgalerie wie dieser hier vor einer sogenannten Schönheitsgalerie mit ihrer herkömmlichen Ödheit und Langeweile der Vorzug gebührt.« (II/181) In einem solchen Ton kann gesprochen werden, weil alle diese Fürstäbtissinnen und Gräfinnen etwas Gleiches, etwas Gleichmachendes an sich haben. Meistens sind die für solche Galerien verantwortlichen Mäzene, — Fürsten oder sonstige Stifter — ältliche Herren, die mit ihren Magdalenen paradieren, wie es heißt. »Immer ältliche Herren, immer mehr oder weniger mythologische Fürsten, die, pardon, meine Damen, [...] ihre Schönheiten auch noch in effigie genießen wollen.« (II/182) So drückt es Gordon, nicht sonderlich diskret, aus. Aber damit nicht genug! Er nennt den Namen der Lola Montez der späteren Gräfin Landsfeld noch obendrein; und er fügt schließlich eine allgemein gehaltene Bemerkung über den Personenkreis der Fürstengeliebten hinzu: »Denn Gräfinnen werden sie schließlich alle, wenn sie nicht vorziehen, heiliggesprochen zu werden.« (II/182) Auf diese Bemerkung

Gordons reagiert Cécile, im Bewußtsein ihrer eigenen Vergangenheit, betroffen; und als später das Gespräch erneut auf das Porträt der schönen Aurora gebracht wird, antwortet sie in einem, wie es heißt, beinahe heftigen Ton: »Bilder und immer wieder Bilder. Wozu? Wir hatten mehr als genug davon.« (II/183) Ihrem Begleiter entgeht diese Betroffenheit nicht. Gordon ist nun um so mehr an der Aufklärung dessen interessiert, was dahintersteckt. Er wird neugierig. Im Porträt der Fürstengeliebten wiederholt sich die Dialektik von Typik und Individualität. Die verächtliche Art, in der Gordon von Fürstengeliebten spricht — »denn Gräfinnen werden sie schließlich alle« — zeigt an, wie er in Typisierungen denkt. Die individualisierende Betrachtungsweise, wie sie die Historische Schule ausgebildet hat, wird — gewissermaßen — auf konkrete Fälle nicht angewandt. Lieblose Redeformen sind die Folge. Sie bringen Cécile den Makel vollends zum Bewußtsein, der ihr anhaftet. Dieser Makel weist auf eine Unart, auf eine Unehrlichkeit des gesellschaftlichen Denkens zurück. Zwischen der Geliebten und der Gattin kann gegebenenfalls in aristokratischer Manier unterschieden werden: wer Geliebte ist, hat damit noch kein Anrecht erworben, Gattin zu sein. Der Modellfall, dem unser Roman seine Entstehung verdankt, macht es deutlich. Der analoge Fall, daß ein Mann von Adel eine nicht unbescholtene Dame zu heiraten wünschte, hatte sich, wie ausgeführt, in der Familie des Grafen Eulenburg zugetragen. Der zur Ehe entschlossene Graf meldete pflichtschuldig seinem Kommandeur, daß er sich mit einer »bestimmten« Dame zu verbinden vorhabe. Dessen Antwort fiel unmißverständlich aus. Sie enthüllt, wie man dachte: »Lieber Eulenburg, solche Dame liebt man, aber heiratet man nicht [...]«, lautete die Antwort. [71] Der Makel in solchen Auffassungen beruht darin, bloß Geliebte gewesen zu sein — Fürstengeliebte, wie man jemand aufgrund einer solchen Vergangenheit nennt. Cécile möchte sich davon befreien. Sie möchte — wie Melanie van der Straaten — sie selber sein, nicht bloß der Typus der Fürstengeliebten, die sie zeitweilig gewesen ist.

Der Frauenroman und die von Männern gemachte Geschichte werden damit aufeinander bezogen. Die Handelnden als die auf »dem hohen Pferd« sitzenden Männer, wie eine Wendung im Roman lautet, und die Leidenden als die Frauen, die dabei die Opfer und Objekte sind: das sind hier die Gegensätze, die dem anspruchsvolleren Leser die Verknüpfung nahelegen. Auch Beiläufiges erhält dabei seinen Sinn. Und etwas Beiläufiges, so könnte man meinen, sind die Gespräche, die man unter Gebildeten und Geschichtskundigen führt. An solchen Gesprächen ist der skurrile Privatdozent vor anderen beteiligt. Und keine Frage: es handelt sich um eine Karikatur, um ein Gelehrtenporträt in fast schon satirischer Absicht; sofern dabei Geschichtskritik zum Ausdruck kommt, ist sie zeitbedingt, wie einem Brief Fontanes an den Sohn (vom 8. September 1887) zu entnehmen ist: »Als ich an ›Cécile‹ arbeitete, begegneten mir allerhand Ödheiten in den Berliner und brandenburgischen Geschichtsvereinen, und weil diese Ledernheiten zugleich sehr anspruchsvoll auftraten, beschloß ich, solche Gelehrtenkarikatur abzukonterfeien.« Die Äußerung bestätigt einmal mehr, daß Fontane der Geschichtsfreudigkeit seines Jahrhunderts vielfach mißtraut. Er übt an gewissen Erscheinungen des herrschenden Historismus Kritik. Vor allem die wiederkehrenden Gespräche über die Askanier geben hierzu Anlaß. Diese, so hören wir, seien ganz zu Unrecht ins Hintertreffen geraten; es sei ein Irrtum, alles von den Hohenzollern herleiten zu wollen, da doch die Askanier die eigentlichen Begründer der märkischen Geschichte seien —: »Ein oberflächlicher Geschichtsunterricht, der beiläufig die Hauptschuld an dem pietäts- und vaterlandslosen Nihilismus unserer Tage trägt [...].« (II/161) Später ist von Gernrode die Rede, das seine Gründung dem voraskanischen Markgrafen Gero verdanke — demselben, so wendet der Oberst ein, »der dreißig Wendenfürsten zu Tische lud, um sie dann zwischen Braten und Dessert abschlachten zu lassen«. (II/212) Der trockene Fachgelehrte sieht es anders. So dürfe man nicht denken. Geschichte dürfe so nicht verstanden werden, und es ist Geist vom Geiste des deutschen Historismus, der da in seine Antwort eingegangen ist. »Markgraf Gero war ein Kind seiner Zeit, genauso wie Karl der Große, dem die summarisch enthaupteten zehntausend Sachsen nie zum Nachteil angerechnet worden sind. Es sind das eben die Männer, die Geschichte machen, die Männer großen Stils, und wer Historie schreiben oder auch nur verstehen will, hat sich in erster Reihe zweier Dinge zu befleißigen: er muß Personen und Taten aus ihrer Zeit heraus zu begreifen und sich vor Sentimentalitäten zu hüten wissen.« (II/212) Die mit Lächeln quittierte Reaktion des Gesprächspartners verrät, daß wir es mit einem Fall epischer Ironie zu tun haben: der Erzähler hält Abstand zu dem, was er eine seiner Figuren sagen läßt. Er ist offensichtlich mit einem so gedankenlosen Verstehen nicht einverstanden; denn es läuft dabei zumeist auf ein Verstehen des Siegers als des jeweils Stärkeren hinaus. Denen, die Geschichte leidend erfahren, kommt es kaum zugute. Sie haben das Nachsehen in einer Welt, in der die Handelnden den Ton angeben. In unserem Roman haben es die Frauen in erster Linie; auch damit ist eine Verbindung zwischen den vermeintlich so heterogenen Teilen geknüpft. Man denkt nicht sehr menschlich, wenn man sich immer nur in den Sieger einfühlt und diesen »versteht« und dem anderen — dem Unterlegenen — solches Verstehen schuldig bleibt; und was in der Geschichte der Großen geschieht, ist auf den privaten Bereich übertragbar. Die Vergangenheit des Volkes, die wir aus ihren eigenen Voraussetzungen verstehen sollen, und die Vergangenheit einer individuellen Person, deren Fall nicht weniger aus den Voraussetzungen ihres Lebens zu verstehen wäre — diese beiden Vergangenheiten sind nicht prinzipiell voneinander getrennte Bereiche. Auch Cécile, als der Unterlegenen, bleibt man im Kampf ums Dasein Verstehen schuldig; und es sind die Vorurteile gesellschaftlichen Denkens, die solches Verstehen verhindern. Die Gesellschaftlichkeit menschlichen Verhaltens steht der Menschlichkeit im Wege. Das aus der Geschichte ableitbare Ethos wirkt nicht ins Leben hinein. Das hat Fontane aus den Denkformen seiner Zeit heraus auf eine versteckte, aber gleichwohl überzeugende Art sichtbar gemacht.

Schon die Nachforschungen Gordons sind nicht von der Absicht bestimmt, liebend in die Vergangenheit eines anderen einzudringen; sie sind weit mehr von dem Verdacht motiviert, es könnte etwas in der Vergangenheit der Frau nicht stimmen, die er insgeheim liebt. So fehlt es ihm denn an Vertrauen. Er vertraut bloß dem Gerede und den Gerüchten, die ihm von der Schwester beflissen mitgeteilt werden. Was er auf solche Weise erfährt, macht ihn zunehmend befangen. Mit der Rückkehr nach Berlin kann sich solches Wissen vollends als gesellschaftliche Vormeinung festigen. Abermals sind es die halben Helden, die dort versagen, wo gegenüber den Vormeinungen und Vorurteilen der Gesellschaft die Unabhängigkeit des Denkens gefordert wäre. Gordon, der so oft gegen das stagnierende Leben aufbegehrte und sich als unerbittlicher Kritiker des Preußentums gefiel, ist wie die anderen auch. Er ist im entscheidenden Augenblick nur einer von denen, die sich ihrem typischen Denken überlassen. Und wie sehr er auch unsere Sympathie zu verdienen schien — er ist letztlich unfähig, dem Individuellen des Falles gerecht zu werden. Er spricht nach, was ihm die Gesellschaft vorgedacht hat. Daher mischt sich in seine Rede ein Ton des Spöttischen, des Zweideutigen, der lieblosen Ironie. Die Art, wie er Cécile im Theater begegnet, beweist es. Die Widersprüche seines bloß gesellschaftlichen Verhaltens treten nun offen hervor. Er bleibt in seinem Urteil über die junge Frau der gesellschaftlichen Moral verhaftet und glaubt gleichwohl, sich Cécile gegenüber etwas herausnehmen zu können, was der gesellschaftlichen Moral widerspricht. Nicht weniger widerspruchsvoll verhält sich St. Arnaud, nachdem er von dem faux pas Gordons Kenntnis erhalten hat. Gegenüber Cécile verhält er sich indifferent, und daß er ihretwegen sein Leben im Duell aufs Spiel setzt, ist bloß gesellschaftlich bedingt. Nur im Gesellschaftlichen trifft zu, was er von sich selber sagt: daß er kein Mann der Unentschiedenheit sei. Geschichte als Vergangenheit, die auf Verstehen angewiesen bleibt, leistet das nicht, was sie leisten könnte. Sie ist ihrerseits der Gegenstand einer bloß gesellschaftlichen Bildung. Aber zur Bildung im Menschlichen trägt sie so, wie sie hier betrieben wird, nichts bei.

Der »Frauenroman«, nähert sich, so gesehen, dem Bildungsroman an — dem Antibildungsroman, sollte man ergänzen; denn Bildung äußert sich im Roman Fontanes vorwiegend als Bildungskritik; und Bildung ist das, was versäumt worden ist, wie im Fall Céciles. Sie sei ohne Schule aufgewachsen und sie habe nichts gelernt, wird von ihr gesagt. Vom naiven Minimalmaß ihrer Bildung spricht Gordon in einem Brief an seine Schwester. (II/187) Wenn Fragen historischer Bildung zur Sprache kommen, bekennt sie sich lachend zu ihrer Unkenntnis und fügt noch obendrein hinzu: »Und nun gar erst wir Frauen. Sie wissen, daß wir jedem ernsten Studium feind sind.« (II/204) Eine engagierte Frauenrechtlerin ist sie mit Gewißheit nicht. Davon abgesehen ist Bildung keineswegs das, was man nur erwerben muß, um glücklich zu sein. Die Zeiten Humboldts, in denen es berechtigt sein mochte, so zu denken, sind vorbei. Die Bildung ist problematisch geworden; sie wird vielfach von handfesten Interessen bestimmt. Ihre Gleichsetzung mit der »Idee« des preußischen Schulmeisters kann so im Gespräch beiläufig getadelt werden, und es ist nicht zufällig Cécile, die es tut: »Alle Preußen sind so konventionell in Bildungssachen, alle sind ein klein wenig wie der Herr Privatgelehrte ...« (II/210) Dessen Bildungsbegriff ist ein ganz und gar gesellschaftlicher Begriff: »Ein Verklärungsschimmer ging über Eginhard«, merkt der Erzähler beiläufig an, »der bei seinem Hange, zu generalisieren, sofort auch Betrachtungen über die Superiorität aristokratischer Lebens- und Bildungsformen anstellte.« (II/202) Hier und sonst ist Bildung in erster Linie Mittel zum Zweck. Ein Gespräch der Eheleute ist dafür bezeichnend. Während des Ausflugs erkundigt sich Cécile nach dem Spottnamen der Malerin, die sie begleitet hat. Cécile hat noch nie etwas von ihr gehört und fragt, ein wenig unsicher geworden: »Ist es etwas, das man wissen muß?« Die Antwort ihres Ehepartners ist unmißverständlich. Er sagt, was er denkt: daß er von einer Bildung der Frauen nicht viel hält: »Meinem persönlichen Geschmacke nach brauchen Damen überhaupt nichts zu wissen. Und jedenfalls lieber zu wenig als zu viel.« (II/169) Dennoch ist er der Meinung, seine Frau könnte etwas mehr wissen, als sie weiß; und daß sie viel liest, wie sie erwidert, läßt er nicht gelten: sie lese nicht das Rechte. Über ihre Lektüre macht er sich lustig. Das meiste sei bloß Traktätchenliteratur. Das Lebensbild eines Altlutheraners, des Pastors Ehrenström, wird in diesem Zusammenhang erwähnt. Aber eben von solchen Vorbildern hält der Oberst von St. Arnaud wenig oder nichts. »Ehrenström mag ein ausgezeichneter Mann gewesen sein, [...] aber für die Kreise, darin wir leben oder doch wenigstens leben sollten, für *die* Kreise bedeutet Ehrenström nichts [...].« (II/170) Es ist keine Frage, daß wir Sätze wie diese gegen den Strich zu lesen haben — gegen das also, was eine Person des Romans wie diese sagt. Und dennoch ist auch etwas Richtiges in seinen Aussagen enthalten. Eine solche Lektüre — wird sie womöglich kritiklos aufgenommen — ist für Cécile in der Tat nicht das Rechte. Wie aber soll sie das wissen, wenn es ihr an Bildung fehlt? Bildung ist nicht nur das, was unsere Kritik verdient, weil es vorwiegend gesellschaftliche Interessen sind, die sich damit verbinden. Sie ist auch das, was man braucht — was eine Frau wie Cécile gebraucht hätte, um nicht Objekt anderer zu sein. Aber was einer Frau letztlich zuträglich ist, das weiß der Oberst nicht genau zu sagen. Seine Redeweise ist abermals vom Widerspruch geprägt. Einesteils sollen Frauen nichts wissen, anderntelis sollen sie doch etwas wissen; und das Rechte ist dabei vorzüglich das, was sich durch gesellschaftliche Werte empfiehlt. Wie oft bei Fontane handelt es sich um eine widerspruchsvolle Lage, in die er seine Personen bringt, um zu zeigen, daß sie sich solcher Widersprüche nicht bewußt sind. Es gibt in der Optik des Romans eine Bildungskritik im doppelten Sinn. Hier wird kritisiert, daß Bildung etwas nur Gesellschaftliches ist; und es wird ferner kritisiert, daß man jede Form von Bildung und Ausbildung einer Frau vorenthält, wie es der Heldin unseres Romans widerfuhr. Was sie als menschliche Bildung in den Formen gegenseitigen Verstehens sein könnte, wird ausgespart. Daß es an der rechten Bildung des Herzens gefehlt haben muß, darauf weist der hintergründige, schwer deutbare Schluß des Romans hin. Cécile hat in ihrem Abschiedsbrief darum gebeten, neben der fürstlichen Grabkapelle beigesetzt zu werden. [72] Das hört sich an, als würde damit die Mätressenwirtschaft des aufgeklärten Absolutismus verharmlost oder gar sanktioniert. Aber so wörtlich ist dieser Wunsch nicht zu deuten. Er ist Zeichen und weist über das Hier und Jetzt hinaus. Ein Bereich wird ersehnt, in dem Gesellschaft und Menschlichkeit sich wieder vertragen, die sich im Raum unserer Erzählung voneinander getrennt haben. Die ersehnte Welt wäre dem Zustand vor dem Sündenfall vergleichbar, woran die Idylle im Harz zu erinnern scheint. Daß es keine vollkommene, keine wirkliche Idylle war, kein Märchen inmitten der Realität, beweist die fortwährende Entfremdung der Eheleute voneinander. Aber etwas von einer durch die gesellschaftlichen Verhältnisse ungestörten Unschuld und Unbefangenheit deutet sich damit an. Mit der Rückkehr ins gesellschaftliche Leben ist es um den Rest solcher Unbefangenheiten geschehen. Die Reflexion, das Wissen — ein bloß gesellschaftliches Bescheidwissen über andere — stört das Vertrauen, das man sich wünschte. Man denkt an Kleist und an seine Parabel vom Marionettentheater. Tatsächlich weist mancherlei in Fontanes Ehegeschichte auf Kleists Dichten und Denken hin. Vor allem dessen Novelle *Die Verlobung in St. Domingo* fordert zu Vergleichen heraus. Eine solche Aufmerksamkeit auf den im 19. Jahrhundert fast verschollenen Dichter wurde im Fall Fontanes durch mehrere Umstände gefördert. Die erste neuere Biographie aus der Feder Otto Brahms war unmittelbar zuvor, im Jahre 1884, erschienen; und daß Fontane den märkischen Landsmann in jenen Jahren mit Interesse gelesen hat, ist bekannt. [73] An Kleists *Verlobung in St. Domingo* erinnert vor allem der Abschiedsbrief, den Gordon der Frau schreibt, der gegenüber er es an der menschlichen Zuwendung fehlen ließ: »Ich hätte, statt Zweifel zu hegen und Eifersucht großzuziehen, Ihnen vertrauen und der Stimme meines Herzens rückhaltlos gehorchen sollen. Daß ich es unterließ, ist meine Schuld.« (II/313) Ähnliche Wendungen kennen wir aus der genannten Erzählung Kleists. Dort ist es Toni, die vor ihrem Tod dem Geliebten — Gustav von der Ried — zu bedenken gibt: »›Ach‹, rief Toni, und dies waren ihre letzten Worte: ›du hättest mir nicht mißtrauen sollen!‹« [74]

»Daß ich es unterließ, ist meine Schuld«, sagt Gordon, der sein »Verhältnis« zu einer verheirateten Frau der Gesellschaft mit dem Leben bezahlen wird. Aber damit ist die Schuldfrage nicht gelöst, sondern erst eigentlich gestellt. [75] Denn mit größerem Recht als Gordon ist der Oberst von St. Arnaud in solche Fragen einzubeziehen, der den Tod Gordons schließlich »verschuldet« hat; und von seiner Frau, die den Freitod wählt, ist dabei nicht abzusehen. Ihres früheren Lebens, ihrer Rolle als Fürstengeliebte, wird sie sich schuldhaft bewußt. In einer solchen Welt, in der man schuldig wird, ehe man sich's versieht, verlangt es sie nach Stille und Frieden — »und auch nach Unschuld«. Sie alle, die sie ihre »Verhältnisse« zueinander mit dem Leben bezahlen, sind aneinander schuldig geworden, aber die Erzählung spricht es so nicht aus. Sie läßt Schuld nicht einfach oder gar ausschließlich als individuelle Schuld erscheinen, für die man wie im Gericht zur Verantwortung gezogen wird. Schuld ist in hohem Maße gesellschaftliche Schuld; und so auch haben es die Interpreten zumeist verstanden. Cécile gehe an den Konventionen ihrer Welt zugrunde, nicht an ihrer persönlichen Schuld. [76] Selbst die Schuld Gordons, die er sich zuerkennt, sei nicht unabhängig von der Gesellschaft zu sehen. »Gordons Schuld ist seine Abhängigkeit von der Gesellschaft, sein Mißtrauen. [...] Die Gesellschaft tritt zwischen beide.« [77] Die Gesellschaft selbst, so wie sie ist, wird in diesen Überlegungen zur Schuldigen dieser Verhältnisse unter Menschen mit tödlichem Ausgang. Aber so sehr die hier geübte Gesellschaftskritik eine solche Urteilsbildung nahezulegen scheint, so abwegig ist es, einer Erzählung Fontanes Einseitigkeiten wie diese zu unterstellen. Er spricht als Erzähler meistens keine Schuldurteile über seine Personen aus und läßt es doch nicht dabei bewenden, daß Schuld unter Menschen bloß einer anonymen Gesellschaft zuerkannt wird. Wohl aber ist das »Gesellschafts-Etwas« maßgeblich daran beteiligt, daß schuldloses Schuldigwerden geschieht — wie wir es aus der Tragödie kennen. [78] Eine solche Schuld — als tragische Schuld —, ohne daß sich damit individuelle Verantwortlichkeit erledigt, deckt diese so heiter eingeleitete Erzählung auf, der es zugute kommt, daß sie die Sprache der Tragödie zu vermeiden weiß. Denn ohne Pathos und Sentimentalität läßt Fontane seine unglückliche Heldin am Ende aussprechen, wonach es sie verlangt: »Ich will der Stelle wenigstens nahe sein, wo *die* ruhen, die in reichem Maße mir *das* gaben, was mir die Welt verweigerte: Liebe und Freundschaft und um der Liebe willen auch Achtung.« (II/316) Der Ton der Bitterkeit ist in diesen letzten Worten kaum zu überhören.

Das Verhältnis von individueller und gesellschaftlicher Schuld wird in einigen Erzählungen noch dadurch verschärft, daß es sich um Mordfälle handelt, die zugleich das zunehmende Interesse Fontanes für die Außenseiter der Gesellschaft erkennen lassen. Dies betrifft diejenigen Erzählungen in erster Linie, die man als Fontanes Kriminalgeschichten im allgemeinen wenig schätzt.

IV. Verbrechen und Strafe

Verbrechen und Strafe sind Grundbegriffe jeder Rechtsordnung, die ein Staatswesen zum Schutz seiner Angehörigen braucht. In diesem Feld — in dem »intellektuellen Kräftefeld«, das die Begriffe bezeichnen — sind Mord und Totschlag nur die augenfälligsten Tatbestände. Aber sie sind nicht das Ganze. [1] Es gibt andere, wie schweren Raub oder Landfriedensbruch, die ebenso den Tatbestand des Verbrechens erfüllen. Die berühmten Rechtsfälle des französischen Kriminalisten Pitaval, die *Causes célèbres* et *intéressantes*, beziehen auch Verführung, unerlaubte Liebe und Ehebruch in den Bereich solcher Tatbestände ein. Was Verbrechen sind und was Strafe verdient, ist mithin nicht ein für allemal definiert. Die Definitionen verändern sich. Aber in gewissem Sinne konstant bleibt der Zusammenhang der Begriffe: was Verbrechen ist, zieht Strafe nach sich; und Strafe setzt Rechtsverstöße voraus, die wir gegebenenfalls als Verbrechen bezeichnen. Hinsichtlich des Personenkreises handelt es sich um die Struktur einer Dichotomie. Sie kommt dadurch zustande, daß es die einen gibt, die eine Rechtsordnung verletzen, gegenüber den anderen, die über ihre Einhaltung wachen. Solche Gegensätze unter den handelnden Personen sind sozial bedingt. Das ist nicht nur in dem allgemeinen Sinne aufzufassen, daß Rechtsordnungen ohnehin etwas Soziales darstellen, weil sie eine soziale Gemeinschaft in ihrem Bestand sichern. Verbrechen und Strafe haben es stets, was die beteiligten Personen angeht, mit sozialen Gegensätzen zu tun; und zwar von altersher.

Es sind meistens die sozial niederen Schichten einer Gesellschaft, die für Verbrechen anfällig sind, wie aus jeder Kriminalstatistik hervorgeht. [2] Die sozial niederen Schichten sind zugleich die sozial Benachteiligten — gleichviel, ob sie sich selbst diesen Status bis zu einem gewissen Grade zuzuschreiben haben oder nicht. Je nach der Einstellung werden mit solchen »Tatbeständen« bestimmte Wertungen zum Ausdruck gebracht. Die Begriffe, deren man sich dabei bedient, sind »Wertbegriffe«: man spricht von Gesindel, von Verbrechergesindel oder von Banden und läßt schon vom Sprachgebrauch her keinen Zweifel, wie man über sie im allgemeinen urteilt. Werfen wir einen Blick in die Geschichte, so bringen sich diejenigen in Erinnerung, die man unter dem Sammelbegriff »Kriminalität der Landstraße« zusammenfaßt: die »Spielleute, die Sänger, Musikanten und Artisten, die Gaukler und Possenreißer, die Quacksalber und Marktschreier«. [3] Der historische Kontext reicht vom Fränkischen Reich bis zum späten Mittelalter. Aber natürlich reicht er weit darüber hinaus, müßte man ergänzen. Gleichwohl sind es heute weithin historische Begriffe. In der Realität einer modernen Industriegesellschaft haben sie wenig zu bedeuten. Doch gibt es gewisse Invarianten auch hier. Es gibt den Personenkreis der so oder so Benachteiligten, die aufgrund bestimmter Umstände leichter für Verbrechen anfällig sind als andere. Eine Vielzahl sozialer Probleme steht damit zur Diskussion.

Die Sozialrebellen oder Sozialbanditen gesellen sich hinzu. [4] Sie haben sich in der Geschichte oder in der Literatur als edle Räuber einen Namen gemacht und heißen Klaus Störtebeker, Robin Hood oder Karl Moor. Was sie vereint, ist der Umstand, daß sie keine »gemeinen Verbrecher« sind. Ihre Rechtsverletzungen haben »Methode«. Man bereichert sich nicht auf Kosten der Armen, sondern die Besitzenden werden geschröpft. Die Rechtsbrüche sind idealistisch motiviert; sie sind zumeist Symptome einer gesellschaftlichen Krise; und soziale Unterschiede gibt es auch hier. [5] Es gibt die Sozialrebellen aus den untersten Schichten des Volkes; und es gibt die anderen, die zur herrschenden Klasse gehören oder gehört haben, wie die Raubritter am Ende des Mittelalters. Daß Verbrechen auch von den Herrschenden einer Gesellschaft begangen werden können, kommt hinzu. Rechtswahrer und Rechtsbrecher werden in denselben Personen identisch, wie es die farbenprächtige Geschichte der Renaissance bestätigt. Und auch damit wird ein vorwiegend sozialer Tatbestand zur Sprache gebracht, der uns für bestimmte Invarianten in allen Veränderungen erneut den Blick schärfen kann. Die Verfolgung ist hier das, was sich in der Geschichte der Kriminologie wiederholt. Die Verfolger machen sich schuldig, indem sie die von ihnen Verfolgten einer Schuld zu überführen suchen, die es oft nicht gibt und geben kann. Eines der düstersten Kapitel in einer mehr als tausendjährigen Geschichte der Verfolgungen betrifft die Lage der Juden in den Gesellschaften Ost- und Westeuropas. Da ihnen vielfach eine Schuld im konkreten Fall nicht nachzuweisen war, wurden sie generell für schuldig befunden — einfach aufgrund ihrer Existenz. Neid und Mißgunst, als Folgen ihres Reichtums, spielten als auslösende Faktoren hinein. Auch die Hexenprozesse unseligen Angedenkens sind zu nennen. Seit dem Ende des 12. Jahrhunderts wurden sie geführt. »Aber noch bis zum Ende des 18. Jahrhunderts mischte sich mit dem Lichte der Aufklärung zuweilen der Feuerschein von Scheiterhaufen.« [6]

Es gibt zahlreiche Vergleichspunkte, die uns berechtigen, in solchen Verfolgungen Analogien zu entdecken. Aber es gibt auch Abweichungen von der Norm, die nichts Nebensächliches sind. Die Judenverfolgungen in der Epoche des deutschen Faschismus liefern das Beispiel. Von den Verfolgungen wurden die Prozesse getrennt: die letzteren fanden gar nicht mehr statt. Auch Bestrafungen wurden nicht expressis verbis ausgesprochen. Sie wurden als solche nicht deklariert, nur das »Ritual«, wenngleich im Zeitalter der Technik mit neuartiger Perfektion, behielt man bei: Exekutionen en masse, die sich von der vergleichbaren Praxis vergangener Zeiten darin unterschieden, daß man sie dem Blickfeld des Zuschauers entzog. Schuld war nicht mehr im Einzelfall nachzuweisen. Aber erledigt hatte sie sich damit keineswegs. Die Schuld — und darin beruht die Invarianz im Strukturschema der Verfolgung — blieb im Undeutlichen und Diffusen lokalisiert, in unaufgeklärten Vorurteilen, wie sie in Redensarten verbreitet sind. »Die Juden sind an allem schuld«, ist eine solche. Jedesmal ist es das Vorurteil, welches das Urteil verdrängt. Darin vor allem beruht die »Wiederkehr des Gleichen«. Schuldsprüchen, die juristisch keine sind, liegen Vorurteile zugrunde, die durch Aberglauben, Wahn und Hysterie begünstigt werden und sich womöglich als Massenhysterie fortsetzen. Das Paradoxon, daß der Gesetzgeber selbst es ist, der Unrecht tut, geht über in einen undeutlichen Zusammenhang von Wahn und Verbrechen. In ihm erscheinen diejenigen der Vernunft beraubt, die das Recht nach den Gesetzen der Vernunft zu hüten hätten. Die Geschichte des Verbrechens und die Geschichte des Wahns treffen sich auf halbem Wege. Das ist das Thema, das Michel Foucault in seinem Buch *Wahnsinn und Gesellschaft. Eine Geschichte des Wahns im Zeitalter der Vernunft* behandelt. Er geht darin von bestimmten Wahrnehmungen in der Geschichte des Abendlandes und seiner Menschen aus und spricht von einer Struktur der Ablehnung, von der aus man »eine Rede denunziert, indem man sagt, sie sei nicht Sprache, eine Geste denunziert, indem man sagt, sie habe kein Recht, in der Geschichte Platz zu nehmen«. Diese Struktur der Ablehnung wird als konstitutiv für das erachtet, was jeweils Sinn und Nichtsinn heißt. Die Geschichte des Wahnsinns wird seiner Auffassung zufolge von einer solchen Struktur der Ablehnung bestimmt. Wie man sich im konkreten Fall den betroffenen Personen gegenüber verhielt, ist dem erregenden Kapitel »Die große Gefangenschaft« zu entnehmen; und der Gefangenschaft – den Gefängnissen – werden neben den Verbrechern auch die vom Wahn befallenen Kranken überantwortet. Foucault verweilt eingehend bei diesem Tatbestand, bei den Gemeinsamkeiten in der Art und Weise der Verwahrung: »In den meisten der Hôpitaux généraux sind die Geisteskranken ohne irgendeine Unterscheidung mit allen anderen Insassen oder Internierten zusammengesperrt.« Das sind in erster Linie Verbrecher und mit ihnen die sehr gemischte Klasse der Asozialen. [7] Bis weit ins 18. Jahrhundert hinein und noch über dieses hinaus hat man den Wahnsinn so aufgefaßt, wie es hier beschrieben wird. Noch im 19. Jahrhundert konnte es geschehen, daß man ihn als Schuld begriff, die Sühne erforderlich macht. Diese Schuld wird u. a. darin gesehen, daß jemand die Realität wohl oder übel verfehlen muß, wenn er sich schuldhaft seinen Träumen überlassen hat. Hölderlin ist solches in der Geschichte seiner Rezeption widerfahren. [8]

Das Soziale in der Art, wie hier Verbrechen und Wahnsinn zusammengebracht werden, tritt weniger deutlich hervor. Aber der historisch bedingte Zusammenhang ist offenkundig. Die Geschichte des Verbrechens und die Geschichte des Wahns haben etwas Analoges. Sie sind nicht die Geschichte der Verbrechen und der Geisteskrankheiten, die es gegeben hat – und wäre es nur in der Auswahl von Beispielen, auf die sich eine solche Geschichte verwiesen sieht. Die Geschichte des Verbrechens – wie diejenige des Wahnsinns – ist die Geschichte dessen, was man für Verbrechen oder für Wahnsinn hält. Gustav Radbruch und Heinrich Gwinner haben ihren Versuch einer historischen Kriminologie entsprechend erläutert. Ihre Aufgabe beschreiben sie wie folgt: »Der Titel des vorliegenden Buches müßte, wenn ein Fremdwort erlaubt wäre, ›Geschichte der deutschen Kriminalität‹ lauten. Sein Thema sind nicht die Verbrechen, wie sie in den Tatbeständen der Strafgesetzbücher allgemein formuliert werden, vielmehr, wie sie in der Wirklichkeit des gesellschaftlichen Lebens erscheinen, und diese Verbrechen werden nicht bezogen auf die verbrecherische Täterpersönlichkeit, vielmehr auf das Ganze der Gesellschaft, sie werden nicht als Rechtsgüterverletzungen behandelt, sondern als sozialpathologische Erscheinungen, als adäquate Krisenerscheinungen des sozialen, politischen und kulturellen Lebens.« [9] Man kann, was hier gesagt wird, noch ein wenig präzisieren. Die Verbrechen, die in der Wirklichkeit des gesellschaftlichen Lebens so erscheinen, sind die Verbrechen, über die man so oder so denkt. Es sind intellektuelle Wahrnehmungen — solche der Auffassung, der Deutung oder der Wertung. Der eingangs gebrauchte Begriff des intellektuellen Kräftefeldes besteht zu Recht. Verbrechensgeschichte als Geschichte *des* Verbrechens ist Bewußtseinsgeschichte wie die Geschichte des Wahnsinns auch.

Die sozialen Momente innerhalb dieses intellektuellen Kräftefeldes haben wir betont, und sie sind durch die sozialen Abstufungen im Akt der Bestrafung entsprechend zu ergänzen. Aber die historischen Momente sind nicht weniger wichtig. Verbrechen und Strafe als Grundbegriffe einer jeden Rechtsordnung sind wie diese selbst in jedem Fall historische Begriffe. Sie sind wandelbar, unbeschadet einer gewissen Invarianz in der Beurteilung der Delikte. Etwas Weiteres ist anzumerken. Es handelt sich um Verschiedenartigkeiten der Denkformen, die innerhalb eines solchen intellektuellen Kräftefeldes wirksam werden. Sie sind keineswegs einer einzigen wissenschaftlichen Disziplin zuzuordnen, der Jurisprudenz zum Beispiel. Hier treffen Erfahrungen aus sehr unterschiedlichen Wissensgebieten aufeinander, so daß sich Gemeinsamkeiten ergeben. Das ist leicht einzusehen. Die Schuld hat innerhalb des intellektuellen Kräftefeldes von Verbrechen und Strafe ihren Ort, ohne selbst etwas ganz und gar Unwandelbares zu sein. Aber beteiligt an ihrer Aufklärung sind neben Juristen auch Theologen, Psychologen und Philologen, um nur diese zu nennen. Für den Lehrer des Strafrechts, der über Schuld und Sühne handelt, versteht es sich von selbst, daß sein Thema über die Grenzen einer einzelnen Disziplin hinausreicht: »Es liegt auf der Hand, daß es den Theologen und den Philosophen ebenso angeht wie den Juristen. Den Historiker muß es interessieren«, und den Vertreter der Naturwissenschaft wohl auch, muß man ergänzen. [10] Das intellektuelle Kräftefeld ist ein Feld vieler Gebiete. Aber meistens sind es dieselben Begriffe, die man in den verschiedenen Disziplinen der Wissenschaft gebraucht. Darin liegt der sozusagen interdisziplinäre Sinn der Sache. Die Geschichte der Literatur, von der sogleich zu sprechen sein wird, ist abermals ein Teil davon. [11]

Wenn aber Begriffe und Denkformen innerhalb eines solchen intellektuellen Kräftefeldes etwas Wandelbares sind, dann werden Unterscheidungen zwischen Tradition und Erneuerung unerläßlich. Den Veränderungen des Bewußtseins, die sich von der Entwicklung her als notwendig erweisen, muß von Zeit zu Zeit ein Vorrang vor den Traditionen eingeräumt werden — nämlich dann, wenn die überlieferten Denkformen immer weniger in der Lage sind, neuartigen Entwicklungen gerecht zu werden. Sie erweisen sich in solchen Situationen als bloße Denkschemata, die hinter dem Bewußtseinsstand einer Zeit zurückbleiben. Als ein solches Denkschema kann man die Begriffe Schuld und Sühne verstehen. Sie sind aus heutiger Sicht nicht einfach als das abzutun, was man gern »falsches Bewußtsein« nennt. Sie haben sich als Begriffe nicht erledigt. [12] Aber sie gelten nicht mehr absolut und unangefochten wie ehedem. Sie werden relativiert. Im Denkschema Schuld und Sühne wird die Freiheit des Handelns und die Verantwortlichkeit für Handeln nahezu uneingeschränkt vorausgesetzt. Es zählt in erster Linie die Tat, die nach Sühne verlangt. Die Motive des Täters sind weniger wichtig, sofern sie nicht überhaupt bedeutungslos sind. Die Strafrechtspflege bleibt in Deutschland bis weit in die zweite Hälfte des 19. Jahrhunderts hinein diesem Denkschema verpflichtet. Das zeigt sich unter anderem am Beispiel des Duells. Die Schuld beruht hier vornehmlich in einer Ehrverletzung, die der Sühne bedarf. Für ihre Vollstreckung ist ein Ritual vorgesehen, das der Ehre beider Seiten Rechnung trägt. Von einer »Mythologie der Ehre« kann mit einigem Recht gesprochen werden. [13] Den damit bezeichneten Vorgang umschreibt man im Jahre 1887 noch ungeniert so: »Es ist eben das Charakteristische des eigentlichen Zweikampfes, daß demselben eine Ehrverletzung zugrunde liegt und daß der Zweck darauf gerichtet ist, die Ehrverletzung zu sühnen.« [14] Eben dieses aus den Begriffen Schuld und Sühne gebildete Denkschema wird seit der Zeit der Aufklärung nicht mehr vorbehaltlos akzeptiert. Schuld wird auf vielfache Weise zu entschuldigen gesucht; und die im Aufstieg begriffene Naturwissenschaft hat nicht wenig zu solchen Relativierungen beigetragen.

Unter denen, die einen solchen Wandel im Denken herbeiführen halfen, ist der italienische Arzt Cesare Lombroso vor anderen zu nennen. Er führt Verbrechen ausschließlich auf die physiologische und psychologische Eigenart des Täters zurück. Der Verbrecher ist mithin zu seiner Tat »geboren«, prädestiniert und determiniert. Der vielfach bemerkbare »Fatalismus« in der Bewußtseinsgeschichte des Jahrhunderts hat hier — und auch sonst — seine »naturwissenschaftlichen Grundlagen«, wie verschieden sie auch von Fall zu Fall sein mögen. Lombrosos Buch über Genie und Irrsinn wurde im Jahre 1864 veröffentlicht, Ende der achtziger Jahre lagen seine Hauptwerke auch in deutscher Übersetzung vor. Sie waren umstritten, aber man setzte sich mit ihnen auseinander. Besonders die deutsche Strafrechtswissenschaft hat das getan. Darüber hinaus drang Lombroso wie die Verfasser verwandter Schriften in das allgemeine Bewußtsein der Zeitgenossen ein. Pathologisches wird aufgespürt und zur Desillusionierung des Dichterheros benutzt. Besonders die Schriftsteller des Naturalismus erweisen sich für solche Lehren als aufgeschlossen. Die Physiologie wirkt mit am Wandel des Dichterbegriffs. Auch der dichterische Genius bleibt nicht fernerhin, was er war. »Genie, Talent, das hat uns bereits die moderne Naturwissenschaft gelehrt, ist nichts Überirdisches, Geheimnisvolles, Unerklärliches, vom Himmel auf die Erde Niedergeflogenes, wie die Frühere Zeit annahm. Talent, Genie ist nichts anderes, als die normale, gesunde, entwicklungsfähige Ausbildung der Gehirnzentren.« So steht es in einer Schrift über den modernen Realismus von Konrad Alberti. [15] Daher ist auch Verbrechertum nichts anderes als eben — Physiologie. In ihrem Namen nähern sich die Gegensätze — Genie und Verbrechen — einander an. Dennoch ist einem solchen »Naturalismus« nicht voreilig der Prozeß zu machen. Die Frage der Schuld — und damit zusammenhängend: die Formen der Sühne — verlieren die Eindeutigkeit, die sie besaßen. Sie erscheinen als überaus komplex. Die soziale Umwelt gewinnt an Interesse. Man sucht Beweisbares über sie zu ermitteln. Die Strafrechtspflege konnte sich solchen Erkenntnissen nicht entziehen.

Der Wandel im Denken, um den es geht, hat sich nicht von heute auf morgen vollzogen. Er hat seine Vorgeschichte, und der Wegbereiter sind viele. Es sind die namhaften Philosophen der europäischen Aufklärung, über die in diesem Zusammenhang zu sprechen wäre. [16] Auch hier ist an einen italienischen Denker zu erinnern, an Cesare Beccaria, dessen vielbekannte Schrift *Dei delitti e delle pene* (*Von den Verbrechen und Strafen*) im Jahre 1764 erschien. Der Verfasser des Werkes übt leidenschaftliche Kritik an der Strafrechtspraxis seiner Zeit. Abschaffung der Todesstrafe und der vielfach noch brutalen Folter werden gefordert; und was hier gefordert wird, wurde rasch in nahezu allen Kultursprachen verbreitet. Auch in Deutschland wurden seine Lehren bereitwillig aufgenommen. Einer ihrer Grundgedanken beruht darin, daß die uneingeschränkte Willensfreiheit bestritten wird. »Die Moralität unserer Handlungen hängt [...] immer von den Graden unserer Freiheit ab, und je weniger wir frei wirken können, desto weniger sind wir auch moralischer Handlungen fähig«, heißt es in einer dieser reformerischen Schriften, in E. C. Wielands Buch *Geist der peinlichen Gesetze*. [17] Die bewußtseinsgeschichtliche Wende, die sich anbahnt, hat den Charakter einer geistigen Revolution und zugleich einer solchen des hermeneutischen Denkens: das Interesse verlagert sich von der Tat auf den Täter. Man interessiert sich für die Grade der Bosheit des Verbrechens, nicht ausschließlich für die objektive Tat. Man lernt es, in »Ansehung der Person des Verbrechers«, seines Zustandes und seiner Lebensverhältnisse, zu denken. [18] In dieser Blickwendung von der Tat auf den Täter beruht der tiefgehende Wandel. Sie setzt sich in Anselm von Feuerbachs aktenmäßiger Darstellung merkwürdiger Kriminalfälle »erstmals mit der Kraft eines neuen Gedankens« durch, so formuliert es Erik Wolf. [19]

Die Verdienste dieses bedeutenden Rechtsdenkers sind solche der Aufklärung zugleich. Sie kamen zu Beginn des 19. Jahrhunderts vor allem dem bayerischen Kriminalrecht zugute, das Anselm von Feuerbach von Grund auf

Verbrechen und Strafe 203

reformierte. Er handelte darüber 1805 in einem Memorandum *Ueber die bevorstehende Reform der bayerischen Criminalgesetzgebung* und würdigt die schon im 17. Jahrhundert in Gang gekommenen Reformen. Sie galten damals der »Organisierung des *Inquisitionsprocesses*«, und Feuerbach erkennt an: »Auch weht in ihr ein freundlicher Geist der Humanität, der zwar noch nicht bis zum Abscheu vor grausamen Strafen jeder Art sich gebildet hat, aber doch schon anfängt, es zu erkennen, daß die Strenge der Gerechtigkeit nicht die Wildheit eines Barbaren ist.« [20] Aber zugleich zieht Feuerbach in demselben Memorandum gegen den von Kreittmayr (1751) entworfenen *Codex juris criminalis Bavarici* zu Felde – in wohlgesetzten Worten, aber innerlich erregt: »Das lebendige Verbrennen ist wieder eingeführt, der Verbrecher wird zuweilen gerädert und ohne Gnadenstoß lebendig auf das Rad gelegt, äußerlich wird unter andern die Todesstrafe geschärft nicht blos durch Zangenreißen oder durch Kneipen mit glühenden Zangen, sondern auch durch Ausschneiden der Zunge und dadurch, daß ihm aus lebendigem Leibe *Riemen geschnitten* werden [...] Kommt eine ledige Weibsperson heimlich nieder und wird ihr Kind todt gefunden, so soll sie mit der Entschuldigung, als sei das Kind todt von ihr abgegangen, nicht angehört, sie soll *wie eine erwiesene* Kindesmörderin mit dem *Schwerd* hingerichtet werden. Auf die Blutschande in gerader Linie folgt die Feuerstrafe, auf Bigamie Schwerd, auf den Abfall vom christkatholischen Glauben Schwerd und Güterkonfiscation, auf eine durch Thätlichkeit verübte Gotteslästerung Feuer, oder im milderen Fall das Schwerd« – und so fort. [21] Auf Beccarias Werk über Verbrechen und Strafen wird ausdrücklich Bezug genommen. In seinem Sinn wird die Abschaffung der Tortur – »dieses furchtbare und blinde Ungeheuer« – gefordert. Ein Brief an den Minister Montgelas – »bei Übersendung des Antrags auf Aufhebung der Tortur« – begründet, worum es in diesen Reformen gehen soll: »daß es keineswegs darauf abgesehen sei, die Criminaluntersuchung zu lähmen, sondern sie zu *fördern*, nicht um gegen Verbrecher mitleidig, sondern nur gegen Unschuldige gerecht und gegen wirklich Schuldige strenger zu sein [...].« [22] Alle diese Anträge, Entwürfe und Denkschriften – einschließlich des Buches *Merkwürdige Criminal-Rechtsfälle* wurden im ersten Jahrzehnt des 19. Jahrhunderts verfaßt, zwei Jahrzehnte nach dem Erscheinen von Goethes *Iphigenie*. Aber wie wenig hat man im Grunde von einer Dichtung wie dieser verstanden, wenn man sie abgelöst vom »Kontext« des Zeitalters studiert. Die Schriften Feuerbachs hätten es verdient, daß man sie auszugsweise aus unseren Lesebüchern kennt – die letzte dieser Schriften, die Untersuchung über Kaspar Hauser als »Beispiel eines Verbrechens am Seelenleben des Menschen«, nicht zu vergessen!

Mit der Blickwendung von der Tat auf den Täter sind bestimmte Bewußtseinsfragen verbunden. Sie betreffen den Anteil des Unbewußten und damit zugleich soziale Fragen. Anders als im Geschichtsdenken des Historismus tritt in solchen Betrachtungen der Einzelne als Individuum zurück. Er wird unter gewissen Voraussetzungen für die von ihm begangenen Verbrechen nicht mehr im vollen Umfang verantwortlich gemacht. Die sozialen Gegebenheiten — die Familie, das Milieu, die Gesellschaft — haben einen Teil der Schuld zu übernehmen — falls man den Bogen nicht überspannt, indem man »die anderen« zu den einzig Schuldigen ernennt. In jedem Fall gewinnen die sozialgeschichtlichen Gesichtspunkte an Bedeutung. So auch später im Denken Franz von Liszts, des berühmtesten unter ihnen. Daß Lorenz von Stein, einer der ersten »Sozialwissenschaftler« des neunzehnten Jahrhunderts, zu seinen Lehrern gehörte, ist nicht nebensächlich zu wissen. [23] Der soziale Gedanke jedenfalls bestimmt die folgenreichen Reformvorschläge dieses mutigen Juristen. Das Verbrechen, so erläutert es Gustav Radbruch, ist ihm »seinem Wesen nach antisoziale Handlung, aber zugleich nach seinem Ursprunge ein sozialbedingtes Geschehen«. [24] Doch ist es in seiner Auffassung, was ihn von Lombroso trennt, ein nicht ausschließlich biologisches Geschehen. Auf solche Abgrenzungen gegenüber dem Italiener legt er Wert. Seine Aufsätze lassen in diesem Punkt an Deutlichkeit nichts zu wünschen übrig: »An *Lombrosos* Namen knüpft sich der Kampf für und gegen die Kriminal-Anthropologie. Das ist kein Glück für die junge Wissenschaft, denn *Lombrosos* Fehler liegen klar zu Tage.« [25] Liszt kreidet Lombroso an, daß er unter den Verbrechern nicht hinreichend differenziert — »vielmehr den *geborenen* Verbrecher bald mit dem Gewohnheitsverbrecher, bald mit dem moralisch Irren, bald mit dem Epileptiker zusammenwirft. Dieser gänzliche Mangel an wissenschaftlicher Klarheit macht jede ernste Erörterung unmöglich«. [26] Dennoch ist der deutsche Jurist nicht blind für das, was die Jurisprudenz dem italienischen Arzt verdankt: »Aber das Verdienst *Lombrosos* und seiner Anhänger liegt gar nicht in den Theorien [...]. *Lombrosos* Verdienst ist es, die anthropologische Untersuchung des Verbrechers nicht auf Schädel und Gehirn beschränkt, sondern auf den ganzen Menschen ausgedehnt zu haben [...]. Daß man den Menschen und nicht den Begriff bestrafe, das haben uns die Italiener nicht erst gelehrt [...], aber sie haben es uns ins Gedächtnis zurückgerufen, als wir über *Kant* und *Hegel*, über *Fichte* und *Herbart*, über *Schopenhauer* und *Ed. v. Hartmann* den obersten Grundsatz aller Strafrechtswissenschaft vergessen hatten. Sie haben uns aufgerüttelt aus dem metaphysischen Schlaf und aus der erstarrenden Begriffsjurisprudenz; recht rücksichtslos allerdings und mit unnötigem, unerfreulichem Lärm, aber mit glücklichem Erfolg. Darin sehe ich den bleibenden Wert von *Lombrosos* Uomo delinquente [...].« [27] Von anthropologischen Gesichtspunkten beeinflußt, wird der Sinn für die soziale Situation des Täters geschärft. Das Verbrechen wird im Kontext sozialpathologischer Erscheinungen der Gesellschaft gesehen und beurteilt. So erläutert es eine spätere Schrift Franz von Liszts aus dem Jahre 1899. In ihr wird das Verbrechen verstanden als ein Ereignis im Leben der Gesellschaft, das aus deren Verhältnissen zu erklären sei: »Jedes Verbrechen ist das Produkt aus der Eigenart des Verbrechens einerseits und den den Verbrecher im Augenblick der That umgebenden gesellschaftlichen Verhältnissen anderseits [...].« [28] Solche Gedanken hat

Liszt erstmals 1878, im Jahre der Sozialistengesetze, ausgesprochen. Seit 1879, so sagt er es selbst, ist im Sozialen der Kampf auf der ganzen Linie entbrannt. [29] Gegenüber dem vielfach schroffen und vorurteilserfüllten Denkschema Schuld und Sühne bemerkt man ein Verstehen, das die sozialen Gegebenheiten in Rechnung stellt. Soziales äußert sich dabei in zweifacher Weise: als »Schutz der Schwachen gegen die Starken« und als Schutz der Gesamtheit vor den Interessen der Einzelnen. Aus doppelter Blickrichtung ergibt sich eine Spannung durch Gegensätze, die vor Einseitigkeiten des Denkens bewahrt — vor der Einseitigkeit zum Beispiel, Schuld und Sühne aus dem »intellektuellen Kräftefeld« überhaupt zu entfernen. Davon kann hier keine Rede sein. [30]

Um 1890, aber vielfach schon früher, sind solche Ideen in aller Munde. Sie sind aus dem wissenschaftlichen Bewußtsein in das Bewußtsein der Allgemeinheit oder doch wenigstens der »Öffentlichkeit« gelangt. Das Denkschema Schuld und Sühne hört auf, etwas Unangefochtenes zu sein. In den Zeitschriften des Naturalismus wird davon gehandelt. In einem Beitrag *Sociale Rechtswissenschaft* — 1890 in der ›Freien Bühne‹ veröffentlicht — weist Fritz Heine auf Lombrosos »geniale Forschungen« hin. Der Verbrecher wird als eine soziale Erscheinung begriffen; die »sozialen Bedingungen des Verbrechens« werden untersucht. [31] Dabei spielt die Kriminalstatistik eine nicht geringe Rolle. Ein erster Band mit entsprechendem Zahlenmaterial war schon 1882 veröffentlicht worden. Auf die mit dem Strafrecht verbundenen Probleme der Willensfreiheit kommt die ›Freie Bühne‹ ein Jahr später mit einem Aufsatz (von Lothar Schmidt) zu sprechen, in dem es heißt: »Aber für die Theorie eines zeitgemäßen Strafrechts wird nicht mehr das Vergeltungsprinzip als wesentlich maßgebend in Frage kommen, wonach Delict und Strafe in dem Verhältnis von Schuld und Sühne stehen, sondern das Prinzip der Abschreckung.« [32] Sofern in solchen Fragen soziale Momente bestimmend sind, wird man bei einem Denker wie Nietzsche kein ausgeprägtes Interesse erwarten dürfen. Die soziale Frage hat ihn kaum je tangiert. Aber das Denkschema Schuld und Sühne ist ihm obsolet. Sein »Kampf gegen das *Schuldgefühl* und die Einmischung des Strafbegriffs in die physische und metaphysische Welt« gehört zu den fünf »Neins«, die er im *Willen zur Macht* formuliert. [33] Jede »Vermoralisierung« ist ihm verhaßt, weil sie den Sinn für das Tragische verfehlt, und in der Tat sind Schuld und Sühne mit Tragik nicht vereinbar. [34]

Der Literatur sind dies alles wohlvertraute Begriffe. Der »literarische Mord« ist eines ihrer »zugkräftigsten« Themen — bis in den Unterhaltungsteil der Lokalpresse hinein. [35] Hier vor allem hat man Anlaß, von einer Literaturgeschichte des Lesers zu sprechen — desjenigen Lesers, den die Erzählung solcher Vorfälle auf eine nicht immer diskrete und humane Art fasziniert. Mord und Totschlag sind spannend und sensationell. Sie sind schon deshalb ein Gegenstand der Unterhaltung. Und wie immer Juristen, Psychologen oder Theologen im konkreten Fall über die Straftat befinden — ihre Mitteilung ist

»Literatur« — gleichviel ob der Bericht über eine Mordaffäre dezent behandelt oder grell beleuchtet wird. Das »kommunikationstheoretische« Paradox ist augenfällig: was der eine mit seinem Leben bezahlen muß, gereicht dem anderen, als Leser, zur Lust — ein sehr dubioses Vergnügen an »tragischen« Gegenständen. Der fiktive Tod im Roman oder auf der Bühne, er sei gewaltsam oder nicht, ist etwas der Literatur Selbstverständliches. Die Skala reicht von den ehrwürdigen Formen (in der Tragödie) bis in die untersten Bezirke der Trivialliteratur hinab. Ganze Gattungen konstituieren sich aus solchen Stoffen — je nachdem, ob sie im »Unteren« verharren oder »höhere Ansprüche« stellen. Kriminalgeschichte und Detektivgeschichte sind die bekanntesten dieser Gattungen, die man innerhalb solcher Genres zu unterscheiden sucht: »Der Kriminalroman erzählt die Geschichte eines Verbrechens, der Detektivroman die der Aufdeckung eines Verbrechens.« [36]

Aber Kriminalerzählung wie Detektiverzählung bevorzugen einen Schluß, mit dem die durch Verbrechen in Unordnung gebrachte Welt meistens wieder in Ordnung gebracht wird: die poetische Gerechtigkeit siegt. So vor allem will es die Kriminalgeschichte, und so wollen es erst recht ihre Leser. Sie wollen, daß Gerechtigkeit sei. Eine zeitgenössische Kritik (über eine der Kriminalgeschichten Fontanes) spricht es deutlich aus: »Wenn die Leidenschaften des Hungers [...] und der Liebe [...] den ›Helden‹ resp. die ›Heldin‹ dazu bewegen, ein Crimen zu begehen, eine ›Schuld‹ auf sich zu laden, muß wenigstens im deutschen Roman und in der deutschen Novelle die poetische Gerechtigkeit ihres Amtes walten, den Verbrecher vor den irdischen und himmlischen Richter schleppen [...].« [37]

Solche Erwartungen von poetischer Gerechtigkeit, weil man eine Schuld wahrgenommen hat, die nach Sühne verlangt, wurden mißverständlicherweise auf die Tragödie übertragen. Zwar hat es die Tragödie weniger mit Verbrechern zu tun als Kriminal- und Detektivgeschichte, die durch Verbrechen erst werden, was sie sind. Die Tragödie benötigt in ihrer klassischen Form den Helden. Sie benötigt den »mittleren Menschen«: den Tugendbold braucht sie so wenig wie den Verbrecher. Wenn ihre Ästhetik voraussetzt, daß sich der Zuschauer mit den Hauptpersonen weithin identifiziert, so dürfen es zwar fehlbare Menschen sein, die eine solche Identität ermöglichen; aber es sollen keine Verbrecher sein. Die zwar gibt es in den Tragödien auch. Es gibt den gedungenen Mörder im *Wallenstein*, den rücksichtslosen Intriganten in *Miß Sara Sampson* oder in *Kabale und Liebe*; es gibt zumal bei Shakespeare Bösewichter ohnegleichen, wie es im barocken Trauerspiel die Tyrannen gibt. Aber in der klassischen Tragödie gehören Verbrecher und üble Intriganten nicht zum Ensemble der tragischen Personen im engeren Sinn. Sie sind allenfalls Mittel zum Zweck; und dieser liegt in der Kunstform der Tragödie selbst. Dabei bleibt von Fall zu Fall zu ermitteln, worin das Tragische des Vorgangs beruht, und von der Schuld, wie sie Juristen feststellen wollen, unterscheidet sich die Schuld in der Tragödie ohnehin. Es gehört zu den unabsehbaren Verfehlungen im Verständnis dieser Kunstform, daß man Schuld nicht als tragische Schuld zu verstehen fähig war. Dieses Mißverständnis ist nicht zuletzt dem Denkschema Schuld und Sühne zuzuschreiben. Denn das Tragische der Tragödie kommt nur dadurch zustande, daß man von einem Menschen ausgeht, der nicht absolut schuldig und nicht absolut unschuldig ist. Das Paradoxon der unschuldigen Schuld ist die eigentlich tragische Schuld. Aber das Denkschema Schuld und Sühne insistiert auf einer Eindeutigkeit der Gegensätze, mit der man die Tragödie als Kunstform verfehlt. [38] Dieses Denkschema ist der Literaturtheorie des 19. Jahrhunderts eine weithin selbstverständliche Kategorie. In seiner *Aesthetik* äußert sich Friedrich Theodor Vischer über das Tragische der Tragödie keineswegs oberflächlich oder von außen her. Die Gegensätze, die in der Schuld zusammenkommen, werden von ihm zutreffend erfaßt:»Die Schuld ist ein Werk der Freiheit, aber der Freiheit, welche nicht anders handeln kann [...] Sie ist daher nichts Anderes als Verwirklichung der Urschuld und in diesem Sinne ebensosehr Unschuld.« [39] Die Ironie im Zustandekommen eines tragischen Vorgangs entgeht ihm nicht, und die schon mit dem Handeln gesetzte Schuld wird im Anschluß an Goethe und Hegel erläutert. Dennoch können Schuld und Sühne (bzw. Strafe) im Fortgang dieser Erörterungen als zentrale Kategorien eingesetzt werden, wenn es heißt:»Es erfolgt die Strafe durch den verletzten sittlichen Komplex, und die ästhetische Einheit ist eine um so höhere, je mehr auch sie als die einfache Kehrseite der Schuld erscheint.« [40] Der Zusammenhang — daß Strafe zu folgen hat, wenn Schuld gewesen ist — kommt durch die Annahme einer sittlichen Weltordnung um so leichter zustande. Auch für Friedrich Theodor Vischer steht sie unverrückbar fest — die»Notwendigkeit als das Gesetz einer sittlichen Welt«; und dieses Gesetz ist mühelos auch christlich zu interpretieren. [41] Dem Münchner Literaturlehrer Moriz Carriere fällt das nicht schwer. Seine *Aesthetik*, 1859 erschienen, war zumal im Münchner Dichterkreis geschätzt. Die hier ausgesprochenen Gedanken über Tragik, Schuld und Sühne konnten unbesehen in spätere Schriften übernommen werden. Noch in dem 1883 in neuer Auflage erschienenen Buch *Die Poesie*, einem handbuchartigen Kompendium, bleiben Schuld und Sühne Schlüsselbegriffe zum Verständnis der Tragödie. Zwar kann es beiläufig heißen:»Schuld und Sühne erscheint uns als ein wichtiges und häufiges Moment des Tragischen, aber es ist nicht das ausschließliche oder einzige, und es ist moralisierende Philisterei das Leben nicht nur, sondern auch die Darstellung desselben in der Poesie unter dem Gesichtspunkt von Vergehen und Strafe zu stellen.« [42] Das hindert unseren Literaturlehrer nicht, es gleichwohl zu tun. Denn der eigentliche Genuß solcher Vorführungen, der»melodische Verlauf« und der»harmonische Abschluß«, kommen seiner Auffassung nach dadurch zustande, daß die poetische Gerechtigkeit siegt, wie es sich gehört:»und indem am Ende die Schuld gesühnt und der Sieg der sittlichen Weltordnung gegen selbstsüchtige Ueberhebung [...] offenbar wird [...], erheben wir uns über das Leid, das zum Heile führt und die Seele adelt [...].« [43] So intakt stellt sich am Ende des vergangenen Jahrhunderts einem vielgelesenen Literaturprofessor die Welt noch einmal dar; und so sicher ist er sich noch immer seiner Sache, daß er gegen »neumodisch nihilistische Poeten« und »consequente Materialisten« beherzt zu Felde ziehen kann, wenn diese sich unterstehen sollten, die sittliche Weltordnung und ihre Begriffe zu leugnen: »da sollen auch in der Poesie die Kategorien von Gut und Böse, von Schuld und Sühne keine Anwendung mehr finden.« Moriz Carriere belehrt sie eines Besseren: »Mögen diese Leute für sich Tragödien nach ihren eigenen Recepten schreiben, nur in Bezug auf Aeschylos und Shakespeare sollen sie uns die poetische Gerechtigkeit als den Sieg der sittlichen Weltordnung nicht leugnen.« [44]

Es gibt Denkschemata, die noch lange in Geltung bleiben, obwohl sie schon längst nicht mehr der Realität einer sich ändernden Welt entsprechen. Als ein solches Denkschema hat man das Begriffspaar Schuld und Sühne anzusehen. Das bestätigt sich nirgends deutlicher als in der Art, wie man Dostojewskij mit einem seiner berühmtesten Romane in Deutschland rezipiert. Verbrechen und Strafe sind die Begriffe, die der Raskolnikow-Roman im Titel führt. Der geläufig gewordenen Übersetzung ist es zuzuschreiben, wenn statt dessen das Begriffspaar Schuld und Sühne eingebürgert wurde. Das sei eine Fehlleistung, stellt der Slawist (Johannes Holthusen) fest, weil die Begriffe der prozessualen Selbstanalyse Raskolnikows und ihrer Terminologie nicht gerecht werden. [45] Der Raskolnikow-Roman trage den Untertitel zu Unrecht, sagt der Jurist (Paul Bockelmann), weil mit dem Wort Sühne die durch richterliches Urteil auferlegte Strafe gemeint sein könnte, die der Roman nicht meint. [46] Aber die übersetzerische Fehlleistung ist weit entfernt, etwas Zufälliges zu sein. Sie ist symptomatisch für das Verständnis von Literatur im 19. Jahrhundert, sofern es um Stoffgebiete wie diese geht. Denn was sich hier zeigt, das zeigt sich in nahezu allen Gattungen der Literatur. So vor allem im Felde der über alles geschätzten Ballade.

In der Tradition der Moritaten und des Bänkelsangs setzt die sogenannte Kunstballade den Moralismus noch vielfach fort, der aus der Geschichte dieser volksläufigen Gattungen nicht wegzudenken ist. Was einer verbrochen hat, das »bringt die Sonne an den Tag«. Vergeltung ist eines der bevorzugten Motive. Dem scheint das Vergeltungsprinzip der Jurisprudenz zu entsprechen. Im Werk der Droste ist es ein zentrales Motiv ihres Denkens. Doch hat man allen Grund, sich vor übereilten Schlüssen zu hüten. Wo immer sie von Verbrechen und Schuld, von Strafe, Sühne und Vergeltung handelt, verleugnet sie nicht den Rang, der ihrer Dichtung zukommt. Daran läßt ein Rechtsdenker wie Erik Wolf keinen Zweifel. Er macht an ihren Dichtungen eine Vieldeutigkeit sichtbar, wo man nach erster Lektüre womöglich Einseitigkeit und Eindeutigkeit festzustellen meint. Aber auch der einfühlende und wohlwollende Interpret aus dem Geiste des Rechts stellt fest: »Von der Strafe redet die Drostesche Dichtung nur in einem Sinne, in dem einzigen, der ihren Begriff ausmacht und ihr eigentliches Wesen enthüllt: daß sie *Vergeltung* ist.« [47] Und wie sehr auch das Recht im Zwielicht der Mehrdeutigkeit erscheint und das Prinzip der Vergeltung in Frage gestellt werden mag, eine generelle Richtung ihres Denkens im Umgang mit Rechtsfällen der verschiedensten Art ist unverkennbar: »Annette von Droste wirbt nicht um Verständnis für die Individualität des Mörders. Dieser empfängt ja, was ihm nach Gesetz und Recht als Sühne gebührt.« [48] Auch der Selbstmord Friedrich Mergels in der *Judenbuche* und der Schluß dieser ohne Frage meisterhaft erzählten Novelle sind kaum anders als so zu verstehen — oder mit den Worten des Rechtshistorikers erneut: »In den langen und schweren Prüfungen, die er als Sklave in der Türkei erleiden mußte, wie in dem kläglichen Tod von der eigenen Hand erfährt seine Tat ihre Vergeltung und sein verbrecherisches Wesen die Sühne.« [49] Die Vergeltung, als Titel eines balladischen Gedichts, ist jedenfalls im Werk der Droste kein Zufall; und diese Ballade selbst ist nicht nur verstehend zu erläutern. Sie fordert auch dazu heraus, daß man kritische Fragen an sie stellt.

Von drei Personen ist in ihrem ersten Teil die Rede: von einem Kapitän, einem »schwarzgelockten Passagier« und einem kranken Matrosen. Der letztere liegt hingestreckt auf einem Balken, an dem er die Worte »Batavia. Fünfhundertzehn« entziffert. Diese Worte werden zum balladischen Zeichen, das die sprunghaft erzählten Handlungsteile miteinander verknüpft. Das Schiff gerät in Seenot und sinkt. Dem kranken Matrosen gewährt sein Balken einige Sicherheit, während der Passagier befürchten muß, mit seiner Lade unterzugehen, an die er sich verzweifelt klammert. Als er den Matrosen im Meer treibend entdeckt, schwimmt er auf ihn zu und stößt das kranke Leben vom Balken, um sich selbst auf solche Weise in Sicherheit zu bringen. Piraten nehmen sich seiner an. Aber die Redensart »Mitgefangen, mitgehangen« soll sich wortwörtlich an ihm erfüllen. Die Seeräuber werden drei Monate später gefaßt und in einer Hafenstadt gehenkt. Dem Passagier, der ohne Verschulden unter die Verbrecher geraten war, nutzt die Beteuerung seiner Unschuld nichts. Er wird hingerichtet wie die anderen auch. Er wird das Opfer eines Justizirrtums; daran läßt das Gedicht keinen Zweifel. Aber im Begriff, eben deshalb mit Gott und der Welt zu hadern, wird ihm sein Verhalten gegenüber dem kranken Matrosen zum Bewußtsein gebracht, falls er es noch — was undeutlich bleibt — mit Bewußtsein aufnimmt:

> »Und als er in des Hohnes Stolze
> Will starren nach den Ätherhöhn,
> Da liest er an des Galgens Holze:
> ›Batavia. Fünfhundertzehn‹.« [50]

Es ist also dasselbe Holz, das erst dem Kranken als Schutz und Halt diente und nun zum Zwecke einer Hinrichtung gebraucht wird; und es ist derselbe Passagier, der sich erst handelnd, dann leidend mit eben diesem Holz konfrontiert sieht. Das Geschehen der Vergeltung erhält damit Ordnung und Zusammenhang. Es ist ohne Frage ein Zusammenhang von Schuld und Sühne, der dieser Ballade zugrunde liegt. Zur Verteidigung ihrer Poesie ist sicher einiges vorzubringen. Vor allem der Justizirrtum widerlegt das uneingeschränkte Vertrauen in die irdische Gerichtsbarkeit, und die Vergeltung hört damit auf, etwas Eindeutiges zu sein. Sie gerät in den Bereich der Ironie, aber einer solchen, die letztlich der »Theodizee« dient: sofern es nämlich der Justizirrtum ist, der hier der höheren Gerechtigkeit zum Sieg verhilft. Denn darauf läuft am Ende alles hinaus, wobei ganz außer Betracht bleiben kann, daß die irdischen Richter nicht zur Einsicht ihres Irrtums gelangen; wie es auch nebensächlich ist, ob der Passagier die eigene Schuld im höheren Sinne erkennt und annimmt. Auf das Bewußtsein des Täters oder der Richter kommt es nicht so sehr an. Der Leser wird in erster Linie über die fiktiven Personen hinweg unmittelbar angesprochen. Ihm recht eigentlich wird mit dem Erkennungszeichen der »Zusammenhang der Dinge« vor Augen geführt und zum Bewußtsein gebracht. Es geht dabei ausschließlich um den Tatbestand und die Tat selbst, nicht um den Täter. Auch die mildernden Umstände der Notwehr, die man geltend machen könnte, haben so gut wie nichts zu bedeuten. [51] Die Dichterin verständigt sich als Erzählerin der Ballade mit ihren Lesern unmittelbar im Glauben, daß es eine höhere Gerechtigkeit gibt und geben muß; und daß eine jede Schuld — wenn nicht hier, so dort — ihre Sühne findet. Das Prinzip der Vergeltung mag von irdischen Richtern verfehlt werden. Aber es bleibt letztlich und in einem höheren Sinne intakt. [52]

Die »poetische Gerechtigkeit«, die auf solche Weise demonstriert wird, schafft sich ihr Symbol — ihr Dingsymbol, wie das die Theoretiker der Schicksalsnovelle oder der Schicksalsballade zu bezeichnen pflegen. Ein Realismus des Gegenständlichen kommt darin zum Ausdruck, der auf »Überirdisches« verweist — es heiße dämonisch, waltendes Schicksal oder göttliche Gerechtigkeit. In der Ballade *Die Vergeltung* ist es der Balken mit der Inschrift »Batavia. Fünfhundertzehn«; in der *Judenbuche* der Denkspruch in hebräischen Schriftzeichen. Hier wie dort ist es derselbe Gegenstand oder derselbe Ort, der den Zusammenhang von Schuld und Sühne herstellt: es wird dort gesühnt, wo gemordet worden ist, wenn wir dabei den Unterschied zwischen Mord und Totschlag einmal außer acht lassen. Ein solcher Zusammenhang könnte psychologisch motiviert sein dadurch, daß es den Täter umhertreibt, daß er keine Ruhe mehr findet, so daß ihn etwas Dämonisches — aber psychologisch durchaus verständlich — dorthin zieht, wo er getötet hat. Solche Motivierungen unterbleiben hier so gut wie ganz. Die Tat selbst steht im Vordergrund. Sie verlangt nach Vergeltung. Der Ort des Mordes als der Ort der Sühne wird zum topos, den man tradiert. Das »neutestamentliche Fühlen« hat man so hoch nicht zu veranschlagen. [53] Gerade weil die Psychologie des Täters — anders als bei Dostojewskij — so wenig in Frage steht, bleibt der Zusammenhang von Schuld und Sühne in den dargestellten Rechtsfällen noch weithin unangefochten in Geltung — nicht nur im Werk der Droste.

Doch wollen wir diesem Jahrhundert gegenüber nicht ungerecht denken. Wie die Rechtswissenschaft, so löst sich auch die Literatur aus dem Zusammenhang überkommener Begriffsschemata, und dieser Prozeß beginnt bereits in der Epoche der Aufklärung. Schiller beteiligt sich daran auf seine Art. [54] Sein literarisches Interesse am Verbrechen ist vielfach belegt; und die Tragödie stand solchen Interessen nicht im Wege. Das bezeugen zumal die Fragmente — *Die Polizei, Die Kinder des Hauses* und andere — in denen Rechtsfragen oder Kriminalfälle im Mittelpunkt stehen. In seiner Tragödientheorie ist das Erhabene ein zentraler Begriff. Er schließt den Verbrecher — als erhabenen Verbrecher — ein, und solche Gestalten vor anderen haben ihn auf eine manchmal bedenkliche Weise fasziniert. Erhabene Verbrecher sind mit gemeinen Verbrechern nicht zu verwechseln. In Schillers Gedankenwelt sind es Verschwörer, Rebellen, auch wohl rücksichtslose Machtmenschen, aber zumeist solche von Rang und Format. Menschliche Größe, von der Größe des Menschlichen oft weit entfernt, hat es ihm angetan. Dem jungen Schiller sagte in diesem Punkt zu, was er bei Helfrich Peter Sturz ausgesprochen fand: »Plutarch hat darum so herrliche Biographien geschrieben, weil er keine halbgroßen Menschen wählte, wie es in ruhigen Staaten Tausende giebt, sondern große Tugendhafte, und erhabene Verbrecher.« [55] Verändert wird diese Wendung in die Selbstrezension der *Räuber* übernommen, in der es heißt: »Rousseau rühmte es an dem Plutarch, daß er erhabene Verbrecher zum Vorwurf seiner Schilderung wählte. Wenigstens dünkt es mich, solche bedürfen notwendig einer ebenso großen Dosis von Geisteskraft als die erhabene Tugendhafte, und die Empfindung des Abscheus vertrage sich nicht selten mit Anteil und Bewunderung.« [56] Tatsächlich sind die beiden Hauptgestalten der ersten Dramen — Karl Moor wie Fiesco — erhabene Verbrecher auf ihre Art: der eine ein Sozialrebell, ein edler Räuber; der andere ein Republikaner, der zum Tyrannen wird, eine Art politischer »Verbrecher« also.

Solches Interesse am Verbrechen ist mit der Tragödie hohen Stils und ihren Helden nicht ohne weiteres zu vereinbaren. Der Begriff des Helden wird damit relativiert. Held und Verbrecher nähern sich einander an. Das ist zumal der Fall in der Person des edlen Räubers als eines Menschen, der aus gesellschaftlichen Motiven handelnd schuldig wird. Aber zugleich wird der Handelnde entschuldigt, wenigstens bis zu einem gewissen Grad; und es sind die politischen oder die gesellschaftlichen Verhältnisse, die es bewirken. Die Blickwendung von der Tat auf den Täter kündigt sich an. In der sozialkritischen Literatur des Sturm und Drang ist sie schon fast die Regel. Die Gestalt der Kindsmörderin beweist es. Sie wird unbestritten zur tragischen Person im Drama Heinrich Leopold Wagners ebenso wie im *Urfaust* des jungen Goethe. Gretchen ist eine Verbrecherin nach geltendem Recht. In der *Faust*-Dichtung ist sie die tragische Person schlechthin. Das Denkschema Schuld und Sühne erscheint damit in Frage gestellt. Die Schuld kann zur tragischen Schuld werden, weil sie die Eindeutigkeit verloren hat, die ihr im Vergeltungsprinzip zukam. Schon am Titel der Werke erkennt man den Wandel: die Räuber, die Kindsmörderin, der Verbrecher aus verlorener Ehre. Schuld wird um der Tragik der Tragödie willen bis zu einem gewissen Grade relativiert; und in der Beschaffenheit der Gesellschaft sind die mildernden Umstände enthalten. Ein solches Denken bleibt zweifellos dem Geist der Aufklärung verpflichtet; so auch im Werk des französischen Rechtsgelehrten François Gayot de Pitaval, der seit 1734 merkwürdige Rechtsfälle zusammentrug und veröffentlichte: die *Causes célèbres et interéssantes*. Seit 1747 waren sie auch deutschen Lesern zugänglich. Schiller hat sich dafür auf seine Weise interessiert. Einer 1792 erschienenen Ausgabe schickte er eine Einleitung voraus, und was ihm selbst an dem Werk wichtig war, spricht er in der Vorrede aus: »Triebfedern, welche sich im gewöhnlichen Leben dem Auge des Beobachters verstecken, treten bei solchen Anlässen, wo Leben, Freiheit und Eigentum auf dem Spiele steht, sichtbarer hervor, und so ist der Kriminalrichter imstande, tiefere Blicke in das Menschenherz zu tun.« [57] Solche Wendungen bestätigen einmal mehr Schillers stets reges Interesse für die Psychologie des handelnden Menschen, und ein solcher ist ja zumal der Verbrecher. Max Kommerell hat den Scharfsinn dieser Psychologie eindrucksvoll beschrieben — »die aufschließende, anbrechende, bohrende und grabende Psychologie«, wie er es formuliert; daß man sie so spät erkannt habe, wird der klassischen Gebärde seiner Dramen zugeschrieben: sie verhehle, »welchen Anteil Schiller an der großen psychologischen Wendung jener Jahrzehnte hat. Seit dem Wallenstein steigert sich sein Sinn für das Gemischte: gemischt ist die Natur der geschichtlichen Menschen, gemischt ihre Lage, ihre Antriebe, gemischt das Geschehen«. [58] Und daß in der Blickwendung von der Tat auf den Täter die entscheidende Wendung liegt, geht unter anderem aus der einleitenden Passage zum *Verbrecher aus verlorener Ehre* hervor: »Wenn sich das geheime Spiel der Begehrungskraft bei dem matteren Licht gewöhnlicher Affekte versteckt, so wird es im Zustand gewaltsamer Leidenschaft desto hervorspringender, kolossalischer, lauter; der feinere Menschenforscher, welcher weiß, wie viel man auf die Mechanik der gewöhnlichen Willensfreiheit eigentlich rechnen darf und wieweit es erlaubt ist, analogisch zu schließen, wird manche Erfahrung aus diesem Gebiete in seine Seelenlehre herübertragen [...].« [59]

Schiller erzählt die Geschichte eines Menschen, der kein Verbrecher ist, aber die Umstände machen ihn dazu. Die Natur hat ihn vernachlässigt; sie hat seinen Körper »verabsäumt«, wie es im Text der Erzählung heißt: »Eine kleine, unscheinbare Figur, krauses Haar von einer unangenehmen Schwärze, eine plattgedrückte Nase und eine geschwollene Oberlippe, welche noch überdies durch den Schlag eines Pferdes aus ihrer Richtung gewichen war, gab seinem Anblick eine Widrigkeit, welche alle Weiber von ihm zurückscheuchte und dem Witz seiner Kameraden eine reichliche Nahrung darbot.« [60] Das Mädchen, das er liebt, verliert er an den Rivalen, und des letzten Haltes beraubt, wird er zum Wilderer, bis er eines Tages im Zuchthaus landet. Auf den Anteil, den die Gesellschaft am sittlichen Niedergang dieses Menschen hat, kommt es Schiller an. Besonders nach Entlassung des Delinquenten zeigt sich das. In seinem Heimatdorf geht man ihm aus dem Weg; nicht einmal als Tagelöhner findet er ein Unterkommen. Schließlich meldet er sich zum Hirten des Städtchens. Aber auch das mißlingt. Man will die Schweine keinem Taugenichts anvertrauen: »In allen Entwürfen getäuscht, an allen Orten zurückgewiesen, wird er zum drittenmal Wilddieb.« Er sinkt nun tiefer und tiefer, macht sich eines Mordes schuldig und wird schließlich zum Tode verurteilt. Die Gesellschaft und ihre Justiz gehen, wie angedeutet, nicht unbelastet aus der Geschichte hervor; und Schiller selbst hält als Erzähler mit seiner Meinung nicht zurück, wenn es heißt: »Der doppelte Rückfall hatte seine Verschuldung erschwert. Die Richter sahen in das Buch der Gesetze, aber nicht *einer* in die Gemütsverfassung des Beklagten.« [61] Das ist ein erstaunlicher Satz, und erstaunlich erst recht ist die Denkweise: deutlicher kann die Blickwendung von der Tat zum Täter kaum zum Ausdruck gebracht werden, als es hier geschieht. Die Kriminal-Anthropologie des späteren neunzehnten Jahrhunderts wird mit dieser Erzählung von Schiller recht eigentlich antizipiert. [62]

Von Immermann abgesehen, hätten nur Fontane und Thomas Mann im Roman die Analyse der Gesellschaft so wieder aufgenommen, wie sie von Schiller begonnen war, hat man gesagt. Aber diese Auffassung ist vielleicht ein wenig zu korrigieren. [63] Denn natürlich gibt es solche Analysen der Gesellschaft seit der Romantik durchaus. Auch die Verlagerung der Interessen von der Tat auf den Täter reißt mit Schillers Verbrechergeschichten keineswegs ab. Sie setzt sich auf versteckteren Wegen der Tradition fort. E.T.A. Hoffmann ist einer der Schriftsteller, der Rechtsfälle und Mordgeschichten nicht nach dem Prinzip der Vergeltung behandelt und erzählt. Auch seine Mörder sind meistens nicht gemeine Verbrecher, sondern manchmal zum Verbrechen verdammt — so vor allem in den *Elixieren des Teufels*. In der hinreißend erzählten Kriminalgeschichte des *Fräulein von Scuderi* werden Mörder und Künstler in der Person Cardillacs identisch. Das Geld motiviert unter anderem sein Tun; und daß ein »unglücklicher Stern« ihn ins Verbrechen treibt, wie er von sich selbst sagt, fordert den Leser vollends zum Nachdenken über Schuld und Verantwortlichkeit heraus. Auch Hoffmann bleibt in einigen seiner Erzählungen dem Werk Pitavals verpflichtet. [64] In der Geschichte dieser Rezeption in Deutschland ist er einer ihrer wichtigen Vermittler. Zu seinen Freunden gehörte der Verleger, Schriftsteller und Jurist Julius Eduard Hitzig, der die mit dem Namen Pitavals verbundene Tradition fortführt. Zusammen mit Willibald Alexis, dem »Vorläufer« Fontanes auf dem Gebiet des historischen Romans, gab er seit 1841 den *Neuen Pitaval* heraus, eine »Sammlung der interessantesten Criminalgeschichten aller Länder aus älterer und neuerer Zeit«, wie der Untertitel lautet; und daß Alexis von E.T.A. Hoffmann weit mehr als von Scott beeinflußt worden sei, wie man gesagt hat, ist ein erwägenswerter Gedanke. [65] Insgesamt 28 Bände lagen bis zum Jahre 1860 vor, als die Redaktion von dem Appellationsgerichtsrat Anton Vollert, einem Freund von Willibald Alexis, übernommen wurde, der diese Arbeit im Jahre 1891 und mit dem 60. Band abschloß. 60 Bände — eine stattliche Zahl! [66] »Ich lebe jetzt für die Verbrecherwelt«, schreibt Alexis gelegentlich; und dieses merkwürdige Interesse ist auch Fontane nicht entgangen. Mit den Jungdeutschen hat Alexis manche solcher Interessen gemeinsam; an Karl Gutzkows *Ritter vom Geiste* ist zu erinnern. [67] Aber der »klassische« Fall unter den Mordgeschichten des 19. Jahrhunderts ist der Fall des Friseurgehilfen Johann Christian Woyzeck, der am 27. August 1824 auf dem Marktplatz zu Leipzig hingerichtet wurde. Hier um vieles deutlicher als in anderen Fällen wird die Blickwendung von der Tat auf den Täter offenkundig, wenn man die Gerichtsakten mit der Behandlung des Mordes in dem unklassischen Drama Georg Büchners vergleicht. Das Gutachten des Gerichtsarztes Clarus gewährt Einblick in die Denkweise der Zeit. Dieser schreibt: »Eine Handlung der strafenden Gerechtigkeit, wie sie der größere Teil der gegenwärtigen Generation hier noch nicht erlebt hat, bereitet sich vor. Der Mörder *Woyzeck* erwartet in diesen Tagen, nach dreijähriger Untersuchung, den Lohn seiner Tat.« Der Ironie im Gebrauch dieser biblischen Wendung war sich der urteilende Gerichtsarzt vermutlich nicht bewußt, so sehr ist sein Denken von der Strafe bestimmt. Der »unverletzlichen Heiligkeit des Gesetzes« wird hier in Worten das Wort geredet, die uns noch heute betroffen machen, wenn wir sie lesen. [68] Dieser »merkwürdige Criminal-Fall« hat durch Georg Büchner die denkwürdigste Umsetzung erfahren; fast möchte man es eine vorweggenommene Lösung des kardinalen Problems nennen, dem sich die Dichter seit dem neunzehnten Jahrhundert gegenübersehen: das Gedankenschema Schuld und Sühne zu durchbrechen, ohne damit alle Fragen nach Schuld und Verantwortung zu liquidieren. Es ist keine Frage, wie Georg Büchner über die Gesellschaft denkt, der Personen von der Art des erwähnten Gerichtsarztes angehören. Er straft sie seinerseits — durch Satire. Der Doktor des Dramas bekommt es zu spüren; und letztlich bekommen es alle zu spüren, die sich im Wege des Rechts mit der Gesellschaft eins wissen und den Mörder Woyzeck aus ihren Reihen verstoßen. »Ein guter Mord, ein ächter Mord, ein schöner Mord.« Das ist deutlich und bedarf keines Kommentars. Gegenüber diesen Repräsentanten der Gesellschaft wird Woyzeck —der Mörder des Dramas — von Büchner ausgezeichnet: er ist die menschlichste Gestalt unter allen, die hier auftreten und agieren. Dennoch beruht der Sinn des Geschehens nicht einfach darin, daß alle Schuld der Gesellschaft »zugeschoben« wird. Es gibt Verantwortlichkeit gleichwohl; die Satire der Doktorszene beweist es ebenso wie die religiösen Motive einer Gerichtsbarkeit, die über die irdischen Gerichte hinausweisen. Die Schuld — als unschuldige Schuld — die das tragische Drama braucht, indem es sich dem Denkschema Schuld und Sühne verweigert, käme anders nicht zustande. Im Verstehen des Verbrechers als eines getriebenen und gehetzten Menschen kann ein Dichter kaum weiter gehen, als Büchner geht. Er denkt juristisch und medizinisch gut ein halbes Jahrhundert voraus. In anderen Kriminalfällen der Literatur ist ein solcher Ausgleich von Verstehen und Vergelten nicht gleichermaßen gelungen. Die *Judenbuche* der Droste ist noch einmal zu nennen. Hier am wenigsten unter allen Kriminalfällen ihres Werkes überläßt sich die Dichterin unbesehen dem Prinzip der Vergeltung. Im Gegenteil: in sorgfältigster Motivierung wird aufgezeigt, wie es mit der Gesellschaft und ihren Vorurteilen steht, in der Friedrich Mergel schuldig wird. Auch er ist auf seine Weise ein Getriebener wie der Woyzeck Georg Büchners, und die Droste bleibt ihm als verstehende Erzählerin nichts schuldig: sie bricht nicht einfach den Stab über ihn. Dennoch sieht es ganz so aus, als bestätige sich abermals das Schema Schuld und Sühne — dadurch nämlich, daß Friedrich Mergel genau dort sühnt, wo er gemordet hat. Bei Dostojewskij — und erstaunlicherweise schon bei Schiller (im *Verbrecher aus verlorener Ehre*) — erhalten wir Einblick in das, was der Verbrecher denkt, der sich Besserung gelobt, oder der sich, wie bei Dostojewski, die Strafe »zueignet«, die damit nicht dieselbe wie diejenige der Richter ist. In der *Judenbuche* wird sozialpsychologisch auf eine ganz unerhörte Weise motiviert. Aber der Eindruck, daß das Vergeltungsprinzip weiterhin in Geltung bleibt, wird eigentlich nicht entkräftet. Diese Unausgeglichenheit, um es behelfsweise so zu bezeichnen, war aufzuzeigen, um einige Werke Fontanes besser zu verstehen, als man sie sonst vielleicht verstünde.

Es sind dies diejenigen Texte Fontanes, die erzählend über Verbrechen und Strafe handeln. Sie erfreuen sich in der literarischen Kritik keines besonderen Ansehens, und sie durch Zuordnung in einen solchen Zusammenhang aufzuwerten, ist nicht beabsichtigt. Es handelt sich hier in erster Linie um die »Kriminalgeschichten« *Unterm Birnbaum* und *Quitt*. Beide Erzählungen sind im Familienblatt der ›Gartenlaube‹ erschienen, und wer sie ohnehin als bloße Belletristik einzuordnen und abzutun geneigt ist, kann sich bestätigt sehen. Daß die Zeitgenossen nicht durchweg so gedacht haben, wie der heutige Leser im allgemeinen urteilt, hängt nicht zuletzt mit den Denkformen und Denkschemata zusammen, über die einleitend zu sprechen war. »Im übrigen ist *Quitt* wieder ein sehr guter Roman. Die Sühne einer schweren Schuld wird hier ebenso poetisch wie ergreifend zur Anschauung gebracht«, schrieb der Kritiker Theodor Hermann Pantenius 1894 in einer Würdigung Fontanes. [69] Alle diese Erzählungen haben gemeinsam, Nebenwerke zu sein. Aber zugleich haben sie etwas Weiteres gemeinsam. Erneut läßt sich zeigen, daß überkommene Denkformen noch eine Zeitlang fortwirken, wenn schon neue sich durchzusetzen beginnen. Das wurde an bestimmten Formen des geschichtlichen Denkens bereits gezeigt; es gilt von den Denkformen des Strafrechts und ihrem Vergeltungsprinzip erst recht. Gewisse Widersprüche im literarischen Werk selbst sind die Folge. Sie können möglicherweise interessanter sein als die widerspruchsfreie, aber glatte Vollkommenheit dessen, was man ein Meisterwerk nennt.

Von Schuld und Sühne wird im Werk Fontanes oft gesprochen. Aus der frühesten Zeit stammt ein Gedichtzyklus mit der Überschrift *Die Vergeltung*, der an die Balladen der Droste erinnert. Der Tod des Tyrannen ist darin die eindeutige Sühne einer eindeutigen Schuld. Aber schon 1855 äußert sich Fontane in einer Rezension von Gustav Freytags *Soll und Haben* in einer Weise, die den späteren Erzähler ankündigt, der sich Schuldurteile am liebsten versagt. Er beanstandet die Darstellung des schmachvollen Verfalls der Rothsattels und führt aus: »Dieser Ruin ist die Strafe, die Sühne einer Schuld. Wir fragen, worin besteht die Schuld, die ein so furchtbares Verhängnis nach sich zieht?« (1/307). So doktrinär dürfe wohl eine Figur des Romans denken, aber nicht der epische Dichter: dieser »hat objektiver zu sein und nicht eine furchtbare Strafe an eine Schuld zu heften, die *möglicherweise keine ist*« (1/308). Anders hört sich an, was über die Marie in *Vor dem Sturm* gesagt wird: »Es lag nur tief in ihrer Natur, an einen Ausgleich zu glauben, das Mysterium von Schuld und Sühne war ihr ins Herz geschrieben.« (III/629) Wieso »Mysterium«?, wird man fragen. Die frühen Novellen, die zum Teil noch im Banne des Historismus verharren, sind zugleich Kriminalgeschichten. Sie erzählen von Verbrechen, deren sich Grete Minde wie der Heidereiter in *Ellernklipp* schuldig gemacht haben. Es fehlt ihnen nicht völlig an jener Gesellschaftskritik, die den schuldig Gewordenen entlastet. Dennoch bleibt am Ende die Sühne im Recht, als habe sich im Rechtsdenken der Zeit wenig geändert. In *Ellernklipp* — wie in der *Judenbuche* — wird dort gesühnt, wo gemordet worden ist. Die Ellernklipp »wird zum Schauplatz der ausgleichenden Gerechtigkeit, die des Heidereiters Mord« sühnt. [70] Was man als Fontanes »Schicksalsmodell« bezeichnet hat, ist in seine früheste Zeit zurückzuverfolgen und wird keineswegs aufgegeben in der Zeit, in der ihn zunehmend die gesellschaftlichen Probleme seiner Romankunst interessieren. Die Gesellschaft selbst wird in den späteren Romanen zum »Schicksal«, dem sich der Mensch gegenübersieht. Die Kriminalgeschichten *Unterm Birnbaum* und *Quitt* bleiben durch die eigentümliche Vermischung von »Schicksalsmodell« und Gesellschaftsroman interessant: »Dies beweist, daß Fontane die Gedanken von Gesetz und Fatum noch nicht fremd geworden sind zu einer Zeit, in der er sich bereits dem Gesellschaftsroman zugewandt hatte.« [71]

1. Unterm Birnbaum

Die erzählte Zeit dieser 1885 veröffentlichten Erzählung liegt genau ein halbes Jahrhundert zurück. Ursula Hradscheck, eine der Hauptpersonen, wurde 1790 geboren; gestorben ist sie am 30. September 1832. So steht es auf dem Grabstein, wie es der Erzähler seinen Lesern mitteilt. Wir befinden uns in den östlichen Provinzen des preußischen Königreichs, im Oderbruch, wo die polnische Bevölkerung sich mit der deutschen vielfach vermischt hat. [72] Aber nicht nur geographisch ist hier von Polen die Rede. Auch an Namen und Daten der polnischen Geschichte werden wir erinnert, so vor allem an den Novemberaufstand des Jahres 1830, der unter den deutschen Schriftstellern von Heine bis Platen eine Welle der Sympathie auslöste und eine Vielzahl von Polenliedern hervorbrachte. [73] Die Namen der russischen Generale Diebitsch und Paskewitsch, die den Aufstand niederschlugen, werden erwähnt. Auch vom Zaren wird beiläufig gesprochen; er sei auf das französische Bürgerkönigtum nicht gut zu sprechen gewesen. Bedenkt man, daß die beteiligten Personen noch im 18. Jahrhundert herangewachsen sind und daß sie den Fall Preußens wie die Niederlage Napoleons in ihrer Jugend erlebt haben könnten, so sieht man sich einem historischen Milieu gegenüber, das wir aus Fontanes geschichtlichen Erzählungen kennen: es ist die erzählte Zeit im ersten Drittel des 19. Jahrhunderts wie im Roman *Vor dem Sturm* und in der Novelle *Schach von Wuthenow*; nur daß sich in der vorliegenden Erzählung aus dem Oderbruch die Hauptereignisse zum Ende dieses Drittels verlagert haben. Die Anweisung Sir Walter Scotts, der Erzähler einer historischen Erzählung möge nicht weiter als sechzig Jahre in die Vergangenheit zurückgehen, scheint Fontane abermals beherzigt zu haben. [74] Dennoch kommt hier dem Historischen nur eine untergeordnete Bedeutung zu. Als Leser werden wir für Vorgänge, Themen und Motive ganz anderer Art interessiert; daher kann es geschehen, daß uns das Historische entgeht. [75] Wir dürfen vermuten, daß die zeitgenössischen Leser die Erzählung nicht wesentlich anders gelesen haben, als wir sie lesen: als einen Zeitroman nämlich, der das Historische vergessen macht. Daß wir aber Zeitromane, wie diejenigen Fontanes, weiterhin als diese auffassen; daß sie sich in historische Romane — mit der Zeit — keineswegs verwandeln, könnte Anlaß sein, die »Literaturgeschichte des Lesers« nicht zu überschätzen. In der Struktur einer so oder so erzählten Geschichte wird weit mehr von dem vorgegeben, was den späteren Leser — den kompetenten Leser versteht sich! — unabhängig von seiner eigenen historischen Situation bindet.

Fontanes Erzählung *Unterm Birnbaum* hat jedenfalls nicht im Historischen ihr Zentrum. Die erzählte Geschichte ist fraglos eine Mordgeschichte, und die Vorliebe für historische Mordplätze sei noch immer ungeschwächt, schreibt er 1893 an seinen Sohn (vom 30. August). Das bezieht sich auf Eger, auf Wallenstein und mithin auf einen historischen Mordplatz in der Tat, wenn man dabei vornehmlich an Ereignisse von weltgeschichtlichem Rang denkt. Der Mordplatz im Oderbruch ist zwar historisch; doch handelt es sich um einen eher alltäglichen Vorfall in der »Geschichte« des Verbrechens. Die historische Bedeutungslosigkeit des Mörders wie des Ermordeten steht außer Frage. Es ist Lokalhistorie, mit der wir es zu tun haben, und die ist mit Gewißheit eine Historie besonderer Art. Einer Zeitschrift für Heimatkunde sind denn auch die Einzelheiten zu entnehmen: »Im Jahre 1842, als Fontane 23 Jahre alt war, wurden in Letschin Bürgersteige angelegt und der Sand dazu aus dem Garten des heutigen ›Hotel zum Alten Fritzen‹ entnommen. Dabei fand man an einer Stelle, an der vordem ein Bienenhaus stand, ein Skelett. Der Verdacht, einen Mord begangen zu haben, richtete sich gegen den damaligen Gasthofsbesitzer Fitting und dessen Ehefrau. Im Jahre 1836 war von Stettin aus Nachfrage nach einem Getreidereisenden gehalten worden, der in Letschin in diesem Gasthause über Nacht geblieben und seitdem verschwunden war. Es verbreitete sich nun das Gerücht, daß der Vermißte hier ermordet und sein Fuhrwerk in die Oder gefahren worden sei. Auch wollte man seinerzeit in dem Gasthause weggescheuerte Blutspuren beobachtet haben. Ob der Reisende damals tatsächlich in Letschin ermordet worden ist und ob das aufgefundene Skelett die Überreste desselben gewesen sind, weiß niemand. Fitting geriet bald nachher in schlechte Vermögensverhältnisse und verkaufte den Gasthof. Seine Frau und seine Kinder gingen nach Amerika. Fitting wurde Personenfuhrmann in Lebus und soll später, von Läusen zerfressen, hinter einem Zaun tot aufgefunden worden sein.« Weitere Einzelheiten betreffen die Geographie: daß der Ort der Erzählung — Tschechin — dem Ort Letschin entspricht, in dem Fontanes Vater zeitweilig eine Apotheke betrieb; daß bestimmte hier genannte Gebäude der Wirklichkeit entsprechen, und daß auch die Personen zumeist »historisch« sind — mit oft nur geringfügigen Veränderungen im Namen (aus Eccius ist Eccelius geworden usw.). Mit der ungetrübten Freude des Historisten kann festgestellt werden, was uns heute einigermaßen teilnahmslos läßt: »So geht noch aus vielen andern Kleinigkeiten und Nebensächlichkeiten hervor, daß Letschin und nicht Zechin der Schauplatz der Handlung ist und daß Zechin nur den Namen und den Oderdamm hergegeben hat.« So geschrieben im Jahre 1928. Geschichte als Wissenschaft vom Nichtwissenswerten — hier ist sie, könnte man meinen. [76]

Aber welche Rolle das Historische in dieser Mordgeschichte auch spielen mag — der Mord ist historisch bezeugt; und ein Mord ist es auch, um den sich in der Erzählung alles dreht und gruppiert. Es ist ein Mord — kein Totschlag, daran ist nicht zu deuteln. Was der aufmerksame Leser sehr bald vermutet, wird am Ende zur völligen Gewißheit: Abel Hradscheck, der schwer verschuldete Besitzer eines Gasthauses und Materialwarengeschäfts in Tschechin, ist der Mörder des Weinreisenden Szulski; und als ein Mord bestätigt sich sein Verbrechen Schritt für Schritt: er geht völlig planmäßig zu Werke; er täuscht die Behörden und die Nachbarn mit Erfolg und beweist in der Planung wie in der Ausführung des Verbrechens Scharfsinn und Intelligenz. Besonders deutlich wird die berechnende Art seines Verbrechens darin, daß er seine Mitmenschen auf falsche Fährten zu führen versteht. Die alte Jeschke, Relikt aus einer Zeit, in der es noch Hexen gab, bekommt es zu spüren. Sie hat ihn in jener Mordnacht beobachtet, als er sich unter einem Birnbaum im Garten zu schaffen machte. Aber Hradscheck hatte es darauf abgesehen; er hatte alles so eingerichtet, daß man ihn sehen konnte und sehen sollte; daran läßt uns Fontane als Erzähler dieser Geschichte nicht zweifeln. Was der Gastwirt nachts tut, wird aus der Perspektive dieser Gerüchtefrau, der alten Jeschke, berichtet: »Eine Weile stand sie so, ohne daß etwas geschehen wäre, bis sie, als sie sich schon zurückziehn wollte, drüben plötzlich die Hradschecksche Gartentür auffliegen und Hradscheck selbst in der Türöffnung erscheinen sah. Etwas Dunkles, das er schon vorher herangeschafft haben mußte, lag neben ihm. Er war in sichtlicher Erregung und sah gespannt nach ihrem Hause hinüber. Und dann war's ihr doch wieder, als ob er wolle, *daß* man ihn sähe.« (I/483) Wir wissen inzwischen, daß es sich um den Birnbaum handelt, unter dem Hradscheck kurz zuvor die Knochen eines dort vergrabenen Toten entdeckt hatte, möglicherweise eines Franzosen, der auf dem Rückzug aus Rußland umgekommen war. Dieser Fund hat sein Verbrechen nebenher motiviert; er hat ihn auf den Gedanken der falschen Fährte gebracht. Von vornherein scheint der Tote unterm Birnbaum in das Vorhaben einbezogen zu sein. Die eigentlichen Motive des Mordes sind damit nicht erklärt. Hier spielt anderes eine Rolle, das Geld in erster Linie. Der Gastwirt in Tschechin ist in wirtschaftliche Schwierigkeiten geraten; und seine anspruchsvolle Frau ist daran nicht unbeteiligt. Ursula Hradscheck, »zu Hickede bei Hildesheim im Hannoverschen« geboren, ist eine »Zugereiste« wie ihr Mann auch. Beide haben sie Schweres hinter sich; und beide legen auf die Annehmlichkeiten des Lebens großen Wert. Damit hängt die Neigung der Gastwirtsfrau zum Vornehmtun zusammen. Bildung steht bei ihr hoch im Kurs; der Pastor des Ortes wird nicht zuletzt deshalb so geschätzt: »Und dann halt' ich zu ihm, [...] weil er ein gebildeter Mann ist. Ein guter Mann, und ein gebildeter Mann. Und offen gestanden, daran bin ich gewöhnt.« (I/464) Solches Denken findet wie üblich in der Sprache seinen Ausdruck. Ursula Hradscheck spricht nicht Dialekt wie die Einheimischen des Ortes, und daß sie wie andere »mir« und »mich« verwechselt, ist nicht zu befürchten. Bildung bedeutet für sie, daß man in guten Verhältnissen lebt. Sie will unter keinen Umständen in die Armut zurückfallen, aus der sie kommt. »Nein, nein, Hradscheck, wie ich dir schon neulich sagte, nur nicht arm. Armut ist das Schlimmste, schlimmer als Tod, schlimmer als ...«; und hier spricht sie nicht aus, was ihr aufmerksam zuhörender Mann zu Ende denkt — daß Armut etwas noch Schlimmeres als Mord sei. (I/467) Beide Eheleute betreiben eine Jagd nach dem Glück, und was sie durch ihrer Hände Arbeit nicht erreichen können, versuchen sie, sich auf andere Weise zu beschaffen. Abel Hradscheck hält es mit dem Spiel; seine Lage ist dadurch schwieriger geworden. In dieser Jagd nach dem Glück geben sich beide nichts nach. Die dem Leser soweit bekannte Geschichte wird durch eine Vorgeschichte ergänzt, über die sich der Pfarrer des Ortes, nach dem geheimnisvollen Verschwinden des Weinreisenden, in einem Brief an den Justizrat äußert: er, Hradscheck, sei kleiner Leute Kind und böhmischer Herkunft. Im Begriff, nach Amerika zu gehen, habe er im Hannoverschen seine Frau kennen gelernt — und zwar in traurigsten Verhältnissen. »Mutmaßlich« sei es eine Schauspielerin gewesen. Eines Tages habe der Vater ihr eine böse Szene gemacht und sie vor die Tür gesetzt. Abel Hradscheck — und das sind ja keine schlechten Eigenschaften seines Charakters — habe Partei für sie ergriffen und sich ihrer angenommen. Daß sie schließlich danach zum evangelischen Glauben als der rechten Lehre übergetreten sei, weiß Pastor Eccelius, der das alles berichtet, besonders zu schätzen.

Der Leser hat bis zu diesem Zeitpunkt im Verlauf der Geschichte noch keineswegs Gewißheit über das, was geschehen ist. Fontane ist weit ausführlicher im Verbergen des Mordes als in der Schilderung des Verbrechens selbst. Schon nach kurzer Exposition wissen wir über die Bedürfnisse der Hradschecks und deren wirtschaftliche Lage Bescheid: sie ist, wie schon gesagt, miserabel. Der Mord ist denn auch im Denken des Gastwirts sehr bald beschlossene Sache. Einwände werden rasch beschwichtigt; und bereits am Ende des dritten Kapitels heißt es: »Er aber ließ nicht ab, und endlich sah man, daß er ihren Widerstand besiegt hatte. Sie nickte, schwieg, und beide gingen auf das Haus zu.« (I/468) Danach dann der Bericht über die bevorstehende Ankunft des Reisenden, und schließlich die Ankunft selbst. Das fünfte Kapitel wird damit eingeleitet: »Es war Ende November, als an einem naßkalten Abende der von der Krakauer Firma angekündigte Reisende vor Hradschecks Gasthof vorfuhr.« (I/475) Man unterhält sich, ist mitteilsam, trinkt; dafür wird ein einziges Kapitel beansprucht. Schon im nächsten wird erzählt, daß sich der Gast kurz nach Mitternacht auf sein Zimmer begibt; es ist dasselbe Kapitel, in dem der Mord verübt wird, über den wir Näheres nicht erfahren. Was folgt — und das sind 15 von insgesamt 20 Kapiteln — ist die Geschichte dessen, der den Mord zu verbergen trachtet. Die Gerichte werden tätig. Abel Hradscheck führt sie alle hinters Licht. Es gibt in dieser Erzählung den Detektiv nicht, der hinter das Geheimnis der Sache käme. *Unterm Birnbaum* könne daher als eine Detektivgeschichte ohne Detektiv bezeichnet werden, hat man gesagt. [77] Aber kann von einer solchen — mit oder ohne Detektiv — überhaupt die Rede sein? Dient es dem besseren Verständnis der Erzählung, wenn wir sie so oder so definieren? Eine solche, in anderem Zusammenhang schon zitierte Definition lautet: »Der Kriminalroman erzählt die Geschichte eines Verbrechens, der Detektivroman die der Aufdeckung des Verbrechens.« [78] Freilich: läßt sich das immer so gut trennen, wie man es wohl wünscht? Wenn dieser Definition zufolge im Detektivroman die Geschichte der Aufdeckung eines Verbrechens erzählt wird, so kann sich damit die Geschichte des Verbrechens selbst nicht erledigen; und wenn der Kriminalroman dahingehend definiert wird, daß er die Geschichte eines Verbrechens erzählt, so kann er damit nicht von der Aufgabe dispensiert sein, auch über die Aufdeckung etwas mitzuteilen, wie viel oder wie wenig Raum hierfür auch vorgesehen wird. Schließlich das, was unsere Definition nicht vorgesehen hat: daß weder die Geschichte eines Verbrechens noch seine Aufdeckung erzählt werden — sofern diese fehlschlägt und unterbleibt. Genau dies ist hier der Fall. Worum es geht, wird mit Begriffen wie Kriminal- oder Detektivgeschichte nur unzulänglich erfaßt. Kriminalroman, Detektivgeschichte, Intrigentragödie, Konversationsstück — alle diese Bezeichnungen haben eine Tendenz zum Pejorativen, weil in solcher Literatur ein Darstellungsmittel zum Zweck gemacht wird, so daß es neben diesem kaum noch andere »Zwecke« gibt. Wenn es aber in einer nicht völlig anspruchslosen Literatur auf solche Mittel nicht ausschließlich ankommt, weil sie selbst sich in Unterhaltung nicht erschöpft, dann können auch Definitionen wie diese nicht das Entscheidende sein. Der Streit, ob Fontanes Erzählung *Unterm Birnbaum* eine Kriminalgeschichte, eine Detektivgeschichte mit Detektiv oder eine solche ohne Detektiv sei, bringt nicht viel ein. Er ist fruchtlos, weil im intellektuellen Kräftefeld von Verbrechen und Strafe anderes zur Sprache gebracht wird. Daß diese Erzählung ihren Schwerpunkt darin hat, ein begangenes Verbrechen zu verbergen, ist offenkundig. Aber das ergäbe noch keinen »Sinn«, wenn nicht anderes hinzu käme; und tatsächlich kommt anderes hinzu. Das betrifft die gesellschaftskritische Seite des Verbrechens: die Umwelt, aus der heraus es zu beurteilen ist; und es kommt der Schluß hinzu, das leitmotivische Fazit: »Es ist nichts so fein gesponnen, 's kommt doch alles an die Sonnen«, mit dem sich das Rätsel des Verbrechens ohne jeden Detektiv löst. Wir werden damit auf die Schuld einer Tat verwiesen, die schließlich ihre Sühne findet. Mit der Umwelt, über die wir mancherlei erfahren, geht es um den Mörder weit mehr als um den Mord. Die Blickwendung von der Tat auf den Täter ist damit gegeben, und das Kriminalschema samt allen damit verbundenen Spannungseffekten ist lediglich Mittel zum Zweck, nicht der Zweck selbst. Die Umwelt der Hradschecks ist also weit entfernt, etwas Nebensächliches zu sein. Darin sind sich die Interpreten meist auch einig, seit die Erzählung erschien. Schon Paul Schlenther war sich als einer der ersten Kritiker dessen bewußt. Er hat vor allem die gesellschaftskritische Seite vorzüglich erfaßt. In einem Artikel aus Anlaß des 70. Geburtstags Fontanes führte er aus: »Ist sonach ›Schach von Wuthenow‹ eine historische Novelle, wie sie sein soll und muß [...], so ist ›Unterm Birnbaum‹ eine Kriminalnovelle, wie sie sein soll und darf, denn auch hier umspielt und begründet den verbrecherischen Fall ein soziales Zeitbild, und der gemeine Raubmord wird dadurch zu einem tiefsinnigen Symptom allgemeiner Zustände. Nirgends prahlt das brutale Ereignis an sich, überall dient dieses nur zu psychologischen Aufklärungen, die uns eine urkräftige Künstlerhand verschafft, und da das düstre Nachtstück sich im Oderbruch zuträgt, so nähert es sich desto mehr den Novellen des märkischen Odersohns Heinrich von Kleist.« [79] Solche Auffassungen werden bis zum heutigen Tage bestätigt, indem man »die Einbeziehung gesellschaftlicher Vorurteile« betont. [80] *Unterm Birnbaum* ist auch und gerade ein Gesellschaftsroman (oder eine Gesellschaftsnovelle); denn Verbrechen gehen, nach der Definition des Kriminologen Franz von Liszt, niemals nur den Verbrecher selbst an. Sie sind ein Geschehen in der Gesellschaft. So auch hier. Fontane befindet sich mit dieser Erzählung, so anspruchlos sie sein mag, auf der Höhe seiner Zeit — in diesem Fall des späten neunzehnten Jahrhunderts.

Das darf uns nicht hindern zu sehen, daß die Gesellschaftskritik die Schuldigen des Mordes nicht verschont. Sie gilt ihnen erst recht: dem Dünkel und Vornehmtun der Frau wie dem Spielertum des Mannes. Die so artikulierte Kritik richtet sich im Motiv des Geldes als einem Leitmotiv auf die gedankenlose und oberflächliche Jagd nach dem Glück, die den Hradschecks vorzuwerfen ist; und sofern das geschehen kann, machen sie sich schuldig. Aber damit wird nicht einfach nach dem Schema Schuld und Sühne gedacht, das wir kennen; denn die anderen — alle anderen — sind um keinen Deut besser. Was den Hradschecks vorzuwerfen ist, ehe es zur Ermordung des Reisenden kommt, ist erst recht den Verantwortlichen in Kirche und Justiz vorzuwerfen. Die Kritik richtet sich gegen die Gesellschaft im ganzen und betrifft alle ihre Schichten. Wir befinden uns in einem Dorf des Oderbruchs unter einfachen Menschen. Aber die Verhältnisse, die in einem solchen Milieu Verbrechen motivieren können, sind in den höheren Gesellschaftskreisen nicht grundsätzlich andere. Um dies zu verdeutlichen, kommt beiläufig die Historie ins Spiel. Im Zusammenhang des polnischen Aufstands, über den man in Hradschecks Gasthof zu nächtlicher Runde diskutiert, wird vom polnischen Volk gesagt, daß es gut gewesen sei: »Aber der Adel! Der Adel hat uns um dreißig Silberlinge verschachert, bloß weil er an sein Geld und an seine Güter dachte. Und wenn der Mensch erst an sein Geld denkt, ist er verloren«, sagt Szulski, der Weinreisende, im Verlauf des Abends. (I/479) Verbrechen bis hinauf in die Spitzen der Gesellschaft! Der den polnischen Aufstand niedergeschlagen hat, der General Diebitsch, soll ein schmähliches Ende gefunden haben; er soll vergiftet worden sein. Als Erzähler kommt Fontane immer erneut auf die Art zu sprechen, *wie* man sich dieses oder jenes erzählt. Das mag mit der Mordgeschichte zusammenhängen, auf die er sich eingelassen hat; ist es doch unvermeidlich, daß die Erzähler solcher Geschichten von den Spannungen profitieren, die damit verbunden sind. Nur daß sie sich als verantwortliche Schriftsteller damit nicht begnügen dürfen. Erzählen sollte am wenigsten der billigen Unterhaltung dienen, wenn über Mord und Totschlag gesprochen wird. Aber gerade so und nicht anders — nämlich als Unterhaltung — nehmen die Bewohner des Dorfes die Geschichten auf, die sie begierig hören. Die unsaubere Freude an Gerücht und Gerede tut ein übriges.

Ein Kapitel für sich in der so geübten Gesellschaftskritik ist die Frömmigkeit, wie sie hier erscheint. Sie ist wie die religiöse Praxis zur unverbindlichen Pflichtübung geworden, die menschliches Mitfühlen weithin vermissen läßt. Wenn Ursel Hradscheck ihrer verstorbenen Kinder gedenkt, weil die Zeit wieder einmal gekommen ist, so sind ihr dabei die Äußerlichkeiten wichtiger als die Verstorbenen selbst. Religiöses Fühlen wird durch gesellschaftliche Verhaltensweisen verfälscht; Dogmen und Vorurteile bestimmen das Denken. Ein Vertreter der Kirche, wie der Pastor unserer Erzählung, hat sich darin beruhigt, die reine Lehre zu besitzen. Seine Grabrede nimmt sich wie schneidende Ironie aus, weil seine »Verkündigung« in der Optik der Erzählung den Tatsachen völlig widerspricht. Er ist schon deshalb unvermögend, hinter das Rätsel des Verbrechens zu kommen, weil ihn blinder Haß gegenüber Andersgläubigen an der rechten Erkenntnis der Dinge hindert. Seine Predigten sind leere Worte. Rede und Sache widersprechen sich. Das ergibt Ironie; aber sie äußert sich, wenn man den Sachverhalt durchschaut, in einer Schärfe, die der Satire nahekommt. [81] Was dieser Pastor an Andersgläubigen als Aberglauben verurteilt, ist dem eigenen Aberglauben zuzurechnen, wenn man eine lediglich aus Vorurteilen bestehende Denkart so bezeichnen will. Doch muß man noch weitergehen. Es sind Frömmigkeit und Kirchenglaube nicht allein, die hier so völlig entartet erscheinen: es ist die Gesellschaft überhaupt und in allen ihren Schichten, die so beschaffen ist, daß offenbar jederzeit geschehen kann, was hier geschieht. Das wird vollends deutlich an den Personen, die sich an der Aufklärung des Verbrechens beteiligen. Es geht ihnen nicht unbedingt um Aufklärung und Recht, sondern meistens um ihre eigenen Interessen. Die alte Jeschke ist schuld, wenn ihr Gerede die Aufdeckung des Verbrechens erschwert. Der Gendarm Geelhaar, der sich mit Hradscheck überworfen hat, benutzt die Ermittlungen zum Zweck persönlicher Revanchen, und alle mißtrauen sie dem Gastwirtsehepaar, weil es sich um Fremde handelt. Als Abel Hradscheck von dem Verdacht des Mordes freigesprochen wird — irrtümlich, wie sich am Ende erweist — ermahnt der Pfarrer die Mitglieder seiner Gemeinde, sich keiner grundlosen Beschuldigung schuldig zu machen. Er hält ihnen das Bibelwort vor: »Richtet recht, und ein jeglicher beweise an seinem Bruder Güte und Barmherzigkeit. Und tuet nicht Unrecht den *Fremdlingen* und denke keiner wider seinen Bruder etwas Arges in seinem Herzen.« (I/511) Damit trifft er durchaus das, worum es geht: Fremdlinge sind die Hradschecks in der Tat geblieben — Außenseiter der Gesellschaft, denen man schon deshalb mißtraut, weil sie keine Einheimischen sind. In der Optik der Erzählung ist seine Predigt abermals Ironie, weil er damit zugleich den Mörder verteidigt. Er sagt Richtiges, aber aus falschen Motiven heraus. Überdies spielt in seine Parteinahme für die Hradschecks sein Dogmatismus hinein — das Vorurteil gegenüber denen, die anderen Glaubens sind; und Ursel Hradscheck, die dieses Glaubens gewesen war, hat sich davon losgesagt. Darin vor allem liegt der Grund seines Eintretens für sie. Sein Dogmatismus hat ihn blind für anderes gemacht, und wenn ihm der Erzähler das letzte Wort läßt, wie es geschieht, so hat der Pastor damit keineswegs unser Vertrauen gewonnen. Keine Person der Erzählung verdient es sich; von keiner geht so etwas wie Zuversicht aus. *Unterm Birnbaum* ist, so gesehen, eine der trostlosesten Erzählungen, die Fontane je geschrieben hat. [82]

Kritik an der Gesellschaft im Zusammenhang von Verbrechen entlastet denjenigen, der sie begangen hat. Aber so umfassend in dieser Erzählung die Kritik auch gemeint ist — eine Entlastung Abel Hradschecks scheint damit nur bedingt verbunden zu sein. Was Schiller mit seinem Sonnenwirt und Büchner mit seinem Friseurgehilfen fast mühelos gelang — daß wir den Mördern unsere Sympathie nicht versagen, weil sie in ihr Verbrechen hineingetrieben wurden, — scheint für Fontane nicht in gleicher Weise zuzutreffen. Der Leser sieht den Mörder Abel Hradscheck kaum entlastet, geschweige denn entschuldigt. Schillers Christian Wolf und Büchners Franz Woyzeck sind arme ungebildete Menschen aus den untersten Schichten des Volkes. Die Anteilnahme, die wir ihnen entgegenbringen, ist sozial motiviert. Fontanes Gastwirt ist ein solcher Mensch nicht. Er geht mit Überlegung und Raffinesse an sein Werk. Die berechnende Art seines Vorgehens macht den Mord zu einem heimtückischen Verbrechen — anders als im Falle Woyzecks, dem wir so, wie es Büchner dargestellt hat, verminderte Zurechnungsfähigkeit konzedieren könnten. Trotz solcher Unterschiede hat Fontane, wie schon ausgeführt, nichts unversucht gelassen, das Verbrechen in gewissen Grenzen sozialkritisch zu relativieren. Noch Hradschecks Berechnung ist letztlich ein Reflex dessen, was in der Gesellschaft angelegt ist — in jeder Gesellschaft, müßte man ergänzen. Gesellschaften sind so beschaffen, daß sie vollkommene Unschuld nicht zulassen, und der Mord ist nur die äußerste Form notwendigen Schuldigseins: Kain erschlug Abel, und Abel erschlägt Kain, wenn man die Pointe dieses Vornamens so verstehen will. Im Grunde ist alles, was die Menschen dieser Erzählung tun, gesellschaftlich motiviert; die unterbleibende Aufdeckung durch die Behörden eingeschlossen. Auch dabei bestimmt die Blickwendung auf den Täter den Aufbau der Erzählung. Es wird eingehend erzählt, wie die Eheleute mit dem Verbrechen fertig zu werden versuchen, indem sie es verbergen. Ursula Hradscheck, die ihrem Mann Beihilfe geleistet hat, wird damit nicht fertig. Sie zerbricht an der Schuld, die sie nicht zu tragen in der Lage ist — gleichviel, wie sie juristisch beurteilt oder verurteilt würde. Daß ihr niemand zu dem Geständnis verhilft, zu dem es sie drängt, macht die Sache so heillos. Mit einer sehr einfühlenden Psychologie hat das Fontane dargestellt. Auch in diesem Punkt, was die Aussprache angeht, ist die Gesellschaft so beschaffen, daß sich ergeben muß, was sich ergibt. Man hält wenig davon, eigener Schuld nachzugehen, um sie zu erkennen. »Denn wir sind doch eigentlich ein bißchen schuld«, sagt einer der an der nächtlichen Gesprächsrunde Beteiligten; das ist aber auch schon alles. (I/490) »Alle Schuld lähmt«, meint der Justizrat unserer Erzählung; und der Theologe, der sich in solchen Fragen auskennen sollte, denkt nicht anders. Er ist gegen das, was sich als Zerknirschung äußert. So verdrängt er lieber alles, was an Schuld erinnern könnte. Als Seelsorger leistet er der Frau Abel Hradschecks diejenige Hilfe gerade nicht, die sie bei ihm sucht: »In ihrer Sehnsucht ging sie dann, nach der Predigt, zu dem guten, ihr immer gleichmäßig geneigt bleibenden Eccelius hinüber, um, soweit es ging, Herz und Seele vor ihm auszuschütten und etwas von Befreiung oder Erlösung zu hören; aber Seelsorge war nicht seine starke Seite, noch weniger seine Passion, und wenn sie sich der Sünde geziehn... nahm er lächelnd ihre Hand und sagte: ›Liebe Frau Hradscheck, wir sind allzumal Sünder [...]‹ (I/252). Gegenüber dem Mörder selbst verhält er sich nicht anders. Dieser ist seinerseits kein völlig verstockter Sünder; er hat die Stimme seines Gewissens nicht zum Schweigen gebracht. Wir lernen ihn als einen Menschen kennen, der nach dem Tode seiner Frau den Kopf in die Hände stützt und vor sich hinstarrt. Aber es gibt niemand, der ihm zu Hilfe käme. Und zu helfen gewesen wäre

Unterm Birnbaum

ihm in der Sicht des Erzählers dadurch, daß man ihm zu einem Geständnis verholfen hätte. Wenn also von Schuld nach begangener Tat in dieser Erzählung die Rede ist, so ist es am wenigsten eine Schuld, wie sie dem Prinzip der Vergeltung entspricht, der sich die Sühne zuordnet. Auf die juristische Schuld, wie sie in Gerichtsurteilen festgestellt wird, kommt es nicht an; weit mehr auf eine solche, die den einzelnen betrifft, indem er selbst über sie und über sich befindet. Auch aus diesem Grund verdient der Weg, den Fontane einschlägt, unsere uneingeschränkte Aufmerksamkeit. Er steht den »Erkenntnisinteressen« Dostojewskijs nicht völlig fern. Wie bei diesem sind Schuld und Selbsterforschung aufeinander bezogen. Nur daß eine solche Selbsterforschung den Personen Fontanes nicht gelingt, weil die Aussprache nicht zustande kommt. Das Schuldurteil von außen her, wie es der Kausalnexus von Schuld und Sühne fordert, erscheint mithin als zweitrangig und nebensächlich. Aber individuelle Schuld wird damit nicht negiert, wie es geschehen könnte, wenn man sie nur gesellschaftskritisch relativiert. Die Gesellschaft würde dann einer solchen Denkart zufolge zur einzig schuldigen »Person«. Mit dem Interesse an der individuellen Schuld richtet sich das erzählerische Interesse auf bestimmte Redeformen, auf Formen des Aussprechens von Schuld, die bezeichnenderweise mißlingen oder von vornherein unterbleiben.

Fontanes Erzählung *Unterm Birnbaum* ist also keineswegs die Dutzendware, für die man sie nach erster Lektüre vielleicht halten könnte. Sie bleibt dem »Schicksalsmodell« nicht uneingeschränkt verhaftet, wie es dem 19. Jahrhundert geläufig ist. Was im Zusammenhang dieser Mordgeschichte als Schicksal allenfalls zu bezeichnen wäre, wird in bemerkenswerter Weise »rationalisiert«. Es wird psychologisch motiviert oder in Psychologie übersetzt. Weil Aufklärung und Aussprache unterbleiben, kann sich in den einfachen Menschen des Ortes die Vorstellung eines Spuks festsetzen. Spuk steht hier für das, was nicht zur Sprache kommt, was man vergräbt und verdrängt. Daß Hradscheck in dem Keller sein Ende findet, in dem der Mord offensichtlich verübt wurde, ist die Folge seiner Entschlossenheit, allem Gerede vom Spuk ein Ende zu setzen — dadurch, daß der Tote endgültig aus dem Hause gebracht wird. Aber daß Hradscheck dabei umkommt, ist nicht ausschließlich rational und psychologisch zu erklären. Eine darüber hinausführende Erklärung bietet sich von der Erzählung her an. Diese wird unversehens metaphysisch, wie es die Redensart bezeugt, mit der sie schließt: »Es ist nichts so fein gesponnen, 's kommt doch alles an die Sonnen.« Der es feststellt, ist der Pfarrer Eccelius. Er vermerkt im Tschechiner Kirchenbuch, was geschehen ist, und schreibt: »Der Tote, so nicht alle Zeichen trügen, wurde von der Hand Gottes getroffen.« Also poetische Gerechtigkeit als die höhere Gerechtigkeit Gottes nun doch! Da es der Pfarrer ist, dem Fontane als Erzähler nirgends sein Vertrauen schenkt, müßten wir seine Aussagen nicht für bare Münze nehmen. Es ist aber gar nicht zu verhindern, daß mit dem Schluß, einem happy end trotz tödlichem Ausgang, die Erzählung so gelesen werden kann, wie sie der Pfarrer deutet: ein Verbrechen findet endlich seine gerechte

Strafe. Die Redensartlichkeit erhält damit ein Gewicht, das ihr von den gesellschaftlichen Motiven her nicht zukommt. Es ist eine solche, die man aus dem deutschen Balladenschatz und aus deutschen Lesebüchern kennt. Adalbert von Chamisso gibt da unter anderen wieder, was man so denkt:

>»Gemächlich in der Werkstatt saß
>Zum Frühtrunk Meister Nikolas;
>Die junge Hausfrau schenkt' ihm ein;
>Es war im heitern Sonnenschein. —
>Die Sonne bringt es an den Tag.«

Sie bringt es tatsächlich an den Tag, so daß alle an poetischer Gerechtigkeit interessierten Leser auf ihre Kosten kommen:

>»Die Raben ziehen krächzend zumal
>Nach dem Hochgericht, zu halten ihr Mal.
>Wen flechten sie aufs Rad zur Stund'?
>Was hat er getan? Wie ward es kund?
>Die Sonne bracht' es an den Tag.« [83]

Kehren wir zu Fontane zurück! Und hier ist das abschließende Fazit nicht nur, daß die Spruchweisheit eine solche Lesart nahelegt. Die »Spruchweisheit«, die eine triviale Allerweltsweisheit ist, bleibt auf die Redeweise des Pastors nicht beschränkt. Auch Hradschecks Frau gebraucht sie, ehe sie sich überreden läßt: »Es geht nicht. Schlag es dir aus dem Sinn. Es ist nichts so fein gesponnen.« (I/468) Und daß sie in der Geschichte eines Verbrechens bei Fontane nicht zum erstenmal gebraucht wird, bestätigt *Ellernklipp*. »Ist auch noch so fein gesponnen, muß doch alles an die Sonnen«, sagt eine der Personen, ehe der Mord verübt wird, der in ähnlicher Weise seine Sühne findet wie hier. (I/156) Aber vor allem die Entstehungsgeschichte belehrt uns darüber, daß die »Spruchweisheit« nicht von ungefähr in eine Kriminalgeschichte hineingeraten ist. Sie war anfangs sogar als Titel vorgesehen. »Fein Gespinst, kein Gewinst«, lautet eine der ersten Notizen im Tagebuch vom Oktober 1884. Der so vorgesehene Titel wird in der Folgezeit nur geringfügig verändert: »Fein Gespinst« sollte die Erzählung nach Tagebucheinträgen vom Januar 1885 überschrieben werden; und noch in der Zeit der Korrektur hält Fontane an diesem Leitmotiv als Titel fest: »In diesen zehn Wochen, die ich gegen Wintergewohnheit, bei wenigstens leidlicher Gesundheit zubringe«, heißt es Ende April 1885, »beende ich die Korrektur meiner Novelle ›Es ist nichts so fein gesponnen [...]‹.« [84] Völlige Sicherheit, daß wir die Moral der Geschichte nicht einfach als unmaßgebliche Meinung des Pfarrers abtun dürfen, erhalten wir durch einen Brief an Friedlaender (vom 16. November 1885), der das Fehlen einer »herzquicklichen Gestalt« mit dem Hinweis entkräftet: »das Schöne, Trostreiche, Erhebende schreitet [...] gestaltos durch die Geschichte hin und ist vielfach das gepredigte Evangelium von der Gerechtigkeit Gottes, von der Ordnung in seiner Welt.« *Unterm Birnbaum* ist schließlich der Titel, den Fontane im letzten Augenblick wählte. Er wählte damit ein vieldeutiges und verweisendes Dingsymbol, wie man es aus der deutschen Novellentradition kennt. An die *Judenbuche* der Droste werden wir erinnert. Aber gerade von ihr hat sich Fontane in mehrfacher Hinsicht entfernt. Der Birnbaum im Garten des Gastwirts ist nicht der Ort einer Sühne. Dieser Baum führt im Gegenteil auf eine falsche Fährte. Das Detektivische dieses Zeichens hat nichts zu tun mit Schuld, Sühne und poetischer Gerechtigkeit. Der Baum ist das sichtbare Zeichen der Berechnungskünste des Mörders einerseits und der Blindheit der Behörden zum andern. Auch die Art, wie der Tod des Mörders motiviert wird, weicht von der Novelle der Droste und ihrem »Schicksalsmodell« ab. Was da geschieht, ist kein Zufall. Der Tod, den Abel Hradscheck findet, ist rational erklärbar. Spuk und Aberglauben werden nicht in ihre alten Rechte eingesetzt. Dennoch — und dieses Dennoch hat Gewicht — bleibt alles beim Alten: der Mörder findet dort den Tod, wo er gemordet hat; und der Leser versteht ihn als Strafe, als nachträgliche Sühne einer schweren Schuld. Fontane selber versteht ihn ja so: »als das gepredigte Evangelium von der Gerechtigkeit Gottes.« Mit den gesellschaftskritischen Motivierungen verträgt sich dieses überraschende Diktum kaum. Nahezu jeder andere Schluß hätte sich empfohlen, nur nicht dieser; und es hätte der in mancher Hinsicht satirischen Darstellung weit mehr entsprochen, wenn der Mörder am Leben geblieben wäre, womöglich in Reichtum, Ansehen und Würden. Die Leser hätten ohnehin gewußt, woran sie sind, sie hätten sich ja ihr Teil denken können. Mit der Spruchweisheit als einer trivialen Allerweltsweisheit fällt Fontane in frühere Epochen seines Denkens zurück. Das »Schicksalsmodell«, das er zu umgehen suchte, setzt sich wider die besseren Intentionen der Erzählung durch. Der Widerspruch ist offenkundig. Es ist fraglos ein Bruch, ein unfreiwilliger Bruch. [85] Aber man kann daran mancherlei lernen und erkennen. Dieser Schluß wirft zugleich ein Licht auf das Dilemma der Romanschlüsse im 19. Jahrhundert, auf die Klippen, die jeden Romancier erwarten, wenn er nicht scheitern will; denn das glückliche Ende scheint ebenso verbraucht zu sein wie der »zypressendunkle« Schluß mit womöglich sentimentaler Begleitmusik. Der Schluß in Fontanes Mordgeschichte — »das gepredigte Evangelium von der Gerechtigkeit Gottes« — steht dem glücklichen Ende zu nahe, als daß man darüber ganz froh werden könnte. Man kann, wie ausgeführt, an der Symptomatik solcher Fehlgriffe mancherlei lernen, denn es zeigt sich erneut, daß Denkschemata ein langes Leben führen und daß sie sich bisweilen noch längst nicht erledigt haben, wenn neue Denkansätze bereits sichtbar geworden sind. Altes und Neues können sich merkwürdig überlagern, und der Realität würde es kaum entsprechen, wollte man annehmen, die Dichter seien dagegen gefeit. Sie leben unter denselben Bedingungen wie andere auch. Man darf sie daher getrost »hinterfragen«, und was da bei Werken sichtbar werden kann, die keine Meisterwerke sind, kann uns Einsichten in die Natur des Menschen und seine Denkgewohnheiten vermitteln, die den nur ästhetischen Wert übertreffen. Wir werden sehen, daß sich in der nächsten Kriminalgeschichte Fontanes, in Quitt, manches von dem wiederholt, was hier zu erläutern war.

2. Quitt

Die Kriminalgeschichte Unterm Birnbaum war kaum veröffentlicht und unter die Leser der ›Gartenlaube‹ gebracht, als Adolf Kröner, deren Herausgeber und Verleger, sich eine neue Novelle erbat. Offensichtlich hatte man beiderseits am Sujet Gefallen gefunden. Fontane sagte zu. Nach dem Stoff einer Mordgeschichte mußte er nicht lange suchen; er lag seit längerem zur Bearbeitung bereit. Abermals war es die über alles geschätzte Sommerfrische, die von sich aus in die Literaturgeschichte hineinwirkte und eine Erzählung zutage förderte. Wie *Pfisters Mühle* von Wilhelm Raabe ist die zuerst 1890 im Vorabdruck erschienene Erzählung *Quitt* mit gutem Grund ein »Sommerferienheft« zu nennen. Sie beginnt am Urlaubsort und kehrt mit der Schlußbetrachtung dorthin zurück. Dieser Ort liegt im Riesengebirge. Vermutlich schon seit 1884 war Fontane bekannt, was sich hier zugetragen hatte: daß am 21. Juli 1877 in der Umgebung von Krummhübel der Förster Frey von einem Wilderer namens Knobloch erschossen wurde, der seinerseits das Weite gesucht hatte und nach Amerika entkommen war. Der Amtsgerichtsrat im benachbarten Schmiedeberg, Georg Friedlaender, wußte darüber Bescheid; und was an Einzelheiten noch in Erfahrung zu bringen war, konnte bei Gelegenheit eines erneuten Aufenthalts ohne Mühe gefunden werden. Auch aus diesem Grund stand das Riesengebirge im Sommer 1885 wiederum auf dem Programm Fontanes. Den Schmiedeberger Freunden wird es schon im März mitgeteilt (an Frau Friedlaender vom 26. März 1885); dabei wird auch auf die neue Mordgeschichte angespielt. [86]

Fontane selbst hat sie beiläufig so genannt, wenn er gegenüber seinem Verleger (Brief an Adolf Kröner vom 16. Januar 1890) mit Bezug auf das schlesische Gebirge von »einer dort spielenden Mordgeschichte« spricht. Es ist dennoch eine juristisch ungenaue Bezeichnung. Denn ein nachweisbarer Mord, wenn wir den Rechtsfall zu beurteilen hätten, ist es nicht. Als Leser erhalten wir Einblick in das, was in Lehnert Menz vorgeht, wie der Wilderer nunmehr heißt; und als Erzähler macht Fontane von seiner Allwissenheit ungeniert Gebrauch, so daß wir auf diese Weise Kenntnisse erhalten, wie sie dem Vertreter der weltlichen Gerichtsbarkeit nicht unbedingt zur Verfügung stehen. Danach fehlt es im Falle unseres Wilderers am Vorsatz des Tötens keineswegs. Lehnert Menz, der auf den benachbarten Förster aus vielen Gründen nicht gut zu sprechen ist und eine abermalige Anzeige von ihm zu gewärtigen hat, weiß sehr wohl, was er gegebenenfalls will; wenigstens stellt er den Tod des ihm verhaßten Försters in Rechnung, nicht ohne das Spiel mit dem Tod mit einer Art Gottesurteil zu verbinden: wenn jener zuerst schießen und treffen sollte, so soll es denn so sein. Gesucht jedenfalls wird die Konfrontation von Angesicht zu Angesicht, und das seine ist dabei maskiert. Es kommt aber anders. Förster Opitz legt an; indessen wird ihm eine Ladehemmung zum Verhängnis: nicht er ist es, der zuerst schießt und trifft; er wird getroffen, und wir werden als Leser nicht im mindesten im unklaren gelassen, wer die Tat ausgeführt hat. Es war kein anderer als Lehnert Menz. Vor sich selbst wie vor seinen Richtern, wenn er sie fände, könnte er bei so bewandten Umständen gewiß Notwehr geltend machen; obwohl es an Vorsätzlichkeit nicht fehlt, kann von Mord nicht unbedingt die Rede sein. Fontane hat sich auch seinerseits eine derart eindeutige Sicht der Dinge verbeten. Er hat es abgelehnt, daß man seinen »idealisierten Helden« einfach einen Mörder nennt. Ein Brief an die Tochter (vom 16. Juni 1885) gibt Aufschluß, wie er in diesem Punkt denkt. Er spricht darin von dem Denkmal, das man dem Förster Frey im Riesengebirge errichtet hat, und auf das die Worte eingegraben wurden: »ermordet durch einen Wilddieb.« Gegen diese Inschrift wendet sich Fontane im Namen seines eigenen Helden wie des tatsächlichen Täters. »Ich finde dies zu stark. Förster und Wilddieb leben in einem Kampf und stehen sich bewaffnet, Mann gegen Mann, gegenüber; der ganze Unterschied ist, daß der eine auf d. Boden des Gesetzes steht, der andre nicht. Aber dafür wird der eine bestraft, der andre belohnt: von ›Mord‹ kann in einem ebenbürtigen Kampf keine Rede sein.« [87]

Das ist unüberhörbar eine Fürsprache, die an Parteinahme grenzt; und in der Tat läßt Fontane nichts unversucht, seinen Helden in ein günstiges Licht zu setzen. Er hat ihn nach eigener Aussage idealisiert — in der Geschichte des strafrechtlichen Denkens keine belanglose Feststellung. Und zumal gerade hier ist er als Erzähler über die Geschichte aus dem Oderbruch beträchtlich hinausgewachsen. Die Verhältnisse sind nunmehr in höherem Maße kompliziert und komplex. Sie sind es zumal gegenüber dem Fall des Gastwirts Abel Hradscheck und seiner berechneten Tat. Zwar gibt es die gesellschaftskritischen Relativierungen auch dort, wie wir ausführten. Aber sie haben in *Quitt* ein erzählerisches Niveau erreicht, dessen die vorausgegangene Mordgeschichte ermangelt. Dies betrifft im vorliegenden Fall vor allem den ersten Teil der Erzählung, der im schlesischen Riesengebirge spielt. Er ist ein kleines Meisterwerk für sich, nicht zuletzt um der sozialkritischen Motivationen willen. Hier wird der preußische Staat, aus dem das neue Reich geschaffen wurde, in einer Weise angegriffen, wie es so bei Fontane auch im *Schach von Wuthenow* nicht geschieht, einer Erzählung, die überdies in der Vergangenheit spielt. Die Lebensformen seiner Menschen werden unnachsichtig in Frage gestellt; und fragwürdig erst recht erscheint die Art, wie man in Vorurteilen denkt. Ordnung muß sein: Fontane selbst hätte das wohl nie bezweifelt. Aber die preußische Ordnung, das Ordnungsdenken, wie man es hier zu praktizieren liebt, wird bereitwillig der Komik und, wenn es sein muß, der

Satire ausgesetzt. Vor allem der Anteil des Militärischen in solchem Ordnungsdenken ist ein Gegenstand unablässiger Kritik. Die Feindschaft des Försters und seines Nachbarn Lehnert Menz hat von hier ihren Ausgang genommen; und es ist vornehmlich Lehnert, der seinen Intimfeind einen Quäler und Schufter nennt. Daß solche Bezeichnungen nicht grundlos gebraucht werden, dürfen wir annehmen: der Förster gibt sich selbst so zu erkennen — als einer, für den die militärischen Anstandsregeln auch im zivilen Leben gültig sind. Wie einer grüßt — vielmehr, wie nachlässig Lehnert Menz als sein früherer Untergebener zu grüßen pflegt — kann er nicht verzeihen. Und damit sind natürlich nicht die Absonderlichkeiten eines individuellen Charakters gemeint; gemeint ist der preußische Staat und der Militarismus in ihm. Bis in das entlegene Dorf im Riesengebirge hinein ist es zu verfolgen. Der nicht unsympathisch gezeichnete Pfarrer des Ortes macht da keine Ausnahme. Als er sich eines Sonntags ins Gebirge begibt, erlebt er eine freudige Überraschung: eine Feuerwehrparade mit allem militärischen Drum und Dran. Der das Kommando führt, Exner junior, war gekleidet »wie der Rest der Mannschaften, roter Kragen und Aufschläge zu dunkelblauem Rock [...].« (I/250) Als man dann Siebenhaars ansichtig wird, wird ihm zu Ehren richtig präsentiert. Die Griffe klappen und die Ehrenbezeugungen auch; abschließend heißt es: »Aber eine kleine Strecke nur, dann schwiegen die Trommeln und Pfeifen, und Horn und Klapptuba stimmten statt ihrer eine militärische Musik an, und Becken und Pauke fielen ein. Siebenhaar, ein alter Burschenschafter, sah ihnen nach, und eine Träne stand in seinem Auge: ›Wie dank' ich dir, Gott, diese Tage noch erlebt zu haben‹ [...].« (I/250)

Die im ganzen humorvolle »Behandlung«, die dem Pfarrer zuteil wird, wird auf den Förster unserer Erzählung nicht übertragen: auf ihn vor anderen richtet sich die gesellschaftliche Kritik. Dieser unverbesserliche Militarist herrscht unumschränkt im eigenen Haus. Wie er sich den Seinen gegenüber benimmt, auf Ordnung insistiert, ohne sie selbst zu üben; wie er dem Hund einen Tritt versetzt, den Staatsrock an den Nagel hängt, um nach gehörigem Alkoholkonsum erst einmal zu schnarchen, ist so geschildert, daß er nicht gerade die Sympathien des Lesers gewinnen kann. Er ist, so lange er lebt, ein rechtes Ekel. Erst nach seinem Tod beginnen wir, ihn in einem etwas milderen Licht zu sehen. Aber dies alles — wie er spricht, denkt und sich verhält — hängt mit den »landesüblichen« Denkweisen zusammen: der Staat, in dem Förster Opitz lebt — Bismarcks Staat — hat ihn geprägt; und an den Schöpfer und Kanzler des neuen Reiches werden wir denn auch mehrfach im Verlauf dieser Geschichte erinnert. Preußisch am Förster ist seine militärische »Haltung« im zivilen Leben, die durch den Beruf noch begünstigt wird, den er ausübt; preußisch — so sollen wir es verstehen — ist der Hochmut, der Standesdünkel und sein unabweisbares Gefühl, eine Respektsperson zu sein, der Ehre gebührt; und preußisch erst recht ist sein Ordnungsdenken. Hier verwandelt sich Irdisches förmlich in »Transzendenz«; denn die Unterschiede unter Menschen, so wie sie nun einmal sind, seien gottgewollt. »Nein, nein, Christine«, so belehrt er die Magd im Hause, »Unterschiede müssen sein, Unterschiede sind Gottes Ordnungen.« (I/236) Solche Auffassungen sind gewiß nicht neu im Roman Fontanes; wir haben Ähnliches schon öfter vernommen. Militarismus, Standesdünkel und preußische Überheblichkeit hat er seit je zu treffen gesucht, sicher am wirksamsten und eindrucksvollsten im *Schach von Wuthenow*, der Erzählung aus dem Regiment Gensdarmes. Aber neu sind die unaufdringlichen Zeichen, die uns das Bedenkliche solcher Denkweisen zum Bewußtsein bringen. Die beiläufig gesetzten Akzente im humorvollen Fluß des Erzählens sind das, was diese keineswegs idyllische Erzählung so ansprechend erscheinen läßt, ohne deshalb den Leser vom Nachdenken abzulenken. Lehnert Menz hat es nun doch zum Streit kommen lassen, obwohl alles auf Friedensschluß angelegt schien. Sein eigener Hahn ist vom Dackel des Försters zerfleischt worden; und so hat er es dem Hasen gehörig gegeben, der sich auf sein Grundstück gewagt hatte: Lehnert hat ihn einfach mit der Flinte niedergestreckt. Die Anzeige des Försters ist schon aufgesetzt. Und wie er sie aufgesetzt hat! Die Magd läßt es Lehnerts Mutter wissen: »Liebe Frau Menz, ich habe es nun alles gelesen. Es sind drei Seiten, alles fein abgeschrieben und unterstrichen, denn er hat ein kleines Pappelholzlineal, das nimmt er immer, wenn er unterstreichen will, und das sind allemal die schlimmsten Stellen.« (I/275) Was dieser Förster in preußischen Diensten da tut — das Unterstreichen der schlimmsten Stellen mit dem Lineal — das spricht für sich und bedarf keines Kommentars.

Verglichen mit dieser Gestalt ist Lehnerts Mutter das genaue Gegenteil: kriecherisch, beschwichtigend und nebenbei auf Vorteile bedacht. Sie ist der Typ des Untertans. »Sie taugt nicht viel«, stellt sogar die auf Ausgleich bedachte Frau des Försters fest; und diesem seinerseits ist sie schon deshalb verdächtig, weil ihr noch so etwas Polnisches im Blute stecken soll. »Du kannst nichts offen tun«, hält ihr der eigene Sohn vor, und hat damit wohl so unrecht nicht. In solcher Untertänigkeit ist Lehnerts Mutter zugleich das Gegenteil des dünkelhaften Försters und doch gerade darin ein Produkt desselben Landes und seiner Denkgewohnheiten. An ihrem Sohn ist das alles nicht spurlos vorübergegangen. Zwar fehlt es ihm nicht an Selbstbewußtsein, das sich häufig genug als Standesbewußtsein äußert. Zur Magd des Försters scheint sich ein Verhältnis anzubahnen. Aber Lehnert weiß, was er will: »Christine ist eine Magd, und eine Magd heirate ich nicht, auch wenn sie drei Sparkassenbücher und eine ganze Linnentruhe hat.« (I/260) Er durchschaut vieles als Schein und ist doch selbst nicht völlig davon frei. Auch an Selbstgerechtigkeit und Eitelkeit fehlt es ihm nicht. Mit dem Förster, von dem er nichts wissen will, hat er mancherlei gemeinsam; und fast sieht es so aus, als seien sie beide aus demselben Holz geschnitzt. Jedenfalls in der Sicht der Förstersfrau sind die Unterschiede belanglos: »aber es bleibt doch dabei, sie sind sich gleich oder wenigstens sehr ähnlich, und einer ist eigentlich wie der andere.« (I/234) Der Erzähler macht sich solche Auffassungen nicht unbesehen zu eigen; aber auch er konstatiert gelegentlich das Verwandte beider

Naturen: »Opitz war strenger als nötig, Lehnert war aufsässiger als nötig [...].« (I/244) Dennoch kann es nicht zweifelhaft sein, daß Fontane dem menschlich nicht unsympathischen Wilddieb näher steht als anderen Personen der Erzählung, obwohl Lehnert Menz den Tod eines Menschen verschuldet hat. In Fragen der Gesellschaftskritik ist das Verhältnis von Erzähler und Figur jedenfalls denkbar eng; und wie stets wird die Kritik am wirksamsten vorgetragen, wenn sie durch erzählerische Mittel überzeugt und der Erzähler seine Meinung uns nicht aufdrängt. Dem dienen die Spiegelungen im Gespräch und die in ihm geäußerte Kritik. Was Lehnert eines Tages seiner Mutter beiläufig sagt, ist nicht einer zufälligen Redesituation zuzuschreiben. »Es ist mir alles so klein und eng hier«, sagt er, »ein Polizeistaat, ein Land mit ein paar Herren und Grafen, so wie unserer da, und sonst mit lauter Knechten und Bedienten. [...] Eine jämmerliche Welt hier; immer muß man scherwenzeln, und wenn man nach vornhin dienert, stößt man nach hintenhin einen um.« (I/261) Das ist ohne Frage eine bemerkenswerte Rede, die wir vernehmen. An der Billigung durch den Erzähler ist nicht zu zweifeln; und immerhin wird uns die Geschichte eines Verbrechens erzählt, eine Kriminalgeschichte also im »Wortsinn« der literaturwissenschaftlichen Terminologie. Aber ein Gesellschaftsroman ist es aufgrund der sozialkritischen Motive nicht minder. Es handelt sich um eine Kriminalgeschichte und um einen Gesellschaftsroman gleichermaßen. Das macht eine juristische Klärung des Falles erforderlich, wie er sich uns aus der Optik der Erzählung darstellt. Die Blickwendung von der Tat auf den Täter ist nunmehr so bestimmend geworden, daß wir über den Fall selbst kaum befinden können, wenn wir nicht zuvor ermittelt haben, wie wir den Täter beurteilen sollen.

Es geht in solchen Fragen zugleich um die Aufwertung dieses Romans, die er in letzter Zeit tatsächlich erfahren hat. Damit ist eine Aufwertung der Hauptfigur verbunden, die in beiden Teilen zweifellos als die zentrale Gestalt anzusehen ist. Sie wird im Prozeß der Umwertung, um den es sich handelt, zum sozusagen positiven Helden, und dies unbeschadet des Verbrechens, das sie belastet. Conrad Wandrey dagegen sah seinerzeit die Erzählung, mit Blick auf die Hauptgestalt, als mißlungen an. Lehnert habe zwar Fontanes Wohlwollen, aber Wilddieb, der den Förster abschießt, bleibe er trotzdem. Das Werk leide an einer zwiespältigen Stellung seines Erzählers zum Konflikt: »Die klare Gestaltung erforderte ein Entweder-Oder, eine eindeutige Parteinahme, Fontanes weises Sowohl-alsauch war hier nicht am Platz.« [88] Hans-Heinrich Reuter sieht es anders. An Parteinahme läßt er es nicht fehlen; und sie gilt, wie es Fontane nahelegt, dem Wilddieb, der sich in Amerika eine neue Existenz geschaffen hat. Im Kontrast zu den Sommergästen aus Berlin, den Espes und ihrer zweideutigen Moral, kann Lehnert, so gesehen, nur gewinnen. Man fühle sich bezüglich der Karikatur dieser bourgeoisen Gestalten an die Karikaturen des ›Simplicissimus‹ erinnert: »Jedes Ehrgefühl ist der Bourgeois-Sphäre fremd. In schneidendem Kontrast

steht ihre heuchlerisch verbrämte Erfolgs- und Genußmoral zu dem aufrechten Menschentum der Volksgestalt Lehnert Menz', des Wilderers. Selbstbetrachtung und Rechtsgefühl treiben den Helden des Romans in Schuld, Elend und Exil.« Es folgt der Ausspruch über den Polizeistaat und die jämmerliche Welt, in der man scherwenzeln muß. Vom »ersten Exilroman der modernen deutschen Literatur« gar ist die Rede. [89]
Das ist ein starkes Wort, und ehe man es übernimmt, müßte man zuvor wissen, was denn eigentlich ein Exilroman ist. Spricht man von Exilliteratur, so denkt man in erster Linie an ihre Verfasser und an deren Exil, in dem sie entstand. Heine und Büchner sind mit gutem Recht der Geschichte oder Vorgeschichte dieses Schrifttums zuzurechnen. Fontane blieb als Schriftsteller im Lande; sein Englandaufenthalt war kein Exil. Aber auch dann, wenn wir Exil inhaltlich, als ein im Roman oder im Drama dargestelltes Exil, verstehen wollen, ist der Begriff nicht am Platz. Lehnert Menz kann zwar im Sinne seines Schöpfers ein beträchtliches Unbehagen an den Verhältnissen des preußischen Staates und des neuen Reiches zu seinen Gunsten geltend machen. Ein politisches Motiv hat seine Auswanderung nicht. Wie unerträglich ihm der Polizeistaat zeitweilig auch sein mochte und wie sehr er schon vor der Tat auf Amerika gerichtet war – in das Gebirge, wo er dem verhaßten Feind gegenüberzutreten gedenkt, begibt er sich mit der erklärten Absicht, im Lande zu bleiben, im geliebten Schlesierland als seiner angestammten Heimat. Erst als mit der Haussuchung die Indizienbeweise klar zu Tage liegen, entzieht er sich im letzten Moment seinen Bewachern. Wie immer wir diesen Kritiker des Preußentums als einen »idealisierten Helden«, als einen positiven Helden verstehen wollen – das alles entscheidende Motiv seines »Exils« steht fest: er entzieht sich durch Flucht einer Strafe, die er mit Sicherheit zu erwarten hätte. Die in Amerika verbrachte Lebenszeit dient nicht nur dem Kontrast in Fragen des politischen und gesellschaftlichen Lebens in Preußen. Es soll auch gezeigt und geklärt werden, wie ein Mensch mit dem von ihm verschuldeten Tod eines anderen fertig wird; wie er mit einer Schuld zurechtkommt, die ohne Sühne, weil ohne richterliches Urteil geblieben ist. Die politischen Motive und die Tötung eines Menschen ergeben einen Zusammenhang, der in beiden Teilen der Kriminalgeschichte gewahrt wird. Aber im zweiten Teil sind damit Schwierigkeiten verbunden, die in der Sache selbst liegen, und die man nicht unbekümmert hinweginterpretieren kann. Die »Parallelaktion« ist deutlich: Lehnert Menz hat einen Menschen erschlagen, und politische Gesichtspunkte motivieren nur zum Teil seine Tat. L'Hermite, der Kommunarde und Beteiligte am Pariser Aufstand, hat gleichfalls einen Menschen getötet: den Erzbischof von Paris im Zusammenhang einer revolutionären Aktion. Die Unterschiede werden in der Spiegelung der Gespräche deutlich. Aber sie sind in gewisser Weise nebensächlich gegenüber dem Vorgang der Sühne als dem Fertigwerden mit einer Tat wie dieser. Die Schwierigkeiten, die es kritisch zu interpretieren gilt, sind solche der Struktur. Im Vorgang der Handlung und im Handlungsablauf ist

angelegt, was im zweiten Teil unverkennbar zum Vorschein kommt: daß dieser zweite Teil im höchsten Grade unbefriedigend bleibt, daß das erzählerische Niveau abfällt und die Einheit des Ganzen zu wünschen übrig läßt, die wir aufgrund dessen, was erzählt wurde, erwarten durften.

Mit der Schwierigkeit, sechs Jahre in der Entwicklung überspringen zu müssen, beginnt der zweite, in Amerika spielende Teil, wohin Lehnert entkommen ist. Sechs Jahre tätiger Arbeit in verschiedenen Staaten des amerikanischen Kontinents hat der idealisierte Held Lehnert Menz hinter sich gebracht, als er eine ganze Reihe gleichfalls idealisierter Helden kennenlernt: die Mitglieder einer Mennonitengemeinde mit durchweg alttestamentarischen Namen: Sie heißen Obadja, Tobias oder Ruth, aber Komik mit gesellschaftskritischen Akzenten ist mit solchen Namengebungen nicht eigentlich verbunden. Der straffällige Schlesier, den wir nun ganz und gar als einen guten Deutschen von seiner besten Seite kennenlernen, wird auf der Farm der Mennoniten ein hochgeschätztes Glied dieser ein wenig utopisch geratenen Kommune. Er lernt hier den Kommunarden L'Hermite, einen Kommunisten edelster Provenienz, kennen und verträgt sich mit ihm — wie mit allen andern — aufs beste. Auch das Mädchen fehlt nicht, um dessen Hand geworben wird, und es ist natürlich Lehnert, der es eines Tages tut und dem der Patriarch der Großfamilie eine Zeit der Bewährung verordnet, wie man es aus der Bibel kennt. Lehnert besteht sie auf eine Weise, die aus dem Wilddieb von einst einen Helden hervorgehen läßt — fast wie er im Buche steht. Als die Geliebte eines Tages von einer Kreuzotter gebissen wird, rettet er sie, indem er das Gift beherzt aus der Wunde saugt. Bei dem Versuch, den Bruder aus »Bergnot« zu retten, findet er selbst den Tod. Er stürzt unglücklich auf einer Felsplatte, und da er sich allein auf den Weg gemacht hatte, bleibt ihm sofortige Hilfe, wie sie nötig wäre, versagt. Dieser pragmatische Nexus, von romanhaften Ereignissen durchsetzt, wird vom idealen Nexus ergänzt, der den Amerika-Aufenthalt des Schlesiers in einem vorteilhaften Licht erscheinen läßt. Das betrifft die Last des Gewissens, die Lehnert in die Neue Welt mitgenommen hat und derer er sich nicht ohne weiteres entledigen kann. Das Amerikamotiv des Romans kommt dabei vor allem zu seinem Recht: niemand kennt ihn hier; niemand weiß, wessen er sich schuldig gemacht hat. Da er sich der Bestrafung zu entziehen suchte, muß es ihm darum gehen, als der unerkannt zu bleiben, der er vor sich selber ist. Aber eben diese aus der Tat und aus dem Handlungsablauf sich ergebende Einsamkeit ist es, was ihn in der Neuen Welt unablässig bedrängt und bedrückt. Das Verhältnis zu den Menschen erscheint ihm neutral, kühl und kaum je befreiend, bis die klärende Aussprache, das Bekenntnis der Schuld im Aussprechen der Schuld, gelingt. Und nachdem es gelungen ist, könnte alles ein glückliches Ende nehmen. Denn nicht nur ist zur Sprache gekommen, was so lange verdrängt werden mußte; es wurde auch im Einsatz für andere gesühnt, was den »Schuldigen« als Verbrechen belastet hat. Indem sich der innere Vorgang in das Innere des »Helden« verlagert, erkennt man eine höchst ehrenwerte Absicht: es soll gezeigt werden, daß die Last einer Schuld real existiert — auch dann, wenn sie im Blick auf die gesellschaftlichen Verhältnisse in hohem Maße als »entschuldigt« angesehen werden kann. Der Versuch, eine Entlastung durch Gesellschaftskritik herbeizuführen, ohne damit individuelle Schuld zu liquidieren, ist der Versuch, die tragische Seite der Sache gegenüber jenen zu betonen, die es auf eindeutige Schuld — sei es des Verbrechens oder sei es *der* Gesellschaft — abgesehen haben. Damit ist die Richtung auf eine Form prozessualer Selbstanalyse hin eingeschlagen, wie man sie aus den Romanen Dostojewskis oder Kafkas kennt. Und tatsächlich hat man den Fontane des Romans *Quitt* mit Dostojewski verglichen. [90] Aber zumal der zweite Teil, der Amerika-Roman Fontanes, der in besonderer Weise auf Erzählformen der Verinnerung angewiesen wäre, hält einem solchen Vergleich nicht stand. Die Erwartungen, die mit dem ersten Teil, auch von der Erzählstruktur her, geweckt worden sind, werden im zweiten Teil Kapitel für Kapitel enttäuscht. Das hängt nicht nur mit dem unanschaulichen und bloß literarischen Amerikabild seines Verfassers zusammen. Das Mißlingen hat tiefere, in der Struktur angelegte Gründe. Sie aufzuzeigen, kann so interessant sein wie das aufgezeigte Gelingen in einem Meisterwerk der Weltliteratur. Ein solches ist der Roman *Quitt* so wenig, wie er der erste Exilroman der neueren deutschen Literatur ist. *Quitt* ist ein überaus heterogenes Gebilde, und den »unbewältigten« zweiten Teil hat die Heterogenität verschuldet.

Dieser zweite Teil, die gesellschaftliche Umwelt Amerikas, bleibt ein Schemen in der Tat. Wenn hier von Californien die Rede ist, so ist es lediglich ein Wort, das wir lesen. Vom blauen Himmel dieser Weltgegend »sehen« und erfahren wir (als Leser) schlechterdings nichts, obwohl ein solches Sehen von der Erzählweise her angelegt wäre. Wenn uns eine liebenswürdige Figur mit dem etwas aufdringlich humoristischen Namen Gunpowder-Face an das Land erinnert, in dem es Indianer gibt — oder gab, so gelangt die Namensnennung über die literarische Reminiszenz nirgends hinaus. Nichts wird anschaulich von dem, was im ersten Teil so anschaulich vor unserem Auge stand. Und das ist nicht einfach dem Umstand zuzuschreiben, daß der Erzähler das Riesengebirge aus eigener Anschauung kannte, während er sich sein Amerikabild aus amerikanischer und deutscher Literatur zusammenlas. Es ist ganz unbewiesen, daß es sich so verhält, wie man meistens sagt. Warum sollte nicht ein anschauliches Bild, bloß aus der Lektüre gewonnen, möglich sein? Tatsache ist lediglich, daß die Erzählung des zweiten Teils im Schemenhaften stecken bleibt, und das hat offensichtlich auch darin seinen Grund, daß Fontane für den Zweck seiner »Verinnerung« — für das Fertigwerden mit der Schuld eines Verbrechens — Land und Leute gar nicht brauchte. Er braucht den gesellschaftlichen Kontext nicht unmittelbar, sondern indirekt: um darzutun, daß sich in einer relativ intakten Gesellschaft, die deswegen kein Idealstaat ist, individuelle Schuld nicht erledigt, sondern fortbesteht. Gesellschaftskritik hat hier weithin ihren Sinn, ihre Funktion und ihr Ziel verloren. Sie hat im Roman, so wie er nunmehr erzählt wird, nichts mehr zu suchen.

Es kann nicht ausbleiben, daß in den Schilderungen eines idyllisch-gesellschaftlichen Lebens Gefahren hervortreten, die bei solcher Beschaffenheit eines Gemeinwesens kaum zu umgehen sind. Es wird, bei so viel Einvernehmen unter ihren Mitgliedern, harmonisiert und idealisiert, und über dem Erzählen erbaulicher Dinge wird die Erzählung ihrerseits erbaulich. Sentimentalität als eine im 19. Jahrhundert jederzeit mögliche Klippe wird bei Fontane meistens klar erkannt. Sie ist ein mehrfach benutztes Motiv seines Erzählens. Dennoch kann es geschehen, daß er als Erzähler jener Sentimentalisierung der Wirklichkeit verfällt, die er selbst so gern zum Thema seines Erzählens macht. Der Weihnachtsbaum, der treue Hund, die böse Kreuzotter – was kommt da nicht alles vor, so daß wir als seine Leser ein wenig verstimmt reagieren! Muß das so sein, fragt man sich ein wenig verlegen. Es müßte keineswegs so sein! Der Prozeß der Verinnerung, als der Verinnerung einer Schuld, ist so sinnvoll und konsequent, wie er es im Raskolnikow-Roman Dostojewskijs ist. Aber diese Verinnerung wird durch Abenteuer und melodramatische Schicksalsschläge unnötig diskreditiert. Die im ersten Teil so reich entfaltete Perspektive der Erzählstruktur mit einer Reihe von Selbstgesprächen, die sich dem inneren Monolog nähern, wird im zweiten zugunsten einer Handlungsdramatik verflacht, die Formen der Verinnerung eher verhindert als begünstigt. Bricht die Einheit der Erzählung schon durch die Verschiedenheit ihrer Teile auseinander, so erst recht durch den Schluß, der kaum mehr als ein Topos ist. Er setzt die Linie fort, auf der sich Fontane mit seiner Mordgeschichte *Ellernklipp* bewegt. Zur erzählten Schuld gesellt sich die Sühne. Sie wird auch in *Quitt* keineswegs verabschiedet. Das Gedankenschema bleibt unbeschadet der gesellschaftskritischen Motive bestehen, die den Schuldigen entlasten.

Die Sühne beruht im Tod, den Lehnert Menz findet. Es ist ein einsamer Tod, hoch im Gebirge, wie ihn ähnlich der Förster gefunden hat. Die Entsprechung ist offenkundig. Allenfalls wird jetzt insofern differenziert, als der Förster für niemand gestorben ist, während Lehnert – und auch das ist Sühne und Wiedergutmachung – um des Freundes willen stirbt, der diesen Tod so deutet und auf sich bezieht: »Konnt' es anders sein? Der da lag, war gestorben um *ihn*, um seinetwillen.« (I/443) Wie dem Förster, so ist es Lehnert Menz vergönnt, noch einige Sätze zu Papier zu bringen. Es sind lediglich Variationen des Vaterunser. Diese letzten Worte, werden mit einem für das Verständnis der Erzählung entscheidenden Zusatz versehen: »Ich hoffe: *quitt*.« Damit wird zugleich der lakonische Titel interpretiert. Wer sich schuldig gemacht hat, muß sühnen. Der Förster und der Wilderer sind im Tod quitt. Die Redensart ist nur eine andere Umschreibung für die poetische Gerechtigkeit, die zuletzt denn doch unverändert gilt: gewiß nicht als erbarmungsloses Fatum – obwohl als ein solches auch – sondern gemildert durch den »Sinn«, der diesem Tod zukommen soll; und hier denkt der Prediger, der ihn deutet, kaum anders als der Erzähler des Romans. Nur das sei ein rechtes Leben, sich mit Gott im Herzen nicht vor dem Tod zu fürchten, führt er aus: »Und diese Kraft, [...] er *hat* sie gehabt und hat sie bestätigt und ist gestorben, wie seine Sehnsucht war. Denn einen andern zu retten, den er liebte, das hat ihm den Tod gebracht.« (I/445) Soweit der »Sinn«. Aber er schließt die Sühne nicht aus, wenn es nachfolgend heißt: »Dieser Tod war schwer, aber er war auch ein Ausgleich und eine Sühne.« Und so wie hier der Vorgang gedeutet wird, so wird er auch vom Vorsteher der Mennonitengemeinde interpretiert. Er wird damit zugleich in der Optik der Erzählung sanktioniert. Der Vorsteher der Gemeinde teilt dem Kirchen- und Gemeindevorstand im Riesengebirge mit, was vorgefallen ist, und fügt diesen Mitteilungen noch eine eigene Deutung hinzu: »Mir aber, der ich, neben der Meldung vom Tode des Lehnert Menz, auch diese seine letzten Worte zu Ihrer Kenntnis zu bringen hatte, sei es gestattet, hinzuzufügen, daß ich der Überzeugung lebe, seine Buße habe seine Schuld gesühnt: ›Hoffnung läßt nicht zuschanden werden‹.« (I/447)

Daß die Sühne als Folge einer Schuld nicht gedankenlos in die erzählte Handlung eingebracht wird, darf man Fontane zugute halten. Indem sie als Tod für andere gedeutet werden kann, wird sie zum Sühnetod, zum Opfer. Über den Mörder oder Totschläger des Försters wird damit nicht einfach der Stab gebrochen. Die Person des Lehnert Menz wird im Gegenteil in ihrem menschlichen Gewicht erhöht. Die veränderten Denkformen in der Geschichte des Strafrechts, in dem nicht ausschließlich über die Tat, sondern stets auch über die Motive des Täters geurteilt wird — diese zu Fontanes Zeiten sich abzeichnenden Veränderungen werden mit der Deutung dieser Geschichte nicht hinfällig. Nicht zufällig haben dies die aufgeschlossen denkenden Rezensenten unter den Zeitgenossen zum Ausdruck gebracht; und nicht zufällig war es Bruno Wille, der Gründer der Berliner ›Freien Volksbühne‹, der sich in diesem Sinn äußerte. Er vergleicht Fontanes Roman mit dem Roman Dostojewskijs, der in deutscher Übersetzung unter dem Titel *Schuld und Sühne* bekannt ist; und er führt zutreffend aus: »Beiderseits richtet sich die Tendenz gegen die rigorose Verdammung des Mörders«; Fontane aber wende sich gegen eine bestimmte Form der Legalität. In diesem Zusammenhang heißt es: »Somit muß Fontanes Dichtung einen besonderen Wert für unsere Kriminalisten und Juristen überhaupt haben. Mit scharfer Satire hebt sich das düstere Rot der Todesstrafe ab von dem Himmelblau einer Entsühnung, wie sie das natürliche Leben entwickelt ...« [91] Das bezieht sich auf den Schluß des Romans, der uns noch einmal ins Riesengebirge zurückführt, damit der Rechnungsrat Espe, der Sommergast aus Berlin, seinen Kommentar geben kann: »Was heißt ›quitt‹? Wer das Schwert nimmt, soll durch das Schwert umkommen; *das* ist ›quitt‹.« (I/452) Daß hier ein Vertreter der Todesstrafe zuguterletzt das Wort erhält, den die Erzählung sichtlich ins Unrecht setzt, ist offenkundig. Aber ob es der juristischen Argumentation genügt, wenn man feststellt, daß die Entsühnung durch das natürliche Leben entwickelt werde, muß dahingestellt bleiben.

Auch hat man damit das Entscheidende nicht erfaßt: daß es trotz aller

Entschuldigungen bei der Sühne bleibt, und daß letztlich derjenige den Tod findet, der getötet hat — nur daß es bei Fontane keine menschliche Macht ist, die darüber entscheidet. Diese Aufgabe hat das Fatum zu übernehmen. Seine Wirksamkeit wird nicht eingeschränkt, eher erhöht. »Und weil es ein Fatum gibt, geht alles seinen Gang, dunkel und rätselvoll«, sagt der Kommunarde im Gespräch mit Lehnert Menz. Wir sollen es glauben, und offensichtlich entsprechen solche Auffassungen weithin dem, was der Erzähler seine Figuren — hier und sonst —sagen läßt. Mit Beziehung auf Fontane hat Wilhelm Bölsche gefragt: »Oder wollte er [Fontane] wirklich die Hand des Fatums zeigen?« [92] Bölsche kann das nicht glauben, denn Fontane sei alle Mystik fremd gewesen. Das mag sein; und vermutlich ging es dem Verfasser des Romans *Quitt* am wenigsten um Mystik. Auch am Fatalismus um seiner selbst willen war ihm sicher nichts gelegen. Aber Fontane brauchte die Tragik; und erst an diesem Punkt wird das strafrechtliche Dilemma offenkundig. Die Entschuldung eines Verbrechens dadurch, daß man der Gesellschaft oder ihren maßgeblichen Vertretern die Schuld zuerkennt, kann dahin führen, daß es Verantwortlichkeit in einer Gesellschaft nicht mehr gibt. Diese — ein mysteriöses Etwas — wird schuldig gesprochen ein für allemal, und damit hat niemand mehr schuld. Das starre Schema von Schuld und Sühne ist höchst bedenklich. Aber die völlige Entschuldung mit gesellschaftskritischer Motivierung ist es nicht minder. Mit Hilfe solcher Motivierungen wird der tragische Sinn negiert, daß der Handelnde auch für das verantwortlich ist, was er so nicht gewollt hat. Fontane möchte etwas von diesem tragischen Sinn retten. Darin beruht seine Schwierigkeit als ausgleichender Erzähler. Daß er dies mit Hilfe eines mysteriösen Fatums tut, kann uns nicht völlig überzeugen. Es ist trotzdem ein ehrenwertes Dilemma, in das er sich begeben hat. Aber es wäre zu zeigen, wie man zwei Jahrzehnte später mit ihm fertig zu werden sucht; und Kafkas *Prozeß*-Roman ist da zweifellos auf einem anderen Weg.

V. Einfache Lebenskreise

»Verharren; jede Veränderung meiden, die ein wunderbares Gleichgewicht zerstören könnte: das ist die Sehnsucht des klassischen Zeitalters [...] Nach den großen Abenteuern der Renaissance und Reformation ist eine Epoche der Sammlung eingetreten [...] der schwache Mensch hat auf seiner Fahrt den Hafen gefunden [...] Ordnung beherrscht das Leben [...].« Mit diesen Sätzen leitet Paul Hazard sein noch heute lesenswertes Buch über die Krise des europäischen Geistes um die Wende zum achtzehnten Jahrhundert ein. [1] Er beschreibt die großen psychologischen Veränderungen und erläutert sie als solche von der Beharrung zur Bewegung. Auf die Epoche des Stillstands und der Stagnation folge eine Zeit der Unruhe und der Ungeduld. Ein deutliches Zeichen der veränderten Situation sei die Reiselust, wie sie sich allerorten regt: »Tatsächlich wurden Ende des 17., Anfang des 18. Jahrhunderts die Italiener wieder reiselustig, und die Franzosen waren beweglich wie Quecksilber [...] Die Deutschen reisten; das war bei ihnen eine Angewohnheit, eine Manie; es war nicht möglich, sie zu Hause zu halten.« [2] Ein reichhaltiges Schrifttum aus Reisebeschreibungen und Reiseromanen entsteht: *Sophiens Reise von Memel nach Sachsen* von Johann Timotheus Hermes, Moritz August von Thümmels *Reise in die mittäglichen Provinzen von Frankreich*, um nur diese statt anderer zu nennen. [3] Es geht hier nicht um die »Inhalte« dieser Romane, um Bildung als Idee und Gestalt. Es kommt uns in erster Linie auf eine bestimmte Struktur an, die im Denken wie im literarischen Werk sichtbar wird: eine solche des Aufstiegs und der Stufe. Bildung, dies ist damit ausgesprochen, vollzieht sich in Stufen, in Bildungsstufen, die sich zu Lebensstufen erweitern. Im Roman Goethes wird die in Frage stehende Denkstruktur in entsprechende Bilder übersetzt: »Steile Gegenden lassen sich nur durch Umwege erklimmen, auf der Ebene führen gerade Wege von einem Ort zum andern.« [4] Nahezu jeder Erzählabschnitt ist von dieser Metaphorik der Stufen und des Aufstiegs bestimmt. Herrliche Aussichten sind mit dem zurückgelegten Weg jeweils verbunden. Von der Höhe aber blickt man auf die »Gebiete des gemeinen Lebens« zurück.

Worum es geht, sind Vorgänge der realgeschichtlichen Lebenspraxis ebenso wie der Literatur. Der Aufstieg des Bürgertums ist ein Vorgang, der alle Bereiche des geschichtlichen Lebens umfaßt. Er kommt mit der politischen Revolution des Jahres 1789 als einer bürgerlichen Revolution zu einem ersten Abschluß. Standesgegensätze und Klassenkonflikte — vorwiegend solche zwischen Adel und Bürgertum — sind in der Optik des Aufstiegs etwas, das man beseitigen kann: angesehene Bürger wie Goethe oder Herder werden in den Adelsstand aufgenommen, und der Adel seinerseits legt auf Bildung Wert.

Diese im ganzen lebenszugewandte und vom Optimismus der europäischen Aufklärung geprägte Bewegung nach »oben« wird durch das Hervortreten des bürgerlichen Trauerspiels in England, Frankreich und Deutschland kaum behindert. Es sind Menschen bürgerlichen Standes, die sich in diesen Trauerspielen dem aristokratischen Personal von ehedem hinzugesellen. Sie werden nunmehr für würdig gehalten, tragische Personen zu sein. [5] Die Problematik dieses Aufstiegs im Zeichen bürgerlicher Bildung zeigt sich in dem Augenblick unverhüllt, in dem sich Bildung mit Besitz verbindet. Darüber wird im nächsten Kapitel zu sprechen sein. Hier geht es zunächst um einen Vorgang anderer Art, um einen solchen, der die Struktur des Aufstiegs in einer gegenläufigen Bewegung durchkreuzt. Die Höhenlage zeigt sich in ihren bedenklichen Seiten: man blickt nicht ohne Wehmut auf die Niederungen zurück — auf die einfachen Verhältnisse eines früheren Lebens. Und während sich die Richtung nach oben in der Lebenspraxis wie in der Literatur gleichermaßen äußert, ist die gegenläufige Bewegung ausschließlich eine solche der Literatur.

»Ich plane ein Unternehmen, das kein Vorbild hat und dessen Ausführung auch niemals einen Nachahmer finden wird. Ich will vor meinesgleichen einen Menschen in aller Wahrheit der Natur zeigen, und dieser Mensch werde sein einzig und allein ich.« Am Beispiel seiner eigenen Person erkundet Rousseau die wahre und unverfälschte Natur des Menschen, der mit den zitierten Sätzen das epochemachende Werk seiner *Confessions* beginnt. [6] Aber was Rousseau in seiner Autobiographie bekundet, betrifft nicht allein den individuellen Menschen. Mit der wahren und unverfälschten Natur ist ein Zustand aller Menschen gemeint, ein menschheitliches Ideal schlechthin. Die moderne Kultur, in ihrer Geschichte wie in ihrer Tradition, wird in Frage gestellt; und darüber hatte Rousseau schon in seinem 1750 veröffentlichten *Discours* gehandelt. Es ist das säkulare Werk dieser gegenläufigen Bewegung schlechthin. [7] Beschrieben wird zunächst der Aufstieg, der ihr vorausgeht. »Es ist ein großes und schönes Schauspiel, den Menschen sozusagen aus dem Nichts durch seine eigenen Anstrengungen hervorgehn zu sehn«, lautet der erste Satz dieser Abhandlung. Zu einem Schauspiel gehören Requisiten. Es sind diejenigen der europäischen Aufklärung. Sie heißen Licht, Verstand, Glanz — Begriffe, die allesamt den Weg nach oben auf ihre Weise erläutern. Aber dann wird die Gedankenrichtung jäh unterbrochen. Dieser Weg der Wissenschaft sei ein Sieg, aber ein Pyrrhussieg: »In dem Maß, in dem unsere Wissenschaften und Künste zur Vollkommenheit fortschritten, sind unsere Seelen verderbt worden.« Daher kann der Zustand beklagt werden, mit dem dies alles bezahlt worden ist. Begriffe wie Einfalt und Unschuld dienen zu seiner Beschreibung. Eine folgenreiche Blickwendung ist damit verbunden. Sie gilt einem Weltalter, das nicht mehr ist: »Man kann nicht über die Sitten nachdenken, ohne sich gern des Bildes der Einfachheit der Urzeiten zu entsinnen: ein schönes, allein von den Händen der Natur geschmücktes Gelände [...].« [8] Rousseau beschwört ein Bild archaischer Unschuld; es wird sich einprägen als Lobpreis der einfachen, unverbildeten Natur. Ein-

Einfache Lebenskreise

falt der Natur und Einfachheit des Herzens sind damit in ihre Rechte gesetzt. Dieser Gedanke ist so epochemachend wie die Idee der Aufklärung und der Mündigkeit, die wir den Wissenschaften verdanken. Besonders in Deutschland war man für solche Bilder aufgeschlossen und aufnahmebereit. Geister wie Montesquieu, Hume oder Voltaire, meint Helmuth Plessner, hätten hier keine tiefere Resonanz gefunden, verglichen mit der Wirkung Rousseaus: »Sein Ruf zur Ursprünglichkeit, die ihr Recht und ihre Kraft aus der naturhaften Tiefe des Menschen holt; sein Ressentiment gegen die adelige Zivilisation, durch deren Beseitigung erst der Mensch den ihm gemäßen Zustand wiederherstellt [...] — alles entspricht der spezifisch deutsch-protestantischen Mischung aus Rechtfertigungsverlangen und titanischem Weltvertrauen.« [9]

Lobpreis archaischer Unschuld und einfachen Lebens —: man kann einwenden, daß es dergleichen schon immer gegeben hat: in der Bukolik der Antike ebenso wie im franziskanischen Armutsideal des Mittelalters. Schließlich die Schäferspiele der europäischen Literatur seit der Renaissance! Sie stellen die Einfachheit menschlicher Daseinsverhältnisse erneut im Bild des Hirtenvolkes dar. Dennoch bleibt die »Philosophie« der Einfalt, die in Rousseau ihren überragenden Wortführer fand, davon unterschieden; und einen denkwürdigen Vorgang stellt es dar, daß mitten in der »Blütezeit« der deutschen Literatur das Unbehagen an der Kultur nicht verstummt, sondern im Gegenteil wächst. Nirgends deutlicher als in Schillers Abhandlung *Über naive und sentimentalische Dichtung*. Man traut seinen Augen kaum, wenn man sie im Bewußtsein der Tatsache liest, daß es in dieser großen Zeit am Ende des 18. Jahrhunderts keinen leidenschaftlicheren Anwalt der Kunst gegeben hat als eben ihn. In der Abhandlung *Über naive und sentimentalische Dichtung* scheint von solcher Anwaltschaft nicht viel übrig geblieben zu sein. Die Kunst wird gelegentlich abgefertigt, daß es einem die Sprache verschlägt. Vollends gegenüber der Natur wird sie ins Unrecht gesetzt. [10] Von einem Machwerk ist die Rede. [11] Sie ist das, was ewig trennt und entzweit. [12] Sie ist so beschaffen, daß sie uns, die aufgeklärten Bürger dieses Zeitalters, anzuekeln vermag. [13] Kunst ist Kultur, und als diese zeugt sie von deren Übeln, die rücksichtslos beim Namen genannt werden. [14] Schiller spricht von Drangsalen der Kultur, als hätte man von ihr nicht mehr viel zu erhoffen. »Mit schmerzlichem Verlangen sehnen wir uns dahin zurück, sobald wir angefangen, die Drangsale der Kultur zu erfahren [...].« [15] Um so verklärter geht die Natur aus dieser Abrechnung hervor. Sie ist einfältige Natur und als diese tausendmal im Recht. Nicht zuletzt ist es die »edle Einfalt«, an die wir erinnert werden. [16] Das klassische Zeugnis ist Goethes Epos *Hermann und Dorothea*, das seine Herkunft aus dem Zeitalter der Revolution nicht verleugnet: »indem *Goethe* eine kleine Welt ›groß‹ darstellt, liefert er den deutschen Dichtern des 19. Jahrhunderts den Beweis, daß es nicht auf stoffliche Fülle, auf die komplizierten Verhältnisse der modernen Gesellschaft oder auf die ›große Welt‹ der Höfe und der Hauptstädte, sondern auf einfache Urverhältnisse ankommt. Eben das einfache Leben läßt sich mit edler Einfalt und damit episch, damit klassisch darstellen.« [17] Es handelt sich um einen Zustand, dessen Verlust zu beklagen bleibt. Das Verlorene wird zum Schlüsselbegriff in Schillers geschichtsphilosophischer Betrachtung. Von der Natur, die wir verloren haben, ist die Rede, vom »verlorenen Glück der Natur«, und im Zusammenhang damit vom Paradies. [18] Weil wir es verloren haben, müssen wir wieder nach ihm suchen, um es zurückzugewinnen. Dabei kommt der Kunst eine alles überragende Stellung zu — der Abhandlung zufolge kann es nur eine sentimentalische Kunst sein. Die Einheit, die wir verloren haben, hat es in einer weit zurückliegenden Vergangenheit gegeben; und wenn wir sie wieder gewinnen wollen, so kann das nur der Zukunft vorbehalten sein. Es handelt sich um die »Aufgabe einer Idylle [...] welche mit einem Wort, den Menschen, der nun einmal nicht mehr nach *Arkadien* zurückkann, bis nach *Elisium* führt.« [19] Schillers sentimentalische Denkart hat nichts mit Sentimentalität zu tun. Hier wird nicht die gute alte Zeit verklärt — nur weil sie vergangen ist. Sein Gedankengang bleibt mit jedem Schritt vorwärts gerichtet; er bleibt auf »Fortschreitung« bedacht. Schiller ist sich dessen bewußt, daß »das letzte Ziel der Menschheit nicht anders als durch jene Fortschreitung zu erreichen ist.« [20] In diesem Punkt übt er an Rousseau, der zu den elegischen Dichtern gezählt wird — berechtigt oder nicht — heftig Kritik. Doch sei es seiner leidenschaftlichen Empfindsamkeit zuzuschreiben, »daß er die Menschheit, um nur des Streits in derselben recht bald los zu werden, lieber zu der geistlosen Einförmigkeit des ersten Standes zurückgeführt, als jenen Streit in der geistreichen Harmonie einer völlig durchgeführten Bildung geendigt zu sehen [...].« [21] Es ist keine Frage: die Struktur des Aufstiegs als eine seit der Aufklärung bestimmende Denkstruktur der europäischen Kultur wird hier nicht grundsätzlich negiert. Es wird nur versucht, sie konsequent durchzuführen, damit aus dem Zustand der Trennung wieder ein Zustand der Einfalt und der Einfachheit hervorgehen kann. Keine Absage wird ausgesprochen, aber die Forderung nach einer »völligen durchgeführten Bildung« wird erhoben. Sie einzig erscheint als das, was eine neue Einheit verbürgen könnte.

Gedanken wie diese sind Gemeinbesitz der klassisch-romantischen Literatur. Das ist um so bemerkenswerter, wenn man bedenkt, in welcher Reflexionshöhe sich Dichtung und Philosophie der Epoche bewegen. Dennoch zielt man stets über das »Erreichte« hinaus. Man denkt an eine neue zweite Naivität — nach dem Verlust der ersten, gleichsam natürlichen. Die Abstraktion hat Ausmaße erreicht, die zu ihrer »Transzendierung« herausfordern. Auch im Denken Hölderlins ist dies zu verfolgen. Dessen Naturbegriff hat gegenüber Schiller an Innigkeit und »Lebensnähe« gewonnen. Aber seiner Herkunft nach ist es derselbe Begriff: derjenige der wahren, einfachen und einfältigen Natur, die Einheit gegenüber dem bedeutet, was in der »Weltnacht« des gegenwärtigen Zeitalters trennt und entzweit. Von solcher Einfachheit

Einfache Lebenskreise

handelt ein aus der Schweiz geschriebener Brief an die Schwester aus dem Jahre 1801. Hölderlin ist von der Bergwelt der Schweiz, von ihrer Einfachheit und Erhabenheit überwältigt: »Ich mag die nahe oder die längstvergangene Zeit betrachten, alles dünkt mir seltne Tage, die Tage der schönen Menschlichkeit, die Tage sicherer, furchtloser Güte, und Gesinnungen herbeizuführen, die eben so heiter als heilig, und eben so erhaben als einfach sind. Diß und die große Natur in diesen Gegenden erhebt und befriediget meine Seele wunderbar.« [22] Ähnlich im Brief an einen Freund, an Christian Landauer: »Vor den Alpen, die in der Entfernung von einigen Stunden hieherum sind, stehe ich immer noch betroffen«; und analog zur Einfalt der Natur wird auch die Einfachheit im Politischen erhofft; »daß mit ihr [dem Frieden] die politischen Verhältnisse und Misverhältnisse überhaupt die überwichtige Rolle ausgespielt und einen guten Anfang gemacht haben, zu der Einfalt welche ihnen eigen ist«. [23] Solche Bilder einfachen Lebens, auf die Natur wie auf Politik übertragen, gehen in das Gedicht *Friedensfeier* ein, das in dieser Zeit entstanden ist. Die große Hymne verheißt eine Welt, in der alle wieder eine Sprache sprechen und in der die Erde — als Mutter Erde — alle ihre Kinder wieder bei sich versammeln wird. Die Richtung des Denkens nimmt unumgänglich eine Richtung zur utopischen Idylle hin. Sie verdichtet sich in einem Bild einfachen Lebens, das alle »Drangsale der Kultur« vergessen macht:

>»Und vor der Thüre des Haußes
>Sizt Mutter und Kind,
>Und schauet den Frieden [...]

>Denn Alles gefällt jezt,
>Einfältiges aber
>Am meisten [...]« [24]

Dem entspricht bis in die Wortwahl hinein, was Schiller in seiner geschichtsphilosophischen Schrift zur Begründung ausgeführt hatte: »Mit schmerzlichem Verlangen sehnen wir uns dahin zurück, sobald wir angefangen, die Drangsale der Kultur zu erfahren und hören im fernen Auslande der Kunst der Mutter rührende Stimme. Solange wir bloße Naturkinder waren, waren wir glücklich und vollkommen; wir sind frey geworden und haben beydes verloren.« [25] Ist es bei Schiller und Hölderlin die Simplizität der Griechen, die sich in solchen Bildern einfachen Lebens als einer utopischen Idylle legitimiert, so bedienen sich Novalis und Brentano des Mittelalters, um dieselbe Idee zu verdeutlichen — in dem Aufsatz *Die Christenheit oder Europa* der eine, in der *Chronika eines fahrenden Schülers* der andere. Hier wie dort haben wir es mit derselben Denkstruktur zu tun: die Einseitigkeiten der »theoretischen Kultur«, wie Schiller sagt, werden auf eine neue Totalität hin »transzendiert«. Der Klassik wie der Romantik gemeinsam ist das Unbehagen an Bewußtheit und Abstraktion, obwohl sie in ihrer Dichtung wie in ihrer

Philosophie eine Reflexionshöhe erreicht haben, die mit anderen Epochen kaum vergleichbar ist. Aber zumal auf den Gipfelpunkten einer Entwicklung beginnt man an Umkehr zu denken. Das Verlangen nach Simplizität und Totalität wird verständlich, je weiter sich die theoretische Kultur von ihren Ursprüngen entfernt. Es kann nicht ausbleiben, daß sich ein solches Verlangen auch politisch artikuliert. In Schillers Schrift geschieht das eher beiläufig als prinzipiell. »Bekanntlich ist man im gesellschaftlichen Leben von der Simplicität und strengen Wahrheit des Ausdrucks in demselben Verhältniß, wie von der Einfalt der Gesinnungen abgekommen [...]«, heißt es gelegentlich. [26] Die Einfalt — der Natur oder des Menschen — wird mit gesellschaftlichen Verhältnissen in Beziehung gebracht. Dennoch kann es kaum zweifelhaft sein, daß jede Konkretisierung unterbleibt. Wie man sich ein gesellschaftliches Leben in Simplizität und strenger Wahrheit des Ausdrucks zu denken hätte, bleibt offen und unbestimmt. Die Idealität hat Vorrang vor jeder konkreten Verdeutlichung. Es sind in erster Linie die Bewußtseinsverhältnisse, die das Recht sentimentalischer Dichtung begründen. Aus dem Leiden am Bewußtsein heraus wird ein möglichst leidloser Zustand ersehnt, der notwendigerweise zur höchsten Form idyllischen Daseins tendiert. [27]

Es gibt eine Erzählung E. T. A. Hoffmanns aus dessen letzten Lebensjahren, die auf die hier angedeuteten Probleme vorbereitet. Zugleich zeichnet sich der Umschlag von einer vorwiegend bewußtseinsbetonten Einfalt zur Einfachheit im Sozialen ab. Ein auch die Literatur tangierendes Problem der Sozialgeschichte wird erkennbar: daß sich das Bürgertum, dem die erste politische Revolution zu danken war, zunehmend der Kritik aussetzt, und daß die Idealität, die sich damit nicht erledigt, vom vierten Stand nicht ersetzt werden kann. Denn dieser ist seinerseits an den Lebensformen des dritten Standes orientiert, wenn es in der Realgeschichte wie in der Literatur darum geht, seine Mitglieder, die Proletarier, aus den bedrückenden Verhältnissen zu befreien; und welches immer die Mission ist, die der arbeitenden Klasse zugedacht wird: es soll ja keineswegs so bleiben, wie es ist; es soll besser werden. Das aber heißt, daß es auch dem Schriftsteller nicht erspart wird, über möglichst ideale Lebensformen und Lebensverhältnisse zu reflektieren. *Des Vetters Eckfenster* ist die Erzählung E. T. A. Hoffmanns, an der sich verdeutlichen läßt, worauf es zunehmend ankommt. Von dem Eckfenster seiner Etagenwohnung sieht ein alternder Schriftsteller, der Vetter des Icherzählers, auf das bunte Gewimmel einer Großstadt hinab, das sich unter ihm abspielt. Von Krankheit gezeichnet, ist er das Sinnbild einer hinfälligen menschlichen Existenz, das E. T. A. Hoffmann in einer Art Selbstporträt gibt. Von Erhabenheit der Dichterwürde kann keine Rede mehr sein. Dieser leidende Dichter steht zwar über der Menschenmenge, aber auf erhöhte Stellung kommt es nicht an. Einerseits ist der leidende Vetter vom Treiben des Volkes ausgeschlossen, andererseits sympathisiert er mit ihm. Er ist ihm zugewandt und findet an den Menschen dieses Volksgewimmels Gefallen.

Das hindert ihn nicht, an anderen Volksschichten diejenige, oft an Satire grenzende Gesellschaftskritik zu üben, die man aus dem Werk E. T. A. Hoffmanns kennt. Der Icherzähler beschreibt, was er an der Frau wahrnimmt: einen seidenen Hut in kapriziöser Formlosigkeit, einen seidenen Überwurf, einen honetten Shawl, den Florbesatz des gelbkattunenen Kleides, blaugraue Strümpfe, Schnürstiefel und so fort — man kann die Bekleidungsindustrie des frühen neunzehnten Jahrhunderts kaum besser beschreiben, als es hier geschehen ist. Der kränkelnde Vetter, der von seiner erzählerischen Phantasie noch keinesfalls verlassen ist, denkt sich aus, wer es sein könnte. Der soziale Status der ins Auge gefaßten Person wird erwogen; und dabei verleugnet sich der kritische Sinn des schriftstellernden Vetters keineswegs: »Ich nenne diese Person, die keinen Markttag fehlt, die rabiate Hausfrau. Es kommt mir vor, als müsse sie die Tochter eines reichen Bürgers, vielleicht eines wohlhabenden Seifensieders sein, deren Hand nebst *annexis* ein kleiner Geheimsekretär nicht ohne Anstrengung erworben. Mit Schönheit und Grazie hat sie der Himmel nicht ausgestattet, dagegen galt sie bei allen Nachbarn für das häuslichste, wirtschaftlichste Mädchen, und in der Tat, sie ist auch so wirtschaftlich und wirtschaftet jeden Tag vom Morgen bis in den Abend auf solche entsetzliche Weise, daß dem armen Geheimsekretär darüber Hören und Sehen vergeht und er sich dorthin wünscht, wo der Pfeffer wächst.« [28] Der leicht satirische Ton ist unüberhörbar. Hier wird gewirtschaftet bis zum Exzeß. Das wirtschaftliche Denken dieser Großbürger scheint anderes verdrängt zu haben. Aber das ist nur die eine Seite. Die Kritik richtet sich zugleich gegen jene, die das rohe und ungebildete Volk geblieben sind — als hätte es die Aufklärung und die Erziehung zum mündigen Bürger nie gegeben. Das ideale Volk liegt zwischen solchen Extremen: durch Wohlhabenheit, Reichtum und Besitz nicht verdorben, aber zum andern den niederen Verhältnissen entwachsen, so daß sich ein idealer Bürger abzeichnet, ein Kleinbürger einfacher Verhältnisse — ein dritter Stand im eigentlichen Sinn. Das Volk — dieses ideale Volk in der Sicht des Vetters vom Eckfenster —, »hat an äußerer Sittlichkeit gewonnen«, es ist nicht mehr das rohe und brutale Volk — und ist gleichwohl mit der bloß an Wirtschaftlichkeit interessierten Besitzbürgerin nicht zu verwechseln. Es ist mithin ein einfaches, ein sittlich gebildetes Volk, dem E. T. A. Hoffmanns schriftstellernder Vetter seine Sympathie zuwendet. Der vierte Stand gelangt von diesem Eckfenster aus noch nirgends in Sicht. Weil es die klassenkämpferischen Parolen der späteren Zeit vorläufig noch kaum gibt, kann ein einfaches Kleinbürgertum ohne Mißverständnisse und mit freundlichem Humor »poetisiert« werden, wie es in dieser Erzählung geschieht. An einer bestimmten Schicht des Volkes wird einfache und unverbildete Menschennatur wahrgenommen. Das Einfache in seiner Idealität drängt zur Konkretisierung im Sozialen hin.

Die Konkretisierung idealer Verhältnisse einfachen Lebens, auch und gerade nach der gesellschaftlichen Seite hin, wird nach dem Ende des deutschen Idealismus, nach dem Tode Goethes und Hegels, von der politischen Entwicklung rasch erzwungen. Sowohl der poetische Realismus wie der historische Materialismus haben dafür gesorgt, jeweils auf ihre Weise. Zunächst, bleiben wir bei der Literatur, nach der lokalen Seite hin: im Versuch, den idealen und idyllischen Ort innerhalb der Realität zu entdecken und darzustellen. Solche Orte sind das Dorf und der Bauernhof, zeitweise — um die Mitte des Jahrhunderts — beliebte Stoffgebiete zumal der deutschen Literatur. Damit werden zweifellos Lebenskreise erschlossen, die man bis dahin kaum als literaturfähig angesehen hatte. [29] Die *Schwarzwälder Dorfgeschichten* von Berthold Auerbach (seit 1843), die *Erzählungen aus dem Ries* von Melchior Meyr (1856) oder später die Romane und Erzählungen Ludwig Anzengrubers sind literarische Zeugnisse solcher Bestrebungen, denen Gotthelfs Bauerndichtung nur bedingt zugehört. Sie haben gemeinsam, daß gebildete Menschen, die diese Schriftsteller ihrer Herkunft nach sind, eine Welt jenseits der Bildung »poetisieren«. Es handelt sich gewiß nicht einfach um spannungslose Idyllen, und von den Fiktionen Salomon Geßners hat man sich weit entfernt. Auch dargestellte Konflikte fehlen nicht; zumal Meyrs Erzählungen machen Standeskonflikte innerhalb einer vorwiegend bäuerlichen Welt zum wiederkehrenden Thema. [30] Gleichwohl bleibt ein idyllischer Zug bestimmend. [31] Selbst dort, wo Konflikte dargestellt werden, Mord und Totschlag nicht ausgeschlossen, ist man bestrebt, im Kraftvollen und Derben die Idealität ursprünglichen, archaischen Lebens zu verklären. Den Dorfroman kann ein Schriftsteller wie Anzengruber aus solcher Sicht ohne Mühe rechtfertigen: solch bäuerliches Leben werde erzählt, »weil der eingeschränkte Wirkungskreis ländlichen Lebens die Charaktere weniger in ihrer Natürlichkeit und Ursprünglichkeit beeinflußt [...]«; und der Literaturgeschichte des einfachen Lebens aufs schönste verpflichtet, fügt er hinzu: »wie denn auch in den ältesten, einfachen, wirksamsten Geschichten die Helden und Fürsten Herdenzüchter und Großgrundbesitzer waren und Sauhirten ihre Hausminister und Kanzler«. [32]

Soziale Fragen werden in dieser Dorfpoesie des poetischen Realismus keineswegs verdrängt. Diese Schriftsteller bleiben den Menschen einfacher Lebenskreise mit Sympathie zugetan; sie üben damit — direkt oder indirekt — Kritik am Bildungsbürgertum ihrer Zeit. Dennoch ist ihrer dargestellten Wirklichkeit der Vorwurf der Wirklichkeitsflucht kaum zu ersparen, sofern man glaubt, daß inmitten der fortschreitenden Industrialisierung eine im letzten heile Welt als ihre Gegenwelt bewahrt werden könnte: »Es kam mir so recht zum Bewußtsein, wie unstät und flüchtig die menschlichen Verhältnisse gerade in der Stadt sind. Auf dem Dorfe alles fest und sicher [...]«, heißt es bei Heinrich Sohnrey. [33] Man bleibt den sozialen Fragen zugewandt, die sich einer Poetik der Versöhnung und Verklärung nicht widersetzen; den akuten Problemen selbst geht man aus dem Weg, wie das beispielhaft Otto Ludwig als »Wortführer« des »poetischen Realismus« demonstriert. Die soziale Romankunst von Dickens ist ihm suspekt. Er verwirft sie als Tendenzliteratur, die der Poesie das Entscheidende schuldig bleibt, und macht

Einfache Lebenskreise 247

mit ihr am Ende kurzen Prozeß: »Weg mit Allem, was Tendenz heißt [...] Polemik und alles Negative ist ein Raupenfraß am Baume der reinen Poesie.« [34] Aber damit wird zugleich offenkundig, daß es neben dem Ort auch den Stand immer weniger gibt, der sich als dieser zur Darstellung einer solchen Idealität eignet oder eignen könnte. Solange Bürgertum und bürgerliche Literatur im Aufstieg waren, hatten sie die Idealität als den Weg vor sich, der sich entsprechend beschreiben ließ. Am Zielpunkt angelangt, sieht man sich einer von Grund auf veränderten Lage gegenüber; und keineswegs ist es so, als könnte auf den dritten Stand in solchen Fragen der vierte unbesehen folgen, weil sich damit nur wiederholen würde, was am »erreichten Sozialen« des Bürgertums sichtbar geworden ist. Dieser neue Stand, der vierte, ist zu sozialkritischem Engagement wie geschaffen, und die moderne Literatur seit dem Naturalismus beweist es. Aber die gewisse Idealität, die nicht nur der poetische Realismus braucht, ist von ihm nicht ohne weiteres zu erwarten: der entfremdete Mensch ist nicht der »wahre« Mensch, um den es der Literatur zu tun ist. So wird es mehr und mehr zum zentralen Problem, wie das, was Rousseau mit den ersten Sätzen seiner Autobiographie meint — einen Menschen in seiner ganzen Naturwahrheit vorzuführen — unter den veränderten Verhältnissen des sozialen Lebens und der sozialen Frage seine Glaubwürdigkeit bewahren kann: wie sich die Idealität der Einfachheit mit der sozialen Bewegung des 19. Jahrhunderts in ein erträgliches Verhältnis bringen läßt. Es handelt sich um Fragen einer veränderten Humanität und ihrer sozialen Bedingungen: um die Frage fernerhin, wie es gelingen kann, die Kritik an der Denaturierung des Menschen durch ein ideales Bild seiner Naturwahrheit zu ergänzen. Im Versuch, einen Menschen (mit den Worten Rousseaus) in seiner ganzen Naturwahrheit vorzuführen, sieht man sich auf einen bestimmten Stand, eine Klasse oder einen in sich geschlossenen Lebenskreis immer weniger verwiesen. Eine solche »Naturwahrheit« wird von keiner dieser Klassen oder Kreise verbürgt. In seinen berühmt gewordenen Aufsätzen über die Arbeiterfrage hält der »Kathedersozialist« Gustav von Schmoller den Gebildeten seiner Zeit das Glück der Ungebildeten entgegen, von dem er vermutlich nicht zu Unrecht meinte, daß es noch hier und da vorhanden sei: »Wer aber tiefer blickt in das menschliche Herz, der weiß, daß in der Hütte des Handwerkers und des Arbeiters oft mehr wahres Glück und mehr wirkliche Zufriedenheit ist als in den Palästen der Reichen, daß die Versöhnung dieser scheinbar so dunkelen äußeren Verhängnisse in dem inneren Lebensglück liegt, das dem äußeren nicht parallel geht.« [35] Im Blick auf die Arbeiterfrage als einer Frage des modernen Industriearbeiters ist diese Aussage mißdeutbar, weil sie die bedrängenden Probleme des Proletariats harmonisiert. Der Arbeiter, den Schmoller mit einem spürbaren Hang zur Idealisierung nennt, kann mit dem Handwerker zugleich genannt werden, der den sozialen Aufstieg weder vor sich noch hinter sich hat, sondern in seinen Verhältnissen verweilt. Das Bild des in seiner Hütte glücklich lebenden Handwerkers ist im

Grunde ein utopisches Bild, das Bild einer Idealität, obgleich nicht völlig abgelöst von den realen Bedingungen des sozialen Lebens; und als ein solches Bild ist es in gewissen Grenzen poetisch zu gebrauchen. Darstellung einfacher Lebenskreise geht in die Darstellung einfacher Menschlichkeit über. Dieser Übergang ist an Fontanes schriftstellerischem Werdegang gut zu verfolgen.

Das Wort von den einfachen Lebenskreisen ist bei Fontane früh belegt; es ist deutlich auf den historischen Roman *Vor dem Sturm* bezogen: »Ohne Mord und Brand und große Leidenschaftsgeschichten, hab ich mir einfach vorgesetzt eine große Anzahl märkischer [...] Figuren aus dem Winter 12 auf 13 vorzuführen, Figuren, wie sie sich damals fanden und im Wesentlichen auch noch jetzt finden. Es war mir nicht um Konflikte zu thun, sondern um Schilderung davon, wie das große Fühlen das damals geboren wurde, die verschiedenartigsten Menschen vorfand und wie es auf sie wirkte. Es ist das Eintreten einer großen Idee, eines großen Moments in an und für sich sehr einfache Lebenskreise«, schreibt Fontane am 17. Juni 1866 an den Verleger Wilhelm Hertz. Der versöhnende Ton — ohne Konflikte — ist unüberhörbar. Die Poetik der Verklärung kündigt sich in solchen Äußerungen an. Von Klassenkampf, wie ihn Karl Marx, der Zeitgenosse, längst konzipiert hatte, kann nicht entfernt die Rede sein. Nicht einmal Standesgegensätze, wie es sie in einigen Erzählungen Fontanes gibt, sind sonderlich erwünscht. Die an und für sich einfachen Lebenskreise sind die Kreise märkischer Menschen, und es besteht kein Grund, die hier gebrauchte Wendung ausschließlich auf die sozial niederen Schichten zu beziehen. Sofern es sie im historischen Roman *Vor dem Sturm* gibt, sind es die Kreise einfacher Bauern, die mit einem märkischen Adligen wie Berndt von Vitzewitz in gutnachbarlicher Verbindung bleiben. Beide Lebenskreise haben gemeinsam, Betroffene geschichtlicher Entscheidungen zu sein, die sie im Gang der Weltgeschichte auf einer unteren Ebene zu spüren bekommen. Doch fällt schon hier an dem Erzähler märkischen Adels eine Vorliebe für die Einfachen und Armen des Volkes auf. Ein Fragment mit der Überschrift *Arme Leute* visiert einen genrehaften Bereich des kleinen Glücks an, das sich zwar wieder zerschlägt, aber die soziologische Lokalisierung bestätigt, die schon bei E. T. A. Hoffmann zu beobachten war: »Mutter und Tochter. Es kommt eine Nachricht ins Haus, der Vater wird ein Amt, eine Stellung, ein kl. Vermögen oder eine kl. Erbschaft erhalten, alles ist noch unsicher, aber es reicht doch aus, die Phantasie beider in Bewegung zu setzen und sie malen sich nun, kleinen Stils, eine Welt von Glück [...]. Am anderen Tag kommt die Nachricht: es sei nichts [...].« [36]

Die Wendung von den einfachen Lebenskreisen gewinnt im Romanschaffen Fontanes zunehmend an Bedeutung. Der Begriff erweist sich als überaus komplex und ist vielfach nur aus den Erzählungen heraus interpretierbar. Schon mit den Kriminalgeschichten befinden wir uns in einem von Grund auf veränderten Milieu. *Unterm Birnbaum* erzählt die Geschichte eines

Einfache Lebenskreise 249

Außenseiters in dörflichen Verhältnissen. Fast könnte man versucht sein, von einer Dorfgeschichte zu sprechen, wenn man in dieser Mordgeschichte nicht jeden Zug zum Genrehaften vermißte. Am ehesten entspricht die Schilderung der Mennoniten-Gemeinde in *Quitt* einer solchen genrehaften Tendenz. Aber auch da, wo sich Fontane mit den Armen des Volkes einläßt, spart er den vierten Stand aus. »Alles Interesse ruht beim vierten Stand«, heißt es 1896 (im Brief an J. Morris). Aber diese Auffassung bleibt bloß »theoretisch«. [37] In den siebzehn Romanen, wie sie ausgeführt und abgeschlossen vorliegen, sind Menschen aus dem Arbeiterstand so gut wie nicht vorhanden, und der Feilenhauer Torgelow, der etwas lädierte Typus der neuen Sozialdemokratie, ist ein schwacher Ersatz. Bei dem Roman ohne Konflikte bleibt es keineswegs. Auch soziale Konflikte, als Standesgegensätze, werden Themen seiner Erzählkunst. Aber mit dem aufkommenden Klassenkampf und einer davon abhängigen Gesellschaftskritik — einer in jedem Punkt dezidierten Kritik — hat Fontane nichts zu tun. Und selbst dann, wenn er seine Romane uneingeschränkt aus der Sicht des vierten Standes geschrieben hätte, bliebe zu fragen, ob die Aktivierung des Mitleids schon als Ziel der Erzählung genügt. Fontane war keineswegs bereit, sich mit der Schilderung sozialen Elends zufrieden zu geben, und vielleicht war er in diesem Punkt zu sehr noch der Vertreter eines »poetischen Realismus«, um mit den Naturalisten ganz und gar eines Sinnes zu sein. Was ihm als Verklärung wichtig war, ließ sich mit dem Verfahren der Naturalisten nicht ohne weiteres vereinbaren. Inwieweit die poetische Idee der einfachen Lebenskreise gegenüber den zeitgerechten Forderungen des Naturalismus noch bestehen kann, ist zu fragen.

Am deutlichsten hat sich Fontane in den Auseinandersetzungen mit Turgenjew und Zola vom zeitgenössischen Naturalismus abgegrenzt. Die Briefe vom Sommer 1881 — Fontane befindet sich wieder einmal in der Sommerfrische im Harz — geben darüber Auskunft: »Gestern und heut hab ich wieder eine kleine Turgeniewsche Geschichte gelesen. Immer dieselbe Couleur in grün. [...]. Der Künstler in mir bewundert alle diese Sachen, ich lerne draus, befestige mich in meinen Grundsätzen und studire russisches Leben. Aber der Poet und Mensch in mir wendet sich mit Achselzucken davon ab. Es ist die Muse in Sack und Asche, Apollo mit Zahnweh. Das Leben hat einen Grinsezug. Er ist der richtige Schriftsteller des Pessimismus und man kann an diesem ausgezeichneten Talente wahrnehmen, welch häßliches Ding diese pessimistische Weltanschauung ist. Er hat Esprit und Geist, aber durchaus keinen erquicklichen Humor, überhaupt keinen Tropfen Erquicklichkeit. Das Tragische ist schön, und selbst das blos Traurige will ich mir unter Umständen gefallen lassen; er giebt uns aber das Trostlose« (an seine Frau vom 9. Juli 1881). [38] Was Fontane an solcher Literatur des Pessimismus vermißt, nennt er unmißverständlich beim Namen. Er vermißt das, was »verklärt« und die erzählte Geschichte aus der Trostlosigkeit befreit, in die sie ohne solche Verklärung geraten muß: »Ich bewundre die scharfe Beobachtung und das hohe Maaß phrasenloser, alle Kinkerlitzchen verschmähender Kunst, aber eigentlich langweilt es mich, weil es im Gegensatze zu den theils wirklich poetischen, theils wenigstens poetisch sein wollenden Jäger-Geschichten so grenzenlos prosaisch, so ganz *unverklärt* die Dinge wiedergiebt. Ohne diese Verklärung giebt es aber keine eigentliche Kunst« (an seine Frau vom 24. Juni 1881). Ähnlich lautet das Urteil über die Romankunst Zolas oder doch über einige seiner Romane. Zwei Jahre nach der Auseinandersetzung mit Turgenjew ist er mit einem der *Rougon-Macquart*-Bände befaßt, mit *La Fortune des Rougons*; und wieder wird das gänzlich Unverklärte bedauert: »So *ist* das Leben nicht, und wenn es so wäre, so müßte der verklärende Schönheitsschleier dafür geschaffen werden« (an seine Frau vom 14. Juni 1883). Das Häßliche, fährt Fontane fort, »präpondirt«: »Was von ›Idealität‹ daneben herläuft [...] ist Verzerrung, Poesie mit Albernheit verquickt [...].« Einige Jahre später nimmt er gegen jede einseitige Darstellung des Häßlichen erneut Stellung und schreibt (am 10. Oktober 1889): »Der Realismus wird ganz falsch aufgefaßt, wenn man von ihm annimmt, er sei mit der Häßlichkeit ein für allemal vermählt. Er wird erst ganz echt sein, wenn er sich umgekehrt mit der Schönheit vermählt und das nebenherlaufende Häßliche, das nun mal zum Leben gehört, verklärt hat. Wie und wodurch? Das ist seine Sache zu finden. Der beste Weg ist der des Humors« (an F. Stephany).

Das ist ein deutliches Votum. Aber das alles bestimmende Darstellungsprinzip ist der Humor keineswegs. Es gibt Erzählungen, die weithin ohne ihn auskommen, und besonders in denjenigen, die es wie *Irrungen, Wirrungen* und *Stine* betontermaßen mit einfachen Lebenskreisen zu tun haben, ist es der Fall. Die gegenüber Zola geltend gemachte »Idealität« als eine conditio sine qua non ist in diesen Erzählungen nicht Humor. Aber auch im Einfachen der Lebenskreise ist eine solche Idealität kaum zu erkennen. Die Erzählungen dieser Jahre entfernen sich von der »Versöhnlichkeit« des historischen Romans beträchtlich. Es sind Konfliktsromane, die sich um Standesgegensätze gruppieren. Mit solchen Standesgegensätzen entfernt sich Fontane zwar auch vom »Naturalismus« des vierten Standes und der Darstellung einer Konfliktlage, wie sie im Klassenkampf beschlossen liegt. Die Standesgegensätze sind in erster Linie solche zwischen Adel und Bürgertum, und die soziale Lage des vierten Standes kommt kaum je zur Sprache. Dennoch stehen diese ein wenig veraltet anmutenden Konflikte im Zentrum der Romane. Der Idealität des einfachen Lebens aber geht Fontane dadurch aus dem Weg, daß er das trennende Standesbewußtsein nicht auf die Gegensätze zwischen Adel und Bürgertum beschränkt. Er trennt auch die Angehörigen des dritten Standes untereinander. Standesbewußtsein und Standesdünkel gibt es mithin in allen Klassen. Schon im historischen Roman *Vor dem Sturm* war das der Fall. Die damit verbundenen Vorurteile sind bis zu einem gewissen Grade zeitbedingt; aber zum anderen Teil sind sie als etwas aufzufassen, das es in jeder Gesell-

Einfache Lebenskreise 251

schaft zu jeder Zeit gibt und geben kann. Auch aus diesem Grund ist das Einfache in seiner Idealität — als das, was nicht mehr trennt und entzweit — mit dem Vorhandensein einfacher Lebenskreise nicht schon gegeben. Die Gesellschaft, die der Menschlichkeit des Menschen abträglich ist, existiert überall, und der Idylle als einem gleichsam gesellschaftsfreien Ort scheint kein Lebensrecht mehr eingeräumt zu sein. Es gibt in diesen Erzählungen weder den idealen Stand noch den Ort in seiner Idealität, den man brauchte, wenn es darum geht, über die gesellschaftskritische Darstellung hinaus eine solche Idealität zu erreichen. Fontane hütet sich, die Darstellung einfacher Lebenskreise in eine Idylle einfachen Lebens zu verwandeln. Er schreibt weder eine Hirtennovelle, noch einen Bauernroman. Der Lebensraum der Großstadt bleibt der Raum seiner Romane, und wo er ländliches Leben schildert, ist es adliges Landleben mit seiner von ihm nie völlig verleugneten Poesie, die der erstrebten Idealität in gewissen Grenzen entgegenkommt. Solche Ausblicke in die Literaturgeschichte des einfachen Lebens sind durchaus nicht unhistorisch gemeint. Zwar erscheinen die einschlägigen Werke wie Paul Ernsts *Der schmale Weg zum Glück* oder Gustav Frenssens *Jörn Uhl* erst unmittelbar nach Fontanes Tod. Aber der Weg an der Zivilisation vorbei und ins einfache Leben hinein beginnt, wie ausgeführt, sehr früh. Fontane geht dieser Gefahr entschlossen aus dem Weg, und wo er im Begriff war, die Idealität solcher Lebenskreise in ausgeführten Schilderungen vorzuführen wie in *Quitt,* ist es ihm einigermaßen mißlungen. Dennoch braucht er nicht nur aufgrund seiner Poetik der Verklärung eine gewisse Idealität. Er braucht sie erst recht um der Kunst willen, und wenn sie zwischen Adel und Bürgertum nicht zu erhoffen ist, so noch am ehesten in jenen bürgerlichen Kreisen, die durch den Erwerbssinn der Gründerzeit nicht gänzlich korrumpiert worden sind. Der Adel läßt sich bei aller Kritik, die er in der Optik Fontanes zunehmend verdient, in gewisser Weise noch »idealisieren«, das Großbürgertum mit allen seinen »Verdienstmöglichkeiten« erweist sich hingegen in diesem Punkt als hoffnungslos. Aber die Kleinen, die Kleinbürger, kommen seinen Absichten in gewissen Grenzen entgegen. Dennoch haben die um die Standesgegensätze gruppierten Erzählungen ihr Ziel nicht schon darin, einen Stand zu verklären, in dem sich Glück — und wäre es nur ein kleines Glück — noch allenfalls realisiert.

Standesgegensätze sind so wenig der eigentliche Zielpunkt seiner Romane wie es ein bestimmter Stand ist, für den sie ein für allemal Partei ergreifen. Auch die Überwindung solcher Gegensätze, damit Einheit, Einfachheit oder vielleicht der Zustand einer klassenlosen Gesellschaft an ihre Stelle treten könnte, ist nicht das, was erreicht werden soll. Die Standesgegensätze sind, mit Robert Musil zu sprechen, nur der Wagen, mit dem man fährt. Auch die Konflikte sind dieser Zielpunkt nicht. Sie sind weit mehr Mittel als Zweck. Dieser Zweck beruht darin, daß Menschen auf Konflikte — so oder so — reagieren, wobei sich zeigt, wer sie sind, wer sie menschlich sind. Aber es sind nicht die Lebenskreise als solche, die es verbürgen. Die Erzählungen führen über sie hinaus, indem sie ihnen das entnehmen, was ihnen nach den Gesetzen psychologischer Wahrscheinlichkeit entnommen werden kann. Darstellung einfacher Lebenskreise geht über in Darstellung einfacher Menschlichkeit: das bedeutet keineswegs, daß am Ende eines Zeitalters, in dem der Charakter im Roman seine Einheit verliert, ihm noch einmal seine Bedeutung problemlos zuerkannt würde. Die Herauslösung einfacher Menschlichkeit aus bestimmten Lebenskreisen der modernen Gesellschaft ist ein Ergebnis der poetischen Verfahrensweise – keine »Widerspiegelung« der Realität, wie in den folgenden Kapiteln an *Irrungen, Wirrungen* und *Stine* zu zeigen ist.

1. Irrungen, Wirrungen

Mit *Irrungen, Wirrungen*, einer Berliner Alltagsgeschichte, wie der Untertitel der Erzählung im Vorabdruck der »Vossischen Zeitung« lautet, hat Fontane sich von den Anfängen seiner Romankunst am weitesten entfernt. [39] Dieser kleine, als Buch 1888 veröffentlichte Roman ist erschienen in einer Zeit, in der sich in Deutschland der Naturalismus seinem Höhepunkt nähert. Erst 1878, ein Jahrzehnt zuvor, hatte sich Fontane mit *Vor dem Sturm* dem deutschen Lesepublikum als Romancier vorgestellt; und der historische Roman, mit dem er hervorgetreten war, stand der Tradition schließlich näher als der Programmatik einer jüngeren Generation. Jetzt – am Ende der achtziger Jahre – nähert sich der bald siebzigjährige Schriftsteller eben dieser Generation an, ohne ihr bedingungslos zu folgen. [40] Ältere Freunde sahen solche Annäherungen nicht gern. [41] Sie reagierten – wie Paul Heyse – gereizt; und das war auch sonst der Fall. »Wird denn die gräßliche Hurengeschichte nicht bald aufhören«, soll der Chefredakteur der »Vossischen Zeitung« gefragt worden sein. [42] Lassen wir es dahingestellt, wie zutreffend solche Etikettierungen zu nennen sind: der historische Roman *Vor dem Sturm* hätte zu einer solchen Bemerkung keinen Anlaß gegeben. Dort ging es auf eine fast altfränkische Weise züchtig und sittsam zu. Von freier Liebe außerhalb ehelicher Ordnungen war nirgends die Rede; und das Eheglück, das am Ende gestiftet wird – die Vermählung Lewins von Vitzewitz mit Marie, dem Adoptivkind des Schulzen Kniehase – ist ein Glück, wie es im Buche steht. Es gibt wenig von dem, was man hätte anstößig finden können. *Vor dem Sturm* war als ein Roman ohne Konflikte konzipiert worden; und als ein solcher wurde er auch abgeschlossen und veröffentlicht. Die Handlung in *Irrungen, Wirrungen* – wie ähnlich in den vorausgegangenen Eheromanen – ist um Konflikte gruppiert. Es sind in erster Linie gesellschaftliche Konflikte; um solche handelt es sich auch dort, wo Vorgänge des persönlichen und intimen Lebens erzählt werden, also Liebesgeschichten im eigentlichen Sinn. Daß auch in diese Gesellschaftliches hineinwirkt, ist jedem Leser Fontanes vertraut. In *Irrungen, Wirrungen* – ähnlich wie in *Stine* – sind solche Konflikte mit den Standesgegensätzen gegeben. Kein

Zweifel, daß es Konflikte der bürgerlichen Klassengesellschaft sind. Wenn man bedenkt, wie Fontane als Erzähler schon in seinem ersten Roman darauf gerichtet war, Standesunterschiede auszugleichen und zu beseitigen, weil sie sich beseitigen lassen, so könnte man geneigt sein, die zehn Jahre später veröffentlichten Erzählungen als einen realhistorischen Rückschritt aufzufassen. Denn was im historischen Roman schon weithin beseitigt war, kehrt nunmehr in dargestellten Konflikten zurück. Aber Realgeschichte und erzählte Geschichte sind unterschiedliche Dinge; davon abgesehen, war es durchaus berechtigt, Standesgegensätze als zeitgenössische Motive zu verwenden und entsprechend einzusetzen.

Noch befinden wir uns in der Regierungszeit Bismarcks, blicken wir auf den zeitgeschichtlichen Kontext unserer Erzählung. Der Abbau der Standesunterschiede und Klassengegensätze wird zwar von der aufbegehrenden Sozialdemokratie gefordert, aber an dem noch vorhandenen Dreiklassenwahlrecht in Preußen änderten solche Forderungen nichts. »Der Ständestaat blieb unangetastet, und mit ihm die überkommene soziale und ökonomische Ordnung«; so stellt es sich aus der Sicht heutiger Wirtschaftsgeschichte dar. [43] Duelle als Privilegien einer Klasse sind nach wie vor an der Tagesordnung; und in der Außenpolitik wie im Militärstand hält der Adel die höheren Ränge auch weiterhin besetzt. Unbeschadet aller Verdienste, die sich Bismarck bei der Schaffung einer modernen Sozialgesetzgebung erworben hat — in dem von ihm geschaffenen Reich fehlte es an sozialen Gegensätzen keineswegs. Es gab sie zwischen den Gebildeten und den Ungebildeten, zwischen dem Adel und allen anderen Ständen; aber auch zwischen allen anderen und dem vierten Stand. Die Gesellschaftsgeschichte des neunzehnten Jahrhunderts hatte infolge der industriellen Revolution, und erst recht infolge der wirtschaftlichen Expansion in der Zeit Bismarcks, solche Unterschiede und Gegensätze eher deutlicher hervortreten lassen, als sie in den zurückliegenden Jahrzehnten hervorgetreten waren; und auch nach dem Sturz des Kanzlers hat sich das nur vorübergehend geändert. Fontane benutzt mithin realhistorische Tatbestände. Aber er benutzt sie als Erzähler auf seine Weise, und zum Zielpunkt seiner Erzählung macht er sie nicht. Es war mit Gewißheit nicht seine Absicht, Klassengegensätze, Klassenkonflikte oder Klassenkämpfe in ihrer realhistorischen Bedeutung zu behandeln und womöglich nach Lösungen zu suchen, die man bei der Vertracktheit der Verhältnisse von einem Politiker kaum erwarten konnte, von einem Schriftsteller noch weniger. Er behandelt überdies Standesgegensätze — keine Klassenkämpfe. Die Unterschiede im Sprachgebrauch — zwischen Stand und Klasse — sind nichts Nebensächliches. [44] Unterschiede des Standes sind gegenüber dem, was Klassen voneinander trennt, weniger schroff. Sie bezeichnen den Status, dem man sich zugehörig weiß in »Symbolen«, die wie das Duell, trotz Kampfunfähigkeit und Tod, etwas am Ende Bangloses darstellen. Im Kampf der Klassen gegeneinander werden »existentielle« Lebensrechte vertreten oder zu verbessern gesucht. Die Hervorkehrung des Standes dient häufig nur der »Verschönerung« des Daseins: man legt Wert darauf, etwas zu sein; man betont die Statussymbole, die an sich nichts Lebensnotwendiges sind. Die Kämpfe im Duell als Symbole solch statusbewußten Denkens sind »bloß« symbolische Kämpfe. Klassenkämpfe — berechtigt oder nicht — haben einen derart nur symbolischen Sinn nicht. Standesunterschiede sind vielfach unverbindlich; Klassenkämpfe werden mit Entschiedenheit und Erbitterung geführt. Daher können die Standesunterschiede auch innerhalb eines Standes hervortreten. »<u>Jeder Stand hat seine Ehre</u>«, heißt es bezeichnenderweise in *Irrungen, Wirrungen* (II/334). Fontane ist in erster Linie an *solchen* Unterschieden interessiert. Seine »Interessen« sind daher weit mehr gesellschaftlicher als allgemein politischer Art. Die Klasse der arbeitenden Menschen und die Nöte dieser Menschen sind ihm gewiß nichts Nebensächliches gewesen, weil menschliche Not einem Schriftsteller niemals etwas Nebensächliches sein kann. Es gibt aber vielerlei Not, und man muß einem freien Schriftsteller schon selbst die Wahl seiner Themen überlassen. Man darf ihn nicht nach Intentionen beurteilen, die außerhalb seiner erzählten Geschichten liegen.

Das in vieler Hinsicht Belanglose und Triviale in der Behandlung von Standesgegensätzen und Standesvorurteilen gilt es mithin in Rechnung zu stellen. Im Falle Fontanes sind es gerade solche Belanglosigkeiten, die ihm wichtig sind. Ob ein Adliger ein Mädchen bürgerlichen Standes ehelicht, ob man also »standesgemäß« bleibt, wenn man heiratet, das ist eine, allenfalls auf Vorurteilen beruhende Bagatelle von weltgeschichtlicher Irrelevanz ohnegleichen. Auch innerhalb der Gesellschaft, die Fontane in *Irrungen, Wirrungen* schildert, sind solche Gegensätze etwas Nebensächliches geworden: »Unsere heut vollzogene eheliche Verbindung beehren sich anzuzeigen Adalbert von Lichterloh, Regierungsreferendar und Leutenant der Reserve, Hildegard von Lichterloh, geb. Holtze.« (II/457) Ist das gewesene Fräulein Holtze, wie hier, aus gutem, will sagen: aus vermögendem Haus, so können sich die Einsprüche erledigen. Sie erledigen sich ebenso, wenn es in solchen Verhältnissen ehelich zugeht — wie es sich gehört. Man läßt in Adelskreisen mit sich reden. Und wenn man vielfach schon zu Zeiten Fontanes so dachte, wird man diesem selbst nicht unterstellen müssen, er hielte es auch weiterhin einseitig mit der überlieferten Ordnung. Er hat häufig zum Ausdruck gebracht, was er von Unterschieden wie diesen hielt: nämlich nichts. In einem Brief an seinen Sohn, der sich auf *Irrungen, Wirrungen* bezieht, spricht er sich darüber rückhaltlos aus: »Gibt es denn, außer ein paar Nachmittagspredigern, in deren Seelen ich auch nicht hineinkucken mag, gibt es denn außer ein paar solchen fragwürdigen Ausnahmen noch irgendeinen gebildeten und herzensanständigen Menschen, der sich über eine Schneidermamsell mit einem freien Liebesverhältnis *wirklich* moralisch entrüstet? *Ich kenne keinen* und setze hinzu, Gott sei Dank, daß ich keinen kenne« (An Theodor Fontane vom 8. September 1887).

Mit solchen Äußerungen berührt Fontane einen Punkt seiner Erzählungen, der von einigen zeitgenössischen Lesern als besonders anstößig angesehen worden war. Es handelt sich dabei nicht um beliebige Standesunterschiede, sondern um solche zwischen den geordneten Verhältnissen einer Ehe einerseits und einem freien Liebesverhältnis zum andern. Das vor allem Anstößige in der zeitgenössischen Rezeption betrifft den Umstand, daß es jemand gewagt hat, offen zu erzählen, was ›man‹ allenfalls heimlich tut, ohne darüber öffentlich zu sprechen. Diese Geschichte der Standesunterschiede stellte sich in der Auffassung einzelner Zeitgenossen Fontanes als eine Unsittlichkeitsgeschichte dar, die man um der öffentlichen Moral willen nicht ohne weiteres hinzunehmen bereit war. Aber gerade an solchen Diskrepanzen zwischen Heimlichkeit und Offenheit ist Fontane interessiert, wenn er als Erzähler offen ausspricht, was einige seiner zeitgenössischen Leser lieber verschwiegen oder verdrängt sehen möchten. In dem schon erwähnten Brief an den Sohn bringt er es deutlich zum Ausdruck: »Wir stecken ja bis über die Ohren in allerhand konventioneller Lüge und sollten uns schämen über die Heuchelei, die wir treiben, über das falsche Spiel, das wir spielen.« Die zeitgenössische Kritik hat dieses moralisch nicht ganz einwandfreie Verhältnis vor allem hervorgekehrt, und sie kam damit zweifellos auch den Leserinteressen entgegen. Zwar schildert Fontane die Übernachtung Bothos und Lenes in Hankels Ablage nicht im Detail. Aber jeder Leser weiß, woran er ist, wenn er diese Kapitel gelesen hat. Otto Brahm, einer der zeitgenössischen Rezensenten, verteidigt denn auch dieses von der bürgerlichen Moral ein wenig abweichende Verhalten ausdrücklich, wenn er schreibt: »Zur Naturgeschichte des ›Verhältnisses‹ liefert Fontane die treffendsten Beispiele, und der versteht wahrlich die Aufgabe der modernen Poesie schlecht, der ihr rät, das ›Peinliche‹ hier, das ›Unmoralische‹ dort aus ihrem Reiche auszuschließen.« [45] Auf Goethe als »Vorläufer« solcher Geschichten wird dabei verwiesen: die Philine im *Wilhelm Meister* sei ja ihrerseits eine solche, nicht ganz einwandfreie Person: die erstaunlichste Gestalt des Romans, sagt Otto Brahm.

Aber zumal an solchen Formen zeitgenössischen Standesbewußtseins wird sichtbar, daß es sich nicht nur um belanglose Symbole handelt, sondern um Standesunterschiede, die in sozialgeschichtlicher Hinsicht nichts Bedeutungsloses sind. Die Offiziersdamen, die das vermeintliche Liebesidyll in Hankels Ablage stören, liefern das Modell. Ihr »Verhältnis« ist eines auf Zeit. Liebe wird zur Liebelei; dagegen wäre soviel nicht einzuwenden — nicht alles muß seine »existentielle Tiefe« haben! —, wenn damit nicht Zurücksetzungen in sozialer Hinsicht verbunden wären. Die es sich »leisten« können, sind vermögende Akademiker oder Offiziere, und die davon für einen Abend oder auch für mehrere Abende profitieren, sind »arme Mädels«, die bei diesen Gelegenheiten zwar nicht in die große Welt eingeführt werden, aber doch ein wenig »Demimondeschaft« kennenlernen. Soziale Unterschiede, Unterschiede des Standes, sind eine Voraussetzung solcher Verhältnisse auf Zeit. Dergleichen hat es seit je gegeben. Jetzt aber wird man sich des nicht mehr ganz Zuträglichen derartiger Verhältnisse deutlicher bewußt. Das ist bei Fontane ebenso der Fall wie bei dem um diese Zeit in die Literatur eintretenden Arthur Schnitzler. Die »süßen Mädels« seiner Dramen und Erzählungen stammen zumeist aus kleinbürgerlichen Kreisen; und auch dabei hat man es mit bestimmten Standesunterschieden zu tun: mit den männlichen Partnern aus wohlhabenden Verhältnissen einerseits und den davon abhängigen Mädchen zum andern. Den auf solche Weise Deklassierten wird es verwehrt, gleichberechtigte Partner in einem Liebesverhältnis zu sein, die um der Wahrheit der Liebe willen auf eine Gleichberechtigung Anspruch haben. Daß man bestimmten »Geschöpfen« der Gesellschaft etwas vorenthält, worauf sie nach der menschlichen Seite hin Anspruch haben, ist hier das sozial Relevante der Standesunterschiede, um die es vor allem in *Irrungen, Wirrungen* — wie ähnlich in *Stine* — geht. Zwar setzt das freie Liebesverhältnis ohne die Sanktionierung der Ehe Standesunterschiede nicht unbedingt voraus; freie Liebe kann es auch innerhalb einer homogenen Gesellschaft geben. Dennoch werden solche Verhältnisse durch soziale Differenzen begünstigt. Je geringer diese Differenz, um so schwerer wird es der gesellschaftlich überlegene Partner haben, nach seinem Gutdünken über den anderen zu »verfügen«. Menschen einfachen Standes sind wie geschaffen, die hier in Frage stehende Partnerschaft — eine sehr ungleiche Partnerschaft — zu übernehmen. Nicht zufällig wird daher die soziale Differenz in beiden Erzählungen vergrößert. Hier wie dort sind es Mädchen einfachen Standes — keine Proletarierinnen, wohlgemerkt! —, die ein »Verhältnis« zu Offizieren aus adligem Hause unterhalten. Aber ist eine solche Differenz eigentlich »realistisch«, wenn gezeigt werden soll, daß Standesunterschiede in mancher Hinsicht etwas längst Überholtes sind? Ein Verhältnis zwischen Partnern aus gebildetem Adel und dem gebildeten Bürgertum durch die Ehe zu sanktionieren, ist auch in der Realgeschichte des neunzehnten Jahrhunderts nichts Außergewöhnliches mehr. Hier aber handelt es sich um tiefgreifende Unterschiede der Lebensformen, und zu fordern, daß schlechterdings alle Schranken der sozialen Herkunft fallen müssen, hieße Utopisches fordern: denn es ist nicht anzunehmen, daß sich Menschen bei solchen Unterschieden des Bewußtseins und der Herkunft in einer Ehe unbedingt verstehen. Aber das ist auch gar nicht das Ziel der so behandelten Standesunterschiede in beiden Erzählungen Fontanes. Die Lüge, die es aufzudecken gilt, beruht darin, daß man selbst tut, was man beanstandet: daß die Moral einer Gesellschaft Regeln vorschreibt, die man nicht unbedingt zu befolgen bereit ist. Fontane spricht im erwähnten Brief an seinen Sohn von »konventioneller Lüge«. Solche Lebenslügen dem zeitgenössischen Leser zum Bewußtsein zu bringen, ist wenigstens als eine seiner Nebenabsichten anzusehen. Daß er sich dabei mit Ibsen berühren mußte, liegt auf der Hand.

Aber auch das freie Liebesverhältnis, durch Standesunterschiede begünstigt, ist nicht das Ziel, das sich unsere Erzählung gesetzt hat. Diese Unterschiede sind, wie schon gesagt, nur der Wagen, mit dem man fährt. [46]

Denn freie Liebe, die durch gesellschaftliche Rücksichten nicht eingeengt wird, kann gegenüber Ordnung, Sitte und Moral etwas Menschliches sein. Wo sich Menschen unmittelbar als Menschen begegnen, haben gesellschaftliche Rücksichten keine Geltung. Dagegen sind Standesunterschiede in jedem Fall gesellschaftlich bedingt, und als diese sind sie Fontane wichtig. Es gibt sie überdies in allen Ständen, und die in der Erzählung selbst geäußerte Redensart — »Jeder Stand hat seine Ehre« — besteht zu Recht. Wie betont, ist es eine Eigentümlichkeit von Standesunterschieden, daß sie sich nicht auf einen bestimmten Stand beschränken, sondern in allen Ständen angetroffen werden; sofern in einem Staatswesen nicht unterschiedlose Gleichheit aller besteht, muß es Standesunterschiede der verschiedensten Art weiterhin geben. In Irrungen, Wirrungen geht es um ein solches in allen Ständen zu beobachtendes Standesbewußtsein; und das intimste Verhältnis unter Menschen in Ehe oder freier Liebe ist nur das geeignete »Demonstrationsobjekt« — mit dem Ziel, die den Menschen einengende Gesellschaftlichkeit noch in einem Bereich zu zeigen, in dem sie eigentlich nichts zu suchen hat.

Wie sehr das der Fall ist, zeigt sich an den Gärtnersleuten, die wir kennenlernen, kaum, daß uns die Lokalitäten mitgeteilt worden sind. Es sind Menschen von typisch kleinbürgerlicher Herkunft; und daß es Typisches auch in solchen einfachen Lebenskreisen gibt, läßt vermuten, daß es keine gesellschaftsfernen Lebenskreise sind. Der Frau des Gärtners — es ist seine zweite Frau — ist die Gesellschaft nicht nebensächlich. Sie legt Wert auf das, was die Leute sagen. Daher hat sie sich auch mit standesamtlicher Trauung nicht begnügt: »Und drum bin ich auch in die Kirche mit ihm gefahren und nich bloß Standesamt. Bei Standesamt reden sie immer noch.« (II/321) Überhaupt hat die Gärtnersfrau einen Hang zum Vornehmtun bei aller Schlichtheit ihrer Redeweise; sie hat Sinn fürs »Feine«. [47] Die Behausung der Dörrs wird eingangs ein Schloß genannt. Aber das ist eine durchaus humoristische Beschreibungsart des Erzählers: »Ja, dies ›Schloß‹! In der Dämmerung hätt' es bei seinen großen Umrissen wirklich für etwas Derartiges gelten können, heut' aber, in unerbittlich heller Beleuchtung daliegend, sah man nur zu deutlich, daß der ganze bis hoch hinauf mit gotischen Fenstern bemalte Bau nichts als ein jämmerlicher Holzkasten war [...].« (II/322) Es kommt dem Erzähler sichtlich nicht ausschließlich auf Hervorkehrung von Standesunterschieden an, sondern gleichermaßen auf das, was in den verschiedenen Ständen ähnlich oder vergleichbar ist. Dieser Erzähler ist auf seine Art an einer gewissen Gleichmacherei interessiert. Er macht uns darauf aufmerksam, daß im Garten der Dörrs und der Rienäckers schließlich dasselbe Gemüse wächst. Botho wird sich solcher botanischen Gleichheit in einem Gespräch mit Lene bewußt. Sie fragt ihn, woran er denn eben gedacht habe; und er antwortet: »Woran ich dachte, Lene? Ja, fast schäm' ich mich, es zu sagen. Ich hatte sentimentale Gedanken und dachte nach Haus hin an unsren Küchengarten in Schloß Zehden, der genau so daliegt wie dieser Dörrsche, dieselben Salatbeete mit Kirschbäumen dazwischen, und ich möchte wetten,

auch ebenso viele Meisenkästen. Und auch die Spargelbeete liefen so hin.«
(II/344)
  Wie auch sonst ist Komik das wirksamste Mittel zur Darstellung von Gleichmacherei. Wenn alle Menschen komisch sind, wenn es Komik in allen Klassen und in allen Ständen gibt, dann sind die Menschen wenigstens in diesem Punkt einander gleich, und alle Standesgrenzen erledigen sich von selbst. Doch erweisen sich hierfür die »Gesellschaftsmenschen« eines jeden Standes als bevorzugte »Objekte«. Sie vor allem geraten in das unerbittlich helle und grelle Licht der Komik. Auch Gideon Franke, der kleinbürgerliche Sektierer, oder die schon erwähnten Gärtnersleute werden von ihr nicht verschont. Eine Komik besonderer Art ergibt sich stets durch unangemessene »Übertragung« bestimmter Begriffe aus einer Lebenssphäre in die andere. Die Bezeichnung der Dörrschen Behausung als eines Schlosses wurde schon erwähnt. Der auf Komik angelegte Vergleich wird fortgesponnen, wenn erläuternd hinzugefügt wird, daß dieser riesige Holzkasten in vordörrscher Zeit als Remise gedient habe. Das hört sich an, als habe man es mit der Regierungszeit einer berühmten Dynastie zu tun. Indem das vermeintlich Historische mit dem ganz Gewöhnlichen konfrontiert wird, entsteht jene Komik, der hier und sonst die Funktion einer gewissen »Gleichmacherei« zukommt. In der etwas dürftigen Welt der kleinen Leute werden die Gepflogenheiten der vornehmen Welt imitiert. Botho fordert zum Tanze auf, und Vater Dörr schlägt mit dem Knöchel zum Takt ans Kaffeebrett. Die Komik läßt nichts zu wünschen übrig. Aber sie bleibt, wie gesagt, auf die Kreise der Kleinbürger nicht beschränkt; denn auch im Adel treffen wir sie an. Bothos spätere Frau ist von allem Komischen nachgerade fasziniert. Die jungen Eheleute sind nach Italien zur Hochzeitsreise aufgebrochen; und in Dresden macht man Station, wie es sich gehört. Botho ist an allen Sehenswürdigkeiten interessiert; Käthe dagegen hing »lediglich am Kleinen und Komischen«. Er fragt, was ihr denn in Dresden am besten gefallen habe. Sie nennt unter anderem das Sommertheater, »wo wir ›Monsieur Herkules‹ sahn und Knaak den Tannhäusermarsch auf einem klapprigen alten Whisttisch trommelte. So was Komisches hab' ich all mein Lebtag nicht gesehn und du wahrscheinlich auch nicht. Es war wirklich zu komisch...«, gibt sie zur Antwort. (II/412) »Komisch« ist ein stereotype Wendung ihrer Redeweise, die sie benutzt, ohne sich viel dabei zu denken. An dem Ort Kötschenbroda fällt ihr das Komische des Namens auf, und Namen sind es bei Fontane immer erneut, in die er eine für sich selbst sprechende Komik versteckt. [48] So auch im Falle Gideon Frankes, des ein wenig komischen Konventiklers, der Lene schließlich heiratet. Über die Komik der Namen unterhalten sich die Eheleute Rienäcker am Ende unserer Erzählung. Käthe liest beim Frühstück aus der von ihr bevorzugten Zeitung und entdeckt dabei eine Vermählungsanzeige, die Botho nichts Nebensächliches sein kann: »Ihre heute vollzogene eheliche Verbindung zeigen ergebenst an: *Gideon Franke*, Fabrikmeister. *Magdalene* Franke, geb. Nimptsch...« Und Käthe kommentiert:

»Nimptsch. Kannst du dir was Komischeres denken? Und dann Gideon!« Worauf Botho erwidert: »Was hast du nur gegen Gideon, Käthe? Gideon ist besser als Botho.« (II/475)
Im Umkreis der Komik wird in jedem Fall deutlich, in welchem Maße eine Person der Gesellschaft und ihren Denkmustern verhaftet ist. Der Ausdruck des Natürlichen als ein Ausdruck des Menschlichen wird eingeengt in dem Maße, in dem Komik dominiert. Eine Tendenz zu reduzierter Menschlichkeit ist damit verbunden. Fontane versteht es, Derartiges in der Sprache zu nuancieren. Die Sprachkritik, die er dadurch unauffällig übt, wird wie die Komik, gegenüber allen Ständen geübt. So auch mit Beziehung auf die Dörrs. Seine Frau behandelt der Gärtner mit einer Zärtlichkeit, die sich, gemessen am Alter, etwas komisch ausnimmt. Er nennt sie Suselchen — ein Zärtlichkeitsname, der zur fülligen Erscheinung der Frau Dörr nicht so recht passen will. Das Menschlich-Intime wirkt im Licht der Öffentlichkeit ein wenig verzerrt — es wirkt lächerlich. Vor solchen Zärtlichkeitsanwandlungen ist die Gärtnersfrau gefeit. In ihrer Redeweise treten mit dem Grad der Komik die Momente einer reduzierten Menschlichkeit deutlicher hervor; vor allem in der Art, wie sie über ihren Mann zu sprechen pflegt. Über seine äußere, nicht sehr vorteilhafte Erscheinung macht sie sich lustig. Nicht sonderlich taktvoll erwähnt sie, daß er ihr schon alles verschrieben habe, wenn ihn eines Tages der Schlag rühren sollte. Das ist nicht so zynisch gemeint, wie es sich anhört. Vielmehr entsprechen ihre Reden einer Gepflogenheit, die sie mit anderen Frauen ihres Standes teilt: »Sie sprach dann, nach Art aller Berliner Ehefrauen, ausschließlich von ihrem Manne, dabei regelmäßig einen Ton anschlagend, als ob die Verheiratung mit ihm eine der schwersten Mesalliancen und eigentlich etwas halb Unerklärliches gewesen wäre.« (II/422) Eine gewisse Lieblosigkeit in der Sprache fällt auf. Es ist unter den Freunden Bothos nicht anders. Mit dessen späterer Frau geht man im Gespräch nicht eben zimperlich um, wenn man unter sich ist: »[...] sie war damals wie 'ne Bachstelze, und wir nannten sie so und war der reizendste Backfisch, den Sie sich denken können. Ich seh' noch ihren Haardutt, den wir immer den Wocken nannten. Und den soll Rienäcker nun abspinnen.« (II/361) Solche Redeformen sind bei allen Unterschieden nicht die eines bestimmten Standes. Sie sind vielmehr der Ausdruck von Gesellschaftlichkeit schlechthin. Auf Formen reduzierter Menschlichkeit deutet auch Botho hin, wenn er auf seinen komisch geratenen Onkel zu sprechen kommt. Er taucht jedesmal dann in Berlin auf, wenn er einen neuen Sattel benötigt. Sein sichtlich verschrobenes Standesbewußtsein wird in der Optik des Menschlichen erfaßt — alles sehr beiläufig und mit jener Kunst der Anspielung, die Fontane ausgezeichnet beherrscht. Dieser Onkel, so berichtet Botho, sei in einem Winkel zu Hause, wo Bentsch, Rentsch, Stentsch liegen; und er fügt vieldeutig hinzu: »lauter Reimwörter auf Mensch, selbstverständlich ohne weitre Konsequenz oder Verpflichtung.« (II/351) Es ist tatsächlich das Sein, das hier das Bewußtsein bestimmt — das Standesbewußtsein, versteht

sich, das sich in allen Ständen regt. Damit gelangt etwas »Jederzeitliches« in die dargestellte Zeitlichkeit. Über alle zeitbedingten Standesgegensätze hinweg geht es um Gesellschaftlichkeit in allen Ständen und damit zugleich um das, was die Menschlichkeit des Menschen einengt und reduziert.

Auf die Darstellung des »Jederzeitlichen« in diesen Geschichten zeitbedingter Standesgegensätze legt Fontane sichtlich Wert. Als Erzähler ist es ihm darum zu tun, das, was an einer Gesellschaftsordnung kritisierbar ist, zu kritisieren. Solche Kritik zielt darauf hin, daß es besser werde und anders sei. Kritik am Bestehenden, wenn sie einen Sinn haben soll, ist auf Veränderung gerichtet. Aber zugleich gibt es im Zeitbedingten etwas, das jederzeit so ist, weil es in der Natur des Menschen angelegt scheint. In *Irrungen, Wirrungen* läßt Fontane die alte Nimptsch etwas Derartiges, aber ganz in seinem Sinn Gemeintes, sagen. Der schlichte Satz, auf den es hier ankommt, lautet: »Aber die Menschen waren damals so wie heut'.« (II/372) Das ist kein sehr origineller Gedanke. Alfred Döblin äußert sich ähnlich in seinem *Hamlet*-Roman: »und der Mensch von damals ist derselbe wie der von heute.« [49] Daß die menschliche Natur zu allen Zeiten gleich sei, konnte Fontane auch bei Thackeray lesen. [50] Was die alte Nimptsch beiläufig am Herdfeuer sagt, obgleich im Auftrag des Erzählers, ist sicher nicht mit Bedeutung zu überfrachten. Doch kommt es auf den Stellenwert des so beiläufig geäußerten Ausspruchs an, der auf ein System von Bezügen verweist. Denn andere Personen des Romans äußern sich ähnlich: »Zuletzt ist einer wie der andere«, gibt Lene in einem Gespräch mit Botho diesem zu bedenken, der seinerseits nicht zu widersprechen wagt. (II/367) Wenn die Offiziere, ihrer Tradition gemäß, auf Standesunterschiede Wert legen, so desillusioniert eine der Offiziersdamen — sicher aus Erfahrung — die Berechtigung solchen Denkens: »Sie haben sich alle nichts vorzuwerfen, und einer ist wie der andre.« (II/396) Am wenigsten entgeht Botho eine solche in der Natur des Menschen angelegte »Wiederkehr des Gleichen«. Eine kleine Demokratin nennt er Lene gelegentlich, die ihrerseits wahrnimmt, was am Menschen so ist, wie es immer war.

Im System der Redensarten, Themen und Motive hat die intendierte Gleichmacherei natürlich ihren Sinn und ihre erzählerische Funktion. Die Jederzeitlichkeit des Menschen verweist auf seine Gesellschaftlichkeit. Diese ist selbst ein Teil seiner Natur — seiner so gewordenen Natur. Die Konflikte, um die es geht, sind also nicht dadurch beseitigt, daß man alle Standesunterschiede beseitigt, wo immer sie vorhanden sind. Die Ordnung der Gesellschaft im ganzen wäre zu beseitigen, damit sich eine davon freie Natürlichkeit entfalten kann. Dennoch bleibt der Mensch, um zu existieren, auf Ordnungen angewiesen. Auf diese zugleich gesellschaftlichen Ordnungen, die etwas Notwendiges wie Hinderliches sind, deutet Fontane in einem Brief hin, der sich auf *Irrungen, Wirrungen* bezieht und vielfach mißverstanden wurde: »Die Sitte gilt und muß gelten. Aber daß sie's muß, ist mitunter hart«, schrieb er am 16. Juli 1887 an den Redakteur der ›Vossischen Zeitung‹

(F. Stephany). Es ist gänzlich verfehlt, aus solchen Worten den Mann der Ordnung herauszukehren, wie das im Verständnis des Romans wiederholt geschehen ist. [51] Daß die Erzählung nicht einseitig gegen Ordnungen gerichtet ist und gleichwohl ihre Bedenklichkeiten sichtbar macht, ist der Ausdruck einer erzählerischen Antinomie, einer unauflöslichen, den Menschen angehenden »Gesetzlichkeit«. Nicht Adel und Kleinbürgertum, auch nicht eheliche Ordnung oder freie Liebe sind die Konflikte, die hier ausgetragen werden. Der in solchen Gegensätzen hervortretende Konflikt ist einer zwischen Gesellschaft und Menschlichkeit — zwischen einer Gesellschaft, wie sie ist, und einer natürlichen Menschlichkeit, wie sie sein sollte. Das Gesellschaftliche als Ordnung, Sitte oder Moral gilt und muß gelten, wenn ein menschenwürdiges Zusammenleben sein soll; aber Natürlichkeit, Wahrheit und Menschlichkeit sollen gleicherweise sein. In der Sprache der Zeit wird die Natürlichkeit auch als Stimme des Herzens oder als freie Herzensbestimmung umschrieben. Sie steht und spricht gegen alle »konventionellen Lügen«, gegen die Lügen des Lebens, wie man das seit Ibsen nennt. Die Stimme des Herzens spricht im Namen der Wahrheit, aber sie hätte die Realitäten gegen sich, wenn gefordert würde, daß sie allein gilt und gelten soll. Hier wie sonst bleibt Fontane jedem »Alleinvertretungsrecht« gegenüber skeptisch. Auch an Ibsen weist er solche Einseitigkeiten zurück: »Die größte aller Revolutionen würde es sein, wenn die Welt, wie Ibsens Evangelium es predigt, übereinkäme, an Stelle der alten, nur scheinbar prosaischen Ordnungsmächte die freie Herzenbestimmung zu setzen. Das wäre der Anfang vom Ende. Denn so groß und stark das menschliche Herz ist, eins ist noch größer: seine Gebrechlichkeit und seine wetterwendische Schwäche«, lauten die abschließenden Sätze seiner Kritik am Drama *Gespenster*. (2/714) Daß beides gilt und gelten muß — die Ordnungsmächte ebenso wie die freie Herzensbestimmung — bezeichnet die Antinomie, als die der Konflikt dieser Erzählung zu verstehen ist. Aber dem Schriftsteller kommt es zu, sie in Bildern und Figuren zu veranschaulichen. Gesellschaftliche Ordnungsmächte und freie Herzensbestimmung sind die zwei Seiten einer Sache. Sie konstituieren im Zusammentreffen die Struktur des Konflikts. [52] Dargestellt sind beide Seiten in zwei Personen, und die Personen des Romans, die solche »Mächte« verkörpern, heißen Botho und Lene.

Botho von Rienäcker, Offizier und Angehöriger einer märkischen Adelsfamilie, ist der Exponent der Gesellschaft als Ordnungsmacht; mehr noch steht er für sie. Die Lebensformen des Militärs sind ihm selbstverständliches Milieu. Im Club der Offiziere, deren Sprache er beherrscht, ist er ganz und gar zu Hause. Politik liegt ihm fern: Schnack gehe vor Politik, ist eine seiner Devisen. Sein standesbewußter Onkel Kurt Anton denkt in diesem Punkt nicht anders, nur erheblich konservativer. Im Personal der Romane Fontanes gehört dieser zu jenen Bismarckfrondeuren, die den Kanzler von rechts als Neuerer und Revolutionär attackieren. Ein derart Altkonservativer ist Botho nicht. Gegenüber der eigenen Mutter wie gegenüber dem Onkel ist er eine sehr viel tiefer angelegte Natur. Er sieht deutlicher als diese, wie wenig das Menschliche in der Gesellschaft gilt, der er angehört. Obwohl er in mancher Hinsicht ein typischer Vertreter dieser Gesellschaft ist, unterscheidet er sich von anderen seines Standes durch die Bewußtheit seines Verhaltens. Er läßt sich nicht gedankenlos im Strom des gesellschaftlichen Lebens dahintreiben. Das bestätigen die Selbstgespräche, in denen er sich über seine Situation Klarheit zu verschaffen sucht. [53] Ein Brief der Mutter, der ihn über die schlechte Wirtschaftslage der Familie ins Bild setzt, ist wieder einmal eingetroffen. Sie redet ihm hinsichtlich einer baldigen Heirat ins Gewissen und hält es wie der Onkel mit der vermögenden Käthe von Sellenthin. Aufgrund solcher Nachrichten überdenkt Botho in einem Selbstgespräch seine Lage: »Wer bin ich? Durchschnittsmensch aus der sogenannten Obersphäre der Gesellschaft. Und was kann ich? Ich kann ein Pferd stallmeistern, einen Kapaun tranchieren und ein Jeu machen. Das ist alles, und so hab' ich denn die Wahl zwischen Kunstreiter, Oberkellner und Croupier. Höchstens kommt noch der Troupier dazu, wenn ich in eine Fremdenlegion eintreten will. Und Lene dann mit mir als Tochter des Regiments. Ich sehe sie schon in kurzem Rock und Hackenstiefeln und ein Tönnchen auf dem Rücken.« (II/403) Dieses Selbstgespräch des bedrängten, weil vor die Wahl gestellten Offiziers ist illusionslos nach beiden Seiten hin: Botho erkennt die oberflächlichen Lebensformen seines Standes und weiß sich dennoch abhängig von ihnen. Sein Sarkasmus ist ambivalent. Er bezieht sich auf die Gesellschaft, wie sie ist, aber ebenso auf den Versuch, aus ihr auszubrechen, der ihm aussichtslos erscheint. Er würde damit nur zum kaum noch beachteten Einzelgänger — zum Fremdenlegionär — und sie zur Tochter des Regiments! Sein Selbstgespräch bereitet die Entscheidung vor. Er wird tun, was die Gesellschaft von ihm erwartet. Darin ist er der typische Vertreter der Gesellschaft, der er sich schließlich — trotz allem — zugehörig weiß: in der Einsicht nämlich, »daß das Herkommen unser Tun bestimmt«. Sofern er einerseits der Gesellschaft angehört und sich zum andern in Distanz zu ihr hält, ist er der Typus des schwankenden Menschen, des halben Helden, als den ihn Lene zutreffend erkennt. [54] Aber er ist in alledem ein halber Held von sympathischer Art. Denn diese Halbheit hat zugleich das zeitweilige Verhältnis mit dem einfachen Mädchen ermöglicht; und mit der Kritik an der Gesellschaft, der er verhaftet bleibt, verbindet er die Sehnsucht nach einfachen Lebensverhältnissen, nach einem Leben in Wahrheit und Natürlichkeit.

Die Selbstgespräche zu Pferd, die seine Entscheidung vorwegnehmen, setzt er fort, indem er sich über einige am Wegrand lagernde Arbeiter seine Gedanken macht: »Während er noch so sann, warf er sein Pferd herum und ritt querfeldein auf ein großes Etablissement, ein Walzwerk oder eine Maschinenwerkstatt, zu, draus, aus zahlreichen Essen, Qualm und Feuersäulen in die Luft stiegen. Es war Mittag, und ein Teil der Arbeiter saß draußen im Schatten, um die Mahlzeit einzunehmen. Die Frauen, die das Essen gebracht hatten, standen plaudernd daneben, einige mit einem Säugling auf dem Arm, und lachten sich untereinander an, wenn ein schelmisches oder anzügliches Wort gesprochen wurde. Rienäcker, der sich den Sinn für das Natürliche mit nur zu gutem Rechte zugeschrieben, war entzückt von dem Bilde, das sich ihm bot, und mit einem Anfluge von Neid sah er auf die Gruppe glücklicher Menschen. ›Arbeit und täglich Brot und Ordnung. Wenn unsre märkischen Leute sich verheiraten, so reden sie nicht von Leidenschaft und Liebe, sie sagen nur: ›Ich muß doch meine Ordnung haben.‹ Und das ist ein schöner Zug im Leben unsres Volkes und nicht einmal prosaisch. Denn Ordnung ist viel und mitunter alles. Und nun frag' ich mich, war *mein* Leben in der ›Ordnung‹? Nein. Ordnung ist Ehe.‹« (II/405) Im Text unseres Romans handelt es sich um eine Art Angelpunkt und zugleich um eine Redesituation von höchstem Reiz. Dem auf seinem ·Pferde sich besinnenden Helden — einem halben Helden, wie gesagt — bietet sich ein Bild einfachen Lebens dar: Arbeiter, die ihre Mittagspause halten. Wir werden mit diesem Bild an die moderne Industriewelt zu Ende des neunzehnten Jahrhunderts erinnert — nicht an die bäuerliche Welt Gotthelfs oder an die Romane des einfachen Lebens, wie sie seit 1900 aus dem Boden schießen. Hier ist von Walzwerken und Maschinenwerkstätten die Rede. Aber eine ländliche Umgebung ist es gleichwohl. In die staubigen und rußigen Fabriken mit Fließband und bedrückenden Arbeitsverhältnissen erhalten wir keinen Einblick. Zugleich ist es, bezogen auf Botho, ein flüchtiges Bild. Der Erzähler läßt uns im Unklaren, wie objektiv richtig das zu verstehen ist, was Botho wahrnimmt. Ob die von ihm wahrgenommene Einfachheit und Natürlichkeit von den Arbeitern in derselben Idealität aufgefaßt wird, erfahren wir nicht. Wir hören lediglich, daß sich Botho den Sinn für das Natürliche zugeschrieben habe — was noch nicht einmal heißen muß, daß er das Natürliche wirklich besaß. Solche Undeutlichkeiten wiederholen sich am Schluß dieses Selbstgesprächs. Die hier bemerkte Einfachheit und Natürlichkeit des märkischen Volkes geht unversehens in ein Lob der Ordnungsmächte über,‹ und es sieht ganz so aus, als bleibe bei Fontane wieder einmal jemand auf halbem Wege stehen, da Botho zwar über seine Lage nachdenkt, aber diese nicht zu Ende denkt. [55] Hier wird mit anderen Worten harmonisiert und eine Einheit von Ordnungsmacht und Einfachheit hergestellt, die weit davon entfernt ist, den Realitäten zu entsprechen. Botho geht vom Einfachen aus, um allzu rasch im Gesellschaftlichen ehelicher Ordnungen anzukommen. Aber man würde den Text verfehlen, wenn man die Ordnung einseitig betont und zum Zielpunkt der Erzählung macht. Botho hat sich zwar für die Gesellschaft entschieden, wie sie ist. Aber er hat sich nicht eindeutig für sie entschieden. Das Lob der Ordnung wird im Text, den wir anführten, dem Bild einfachen Lebens zugeordnet. [56] Es regt sich ungeklärter Weise beides in ihm: das Verlangen nach Ordnung und Ehe einerseits, aber das Verlangen nach einfachen Verhältnissen nicht minder.

Die eine solche Einfachheit und Natürlichkeit in ihrer Person »verkörpert«, ist die Pflegetochter der alten Nimptsch, unbestimmter Herkunft wie schon das Adoptivkind des Schulzen Kniehase in *Vor dem Sturm*. An ihr ist dem Offizier aus adligem Hause aufgegangen, was Wahrheit und Natürlichkeit bedeuten: »Jeder Mensch ist seiner Natur nach auf bestimmte, mitunter sehr, sehr kleine Dinge gestellt, die, trotzdem sie klein sind, für ihn das Leben oder doch des Lebens Bestes bedeuten. Und dies Beste heißt mir Einfachheit, Wahrheit und Natürlichkeit. Das alles hat Lene; damit hat sie mir's angetan, da liegt der Zauber [...].« (II/404) Er liegt nicht zum geringsten in ihrer Sprache, und Fontane ist durchaus in der Lage, sich seiner mit Witz, Esprit und Pointen angereicherten Erzählart zu begeben, wenn es erforderlich wird. Im Milieu der Lene Nimptsch und ihrer Bekannten vernehmen wir eine Alltagssprache von eigenem poetischen Reiz, wie sie der zeitgenössische Naturalismus kaum besser hätte treffen können. Es geht dabei vor allem um die »Natürlichkeitssprache«, die Fontane seine einfache Heldin sprechen läßt. Simplizität ist in ihrem Fall mit einer von Anstößigkeiten freien Rede verbunden. Unnötig zu sagen, daß diese Simplizität eine sehr kunstvolle ist, eine von Gnaden des Erzählers. Dabei entwickelt Lene gelegentlich ein Sprachbewußtsein, das sie nur bedingt zu einer in allem »realistischen« Figur macht. Von der Gärtnersfrau und ihrer stattlichen Erscheinung ist die Rede, und Lene merkt korrigierend an: »sie macht eine Figur, aber sie hat keine«. (II/342) Daß sie eine Figur mache, ist eine Redensartlichkeit, deren sich bezeichnenderweise Botho bedient. Lene dagegen benennt die Dinge so, wie sie in Wirklichkeit sind: daß die Dörr keine Figur habe, sondern höchstens eine mache. Gesellschaftssprache und Natürlichkeitssprache ergeben hier die Unterschiede, auf die es Fontane ankommt. Im Verlauf der Erzählung aber geht es darum, ob Botho und Lene zueinander finden; ob die Ordnung als eine Instanz des gesellschaftlichen Lebens mit der Einfachheit, Natürlichkeit und Wahrheit des Menschlichen sich verträgt. Der erhoffte Ausflug in Hankels Ablage, den Botho arrangiert, hat den Beweis zu erbringen. Das Glück — und das individuelle nicht nur — wäre vollkommen, wenn es einen solchen Ort, einen Ort des Glücks inmitten der Gesellschaft, gäbe. Der Konflikt, um den es geht, wäre gelöst, wenn Botho und Lene ein Paar würden — nicht nur für einige Augenblicke, sondern auf die Dauer, »wie es sich gehört«.

Dieser Ausflug ist die Wende und nimmt die Entscheidung bereits vorweg. Ausflüge bedeuten Unterbrechungen des täglichen Lebens und seiner Gewohnheiten; und bis zu einem gewissen Grad sind sie Ausflüge aus der Gesellschaft, aus ihrer gewohnten Ordnung und aus ihren Pflichten. Sie gleichen Landpartien oder sind identisch mit ihnen; und Landpartien sind allseits beliebte Motive in der Literatur wie in der bildenden Kunst des neunzehnten Jahrhunderts. Im Roman Fontanes, in seinem Berliner Gesellschaftsroman, ist die nähere oder fernere Umgebung der Hauptstadt des Reiches hierzu wie geschaffen. Was die Großstädte der modernen Industriegesellschaft dem Menschen an Natur vorenthalten, haben Ausflüge, Landpartien und Sommerfrischen zu ersetzen. Es sind dennoch Veranstaltungen der Gesellschaft, die man unternimmt. Aber als gesellschaftliche Veranstaltung haben Botho und Lene den Ausflug in Hankels Ablage nicht gemeint. Man will allein sein und unter sich. Was aber hat sich Lene gedacht, wenn sie in diesen Ausflug einwilligte? Soviel steht fest: sie liebt Botho von ganzem Herzen. Keinerlei gesellschaftliche Erwartungen, keine Einbildungen und kein gesellschaftlicher Ehrgeiz mischen sich ein. Weil sie sich in diesem Punkt keine Illusionen macht, meint sie berechtigt zu sein, ganz dem Augenblick zu leben. Das Glück ihrer Liebe sucht sie hier. Mit jedem deutlich geäußerten oder ausgesprochenen Gedanken an ihre fernere Zukunft, mit jedem Gespräch über eine Ehe könnte sie in das Zwielicht gesellschaftlicher Erwartungen geraten. Sie könnte sich dem Verdacht aussetzen, daß ihr die gesellschaftliche Stellung des Geliebten wichtiger ist als ihre Liebe zu ihm. Zwar ist die Ehe nicht ausschließlich eine gesellschaftliche Institution. Aber in hohem Maße ist sie es doch. Die Natürlichkeit der Liebe, die zwei Menschen miteinander verbindet, kann in der Ehe durch gesellschaftliche Rücksichten nur allzu leicht verdeckt werden. Lene hat solche Nebenabsichten mit Gewißheit nicht.

Doch auch die Natürlichkeit der Liebe kann ihr Bedenkliches haben und in das Zwielicht gesellschaftlicher Bedürfnisse geraten. Lene Nimptsch folgt ganz der Stimme ihres Herzens, wenn sie sich am Glück der Stunde freut. Aber indem sie meint, ganz dem Augenblick leben zu können, gerät ihre Liebe in das Zwielicht der Liebelei. Ihr Tun nähert sich, so wenig sie das will, der etwas fragwürdigen »Demimondeschaft« an, wie sie die Offiziersdamen auf ihre Weise praktizieren. Es ist daher nur folgerichtig, wenn Lene insgeheim dennoch die Dauer der Liebe erstrebt. Auch darin bleibt sie ihrem natürlichen Wesen, der Einfachheit und Wahrheit der Natur, treu; denn der Natur des Menschen ist es gemäß, in der Liebe auf Dauer bedacht zu sein. Die alte Nimptsch weiß darüber Bescheid. Sie wünscht sich, daß man auch nach ihrem Tode noch an sie denken möge. Die Immortellen werden zu Chiffren eines solchen in der Natur des Menschen angelegten Denkens. Damit aber sieht sich Lene zugleich auf die gesellschaftliche Institution der Ehe verwiesen. Es sind echte Antinomien, die sich im Durchdenken dieser so einfachen Geschichte auftun. Sie wären vermeidbar, wenn es einen gleichsam paradiesischen Bereich außerhalb der Gesellschaft gäbe. Botho und Lene sind vorübergehend dieses Glaubens — eines freilich sehr schwachen Glaubens —, wenn sie in das entlegene Ausflugslokal unweit der Reichshauptstadt aufbrechen. Sie genießen das Glück ihrer Gemeinsamkeit abseits von allen gesellschaftlichen Verpflichtungen und Ordnungen, und es sieht zeitweise so aus, als hätte man sich in ein Märchenland begeben. Aber dieser Glaube trügt. Ein Märchenland oder gar ein irdisches Paradies ist das Ausflugslokal nicht. Es gibt Gesellschaftliches auch hier; es gibt die Komik, woran schon der Name des Lokals erinnert; denn es ist ein sehr nüchterner Name, worüber sich der Wirt des Lokals mit Botho unterhält. Um eine komische Situation handelt es sich fernerhin, wenn Lene im Lokal mit »gnädige Frau« angeredet wird. Noch aber sind die mit Botho befreundeten Offiziere und deren Damen nicht eingetroffen. Noch spricht er selbst im Konjunktiv: was geschähe, wenn es der Fall wäre. »Das wäre dann freilich die Vertreibung aus dem Paradiese.« (II/388) Aber die Gesellschaft läßt nicht lange auf sich warten. Es wird deutlich, daß es das Paradies, das man erhofft hatte, nicht gibt. Die Gesellschaft ist überall; die Idylle wird widerlegt. Weder hier noch an irgendeinem Ort sonst ist die Natürlichkeit menschlicher Verhältnisse zu realisieren. Fontanes Verhältnis zur Gesellschaft, so hat es Hermann Lübbe umschrieben, sei durch das Wissen bestimmt, »daß es einen Ort nicht mehr gibt, von dem aus gesehen gleichgültig bleibt, was in der politisch-geschichtlichen Welt sich ereignet«. [57] Die Vereinigung gesellschaftlicher Ordnung mit der freien Herzensbestimmung bleibt ein Traum, eine realitätsferne Idee, eine Illusion. Das hat Fontane in *Irrungen, Wirrungen* mit eindrucksvoller Entschiedenheit zum Ausdruck gebracht. [58]

Wie es den Ort nicht gibt, an dem die Verbindung zustande käme, die man sich erhoffte, so gibt es auch die gesellschaftliche Klasse nicht, die sie verbürgte. Wir müssen der Auffassung widersprechen, daß Fontane in Lene Nimptsch eine Proletarierin habe darstellen wollen, oder daß man sie auch ohne sein Wollen so zu verstehen habe. Ihre Person sei ein Triumph des Plebejisch-Volkhaften, meint Georg Lukács. [59] Aber das trifft so nicht zu. Wie sehr Fontane als Erzähler diese Figur auch ausgezeichnet hat — nicht obwohl, sondern weil sie niederen Standes ist — kann nicht zweifelhaft sein; aber ebenso wenig, daß mit dieser Auszeichnung keine Lösung des gesellschaftlichen Konflikts erreicht wird oder erreicht werden soll. Es geht nicht um das, was diese Mädchengestalt aufgrund ihres Standes oder ihrer Klasse ist, sondern was sie menschlich ist. Dieses Kind armer Leute ist soziologisch gesehen ein Wesen sui generis. Fontane hat ihre Einfachheit auf vielfältige Weise zu beglaubigen versucht: durch ihre geringe Bildung vor allem. Ihre orthographischen Fehler sind für Botho ein Gegenstand seines Nachdenkens, und sie nehmen sich in seiner Erinnerung höchst vorteilhaft aus: »Wie diese liebenswürdigen ›h's‹ mich auch heute wieder anblicken, besser als alle Orthographie der Welt. [...]. Alles, was sie sagte, hatte Charakter und Tiefe des Gemüts. Arme Bildung, wie weit bleibst du dahinter zurück.« (II/455) Solcher »Bildungslücken« ist sie sich selbst am besten bewußt. Im gemeinsam bewohnten Zimmer des Ausflugslokals betrachtet sie die an der Wand hängenden Bilder mit den Unterschriften in englischer Sprache: »Aber sie kam über ein bloßes Silbenentziffern nicht hinaus, und das gab ihr, so klein die Sache war, einen Stich ins Herz, weil sie sich der Kluft dabei bewußt wurde, die sie von Botho trennte.« (II/386) Solche Bewußtheit — bei aller Einfachheit — zeichnet sie vor anderen aus, und sie ist darin selbst dem Geliebten als einem Menschen der gebildeten Klasse überlegen. Dem »Realismus«, dem vielberufenen, wenn man ihn wörtlich nimmt, entspricht eine solche mit Einfachheit verbundene Bewußtheit kaum. Wie Lene das »Verhältnis« beurteilt und einschätzt, wie sie den Konflikt auf ihre Weise erfaßt, kommt sie uns wie eine Nachfahrin der Luise Millerin vor, deren Bewußtheit sich allen soziologischen Kategorien recht eigentlich entzieht. Unter den Romanfiguren Fontanes ist sie eine der gelungensten, die er je geschaffen hat. Und wie es bei ihm meistens geschieht, so auch hier: das »Eigentliche« liegt im Gespräch. Erst in ihm wird der menschliche Rang erkennbar, den ihr Fontane zugedacht hat. Es handelt sich um ein Gespräch Lenes mit Botho. Die Konfliktlage wird für beide, aber vor allem für sie, während eines Spaziergangs nach dem Ausflug in einem Gespräch durchsichtig. Alles ist zum Abschied vorbereitet — für einen Erzähler des »poetischen Realismus« keine ungefährliche Situation! Botho, besorgt, was denn werden soll, wenn es kommen wird, wie es kommen muß, fühlt vor. Sogar die Sterne werden bemüht, und die Gefahr für den Erzähler — keine geringere als die der Sentimentalität — vergrößert sich. Aber durch die schlichte Sprache, die Fontane seine Figuren sprechen läßt, wird sie umgangen. In solcher Einfachheit der Person bezeugt sich zugleich eine Lebensreife, die man am wenigsten von einem Mädchen einfachen Standes erwartet. Erinnerungen werden ausgetauscht; was geschehen ist, wird überdacht; und was kommen mußte, wird nicht verschwiegen, schon gar nicht von ihr: »Ich hab' es so kommen sehn, von Anfang an, und es geschieht nur, was muß. Wenn man schön geträumt hat, so muß man Gott dafür danken und darf nicht klagen, daß der Traum aufhört und die Wirklichkeit wieder anfängt.« (II/408) Auch vom Glück, und ob es ein solches nach diesem Abschied noch geben wird, ist die Rede. Botho ist nun vollends besorgt um sie. Was denn werden solle, wenn es ausbleibt, fragt er zurück, und ihre Antwort lautet: »Dann lebt man ohne Glück.« In den abschließenden Sätzen dieses Gesprächs geschieht eine merkwürdige Umkehrung der Dinge: Schuld und Glück werden einander angenähert und schließlich untereinander vertauscht: »Du hast mir kein Unrecht getan, hast mich nicht auf Irrwege geführt und hast mir nichts versprochen. Alles war mein freier Entschluß. Ich habe dich von Herzen liebgehabt, das war mein Schicksal, und wenn es eine Schuld war, so war es *meine* Schuld. Und noch dazu eine Schuld, deren ich mich — ich muß es dir immer wieder sagen — von ganzer Seele freue, denn sie war mein Glück.« (II/409) Die an der Realität so nicht ablesbare Verbindung von Einfachheit und Bewußtheit macht die soziologische Bestimmung einer Gestalt wie Lene Nimptsch so schwer. Kleinbürgertum im Sinne dessen, was man meistens darunter versteht, ist es mit Gewißheit nicht. Im Grunde ist schon die Luise Millerin Schillers eine soziologische Konstruktion. Fontanes Lene Nimptsch ist es erst recht. Sie repräsentiert keine Klasse; daher hängt auch von einer solchen das Entscheidende nicht ab. Die scheiternde Verbindung ist nicht eine zwischen Adel und der »arbeitenden« Klasse des Volkes, auch nicht zwischen Adel und Bürgertum, sondern zwischen der Gesellschaftlichkeit des Menschen und der freien Herzensbestimmung, die sich gegenseitig im Wege stehen. Die Verbindung, die den idealen Zustand gesell-

schaftlichen Lebens verbürgen könnte, kommt nicht zustande. Dieser ideale Zustand gesellschaftlichen Lebens wäre das Glück. [60]
Im Denken Fontanes ist dies ein Schlüsselbegriff. Das Romanfragment *Allerlei Glück*, der »Steinbruch« für Späteres, verwendet das Wort schon im Titel. Aber Glück bedeutet für Fontane immer weniger das, was es in der deutschen Bildungsgeschichte einmal bedeutet hat. Dort war es in erster Linie mit Fragen der individuellen Lebensführung verknüpft. Mit einem solchen Glück — das zeichnet sich als Erfahrung Fontanes sehr früh ab — geht es zu Ende. Die schwierigen Romanschlüsse und das zunehmend in den Unterhaltungsroman verbannte happy end hängen damit zusammen. »Ich kenne den Wert eines Königreichs nicht [...], aber ich weiß, daß ich ein Glück erlangt habe, das ich nicht verdiene, und das ich mit nichts in der Welt vertauschen möchte«, konnte Goethe seinen Helden am Ende des Romans noch sagen lassen. Fontane kann es so nicht mehr sagen. Die Zeiten des »großen Glücks« sind vorbei. Daß es auch das kleine, das private und sozusagen gesellschaftsfreie Glück nicht gibt, ist eine der herben Erfahrungen, die Botho in unserer Erzählung macht: »Alles, was ich wollte, war ein verschwiegenes Glück, ein Glück, für das ich früher oder später, um des ihr ersparten Affronts willen, die stille Gutheißung der Gesellschaft erwartete. So war mein Traum, so gingen meine Hoffnungen und Gedanken.« (II/404) Von solchen Illusionen eines kleinen Glücks ist er geheilt, und die Ehe mit Käthe von Sellenthin — wie die Ehe Lenes mit Gideon Franke — liegen jenseits solcher Begriffe. Sie entsprechen den Erfordernissen gesellschaftlicher Ordnung; aber daß es am Ende zwei Hochzeiten gibt, hat nichts mit dem happy end von Unterhaltungsromanen zu tun, weil die Verbindung, auf die es angekommen wäre, scheitert. Es ist allenfalls der verblaßte Glanz eines glücklichen Endes, auf das der Gang der Erzählung zuläuft. Die stereotype Hochzeitsreise, die das Ehepaar auf standesgemäße Art nach Italien führt, bestätigt, wie sehr die Gesellschaftlichkeit das letzte Wort behält. [61] Dabei sind die Ehepartner Bothos und Lenes keine Negativfiguren schlechthin. Beide — Käthe von Sellenthin wie Gideon Franke — haben ihre schätzenswerten Seiten; und der Erzähler legt Wert darauf, daß wir es erfahren. Aber beide — die etwas »dalbernde« Käthe und der etwas zugeknöpfte Gideon — beeinträchtigen auf ihre Weise und durch ihre Person die Vollkommenheit einer Bindung im Bereich unvermittelter Menschlichkeit, die sich für eine kurze Zeit im Verlauf der Erzählung abzuzeichnen schien. Von zwei entgegengesetzten Seiten, durch den Gesellschaftsmenschen einerseits und den Sektierer zum andern, wird das »eigentlich« Menschliche verfehlt. Damit ist Fontane einem »Modell« auf der Spur, mit dem er hinfort zum Vorteil seiner Romankunst operiert.

Es ist alles andere als ein üblicher Schluß, mit dem wir es zu tun haben. [62] Von einem glücklichen Ende, das wurde ausgeführt, kann nicht die Rede sein. Aber auch von Tragik zu sprechen, besteht trotz allem Scheitern kein Anlaß. [63] Denn Tod und Katastrophe werden umgangen. Eine

Vermischung des Alltäglichen mit dem Tragischen, die der Romanist Erich Auerbach aus dem französischem Roman des neunzehnten Jahrhunderts ableitet, um seinen Begriff von Realismus damit zu begründen, liegt nicht vor. Wenn sich Realismus zur Bezeichnung eines literarischen Stils oder einer literarischen Epoche in erster Linie am tragischen Roman orientiert, dann ist auch dieser Begriff auf Fontane nicht anwendbar. Der Romanschluß unserer Erzählung ist weder auf Tragödie noch auf Komödie in jeweils epischen Formen gerichtet; noch weniger wäre Tragikomödie das, was sich in solcher Lage anbieten könnte. Man muß sich schon damit abfinden, daß manche der üblichen Begriffe für diesen Schriftsteller nicht mehr recht passen. Und das heißt zugleich, daß er allenfalls zur Hälfte aus den Traditionen zu verstehen ist, die auch ihn bestimmt haben; zur anderen Hälfte sind es die nach vorwärts gerichteten Entwicklungen, in denen er denkt. Der Realismus seiner Illusionslosigkeit läßt ihn weder zu den Formen des Lustspiels noch der Tragödie finden. Der über das Scheitern hinausweisende Sinn heißt Resignation, und nur allzu oft werden damit Vorstellungen wie Müdigkeit und Kapitulation verbunden. [64] Dies geschieht teils im Anschluß an Schopenhauer, der ihr eine Vorzugsstellung in seiner Philosophie eingeräumt hat; teils im Rückgang auf die Revolution des Jahres 1848, und bezüglich dieser Deutung — denn eine solche ist es — sollte endlich einmal ein deutliches Wort gesagt werden. Es ist hierzu höchste Zeit, weil die historische Mythenbildung inzwischen ein Ausmaß erreicht hat, das ein einzelner kaum noch korrigieren kann. Es mag ja sein, daß Resignation mit Revolutionen mancherlei zu tun hat — seien es nun gescheiterte oder »gelungene« Revolutionen. Denn wer sich als Schriftsteller in einer Zeit der Revolution weder für die eine noch für die andere Partei entscheiden kann, ist möglicherweise einer, der resigniert. Und von Resignation handelt auch Schopenhauers Philosophie, über die man denken mag, wie man will. Dieser Philosophie zufolge entsteht Sentimentalität dann, wenn geklagt wird — »ohne daß man sich zur Resignation erhebt oder ermannt«; was in seiner Erfassung einen bestimmten Erkenntnisakt voraussetzt. Und gleichgültig auch, wie man Resignation beurteilen oder diffamieren will — in Schopenhauers Philosophie, in seinem Hauptwerk *Die Welt als Wille und Vorstellung* hat sie ihren Ort. Lange genug, bevor in deutschen Landen die Revolution des Jahres 1848 scheiterte! Diese Vordatierung der Resignation im Zeichen Schopenhauers ist nur eines der Argumente, das uns zur Verfügung steht, eine literarhistorische Mythenbildung — das Jahr 1848 und seine vermeintlich stilbildende »Kraft«! — auf ein Maß des Erträglichen zurückzuführen. Das zweite heißt Entsagung, und die gibt es bekanntlich schon bei Goethe, als Schlüsselbegriff in demjenigen Trauerspiel, mit dem er das für ihn »schrecklichste aller Ereignisse«, die französische Revolution, zu »gewältigen« hoffte: in der *Natürlichen Tochter*. Will man da allen Ernstes noch immer das Jahr 1848 für alles und jedes verantwortlich machen, wenn es am Ende des Jahrhunderts in Romanen Fontanes diejenigen Lösungen nicht gibt, die der rezeptfreudige Praktikus als etwas Selbstverständliches erwartet? Resignation ist eine Denkform des Jahrhunderts, dem Fontane angehört, und das Jahr 1848 ist eine Station in ihrer Ausbildung — aber nicht mehr! Bei Fontane ist mit der Resignation die Einsicht verbunden, daß es mit den tonangebenden Klassen der bestehenden Gesellschaft nicht zum Besten steht — »Gideon ist besser als Botho«. Aber auch dieses steht für ihn fest, daß es das große Glück nicht mehr gibt, das für alle gilt — oder doch für eine Klasse im ganzen. Selbst die einfachen Lebenskreise sind in der Optik unserer Erzählung dieser Bereich möglichen Glücks nicht. Von den einfachen Lebenskreisen, die in *Vor dem Sturm* noch ein Schlüsselbegriff waren, hat sich der Zielpunkt auf die Darstellung einfacher Menschlichkeit verlagert, die sich jeder realistisch-soziologischen Festlegung entzieht. Der Verzicht auf heldisches Pathos, die Nachsicht gegenüber menschlicher Schwäche — und in allem: die Resignation als Ergebung in das, was kaum noch Lösungen erhoffen läßt, sind Züge einer solchen, an keine Klasse gebundenen Menschlichkeit. »Es hilft nichts. Also Resignation. Ergebung ist überhaupt das beste. Die Türken sind die klügsten Leute.« (II/400) Das sagt Botho von Rienäcker, ein Angehöriger des Adels. Aber Lene könnte dasselbe gesagt haben, weil gesagt wird, was in erster Linie der Erzähler denkt. Die Antwort auf die Konflikte ist wichtiger als diese selbst. Es ist jedenfalls keine die Konflikte verschärfende Sprache, die wir in diesen Romanen vernehmen. Eher das Gegenteil ist der Fall!

2. Stine

Zu *Irrungen, Wirrungen* gesellt sich *Stine*, und daß die beiden Erzählungen aus der Welt der armen Leute zusammengehören, ist leicht zu sehen. Da *Irrungen, Wirrungen* 1887 erschien, *Stine* 1890 — jeweils als Vorabdruck einer Zeitung oder Zeitschrift — ist man geneigt, die Chronologie für gesichert zu halten. Dennoch kommt der später erschienenen Erzählung entstehungsgeschichtlich die Priorität zu: *Stine* wurde vermutlich schon zu Anfang der achtziger Jahre konzipiert. [65] Im ganzen ist über die frühe Konzeption wenig bekannt. Genaueres wissen wir über den Fortgang der Erzählung, die im Jahre 1885 zum Hauptkapitel gediehen war, »wo der alte Graf und die Pittelkow in dem ›Untätchen‹-Gespräch aufeinanderplatzen« (an Th. Wolff vom 28. April 1890). Daß aber entscheidende Änderungen mit der Ausarbeitung und nach Abschluß von *Irrungen, Wirrungen* vorgenommen wurden, ist nicht zu bezweifeln. So bleibt ein zwiespältiger Eindruck, wenn man sich auf das richtet, was Fontane in beiden Erzählungen gelungen ist: obwohl *Stine* dem Erscheinen nach das spätere Werk ist, sieht es ganz so aus, als sei gegenüber *Irrungen, Wirrungen* ein Rückfall zu verzeichnen, als würden die dort erreichten Positionen wieder aufgegeben, wie man gemeint hat. [66] Ein solcher Rückfall wäre um so leichter erklärbar, wenn man die frühe Entstehungszeit in Rechnung stellt. Wer beide Erzählungen von ihren Konflikt-Modellen her durchdenkt, wird finden, daß *Stine* die erreichten Positionen in mehreren Punkten besser verdeutlicht als *Irrungen, Wirrungen* — was nicht heißen muß, daß sie deswegen auch die »bessere« Erzählung sei. Das ist *Stine* möglicherweise nicht. Aber solange wir uns mit dem Text nicht eingelassen haben, sind alle Wertungen bedeutungslos.

Fontane selbst hat *Stine* als ein Pendant zu *Irrungen, Wirrungen* angesehen und ausdrücklich so bezeichnet. In demselben Brief — an Emil Dominik vom 3. Januar 1888 — der diese Bezeichnung enthält, bestätigt er, daß in *Stine* gegenüber der vorausgegangenen Erzählung gewisse Fortschritte zu erkennen seien: »›Stine‹ ist das richtige Pendant zu ›Irrungen, Wirrungen‹, stellenweise weniger gut, stellenweise besser. Es ist nicht so ein breites, weite Kreise umfassendes Stadt- und Lebensbild wie ›Irrungen, Wirrungen‹, aber an den entscheidenden Stellen energischer, wirkungsvoller [...].« Ein Pendant zu *Irrungen, Wirrungen* ist *Stine* in der Tat; das zeigt sich sofort, wenn man die Handlungen beider Erzählungen miteinander vergleicht, einige Veränderungen, wie den Freitod des jungen Haldern, abgerechnet. Beide Erzählungen sind hinsichtlich ihrer Fabel einigermaßen banal. Vielleicht ist die Handlung in *Stine* noch etwas dürftiger ausgefallen. Der junge Graf Haldern, etwas kränklich und schwächlich infolge einer im Krieg erlittenen Verwundung, lernt in Begleitung seines Onkels und eines Barons in der Wohnung der Witwe Pittelkow während einer nicht unzweideutigen Zusammenkunft deren Schwester Stine kennen, ein schlichtes, einfaches und in jeder Hinsicht ordentliches Mädchen. Es dauert nicht lange, bis er sich in sie verliebt. Fast täglich um die Zeit des Sonnenuntergangs besucht er sie und spricht sich mit ihr aus. Seinen Entschluß, die junge Arbeiterin zu heiraten, verbindet er mit dem Wunsch, alle Familienszenen hinsichtlich einer solchen Mesalliance zu vermeiden. Zu diesem Zweck sucht er nacheinander den mit dem Onkel befreundeten Baron auf, danach den Onkel selbst. Von letzterem erhofft er sich eine Fürsprache im elterlichen Haus, die dieser ihm verweigert. Obwohl der alte Graf Haldern in Standesfragen mitunter recht unkonventionelle Meinungen vertritt, bleibt er seinem Neffen gegenüber unnachgiebig. In der Annahme, die in Aussicht stehende Mesalliance könnte eine eingefädelte Intrige seiner »Freundin« Pauline Pittelkow sein, stellt er diese unverzüglich in deren Wohnung zur Rede. Als er zur Kenntnis nehmen muß, daß sie in der heiklen Frage einer derart unstandesgemäßen Heirat nicht anders denkt als er, beschließt man gemeinsam, auf eine unverzügliche Trennung der Liebesleute hinzuwirken. Eine in Aussicht genommene »Landverschickung« erweist sich als unnötig: als der junge Graf Haldern erfahren muß, daß Stine sich weigert, in eine Ehe einzuwilligen, steht sein Entschluß endgültig fest. Er schreibt noch einige Abschiedsbriefe und scheidet freiwillig aus dem Leben, indem er sich vergiftet. Die letzten Kapitel schildern die Beerdigung im Kreis seiner Familie und Freunde; Stine befindet sich unter den Trauergästen. Sie kehrt krank zurück, und ihre Schwester nimmt sich fürsorglich ihrer an. Ob sie die Aufregungen überleben wird, bleibt ungewiß; die Nachbarn glauben es nicht. Soweit der Inhalt, der sich der Trivialliteratur anzunähern scheint, wenn man ihn derart, von allem »Beiwerk« losgelöst, erzählt.

Vom Inhalt abgesehen, haben wir es mit einem Pendant zu *Irrungen, Wirrungen* auch hinsichtlich der Motive und Personen zu tun. Der Plätterin Lene Nimptsch entspricht Stine Rehbein, die in einem Woll- und Strickgeschäft arbeitet; dem adligen Offizier Botho von Rienäcker der junge Graf Haldern. Auch halbe Helden sind sie beide, nur daß sich der eine erschießt, während der andere resignierend in die Heirat willigt, in die er von seiner Familie gedrängt wird. Dagegen unterscheidet sich der junge Haldern von seinem Pendant in *Irrungen, Wirrungen* durch Kränklichkeit und Blässe. Da es solche Züge auch in der Gestalt Stines gibt, hat man Anlaß, auf die Bedeutung des Krankheitsmotivs zu achten. Lene und Stine jedenfalls sind in diesem Punkt voneinander unterschieden. Dagegen ist die Witwe Pittelkow in gewissen Grenzen die Fortführung einer uns schon vertrauten Gestalt: es sieht ganz so aus, als sei sie eine Geistesverwandte der Frau Dörr. Deren stattliche Erscheinung korrespondiert mit der hübschen Witwe Pittelkow, auf deren Schönheit uns der Erzähler wiederholt aufmerksam macht. Als eine »schöne, schwarze Frauensperson mit einem koketten und wohlgepflegten Wellenscheitel« wird sie eingeführt. Wie in *Irrungen, Wirrungen* gibt es in *Stine* die »Natürlichkeitssprache« Berliner Kleinbürger; es könnte sein, daß sie jetzt noch etwas »naturalistischer« ausgefallen ist. Und wie es in *Irrungen, Wirrungen* das Bild einfachen Lebens unter Menschen der arbeitenden Klasse gibt, so in *Stine* ein ähnliches, eher idyllisch als klassenkämpferisch gemeintes Bild: Stine schildert dem jungen Haldern die Stätte ihrer täglichen Arbeit. Wie schon gesagt, ist sie in einem großen Woll- und Strickereigeschäft tätig. Meistens, so erzählt sie, arbeite sie zu Haus, aber »mitunter auch im Geschäft«. (II/515) Der Chef scheint der Ausbeuter nicht zu sein, wie es ihn in der sich entwickelnden Industriegesellschaft gibt: »denn der Herr des Geschäfts sei klug und gütig und wisse, was es wert sei, die, die arbeiten müßten, bei Lust und Liebe zu halten.« (II/516) Man hat den Eindruck, als sei ihm das auch voll und ganz gelungen, wenigstens, was Stine angeht: sie arbeitet gern für ihre Firma, und die Maskenbälle und Theaterstücke, die der Geschäftsherr im Winter veranstaltet, seien eine Freude für alle. Abermals versichert sie, was wir schon gehört haben: »denn ihr Geschäftsherr, wie sie nur wiederholen könne, vergesse nie, daß ein armer Mensch auch mal aus dem Alltag heraus wolle.« (II/516)

Wozu diese Episode, die sich wie eine Beschwichtigung Fontanes hinsichtlich der sozialen Frage anhört? Wer dergleichen im Bewußtsein eines so geachteten und angesehenen Schriftstellers liest, könnte womöglich herauslesen, daß alles am Ende so miserabel gar nicht war, wie es die regierende Klasse zu hören bekam. Aber mit dem Bild einfachen Lebens, wie es sich Botho während seines Spazierrittes darstellt, hat die Schilderung des Arbeitsverhältnisses im Bericht Stines gemeinsam, daß es auf die arbeitende Klasse selbst in der

Optik der Erzählung eigentlich nicht ankommt; auf bestimmte Formen einfachen Lebens weit mehr — gleichviel, ob es sich dabei nur um subjektive Deutungen der Romanpersonen oder um objektiv gemeinte Aussagen der Erzählung handelt. Und wie sehr auch *Stine* dem Themenbereich des Naturalismus sich anzunähern scheint — der vierte Stand ist nicht das Thema der Erzählung. Abermals sind die Standesgegensätze nur der Wagen, mit dem man fährt, und der vierte Stand trägt zur Entstehung des Konflikts schlechterdings nichts bei. Ein Konflikt liegt auch in *Stine* vor, und gegenüber *Irrungen, Wirrungen* hat er sich verschärft, wie es der Romanschluß bestätigt. Daß ein so kenntnisreicher Kritiker unter Fontanes Zeitgenossen wie Maximilian Harden aus diesem Ende auf eine »etwas altfränkisch konservative Moral« Fontanes schließen konnte, darf uns nicht hindern zu sehen, daß es dem Erzähler weder um eine konservative Moral geht, noch um Standesgegensätze als dem eigentlichen Thema der erzählten Geschichte. [67] Die sich wiederholende Konfliktlage ist auch in *Stine* eine zwischen Gesellschaft und Menschlichkeit, zwischen Ordnungsmacht und freier Selbstbestimmung des Herzens. Stine ist die Figur, an der man diese von der Gesellschaft unverfälschte Stimme des Herzens erkennt, wenigstens für den jungen Graf Haldern stellt es sich so dar: »Ich fühle mich zu diesem liebenswürdigen Geschöpf, das nichts ist als Wahrhaftigkeit, Natürlichkeit und Güte, nicht nur hingezogen, das sagt nicht genug, ich fühle mich an sie gekettet, und ein Leben ohne sie hat keinen Wert mehr für mich und ist mir undenkbar geworden.« (II/539) Daß der Konflikt nicht hinreichend beschrieben ist, wenn man lediglich die Standesunterschiede beschreibt, die ihn auslösen, geht aus einer Schilderung des jungen Haldern hervor, der im Kreise der eigenen Familie die Stimme des Herzens und der Menschlichkeit kaum je vernommen hat. Die Stiefmutter — es handelt sich um eine besonders standesbewußte Dame aus baltischem Adel — hat das ihre dazu beigetragen. Wie es dort zugegangen ist, teilt Stine anteilnehmend ihrer Schwester mit: »Sieh, es liegt daran, er hat so wenig Menschen gesehen und noch weniger kennengelernt. In seiner Eltern Hause gab es nicht viel davon (sie sind alle stolz und hart, und seine Mutter ist seine Stiefmutter), und dann hat er Kameraden und Vorgesetzte gehabt und hat gehört, wie seine Kameraden und seine Vorgesetzten sprechen; aber wie Menschen sprechen, das hat er nicht gehört, das weiß er nicht recht.« (II/519)

Dieser sehr allgemeine Konflikt wird in gelegentlichen Gesprächen noch vertieft, und es ist vor allem der junge Haldern, der es tut. Gesellschaft erscheint dabei als das im Grunde seit dem Sündenfall Verhängte, und die Stimme des Herzens ist demzufolge das, was man wie ein zweites Paradies wiedergewinnen muß. Zwar versteht sich der junge Haldern so wenig wie Botho als ein Gesellschaftsreformer großen Stils; wie dieser will er im Grunde nur die stillschweigende Gutheißung der Gesellschaft in dem, was gegen die Gesellschaft verstößt. Aber für sich selbst — für sich und Stine — wünscht er eine Art idealer Gesellschaft nun doch, indem er auf Amerika deutet. Dort in einfachen Verhältnissen zu arbeiten wie zu Adams und Evas Zeiten — das wäre durchaus in seinem Sinn. Ob er dann seine Tage als irgendein Hinterwäldler oder vielleicht auch als Kellner auf einem Mississippidampfer beschließen wolle, gibt ihm der Onkel zu bedenken, und sein Neffe repliziert: »Da triffst du's, Onkel. Ja, bei Adam und Eva wieder anfangen, das will ich, da liegt es. Was dir ein Schrecken ist, ist mir eine Lust.« (II/537) Worauf der in Dingen der Weltgeschichte nicht unerfahrene Onkel seine Theorie zur Wahrung des eigenen Besitzstandes zum besten gibt: die Adam-und-Eva-Zeiten schreckten ihn nicht, und die Eva schon gar nicht, nur könne er nicht einsehen, daß ausgerechnet die Halderns das Rad der Weltgeschichte zurückdrehen sollen, wenn schon ein Besitzstandwechsel unumgänglich sei; und der alte Graf fährt fort: »Überlasse das andern. Zurzeit sind wir nur noch die Beati possidentes [...]. Adam, Neubeginn der Menschheit, Paradies und Rousseau — das alles sind wundervolle Themata, für die sich in praxi alle diejenigen begeistern mögen, die dabei nur gewinnen und nichts verlieren können; die Halderns aber tun gut, all dies in der Theorie zu belassen und nicht persönlich danach zu handeln.« (II/538) Die Theorie, die hier so entschieden verworfen wird, steht derjenigen Rousseaus nicht so fern, obgleich der junge Haldern nicht gerade die Persönlichkeit ist, die Gesellschaft im großen zu revolutionieren. Für den eigenen Fall kommen ihm die Ideen Rousseaus nicht ungelegen. Eine Rückkehr zur Natürlichkeit, zu einfachem Leben, ist das, was er sich wünscht; und an Stine nimmt er dies alles wahr, was er ersehnt und erstrebt. Tatsächlich wird die Wendung vom einfachen Leben im Text — sehr beiläufig — gebraucht; und zwar ist es Stine, die den jungen Haldern in diesem Punkt vor Illusionen warnt: »es ist ein ander Ding, sich ein armes und einfaches Leben ausmalen oder es wirklich führen.« (II/552) Obwohl dies alles in der Sicht des jungen Grafen nicht im großen Stil verändert werden soll — jede Weltrevolution liegt ihm denkbar fern — ist dennoch eine »Romantik« einfachen Lebens im scheiternden Liebesbund zwischen Waldemar und Stine deutlicher ausgeprägt als in *Irrungen, Wirrungen*, aber in der Sicht einer Romanfigur, nicht in der Optik der Erzählung. Diese »Romantik« wird dadurch desillusioniert, daß die erstrebte Verbindung scheitert. Das Irreale an ihr kommt erst recht darin zum Ausdruck, daß beiden, Waldemar wie Stine, Kränklichkeit und Schwäche anhaften. Diese von *Irrungen, Wirrungen* abweichende Kennzeichnung fällt auf und gibt zu denken.

Gegenüber der blühenden Erscheinung der Witwe Pittelkow ist deren Schwester das Gegenbild: »Die brünette Witwe war das Bild einer südlichen Schönheit, während die jüngere Schwester als Typus einer germanischen, wenn auch freilich etwas angekränkelten Blondine gelten konnte.« (II/483) Und blaß wie sie ist auch ihr Partner; in der ihr eigenen Direktheit nennt ihn die Pittelkow »ein armes krankes Huhn«. Kranksein, so erklärt er es selbst dem Fräulein Stine, sei eigentlich von Jugend auf sein Lebensberuf, und der offensichtlich kerngesunde Onkel hält ihm diese seine Kränklichkeit denn auch bei jeder Gelegenheit vor: »Ein Mann wie du heiratet nicht. Das bist du drei Parten schuldig: dir, deiner Nachkommenschaft (die bei kränklichen Leuten wie du nie ausbleibt) und drittens der Dame, die du gewählt.« (II/535) Da der Verfall von Adelsgeschlechtern zu den Themen gehört, die man gegen Ende des Jahrhunderts bevorzugt behandelt, könnte die Kränklichkeit des jungen Haldern als eine Thematisierung der Décadence verstanden werden. Aber dagegen spricht die Tatsache, daß auch Stine, wie ausgeführt, zu den kränklichen, schwächlichen und blassen Personen des Romans gehört. In der Art, wie sich der Erzähler beflissen zeigt, die Kränklichkeit vor allem in der Gestalt des jungen Grafen wieder und wieder zu betonen, wird dieser in seiner Eigenschaft als »positiver Held« ständig eingeschränkt; er wird fast zu einer komischen Figur, worauf ja auch die Bezeichnung der Pittelkow verweist — »ein armes krankes Huhn«. Die beiden angekränkelten Figuren lassen sich nicht das mindeste zuschulden kommen; sie sind ebenso kränklich wie tugendhaft. Das bringt die Melodramatik der Liebesgeschichte mit unglücklichem Ausgang in die Nähe einer Sentimentalitätsgeschichte, und was die Gestalt der Lene Nimptsch vor Sentimentalität bewahrt — der Realismus ihrer Illusionslosigkeit nämlich — das alles fehlt der Stine Rehbein durchaus. Sie wird uns nicht nur als eine blasse Erscheinung geschildert, auch als erzählte Figur ist und bleibt sie farblos und blaß, und Fontane war sich dessen bewußt. Sie sei ihm ein wenig zur Puppe geraten, heißt es in einem scherzhaften Gedicht, in dem die Vorzüge der Witwe Pittelkow desto mehr gepriesen werden. [68] Noch ehe die Erzählung veröffentlicht wurde, wußte Fontane als ihr Verfasser nur zu genau, was er von der Titelfigur zu halten hatte: »Stine, als Figur, bleibt weit hinter Lene zurück, und da sie Hauptheldin ist und dem Ganzen den Namen gibt, so hat das Ganze mit darunter zu leiden« (an P. Schlenther vom 13. Juni 1888).

Schon hier drängt sich die Frage auf, ob Fontane die »Helden« seiner Liebesgeschichte absichtlich oder unfreiwillig so geraten sind, wie sie in ihr erscheinen. Daß er Stines Zurückbleiben hinter Lene beklagt, läßt vermuten, daß die Erzählung in diesem Punkt anders ausgefallen ist, als sie konzipiert worden war. Dagegen deuten bestimmte Motive in der Erzählung selbst auf absichtliche Zurücksetzung hin. Die Beantwortung der schwer zu entscheidenden Fragen wird durch eine merkwürdige Äußerung zusätzlich erschwert. Derselbe Brief an Schlenther, in dem Fontane zugibt, daß Stine weit hinter Lene zurückbleibt, enthält einige seine Hauptgestalt belastende Aussagen. Das Schreiben seiner Geschichte schildert Fontane als ein natürliches, unbewußtes Wachsen und fährt fort: »Wenn nun bei diesem Naturprozeß eine sentimentale und weisheitsvolle Lise wie diese ›Stine‹ herauskommt, so muß das einen Grund haben, denn im Ganzen wird man mir lassen müssen, daß ich wie von Natur die Kunst verstehe, meine Personen in der ihnen zuständigen Sprache reden zu lassen. Und nun spricht diese Stine im Stine-Stil statt im Lene-Stil. Warum? Ich denke mir, weil es eine angekränkelte Sentimentalwelt ist, in die sie, durch ihre Bekanntschaft mit Waldemar, hineinversetzt wird. Und so wird die Sentimentalsprache zur Natürlichkeitssprache, weil das Stück Natur, das hier gegeben wird, eben eine kränkliche Natur ist. Dadurch geht freilich ein Reiz verloren, und an die Stelle von Seeluft tritt Stubenluft, aber der psychologische Prozeß, Vorgang und Ton sind eigentlich richtig.« Das ist eine sehr freimütige, aber auch erhellende Selbstkritik. Sie erlaubt es, die gewisse Sentimentalität der Erzählung nicht einfach als etwas anzusehen, das Fontane unterlaufen ist. Die Hauptgestalt wird munter zur sentimentalen und weisheitsvollen Lise ernannt, und das kann nur geschehen, weil ihre Welt — wie die des jungen Haldern — als eine »angekränkelte Sentimentalwelt« verstanden werden soll und nach Einführung dieser Krankheitsmotive auch so verstanden werden muß. Mag Fontane eine solche Sentimentalität in früheren Fassungen auch fern gelegen haben — jetzt ist die Absicht unverkennbar, wie es der Brief an Schlenther bestätigt. Damit wird aber eine schon in *Irrungen, Wirrungen* erkennbare Tendenz nur deutlicher betont — die Tendenz nämlich, alle Realisierungen einfachen, natürlichen Lebens in Richtung auf eine Idylle außerhalb der Gesellschaft zu widerlegen und als angekränkelte Sentimentalwelt abzutun. Der Versuch, einfache Lebenskreise mit dem Ziel zu idealisieren, in ihnen die Idee einfachen Lebens zu realisieren, muß aus der Sicht dieser Erzählung als ein völlig vergeblicher Versuch angesehen werden. Der Literatur des einfachen Lebens geht Fontane mit aller Entschiedenheit aus dem Weg, in *Stine* noch entschiedener als in *Irrungen, Wirrungen*. Seine Bemerkung besteht daher völlig zu Recht: »Es ist nicht ein so breites, weite Kreise umfassendes Stadt- und Lebensbild wie ›Irrungen, Wirrungen‹, aber an den entscheidenden Stellen energischer, wirkungsvoller« (an E. Dominik vom 3. Januar 1888).

Es ist nur konsequent, wenn sich aufgrund der veränderten Einschätzung der Hauptgestalt — »Stine bleibt weiter hinter Lene zurück« — das Interesse auf jene Figuren verlagert, die sich in der Beurteilung der Verhältnisse, so wie sie nun einmal sind, als betont »realistisch« erweisen. Diese Personen sind der ältere Graf Haldern und die Witwe Pittelkow. Der mehrfach erwähnte Brief (an Paul Schlenther vom 13. Juni 1888) spricht es klar aus: »daß die Pittelkow und der alte Graf Haldern zu den besten Figuren meiner Gesamtproduktion gehören«; und entsprechend gegenüber Emil Dominik (vom 3. Januar 1888): »Die Hauptperson ist nicht Stine, sondern deren ältere Schwester: Witwe Pittelkow. Ich glaube, sie ist eine mir gelungene und noch nicht dagewesene Figur.« Da in der Verlagerung solcher Erzählerinteressen die resolute Witwe etwas einseitig hervorgehoben wird, ist es angebracht, den alten Graf Haldern nicht gänzlich zu vernachlässigen. Er macht in den ersten Kapiteln alles andere als eine gute Figur. So wie er auftritt und spricht, scheint er aus der Familie der Lebemänner zu stammen, die sich gelegentliche Durchbrechungen der Standesgrenzen erlauben, wenn damit keine gesellschaftlichen Sanktionierungen verbunden sind. Daß solche Eskapaden auch »natürliche« Folgen haben können, wird offensichtlich in Rechnung gestellt. Folgen dieser Art scheinen im Verhältnis des Grafen Haldern zur schönen Witwe Pittelkow in der Tat auch vorzuliegen. Ohne daß wir Genaueres darüber erfahren, ist die Vermutung doch wohl berechtigt, daß das zweijährige Kind eine Frucht eben dieser Liaison sein könnte. Dieses im ganzen nicht eben günstige Porträt ist zum Teil der Redeweise der Pittelkow zuzuschreiben. Sie spricht so von ihm, daß man spürt, wie wenig ihr die Person bedeutet. Den Namen des Grafen weiß sie vielsagend zu umgehen. Wenn ihr sein Besuch gleich im ersten Kapitel angekündigt wird, so teilt sie es recht respektlos der zehnjährigen Tochter mit: »Olga, der Olle kommt heute wieder. Immer, wenn's nich paßt, is er da.« (II/479) Und gegenüber der Freundin Wanda Grützmacher spricht sie nicht anders. Auch hier wird der Name ausgespart, als sei es keine Person, sondern eine Art Unperson: »Liebe Wanda. Er kommt heute wieder, was mir sehr verkwehr is, denn ich mache gerade reine.« (II/488) Ein ungebetener Gast, mit anderen Worten! Auch die »Einladung«, mit zweideutigen Reden zumal von seiner Seite, verläuft nicht so, daß wir ein sehr günstiges Bild des Grafen erhalten. Dagegen vermittelt die Beschreibung seiner Wohnung einen besseren Eindruck. Sein Neffe trifft ihn hier an, wie er seine Kunstsammlung ordnet, und daß ihm solche Dinge etwas bedeuten, geht auch aus seinen Erläuterungen hervor. Im entscheidenden Punkt der Standesunterschiede erweist er sich als unnachgiebig, aber nur sofern es dabei um die Halderns geht. Außerhalb der eigenen Familiengeschichte neigt er zur Konzilianz, und Standesgrenzen sieht er keineswegs als etwas Gottgegebenes an; er ist durchaus überzeugt, daß sich alles ändern kann. Nur will er nicht seine eigene Deklassierung in die Wege leiten in einer Zeit, in der ohnehin alles auf den eigenen Vorteil bedacht ist. Das kann man ihm zur Not nicht einmal verdenken. In alledem beurteilt er die Verhältnisse realistisch, und daß eine Verbindung seines Neffen mit der Arbeiterin in einem Wollgeschäft nichts Dauerhaftes sei, weil es sich um zu verschiedene Lebensformen handelt, ist gleichfalls realistisch gedacht. Sofern es darum geht, solche Verhältnisse als eine angekränkelte Sentimentalwelt aufzudecken, steht er dem Erzähler nicht so fern; in gewissen Grenzen scheint er sogar dessen Sprachrohr zu sein. Die Zurückweisung einfachen Lebens im Zeichen von Adam, Neubeginn der Menschheit, Paradies und Rousseau geschieht jedenfalls durch ihn, den Grafen Haldern. Wie sehr er zugleich aus Widersprüchen zusammengesetzt ist, wird ausdrücklich gesagt: »Sie müssen mit ihm sprechen«, empfiehlt der Baron dem jungen Haldern, »trotzdem ich weiß, daß er ein absolut unberechenbarer Herr ist und sich aus lauter Widersprüchen zusammensetzt [...].« (II/526) Er ist dadurch anders eine Gestalt des realen Lebens als die eindeutigen »Helden« der Liebesgeschichte, die wie Max und Thekla in *Wallenstein* die Krankheit zum Tode vorleben, zu der sie ihre Dichter verurteilt haben. Ein solcher bis zum Zweideutigen und Bedenklichen gehender Realismus in der Darstellung von Personen erreicht aber fraglos seinen Höhepunkt in der Gestalt der Witwe Pittelkow als der »eigentlichen« Hauptgestalt der Erzählung.

Fontane hat keinen Zweifel daran gelassen, was er von diesem seinem Geschöpf hielt, und er hat es auch wiederholt zum Ausdruck gebracht. Zu den schon angeführten Äußerungen gesellt sich das Widmungsgedicht, das 1891 für die Tombola eines Pressefestes gedichtet wurde:

»Will dir unter den Puppen allen
Grade ›Stine‹ nicht recht gefallen,
Wisse, ich finde sie selbst nur soso,
Aber die Witwe Pittelkow!

Graf, Baron und andere Gäste,
Nebenfiguren sind immer das Beste,
Kartoffelkomödie, Puppenspiel
Und der Seiten nicht allzu viel.« (VI/326)

Die hier unter die Nebenfiguren — pro forma — eingereiht wird, ist von der Intention her längst zur Hauptgestalt geworden, wie die zitierten Äußerungen es belegen. Sie ist unter der Hand zu einer solchen Gestalt geworden aufgrund eines »natürlichen, unbewußten Wachsens« während der Niederschrift; und Hauptgestalt, das heißt in diesem Fall: der »Sinn« der erzählten Geschichte läuft mehr und mehr auf diese Figur zu. Die Geschichte selbst wird ihr gegenüber nebensächlich. Die Witwe Pittelkow ist es auch, mit der die Erzählung Stine beginnt. Der Schauplatz der »Handlung« — Invalidenstraße 98e, erste Etage — das ist ihre Wohnung. Hier wird geputzt und gewischt — im Berliner Jargon heißt es, daß jemand »rackscht und rabatscht«. Die Wohnungsvermieterin Polzin macht solche Beobachtungen und führt auf diese Weise die Witwe Pittelkow in die Erzählung ein. Erst danach wird die Schwester genannt: »Ich weiß nicht, was der Pittelkow'n wieder einfällt. Aber sie kehrt sich an nichts. Un was ihre Schwester is, die Stine [...] na, die wird grad ebenso.« (II/477) Aber das ist ein Irrtum der alten Lierschen, die alles nur von außen beurteilt: Stine, nach der die Erzählung benannt ist, ist durchaus anders und bleibt es auch. Da sie im Personal der Erzählung eine »Autoritätsperson« ist, eine solche, die trotz allem und allem dem Erzähler nahesteht, dürfen wir ihr glauben, was sie im vertraulichen Gespräch mit dem sie besuchenden Graf Haldern über ihre Schwester sagt: »Nein. Ich liebe meine Schwester und sie liebt mich. [...] meine Schwester ist sehr gut.« (II/510) Daß die Pittelkow ein wenig gefallsüchtig ist, auch von Eifersucht und Eitelkeit nicht völlig frei, gibt Stine zu, aber das ändert nichts an dem guten Verhältnis, obwohl es einiges an ihr auszusetzen gäbe. Denn der alte Graf, der sie gelegentlich besucht, »sorgt« für sie. Er hält sie aus. Diese Zweckbindung ist weit entfernt, ein Verhältnis inniger oder leidenschaftlicher Liebe zu sein. Man spricht despektierlich voneinander: sie vom »Ollen«, er von seiner Mohrenkönigin oder — zweideutig genug — von der Königin der Nacht. Alle diese Zweideutigkeiten, die Stine zu einer für das bürgerliche Publikum bedenklichen Geschichte machen mußten, sind nicht ohne weiteres ihrem leichtfertigen Charakter zuzuschreiben. Die Witwe Pittelkow ist keine käufliche Frau, sondern sieht auf Ordnung. Sie ist ordentlich und hat sich in ihrer Ehe mit dem inzwischen verstorbenen Mann nichts zuschulden kommen lassen. Daß sie bezüglich ihrer Lebensführung solche Zugeständnisse macht, ist auch sozial motiviert: Moral ist eine gute Sache, wenn man vermögend ist. »Brav sein und sich rechtschaffen halten, das ist alles sehr gut und schön, aber doch eigentlich nur was Feines für die Vornehmen und Reichen«, so erläutert es Stine im Gespräch mit dem jungen Haldern, für den das einstweilen noch verworrene Begriffe sind. Aber Stine wird hinsichtlich ihrer Schwester noch deutlicher und fährt fort: »Daß sie das Verhältnis hat, ist ihr kein Lob, aber bei der großen Mehrzahl auch keine Schande. Die arme Frau, so sagen sie, sie hätt's lieber anders. Aber sie *muß*.« (II/511) Dennoch ist die Pittelkow alles andere als unterwürfig. Sie ist nicht der Typ des untertänigen Menschen, sondern hat sich ein gesundes Selbstbewußtsein bewahrt. Der alte Graf Haldern bekommt das mehr als einmal zu spüren, auch und gerade im Beisein anderer. Als man zu fortgeschrittener Stunde Toastsprüche ausbringt, wird dieser unvorsichtigerweise zweideutig: er läßt die Pittelkow als seine Mohrenkönigin, als seine Königin der Nacht, leben. Aber diese ihrerseits weist ihn zurecht. Das Drastische macht ihr nichts aus, aber Spott könne sie nicht vertragen: »›Na, Graf, bloß nicht *so*, bloß nich übermütig. Das lieb' ich nich. Und so vor alle! Was sollen denn der junge Graf davon denken?‹« (II/496) Und was sie ist, das ist sie allererst durch ihre Sprache, deren Direktheit nichts zu wünschen übrig läßt. So wie sie ihren Berliner Jargon gebraucht, einsetzt und zum Zweck ihrer Selbstbehauptung verwendet, scheint sie eine Verwandte der Mutter Wolffen in Hauptmanns bekannter Komödie zu sein, der sie an moralischer Tüchtigkeit gleichwohl um ein gutes Stück überlegen ist. Aber voll zur Geltung kommt ihre auch sonst vorhandene Überlegenheit in derjenigen Szene, in der sie und der alte Graf Haldern unversehens »aufeinanderplatzen«. In dieser Szene — einem Kabinettstück Fontanescher Erzählkunst! — ist sie wie in einer großen Komödie der Weltliteratur die überlegene Figur schlechthin. Es handelt sich um das »Untätchen«-Gespräch im dreizehnten Kapitel des Romans, in dem die inzwischen zu Hauptgestalten avancierten Nebenfiguren die Erzählung definitiv für sich beanspruchen.

Der Graf ist verärgert. Er ist der Meinung, die Witwe Pittelkow habe das Verhältnis eingefädelt, von dem er durch seinen Neffen inzwischen Kenntnis erhalten hat. In einer solchen Stimmung sucht er seine »Freundin« am hellichten Tage auf und ist entsprechend einsilbig schon bei der Begrüßung. »Guten Tag, Witwe«, sagt er zu ihr, die in demselben Ton den Gruß erwidert: »Guten Tag, Graf ...« (II/543) Sofort geht dieser auf sein Ziel los und muß erfahren, daß es sich nicht so verhält, wie er meinte. Die Witwe Pittelkow hat ganz andere Absichten, wenn sie hinsichtlich ihrer Schwester solche hat. Sie spricht von einem Kunstschlosser, der ihr selbst, der Pittelkow, eigentlich der allerliebste wäre, wenn sich ihre Schwester nur entschließen könnte, ihn zu nehmen. Und nachdem sie das richtiggestellt hat — »Ja, Graf, so steht es« — rechnet sie ihrerseits ab und macht ihrem Partner deutlich, wer sie ist und wer ihre Schwester ist: »Mein Stinechen ist kein Mächen, das sich an einen hängt oder mit Gewalt einen rankratzt, Graf oder nich, un hat's auch nich nötig. Die kriegt schon einen. Is gesund un propper un kein Untätchen an ihr, was nich jeder von sich sagen kann. He?« (II/544) Das Wort »Untätchen« ist damit eingeführt und wird sogleich zum Angelpunkt des Dialogs. Es ist linguistisch gesehen ein »unmögliches« Wort und in keinem der gängigen Wörterbücher verzeichnet. Mag sein, daß es in der Berliner Mundart vorkommt oder zu Zeiten Fontanes vorgekommen ist — ein »unmögliches« Wort ist es gleichwohl. Diminutive setzen im allgemeinen Konkretes voraus, »konkrete« Personen oder Dinge, die mit dem Verkleinerungssuffix bedacht werden. Die Mutter wird zum Mütterchen, der Sohn zum Söhnchen, das Haus zum Häuschen — und so fort. Wenn abweichend vom Üblichen Abstrakta dennoch die Verkleinerungsform annehmen, so handelt es sich entweder um redensartliche Wendungen mit humoristischem Stilwert oder um freie »Erfindungen« des Sprechers; und auch dabei spielt »Humoristisches« wie bei Gottfried Keller hinein, der sich gelegentlich Begriffe wie »Tödlein« oder »Glücklein« gestattet. Redensartliche Wendungen dieser Art sind zum Beispiel: »sein Mütchen kühlen«, »ein Schnippchen schlagen«. [69] Und was alle diese Wortbildungen — so auch das berühmte »Weh-Wehchen« — gemeinsam haben, ist eben dieser sprachlich so schwer zu beschreibende Stilwert, der eine ganze Skala von Gefühlsnuancen, Anspielungen und Pointen aller Art enthält. Mit dem ausgeprägten Sinn für Feinheiten der Sprache, der ihm eigen war, setzt Fontane das Wort im Dialog der beiden Nebenfiguren ein und erzielt damit seine unbestreitbare Wirkung. Eine Untat bezeichnet in der deutschen Sprache eigentlich recht schlimme Dinge: Verbrechen oder Verwandtes. Wird das Wort für Verhaltensweisen gebraucht, die einen solchen, die Person belastenden Begriff nicht verdienen, so handelt es sich meistens um ironische oder uneigentliche Rede. So in einem Brief Fontanes (an Paul Schlenther vom 4. Juni 1888): »Bei Lichte besehn, ist es noch harmloser als ›Irrungen, Wirrungen‹, denn es kommt nicht einmal eine Landpartie mit Nachtquartier vor. Und darauf läuft doch die eigentliche Untat hinaus!« »Untat« wird hier ironisch gegenüber jenen gebraucht, die schon eine gemeinsame Übernachtung unverheirateter Leute so bezeichnen. »Kein Untätchen« deutet an, daß auch nicht der Hauch einer Untat, eines Untunlichen oder Unziemlichen an einer Person haftet. In unserem Gespräch ist es Stine, um die es dabei geht. Aber da das anspielungsreiche Wort im Dialog zweier Personen gebraucht wird, die ihrerseits so ganz makellos nicht sind, kann es auf deren mehr oder minder vorhandenen Makel bezogen werden; und so auch faßt es der alte Graf Haldern auf, der sich deshalb das Wort energisch verbittet: »Untätchen! Was heißt Untätchen? Ich habe der Stine nichts auf den Leib gered't, ich weiß, sie ist ein gutes Kind. Aber was soll das mit deinem ›Untätchen‹ und ›was nicht jeder von sich sagen kann‹. Meinst du *mich*? Meinetwegen. Mir tut's nichts; ich bin drüber weg. Aber du meinst meinen Neffen [...].« (II/544) Und damit ist man bei diesem. Der Graf ist in der ungünstigeren Position. Er muß verteidigen, was er selbst lieber herabsetzen möchte und mit Erwähnung der »Milchsuppe« beiläufig ja auch tut. Wenn er diesen trotzdem vor dem »Untätchen« der Witwe Pittelkow in Schutz nimmt, so geschieht es, weil ihm der durchbrechende Adelsstolz solche Verteidigungsreden diktiert. Es ist ein Adelsstolz mit denkbar schlechtem Gewissen. Aber die in ihrer Abrechnung selbstbewußte Pittelkow läßt sich nicht beirren. Sie überführt das nun einmal in die Debatte gelangte Wort in sozusagen geschichtsphilosophische Dimensionen. Denn wenn schon über »Untätchen« zu sprechen ist, so muß noch von ganz anderem die Rede sein; und indem sie die deutsche Geschichte zu ihrer Beweisführung heranzieht, wird es eine Abrechnung großen Stils: »Und da wir nu mal davon reden, dabei bleib' ich auch, daß ans Gräfliche öfter so was is als an unserein, un nu gar erst an Stinechen. Ich weiß nicht, wie die Dokters es nennen; aber das weiß ich, es gibt Untätchen schon von'n Urgroßvater her. Un die Urgroßväter, was so die Zeit von'n dicken König war, na, die waren schlimm. Un die Halderns werden woll auch nich anders gewesen sein als die andern.« (II/545) Das Ergebnis dieses Untätchen-Dialogs ist eine Übereinkunft. Pauline Pittelkow stimmt dem Vorschlag zu, den der alte Graf macht: man will Stine zeitweilig entfernen, was sich, wie ausgeführt, als unnötig erweisen wird. Am menschlichen Rang der in diesem Dialog über sich selbst hinausreichenden »Hauptfigur« kann kein Zweifel sein. In einer Porträtstudie ihrer Person hat es Gerhard Friedrich überzeugend erläutert, ohne dabei die sozialgeschichtlichen Motive zu übersehen: »Das sind Töne, die weder im Munde Lenes noch Stines denkbar wären, denn sie können nur von jemandem gesprochen werden, der die Heuchelei der Zeitgenossen und die Verlogenheit der öffentlichen Meinung hinter sich gelassen hat, der nicht zurückschreckt vor ehrwürdigen Institutionen, die ihr Ansehen lediglich aus der Tradition beziehen, sondern der den Mut zur selbständigen, unabhängigen Einstufung des eigenen Werts und das der anderen besitzt. Hier offenbart sich eine existentielle Überlegenheit, eine Superiorität in der Substanz der Person, die im umgekehrten Verhältnis zum sozialen Ansehen steht. In dieser Frau, die sich nicht in einem ungeschichtlichen Abseits befindet, sondern die Konfrontation mit dem Adel an sich selbst erlebt hat (und wie!), läßt Fontane die kleinen Leute seiner Zeit einen entscheidenden Schritt über ihr herkömmliches Bewußtsein hinaus tun. Die Pittelkow gewinnt, ungeachtet ihrer sozialen Lage, eine souveräne Selbstachtung, ein von keinem Minderwertigkeitsbewußtsein angekränkeltes, nur an der eigenen Person orientiertes Selbstgefühl [...].« [70]

Was aber heißt »soziale Lage«, und ist es deren Typik, die Fontane hier beschreiben will? Geht es um den Typus des selbstbewußten Bürgers oder Kleinbürgers oder um ihren Übergang zum vierten Stand, oder gar um diesen selbst? Daß es der Typus des Bürgers nicht ist, den Fontane in der Person der Witwe Pittelkow meint, macht ein Vergleich mit dem Musikus Miller in Schillers bürgerlichem Trauerspiel offenkundig. Die Pittelkow ist diesem Stand nicht mehr zuzurechnen; ihre Lebensverhältnisse sprechen dagegen, und am wenigsten könnten ihr die Kleinbürger das verzeihen, was sie tut — den Begriff im soziologisch üblichen Sinn verstanden. Aber vermutlich könnte ihr der sittlichkeitsbewußte vierte Stand eine solche Lässigkeit in Dingen der Moralität auch nicht verzeihen. Diese Figur — fraglos eine gelungene Figur — repräsentiert nicht den Typus einer Klasse, auch nicht des vierten Standes. Sie ist eine Gestalt sui generis, die aus einfachen Lebenskreisen stammt, und doch keinen dieser Lebenskreise ganz repräsentiert: weder die Schicht der Kleinbürger, noch die der Arbeiter, für die man sie auch nicht beansprucht hat. Im Untypischen ihrer Erscheinung eine eminent poetische Figur, nimmt sie die Verhältnisse als gegeben hin und weiß sich dennoch als Person zu behaupten. Wenn andere ihre »Untätchen« tun und dabei heucheln, so tut sie solche ohne Heuchelei. Auf alles nicht ganz Echte und nicht ganz Gesunde reagiert sie allergisch; und in dem wie immer mitleidswürdigen Grafen Haldern, Stines Freund, nimmt sie solches nicht nur wahr, sondern spricht auch offen aus, was sie denkt: »Un mit dem jungen Grafen ist nich viel los.« Gefühlsarm ist sie deswegen sicher nicht. Ihre menschliche Qualität zeigt sich nirgends deutlicher als in ihrem Verhältnis zur Schwester. Wie sie diese nach deren Rückkehr von der Beerdigung aufnimmt und wie sie ihr mit schlichten Worten über die Lage hinwegzuhelfen sucht, läßt erst den von keiner gesellschaftlichen Klasse abhängigen Rang erkennen, der ihr zukommt. Keine Flausen, keine billigen Redensarten: lediglich der Versuch, an das Leben zu erinnern, das in solchen Fällen — in Todesfällen! — trotz allem weitergeht: »Weine man, Stinechen, weine man or'ntlich. Wenn's erst wieder drippelt, is es schon halb vorbei, grade wie bei's Gewitter. Un nu trink noch 'ne Tasse... Olga, wo bist du denn? Ich glaube, die Jöhre schnarcht schon wieder... Un nächsten Sonntag is Sedan, da machen wir auf nach'n Finkenkrug un fahren Karussell un würfeln. Und dann würfelst du wieder alle zwölfe.« (II/565) Das ist nicht die Idealität einfacher Lebenskreise, die eine Lösung oder gar eine Vermeidung von Konflikten verbürgt. In der Person der Pittelkow — und mit ihr gelangt Fontane über die erreichte Position von *Irrungen, Wirrungen* um ein gutes Stück hinaus — hat sich das Interesse nun vollends auf die Darstellung einfacher Menschlichkeit verlagert. Und so wichtig ist Fontane diese Darstellung geworden, daß die Konflikte zur nebensächlichsten Sache werden können. Im Grunde sind sie eine Trivialität. Sie sind auch nicht der Zielpunkt, sondern nur noch Anlaß, damit die Menschen in der Konfrontation mit ihnen zeigen, wer sie sind — damit sich die einfache Menschlichkeit als etwas von der Gesellschaft letztlich Unabhängiges bewährt. Eben dies geschieht hier, wie es schon in *Irrungen, Wirrungen* geschehen war. Dort war es die »Idealgestalt«, die solches bezeugte. In *Stine* hat Fontane das von der Lene Nimptsch »Ererbte« noch sehr viel tiefer in die Niederungen des Menschlich-Allzumenschlichen eingelassen, um mit der Witwe Pittelkow eine etwas zweideutige Gestalt vorzustellen, die das Zeug in sich hätte, in die Weltliteratur einzugehen, wohin sie gehört. Daß Fontane mit der Zweideutigkeit einer solchen Romanfigur nicht überall Ehre einlegen würde, war ihm bewußt. Sein schriftstellerisches Selbstverständnis hat sich damit aber nur gefestigt. Doch hat man allen Grund, zur Kenntnis zu nehmen, was gegen ihn und seine Erzählung damals alles vorgebracht wurde. Paul Heyse wurde mit einem Exemplar des neuen Werkchens gar nicht erst behelligt. »Mit meiner Geschichte ›Stine‹, die vor etwa einem haben Jahre erschien, wollte ich Dich nicht behelligen, weil ich annehme, daß Dir die Richtung und vielleicht auch der Ton darin unsympathisch ist«, schrieb er (am 5. Dezember 1890) an ihn. Zu einer Kette von Enttäuschungen wurden die Versuche, *Stine* im Vorabdruck zu veröffentlichen, wie es Fontane zu tun pflegte. An Verbindungen fehlte es ihm nicht, und ein bekannter Romanautor war er inzwischen längst. Aber mehrfach lehnte man ab; und selbst diejenigen unter den Redakteuren taten es, die seine Erzählungen bisher bereitwillig angenommen hatten. Der Vorabdruck in einer Tageszeitung oder einer Familienzeitschrift war gänzlich in Frage gestellt — bis sich der Romancier und Sprachphilosoph Fritz Mauthner bereit erklärte, das kleine Werk in seiner Zeitschrift ›Deutschland‹ zu publizieren. Mauthner, der mit einer mehrbändigen Sprachkritik aus der modernen Literatur nicht wegzudenken ist (Gustav Landauer hat ihm bald danach eine eigene Schrift in Achtung und Verehrung gewidmet), hat sich damit einen Ehrenplatz unter denjenigen verdient, die sich — damals wie heute — um die Verbreitung Fontanescher Schriften verdient gemacht haben. [71] Mauthner war Mitglied des Kreises der »Zwanglosen«, dem auch Fontanes Söhne angehörten. Einer von ihnen hat die etwas fragwürdige Erzählung schließlich in seinem jungen Verlag aufgenommen. Das eindrucksvolle Zeugnis eines solcherart schriftstellerischen Selbstbewußtseins ist der Brief an Schlenther (vom 22. Juni 1888), der die Übersendung des soweit fertigen Manuskripts begleitet. Er freue sich, schreibt Fontane, daß es einige geben, die solches zu schätzen wissen; er rechne mit zehn oder wenn es hoch kommt, mit hundert Menschen in Deutschland. Dagegen erwarte er vom großen Publikum wenig oder nichts — »es ist nicht nötig, große Worte darüber zu verlieren«. Daß selbst nähere Bekannte ihre wohlwollende Gesinnung einschränken, weil sie bedauern, daß ein alter Mann sich so wenig der Pflicht seiner Jahre bewußt sei, merkt er an. Gegenüber solch »sittlichem Hallo« spielt er das freie Darüberstehen der Freunde aus, das er auch für sich selbst beansprucht, und es spricht für sein mit der Zeit fortschreitendes Denken, wenn er aus solchen Anlässen einige generelle Folgerungen zieht, wie es in diesem so überaus bemerkenswerten Brief geschieht: »Denn daß der alte sogenannte Sittlichkeitsstandpunkt ganz dämlich, ganz antiquiert und vor allem ganz lügnerisch ist, *das* will ich wie Mortimer auf die Hostie beschwören.«

Wer ist mit dem großen Publikum gemeint, von dem Fontane spricht und für das er doch letztlich schreibt oder schreiben möchte? Keine Frage, daß es in erster Linie bürgerliche Leser waren, die das eigentliche »Kontingent« stellten; und sie immer weniger machten in seinen Romanen eine gute Figur. Die Standesunterschiede in *Irrungen, Wirrungen* wie in *Stine* sind Unterschiede zwischen Adel und kleinen Leuten, und am Ende gehen beide Parteien noch durchaus ehrenhaft aus den Händeln hervor. Für Botho wie für den jungen Haldern gibt es Sympathien, von den Personen aus der Welt der armen Leute gilt das ohnehin. Die Polzins, gutsituierte Leute, die von ihren drei Zimmern zwei vermieten, kommen innerhalb unserer Erzählung am schlechtesten weg. Sie stellen die Lauscher an der Tür, und sie liefern die klatschsüchtigen und die hämischen Kommentare. Am Ende gar erhalten sie das letzte Wort. Was geschehen ist, und was die Pittelkow zu ihrer von den Ereignissen mitgenommenen Schwester gesagt hat, hat die Teppichfabrikanten-Ehefrau horchend am Treppengeländer mitangehört — »mit nur zu geübtem Ohre«, wie es heißt. Die »Anteilnahme« der »gutsituierten Polzins« gilt ganz und gar dem Ergehen Stines: »›Nu‹, frug er, während er eben das Leder in die Schnalle schob. ›Is sie heil wieder da?‹ ›Heil? Was heißt heil? *Die* wird nich wieder.‹ ›Is eigentlich schade drum.‹ ›I wo. Gar nich ... Das kommt davon.‹« (II/565) Obschon wir die Polzins nicht gerade unter den Lesern Fontanescher Romane suchen würden — gutsituiert in dieser Gründerzeit sind sie in jedem Fall. Hier wird Besitz mit mäßiger Bildung zusammengebracht; und daß diese Begriffe in der Zeit Fontanes eine eigentümliche Verbindung eingehen, in Kreisen des Bürgertums vor allem, wird im folgenden Teil zu erörtern sein. Der soziale Aufstieg, von dem einleitend gesprochen wurde, zeigt sich gewissermaßen von seiner Rückseite: ist man erst einmal im Besitz, so ist man zugleich im ›Besitz‹ von Bildung.

VI. Besitz und Bildung

Der Aufstieg des Bürgertums zur mitbestimmenden und maßgeblichen Klasse im Spiel der Mächte ist ebenso ein gemeineuropäischer Vorgang wie die gegenläufige Bewegung mit der Tendenz zur Einfachheit und Natürlichkeit des Lebens. [1] Erst recht ist der Gesellschaftsroman des neunzehnten Jahrhunderts als Widerspiegelung tiefgreifenden sozialen Wandels ein gemeineuropäisches Phänomen. Aber es gibt in solchen Entwicklungen nationale Besonderheiten, die nichts Nebensächliches sind. Literatur hat es in erster Linie mit Texten zu tun, nicht mit Nationen. [2] Auf Nationalismus ist man ohnehin und verständlicherweise nicht gut zu sprechen. Die Nation scheint dem Blick des literarisch interessierten Betrachters entschwunden zu sein. Sagt man indessen statt Nation Gesellschaft, so hört sich das heute sehr viel besser an. Wir wollen nicht behaupten, daß beide Begriffe dasselbe bedeuten; andererseits bezeichnen sie auch nicht völlig unterschiedliche Dinge. Sprechen wir vom Gesellschaftsroman, so denken wir an bestimmte Lebensformen einer Gesellschaft, die wir im Roman dargestellt finden. Sie sind von Land zu Land verschieden; und auch innerhalb eines Landes, einer Nation, gibt es Unterschiede genug: solche der Sprache, der Konfession oder der Lebensformen im ganzen, die von sich aus die Literatur beeinflussen. Um solche Romane adäquat zu verstehen, muß man etwas von der Lebenspraxis dieser Gesellschaften verstehen. Man muß sich in ihrer Geschichte auskennen; und erst recht muß man sich auskennen in den Eigentümlichkeiten sprachlichen Ausdrucks. Es gibt im Panorama des neunzehnten Jahrhunderts nicht *die* Gesellschaft schlechthin, sondern Gesellschaften der verschiedensten Art. Zwischen den Gesellschaften, die Balzac, Tolstoi oder Thackeray schildern, bestehen nationale Unterschiede nun doch — Unterschiede zwischen Adel und Bürgertum, wie zwischen Bürgertum und viertem Stand. Auch die Unterschiede innerhalb des Bürgertums selbst sind vielfach ausgeprägt. In Deutschland sind es vorzüglich solche zwischen Gebildeten und Ungebildeten; und damit sind wir bei dem Begriff, der uns veranlaßt, über nationale Besonderheiten im Umgang mit Literatur nachzudenken. Es geht um den Begriff der Bildung als eine solche Besonderheit.

Weder Erziehung noch Ausbildung umschreiben zutreffend das, was man meint, wenn man in deutscher Sprache »Bildung« sagt. »Dem deutschen Begriff ›Bildung‹«, so sieht es der Romanist, »entspricht im Französischen kein äquivalenter Begriff. Will man ihn übersetzen, so muß man von Fall zu Fall abwägen, ob man den Sinn des deutschen Wortes am besten durch ›éducation‹, ›instruction‹, ›formation‹, ›culture de l'esprit‹, ›civilisation‹, ›morale‹ oder ähnliche Begriffe der französischen Sprache wiedergeben kann.« [3] Die heute verbreitete Erklärung von Bildung als Bürgerrecht entspricht nicht dem, was Bildung in der Geschichte des Denkens in Deutschland ursprünglich meinte. [4] Das Wort bezeichnet im heutigen Sprachgebrauch weit mehr das, was man damit im Wettbewerb der Leistungen erreichen kann — was jeder Bürger erreichen kann und erreichen soll, wenn er hierzu die Fähigkeiten mitbringt. Das Wort »Bildung« hat einen Gebrauchswert im Kontext der demokratischen Gesellschaft erhalten, der es zukommt, für Gleichheit der Bildungschancen zu sorgen. Dennoch lebt etwas vom alten Glanz des Begriffs in solchen Gebrauchsformen fort; und wie sehr dieser im neunzehnten Jahrhundert auch ruiniert worden ist — : in der deutschen Kulturlandschaft der Nachkriegszeit ist die Bildung wie ein Phönix aus der Asche hervorgegangen. Als sei dem Begriff in der zurückliegenden Zeit schlechterdings nichts widerfahren, wird er wie ein unbeschädigtes Wort in die Debatte gebracht. Das kann geschehen, weil Bildung als Privileg einer Klasse nicht mehr gemeint ist. Das Privileg, das der Begriff in der Sozialgeschichte implizierte, ist weithin beseitigt; und indem »Bildung« nicht mehr als Allgemeinbildung für eine Klasse, sondern als Ausbildung für möglichst alle verstanden wird, kann man dem Begriff seine Vergangenheit nachsehen. Bildung, so verstanden, bleibt der Forderung des Tages nichts mehr schuldig. Der Begriff ist gewissermaßen in die Sozialgeschichte integriert und damit wieder legitim.

Das noch immer vorhandene Ansehen, dessen sich das Wort in unserer Sprache erfreut — oder wieder erfreut — ist in hohem Maße der deutschen Klassik zuzuschreiben. Aus ihrem Wortschatz, aus ihrer Ideenwelt und vor allem aus ihrer Literatur ist »Bildung« nicht wegzudenken. Der Begriff hat hier noch die Bedeutungsvielfalt, die er in der Folgezeit mehr und mehr einbüßte. »Bildung« hat der Zeit Goethes ohne Frage mehr gesagt, als sie uns heute sagt, alle oben erwähnten Aufwertungen in Rechnung gestellt. Neben dem Aspekt des Wissens, des Lernens und der Allgemeinbildung, wie er vor allem im neunzehnten Jahrhundert zunehmend in den Vordergrund rückt, hatte »Bildung« am Ende des achtzehnten Jahrhunderts einen sowohl religiösen wie naturwissenschaftlichen Sinn. »Als Chiffre eines geistigen Vorgangs gehört es [das Wort] zu den abstraktiven philosophischen Neuprägungen der spätmittelalterlichen Mystik und ist wahrscheinlich eine Begriffsneuschöpfung *Meister Eckharts* aus der Verbindung der Imago-Dei-Theologie mit der neuplatonischen Emanations- und Reintegrationslehre.« [5] Im Begriff der Bildung wurde noch etwas von der Ebenbildlichkeit Gottes vernommen, ehe er im Prozeß der Säkularisierung eine vorwiegend weltliche Bedeutung erhielt. Eine solche liegt auch dem naturwissenschaftlichen Wortgebrauch der Zeit zugrunde. Als Bildung im botanisch-morphologischen Sinn bezeichnet sie das, was im Keim angelegt ist und sich zur Frucht entwickelt. Die zuerst 1781 erschienene Schrift *Über den Bildungstrieb* von Johann Friedrich Blumenbach, die Goethe schätzte und wiederholt erwähnt, macht deutlich, wie sehr Bildungsroman und Naturwissenschaft in dieser Zeit noch zusammengehören. [6] Im Roman selbst, in *Wilhelm Meisters Lehrjahre,* erläutert sich das aus der Natur des Menschen abgeleitete Wachstum in Bildern des Weges, der Stufe, des höheren Orts und der Aussicht, die man erreicht. [7] Bildung, so verstanden, betont den Weg gegenüber dem Ziel, die Idee gegenüber der Realität. Der so sich zur Blüte und Frucht entwickelnde Keim im Bild organischen Lebens wird als Entelechie aufgefaßt, als Monade oder Individualität, wie es von Leibniz und seiner Philosophie vorgezeichnet war. Bildungsidee und Individualitätsidee werden korrelierende Begriffe im geistigen Haushalt der Epoche. Insofern sie es sind, kann man den sozialen Bezug vermissen, auf den es im Verlauf des neunzehnten Jahrhunderts mehr und mehr ankommt. Aber Individualität ist nur ein Aspekt in der Bedeutungsvielfalt des Wortes. Der weltbürgerliche und universale Gedanke hat sich im Verständnis der mit dem Wort gemeinten »Sache« keineswegs erledigt. Bildung ist für Herder – neben anderem – »Bildung zur Humanität.« [8] Bildung ist Bildung des Menschengeschlechts. [9] An dieser umfassenden Bedeutung des Wortes hält auch Hölderlin fest. Vom »Einfluß der schönen Künste auf die Bildung des Menschen« ist in seinen Briefen die Rede, von »philosophisch politischer Bildung«; und in einem Brief an den Bruder aus dem Anfang der neunziger Jahre heißt es: »Wir leben in einer Zeitperiode, wo alles hinarbeitet auf bessere Tage. Diese Keime von Aufklärung, diese stillen Wünsche und Bestrebungen Einzelner zur Bildung des Menschengeschlechts werden sich ausbreiten und verstärken, und herrliche Früchte tragen.« [10] Keime und Früchte auch hier! Aber sie werden auf das Menschengeschlecht im ganzen bezogen. Diese in der Zeit der Klassik nie völlig verdrängte Bedeutung gilt es hervorzuheben, weil sie im neunzehnten Jahrhundert mehr und mehr verlorengeht. Bildung betrifft hier noch den einzelnen ebenso wie die Nation oder die Menschheit. Das Private und das Öffentliche sind Seiten derselben Sache, ehe sie sich später voneinander lösen. Daher konnte das Politische im Begriff Bildung jederzeit vernommen werden. Nicht nur Hölderlin spricht von politischer Bildung; auch dem jungen Friedrich Schlegel ist die Wendung geläufig. [11]

Hinsichtlich der Klassik muß von einer weiteren Besonderheit die Rede sein: von der herausragenden und beherrschenden Stellung, die ihr in der Entwicklung des geistigen Lebens im neunzehnten Jahrhundert zukommt. In dieser Stellung wird sie zum Regulativ und zur Norm an Schulen wie an Universitäten, unbeschadet der tiefgreifenden Veränderungen im Politischen und Sozialen. Die Idee der Bildung ist davon in besonderer Weise betroffen: je fester sie in der geistigen Welt der Klassik verankert erscheint, um so weniger ist sie für Wandlungen offen; um so schwerer wird es ihr, sich den neuen Realitäten anzupassen. Der Nationalitätsgedanke hat nicht wenig dazu beigetragen, die deutsche Klassik zur nationalen Klassik schlechthin zu stilisieren und ihre Autorität zusätzlich zu erhöhen. Wie es zu geschehen pflegt, wurden ihre Ideen nicht so übernommen, wie sie ursprünglich gemeint waren. Das ist am Bedeutungswandel des Bildungsbegriffs gut zu zeigen. Er verliert die Bedeutungsvielfalt, die er besaß. Der Begriff wird einseitig; er wird seines eigentlichen Sinnes entleert. Hier wie sonst ist es das »Schicksal« der Idee, Realität werden zu müssen. Jeder Weg führt früher oder später zum Ziel. Das »erreichte Soziale« verliert damit die Idealität, die ihr im Aufstieg zur Höhe noch mitgegeben war: da alles erreicht ist, wird es Besitz. Es käme mithin auf einen Ausgleich von Weg und Ziel, von Bildung und Besitz an — darauf, daß sich die Begriffe vertragen. Ein solcher Ausgleich will dem Bürgertum als derjenigen Schicht am wenigsten gelingen, der die Entfaltung und Verbreitung der Bildungsidee in erster Linie zu danken war.

Die Antworten auf den sozialen Wandel sind im Fortgang des Jahrhunderts die »Forderungen des Tages«. In Fragen der Bildung bleiben sie weithin unbefriedigend; und immer weniger bleibt diese an die Humanitätsidee gebunden, wie sie sich auf dem Hintergrund der sozialen Frage abzuzeichnen beginnt. [12] Die Zusammengehörigkeit beider Ideen — der Bildung wie der Humanität — war für die deutsche Klassik charakteristisch. Nach deren Ausgang, nach dem Ende der Goethezeit, tritt Bildung zur Arbeit in Gegensatz; vor allem zu jener Arbeit, die als Fabrikarbeit die soziale Frage verschärft. Dieser Gegensatz bleibt bestehen, und am wenigsten den »Gebildeten« ist eine Lösung gelungen. Den im Grunde unversöhnten Gegensatz umschreibt Karl Löwith in seinem Buch *Von Hegel zu Nietzsche:* »Die Arbeit ist zur Existenzform des ›Lohnarbeiters‹ und der ›Besitz‹ der Bildung zum Vorrecht des ›Gebildeten‹ geworden.« [13] Man kann der Klassik die Vorwürfe nicht machen, die man den Vertretern der Bildung im neunzehnten Jahrhundert machen muß: die reale Arbeitswelt war Goethe, dem Minister, nicht fremd, und vor der aufkommenden Industrialisierung hat er nicht die Augen verschlossen, wie es das Alterswerk der *Wanderjahre* bezeugt. Sein Bildungsbegriff war für sozialen Wandel durchaus offen. Schließlich Hegel! Er hat in seinen Jenenser Vorlesungen von 1803 die Miseren der neuen Maschinenarbeit deutlich erkannt: »die Vereinzelung der Arbeit vergrößert die Menge des Bearbeiteten; an einer Stecknadel arbeiten in einer englischen Manufaktur 18 Menschen; [...] ein Einzelner würde vielleicht nicht 120, nicht eine machen können; jene 18 Arbeiter unter 10 Menschen verteilt, machen 4000 des Tags [...]. Die Arbeit wird um so absolut toter, sie wird zur Maschinenarbeit, die Geschicklichkeit des Einzelnen um so unendlich beschränkter, und das Bewußtsein der Fabrikarbeiter wird zur letzten Stumpfheit herabgesetzt.« [14] Aber einige Jahrzehnte später werden in der Rechtsphilosophie Bildung und Arbeit auf eine Weise versöhnt, die den Realitäten der neuen Lohnarbeit kaum entspricht. Jetzt bildet schon die Arbeit an sich: »Die praktische Bildung durch die Arbeit besteht in dem sich erzeugenden Bedürfnis und der Gewohnheit der Beschäftigung überhaupt.« [15] »[...] die eigentümliche Problematik der Arbeit, die sie besonders in der maschinellen Vermittlung bekommt, [ist jetzt] nicht mehr als ein ungelöstes Problem der Zeit exponiert, sondern nur noch im positiven Zusammenhang mit dem geistigen Fortschritt berührt, den das Abstraktwerden der geteilten Arbeit mit sich führt«, so erläutert diesen Wandel wiederum Karl Löwith. [16] In diesem Punkt wird Marx den Auffassungen Hegels radikal widersprechen. Daß das

Wesen der Arbeit von diesem erfaßt worden sei, erkennt Marx an; aber daß Hegel nur ihre positive Seite begriffen habe, wird ihm verdacht. Arbeit werde letztlich nur als abstrakt geistige Arbeit verstanden. [17] Das Verhältnis von Bildung und Arbeit wird zum Kardinalproblem im Denken des neunzehnten Jahrhunderts. Zweifellos gibt es einen hocharistokratischen Humanismus um 1800 — so in manchen Äußerungen Wilhelm von Humboldts —, von dem Weinstock sagte, daß er sich verächtlich über die Welt der Arbeit erhebe: »wo die Schwere des Stoffes reine und freie Menschlichkeit zu Boden drückt.« [18] Es gibt Bedenkliches in der Bildungsidee schon hier. Dennoch wird das Dilemma im vollen Ausmaß erst dort offenkundig, wo diese Idee im überlieferten Sinn mehr und mehr etwas Unzeitgemäßes zu werden beginnt. Die Bedenklichkeit der »Lösungen«, die man sich einfallen läßt, beruht entweder darin, daß man Bildung und Arbeit harmonisierend vereint, indem man zugleich die neue Arbeitswelt nicht zur Kenntnis nimmt; oder darin, daß Bildung als geistige Tätigkeit von vornherein jeder Handarbeit schroff entgegengesetzt wird. Nationale Motive spielen in beide »Lösungen« hinein. Der überkommene Bildungsbegriff erweist sich gegenüber dem Arbeits- und Erfolgsethos bürgerlicher Tüchtigkeit als gefügig — dies um so mehr, als es zugleich der gute alte Begriff von Arbeit ist, mit dem man sich behilft. Wilhelm Heinrich Riehl veröffentlicht 1861 sein Buch *Die deutsche Arbeit* und verfolgt damit sehr ehrgeizige Ziele. Er will den Sozialisten und Kommunisten die Waffen aus der Hand schlagen und deren Ideologie durch eine bürgerliche Ethik ersetzen. In ihr erhält auch die Bildung ihren Ort: »[...] je *gebildeter* der Arbeiter, um so bewußter lebt in ihm der Unterschied von Erfolg und Gewinn. Dem bildungslosen Hand- und Hülfsarbeiter liegt — in Leben und Lehre — der Gewinn vor der Nase, der Erfolg in nebliger Ferne. Die Bildung ist das Fernrohr, welches uns den Erfolg scharf und hell vor's Auge holt. Wer allen Arbeitern das Bewußtseyn des Erfolges entzündet, der gründet die Harmonie der Arbeit im Volksgeiste. Die nackte Lehre vom Gewinn zerreißt den Frieden der Gesellschaft, denn sie kann bloß Härte, Ungerechtigkeit, Mißklang zwischen Besitz und Arbeit aufzeigen ohne das letzte versöhnende Wort. Darum sind die Sozialisten und Communisten ewige Friedensstörer, weil sie nur von dem ungleich und oft scheinbar ungerecht vertheilten Gewinn reden, nicht von der versöhnenden göttlichen Gerechtigkeit des Erfolgs.« [19] Welche Sprache! Das Erfolgsdenken wird mit Begriffen aus dem religiösen Wortschatz verklärt, und die Bildung ist ein Mittel zu solchen Zwecken. Sie ist das Fernrohr, das den Erfolg scharf ins Auge faßt und »heranholt«. Bildung ist Wissen, und Wissen ist Macht, in die jeder Erfolg zuletzt einmündet. »Je eifriger Jemand für seine Bildung sorgt, je mehr Kenntnisse er sich verschafft, je unablässiger er an der Ausbildung seiner sittlichen Eigenschaften arbeitet, desto besser sorgt er für sein Fortkommen, seinen Unterhalt [...] Geistiger Besitz verhilft zu materiellem Besitz, zu Vermögen, wenn er nur irgend ordentlich verwerthet wird.« So steht es im deutschen Arbeiterkatechismus, den der Genossenschaftsführer Hermann Schulze-Delitzsch verfaßte. [20] Diesem Reformer, der er zweifellos war, geht es um die »Hebung des Looses der arbeitenden Classen« durchaus. Aber das habe in erster Linie mit Hilfe von bürgerlicher Tüchtigkeit durch Selbsthilfe zu geschehen. Die »Appellstruktur« seiner Schrift ist offenkundig, wenn das Kapitel über die Konkurrenz mit verheißungsvollen Worten geschlossen wird, die keines Kommentars bedürfen: »Darum nicht gesäumt und frisch vorwärts! Wissenschaft und Praxis, Arbeit und Bildung. Hand in Hand – ich denke, die werden schon etwas vor sich bringen!« [21] Besitz ist Macht, aber Bildung ist es nicht minder. Das Kapital ist der übergreifende Begriff, auf den sich der Verfasser dieses Katechismus beruft, indem er mit dem »Herrn Lassalle« abrechnet: »Dort Redensarten, hier Capital und Bildung — wir wollen sehn, wer das Feld behält!« [22] Die Grenzen im liberalen Verständnis sind unverkennbar. Besitz und Bildung fordern vereint das Jahrhundert in die Schranken, und die Allgemeinbildung ist das Resultat solcher Entwicklungen. Man wird nicht zögern, dasjenige als Ideologie zu bezeichnen, was da entsteht oder entstanden ist. [23] Nach der Gründung des Reiches treten diese Tendenzen mit unverhüllter Schärfe hervor.

Die Ungleichheit der Menschen unter gelegentlicher Berufung auf die Lehren Darwins, ist einem für das Bismarckreich so repräsentativen Historiker wie Heinrich von Treitschke selbstverständlich. Die Bildungsidee wird von ihm in erster Linie aristokratisch interpretiert, indem er dabei wieder und wieder die Autoritäten der deutschen Klassik zitiert. »Die bürgerliche Gesellschaft«, führt er in seinem Beitrag *Der Socialismus und seine Gönner* aus, »ist der Inbegriff der Verhältnisse gegenseitiger Abhängigkeit, welche mit der natürlichen Ungleichheit der Menschen, mit der Vertheilung von Besitz und Bildung gegeben sind.« So daß ohne alle Bedenken gefolgert werden kann: »Die Millionen müssen ackern und schmieden und hobeln, damit einige Tausend forschen, malen und regieren können.« [24] In der Verteidigung der auf Ungleichheit basierenden Besitzverhältnisse kann sich Treitschke auf Hegel berufen. An anderer Stelle seines Aufsatzes wird die deutsche Klassik in ihrer Dreieinigkeit des Guten, Wahren und Schönen bemüht. Die Idee der Bildung wird aus ihrer Gedankenwelt übernommen, als lebte man, mitten im Zeitalter des Imperialismus, noch ganz in ihr. Aber zugleich wird die Dreieinigkeit der deutschen Klassik durch eine Dreieinigkeit neuer Art ersetzt, durch eine solche von Bildung, Erfolg und Macht. In Treitschkes Worten wird es wie folgt formuliert: »Unser Staat gewährt überall kein politisches Recht, dem nicht eine Pflicht entspräche; er verlangt von Allen, die an der Leitung des Gemeinwesens irgendwie theilnehmen wollen, daß sie sich diese Macht durch Besitz und Bildung erst verdienen; [. . .].« [25] Ein solches Vorbeidenken am geschichtlichen Wandel steigert sich bei Leuten wie Paul de Lagarde oder Julius Langbehn ins Bornierte. Jenem schwebt eine Volksbildung vor, die nur in einem aristokratisch gegliederten Staatswesen gedeihen könne; dieser redet einer »deutschen Bildung« das Wort und versäumt es nicht, seinen Darlegungen mit Berufung auf die Autorität der deutschen Klassik die Weihe zu geben, die ihm wichtig ist. Fassen wir es mit Golo Mann zusammen: »Besitz und Bildung‹ sollen die beiden Säulen der Gesellschaft sein. Freilich, auch die Bildung kann zu etwas Gehässigem werden, was sie in der guten alten Zeit nicht war, zu einem Mittel der Klassenunterscheidung.« [26] Oder mit einer Wendung Hans Mayers: »Alles vollzog sich unter dem Banner des Vereinigten Königreichs von Bildung und Besitz.« [27] Was im Schrifttum des bürgerlichen Liberalismus und der Altkonservativen von Riehl bis Langbehn zum Ausdruck kommt, ist unmittelbare »Widerspiegelung« bürgerlichen Denkens, es sei konservativ oder fortschrittlich-liberal. Aber das ist nur die eine Seite der Sache.

Die neue Dreieinigkeit von Bildung, Erfolg und Macht wird keineswegs von allen kritiklos akzeptiert. Sie wird vielfach in ihren eigentlichen Motiven erkannt. Bildung als Idee der Tradition fordert zur Bildungskritik heraus. Sie ist in Deutschland im Grunde schon seit der Zeit der Klassik zu verfolgen; und sie geht hier schon mit jener Kritik an der modernen Kultur einher, deren Wortführer die Verhältnisse einfachen, natürlichen Lebens ersehnen. Am schärfsten äußert sie sich dort, wo man vom Standpunkt der neuen Klasse — des Proletariats — die herrschenden Klassen bekämpft: im Kreis des sich formierenden Sozialismus. In der *Deutschen Ideologie* handeln Marx und Engels von der »vorhandenen Welt des Reichtums und der Bildung«, womit sie die herrschende Klasse charakterisieren. [28] Für Stirner ist Bildung toter Besitz, wenn sie lediglich ein Wissen betrifft, »welches mich nur als ein Haben und *Besitz* beschwert«. [29] Die zur Ideologie gewordene Bildung wird von keinem Denker des Zeitalters so rücksichtslos bekämpft wie von Nietzsche — was immer ihn von der Gesellschaftskritik der Sozialisten trennen mag. Mit unverhohlener Schärfe deckt er in den *Unzeitgemäßen Betrachtungen* die sozialen Bedingungen in der Diskrepanz von Besitz und Bildung auf. Er warnt vor unangebrachten Triumphen, kaum daß der Sieg über Frankreich erfochten ist; und vor dem Irrtum vor allem, daß dieser Sieg über die französische Armee für manche womöglich schon den Sieg der deutschen Kultur bedeuten könnte: »Dieser Wahn«, so heißt es in der Schrift über David Friedrich Strauß, »ist höchst verderblich: nicht etwa weil er ein Wahn ist — denn es gibt die heilsamsten und segenreichsten Irrtümer — sondern weil er imstande ist, unseren Sieg in völlige Niederlage zu verwandeln: *in die Niederlage, ja Exstirpation des deutschen Geistes zugunsten des ›deutschen Reiches‹*«. [30] In der Schrift über Schopenhauer als Erzieher wird die von den Deutschen kultivierte Bildung die »sogenannte Bildung« genannt — nicht zufällig mit Beziehung auf die von ihr Vernachlässigten und Verfemten: »Unsere Hölderlin und Kleist, und wer nicht sonst, verdarben an dieser ihrer Ungewöhnlichkeit und hielten das Klima der sogenannten deutschen Bildung nicht aus«. [31] Im Bildungsphilister nimmt Nietzsche jenen Typus der Gründerzeit vorweg, der später eine so leibhaftige Erscheinung wurde. Es ist dies jener Besitzende, der nichts mehr suchen muß, weil ihm alles — auch die Kultur »unserer« Klassik — schon längst zum »unverlierbaren« Besitz geworden ist. Die an den Besitz geratene Bildung wird offenkundig: »Gebildetsein heißt nun: sich nicht merken lassen, wie elend und schlecht man ist, wie raubtierhaft im Streben, wie unersättlich im Sammeln, wie eigensüchtig und schamlos im Genießen.« [32] Kritisch-ironisch spricht Nietzsche vom »natürlichen und notwendigen Bund«; und damit ist kein anderer als der »Bund von ›Intelligenz und Besitz‹« gemeint, von »Reichtum und Kultur« — oder in anderen Worten: »Jede Bildung ist hier verhaßt, die einsam macht, die über Geld und Erwerb hinaus Ziele steckt [...].« [33] Die Pervertierung der überlieferten Bildungsidee, wie sie Nietzsche aufdeckt, ist vollkommen. Geld und Erwerb von der Bildung eher fern zu halten, war für die Bildungsidee der deutschen Klassik bezeichnend. Nunmehr haben sich die Verhältnisse umgekehrt: Bildung hat sich mit Geld und Erwerb gemein gemacht, und vielleicht war es gar nicht zu vermeiden; denn was darüber hinausreicht — Bildung also im ursprünglichen Sinn — ist immer weniger das, was man meint, wenn man öffentlich von ihr spricht. Es ist am Ende dieses in vieler Hinsicht so großen Jahrhunderts eine heruntergekommene Idee, mit der man es allenthalben zu tun hat — eine Realität von ernüchternder Prosa. Sie kann jetzt mit Ausdrücken wie »raubtierhaft«, »unersättlich« und »eigensüchtig« umschrieben werden. Welcher Wandel!

Auf dem Hintergrund einer solchen Bildungsideologie ist die wohl augenfälligste Besonderheit in der Entwicklung der deutschen Literatur zu sehen. Vom deutschen Bildungsroman, wie man ihn im Anschluß an Wilhelm Dilthey herkömmlicherweise nennt, haben wir in der gebotenen Kürze zu sprechen. Er hat ohne Frage die Geschichte des deutschen Romans im neunzehnten Jahrhundert maßgeblich beeinflußt; vielleicht auch hat er sie behindert. Denn zur Darstellung sozialen Wandels und sozialer Fragen, auf die es nach dem Ende der »Kunstperiode« mehr und mehr ankam, war er von seiner Struktur her nur bedingt geeignet. Der individuelle Held, der Jüngling in seinen bildsamsten Jahren, steht im Mittelpunkt dieser Romane. Alles Gesellschaftliche ist zweitrangig; und zweifellos ist der Gesellschaftsroman ein Schritt über den Bildungsroman hinaus. Doch ist nicht zu übersehen, daß schon der Bildungsroman in seiner »klassischen« Gestalt zum Teil vorwegnimmt, was erst in späterer Zeit voll und ganz in seiner Problematik erkennbar wird. Dieser aus der Sicht unserer Zeit etwas altfränkisch anmutende Roman ist in seinen bedeutenderen Vertretern um vieles moderner, als er auf den ersten Blick erscheint; auf keinen Fall verdient er die Zurücksetzung, die ihm meistens zuteil wird, wenn man den Gesellschaftsroman Stendhals, Balzacs oder Flauberts als Maß und Norm zum Vergleich heranzieht. Die Geschichte des deutschen Bildungsromans ist nicht einfach die Geschichte eines Rückschritts. Seine Verfasser haben sich den Problemen des sozialen Wandels auf ihre Weise gestellt, und an der Entwicklung einer vielfach konsequent geübten Bildungskritik sind sie beteiligt. In diesen Romanen am wenigsten — sieht man von Gustav Freytag und den Seinen einmal ab — wird jener Bildungsideologie Vorschub geleistet, von der oben die Rede war. Die soziale Problematik geht nicht spurlos an ihren Verfassern vorüber, und die spannungslose Eintracht von Besitz und Bildung lag auch dem Bildungsroman der deutschen Klassik fern. Aus diesem Roman, so wie ihn Goethe konzipierte, wird der Kaufmannsstand keineswegs verbannt. Es gibt ihn in *Wilhelm Meisters Lehrjahre* ebenso wie im *Heinrich von Ofterdingen* von Novalis oder im *Nachsommer* Adalbert Stifters. Goethes Romanheld setzt sich mit seinem Freund Werner als einem typischen Vertreter dieses Standes auseinander und verbittet sich, das ihm wichtige Anliegen — die Ausbildung seiner Persönlichkeit — nur als eine Sache des Profits zu betrachten. Allem einseitigen Nützlichkeitsdenken setzt Wilhelm den Versuch einer Synthese entgegen. Sie beruht darin, Kunst und Leben auf »nützliche« Weise zu vereinen — aber nicht so, daß Bildung lediglich den Besitz ermöglicht oder diesen sichert. Erst auf der Grundlage erworbener Bildung wird es sinnvoll, sich mit den Realitäten zu befassen, zu denen auch Besitz und Eigentum gehören; im übrigen ist der Weg der Bildung nicht zu Ende, wenn der Roman sein Ende findet. Die *Lehrjahre* werden mit den *Wanderjahren* fortgeführt, die man mit gutem Recht als einen der ersten sozialen Romane bezeichnet hat. Der Wanderer in Hellas, Ferdinand Gregorovius, hat sich mit diesem Alterswerk Goethes in seinem Buch *Göthe's Wilhelm Meister in seinen socialistischen Elementen entwickelt* befaßt, das in der Zeit der deutschen Revolution (1849) erschien; und auch Gustav Radbruch, sozialdemokratischer Justizminister der Weimarer Republik, hat diesem Roman gewiß nicht zufällig eine eigene Studie unmittelbar nach dem ersten Weltkrieg gewidmet. [34] Aber schließlich ist im Bildungsroman selbst der Weg angelegt, der über kurz oder lang zum sozialen Roman führen mußte. Es hätte nicht entstehen müssen, was im Falle Gustav Freytags aus diesem Romantypus entstand: ein Roman der deutschen Tüchtigkeit, der die Bildung als jenes überaus nützliche Etwas usurpiert, das man im Erwerbsleben zum Zwecke rascheren Fortkommens benötigt. [35]

In der Geschichte dieses in Deutschland so beliebten Romans gibt es eigentümlich paradoxe Erscheinungen. Mit der Tradition der Romanform geht die Kritik an ihr einher. Die Bildungsidee der Klassik geht in Bildungskritik über, in eine Art Antibildungsroman, der sich früh abzuzeichnen beginnt, im Grunde schon mit E. T. A. Hoffmanns humoristischem Roman *Lebensansichten des Katers Murr*. Dieses 1822 erschienene Buch liest sich in manchen Teilen wie eine Parodie der *Lehrjahre* Goethes. Die Bezugnahme auf dessen Roman ist unverkennbar. Nach dem Schema des Lebenslaufes werden zwar nicht die Lehrjahre, aber die Lehrmonate des Helden erzählt — eines Katers nunmehr! In schönster Selbstgefälligkeit verwendet dieser die Schlüsselbegriffe des »Bildungswesens«. Nachdem seine moralische Ausbildung begonnen war, trat die physische ein; mit Riesenschritten, so sagt er es selbst, ging er »vorwärts in der Bildung für die Welt«. Auch vom Bildungstrieb wird gesprochen, stets mit Beziehung auf den Kater, der nichts unversucht läßt, ein Höheres auf seine Art und nach seinem Sinn zu erreichen: »Woher kommt in mein Inneres dieser Höhesinn, dieser unwiderstehliche Trieb zum Erhabenen? Wodurch diese wunderbare seltene Fertigkeit im Klettern [...]?«, fragt er und wundert sich dabei über sich selbst. [36] Vom Fortschreiten seiner Bildung zu immer höheren Stufen ist der Kater Murr felsenfest überzeugt, und durch nichts läßt er sich in solchem Streben beirren: »Nichts verstört meine Bildung, nichts widerstrebt meinen Neigungen, mit Riesenschritten gehe ich der Vollkommenheit entgegen, die mich hoch erhebt über meine Zeit.« [37] Schritte, Vollkommenheit, Erhebung: das alles sind Strukturmerkmale des Bildungsromans. Sie werden in den *Lebensansichten des Katers Murr* parodistisch in ihr Gegenteil verkehrt. Die Erhebung im Aufstieg von Stufe zu Stufe, wie sie Goethes Held erlebt, ist in Überheblichkeit umgeschlagen. Die Idee der Bildung hat die schöne Fraglosigkeit eingebüßt, die sie einige Jahrzehnte zuvor noch besaß. Die Bildungsidee ist im Humor E. T. A. Hoffmanns zur »Kateridee« geworden; und das ist alles andere als ein bloß unverbindlicher Scherz. Die Parodie deutet voraus und auf Entwicklungen hin, die sich anbahnen: auf die Entleerung eines ehedem erfüllten Begriffs. Allgemeinbildung mit höherer Schule und verwendbarem Examen ist das Resultat dieser Entwicklung. [38]

So ausgeprägt in der Geschichte des deutschen Bildungsromans sind die Entfernungen vom Vorbild Goethes nicht überall. Doch hat man auch dort mit ihnen zu rechnen, wo es sich in erster Linie um Fortführungen des überlieferten Schemas zu handeln scheint wie in Wilhelm Raabes bekanntem Roman *Der Hungerpastor*. Die Kritik an dem inzwischen längst etablierten Bildungsbegriff fehlt hier keineswegs. Seinem Verfasser, einem der großen Erzähler des neunzehnten Jahrhunderts, ist in seiner Frühzeit mancherlei mißlungen, weil er der Gefahr der Sentimentalisierung vielfach erlag. Auch der *Hungerpastor* ist vor solchen Gefahren nicht gefeit; der heikle Schluß der Bildungsgeschichte beweist es. Aber auch bei Raabe gesellt sich zur Bildungsidee die Bildungskritik. Im Gegensatz zum offiziellen Denkschema werden die Ungebildeten nicht vergessen oder verachtet. Sie werden im Gegenteil in ihrem menschlichen Wert gerühmt. Eine Ungebildete dieser Art ist die Mutter Hans Unwirrschs, des Helden. Der Erzähler spricht mit Zuneigung und Sympathie von ihr: »Eine recht ungebildete Frau war die Witwe des Schusters. Lesen und schreiben konnte sie kaum notdürftig, ihre philosophische Bildung war gänzlich vernachlässigt, sie weinte leicht und gern. In der Dunkelheit geboren, blieb sie in der Dunkelheit, säugte ihr Kind, stellte es auf die Füße, lehrte ihm das Gehen, stellte es für das ganze Leben auf die Füße und lehrte ihm für das ganze Leben das Gehen. Das ist ein großer Ruhm, und die gebildetste Mutter kann nicht mehr für ihr Kind tun« — so wird im zweiten Kapitel des Romans die Mutter Hans Unwirrschs vorgestellt. [39] Man mag auch aus solchen Passagen den Ton einer sentimentalen Redeform heraushören. Aber die Bildungskritik, die sich damit verbindet, ist nichts Nebensächliches. Sie bestimmt Aufbau und Struktur einer Erzählung, die nicht in jeder Hinsicht der Konvention verhaftet bleibt, sondern durchaus eigene Wege einschlägt. Wer den

Hungerpastor in der Tradition des deutschen Bildungsromans liest, muß ihn in wesentlichen Punkten gegen den Strich lesen.

Wir befinden uns in der Mitte des Jahrhunderts. Raabes Roman ist 1864 erschienen. Schon ein Jahrzehnt zuvor hatte sich Gottfried Keller mit der überlieferten Bildungsidee auseinandergesetzt. Er war sich dabei bewußt, daß auch diese Idee, wie andere Ideen der Goethezeit, auf ihre Tauglichkeit für die Gegenwart zu befragen sei. In einem schon eingangs zitierten Brief an Hermann Hettner — vom März 1851 — hat er sich darüber ausgesprochen. Gegenüber der Tradition führt Gottfried Keller ein Motiv in seine Erzählung ein, das der Bildungsroman kaum kennt: das Motiv der Arbeit, der Handarbeit vor allem. Der Roman, wie ihn Goethe am Ende des achtzehnten Jahrhunderts konzipiert hatte, war weithin ohne sie ausgekommen. Bildung war vornehmlich als das erfaßt worden, was jenseits realer Arbeits- und Produktionsverhältnisse gedieh, von den *Wanderjahren* abgesehen, wo es sich anders darstellt. Weil die Arbeit — als handwerkliche Arbeit oder gar als Fabrikarbeit — im klassischen Bildungsroman so gut wie nicht »vorkam«, konnte der Kunst die zentrale Stellung eingeräumt werden, die ihr in allen diesen Romanen zukommt. Daher der fließende Übergang vom Bildungsroman zum Künstlerroman — im *Heinrich von Ofterdingen* von Novalis, im *Maler Nolten* Eduard Mörikes und schließlich in Gottfried Kellers Bildungsroman selbst. Auch für den Verfasser des *Grünen Heinrich* ist die Kunst durchaus der zentrale Bereich, an dem sich sein Held bildet. Aber Kellers Begriffe von Kunst und Bildung sind keine geschichtslosen Begriffe. Bildung und soziale Tätigkeit für das Gemeinwohl werden in Beziehung zueinander gebracht. So vor allem in dem denkwürdigen Porträt des Vaters! [40] An diesem Bild wird gemessen, wovon sich die Epoche entfernt. In dem Eingangskapitel »Lob des Herkommens« werden die Verhältnisse des Dorfes beschrieben, und damit sind auch die Besitzverhältnisse ihrer Einwohner gemeint. »Ein großes rundes Gebiet von Feld und Wald bildet ein reiches, unverwüstliches Vermögen der Bewohner. Dieser Reichtum blieb sich von jeher so ziemlich gleich [...] Die Einteilung des Besitzes aber verändert sich von Jahr zu Jahr ein wenig und mit jedem halben Jahrhundert fast bis zur Unkenntlichkeit. Die Kinder der gestrigen Bettler sind heute die Reichen im Dorfe, und die Nachkommen dieser treiben sich morgen mühsam in der Mittelklasse umher, um entweder ganz zu verarmen oder sich wieder aufzuschwingen.« [41] Das ist gewiß nicht »das Bild des Wirtschaftlichen, Gesellschaftlichen und Politischen als ein ruhendes«, von dem Erich Auerbach meint, es sei generell für die deutsche Romanliteratur des neunzehnten Jahrhunderts charakteristisch. [42] Hier wird im Gegenteil Wandel wahrgenommen. Der soziale Auftieg ist in der Optik des Romans keine für die Ewigkeit beschlossene Sache, so wenig wie die davon betroffene Bildungsidee. Sie wird ihrerseits in die Sozialgeschichte des Zeitalters integriert. Das geschieht bei Keller mit einer Nachhaltigkeit, die man verkennt, wenn man sich einseitig für ästhetische Fragen interessiert. Im Bild des Vaters wird der soziale Wandel vollends offenkundig, dem sich die Idee der Bildung unterordnet. Diese Kapitel in Kellers herrlichem Buch sind Kapitel für sich — glanzvolle, darf man sagen. Von den gleichgesinnten Arbeitsgenossen des Vaters wird erzählt, die ihren Stolz darin sahen, »die besten und gesuchtesten Arbeiter zu sein, und dadurch, verbunden mit Fleiß und Mäßigkeit, die Mittel erlangten, auch ihren Geist zu bilden [...].« [43] Aus einem solchen Kreis ist der Vater Heinrich Lees hervorgegangen, den die folgenden Abschnitte schildern. »Dies tätige Leben versetzte den unermüdlichen Mann in den Mittelpunkt eines weiten Kreises von Bürgern, welche alle zu ihm in Wechselwirkung traten, und unter diesen bildete sich ein engerer Ausschuß gleichgesinnter und empfänglicher Männer, denen er sein rastloses Suchen nach dem Guten und Schönen mitteilte. Es war nun um die Mitte der zwanziger Jahre, wo in der Schweiz eine große Anzahl gebildeter Männer aus dem Schoße der herrschenden Klassen selbst, die abgeklärten Ideen der großen Revolution wieder aufnehmend, einen frucht- und dankbaren Boden für die Julitage vorbereiteten und die edlen Güter der Bildung und Menschenwürde sorgsam pflegten. Zu diesen bildete Lee mit seinen Genossen, an seinem Orte, eine tüchtige Fortsetzung im arbeitenden Mittelstande, welcher von jeher aus der Tiefe des Volkes auf den Landschaften umher seine Wurzeln trieb und sich erneuerte. Während jene Vornehmen und Gelehrten die künftige Form des Staates, philosophische und Rechtswahrheiten besprachen und im allgemeinen die Fragen schönerer Menschlichkeit zu ihrem Gebiete machten, wirkten die rührigen Handwerker mehr unter sich und nach unten hin, indem sie einstweilen ganz praktisch so gut als möglich sich einzurichten suchten. Eine Menge Vereine, öfter die ersten in ihrer Art, wurden gestiftet, welche meistens irgend eine Versicherung zum Wohle der Mitglieder und ihrer Angehörigen zum Zwecke hatten. Schulen wurden gesellschaftsweise gegründet, um den Kindern des gemeinen Mannes eine bessere Erziehung zu sichern; kurz, eine Menge Unternehmungen dieser Art, zu jener Zeit noch neu und verdienstlich, gab den braven Leuten zu schaffen und Gelegenheit, sich daran emporzubilden.« [44] Man verzeihe das ausführliche Zitat! Aber man kann hier kaum kürzen: jeder Satz hat sein Gewicht und gibt dem Abschnitt im ganzen eine Dichte, die in der Geschichte des deutschen Bildungsromans nicht ihresgleichen aufweist. Es ist schon einigermaßen merkwürdig: für diesen Vater haben sich die Interpreten des *Grünen Heinrich* kaum je interessiert, obwohl doch eigentlich über Kellers Verhältnis zum deutschen Bildungsroman nur zu sprechen ist, wenn man auch über den Vater des Helden spricht. [45] Die Gedankenwelt der Klassik, von welcher der Brief an Hettner handelt, wird von Keller keineswegs vorbehaltlos übernommen; sie wird in dem Wandel erfaßt, von dem sie betroffen ist. *Der Grüne Heinrich* ist mit anderen Worten kein Werk des Epigonentums, sondern ein Roman von selbständigem literarischem Rang. Und das kann — mutatis mutandis — auch von Stifters *Nachsommer* gesagt werden. Es wäre zu zeigen — was hier nicht geschehen soll —, wie Bildung erneut zur Naturwissenschaft in Beziehung tritt. Aber es ist die Naturwissenschaft des neunzehnten Jahrhunderts, von welcher der Physiker, der Stifter zeitweise war, keine ganz zufällige Kenntnis besaß. Sie wird hier auf eine umfassende Art in das Romanganze hereingeholt und bestimmt maßgeblich Aufbau und Struktur; und anders als um die Morphologie des individuellen Lebens bei Goethe geht es bei Stifter um einen über das Individuum hinausreichenden Zustand — um die Poesie einer Jahreszeit, auf die alles ausgerichtet ist: »Gegen den Herbst kömmt wieder eine freiere Zeit. Da haben sie [die Vögel] gleichsam einen Nachsommer, und spielen eine Weile, ehe sie fort gehen.« [46] Dieses Buch ist ein eminent konjunktivisches Buch, in dem gezeigt wird, »welch ein Sommer hätte sein können, wenn einer gewesen wäre [...].« [47] Und zuletzt — aber so eigentlich schon von seiner Entstehung her — geht es in ihm um eine soziale Utopie, als die man den Roman verstehen kann und auch verstanden hat. [48] Wer an Stifter und seinem *Nachsommer* nur Klassik sieht, sieht vorbei. Von dieser entfernt er sich auf seine Weise, und mit der Idee der Bildung, im Kontext sozialen Wandels, hat das sehr viel zu tun. Die Geschichte des deutschen Bildungsromans ist, recht verstanden, die Geschichte der Entfernungen von ihrem Ausgangspunkt. Thomas Mann setzt sie fort. An die Stelle einer individuellen Bildungsgeschichte ist in den *Buddenbrooks* die Geschichte einer Familie getreten. Aber wo vorher Aufstieg war, ist jetzt Verfall — Umkehr auch hier! [49] Ironische Vorbehalte und Parodie werden durch solche Entfernungen begünstigt, denen im Fall Thomas Manns, einige Jahrzehnte später mit dem *Felix Krull,* die perfekte Parodie des klassischen Bildungsromans und der ihr nahestehenden Autobiographie folgt. [50]

Fontane hat mit der Tradition dieses in Deutschland so beliebten Romantypus wenig zu tun, und alle noch so gut gemeinten Versuche, ihn dafür zu beanspruchen, sind vergebliche Liebesmüh. Einige Motive, die man im Romanfragment *Allerlei Glück* oder im *Stechlin* zu finden glaubte, ändern an dieser Feststellung nichts. [51] Den Roman des deutschen Jünglings, wie er (mit den Worten Diltheys) »in glücklicher Dämmerung in das Leben eintritt, nach verwandten Seelen sucht, der Freundschaft begegnet und der Liebe [...].« — diesen Roman hat Fontane nicht geschrieben. An den *Wahlverwandtschaften* — darüber wird noch zu sprechen sein — fand er ungleich mehr Gefallen. Dem *Wilhelm Meister* gegenüber verhielt er sich reserviert. Zwar wird in einer Aufzeichnung aus dem Jahre 1876 einiges gelobt, manches sogar bewundert; aber der Schluß ist ernüchternde Prosa: »Daß wir, auch dem Stoff und der Tendenz nach, ein solches zeitbildliches, die zweite Hälfte des vorigen Jahrhunderts vorzüglich charakterisierendes Werk haben, ist gewiß ein Glück; aber es ist gewiß noch mehr ein Glück, daß wir solche Zeit los sind und daß wir, wenn auch mit schwächeren Kräften, jetzt andere Stoffe bearbeiten.« (1/468) Aber wie reserviert Fontane als Romanschriftsteller sich gegenüber dieser allzu deutschen Tradition auch verhielt — an der Bildungskritik seiner Zeit hat er sich rege beteiligt. Anders als Nietzsche hat sie Fontane nicht in eigenen Schriften vorgetragen und veröffentlicht. Sie liegt nur in sporadischen Äußerungen vor; die meisten davon sind in seinen Briefen enthalten. In ihrem Gewicht stehen sie den veröffentlichten Schriften nicht nach. Nicht wenige dieser Bemerkungen sind denjenigen Nietzsches in Ton und Inhalt verwandt, bei allen Unterschieden sonst. [52] Wie dieser warnt Fontane vor den Folgen des deutschen Sieges über Frankreich im Zeichen deutscher Bildung. Dünkel ist im neuen Reich nicht mehr nur »innenpolitisch« motiviert — mit Verachtung gegenüber jenen, die des Lesens und des Schreibens unkundig sind. Er kann sich nunmehr gegen alle diejenigen kehren, die man als Nation im ganzen tief unter sich weiß. Bildung wird ein Gegenstand fortwährender Kritik, die in die Romankunst hinein, verändert und verwandelt, fortwirkt. Als Romanschriftsteller hat Fontane seine Laufbahn recht eigentlich mit der Einsicht begonnen, daß der neudeutschen Überheblichkeit entgegenzuwirken sei, der »Weltherrschaftsqualität der germanischen Rasse«, wie es gelegentlich heißt. [53] Zumal in den Büchern aus dem besiegten Frankreich teilt er den im Siegesrausch befangenen Landsleuten in Preußen mit, daß hinter dem Berge auch Leute wohnen: »Ich *meinerseits* habe indessen immer nur gefunden, daß die Bewohner anderer Kulturländer, besonders der westlichen, nicht schlechter lesen, wohl aber erheblich besser schreiben können, als die Menschen bei uns.« [54] Vom Bildungsgrad der Franzosen ist in einem dieser Kapitel die Rede, und jede Art von Herabsetzung unterbleibt: »Auch ihr *Bildungsgrad*, um das noch zu bemerken, hatte mindestens, bei sonst gleichen Voraussetzungen, das Niveau des unsrigen, wie ich denn überhaupt glaube, daß wir uns nach *dieser* Seite hin allzu selbstgefälligen Vorstellungen hingeben. Wir glauben eine Art *Schulmonopol* zu besitzen, und es gibt Leute unter uns, die [...] womöglich den Beweis führen möchten, daß jenseits der deutschen Grenze alles Lesen und Schreiben aufhöre [...].« [55] In der Niederschrift des Romanfragments *Allerlei Glück* wird nahezu alles vorweggenommen, was an Bildungskritik in seine Romane eingehen wird. In dem Abschnitt, der die regierende Klasse schildert, heißt es: »Nicht blos die *Stellen* sind ihr Erbteil, sondern sie erben das Wissen und die Weisheit gleich mit. Sie sind alle gebildet, und ihre Bildung wird nur noch von ihrer Einbildung übertroffen.« (V/647)

Schule und Militär, der preußische Volksschullehrer und der preußische Unteroffizier, werden für Fontane mehr und mehr die »Bildungsmächte«, die er so nicht mehr unbesehen gelten läßt: »Man dachte in ›Bildung‹ den Ersatz gefunden zu haben und glorifizierte den ›Schulzwang‹ und die ›Militärpflicht‹. Jetzt haben wir den Salat«, heißt es in einem Brief an seine Frau (vom 3. Juni 1878); und in einem Brief aus demselben Jahr — vom 5. Juni — findet sich das vielzitierte Wort, das die veränderte Situation der Bildung nach der sozialen Seite hin beleuchtet: »Millionen von Arbeitern sind gerade so gescheit, so gebildet, so ehrenhaft wie Adel und Bürgerstand; vielfach sind sie ihnen überlegen.« Der Ton wird nun schärfer: »Die verfluchte Bildung hat alles natürliche Urteil verdorben«, heißt es 1891 im Brief an die Tochter (vom 17. Februar). Solche Verwünschungen sind zumal in den letzten Jahren seines Lebens keine Seltenheit. Das Monstrum von Bildung sei nicht niedrig genug zu taxieren, lesen wir andernorts; und die Geringschätzung gegenüber diesem ehedem so ehrwürdigen Begriff ist kaum noch zu überbieten, wenn es mit Beziehung auf Nietzsche und diesem zustimmend heißt. »Ich bin fast bis zu dem Satze gediehen: ›Bildung ist ein Weltunglück‹. Der Mensch muß klug sein, aber nicht gebildet. Da sich nun aber Bildung, wie Katarrh bei Ostwind, kaum vermeiden läßt, so muß man beständig auf der Hut sein, daß aus der kleinen Affektion nicht die galoppirende Schwindsucht wird« (an die Tochter vom 9. August 1895). Bildung und Fortschritt erscheinen Fontane als zwei Seiten derselben Sache. Sein Mißtrauen gilt beiden: »Es wird so viel von Fortschritt gesprochen, und die Bildung soll alles besorgen. Es wird aber mit Hülfe dieser Bildung nur noch schlimmer« (an Mathilde von Rohr vom 23. Mai 1888). Was mit alledem beanstandet wird, ist das Fehlen jeder Herzensbildung in dem, was man offiziell Bildung nennt. Daher die Freude an Dienstbotenbriefen, die immer so reizend sind, wie es in den *Poggenpuhls* heißt — »so ganz anders wie die der Gebildeten. Die Gebildeten schreiben schlechter, weil weniger natürlich« (IV/544). Ganz in demselben Sinn kann es in *L'Adultera* heißen: »Ach, ich bitte Sie, Reiff, gehen Sie mir mit Bildung und Erziehung. Das sind so zwei ganz moderne Wörter, die der ›Große Mann‹ aufgebracht haben könnte, so sehr hass' ich sie. Bildung und Erziehung. Erstlich ist es in der Regel nicht viel damit, und wenn es mal was ist, dann ist es auch noch nichts.« (II/39) Im *Stechlin* wird die glückliche Natur der Süddeutschen in Fragen der Bildung gegen die Norddeutschen ausgespielt; den preußischen Errungenschaften wird im Namen des Erzählers mißtraut: »Alles, was mit Grammatik und Examen zusammenhängt, ist nie das Höhere. Waren die Patriarchen examiniert, oder Moses oder Christus? Die Pharisäer waren examiniert.« (V/206)

Äußerungen dieser Art dürfen nicht mißverstanden werden. So wenig die Schärfe zu überhören ist, so wenig sind sie zu verallgemeinern. Man muß sie aus ihrem Kontext heraus verstehen. Der solches schrieb, war ein überaus gebildeter Mensch. Fontane war zeit seines Lebens ein geistreicher und espritvoller Causeur, wie es nicht wenige seiner Romanfiguren sind. Wenn Bildung gelegentlich ein Monstrum genannt wird und in seinen Ausdrucksweisen das Ausmaß eines Weltunglücks anzunehmen droht, so hat man es gewiß nicht mit einer Gegnerschaft um jeden Preis zu tun; auch nicht mit einem Rousseauismus neuer Art. Hier werden nicht Bildung, Wissen und Wissenschaft überhaupt verworfen. An einen Apostel des einfachen Lebens hat man, wie ausgeführt, nicht zu denken. Fontanes Bildungskritik zielt in erster Linie auf den Bildungshochmut der wilhelminischen Zeit. Was ihn zu solchen Äußerungen herausfordert, ist die Entartung einer Idee zur bloßen Phrase. In staatliche Obhut genommen und zum Monopol einer Klasse degradiert, ist Bildung aus den Besitzverhältnissen immer weniger zu lösen, in denen sie hervortritt. Was E. T. A. Hoffmann mehr als ein halbes Jahrhundert zuvor im Bild seines bildungshungrigen Katers auf visionäre Art antizipiert hatte — Aufstieg nämlich, koste es, was es wolle — dies genau wird als Realität wahrgenommen. Soweit ist es mit dieser einst so ehrwürdigen Idee gekommen! Im *Besitz* von Bildung zu sein: darauf kommt es mehr und mehr an; und dies vor allem — wie es eigentlich ist, aber nicht sein sollte — sollen die Leser seiner Romane erfahren. Sofern diese Romane aufgrund der veränderten sozialen Lage seit der Goethezeit auch von Bildung handeln, handeln sie zumeist kritisch von ihr; und allenfalls insofern — ex negativo — berührt Fontane sich mit dieser Tradition. Der soziale Aufstieg durch Bildung, die Besitz verbürgt, zeigt sich nun vollends von seinen bedenklichen Seiten; und nirgends im Gesamtwerk Fontanes ist das auf eine so herzerfrischende und amüsante Art gezeigt worden wie im literarischen Porträt der Frau Kommerzienrätin Jenny Treibel.

1. Frau Jenny Treibel

Der deutsche Bildungsroman — das wurde schon gesagt — sieht über Besitz, Kaufmannsstand und Nützlichkeit keineswegs hinweg. Aber er macht sich nicht »gemein« damit: die an den Besitz geratene Bildung ist in der Tradition dieser Romanform eigentlich nicht vorgesehen. Fontane entfernt sich von dieser Tradition in dem Maße, in dem er die zweifelhafte Ehe der beiden Begriffe seinen Lesern erzählend zum Bewußtsein bringt. Seine Gesellschaftskritik läßt sich in diesem Punkt durch Traditionen nicht beirren. Bildung hat im Kontext seiner Romane einen von vornherein gesellschaftlichen Sinn. Sie ist für Fontane immer auch ein soziales Problem. Die für die Goethezeit ziemlich selbstverständliche Bindung an die Idee der Individualität, wie bei Humboldt, ist bei Fontane nicht mehr vorauszusetzen. Damit erledigt sich weithin die Orientierung an einer individuellen Figur und an den »Bildungsmächten« dieser Figur. Der Titel des Romans *Frau Jenny Treibel*, für den sich Fontane schließlich entschied, bezeichnet zwar eine individuelle Gestalt wie im Bildungsroman auch. [56] Aber diese Bezeichnung hat einen anderen Sinn: die Kommerzienrätin, die auf solche Weise in den Mittelpunkt gerückt wird, hat ihre Bildung gleichsam hinter sich. Der soziale Aufstieg, der sie in eine geachtete Stellung der neureichen Gesellschaft gebracht hat, ist ihr bereits gelungen, wenn wir sie kennenlernen. Sie hat erreicht, was man im bürgerlichen Leben erreichen kann. Frau Jenny Treibel verfügt über eine richtige Villa, über genügend Kapital und am Ende auch über ihre Kinder, wenn es darum geht, den Besitz der Familie zu sichern und zu mehren. [57]

In der Frage des sozialen Aufstiegs und der dargestellten Bildung im Zeichen solchen Aufstiegs folgt Fontane den Vorlagen ziemlich getreu. In seinen Untersuchungen »Zur Entstehung Fontanescher Romane« hat Hans-Friedrich Rosenfeld die Familie eines kommerzienrätlichen Fabrikanten ermittelt, die in wesentlichen Zügen in das Porträt der Treibels eingegangen ist. Das betrifft zumal die Vorgeschichte der Ehefrau, über die Fontane durch seine Schwester Jenny Sommerfeldt nähere Kenntnis erhalten hatte. Von dieser Frau des Fabrikanten heißt es: »Sie selbst war die Tochter eines Jugendfreundes ihres späteren Schwiegervaters; kleineren Verhältnissen entstammend, war sie viel im kommerzienrätlichen Hause und hatte schließlich gegen den Willen der Eltern den Erben geheiratet.« Eine zweite Person aus dem Berliner Gesellschaftsleben, die für das literarische Porträt der Frau Jenny Treibel in Frage kommt, wohnte in der Köpenickerstraße. Sie war die Besitzerin eines kleinen Gemüseladens und hatte eine Enkelin, die man sehr hübsch herauszuputzen verstand. Wie Jennys Mutter in Fontanes Roman war die Inhaberin dieses Ladens jederzeit für das »Feine«; und da auch das herausgeputzte Enkelkind mit den Jahren begriff, was solche Feinheit einbringen kann, blieb diesem der Erfolg nicht versagt. Es erreichte, worauf aller Sinn gerichtet war: das Enkelkind wurde die Frau eines reichen Fabrikantensohns. [58] Was solche Vorlagen immer erneut interessant macht, ist der »Realismus« der erzählten Geschichte, bei der es sich kaum je um eine frei erfundene Geschichte handelt. Nicht minder interessant ist die wiederkehrende Struktur: es geht nicht um den Weg, der das Ziel als sekundär erscheinen läßt. Es geht nunmehr um die Ziele selbst und um die handfesten Interessen, die sich damit verbinden. In Abwandlung eines Wortes von Hofmannsthal steht nicht mehr das erreichte Soziale, sondern das sozial Erreichte im Mittelpunkt, und mithin alles das, was zum sozialen Aufstieg gehört. [59]

Bildung erscheint nicht mehr als das, was man erstrebt; sie ist zu dem geworden, was man besitzt und worüber man verfügt. Darin vor allem beruht die gegenüber dem Bildungsroman veränderte Situation. Wo immer das ehedem so geachtete Wort erscheint, wird es durch Kritik, Ironie oder Humor in seiner Bedeutung verändert. Man unterhält sich über den Zank, den es in Ehen nun einmal gibt. In Kreisen vornehmer Leute ist er gleichwohl verpönt. Sie alle »stehen auf einer Bildungsstufe, die den Zank ausschließt«. Dem entspricht, was andernorts über diejenigen Ehen gesagt wird, die man als die allerschlimmsten anzusehen habe. Es seien dies solche, »wo furchtbar ›gebildet‹ gestritten wird.« (IV/408) Daß die Söhne der Kommerzienrätin »von guter Bildung und guten Sitten« seien, macht deutlich, daß es sich nur noch um Redensarten handelt, wenn man Bildung sagt. (IV/411) Die Kritik, die sich hier vornehmlich als eine vom Erzähler geübte Sprachkritik äußert, ist augenfällig. [60] Sie ist Teil einer allgemeinen Gesellschaftskritik. Aber eine Kritik der Bildungsinstitutionen ist damit nicht verbunden. Das geschieht bei Fontane eher beiläufig und nebenher. Auf eine detaillierte Darstellung der vielfach miserablen Schulverhältnisse im kaiserlichen Reich läßt er sich nicht ein. [61] Auch den Schülergeschichten, die um die Jahrhundertwende mit Erzählungen von Wildenbruch, Emil Strauß oder Hermann Hesse in Mode kommen, geht er aus dem Weg. Er hält sich auch weiterhin alle Möglichkeiten offen, die zu übende Bildungskritik in einer erzählten Welt zu entwickeln, in der man Gesellschaften gibt, Landpartien unternimmt und die

Gelegenheit zur Konversation ergreift, wo immer sie sich bietet. Die Schauplätze sind dieselben wie in anderen Erzählungen auch. Weder Erzählart noch Romanform sind zu wechseln, wenn Bildung in kritischer Beleuchtung wie hier den Verlauf der Handlung bestimmt. Die Arbeitswelt der modernen Industriegesellschaft am Ende des Jahrhunderts bleibt ausgespart, und der Anlage seines Gesellschaftsromans entspricht die gesellige Bildung, als die sie erscheint. In den Romanen Fontanes wird wenig gearbeitet, aber gefeiert wird viel. »Tages Arbeit, abends Gäste...« — er hält es als Erzähler vornehmlich mit den letzteren. In diesem Punkt hat sich in *Frau Jenny Treibel* nichts geändert.

Was geschieht, wenn eine Idee wie die Bildung an die Realität der Besitzenden gerät, wird an einer Menschenart gezeigt, die wir als typisch verstehen sollen. Das läßt nach den historischen Bedingungen ihres Entstehens fragen. Typik treffen wir in nahezu allen Gesellschaftsromanen der europäischen Literatur an; und daß einer solchen Darstellung weithin dieselben Gesellschaftsbedingungen zugrunde liegen, ist zu vermuten. Typische Menschen dieser Art sind der Egoist bei Meredith, der Snob bei Thackeray oder der Geizige bei Balzac. [62] Zu ihnen gesellt sich der Typ des Bourgeois — bei Fontane in seiner gründerzeitlichen Variante. Dieser deutsche Besitzbürger, dem das Geld über alles geht, ist eine Gestalt sui generis — und eine historische Gestalt gleichermaßen. Er hatte seine Stunde in der Zeit, als die Milliarden nach dem Sieg über Frankreich das Land überschwemmten. Erst jetzt eigentlich wurde das französische Wort »bourgeois« zu einem anschaulichen Begriff. Veränderungen im Bewußtsein und im Denken waren die Folge. Fontane war von der Heraufkunft dieses neuen Typus tief beunruhigt, und mehr noch war er verstört. Nur so ist es zu erklären, daß er in jenen Jahren auf den Bourgeois immer erneut zu sprechen kommt. [63]

Wahrgenommen wird er von dem aufmerksamen Beobachter der Zeitgeschichte sehr früh, noch vor Beginn der eigentlichen Gründerzeit. Zunächst scheint es Fontane noch an der Bezeichnung für das zu fehlen, was ihm da entgegentritt. In der Autobiographie *Von Zwanzig bis Dreißig* kommt er bei Gelegenheit des Apothekers Wilhelm Rose auf diese Bezeichnungsfrage zu sprechen: »Dieser — übrigens erst ein Mann in der ersten Hälfte der vierzig — war, auf Gesellschaftlichkeit hin angesehn, nichts weniger als interessant, aber doch ein dankbarer Stoff für eine Charakterstudie. Hätte man ihn einen Bourgeois genannt — ich weiß nicht, ob das Wort damals schon im Schwange war —, so hätte er sich einfach entsetzt; er war aber doch einer. Denn der Bourgeois, wie ich ihn auffasse, wurzelt nicht eigentlich oder wenigstens nicht ausschließlich im Geldsack; viele Leute, darunter Geheimräte, Professoren und Geistliche, Leute, die gar keinen Geldsack haben, oder einen sehr kleinen, haben trotzdem eine *Geldsackgesinnung* und sehen sich dadurch in der beneidenswerten oder auch nicht beneidenswerten Lage, mit dem schönsten Bourgeois jederzeit wetteifern zu können.« (4/186) Die Beschreibung Fontanes ist insofern aufschlußreich, als der Typ des Bourgeois nicht auf »Geldleute« – Fabrikanten oder Bankiers – beschränkt wird. Geheimräte, Professoren, Geistliche werden eingeschlossen. Aber damit nicht genug! Zu den Berliner Bourgeoiskreisen gehören einer brieflichen Aussage zufolge auch Schlächter, Brauer, Bäcker, Conditoren, Hoteliers und Restaurateure. »Wäre der Beamte nicht so kümmerlich und wäre der Bourgeois nicht so protzig, engherzig und ungebildet, so würd' ich sagen, einer ist so gut wie der andre«, heißt es in diesem Brief (an seine Frau vom 23. Juni 1883). Vielfach sind ihm zur Beschreibung des neuen Typus die kräftigsten Ausdrücke gerade recht. »Ich hasse das Bourgeoishafte mit einer Leidenschaft, als ob ich ein eingeschworner Socialdemokrat wäre«, heißt es in einem während der Arbeit an *Frau Jenny Treibel* geschriebenen Brief (an die Tochter vom 25. August 1891); und nicht weniger deutlich 1884 in einem Brief vom 18. April: »Ich kann den Bourgeoiston nicht ertragen und in derselben Weise wie ich in frühren Jahrzehnten eine tiefe Abneigung gegen Professorenweisheit, Professorendünkel und Professorenliberalismus hatte, in derselben Weise dreht sich mir jetzt angesichts des wohlhabendgewordenen Speckhökerthums das Herz um. Wirklicher Reichthum imponirt mir oder erfreut mich wenigstens, seine Erscheinungsformen sind mir in hohem Maße sympathisch [...] alles Große hat von Jugend auf einen Zauber für mich gehabt, ich unterwerfe mich neidlos. Aber der ›Bourgeois‹ ist nur die Karrikatur davon; er ärgert mich in seiner Kleinstelzigkeit und seinem unausgesetzten Verlangen auf nichts hin bewundert zu werden.«

Nicht wenige dieser Äußerungen lassen einen sehr konkreten Anlaß vermuten. In dem oben zitierten Brief ist es die Familie der eigenen Schwester, Jenny Sommerfeldt, die Fontane mit dem Bourgeoishaften in Verbindung bringt, und mit der Kommerzienrätin unseres Romans hat sie den Vornamen gemeinsam. Das Haus der Sommerfeldts wird schlechthin das Bourgeoishaus genannt. [64] Und wie sich Geldliches und Geistliches in solchen Häusern treuherzig vereinen können, geht aus einem 1875 geschriebenen Brief hervor: »Milachen [Fontanes Frau] war heute bei Sommerfeldts, wo jetzt, unter Donnern und Flüchen, fromme Vorbereitungen für die Trauung, als da sind Auswahl von Kirchenliedern, Gesangbuchsprüchen etc. in Szene gesetzt werden. Heinrich mir graut vor dir. Alles Schwindel und Bourgeois-Egoismus, der 24 Stunden lang auf den Namen Christi schwört. ›Ach, ich bin des Treibens müde‹« (an Emilie Zöllner vom 7. Oktober 1875). [65] Die Bourgeois-Porträts Fontanes sind mithin alles andere als poetische Fiktion. Es sind keine abstrakten Begriffe, die er zur Bezeichnung einer zeitgeschichtlich bedingten Menschenart gebraucht. Nicht selten sind es sogar nahestehende Personen, die ihm das Beobachtungsmaterial liefern. Aber im Grunde ist jeder in Gefahr, von der neuen Strömung mitgerissen zu werden; Fontane schließt sich selbst nicht aus: »Das Bourgeoisgefühl ist das zur Zeit bei uns maßgebende, und ich selber, der ich es gräßlich finde, bin bis zu einem gewissen Grade von ihm beherrscht. Die Strömung reißt einen mit fort«, so steht es wiederum im Brief an die Tochter (vom 25. August 1891).

Die Vielzahl solcher Äußerungen ergibt ein verhältnismäßig einheitliches Bild. Danach ist der Bourgeois in der Sicht Fontanes das, was er ist, am wenigsten aufgrund seines »Charakters«. Die Bourgeoistypen, die er wahrnimmt, sind es nicht von Anfang an und von vornherein. Sie sind es erst geworden. Und damit geht es zugleich um den Aufstieg als ein soziales Phänomen. Der Typus ist daher im Roman Fontanes nicht ausschließlich durch Geld, Gier und Geiz definiert. Er wird mit bestimmten Traditionen in Verbindung gebracht und ist von klassischer Bildung noch vielfach beeinflußt. So daß dann jenes merkwürdige mixtum compositum entstehen kann, in dem sich Besitz und Bildung so vorzüglich in die Hände arbeiten. Es ist unverkennbar diese auf die deutsche Klassik zurückgehende Tradition, die Fontane mit dem Bild seines früheren Lehrherrn, des Apothekers Rose, verknüpft: »Alle geben sie vor, Ideale zu haben; in einem fort quasseln sie vom ›Schönen, Guten, Wahren‹ und knicken doch nur vor dem goldnen Kalb, entweder indem sie tatsächlich alles was Geld und Besitz heißt, umcouren oder sich doch innerlich in Sehnsucht danach verzehren.« (4/186) Das Gute, Schöne und Wahre: das ist fraglos »klassisches Erbe«; auf dieses (mit Erwähnung Schillers) spielt Fontane auch im Brief an den Sohn (vom 8. Mai 1888) an, der sich auf den inzwischen abgeschlossenen Roman der Kommerzienrätin Treibel bezieht: »Zweck der Geschichte: das Hohle, Phrasenhafte, Lügnerische, Hochmütige, Hartherzige des Bourgeoisstandpunkts zu zeigen, der von Schiller spricht und Gerson meint [...].« Mit Gerson ist der Besitzer eines Berliner Modesalons gemeint, und statt seines Namens könnten zur Bezeichnung des Materiellen auch andere stehen. Was Fontane in solchen Äußerungen als ein jederzeit aufmerksamer Beobachter seiner Epoche registriert, ergibt ein überaus anschauliches Bild: ein Kapitel deutscher Ideologie, das zu Kritik — zu Ideologiekritik — herausfordert. Auch der verstehende Historiker kann sich dem nicht entziehen.

In Zeiten wie diesen geht es um ein verändertes Verhältnis zur Tradition, die nicht bleiben kann, was sie war. Dies betrifft vor allem die deutsche Klassik in der Gründerzeit und danach. Das Klassische hat aufgehört, lebendiger Ausdruck geistigen Lebens zu sein. Es ist bloßes Zitat geworden, aber die Aneignung seiner Gehalte unterbleibt. »Die Bildung«, so erläutert es Herman Meyer in seinen Studien über das Zitat in der Erzählkunst, »wird nicht mehr, wie noch in der Goethezeit, als der dynamische Prozeß organischer Persönlichkeitsentfaltung verstanden, sondern eher als ein fester Zustand oder genauer noch als ein fester Vorrat, aus dem man beliebig schöpfen kann.« [66] Diese Verbindung des Bourgeoishaften mit dem Klassischen ist eine der Grunderfahrungen des Romanschriftstellers Fontane. Auch hier erweist sich das Fragment *Allerlei Glück* als der »Steinbruch«, das alle wichtigen Motive der späteren Erzählungen schon enthält. [67] Eine seiner Gestalten — der Vater Bertha Pappenheims — wird wie folgt skizziert: »Zu diesem gehören sechs, sieben Personen, meist Bourgeois. [...] Ein Herr von Mitte 50 ist der lebhafteste; er zitiert immer. [...] Alle Zitate sind aber dem Kegelspiel angepaßt: ›Fällt der Mantel, fällt der Herzog mit‹.« (V/652) Kritische Distanz gegenüber der falschen Eintracht des Bourgeoishaften mit dem Klassischen ist unverkennbar. Sie findet ihren Ausdruck in der Kunstform der Parodie, vor allem im entstellten Zitat: »Der Mensch ist frei und wär er in Köthen geboren.« [68] In solchen Redeformen erscheint das »Gebildete« als ein durch redensartlichen Gebrauch entleerter Begriff. Es ist zu dem geworden, was man wie Wilibald Schmidt in Frau Jenny Treibel bloß so nennt: »Jetzt ist sie nun rundlich geworden und beinah gebildet, oder doch, was man so gebildet zu nennen pflegt [...].« (IV/305) Klassische Bildung ist Ornament, das gesellschaftlichem Ansehen dient. Man stellt sie aus; man umgibt sich mit ihr. Aber das Materielle, das Geld, bleibt unverrückbar die »Base der Existenz«. Was es daneben — oder darüber — auch noch gibt, nennt man unverbindlich genug das Höhere, das Ideale, auch wohl das Poetische — je nachdem. Es sind alles austauschbare Begriffe. Im Roman Frau Jenny Treibel sind es diejenigen Wendungen, deren sich die Hauptgestalt am liebsten bedient, wenn sie ihre handfesten Interessen zu vergessen meint: »Aber zu meiner Zeit, da war es anders, und wenn mir nicht der Himmel, dem ich dafür danke, das Herz für das Poetische gegeben hätte [...], so hätte ich nichts gelernt und wüßte nichts. Aber, Gott sei Dank, ich habe mich an Gedichten herangebildet [...].« (IV/301) Bildung ist als Wort nur schwer in andere Sprachen zu übersetzen; aber die hier gebrauchte Wendung ist es erst recht. Gebildet zu sein — und dies nun gar durch Umgang mit Gedichten — ist nicht dasselbe, wie educated zu sein. Vollends unübersetzbar ist der rhetorische Schwulst unter Hinzufügung der hier verwandten Präposition: sich an Gedichten »heranzubilden«. Aber so vor allem hat Fontane seine Kommerzienrätin porträtiert: als den Typus einer Bourgeoisen, die man vornehmlich an ihrer Sprache erkennt, am Unbewußten oder Halbbewußten ihrer Sprechweise. Auf diesen Zusammenhang von Bourgeoisie und Sprachverfall wird größter Wert gelegt. Der Verfasser der Buddenbrooks wird das auf seine Art fortführen. Der den Roman erläuternde Brief Fontanes weist ausdrücklich auf dieses bourgeoise Gehabe hin: auf die hohlen, phrasenhaften und lügnerischen Redeformen. Die Kommerzienrätin selbst liefert den besten Beweis. Die Modewörter gehen ihr leicht über die Lippen, und sie wendet sie an, ohne sich viel dabei zu denken: »Mit uns, lieber Professor, bleibt es beim alten, unentwegt«, sagt sie zu ihrem früheren Jugendfreund, der sich darüber seine Gedanken macht: »›Unentwegt‹, wiederholte Wilibald, als er allein war. ›Herrliches Modewort, und nun auch schon bis in die Villa Treibel gedrungen...‹« (IV/305)

Der so dargestellte Bourgeois ist also keineswegs ein für alles »Geistige« unansprechbarer Mensch, der nur in Zinsen, Aktien und Wertpapieren denkt. Im Leben der Frau Jenny Treibel und in ihrer Auffassung hat das »Geistige« sehr viel zu bedeuten. Aber wie wenig es gilt, wenn es um die Sache geht, um das Geld, macht diese aus der kritischen Einbildungskraft Fontanes hervorgegangene Gestalt überzeugend deutlich. Denn wo sie Geistiges oder Höheres beschwört, darf man sie nie wörtlich nehmen. Der entleerte

Begriff von Poesie wird in ihr zeitgerecht dargestellt: Poesie hat diesen Vorstellungen zufolge reine Poesie zu sein — ganz so, wie es die Dame des Hauses dem in die Politik verirrten Leutnant Vogelsang erläutert. Dabei wird Georg Herwegh erwähnt, der einmal, wie die Kommerzienrätin bekennt, ihr Lieblingsdichter gewesen sei. Solche Erinnerungen erschweren es ihr, ihn preiszugeben. Da es sich indessen um einen politischen Dichter handelt, geschieht es doch: »... Aber lassen wir die Politik, Herr Leutenant. Ich gebe Ihnen Herwegh als politischen Dichter preis, da das Politische nur ein Tropfen fremden Blutes in seinen Adern war. Indessen groß ist er, wo er nur Dichter ist. Erinnern Sie sich? ›Ich möchte hingehn wie das Abendrot, und wie der Tag mit seinen letzten Gluten ...‹« (IV/319) Auffassungen wie diese sind zweifellos symptomatisch; sie zeigen an, was man in Kreisen der Bourgeoisie von Poesie und von Politik hält. Wo jemand abweicht, bekommt er es zu hören — wie der Kommerzienrat, der sich mit Politik eingelassen hat. »[...] Kommerzienrat, warum verirren Sie sich in die Politik?« wird er gefragt. »Was ist die Folge? Sie verderben sich Ihren guten Charakter, Ihre guten Sitten und Ihre gute Gesellschaft.« (IV/321) Aber der Kommerzienrat, der sich in der Tat mit Politik befaßt, ist deswegen innerhalb dieser bourgeoisen Gesellschaft nicht der »positive« Held schlechthin. Als Wahlhelfer hat er sich einen hinter der Zeit zurückgebliebenen Prinzipienreiter angeheuert, während er selbst die »Realpolitik« Bismarcks — man muß viele Eisen im Feuer haben! — in seine Geschäftssprache übersetzt. Politik ist in der Auffassung unseres Fabrikanten zur »Interessenpolitik« geworden, sie ist Ausdruck bourgeoisen Denkens. Dieser Kommerzienrat verkörpert nicht in gleicher Weise das Bourgeoise wie seine resolute Frau. Aber zuletzt wird doch wohl zutreffen, was von ihm gesagt wird: »Der gute Treibel, er war doch auch seinerseits das Produkt dreier im Fabrikbetrieb immer reicher gewordenen Generationen, und aller guten Geistes- und Herzensanlagen unerachtet und trotz seines politischen Gastspiels auf der Bühne Teupitz-Zossen — der Bourgeois steckte ihm wie seiner sentimentalen Frau tief im Geblüt.« (IV/439) [69]

Zur Bourgeoisie gesellt sich die Sentimentalität: die Kommerzienrätin wird eine sentimentale Frau genannt, und wir zweifeln nicht, daß sie es ist. Damit ist nichts Beiläufiges gemeint. Es geht hier mit Gewißheit um mehr als nur um die Charaktereigenschaft einer Romanfigur. Fontane richtet sich auf das Phänomen selbst: auf eine Zeiterscheinung, um die es sich ohne Frage handelt; und er sieht sie nicht abgelöst von der gesellschaftlichen und sozialen Lage. Man hat es mit einem im ganzen wenig erforschten Problem der Literatur zu tun. [70] Zugleich handelt es sich um ein historisches Phänomen, wie es sich schon aus dem Bedeutungswandel ergibt. Der *Sentimental Journey* Sternes im achtzehnten Jahrhundert entspricht die »Empfindsame Reise« in deutscher Sprache, aber weder das eine noch das andere sind pejorative Begriffe. Erst im neunzehnten Jahrhundert werden sie es: als Sentimentalität bezeichnet man nunmehr das, was man im achtzehnten Jahrhundert Empfindelei zu nennen pflegte. Ein deutsches Wörterbuch bestätigt um

1860 die sich wandelnde Bedeutung. In dem Artikel »Empfindsam« wird ausgeführt: »sentimental, zuw. im guten Sinne, wie empfindend, gefühlvoll [...] oft aber von einer übertriebenen krankhaften Geneigtheit zu rührenden Empfindungen.« [71] Nach Auskunft eines heutigen Konversationslexikons ist Sentimentalität eine Persönlichkeitseigenschaft, die durch affektive Erregbarkeit gekennzeichnet sei: »Als Symptom einer seelischen Störung kann sie bei einem insgesamt unechten Gefühlsleben zum Syndrom der Hysterie gehören.« [72] Das ist eine allzu sehr an der Psychologie orientierte Definiton; und von der Sentimentalität der Frau Jenny Treibel entfernt man sich damit beträchtlich.

Die literarische Seite einschließlich der Liedkunst ist zweifellos eine der wichtigsten Seiten des Phänomens und mit der Sentimentalität ist die Tragik darin strukturverwandt, daß beide Phänomene kaum ohne Sprache auskommen. Aber anders sind jeweils die Bewußtseinsverhältnisse: Tragik — als Tragik der Tragödie — setzt einen hohen Grad an Bewußtsein voraus, während Sentimentalität weit mehr in einem Zustand des Halbbewußten entsteht, in dem man sich seinem Kunstgenuß überläßt. »Sentimentalität entsteht somit im Übergangsbereich zwischen emotionaler und intellektueller Sphäre.« [73] Zu Genuß kommt es trotz der leidvollen Lage, die beide Phänomene gemeinsam haben. Aber diese wird in der Sentimentalität zum Anlaß einer elegischen Stimmung, die man genießt. Leid und Genuß stehen zueinander im Verhältnis einer Unangemessenheit. [74] Unangemessenheit bezeugt sich als Unechtheit; und es sind vor allem die unechten Gefühle, die durch solche Verbindungen von Genuß und Leid entstehen; oder mit den Worten Helmuth Plessners: »Die Sentimentalität, welche auf die eigene Gefühlsgerührtheit aus ist und keine Gelegenheit vorüberläßt, das eigene Kapitulieren zu genießen, läßt es zu echten Gefühlen kaum kommen.« [75]

In seinem Hauptwerk *Die Welt als Wille und Vorstellung* geht Schopenhauer auch auf das Phänomen der Sentimentalität ein. Er beschreibt die Beschaffenheit der Situation, in der sie entsteht, und spricht in diesem Zusammenhang von der »Klippe der Empfindsamkeit« als einem Ort des Umschlags; bei Schopenhauer heißt es: »wenn nämlich immer getrauert und immer geklagt wird, ohne daß man sich zur Resignation erhebt und ermannt; so hat man Erde und Himmel zugleich verloren und wässerichte Sentimentalität übrig behalten. Nur indem das Leiden die Form bloßer reiner Erkenntniß annimmt und sodann diese als *Quietiv des Willens* wahre Resignation herbeiführt, ist es der Weg zur Erlösung und dadurch ehrwürdig.« Diese höchste Form der Erhebung durch Erkenntnis des Leidens — gegenüber dem bloß empfundenen Leid der Sentimentalität — nennt Schopenhauer Resignation, und die Auszeichnung, die er ihr zuerkennt, kann kaum zweifelhaft sein, wenn er den Paragraphen, aus dem zitiert wurde, mit dem feierlichen Satz schließt: »Alle wahre und reine Liebe hingegen, ja selbst alle freie Gerechtigkeit, geht schon aus der ,Durchschauung des *principii individuationis* hervor, welche, wenn sie in voller Klarheit eintritt, die gänzliche Heiligung und Erlösung herbeiführt, deren Phänomen der oben geschilderte Zustand der Resignation, der diese begleitende unerschütterliche Friede und die höchste Freudigkeit im Tode ist.« [76] Leid und Erkenntnis werden bei Schopenhauer aufeinander bezogen, und dieser Verbindung wird das Prädikat des Ehrwürdigen zuerkannt. Eine bestimmte Bewußtseinshöhe in der Erfahrung von Leid wird dabei vorausgesetzt. Hingegen faßt Schopenhauer die Sentimentalität als Ausdruck einer reduzierten Bewußtseinslage auf — wenn sich nämlich das denkende Subjekt nicht zur Resignation erhebt oder ermannt. Menschliches Leid, so darf man ergänzen, wird dem Bewußtsein gleichsam entfremdet und in einen Bereich des Halbbewußten verdrängt. Überdies ist die leidvolle Lage, die der Sentimentalität zugrunde liegt, in erster Linie die eigene Lage, die sich als Mitleid mit sich selbst äußert. Der in der Sentimentalität befindliche Mensch genießt sich selbst in seinem Mitleid, das nur entfremdetes Mitleid sein kann, weil es kein echtes Mitleid — mit anderen — ist.

Erinnerung ist an der Entstehung der Sentimentalität in mehrfacher Hinsicht beteiligt. Als der einer Person zugehörende »Besitz« ist sie zugleich deren privater Besitz. Öffentlich ausgesprochen kann sie eine Diskrepanz zwischen dem Öffentlichen und Privaten erzeugen, die in Sentimentalität umschlägt — eine Unangemessenheit also auch hier! Über einen Zeitgenossen Fontanes — über Theodor Storm — wäre in diesem Zusammenhang ausführlich zu sprechen. Zweifellos ist die Erinnerung ein Strukturprinzip seines Erzählens. Aber dasselbe Prinzip verführt ihn häufig dazu, der Sentimentalität nachzugeben; nicht nur in *Immensee* ist das der Fall. [77] Über Formen der Sentimentalität bei Raabe, besonders in dessen frühen Erzählungen, hat neuerdings Hubert Ohl in seinen Studien über Bild und Wirklichkeit gehandelt. Daß schon der frühe Raabe den Lebensweg seiner Gestalten in Übereinstimmung mit den geschichtlichen und sozialen Verhältnissen der eigenen Zeit zu bringen sucht, wird ausgeführt. Aber diese Ansätze (so Hubert Ohl) werden durch »Sentimentalisierung des Wirklichen« aufgehoben: »Das Geschehen wird poetisierend aufgestutzt und so gerade um seinen Widerstand als empirisches Faktum gebracht.« [78] Diese Kritik — und eine solche ist gegenüber dem Phänomen der Sentimentalität unumgänglich — berührt sich mit derjenigen Wilhelm Emrichs, die dieser an der Literatur des bürgerlichen Realismus im ganzen übt: »Der vage, unbestimmbare Charakter der unbedingten Idealsphäre äußert sich ferner in der eigentümlichen Verbindung von Sentimentalität und Realismus, die fast die gesamte deutsche Dichtung des 19. Jahrhunderts kennzeichnet (nicht natürlich die Kunst Kellers, Stifters u. a.). Sentimentalität ist nichts anderes als der Ausdruck einer Seelen- und Geistesverfassung, die das Absolute nur noch in verschwimmenden Umrissen ›ahnt‹ und alles Gegebene (subjektive Empfindungen, Natureindrücke, Umwelt) mit solchen Ahnungen unklar verschmilzt, d. h. die Realität poetisierend aufstutzt.« [79]

Aber derselbe Raabe wird sich in seiner späteren Zeit solcher Klippen immer deutlicher bewußt; und gelegentlich macht er sie zum Thema seines Er-

Frau Jenny Treibel 309

zählens. So auf eine höchst reizvolle Weise in *Pfisters Mühle,* einem Roman, der auch unter literaturkundigen Lesern zumeist eine terra incognita ist. Barker Fairley hat ihn vor einigen Jahren sozusagen entdeckt. [80] Auch hier sind Erinnerungen der eigentliche Drehpunkt des Romans. Es sind solche an das Elternhaus und die darin verbrachte Kindheit des Icherzählers. Ein spätromantisches Lied, das seine Sentimentalität nicht verleugnet, begleitet leitmotivisch das Sommerferienheft, wie das Buch im Untertitel genannt wird. Es handelt sich um ein Gedicht des heute und wohl auch damals bereits vergessenen Poeten Ferdinand Alexander Schnezler, das hier zum Zweck einer bewußten Sentimentalisierung benutzt wird. Eine Strophe dieses Gedichtes lautet:

»Das Wasser rauscht zum Wald hinein,
es rauscht im Wald so kühle;
Wie mag ich wohl gekommen sein
vor die verlaß'ne Mühle?
Die Räder stille, morsch, bemoost,
die sonst so fröhlich herumgetos't,
Dach, Gäng' und Fenster alle
im drohenden Verfalle.« [81]

Die Sentimentalisierung, die sich mit dem leitmotivischen Zitieren des Gedichts verbindet, ist, wie sofort zu erkennen, gewollt. Darin liegt der eigentliche Reiz dieser Zitierung. Das Bewußtsein des Erzählers wird nicht reduziert; er selbst überläßt sich keineswegs jenem Zustand des Halbbewußten, wie er für Sentimentalitäten aller Art charakteristisch ist. Er spielt mit ihr weit mehr, als daß er ihr verfällt. Das Spiel mit der Sentimentalität erlaubt es dem Icherzähler zugleich, eine eigentümliche Mittellage zu überdenken: er muß sich das Neue weder ganz zu eigen machen, noch muß er es völlig verachten; und so auch gegenüber dem Alten, gegenüber der Vergangenheit und der eigenen erinnerten Jugend.

Von dem Gedicht in *Frau Jenny Treibel* nimmt man an, daß es Fontane selbst gedichtet hat; und es ist ein sentimentales Gedicht von Anfang an, das nicht nur dadurch sentimental wird, daß es die Kommerzienrätin singt. [82] Wenn es sich aber so verhält, dann hat man allen Anlaß, das in bewußt falschem Ton gedichtete Lied zu bewundern; denn es dürfte keine leichte Aufgabe sein, ein mit Absicht sentimentales Gedicht zustande zu bringen. Denkbar wäre zwar auch, daß Fontane ein eigenes Gedicht aus früheren Jugendtagen hervorgeholt hat, um es so, in dem Kontext eines gesellschaftskritischen Romans eingefügt, der Nachwelt zu erhalten. Aber dafür gibt es keine Beweise. Den entstehungsgeschichtlichen Zeugnissen ist zu entnehmen, daß es in der frühesten Phase der Entstehung konzipiert wurde. Die Bedeutung, die ihm hier zugedacht ist, erkennt man aus dem Untertitel des Romans, für den der letzte Vers des Gedichtes verwendet wird:

»Glück, von deinen tausend Losen
Eines nur erwähl ich mir,
Was soll Gold? Ich liebe Rosen
Und der Blumen schlichte Zier.

Und ich höre Waldesrauschen,
Und ich seh' ein flatternd Band —
Aug' in Auge Blicke tauschen,
Und ein Kuß auf deine Hand.

Geben nehmen, nehmen geben,
Und dein Haar umspielt der Wind,
Ach, nur das, nur das ist Leben,
Wo sich Herz zum Herzen find't.« (IV/338)

Fast Zeile für Zeile trifft man auf Wendungen, die man in jedem Poesie-Album finden könnte. Glück, Gold, Rosen, Haar und Herz: das alles sind geläufige Wörter, auf die sich gut und leicht ein Reim machen läßt. Insofern ist das sentimentale Gedicht ein triviales Gedicht; eine poetische Jugendsünde, wie es Wilibald Schmidt, ehedem Geliebter der Kommerzienrätin, zutreffend kommentiert. Die Wendung von den Herzen, die sich finden, nennt er selbst eine »himmlische Trivialität« die es gewiß auch ist. Versteht man Sentimentalität als ein durch falsche Gefühle entstelltes Leid, so kann hinsichtlich dieses Gedichtes nur bedingt von einer solchen die Rede sein. Das Lied der Frau Jenny Treibel — beziehungsweise ihres Freundes Wilibald Schmidt — hält es mit dem glücklichen Ende weit mehr als mit tragischen Schlüssen; denn die letzte Verszeile stellt ja in Aussicht, daß man sich »kriegt«. Das in seiner Beschaffenheit triviale Poem wird sentimental durch die Art und Weise der Darbietung und nicht zuletzt durch die Person, der es zugeordnet bleibt. Die neureiche Kommerzienrätin macht die Verse zur unverkennbaren Sentimentalitätspoesie, indem sie so tut, als sei sie schmerzvollerweise von diesem Glück ausgeschlossen, von dem das Gedicht handelt. Damit wird eine Verachtung der Realität — der am Gold hängenden Welt — vorgetäuscht, die nicht den Tatsachen entspricht; und die poetischen Dinge entsprechen ihrerseits nicht den Tatsachen. Eine Unangemessenheit von Geld und Kunst wird sichtbar, die uns den Zusammenhang von Sentimentalität und Bourgeoisie in Erinnerung bringt. [83]

Daß es dem Lied von Anfang zukommen sollte, diese Verbindung — von Bourgeoisie und Sentimentalität — zum Ausdruck zu bringen, ist durch einen Brief an den Sohn (vom 9. Mai 1888) belegt. Fontane erläutert darin den Titel seines werdenden Romans und fügt hinzu: »Dies ist die Schlußzeile eines sentimentalen Lieblingsliedes, das die 50-jährige Kommerzienrätin im engeren Zirkel beständig singt und durch das sie sich Anspruch auf das ›Höhere‹ erwirbt.« Zweimal wird das Lied in unserem Roman »angestimmt«:

beim großen Diner und anläßlich der Hochzeitsfeier am Schluß. Die romantechnische Funktion ist die einer Verseinlage, wie es sie im Roman der Goethezeit gibt; und »Goethezeitliches« gibt es auch sonst. Die Pointe des Gedichts läßt an Schillers allbekanntes Lied von der Glocke denken: »Drum prüfe, wer sich ewig bindet, ob sich das Herz zum Herzen findet!« Daß das Gold in diesem gründerzeitlichen Weltalter gegenüber den Rosen das Nachsehen erhält, entspricht jener Mentalität, die Schiller sagt und Gerson meint. Widerspruch, falsches Bewußtsein und falsche Gefühle: darin, wie schon gesagt, liegt der eigentliche Reiz dieses gewollt schlechten Gedichts. Dennoch ist nicht ausschließlich dem Lied selber zu entnehmen, worin das Sentimentale eigentlich beruht. Die Person, die es hervorbringt, ist so wichtig wie der Anlaß, und nur im Zusammenwirken von Text und Person kommt Sentimentalität zustande. Die Kommerzienrätin hat die ihr gewidmeten Poesien sorgfältig aufbewahrt, und was sie ihr bedeuten, spricht sie vermeintlich ehrlichen Herzens aus: »und wenn mir schwer ums Herz ist, dann nehme ich das kleine Buch, das ursprünglich einen blauen Deckel hatte (jetzt aber hab' ich es in grünen Maroquin binden lassen) und setze mich ans Fenster und sehe auf unsern Garten und weine mich still aus [...].« (IV/300) Jenny Treibel weint überhaupt sehr viel und offensichtlich weint sie gern, unbeschadet ihrer Hartherzigkeit in Fragen des Geldes und des Standes. Mitleid bedeutet auch für sie in erster Linie Mitleid mit sich selbst, wie es dem Bild einer sentimentalen Persönlichkeit entspricht. So sind ihr denn Schluchzen und Seufzer gewissermaßen zur zweiten Natur geworden; und dabei spielen fast stets Erinnerungen hinein, denen sie sich willig überläßt. Sie scheint überhaupt nur aus Erinnerungen zu bestehen, und was sie das Poetische nennt, ist damit identisch. Zeitadverbien wie »schon damals« oder »zu meiner Zeit« werden von ihr auffällig bevorzugt. Aus solchen und anderen Widersprüchen ist sie zusammengesetzt, ohne daß sie sich dessen bewußt wäre. Da sie Herwegh in ihrer Jugend geliebt hat, kann er ein Gegenstand ihrer sentimentalen Verklärung werden: »Herwegh war nämlich in der Mitte der vierziger Jahre, wo ich eingesegnet wurde, mein Lieblingsdichter.« (IV/318) Historisches wird privatisiert, und zugleich wird etwas Weiteres im Prozeß der Sentimentalisierung sichtbar: eine Diskrepanz der Zeitbezüge, die in ihrer Bedeutung über das Musterbild einer sentimentalen Romanfigur weit hinausgeht. Es sind letztlich unbewältigte Traditionen, die an der Entstehung von Sentimentalität beteiligt sind: man verharrt weiterhin in ihnen, obschon Wandel angezeigt wäre. Auch das »klassische Erbe« wird ein Gegenstand der Sentimentalisierung; es lebt nur noch im unverbindlich gewordenen Zitat fort. Im Falle der »sieben Waisen« sind es nur andersartige Diskrepanzen. Aber auch hier sind die Zeitverhältnisse gestört; denn im Kollegenkreis um Wilibald Schmidt wird das Klassische von der Gegenwart getrennt oder auf bedenkliche, weil gedankenlose Art vermischt.

Die Parallelisierung dieses Kreises mit der Gesellschaft der Treibels ist offenkundig. Entsprechung ist überhaupt ein Strukturmerkmal des Erzählens in

Fontanes Romankunst, das er bewußt einzusetzen versteht. Das betrifft die Räume ebenso wie die Diners in beiden Kreisen. Die Treibelsche Villa ist ein Produkt der Gründerzeit; und zu einer Villa solchen Stils gehören Freitreppe, parkartiger Hintergarten und plätschernde Springbrunnen. Kunsthistoriker haben sich neuerdings für Bauwerke wie diese interessiert; die Treibelsche Villa ist ihnen dabei nicht entgangen. [84] Wir interessieren uns für erzählerische Korrespondenzen und erkennen unschwer, daß die bescheidene Behausung Wilibald Schmidts in Kontrast zur Treibelschen Villa steht: ein Tisch in der Mitte des Zimmers, Messingleuchter, Porzellanvasen und einige andere Einrichtungsgegenstände — das alles wirkt ein wenig dürftig und kann sich an Repräsentanz mit den Treibels nicht entfernt messen. Den üppigen Diners im Hause des neureichen Kommerzienrats »entsprechen« die mehr schlecht als recht zubereiteten Oderkrebse, die den Professoren im Kränzchen aufgetischt werden. Das Strukturprinzip solcher Entsprechungen bezieht die Zeit ein, und zwar in Form eines simultanen Nebeneinanders, wenn es heißt: »Um dieselbe Stunde, wo man sich bei Treibels vom Diner erhob, begann Professor Schmidts ›Abend‹.« (IV/346) Dennoch sind die Kontraste nicht der eigentliche Zielpunkt derartiger Analogien. Zwar unterscheiden sich die beiden Lebenskreise in der Tat in wesentlichen Punkten voneinander. Wenn im Kreis der Treibels der Besitz gegenüber jeder wie immer beschaffenen Bildung dominiert, so hat eben diese im Kreis von Wilibald Schmidt den Vorrang vor allem anderen. Aber Besitz- und Rangverhältnisse sind auch hier keineswegs nebensächlich. Mit anderen Worten: es werden keine völlig getrennten Welten geschildert. Die Entsprechung als Erzählprinzip ist nicht so zu verstehen, als handele es sich um eine Welt der Besitzbürger mit falscher Bildung dort und um eine Welt der Besitzlosen mit wahrer Bildung hier. Die erzählte Welt Fontanes ist eine der Übergänge und der Zwischentöne. Dafür sorgt neben anderem die Komik, die noch im aristokratischen Milieu der guten Gesellschaft ihrer Funktion der »Demokratisierung« gerecht wird. Von ihr sind sie nahezu alle betroffen; und an komischen Figuren ist kein Mangel: weder in der Gesellschaft der Treibels noch im Kreis um Wilibald Schmidt. Denn so sehr es in der Runde der »sieben Waisen« um klassische Bildung geht, es geht dabei um Bildung nicht allein.

Auch im Kreis der Lehrer ist nicht alles Gold, was glänzt. Offenheit und Ehrlichkeit sind nicht durchweg das, was die Teilnehmer der Runde auszeichnet. Es gibt mancherlei Rivalitäten unter den Kollegen; hierarchisches Denken ist ausgeprägt. Der Zeichenlehrer bekommt es vor anderen zu spüren, zumal es mit seiner Latinität ohnehin nicht zum besten steht. In welchem Maße Bildung durch gesellschaftliche Vorurteile beeinträchtigt wird, ist dem Gespräch über Heinrich Schliemann zu entnehmen, dessen Ausgrabungen damals Aufsehen erregten. Im Jahre 1876 hatte er Mykenä freigelegt und in einem bald danach veröffentlichen Buch darüber gehandelt. Fontane hatte große Achtung vor seiner Leistung, und er bringt es gebührend zum Ausdruck: »Welch eminenter Kerl, dieser Schliemann!« (an Karl Holle vom

22. Februar 1897). Es ist also ganz im Sinne Fontanes gedacht, wenn sein Professor Schmidt den Archäologen gegenüber jenen verteidigt, die ihm mißtrauen, weil es sich um einen Außenseiter handelt. Vom Umwandlungsprozeß, in dem man sich befindet, ist die Rede; und nicht ohne Ironie wird von Schmidt die zeitlose Klassik mit einem Zitat beschworen, das uns an die Vergänglichkeit alles Irdischen erinnert: »›Das Alte stürzt, es ändert sich die Zeit‹ ...« In diesem Zusammenhang wird Heinrich Schliemann — als ein Beispiel allgemeinen Zeitenwandels — genannt, und auf das nebenan liegende Prachtwerk über die Ausgrabungen von Mykenä macht Wilibald Schmidt seine Gäste aufmerksam. Sie haben weiterhin ihre Zweifel gegenüber solchen Tätigkeiten außerhalb einer ordentlichen Laufbahn, und einem von ihnen hält Schmidt entgegen: »Kann ich mir denken. Weil du von den alten Anschauungen nicht los willst. Du kannst dir nicht vorstellen, daß jemand, der Tüten geklebt und Rosinen verkauft hat, den alten Priamus ausbuddelt [...].« (IV/354) Tüten hat in ihrer Jugend auch die Kommerzienrätin Jenny Treibel geklebt; aber am Bildungsbegriff beider, wie er in diesem Gespräch sich andeutet, kann man ermessen, in welchen Formen sozialer Aufstieg vor sich gehen kann: im Falle Schliemanns ist es Bildung um der Sache willen, Bildung also im eigentlichen Sinn; im Fall der Frau Jenny Treibel ist sie ein Gegenstand der Sentimentalität oder des bloß standesgemäßen Verhaltens. Abermals ist das Strukturprinzip der kontrastierenden Entsprechung nicht zu übersehen: der soziale Aufstieg im Zeichen des Kaufmannstandes muß nicht um jeden Preis zur Folge haben, was sich im Falle der Frau Jenny Treibel ergeben hat. Der positive Sinn in der Erwähnung Schliemanns ist ein Hinweis darauf, daß Besitz und Bildung nicht immer unversöhnliche Gegensätze sein müssen. Eine bescheidene Chiffre nur, aber diese denn doch! [85]

Die Deutung wird durch eine zeitgenössische Quelle gestützt. Wilhelm Bölsche widmete dem 1890 verstorbenen Entdecker von Mykenä in der ›Freien Bühne für modernes Leben‹ eine Art Nekrolog. Er beschreibt Schliemann als einen Menschen, in dessen geistiger Existenz wahre Bildung — trotz Besitz! — möglich gewesen sei. Wörtlich heißt es: »In Heinrich Schliemann verkörperte sich mitten in einer Zeit furchtbarster Wissenschaftsknechtung das Zukunftsbild einer befreiten Wissenschaft.« Bölsche beklagt, daß der Wahrheitsdienst unter dem Joche des Gelderwerbs erliege. Schliemann habe gezeigt, daß es so nicht sein müsse. Ein zauberhafter Glanz sei von ihm ausgegangen. Die Würdigung schließt in feierlichem Ton mit den folgenden Worten: »Und so bleibt auch aus diesem Gleichniß uns die Hoffnung, daß dermaleinst die Menschheit sich unbeschädigt heraus winden werde aus der schneidenden Winterkälte der sozialen Eiszeit, die sie noch gegenwärtig umfängt.« [86] Schliemann war am 26. Dezember 1890 verstorben. Fontane nahm die Arbeit an seinem Roman Anfang des Jahres 1891 wieder auf. Es ist daher so abwegig nicht zu vermuten, daß sich die Wiederaufnahme des Stoffes mit dem Lebensbild dieser Persönlichkeit verknüpft haben könnte, zumal der Archäologie — von der gelegentlichen Erwähnung Schliemanns abgesehen — eine zentrale Stellung im Roman zukommt. Corinna wird schließlich die Ehefrau eines Archäologen mit dem ein wenig komischen Namen Marcell Wedderkopp. Das mag auf Verhältnisse der nun einmal gebrechlichen Welt hindeuten. Das Bild Schliemanns, wie es hier erscheint und wie es einem sozusagen benachbarten Zeitgenossen wie Wilhelm Bölsche erscheinen konnte, ist von solchen »Gebrechlichkeiten« frei. Es ist ein Leitbild im eigentlichen Sinn des Wortes, ein Bild mit verweisendem Sinn.

Nicht zufällig ist es also Wilibald Schmidt, der sich als einziger der Runde so warmherzig für diesen Außenseiter der Wissenschaft verwendet. Das entspricht in jeder Hinsicht der besonderen Stellung, die dem Haupt der »sieben Waisen« im Roman vorbehalten ist. Wilibald Schmidt — das bestätigt sich auch sonst — ist eine Person eigenen Gepräges, und die Auffassungen seiner Kollegen macht er sich nicht unbedingt zu eigen. Das zeigt sich am Begriff des Klassischen. Von den meisten seiner Kollegen wird es so verstanden, als lebte man noch mitten in Goethes Zeit. Diese Gymnasiallehrer hängen dem Alten nach, nur weil es das Alte ist. Das schließt nicht aus, daß man die »Neuheiten« des Zeitalters munter, aber gedankenlos übernimmt. Der forcierte Autoritätsglaube wird als eine solche Neuheit verstanden: »Denn wie kein Heerwesen ohne Disziplin, so kein Schulwesen ohne Autorität«, erklärt einer dieser Klassizisten, die getreu ihrer deutschnationalen Gesinnung das Klassische mit dem Militärischen vermischen: Soldatentum als Schule der Nation! Dies alles geschieht auf höchst widerspruchsvolle Art, ohne daß man sich dessen bewußt würde. Von ihnen unterscheidet sich Wilibald Schmidt, als der Mittelpunkt des Kreises, dadurch, daß er das Alte und das Moderne auf eine angemessene Art zu vereinen sucht: »er war Klassiker und Romantiker zugleich«, wird von ihm gesagt; und daß er bei aller Freude an der Vergangenheit der Gegenwart zugewandt bleibt, ist ein Zug seines Denkens. Solche Gegenwartsverbundenheit ist schon den frühesten Konzeptionen zu entnehmen: »Jeden Freitag eine Versammlung der liter. Freunde: der Goethe- und der Dante-Geheimrat oder Personen aus andren Lebensstellungen. Im wesentlichen dreht sich das Gespräch aber um *moderne* Dichtung und Politik [. . .].« [87] Auf alles Große und Pompöse in der Geschichte — und in der Gegenwart der Gründerzeit — ist dieser Professor nicht gut zu sprechen. Er setzt es herab und hält es lieber — wie Fontane auch — mit dem Kleinen. [88] In der Vorliebe für Anekdoten findet es seinen Ausdruck. Mit der ihm eigenen Lust an der Desillusionierung leuchtet Schmidt hinter das, was die Bilder der großen Würdenträger in der Aula des Gymnasiums verbergen, und damit hinter die Kulissen der Weltgeschichte: »Schlemmer waren es, die den Burgunder viel besser kannten als den Homer. Da wird immer von alten, einfachen Zeiten geredet; dummes Zeug! sie müssen ganz gehörig gepichelt haben [. . .].« (IV/351) Wilibald Schmidt erweist sich in solchen Äußerungen als ein Anwalt des Neuen, denn es ist Geist vom Geist seines Schöpfers — also Fontanes — wenn er darauf zu sprechen kommt: »An die Stelle dieser veralteten Macht ist die reelle Macht des wirklichen Wissens und Könnens getreten [...]. Es ist vorbei mit den alten Formen, und auch unsere Wissenschaftlichkeit wird davon keine Ausnahme machen.« (IV/353) Der das sagt, gibt sich damit nicht gerade als ein weltfremder Träumer zu erkennen, wohl aber als einer, in dessen Bewußtsein das Vergangene neben den Forderungen des Tages gleichberechtigt nebeneinander existiert. [89] In alledem weiß der Gymnasialprofessor als der Überlegene dieses Kreises die Redeform der Ironie zu gebrauchen, wo immer sich die Gelegenheit bietet; und zumal dann, wenn er sich mit seiner sentimentalen Jugendfreundin unterhält, wendet er sie entsprechend an. Die Ironie ist eine Redeform, die Überlegenheit voraussetzt. Aber die höchste Form im »System« solcher Bewußtseinsstufen ist die Selbstironie. Sie setzt, wie im Falle Dubslavs von Stechlin, hinter alles ein Fragezeichen — wodurch die »Vollendung [...] nie bedrücklich wird.« (IV/364)

Dennoch erhalten wir mit diesem Porträt nicht schon das Idealbild eines in allem »positiven Helden«. Dem Zerrbild der Bourgeoisie wird die Gestalt dieses Gymnasialprofessors nicht einfach in der Weise entgegengehalten, wie er sein soll und wie er im Buche steht. Daß sich das Bourgeoise nicht auf eine bestimmte Klasse beschränkt, sondern womöglich in jedem Stand entdeckt werden kann, bestätigt das vielfach von Standesvorurteilen geleitete Denken mancher Lehrer im Kollegenkreis Wilibald Schmidts, und wenngleich es hier am wenigsten das Bourgeoistum der Großbürger ist, das man da antrifft — etwas Bourgeoises mit Besitzdenken und Standesdünkel ist es gleichwohl. Auch der so sympathisch gezeichnete Wilibald Schmidt ist davon nicht völlig frei. Die »behagliche Stimmung« liebt er zuweilen allzu sehr — mehr, als es wünschenswert wäre, und der eigenen Tochter gehen solche Einstellungen manchmal auf die Nerven. Sie findet Lebensformen wie diese kleinbürgerlich, eng und beschränkt, was sie sicher auch sind. Die ganze Atmosphäre mit dem sonderbaren Küchengeruch von Rührkartoffeln und Karbonade ist ihren großbürgerlichen Anwandlungen zuwider. Eine Villa, wie sie die Treibels besitzen, und ein Landauer wären durchaus in ihrem Sinn. Insofern würde sie in die ›Treibelei‹ mit Bourgeoisie und Sentimentalität ganz gut hineinpassen. Aber da sie trotz solchen Hanges zum Äußerlichen noch anderes kennt und überhaupt eine geistreiche und gebildete Person ist — schließlich ist sie die Tochter Wilibald Schmidts — ist ihr der Vorwurf, eine Bourgeoise oder gar eine Sentimentale zu sein, nicht ohne weiteres zu machen. Sie ist wie ihr Vater für das Klassische und das Moderne gleichermaßen aufgeschlossen. Aber sie ist zugleich einem gewissen Wohlleben nicht abgeneigt. Sie recht eigentlich ist es, die den kühnen Versuch unternimmt, Besitz und Bildung miteinander zu versöhnen. Von solchen Intentionen her, die ihr Fontane als Erzähler zweifellos zuerkennt, versteht sich die Aktion, die Corinna inszeniert. Aus ihrer Sicht erweisen sich die eingehend geschilderten Lebenskreise nur als Hintergrund der Aktion mit dem Ziel einer Synthese.

Sieht man von den Schilderungen der Diners und der Landpartien einmal ab, an denen es Fontane in seinen Romanen kaum je fehlen läßt, so ist diese Aktion mit dem erklärten Ziel, sich den Sohn der Kommerzienrätin trotz dessen Engbrüstigkeit zu ergattern, die »Handlung« des Romans im eigentlichen Sinn. Aber isoliert betrachtet, ohne alles Drum und Dran eines Fontaneschen Romans, ist sie fast ein Nichts; denn es geschieht ja nicht viel mehr, als daß eine junge Dame mit unbestreitbarem Charme während eines ausgedehnten Diners ihre Evarolle exzellent zu spielen versteht. Sie wirft dem englischen Gast im Hause der Treibels die Pointen nur so zu. Aber sie meint damit nicht diesen selbst, sondern den jungen Leopold Treibel. Auf ihn hat sie es abgesehen, und sie verfehlt ihre Wirkung keineswegs. Der Sohn der Kommerzienrätin erklärt sich ihr nur allzu bald — und erklärt sich seiner Mutter. Er betrachtet sich — mir nichts, dir nichts — als verlobt. Darin erschöpft sich im Grunde schon die ganze »Handlung«. Ein »tieferer Sinn« ist da kaum zu entdecken, so daß Georg Lukács vor noch nicht zu langer Zeit sich berechtigt glaubte, Fontanes Roman *Frau Jenny Treibel* in das Gebiet der Belletristik zu verweisen; und Belletristik: das ist deutschem Sprachgebrauch zufolge fast so viel — oder so wenig — wie Trivialliteratur, obgleich niemand recht weiß, was diese eigentlich ist. [90] Im heiteren Spiel der geistreich eingefädelten »Intrige« scheint sich der Roman zu erschöpfen. Was läge näher als der nur allzu deutsche Vorwurf, daß es ihm an »deutscher Tiefe« gebricht! Aber damit sind auch Fragen der literarischen Gattung berührt. Die satirische Schärfe, die man aus den Gesellschaftsromanen Heinrich Manns kennt, ist nicht das Charakteristikum der *Frau Jenny Treibel*. Vergleicht man die noch immer liebenswürdigen Bloßstellungen dieses neureichen Kapitalistenvölkchens mit den angriffslustigen Passagen in einem Roman wie *Im Schlaraffenland,* so wird der Unterschied offenkundig. Er wird es erst recht, wenn man sich der Aktion der Professorentochter zuwendet, um die sich der im ganzen heiter erzählte Roman gruppiert. Satire ist das alles nicht. Eher scheint es angezeigt, von einer »erzählten Komödie« zu sprechen, von der auch gelegentlich gesprochen worden ist. [91] In der Komödie ist die überlegene Figur eine für diese Gattung charakteristische Figur, mit der man Corinna Schmidt vergleichen kann. So auch lernen wir sie im Verlauf der von ihr inszenierten Aktion kennen. In ihrer Überlegenheit erinnert sie an das sächsische Edelfräulein in Lessings Lustspiel; und daß Corinna Komödie spielt, wie sie zu hören bekommt, ist ja keine Frage. Die durchgängige Komik, von der schon die Rede war, und die Art, wie der um seine Heldenrolle mit Recht besorgte Leopold Treibel in die Aktion einbezogen wird, tut ein übriges, diesen Eindruck zu erhärten. Komik und Komödie im Roman sind dem Gesellschaftsroman des neunzehnten Jahrhunderts nichts Fremdes. Vorzüglich im Roman spielt sich die »comédie humaine« ab, nicht nur bei Balzac. »A comedy in narrative« lautet der Untertitel des Romans *The Egoist* von George Meredith, an den in diesem Zusammenhang noch einmal zu erinnern ist. Thackeray kommt im Vorwort seines Romans *Vanity Fair* gleichfalls auf die

Komödie zu sprechen, und dieser vor anderen englischen Romanciers hatte es Fontane angetan. Über ihn und über die auffällige »Engländerei« in *Frau Jenny Treibel* bleibt in diesem Zusammenhang noch ein Wort zu sagen. Ein englischer Gast mit dem Heldennamen Nelson ist der eigentliche Anlaß des Diners im Hause der Treibels, mit dem die Inszenierung der erzählten Komödie einsetzt. Daß dieser Nelson kein Vollkommenheitsmensch ist, sondern seinerseits in das Licht der Komik gerät, muß noch nicht gegen ihn sprechen. Im Kreis der »sieben Waisen« wird einer der abwesenden Gymnasiallehrer mit Mr. Punch verglichen, und Mr. Punch war die zentrale Figur einer von Thackeray herausgegebenen Wochenschrift und ihre komische Figur zugleich. Daß aber Corinna selbst, als die Regisseurin der Komödie innerhalb des Romans, in allen das Englische angehenden Fragen allseits geschätzte Autorität ist, sagt deutlich genug, daß es nicht um eine unverbindlich gemeinte Engländerei geht. Deutsche Eigenarten und Verschrobenheiten werden mit englischen Traditionen zum Vorteil der letzteren kontrastiert; und sieht man der Anglophilie des Romans auf den Grund, so geht man sicher nicht fehl, *Frau Jenny Treibel* als eine versteckte Huldigung für englische Lebensform, englische Literatur und englischen Humor zu interpretieren. Corinna Schmidt wird dadurch erst recht die interessante, die eigentlich zentrale Gestalt. Daß Fontane dabei seine Tochter vor Augen hatte — eine eigene Art von Huldigung! — ist einem Brief zu entnehmen, der sich wie eine Vorwegnahme dieser fiktiven, aber eben nicht nur fiktiven Gestalt liest. Das Thema Mete, wie die Tochter genannt wurde, sei unerschöpflich: »Sie abends beim Tee perorieren zu hören, oft über die schwierigsten und sublimsten Themata, ist ein Hochgenuß: sie sagt dann Sachen, die mich selbst absolut in Erstaunen setzen; alles Tiefblick und Weisheit; Salomo Cadet. Aber dies dauert nur so lange [...] wie ihre Person außer Spiel bleibt; von dem Augenblick an, wo diese mit hineingezogen wird, wird sie ein Kind, ein Quack, und ihre Deduktionen, die nun plötzlich aus dem Scharfen ins bloß Knifflige und Advokatische umschlagen, werden zu verdrießlich machenden Quasseleien. Es wäre schade, wenn diese reichbegabte Natur an ihren ›shortcomings‹ [...] scheiterte.« [92] Das sind am Ende lediglich Biographismen, denen man heute verständlicherweise mißtraut; aber vielleicht nicht immer zu Recht. Denn erkennbar wird auch, wie sehr Ideen, Prinzipien und »Weisheiten« aller Art an Ansehen — will sagen: an Anschauung — gewinnen, wenn sie sich »verkörpern«, wenn uns Abstraktes an einer Person verdeutlicht wird, sie sei so oder so beschaffen. Die Rechte eines Erzählers sind von solchen »Verkörperungen« nicht zu trennen; und wie sehr dabei Fontane in Personen und von ihrer Sprache her denkt, bestätigt sich einmal mehr: »Sie abends beim Tee perorieren zu hören [...].« Solche Vorgänge der Sprache, des Sprechens und der Sprechsituation haben ihn, in der Gesellschaft wie in der Familie, zeit seines Lebens fasziniert. Dennoch: daß die Corinna unseres Romans — alle Redegewandtheit in Rechnung gestellt — nur partiell die überlegene Person im Figurenensemble genannt werden darf, ist nicht zu übersehen; und auch von einer Komödie — einer erzählten Komödie — kann doch nur bedingt die Rede sein.

Zwar scheint die Aktion der Professorentochter in eine Komödie zu münden: es kommen die Hochzeiten zustande, die von den meisten der agierenden Figuren gewünscht werden. Aber zugleich ist es eine Komödie, die scheitert — ein Begriff, den man nicht gebraucht, wenn über Komödien gehandelt wird. Das Scheitern ist den Tragödien vorbehalten, wenn man auf Trennung der Bereiche sieht, wie es der Tradition entspricht. Ähnlich wie in *Irrungen, Wirrungen* gibt es zwei Hochzeiten am Schluß. Aber von einem ungetrübt glücklichen Ende kann nicht die Rede sein. Was man Glück nennt, wird von der inzwischen verheirateten Corinna betont illusionslos erläutert. Zum Verständnis ihrer Aktion ist es wichtig zu wissen, ob denn alles nur abgekartetes Spiel gewesen sei. Auf diese Frage antwortet sie, es sei ihr in der Tat ernst damit gewesen: »Aber ich wollte ihn ganz ernsthaft heiraten. Und mehr noch, Marcell, ich glaube auch nicht, daß ich sehr unglücklich geworden wäre, das liegt nicht in mir, freilich auch wohl nicht sehr glücklich. Aber wer ist glücklich? Kennst du wen? Ich nicht.« (IV/471) [93] Ein glückliches Ende nach Art der Trivialliteratur ist das so wenig wie im Falle der Lene Nimptsch; und bedenkt man ferner, daß es schließlich die Professorentochter ist, die so spricht — als die einzige im Grunde, die Besitz und Bildung in ein erträgliches Gleichgewicht bringen könnte — dann erhält ihr Scheitern eine Bedeutung, die der Laune und dem Übermut einer Komödie nicht entspricht. Besitz und Bildung — diese Einsicht drängt sich dem Leser auf — kommen nicht zusammen. Sie bleiben letztlich getrennte Bereiche, und auch der Stand, die Klasse oder die gesellschaftliche Gruppe sind nirgends in Sicht, die eine solche Verbindung verbürgen könnten. Wo wir als Leser mit wenigen Figuren des Romans über solche Realitäten hinausblicken, befinden wir uns — meistens vorübergehend — auf einer Bewußtseinsstufe, die sich soziologischen Definitionen entzieht. Denn Bildung, rein als Idee gedacht, selbst wenn es sie so wieder geben könnte, wie es sie einmal gab, ist idealiter niemals das Privileg einer Klasse, sondern aller Menschen, der Menschheit im ganzen. Die so mit der Wirklichkeit versöhnte Bildung wäre dann freilich auch gleichbedeutend mit der Rückkehr ins Paradies. Die schwer zu entziffernde Schlußszene deutet darauf hin.

Fontane entläßt seinen ihm nahestehenden Gewährsmann, Corinnas Vater, in einem angeheiterten Zustand; nichts Verwunderliches nach einer sich ihrem Ende zuneigenden Hochzeitsfeier! Der Sprechende, also Wilibald Schmidt, ist damit nicht auf alles das festzulegen, was er sagt; darin beruht der Vorteil dieser Situation. Zugleich handelt es sich um eine ausgesprochen humoristische Szene, wie sie der eigentümlichen Mittellage zwischen Tragödie einerseits und Komödie andererseits entspricht. In einem Anflug von totaler Skepsis hören sich seine Reden teilweise recht nihilistisch an: »Geld ist Unsinn, Wissenschaft ist Unsinn, alles ist Unsinn, Professor auch.« (IV/477) Aber zuvor hatte derselbe Wilibald Schmidt über etwas anderes nachgedacht: ob es nämlich mit dem Lied der Jenny Treibel nicht doch etwas auf sich habe, ob es nicht ein wirkliches Lied sei: »Alle echte Lyrik hat etwas Geheimnisvolles. Ich hätte doch am Ende dabei bleiben sollen.« Man denkt an Fontane selbst, der die Lyrik schweren Herzens aufgegeben hatte. Auch hier geht es um etwas, das eigentlich der Versöhnung bedürfte, um zwei getrennte Bereiche. Es geht um das, was diesem Professor Poesie ehedem war, und um das, was sie ihm nunmehr ist: und zugleich geht es um die »Prosa« der Wissenschaft, um »die reelle Macht des wirklichen Wissens und Könnens«. Was in diesem angeheiterten Zustand überdacht wird, undeutlich genug, liefe auf eine solche Verbindung der getrennten Bereiche von Poesie und Prosa, von Kritik und Sentiment, oder wie man es sonst bezeichnen will, hinaus; und daß dabei der Poesie der Vorrang zukommen müßte, kann nicht zweifelhaft sein — weder für den Gymnasialprofessor unseres Romans noch für seinen Autor: »Das Poetische — vorausgesetzt, daß man etwas anderes darunter versteht als meine Freundin Jenny Treibel —, das Poetische hat immer recht; es wächst weit über das Historische hinaus ...« (IV/360). Würde die Verbindung gelingen, so wäre damit auch eine Zusammenführung von Natürlichkeit und Sittlichkeit erreicht: »früher war man natürlicher, ich möchte sagen sittlicher.« (IV/477) So erläutert es abermals Wilibald Schmidt, der es ja wissen muß. Würde die Verbindung des Poetischen mit dem Historischen gelingen, des Natürlichen mit dem Sittlichen — eine Art irdisches Paradies wäre erreicht, ein zweites nach dem Verlust des ersten. Mit Bezug auf Joseph von Arimathia, der den toten Christus in seinem Garten in Gethsemane beigesetzt haben soll, wird darauf während des Abends im Kreis der »sieben Waisen« angespielt. Das geschieht beiläufig, wie stets bei Fontane, indem er seinen Professor über Garten und Gartenkunde plaudern läßt: »da hab' ich Dissertationen gelesen über das Hortikulturliche des Paradieses, über die Beschaffenheit des Gartens zu Gethsemane und über die mutmaßlichen Anlagen im Garten des Joseph von Arimathia. Garten und immer wieder Garten. Nun, was sagst du dazu?« (IV/352) Die Grenzen dessen, was man im Hier und Jetzt erreichen kann, werden sichtbar. Die Unvollkommenheit unserer Ordnungen bestätigt die Realitäten, wie sie sind. Aber das Vollkommene als Idee und als Ideal hat sich damit nicht erledigt. Die Verbindung, auf die es ankäme, gelingt »nur« im Humor. [94] Sie bleibt — Literatur, von der es gleichwohl heißt: »Das Literarische macht frei ...«

2. Mathilde Möhring

Wie man Fontanes Romane gruppiert, ist im Grunde schon ein Vorgriff auf ihr Verständnis. Viel spricht dafür, die Mathilde Möhring der gleichnamigen, erst posthum veröffentlichten Erzählung in die Nähe der Kommerzienrätin Treibel zu bringen. [95] Gegen eine solche Nachbarschaft wäre mancherlei einzuwenden. Es fehlt im Milieu der armen Leute, zu denen die Möhrings gehören, viel von dem, was sich Fontane als Erzähler ungern entgehen läßt: die ausgedehnten Diners, die Landpartien, die geistreichen Causerien im Salon oder andernorts. Nichts von alledem findet sich hier. Der Ball im fernen Woldenstein ist fast die einzige gesellschaftliche Veranstaltung, von der wir Kenntnis erhalten. Es ist ein schwacher Ersatz gegenüber dem, womit uns die Romane der guten Gesellschaft in so reichem Maße »belohnen«. Statt geistvoller Redeformen, an denen nahezu jede Erzählung Fontanes so reich ist — *Irrungen, Wirrungen* und *Stine* nicht ausgenommen — scheint sich die Erzählung auf weite Strecken hin in alltäglichen Unterhaltungen zwischen Mutter und Tochter zu erschöpfen. Sie sind in ihrer Banalität oft kaum zu überbieten. In der Sprache der Mutter sind Verstöße gegen die Syntax eher die Regel als die Ausnahme. Zwar sieht sich auch der Leser der *Frau Jenny Treibel* nicht ausschließlich in die Salons herrschaftlicher Villen versetzt. Es gibt Enge und bürgerliche Dürftigkeit auch hier — so sehr, daß es Corinna eben deshalb nach Villa und Landauer verlangt. Dennoch sind die Verhältnisse im Hause des Gymnasialprofessors nicht entfernt mit dem zu vergleichen, was in *Mathilde Möhring* geschildert wird: ein Milieu der Dürftigkeit, das mit einem Ausdruck Fontanes etwas schlechthin »Bedrückliches« hat. Das Zimmer, das man zu vermieten pflegt, ist noch das Beste dieser Wohnung: »Hierher hatten sich alle Anstrengungen konzentriert: ein etwas eingesessenes Sofa mit rotem Plüschüberzug und ohne Antimakassar, Visitenkartenschale, der Große Kurfürst bei Fehrbellin und das Bett von schwarz gebeiztem Holz mit einer aus Seidenstückchen zusammengenähten Steppdecke. Die Wasserkaraffe auf einem großen Glasteller, so daß es immer klapperte.« (IV/581) Die Mahlzeiten sind bescheiden; und daß man sich gelegentlich zu den Bratkartoffeln ein Setzei leistet, wird eigens vermerkt. So gut wie nichts hebt sich aus dieser faden Alltäglichkeit heraus, in die wir uns versetzt sehen. Die Verlobung zwischen Mathilde und Hugo, mehr improvisiert als von langer Hand vorbereitet, ändert an solchen Eindrücken wenig; sie verläuft so dürftig, wie das Ganze dürftig ist. Keine Frage: man ist von einem Roman Fontanes anderes zu lesen gewohnt. Hinsichtlich einer solchen Alltäglichkeit ist der Kontrast zu *Frau Jenny Treibel* offenkundig. Dennoch haben die beiden Erzählungen sehr viel mehr miteinander zu tun, als es auf den ersten Blick erscheinen könnte. Sie haben wenigstens teilweise eine gemeinsame Entstehungszeit, wie es die überlieferten Handschriften bestätigen. Die Rückseiten einiger Blätter wurden zu Niederschriften für *Mathilde Möhring* benutzt, nachdem die Vorderseite für *Frau Jenny Treibel* benutzt worden war. [96] Vor allem aber haben beide Erzählungen ein gemeinsames Thema. Mit den Begriffen wie Besitz und Bildung ist *Mathilde Möhring* so gut wie *Frau Jenny Treibel* umschrieben, und in beiden Fällen sind es Frauen, deren »Laufbahn« dabei im Mittelpunkt steht.

Bildung bedeutet hier wie dort weithin dasselbe: einen ziemlich heruntergekommenen Begriff, der nur noch Konventionelles bezeichnet. Wenn die Mathilde Möhring unserer Erzählung ein gebildetes Mädchen genannt wird, so sagt das über die Bildungsidee von einst so gut wie nichts. Es sind Redensarten, die man gebraucht; und das »Gebildete« hat nunmehr eine solche, eine bloß redensartliche Bedeutung erhalten. »Manche sind so fürs Gebildete«, läßt Fontane die alte Möhring sagen. Damit ist der Sachverhalt gut getroffen, auf den es ankommt: alles ist zum Gesellschaftlichen hin verflacht. Man lebt mit seinem Schiller — mit »unserem Schiller«, wie es bezeichnenderweise heißt. Aber ein inneres Verhältnis zur Ideenwelt seiner Dramen hat man nicht. Während der für den Verlauf der Erzählung so entscheidenden Krankheit Hugo Großmanns sucht ein Arzt die ärmliche Behausung der Möhrings auf; und plaudernd verweilt er bei dem für Fontane so wichtigen Thema. Indem er sich mit Hugo unterhält, sagt er ihm »allerlei Verbindliches« über seine Wirtsleute — »über ›so gute Menschen‹, in deren ganzem Verhalten sich die einzig wahre Bildung ausspräche, die Herzensbildung. Fräulein Mathilde sei übrigens überhaupt gebildet und, wenn man ihren Kopf öfter gesehn und sich so mehr hineingelebt habe, fast eine Schönheit.« (IV/608) Darf man zum Vorteil dieser »guten Menschen« wörtlich nehmen, was hier gesagt wird? Sicher nicht! Diese Äußerungen des Arztes sind nicht gänzlich falsch. Dennoch sieht man sich gewarnt, sie als die Meinung des Erzählers anzusehen. Denn mag da vieles in der Person der zielstrebigen Mathilde als Bildung bezeichnet werden — die wahre Herzensbildung ist nicht eben das, was sie auszeichnet. Das »Gute« wie das »Wahre« wird in eine freundliche, aber spürbare Distanz gerückt. In der Rede des Arztes ist aus der Optik des Ganzen der ironische Unterton nicht zu überhören. Denn es ist namentlich die Herzensbildung, die man in dieser »Bildungsgeschichte« Fontanes so schmerzlich vermißt.

Daß sie fehlt, hängt offensichtlich mit bestimmten Besitzverhältnissen zusammen, obwohl es bei den Möhrings mit Gewißheit nicht der Reichtum ist, der die Herzensbildung, wie in der Familie der Treibels, verhindert. Mutter wie Tochter gehören im Gegenteil zum Milieu der armen Leute. Es handelt sich um Kleinbürger normalen Durchschnitts, und die Sympathie, die Fontane solchen Personen entgegenbringt, hatte er in einigen seiner Erzählungen unmißverständlich zum Ausdruck gebracht. Aber gegenüber der »armen Bildung«, auf die Botho von Rienäcker herabsieht, indem er sich der ungebildeten Lene Nimptsch erinnert, steht Bildung nunmehr in einem Kontext anderer Art — in einem solchen, der uns an bestimmte Besitzverhältnisse erinnert: »Möhrings wohnten Georgenstraße 19 dicht an der Friedrichstraße. Wirt war Rechnungsrat Schultze, der in der Gründerzeit mit dreihundert Talern spekuliert und in zwei Jahren ein Vermögen erworben hatte.« (IV/577) Hier wird, wie wir erfahren, spekuliert; und es ist ein in der Gründerzeit zu Reichtum gelangter Hausbesitzer, der Besitzer eines Mietshauses, von dem solches gesagt wird. Im *Stechlin* ist der vom Hilfsschreiber in einer Hagelversicherungsgesellschaft zum Versicherungssekretär aufgestiegene Schickedanz ein solcher zu Besitz gelangter Kleinbürger, und die Umkehr der Verhältnisse von ehedem deutet sich in Beispielen wie diesen an: daß die Besitzlosen von einst die nunmehr Besitzenden sind, die nicht nur arme Leute wie die Möhrings in ihren Miethäusern aufnehmen; es können gelegentlich auch Angehörige des verarmten Adels sein, die hier eine Bleibe finden. In der Georgenstraße 19 sind die Ausmaße solchen Reichtums vom repräsentativen Schaugepränge der Treibels weit entfernt. Es ist schließlich ein Miethaus, keine herrschaftliche Villa, mit der wir es zu tun haben. Auch das Bourgeoishafte mit seinen Annäherungen an die Satire, alles das, was eintritt, wenn der soziale Aufstieg gelungen ist, wird in *Mathilde Möhring* nicht zum beherrschenden Thema. [97] Hier geht es um den Aufstieg selbst, und in diesem Punkt — was Klugheit, Energie und Zielstrebigkeit betrifft — hat Mathilde Möhring mit der Kommerzienrätin Treibel einiges gemeinsam. Dennoch: diese resolut dem Lehrberuf zustrebende Person ist keine unsympathische Figur, und die Bedenkenlosigkeit, mit der jene ihre Ziele verfolgt, gilt für Mathilde in gleicher Weise nicht. Daß wir dennoch die spätere Volksschullehrerin und die ehemalige Verkäuferin in einem Apfelsinenladen in eine solche Nachbarschaft bringen, hat den Vorzug, daß damit einem Mißverständnis von vornherein vorgebeugt werden kann — diesem nämlich, daß man sich über die Tüchtigkeit der Mathilde Möhring ungetrübt freut, wie das unter Interpreten gelegentlich geschehen ist. Denn dies ist offenbar die entscheidende Frage, die sich im Verständnis dieser Erzählung stellt: ist Mathilde Möhring eine Verwandte der Melanie van der Straaten, die sich allen Widerständen zum Trotz durchsetzt, um sie selbst zu sein? Oder geht ihr Denken dahin, dort zu sein, wo die anderen auch sind, nämlich »oben«? In diesem Fall stünde sie der Frau Jenny Treibel näher als irgendeiner »Heldin« Fontanes sonst; und es wäre der »Geist der Gründerzeit« — nicht der Goethezeit — der beide Erzählungen miteinander verbände. Diese und andere Fragen beziehen sich nicht so sehr auf bestimmte Personen. Sie gelten vielmehr der »Sache« selbst.

Anders noch als in *Frau Jenny Treibel* steht in *Mathilde Möhring* der soziale Aufstieg im Mittelpunkt der Erzählung. Es gibt ihn in jeder Gesellschaft und es wird ihn auch weiterhin geben — die klassenlosen Gesellschaften nicht ausgenommen. Das Bedürfnis, seine soziale Lage zu verbessern, den Niederungen des Daseins zu entkommen, um sich einen Platz oben an der Sonne zu sichern, ist dem Menschen eigentümlich, und es besteht kein Grund, solche Bedürfnisse um jeden Preis zu diskreditieren. Am wenigsten sind solche Interessen jenen zu verdenken, die in menschenunwürdige Zustände hineingeboren wurden und die sich damit nicht abzufinden bereit sind. Die Verbesserungen in der sozialen Lage einer Gruppe oder Klasse schließen meistens den sozialen Aufstieg dieser Gruppen oder Klassen ein. Im sozialen System, um das es geht, können sie immer nur Wege von unten nach oben sein. Die Struktur ist vorgegeben, und sie ist nicht umkehrbar. Das Bedenkliche liegt demnach nicht im Vorgang selbst, sondern in der

Art und Weise des Vorgehens — darin vor allem, daß man nur die eigenen Vorteile verfolgt und dabei darüber hinausführende Ziele nicht mehr kennt. »Daß ich Dir's mit *einem* Worte sage: mich selbst, ganz wie ich da bin, auszubilden, das war dunkel von Jugend auf mein Wunsch und meine Absicht«, bekennt der Held in Goethes Bildungsroman von sich selbst. [98] Aber seine Denkweise, die Gesinnung, die sich in solchen Bekenntnissen äußert, ist vor Mißverständnissen zu schützen, weil eigene Bildung in der Optik des Romans immer zugleich Ausbildung anderer einschließt: »Die Menschen, die einen großen Wert auf Gärten, Gebäude, Kleider, Schmuck oder irgendein Besitztum legen, sind weniger gesellig und gefällig; sie verlieren die Menschen aus den Augen, welche zu erfreuen und zu versammeln nur sehr wenigen glückt«, läßt der Erzähler eine seiner Figuren an anderer Stelle des Romans ganz in seinem Sinne sagen. [99] Wo derartiges aber nicht geschieht, wo sich das Interesse an der eigenen Bildung mit dem Interesse an der Bildung anderer nicht verbindet, steht dem Geist der Gründerzeit, im Bilde gesprochen, Tür und Tor offen. Eine bestimmte Denkweise, die jedem sozialen Aufstieg zugrunde liegt, kann in Zeiten wie diesen in das Zwielicht von Interessen geraten, die allzu sehr ein Ausdruck von Eigenliebe sind, so daß eben dadurch die Herzensbildung hoffnungslos auf der Strecke bleibt. In *Mathilde Möhring* haben wir mit derartigen Veränderungen des Denkens zu rechnen, wie sich aus dem Gang der Handlung ergibt. Wir wollen sie in aller Kürze rekapitulieren.

In eine Berliner Mietwohnung zieht eines Tages ein Kandidat der Jurisprudenz ein, der von der Institution akademischer Prüfungen nicht viel hält. So schiebt er das Examen hinaus, soweit ihm das möglich ist. Der Kandidat heißt Hugo Großmann. Wir lernen ihn als einen mäßigen, unentschiedenen und seiner selbst wenig sicheren Menschen kennen. Er stammt offenkundig aus der Familie der halben Helden. Mathilde Möhring, die Tochter der Vermieterin, ist in diesem Punkt das genaue Gegenteil des jungen Mannes. Sie durchschaut dessen Schwächen sehr genau, ist zur Abhilfe entschlossen und nimmt sich seiner in jeder Weise an. Während einer Krankheit — es handelt sich um Masern — pflegt sie ihn mit aufopfernder Zielstrebigkeit gesund. Die Verlobung läßt nicht lange auf sich warten; Hugo Großmann muß dabei seiner Braut versprechen, die leidige Prüfung nicht länger hinauszuschieben. Der Erfolg bleibt nicht aus: zwar besteht der angehende Jurist das Examen nicht gerade gut, aber er besteht. Mathilde drängt ihn, daß er sich um die ausgeschriebene Stelle eines Bürgermeisters in Westpreußen bewirbt, die er auch erhält. Die Übersiedlung des jungen Paares kann erfolgen, und was die emsige Mathilde auf solche Weise fürs erste erreicht hat, ist nicht wenig: ein Examen ihres Lebensgefährten, eine angesehene Stellung mit Wohnung und allem, was dazu gehört. Das soweit Erreichte wird in Woldenstein, wohin es die Großmanns verschlagen hat, mit bemerkenswerter Klugheit befestigt und ausgebaut; und stets ist es Mathilde, die sich die Verdienste zuzuschreiben hat. Bei dieser Gelegenheit kommen auch die politischen Verhältnisse im deutsch-polnischen Grenzgebiet zur Sprache. Hier ist man es von der preußischen Seite her gewohnt, auf die nichtpreußische – also polnische – Bevölkerung von oben herabzusehen. Man ist davon überzeugt, »daß die Kraft des preußischen Staates in den östlichen Provinzen liege. Von daher habe die Monarchie den Namen, aus Königsberg stamme das preußische Königtum, und wenn Woldenstein auch vielleicht nicht bestimmt sei, derart in die Geschicke des Landes einzugreifen, so sei auch das Kleinste groß genug, durch Pflichterfüllung und durch Festhalten an den preußischen Tugenden vorbildlich zu wirken und dem Lande eine Ehre und Seiner Majestät dem Könige eine Freude zu sein.« (IV/646) Es ist Hugo Großmann, der als neubestellter Bürgermeister diese Preußenrede hält. Die Wiedergabe durch indirekte Rede verstärkt den Eindruck, daß es sich lediglich um Meinungen und Gesinnungen der Romanfigur handelt – nicht um solche des Erzählers. Hier, in den östlichen Provinzen des kaiserlichen Reiches, schreitet die »Festigung des christlich Germanischen« (in der Auffassung der beteiligten Personen) rüstig voran, und die Großmanns beteiligen sich an solchen »Missionsaufgaben«, so gut sie können. Aber der Zufall will es, daß Hugo Großmann an einer eigentlich harmlosen Lungenentzündung erkrankt. Zwar gelingt es ihm, mit dieser Krankheit fertig zu werden, aber ein Rückfall rafft ihn unversehens hinweg: »Er nahm in rapidem Verlauf die Form einer rapide fortschreitenden Schwindsucht an, und am zweiten Ostertag abends starb er, nachdem er Thilden ans Bett gerufen und ihr für ihre Tüchtigkeit, ihre Liebe und Pflege gedankt hatte.« (IV/664) Auf den wenigen noch verbleibenden Seiten wird mitgeteilt, was noch mitzuteilen ist: die Beerdigung Hugos, die Rückkehr Mathildens in die mütterliche Wohnung, schließlich die Fortsetzung ihres Aufstiegs, den sie sich um keinen Preis nehmen läßt. Ihr Ziel steht nun unverrückbar fest: sie will Lehrerin werden, und sie wird es auch. Das Examen besteht sie weit glänzender, als es ihrem verstorbenen Mann zu bestehen vergönnt war. Im Norden Berlins tritt sie ihre neue Stelle an, und es sieht ganz so aus, als würde die ihr eigene Lebenstüchtigkeit vom Erzähler noch zusätzlich bestätigt, wenn es abschließend heißt: »Sie ging mutig ans Werk, hatte frischere Farben als früher und war gekleidet wie an dem Tage, wo sie von Woldenstein wieder in Berlin eintraf. [...] Von Hugo Großmann wird selten gesprochen, seine Photographie hängt aber mit einer schwarzen Schleife über der Chaiselongue, und zweimal im Jahre kriegt er nach Woldenstein hin einen Kranz. Silberstein legt ihn nieder und schreibt jedesmal ein paar freundliche Zeilen zurück. Rebecca hat sich verheiratet.« (IV/675) Zweimal im Jahr, das ist eigentlich mehr als man erwarten kann! [100]

Diese meisterhaft heruntererzählte Geschichte, die man fast für eine Liebesgeschichte halten könnte, enthält mehrere »Lesarten«. Wie stets in solchen Fällen erleichtern sie damit nicht gerade die Übereinkunft im Verständnis des Textes. Die »Lesarten« ergeben sich nicht so sehr aus der unterschiedlichen Beurteilung der Charaktere und ihrer Psychologie. Sie ergeben sich aus der Sache selbst: aus dem sozialen Aufstieg als dem eigentlichen

Mathilde Möhring 325

Thema der Geschichte. Der ersten »Lesart« zufolge hat man die »Heldin« tatsächlich als eine solche zu verstehen — als eine positive Heldin sozusagen. Danach ist Mathilde Möhring ein Mensch, der sich in allen Lebenslagen bewährt. Ihre Tüchtigkeit steht außer Frage, und daß eine junge Frau am Aufstieg ihres Mannes tätigen Anteil nimmt, wird ihr ja nicht zu verdenken sein. Wie sie alles einfädelt, wie sie als Bürgermeisterin von Woldenstein die Honneurs zu machen versteht und die Anpassung an die neuen Lebensverhältnisse in kürzester Zeit bewältigt, darf in der Tat unserer Bewunderung gewiß sein. In einer solchen Deutung heben sich ihre Tüchtigkeit und Zielstrebigkeit um so wohltuender von der labilen Natur ihres Mannes ab, der uns vorkommt, als spiegele sich in ihm die Decadence des ausgehenden Jahrhunderts. [101] Daß es ein schöner, aber schwacher Mann ist, demgegenüber sich die Frau als die Stärkere erweist, kommt bei Fontane häufig vor; und nicht selten sind es dabei die Frauen, die gegenüber den schwachen Männern menschlich nur gewinnen. Das trifft mit Unterschieden auf Lene wie auf Stine zu. Auch die Witwe Pittelkow bringt sich in Erinnerung. Bezeichnenderweise sind es in allen Fällen Tüchtigkeit und Sinn für Realitäten, die diese Frauen auszeichnen. Auch die Frau des Kommerzienrats van der Straaten in *L'Adultera* hat Fontane mit solchen Tugenden ausgestattet, und die wachen Zeitgenossen unter seinen Lesern und Kritikern haben es wohl so verstanden. Mit der Idee der Bildung verband sich im achtzehnten Jahrhundert und noch um die Wende zum neunzehnten der Aufstieg eines ganzen Standes: des Bürgertums. Aber das war, wie ausgeführt, in erster Linie eine Sache des Mannes, des jungen Mannes, der im deutschen Bildungsroman die dominierende Rolle spielte. Nun wird verspätet die Frau in diesen Prozeß einbezogen. Aber die fraglose Berechtigung des Vorganges verbindet sich mit einer Bedenklichkeit, die es zu sehen gilt: trotz des entstehungsgeschichtlichen Abstandes von nur wenigen Jahren darf man *Mathilde Möhring* nicht aus der Sicht des Romans *L'Adultera* interpretieren. Eben dies aber geschieht, wenn man die Tüchtigkeit dieser jungen Frau zum Zielpunkt der Deutung macht — in der Annahme, Fontane selbst habe es so und nicht anders gemeint.

Das hat als einer der ersten Conrad Wandrey getan. Seine Freude an der Lebenstüchtigkeit der Mathilde Möhring ist unüberhörbar: »Die starke Wirkung, die von der Gestalt der Mathilde ausgeht, beruht auf diesem unbewußten Tüchtigsein, dieser ahnungslosen Übereinstimmung mit der sittlichen Gesetzlichkeit der fontanischen Welt.« [102] Dieser, wenn man will, emanzipatorische Zug ist auch Hans-Heinrich Reuter wichtig. Im gesamten Werk Fontanes, führt er aus, »begegnen wir keiner Frau, die so viel ›männliche‹ Entschlossenheit, ›männliches‹ Selbstvertrauen, ›männliche‹ Klugheit zeigt wie Mathilde.« ›Männlich‹ ist dabei jeweils in Anführungszeichen gesetzt, so daß man nicht genau erkennen kann, ob damit ein absoluter Wert gemeint ist — ob Frauen um so positiver zu beurteilen sind, je männlicher sie sich verhalten. Ganz abwegig erscheint eine solche Vermutung nicht, wenn es bei Reuter an anderer Stelle heißt: »Die sozialen Gegensätze sind auf ein Minimum zusammengeschrumpft. Widerspruch und Konflikt (soweit sich bei der Dünnblütigkeit der Handlung davon sprechen läßt) sind ganz in das Innere verlegt. Die Fabel überschreitet den Bereich des Klein- und Mittelbürgertums an keiner Stelle. Insofern ist ›Mathilde Möhring‹ der Versuch, über die Dialektik von ›Irrungen, Wirrungen‹ und ›Stine‹ historisch um einen Schritt hinauszukommen. Nicht nur als gleichberechtigt tritt die Frau neben den Mann. De facto ist *sie* es, die seinen Lebenslauf bestimmt, ihn in die eigene Schicksalslinie hineinzwingend und dieser dienstbar machend.« [103] Verstehen wir es recht, dann ist dieser Deutung zufolge die Emanzipation einer Frau wie Mathilde Möhring nunmehr in Übereinstimmung mit dem Fortschritt der Geschichte abgeschlossen. Diese ohne Frage positive »Lesart« zugunsten der Frau schließt eo ipso ein, daß ihr Partner in ein ungünstiges Licht gerät; und ob man es will oder nicht: es wird alles etwas sehr schwarz und sehr weiß. Aber eine derart eindeutige Sicht der Dinge liegt Fontane im allgemeinen fern. Mit um so mehr Berechtigung ist daher über eine zweite »Lesart« zu sprechen.

Es ist vor allem zu fragen, ob der schwächliche und kränkliche Hugo Großmann so eindeutig negativ zu beurteilen ist. Seine Unentschiedenheit ist ohne Frage ausgeprägt, und was immer er tut, tut er nur halb. Wenn seine Frau von der mangelnden Aktivität des Mannes wenig hält und ihm vorwirft, er habe kein Feuer im Leib, so hat sie mit alledem recht. Hugo Großmann ist anfangs der Typ des verbummelten Studenten, und daß ihm seine spätere Frau zu Examen und beruflicher Stellung verhilft, spricht eindeutig für sie und gegen ihn. Wenn sich Mutter und Tochter anfangs über den neuen Mieter unterhalten und die Frage gestellt wird, ob ihm denn die neue Wohnung nun wirklich gefallen habe, lautet die gewiß zutreffende Antwort: »Ich will dir was sagen, so ganz hat es ihm nicht gefallen, aber es hat ihm auch nicht mißfallen [...].« (IV/583) Hugo Großmann ist in solchen Verhaltensweisen der halbe Held, wie er im Buche steht — »halb tapfer und halb angstvoll«; und er ist sich dessen auch bewußt: »so uneinsichtig war er nicht, daß er das sehr Unheldische seiner Situation nicht herausgefühlt hätte.« (IV/634) Erst recht lassen ihn seine wiederholten Krankheiten als schwächlich erscheinen. Dennoch wird damit nicht einfach der Stab über ihn gebrochen, wie es geschieht, wenn man die im sozialen Aufstieg sich bewährende Tüchtigkeit zum fraglosen Zielpunkt der Erzählung macht. Gegenüber einer solchen Deutung sind einige Zweifel angebracht.

Sie betreffen zumal die Liebesgeschichte, die hier nicht zustande kommt, obgleich doch alles darauf hindeutet, daß es sie gibt. Schon mit dem Handlungsschema sieht man sich auf eine solche Geschichte verwiesen: ein junges Mädchen hat es darauf abgesehen, sich einen Liebhaber zu ergattern. Verlobung und Hochzeit folgen rasch. Aber eine Liebesgeschichte ist es mitnichten; es ist eine lieblose Geschichte weit mehr. Dabei ist man als Leser Fontanes ja einiges gewöhnt. Wer in seinen Romanen leidenschaftliche Szenen erwartet, kommt ohnehin kaum je auf seine Kosten. Was nach dieser Seite hin in *Effi Briest* geschieht oder nicht geschieht — in einem Roman des Ehebruchs wohlgemerkt! — ist kaum der Rede wert. In *Mathilde Möhring* ist diese für Fontane kennzeichnende Zurückhaltung einer lakonischen Darstellung gewichen. Liebe, Leidenschaft oder gar Sexualität kommen nicht vor. Küssen, das sei nie ihre Force gewesen, läßt Fontane den armen Hugo Großmann im Fontaneton sagen, und damit ist niemand anders als die Heldin unserer Erzählung gemeint. Wenn sie später als Frau des Bürgermeisters eine Art von Charme entwickelt, so ist auch das noch ihrem zielgerichteten Denken zuzuschreiben. Sie wollte dabei, heißt es im ironischen understatement des Erzählers, einen gewissen Frauenreiz auf Hugo ausüben. Wie anspielungsreich ist das gesagt! Alles an ihr ist genauestens bedacht, geplant und berechnet. Alles ist Absicht geworden — ein natürliches Spiel kann sich kaum noch entfalten. Der soziale Aufstieg — koste es, was es wolle — ist der ausschließliche Motor ihres Denkens. »Bildung überhaupt« ist nur insofern von Bedeutung für sie, als sie solchen Zielen dient. Für irgendeine Art von Herzensbildung bleibt da kein Raum. Dieser Zielstrebigkeit im Verhalten der Hauptgestalt entspricht der lapidare Stil, die schmucklose Sprache. Nirgends wird ein Abweichen vom einmal eingeschlagenen Weg erlaubt, und als ob der Erzähler ganz hinter die Gedankenwelt dieser emsigen Person zurückgetreten sei, geht alles seinen Gang. Da ist nichts, was zum Verweilen einladen könnte. Der lapidare und lakonische Stil im Verzicht auf jedes auch nur flüchtige Idyll — selbst Verlobung und Hochzeit werden in den sozialen Aufstieg eingeplant — ist vom Thema gerechtfertigt. Wenn es je unter den Liebesleuten vor der Verlobung zu einem intimen Gespräch kommt, so muß zuvor erst über Fortkommen und Examen gesprochen werden, ehe man über anderes spricht. Damit werden Fortkommen, Aufstieg und bessere Stellung nicht gnadenlos der Kritik ausgesetzt oder der Satire überantwortet. Sie sind ihrerseits nichts Verachtenswertes, sondern in einer Gesellschaft unerläßliche Bestandteile ihrer Kultur. Aber dieselbe Sache kann so oder so ausschlagen, wenn man sie ohne Augenmaß für anderes betreibt. Daher das Zwielicht, in das sie gerät. Auf dieses Zwielicht hat es Fontane abgesehen. Mit den vorwiegend zur Untätigkeit neigenden Menschen von der Art des Hugo Großmann kann eine Gesellschaft auf die Dauer nicht existieren. Sie bleibt auf die Tätigen und Tüchtigen angewiesen, auf Menschen von der Art der Mathilde Möhring. Aber wehe der Gesellschaft, in der es nur noch Menschen ihres Schlages gibt! Wer da nicht mitzuhalten vermag, um den ist es wie in unserem Falle geschehen.

Daß der arme Hugo Großmann auf der Strecke solcher Zielstrebigkeiten bleibt, obwohl es eine ganz gewöhnliche Krankheit ist, die ihn dahinrafft, ist der lakonisch erzählten Geschichte zu entnehmen. Wir vermuten, daß er sich übernommen hat, daß er den Anforderungen nicht gewachsen war, die an ihn gestellt wurden. Der Scheiternde hat Anspruch, daß man sein Scheitern versteht. Auch das Unheldische seines Verhaltens ist menschlich verständlich; die Zeiten für Helden alten Stils sind ohnehin vorbei. Alles hat mithin seine zwei Seiten. Sieht man es aber so, dann ist selbst die noch so wünschenswerte Emanzipation einer Frau nicht der Kritik zu entziehen, wenn sie dem abträglich ist, was in der Sprache dieser Erzählung als Herzensbildung bezeichnet wird. Wenn alles seine zwei Seiten hat, dann ist auch am sozialen Aufstieg beides zu sehen: das Erstrebenswerte und das, was uns nach der menschlichen Seite hin erschreckt. Das ergibt in der ausgewogenen Verteilung von Licht und Schatten auf beide Partner dieser merkwürdig kurzen Ehe die dargestellte Ambivalenz, die Fontane erzählend sichtbar macht, und in *Mathilde Möhring* mit einer Konsequenz, die nicht ihresgleichen hat. Es geht nicht so sehr um Charaktere, ihre Widersprüche und Ungereimtheiten, wie sie der menschlichen Natur eigen sind, sondern um die Sache selbst: um den sozialen Aufstieg als einen Vorgang der Sozialgeschichte des Jahrhunderts. Daß die Frau nicht mehr nur die Leidende in einer Welt der handelnden Männer ist, hat Fontane in mehreren seiner Romane dargestellt. Nunmehr bleibt das »erreichte Soziale« zu bedenken in dem, was daraus werden kann. Der soziale Aufstieg — des vierten Standes, wie der Frau in jedem Stand — ist eine der Forderungen, die die Sozialgeschichte des neunzehnten Jahrhunderts begleiten. Daß solche Forderungen weiterhin berechtigt sind, geht aus der Erzählung hervor, für deren Hauptgestalt wir gewisse Sympathien haben. Aber weit mehr ist der Aufstieg in der Zweideutigkeit zu erfassen, die der Erzählung das Gepräge gibt. Zweideutig ist hier nahezu alles gesehen und gesagt. »Man kann es eine Schwäche nennen, aber vielleicht ist es auch eine Stärke«, sagt Hugo Großmann beiläufig vor sich hin. Der Satz ist nicht nur für den bezeichnend, der ihn ausspricht. Er ist für den Stil und die Sicht im ganzen bezeichnend, und das Ganze, was immer es sei, hat jeweils zwei Seiten. Auch Poesie und Prosa sind solche Seiten, und sie sind gleichermaßen im Recht. Im Denken haben sie sich zu Chiffren verkürzt, die es dem Erzähler verwehren, für das eine oder für das andere zu optieren. Von Mathilde Möhring wird gesagt, es sei gut, daß sie etwas von ihrer Prosa verliere; und Prosa steht hier für Nüchternheit und Nützlichkeit. Das Wort steht als Zeichen für ganze Lebensbereiche, wie Poesie für solche Bereiche steht. Hugo Großmann lebt in ihnen: er liest Romane, huldigt dem Theater und verachtet die Ordnungen des bürgerlichen Lebens. Die Abneigung gegen alles Praktische, wie sie ihm nachgesagt wird, seine Freude an den Artisten, an den »Töchtern der Luft«, die ihn mit einer so anders beschaffenen Gestalt wie Effi Briest verbinden könnte, bringen ihn nicht voran. Daß dennoch etwas erreicht wird, ist der Zielstrebigkeit seiner Frau zu danken. Aber wenn die Welt von Menschen ihrer Art beherrscht würde, wäre sie unweigerlich dürftig, öde, schmucklos — eine Jagd nach Erfolg. Eine zum Verzweifeln enge und kleinbürgerliche Welt finden wir vor, wenn die Erzählung beginnt. Aber diese Welt nimmt sich am Ende der Erzählung nicht weniger dürftig aus. Der Schluß macht es deutlich. Er gehört zu den gelungenen Schlüssen Fontanes, und der letzte Satz, wie er im nachgelassenen Manuskript steht, aber in der ersten Veröffentlichung getilgt wurde, ist dabei nicht zu übersehen. »Rebecca hat sich

Mathilde Möhring 329

verheiratet«, lautet der. [104] Im Blick auf das von Anfang an erstrebte Ziel sieht es wie ein glückliches Ende aus. Es ist dennoch alles andere als ein ungetrübtes Glück. Die Erfolgreichen wie Mathilde Möhring werden nicht in den Himmel gelobt; und die Erfolglosen wie Hugo Großmann werden nicht verdammt. Glückliches oder trauriges Ende sind nicht mehr recht zu unterscheiden in der Ambivalenz der Dinge, um die es Fontane geht. Was gelegentlich von Hugo Großmann gesagt wird, charakterisiert, mehr noch als diesen selbst, den Erzähler und seinen Stil. Er ergriff nicht Partei, heißt es von Hugo, sondern meinte: »sie werden wohl beide recht haben [...].« Was zusammen gehören sollte, bleibt getrennt. Mathilde Möhring geht ihren Weg ohne Poesie.

Solcher Verzicht auf eindeutige Urteile schließt Verzicht auf jede Verurteilung ein. Ambivalenz wird ein Strukturmerkmal des Erzählens. Sie wird zum epochalen Strukturmerkmal in der beginnenden Literatur der Moderne. So im Denken Gottfried Benns, der solche Ambivalenzen am »Roman des Phänotyp« erläutert: »Der Phänotyp des zwölften und dreizehnten Jahrhunderts zelebrierte die Minne, der des siebzehnten vergeistigte den Prunk, der des achtzehnten säkularisierte die Erkenntnis, der heutige integriert die Ambivalenz, die Verschmelzung eines jeglichen mit den Gegenbegriffen.« [105] So ähnlich im Denken Musils, der seinen Helden, den Mann ohne Eigenschaften, solche Erfahrungen machen läßt: »In diesem wenig glücklichen Augenblick, wo sich die sonderbare kleine Gefühlswelle, die ihn für eine Sekunde gefaßt hatte, wieder auflöste, wäre er bereit gewesen, zuzugeben, daß er nichts besitze als eine Fähigkeit, an jeder Sache zwei Seiten zu entdecken, jene moralische Ambivalenz, die fast alle seine Zeitgenossen auszeichnete und die Anlage seiner Generation bildete oder auch deren Schicksal.« [106] Von einem Stil voller Ambivalenzen hat man gesprochen: »jeder Satz Musils integriert die Ambivalenz der in ihm enthaltenen Aussage.« [107] Schriftsteller des sogenannten poetischen Realismus wie Fontane bereiten diese Literatur der Ambivalenz vor. Auch Raabe gehört hierher, so vor allem mit den *Akten des Vogelsangs*. Erfolg und Erfolglosigkeit, die »Prosa« großstädtischen Lebens und die »Poesie« des Vogelsangs am Rande der Stadt, erscheinen in diesem bedeutenden Roman auf ähnliche Weise in der doppelten Optik des Erzählers wie bei Fontane auch. Wo man sich dagegen für eine der Seiten im Für und Wider der Dinge entscheidet, wird es problematisch. Frenssens *Jörn Uhl* verklärt um 1900 die Tüchtigkeit des sozialen Aufstiegs in einseitiger Sicht und huldigt zugleich dem Ideal eines einfachen Lebens. Er bleibt uns die Glaubwürdigkeit seiner erzählten Welt schuldig. Dies geschieht auf gegenteilige Weise auch bei Emil Strauß. Seine Schülergeschichte *Freund Hein* schildert das Scheitern eines musikbegabten Menschen an der Mathematik — an derselben, die dem jungen Törless Robert Musils einige Jahre später zur Selbstfindung verhelfen wird. Die einseitige Sicht dieser Schülergeschichte ist von Sentimentalität nicht frei, und das hängt offensichtlich auch damit zusammen, daß man jenes Sprachbewußtsein vermißt, das es bei Wilhelm Raabe wie später bei Thomas Mann in so ausgeprägter Weise gibt. Daß es bei Fontane auch in jenen Romanen nicht fehlt, die in einfachen Lebenskreisen spielen, bestätigt unsere Erzählung auf ihre Art. Sie ist eine der sprachbewußtesten, die Fontane geschrieben hat. Witz, Esprit und Pointe treten zurück zugunsten anderer Redeformen und Sprachschichten. Auf weite Strecken bestimmt die Sprache der Ungebildeten den Gang der Erzählung. Die mundartlichen Floskeln deuten auf eine »Poesie« von eigenem Reiz. Aber noch im Denken der einfachen Leute verleugnet sich nicht das Sprachbewußtsein des Erzählers: »Gott, Thilde, sage mir nur nicht so was ›Franzö'sches‹ [...]«, sagt die Mutter zur Tochter, wenn diese das Wort »Ensemble« gebraucht. Wie sie das mit Eliminierung einer durch Apostroph angezeigten Silbe sagt, scheint sie der vom Naturalismus kultivierten Redeweise zu folgen. Aber die Annäherung an die Wirklichkeit ist letztlich nur fiktiv. Wie Mathildens Mutter spricht, sprechen die Ungebildeten bei Fontane fast alle. Ein bestimmter Fontaneton ist unverkennbar. Es ist mit anderen Worten eine eigene Sprache, die sich Fontane erzählend erschafft: eine künstliche Sprache, die an der psychologischen Wahrscheinlichkeit ihrer Sprecher nicht gemessen sein will. Die Sprache der alten Möhring ist als »Realismus« oder »Naturalismus« im landläufigen Sinn dieser Begriffe nicht zu definieren. Sie ist ein »Kunstgriff«, der den »Realismus« der Charaktere »transzendiert«. Auch die Sprachskepsis als ein Strukturelement dieser Romane ist so zu verstehen. Die soziale Realität ist inzwischen viel zu komplex und kompliziert, als daß man ihr mit eindeutigen »Sprachhaltungen« gerecht würde. Ambivalenz und Skepsis sind epochale Strukturmerkmale, die dieser Realität entsprechen. Fontane wendet sie in Übereinstimmung mit jüngeren Schriftstellern an. Die unter Fontanelesern verhältnismäßig wenig bekannte Erzählung *Mathilde Möhring* ist ein bedeutendes Beispiel solcher Zeitgenossenschaft.

Wiederholt wurde der Name Thomas Manns genannt, wenn hinsichtlich Fontanes von gewissen Verwandtschaften gesprochen wurde. Aber Heinrich Mann ist unter den damals jüngeren Zeitgenossen nicht zu übersehen, die mit dem alten Fontane zahlreiche Themen und Erzählformen gemeinsam haben. Zumal am Ende dieses Kapitels über Besitz und Bildung ist darüber noch ein Wort zu sagen. Der vertrackte Zusammenhang beider Bereiche ist ein zentrales Motiv, der gesellschaftskritischen Kunst Heinrich Manns, die vielfach in unverhüllte Satire übergeht. Die »Vertreter von Bildung und Besitz«, wie eine Wendung des Romans *Im Schlaraffenland* lautet, werden unbarmherzig bloßgestellt. Dabei übernimmt das Theater mit Rollenspiel und Schauspielertum eine Funktion, die für den gesellschaftskritischen Roman im neunzehnten Jahrhundert und in der Moderne ebenso aufschlußreich ist, wie sie von der Tradition des deutschen Bildungsromans abweicht. Vom *Anton Reiser* bis zum *Nachsommer* Stifters haben die Theatermotive ihren festen Ort: sie sind ein Element im Bildungsweg des Helden; und was dabei Shakespeare der deutschen Literatur seit dem achtzehnten Jahrhundert bedeutet hat, ist diesen Romanen noch im neunzehnten unmißverständlich zu entnehmen. In *Mathil-*

de Möhring liest man den bis zum Äußersten verkürzten Satz: »Theater bildet.« Es ist gleichgültig, wer ihn sagt; denn jede Person im Roman könnte ihn gesagt haben. Es kommt auch nicht so sehr auf die Verkürzung an als darauf, daß es nunmehr ausschließlich gesellschaftliche Erwartungen sind, die sich mit der Erwähnung des Theaters verbinden. Der Gewinn, den solche Bildung durch Theater dem einzelnen bringt, ist im sozialen Roman der späteren Zeit einem anderen Gewinn gewichen: dem des sozialen Aufstiegs. Das Theater hat nunmehr vornehmlich diesen Sinn: es ist eine ganz und gar gesellschaftliche Institution — sei es, daß man sich im Theater zeigt und die Plätze erhält, auf die man aufgrund seines gesellschaftlichen Ranges Anspruch hat; oder sei es, daß man sich den Forderungen der Gesellschaft in einer Art Bohème zu entziehen sucht, in der weniger strenge Regeln gelten als in jener selbst. Der Graf Petöfy in dem gleichnamigen Roman Fontanes, schon einige Jahre zuvor entstanden und erschienen, ist eine am Theater interessierte Figur, der mit diesem das Leben selbst auf verhängnisvolle Weise verwechselt. Es ist richtig gesehen, daß derartige Auffassungen standesbedingt sind: daß das Theater als »Lebensalternative« für verarmte Adlige« fungiert. So auch in der Erzählung *Die Poggenpuhls*, in der dem Leutnant von Klassentin, wie ähnlich Rybinski in *Mathilde Möhring*, eine solche Rolle übertragen wird. Das betrifft zugleich die Fragen des nächsten Kapitels, die sich mit den Lebensformen des Adels befassen und mit den Eheproblemen als Problemen gesellschaftlichen Wandels zunächst.

VII. Die Säkularisierung der Ehe

Jahrhundertelang wurde die Heiligkeit der Ehe in den Ländern der christlichen Welt und besonders der katholischen Kirche nie ernsthaft in Frage gestellt. Ihre vornehmliche Aufgabe war es, den Verführungen des Fleisches entgegenzuwirken. Die Ehe hat nach paulinischem Zeugnis (1. Kor. 7) Unzucht zu verhüten und wird auf solche Weise zu einer Art Präventivanstalt, als die man sie noch in der Aufklärung weithin verstanden hat. In Übereinstimmung damit ist ihr erster Zweck die Erzeugung von Kindern und die Erziehung der Nachkommenschaft. [1] Hier so wenig wie sonst fehlt es an Berufungen auf den biblischen Text. Von den Kirchenvätern ausgehend und von Thomas von Aquin systematisiert, sind diese Lehren seit Jahrhunderten selbstverständlicher »Besitz«. Im Tridentinum wird der Sakramentscharakter der Ehe endgültig fixiert. [2] Daß damit eine extreme Sinnenfeindlichkeit verhindert wurde, wie sie in den Ketzerbewegungen des Mittelalters wiederholt hervorbrach, ist zuzugeben. [3] Aus dem Sakramentscharakter der Ehe folgt, daß sie im theologischen Sinn unauflöslich ist. Sie kann nicht geschieden werden; jeder Ehebruch ist damit »gerichtet«. Von solchen Auffassungen unterscheidet sich der Protestantismus in wesentlichen Punkten. [4] Er kennt nach Luthers Lehre weder den Zölibat noch den sakramentalen Charakter der Ehe, die in seinen eigenen Worten als ein »weltlich Ding« verstanden wird. »Es kan ia niemand leucken, (heißt es in der Schrift *Von Ehesachen* aus dem Jahre 1530), das die ehe ein eusserlich weltlich ding ist wie kleider und speise, haus und hoff, weltlicher oberkeit unterworffen. [. . .].« [5] Die Ehescheidung ist demzufolge theologisch legitim, so wenig sie erwünscht ist oder gar begünstigt wird. Dennoch sind die mit der katholischen Lehre gemeinsamen Denkformen so wichtig wie die Abweichungen von ihr im Detail. Auch für Luther hört die Ehe nicht auf, eine Art Präventivanstalt zu sein. Die sexuelle Begierde versteht er als etwas, das mit der Natur des Menschen gegeben ist. Er stellt sie in Rechnung und rechtfertigt die Ehe in dem Maße, als sie solche Begierden in Schranken hält. [6] Im Stand der Ehe zu leben, hat auch für ihn den Sinn, daß vor allem Keuschheit sei und Kinder erzeugt werden, und obwohl die Ehe nach seiner Lehre ein weltlich Ding ist, wird damit eine gewisse »Weltheiligung« nicht ausgeschlossen. Die Ehe wird in Luthers Auffassung zum christlichen Beruf als einer Möglichkeit der Bewährung im Hier und Jetzt. Auch für ihn bleibt sie »im Grunde doch nur frenum et medicina peccati, eine Konzession an die Sünde, bei der Gott durch die Finger schaut«, wie es Ernst Troeltsch formuliert. [7] Ihre Kirchlichkeit war hier wie dort Realität für die Mehrzahl der Bürger, von den oberen Ständen allenfalls abgesehen. In diesem Punkt waren die Unterschiede zwischen beiden Konfessionen gering. »Nach kanonischem Rechte wurde die Ehejurisdiktion von der Kirche vindiziert, weil die Ehe ein Sacrament war, bei den Protestanten wurde sie beinahe zum Sacramente, weil die Kirche die Ehegerichtsbarkeit ausübte.« So stellte es der Verfasser eines Werkes über *Das Recht der Eheschließung* noch im Jahre 1865 fest. [8] Zur Ehe-Theologie gehört ihre Jurisprudenz: die Befugnis der Kirchen, Recht zu sprechen und über Eheverhältnisse zu wachen. Bis weit ins 18. Jahrhundert hinein und noch später war die kirchliche Reglementierung von Eheangelegenheiten in den Staaten Deutschlands die Regel. Daß auch die Sexualsphäre der kirchlichen Kontrolle unterstand, scheint nichts Ungewöhnliches gewesen zu sein. [9] Es gab hier und da eine Art Ehepolizei, es gab Keuschheitskommissionen, und vor allem gab es harte Strafen. Die Ehebrecher waren davon am schwersten betroffen, und unter diesen die Frauen härter als die Männer. Ehebruch war nicht irgendein Delikt; es war ein Verbrechen, das gegebenenfalls mit dem Tode bestraft wurde. Der Ehebrecher ging ferner seiner bürgerlichen Ehrenrechte verlustig, er durfte keine Patenstelle übernehmen. Den strengen Strafen bei Ehebruch entsprachen die Erschwerungen im Falle einer Ehescheidung. Sie war bei der ungesicherten Stellung der Frau ohnehin in den wenigsten Fällen erstrebenswert.

Die Heiligung der Ehe, wie sie in den kirchlichen Lehren verstanden wird, bedeutet nicht, daß man sie idealisiert. Sie bleibt noch lange Zeit eine allenfalls nützliche Institution, und die Aufklärung hat daran nicht sehr viel zu ändern vermocht. Auch von ihr wird der Zweck der Ehe vornehmlich darin gesehen, daß man Kinder erzeugt. Diesem Zweck hat das »Allgemeine Landrecht für die Preußischen Staaten« (von 1794) gleich den ersten Artikel derjenigen Teile vorbehalten, die sich mit dem Eherecht befassen: »Der Hauptzweck der Ehe ist die Erzeugung und Erziehung der Kinder«, heißt es kurz und bündig. [10] Solche Auffassungen bestätigt ein Lehrer der Lebenspraxis wie Johann Bernhard Basedow, wenn es in dessen Buch *Practische Philosophie für alle Stände* heißt: »Auch verbietet das Gesetz der Natur, womit das bürgerliche Recht und der Wohlstand übereinstimmen soll, die genaueste Umarmung unter beyden Geschlechtern, wenn die Absicht dabey ist, die Zeugung zu verhindern.« [11] Geschlechtsliebe ist noch vielfach ein betont tierischer Trieb, der allenfalls durch die Verbindung mit der Vernunft verfeinert wird. Man ist noch weithin davon überzeugt, »daß sich die Liebe aufs Physische gründet, und am Ende immer darauf hinführt«. [12] Bezeichnend für solche Auffassungen ist die karge Redeweise, deren sich Kant in der *Metaphysik der Sitten* bedient: »*Geschlechtsgemeinschaft* (commercium sexuale) ist der wechselseitige Gebrauch, den ein Mensch von eines anderen Geschlechtsorganen und Vermögen macht [...].« [13] Man denkt über die Ehe nüchtern und nützlich, was nicht ausschließt, daß man die Liebe verklärt und idealisiert. So vor allem in Rousseaus *La Nouvelle Héloïse*. Wahre Liebe ist geistige Liebe; und sie wird vornehmlich außerhalb der Ehe gesucht. Die Trennung von Liebe und Ehe ist eine dem 18. Jahrhundert geläufige Vorstellung. Der Versuch, sie zusammenzuführen, muß eo ipso die Frage nach der Stellung der Frau – nach ihrer

Gleichstellung innerhalb der ehelichen Gemeinschaft – berühren; und jede dieser Fragen zielt letztlich auf die überlieferten Denkformen selbst in ihrer vorwiegend kirchlich-theologischen Herkunft. Zunehmend seit der Mitte des 18. Jahrhunderts zeichnet sich ein folgenreicher Bewußtseinswandel in Ehefragen ab, und die »Heiligung« der Liebe im weltlichen Schrifttum, in Romanen wie denjenigen Rousseaus, mußte möglicherweise vorausgegangen sein, ehe an eine erfolgreiche Zusammenführung beider »Dinge« – zum Vorteil der Ehe – zu denken war. Spätestens hier werden wir uns im Aufzeigen solchen Bewußtseinswandels der Geschichtlichkeit der Ehe bewußt, und auf sie kommt es hier in erster Linie an. Für solche Formen von Geschichtlichkeit und besonders für den Vorgang der Befreiung aus einer Bevormundung durch kirchlich-theologische Instanzen verwenden wir üblicherweise den Begriff der Säkularisierung, und von einer Säkularisierung der Ehe um die Wende zum 19. Jahrhundert darf mit gutem Grund die Rede sein. Denn das Hervortreten eines Eheromans – in Deutschland wie andernorts – setzt einen solchen Prozeß der Säkularisierung voraus. Es setzt zugleich voraus, daß die Ehe problematisch zu werden beginnt; und problematisch wird sie in dem Maße, als sie sich von den vorgegebenen Denkmustern der Kirchen und ihrer Theologie löst.

Gegen diesen Begriff der Säkularisierung ist eingewandt worden, daß er einen in Frage stehenden Vorgang unzutreffend bezeichnet. Man macht geltend, daß der politische Akt der Säkularisierung in der Optik derer, die sich bestimmter Rechte unfreiwillig zu entäußern haben, als etwas Unrechtmäßiges aufgefaßt werden kann. Die Entwicklung, die damit gemeint ist, kann den Makel der Unrechtmäßigkeit erhalten. [14] Wir können solche Einwände im vorliegenden Fall auf sich beruhen lassen, zumal sich zeigt, daß es hinsichtlich der Ehe und des Eherechts vielfältige Zusammenhänge zwischen dem politischen Akt der Säkularisation und dem Denkvorgang der Säkularisierung gibt – von dem Umstand abgesehen, daß schon in der Rechtswissenschaft des 19. Jahrhunderts von einer Säkularisierung der Ehe gesprochen wird. [15] Unter Säkularisation verstehen wir die »Verweltlichung« ursprünglich kirchlicher, theologischer und religiöser Bereiche; im besonderen den Übergang von kirchlicher zu weltlicher Gerichtsbarkeit, wie er sich im Eherecht vollzieht, mit dem Resultat, daß schließlich die Zivilehe eingeführt wird. Die umfassende Säkularisation kirchlicher Güter wurde in Deutschland mit dem Reichsdeputationshauptschluß des Jahres 1803 vollzogen. Mit diesem politischen Akt hat die Säkularisierung der Ehe als Teil eines allgemeinen Bewußtseinswandels mancherlei zu tun. Im Rechtsbereich wird damit zutreffend umschrieben, worum es geht: um die »Überführung« nämlich von Fragen des Eherechts aus kirchlicher in weltliche Gerichtsbarkeit. Und diese »Überführung« wiederum hat mit dem politischen Akt der Säkularisation den Ausgangspunkt, die Politik Napoleons und deren Herkunft aus dem Verlauf der Französischen Revolution, gemeinsam. Das neue französische Eherecht mit Einführung der Zivilehe gibt es in Frankreich seit 1804. Aber Gesetzge-

Die Säkularisierung der Ehe 335

bungswerke leiten in den seltensten Fällen ein neues Denken ein. Weit häufiger tragen sie einem solchen Rechnung. Sie ziehen Folgerungen aus dem, was sich aus neuen Denkformen ergeben hat, und was man hinfort immer weniger negieren kann. Man kann daher das Verhältnis von Säkularisation und Säkularisierung auch umkehren. Man kann den Akt der Säkularisation des Jahres 1803 als Folge einer Säkularisierung verstehen; als praktisches Resultat eines Bewußtseinswandels, das uns zugleich die trostvolle Gewißheit beschert, in welchem Maße das Bewußtsein das »Sein« bestimmt, will sagen: verändern kann. Die Säkularisation des Jahres 1803 kommt in Deutschland von außen her. Aber sie kommt nicht von ungefähr. Und wie am Ende dieses so ehrwürdigen Säkulum in demselben Land späte Aufklärung, Klassik und frühe Romantik, idealistische Philosophie, »goethezeitliche« Poesie und romantische Theologie — wie alles zusammenwirkt, den von der Zeitlage geforderten Bewußtseinswandel herbeizuführen oder zu beschleunigen, ist unter anderem den veränderten Auffassungen über Liebe, Ehe und Ehescheidung zu entnehmen; so in den Schriften von Kant, Fichte, Schlegel oder Schleiermacher. Der erste Eheroman von Rang in deutscher Sprache kommt nicht einfach aus dem Nichts. Er hat wie alles seine Wegbereiter, die sich in Fragen der Ehe mit der Epoche der Aufklärung ankündigen.

Besonders, wie schon angedeutet, in den veränderten Auffassungen von der Stellung der Frau innerhalb der Ehe. In diesem Punkt ist auch Kant auf Veränderungen bedacht. Seine Darlegungen in der *Metaphysik der Sitten* geben nicht einfach wieder, was ist; sie beschreiben, was sein sollte, weit mehr. Die Gleichheit der Ehepartner ist ihm eine selbstverständliche Voraussetzung seines »Eherechts«. Es heißt: »Aus denselben Gründen ist das Verhältnis der Verehlichten ein Verhältnis der *Gleichheit* des Besitzes, sowohl der Personen, die einander wechselseitig besitzen [...], als auch der Glücksgüter [...]« In diesem Zusammenhang wird der Begriff »Herrschaft« gebraucht. Kant handelt darüber in § 26 seiner Schrift. Es geht um die Ehen zur linken Hand. Eine solche Ehe basiere, schreibt Kant, auf der Ungleichheit des Standes beider Teile; und diese Ungleichheit könne leicht zur »größeren Herrschaft des einen Teils über den anderen« benutzt werden. [16] Daß solches nicht geschehen dürfe, ist Kant wichtig. Fichte hat sich ähnlich im *Anhang des Naturrechts* (1795) geäußert. Die Ehe ist für ihn weit entfernt, ein bloß juristischer Vertrag zu sein. Sie ist seiner Auffassung nach sich selber Zweck und solange gültig, als sie dem freien Willen beider Partner entspricht. Folglich wird gefordert, daß der Frau im bürgerlichen Leben dieselben Rechte zukommen müssen wie dem Manne auch. Einem zeitgenössischen Schriftsteller wie Karl Heinrich Heydenreich war auch das noch nicht genug. Er macht Fichte den Vorwurf, in Fragen des Ehebruchs, was die Gleichwertigkeit der Partner betrifft, nicht konsequent gedacht zu haben: Fichte sei gegenüber dem Ehebruch des Mannes zu nachsichtig und tolerant, und wörtlich: »So streng Herr Fichte das ehebrecherische Weib beurteilt und so hart er es behandelt wissen will, so nachsichtig und tolerant ist er gegen den ehebrecherischen Gatten.« [17] Zugleich wendet sich derselbe Verfasser gegen die Auffassung Fichtes, daß die Frau ihre Persönlichkeit aufgebe, wenn sie sich hingebe; [18] und wieweit der Prozeß der Säkularisierung inzwischen gediehen ist, geht aus der bezeichnenden Bemerkung hervor, die sich in Heydenreichs Philosophie der Geschlechter findet: »Nicht der Staat, nicht die Kirche haben diese Verbindung eingesetzt, sie ist eine Stiftung der Natur selbst.« [19] Es sind unverkennbar Formen des naturrechtlichen Denkens, die am Ende des Jahrhunderts den Bewußtseinswandel erzwingen. Einer verbesserten Stellung der Frau hat auch Theodor Gottlieb von Hippel, seines Zeichens Junggeselle, in mehreren Schriften mutig das Wort geredet. [20] Sein Buch *Über die bürgerliche Verbesserung der Weiber* war bereits 1792 erschienen; die Schrift *Über die Ehe* in erster Auflage schon 1774. Im Jahre 1793 gab es hiervon inzwischen die »Fünfte durchaus verbesserte Auflage«. Im Bewußtsein fortschreitenden Zeitenwandels leitet Hippel das fünfte Kapitel seines Buches ein, das über die Herrschaft im Hause handelt, von der man sagt, daß sie dem Manne zustehen müsse. Der Landsmann Kants sieht es anders: »Wenn den Männern die *Herrschaft* im Hause zustehet, so kommt der Frau die *Regierung* zu; ist der Ehemann Präsident von der Haus-Justiz, so ist sie Polizei-Präsident.« Das ist mit Absicht humoristisch formuliert; aber dann wird es ernst: »Jene Zeit ist nicht mehr, da dem Ehemann die Gerichtsbarkeit über *Hand* und *Hals* zustand, und da ungetreue Weiber dem Urtheil ihres Mannes unterworfen waren [...] wir, und das schöne Geschlecht haben uns mit der Zeit geändert«; und ein wenig apodiktisch, aber keineswegs anstößig wird festgestellt: »Das Recht des Stärkeren überzeugt nicht.« [21] Es liegt nicht in der Bestimmung des Menschen, heißt es im Fortgang dieses Kapitels, »daß *Eva* die Untergebene *Adams*, und er das einzige Haupt der ehelichen Gesellschaft und ein Herr des Weibes ist«. [22] Hippel argumentiert im Namen der Menschenrechte und ist der Auffassung, daß sie auch auf Frauen anzuwenden sind. Daß man aus Ehe und Liebe zwei Häuser mache, weist er energisch zurück. [23] Indem sich diese Schriftsteller für eine verbesserte Stellung der Frauen verwenden, wenden sie sich zugleich gegen die Trennung von Ehe und Liebe, wie sie die Literatur der Zeit noch vielfach kultiviert. Jakob von Mauvillon, Verfasser der bereits erwähnten Schrift *Mann und Weib nach ihren gegenseitigen Verhältnissen geschildert*, ist einer der engagiertesten dieser Schriftsteller, die sich für die Rechte der Frau und die Verbesserung ihrer Lage in Ehe und Gesellschaft verwenden. [24] Nicht zufällig setzt auch er sich für eine Vereinigung von Ehe und Liebe ein: »Liebe des Mannes sollte die Grundlage der Ehe seyn, und diese Liebe sollte die des Weibes erwecken [...] Eine Ehe ohne Liebe kann also nicht glücklich seyn.« [25] Und nicht zufällig wird auch hier die Ehe von ihren kirchlichen Grundlagen unbedenklich entfernt: »Es wird hoffentlich niemand von mir verlangen«, heißt es in der genannten Schrift, »weder daß ich glauben, noch daß ich behaupten sollte, die priesterliche Einsegnung mache die Ehe aus. Davon bin ich weit entfernt.« [26] Das sind alles andere als Selbstverständlichkeiten, die hier im Schrifttum der Zeit formuliert werden. Die es tun, sind die Wegbereiter und Wortführer neuer Lebensformen, die aus dem Geiste der Aufklärung eine Art Avantgarde bilden. Die Avantgardisten der frühen Romantik knüpfen an das eben Erreichte an. Auch sie wenden sich leidenschaftlich gegen die Trennung von Liebe und Ehe. So vor allem der junge Friedrich Schlegel in seiner Rezension des Romans *Woldemar* von Friedrich Heinrich Jacobi. Dieser Roman ist hinsichtlich der Ehefragen, über die er handelt, noch weithin aus dem Geist des achtzehnten Jahrhunderts konzipiert. Der Held findet Sinnenlust und Seelenliebe nicht in einer Frau vereint, sondern in einer Art Doppelliebe. Dabei wird vom Seelenbund alle Geschlechtlichkeit tunlichst ferngehalten, denn sie könnte diesen nur entweihen. Jacobi ist als Verfasser dieses Romans davon überzeugt, daß man allem Geschlechtlichen gründlich zu mißtrauen habe, und daß es den Menschen eigentümlich sei, »sich ihrer tierischen Natur zu schämen [...]«. [27] So wird denn zwischen einer Liebe als Geschlechtsliebe, wie sie ist, und einer geistigen, wie sie sein sollte, clare et distincte unterschieden. In einem Brief an Humboldt spricht Jacobi es aus: »Wer je in seinem Leben geliebt hat, weiß, daß die erste Bedingung der Liebe Feindseligkeit gegen die tierischen Triebe ist.« [28] Der junge Schlegel verweigert dem seelenvollen Philosphen und Romanschriftsteller in solchen Fragen resolut die Gefolgschaft. Auch von ihm wird die Ehe aus ihrem kirchlichen und theologischen Kontext gelöst und als »innigste Vereinigung durch alle himmlischen und irdischen Bande« gedeutet. Sie ist für Friedrich Schlegel der Ort, »wo zwei durch gegenseitige Bedürfnisse und Abhängigkeit ein Ganzes werden und bleiben«. [29] Er hält Jacobi dessen Romanhelden als eine Fehlleistung vor, weil Woldemar die Erwählte seines Herzens der Wirklichkeit entzieht: »Denn was soll nun Henriette eigentlich sein? Was können wir anders annehmen, als daß sie eigentlich dazu organisiert war, unter der gefälligen Gestalt eines Weibes geschlechtslos zu sein; und wen mag sie dann noch interessieren?« [30] In den Fragmenten des ›Athenäum‹ äußert sich Schlegel ähnlich. Er zieht dort wider die ohne alle Neigung geschlossenen Konventionsehen zu Felde, nicht anders, als es Fichte in den Schriften dieser Jahre schon getan hatte. Wie dieser nennt Schlegel solche Ehen rundheraus Konkubinate. Im 34. Fragment heißt es: »Fast alle Ehen sind nur Konkubinate, Ehen an der linken Hand, oder vielmehr provisorische Versuche, und entfernte Annäherungen zu einer wirklichen Ehe, deren eigentliches Wesen, nicht nach den Paradoxen dieses oder jenes Systems, sondern nach allen geistlichen und weltlichen Rechten darin besteht, daß mehrere Personen nur Eine werden sollen. Ein artiger Gedanke, dessen Realisierung jedoch viele und große Schwierigkeiten zu haben scheint.« [31] In diesen frühen Schriften schon wird der Trennung zwischen Liebe und Ehe widersprochen. Die Einheit durch Zusammenführung von »ausgelassenster Sinnlichkeit« und »geistigster Geistigkeit« in derselben geliebten Person ist das Grundmotiv der *Lucinde*: »Ich kann nicht mehr sagen, meine Liebe oder deine Liebe; beide sind sich gleich und vollkommen Eins, so viel Liebe als Gegenliebe. Es ist Ehe, ewige Einheit und Verbindung unsrer Geister, nicht bloß für das was wir diese oder jene Welt nennen, sondern für die eine wahre, unteilbare, namenlose, unendliche Welt, für unser ganzes ewiges Sein und Leben.« [32] Den Denkgewohnheiten der Zeit entsprachen solche Auffassungen nicht in jedem Betracht. Manche waren über die Freigeisterei und die Frivolität des jungen Schlegel schockiert. Hingegen hat der Theologe Friedrich Schleiermacher die Gedanken seines Freundes öffentlich verteidigt. Die *Vertrauten Briefe über Friedrich Schlegels Lucinde* sind vielleicht das bedeutendste Dokument eines sich verändernden Denkens in Fragen wie diesen. Die Einheit des Geistigen und des Sinnlichen in einer Person mit der Ehe als ihrem eigentlichen Ziel verteidigt auch Schleiermacher mit Entschiedenheit: »Hier hast Du die Liebe ganz und gar aus einem Stück, das Geistigste und das Sinnlichste nicht nur in demselben Werk und in denselben Personen nebeneinander, sondern in jeder Äußerung und in jedem Zuge aufs innigste verbunden. Es läßt sich hier eins vom andern nicht trennen; im Sinnlichsten siehst Du zugleich klar das Geistige, welches durch eine lebendige Gegenwart beurkundet, daß jenes wirklich ist wofür es sich ausgibt, nämlich ein würdiges und wesentliches Element der Liebe; und ebenso siehst Du durch den reinsten Ausdruck der geistigsten Stimmung und des erhabensten Gefühls hindurch das Herz höher schlagen, das Blut sich lebhafter bewegen, und das süße Feuer der Lust gedämpfter und milder durch alle Organe ein- und ausströmen. Kurz, so eins ist hier alles, daß es ein Frevel ist, angesichts dieser Dichtung die Bestandteile der Liebe nur abgesondert zu nennen.« [33]

Es handelt sich um Gedanken eines Theologen; und der Vorgang, den wir verfolgen — derjenige einer Säkularisierung — bedeutet nicht Weltlichkeit um jeden Preis. Davon kann weder bei Schlegel noch bei Schleiermacher die Rede sein. Ihre Auffassungen von Liebe und Ehe begründen sie mit religiösen Begriffen. Sie verwenden Wörter wie »unsterblich«, »ewige Einheit« oder »ewiges Sein und Leben«. Aber von der Lehre der Kirchen und ihrer maßgeblichen Theologie entfernt man sich weit; auch insofern, als bestimmte von den Kirchen sanktionierte Ehen Konkubinate genannt werden. Über deren Auflösung denkt man undogmatisch; man rechtfertigt sie, wenn sich jene ideale Einheit nicht herstellt, die als Voraussetzung einer Ehe im eigentlichen Sinne angesehen wird. Der junge Friedrich Schlegel spricht es offen und öffentlich aus, was er in diesem Punkt gegen die herrschende Meinung vorzubringen hat: »Wenn aber der Staat gar die mißglückten Eheversuche mit Gewalt zusammenhalten will, so hindert er dadurch die Möglichkeit der Ehe selbst, die durch neue, vielleicht glücklichere Versuche befördert werden könnte.« [34] Fichte hat ähnliche Auffassungen vertreten. Er bestreitet die Befugnis des Staates zu Ehegesetzen überhaupt. Auch er gebraucht den Begriff des Konkubinats für kirchlich gültige Ehen: für jene nämlich, die fortbestehen, obwohl die Liebe der Eheleute zueinander erloschen ist. [35] Das

Die Säkularisierung der Ehe

sind eigentlich sehr paradoxe Resultate in der Geschichte des Denkens: wo man die »Heiligkeit« der Ehe verteidigt wie in den christlichen Kirchen, wird sehr wenig zu ihrer »Sinngebung« getan; Geschlechtlichkeit wie Sinnlichkeit sind allenfalls notwendige Übel. Dagegen wird die Auflösung der Ehe von unkirchlichen Denkern gebilligt, aber um eines höheren Wertes der Ehe willen. Ehescheidungen müssen sein, damit Ehen im eigentlichen Sinn geschlossen werden. Die freilich haben dann auch im Sinne Schleiermachers oder Schlegels als unauflöslich zu gelten.

Solchen Paradoxen in der Theorie entspricht auch die Lebenspraxis. Dieselben Schriftsteller der Romantik, die sich für eine so neuartige Sinngebung der Ehe verwenden, sind ihrerseits nicht nur für Scheidungen eingetreten; sie haben sich auch mit geschiedenen Frauen verbunden oder sich selbst scheiden lassen. Das bewunderte Vorbild großzügigen Wechsels und fraulicher Emanzipation zugleich ist die geistreiche Caroline, die man in der Literaturgeschichte am liebsten mit ihrem Vornamen nennt. Ohne Neigung, wie es häufig geschah, hatte man sie mit dem Stadtphysikus Johann Franz Wilhelm Böhmer in eine Ehe gegeben, die 1788 durch den Tod des Ehemanns getrennt wurde. In Mainz geriet sie in die Wirren der Revolution und erlebte hier die scheiternde Ehe Georg Forsters aus nächster Nähe. Sie selbst wurde erneut Mutter, aber nunmehr eines unehelichen Kindes. August Wilhelm Schlegel nahm sich ihrer an. Er heiratete sie im Sommer 1796. Die Ehe wurde 1803 geschieden. Caroline wurde die Frau des Philosophen Schelling, die sie bis an ihr Lebensende blieb. Der junge Friedrich Schlegel hatte sie eine Zeitlang leidenschaftlich verehrt und geliebt, heiratete aber schließlich Dorothea Veit, die Tochter des Philosophen Mendelssohn, die sich von dem ungeliebten Bankier Simon Veit scheiden ließ, um im Jahre 1804 seine (Schlegels) Frau zu werden. Eine geschiedene Frau war auch Sophie Mereau, ehe sie 1803 die Frau Clemens Brentanos wurde. Die Reihe, wenn man erst einmal zu »forschen« beginnt, läßt sich fortsetzen. Zeitgenössische Zeugnisse bestätigen, daß Ehescheidungen nun keine Seltenheit mehr sind. Achim von Arnim schildert in einem Brief an seine spätere Frau Bettina (vom 5. November 1809) solche Verhältnisse mit spürbarem Unbehagen; nicht ganz zufällig in demselben Brief, der sich mit dem eben erschienenen Eheroman Goethes befaßt. Es handelt sich um ein denkwürdiges Dokument der Zeit. Bei Arnim heißt es: »Ich will von etwas anderm Schmerzlichen reden, um mir die Grillen zu verjagen, von Göthes Wahlverwandtschaften. Clemens kam ganz tückisch verstört davon, wie Göthe sich hinsetzen könne, den Leuten so viel Kummer zu bereiten. Was kann *er* dafür? Doch mögen wir den Himmel entschuldigen mit der Langenweile, die auf Erden entstehen würde, wenn er nicht zuweilen allerlei Trübsal auf unschuldige Häupter häufte. Diese Langeweile des unbeschäftigten, unbethätigten Glückes, die Göthe in der ersten Hälfte des ersten Bandes so trefflich dargestellt, hat er mit vieler Beobachtung in das Haus eines gebildeten Landedelmannes unserer Zeit einquartirt. Ich habe manchen der Art kennengelernt, und alle leiden an einer ganz eigenthümlichen Hypochondrie. Durch ihre Bildung von dem Kreise eigentlicher Landleute geschieden, so viel Wohlwollen und Wirthlichkeit sie in sich sammeln mögen, ohne eine mögliche Richtung ihrer Thätigkeit zur allgemeinen Verwaltung kochen sie ihre häusliche Suppe meist so lange über, bis nichts mehr im Topfe. Nirgends finden sich mehr Ehescheidungen als unter diesen Klassen; alles Neuhinzutretende muß sie stören in dem Zustand gegenseitigen Ueberdrusses. Lächerlich bleibt mir eine Geschichte eines Vetters von mir, der sich wegen täglicher Zänkerei von seiner Frau scheiden ließ. Ueber ihre drei Kinder waren beide einig, sie wurden ihm überlassen; aber ein artiges Hündchen, das beiden gemeinschaftlich, verzögerte die Scheidung ein halbes Jahr, keines von beiden wollte sich davon trennen. Endlich starb das eheliche Thier, und sie wurden beide vergnügt geschieden.« Und Arnim fährt fort, indem er den Freund und späteren Schwager Clemens Brentano, in solche Besorgnisse einbezieht: »Beim Scheiden gedenk ich der Auguste. Wie kannst Du fürchten, daß sich Clemens mit ihr wieder beladen werde!« [36]

Der historisch-soziologische Quellenwert des Briefes ist beträchtlich. Herrschaft, die sich im Wandel befindet: das geht unmißverständlich aus dieser Schilderung eines Landedelmannes hervor, der seinerseits kein beliebiger Landedelmann ist. Der sich hier über gewisse im Wandel begriffene Verhältnisse äußert, ist selbst einer der hoch gebildeten Menschen seiner Zeit, ein Dichter der jüngeren Romantik von Rang; und er weiß sich gerade darin von den Angehörigen seines Standes geschieden, die zur Bildung den Weg noch nicht gefunden haben. Sie vor allem aber, die Gebildeten innerhalb des Adels, sind die Betroffenen solchen Wandels. Die alten Lebensformen füllen sie nicht mehr aus, und in die neuen haben sie sich noch nicht gefunden. So ist Langeweile das Ergebnis einer Daseinsform, die schon viel zu sehr mit Bildung angereichert ist, um noch naiv – und das heißt: ohne Langeweile – gelebt zu werden. Der hier skizzierte Strukturwandel im Landadel hat mit Eheverhältnissen sehr viel zu tun, und mit dem Ehepartner insofern, als die Bildung selbst zunehmend eine Angelegenheit *beider* Partner wird, wenn sie es – wie im Falle der Arnims – nicht schon ist. Wenn die Bildung eines Tages auch der Frau zugute kommt, so verändert sich die Lage: sie ist nun nicht mehr gleicherweise bereit, Anweisungen zu befolgen, wenn sie es besser weiß und wissen kann. Die Ehe bleibt vom allgemeinen Zeitenwandel nicht verschont. Sie ist gegenüber diesem Wandel nicht sakrosankt. Ihre Deutung wie ihre Sinngebung ist anders als zuvor in die Kompetenz von Philosophen, Schriftstellern oder Juristen gegeben. Solche Veränderungen treffen zunächst noch nicht für die Gesellschaft in allen ihren Schichten und Ständen zu. Die bedauernde Feststellung Arnims, daß es nirgends so viele Ehescheidungen gibt wie unter Landedelleuten, besteht zu Recht. Doch ist sie zu ergänzen. Es geht zunehmend um die Gebildeten überhaupt, um die Angehörigen der oberen Stände. Daß man im Hochadel oder am Hof in Fragen der Ehe großzügig dachte und großzügig lebte, ist be-

Die Säkularisierung der Ehe

kannt. Nicht hier macht sich ein Strukturwandel bemerkbar. Aber er macht sich unter den Gebildeten bemerkbar, es seien dies Angehörige des Adels oder des besitzenden Bürgertums. Unter diesen wird die Ehe zum Problem, das es so nicht gewesen war. Aber auch nur unter den besitzenden Klassen kann man vorerst in die Realität überführen, was sich aus solchem Wandel im Denken ergibt. Nur hier hat die Frau, aufgrund vorhandenen Vermögens, oder, wie später, eines standesgemäßen Berufs, die Möglichkeit, in eine Scheidung einzuwilligen. Nur innerhalb der oberen Stände kann sich so etwas wie eine Säkularisierung der Ehe entwickeln, wenn diese heißt, sich einer Vormundschaft zu begeben, die man für seine Person nicht mehr bedingungslos anerkennt. Und schließlich: nur hier sind die Konflikte einer Ehe im vollen Ausmaß zu erfassen und zur Sprache zu bringen. Erst auf dem Hintergrund eines solchen, hier nur skizzierten Strukturwandels wird verständlich, daß es den Eheroman in der europäischen Literatur nicht von Anfang an gibt. Er ist als literarische Form — nicht bloß als Thema — notwendigerweise von einem bestimmten Zeitpunkt an da. So auch in Deutschland.

Das kann gewiß nicht heißen, daß Ehemotive erst jetzt, zu Beginn des 19. Jahrhunderts, im Roman »vorkommen«. Es gibt sie, wohin man blickt; und erst recht gibt es sie am Schluß eines Romans, als dessen mehr oder weniger glückliches Ende. Aber die Ehe als Konflikt oder als Problem gibt es kaum. Daß es sich so verhält, kommt jedem Leser zum Bewußtsein, der Gellerts Roman *Leben der schwedischen Gräfin von G. ...* kennt. Er ist in den Jahren 1746/8 erschienen. Die Hauptfigur des Romans, eine Gräfin, wie gesagt, sieht sich eines Tages einer ungewöhnlichen Situation gegenüber: da ihr Gatte totgesagt worden war, hat sie inzwischen anders disponiert. Sie hat den fürsorglichen Reisebegleiter geheiratet, mit dem sie sich gemeinsam nach Holland begeben hatte. Nun kehrt der Graf, ihr totgesagter Gemahl, aus sibirischer Gefangenschaft zurück. Guter Rat scheint teuer zu sein, aber alles löst sich mit ein wenig Tugend und Einsicht leicht. Und einsichtig sind sie zum Glück beide, der erste Gemahl ebenso wie der zweite. Beide sind sie bereit, ihre Ansprüche aufzugeben, so daß die Gräfin mühelos in ihre ursprüngliche Ehe zurückkehren kann. Aber auch für den zweiten Mann, den tugendsamen Reisebegleiter, ist gesorgt. Er darf als Freund im Hause bleiben. Konflikte gibt es nicht. Martin Greiner, der über Gellerts vielgelesenen Roman in seiner Schrift über die Entstehung der modernen Unterhaltungsliteratur handelt, charakterisiert diese konfliktlose Ehegeschichte, die sie ist, auf eine etwas saloppe Art: »Dank der absolut zuverlässigen und intakten moralischen Weichenstellung dieser vernunftgelenkten Menschen sind alle erotischen Kollisionen ausgeschlossen. Der Roman ist ein Musterfall moralischer Planwirtschaft.« [37] In Rousseaus *Nouvelle Héloïse* dagegen wird die leidenschaftliche und empfindsame Liebe verklärt, aber die Ehe hat das Nachsehen: Julie vermählt sich mit einem Mann, den sie nicht liebt — und bleibt in Geist und Freundschaft dem verbunden, dem ihre Liebe eigentlich gehört. Daß sich der junge Schlegel mit dem krausen Roman seiner *Lucinde* solchen Auffassungen widersetzt, ist keine Frage. Aber ein Eheroman, wie er sich in den folgenden Jahrzehnten bei Flaubert, Stendhal oder Tolstoi als ein Konfliktsroman konstituiert, ist auch die *Lucinde* nicht. Wie Rousseau die Liebe feiert, so feiert sie Friedrich Schlegel auf seine Weise — dadurch, daß er sie in die Ehe überführt und gewissermaßen »transzendiert«. Der Roman ist dabei diejenige Gattung, die solchen Interessen am bereitwilligsten entgegenkommt. Das erkennt in jenen Jahren am deutlichsten der für alle Zeitprobleme so hellhörige Adam Müller.

Dieser vielseitige Schriftsteller, Freund Heinrichs von Kleist und des Staatsmannes Friedrich von Gentz, ausgewiesener Nationalökonom und anderes mehr, vernahm mit dem ihm eigenen Spürsinn die Zeichen der Zeit. Über den zeitgenössischen Roman handelt er in seinen Vorlesungen *Von der Idee der Schönheit*, die er im Winter 1807/8 in Dresden hielt. Wie in seiner Lehre vom Gegensatz wird die Vereinigung des Entgegengesetzten gefordert; sie habe sich in der Ehe und an ihr zu bewähren. [38] Daher wirft er den Romanschriftstellern vor, daß sie ihre Geschichten meistens dort enden lassen, wo die Ehen beginnen könnten. Von der Liebe sei allerorten die Rede, von der Ehe kaum je: »Gegen einen Roman, der die Ehe behandelt, kommen hundert, welche die Liebe zum Gegenstand haben, und diese Liebe wird mit vollem Recht der Ehe entgegengesetzt, denn sie hat nichts zu schaffen mit diesem ersten Heiligtum der Welt, aus dem die Menschheit hervorgeht.« [39] Der Romanschreiber der Zeit wisse nichts weiter als sinnliche Liebe, die er zur sogenannten geistigen in Opposition bringe; von der Vereinigung beider, von der Liebe als Kunst, habe er keine Ahnung. Denn wie alle Kunst vereinige sie das Entgegengesetzte, den Sinn und den Geist im Menschen. Adam Müller (als Verfasser dieser Vorlesungen) ist überzeugt, daß »die Zeit der sich selbst bewußten Liebe, der Ehe« gekommen sei. [40] Sie war, bleiben wir bei der Entwicklung des Romans in Deutschland, in der Tat gekommen. In eben diesen Jahren hat Goethe mit der Niederschrift seines Eheromans begonnen; im Spätherbst des Jahres 1809 sind *Die Wahlverwandtschaften* erschienen. Ihr Verfasser, der mit anderen seiner Zeit eine gewisse Ehescheu teilte, hatte kurz zuvor sein eigenes »Verhältnis« durch die Ehe sanktioniert. In mehr als einer Hinsicht war das Thema für Goethe aktuell: literarisch wie biographisch. Aber zugleich geht er auf eine unerhörte Art über das hinaus, was man in Kreisen der Romantik von einem Eheroman zu erwarten schien. Adam Müller verläßt nirgends die vorgezeichneten Bahnen romantischen Denkens, wenn er die Schriftsteller seiner Zeit ermahnt, die Ehe zum Thema von Romanen zu machen. Die Lust an den Gegensätzen hindert ihn nicht, auf Vereinigung und Versöhnung zu dringen; und die Ehe wird zum Zielpunkt solcher Synthesen. So hat man wohl zu verstehen, was von Brentano in dem zitierten Brief gesagt werden kann: »Clemens kam ganz tückisch verstört davon, wie Göthe sich hinsetzen könne, den Leuten so viel Kummer zu bereiten«; und Arnim, der dies an Bettina

Die Säkularisierung der Ehe

schreibt, fügt hinzu: »Was kann *er* dafür?« Er seinerseits findet sich offensichtlich mit dem Kummer ab, den der Roman seinen Lesern bereitet. Aber etwas Schmerzliches ist das Buch auch für ihn. Er wird auf seine Weise darauf reagieren — mit dem Eheroman *Armut, Reichtum, Schuld und Buße der Gräfin Dolores,* der den *Wahlverwandtschaften* Goethes unmittelbar — im Jahre 1810 — folgt. Ein unerhörtes Buch, in gewissen Grenzen, darf auch dieser Roman genannt werden; denn Arnim scheut sich nicht, einen Ehebruch zu schildern, auf dessen zeitgeschichtliche Symptomatik es ihm ankommt. Die sozialen Kräfte des Zeitalters werden wahrgenommen und mit der Ehekatastrophe unmittelbar verknüpft. Aber die Gräfin, die sich des Ehebruchs schuldig machte, gelangt zur Einsicht ihrer Schuld, die durch Buße, durch Tätigkeit für andere, getilgt und gesühnt wird. So daß ein gutes Ende noch einmal zustande kommt: in der Herstellung jener Synthese, wie sie die zeitgenössische romantische Philosophie — nach vorausgegangener Entzweiung — verkündet. [41]

Goethe läßt als Verfasser der *Wahlverwandtschaften* solche Versöhnungen und Synthesen entschlossen hinter sich. Dabei denkt er über die Ehe so wenig gering, wie man in Kreisen der Romantik gering über sie dachte. Auch er hält an ihrer Heiligkeit fest und hat das wiederholt zum Ausdruck gebracht. So im Brief vom 7. September 1821, der sich anhört, als habe ihn ein Theologe geschrieben: »Das Publicum lernt niemals begreifen, daß der wahre Poet eigentlich doch nur, als verkappter Bußprediger, das Verderbliche der Tat, das Gefährliche der Gesinnung an den Folgen nachzuweisen trachtet. Doch dieses zu gewahren, wird eine höhere Cultur erfordert, als sie gewöhnlich zu erwarten steht. Wer nicht seinen eigenen Beichtvater macht, kann diese Art Bußpredigt nicht vernehmen. Der sehr einfache Text dieses weitläufigen Büchleins sind die Worte Christi: *Wer ein Weib ansieht, ihrer zu begehren* pp. Ich weiß nicht, ob irgend jemand sie in dieser Paraphrase wiedererkannt hat.« [42] Gegenüber Rühle von Lilienstern soll er sich nach einer Aufzeichnung Varnhagens ähnlich geäußert haben: »Ich heidnisch? Nun, ich habe doch Gretchen hinrichten und Ottilien verhungern lassen, ist denn das den Leuten nicht christlich genug? Was wollen Sie noch Christlicheres?« [43] Dennoch: von einer Umsetzung christlicher Moral in die Handlung des Romans kann nicht die Rede sein. Von der Art, wie die Ehe bei Gellert, Rousseau und selbst bei Schlegel dargestellt worden war, entfernt sich Goethes Roman beträchtlich. Die Ehegeschichte, die in den *Wahlverwandtschaften* erzählt wird, hat ihren Schwerpunkt ohne Zweifel in der Erzählung eines Konflikts: »sociale Verhältnisse und die Conflicte derselben symbolisch gefaßt darzustellen«, das sei die Idee dieses Romans gewesen, hat sich Riemer 1808 in seinem Tagebuch notiert. [44]

Die Aufwertung der Ehe, wie sie im Denken der Frühromantik zu verfolgen war, hat sich damit keineswegs erledigt. Auf Bibelsprüche und Theologie darf sich Goethe zu Recht berufen. Sein Eheroman hat mit dem Heiligen sehr viel zu tun. Aber es handelt sich um eine Sphäre des Heiligen eigener Art;

um eine solche, die von keiner Ehetheologie vorgegeben ist, sondern die das Dichtwerk sich selbst erst erzählend erschafft. [45] Diese Sphäre des Heiligen findet ihren symbolischen Ausdruck in der Idee der Entsagung als einer betont christlichen Idee. [46] Insofern scheint zwischen Goethes *Wahlverwandtschaften* und Arnims *Gräfin Dolores* weithin Übereinstimmung zu bestehen. Der Buße dort entspricht die Entsagung hier, und in beiden Fällen handelt es sich schließlich um christliche Motive. Auch die Verknüpfung der sozialen Konflikte mit bestimmten Zeitverhältnissen haben beide gemeinsam. Im Roman Goethes äußern sie sich in einer eigentümlichen, dem Verhängnis ausgesetzten Zeitvergessenheit, der sich die Vertreter der überlebten Adelsgesellschaft überlassen. Im Versuch einer Erneuerung gemeinsamen Lebens, zu dem sich Eduard und Charlotte als die Partner der Ehe entschließen, tritt das Schicksalhafte solcher Zeitvergessenheit um so deutlicher hervor. In diesem schicksalhaften Zug – in dem, was sich hier als das Dämonische wider den planenden Geist des Menschen ereignet – entfernt sich der Verfasser der *Wahlverwandtschaften* von jeder poetischen Synthesis romantischer Dichtung, und es wird verständlich, daß einige ihrer Vertreter betroffen auf diesen Roman reagierten. Die Weltlichkeit der Konflikte im Zusammenhang einer Ehegeschichte – die Verknüpfung mit den sozialen Verhältnissen der Zeit – ist in beiden Romanen um 1810 das Neue. In der Verknüpfung solcher Verhältnisse mit der neuzeitlichen Naturwissenschaft, die kühl und teilnahmslos nach den Gesetzen der Anziehung und Abstoßung verfährt, beruht das eigentlich Unerhörte der erzählten Begebenheit, die Goethe seinen zeitgenössischen Lesern zugemutet hat. Die »Neuzeitlichkeit« dieses Romans wird zumal an dieser Verknüpfung mit der neuzeitlichen Naturwissenschaft erkennbar. Es geschieht, was geschehen muß. Die Ereignisse brechen wie Naturgewalten in die behüteten Ordnungen der Menschen ein. Sie verkehren das von ihnen Gemeinte ins Gegenteil, wie Charlotte als die Besonnenste unter allen deutlich erkennt: »Es sind gewisse Dinge, die sich das Schicksal hartnäckig vornimmt. Vergebens, daß Vernunft und Tugend, Pflicht und alles Heilige sich ihm in den Weg stellen: es soll etwas geschehen, was ihm recht ist, was uns nicht recht scheint; und so greift es zuletzt durch, wir mögen uns gebärden, wie wir wollen.« [47] Die Ehe wird damit dem Zugriff des Schicksals ausgesetzt. Sie wird einer tragischen Darstellung fähig, einer Darstellung, die Tragik erzeugt. Das glückliche Ende, das im Bildungsroman *Wilhelm Meisters Lehrjahre* noch möglich gewesen war, erweist sich damit als überholt. Das zentrale Thema des Romans wird einem Begriff von Natur und Schicksal untergeordnet, der ihn zum tragischen Roman macht, als den ihn bereits einige Zeitgenossen verstanden haben. So Rudolf Abeken, der mit Beziehung auf die »neuere Naturlehre« von so manchem Geheimnis spricht, »vor dessen Offenbarung dem grauen möchte, welcher die Kräfte der Natur nicht als lebendige und ewige erkennt«; und an anderer Stelle dieser bemerkenswerten Rezension findet sich der Satz: »Das ist das tragische Prinzip, das in den ›Wahlverwandtschaften‹ herrscht, und das unwiderstehlich uns er-

Die Säkularisierung der Ehe

greift und die Menschheit in uns erschüttert.« [48] So ähnlich Karl Wilhelm Ferdinand Solger: »Alle heutige Kunst beruht auf dem Roman, selbst das Drama [...]. Wer seine Individualität falsch versteht und meistert, oder [...] die Stimme des Gewissens überhört und dem klügelnden Verstande folgt, der geht unter. Und das ist der Gipfel der heutigen Kunst, der tragische Roman.« [49] Diesem tragischen Roman ist die feierliche, dem Pathos zugewandte Sprache gemäß. Darin bestätigt sich noch einmal die Gültigkeit klassischer Ästhetik, von der sich die Entwicklung des literarischen Lebens im Fortgang des Jahrhunderts zunehmend entfernt – dadurch, daß Tragik in ihrer »klassischen« Form immer weniger zustande kommt. Hier ist sie noch vorhanden, aber aus der Optik des Jahres 1810 weist sie – im Zusammenhang einer Ehe! – voraus, nicht zurück.

Zugleich werden vermeintlich private Geschichten mit den Weltbegebenheiten in Beziehung gesetzt. [50] Erst jetzt eigentlich wird die Ehe ein »weltlich Ding«. Wie anderes auch wird sie von den Zeitereignissen erfaßt. Wenn die Dämme brechen, bleibt auch sie nicht von den Fluten verschont: »Im ganzen ist es der ungeheure Anblick von Bächen und Strömen, die sich, nach Naturnotwendigkeit, von vielen Höhen und aus vielen Tälern gegeneinander stürzen und endlich das Übersteigen eines großen Flusses und eine Überschwemmung veranlassen, in der zugrunde geht, wer sie vorgesehen hat so gut als der sie nicht ahndete. Man sieht in dieser ungeheuern Empirie nichts als Natur und nichts von dem, was die Philosophen so gern Freiheit nennen möchten.« So steht es im Brief Goethes an Schiller vom 9. März 1802. Die Sätze sind im Anschluß an die zuvor erwähnten Memoiren niedergeschrieben, die als eine der Quellen für das Trauerspiel *Die natürliche Tochter* benutzt wurden. Vom Gegenstand her scheint das Drama mit dem späteren Roman nichts zu tun zu haben. Dort geht es um ein weltgeschichtliches Ereignis, um die Französische Revolution; hier »bloß« um eine Ehe. Die Gemeinsamkeiten zwischen beiden Werken sind gleichwohl unverkennbar. Hier wie dort ist es die Idee der Entsagung, die in tragischen Frauengestalten – in Eugenie und Ottilie – hervortritt. Das Ereignis des Jahres 1789, das im vorausgegangenen Trauerspiel zu »gewältigen« war, wirkt wenigstens von fern in den Eheroman hinein. »Wir wollen erwarten, ob uns Bonapartes Persönlichkeit noch ferner mit dieser herrlichen und herrschenden Erscheinung erfreuen wird«, heißt es im Fortgang des erwähnten Briefes. [51] Die Säkularisierung der Ehe ist bei aller Achtung vor der Heiligkeit, wie sie Goethe in mehreren Zeugnissen bestätigt, offenkundig. Mit den *Wahlverwandtschaften* als einem sozialen Roman war ein bedeutendes Vorbild gegeben, an das man sich in Deutschland halten konnte. Aber bis weit ins 20. Jahrhundert hinein hat man sich weit mehr an das Vorbild des Bildungsromans gehalten, das Goethe mit seinem *Wilhelm Meister* gegeben hatte. Dennoch waren die *Wahlverwandtschaften* nicht vergessen, wie man oft gemeint hat. Goethes tragischer Roman, so kann man es noch 1926 in einem Beitrag zur Geschichte seiner Rezeption lesen, sei ein für die Tradition verlorenes Werk. [52] Eine solche Traditionslosigkeit entspricht nicht den Tatsachen. Von Arnims *Gräfin Dolores* über den *Maler Nolten* Mörikes, über Immermann und die Jungdeutschen bis hin zu Spielhagen ist eine zwar wenig augenfällige, aber durchaus vorhandene Tradition bezeugt. Die *Wahlverwandtschaften* Goethes waren den Schriftstellern des 19. Jahrhunderts kein unbekanntes Werk. Auch in der wissenschaftlichen Diskussion des Zeitalters war das nicht der Fall. David Friedrich Strauß, Friedrich Theodor Vischer und andere Theoretiker haben es gebührend beachtet. [53] Doch ist es gewiß richtig, daß dem deutschen Roman dieses Jahrhunderts die zeitbewegende und zeitüberdauernde Darstellung der Ehe, in sozialen Konflikten gefaßt, nirgends eigentlich gelungen ist, so daß 1839 in den Hallischen Jahrbüchern nicht unberechtigt festgestellt werden konnte: »Achim von Arnim, der Begabteste nach Tieck, war zu früh gestorben. In der Gräfin Dolores hatte er einen socialen Conflict, den Ehebruch, zum Mittelpunkt der Dichtung gemacht, aber das Dunst- und Nebelwesen der Romantik überflutete und verdunkelte auch hier das Kernhafte dieser Richtung [...].« [54] Die Stunde des Eheromans als eines sozialen Romans — sieht man von dem Beispiel Goethes einmal ab — war in Deutschland mit der Romantik und mit dem poetischen Realismus noch nicht gekommen. Sie war erst in der Zeit des Naturalismus da, in der Theodor Fontane dieser Romanform, wenn man sie als eine solche bezeichnen kann, zu Rang und Ansehen verhelfen wird. Zugleich hat er deutlich und vernehmbar ausgesprochen, was er selbst gerade Goethes Roman verdankt.

Gut die Hälfte aller Romane Fontanes hat es mit Ehefragen und Ehekonflikten zu tun. Aber einem Mißverständnis muß man gleichwohl vorbeugen. So wenig dieser Schriftsteller trotz seiner »Frauenromane« ein engagierter Frauenrechtler war, so wenig hat ihn die Institution der Ehe als Gegenstand gesellschaftlicher Reformen interessiert. Aller Aufwand, alle noch so gut gemeinten Beiträge zur Geschichte der Ehe scheinen ganz hoffnungslos vertan, wenn man bedenkt, wie Fontane über die Ehe denkt. Er hat sich zu keiner Zeit das Heil der Welt von generellen Reformen des Eherechts oder ähnlichen damit zusammenhängenden Fragen erwartet. Äußerungen, wie es sie bei Hofmannsthal später gibt, finden sich bei Fontane nicht. »Mir ist die Ehe etwas Hohes, wahrhaft das Sacrament — ich möchte das Leben ohne die Ehe nicht denken. (Es ist alles, was ich davon denke, in meinen Lustspielen gesagt [...])«, schrieb Hofmannsthal im Jahre 1926 an Carl Jacob Burckhardt. [55] Aber so wenig es bei Fontane Aussagen wie diese gibt, so wenig gibt es gegenteilige Äußerungen. Die Ehe war für ihn kein »existenzielles« Problem, und in welchem Maße er sie als ein soziales Problem verstand, ist in erster Linie seinen Romanen zu entnehmen. Nur in ihnen werden für ihn Ehefragen relevant, während man von seinem zeitgenössischen Gegenspieler Ibsen den Eindruck haben kann, daß das dichterische Werk in den Dienst seiner gesellschaftlichen Reformen genommen wird. Die öffentliche Kritik Fontanes an den *Gespenstern* ist das zweifellos interessanteste Dokument solcher Gegensätze.

Die Berliner Erstaufführung war im Januar 1887 über die Bühne des Residenztheaters gegangen. Eine Matinee zu Ehren des anwesenden Ibsen hatte wenige Tage später stattgefunden. Fontane fühlte sich zur Auseinandersetzung herausgefordert und war bis zu einem gewissen Grade von dem Stück fasziniert. Aber zum anderen Teil verhielt er sich reserviert, kritisch und ablehnend. Dabei geht es um die Eheauffassung des Norwegers in erster Linie. Im Tagebuch wird vermerkt: »Ibsen zu Ehren wurden im Residenz-Theater seine ›Gespenster‹ gegeben, ein sehr interessantes, sehr meisterliches, aber doch ganz schiefgewickeltes Stück.« [56] Dem entspricht das Urteil im Brief an Georg Friedlaender (vom 12. 1. 1887): »Die Unruhe seit Sonnabend war groß, gesellschaftlich, politisch, theaterlich. Ibsens ›Gespenster‹ setzten mich am Sonntag in höchste Spannung und Erregung und morgen früh werden Sie [...] meine Bedenken gegen das neue Evangelium *Ibsen* in der Vossin finden.« Das Wort »Evangelium« wird pejorativ gebraucht, kritisch und polemisch. Fontanes Mißtrauen ist ausgeprägt; so erst recht in der Besprechung der Vossischen Zeitung. Schon der Ton ist auf ironischen Vorbehalt, auf Kritik und Skepsis gestimmt: »Was will Ibsen? Es sind zwei Sätze, die, wenn ich sein Stück recht verstanden habe, von ihm wie Thesen an seine neue Wittenberger Schloßkirche geschlagen werden. *Erste These:* Wer sich verheiraten will, heirate nach Neigung, aber nicht nach Geld. *Zweite These:* Wer sich dennoch nach Geld verheiratet hat und seines Irrtums gewahr wird, ja wohl gar gewahr wird, sich an einen Träger äußerster Libertinage gekettet zu haben, beeile sich, seinen faux pas wieder gut zu machen, und wende sich, sobald ihm die Gelegenheit dazu wird, von dem Gegenstand seiner Mißverbindung ab und dem Gegenstand seiner Liebe zu. Bleiben diese Thesen unerfüllt, so haben wir eine hingeschleppte, jedem Glück und jeder Sittlichkeit hohnsprechende Ehe, darin im Laufe der Jahre nichts zu finden ist als Lüge, Degout und Kretinschaft der Kinder. Physisches und geistiges Elend werden geboren, Schwächlinge, Jammerlappen, Imbeciles.« (2/711). An die Wiedergabe dieser Thesen schließt sich die Frage an, ob sie richtig sind. Fontanes Antwort ist eindeutig: »Ich halte sie für falsch.« Die Begründung liest sich merkwürdig. Es wird über die Maßen historisch argumentiert, »prähistorisch«, möchte man sagen; denn bis ins Alte Testament werden die Eheverhältnisse zurückverfolgt, und im Grunde, dies ist der Weisheit letzter Sinn, war es ja schon immer so: die Ehen wurden selten aus Neigung geschlossen, sondern um anderer Rücksichten willen. Sogar die Herrnhuter werden in diesem Zusammenhang bemüht, die bis vor wenigen Jahrzehnten ihre Ehe nach dem Los entschieden hätten; und Fontane entrüstet sich darüber keineswegs; er entrüstet sich lediglich über Ibsens fortschrittliche Thesen. Die Welt sei selbst durch solche Verfahrensweisen, führt er aus, nicht schlechter geworden; und so lautet denn sein Credo entsprechend: »daß, wenn von Uranfang an, statt aus Konvenienz und Vorteils-Erwägung, lediglich aus Liebe geheiratet wäre, der Weltbestand um kein Haarbreit besser sein würde, als er ist.« (2/712) Was aber die geforderte Trennung der Ehepartner betrifft — also die

Scheidung einer Ehe — so sei durch entsprechende Gesetze dafür gesorgt, daß es geschehen könne, wenigstens in protestantischen Ländern. In diesem Punkt wird vor Instabilität gewarnt. Der Liebe auf Abbruch wird die Pflicht auf Dauer entgegengehalten, ohne daß das Sünden-Elend, das sich damit verbinden kann, geleugnet würde. Aber auch in diesem Punkt gilt, was schon gesagt wurde: »daß trotz all dieses Elends, trotz entnervter Männer und entarteter Frauen, trotz Schein, Komödie, Lüge die Welt nicht rückwärts, sondern vorwärts gekommen ist.« (2/713) Die vermeintlich neuen Thesen werden auf ihre Jederzeitlichkeit reduziert: »All das [...] ist uralten Datums.« (2/714) Das Neue ist gar nicht so neu, und wenn es dennoch so wäre, so müßte man ihm wie allen Revolutionen mißtrauen: »Unsere Zustände sind ein historisch Gewordenes, die wir als solche zu respektieren haben. Man modle sie, wo sie der Modlung bedürfen, aber man stülpe sie nicht um.« Es folgt abschließend der schon in anderem Zusammenhang zitierte Satz über die größte aller Revolutionen, die es sein würde, wenn die Welt, diesem Evangelium entsprechend, die Ordnungsmächte durch freie Herzensbestimmung ersetzen wollte.

Für nicht wenige muß diese Stellungnahme Fontanes eine Enttäuschung sein. Wer diesen Gesellschaftsdenker aus zahlreichen Briefen und Romanen kennt, meint ihn in Aussagen wie diesen kaum wieder zu erkennen. Die gelegentliche Rede von seiner konservativen Moral scheint sich einmal mehr zu bestätigen. Was in der Romantik — mit Schlegel, Schleiermacher und anderen — an »Eherechten« erstritten worden war, wird in solchen Argumentationen auf das vernünftige Maß der Realitäten zurückgestuft. Die Thesen Ibsens könnte man mit denjenigen der frühen Romantik vergleichen, um zu finden, daß sie sich weithin entsprechen. Mehr noch könnte man meinen, Fontane gehe hinter diese Auffassungen zurück; er sei in diesem Fall nicht bestes, sondern überholtes 18. Jahrhundert. Über Konventionsehen und erschwerte Scheidungen hat man nicht nur im Kreise der Herrnhuter so gedacht, wie Fontane im Jahre 1887 noch immer zu denken scheint. Dennoch: ein derart unhistorisch urteilender Beobachter ist er zu keiner Zeit gewesen. Der »frische Zug«, der durch die Welt geht, entgeht ihm nicht, er findet seine Zustimmung; und was ein moderner Mensch zu sein heißt, wird gesagt und bejaht. Gebrechen werden nicht geleugnet, aber die Dichter sollen sie durch kein vergrößerndes Zerrglas sehen. Das sind die Vorwürfe, die dem Naturalismus gemacht werden; denn die Aufgaben der Literatur findet Fontane von ihm vernachlässigt — und um so mehr, als sie sich, wie bei Ibsen, in gesellschaftsreformerischen Thesen verlieren und ihre Leistung womöglich in der Verkündigung solcher »Evangelien« sehen. »Man modle sie, wo sie der Modlung bedürfen, aber man stülpe sie nicht um.« Mit diesem Satz werden Ehereformen wie gesellschaftliche Reformen jeder Art auf einem Nebengleis abgestellt. Daß deswegen die »Verhältnisse«, wie sie sind — Eheverhältnisse eingeschlossen — nicht kritiklos bejaht werden, muß man sehen. Eine Rückkehr zu den Vorurteilen der Vergangenheit hätte sich dieser sehr neuzeitliche

Gesellschaftsdenker, der er war, mit Gewißheit verbeten. Sein Standpunkt ist eher dahingehend zu umschreiben, daß er jeder Doktrin gegenüber sein Mißtrauen bekundet: den Doktrinen Ibsens ebenso wie denjenigen, gegen welche dieser mit seinen »Ehetragödien« focht. Das zeigt sich zumal im persönlichen Bereich.

Der Freund seit früher Jugend, Bernhard von Lepel, war im Begriff, sich von seiner Frau zu trennen. Er war mit 54 Jahren sozusagen ein »Mann von fünfzig Jahren«. Die gemeinsame Vertraute so vieler Vorkommnisse, Ehegeschichten und anderer Geschichten, Mathilde von Rohr, war im höchsten Grade ungehalten. Sie drängte zur Auflösung des neuen Verhältnisses und sie drängte Fontane, daß er endlich tätig werde. Das Edelfräulein dachte, wie man im 19. Jahrhundert noch weithin zu denken gewohnt war: in den Formen der überlieferten Moral. Aber Fontane wehrte ab und mißtraute allen Doktrinen. Und so teilte er denn im Jahre 1872 dem Fräulein Mathilde von Rohr ganz im Fontaneton mit, wie er selbst die »Sache« ansehe: »Die allgemeine große Lepelfrage ist schon lange nicht mehr zwischen uns, will sagen zwischen Ihnen und mir verhandelt worden. Auch heute nur ein paar Worte darüber. Sie wissen, wie ich darüber denke. Bei allem höchsten Respekt vor Frau von L. [epel], hab ich doch die Ansicht, daß man aus Prinzipienreiterei nicht Menschen an ihrem Glück behindern soll, oder an dem was sie, wohl oder übel, als ihr Glück *ansehn*. Von strengsten kirchlichen Standpunkten aus, muß man sich natürlich anders zu dieser Frage stellen, aber diese *strengsten* Standpunkte sind eben nicht die meinigen. Einfach menschlich mußte man sagen: sie sind innerlich und äußerlich längst geschieden; warum also noch die Kette nutzlos weiter durchs Leben schleppen? Ob ihm in Folge dieser Trennung und *durch* dieselbe ein besondres Glück erblühen wird, das müssen wir abwarten. Niemand weiß es, niemand *kann* es wissen, denn wir kennen ja den Gegenstand nicht, dem sein 54jähriges Herz (durchlöchert wie eine alte Schießscheibe) entgegenschlägt.« Das wurde am 18. Dezember 1872 geschrieben. Man hat keinen Grund anzunehmen, Fontane sei in den Jahren bis zur Kritik an Ibsens Drama so hoffnungslos konservativ geworden, daß die 1872 geäußerte Liberalität nicht mehr gilt. Die beiden Äußerungen — das muß man Fontane schon zugute halten — sind trotz des Abstands der Jahre »simultan«. Sie haben ihr Gemeinsames, wie man nicht verkennen darf: beide Stellungnahmen wenden sich gegen jede Art von »Prinzipienreiterei«. Und diese ist, wie man weiß, ein Schlüsselbegriff auch seiner Eheromane.

Die aber haben — ganz unabhängig von Ehemoral und Ehedoktrin — sein Denken sehr viel nachhaltiger beansprucht. Seit den Anfängen seiner Schriftstellerei und besonders seit den Aufenthalten in England war der historische Roman die ihm vertrauteste Gattung der Prosa. Die Kriege, die Bismarck führte, und Fontane — nolens volens — dem Roman entführten, hatten seine Romanprojekte in den Hintergrund gedrängt. Aber nachdem nun zwei Kriege beendet worden waren, meldeten sich die beiseite gelegten Projekte zurück. Wir schreiben das Jahr 1870. Ein dritter Krieg war im Sommer dieses

Jahres noch eine für Fontane keineswegs ausgemachte Sache. Er hatte jahrelang über seinen Kriegsbüchern zugebracht, und im Juli 1870 wurde endlich der zweite Halbband des »Deutschen Krieges von 1866« dem König überreicht. Jetzt dachte er an anderes. Da die Kriegsbücher abgeschlossen waren, konnte die schöngeistige Literatur wieder in ihre Rechte treten; und ehe die Arbeit am historischen Roman *Vor dem Sturm* fortgesetzt wird, zeigt sich Fontane am Eheroman interessiert. Die Sommerfrische des Jahres 1870 steht ganz im Zeichen solcher Interessen. Fontane verbringt sie, wie auch im nächsten Jahr, in Warnemünde; und Goethe steht beidemale im Zentrum seiner Lektüre. Vor allem im Sommer 1870, unmittelbar vor Ausbruch des Krieges, ist das der Fall. Am hochsymbolischen Drama der *Natürlichen Tochter* findet er wenig Gefallen. Ein Brief vom 23. Juli 1870 (an Karl Zöllner) läßt nichts Gutes erhoffen: »In diesen Nöthen flieh ich zum alten Göthen und lese die ›natürliche Tochter‹ und die ›Wahlverwandtschaften‹; ich bewundre es [das Drama] und finde es tief-langweilig. Als Beobachtung des Lebens und Weisheits-Ansammlung klassisch, aber kalt und farblos. Es muß doch wirklich irgendwo fehlen, wenn ein 50jähriger Mann, der sein Leben an diese Dinge gesetzt hat, dazu den *besten Willen* mitbringt und durch Schiller, Scott, ja selbst durch Storm, Heyse, Wilbrandt, in ihren beßren Hervorbringungen *vollständig* befriedigt werden kann, wenn der die ›natürliche Tochter‹ mit den Worten zuklappt: Form klassisch, Inhalt Misère, Grundanschauung weise, aber klein.« Aber damit ist noch nicht alles über die Goethe-Studien dieses Sommers gesagt. Die *Wahlverwandtschaften* werden in dem zitierten Brief zwar beiläufig erwähnt, aber nicht eigens gewürdigt. Mit dem Roman aber hat sich Fontane eingehend und auf höchst produktive Weise befaßt. Davon zeugen Aufzeichnungen, die bis vor kurzem der Forschung so gut wie unbekannt waren.

Diese Aufzeichnungen Fontanes zu Goethes Eheroman *Die Wahlverwandtschaften* umfassen nur wenige Seiten. Der Gestalt Ottiliens gilt darin die bevorzugte Aufmerksamkeit. Ihre Liebe erwachse daraus, so heißt es, daß sie und sämtliche Personen über den Ehepunkt, »sehr aufgeklärt, in einem schönen Sinne *frei* denken«. [57] Die Wendung vom Recht des Herzens zwischen dem natürlichen und dem göttlichen Gesetz läßt vermuten, daß Fontane den Roman Goethes schon ein wenig in der Optik seiner Romankunst interpretiert. Der Antagonismus von Gesellschaft und Menschlichkeit ist in diesen Notizen vorgeformt. Noch aber sind wir nicht so weit. Noch befinden sich die abgeschlossenen Romane in weiter Ferne. Denn nicht allein durch die häuslichen Querelen wird der Frieden des Sommers gestört. Er wird erst recht durch Bismarck gestört, der seinen dritten Krieg — diesmal gegen Frankreich — zu führen entschlossen ist. In den Sommerurlaub von Warnemünde bricht die Weltgeschichte erbarmungslos ein, und der Weg Fontanes zum Roman wird für weitere acht Jahre unterbrochen. Aber die *Wahlverwandtschaften* verliert er trotz allem nicht aus dem Auge. In *L'Adultera* werden sie genannt, auch in späteren Romanen — in *Graf Petöfy* und *Unwiederbring-*

lich – wird auf sie angespielt. Zu einer erneuten Befassung kommt es im Jahre 1896. Diesmal handelt es sich um eine Auseinandersetzung mit Friedrich Spielhagen, der Goethes Eheroman auf seine Weise interpretiert. Spielhagen hatte das Werk schon seit Anfang der achtziger Jahre zum Stein seiner zahlreichen Anstöße gewählt. Vor allem hatte er die Öffentlichkeit wissen lassen, daß er selbst alles ganz anders gemacht hätte. So rechnet er Goethe aufs genaueste vor, daß dieser die Gesetze der Objektivität gröblich verletze – Gesetze freilich, die erst von Spielhagen erlassen worden waren, und die Goethe schon aus zeitlichen Gründen nicht kennen konnte. Gleich der Anfang – »Eduard – so nennen wir einen reichen Baron im besten Mannesalter [...]« – verfällt dem Verdikt. Solche Einmischungen des Erzählers seien nicht zu dulden. Auch in der Gattungsfrage – Roman oder Novelle – wird Goethes Romankunst ohne Ansehen der Person gerügt: die *Wahlverwandtschaften* seien nur bedingt ein Roman; sie seien eine »stellenweise aufgebauschte Novelle« und so fort. Im Jahre 1896 setzt er solche Klassik-Schelte im Umgang mit Goethes *Wahlverwandtschaften* fort und wird jetzt um vieles deutlicher. Dieser Eheroman erscheint ihm nun vollends antiquiert, obwohl Spielhagen seine Bedeutung nicht unterschätzt, »die ihn aus der Periode seiner Entstehung machtvoll hinüber trägt in spätere Perioden anders gearteter Menschen, deren Kunst sich von Manier und Künstelei glücklich befreit hat, oder doch [...] mit schönem Erfolg freizumachen sucht«. Mit dem schönen Erfolg meint Spielhagen das Roman-Pendant *Effi Briest*. Fontane seinerseits bedankt sich artig, aber nicht ohne Verlegenheit für solches Lob. Nüchtern stellt er fest, was festzustellen ist: »Zu Anfang des Jahrhunderts machte man's *so*, Ende des Jahrhunderts macht man es *anders*. Die Technik hat eben Fortschritte gemacht [...] Goethe ist Goethe und Fontane ist Fontane. Aber ›Effi Briest‹ steht uns näher und interessiert mehr.« Dies schreibt er über Spielhagen an Julius Rodenberg (vom 18. 2. 1896). Aber was Fontane über diesen Disput hinaus mit Spielhagen in den neunziger Jahren verband, ist sehr viel mehr. Beiden Schriftstellern war eine Ehegeschichte bekannt; und beide haben die »Vorlage« entsprechend in Literatur verwandelt: Spielhagen in den Roman *Zum Zeitvertreib* und Fontane in *Effi Briest*.

1. Effi Briest

Was man »Realismus« nennt, wenn man von der Romankunst Theodor Fontanes spricht, ist, mit dem alten Briest zu sprechen, meistens ein weites Feld. Die Orte und Landschaften z. B., die man realistisch geschildert findet, sind vielfach erfunden, verlegt oder entstellt. Noch weniger kann man die Sprache, die hier gesprochen wird, ohne weiteres realistisch nennen. Sie ist bei allen Annäherungen an die Mundart, an den Berliner Jargon oder an die Salon-Causerie eine überaus kunstvolle Sprache, die bei allen Unterschieden der »Höhenlage« einen bestimmten Fontane-Ton nie verleugnet. Was Fontane an Gottfried Keller beanstandet hatte: daß alle seine Personen auf diesen Keller-Ton eingeschworen seien, das gilt im Grunde auch für ihn, wie schon Thomas Mann humorvoll vermerkte. [58] Aber die Geschichten, die Fabeln, wenn es sie in seinen Romanen noch gibt, ist man geneigt realistisch zu nennen. Sie sind »Wirklichkeitsgeschichten«, die sich so oder ähnlich zu Zeiten Fontanes abgespielt haben, und an die er sich hielt, um sie manchmal nur geringfügig zu verändern: »Auf die Wahl des Stoffes kommt es an ... wer seine Sache versteht, braucht nicht zu produzieren, sondern nur zu redigieren. Das Produzieren stört nur die Freiheit des Gestaltens im höheren Sinne«, so sieht er es selbst. [59] Für den Realismus als Stilprinzip ist zwar nicht viel gewonnen, wenn man lediglich die Stoffe realistisch nennt, weil sie so oder ähnlich »vorgekommen« sind. Auf die Art, wie sie erzählt werden, kommt es an, um Genaueres über realistischen Stil zu erfahren. Aber nebensächlich ist die Erfindungsscheu, was die Fabel angeht, keineswegs: die künstlerische Leistung verlagert sich. Sie kann anderen Seiten des produktiven Schaffens zugute kommen, da die Wirklichkeit ihrerseits mit Romanstoffen schon gesättigt ist. Man muß sie nur entdecken. Von einem solchen »Wirklichkeitsroman« ist zunächst zu sprechen, ehe über die Romanwirklichkeit der *Effi Briest* gesprochen werden kann.

Die Ehegeschichte, die Fontanes Roman *Effi Briest* zugrunde liegt (und dem Roman *Zum Zeitvertreib* von Friedrich Spielhagen gleichermaßen), hat sich am Ende der achtziger Jahre zugetragen. Sie hat im Rheinland ihren Anfang genommen und in Berlin ihr Ende gefunden. Die Betroffenen sind das Ehepaar von Ardenne und der Amtsrichter Hartwich, als der unglückliche Dritte im Bunde. Über die Einzelheiten des Vorfalls wie der Person wissen wir Bescheid, seit vor einigen Jahren die Dokumente des Familienarchivs zur Veröffentlichung freigegeben wurden. [60] Die Person dieses »Wirklichkeitsromans«, die bei Fontane den uns vertrauten Namen Effi Briest erhalten hat, hieß mit ihrem Mädchennamen Elisabeth Freiin von Plotho. Sie wurde 1853 in der Nähe von Magdeburg geboren. In derselben Gegend gibt es eine Ortschaft Briest, so daß man sagen kann, wie gesagt worden ist: »Effi Briest ist *Else aus der Nähe von Briest*.« [61] Sie war noch halb ein Kind, als der um fünf Jahre ältere Husarenoffizier Armand Léon von Ardenne um ihre Hand anhielt. Seiner Werbung war zunächst kein Erfolg beschieden. Aber nach dem Ende des deutsch-französischen Krieges gab das junge Mädchen den Widerstand auf. Einer Vermählung mit dem Offizier der siegreichen Armee stand nun nichts mehr im Wege. Das Ehepaar lebte zeitweilig auf Schloß Benrath bei Düsseldorf. Der Maler Wilhelm Beckmann hat den Frohsinn dieser rheinischen Tage in seinem Erinnerungsbuch festgehalten und dabei ein liebenswürdig-ansprechendes Porträt der jungen Frau gegeben: »Wir waren oft, ein enger kleiner Freundeskreis, in dem blumenduftenden Garten eines wundersamen Rokokoschlosses bei Wein und Liedern, Gedichten und Gesängen an weichen stimmungsvollen Sommertagen bis tief in die sternenhelle Nacht hinein um eine aristokratische Frau vereint [...]. Wir saßen um die schöne blasse Frau mit den wundersamen Rätselaugen und der silberhellen Stimme im wassergleitenden Kahn und küßten der Zauberin die schlanke Hand, wenn sie uns die funkelnden Pokale mit würzigem Wein füllte. Wir ritten übers Land, wir fuhren in die Dörfer, wir gingen im Frühling unter einem Wald von blühenden Obstbäumen, über duftende Wiesen, ruhten unter Weiden und Pappeln am nie rastenden Strome, ruderten, schossen, malten oder dichteten, und vergaßen dabei die Zeit. Das Schloß hieß Benrath.« [62] Mit Künstlern und Gelehrten umgab man sich gern, und ein Künstler, ein Maler, obschon nur in seinen Mußestunden, war auch der Amtsrichter Emil Hartwich, der im Hause der Ardennes aus und ein ging. Sein Wirken im Dienst der Volksgesundheit wurde nach seinem Tod in der Tagespresse hervorgehoben: »Der Verstorbene hat sich in weiten Kreisen als Führer der vielbesprochenen Bewegung für Körperpflege und für eine mit dieser zusammenhängenden Umgestaltung des Schulwesens bekannt gemacht«, schrieb der ›Deutsche Anzeiger‹ in seiner Ausgabe vom 5. Dezember 1886. Der Amtsrichter gewann rasch die Sympathie der jungen Ehefrau. Im Jahre 1884 wurde Ardenne ins Kriegsministerium nach Berlin versetzt. Er siedelte alsbald mit seiner Familie in die neue Haupstadt des Reiches über. Aber die Verbindung zwischen seiner Frau und dem Amtsrichter, die sich im Rheinland angebahnt hatte, blieb erhalten. Auch gelegentliche Besuche fanden statt. Jahre danach wurden beim Suchen nach Papieren die aufbewahrten Briefe in einer Kassette vom Ehemann entdeckt. Es kam, wie es in solchen Fällen zu kommen pflegt: es kam zum Duell. Der Amtsrichter, als der Geliebte einer verheirateten Frau von deren Ehemann herausgefordert, erlag im Spätherbst 1886 der Kugel seines Rivalen. In den Prozeßakten ist in ödem Amtsdeutsch vermerkt: »Am 27. November cr. fand zwischen dem Ehemann von Ardenne und Hartwich ein Zweikampf statt, bei dessen Beendigung der schwer verwundete Hartwich seinen Gegner wegen der ihm angethanenen schweren Kränkung noch um Verzeihung bat. Hartwich ist am 1. Dezember cr. mit Tode abgegangen.« [63] Über die Einzelheiten des Duells hat die Tagespresse ausführlich berichtet. Das ›Berliner Tageblatt‹ teilte seinen Lesern mit: »Die Forderung lautete auf Pistolen unter *sehr schweren Bedingungen*. Der Ausgang des Duells war ein sehr unglückseliger. *Amtsrichter H. erhielt einen Schuß in den Unterleib* und wurde, da die Verletzung sich als eine ungemein lebensgefährliche erwies, noch an demselben Tage nach dem königlichen Klinikum in die Ziegelstraße gebracht. Über die Entstehung seiner Verwundung verweigerte er dort jede Auskunft und ist trotz sorgfältiger Behandlung am Mittwoch, dem vierten Tage nach dem Duell, an den Folgen der erhaltenen Schußverletzung *gestorben*.« [64] Die Ehe der Ardennes wurde im März 1887 geschieden. Der Mutter wurden nach geltendem Recht die Kinder entzogen. Baron von Ardenne erhielt zwei Jahre Festungshaft, wie es üblich war, und wurde bald darauf begnadigt, wie es gleichfalls üblich war. Der deutsche Kaiser gab hierzu eine Begründung mit den folgenden Worten: »Ich will diesem verdienten Offizier ein eklatante Genugtuung vor der ganzen Armee geben.« [65] Der verdiente Offizier kehrte ins Kriegsministerium zurück und wurde seiner hervorragenden Fähigkeiten wegen rasch befördert. Im Jahre 1896 wurde er Oberst und Regimentskommandeur, 1904 vorzeitig pensioniert, da er sich die Ungnade des hohen Herren — Wilhelms II. — zugezogen hatte. Bis zu seinem Tode im Jahre 1919 ist er als Militärschriftsteller tätig gewesen. Seine schuldig geschiedene Frau hat ihren Mann um einige Jahrzehnte überlebt. Sie ist im Jahre 1952, kurz vor ihrem 100. Geburtstag, in Lindau am Bodensee gestorben.

Des historischen Abstandes zu diesen Ereignissen sind wir uns deutlich bewußt. Ehegeschichten sind heute etwas weithin Privates, und privat wie Ehebruch sind die Rachedelikte, falls es sie gibt. Etwas derart Privates war die Ehe im neunzehnten Jahrhundert nicht. Noch weniger war sie es in den oberen Ständen. Hier war sie eine gesellschaftliche Veranstaltung schlechthin. Sie war Bestandteil einer ständischen Kultur mit entsprechend symbolischen Formen. Eine dieser Formen ist das Duell und der zu ihm gehörende Kodex der Ehre. [66] Aus einem betont standesbewußten Denken heraus wurde sie zu einem Mythos hinaufstilisiert, der seine Opfer ohne Ansehen der Person fordert. Wo man solchen standesbewußten Denkformen weiterhin verhaftet blieb, ohne ihnen noch bedingungslos zu vertrauen, waren Widersprüche die Folge: im Verhalten des Monarchen, der von Rechts wegen zu untersagen hat, was er in der Praxis gutheißt; oder im Verhalten des Arbeiterführers (Lassalle), der gegen Standesprivilegien ficht, die er für seine Person im Duell praktiziert. Die Widersprüche sind symptomatisch. Sie zeigen an, daß etwas noch gilt, was nicht mehr unbedingt gilt. Sie zeigen die Brüche und Umbrüche an, die den sozialen Wandel begleiten. Daß sich auch die Frau als die eigentlich Betroffene eines solchen Gesellschaftsrituals zu Wort meldet, ist ihr gutes Recht. Helene Lange hat sich mit Nachdruck dagegen verwahrt, die Frau in solchen Auffassungen weiterhin als Objekt zu betrachten, wie es in der Praxis geschieht. In einem Artikel über die Duelldebatten im Reichstag spricht sie es aus: »Diese merkwürdige und für jede selbstbewußte Frau so befremdende Art zu formulieren: wenn ›einem Manne seine Frau oder Tochter verführt wird?‹ Als ob man sagte, ›wenn einem seine Katze gestohlen wird‹. Diese unbewußte Herabdrückung der Frau unter das Maß persönlicher Verantwortlichkeit [...].« [67] Das alles betrifft auch die Stellung der Frau in diesem Komplex symbolischer Standesformen. Stellungnahmen von ihrer Seite bestätigen, daß in Fragen wie diesen nicht mehr alles bedingungslos hingenommen wird.

Der Fall Ardenne hat zu heftigen Debatten — im Reichstag wie in der Presse — geführt. [68] Eine Stellungnahme — vom Dezember 1886 — richtet sich eindeutig gegen die gewohnheitsrechtliche Praxis des Duells, die dem geltenden Recht zuwiderläuft; und dabei kommt auch der gesellschaftliche Kontext dieser Standessymbolik zur Sprache: »Das Volk weiß von diesen Dingen wenig. Volkssitte ist der Zweikampf Gottlob nicht. Die sozialistischen

Abgeordneten, welche das werkthätige Volk hauptsächlich zu vertreten meinen, haben nicht einmal für nöthig erachtet, bei der Debatte im Reichstag das Wort zu ergreifen. Das Duell ist ein Vorzug oder vielmehr eine Untugend der bevorrechteten Klassen.« [69] Den unhaltbaren Rechtszustand, der dringend Änderungen nötig mache, nicht so sehr in der Gesetzgebung, als in der »Sitte«, wie gesagt wird, erörtert derselbe Beitrag zum Thema: »Ein Offizier, welcher auch nur erklärt, daß er dem Gesetze folgen und jeden Zweikampf ablehnen werde, kann im Offiziersstande nicht verbleiben. Der Gehorsam gegen das Gesetz wird als Ehrlosigkeit bestraft, die Auflehnung dagegen als ehrenvolle Handlung geschätzt.« [70] Im Januar 1897 wird in einer kaiserlichen Kabinettsordre durch Einsetzung eines Ehrenrates der Zweikampf unter Offizieren mit der Begründung erschwert, daß es sich oft nur um Anlässe geringfügiger Natur und um Privatstreitigkeiten handele. [71] Aber in der Praxis wird gerade das vermeintlich Private gemäß den herrschenden Denkformen eines Standes in seine Gesellschaftlichkeit überführt. Daß man das, was eigentlich privat zu regeln wäre, nicht als etwas bloß Privates versteht: darin recht eigentlich beruht die dem Duell zugrunde liegende »Denkungsart«. Schon im Rohstoff solcher Geschichten ist mithin Gesellschaftliches enthalten. Das kommt dem Romanschriftsteller zustatten, der sie behandeln will. Er muß ohnehin an der Entprivatisierung einer Ehegeschichte interessiert sein. In der Zeit, in der Fontane aus einem solchen Rohstoff seinen Roman *Effi Briest* formte, kamen die Sitten, Gewohnheiten und Denkformen seines Zeitalters solchen Bedürfnissen entgegen. Die Ehe war weit entfernt, etwas bloß Privates zu sein. Sie war im Prozeß der allgemeinen Säkularisierung längst eine weltliche, weil gesellschaftliche Angelegenheit geworden. Aber der Erzähler eines Romans, eines Zeitromans, konnte sich mit einer solchen Entprivatisierung nicht begnügen. Er mußte sie von sich aus und mit seinen Mitteln betreiben. Das haben Fontane und Spielhagen auf unterschiedliche Weise getan.

Den Vorfall selbst hätten beide Schriftsteller durch die Tagespresse erfahren können. Aber die Einzelheiten der Ehegeschichte hätten sie damit nicht erfahren. Fontane wie Spielhagen haben davon im Hause Emma Lessings, der Gattin des Inhabers der ›Vossischen Zeitung‹, Kenntnis erhalten. [72] Spielhagens Roman nimmt in vielen Details darauf Bezug. Magdeburg, in dessen Umgebung die Freiin von Plotho geboren wurde, wird mehrfach genannt. Die Handlung selbst spielt in Berlin. Hier (wie in der Wirklichkeit auch) wird eine der Hauptgestalten des Romans *Zum Zeitvertreib* ins Kriegsministerium kommandiert. Dieser Held heißt bei Spielhagen Viktor von Sorbitz, dessen Charakter an den Baron von Ardenne des »Wirklichkeitsromans« ebenso erinnert wie an den Baron von Innstetten im Roman Fontanes. Der verschlossenen, zugeknöpften und steifen Art dieser Figur dort entspricht das konservative, allem gesellschaftlichen Wandel abgeneigte Denken in Spielhagens Roman. Über diesen »Helden«, einen halben Helden auch hier, äußert sich der Liebhaber der Ehefrau wie folgt: »Ihr Gemahl gehört zu der höchst ehrwürdigen Klasse von Staatsbürgern, denen es obliegt, das Bestehende zu konservieren und unseren fin-de-siècle-Menschen vor den Orgien einer kopf- und ziellosen Revolution zu bewahren.« [73] Die Verpflichtung zum Duell, wenn erst einmal andere eingeweiht sind, versteht Viktor von Sorbitz als ein »Mann von Prinzipien« ähnlich wie der Baron von Innstetten auch. Der Rivale — es handelt sich um einen aus bescheidenen Verhältnissen stammenden Gymnasialprofessor namens Albrecht Winter — wird durch Frau von Sorbitz, eine Gesellschaftsdame ersten Ranges, aus der Bahn seines bürgerlichen Lebens geworfen. Aber der leidenschaftserfüllte Liebesroman, den sich Spielhagens Gymnasialprofessor bloß erträumt, findet nicht statt. Ein Rendezvous mit der Erwählten seines Herzens in einem spelunkenartigen Lokal bei miserablem Licht desillusioniert die unverbindlich gebliebene Liebschaft, die eher dem Ende einer Tragikomödie gleicht als einer Tragödie hohen Stils. Im Grunde handelt es sich um eine bloße Bagatelle, um die halbe Sache einer Liebesgeschichte, die zur Duellgeschichte wird, in die man hineingleitet, ehe man sich's versieht. Auf die Bemerkung der Freundin — »Aber du mußt den Mann doch geliebt haben!« — antwortet Spielhagens »Heldin« unumwunden so, wie auch Schnitzlers Personen geantwortet haben könnten: »Keinen Moment! [...] Das heißt — offen gestanden — ich bin gar nicht sicher, ob ich genau weiß, was Liebe ist. Giebt es überhaupt welche und ist nicht alles bloß eine façon de parler?« »Papperlapapp«, pflegt Fontanes sympathischer Ritterschaftsrat von Briest in solchen Fällen zu sagen. Es ist diese Halbheit vor allem, das eher Banale als Tragische, die es Spielhagen erlaubt, seine Aversionen gegenüber den *Wahlverwandtschaften* Goethes immer erneut vorzubringen. Daß er in solchen Auseinandersetzungen seinen »Vorgänger« — also Goethe — so wenig versteht, ist verständlich; denn als produktivem Künstler muß man ihm wohl zugestehen, daß er unhistorisch denkt und die eigene Bewußtseinslage zum Maßstab seiner Urteilsbildung macht. Und die Halbheit der Sache, das mehr als ungenaue Wissen, was Liebe denn eigentlich sei — diese und andere durch die Gesellschaft herbeigeführten »Uneigentlichkeiten« im Zeitalter des fin-de-siècle — erfaßt Spielhagen nicht schlecht. Er erzählt eine im Grunde belanglose Geschichte; und diese Belanglosigkeit ist ihm nicht zum Vorwurf zu machen: er hat sie so gewollt, wie er sie erzählt. Doch gibt es in seinem Roman auch Belanglosigkeiten anderer Art. Sie beruhen in dem, was er aus der Geschichte macht; Sentimentalität mischt sich ein. Dem Leser drängt sich die Einsicht auf, daß das traurige Ende aus der Belanglosigkeit einer letztlich privaten Angelegenheit hervorgeht. Man vermißt die Verallgemeinerung, den über das private Vorkommnis hinausweisenden »Sinn«. In diesem Punkt ist ihm Fontane vom ersten bis zum letzten Kapitel seines Romans überlegen.

Auch Fontane ist sich der Belanglosigkeit seiner Geschichte deutlich bewußt und macht sie zum Thema seines Romans. Auch er erzählt keine erfundene Geschichte. Sie weicht vom »Wirklichkeitsroman«, wie er ihm berichtet wurde, noch weniger ab als es bei Spielhagen der Fall ist. Nicht wenige Details werden unbedenklich übernommen. In der Wirklichkeit wie im Roman bemerken wir denselben Verlauf: eine beiläufige Liebesgeschichte wird zum Anlaß eines Duells mit tödlichem Ausgang. Hier wie dort werden vom Ehemann verborgene Briefe entdeckt, und wenn man darin die Verwendung trivialer Motive sehen sollte, so hat man sie gefälligst der Wirklichkeit selbst zuzuschreiben; denn es könnte ja sein, daß diese um vieles trivialer ist als das, was man in einem Roman zu lesen bekommt. Dem Ehemann, der in Wirklichkeit Offizier war, entspricht im Roman der Major Crampas, dem bei Fontane die Rolle des Liebhabers zufällt; und dem Juristen Hartwich, der im Jahre 1886 sinnloserweise von seinem Rivalen erschossen wurde, entspricht im Roman der Verwaltungsjurist von Innstetten, der sich in seiner Ehre verletzt fühlt. Aber solche Modifikationen haben am Ende wenig zu bedeuten. Denn an der gewissen Belanglosigkeit des Vorfalls wird damit nichts geändert. Wenn sie in den gestalteten Roman übernommen werden soll, so darf sie, wie ausgeführt, nicht als die Belanglosigkeit eines Einzelfalles erscheinen. Es müssen Verallgemeinerungen hinzukommen. Fontane hat sie in erster Linie im Bereich des gesellschaftlichen Lebens gesucht. Er hat alles getan, um den besonderen Fall zum symptomatischen Fall zu »erhöhen«. Der Rang seines Romans beruht vorzüglich darin, daß ihm dies gelungen ist: wir lesen keine private Ehegeschichte, sondern ein hochliterarisches Werk.

Ein wesentliches Moment im Prozeß der Verallgemeinerung betrifft die Zeitlage der Erzählung, den gesellschaftlichen, politischen und sozialen Kontext, wie er aus der Optik der Personen sich darstellt, die im Raum des Romans leben und agieren. Es ist die Zeit Bismarcks, und diesem ist auch hier die Rolle einer Hintergrundfigur vorbehalten, der es nicht zukommt, handelnd oder redend in die Handlung einzugreifen. Der damals noch lebende Altreichskanzler ist hier wie sonst lediglich ein »Gegenstand« von Gesprächen, die man führt. In den Dokumenten der Ehegeschichte, wie sie sich in den achtziger Jahren noch während der Regierungszeit Bismarcks zugetragen hat, wird er nicht genannt. Im Roman dagegen ist er ständig präsent. Zusammen mit der Zeit, der er ihr Gepräge gegeben hat, übernimmt er bestimmte erzählerische Funktionen. Dabei bestätigt sich die Aktualisierung, die Hugo Friedrich als ein Strukturmerkmal des französischen Romans im neunzehnten Jahrhundert bezeichnet hat. Man kann darin einen Bestandteil des Zeitromans überhaupt sehen. [74] Indem Fontane keine beliebige, private und singuläre Ehegeschichte erzählt, sondern eine solche aus der Zeit Bismarcks, wird der Eheroman zum Zeitroman, der er werden sollte. Und dabei bleibt der damals noch lebende Staatsmann durchaus im Hintergrund. Die Gestalt Bismarcks bleibt in *Effi Briest* ähnlich ein Randfigur, wie die großen Persönlichkeiten im historischen Roman des neunzehnten Jahrhunderts Randfiguren bleiben. In *Vor dem Sturm* hatte Fontane dargestellt, wie das Leben auch einfacher Menschen von der Weltgeschichte beeinflußt wird, die

Napoleon zu Beginn des Jahrhunderts machte. Dem allseits von der Geschichte bestimmten Daseinsraum dort entspricht die von der Persönlichkeit Bismarcks geprägte Alltäglichkeit hier. Die Eheleute sind am Abend vereint und doch voneinander getrennt: »Es war fast zur Regel geworden, daß er sich, wenn Friedrich die Lampe brachte, aus seiner Frau Zimmer in sein eigenes zurückzog. ›Ich habe da noch eine verzwickte Geschichte zu erledigen.‹ Und damit ging er. Die Portiere blieb freilich zurückgeschlagen, so daß Effi das Blättern in dem Aktenstück oder das Kritzeln seiner Feder hören konnte, aber das war auch alles.« Zu bestimmter Zeit, meistens um neun, kehrt Innstetten in das Zimmer seiner Frau zurück. Er spricht dann gewöhnlich vom Fürsten, geht die Reihe der Ernennungen und der Ordensverleihungen durch und beanstandet daran das meiste. Am Ende kommt auch die Kunst zu ihrem Recht. Der vielbeschäftigte und vom Studium der Akten ermüdete Baron bittet seine Frau darum, daß sie noch etwas Wagner spiele. Man weiß nicht genau, was ihn an dieser Musik anspricht; auch der Erzähler weiß es nicht. Einige sagten, daran seien Innstettens Nerven schuld; andere bringen es mit der Judenfrage in Zusammenhang. »Um zehn war Innstetten dann abgespannt und erging sich in ein paar wohlgemeinten, aber etwas müden Zärtlichkeiten, die sich Effi gefallen ließ, ohne sie recht zu erwidern.« (IV/103) Das ist fade Alltäglichkeit, die hier geschildert wird. Aber Zeitsymptomatisches mischt sich ein. Judenfrage und Wagnersche Musik sind symptomatische Motive des Zeitalters, das man gelegentlich nach Bismarck zu nennen pflegt. Die Kunstausübung erhält eine entsprechende Bedeutung: sie dient vornehmlich der Entspannung und zugleich wird sie dennoch in der Art, wie sie hier erscheint, von der Gesellschaft beeinflußt. Die Kunst bleibt diesen Eheleuten schuldig, worauf es gerade ankäme: sie einander menschlich näher zu bringen. Schon hier werden wir auf gewisse Widersprüche aufmerksam, die auf die Zeit verweisen, für die Bismarck steht und die er in seiner Person repräsentiert. Ein Ausflug der Eheleute mit Schlitten und Geläut, wie die Frau es liebt, wird beschrieben. Auf die Frage der jungen Frau nach dem Ziel ihrer Fahrt antwortet Innstetten: »Ich habe mir gedacht, nach der Bahnstation, aber auf einem Umwege, und dann auf der Chaussee zurück. Und auf der Station essen wir oder noch besser bei Golchowski, in dem Gasthofe ›Zum Fürsten Bismarck‹ [...].« (IV/83) Die Fahrt verläuft planmäßig, auch im Gang und im Aufbau der Erzählung: schon im nächsten Kapitel hat man das kanzlertreue Gasthaus erreicht. Kaum daß man dort angekommen ist, geschieht das, was bei Fontane häufig geschieht: man plaudert. Der Wirt des Gasthauses kann es mit jedem Causeur aufnehmen; er hält mit. Nach einigen Plänkeleien geht man zu Ernsthafterem über. Man kommt auf Varzin zu sprechen, auf das Dorf in Pommern, in dem Bismarck seine Besitzungen hatte. Eine Papiermühle wird erwähnt, die dazugehört, und beiläufig heißt es: »›Ja‹, sagte Golchowski, ›wenn man sich den Fürsten so als Papiermüller denkt! Es ist doch alles sehr merkwürdig; eigentlich kann er die Schreiberei nicht leiden, und das bedruckte Papier erst recht nicht, und nun legt er doch selber eine Papiermühle an.‹« Worauf Innstetten, aber ganz im Plauderton, erwidert: »›Schon recht, lieber Golchowski [...], aber aus solchen Widersprüchen kommt man im Leben nicht heraus. Und da hilft auch kein Fürst und keine Größe.‹« (IV/88) Das ist, wie so oft bei Fontane, reinste Causerie, die an Anspielungen nichts zu wünschen übrig läßt. Sie gelten den in der Zeit angelegten Widersprüchen, wie beispielsweise dem Nebeneinander von Prinzipienlosigkeit und Prinzipienreiterei.

Aus der Laufbahn Bismarcks und mit ihr aus der preußischen Politik im neunzehnten Jahrhundert ist die Prinzipienfrage nicht wegzudenken. Die Brüder Gerlach, Bismarcks Mentoren, waren unter den Konservativen ihre dezidierten Verfechter. Eine Prinzipienfrage ersten Ranges war die Frage der Legitimität und, damit zusammenhängend, die Auffassung von der in jedem Fall illegitimen Revolution. Bismarcks sogenannte Realpolitik hat sich im Widerspruch zu dieser Prinzipienpolitik – der Gebrüder Gerlach und anderer – entwickelt. Realpolitik: das ist mehr und mehr das Gegenteil einer jeden Prinzipienreiterei. Aber man kann den Bogen nach der einen wie nach der anderen Seite überspannen; und so wenig eine gute Politik in Prinzipientreue um jeden Preis bestehen kann, so wenig ist sie mit der Verachtung aller Prinzipien verbürgt. Beide Begriffe – Prinzipienreiterei und Prinzipienverachtung – tauchen in Fontanes Briefen wiederholt auf. Als ein Prinzipienreiter wird der britische Staatsmann Gladstone bezeichnet, und es ist die Optik Bismarcks, die dabei das Urteil bestimmt. »England steht in diesem Augenblick auf der denkbar niedrigsten Stufe, dank den Unsinnigkeiten of the great old man. Der richtige Prinzipienreiter!« So heißt es in einem Brief vom 5. August 1893 (an August von Heyden); aber im Brief an die Tochter – ein Jahr später geschrieben (am 29. Januar 1894) – wird dieselbe Frage von der anderen Seite aus beleuchtet, und es ist nicht zufällig Bismarck, um den es dabei – wieder einmal! – geht: »Bismarck ist der größte Prinzipverächter gewesen, den es je gegeben hat und ein ›Prinzip‹ hat ihn schließlich gestürzt, besiegt, dasselbe Prinzip, das er zeitlebens auf seine Fahne geschrieben und nach dem er *nie* gehandelt hat.« Prinzipienreiterei und Prinzipienverachtung werden gleichermaßen in dem Zeitalter praktiziert, das man in deutschen Geschichtsbüchern vielfach mit dem Namen Bismarcks bezeichnet. Das eine ist nur die Kehrseite des anderen. Derselbe Brief, der Gladstone in der Optik Bismarcks einen Prinzipienreiter nennt, hebt die krassen Widersprüche an Bismarck hervor, und von der Person des Staatsmannes werden solche Widersprüche auf sein Zeitalter übertragen.

Die Gegensätze werden im Roman auf die um Effi Briest gruppierten Personen verteilt: auf Innstetten einerseits und auf Crampas zum andern. Der eine ist der Typ des Prinzipienreiters, der andere der Typ des Prinzipienverächters. Zwar wird uns Innstetten als ein Günstling des Fürsten Bismarck geschildert – Bismarck halte große Stücke auf ihn – aber die Rolle des Prinzipienverächters, die Bismarck in der Politik seiner Zeit »spielt«, kann er als »ein Mann von Charakter, von Stellung und guten Sitten«

nicht übernehmen. (IV/18) Nach allem, was geschehen ist, bezeichnet er selbst sein Verhalten als Prinzipienreiterei — und mithin als das Gegenteil dessen, was ihn in diesem Punkt mit dem Kanzler verbinden könnte, den er über alles verehrt. Die Wendung von der Prinzipienreiterei findet sich in einem der gewichtigen Selbstgespräche, die es in diesem Roman gibt. Innstetten stellt sich vor, was der letzte verlöschende Blick seines Gegners zu sagen schien: »›Innstetten, Prinzipienreiterei ... Sie konnten es mir ersparen und sich selber auch.‹ Und er hatte vielleicht recht.« (IV/243) Dagegen nimmt es sein Gegenspieler, der Major von Crampas, mit Prinzipien nicht so genau. Er soll ein Mann vieler Verhältnisse sein, ein »Damenmann«, weiß Effi zu berichten. Das schreibt sie ihren Eltern nach Hohen-Cremmen, noch ehe es zu einer näheren Bekanntschaft gekommen ist; und sie fügt hinzu, daß ihm dieses sein Verhalten auch schon allerlei eingetragen habe. Er soll ein Duell mit einem Kameraden gehabt haben und der linke Arm soll ihm dabei unter der Schulter zerschmettert worden sein. (IV/105) Andererseits wird zu seinem Vorteil angeführt, daß Vorurteile nicht seine Sache sind: »Ja, meine liebe Mama, [...]; er, der Major hat auch nicht die pommerschen Vorurteile, trotzdem er in Schwedisch-Pommern zu Hause sein soll. Aber die Frau!« (IV/105) Die Figuren des Romans, das ist nicht zu übersehen, sind nicht unüberlegt in Beziehung zueinander gebracht: ihrem »Charakter« nach steht Effi dem Major Crampas näher, während dessen Frau Züge aufzuweisen scheint, die sie mit Innstetten verbinden könnten. Ein Verhältnis übers Kreuz, mit anderen Worten, wenn es auch zwischen Crampas' Frau und Innstetten zu irgendwelchen Beziehungen gekommen wäre, wozu es bei solcher Verwandtschaft der Charaktere — in Erinnerung an Goethes Eheroman — hätte kommen können. Daß der vorurteilsfreie Major in ein Duell verwickelt wird, ist in seinem Fall nicht ein Zeichen prinzipienhaften Denkens, sondern eine Folge seiner leichteren Lebensart. Er liebt Risiken und Abenteuer, ohne sich allzu viel dabei zu denken. Gegenüber dem prinzipienfesten Innstetten schwankt sein Charakterbild in der Geschichte, die Fontane erzählt. Etwas von einer Spielernatur haftet ihm an. Aber auch Bismarck wird im Werk Fontanes wiederholt eine Spielernatur genannt. Gegenüber der Prinzipienreiterei, wie sie für Innstetten charakteristisch ist, kann dem Major von Crampas eine bismarckähnliche Prinzipienverachtung nicht abgesprochen werden. Man sieht: die in der Zeit liegenden Verhaltensweisen werden auf die Personen des Romans verteilt. Innstetten und Crampas als ihre typischen Vertreter gehören in ihrer Gegensätzlichkeit zusammen: Prinzipienreiterei wie Prinzipienverachtung sind vornehmlich gesellschaftliche Charaktereigenschaften, die auf eine in Fontanes Romankunst sich wiederholende Konstellation verweisen: von den entgegengesetzten Seiten her wird das »eigentlich Menschliche« jeweils um ein Geringes verfehlt. Es wird auf solche Weise ausgespart. Effi steht im Schnittpunkt derartiger Widersprüche und Gegensätze. Sie wird deren Opfer.

In der Absicht, eine an sich private Ehegeschichte ins Gesellschaftlich-Allgemeine zu überführen, legt Fontane auf den Altersunterschied der Eheleute Wert. Im »Wirklichkeitsroman« der Ardennes hat er so gut wie nichts zu bedeuten: der Ehemann ist nur fünf Jahre älter als seine Frau. Dagegen ist Innstetten von Effi durch einen Altersunterschied getrennt, der zugleich der Unterschied einer Generation ist. Gleich eingangs werden wir darauf aufmerksam gemacht. Effi wird wieder einmal eines hohen Besuches wegen vom Spiel weggerufen; es ist kein anderer als Innstetten, der die Unterbrechung bewirkt. Ihr selbst ist das gemeinsame Spiel mit den Freundinnen wichtiger als die Konversation mit diesem; so nutzt sie die Zeit, so lange es geht: »Eine Viertelstunde hab' ich noch. Ich mag nicht hineingehen, und alles bloß, um einem Landrat guten Tag zu sagen, noch dazu einem Landrat aus Hinterpommern. Ältlich ist er auch, er könnte ja beinah mein Vater sein [...].« (IV/16) Innstetten könnte wirklich Effis Vater sein. Fast wäre er es geworden — wenn nicht der alte Briest dazwischengetreten wäre. Bestimmte Figurenkonstellationen zeichnen sich ab. Es wird deutlich, daß Innstetten und Frau von Briest ganz gut zusammengepaßt hätten; andererseits »paßt« der alte Briest — trotz des Altersunterschiedes — recht gut zu seiner Tochter. Er hat Verständnis für ihre Jugendlichkeit; er versteht sie besser als alle anderen. Auf solche Verknüpfungen mit der Zeitlage legt Fontane als Erzähler den größten Wert. Die Altersunterschiede erhalten einen verweisenden Sinn. Sie sind nicht auf das biologische Lebensalter zu beschränken, sondern in gewissen Grenzen übertragbar. So gesehen passen auch Effi und Crampas zueinander. Denn auch diesem haftet, wie Effi, etwas Jugendliches an. Er vermag sich eben deshalb über gesellschaftliche Rücksichten um so leichter hinwegzusetzen. Dagegen ist Innstetten der Ältere in jedem Betracht. Seine Prinzipien sind diejenigen einer veralteten Gesellschaftsordnung, die er am Ende selbst für überlebt hält. Er hat sie in seiner Jugend kaum anders vertreten, als er sie jetzt vertritt. Darüber weiß Crampas mancherlei zu berichten: »Crampas, ein guter Causeur, erzählte dann Kriegs- und Regimentsgeschichten, auch Anekdoten und kleine Charakterzüge von Innstetten, der mit seinem Ernst und seiner Zugeknöpftheit in den übermütigen Kreis der Kameraden nie recht hineingepaßt habe, so daß er eigentlich immer mehr respektiert als geliebt worden sei.« (IV/130) Das Lebensalter Innstettens, aber mehr noch seine Denkart im ganzen stehen für das Alter einer Gesellschaftsordnung, die eben darin ihre überaus bedenklichen Seiten enthüllt. Indem der Altersunterschied der Eheleute gesellschaftlich motiviert wird, kann der Eheroman zum sozialen Roman werden, der er ist: zu einem Roman des sozialen Wandels. Alter und Jugend sind die Chiffren solchen Wandels. Sie machen uns darauf aufmerksam, daß gesellschaftliche Ordnungen von Zeit zu Zeit der Erneuerung bedürfen, wenn man verhindern will, daß das ehedem Neue in Erstarrung übergeht. Der Übergang vom Alten zum Neuen oder — recht verstanden — vom Neuen zum Alten, als dem »alten Wahren« war schon das bevorzugte Thema der historischen Erzählungen Fontanes gewesen. Er kann mit seinen Eheromanen mühelos fortsetzen, was mit diesen begonnen worden war: es wird lediglich zum Zeitgeschichtlichen hin variiert. Zugleich erweist sich die Zeit als eine Zeit des Wandels auf allen Gebieten des Lebens, dem sich die Ehe nicht entziehen kann. Sie muß wohl oder übel scheitern, wenn die Erneuerung unterbleibt, auf die sie wie alles geschichtliche Leben Anspruch hat. Die Ehe wird im Prozeß fortschreitender Säkularisierung erst damit recht eigentlich profan — »ein weltlich Ding«, mit Luthers Worten.

Mit den Altersunterschieden ist auch die Spukgestalt verknüpft. Sie erhält in diesem vermeintlich so realistischen Roman eine Bedeutung, die fast auf Alfred Kubin oder Gustav Meyrink vorauszuweisen scheint; und dabei handelt es sich um bemerkenswerte Abweichungen von der »Vorlage«. Über die Bedeutung, die der Spukgestalt zukommt, hat sich Fontane in einem Brief an Joseph Viktor Widmann (vom 19. November 1895) ausgesprochen: »Sie sind der erste, der auf das Spukhaus und den Chinesen hinweist; ich begreife nicht, wie man daran vorbeisehen kann, denn erstlich ist dieser Spuk, so bilde ich mit wenigstens ein, an und für sich interessant, und zweitens [...] steht die Sache nicht zum Spaß da, sondern ist ein Drehpunkt für die ganze Geschichte.« Die Hinzufügung des Spukwesens zur »Quelle«, die sie nicht kennt, ist nicht die Hinzufügung eines beliebigen Motivs: sie dient voll und ganz den Zwecken der Kunst. Der tote Chinese in *Effi Briest* ist eine Kunstfigur kat' exochen, und wiewcit man zu seinem Verständnis den Symbolbegriff bemühen muß, bleibe offen. Vor jeder voreiligen Berufung auf Goethe sieht man sich gewarnt, denn auch Symbole in der Literatur sind keine zeitlosen Phänomene. [75] Goethes Symbole beziehen sich auf den Raum der Dichtung ebenso wie auf die Natur: auf Farben oder Wolken. Seine Symbolik »vermittelt« zwischen Himmel und Erde, zwischen Besonderem und Allgemeinem. Sie ist universal. Die Symbole in der Zeit des Realismus schränken sich zumeist ins Endliche ein, auf Vorgänge im Hier und Heute. Für die deutsche Klassik ist der feierliche, der fast sakrale Charakter aller Symbolik charakteristisch. Noch Hegels weithin klassizistische Ästhetik hält an solchen Auffassungen fest: »Wo das Symbol sich dagegen in seiner eigentümlichen Form selbständig ausbildet, hat es im allgemeinen den Charakter der Erhabenheit«, heißt es in der *Aesthetik*. [76] Das um jeden Preis Erhabene geht dem Symbol im Fortgang des neunzehnten Jahrhunderts mehr und mehr verloren. Formen der Komik oder des Humors können sich damit verbinden. [77] Erst recht werden Symbole zum Zweck psychologischer Motivierungen gebraucht. Das ist an der in unserem Roman eingeführten Spukgestalt des toten Chinesen gut zu zeigen.

Diese Gestalt ist weit davon entfernt, etwas auch nur annähernd Erhabenes zu sein. In einer unverkennbar humoristischen Tonart werden wir mit ihr bekannt gemacht. Man unterhält sich über die slawische Bevölkerung rund um Kessin, über die Kaschuben, die den heutigen Leser unweigerlich an die Umwelt der *Blechtrommel* erinnern. Schließlich ist das Gespräch unversehens bei Negern, Türken und Chinesen angelangt. In diesem Zusammenhang ist es ein toter Chinese — «sehr schön und sehr schauerlich« — über den Innstetten beiläufig, aber in einem humoristischen Ton plaudert; worauf Effi erwidert: »Ja, schauerlich, und ich möchte wohl mehr davon wissen. Aber doch lieber nicht, ich habe dann immer gleich Visionen und Träume und möchte doch nicht, wenn ich diese Nacht hoffentlich gut schlafe, gleich einen Chinesen an mein Bett treten sehen.« (IV/46) Das in gewisser Hinsicht Unernste und Triviale solcher Erwähnungen ist offenkundig. So jedenfalls stellt es sich dem in seinen Prinzipien gefestigten Innstetten dar. Die Art, wie sich der tote Chinese im Haus der jungen Eheleute einzuleben beginnt, bestätigt das merkwürdig Spielerische und Beiläufige dieser Hausgenossenschaft. An einem durchgesessenen Binsenstuhl (damit nur ja auch den Gegenständen alles Feierliche genommen werde) entdeckt man eines Tages ein aufgeklebtes Bildchen. Es stellt einen Chinesen dar: blauer Rock mit gelben Pluderhosen und einem flachen Hut auf dem Kopf. Effi ist betroffen und fragt: »Was soll der Chinese?« Worauf Innstetten versichert, daß er das auch nicht wisse: »Das hat Christel angeklebt oder Johanna. Spielerei. Du kannst sehen, es ist aus einer Fibel herausgeschnitten.« Effi sieht das ein — und bleibt doch verwundert, »daß Innstetten alles so ernsthaft nahm, als ob es doch etwas sei.« (IV/61) Jetzt sind wir unsererseits ein wenig verwundert, weil wir nicht mehr recht wissen, woran wir sind. Ist doch nicht alles Scherz, und ist womöglich dabei doch ein Ernst im Spiel?, fragt man sich, um sogleich zu erkennen, daß der Motivkomplex in der Tat eine sehr ernste Seite hat. Er betrifft Effis rege Phantasie, wie sie ihrer jugendlichen Erscheinung entspricht. Diese sie beherrschende Phantasie produziert Angst, und in ihrer Angst beruht der Ernst der Sache, die Innstetten in dem, was sie für seine Frau bedeuten könnte, hoffnungslos verschlossen bleibt. Von Innstettens »Angstapparat« ist nun die Rede, und was das zu bedeuten hat, beginnt Effi nach dem für sie so erhellenden Gespräch mit Crampas zu begreifen: »was Crampas gemeint hatte, war viel, viel mehr, war eine Art Angstapparat aus Kalkül. Es fehlte jede Herzensgüte darin und grenzte schon fast an Grausamkeit. [...] ›Also Spuk aus Berechnung, Spuk, um dich in Ordnung zu halten.‹« (IV/134) Im Gespräch mit der Sängerin Trippel, die sich Trippeli nennt, bekommt Effi Dinge zu hören, die nicht gerade geeignet sind, sie zu beruhigen. Von Schauerballaden und Gespenstergeschichten wird da gesprochen, und die Sängerin plaudert all diese Dinge völlig gedankenlos vor sich hin: »Ein Gespenst, das durch die Ballade geht, da graule ich mich gar nicht, aber ein Gespenst, das durch meine Stube geht, ist mir, geradeso wie andern, sehr unangenehm. Darin empfinden wir also ganz gleich.« (IV/93) Die Sängerin spricht von der Antiquiertheit solcher Schauergeschichten; sie gesteht, daß sie selbst eigentlich aus einer sehr aufgeklärten Familie stamme, aber die Einführung des Psychographen habe sogar ihrem aufgeklärten Vater zu denken gegeben: »›Höre Marie‹«, habe er gesagt, »›das ist was.‹ Und er hat recht gehabt, es ist auch was damit. Überhaupt, man ist links und rechts umlauert, hinten und vorn.« (IV/94) [78] Auf das Phänomen der Angst war Fontane wiederholt aufmerksam geworden. In seiner Besprechung von Ibsens Drama *Die Frau vom Meer* kommt er auf sie zu sprechen und tadelt das dort angewandte Heilverfahren. Er erwähnt in diesem Zusammenhang eine Tochter des Herzogs von Hamilton, die in den zwanziger Jahren von Angstvisionen verfolgt worden sei: »Es waren Schreckgestalten aus den Propheten oder aus der Apokalypse [...] Drachen, geflügelte Ringeltiere, vielleicht auch Satan in Person.« Geheilt worden sei sie durch Dr. Koreff, einen Freund von E. T. A. Hoffmann, Devrient und Hitzig. (2/795) Es war also ein durchaus zeitgemäßes Thema, das Fontane aufgriff, um es zur Motivierung seiner Romanhandlung zu verwenden; und dabei handelt es sich um keine zeitlose Angst, sondern um eine solche, die mit der Zeitlage zusammenhängt. Ehe sie um 1910 unter der dann sich ausbreitenden Wirkung Kierkegaards das alles beherrschende Thema wird, entdeckt sie Fontane für seine Zwecke; und fast ist man geneigt zu sagen, er denkt dabei vor Freud über Freud hinaus: denn er macht aus dem psychologischen ein sozialpsychologisches Thema — dadurch, daß er die Gesellschaftlichkeit der Angst sichtbar macht. Denn um eine gesellschaftlich motivierte Angst recht eigentlich ist es Fontane zu tun. [79]

Die Gestalt Bismarcks als eine solche des modernen Zeitromans kann mühelos mit der Spukgestalt des toten Chinesen verknüpft werden. Denn die Angst Effis wird übermächtig in dem Maße, in dem Innstetten vom Fürsten in Anspruch genommen wird. Effi überläßt sich an solchen Abenden um so bereitwilliger ihrer Phantasie, als sie sich ängstigt. Darüber unterhält sich bei Gelegenheit auch das Dienstpersonal der Ehefrau. Man ahnt hinsichtlich der fortgesetzten Angstträume nichts Gutes. Effi erzählt eines Morgens, wovon sie nächtlicherweise wieder heimgesucht worden ist. Ernst und Komik sind dabei seltsam vermischt: »Und wenn ich mich recht frage ... ich mag es nicht sagen, Johanna ... aber ich glaube der Chinese.« Worauf diese ernüchternd erwidert, indem sie herzhaft lacht: »unser kleiner Chinese, den wir an die Stuhllehne geklebt haben, Christel und ich. Ach, gnäd'ge Frau haben geträumt, und wenn Sie schon wach waren, so war es doch alles noch aus dem Traum.« (IV/76) Auch hier wird der Angst keine sehr hohe Bedeutung von einer Person beigemessen, die Effi nahesteht. Das mag im Fall der einfachen Dienerin entschuldbar erscheinen; im Fall Innstettens sieht es sich anders an. Erneut ist Angst der Gegenstand eines Gesprächs zwischen beiden Eheleuten. Aber diesmal wird nun alle Komik gegenstandslos. Sie ist einem beklemmenden Ernst gewichen. Aus der bloßen Ängstlichkeit ist kreatürliche Angst geworden. Innstetten nimmt auch das nicht wahr. Er interpretiert alles und jedes im Blick auf die Gesellschaft, die ihm das A und O seines Denkens bedeutet. Daher ist er bemüht, dem Phänomen mit Erziehungsmaßnahmen beizukommen, und es sind in erster Linie gesellschaftliche Rücksichten, die ihn nötigen, so zu verfahren: »Und dann, Effi, kann ich hier nicht gut fort, auch wenn es möglich wäre, das Haus zu verkaufen oder einen Tausch zu machen [...]. Ich kann hier in der Stadt die Leute nicht sagen lassen, Landrat Innstetten verkauft sein Haus, weil seine Frau den aufgeklebten Chinesen als Spuk an ihrem Bette gesehen hat. Dann bin ich verloren, Effi. Von solcher Lächerlichkeit kann man sich nie erholen [...]. Und dann bin ich überrascht, solcher Furcht und Abneigung gerade bei *dir* zu begegnen, bei einer Briest.« Innstetten appelliert an den Adelsstolz seiner Frau und geht mit gesellschaftlichen Argumenten über das Menschliche einer derart kreatürlichen Angst hinweg. Sein Verhalten muß Effi enttäuschen, und mit ihrer Enttäuschung hält sie nicht zurück: »Das ist ein geringer Trost. Ich finde es wenig und um so weniger, als du dir schließlich auch noch widersprichst und nicht bloß persönlich an diese Dinge zu glauben scheinst, sondern auch noch einen adligen Spukstolz von mir forderst. Nun, den hab' ich nicht.« (IV/80) Die entfremdeten Eheleute reden sichtlich aneinander vorbei; und zugleich haben sie beide auf ihre Weise recht. Innstetten würde sich in der Tat lächerlich machen, wenn bekannt würde, daß er um einiger Spukgeschichten willen das Haus räume. Andererseits ist Effis Angst ein Ausdruck des Menschlichen und Natürlichen. Die Symbolik der Motive nähert sich den Leitmotiven an — ein Begriff, den Fontane gelegentlich auch gebraucht. [80] Im wunderlichen Spukchinesen laufen alle diese Symbole, Motive und Leitmotive zusammen, und die bewußte Kunstmäßigkeit der so mühelos erzählten Ehegeschichte wird erkennbar. Zugleich wird erkennbar, wie sich Komisches und Tragisches vermischen. Das trifft gleicherweise für den eigentlichen Konflikt und die Gesellschaftlichkeit dieses Konflikts zu. Folgerichtig wird er aus dem Motivbereich der Angst hergeleitet — aus dem Verhalten der nächsten Personen, des Dienstpersonals und vor allem ihres Ehemannes: daß sie allesamt nicht verstehen, was mit einem Menschen außerhalb gesellschaftlicher Sicherungen geschehen kann. Diese unverstandene Angst hat ihre Folgen. Denn im Gespräch mit Crampas, mit dem sich Effi über solche Fragen aussprechen kann, geht ihr auf, wie gesellschaftlich das alles ist, was ihr Mann zur Überwindung ihrer Ängste beizutragen vermag: Erziehungsmaßnahmen und sonst nichts!

Seine Entladung — das Wort kann hier wörtlich verstanden werden — findet der Konflikt im Duell als einem gesellschaftlichen Ritual; und daß man es dabei nicht mit einer Unausweichlichkeit zu tun hat, wie in der klassischen Tragödie, ist keine Frage. Die gewisse Trivialität der Ehegeschichte mit tödlichem Ausgang, die sich ergibt, wenn das »Mythologem« der Ehre seine Glaubwürdigkeit zu verlieren beginnt, ist mit der erzählten Konfliktslage unlösbar verbunden. Und dies alles tritt um so deutlicher hervor, als der in seiner Ehre Verletzte nicht unmittelbar, spontan und aus der Erregung heraus reagiert, sondern mit dem Abstand der Jahre darüber nachdenkt. Das betrifft das Motiv der Verjährung. In der »Vorlage«, in der Ehegeschichte der Ardennes, spielt es keine Rolle. [81] Auch Spielhagens Erzählung kennt es nicht. Fontane dagegen hat es neben der Spukgestalt zum zweiten Drehpunkt seines Romans gemacht. Die zahlreichen Zeitangaben dienen vornehmlich diesem Zweck. Von der folgenreichen Schlittenfahrt bis zur Rückkehr vom Urlaub — die Übersiedlung nach Berlin liegt inzwischen schon einige Monate zurück — ist kein volles Jahr vergangen. Man hat sich im neuen Haus eingerichtet, und das zweite Jahr geht ins Land. Aber in demselben Kapitel, das diese Zeitangaben enthält, wird mitgeteilt, inzwischen sei »eine lange, lange Zeit« vergangen: »sie waren schon im siebenten Jahr in ihrer neuen Stellung.« (IV/223) Dem Erzähler kommt es auf das, was in dieser Zeit geschehen ist, in keiner Weise an. Es geht auch nicht um die Einzelheiten der ehelichen Entfremdung, sondern darum, den »Vorfall« selbst so rasch wie möglich in den Zustand einer mehrfachen Verjährung zu überführen. Dem auch dient die Kur Effis, die der Hausarzt verordnet hat. In dieser Zeit — genau sechseinhalb Jahre nach der Schlittenfahrt — entdeckt Innstetten durch eine Verkettung unglücklicher Umstände die Briefe seiner Frau. Sie werden zum corpus delicti der scheiternden Ehe — im Roman Fontanes ebenso wie im »Wirklichkeitsroman« der Ardennes. Der mit der Familie befreundete Wüllersdorf wird in die Entdeckung eingeweiht, und Innstetten lenkt auch das Gespräch sofort auf den springenden Punkt der Sache: auf die Verjährung der Angelegenheit, um zu erfahren, was davon zu halten sei: »Es sieht fast so aus, Wüllersdorf, als ob die sechs oder sieben Jahre einen Eindruck auf Sie machten. Es gibt eine Verjährungstheorie, natürlich, aber ich weiß doch nicht, ob wir hier einen Fall haben, diese Theorie gelten zu lassen.« (IV/234) Auf diese Verjährungstheorie kommt Innstetten in dem Selbstgespräch zurück, das sich einem inneren Monolog nähert. Es ist dies zugleich einer der Höhepunkte des Romans. Innstetten redet sich ein, Schuld sei an Ort und Stunde nicht gebunden. Daher könne auch Verjährung nur etwas Halbes und Schwächliches sein. Aber die so verstandene Beruhigung will nicht recht gelingen. Verjährung ist offenkundig mehr als ein nur formaljuristischer Begriff: »Es *muß* eine Verjährung geben, Verjährung ist das einzig Vernünftige; ob es nebenher auch noch prosaisch ist, ist gleichgültig [...] Dies ist mir klar. Treibt man etwas auf die Spitze, so übertreibt man und hat die Lächerlichkeit. Kein Zweifel. Aber wo fängt es an? Wo liegt die Grenze? Zehn Jahre verlangen noch ein Duell, und da heißt es Ehre, und nach elf Jahren oder vielleicht schon bei zehneinhalb heißt es Unsinn. Die Grenze, die Grenze. Wo ist sie? War sie da? War sie schon überschritten? Wenn ich mir seinen letzten Blick vergegenwärtige, resigniert und in seinem Elend doch noch ein Lächeln, so hieß der Blick: ›Innstetten, Prinzipienreiterei ... Sie konnten es mir ersparen und sich selber auch.‹« (IV/243)

Innstettens Argumentation zur »Theorie« der Verjährung hat etwas Erregendes. So wie sie in diesem Selbstgespräch geführt wird, ist sie in der Tat der zweite Drehpunkt des Ganzen. »Und ich bekenne Ihnen offen«, bemerkt Wüllersdorf, »um diese Frage scheint sich hier alles zu drehen.« (IV/234) Wir gewinnen den Eindruck, als würde die gesellschaftliche Bedingtheit des Vorgangs nunmehr durchschaut, als stünde derjenige schon außerhalb aller gesellschaftlichen Zwänge, der so wie Innstetten zu argumentieren imstande ist. Aber der Kreis, in dem er sich dreht, wird nicht durchbrochen. Die Gesellschaft als Orientierungspunkt allen Denkens behält das letzte Wort. Sie wird zwar ein »tyrannisierendes Gesellschafts-Etwas« genannt, aber zuletzt wird sie anerkannt – auch insofern, als Innstetten schon die Aussprache mit Wüllersdorf als einen gesellschaftlichen Vorgang versteht. Da er in seiner Sicht der Dinge infolge dieser Aussprache einen Mitwisser erhalten hat, sieht er sich erst recht darin bestätigt, so zu handeln, wie es die Gesellschaft fordert. Keine Frage: es geht nicht nur um den Inhalt dieses Gesprächs, sondern um dieses selbst, sofern es sich dabei um eine gesellschaftliche Veranstaltung handelt: »Innstetten bringt das Private öffentlich zur Sprache, bevor er der Sprache eine Chance gegeben hat, das Private zu klären und zu retten – erst damit wird er ›durchaus abhängig‹ von der Öffentlichkeit, die sich dessen, was ihr im Wort vermittelt wird, bemächtigt, um es ihren Kriterien zu unterwerfen« – so hat es Ingrid Mittenzwei formuliert und damit zweifellos auf ein wichtiges Moment in der Gesellschaftlichkeit der Konfliktslage aufmerksam gemacht. [82] Daß im Raum dieses Romans das Private – alles Private – vom Gesellschaftlichen verdrängt wird, macht die Sache so schlimm, die Sache der Menschlichkeit, wenn man das so sagen darf. Zugleich wird mit dem Motiv der Verjährung dem Konflikt jede Würde genommen; und das ist dem Roman gewiß nicht als Mangel anzurechnen, weil er nach den Regeln klassischer Ästhetik nicht mehr durchweg beurteilt sein will. Dieser Konflikt ist allenfalls noch zur Hälfte tragisch, wenn er es überhaupt ist; zur anderen Hälfte ist es eine Komödie, die man spielt, eine Gesellschaftskomödie; keiner durchschaut es besser als Innstetten selbst: »So aber war alles einer Vorstellung, einem Begriff zuliebe, war eine gemachte Geschichte, halbe Komödie. Und diese Komödie muß ich nun fortsetzen und muß Effi wegschicken und sie ruinieren und mich mit.« (IV/243) Muß Innstetten tun, was er tut? Und wenn er es muß – wie hat man dieses Muß bei Menschen zu verstehen, die sich nicht willenlos treiben lassen, noch im völlig Unbewußten dahinleben? So fragen, heißt zugleich fragen, wie frei diese Menschen sind und wie frei sie über die Sprache verfügen, die sie sprechen.

Darüber erfährt man das meiste, wie stets bei Fontane, aus dem Gespräch. Von *Effi Briest* hat man gesagt, daß Gespräche als Gestaltungsmittel der inneren Vorgänge zurücktreten. [83] Eher das Gegenteil ist der Fall: in keinem seiner Konfliktsromane verfügt Fontane über eine so reichhaltige Skala von Gesprächsformen, die er je nach Situationen zu gebrauchen versteht. Es gibt die geistreichen Causerien, die es in jedem seiner Romane gibt. Aber es gibt auch Gespräche ganz anderer Art, solche, in denen es, wie im Gespräch zwischen Effi und Crampas, zu echter Aussprache zu kommen scheint in einer Welt, die solcher Aussprachen ermangelt. Unmittelbar nach der Hochzeit unterhalten sich die Briests über ihre nunmehr verheiratete Tochter, und ob sie denn ihr Herz ausgeschüttet habe, fragt Briest, der von seiner Frau die bezeichnende Antwort erhält: »So möcht' ich es nicht nennen. Sie hat wohl das Bedürfnis zu sprechen, aber sie hat nicht das Bedürfnis, sich so recht von Herzen auszusprechen [...].« (IV/38) Doch scheint Frau von Briest auch nicht der Mensch zu sein, dem man sein Herz jederzeit »ausschüttet«. Innstetten ist ein solcher

Mensch noch weniger. Ein Gespräch mit Effi nimmt einen für die Eheleute charakteristischen Verlauf, wenn es heißt: »Innstetten sah in einer kleinen Verlegenheit vor sich hin und schien schwankend, ob er auf all das antworten solle. Schließlich entschied er sich für Schweigen.« (IV/58) [84] Aber mehr als in anderen Romanen hat sich in *Effi Briest* die Gesprächskunst in die Selbstgespräche verlagert. Sie erreichen nunmehr ein künstlerisches Niveau, das nicht seinesgleichen hat. Hier — wenn irgendwo — sind die in den Konflikt verstrickten Personen im Begriff, ihre eigene Lage zu durchschauen, um sich selbst in ihren Abhängigkeiten zu erkennen. In solchen Selbstgesprächen gewinnen sie immer erneut unsere Sympathie. Vor allem für Innstetten trifft das zu. Fontane hat alles getan, die Hauptgestalt seines Romans — eine Ehebrecherin! — menschlich auszuzeichnen. Eben deshalb war es ihm wichtig, den Ehemann nicht über Gebühr herabzusetzen. Der Prinzipienreiter, der er ist, soll nicht einfach als das böse Prinzip des Romans erscheinen. [85] Eben dazu tragen die Selbstgespräche viel bei. [86] In solchen Situationen nähern sich die Personen des Romans dem erhöhten Standort des Erzählers — und des Lesers — an. Zugleich gewinnen sie Klarheit über sich selbst. Im Falle Effis ist es die Klarheit über das, was sie fühlt — oder fühlen möchte. Es geht dabei um das große und alles überragende Selbstgespräch im 24. Kapitel. Man kann es in Hinsicht auf das, was Fontane mit seinem Roman sagen wollte, kaum überschätzen.

Effi befindet sich zu Besuch bei ihren Eltern in Hohen-Cremmen. Sie hat die Absicht, am nächsten Tag, ihrem Hochzeitstag, wieder in Berlin zu sein. Mit solchen Gedanken kehren unvermutet und ungerufen die Bilder ihrer Kessiner Tage zurück. Dabei erinnert sie sich auch des Tages, an dem die »Geschichte« ihren Anfang nahm. Diese Erinnerungen behelligen ihr Gewissen. Sie stellt sich vor, daß ihr Innstetten demnächst wieder Liebes und Freundliches sagt, und daß sie damit ihre Schuld nur desto mehr empfindet. Dabei stützt sie den Kopf auf ihre Hand und schweigt, um das Gespräch mit sich selbst sogleich wieder aufzunehmen: »Und habe die Schuld auf meiner Seele«, wiederholte sie. ›Ja, da *hab'* ich sie. Aber *lastet* sie auch auf meiner Seele? Nein. Und das ist es, warum ich vor mir selbst erschrecke. Was da lastet, das ist etwas ganz anderes — Angst, Todesangst, und die ewige Furcht: es kommt doch am Ende noch an den Tag. Und dann außer der Angst... Scham. Ich schäme mich. Aber wie ich nicht die rechte Reue habe, so hab' ich auch nicht die rechte Scham. Ich schäme mich bloß von wegen dem ewigen Lug und Trug; immer war es mein Stolz, daß ich nicht lügen könne und auch nicht zu lügen brauche, lügen ist so gemein, und nun habe ich doch immer lügen müssen, vor ihm und vor aller Welt, im großen und im kleinen, und Rummschüttel hat es gemerkt und hat die Achseln gezuckt, und wer weiß, was er von mir denkt, jedenfalls nicht das beste. Ja, Angst quält mich und dazu Scham über mein Lügenspiel. Aber Scham über meine Schuld, die hab' ich *nicht* oder doch nicht so recht oder doch nicht genug, und das bringt mich um, daß ich sie nicht habe. Wenn alle Weiber so sind, dann ist es schrecklich, und wenn sie nicht so sind, wie ich hoffe, dann steht es schlecht um mich, dann ist etwas nicht in Ordnung in meiner Seele, dann fehlt mir das richtige Gefühl. Und das hat mir der alte Niemeyer in seinen guten Tagen noch, als ich noch ein halbes Kind war, mal gesagt: auf ein richtiges Gefühl, darauf käme es an, und wenn man das habe, dann könne einem das Schlimmste nicht passieren, und wenn man es nicht habe, dann sei man in einer ewigen Gefahr, und das, was man den Teufel nenne, das habe dann eine sichere Macht über uns. Um Gottes Barmherzigkeit willen, steht es so mit mir?‹ — Und sie legte den Kopf in ihre Arme und weinte bitterlich.« (IV/219) Hier ist von sehr unterschiedlichen Gefühlen die Rede, wenn es sich denn überhaupt um Gefühle handelt. Von Schuld, Scham und Angst wird gesprochen, und es ist kein sehr geordneter Gedankengang, von dem wir Kenntnis erhalten. Was gesagt wird, wird zurückgenommen, verändert, korrigiert. Ihrer Angst wird sich Effi erneut bewußt, aber es ist eine andere Angst, eine solche vor der unumgänglichen Lüge, vor dem gesellschaftlichen Rollenspiel. Was diese über sich selbst nachdenkende Frau vor allem aber so betroffen macht, ist etwas anderes. Der eigentliche Drehpunkt ihrer Rede betrifft das, was nicht so recht als Schuld empfunden wird, was nicht so recht Scham ist und was folglich auch nicht das richtige Gefühl sein kann, obwohl doch alles, wie sie weiß, eben darauf ankäme: »auf ein richtiges Gefühl«. Die Effi Briest dieser Redesituation befindet sich in der Lage dessen, der glauben möchte und nicht glauben kann — nur daß es in ihrem Falle das Gefühl ist, von dem sie weiß, daß es nicht das richtige ist. Gefühl und Reflexion über Gefühl gehen eigentlich durcheinander und ergeben ein »merkwürdiges Gemisch«; und so — als ein merkwürdiges Gemisch — wird sie selbst einmal eingangs von ihren Eltern charakterisiert. Daß damit das Richtige getroffen ist, bestätigt eine beiläufige Szene. Von den Freundinnen befragt, ob denn der schon etwas ältere Baron der Richtige sei, gibt sie zur Antwort: »Gewiß ist es der Richtige. Jeder ist der Richtige. Natürlich muß er von Adel sein und eine Stellung haben und gut aussehen.« (IV/20) In solchen Äußerungen ist Effi das liebenswürdige »Produkt« ihrer Umgebung. Ihre Gesellschaftlichkeit hat etwas Jugendliches, und ihre Jugendlichkeit ist doch zugleich gesellschaftlich bedingt. Alles hört sich sehr natürlich an und ist doch nicht ursprüngliche Natur, sondern eine durch Gesellschaft beeinflußte zweite Natur. Das Selbstgespräch einige Jahre danach bewegt sich auf einer höheren Reflexionsstufe. Aber auch hier wird das richtige Gefühl nicht erreicht. In unserem Selbstgespräch wird sie sich dessen bewußt. Man hat Anlaß zu vermuten, daß es die gesellschaftlichen Verhältnisse sind, die das richtige Gefühl — fast wie bei Kleist — verhindern. Der Sündenfall liegt hinter uns, und bis zur erneuten Rückkehr ins Paradies ist es noch ein weiter Weg. Der Daseinsraum zwischen der Unschuld, die einmal war, und dem Paradies, wie es einmal wieder sein könnte: das ist die Welt, wie sie ist, die gesellschaftliche Welt, die uns in ihren Bann zieht, die uns umlauert, wo wir uns auch befinden. Sie ist unser »Schicksal«, wenn dieses etwas verbrauchte Wort im Roman noch eine gewisse Geltung behalten kann.« Alles ist Schicksal«, so steht es in einem der Briefe, den Crampas an Effi geschrieben hat. (IV/233) Der flüchtig geschriebene Satz ist nicht zu verallgemeinern. [87] Er gibt nicht die Meinung des Erzählers wieder. Aber wenn etwas Schicksalhaftes in den Roman Fontanes gelangt, dann ist die Gesellschaft selbst das Schicksal, das den Menschen umlauert und aus seinen Fängen nicht mehr frei gibt, so daß eben dadurch die Menschlichkeit ausgespart wird, auf die es ankäme. Auf keinen Fall ist es das Schicksal der Schicksalstragödie oder etwas dieser Art: über eine gewisse »Romantik« ist Fontane längst hinaus. Das muß man ihm schon zugute halten.

In dieser Deutung menschlichen Daseins als einer schicksalhaft gesellschaftlichen Umwelt liegt ein sehr ernster Sinn: daß die uns umgebende Gesellschaft das richtige Gefühl verhindert. Nicht nur Effi ist davon betroffen. Auch für Innstetten trifft zu, was Effi an sich selbst beobachtet und bemerkt. Er weiß sich, nach der Entdeckung der Briefe, wie er selbst bekennt, von Gefühlen des Hasses und der Rache gänzlich frei und sieht darin nur Vorzüge. Innstetten glaubt zu wissen, daß eine solche Leidenschaftslosigkeit nicht ein Zeichen mangelnder Liebe sei. Aber in diesem Punkt denkt Effi anders über ihn: »Denn er hatte viel Gutes in seiner Natur und war so edel, wie jemand sein kann, der ohne rechte Liebe ist.« An dieser Meinung ändert sich bis zum Schluß nichts. Daß Innstetten so besonnen wirkt, nimmt uns für ihn ein. Aber die Leidenschaftslosigkeit seines Verhaltens ist ambivalent: ohne innerlich wirklich erregt und aufgebracht zu sein, entscheidet er sich lediglich um der gesellschaftlichen Regel willen für das Duell. Auch er, wie Effi, wird sich vorübergehend — sehr vorübergehend! — des Mangels an wahrem Gefühl bewußt: »Rache ist nichts Schönes, aber was Menschliches und hat ein natürlich menschliches Recht.« (IV/243) Das menschliche Recht, das Recht des Menschlichen, von dem Fontane seinen Baron von Innstetten hier sprechen läßt, ist ein merkwürdiges Recht: es ist Rache und mithin nichts Schönes. Aber Innstettens Einwand gegen sich selbst ist aus der Gesprächssituation heraus zu erläutern: im Gedanken, die eigene Frau zu »rächen«, in der Bereitschaft, das eigene Leben für sie im Duell aufs Spiel zu setzen, könnte sich ein Äußerstes an Einsatz bezeugen. Das Duell könnte dadurch, wenn überhaupt, einen gewissen Sinn erhalten: den Sinn, die Bindung zum geliebten Menschen »existenziell« zu bewähren. Die Rache als ein zum Duell gehörendes Ritual würde damit — in gewissen Grenzen — gerechtfertigt. Aber gerade um eine solche menschliche Legitimität handelt es sich nicht. Innstetten fühlt das sehr wohl heraus. Das ist der Sinn seiner Rede: daß Rache etwas Menschliches sein könne, ein menschliches Recht. Das Duell aber hat die Chancen eines solchen Sinnes längst eingebüßt: es ist zur bloßen gesellschaftlichen Veranstaltung geworden, zu dem, was man einer phantomhaften Ehre willen schuldig zu sein glaubt. So daß hier geschehen kann, was im Roman Fontanes auch sonst geschieht: man »schlägt« sich für eine Frau, der man sich innerlich eigentlich entfremdet fühlt. Die Leidenschaft, die das Duell motivieren könnte, ist einer Leidenschaftslosigkeit gewichen. Sie macht den Zweikampf vollends zur Farce. Die Verjährung kommt dem Roman der Leidenschaftslosigkeit zugute, um den es sich handelt; denn auch hinsichtlich Effis, wie schon angedeutet, hat Fontane alles getan, den Eheroman auf die Ebene einer ziemlich leidenschaftslosen Liebesgeschichte »herunterzuspielen«.

Der *Schritt vom Wege*, wie der Titel einer zeitgenössischen Komödie (von Ernst Wichert) lautet, motiviert den Konflikt, der sich im Duell entlädt. Aber es fehlt ihm in der Person der Ehebrecherin alles Vorbedachte und Bewußte des »Vergehens«. Man gleitet hinein, nicht zufällig während einer Schlittenfahrt: »›Effi‹, klang es jetzt leis an ihr Ohr, und sie hörte, daß seine Stimme zitterte. Dann nahm er ihre Hand und löste die Finger, die sie noch immer geschlossen hielt, und überdeckte sie mit heißen Küssen. Es war ihr, als wandle sie eine Ohnmacht an.« (IV/162) Mehr wird nicht gesagt, und was da sonst noch geschieht, wenn etwas geschieht, bleibt offen. Die heißen Küsse des Herrn von Crampas widerlegen den Roman der Leidenschaftslosigkeit nicht, den Fontane erzählt. Denn wenn es in seinem Fall tatsächlich Leidenschaft sein sollte, die ihn beherrscht, so wäre es mit Gewißheit eine sehr momentane »Aufwallung« des Gefühls, der er sich überläßt. Im Falle Effis sind wir nicht einmal zu einer solchen Annahme berechtigt. Sie wird sich dessen im Rückblick bewußt: »... und dann hat er [Innstetten] den armen Kerl totgeschossen, den ich nicht einmal liebte und den ich vergessen hatte, weil ich ihn nicht liebte.« (IV/275) Ihre Liebe zu Crampas war nicht viel mehr als eine Liebelei.

Wir befinden uns mit dem Erscheinen der *Effi Briest* in der Zeit, in der Arthur Schnitzler seinen Weg als Schriftsteller längst begonnen hatte. Sein Bühnenstück *Liebelei* wurde am 9. Oktober 1895 am Wiener Burgtheater uraufgeführt – in demselben Jahr also, in dem auch Fontanes *Effi Briest* das Licht der literarischen Welt erblickte. Liebelei, das gibt es nach der »Philosophie« eines der »Damenmänner« in Schnitzlers Drama dort, »wo es keine großen Szenen, keine Gefahren, keine tragischen Verwicklungen gibt, wo der Beginn keine besonderen Schwierigkeiten und das Ende keine Qualen hat, wo man lachend den ersten Kuß empfängt und mit sehr sanfter Rührung scheidet«. [88] Auch die Liebesgeschichte, in die sich die verheiratete Frau in Schnitzlers Erzählung *Die Toten schweigen* eingelassen hat, ist eine Liebelei, wie es der innere Monolog rücksichtslos enthüllt. Es ist kein Zufall, daß auch in Spielhagens Roman von Liebelei gesprochen wird: »Handelte es sich noch nicht um Liebe, so zweifellos um eine bereits recht vorgeschrittene Liebelei«, teilt uns der Erzähler mit. [89] Jedesmal ist es Halbheit in der Liebe, die den Leidenschaftsroman verhindert. Daher sind alle diese Werke auch nicht am »klassischen« Eheroman Stendhals, Flauberts oder Tolstois zu messen, wie es geschieht, wenn man die dort dargestellte Leidenschaft zum Maßstab des Urteilens macht. Deren »Realismus« hat sein Großartiges in den unerhörten Schilderungen einer Leidenschaft, die alle Dämme der Ordnung durchbricht; das ist keine Frage. [90] Auch Tolstois Roman ist von Leidenschaft beherrscht. Die Personen Fontanes sind solche Helden nicht. Sie sind halbe Helden im leidenschaftslosen Eheroman der bloßen Liebelei. Die Unterschiede sind Unterschiede der Epochen. Der Leidenschaftsroman und der Roman der Leidenschaftslosigkeit sind daher auch aus den Voraussetzungen ihrer eigenen Zeit zu interpretieren. Das zu sehen, gebietet die Pflicht der historischen Differenzierung, damals wie heute. Mit dem deutschen Roman des neunzehnten Jahrhunderts kann man aus mancherlei Gründen unzufrieden sein. Aber es ist abwegig, Flaubert oder Tolstoi gegen Fontane um dieser fehlenden Leidenschaft willen auszuspielen. Solchen Mangel an Leidenschaft — »lack of passion« — hatte der englische Germanist Roy Pascal in seinem Buch über den deutschen Roman vor Jahren kritisch vermerkt. [91] Ein Rezensent des angesehenen ›Times Literary Supplement‹ hatte gefolgert, daß sich darin ein Mangel an weltgültiger menschlicher Bedeutung des Romans, an Liebe zur Menschlichkeit überhaupt, bezeuge. In einer temperamentvollen Stellungnahme hat Max Rychner derartige Vorwürfe zurückgewiesen; sie hätten »wohl eher in Hitler und seinem Kriege den Grund [...] als in der künstlerischen Erkenntnis der Romankunst«, führte er aus. [92] Und in der Tat: der leidenschaftserfüllte kann so gültig sein wie der leidenschaftslose Roman. Die spätere Zeitstufe, die sich in *Effi Briest* bemerkbar macht, verbietet es, das mit der Zeit Fortgeschrittene am Früheren zu messen. Auch im Gebiet des Romans sollte es jene »Klassik« nicht geben, die ein für allemal und geschichtslos über die Zeiten hinweg Geltung beansprucht. Damit fällt ein Licht auf jenen Begriff, den man allzu unbedenklich gebraucht, wenn man über Fontanes Realismus handelt. Diesem — dem Realismus bis zur Mitte des Jahrhunderts — mag eine in Prosa umgesetzte Tragik noch gemäß sein, der das Leidenschaftsdrama in Romanform entspricht. Und wie im Fortgang der Entwicklung das Dilemma der Tragödie immer deutlicher zutage tritt, so gerät auch der tragische Roman, als der Goethes *Wahlverwandtschaften* noch verstanden werden konnte, mehr und mehr zur Zeitlage in Widerspruch. Der fehlenden oder reduzierten Tragik ist der Mangel an Leidenschaft analog. Daher versteht es sich auch keineswegs von selbst, Fontanes *Effi Briest* einen tragischen Roman zu nennen, wie man ihn vielleicht allzu selbstverständlich nennt. Denn wenigstens zur Hälfte ist der so bezeichnete Roman eine Komödie — oder eine erzählte Tragikomödie, wenn man will. »Die ganze Geschichte ist eine Ehebruchsgeschichte wie hundert andre mehr«, teilte Fontane in einem Brief vom 21. Februar 1896 Spielhagen mit.

Das zeigt sich an der Beschaffenheit des Konflikts, dem eigentlich alle Würde fehlt. Es sind letztlich gesellschaftliche Rücksichten, die Innstetten zu seinem Verhalten zwingen, das ihm selbst zuwider ist. Er ordnet sich lediglich dem »tyrannisierende[n] Gesellschafts-Etwas« unter, und er weiß zugleich, daß dieses Etwas »nicht nach Charme und nicht nach Liebe und nicht nach Verjährung« fragt. Daß er den Konflikt durch das bloße Gesellschafts-

Etwas motiviert sieht und sich dennoch beugt, ist bezeichnend für seine Halbheit. Es ist mit anderen Worten die Lächerlichkeit der Sache, die dem tragischen Roman von der Art der *Wahlverwandtschaften* im Wege steht. Vorausweisend auf Schnitzlers Erzählung *Leutnant Gustl* beruht das Tragische vorzüglich darin, daß es nicht mehr im vollen Umfang zustande kommt. In der Stilmischung des Alltäglichen mit dem Tragischen hat Erich Auerbach seinen am »klassischen« Roman der Franzosen gebildeten Realismusbegriff gewonnen. In Fontanes *Effi Briest* ist es eine alltägliche Geschichte anderer Art — eine Geschichte, die man, wie angedeutet, nur noch zur Hälfte als tragisch bezeichnen kann. In der das Lächerliche streifenden Verjährung ebenso wie im absichtslosen Hineingleiten wird der tödliche Ernst der Geschichte offenkundig, ein aus Alltäglichkeit, Lächerlichkeit und Trivialität gemischter Ernst. Der nicht mehr tragische Roman auf dem Hintergrund einer halben Komödie ist das menschlich Bewegende einer im ganzen illusionslosen Erzählung, die sich darin der Bewußtseinslage der Moderne zu nähern scheint; und nur in einigen Passagen am Ende macht sich die Verhaftung an die Tradition stärker bemerkbar. Denn wenn dennoch etwas für den tragischen Roman sprechen könnte, so ist es der Tod Effis, das langsame Dahinsterben, das eine solche Beziehung nahelegt. Man gewinnt den Eindruck, daß in diesen Schilderungen die Gefahr der Sentimentalität nicht ganz umgangen worden ist. [93]

Daß Fontane der erzählte Tod seiner Heldin wichtig war, ergibt sich aus dem Vergleich mit der Ehegeschichte, wie sie sich in den achtziger Jahren zugetragen hat; denn die Ironie der Geschichte wollte es, daß die Frau, um deretwillen das Duell ausgefochten wurde, das Ereignis ungewöhnlich lange überlebte und erst im Alter von 99 Jahren starb. In diesem Punkt nimmt sich die Wirklichkeit nüchterner aus als der Roman, in dem Fontane einen Vorgang schildert, den man mit Richard Strauß *Tod und Verklärung* überschreiben könnte. Sterben, wenn es zu ausführlich und mit zu schönen Worten erzählt wird, ist seit je eine Klippe der Sentimentalität, und die quälend sich hinziehende Schlußszene in *Kabale und Liebe* beweist es. So wie Schiller verfährt Fontane nicht; und liest man genau, was wir über den Tod Effis erfahren, so stellt man fest, daß er in der Erzählung »übergangen« wird. Wir hören, daß sie eines abends — oder eines nachts — erschöpft am offenen Fenster saß: »Die Sterne flimmerten, und im Parke regte sich kein Blatt.« (IV/294) Aber schon im nächsten Erzählabschnitt — einen Monat später — ist von ihrem Grab die Rede, von einer weißen Marmorplatte, die »seit gestern« dort liegt. In der Schilderung des Todes seiner Heldin ist Fontane ein zu eingehendes Verweilen nicht vorzuwerfen; eher schon in der ausführlich geratenen Schilderung ihres Sterbens. Aber mehr noch ist es die poetische »Umrahmung«, die uns zu denken gibt. Mit dem »Effi komm« zu Eingang des Romans und dem Telegrammtext des Vaters werden Anfang und Ende höchst kunstvoll — allzu kunstvoll vielleicht — miteinander verknüpft. Hier ist noch einmal der »Ton« des poetischen Realismus zu vernehmen. Es ist eine mit dem Tod versöhnte Sprache, wie bei Gottfried Keller auch. Den Tod seines Helden, des grünen Heinrich, beschreibt er in der ersten Fassung wie folgt: »So ging denn der tote grüne Heinrich auch den Weg hinauf in den alten Kirchhof, wo sein Vater und seine Mutter lagen. Es war ein schöner freundlicher Sommerabend, als man ihn mit Verwunderung und Teilnahme begrub, und es ist auf seinem Grabe ein recht frisches und grünes Gras gewachsen.« [94] Und ähnlich Fontane: »Das Wetter war schön, aber das Laub im Parke zeigte schon viel Rot und Gelb, und seit den Äquinoktien, die drei Sturmtage gebracht hatten, lagen die Blätter überallhin ausgestreut. Auf dem Rondell hatte sich eine kleine Veränderung vollzogen, die Sonnenuhr war fort, und an der Stelle, wo sie gestanden hatte, lag seit gestern eine weiße Marmorplatte, darauf stand nichts als ›Effi Briest‹ und darunter ein Kreuz.« (IV/294) In der Art, wie hier über Sterben und Tod gesprochen wird, gibt sich Fontane als ein Schriftsteller des 19. Jahrhunderts zu erkennen, der er ja schließlich auch war. Um dieselbe Zeit — schon ein Jahr zuvor (1894) — hatte Schnitzler in der ›Neuen Rundschau‹ seine Novelle *Sterben* veröffentlicht, die sich um vieles deutlicher von der schönen Sprachwelt entfernt, in der die Dichter der deutschen Klassik und des poetischen Realismus noch lebten. Es geht um den Tod des »Helden« in Schnitzlers Erzählung; als die Geliebte und der Freund zu ihm zurückkehren, finden sie ihn tot im Zimmer des Hotels: »im weißen Hemde, lang ausgestreckt, mit weit auseinandergespreizten Beinen [...] Vom Munde floß ein Streifen Blut über das Kinn herab. Die Lippen schienen zu zucken und auch die Augenlider.« [95] Die Romanschlüsse erweisen sich einmal mehr als schwierig. Doch schließt Fontanes *Effi Briest*, um genau zu sein, nicht mit der Erzählung vom Tod seiner Heldin, sondern mit einem Gespräch über sie. Mit diesem abschließendem Gespräch wird der Ernst der Geschichte ohne Frage über die gesellschaftliche Komödie hinausgeführt — in einen Bereich, in dem alle diese Begriffe ihre Geltung wieder verlieren.

Auch in *Effi Briest* gibt es Gespräche in den Salons, in denen sich Gesellschaftliches als Witz, Esprit und Causerie darstellt. Es gibt die zahlreichen Konversationen, die Menschen voneinander eher entfernen als näher bringen. Aber daneben gibt es »Redeformen« ganz anderer Art: solche der verhinderten Rede, der Aussprache, die unterbleibt, oder des bewußten Verzichts sprachlicher Artikulation. Man spricht über Belanglosigkeiten und spart das Belangvolle aus. Man geht den Aussprachen aus dem Wege, die klären könnten, und bleibt inmitten einer durch und durch gesellschaftlichen Welt allein. Eine solche Aussprache wäre zumal unter den Eheleuten erforderlich, aber als es im Gespräch über die Spukgestalt des Chinesen zu einer Aussprache zu kommen scheint, bricht Innstetten ab: »Schließlich entschied er sich für Schweigen.« (IV/58) Dagegen kann sich die junge Ehefrau mit dem »Damenmann« darüber sehr angeregt unterhalten, und es kann nicht zweifelhaft sein, daß ihr »Schritt vom Wege« auch dadurch verständlich wird. Ihre Lage wird einsichtig in dem, was sie über den Apotheker des Ortes sagt: »er ist wirklich der einzige, mit dem sich ein Wort reden läßt, der einzige richtige

Mensch hier.« (IV/68) Damit wird aber auch erkennbar, daß die Gesellschaftlichkeit der Gespräche wie der Aussprachen, die unterbleiben, nur die eine Seite der Sache sind, ihre negative Seite. Es gibt andere Aspekte des Gesprächs: die Aussprachen, die menschlich etwas bedeuten, wie die Unterredung Effis mit Crampas, nur daß es nicht der »richtige« Partner ist, mit dem sie geführt wird. Und es gibt, wie mehrfach erwähnt, die Selbstgespräche, die Klärung zu bringen scheinen. In einer dieser Selbstaussprachen ist Innstetten der erlösenden Erkenntnis schon nahe, wenn er die Gesellschaft als das tyrannisierende Etwas erkennt, das sie ist — um sich diesem Etwas schließlich dennoch zu unterwerfen. Auch Effi ist keineswegs das naive Menschenkind, dem entginge, worum es eigentlich geht. Zumal gegen Ende der Erzählung durchschaut sie ihre Lage, wenn sie Angst, Scham und Schuld als Gefühle versteht, die für sie nur halbe Gefühle sind. Gleichwohl wird in beiden Fällen eine vollkommene Lösung aus den »Fängen« der Gesellschaft nicht bewirkt. Insofern nehmen Fontanes Ehegeschichten wie andere Gesellschaftsgeschichten den ihnen »schicksalhaft« vorgezeichneten Verlauf. Insofern ist *Effi Briest* in gewissen Grenzen eine Transponierung der tragischen Form vom Drama auf die Kunstform des Romans: es werden gesellschaftliche Konflikte mit tödlichem Ausgang erzählt, und die Schuld als unschuldige Schuld ist derjenige Bereich, der auch hier den Vergleich mit der Kunstform der Tragödie gestattet. Diese Schuld am tödlichen Ausgang einer eigentlich harmlosen Verfehlung scheint sich mit unterschiedlichem Gewicht auf die Personen zu verteilen: auf Innstetten und Crampas, auf die Eltern und gewiß auch auf die am meisten Betroffene, auf Effi selbst. In dem Maße aber, in dem man sie alle, die sie an diesem Unglück mitgewirkt haben, entschuldigt, oder indem es die Erzählung tut, die sich noch gegenüber den vermeintlich eindeutig Schuldigen verstehend verhält, wird dem anonymen und tyrannisierenden Gesellschafts-Etwas alle Schuld aufgebürdet — eine Denkweise, die ihr Bedenkliches hat, wenn sie zur Regel wird. Dieses echte Dilemma, als eine nicht voreilig aufzulösende Antinomie, zeigt Fontane mit seinem Roman auf, der sich nach dieser Seite hin als ein tragischer Roman erläutern läßt. Seine Gesellschaftskritik ist entschieden, und in Spielhagens Roman fand er sie nicht entschieden genug ausgesprochen: »Die Bedenken gipfeln in der persönlichen oder sag ich lieber richterlichen Stellung, die Sie zu der von Ihnen geschilderten Gesellschaft einnehmen. Ich finde das Maß der Verurteilung [...] nicht scharf genug«, schrieb er (am 25. August 1896) an diesen. Trotzdem läßt es Fontane nicht zu, daß sich die Schuld der beteiligten Personen erledigt, indem sie ausschließlich einem anonymen Etwas zuerkannt wird. Ihren Ausdruck findet diese Tragik nicht zufällig im Eingeständnis eigener Schuld bei derjenigen Person des Romans, die von Anfang an als die unschuldigste erscheint, bei Effi selbst. In Schulderkenntnissen und Schuldgeständnissen wie diesen erreichen die Selbstgespräche — ohne alle Theatralik und Rhetorik — ihren Höhepunkt. In *Effi Briest* geht ein solches Bekenntnis in das abschließende Gespräch zwischen Mutter und Tochter ein, und es ist, wie ähnlich in der überlieferten Tragödie, die Zeitstruktur, die das Tragische im Zuspät solcher Vorgänge offenkundig macht: erst jetzt, in der Grenzsituation des Todes und gewissermaßen von gesellschaftlichen Zwängen befreit, kommt es zu einer Aussprache, zu der es bis dahin nicht gekommen war. »Ja. Und es liegt mir daran, daß er erfährt, wie mir hier in meinen Krankheitstagen, die doch fast meine schönsten gewesen sind, wie mir hier klar geworden, daß er in allem recht gehandelt. In der Geschichte mit dem armen Crampas — ja, was sollt' er am Ende anders tun? [...] Laß ihn das wissen [...]« (IV/294).

Wo Schuld von Personen des Romans übernommen wird, wird der Erzähler davon dispensiert, Schuldurteile auszusprechen. Dies unter allen Umständen zu vermeiden, ist Fontanes erklärte Absicht; und mehr noch ist es die Struktur des Romans, die so beschaffen ist, daß alle eindeutig richterlichen Schuldurteile unterbleiben, weil die Bedingtheit der Verhältnisse erkannt wird, die Nachsicht erforderlich macht. In gewisser Weise sind die Konflikte nur Mittel, damit sich dieser Zweck »erfüllt«: damit die Humanität der Nachsicht in den Formen und Grenzen der Erzählkunst geübt werden kann. »Das Menschliche steht nicht blos höher, es ist das Einzige was gilt«, heißt es in einem Brief aus der Zeit, da *Effi Briest* geschrieben wurde (an G. Friedlaender vom 10. Nov. 1894). Aussprache im Gespräch kann klären, aber sie kann die Klärung auch beeinträchtigen, wenn sie auf Eindeutigkeit drängen sollte, wo sich Eindeutigkeit verbietet. Von solchen Rücksichten und Einsichten ist das abschließende Gespräch bestimmt — eine der großartigsten Redeszenen der Literatur, die Fontane je gelungen sind, falls der Ausdruck »Szene« hier gebraucht werden kann. Denn daß die abwägende »Urteilsbildung« allem entgegengesetzt ist, was Szene, Forum oder Tribunal heißen könnte, gibt dem Gespräch unter Menschen über alle gesellschaftlichen Verhältnisse hinweg den eigentlich menschlichen Sinn. Hier vor allem kommt die Vieldeutigkeit der Dinge zu ihrem Recht, die Fontane dem Ritterschaftsrat von Briest zu formulieren überläßt.

Die bevorzugt zweideutigen Redeformen hält ihm seine Frau erneut vor: »Und dann, Briest, so leid es mir tut ... deine beständigen Zweideutigkeiten ...« Doch verbirgt Briests verhüllende Rede weit mehr, als seine Frau wahrzunehmen vermag. Hier scheint einer zu sprechen, der besser als andere Bescheid weiß über die Mischungen, Gegensätze und Widersprüche, die es unter Menschen gibt. Dieser Vater ist alles andere als ein Tugendheld, und von dem Vorwurf einer zu großen Nachgiebigkeit gegenüber seiner Frau kann man ihn vermutlich nicht freisprechen. In den Ablauf der Ehegeschichte greift er kaum je ein. Erst am Schluß ist seine Stunde gekommen. Nur widerstrebend hat er sich in die Maßnahmen seiner sittenstrengen und gesellschaftsbewußten Gattin gefügt — bis er es nicht länger mehr ertragen kann, hinfort den Großinquisitor zu spielen. So sorgt er denn dafür, daß die Tochter endlich wieder in das elterliche Haus zurückkehrt, wie es längst hätte selbstverständlich sein sollen. Und nun, nach dem Tode Effis, unterhält man sich über den Ausgang der Geschichte, in der Absicht, sich ein abschließendes Urteil zu bilden. Frau von Briest ist bereit, einen gewissen Teil der Schuld zu übernehmen —: »und zuletzt, womit ich mich selbst anklage, denn ich will nicht schuldlos ausgehen in dieser Sache, ob sie nicht doch vielleicht zu jung war?« Worauf der alte Briest bekanntlich erwidert: »Ach, Luise, laß... das ist ein *zu* weites Feld.« (IV/296) Mit dem vieldeutigen Wort wird nichts Genaues ermittelt. Es ist bloß eine Redensart, die wir vernehmen, nicht mehr; und fast könnte es scheinen, als würde damit Entscheidendes — die Schuld der Beteiligten — verdrängt. Aber gerade darum handelt es sich nicht. Der alte Briest versagt es sich lediglich, moralische Urteile auszusprechen. Er wägt ab, bezieht sich in das Geschehene ein und gewahrt, daß alles im Unwägbaren verläuft. Ohne jeden Aufwand der Rede und ohne große Worte wird das, was nicht mehr zu ändern ist, in einer Art *understatement* angedeutet. Die anspruchslose Redensart schließt alles das ein, was sich so genau nicht scheiden läßt. So läßt er das nicht zu Trennende auf sich beruhen und ist nachsichtig, ohne nachlässig zu sein. Er nimmt alles hinein in das weite Feld und weiß selbst am besten, was es umfaßt. Das Menschliche als das einzige, das gilt, ist in der Optik des Romans die Bewußtseinsebene, die hier erreicht wird.

Was aber heißt menschlich, wenn man Wort für Wort das zur Kenntnis nimmt, was gesagt wird? Über die Kreatur ist nicht hinwegzulesen, auf welche die Eheleute zu sprechen kommen. Rollo liege wieder vor dem Stein, bemerkt Frau von Briest, und damit ist Effis Grabstein gemeint. Darauf der alte Briest: »Ja, Luise, die Kreatur. Das ist ja, was ich immer sage. Es ist nicht so viel mit uns, wie wir glauben.« Erledigt sich damit alles Reden über Menschlichkeit nicht von selbst, wenn die Gattung Mensch in solche Nachbarschaft des Tieres verwiesen wird? [96] In der Zeit der Klassik wären Sätze wie diese vermutlich nicht möglich gewesen. Sie hätten ihrem Humanismus widersprochen, ihrer Auffassung von der Würde des Menschen. Der Humanismus des alten Briest — und damit derjenige einer sehr viel späteren Zeit — ist von anderer Art. Hier wird nicht auf Würde insistiert, die leicht in Überhebung umschlagen könnte. Der über die Beschaffenheit des Menschen nachsinnt, denkt bescheiden über ihn und ist weit entfernt, hinsichtlich des seelischen Verhaltens den Abstand zum Tier über Gebühr zu vergrößern. Im Kreatürlichen, im Leiden des Geschöpfs, im Mitleid wird Verbindendes wahrgenommen — etwas dem Menschen wie dem Tier Zukommendes, das sich als das eigentlich Menschliche artikuliert. Aber daß es sich zu artikulieren vermag, macht um ein Geringes die Differenz zur Kreatur aus, die leidet, ohne der Sprache fähig zu sein. Was sie uns schuldig bleibt und worin sie fehlen mag: die Sprache behält trotz allem und allem das letzte Wort; und es ist nicht zufällig ein vieldeutiges Wort, mit dem wir als Leser entlassen werden; »das Menschlichste, was wir haben, ist doch die Sprache«, heißt es gelegentlich in Fontanes Roman *Unwiederbringlich* (II/654), mit dem sich das nächste Kapitel befaßt.

2. Unwiederbringlich

Der Wanderer durch die Mark ist der Verfasser der Romane vom märkischen Adel; und mehr noch hat er das zu sein, was die Zeitgenossen von seinen Anfängen her erwarteten. Solche Festlegungen hat Fontane mit wachsendem Unbehagen zur Kenntnis genommen. Lobeserhebungen nach dieser Seite hin fingen an, ihn zu stören; und daß man seine Romane lobte, war ihm wichtiger als alles sonst. Er war überzeugt, daß sich die *Wanderungen* schon von selbst »durchfressen« würden und keiner Paten bedürften: »Ich lasse mir natürlich auch über die ›Wanderungen‹ gern Freundliches sagen« schrieb er am 30. August 1882 an seine Frau, »aber mich ein für allemal auf sie annageln wollen, *das* verdrießt mich.« Und wie man dazu neigte, Fontane auf dieses Werk »anzunageln«, so nicht minder auf die Schauplätze seiner Romane. Auch in diesem Punkt war man an Berlin oder die umliegende Mark gewöhnt und wünschte, daß es so blieb. Wo er davon abwich, wurde es ihm meistens verdacht. So gelten denn in der literarischen Kritik die Romane, die nicht im Märkischen spielen, im vornhinein als nicht gelungen. *Unwiederbringlich* ist einer dieser Romane, die ihre Schauplätze außerhalb des Landes haben, in dem Fontane lebte — obwohl wir uns mit der stofflichen Vorlage in die nähere Umgebung, in das Großherzogtum Strelitz, verwiesen sehen. [97] Fontane hatte gute Gründe, die Handlung nach Schleswig-Holstein und nach Kopenhagen zu verlegen. Aber von einem »Mangel ethnographischer Basis«, der gegen *Graf Petöfy* und gegen Teile des Romans *Quitt* nicht ganz unberechtigt vorgebracht wurde, kann hier mit Gewißheit nicht die Rede sein. [98]

Dänemark war für Fontane keine terra incognita. Er hatte im Jahre 1866 das erste seiner Kriegsbücher veröffentlicht, das Buch *Der Schleswig-Holsteinsche Krieg im Jahre 1864,* und er hatte es nicht ohne Kenntnis des Landes und seiner Leute geschrieben. Noch in der Zeit des Waffenstillstands, im Mai 1864, hatte er Schleswig-Holstein besucht. Im September desselben Jahres unternahm er eine Reise nach Dänemark. Ein Feuilleton mit dem Titel *Kopenhagen* wurde im Frühjahr 1865 im Stuttgarter ›Morgenblatt‹ publiziert. Sowohl dieses Feuilleton wie das Buch über den dänischen Krieg haben hier und da ihre Spuren im Roman hinterlassen; und daß Fontane das Lokalkolorit im ganzen nicht schlecht getroffen hat, wird ihm auch von dänischer Seite bescheinigt. [99] Es zeugt durchaus von Kenntnis des Landes und seiner Geschichte, wenn in diesem Roman beiläufig Grundtvig erwähnt wird — und wenn man weiß, was der große religiöse Erzieher für Dänemark bedeutet. (II/733) Daß der schärfste Kritiker seines Volkes wie seines Kirchenvolkes, daß Søren Kierkegaard in Fontanes Dänemark nicht vorkommt und — soweit ich sehe — auch sonst nicht genannt wird, muß nicht überraschen. Seine Entdeckung in Deutschland fällt zwar noch in die letzten Lebensjahre Fontanes, und der ihn als einer der ersten vorgestellt hatte, ist derselbe Georg Brandes gewesen, an den sich Fontane im Jahre 1888 wegen

Überprüfung des dänischen Lokalkolorits in unserem Roman wandte. [100] Diese Charakteristik Kierkegaards war in deutscher Sprache im Jahre 1879 erschienen. Aber erst im Todesjahr Fontanes kamen die ersten Gesamtdarstellungen neueren Datums in Dänemark heraus — ehe dann die große Kierkegaard-Woge um 1910 Deutschland erreichte. [101] Mangel an ethnographischer Anschaulichkeit stünden freundlicheren Urteilen nichts im Wege, an denen es auch nicht fehlt. Kein Geringerer als Conrad Ferdinand Meyer hat die Reihe der positiven Urteile eingeleitet, die es gibt. Noch während *Unwiederbringlich* in der ›Deutschen Rundschau‹ 1891 im Vorabdruck erschien, teilte er seine Eindrücke dem Herausgeber, Julius Rodenberg, brieflich mit: »Sehr interessirt es mich, Fontanes Roman quasi vor meinen Augen entstehen zu sehen. Man sieht ihn bauen. ›Unwiederbringlich‹ ist wohl das vorzüglichste, was die R. in der reinen Kunstform des Romans je gebracht hat: feine Psychologie, feste Umrisse, höchst-lebenswahre Charaktere u. über Alles doch ein gewisser poetischer Hauch [...].« [102] Solche Auszeichnungen wurden dem Roman in neuerer Zeit wiederholt zuteil. Aber den schwankenden Boden der literarischen Wertung hat man damit gerade nicht verlassen. In seiner Literaturgeschichte des bürgerlichen Realismus geht Fritz Martini nur beiläufig auf *Unwiederbringlich* ein; sein Urteil fällt nicht eben schmeichelhaft für Fontane aus: »Die Lebensschwäche läßt kein echtes Schicksal zu; sie verlieren sich im Fragwürdigen [...] Der Roman war auf das Zuständliche, Porträthafte, die andauernde Unentschiedenheit [...] angelegt [...]. Er [Fontane] hat sich selbst nicht entschieden [...] So brach das Ganzheitsgefüge des Romans auseinander.« [103] Wenige Jahre später ließ Peter Demetz nicht die geringsten Zweifel, daß er ganz anders über diesen Roman denkt: »[...] *Unwiederbringlich* bleibt das makelloseste *Kunstwerk* Fontanes: — ohne Schlacke und Sentimentalität; kühl, gefaßt, kontrolliert; ein Buch ganz aus Elfenbein [...].« [104] Damit würde Fontanes »dänischer« Roman noch über *Effi Briest* gestellt. Solche Rangordnungen sind hier nicht beabsichtigt; und daß *Unwiederbringlich* abweichend von der Chronologie nach *Effi Briest* behandelt wird, hat andere Gründe. Man kann an diesem Buch sehr gut das Modellhafte der Konfliktsituationen studieren; und um so besser, wenn man durch andere Romane darauf vorbereitet ist. Die »reine Kunstform« des Romans aber, von der Conrad Ferdinand Meyer gesprochen hat, bestätigt sich insofern, als man ihn auf verschiedenen Ebenen seiner Struktur erläutern kann. Er ist auch dadurch so reich an Nuancen, daß er mehrere »Lesarten« enthält, ja es auf solche angelegt zu haben scheint. Die erste dieser Ebenen ist diejenige des Eheromans, um den es sich fraglos handelt.

Eine Ehegeschichte wird in diesem Roman über viele Jahre hin überblickt und in der zunehmenden Entfremdung der Ehepartner beschrieben. Hier, wenn irgendwo bei Fontane , ist die Ehe das zentrale Thema, um das sich alle Vorgänge gruppieren. Mehr noch als in *Effi Briest* ist sie das eigentliche Leitmotiv. Zwar sind es auch in *Unwiederbringlich* die Ehen der guten Gesellschaft, von denen der Roman vorzugsweise handelt; und nur in den wirtschaftlich gutsituierten Kreisen kann man sich Ehescheidungen »leisten«. Wir bewegen uns in einer feudalen Welt mit Parkanlagen, Terrassen und Treibhäusern, und die Dienerschaft ist wie von altersher zur Stelle. In Fontanes »dänischem« Roman kommt ein Weiteres hinzu: nur zur Hälfte spielt sich alles in Kreisen des Landadels ab; zur anderen Hälfte erhalten wir Einblick in die Gepflogenheiten höfischen Lebens. Man kann es daher den ein wenig laxen Auffassungen des dänischen Hofes zuschreiben, wie er in diesem Roman erscheint, wenn hier über Liebesverhältnisse so gesprochen wird, »wie wenn das nicht bloß statthafte, sondern geradezu pflichtmäßige Dinge wären.« (II/692) Nicht zufällig ist es Ebba Rosenberg, in die sich der arglose Holk zeitweilig verliebt, von der das gesagt wird. Aber die Prinzessin denkt in solchen Fragen nicht grundsätzlich anders. Sie wird uns geschildert als eine freigeistig denkende Person, die »ein Herz oder doch mindestens ein Interesse für Eskapaden und Mesalliancen, für Ehescheidungen und Ehekämpfe hatte [...]«. (II/771) Zwar ist ihr sehr daran gelegen, daß ihrem Gast, dem Grafen Holk, nichts Schlimmes widerfährt, und die junge Dame wird ermahnt, sich in diesem Punkt zu zügeln. Sonst aber ist erlaubt, was gefällt: »[...] tu, was du willst, heirate Pentz oder mache mit Erichsen oder gar mit Bille, dessen Masern doch mal ein Ende nehmen müssen, eine Eskapade, mir soll es recht sein«, sagt sie zu ihr. (II/694) Freizügige Auffassungen sind in Hofkreisen üblich. Aber auch außerhalb des Adels denkt man über Ehen großzügig. Die Verhältnisse der hübschen Brigitte Hansen, Frau eines Kapitäns in Kopenhagen, sind undurchsichtig, und mit Absicht verfährt der Erzähler so, daß wir auf Mutmaßungen angewiesen bleiben. Aber was da auch vorgefallen sein mag – eines Tages begegnet die verheiratete Frau einem jungen Leutnant, der es ihr angetan hat; und sie gesteht es auch anderen, daß er ihr gefällt. (II/642) Daher kann auf die Ehe allgemein bezogen werden, und nicht nur auf die Ehen der oberen Stände, was gelegentlich in einem dieser Gespräche gesagt wird: »alles kann entheiligt werden, alles hat seine Sakrilegien erlebt.« (II/704) Die Säkularisierung befindet sich in einem fortgeschrittenen Stadium, und es ist nicht zufällig die Pastorin Schleppegrell, die feststellt, was mehr und mehr für alle zu gelten scheint: »Man muß sich untereinander helfen, das ist eigentlich das Beste von der Ehe. Sich helfen und unterstützen und vor allem nachsichtig sein und sich in das Recht des andern einleben. Denn was ist Recht? Es schwankt eigentlich immer.« (II/721) In diesem Punkt, in der Frage einer inzwischen fortgeschrittenen Säkularisierung, haben wir uns von den *Wahlverwandtschaften* Goethes und der dargestellten »Heiligkeit« der Ehe weit entfernt. Die Frömmigkeit, die ihr als Institution zugute kommen könnte, ist einer Weltlichkeit gewichen, die betroffen macht. Dennoch setzt auch *Unwiederbringlich* die Tradition der *Wahlverwandschaften* fort, auf die abermals mit dem berühmten Palmenzitat angespielt wird, und die Atmosphäre des Goetheschen Romans spürt man auch sonst. Vor allem die Eingangskapitel lesen sich wie eine Wiederkehr der Ausgangssituation dort: wir finden geordnete Verhältnisse einer glücklichen Ehe vor, die keinerlei Fährnisse zu kennen scheint. Aber anders als bei Goethe bricht nicht eines Tages etwas Dämonisches unversehens in die Ehegemeinschaft herein. Im Roman Fontanes handelt es sich um einen Prozeß der Entfremdung, der von einem bestimmten Zeitpunkt an einsetzt und bis dahin nicht zu bemerken war; denn mehr als siebzehn Jahre hat man glücklich miteinander gelebt. Der Roman setzt ein mit der Versicherung gegenseitigen Glücks: »Bald ist es ein Jahr nun, Helmuth, daß wir zuletzt hier auf der Düne standen und du mich fragtest, ob ich hier glücklich sein wolle. Ich schwieg damals . . .«, sagt die Gräfin zu ihrem Mann; und auf dessen Frage, wie es sich heute damit verhält, antwortet sie, ohne sich zu bedenken: »Heute sag' ich ja.« (II/571) Aber schon die nächsten Kapitel belehren uns eines anderen.

Der Leser gewinnt sehr rasch den Eindruck, als sei mit einem Fortbestand der Ehe nicht mehr zu rechnen, weil die Charaktere der Ehepartner nicht zusammen passen. Tatsächlich kann man sich die Gegensätze kaum schroffer denken, als sie sich im Verlauf dieser Ehegeschichte darstellen. Die Gräfin ist, wie wir hören, eine charaktervolle Gestalt. Dem entspricht die Prinzipienstrenge, die ihr eigen ist. Sie verbindet sich mit der Neigung zum Schwernehmen und zur Schwermut. Wenn sie über den Versen Waiblingers — »Wer haßt, ist zu bedauern, / Und mehr noch fast, wer liebt« — Tränen vergießt, so ahnen wir bereits, daß die Verse auf sie selbst zu beziehen sind. Zunehmend macht sich Unduldsamkeit bemerkbar, besonders in Fragen des Glaubens und der Erziehung. In alledem ist ihr Charakter so beschaffen, daß eine Ehe leicht daran zerbrechen kann, zumal dann, wenn der Partner schwach und nachgiebig ist wie Graf Holk. Die Gräfin liebt ihn noch in seinen Schwächen und kann doch nicht verhindern, daß ihrer Ehe etwas Unwiederbringliches innewohnt. Als ein Mensch strenger Grundsätze, die sie ihrem Luthertum verdankt, ist sie über Ehescheidungen am Hof in Kopenhagen entsetzt — und willigt dennoch bei der ersten Gelegenheit in eine solche ein, als ihr Mann die Scheidung begehrt. Die Gräfin Holk weiß, was die Demut im Christentum bedeutet, und was man dieser schuldig ist — und entfernt sich infolge ihrer Strenggläubigkeit doch immer wieder von ihr. Sie scheint daher nicht unschuldig an dem zu sein, was geschieht, obwohl die Erzählung nicht auf Schuldurteilen insistiert.

Im Sinne einer Charakterstudie, als die man den Roman lesen könnte, ist Holk — im Gegensatz zu seiner Frau — ein ebenso lebensfroher wie schwacher Mensch, der aufgrund seiner Schwächen ins Verderben hineingleitet. Den spielerischen Lebensformen am dänischen Hofe nur bedingt gewachsen, findet er gleichwohl Gefallen an ihnen. Es entspricht seiner Art, die Dinge leicht zu nehmen, wie es die Menschen am dänischen Hofe und in der Umgebung der alternden Prinzessin tun. Das Milieu im Hause der Witwe Hansen und ihrer schönen — »fast unschuldigen« — Tochter bereitet ihn auf die Rolle vor, die ihm in Kopenhagen zu spielen zugedacht ist. Das Verführerische — als sei er an ein Meerweib geraten — wird in der schönen, aber leichtfertigen Ebba Rosenberg Gestalt, die ihrerseits, auch mit anderen, zu spielen liebt. (II/716) Holk begegnet den Verführungen zunächst mit verhaltener Ironie und distanziertem Humor. Aber eines Abends, während einer Schlittschuhpartie, ist es um ihn geschehen. Die Schwäche hat über ihn gesiegt. Der Übermut der schönen Ebba Rosenberg hat sich für Momente als stärker erwiesen. Es geht zu, ähnlich wie in *Effi Briest*: man gleitet darüber hinweg und man gleitet hinein. Der »Schritt vom Wege« ist mit wenigen Sätzen erzählt: »In Holks Blick lag etwas wie von Eifersucht, und als Ebbas Auge mit einem halb spöttischen: ›Ein jeder ist seines Glückes Schmied‹ darauf zu antworten schien, ergriff er ungestüm ihre Hand und wies nach Westen zu, weit hinaus, wo die Sonne sich neigte. Sie nickte zustimmend und beinah übermütig, und nun flogen sie [...] der Stelle zu, wo sich der eisblinkende, mit seinen Ufern immer mehr zurücktretende Wasserarm in der weiten Fläche des Arresees verlor [...]; ihre Blicke suchten einander und schienen zu fragen: ›Soll es so sein?‹ Und die Antwort war zum mindesten keine Verneinung.« (II/748) Die Vorgänge während des Schloßbrandes werden Holk noch fester mit Ebba verbinden; wenigstens stellt es sich ihm so dar. Der das Mädchen gerettet hat, scheint nun vollends der Held des Tages zu sein. Aber von dieser singulären Tat abgesehen, bleibt er als Charakter der halbe Held, der er immer war. Seine Liebesgeschichte selbst ist etwas derart Halbes, und solcher Halbheiten im Charakter ihres Mannes ist sich die Gräfin wohl bewußt; die junge Ebba Rosenberg denkt nicht anders, kaum daß sie ihn kennengelernt hat: »Ich kenn' ihn noch nicht lange genug, um ihn auf all seinen Halbheiten ertappt zu haben, aber ich bin ganz sicher, daß sie sich auf jedem Gebiete finden.« (II/693) Er sei moralisch beinah tugendhaft und schiele doch nach der Lebemannschaft hinüber; und solche Halbheiten, bemerkt sie, seien die schlimmsten. (II/694) Nirgends so wie in diesem Roman ist es Fontane gelungen, den Typus des halben Helden erzählerisch glaubhaft zu machen, da es der vollkommene Held im Wandel der Dinge immer weniger ist, den die epische oder dramatische Dichtung gebrauchen kann. Da gibt es Entscheidungen von Tag zu Tag; es gibt sie in jeder Ehe. Aber es ist zumeist die Gräfin, die in dieser Ehe die Entscheidungen trifft. Von Holk aber heißt es: »er war nicht eigentlich dagegen, aber er war auch nicht dafür.« (II/600)

Aus einer so beschaffenen Gegensätzlichkeit der Charaktere scheint sich der Konflikt zu entwickeln. Aber ein Konflikt ist es nur bedingt, eine zunehmende Entfremdung der Eheleute weit mehr — eine solche mit tödlichem Ausgang auch hier. Ihre Ursachen sind Verstimmungen und Gereiztheiten untereinander, die sich wiederholen. Der Umschwung bereitet sich vor, und ein bedenklicher Punkt ist erreicht, wenn es im Fortgang der Erzählung heißen kann: »Wie bei vielen Eheleuten, so stand auch bei den Holkschen. Wenn sie getrennt waren, waren sie sich innerlich am nächsten, denn es fielen dann nicht bloß die Meinungsverschiedenheiten und Schraubereien fort, sondern sie fanden sich auch wieder zu früherer Liebe zurück und schrieben sich zärtliche Briefe.« (II/617) Aber bald ist es im Fortgang dieser Entfremdung auch mit zärtlichen Briefen vorbei. Die »Schraubereien« finden Eingang in die Korrespondenz. Man schreibt sich in dem Maße kurz und distanziert, in dem man sich innerlich voneinander entfernt; zuletzt sind es nichtssagende Mitteilungen, die man austauscht. Die Gräfin ist nun auch in ihren Briefen das, was sie ihrem Charakter nach ist: belehrend, streng und doktrinär. Holk, ihr trotz allem weiterhin zugetan, ist enttäuscht: »Ich erwarte Zärtlichkeiten und finde Sticheleien«; und dabei trifft er im Überdenken der Dinge den entscheidenden Punkt: »Alles wie Honig, der bitter schmeckt. Und dazu die Pensions- und Erziehungsfragen en vue. Vielleicht ist das der Punkt, der alles erklärt [...].« (II/691) Der Punkt, der in seiner Sicht alles erklärt, ist der spöttisch herbe Ton, den seine Frau anschlägt. Damit ist zugleich ein wichtiger Gesichtspunkt in der Erzählweise Fontanes bezeichnet. Abermals geht es um Töne, Zwischentöne und Nuancen; in der Redeweise des Erzählers ebenso wie in derjenigen seiner Personen. Schon in *L'Adultera* und *Cécile* war diese Kunst der Nuance entwickelt worden: in der Art vor allem, wie in diesen scheiternden Ehen der Ton die Musik macht, der Ton einer Kammermusik; denn alles Laute wird dabei vermieden. Die Entfremdung in der Ehe der Holks hat »Kultur«. Man hat es gelernt zu schweigen und zu verschweigen. Aussprachen, die es geben sollte, finden nicht statt; und es wird verständlich, wie diese als Heilmittel, als Therapie, in das wissenschaftliche Gespräch der Zeit gelangen können, die Fontane noch erlebte. Hier indessen ist die Aussprache, die man sich wünschte, nur die eine Seite. Das Reden kann so unpassend sein wie das Schweigen, und das eine so heilsam wie das andere. Die Ambivalenz der Dinge bestätigt sich einmal mehr. Es erfordert daher Sinn für Nuancen, das jeweils »Schickliche« zu erfühlen – für die Personen seiner Romane ebenso wie für seine Leser.

Die Lautlosigkeit, mit der die Entfremdung dieser Eheleute vor sich geht, macht den Vorgang, den Fontane auf eine so überaus kultivierte Art beschreibt, so faszinierend. Es gibt keine Szenen, keine Grobheiten und schon gar nichts Tätliches unter diesen Menschen. Noblesse oblige. Das gilt eigentlich für alle. In einem Gespräch mit ihrer Vertrauten Julie von Dobschütz gewährt die Gräfin Holk unversehens Einblick in ihre verschlossene innere Welt. Sie gibt ihrer Freundin zu verstehen, wie wenig man im Grunde über eine Ehe weiß, wenn man nur von außen her urteilt: »Ich glaube, wie Ehen sind, das wissen immer nur die Eheleute selbst, und mitunter wissen's auch die nicht. Wer draußen steht, der sieht jeden Mißmut und hört jeden Streit; denn, sonderbar zu sagen, von ihren Fehden und Streitigkeiten verbergen die Eheleute meistens nicht viel vor der Welt, ja, mitunter ist es fast, als sollten es andere hören und als würde das Heftigste gerade für andere gesprochen. Aber das gibt doch ein falsches Bild, denn eine Ehe, wenn nur noch etwas Liebe da ist, hat doch auch immer noch eine andere Seite. Sieh, Julie, wenn ich Holk in irgendeiner Sache sprechen will und such' ihn in seinem Zimmer auf und sehe, daß er rechnet oder schreibt, so nehme ich ein Buch und setze mich ihm gegenüber und sage: ›Laß dich nicht stören, Holk, ich warte.‹ Und dann, während ich lese oder auch nur so tue, seh' ich oft über das Buch fort und freue mich über sein gutes, liebes Gesicht und möchte auf ihn zufliegen und ihm sagen: ›Bester Holk‹. Sieh, Julie, das kommt auch vor; aber niemand sieht es und niemand hört es.« (II/626) Das sind Winke, die man bei Fontane erhält, eine Person seiner Erzählungen nicht einseitig zu sehen oder in eine falsche Beleuchtung zu rücken. Welche Verhaltenheit bei allem doktrinären Gebaren in dieser noch immer liebenswerten Frau! Der Stil und der Ton dieses Gesprächs über die Ehe: das ist der Stil und der Ton des Eheromans im ganzen. Lassen wir dahingestellt, was die laut und lärmend ausgetragenen Fehden in einer Ehe zu bedeuten haben — es ist in jedem Fall nur die eine Seite der Sache. Fontane interessiert sich für die andere: für die Stille, die Unauffälligkeit und die Wortlosigkeit, mit der sich zwei in einer Ehe verbundene Menschen voneinander entfernen. Aber die Verständigungsart, die in der zitierten Textpassage von der Gräfin Holk als Beispiel angeführt wird, ist eine die Ehe auszeichnende Wortlosigkeit. Man versteht sich gegebenenfalls auch ohne Sprache, und so sollte es sein. Doch werden solche Äußerungen gegenseitigen Verstehens (»Sieh, Julie, das kommt auch vor«) selten. An ihre Stelle treten Wortlosigkeiten anderer Art: Formen des Verschweigens, des Verdrängens und der Sprachlosigkeit, die das zutiefst Unheilvolle der Entfremdung begleiten. »Du schweigst. Also getroffen, also wirklich eifersüchtig, sonst würdest du sprechen und mich auslachen [...],« sagt die Freundin zu ihr und bezeichnet damit den eigentlich unheilvollen Aspekt. Hier geht der Fall zugleich in den Krankheitsfall über, in den Fall einer Gemütskrankheit, die den Freitod der Gräfin — neben anderem — motiviert.

Aber das alles, was da erzählt und wie es erzählt wird — die um sich greifende Entfremdung von zwei Menschen, die sich weiterhin zugetan sind, die Wortlosigkeiten und die Formen des Verdrängens — ist weit entfernt, in eine bloße Charakterstudie zu münden. Der Eheroman ginge uns als sozialer Roman auch wenig an, wenn es sich so verhielte. Gegen die These von der Gegensätzlichkeit der Charaktere, wenn man sie vertreten wollte, um ausschließlich mit ihr die Entfremdung der Eheleute zu erklären, spricht ohnehin, daß man sich fast zwei Jahrzehnte aufs beste verstanden hat. Von diesem Glück ist in den ersten Kapiteln viel die Rede. Siebzehn Jahre hat es auf Schloß Holkenäs gewährt. Man spricht über das neue Gebäude, das sich Holk hat erbauen lassen, und bringt es mit dem Glück ihrer Ehe in Verbindung: »Ein Schloß am Meer! Ich denke es mir herrlich, und ein Glück für dich und mich«, sagt Holk zu seiner Frau, worauf diese erwidert: »Wenn man glücklich ist, soll man nicht noch glücklicher sein wollen.« (II/569) Inzwischen — so lesen wir es im zweiten Kapitel — sind sieben Jahre vergangen. Seit dieser Zeit leben die Eheleute im neuen Schloß am Meer: »Das alles lag jetzt sieben Jahre zurück, Graf und Gräfin hatten sich eingewöhnt, und die ›glücklichen Tage‹, die man dort oben leben wollte, man hatte sie wirklich gelebt.« (II/572) Die Vergangenheit des erzählten Eheglücks wird mit liebevollem Verweilen beschrieben; und viel zu sehr ist von ihm die Rede, als daß wir hoffen dürften, es habe Bestand. Der Eindruck befestigt sich, es könnte sich um ein vergehendes Glück handeln, um etwas Unwiederbringliches. Dabei deutet sich Vergehendes auf vielfache Weise an: »Und sie hing sich zärtlich an seinen Arm. Aber sie schwieg«, heißt es am Ende dieser Szene. (II/570) Auf das, was vergeht oder vergehen könnte, werden wir aufmerksam gemacht und vorbereitet. Am Glück der vorausgegangenen, der zurückliegenden Jahre ist nicht zu zweifeln: »Denn es war ihre glücklichste Zeit gewesen, Jahre, während welcher man sich immer nur zur Liebe gelebt und noch keine Meinungsverschiedenheiten gekannt hatte.« (II/568) So versichert es uns der Erzähler. Die Entfremdung der Eheleute kann daher nicht so sehr in den Charakteren ihren Grund haben, wenn diese für mehr als zwei Jahrzehnte das Glück einer Ehe sichern konnten. Es müssen andere Gründe sein, die es erklären, daß die Ehe der Holks schließlich scheitert. Nicht die Charaktere, sondern die Zeitverhältnisse sind am Scheitern der Ehe maßgeblich beteiligt. [104] Der Roman *Unwiederbringlich* ist auf einer zweiten Ebene als Zeitroman zu beschreiben. Aber das wäre im Falle Fontanes eine so selbstverständliche Bezeichnung, daß wir uns bei ihr nicht weiter aufhalten müßten, wenn es sich dabei nicht um etwas Besonderes handelte – um etwas, das vom Üblichen seiner Romankunst abweicht.

Unwiederbringlich ist nicht ein Zeitroman wie *Effi Briest, L'Adultera, Cécile* und andere Werke. Für die zeitgenössischen Leser ist es nicht unmittelbare Gegenwart, die sie in diesem Roman dargestellt finden. Was erzählt wird, liegt um einige Jahrzehnte zurück. Der sonst fast überall gewahrte Zusammenhang von Zeitroman und Bismarckzeit ist aufgegeben oder nur in einer versteckten Weise vorhanden: in gewissen Anspielungen nämlich, die den Leser daran erinnern, daß es noch immer die Zeit Bismarcks ist, in der man sich – als Leser – befindet. Dazu tragen die wiederholten Wendungen von Blut und Eisen bei, hier ein wenig modifiziert in der Wendung von »Eisen im Blut«, die dem kundigen Leser verraten, worauf angespielt wird. (II/651) Und wenn Bismarck in diesem Roman als Gesprächsthema nicht anwesend ist, weil es sich aus historischen Gründen verbietet – in gelegentlichen Anspielungen ist er es doch. Die Tochter der Holks spricht mit ihren Freunden über die Lehren, die ihr die Mutter erteilt hat: »Es ist doch recht, was sie mir gestern abend sagte: man lebt nicht um Vergnügen und Freude willen, sondern man lebt, um seine Pflicht zu tun.« (II/615) Das stimmt fast wörtlich mit einem bekannten Ausspruch Bismarcks überein, mit dessen Ethos die Gräfin Holk manches gemeinsam zu haben scheint, indem sie es noch übertreibt; eine Mischung von preußischer Pflicht und kirchlicher Strenge. [105] Am wenigsten also nach dieser vorwiegend inhaltlichen Seite hin ist Fontanes »dänischer« Roman ein Zeitroman. Er ist es weit mehr in einem generellen Sinn – fast so, wie Thomas Mann den *Zauberberg* als Zeitroman erläutert: »Er ist ein Zeitroman in doppeltem Sinn: einmal historisch, indem er das innere Bild einer Epoche, der europäischen Vorkriegszeit, zu entwerfen versucht, dann aber, weil die reine Zeit selbst sein Gegenstand ist, den er nicht nur als die Erfahrung seines Helden, sondern auch in und durch sich selbst behandelt. Das Buch ist selbst das, wovon es erzählt [...].« [106] Fontanes Roman ist in ähnlicher Weise ein Roman, in dem die »reine« Zeit zum Gegenstand seiner Erzählung wird; und er folgt damit eigentlich nur der Tradition des Eheromans, der darauf angewiesen ist, die private Geschichte auf eine Ebene des Allgemeinen zu transponieren. Das kann dadurch geschehen, daß die Eheverhältnisse als Zeitverhältnisse aufgefaßt werden. Schon die *Wahlverwandtschaften* kennen diese Transponierung. Schon hier sind die Zeitverhältnisse konstitutiv für die Form des Romans mit der Ehe als ihrem zentralen Thema. In *Unwiederbringlich* erhält die Zeit eine von Anfang an grundsätzliche Bedeutung. Die einleitenden Kapitel bereiten darauf vor: »All das war seit der Übersiedelung in das neue Schloß nicht ganz so geblieben, von welchem Wandel der Dinge die bei den Herrnhutern erzogene, zudem von Natur schon gefühlvoll gestimmte Gräfin eine starke Vorahnung gehabt hatte [...].« (II/568) Die Wendung vom Wandel der Dinge kehrt wieder in einem Brief Holks an seine Frau: »Ich konnte mich gestern, wo ich Dienst hatte, von diesem Wandel der Dinge überzeugen [...].« (II/673) Und in einem Brief seiner Frau an ihn wird das Thema berührt, wenn diese beiläufig vom Wechsel der Dinge spricht: »Der aller Jugend angeborene Hang nach dem Neuen, nach einem Wechsel der Dinge, scheint mir dabei nicht mitzusprechen«. (II/697) Hier wird es ausgesprochen, ohne daß man sich viel dabei denkt. Den aller Jugend angeborenen Hang nach dem Neuen kann man gelten lassen. Aber ist er auf die Jugend zu beschränken? Sollte es indessen so sein, daß dieser Hang etwas nicht nur der Jugend Eigentümliches ist, so wäre auch die Institution der Ehe davon betroffen. Ihre Heiligkeit ist ihre Ewigkeit. Sie ist nie und nimmer eine Sache des Augenblicks, und wenn sie Dauer verbürgen soll, so hat sie sich dem Hang nach dem Neuen mit Entschiedenheit zu widersetzen. Hier steht die Ehe gegen den Wandel der Dinge, wie er sich als Geschichte vollzieht — es sei denn, man trägt diesem Wandel Rechnung. Was heißen soll: man läßt sich auch die Ehe als etwas angelegen sein, das der Erneuerung bedarf. Dies recht eigentlich ist der springende Punkt, und sieht man es richtig, so handelt es sich dabei um ein erregendes Problem. Solange der Wandel der Dinge — als geschichtliches Bewußtsein notwendigen Wandels — sich in Grenzen hält, so lange kann möglicherweise alles so bleiben, wie es war. Aber das neunzehnte Jahrhundert ist ein Jahrhundert der Geschichte, deren Vertreter in immer neuen Variationen den Wandel der Dinge erfahren. Da kann auch die Ehe nicht bleiben, was sie war. Aus der »Heiligkeit« ihres zeitlosen Seins wird sie in die »Weltlichkeit« ihres Wandels überführt. Sie wird selbst ein geschichtliches Phänomen — eine Institution, an welcher der Wandel der Dinge nicht vorübergeht. Dieser säkulare Prozeß — ein Prozeß der Säkularisierung im eigentlichen Sinn — ist das, was Fontane erzählt. Der Eheroman wird zum Zeitroman, weil er vom Wandel der Dinge handelt, ohne daß dabei die Ehe ausgespart werden kann. Alles muß davon abhängen, wie es die Eheleute mit diesem Wandel der Dinge halten; und hier liegt die Welt, zum Nachteil der Holks, im argen. Am wenigsten ist die Gräfin für solche »Geschichtlichkeiten« ansprechbar. Sie bleibt eine Gefangene ihrer Herrnhuterei, einer ins Sektiererische gehenden Christlichkeit, die schon vor mehr als einem Jahrhundert so war, wie sie noch immer ist. Ihr Ewigkeitsdenken kommt darin zum Ausdruck, daß sie an nichts mehr interessiert ist als an der Errichtung einer Gruft für ihr verstorbenes Kind. Alles was Mode heißt, ist ihr ein Greuel; und darin steht sie ihrem Bruder nicht völlig fern, den vor allem das Moderne irritiert. Dennoch bleibt er vom Wandel der Dinge nicht unberührt, und Christine hält es ihm gelegentlich vor: »Aber ich kann dir das Wort nicht ersparen, *du* bist ein anderer geworden in deinen Anschauungen und Prinzipien, nicht ich.« (II/619) Daß sie geblieben ist, wie sie immer war, das sieht sie als eine ihrer Tugenden an. Sie ist unvermögend, den Wandel der Dinge zu erfassen. In diesem Punkt unterscheidet sich Graf Holk in gewissen Grenzen von seiner Frau. Dafür spricht allein schon seine Bauleidenschaft, seine Freude an neuen Gebäuden aller Art. Das neue Schloß, das er sich hat errichten lassen, beweist es; und mit einer solchen Veränderung, mit dem eben vollzogenen Umzug ins neue Schloß am Meer, beginnt der Roman als Eheroman, der insofern ein Zeitroman ist, als er es auch und gerade mit Veränderungen wie diesen zu tun hat. Mit Veränderungen in einem recht oberflächlichen Sinn, muß man ergänzen; denn um eine echte Erneuerung des Alten von Grund auf handelt es sich ja nicht. Dieser für Neues und Neumodisches so empfängliche Graf ist in mehrfacher Hinsicht ein nachgerade mittelalterliches Relikt. Als die schöne Ebba ihn beiläufig wissen läßt, daß sie am Tage der Julirevolution geboren wurde, ist er ein wenig erschrocken, wie der Erzähler unmißverständlich kommentiert: »Holk war krasser Aristokrat, der nie zögerte, den Fortbestand seiner Familie mit dem Fortbestand der göttlichen Weltordnung in den innigsten Zusammenhang zu bringen, und der im gewöhnlichen Verkehr über diese Dinge nur schwieg, weil es ihm eine zu heilige Sache war. Er war in diesem Punkte für Wiedereinführung aller nur möglichen Mittelalterlichkeiten [...].« (II/660) Als ein Kind seines Jahrhunderts interessiert er sich für Historie in jeder Form und für Familiengeschichte in besonderer Weise. Aber die Verknüpfung der Vergangenheit mit der Gegenwart scheint ihm nicht recht zu gelingen, so daß seine zeitweilige Geliebte ähnlich über ihn spottet wie Nietzsche über David Friedrich Strauß: »Er mußte Sammler werden oder Altertumsforscher [...].« (II/693) Schärfer noch spricht sie sich über ihn in diesem Punkt aus, wenn es an anderer Stelle heißt: »Er hat etwas von einem Museumskatalog mit historischen Anmerkungen.« So ist denn auch das neuerbaute Schloß am Meer ein rechtes Balladenschloß, verblichene Romantik, die nur vorgibt, etwas Neues zu sein. Wie andere Figuren im Roman Fontanes ist Holk ein Mensch der Gegensätze und Widersprüche, deren er sich selbst nicht bewußt wird. In unserem Zusammenhang interessieren sie als Widersprüche im Spannungsfeld zwischen alt und neu, zwischen Vergangenheit und Gegenwart: Holks Sinn für Neues hat nichts zu bedeuten. Er ist zur echten Erneuerung in Übereinstimmung mit dem Wandel der Dinge nicht in der Lage, während seine Frau ohnehin nur an Sterben, Dauer und Ewigkeit zu denken gewohnt ist — ein geschichtsloses Wesen in einer geschichtlichen Welt!

Es liegt im Thema vom Wandel der Dinge, daß der daraus hervorgehende Zeitroman auf einer dritten Ebene als ein historischer Roman im vollgültigen Sinne angesehen werden kann, und Fontane hat alles getan, den Charakter des Historischen zu wahren. Der Roman spielt im Jahre 1859; die Handlung lag also gut dreißig Jahre zurück, als *Unwiederbringlich* erschien. Die überlieferten Notizen und Aufzeichnungen lassen keinen Zweifel daran, wie genau es Fontane damit genommen hat, ein Zeitbild zu geben, das den Ereignissen des Jahres 1859 entspricht. Eines der uns überlieferten Blätter hat diese Jahreszahl als Überschrift erhalten, und im ausgeführten Roman wird die Zeitlage wiederholt betont. »Nun war Ende September 1859«, heißt es im zweiten Kapitel. Die Briefe, die Holk aus Kopenhagen schreibt, sind entsprechend datiert. Sie sind am 28. September und am 3. Oktober geschrieben. Briefe seines Schwagers an ihn reichen schon in die Weihnachtszeit hinein, in der sich das Unwiederbringliche ereignet. Und historisch getreu sind auch die dänischen Vorgänge wiedergegeben. Der Roman spielt in der Zeit zwischen der Idstedter Schlacht des Jahres 1850, in der die Schleswig-Holsteiner von den Dänen geschlagen wurden, und dem Ausbruch des dänisch-preußischen Krieges von 1864. Das Jahr 1859 als eigentlicher Drehpunkt seiner Historie hat Fontane mit guten Gründen gewählt, wie ihm auch von dänischer Seite bestätigt wird: »Das Jahr 1859 ist eine gute Wahl, da nicht nur der Schloßbrand, sondern auch ein Regierungswechsel in dieses Jahr fiel — Symbol und Anzeichen der kommenden Katastrophe.« [107] Aber wieder sind es nicht so sehr die Inhalte, die uns berechtigen, *Unwiederbringlich* als einen historischen Roman anzusehen. Auch hier sind es die generellen Aspekte, der Wandel der Dinge, auf dem alles geschichtliche Denken basiert; und geschichtliches Denken, das kann in der Sicht des Romans und des an der Geschichte gereiften Schriftstellers Fontane nur heißen, daß sie im Wandel der Dinge begriffen wird, und daß man die Notwendigkeit solchen Wandels erkennt. Wo das nicht geschieht, geht Leben in Erstarrung und Stagnation über. Statt des geschichtlich Gemäßen tritt Unzeitgemäßes an seine Stelle. Was von der Zeit her gefordert ist, wird verkannt und vertan, das Verhängnis nimmt — wie in der Ehe der Holks — seinen Lauf. Wo man Geschichte als Inbegriff solchen Wandels verfehlt, können altmodische Geschichtsbegriffe noch eine Weile fortleben, und Holk mit seinem schon etwas überholten Sinn für Genealogien ist eines ihrer lebenden Exemplare — »also Bruchstück eines Historikers«. (II/706) Oder, wie es die junge Ebba Rosenberg noch etwas treffender sagt, indem sie die Widersprüche seines geschichtlichen Bewußtseins (als eines falschen Bewußtseins) beim Namen nennt: »er ist der leibhafte genealogische Kalender, der alle Rosenberge [...] am Schnürchen

Unwiederbringlich 389

herzuzählen weiß, und spielt sich trotzdem auf Liberalismus und Aufklärung aus.« (II/693)

Aber diese Person mit betont scharfer Zunge läßt Fontane noch ganz anderes sagen, obwohl es ihm gar nicht so sehr darauf ankommt, wen er bestimmte Dinge sagen läßt, die ihm selber wichtig sind. In diesem Eheroman — und auch das weist ihn als einen historischen Roman von Rang und Anspruch aus — wird kräftig Geschichtskritik geübt, und es ist wiederholt Ebba Rosenberg, die es tut. Geschichtsbücher, historische Romane und Verwandtes liest sie gern. Aber gegenüber Holk, der sich seinen Walter Scott einpacken läßt, hat sie über ein Schrifttum wie dieses ihre eigene Meinung, und die ist derjenigen Holks entgegengesetzt. Von Museen hält sie nicht viel, und von einer Geschichte, die vornehmlich Kriegsgeschichte ist, noch weniger: »Überdies Seeschlachten! Seeschlachten sind immer etwas, wo Freund und Feind gleichmäßig ertrinken und ein wohltätiger Pulverdampf über allem derart ausgebreitet liegt, daß ein Plus oder Minus an Toten, was man dann Sieg oder Niederlage nennt, nie festgestellt werden kann.« (II/711) Und daß sich die junge Dame jüdischer Herkunft nicht ohne Ermächtigung des Erzählers so respektlos über bestimmte Geschichtsbegriffe vernehmen läßt, die schließlich zur Zeit Fontanes die weithin offiziellen waren, hat man allen Grund anzunehmen. Das bestätigt sich in der Art, wie hier über die Porträtausstellung gesprochen wird, die man besichtigt. Für Fontane sind solche Ausstellungen in der Zeit seiner historischen Liebhabereien sein ein und alles gewesen, wie ausgeführt wurde. Jetzt mischt er sich als Erzähler unüberhörbar ein, wenn es gegenüber solchen Erscheinungsformen des Historismus Abstand zu halten gilt. Von etwas nie Dagewesenem ist die Rede, von einer dänischen Nationalausstellung: »Mit Kniestücken Christians II. und seiner Gemahlin Isabella fing es an und schloß mit drei lebensgroßen Porträts Friedrichs VII., des jetzt regierenden Königs Majestät, ab. In einiger Entfernung war auch das Bildnis der Danner. Dazwischen endlose Schlachten zu Land und zu See, Kämpfe mit den Lübischen, Erstürmung von Wisby, Bombardement von Kopenhagen, überall rotröckige Generäle, noch mehr aber Seehelden aus mindestens drei Jahrhunderten [. . .].« (II/683) Soweit hört sich alles noch relativ neutral an. Wie wir darüber denken sollen, verrät der Kommentar: »Aber auf die Dauer entging es doch niemandem, weder der Prinzessin noch ihrer Umgebung, daß das ganze Interesse für Admiräle nur Schein und Komödie war, und daß die jungen Prinzessinnen immer nur andächtig vor den Bildnissen solcher Personen verweilten, die, gleichviel ob Männer oder Frauen, mit irgendeiner romantisch-mysteriösen Liebesgeschichte verknüpft waren.« (II/684) Kriegsgeschichten und damit verknüpfte Liebesgeschichten — ein schöner Wink! Denn auch unsere Geschichte, eine Ehegeschichte, ist mit Kriegsgeschichte verknüpft: mit einem Krieg, der aus der Sicht des Jahres 1859 noch bevorsteht. Aber aus Kriegen ist schließlich die Geschichte im ganzen zusammengesetzt, und solchen Geschichtsbegriffen verweigert Fontane die kritiklose Gefolgschaft. Um eine einseitige Kritik an Dänemark aus preußischer Sicht handelt es sich also keineswegs. Denn vor einem in der Nationalitätenfrage sich erschöpfenden Geschichtsbegriff macht die Kritik des Romans nicht halt.

Über diese Frage sind vom Text unseres Romans her, wie meistens bei Fontane, keine völlig klaren Auskünfte zu erhalten, weil sie im Perspektivismus des Erzählens in unterschiedlicher Beleuchtung erscheint. Die beiden Ehepartner äußern unterschiedliche Auffassungen. Holk hält am alten Dänemark fest, am übernationalen Gesamtstaat, der sich als Illusion erweisen wird: mit dem Krieg des Jahres 1864 hat er sich überlebt und erledigt. [108] Zugleich spricht er sich für Nationalitäten aus und bestätigt damit einmal mehr den Mann der Halbheiten, der er ist. [109] »Ein Staat, der sich halten und mehr als ein Tagesereignis sein will, muß natürliche Grenzen haben und eine Nationalität repräsentieren.« (II/588) Holk spricht sich weiterhin für beides aus: für den übernationalen Gesamtstaat Dänemark und für den nationalen Staat. Daß sich ersterer mit dem Krieg des Jahres 1864 erledigt, heißt nicht, daß das Nationalitätenprinzip das nunmehr alleingültige Prinzip sei, das Holk nur noch nicht erfaßt habe. Denn aus der Sicht des Jahres 1890 und im Rückblick auf die Kriege des Jahrhunderts kann auch dieses Prinzip für Fontane nicht der Kritik entzogen werden. In der Optik unserer Erzählung ist es daher nicht ganz nebensächlich, was Fontane die Gräfin beiläufig äußern läßt: »Ich habe kein Interesse für Kriegsgeschichten, es sieht sich alles so ähnlich, und immer bricht wer auf den Tod verwundet zusammen und läßt sterbend irgendein Etwas leben, das abwechselnd Polen oder Frankreich oder meinetwegen auch Schleswig-Holstein heißt. Aber es ist immer dasselbe. Dieser moderne Götze der Nationalität ist nun mal nicht das Idol, vor dem ich bete. Die rein menschlichen Dinge, zu denen, für mich wenigstens, auch das Religiöse gehört, interessieren mich nun mal mehr.« (II/583) Solche Spruchweisheiten sind ganz dazu angetan, uns als Leser in die Irre zu führen, wenn man Fontane als Romanschriftsteller nicht hinreichend kennt. Denn es ist ja keine Frage, daß Ironie mitschwingt in dem, was hier gesagt wird — Ironie des Erzählers, der am besten weiß, wie wenig seine Romanfigur das reine Menschliche zu realisieren imstande ist, dem sie das Wort redet. Die Diskrepanz zwischen dem, was sie möchte, und dem, was sie ist und was sie tut, ist unverkennbar; und weil es so ist, sind wir womöglich geneigt, auch die Rede vom modernen Götzen der Nationalität auf sich beruhen zu lassen. Fontane verfährt aber niemals so — und zu seinem Vorteil sei es gesagt! — daß er das, was er denkt, einem Protagonisten und niemand sonst anvertraut. Er läßt viele Personen Erwägenswertes sagen, ohne damit unanfechtbare Wahrheiten zu verkünden; denn die gibt es nicht, und wenn es sie gibt, so sind sie langweilig, meint Dubslav von Stechlin, der darin der Zustimmung Fontanes gewiß sein darf. Es entspricht dem hochkultivierten Perspektivismus dieser Erzählstruktur, daß der Erzähler die »Meinungen« auf eine Vielzahl seiner Personen verteilt, und daß man ihren Verbindlichkeitsgrad aus dem Text im ganzen erschließen muß.

Die Wendung vom modernen Götzen der Nationalität wäre dem Verfasser des Buches über den Schleswig-Holsteinischen Krieg vermutlich noch nicht über die Lippen gekommen, obgleich es kein Chauvinist war, der es geschrieben hat. Im letzten Jahrzehnt des 19. Jahrhunderts und rückblickend auf dieses als ein Jahrhundert der einseitig nationalen Fragen, kann es so formuliert werden, wie es die Gräfin Holk tut. Daß auch diese Frage nicht zu den unanfechtbaren Wahrheiten gehört, dürfen wir der zitierten Textstelle getrost entnehmen, und in keinem Fall ist es erlaubt, den »dänischen« Roman Fontanes aus der Perspektivik des Buches über den deutsch-dänischen Krieg zu interpretieren. Denn Fontane ist längst nicht mehr in allen Punkten der, der er war. Auch hinsichtlich der Bismarckschen Kriege ist er es nicht. Der Verfasser des wahrhaft vielschichtigen Romans *Unwiederbringlich* sieht zurück und sieht sich selbst; er sieht sich kritisch. Das betrifft die vierte Ebene, auf der sich dieser Roman bewegt. Denn *Unwiederbringlich* ist zugleich ein autobiographischer Roman, und dies auf eine sehr sublime Art.

Autobiographik verbindet sich mit dem Schauplatz der Handlung, mit Schleswig-Holstein und Dänemark, das er zum Zweck der Kriegsberichterstattung bereiste; davon war schon die Rede. Aber Autobiographik, und zwar eine solche selbstkritischer Rückblicke, liegt auch insofern vor, als der Historismus der frühen und der mittleren Jahre in der kritischen Beleuchtung erscheint, in welche ihn die redegewandte Ebba Rosenberg bringt. Der genealogische Enthusiasmus Holks steht dem Enthusiasmus des Wanderers durch die Mark nicht zu fern; und was der Kammerherr in dänischen Diensten an Geschichtsleidenschaft entwickelt, ist mit der Geschichtsleidenschaft des »Wanderers« auffällig verwandt. Schließlich die Balladenromantik dieses Romans! Ein im Werk Fontanes so erfahrener Kritiker wie Otto Brahm hat sich dabei gründlich versehen. Er nimmt sie für bare Münze und verkennt nicht nur den Abstand der Jahre, sondern mehr noch den des Erzählers, der solche Romantik nach Kräften ironisiert. Wie Fontane das Schicksalsvolle hier anklingen lasse, schrieb Brahm in der von ihm herausgegebenen ›Freien Bühne für modernes Leben‹, erinnere an die Art der volkstümlichen Ballade; Altes und Neues treffe hier zusammen, Balladeskes und Impressionistisches. [110] Aber die Balladenfreude des Romans ist die Balladenfreude Holks, und die entspricht seinem Hang zur musealen Geschichte und genealogischen Vergangenheit. Sie entspricht seiner tief konservativen Natur. Der Graf trug sich nach Übersiedlung in das neue Schloß enthusiastisch mit einem »Schloß am Meer« und zitiert Uhlands bekannte Ballade, ohne sie im vollen Umfang zu kennen. Er hat bei seinem Schwager nur eine Strophe, unter einem Kupferstich gedruckt, gelesen; die letzte Strophe, die sehr traurige Verse enthält, kennt er nicht. Sein Balladen-Enthusiasmus wird einigermaßen desillusioniert. In Kopenhagen wird er in eine Diskussion über den Seehelden Herluf Trolle hineingezogen; und wieder ist es Ebba, die sich einige ironische Pointen nicht entgehen läßt. Als man über das Schlachtenbild diskutiert, ist Holk mit wahrem Eifer bei der Sache, indem er erläutert, wer der eigentliche Held der Geschichte sei. Aber Ebba desillusioniert erneut: »Ich sehe nicht ein, warum wir uns immer um die Männer oder gar um ihre Seeschlachten kümmern sollen; die Geschichte der Frauen ist meist viel interessanter.« (II/713) Zwar hat Fontane auch damals noch Balladen verfaßt. Auch das Admirals-Gedicht unseres Romans stammt aus dieser Zeit. Aber solchen Erzeugnissen stand er selbst distanziert gegenüber. »Sämtliche 4 Gedichte«, und das bezieht sich auch auf das hier in Frage stehende Gedicht, »sind ohne besondre Gedanken und noch mehr ohne Gefühlstiefe«, schrieb er in der Zeit, als er an *Unwiederbringlich* arbeitete, an Julius Rodenberg. [112] Und den Abstand zum Inhalt der Gedichte wie zur Ballade als Gattung belegt das humoristische Einleitungsgedicht aus jenen Jahren, das Gedicht in Knittelversen mit der Überschrift *Nordische Königsnamen*. Diesem Abstand durch Humor entspricht der Abstand von der Balladenproduktion der frühen Zeit. Das alles ist innerhalb unseres Romans Historismus in selbstkritischer Sicht — ein Analogon zum »Nutzen und Nachteil der Historie für das Leben« im Fontane-Ton. Man muß sich die verschiedenen Ebenen zum Ganzen vereint denken, um den sehr tiefen und durch nichts beschönigten Ernst zu bemerken, der dem Roman innewohnt. Er beruht, schlicht gesagt, im Scheitern einer Ehe. Im Scheitern dieser Ehe aber geht es um mehr. Zwei Teile, die ein Ganzes werden oder bleiben sollten, bleiben uns die Verbindung schuldig, die man wünschte. Von hier aus wird das Modell einsehbar, das eigentlich allen Romanen Fontanes zugrunde liegt. An *Unwiederbringlich* ist es besser als an anderen Werken zu zeigen.

Es gibt in der Romanwelt dieses Schriftstellers bestimmte Figuren — Kunstfiguren — die man immer wieder antrifft. Sie haben in der Realität ihre Entsprechung, aber sie werden nicht realistisch gebraucht, sondern gewissermaßen geometrisch. Die Figuren, die sich auf solche Weise gegenüberstehen, sind die Spieler hier und die Sektierer dort; diejenigen, die es zu leicht, und diejenigen, die es zu streng nehmen. Holk steht in *Unwiederbringlich* für die eine Gruppe, die Gräfin Christine für die andere, ein Gegensatz wie er dem Verhältnis von Crampas und Innstetten, von Prinzipienlosigkeit und Prinzipienreiterei, entspricht. Im besonderen Fall unseres Romans ist alles auf bestimmte Zeitverhältnisse übertragen, in denen man im Alten verharrt oder das Neue nur oberflächlich erfaßt. Das, worauf es ankäme, bleibt ausgespart. Die Verbindung, die jeweils zu wünschen wäre, kommt nicht zustande. Das Ende ist eine zerbrochene Ehe. Sie spiegelt die gegensätzlichen Verhältnisse der Zeit: der Menschen, die wie Holk trotz ihrer Bindung an das Alte nur dem Augenblick leben, und der Menschen, die wie Christine nur für Dauer und Ewigkeit zu sprechen sind. Die zerbrochene Ehe wird zum Sinnbild einer zerbrochenen Welt. Dazwischen müßte eigentlich das »Rechte« liegen, in dem Augenblick und Ewigkeit, Altes und Neues die Einheit werden, die nicht zustande kommt. Was dazwischen liegt, aber ausgespart wird, ist das rechte Maß der Dinge, das diejenigen so hartnäckig verfehlen, die es angeht. »Kann man des Guten zuviel tun?« fragt die unglückliche Gräfin Holk ihren

Bruder, der ihr zur Antwort gibt: »Gewiß kann man das. Jedes Zuviel ist vom Übel. Es hat mir, solang ich den Satz kenne, den größten Eindruck gemacht, daß die Alten nichts so schätzten wie das *Maß der Dinge*.« (II/619) Das ist nicht mit einer Art von goldenem Mittelweg zu verwechseln. Das »eigentlich Menschliche«: das ist das, was man zwischen Spielertum und Sektierertum zu suchen hat, um es selten genug realisiert zu finden. Von den entgegengesetzten Seiten her wird damit auf etwas »nur« Mögliches verwiesen, damit es im Bewußtsein bleibe. Das ist am Ende so wenig nicht. [112]

VIII. Lebensformen des Adels

»Die Geschichte der europäischen Gesellschaft ist weit über ein Jahrtausend nicht ausschließlich, aber ausschlaggebend von ihren Adelsgruppen bestimmt worden.« Mit diesem Satz leitet Heinz Gollwitzer sein Buch über die Standesherren ein, das er als Beitrag zur deutschen Sozialgeschichte versteht. [1] Ein solcher Beitrag ist es erst recht, wenn man Begriff und Bedeutung des Sozialen auf die soziale Frage im engeren Sinne, auf den Bereich der Industriearbeiter und des Industrieproletariats, nicht einschränkt. Eine unbegrenzte Ausweitung muß damit nicht verbunden sein. Soziales, so verstanden, bezeichnet die sich ändernden oder veränderten Verhältnisse des gesellschaftlichen Lebens im 19. Jahrhundert und damit Denkformen, die es in solcher Ausprägung zuvor nicht gegeben hat. Geschichte des Adels, so gesehen, ist Sozialgeschichte kat' exochen. Denn Adel ist Herrschaft, und der Wandel, den wir voraussetzen, wenn das Soziale mit der Zeit zur sozialen Frage wird und werden kann, ist ein Wandel in der Herrschaft vor allem: allmählicher Abbau von weitreichenden Privilegien, der schließlich zum Verlust dieser Privilegien führen mußte und in den meisten europäischen Staaten auch geführt hat. [2]

Man muß erläutern, welche Gruppen innerhalb des Adels gemeint sind, wenn man von diesem spricht; denn als soziologischer Begriff ist er ein höchst komplexer Begriff. [3] Es gibt in nahezu jedem Land eine Vielzahl von Gruppen und Kreisen innerhalb einer zumeist streng gegliederten Hierarchie. Zwischen der höfischen Welt der großen Fürstenhöfe – in Wien, Berlin, München oder Dresden – und der Welt der kleinen Höfe oder des Landadels bestehen tiefreichende Unterschiede: nicht nur solche der Repräsentanz, sondern auch solche des nationalen Bewußtseins. Die Fürstenhöfe des achtzehnten Jahrhunderts übernehmen gern die Lebensformen einer fremden, vornehmlich der französischen Kultur, während die kleinen Höfe ebenso wie der Landadel in stärkerem Maße den nationalen Traditionen zugewandt bleiben, so daß zeitweilig eine Art gegenhöfischer Kultur entstehen konnte: »Der Adel behält hier ein eigenes Gewicht. Höfische Welt und adelige Welt gehen nicht ineinander auf«, merkt Otto Brunner in seinen so anschaulichen Beschreibungen adligen Landlebens in Niederösterreich an. [4] Erst recht hat man im 19. Jahrhundert, in dem sich der folgenreiche Herrschaftswandel vollzieht, zwischen den verschiedenen Gruppen des Adels zu unterscheiden: zwischen dem alten »eingesessenen« Adel und den homines novi, die es bald in großer Zahl gibt. Alle diese Erweiterungen – gleichviel, ob man die »Blutzufuhr« begrüßt oder als »unadliges Geschmeiß« verachtet – sind bereits die Folge eines sozialen Wandels in den Herrschaftsformen der Zeit; und Herrschaftsformen sind vor allem im Landadel, im hohen wie im niederen, aus-

Lebensformen des Adels 395

geprägt. Grundbesitz ist mit Ausübung von Grundherrschaft verbunden. Die sozialen Verhältnisse innerhalb einer derartigen Herrschaft sind solche der Untertänigkeit und der Knechtschaft im wörtlichen Sinn. Zum Teil bis in die Mitte des 19. Jahrhunderts hinein haben diese Abhängigkeitsverhältnisse als Leibeigenschaft fortbestanden. Aber auch nach ihrer Aufhebung gibt es innerhalb des Landadels noch weiterhin Herrschaftsformen der verschiedensten Art. Zweifellos handelt es sich um Lebensformen der Feudalität. Aber die vielfach unerfreulichen Begleiterscheinungen kapitalistischer Wirtschaft, der Verfall der guten Sitten in den Formen großstädtischer Zivilisation lassen das adlige Landleben noch einmal als eine Art paradiesischen Daseins inmitten einer prosaischen Welt erscheinen. In seinen Lebenserinnerungen blickt Eichendorff auf seine in schlesischen Schlössern verbrachte Jugend zurück und geht dabei mit dem Adel, dem er angehört, auf eine manchmal recht unsanfte Art ins Gericht. Er betrachtet ihn als eine im Grunde historisch gewordene Institution: »Der Adel in seiner bisherigen Gestalt war ganz und gar ein mittelalterliches Institut. Er stand durchaus auf der Lehenseinrichtung, wo, wie ein Planetensystem, die Zentralsonne des Kaisertums von den Fürsten und Grafen [...] umkreist wurden. Die wechselseitige religiöse Treue zwischen Vasall und Lehensherr war die bewegende Seele aller damaligen Weltbegebenheiten und auch die welthistorische Macht und Bedeutung des Adels.« [5] Verschiedene Hauptrichtungen werden unterschieden, und mit spürbarer Freundlichkeit handelt Eichendorff von jenen Lebensformen, die das adlige Landleben prägten: »Die zahlreichste, gesündeste und bei weitem ergötzlichste Gruppe bildeten die von den großen Städten abgelegenen kleineren Grundbesitzer in ihrer fast insularischen Abgeschiedenheit, von der man sich heutzutage, wo Chausseen und Eisenbahnen Menschen und Länder zusammengerückt haben und zahllose Journale, wie Schmetterlinge, den Blütenstaub der Zivilisation in alle Welt vertragen, kaum mehr eine deutliche Vorstellung machen kann. Die fernen blauen Berge über den Waldesgipfeln waren damals wirklich noch ein unerreichbarer Gegenstand der Sehnsucht und Neugier, das Leben der großen Welt, von der wohl zuweilen die Zeitungen Nachrichten brachten, erschien wie ein wunderbares Märchen.« Die gewisse Dürftigkeit solcher Daseinsverhältnisse wird nicht verschwiegen. Dennoch bleibt der »Poesie« adeligen Landlebens ihr Recht: »Die Glücklichsten hausten mit genügsamem Behagen großenteils in ganz unansehnlichen Häusern (unvermeidlich ›Schlösser‹ geheißen), die selbst in der reizendsten Gegend nicht etwa nach ästhetischem Bedürfnis schöner Fernsichten angelegt waren, sondern um aus allen Fenstern Ställe und Scheunen bequem überschauen zu können. Denn ein guter Ökonom war das Ideal der Herren, der Ruf einer ›Kernwirtin‹ der Stolz der Dame. Sie hatten weder Zeit noch Sinn für die Schönheit der Natur, sie waren selbst noch Naturprodukte. Das bißchen Poesie des Lebens war als nutzloser Luxus lediglich den jungen Töchtern überlassen, die denn auch nicht verfehlten, in den wenigen müßigen Stunden längst veraltete Arien und Sonaten auf einem schlechten Klaviere zu klimpern [...].« [6]

Ein solcher Ökonom, ein »Agrarwissenschaftler« in den Begriffen seiner Zeit, war Wolf Helmhard von Hohberg, der Theorie und Praxis seiner Landwirtschaft mit der Tätigkeit eines Barockpoeten verband. Die Formen adligen Landlebens hat er im Bewußtsein einer jahrtausendealten Tradition gedeutet, vor allem mit Beziehung auf die *Georgica* Vergils. Sein 1682 erschienenes opus gibt darüber Auskunft: »die ›Georgica curiosa‹, das ist umständlicher Bericht und klarer Unterricht von dem adelichen Land- und Feldleben auf alle in Teutschland übliche Land- und Forstwirtschaften gerichtet, hin und wieder mit vielen untermengten raren Erfindungen und Experimenten versehen [. . .].« [7] Mit dem Auge des Abstand haltenden Historikers, aber auch mit dem Gerechtigkeitssinn seiner Wissenschaft, hat Otto Brunner Leben und Werk dieses dichtenden Landwirts in seinem so lesenswerten Buch dargestellt. Er sieht es im Kontext einer europäischen Adelskultur, ohne sich je in abseitigen Biographismus zu verlieren; denn hier geht es um mehr als um einen heute weithin vergessenen Poeten. Das adelige Landleben als ein Teil dieser Kultur ist mit dem ausgeprägten Sinn für historische Zusammenhänge erfaßt. Die Tätigkeit dieser Grundherren bestand vornehmlich in Landwirtschaft und Jagd, und nur die Größeren unter ihnen konnten sich ein Leben in Ruhe, Muße und ohne eigene Arbeit leisten. Wolf Helmhard von Hohberg gehörte nicht zu ihnen: »Die Beschaffenheit des auf dem Lande wohnenden Adels ist nicht einerley. Etliche haben nur geringe Wohnung und wenige Unterthanen in dem Dorf, darinn sie wohnen und müssen sich, so gut sie können, damit behelfen, sich strecken nach der Decken, biegen und schmiegen, den Mantel nach dem Wetter kehren und die Ausgaben nach dem Einkommen einrichten. Etliche haben aber nicht allein eines, sondern viel mehr Dorfschaften und gantze Herrschaften, samt aller Jurisdiction und Obrigkeit, etliche haben auch gewisse Regalien, als Mäute, Jagten, Halsgerichte und Fischwasser.« [8] Das setzt uns über die Herrschaftsformen, wie es sie gegeben hat, gut ins Bild, und die Halsgerichte sind in dieser Beschreibung sicher nicht die nebensächlichste Erwähnung. Dennoch: wie wenig feudal sich dieses Landleben in den Schilderungen Hohbergs auch ausnimmt — seine gewisse Poesie erledigt sich damit keineswegs: »Ich habe dieses Werkchen in Versen noch vor mehr als zwanzig Jahren angefangen und nicht gar in anderthalb Jahren vollendet«, heißt es im Vorwort zu den *Georgica curiosa*, »also daß ich bekennen muß, daß mir keine Arbeit von allen den meinigen so schnell und glücklich von statten gegangen, halte aber, es sei die Ursache, weil alle Wirtschaftssachen und das gantze Feldleben mit sonderbarer hoher Anmuthigkeit die menschlichen Gemüter entzünden, in dem solche gleichsam ein Abriß und Fürbildungen sind derjenigen güldenen Tage und lieblichen Freiheit, deren unsere ersten Eltern im Stand der Unschuld noch im Paradis genossen.« [9]

Das wurde 1682 geschrieben, und es wurde aus der Sicht einer Herrschaft geschrieben. Die Untertanen hätten sich vermutlich zu solchen Vergleichen kaum ermuntert gefühlt. Der auf das Paradies anspielende Passus des *Adeli-*

Lebensformen des Adels

chen *Landlebens* führt an, wer alles zu den Untertanen einer solchen Herrschaft gehörte: »Bauern, Trescher, Mayergesind, Stallbursch, Fischer und Jäger.« Daß es trotz Leibeigenschaft, Frondienst und zum Teil trotz weitgehender Befugnisse in der Jurisdiktion des Grundherrn vielfach erträgliche und erfreuliche Verhältnisse zwischen Herrn und Knecht gegeben hat, darf man glauben. Die Schutzpflicht des Grundherrn für seine Untertanen wurde ernst genommen. Sie bestand häufig auch nach Aufhebung der Leibeigenschaft noch fort und gehörte zum Ethos des europäischen Adels unter seinen vornehmsten Vertretern. [10] Vom Verfasser des *Adelichen Landlebens* sagt Brunner, daß er mit seinen Bauern im engsten Kontakt gelebt habe. In seiner Lebenshaltung stand er ihnen nicht fern, und die Unterschiede der Bildung zwischen Bauern und niederem Landadel waren oft gering. An ihren Festen nahm die Herrschaft teil, die ihrerseits für Feste wie Kirchweih u. a. sorgte. Sein Biograph stellt ihm daher kein schlechtes Zeugnis aus: »Wolf Helmhard von Hohberg stand mit seinen Bauern gewiß nicht nur an Festtagen, sondern auch in den Mühen und Sorgen des Alltags, im Guten und Schlimmen in engster Berührung. Er wußte sie zu schätzen. Gerne nimmt er in sein ›Adeliges Landleben‹ praktische Erfahrungen auf, wenn er sich auf einen ›guten alten Bauer‹ [...] als Gewährsmann berufen kann.« [11] Eichendorff sieht es rückblickend ähnlich. Die »wechselseitige religiöse Treue zwischen Vasall und Lehnsherrn« wurde nicht angefochten. Auch er erinnert sich im ganzen eines guten Einvernehmens: »Denn diese Edelleute standen in der Bildung nur ein wenig über ihren ›Untertanen‹, sie verstanden daher noch das Volk und wurden vom Volke wieder begriffen.« [12] Man nennt oder nannte solches Einvernehmen patriarchalisch. Gleichwohl dürfen die Verhältnisse nicht einseitig gesehen werden. Es gibt auch anderes zu berichten.

Verhältnisse wie diese werden in der heutigen Sozialgeschichte erst als Folge der inzwischen — um die Mitte des 19. Jahrhunderts — erledigten Erbuntertänigkeit erkannt. Ihre Zurückverlegung in frühere Jahrhunderte wird von einem Kenner des Gegenstands wie Hans Rosenberg in die Geschichte der Agrarromantik und Agrarmystik verwiesen, wie er solche Auffassungen nennt. [13] Aber wie man dachte — und demzufolge auch entsprechend gehandelt hat, wenn man es für gegeben ansah — geht aus anderen Zeugnissen hervor, die unmißverständliche Auskünfte darüber geben, mit welchen Denkformen man es innerhalb solcher Grundherrschaften noch immer zu tun hatte. »Daß ein Mann vom Stande auch ein Mann *von Extraktion sey*, versteht sich endlich von selbst. Was heißt extrahiren? Herausziehen aus dem Haufen; und wer ist mehr extrahirt, als der von Geburt an über alle Menschen erhaben ist, einen Stand hat, und Vorrechte genießt, die von andern entweder nur durch die größesten Anstrengungen, durch ausgezeichnete Protectionen, oder gar nicht, errungen werden können.« [14] Und an anderer Stelle derselben Schrift: »Weit entfernt also, an eine Aenderung zu denken, müssen wir vielmehr alle unsre Kräfte aufbieten, alles in dem alten Zustande zu lassen. Nur Eins möchte ich bei dieser Gelegenheit erinnern. Da der Edelmann der geborene Herr des Bauern ist, und dieser nur das volle Gefühl der Unterthänigkeit gegen den *adlichen* Guthsbesitzer hat, den er billig als ein höheres und gleichsam übermenschliches Wesen verehrt: so wäre es zur Erhaltung der Ruhe und Ordnung im Staate dringend nothwendig, daß alle Conzessionen und Incolate an Nichtadeliche von nun an völlig aufhörten [...].« [15] So steht es in einer 1807 veröffentlichten *Apologie des Adels*, und das ist lange her, kann man einwenden. Aber erst im Jahre 1936 sind die Erinnerungen Elards von Oldenburg-Januschau erschienen, der im ehemaligen Westpreußen ein Rittergut besaß und als deutschnationaler Politiker auch dem Herrn von Hindenburg nahestand. In seiner Denkweise verbindet sich das Untertanenverhältnis innerhalb des gutsherrschaftlichen Bereichs mit Begriffen und Vorstellungen aus dem Militärleben, wie sie vor allem für den preußischen Landadel östlich der Elbe bezeichnend sind. Wir lesen Sätze wie diese: »Auf meinen Gütern gelang es mir, einen seßhaften Arbeiterstand zu schaffen. Im Anfang mußte ich manchem ungehorsamen und aufsässigen Gesellen persönlich entgegentreten und mit der Faust Ordnung und Gehorsam erzwingen. Im Laufe der Jahre wurden die schlechten Arbeiter dadurch abgestoßen und die guten angezogen. Mein Mittel zu diesem Ziel hieß Gerechtigkeit [...] das Geheimnis zur Lösung der Leutefrage auf dem Lande habe ich immer darin gesehen, den Arbeitern ein gerechter Vorgesetzter und ein wohlwollender Vertrauensmann in allen Lebenslagen zu sein ... Freilich war ich auch niemals nachsichtig, sondern hielt darauf, daß im Betrieb Gehorsam der oberste Grundsatz blieb. Auf diese Weise bildete sich im Laufe der Jahrzehnte auf allen meinen Gütern zwischen meinen Leuten und mir ein Vertrauensverhältnis, dessen Formen manchen nicht aus dem Osten stammenden Deutschen vielleicht eigenartig erscheinen mögen.« [16] Hier werden gutsherrschaftlicher Stand und Militärstand noch als unverbrüchliche Einheit verstanden, und die sozialen Verhältnisse zwischen Herr und Knecht sind von solchen Denkformen geprägt. Bei allen Fortschritten der Gesetzgebung sonst werden sie im *Allgemeinen Preußischen Landrecht* gegen Ende des Jahrhunderts noch einmal sanktioniert, wenn es heißt: »Faules, unordentliches und widerspenstiges Gesinde kann die Herrschaft durch mäßige Züchtigungen zu seiner Pflicht anhalten.« [17] Im Falle des Herrn von Oldenburg war es die Faust, derer er sich gelegentlich bediente; in anderen Fällen dürfte es noch lange die Peitsche gewesen sein, die man hier und da zu Hilfe nahm. Von dem schlesischen Grafen Strachwitz, Verfasser der Ballade *Das Herz von Douglas*, der zeitweilig dem Berliner Poetenklub »Der Tunnel über der Spree« so viel Glanz verlieh, ist es bezeugt. In einem ausführlichen Lebensabriß kommt Hanns Martin Elster (im Vorwort zu einer 1912 erschienenen Ausgabe der *Sämtlichen Lieder und Balladen*) beiläufig darauf zu sprechen: »Sidonie [die Geliebte des Dichters], die gerade aus einem Fenster des Schlosses hinausschaute, mußte sehen, wie er in einem Heftigkeitsanfalle seinen Kutscher mit der Peitsche bearbeitete. Dieser ungezügelte Jähzorn konnte sie bei einem Strachwitz nicht befremden. Bei allen Angehörigen des Geschlechts fließt das Blut ›in mehr als deutscher Schnelle‹. Der Vater Sidoniens, der kgl. preußische Landrat und schlesische Landesälteste, bekundete selbst dann und wann die gleiche gewalttätige Herrenlaune, die der nicht selten heimtückischen, kriechenden Unterwürfigkeit der polnischen ›Untertanen‹ gegenüber zu jenen Zeiten oft angebracht genug war.« [18] Daß solche Einstellungen keine Einzelfälle sind, geht aus den von Albrecht Thaer herausgegebenen Annalen des Ackerbaus hervor. Der Verfasser eines Beitrags im vierten Jahrgang dieser Zeitschrift legt 1808 dar, daß man das Gesinde hinfort nicht mehr als Sklaven behandeln dürfe. Man müsse von nun an für Wohnung, Beköstigung und Pflege in Krankheitsfällen aufkommen, und mit Belehrung sei mehr zu erreichen als mit harten und entehrenden Strafen: »Ein Gutsbesitzer, der sich nicht bequemen wollte, die hier vorgeschlagenen Grundsätze zu befolgen, für den ist die Aufhebung des Gesindezwanges ein großes Übel, für den bleibt nichts übrig, als sein Gut zu verkaufen oder zu verpachten«. [19] Und der Historiograph dieser Herrenklasse folgert: »So wurde aus dem zackigen Gutsherrautokraten des Ancien régime, dem Furcht einflößenden, gelegentlich zu Stock und Peitsche seine Zuflucht nehmenden Kommandeur von hörigen Untertanen schließlich ein ›Herrenmensch mit demokratischen Handschuhen‹.« [20]

Alle diese Aussagen beziehen sich auf Landstriche östlich der Elbe, die man als Ostelbien zu bezeichnen pflegt; man hat zumal bezüglichdieser Gebiete keinen Grund, die Lebensformen adeligen Landlebens zu harmonisieren. Hier ging es vielfach anders zu als in anderen deutschen Staaten, und selten besser; zudem ist Preußen kein beliebiges Land, sondern der seit dem 18. Jahrhundert führende Staat unter den deutschen Staaten. Daß die Geschichte der europäischen Gesellschaft wesentlich von ihren Adelsgruppen bestimmt wurde, haben wir zu Eingang dieses Kapitels ausgeführt. Das gilt für Preußen in bevorzugter Weise. Die Verbindung zwischen Regierung und landbesitzendem Adel war in diesem Staat besonders eng, und wenigstens bis zum Ende der Monarchie waren Diplomatie und Militärwesen fast ausschließlich vom höheren Adel besetzt. Als einer der Ihren, der durchaus nicht immer tat, was sich seine Klasse wünschte, ist Bismarck aus ostelbischem Junkertum hervorgegangen und zum höchsten Staatsamt gelangt. Es wäre ungerecht, diese Herkunft einseitig zu betonen, wie es ungerecht wäre, die zahlreichen Agrarreformen zu übersehen, die es im Verlauf dieses Jahrhunderts gegeben hat. Schließlich sind es Angehörige des Hochadels — die Freiherren vom Stein und von Hardenberg — gewesen, die solche Reformen durchzusetzen suchten. Am 9. Oktober 1807 wurde das »Edikt den erleichterten Besitz und den freien Gebrauch des Grundeigentums sowie die persönlichen Verhältnisse der Landbewohner betreffend« erlassen. In ihm wird geregelt, was man die Bauernbefreiung nennt. Aber schon ein Jahr später wurde der Freiherr vom Stein auf Betreiben Napoleons entlassen. Die noch ausstehenden Edikte wurden nur zum Teil im Sinne seiner Agrarreform weitergeführt; denn der Widerstand der preußischen Junker blieb nicht wirkungslos. [21] Dieser Entwicklung vor allem ist es zuzuschreiben, daß, trotz mehrerer Revolutionen seit 1789, in Preußen Stellung, Ansehen und Einfluß vor allem des besitzenden Landadels um vieles langsamer abgebaut wurden als andernorts. Ein Einzelgänger scheint der Herr von Thadden-Trieglaff aus Hinterpommern nicht gewesen zu sein, der seinen Besitzstand hartnäckig verteidigte, indem er das allgemeine Wahlrecht ebenso hartnäckig bekämpfte: »Ich bin bekanntlich ein Konservativer, weil geschrieben steht, wer da hat, dem wird gegeben, und als echter Preuße verstehe ich den alten Wahlspruch unseres Hauses ›Suum cuique‹ nicht bloß, behalte, was du hast, sondern nimm, was du kriegen, aber wohlverstanden, was du mit gutem Gewissen bekommen kannst.« [22] Zu nehmen, was man bekommen kann, und zu behalten, was man hat, das hört sich nicht ganz »unbismarckisch« an, und zu den Gegnern eines allgemeinen Wahlrechts in Preußen hat man auch Leopold von Gerlach, Bismarcks einstigen Mentor, zu zählen. Würde es eingeführt, so sei dies der politische Bankerott, erklärte er noch ganz ungeniert im Jahre 1866. [23] So ist zwar das adelige Landleben in den preußischen Provinzen von frühen Reformen geprägt; aber zahlreiche Verzögerungen folgten. Es blieb sehr vieles noch sehr lange beim alten, und dies angesichts einer stürmischen Entwicklung vom Ständestaat zum Klassenstaat. Noch Anfang der achtziger Jahre befinden sich gut zwei Drittel aller Güter von über 1000 ha in den Händen des ererbten Hochadels. Das Dreiklassenwahlrecht blieb bis 1918 gültig, und erst 1927 erfolgte die Auflösung der Rittergüter als selbständige Kommunal- und Ortspolizeibezirke. »So wurden erst durch die Weimarer Republik die Großagrarier ihrer aristokratischen Standesvorrechte und exklusiven Herrschaftssymbole beraubt. Dem rechtlichen Status nach wurden sie zu einer ›gewöhnlichen‹ Gesellschaftsklasse degradiert.« [24]

Dennoch ist der Herrschaftswandel, wie er seit Beginn des neunzehnten Jahrhunderts zu verfolgen ist, ein Vorgang von eigentlich revolutionärem Ausmaß, wie es ihn in der europäischen Geschichte zuvor nicht gegeben hat; und keineswegs betrifft die Sozialgeschichte des Adels nur die mit der Bauernbefreiung zusammenhängenden Probleme. Sie betrifft die Gesellschaft im ganzen und in allen ihren Klassen. Mit dem Eindringen der kapitalistischen Wirtschaftsformen in den grundherrschaftlichen Besitz werden aus Grundherren Großgrundbesitzer, die sehen müssen, wie sie sich mit Verminderung ihrer Privilegien im Wettbewerb behaupten. Ihre Güter werden Handelsobjekte wie anderes auch. Sie wechseln nun häufiger die Besitzer, und nicht wenige der neuen Herren stammen aus Handel und Industrie. Der Adel verliert damit zunehmend seine eigene Homogenität. Briefadel, Geldadel, Amtsadel — dies alles mischt sich ein und verwandelt den ersten Stand allmählich in einen sehr anderen Stand. Dem Aufstieg des Bürgertums in Stellungen des Adels entsprechen Verfall und Verarmung ganzer Adelsfamilien von Ansehen und Rang. Verfall als das, was sich von oben nach unten hin entwickelt, tritt zum Aufstieg hinzu, wie er vor allem dem gebildeten Bürgertum zugute kommt. Eine Mobilität in der sozialen Umschichtung macht die Geschichte des

19. Jahrhunderts zur Sozialgeschichte in nahezu allen Bereichen der Wirtschaft, der Bildung, des Rechts oder des Familienlebens. Dieser Wechsel und Wandel in allen Lebensgebieten, Lebensformen und Denkformen geht um so vehementer vor sich, als die Heraufkunft des vierten Standes längst zum Kardinalproblem geworden ist, ehe das Bürgertum den Adel zunehmend beerbt. Daher kommt es weit mehr zu Verbindungen zwischen Adel und Bürgertum als zu solchen zwischen einem dieser Stände und der arbeitenden Klasse. Ihr gegenüber haben Adel und Bürgertum, bei allen noch immer vorhandenen Standesunterschieden, weit mehr untereinander gemeinsam als mit dem vierten Stande. Daraus erklärt sich, daß man durch Reformen einer Revolution entgegenzuwirken sucht, aber dabei an eine Abschaffung des Adels nicht unbedingt denkt. Nur überlebte Vorrechte, wie sie der Geburtsadel mit sich bringt, stellt man in Frage. »Von keiner Seite darf also der Adel fürchten, durch Mitbewerbung andrer um hohe Stellen, zurückgesetzt zu werden«, stellt August Wilhelm Rehberg in seiner bekannten Schrift *Ueber den deutschen Adel* fest: »Wenn der Adel sich nicht mehr durch übertriebene Ansprüche und durch das Pflegen vermeinter Rechte verzärtelt [...], so wird er die Stellen, die das Ziel seiner Wünsche ausmachen, auf dem ehrenvollen Wege der Verdienste vor andern erlangen [...].« [25] Bei Eichendorff kommt der Adel, dem er angehört, nicht ungeschoren davon. Dennoch wird seine Fortexistenz als etwas Selbstverständliches angesehen, als entspräche sie den Gesetzen der Natur: »In jedem Stadium der Zivilisation wird es, gleichviel unter welchen Namen und Formen, immer wieder Aristokraten geben, das heißt eine bevorzugte Klasse, die sich über die Massen erhebt, um sie zu lenken. Denn der Adel [...] ist seiner unvergänglichen Natur nach das ideale Element der Gesellschaft; er hat die Aufgabe, alles Große, Edle und Schöne, wie und wo es auch im Volke auftauchen mag, ritterlich zu wahren, das ewig wandelbare Neue mit dem ewig Bestehenden zu vermitteln und somit erst wirklich lebensfähig zu machen.« [26] Das ist historisch gedacht, und es ist zugleich aus dem Geist der klassisch-romantischen Ästhetik heraus gedacht, die sich erst eigentlich im Adel recht vollendet — es sei dies ein Adel des Geistes, der Gesinnung oder der Geburt. Willibald Alexis, Verfasser historischer und vaterländischer Romane, denkt in diesem Punkt wie viele seiner Zeitgenossen nicht grundsätzlich anders. Dieser entschiedene Verfechter einer konstitutionellen Monarchie, der es gewohnt war, so monarchisch wie republikanisch zu denken, hat den Adel unerbittlich kritisiert, aber sein Fortbestehen ebenso entschieden gefordert. [27] Was er in seinem Buch *Wiener Bilder* schon 1833 über den Adel geschrieben hat, wurde auch später nicht preisgegeben: »Ein Aristokrat bin ich, weil ich meine, daß kein gesellschaftlicher Verband auf die Dauer ohne eine Aristokratie bestehen könne«; und dem adeligen Landleben bleibt er dabei — er ist nicht der einzige — ganz besonders gewogen: eine »durch Geburt begründete, auf großen, festen Landbesitz gestützte« Aristokratie scheint ihm noch die am wenigsten drückende zu sein und mit persönlicher wie geistiger Freiheit verträglich. [28]

Eine Sozialgeschichte der deutschen Literatur im 19. Jahrhundert, sollte sie geschrieben werden, hätte sich eingehend mit dem Adel zu befassen; und sie hätte es, versteht sich, ohne alle Voreingenommenheit zu tun. Denn das Verhältnis zwischen beiden »Systemen«, der Sozialgeschichte wie der Literatur, ist überaus komplex. Einzugehen wäre dabei auf den Anteil des Adels an der literarischen Entwicklung. Seit der Aufklärung nimmt dieser Anteil zu; in der Romantik ist er nicht mehr zu übersehen. Mit Arnim, Hardenberg, Kleist und Eichendorff stellt er einige der maßgeblichen Schriftsteller der Epoche. [29] Es wäre kurzsichtig, aus diesem soziologischen Tatbestand Vorurteile abzuleiten, wie man sie vielerorts ausgesprochen findet; und wer beispielsweise in Heinrich von Kleist in erster Linie den Junker sieht, hat dessen literarisches Werk nicht begriffen. In der Zeit der Restauration setzt sich diese Entwicklung mit Platen, Feuchtersleben, Lenau oder der Droste fort, um nur diese zu nennen; und es fehlt dabei auch an jenen nicht, die sich dem Geist der Restauration widersetzen. Es gibt die Freisinnigen und die Liberalen wie Varnhagen von Ense, Fürst Pückler-Muskau oder Anton Alexander Graf Auersperg, der sich als Dichter Anastasius Grün nannte. Der schriftstellernde Adel der Zeit ist nicht auf einen Nenner zu bringen. Sie schrieben für und sie schrieben gegen die Restauration. Für Polen trat um 1830 der Graf Platen ebenso ein wie sein Rivale Heinrich Heine. Obwohl es seit 1789 einige Revolutionen gegeben hat, kommt es im Bereich der Literatur — aber in diesem nicht allein — zu den mannigfachsten Verbindungen zwischen Adel und Bürgertum, wie man sie nicht ohne weiteres erwarten sollte. Die Weimarer Klassik ist ohne solche Verbindungen nicht zu denken, und nur modische Polemik tut sie als bloße Hofkultur ab. [30] »In dieser Kultur von Weimar«, so sieht es W. H. Bruford, ein vorzüglicher Kenner ihrer sozialgeschichtlichen Grundlagen, »vereinte sich der breite Strom der humanistischen literarischen Tradition mit deutschen Strömungen aus dem Bürgertum wie vom Hofe. Wenn auf der einen Seite die großen bürgerlichen Dichter den Einfluß der Hofkreise erfuhren [...], so wurde doch auch auf der andern Seite der Hof ständig durch Ideen beeinflußt, die ihren Ursprung im Bürgertum hatten.« [31] Das zweifellos bedeutendste Resultat dieser Verbindung ist der Bildungsroman der deutschen Klassik, den man zu einseitig sieht, wenn man ihn lediglich als Ausdruck des deutschen Bürgergeistes versteht.

Der Held in Goethes *Wilhelm Meister* lernt im Verlauf seiner Lehrjahre Adelige verschiedenster Herkunft kennen. Er begegnet ihnen nicht ohne Kritik, wieviel er auch von ihrem Lebensstil und von ihren Lebensformen »profitiert«; noch weniger läßt es der Erzähler an kritischer und ironischer Distanz gegenüber dem Dilettantismus der Grafen und Barone fehlen. Aber der für die Idee des Romans so entscheidenden Aussage — »mich selbst, ganz wie ich da bin, auszubilden, das war dunkel von Jugend auf mein Wunsch und meine Absicht« — folgen Betrachtungen über Stand und Vermögen des Adels, die für das Verständnis der bürgerlichen Bildungsidee nichts Nebensächliches sind:

»Ich weiß nicht, wie es in fremden Ländern ist, aber in Deutschland ist nur dem Edelmann eine gewisse allgemeine, wenn ich sagen darf, personelle Ausbildung möglich. Ein Bürger kann sich Verdienst erwerben und zur höchsten Not seinen Geist ausbilden; seine Persönlichkeit geht aber verloren, er mag sich stellen, wie er will.« Eine Reihe charakteristischer Antithesen schließt sich an: »Wenn der Edelmann durch die Darstellung seiner Person alles gibt, so gibt der Bürger durch seine Persönlichkeit nichts und soll nichts geben. Jener darf und soll scheinen; dieser soll nur sein, und was er scheinen will, ist lächerlich oder abgeschmackt. Jener soll tun und wirken, dieser soll leisten und schaffen [...]« — und so fort. Solche Benachteiligungen des Bürgers in Fragen der Bildung gegenüber dem Edelmann werden aus der Gesellschaft, so wie sie ist, abgeleitet: »An diesem Unterschiede ist nicht etwa die Anmaßung der Edelleute und die Nachgiebigkeit der Bürger, sondern die Verfassung der Gesellschaft selbst schuld«. [32] Goethe strebe hier — wie auch im *Tasso* — bewußt »auf die Schaffung eines Adelsvorbildes aus Herz und Sinn hin, für das der alte Adel der Geburt nur flüchtige Hinweise geben konnte«; so erläutert es wiederum W. H. Bruford. [33] Die Lebensformen des Adels und die Idee der Bildung erläutern sich gegenseitig. Sie verweisen in solcher Zuordnung auf einen Zustand, wie ihn Schiller in den *Briefen über die ästhetische Erziehung des Menschen* beschreibt: als Bildung im eigentlichen Sinn, ohne Anstrengung, ohne Arbeit; Dasein als Spiel, dieses als Erfüllung menschlicher Existenz gedeutet, wie es der fünfzehnte Brief verheißt: »Denn, um es endlich auf einmal herauszusagen, der Mensch spielt nur, wo er in voller Bedeutung des Worts Mensch ist, und *er ist nur da ganz Mensch, wo er spielt.*« [34] Und gemeint ist damit nicht so sehr ein bestimmter sozialer Stand; gemeint ist weit mehr eine Art Adel, wie er sein sollte. Es geht in erster Linie um eine poetische Idee, und als diese wird sie im Roman des 19. Jahrhunderts konstitutiv.

Nicht zufällig kehren daher die Helden der deutschen Bildungsromane so gern auf Grafenschlössern ein oder finden am Leben einer Residenz Gefallen. »Ein heiterer Juniusnachmittag besonnte die Straßen der Residenzstadt. Der ältliche Baron Jaßfeld machte nach längerer Zeit wieder einen Besuch bei dem Maler Tillsen, und nach seinen eilfertigen Schritten zu urtheilen, führte ihn dießmal ein ganz besonderes Anliegen zu ihm.« So beginnt Mörikes Künstlerroman *Maler Nolten,* in dem es zu zahlreichen und zumeist »schicksalhaften« Begegnungen zwischen Angehörigen des Adels und Künstlern bürgerlicher Herkunft kommt. [35] Auf dem Schloß eines Barons läßt auch Tieck seinen jungen Tischlermeister in der gleichnamigen Erzählung (1836) einkehren, die sich eng mit Goethes *Wilhelm Meister* berührt. Nur sind es nicht mehr Künstler, Maler wie bei Mörike oder dem jungen Tieck, die ihre engere Heimat verlassen, um sich in der Fremde zu bilden. Wir haben es nunmehr mit einem gebildeten Handwerker zu tun, der eines Tages eine Einladung des Barons Elsheim erhält, mit dem er seit seiner Jugendzeit befreundet ist. Der junge Tischlermeister nimmt die Einladung an, kehrt dem bürgerlichen Alltag für geraume Zeit den Rücken und beteiligt sich nach Herzenslust am Theaterspiel, dem sich die Gäste auf dem Landsitz des Barons verschrieben haben. Die zeitweilige Distanz von sich selbst in den Rollen, die man spielt, erhält bei Tieck einen betont therapeutischen Sinn. Es fehlt auch nicht an Bildungskritik, wie wir ihr bereits bei E. T. A. Hoffmann begegnet sind. Aber das ändert daran nichts, daß das Spiel als eine Form humanen Daseins auf den Landsitz eines Barons verlegt wird. [36] Und adeliges Landleben war dem bürgerlichen Schriftsteller Ludwig Tieck, dem Sohn eines Seilermeisters, aus eigener Anschauung wohlvertraut: auf den Landgütern seiner Freunde Wilhelm von Burgsdorff (in Ziebingen) oder des Grafen Finkenstein (in Madlitz) war er wiederholt zu Gast gewesen. Die Rahmengespräche des *Phantasus* gewähren Einblick in einen Bereich geselliger Bildung, in dem sich die Unterschiede zwischen Adel und Bürgertum mehr und mehr verwischen.

Daß auch der schweizerische Demokrat Gottfried Keller seinen Helden zuguterletzt auf einem Grafenschloß einkehren läßt, zeigt an, welche Traditionen um die Mitte des Jahrhunderts noch fortwirken. Aber das für sich selbst sprechende Beispiel solcher Traditionen ist vor allem mit dem *Nachsommer* gegeben. Daß Adalbert Stifter in Kreisen auch des Hochadels kein Unbekannter war, ist seiner Biographie zu entnehmen. [37] Im Roman geht es erneut um eine Verbindung von Adel und Bürgertum im Zeichen der Bildung, und dabei wird nach Kräften idealisiert. Sie kommt dem Bürgertum zugute, wenn der Freiherr von Risach uns wissen läßt, daß er erst verhältnismäßig spät in den Adelsstand erhoben worden sei, sich aber weiterhin als Bürger verstehe: »Was die Bürgerlichkeit anlangt, so gehöre ich zu diesem Stande.« [38] Auch insofern wird der Adel idealisiert, als Grundherrschaft in Stifters Roman behandelt wird, als sei sie nicht existent. [39] Von Dienerschaft ist kaum je die Rede; soziale Konflikte werden ausgespart. Das kann deshalb geschehen, weil es sich nicht um ein Abbild der Wirklichkeit handelt; nicht um irgendeine Art von Widerspiegelung, sondern um ein Wunschbild weit mehr. [40] Adel als Zeichen einer idealen Lebensform kann mit Bildung in Beziehung gebracht werden, weil diese erst jenseits aller Daseinsfürsorge ganz das ist, was sie sein soll: Spiel, das keinen anderen Zweck verfolgt, als Spiel zu sein: »Gegen den Herbst kömmt wieder eine freiere Zeit. Da haben sie gleichsam einen Nachsommer, und spielen eine Weile, ehe sie fort gehen.« Die Beschreibung einer klimatologischen Lage hat einen verweisenden Sinn: sie verweist auf eine soziale Utopie, in der sich Adel und Bildung treffen. Damit ist zugleich gesagt, worauf es hier eigentlich ankommt: auf den Adel nämlich, wie er sein sollte; und so bereits stellte es sich in Goethes *Wilhelm Meister* dar. Aber noch innerhalb dieser Tradition entwickelten sich Formen einer Gesellschaftskritik, die nicht zuletzt dem Adel gelten — weniger einem solchen, wie er sein sollte, sondern dem Adel, wie er leider ist: in Verfall und Niedergang begriffen. So versteht ihn Karl Immermann in seinem Roman *Die Epigonen*. Die Satire in der Schilderung eines mißglückten Turniers während eines herzoglichen Festes erläutert sich selbst; der Adel, ausgestellt wie ein Museumsstück: als Ruine, aus der das Leben längst entwichen ist. [41] Damit ist die andere Seite berührt, die Kritik, die sich durch die gesamte Sozialgeschichte des 19. Jahrhunderts verfolgen läßt; und wie jede Geschichte so hat auch diese ihre Vorgeschichte, die zum Teil bis ins 17. Jahrhundert zurückreicht. [42]

Ein unnachsichtiger Kritiker des Adels, seiner Unfähigkeit und Untätigkeit, war schon Samuel Pufendorf gewesen. In der Epoche der Aufklärung läßt die Kritik an Schärfe nun vollends nichts mehr zu wünschen übrig. Man möge einen jeden Edelmann des Adels für unwert erklären, wenn er mit dreißig seine Fähigkeit für nützliche Dienste noch immer nicht bewiesen habe, heißt es in einer dieser Schriften. [43] Nicht weniger deutlich spricht sich Kant hierüber in der *Metaphysik der Sitten* aus. Angeerbter Adel, der dem Verdienste vorausgeht, wird mit Entschiedenheit abgelehnt. Es sei dies »ein Gedankending, ohne alle Realität«. [44] Die Auseinandersetzung wird in erster Linie von dem sich emanzipierenden Bürgertum geführt; aber von diesem nicht allein. An der Kritik sind zahlreiche aus dem Geburtsadel hervorgegangene Schriftsteller beteiligt. In einem vielbeachteten Werk hatte Ernst Martin von Schlieffen die Genealogie seines Geschlechts ausgebreitet, um damit zugleich dem Geburtsadel alle Rechte streitig zu machen, die dieser noch immer sich nehme — dadurch, daß er in dem Vorurteil befangen bliebe, »zufällige Geburt für das Wesentliche zu halten«. [45] In Eichendorffs Dichtung äußert sich solche Kritik bald ironisch, bald satirisch und meistens unverhüllt. Die Abrechnung mit dem Adel, der sich überlebt hat, wird in seinen Kindheitserinnerungen zur Abrechnung mit der Zeit im ganzen: mit der Epoche des Rokoko: »Das Schwert war zum Galanteriedegen, der Helm zur Zopfperücke, aus dem Burgherrn ein pensionierter Husarenoberst geworden, der auf seinem öden Landsitz, von welchem seine Vorfahren einst die vorüberziehenden Kaufleute gebrandschatzt hatten, nun seinerseits von den Industriellen belagert und immer enger eingeschlossen wurde.« [46] Vollends unüberhörbar ist die sozialkritische Schärfe, wenn es gegen Ende dieses Kapitels heißt: »Mit romantischen Illusionen und dem bloßen eigensinnigen Festhalten des Längstverjährten ist also hierbei gar nichts getan. Dahin aber scheint der heutige Aristokratismus allerdings zu ziehen [...].« Es folgt das satirische Gedicht vom Prinzen Rokoko. [47] Dennoch ist Eichendorff weit entfernt davon, die Abschaffung des Adels zu wünschen, wie schon ausgeführt. Dieser Stand ist seiner Auffassung nach noch immer zu Großem berufen: zur Erneuerung, wenn sich eine Epoche zu überleben beginnt: »Denn der Adel [...] hat die Aufgabe, alles Große, Edle und Schöne, wie und wo es auch im Volke auftauchen mag, ritterlich zu wahren, das ewig wandelbare Neue mit dem ewig Bestehenden zu vermitteln und somit erst wirklich lebensfähig zu machen.« [48] In der Auffassung, daß es den Adel auch weiterhin geben müsse, trifft sich Eichendorff mit einem Schriftsteller bürgerlicher Herkunft wie Willibald Alexis. Dessen historische Romane sind fast alle gegen den Adel gerichtet, sofern dieser, zäh und beharrlich, auf seine alten Rechte pocht. Die ärgsten Feinde des Adels sind daher in seinen Romanen zumeist die Angehörigen des Adels selbst, jedenfalls in der Sicht des Erzählers. Die im *Isegrimm* geübte Gesellschaftskritik ist in hohem Maße Adelskritik: erzählende Auseinandersetzung mit jenen, die den Wandel der Dinge nicht begreifen. Daß dabei das einfache Volk vielfach der Kritik entzogen wird, weil es im Gegensatz zu der herrschenden Klasse gesund geblieben sei, hat Fontane in der Würdigung seines »Vorgängers« betont. Im *Isegrimm*, führt er aus, sei es Alexis darum gegangen, den Grundgedanken dieses Romans zu veranschaulichen: »die ›Gesellschaft‹ taugte nichts, aber das *Volk* war gesund«. (1/454) Dagegen läßt die Abrechnung mit der neuen Klasse, der Geldaristokratie des Bürgertums, nichts zu wünschen übrig. »Diesem konservativen Bürgertum gegenüber erscheint mir dies verrostete Junkertum allerdings noch wie ein lebendiges Wesen«, sagt eine der Figuren des Romans; und sie sagt damit das, was der Erzähler denkt, in diesem Fall kein anderer als Willibald Alexis selbst. [49]

Anders die Adelskritik unter den Liberalen des Bürgertums! Ihre namhaftesten Vertreter heißen Julian Schmidt und Gustav Freytag. Diese Kritik ist eindeutig; die Parteinahme für das aufstrebende Bürgertum, für seine Tüchtigkeit und seine Arbeitsfreude, äußert sich unverhüllt. An Stifters *Nachsommer* tadelt Julian Schmidt dessen Vorliebe für die Lebensformen des Adels: »Sein aesthetischer Sinn verleitet ihn zu einer unglücklichen Verehrung der sozialen Aristokratie«, heißt es in einer Rezension des Romans. [50] Die Romantik verfällt schon deshalb seinem Verdikt, weil sie ihm zu adelsfreundlich ist; sie habe die Fühlung mit dem Volk und den Massen des Volkes verloren. Alle Aristokratie des Geistes ist diesem über die Maßen nüchternen Betrachter verhaßt: »Zu geschichtlichen Bewegungen gehört die Masse, und wie sollte sich die Aristokratie des Geistes mit dieser einlassen, die in Blusen geht und schmutzige Hände hat.« [51] Auch Gustav Freytag, als Wortführer des selbstbewußten Bürgertums und seiner manchmal handfesten Interessen, hält den Adel für erledigt, wenn dieser den »Werdeprozeß« nicht begreift und im Alten verharrt. In einer Glosse seiner Zeitschrift ›Die Grenzboten‹ hält er 1849 einer Dame vor, was ihr Stand seiner Auffassung nach so wenig begreife: »wenn Sie die geistigen Vorrechte des Adels erhalten wollen, werden Sie dem deutschen Adel vor Allem wünschen müssen, daß er sich mit den vernünftigen Forderungen der Gegenwart befreunde und an unserem Werdeproceß mit großem Sinn und voller Kraft betheilige [...].« [52] Dem Ethos der Arbeit redet dieser bürgerliche Schriftsteller immer erneut das Wort. Im Kaufmannsstand findet er es beispielhaft bezeugt, wie es in *Soll und Haben* dargestellt wird. Die Abgrenzung geschieht also nach zwei Seiten hin: gegenüber dem Adel einerseits und gegenüber dem Pöbel zum andern. Darüber unterhalten sich Anton Wohlfahrt und sein Prinzipal: »Der Adel und der Pöbel sind jeder einzeln schlimm genug, wenn sie für sich Politik treiben; so oft sie sich aber mit einander vereinigen, zerstören sie sicher das

Haus, in dem sie zusammenkommen«, sagt dieser; und der Jüngere erwidert: »Die Vornehmen sind uns unbequemer.« [53] In einer solchen Mittellage kann das zu Besitz gelangte Bürgertum aufs beste gedeihen. [54] Die Poesie bleibt dabei vielfach auf der Strecke. Gegenüber einer solchen »zur Prosa geordneten Wirklichkeit«, wie sie sich in der Optik des Bürgertums darstellt, erweist sich der Adel als eine Art poésie pure, als Trost in einer zunehmend trostlosen Welt. Und indem die Kritik am Bürgertum wächst, an der Bourgeoisie als einem Gegenstand der Satire, kann der Adel als Gegenbild und Gegenwelt nur gewinnen. Aber zugleich wird noch etwas anderes sichtbar. In der Auffassung der bürgerlichen Wortführer verfallen Adel und Pöbel dem Verdikt, während ein Verächter der Bourgeoisie wie Alexis dem Adel (wie er sein sollte) und dem Volk gleichermaßen gewogen bleibt. Mit dem Volk ist nicht der vierte Stand gemeint, sondern die kleinen Leute in Stadt und Land. So daß unter den Gesichtspunkten einer sozusagen soziologischen Poetik das Merkwürdigste geschehen kann: daß sich nämlich Adel *und* Kleinbürgertum als Gegenstände der Poesie empfehlen, und daß sie beide mehr miteinander gemeinsam haben, als es auf den ersten Blick erscheint. Beide »Stände« haben gemeinsam ein Verlangen nach Einfachheit in meistens ländlichen Verhältnissen. Solche Einfachheit ist in Stifters *Nachsommer*-Roman zum bestimmenden Erzählprinzip geworden — nicht trotz des Adels, sondern in Übereinstimmung mit ihm und mit seiner Poesie, wie es der Freiherr von Risach ausspricht: »Es gibt auch ein Einerlei, welches so erhaben ist, daß es als Fülle die ganze Seele und als Einfachheit das All umschließt.« [55]

Wo Theodor Fontane in solchen Gruppierungen seinen Platz findet, kann nicht zweifelhaft sein. Er steht Alexis nahe, und die bürgerliche Ideologie Gustav Freytags bleibt ihm selbst in seiner konservativen Phase fremd. Das kommt deutlich in der Kritik an *Soll und Haben* zum Ausdruck, die eine Parteinahme für den Adel einschließt: »wiewohl er Adlige, einen *Teil* des Adels richtig schildert, so behaupten wir doch, es fehlt dem *echten* Bürgertum gegenüber die Schilderung des *echten* Adels, und daß diese Schilderung fehlt, ist ein Mangel an poetischer Gerechtigkeit, ja, an Gerechtigkeit überhaupt.« Der Herr von Fink (in Freytags Roman): das sei kein Repräsentant des Adels, und man müsse gegen jeden Versuch protestieren, »an die Stelle unserer Schwerins und Yorcks und Gneisenaus uns mit solchen Neuschöpfungen zu beglücken.« (1/306) Fontane macht aus seiner Zuneigung zum ersten Stand kein Hehl; und er spricht offen aus, was er weiterhin von ihm hält: »Es läßt sich über den Beruf und die Aufgabe des Adels in unserer Zeit verschieden denken (wir persönlich zählen zu seinen wärmsten Verehrern und haben unsere triftigen Gründe dazu).« Fontane hat über den Adel in späteren Jahren sehr anders geurteilt. Aber um einen in allem folgerichtigen Wandel seiner Auffassung handelt es sich dabei nicht. Noch weniger kann es darum gehen, ihm eine eindeutige Stellung zum Adel zuzuerkennen, obwohl das immer wieder versucht wird. Das Standesethos des Adels sei zwar bei Fontane relativiert, meint Friedrich Sengle, trotzdem spüre man, daß er letztlich für den Adel schreibt. [56] Deutlicher noch in anderem Zusammenhang: »Sozialgeschichtlich wichtiger ist, daß er die preußische Adelskultur liebenswürdig darstellte, gegen die Bourgeoisie ausspielte und bis zuletzt in seinen Romanen geradezu feierte [...].« [57] Dem steht entgegen, was in jüngster Zeit hinsichtlich seiner Interessen am vierten Stand gesagt wurde: daß Fontane »anfangs mit dem Adel sympathisierte, sich später aber zur Arbeiterklasse bekannte«. [58] Dieser Schriftsteller, der zweifellos das Heraufkommen und das Recht des vierten Standes besser vorausgesehen hat als mancher seinesgleichen, ist aber weder eindeutig als ein Verehrer des Adels, noch ist er eindeutig als ein Verächter dieses Standes zu etikettieren. Bei derart schwierigen Ermittlungen behilft man sich gern mit dem Hinweis auf seine schwankende Haltung. Aber auch damit wird man dem komplexen Verhältnis, um das es sich handelt, nicht gerecht. Immerhin sind einige durchgehende Züge zu bemerken. Fontane war seit den Anfängen seiner schriftstellerischen Laufbahn mit zahlreichen Angehörigen des Adels, des höheren wie des niederen, gut bekannt. Mit einigen, wie Bernhard von Lepel, war er befreundet. Autoren wie George Hesekiel, die sich als Romanschriftsteller zu entschiedenen Anwälten des Adels gemacht hatten, gehörten zu seinem Freundeskreis. Im Berliner Poetenklub, im »Tunnel über der Spree«, lernte er Männer des preußischen Beamtenadels kennen, die später einflußreiche Ämter bekleideten; und er lernte Angehörige des Hochadels wie den Grafen Strachwitz kennen, der ihm als Dichter und als Graf gleichermaßen imponierte. Die Schlösser der märkischen Landedelleute waren ihm von seinen *Wanderungen durch die Mark Brandenburg* aufs beste vertraut. An den Lebensformen dieses Standes fand er allzeit Gefallen und er hat es gebührend zum Ausdruck gebracht. Seine Geschichtsfreude und seine Geschichtskunde sind von der Geschichte der Adelsfamilien, in der er wie wenige sonst beschlagen war, nicht zu trennen. Und was ihm an solchen Lebensformen über alles ging, ist immer erneut ihre »Poesie«. Der Anteil des Militäradels am Aufstieg Preußens wird poetisch verklärt und gefeiert, und die Vorhaltung, die dem Verfasser des Kaufmannsromans – Gustav Freytag – gemacht wird, ist diese vor allem, daß zwischen den echten Repräsentanten und den homines novi nicht hinreichend unterschieden werde; daß Gustav Freytag mit anderen Worten keine Ahnung davon habe, was die Schwerins, die Yorcks und die Gneisenaus einem poetisch gestimmten Geist bedeuten. Schon früh wird eine solche Poesie des Adels noch in anderen Bereichen entdeckt – und diese »Entdeckung« hat Fontane mit Stifter gemeinsam – : sie wird im adeligen Landleben wahrgenommen. Die Verklärung einfacher Lebenskreise (wie im ersten seiner historischen Romane) bezieht sich dabei auf beides: auf die Landsitze des Adels wie später auf die Behausungen der Kleinbürger und der armen Leute – jeweils mit Aussparung der satten und poesielosen Bourgeoisie, die mit Verachtung gestraft wird: »Ich habe für diese Partien des Familienlebens keinen Sinn«, schreibt er am 12. Juli 1863 an seine Frau; »es hängt das damit zusammen, daß mir überhaupt ganz und gar der bürgerliche Sinn fehlt, und daß mich nur das Adlige interessiert«. Und damit ist stets der »eigentliche Adel« gemeint, derjenige, der Geschichte machte oder abseits von diesem als Landadel lebte: »Der eigentliche Adel« so steht es 1890 in einem Brief an Friedlaender (vom 2. September 1890), »ist der Landadel.« Dabei kann es durchaus geschehen, daß Begriff und Bedeutung des Adels in einer Weise erweitert werden, die sich jeder soziologischen Prägnanz entzieht, aber in der Literatur seit der Goethezeit üblich ist: daß vom Adel ohne jede Festlegung auf einen Stand oder eine Klasse gesprochen wird, wie in dem schon erwähnten Brief vom 12. Juli 1863: »Ich verwahre mich übrigens feierlich dagegen, daß das, was ich ›adlig‹ nenne, bloß an der Menschenklasse haftet, die man ›Adel‹ nennt; es kommt in allen Ständen vor, es ist der Sinn für das Allgemeine, für das Ideale und die Abneigung gegen den Krimskrams des engsten Zirkels, dessen Abgeschlossenheit von selbst dafür sorgt, daß aus jedem P. ein Donnerschlag wird. Die Alten ließen diesen Kleinkram durch ihre Sklaven besorgen; heutzutage hat man Bonnen zu diesem Zweck oder (in Frankreich) Kloster-Pensionate. Ich weiß alles, was dagegen zu sagen ist, aber ich kann mir nicht helfen, es ist doch alles mehr nach meinem Geschmack.« Nicht sehr schön, diese Unbekümmertheit nach der Seite des Sozialen hin! Aber solche Äußerungen sind in der Zeit seiner konservativen Geschichtsfreudigkeit nicht ungewöhnlich. In späteren Jahren sucht man Äußerungen wie diese vergebens. Nach der Reichsgründung werden neue Erfahrungen gemacht, die sich im Brief wie im Roman (mit Unterschieden des Genres) niederschlagen. Und sofern sich sein geschichtliches Denken mit der Geschichte des Adels verbindet, ist es zunehmend der Wandel, der an diesem Stand erkennbar wird. Mehr noch ist es der Verfall, der Niedergang, die Degeneration, für die sich Fontane als Romanschriftsteller leidenschaftlich interessiert; und auch Verfall — geschichtlicher Wandel und Wandel der Herrschaftsformen — hat ja seine eigene, seine gewissermaßen prosaische Poesie.

Der Brief an Georg Friedlaender, der im Jahre 1890 noch einmal die Poesie des Landadels »beschwört«, wendet sich in demselben Satz den tatsächlichen Verhältnissen zu — der Wirklichkeit also, wie sie ist: »Der eigentliche Adel [...] ist der Landadel und so sehr ich gerade diesen liebe und so sehr ich einräume, daß er in seiner Natürlichkeit und Ehrlichkeit ganz besondre Meriten hat, so ist mir doch immer mehr und mehr klar geworden, daß diese Form in die moderne Welt nicht mehr paßt, daß sie verschwinden muß und jedenfalls daß man mit ihr nicht leben kann« (2. September). Der Gesichtspunkt der modernen Welt ist von nun an — im Grunde seit der Reichsgründung — derjenige, der gilt; und der Adel, wer ihm auch angehören mag, ist demgegenüber eine zweitrangige Größe. Diese Zweitrangigkeit, aufgrund eines tiefgreifenden Strukturwandels im Sozialen, eines Herrschaftswandels ohnegleichen, wird zumal in den Friedlaender-Briefen mit einer Schärfe formuliert, die kaum noch zu überbieten ist. So am 6. Mai 1895: »Was wollen diese Menschen auf der Welt? Sie sind nur eine Störung, ein Hemmniß, ein aus Böswilligkeit oder Dummheit auf die Schienen gelegter Stein.« So am 14. August 1896: »Sie wissen, daß ich früher in Bezug auf den Adel immer von einer ›unglücklichen Liebe‹ gesprochen habe. Damit ist es vorbei. Diese unglückliche Liebe hat sich in Abneigung, oder wenn das zu viel gesagt ist, in äußerste Mißstimmung und Verdrießlichkeit verkehrt.« So am 1. Februar 1894 (und diese Aussage stehe für andere): »mit Schaudern muß ich am Ende meiner Tage, all meinen Adels- und Prinzensympathieen zum Trotz, einräumen, daß bei diesen ganzen Prinzlichkeiten wenig rauskommt und mitunter weniger als wenig [...] es ist mir jetzt ganz klar, daß man in seinem Kreise bleiben und auf den Verkehr mit Hochgebornen verzichten muß. Kleinadel — besonders die Söhne des *Militär*adels, der der weitaus beste, weil frischeste ist — Kleinadel geht. So wie aber ernsthaft die Vorstellung ›wir gehören einer andern Menschensorte an‹ anfängt, ist es mit aller Umgangsmöglichkeit vorbei [...]. Die Welt hat vom alten Adel gar nichts, es giebt Weniges, was so aussterbereif wäre wie die Geburtsaristokratie; *wirkliche* Kräfte sind zum Herrschen berufen, Charakter, Wissen, Besitz — Geburtsüberlegenheit ist eine Fiktion und wenn man sich die Pappenheimer ansieht, sogar eine komische Fiktion.« Aber man sehe sich vor zu behaupten, dies sei eben bloß in den Briefen so zu lesen und im Roman stelle sich alles ganz anders dar: gemäßigt, temperiert und von »poetischer Gerechtigkeit« geleitet. So ist es durchaus nicht. Fontane fährt nicht einfach fort, in seinen Romanen den Adel so zu verklären, wie es in den *Wanderungen durch die Mark Brandenburg* geschehen war. Gesellschaftskritik als Adelskritik gibt es in nahezu jedem dieser Romane, und daß die ihm gemäßeste Gattung kein »Naturschutzgebiet« für Aristokraten sein kann, bestätigt unter anderem die kritische Äußerung gegenüber seinem Konkurrenten hinsichtlich der Ehegeschichte, die sie gemeinsam behandelt haben. Der Adel komme viel zu gut weg, hält Fontane dem Verfasser des Romans *Zum Zeitvertreib*, also Spielhagen, vor: »Der Roman unterstützt, gewiß sehr ungewollt, die alte Anschauung, daß es drei Sorten Menschen gibt: Schwarze, Weiße und — Prinzen. Der Adel spielt hier die Prinzenrolle [...]. Ich erschrecke immer, wenn in fortschrittlichen Zeitungen geklagt wird, daß wieder ein Adliger bevorzugt oder aus einem Garderegiment der letzte Bürgerliche gestrichen worden sei. Durch das Hervorkehren dieser Dinge nährt man nur jene Überheblichkeitsgefühle, die man ausrotten möchte« (an Friedrich Spielhagen vom 25. August 1896).

Dennoch sind die zahlreichen Äußerungen Fontanes über den Adel das eine; die Darstellung dieses Standes das andere. [59] Der eigentliche Adel ist zwar mit seinen Worten der Landadel. So sieht es sich soziologisch an. Richtet man sich auf seine Poetik, so ist es der erzählte Adel in erster Linie, dem unsere Aufmerksamkeit zu gelten hat. Das kann in Übereinstimmung mit ihm selbst verstanden werden: er war sich dieser Poetik wohl bewußt und wußte, was er als Erzähler an diesem Stand hatte, der sich wie kaum ein anderer dazu eignete, Vorgänge der Lebenspraxis in Erzählung und Fiktion zu übersetzen. Im Prozeß dieser Umsetzung wird aus dem Adeligen der Realhistorie eine Kunstfigur, wie es Fontane selbst — sehr bezeichnend — in einem Brief an Georg Friedlaender (vom 14. Mai 1894) formuliert. Literarhistorisch kommt diesem Passus fast eine Schlüsselstellung zu, wenn es darum geht, sein »eigentliches« Interesse am Adel zu erläutern. Dieser Passus lautet: »Die Adelsfrage! Wir sind in allem einig; es giebt entzückende Einzelexemplare, die sich aus Naturanlage oder unter dem Einfluß besondrer Verhältnisse zu was schön Menschlichem durchgearbeitet haben, aber der ›Junker‹, unser eigentlichster Adelstypus, ist ungenießbar geworden. Als Kunstfigur bleibt er interessant und Historiker und Dichter können sich freun, daß es solche Leute gab und giebt; sie haben einen Reiz wie alles Scharfausgeprägte.« Das Wort Kunstfigur ist in der deutschen Sprache ein seltenes Wort, obgleich es kein besonders erläuterungswürdiges ist. Brentano gebraucht es in der Spätfassung seines *Gockel*-Märchens, und hier sogleich in der Widmung:

»*Keiner Puppe, sondern nur*
Einer schönen Kunstfigur
weihe ich

dieses Paradieschen, diese Rarität, diese Kunst,
diese verspäteten Schmetterlinge,
dieses Adonisgärtchen,
dieses Märchen.« [60]

Auch in Brentanos italienischen Märchen gibt es dieses Wort. [61] Bei Fontane wird man vor allem an das Fiktive der Figur zu denken haben, aber an ihren »Realismus«, an ihre realhistorische Herkunft nicht minder. Erfunden hat er sie nicht. Er findet sie vor und poetisiert sie auf seine Weise. Und wie sehr sich dieser Stand auch überlebt haben mag — aufgrund seines Hervortretens in der realen Geschichte ist er jederzeit zu »poetisieren« und in seinen Lebensformen als Daseinsmöglichkeit neben anderen erzählbar. Dabei ist das adelige Landleben, wie bei Stifter, keineswegs das einzige Motiv, das zu solcher Poetisierung sich anbietet. Auch der Verfall eines Standes hat, wie schon gesagt, seine eigene Poesie. Verfall und adeliges Landleben gemeinsam machen den Adel, als erzählten Adel, zu der idealen Kunstfigur, die er bei Fontane ist. Diesen beiden Seiten — dem Adel, wie er ist, und dem Adel, wie er sein sollte — entsprechen die beiden von ihm vor allem bevorzugten Darstellungsmittel seiner Poetik: Gesellschaftskritik einerseits und Verklärung zum andern. Aber auch hier ist es so, daß nicht ausschließlich zuerst die eine Seite (die »Verklärung«) betont wird, ehe später ausschließlich die andere (die kritische) betont werden kann. In gewisser Weise sind sie beide Prinzipien seiner Optik, und allenfalls so viel läßt sich generalisierend sagen, daß die »Prachtexemplare« unter den Kunstfiguren seltener werden und die »Poesie des Verfalls« ihre Rechte stärker geltend macht. Daß es eine solche Verfallspoesie schon in den frühen und frühesten Romanen gibt, beweist die Erzählung *Graf Petöfy*, die ein so ganz unmaßgebliches Werk keineswegs ist, wie sie üblicherweise eingeschätzt wird.

1. Graf Petöfy / Die Poggenpuhls

Der schon zu Anfang der achtziger Jahre entstandene und 1884 im Vorabdruck veröffentlichte Roman *Graf Petöfy* erfreut sich in der literarischen Kritik keines sehr großen Ansehens. Was man Fontane in der Zeit des Expressionismus vorgeworfen hat, daß er alles verplaudere: hier, in diesem »epischen Nebenwerk«, scheint es sich unabweisbar zu bestätigen. Unter diese — unter die epischen Nebenwerke — reihte es Conrad Wandrey seinerzeit ein, und dem ist nicht unbedingt zu widersprechen. Gleichwohl verrät seine allzu kurz geratene Analyse wenig Verständnis für das, was hier beabsichtigt war und ausgeführt wurde. Das »Verplaudern« ist einer der Hauptvorwürfe seiner Kritik: »Das Resultat ist ein Stück Problemliteratur im bedenklichen Sinn: die aufgeworfenen Fragen werden nicht gelöst durch Gestaltung, sondern beredet, ja zerredet durch Menschenmaschinen.« [62] *Graf Petöfy* gehöre zu den mißglückten Werken Fontanes; so lesen wir es andernorts. [63] Dieser befinde sich da in den Niederungen der Belletristik und gebe sich mit Konventionen zufrieden. [64] Daß man sich eigentlich unverzeihlicher Interpretationsfehler schuldig macht, wenn man die Causerien kritisiert und dabei übersieht, daß sie der Roman viel besser kritisiert, sei wenigstens am Rande vermerkt. [65] Die mit der Romankunst Fontanes vertrauten Zeitgenossen haben anders über dieses »epische Nebenwerk« gedacht und geurteilt. In einer Rezension aus dem Jahre 1885 (von C. Lemcke) wird der Roman in die Nähe des durch Goethe in den *Wahlverwandtschaften* eingeführten naturwissenschaftlichen Stils gerückt. Die Geschichte sei trefflich komponiert. Gleichwohl hinterlasse sie einen »nachhaltigen unangenehmen Eindruck«. Aber der wird gerechtfertigt: »Denn der Dichter ist hier wie der Arzt, der die innere Krebskrankheit genau kennt, aber sich nicht einbildet, helfen zu können, sondern die Dinge gehn läßt, wie sie gehn.« [66] Konrad Telmann, der Verfasser des Romans *Unter den Dolomiten*, führt aus, »daß Fontane in seiner Vielseitigkeit und in seiner Enthaltsamkeit Tugenden besitzt, um die ihn die größten unter unseren Romanciers beneiden können. Sein ›Graf Petöfy‹ ist ein Werk von bedeutsamer, eigenartiger, imponierender Dichterkraft«. [67] Otto Brahm legt Wert auf die Festellung, daß Zola in diesem Roman erwähnt werde; daß der Romanheld einer seiner Verehrer sei und daß man auch Fontane selbst — was nicht ganz den Tatsachen entspricht — diesen Verehrern zuzuzählen habe. [68] Auf jeden Fall gewinnt man den Eindruck, daß die Zeitgenossen Modernitäten an diesem Roman wahrgenommen haben, die dem Blickfeld späterer Betrachter vollkommen entschwunden sind.

Fontane selbst hatte einen erstaunlich guten Blick für die Schwächen eigener Werke. Er hat sie auch hinsichtlich seines *Grafen Petöfy* nicht verschwiegen. Aber zugleich hat er gerade diese Erzählung mit einer Entschiedenheit verteidigt, die Aufmerksamkeit verdient; und verteidigt hat er sie gegenüber seiner eigenen Frau, die sich wenig freundlich darüber geäußert hatte. Fontane fühlte sich in seinem Selbstbewußtsein als Romanschriftsteller getroffen und replizierte entsprechend. Gleich mit dem ersten Satz läßt er uns als heutige Leser dieses denkwürdigen Briefes wissen, woran wir sind: »Besten Dank, auch für das was Du ohne Noth als ›Quatsch‹ bezeichnest [...].« Zola bleibt nicht unerwähnt, und wie es oft bei Fontane geschieht, so auch hier: er bevorzugt das gerecht abwägende Sowohl-als-auch. Einerseits: »Hundert Tollheiten, Unsinnigkeiten, Widersprüche [...];« aber zum andern: »und doch bin ich voll Anerkennung und vielfach auch voll Bewunderung.« Fontane spricht von eigenen Schwächen: von Liebesgeschichten, die ihm nicht liegen. Aber danach kommt es zur dezidierten Wahrnehmung eigener Interessen, und daß er sich nicht gerade als ein Schriftsteller von gestern einschätzt, bringt er unmißverständlich zum Ausdruck: »Du sagst, ›Du seiest großes Publikum‹, dies aber drückt Deine Stellung solchen Dingen gegenüber doch nicht scharf genug aus. ›Großes Publikum‹ bist Du *des*halb nicht, weil Du en détail einen sehr feinen künstlerischen Sinn hast, aber Du bist allerdings wie die meisten Frauen eine conventionelle Natur. Im Leben ist dies ein Glück, aber zu Beurtheilung von Kunstwerken, deren Zweck und Ziel ist, sich *über das Conventionelle zu erheben*, zur Beurtheilung solcher Kunstwerke reicht natürlich der Conventionalismus nicht aus.« Der Autor, der seine Erzählung gegenüber der eigenen Frau verteidigt, hat sich in ein Autorenbewußtsein hineingeredet; und nach der Devise, wonach nur Lumpen bescheiden sind, trumpft er auf. Das Kunst- und Erkenntnisvermögen jener anderen — derer, die nichts von der Sache verstehen, darf man ergänzen — liege hinter ihm; und wörtlich heißt es gegen Schluß des Briefes: »aber wenn ich nur noch 7 Jahre lebe, was doch möglich, so werd' ich *doch* durchdringen. In einigen Köpfen fängt es bereits an zu tagen.« Fontane rechnet diesem Brief zufolge noch mit sieben, nicht mit siebzehn Lebensjahren, wie in den Familienbriefen erster Fassung irrtümlich zu lesen war. [69]

Von solchen und anderen Urteilen abgesehen, ist der Roman zum Rückblick wie geschaffen, gleichviel, wie man das künstlerisch Geleistete einschätzen will. Mit dem zeitlich benachbarten Romanfragment *Allerlei Glück* ist *Graf Petöfy* in mehrfacher Hinsicht vergleichbar. Wie dieses enthält der Roman nahezu alle Strukturelemente und Motive seines Erzählens in nuce: den Ehekonflikt, die Sehnsucht nach Einfacheit und Natürlichkeit (im Zeichen Rousseaus oder auch des Sündenfalls), die Thematisierung der Sprache, die Bewußtwerdung der Sentimentalität und schließlich die Lebensformen des Adels und den Wandel der Dinge, der sie als überholt erscheinen läßt. Auch diesem Roman liegen Vorkommnisse zugrunde, die Fontane aufgegriffen und in seiner Erzählung entsprechend »verschlüsselt« hat. Sie sind gruppiert um die Schauspielerin Johanna Buska; er hat sich als Theaterkorrespondent gelegentlich über sie geäußert. Im Jahre 1880 heiratete sie den erheblich älteren Grafen Nikolaus Török von Szendrö, der vier Jahre danach in Wien starb. Und damit ist das Thema genannt, das sich wie ein Leitmotiv durch die Romane Fontanes verfolgen läßt: das Motiv des Theaters, der Bühne, des

Schauspielertums und des Spielertums überhaupt. Im 19. Jahrhundert waren es in nahezu allen Literaturen geläufige Motive. Davon wurde wiederholt gesprochen. Vom Theater handelt Fontane, wie andere Romanciers seiner Zeit: im übertragenen Sinn, im Vergleich. Bühne und Theater werden mit dem Leben verglichen: humanae vitae speculum! [70] Wir fühlen uns an vertraute topoi in der Welt des europäischen Barock erinnert: das Leben als Theater zu sehen oder auch als Traum. Aber diese dem Literaturhistoriker sich anbietenden Reminiszenzen sind mit Vorbehalten zu versehen. [71] Denn das theatrum mundi als eine Literaturmetapher des Barock hat seine eigene Metaphysik, und die Rolle, die man auf der Bühne des Lebens spielt, behält ihren religiösen Sinn. Die erzählte Theaterwelt Fontanes ist eine gänzlich weltliche Welt. Sie ist ausschließlich gesellschaftlich definiert, und sie hat den Bildungsgedanken des 18. Jahrhunderts in sich aufgenommen, der nunmehr in seiner ausschließlich gesellschaftlichen Bedeutung erscheint.

Dem Theater fühlen sich beide Hauptgestalten unseres Romans aufs engste verbunden, die hier eine gewagte Ehe eingehen. Sie findet durch den Freitod des männlichen Partners ihr baldiges Ende. Es sind dies Graf Petöfy selbst, nach dem die Erzählung benannt ist, und Franziska Franz, erfolgreiche Schauspielerin an einem Wiener Theater, die dem alternden Grafen auf dessen Schloß in Ungarn als Gräfin Petöfy folgt. Dieser Graf, eine im ganzen sympathische und rücksichtsvolle Gestalt, gehört zu jenen seines Standes, die sich von überholten Vorurteilen frei wissen. Seine Theaterleidenschaft ist der Ausdruck veränderter Interessen, die man nunmehr in Kreisen des Adels antreffen kann. Dieser Leidenschaft überläßt er sich ohne Vorbehalt. Von seinem exzentrischen Theaterenthusiasmus ist die Rede, und Distanz wird spürbar, wenn er uns im zweiten Kapitel wie folgt vorgestellt wird: »Der Charakter seines Bewohners sprach sich in allem aus und verriet gleichmäßig den Militär wie den Junggesellen und Theaterhabitué.« (I/687) Das Nebeneinander von Militär und Theater versteht sich nicht von ungefähr: die Gesellschaft, in der man eine Rolle spielt — auf der Bühne oder im Leben — ist das , was beide Bereiche verbindet. Mehr noch werden sie im Denken des Grafen unglückselig miteinander vermischt. In die französische Kultur deutet er — berechtigt oder nicht — solche Vermischungen hinein. Der Wiener benehme sich im Theater immer noch wie ein Gast: »Anders der Franzose. Der ist da zu Hause, füllt die Hälfte seines Daseins mit Fiktionen aus, und wie die Stücke sein Leben bestimmen, so bestimmt das Leben seine Stücke. Jedes ist Fortsetzung und Konsequenz des andern, und als letztes Resultat haben wir dann auch selbstverständlich ein mit Theater gesättigtes Leben und ein mit Leben gesättigtes Theater. Also Realismus!« (I/734) Ein nachdenklicher Satz auch für Literaturhistoriker! Denn aus der Optik der Erzählung haben wir die Rede des Grafen ironisch zu verstehen: Realismus liegt dort gerade nicht vor, wo Leben und Kunst untrennbar eins werden oder eins geworden sind. Dem Theaterenthusiasmus des Grafen Petöfy entspricht das Spielerische und Unverbindliche einer möglichst heiteren Dasitz, — Geburtsüberlegenheit ist eine Fiktion und wenn man sich die Pappenseinsform: »Ein heiteres Leben will ich um mich haben, ein Leben voll Kunst, voll Huldigung und Liebesfreude. Was daneben zu wahren bleibt, das heißt: Dekorum. Nichts weiter [...] Diskretion also, Dekorum, Dehors.« (I/752) So auch versteht er die im Grunde unnatürliche Ehe mit der Schauspielerin, die ihm all das als Spiel, Dekor und Heiterkeit verbürgen soll. Eine Art Ehepakt wird geschlossen — für Fontane war er ein wichtiger Punkt zum Verdaß man sich gegenseitig Freiheiten einräumt, daß keiner dem anderen ein Opfer bringt — kurz: daß man eine Ehe führt, wie wenn es keine wäre. Man trifft sich gelegentlich am Tage im Park oder auf einer Terrasse, nicht zu oft, aber nach verabredetem Programm. Vor allem hat das Frühstück gemeinsam zu sein. Hier soll die Plauderei zu ihrem Recht kommen, die Konversation, die Causerie — alles Ausdrücke, die im Roman mehrfach verwandt werden. Das Erzählen, das die junge Gräfin wie eine Rolle zu übernehmen hat, ist so unverbindlich, wie alle Redeformen unter den Eheleuten etwas Unverbindliches behalten. »Du mußt mich überhaupt im Schlosse hier umherführen und mir alles sagen, was du weißt«, sagt die Gräfin zu einem der Diener. »Ich habe dann auch Stoff für den Grafen und kann ihm Konversation machen.« (I/775) Aber die Gräfin fühlt sich nicht befriedigt von dem ihr zugedachten Rollenspiel; noch weniger ist sie von den Redeformen angetan, die hier gelten: »die bloße Causerie reicht nicht aus für unser Leben, ebensowenig wie das beste Feuilleton für eine Zeitung ausreicht; es muß noch etwas Ernsthaftes hinzukommen, sonst wird das Scherzhafte bald schal und abständig.« (I/791) Hier wird das feuilletonistische Zeitalter — fast wie bei Hermann Hesse — gründlich in Frage gestellt; vor allem aber wird die bloße Causerie in Frage gestellt, und man hat wenig vom Romanwerk begriffen, wenn man Fontanes Sprachbewußtsein falsch einschätzt — wenn man verkennt, daß sich seine Gesellschaftskritik in hohem Maße als Sprachkritik äußert, als Kritik an unverbindlicher Plauderei und Causerie, die er gleichwohl so über alle Maßen schätzte. Die bloße Causerie reicht nicht aus! Daß sich der alte Graf Petöfy in unserem Roman dieser Einsicht verschließt, wird ihm schließlich zum Verhängnis.

Der äußere Ablauf — daß sich die junge Gräfin während einer stürmischen Fahrt auf dem See, die sie fast das Leben gekostet hätte, einer Leidenschaft zum Neffen ihres Mannes bewußt wird; daß dieser weiß, woran er ist, und sich nun doch entgegen dem geschlossenen Ehepakt den Tod gibt — ist für den inneren Nexus weniger wichtig als der Gegensatz zwischen einer bloß ästhetischen Daseinsweise und einer menschlichen Existenz im eigentlichen Sinn, zu der Abenteuer, Gefahr, Leidenschaft, aber auch sinnerfüllte Arbeit, soziale Verantwortlichkeit und überhaupt alles das gehört, was das Leben verbindlich macht. Gegenüber dem bloßen Dekorum meldet sich mit der Gräfin das eigentliche und wirkliche Leben zu Wort: das, was den Menschen auszufüllen vermag, was ihn fordert und seinen Einsatz auch und gerade für andere verlangt. In diesem Punkt ist die Schauspielerin unseres Romans eine Verwandte der Melanie van der Straaten in *L'Adultera:* beide sind unbefriedigt von Kopie und Schauspielertum, beide verlangt es nach Original und Wesen; beide wollen menschliche Existenz im sinnerfüllten Tun — und damit verbunden: in menschlich erfüllter Rede. Ihre vertraute Dienerin läßt Franziska wissen, wie es während der Hochzeitsreise zuging, als man in Verona eine Bildergalerie besichtigte: »Da hättest du nun hören sollen, was er mir alles vorschwärmte von Kolorit und pastos und satten Farben. Und das alles, wenn man elend und hungrig ist [...].« (I/773) Kunstschwärmerei, wenn man elend und hungrig ist: diesen sozialen Nebenton darf man unabhängig vom Kontext der Redewendung beachten. Denn dieser vermeintlich harmlose Roman der guten Gesellschaft ist auf seine Weise ein sozialer Roman in mehrfacher Hinsicht. Es geht vor allem um den dargestellten Adel und seine Lebensformen.

Das Argument, daß es mit dieser Erzählung schon deshalb nichts sein könne, weil sie zeitweise in Ungarn spielt und mithin in einem Land, das Fontane aus eigener Anschauung nicht kannte, ist in letzter Zeit entkräftet worden. Zum ersten mit dem Hinweis, daß ein Teil der Erzählung seinen Schauplatz in Wien hat und daß das geschilderte Theaterleben — ob in Wien oder Berlin — eine für Fontane vertraute Welt darstellte; und obwohl er in Ungarn nie gewesen ist, hat er an diesem Land und seiner Geschichte vielfach regen Anteil genommen. Lenau war ein von ihm in seiner Jugend hochgeschätzter Autor, und den Roman *Graf Petöfy* als eine versteckte Huldigung an diesen Dichter aufzufassen, ist kein abwegiger Gedanke. [72] Über ein episches Gedicht der ungarischen Literatur äußert sich Fontane 1851 in einem Brief an Witte (vom 1. Mai): »Aus Leipzig erhielt ich vor 3 Wochen ein Buch: ›Die Eroberung von Murany‹, episches Gedicht von Arany, übersetzt von Kertbény. Letzterer [...] hat das Buch dem ›deutschen Dichter Theodor Fontane als ein Zeichen‹ usw. gewidmet, was sich auf dem schönen weißen Papier sehr hübsch ausnimmt und mir viel Freude gemacht hat. Meine ›Rosamunde‹ hat ihn so begeistert.« [73] Der Balladendichter Arany war ein Freund Sandor Petöfys; die Anspielung auf die Hauptfigur des Romans ist deutlich. Andere Anspielungen liegen weniger offen zutage. Gotthard Erler hat sie in seiner Ausgabe der Romane kommentiert: »das überaus sympathische Faktotum auf Schloß Arpa führt den Namen von Aranys populärster dichterischen Gestalt, Miklós Toldi, dem Helden des gleichnamigen Epos, das zuerst 1847 erschien und später zu einer Trilogie erweitert wurde. Toldi repräsentiert den unterdrückten, aber selbstbewußt um seine Befreiung kämpfenden Bauern.« [74] Und auch das bliebe schließlich gegen den »Mangel der ethnographischen Basis« einzuwenden, den Wandrey seinerzeit mit Regelmäßigkeit denjenigen Erzählungen anzukreiden pflegte, die nicht in Berlin oder der Mark angesiedelt waren: daß hier so viel von Ungarn ja gar nicht zu schildern war. Das Schloß Arpa — wo immer es liegen möge — ist ein Schloß wie andere Schlösser auch: mit Park, Terrasse und einem in der Nähe befindlichen See. Die Schlösser der europäischen Adelswelt werden sich im großen und ganzen so wenig voneinander unterschieden haben, wie sich die Flugplätze in aller Welt voneinander unterscheiden. Wir können den stereotypen Einwand der älteren Forschung unbekümmert zu den Akten tun; es gibt Interesanteres an diesem »Ungarn«-Roman zu diskutieren. Die Frage der Verknüpfung stellt sich auch hier. Es fragt sich, wie der Eheroman und die nicht zufällige Erwähnung der *Wahlverwandtschaften* mit dem Adelsroman zusammenhängt, als der er nicht nur so nebenher, sondern mit Betonung der Personen, Schauplätze und Lebensformen zweifellos bezeichnet werden kann. Die Verknüpfung zu erkennen, wird dem Leser leicht gemacht: das gesellschaftliche Leben des Adels ist der Theaterwelt analog. Die spätere Gräfin Petöfy sagt selbst am deutlichsten, wie wir diese Analogien zu verstehen haben: »Aber wenn es keine Gräfin sein kann, so kommt nach der Gräfin gleich die Schauspielerin, weil sie [...] der Gräfin am nächsten steht. Denn worauf kommt es in der sogenannten Oberschicht an? Doch immer nur darauf, daß man eine Schleppe tragen und einen Handschuh mit einigem Chik aus- und anziehen kann [...] So vieles im Leben ist ohnehin nur Komödienspiel, und wer dies Spiel mit all seinen großen und kleinen Künsten schon von Metier wegen kennt, der hat einen Pas vor den anderen voraus und überträgt es leicht von der Bühne her ins Leben.« (I/758) Aber analog dem Theaterspiel sind nicht die Lebensformen des Adels überhaupt, sondern des Adels in einer sich verändernden Welt. Aus dem Landleben des europäischen Hochadels, wie im Falle unseres ungarischen Grafen, ist das Leben entwichen, so daß eine nur ästhetische Existenzform zurückbleibt, die kaum noch Verbindung zur Wirklichkeit der sozialen Verhältnisse besitzt. Diese tauchen in Bildern am Rande der tragisch verlaufenden Ehegeschichte nur gelegentlich auf: im Bild des Schmiedes bei seiner Arbeit oder des Dieners Toldy, der verzweifelt nach seinem Kind sucht und es schließlich auch findet. Dabei kommt es zu einer Replik zwischen Franziska und dem jungen Grafen, der sich über das »Geschluchze« dieser einfachen Menschen mokiert. Er gebraucht dabei das fremdartige Wort »Gefühlseffervesenz« (statt Gefühlsüberschwang), worauf er von ihr zur Antwort erhält: »›Efferveszenz!‹ wiederholte sie. ›Welche Welt von Gleichgültigkeit drückt sich in diesem einen Fremdwort aus. Und diese Gleichgültigkeit haben Sie für das Höchste. Denn das ist es, wenigstens unter den irdischen Dingen. Ich kenne diese Leute, diese sogenannten ›Enterbten‹ [...].«« (I/833) Die Verwendung des Fremdwortes zur Bezeichnung einer einfachen Menschlichkeit deutet beiläufig auf die Entfremdung der Menschen hin, die man im vorliegenden Fall auf die bloß noch ästhetischen, letztlich unsozialen Lebensformen zu beziehen hat. Dabei ist die Hauptgestalt alles andere als ein starrsinniger Vertreter ihres Standes. Graf Petöfy ist im Gegenteil liberal, konziliant und von Vorurteilen frei. Aber sein Versuch, die bisherigen Lebensformen zu verändern, indem er im Theater Erfüllung sucht, muß scheitern, weil er die ästhetische Sphäre seines bisherigen Lebens nur durch eine andere ästhetische Sphäre — das Theater — ersetzt. Wie in den Erzählungen *Mathilde Möhring* und *Die Poggenpuhls* wird für diese Adeligen das Theater zur Lebensalternative, die im Grunde keine Alternative ist. [75] So scheitern sie auf halbem Weg; oder sie schwanken, wie der Graf Petöfy unseres Romans: »Sie [die Schwester] war jede Stunde dieselbe, während er auf jedem Gebiete schwankte [...] Es ging eben ein Bruch durch sein Leben und seine Denkweise.« (I/796) Gegenüber solchen Lebensformen, die zu Leerformen geworden sind, sucht Franziska nach dem Freitod des Grafen Halt im Glauben der Familie, in der sie nicht unschuldig geblieben ist. Das mag man als Schluß befremdlich finden. Aber vom Gang der Erzählung her ist er konsequent. Wie es sonst geschieht, wird die Schuldfrage von jeder moralischen Eindeutigkeit entfernt. Sie ist unlösbar verknüpft mit gesellschaftlichem Leben überhaupt als einem Leben, das der Vertreibung aus dem Paradies folgte. Die Paradiesesmotive machen deutlich, daß geschieht, was geschehen muß. Eine vom sozialen Wandel betroffene Adelswelt darzustellen, ist Fontane trotz mancher Schwächen der Erzählung durchaus gelungen.

Mit der 1884 veröffentlichten Adelsgeschichte *Graf Petöfy* hat die ein Jahrzehnt später erschienene Erzählung *Die Poggenpuhls* ein Motiv gemeinsam, das sich in solcher Ausprägung in keinem seiner Werke findet. Fontane war es gewohnt, das Leben wie von seinem Parkettplatz aus zu betrachten, der ihm als Theaterrezensent der ›Vossischen Zeitung‹ vorbehalten war. [76] Das Theater ist ein wiederkehrendes Motiv in nahezu allen Romanen, gleichviel, ob man im geselligen Kreis eine »Kartoffel«-Komödie inszeniert wie in *Stine*, das Luther-Drama von Zacharias Werner öffentlich dem Spott preisgibt wie in *Schach von Wuthenow*, oder einfach vom Theater schwärmt wie Hugo Großmann und seine Freunde in *Mathilde Möhring*. In *Graf Petöfy* ebenso wie in dem kleinen Roman *Die Poggenpuhls* sind Theater und Adel aufs engste miteinander verknüpft: die Lebensformen werden erzählend im Rollenspiel interpretiert: in dem »ungarischen« Roman insofern, als der Graf sich voll und ganz seinem Theaterenthusiasmus verschrieben hat, um noch im vorgerückten Alter eine Schauspielerin des Wiener Theaters zu heiraten. In der Erzählung *Die Poggenpuhls* scheint es im Blick auf die Handlung um ein sehr nebensächliches Motiv zu gehen. Aber diese Nebensächlichkeit entspricht der Handlung im ganzen: Inhalt und Fabel des kleinen Romans sind so belanglos, daß man sie gut und gern als trivial bezeichnen kann. Die verwitwete Majorin Pogge von Poggenpuhl geborene Pütter, die mit ihren drei unverheirateten Töchtern in einer bescheidenen Wohnung in Berlin lebt, in einem »noch ziemlich mauerfeuchten Neubau der Großgörschenstraße«, erhält um die Weihnachtszeit mehrfachen Besuch. Ihr etwas leichtsinniger Sohn Leo, Leutnant in einem hinterpommerschen Regiment, hat sich angesagt; und unverhofft ist auch der Senior der Familie, der sympathische General a. D. Eberhard Pogge von Poggenpuhl, zu einem kürzeren Besuch in der Reichshauptstadt eingetroffen. Es sind geschäftliche Dinge, Hypotheken und anderes, die ihn nach Berlin geführt haben. Er macht der

Schwägerin seine Aufwartung, und kaum, daß man sich begrüßt hat, wird gefragt: »Was machen wir heute?« Der Besuch einiger Weihnachtsmärchen — »Schneewittchen« oder »Aschenbrödel« — wird erwogen und verworfen. Ohne lange zu überlegen entscheidet man sich für die Aufführung von Wildenbruchs Drama *Die Quitzows*, das gerade am königlichen Schauspielhaus gegeben wird — für die »richtigen« *Quitzows*; denn nebenan am Moritzplatz werden die parodierten aufgeführt, die für die Poggenpuhls nicht in Frage kommen. Der Onkel bleibt seinen Verwandten die Begründung nicht schuldig: »Sieh, die Poggenpuhls waren in Pommern so ziemlich dasselbe, was die Quitzows in der Mark waren, und da, mein ich, verlangt es der Korpsgeist, daß wir uns eine Parodie der Sache nicht so ganz gemütlich mit ansehn.« (IV/513)

Wildenbruchs historisches Drama war im November 1888 in Berlin über die Bühne gegangen, und Fontane hatte es als Rezensent der ›Vossischen Zeitung‹ ausführlich gewürdigt. Es ist überraschenderweise eine sehr zustimmende Besprechung: »Die Kritik im allgemeinen wird vieles zu beanstanden haben und sich dieser Begeisterung nur sehr bedingungsweise anschließen, die *meinige* streckt aber die Waffen und erklärt sich freudig für überwunden.« (2/779) Es war ein nur um wenige Jahre zurückliegendes Theaterereignis, das Fontane mit dieser pommerschen Adelsgeschichte verknüpft; und recht verstanden ist es auch das Mittelpunktsereignis des weithin ereignislosen Romans. Aber wie der Besuch des angesehenen Onkels Höhepunkt dieser Alltagsgeschichte ist, so erst recht der gemeinsame Besuch des Schauspiels. Fünfzehn Kapitel umfaßt der Roman, und im siebenten wird der Besuch in seinen Einzelheiten beschrieben. Man hat gute Plätze im Parkett erhalten. Und wie es zu geschehen pflegt, sucht man anschließend ein in der Nähe gelegenes Restaurant auf. Die Speisekarte wird überflogen, die Bestellungen lassen nicht lange auf sich warten, und die Gespräche über das Stück nehmen ihren Lauf. Aber kaum daß sie in Gang gekommen sind, entdeckt Leo am Nebentisch einen früheren Regimentskameraden, Herrn von Klessentin, den er sogleich an den Poggenpuhlschen Tisch führt. Der General ist nicht wenig erstaunt zu vernehmen, daß der also Herbeigeholte nicht etwa als Zuschauer anwesend war. Er war dem Aktionsfeld um ein gutes Stück näher: der ehemalige Leutnant in einem pommerschen Regiment hat mit anderen Worten als Schauspieler mitgewirkt. Er ist Mitglied am Königlichen Schauspielhaus geworden, und in Wildenbruchs Stück war ihm — wie meistens — eine Nebenrolle zugeteilt. Der Herr von Klessentin hat sich in einen Herrn Manfred verwandelt, wie sein Künstlername lautet. Nach unverbindlichen Plaudereien bricht man auf. Aber die Begegnung mit dem zum Theater abgewanderten Offizier ist in der Familie der Poggenpuhls so schnell nicht vergessen. Als der Onkel am nächsten Tag seine Verwandten besucht, um sich zu verabschieden, kommt man erneut auf das »Ereignis« zu sprechen.

Und dabei ist es der sonst doch recht standesbewußte Onkel, der hier sehr unstandesgemäße Gedanken äußert, indem er Adel und Theater in enge Beziehung zueinander bringt. Den ehemaligen Leutnant von Klessentin nennt er einen reizenden jungen Kerl: »schneidig, frisch, humoristisch angeflogen«, und fährt fort, zu seiner Schwägerin gewandt: »Ach, Albertine, mitunter ist mir doch so, als ob alles Vorurteil wäre. Na, wir brauchen es nicht abzuschaffen; aber wenn andre sich dran machen, offen gestanden, ich kann nicht viel dagegen sagen. Es hat alles so seine zwei Seiten. Adel ist gut, Klessentin ist gut, aber Herr Manfred ist auch gut. Überhaupt, alles ist gut, und eigentlich ist ja doch jeder Schauspieler.« (IV/535) Der General, dem so unstandesgemäßes Denken eigentlich nicht anstehen sollte, spinnt seine Vergleiche fort, indem er seinen Blick in die Weltgeschichte schweifen läßt: »Da gibt es noch ganz andre Nummern, die auch alle Komödie gespielt haben, Kaiser und Könige.« [77] Die Schauspielerei wird sozusagen geadelt, und dies nicht etwa auf einer unteren Ebene des Standes. Hier ist im Gegenteil der Hochadel gemeint: die von ihm inszenierte Weltgeschichte kann ohne Mühe als Schauspielerei, als Komödie des Lebens, verstanden werden. Doch ist es nicht einfach der Gedanke des Barockzeitalters vom theatrum mundi, auf den Fontane anspielt, wenn er seine pommerschen Junker vom Theater sprechen läßt, wie es hier geschieht. Der betont gesellschaftskritische Sinn würde verkannt, wenn man nicht sehen wollte, daß im Vergleich zwischen Adel und Theater zugleich ein hochaktueller Sinn beschlossen liegt. Es handelt sich bei den hier in Frage stehenden Motivreihen um einen zweifellos soziologischen »Tatbestand«, denn es ist vornehmlich der verarmende oder verarmte Adel, den man nunmehr auf der Bühne agieren sieht. Das Theater als Lebensalternative für verarmte Adelige: so hat Gotthard Erler diesen Prozeß erläutert. [78] Und zweifellos würde es sich damit um einen soziologischen Prozeß, um die Widerspiegelung einer realgeschichtlichen Entwicklung handeln, wenn wir berechtigt wären, das im Roman dargestellte Theater so aufzufassen. Aber ist dem so? Gibt Fontane einen realhistorischen Prozeß wieder, wenn er in beiden Erzählungen Adel und Theater verknüpft wie hier?

Wir wollen nicht in Abrede stellen, daß in der Wirklichkeit vorgekommen ist, was hier geschildert wird. Es mag verarmte Adelige gegeben haben, aus denen gute oder weniger gute Schauspieler geworden sind. Aber signifikant oder symptomatisch ist der Vorgang in keiner Weise. Seit dem 18. Jahrhundert gibt es Beziehungen des Adels zum Theater, die für ihn keine soziale Deklassierung bedeuten. An den Hoftheatern lag die Leitung vielfach in Händen von Intendanten, die dem Adel angehörten, nicht selten sogar dem höheren Adel. Wolfgang Heribert Freiherr von Dalberg in Mannheim oder Karl Graf Brühl in Berlin sind solche Intendanten gewesen; und damit wurden herrschaftliche Stellungen nicht preisgegeben, sondern bestätigt, während es sich in unseren Erzählungen gerade um soziale Wandlungen, um gewisse Deklassierungen handelt. Die Analogie zwischen Adel und Theater muß daher noch einen anderen Sinn haben, dem man näher kommt, wenn man das Verhältnis beider Bereiche ebenso, als Analogie oder Gleichnis, versteht — als etwas nämlich, das Fontane als Erzähler eingeführt hat, um einen sozialen

Prozeß in eine literarische Formensprache zu übersetzen. [79] Es ist eine Widerspiegelung im eigentlichen Sinn, aber nicht eine solche von Realität im erzählten Text, sondern eine Widerspiegelung anderer Art. Hier spiegelt sich etwas innerhalb der Erzählung selbst: der Adel spiegelt sich im Theater und das Theater im Adel. Wir werden auf ein künstlerisches Mittel aufmerksam, dessen sich Fontane bedient, um einen Prozeß sozialen Wandels sichtbar zu machen, der nun allerdings in der realen Geschichte seine Grundlagen hat. Aus den Lebensformen einer Klasse ist das lebendige Leben entschwunden; es ist alles bloß noch Spiel, Rollenspiel, Schauspielerei und Komödie. »Sie *sind* nicht mehr, sie *spielen* nur noch ihre Rolle vor einem Hintergrund von Entsagung, Verzicht und Resignation«, so erläutert es zutreffend Hans-Heinrich Reuter. [80] So auch versteht sich in unserem Roman die Historie als Zeichen und Gleichnis: als Vergangenheit, die sie in der Tat ist. Aber auch Vergangenheit kann lebendige Gegenwart sein oder als eine solche fortwirken. Solange Macht und Herrschaft des Adels unangefochten ausgeübt wurden, wurde die Geschichte der ersten Familien des Landes wie unmittelbare Gegenwart erfahren. Nun, da alles — auch der Adel — in Veränderung begriffen ist, wird Geschichte zum Reflex vergangenen Lebens. Das Vergangene ist wirklich vergangen. Man sieht sich von märkischer Geschichte wie von Kulissen umstellt: man wohnt in der Großgörschenstraße, behängt die Wände mit den Bildern ruhmreicher Ahnen und sieht sich das Vergangenheitsdrama von Ernst von Wildenbruch als ein Schauspiel an, in dem der Adel seine Rollen zu spielen hat, wie andere sie auch zu spielen haben. Schein und Wesen haben sich getrennt. Die erzählte Alltagsgeschichte der Poggenpuhls steht im Gegensatz zu den großen Namen und Ereignissen der märkisch-preußischen Geschichte: »Diese Großgörschenstraßen-Wohnung war seitens der Poggenpuhlschen Familie nicht zum wenigsten um des kriegsgeschichtlichen Namens der Straße [...] willen gewählt worden«. (IV/479)

Neben dem Theaterbesuch mit dem Onkel ist dessen Beerdigung am Schluß der Erzählung das zweite herausragende Ereignis der kargen Handlung: die Adelsgeschichte wird zur Sterbegeschichte, zu einer Geschichte des sterbenden Adels; und um eine Gleichnisstruktur handelt es sich auch hier. Gleich das erste Kapitel bereitet darauf vor. Die Wohnung der Majorin von Poggenpuhl befindet sich in einem Eckhaus. Von ihren Vorderfenstern aus kann man die Grabdenkmäler und Erbbegräbnisse des Matthäikirchhofs überschauen. Diese Frontaussicht sagt der alten Dame in besonderer Weise zu; denn sie war, so hören wir, ein wenig sentimental veranlagt und sprach gern vom Sterben. (IV/479) Unter den Bildern der Familie, die zur Ahnengalerie des Hauses gehören, befindet sich ein Ölbild, das einen historisch bedeutenden Moment aus dem Leben eines dieser Ahnen wiedergibt: den Heldentod eines Poggenpuhl, der in der Schlacht von Hochkirch Kirche und Kirchhof eine halbe Stunde verteidigt haben soll, bis er selbst unter den Toten lag: »Eben dieses Bild, wohl in Würdigung seines Familienaffektionswertes, war denn auch in einen breiten und stattlichen Barockrahmen gefaßt [...].« (IV/487)

Von einem Besuch des Weihnachtsmärchens »Schneewittchen« sieht der Onkel lieber ab, weil ihm der Anblick des gläsernen Sarges widerstrebt: »[...] ich bin im ganzen genommen nicht für Särge, bin überhaupt mehr für heitere Ideenverbindungen«, gibt er seinem Neffen zur Antwort. (IV/513) Aber noch im Herbst desselben Jahres rafft ihn eine Krankheit dahin, und die letzten Kapitel sind mit der Erzählung seiner Beerdigung gefüllt. Sterben und Tod des Generals aus der ruhmreichen Familie der Poggenpuhls stehen für den Adel im ganzen: für das Dahinschwinden seines Ansehens, seiner Macht und seiner Herrschaft. Als Erzähler operiert Fontane mit »Allegorien«, wie sie einige Jahre später der Verfasser der *Königlichen Hoheit* verwenden wird. [81] Beide den Adel angehende Allegorien — das Theater wie das Sterben — verdeutlichen das dahinschwindende Leben eines Standes, seinen Niedergang und Verfall. Herrschaft im Wandel wird mit Hilfe dieser Allegorien zu zeigen versucht. Daß es Fontane gelingt, einen sozialen Tatbestand erzählerisch in solcher Knappheit zu erläutern, verdient Respekt, und beachtenswert erst recht ist der hier geübte Erzählstil, sofern er einen tiefgehenden Wandel in der realhistorisch-sozialen Wirklichkeit nicht als Wandel, von Station zu Station, darstellt, sondern in den bezeichneten Spiegelungen und Allegorien zu erfassen vermag. Zugleich ist die Behauptung zu korrigieren, Fontane stelle keine Entwicklungen dar, sondern beschreibe eine Zuständlichkeit. [82]

Es ist keine Frage: in den spätesten Erzählungen ist Fontane weiter denn je von allem entfernt, was man einen Entwicklungsroman nennen könnte. Hier entwickelt sich nichts. Hier wird kein Werden erzählt, und schon gar nicht steht ein individueller Held im Mittelpunkt, aus dessen Werdegang sich die Handlung der Geschichte wie von selbst ergibt. Auch die Geschichte einer Familie oder deren Verfall, die Thomas Mann wenige Jahre nach Erscheinen der *Poggenpuhls* in den *Buddenbrooks* ausbreitet, indem er den Weg dieser Familie nach unten beschreibt, erzählt Fontane nicht. Der kleine Familienroman, als den man die *Poggenpuhls* bezeichnen kann, unterscheidet sich von den *Buddenbrooks* durch den Umfang nicht allein, sondern erst recht durch die Zeitspanne der erzählten Zeit, die freilich den Umfang beeinflußt. Während sich die Familiengeschichte Thomas Manns über Generationen erstreckt, schränkt sie Fontane auf den Zeitraum von etwa neun Monaten ein. »Es war ein Wintertag, der dritte Januar«, so beginnt das zweite Kapitel; im zwölften hören wir von der Korrespondenz der Geschwister, die sich bis in den Februar hinein fortsetzt. Aber dasselbe Kapitel enthält Hinweise auf die Teilnahme des Onkels an den Feiern zum Sedantag, also am 2. September. Er hat hier pflichtschuldig eine Rede absolviert und wird unmittelbar danach von Typhus ereilt. Schon das nächste Kapitel enthält die Todesnachricht, die eine der Poggenpuhlschen Töchter nach Hause übermittelt. Stellt man in Rechnung, daß dieser knapp bemessene Zeitraum von allenfalls neun Monaten keineswegs erzählend ausgefüllt, daß diese Zeitspanne zu großen Teilen überbrückt und übersprungen wird, so wird die Aussage verständlich, man habe es bei Fontane — hier wie sonst — nicht mit Entwicklungen zu tun, sondern mit der Erzählung eines Zustands. Dennoch wird trotz solcher Einschränkungen nicht der Zustand einer Ruhelage geschildert, einer stagnierenden Lebensform oder Gesellschaftsordnung. Das Eigentümliche dieser ohne Frage reizvollen Erzählung aus den letzten Lebensjahren Fontanes beruht darin, daß auf knapp bemessenem Raum der Zustand eines Wandels, einer im Wandel begriffenen Gesellschaft nach der sozialen Seite hin erzählt wird. Das ist eine widerspruchsvolle Aussage, denn Zustand und Wandel widersprechen sich; aber gerade in diesem Widerspruch beruht der künstlerische Reiz. Wir erhalten mit der Schilderung eines Familienstandes Einblick in den sozialen Wandel, wie er sich vor allem im gesellschaftlichen Status des Adels bemerkbar macht; und insofern solches an dieser Gesellschaftsklasse gezeigt werden kann, sind Fontane deren Vertreter als Kunstfiguren hochwillkommen. Diese Welt im Wandel wird dem Leser unauffällig vor Augen geführt, ohne daß die Erzählung irgendeines Vorfalls bedürfte, aus dem sich so etwas wie eine Handlung entwickeln kann. Der erste Satz führt ein, wie es ihm zukommt. Aber zugleich ist er förmlich geladen mit Zeichen sozialen Wandels. Die Familie Poggenpuhl ist vor sieben Jahren aus Pommern hierher übergesiedelt, und das Haus, in das sie als Mieter eingezogen ist, gehört »einem braven und behäbigen Manne, dem ehemaligen Maurerpolier, jetzigen Rentier Nottebohm.« (IV/479) Von der verwitweten Majorin von Poggenpuhl wird beiläufig gesagt, daß sie eine geborene Pütter sei und aus einer angesehenen, aber armen Predigerfamilie stamme. In diesem Punkt ist der Onkel aus dem Adelsgeschlecht der Poggenpuhls um vieles besser daran: er hat gleichfalls eine Frau bürgerlicher Herkunft geheiratet, aber eine wohlhabende und vermögende Frau, der es zu verdanken ist, wenn die Poggenpuhls nach dem Tode des Generals aufgrund eines bescheidenen Erbes leidlich leben. Die bloß Angeheirateten sichern die Existenz des Adels mehr schlecht als recht, und man muß als Angehöriger einer standesbewußten Familie schon froh sein, wenn es eine Bürgerliche ist und keine Bourgeoise. Leo von Poggenpuhl, der unbefangen genug ist, diese Unterscheidung zwischen der Tante und der eigenen Mutter, einer »Bürgerlichen«, zu machen, entgeht dabei die Komik der Situation, in der er sich befindet: von ständiger Geldnot geplagt, wird er sich gleichwohl dieser Situation nicht bewußt. Er verharrt in einem standesbewußten Denken, dem die Grundlagen längst entzogen sind. Sein Adel ist nicht mehr Wirklichkeit sondern Rollenspiel. Die leidige Geldfrage mit allen ihren Folgen hat den pommerschen Landadel an der Wurzel getroffen; sie hat alles und jedes »demokratisiert«. In dem Maße, in dem die Personen des Romans diesen längst im Wandel begriffenen Zustand wahrnehmen, nicht wahrnehmen oder nicht wahrnehmen wollen, werden sie vom Erzähler entsprechend »bloßgestellt«, aber, wie meistens bei Fontane, auf eine recht menschenfreundliche und humorvolle Art. Vor allem der ältesten Poggenpuhltochter kommt diese Menschenfreundlichkeit zustatten; denn eigentlich ist sie ja eine Art Artefakt, ein genealogisches Fossil. Fontane macht sie keineswegs zu dem Monstrum, das eine satirische Darstellung provozieren könnte. Therese ist so lebensklug wie die andern Schwestern auch. Nur bebaut sie, heißt es, »ein sehr andres Feld«. Ihr sei die Aufgabe zugefallen, »die Poggenpuhlsche Fahne hochzuhalten« — ein unmißverständlicher Ausdruck für das, was nur noch dem Scheine nach so ist. (IV/482) Sie geht in den vornehmen Adelsfamilien ein und aus und lächelt spöttisch über die neue, die »seinwollende Aristokratie«. Sie hätte Grund, über ihre eigene Aristokratie zu lächeln, was der Erzähler in ihrem Falle dem Leser überläßt. Dagegen wird von den jüngeren Schwestern gesagt, daß sie sich »den Verhältnissen und der modernen Welt [...] anbequemen.« (IV/483) Schon in dem, was die Mitglieder dieser Familie sind und was sie tun, wird sozialer Wandel erkennbar. Mit ihrem Porträt, mit der Vorstellung durch den Erzähler, wird ein Zustand im Wandel gezeigt, und wenige Zeichen genügen, um uns hinreichend ins Bild zu setzen. Den »Strukturwandel der Öffentlichkeit«, wie er für die Sozialgeschichte des 19. Jahrhunderts charakteristisch ist, drängt Fontane in das Gruppenbild einer Familie zusammen. Diese Feststellung trifft tatsächlich das, was hier geschieht; sie ist nicht bloß als Anspielung zu verstehen, als Zitierung der bekannten Schrift von Jürgen Habermas.

Vom Helden des Goetheschen Bildungsromans, von Wilhelm Meister, wird in der genannten Schrift gesagt: »Da er jedoch kein Edelmann ist [...], sucht er, sozusagen, als Öffentlichkeitsersatz — die Bühne.« [83] Wir sind uns bewußt, daß dies vorläufige Erwartungen vom Theater sind, die sich im Gang des Bildungsweges korrigieren. Aber bezüglich des Edelmannes ist damit implicite gesagt, daß er die Öffentlichkeit für sich hat und nicht suchen muß. Sein und Scheinen sind noch nicht auseinandergetreten. In der Familie der Poggenpuhls ist eben dies der eigentliche Drehpunkt des Ganzen: der soziale Wandel, wie er im Zustand der Familie sichtbar wird. Soziales Sein und Öffentlichkeit sind nicht mehr kongruent. Die Metapher des Theaters kann — als Gleichnis — dazu dienen, diese Inkongruenz zu verdeutlichen. Die Begegnung mit dem jungen Klessentin müsse doch eine rechte Verlegenheit gewesen sein, meint die Majorin von Poggenpuhl. Aber ihre Tochter widerspricht: »Nein, Mama [...]. Und warum auch? Man muß es nur immer richtig ansehen. Ich bin doch auch von Adel und eine Poggenpuhl, und ich male Teller und Tassen und gebe Klavier- und Singunterricht. Er spielt Theater. Es ist doch eigentlich dasselbe.« (IV/532) Die Mutter ist nicht ganz damit einverstanden, weil sie im Öffentlichen eines solchen Auftretens den Unterschied erkennt, worauf die Tochter erwidert: »Ja, was heißt öffentlich? Wenn sie bei Bartensteins tanzen und ich spiele meine drei Tänze, weil es unfreundlich wäre, wenn ich ›nein‹ sagen wollte, dann ist es auch öffentlich. Sowie wir aus unserer Stube heraus sind, sind wir in der Öffentlichkeit und spielen unsre Rolle.« (IV/533) Das kann gesagt werden, weil Existenz und Öffentlichkeit des Adels keine Einheit mehr sind. Wo sie dennoch prätendiert wird, kann sie nur noch im Rollenspiel des Theaters vorgetäuscht werden. Die den neuen Verhältnissen zugewandte Tochter ist sich dessen bewußt: sie sieht im Malen von Tellern und Tassen wie im Rollenspiel des Theaters ein und dasselbe. Hier wie dort wird berufliches Dasein zu sichern gesucht, und indem die Schauspielerei als eine »Öffentlichkeitsarbeit«, als eine Arbeit in der Öffentlichkeit, begriffen wird, kann die Diskrepanz zwischen Sein und Rolle im Bewußtsein dieser Poggenpuhltochter durchschaut werden. Es gibt die bescheidene Stube, das Private, eine durchaus menschliche Existenz; und es gibt die Öffentlichkeit mit ihrem Rollenspiel, das man ohne Anfechtung zur Existenzsicherung übernehmen kann, wenn man sich der Rollen bewußt ist, die man zu spielen hat. Aber eine das Sein repräsentierende und es ausfüllende Öffentlichkeit kann der Adel nicht mehr sein, und diesen Wandel hat eine Angehörige dieses Standes begriffen. Die eingefügten Briefe, die eine Rückkehr zum längst erledigten Briefroman zu bestätigen scheinen, dienen vorzüglich diesem Zweck: den Unterschied zwischen Öffentlichkeit und privater Existenz fühlbar zu machen. [84] Denn als etwas Nichtöffentliches, als eine von Gesellschaftlichkeit freie Zwiesprache unter Menschen sind die Briefe gemeint, die diese Poggenpuhltochter ihrer Mutter und ihren Geschwistern schreibt. Sie wünscht, daß ihr auch Friederike, das Dienstmädchen der Familie, schreiben möge: »Dienstbotenbriefe sind immer so reizend, so ganz anders wie die der Gebildeten. Die Gebildeten schreiben schlechter, weil weniger natürlich; wenigstens oft. Das Herz bleibt doch die Hauptsache. Nicht wahr, meine liebe gute Alte?!« (IV/544)

Die burschikose Anrede im Brief an die Mutter neutralisiert, was als Sentimentalität — »Das Herz bleibt doch die Hauptsache« — aufgefaßt werden könnte. Sie ist eines der sprachlichen Zeichen unter vielen, wie die »Allegorien« des Theaters oder des Sterbens solche Zeichen sind. Sie alle, als Formen von Ironie, Komik oder Humor, stehen für den Inhalt einer erzählbaren Handlung. Denn eine solche gibt es in Fontanes spätesten Werken im Grunde nicht; und man muß mit aller Entschiedenheit darauf bestehen, daß hier kein Nachlassen der gestalterischen Kräfte vorliegt, sondern eher das Gegenteil. »An den ›Poggenpuhls‹ habe ich, über Erwarten, viel Freude. Daß man dies Nichts, das es ist, um seiner Form willen so liebenswürdig anerkennt, erfüllt mich mit großen Hoffnungen, nicht für mich, aber für unsere liter. Zukunft«, heißt es im Brief vom 4. Januar 1897 an Georg Friedlaender; und Fontane hat sich hinsichtlich der literarischen Zukunft, die er in diesem Brief apostrophiert, nicht geirrt. Ein moderner Romancier wie E. M. Forster, der Verfasser der Romane *Howards End* und *Passage to India*, wird es ein Menschenalter später bestätigen: »[...] der Roman erzählt eine Geschichte. Das ist das Fundament, ohne das er nicht bestehen kann, der höchste gemeinsame Nenner für alle Romane. Ich wünschte, es wäre nicht so und könnte irgendetwas anderes sein — Melodie oder: Idee der Wahrheit, und nicht dieses niedere atavistische Element.« [85] Inhaltlosigkeit als ein Vorbote des modernen Romans! In einem zweiten Brief aus dieser Zeit, gleichfalls auf die *Poggenpuhls* bezogen, kommt Fontane abermals auf diese, auch für ihn neuartige Erzählstruktur zu sprechen: »Das Buch ist ein Roman und hat keinen Inhalt, das ›Wie‹ muß für das ›Was‹ eintreten — mir kann nichts Lieberes gesagt werden« (an Siegmund Schott vom 14. Februar 1897). Daß uns diese Erzählungen ohne ein richtiges »Was« vor Langeweile bewahren, bleibt beiläufig zu bemerken. Der letzte Roman beweist es. Denn *Der Stechlin* stammt, wie *Die Poggenpuhls*, aus derselben literarischen Familie. Er ist — sieht man auf den Inhalt — eine Bagatelle. Fontane umschreibt den Sachverhalt auf eine anmutige Art in dem vielzitierten Brief, einer Art »Aesthetica in nuce« seiner späten Werke: »Aber die Geschichte, das, was erzählt wird. Die Mache! Zum Schluß stirbt ein Alter, und zwei Junge heiraten sich; — das ist so ziemlich alles, was auf 500 Seiten geschieht. Von Verwicklungen und Lösungen, von Herzenskonflikten oder Konflikten überhaupt, von Spannungen und Überraschungen findet sich nichts« (an Adolf Hoffmann vom Mai/Juni 1897). Über das, was sich statt dessen findet, ist im abschließenden Kapitel zu sprechen.

2. Der Stechlin

Der Ring schließt sich. Mit dem letzten Werk, so sieht es jedenfalls aus, kehrt Fontane zu seinen Anfängen zurück; es scheint sich um eine Fortsetzung des ersten, des historischen Romans *Vor dem Sturm*, zu handeln. Hier wie dort haben wir es mit Romanen vom märkischen Junker zu tun. Beide Romane, der erste wie der letzte, sind Romane der Konfliktlosigkeit; und was Fontane im Jahre 1866 an seinen Verleger über das werdende Buch schrieb, scheint ohne Einschränkung auch für den *Stechlin* zu gelten: »Ohne Mord und Brand und große Leidenschaftsgeschichten, hab ich mir einfach vorgesetzt eine große Anzahl märkischer [...] Figuren aus dem Winter 12 auf 13 vorzuführen [...] Es war mir nicht um Konflikte zu thun, sondern um Schilderung davon, wie das große Fühlen [...] die verschiedenartigsten Menschen vorfand und wie es auf sie wirkte. Es ist das Eintreten einer großen Idee, eines großen Moments in an und für sich sehr einfache Lebenskreise« (an Wilhelm Hertz vom 17. Juni 1866). Dem entsprechend heißt es jetzt: »Von Verwicklungen und Lösungen, von Herzenskonflikten oder Konflikten überhaupt, von Spannungen und Überraschungen findet sich nichts« (an A. Hoffmann, Mai/Juni 1897). Dennoch sind es nicht nur die Unterschiede der erzählten Zeit, die den ersten vom letzten Roman trennen. Beide Werke haben eine hochinteressante Entstehungsgeschichte gemeinsam. Aber beide sind auch in diesem Punkt bis zum Extrem voneinander geschieden. Die Entstehung des historischen Romans *Vor dem Sturm* umfaßt einen Zeitraum von mehreren Jahrzehnten und ist vor allem dadurch interessant. Die Entstehung des letzten Romans umfaßt nur wenige Jahre der letzten Lebenszeit und enthält »Interessantheiten« ganz anderer Art. Denn um ein Haar hätte Fontane statt mit einem Zeitroman sein Lebenswerk mit einem historischen Roman abgeschlossen, aber mit einem solchen von erregender Aktualität. Der Störtebeker-Roman, den er damals unter der Hand hatte, hätte wohl am Ende des Mittelalters, »um die Wende zum 15. Jahrhundert«, gespielt. Aber seine Gegenwartsnähe wäre für jedermann offenkundig gewesen. Von der »sozialdemokratischen Modernität« dieses »Kommunistenromans« hat Fontane gelegentlich gesprochen; und »sozialdemokratische Modernität«, wie es in einem Brief heißt, kann man mit Fug und Recht auch dem *Stechlin* zuerkennen. Kommunistenroman, sozialdemokratische Modernität: sehr viel mehr kann sich eigentlich ein Schriftsteller bürgerlicher Herkunft kaum exponieren, als es hier geschieht. Es ist mit anderen Worten der politische Roman — im Falle der unabgeschlossenen *Likedeeler* wie des *Stechlin* — mit dem Fontane sich von den Anfängen seiner Romanschriftstellerei beträchtlich entfernt; und daß wir berechtigt sind, für den letzten Roman diesen Begriff zu verwenden, geht aus der Entstehungsgeschichte deutlich hervor.

Fontane hatte seinen Eheroman *(Effi Briest)* im Mai 1894 an den Herausgeber der ›Deutschen Rundschau‹ übersandt. Im Juli desselben Jahres wurden die *Poggenpuhls* überarbeitet, und noch im Dezember 1894 wandte er sich dem zweiten Teil seiner Lebenserinnerungen zu. Seit dieser Zeit beschäftigte ihn zugleich der Stoff eines neuen Romans. Zwar wird dieser schon 1888 in einem Brief an den Sohn Theodor (vom 9. Mai) in Aussicht gestellt — »Die Leute mögen dann sehn, daß ich auf Zoologischen Garten und Hanckels Ablage nicht eingeschworen bin« — aber erst im Frühjahr 1895 hat ihn das Projekt regelrecht gepackt. Der Brief an den Verleger Hans Hertz (vom 16. März 1895) ist ein literarhistorisches Leuchtfeuer ohnegleichen. Hier steht der historische Roman in seiner möglichen wie wirklichen Provinzialität zur Disposition. Es wird aufgeräumt: *Ekkehard, Die Ahnen, Die Hosen des Herrn von Bredow* und wie sie sonst noch heißen mögen, werden beiseite getan. Dagegen nun der eigene Roman! Fontane umschreibt ihn mit dem bis dahin unerhörten Terminus einer grotesken Tragödie; und wörtlich: »Er heißt ›Die Likedeeler‹ (Likedealer, Gleichteiler, damalige — denn es spielt Anno 1400 — Kommunisten), eine Gruppe von an Karl Moor und die Seinen erinnernden Seeräubern, die unter Klaus Störtebeker fochten und 1402 auf dem Hamburger Grasbrook *en masse* hingerichtet wurden [...] Wie eine Phantasmagorie zieht alles an mir vorbei, und eine Phantasmagorie soll es schließlich auch wieder werden.« Noch am gleichen Tag wird von dem Historiker, der die *Wanderungen* geschichtswissenschaftlich »betreute«, Literatur zum Gegenstand erbeten — mit der Versicherung: »Der Stoff in seiner alten mittelalterlichen Seeromantik und seiner sozialdemokratischen Modernität — ›alles schon dagewesen‹ — reizt mich ganz ungeheuer [...]« (an F. Holtze vom 16. März 1895). Schon hier, wie ähnlich im *Stechlin*, spielt »Christlich-Soziales« hinein, wie aus den überlieferten Entwürfen hervorgeht. »Die Likedeeler in der Marienhafener Kirche. Die Predigt des Bischofs. Über die Likedeeler, das richtige und falsche Evangelium, die richtige Bergpredigt und die falsche.« (V/1120) Der hier mit den kirchlichen Oberen verhandelt, ist kein simpler Seeräuber, sondern ein Sozialist auf eigene Faust: »Denn wir sind ein christlich Volk und wollen dazu helfen, daß dem Volke geholfen wird und das Wort Christi, das ein Wort des Mitleids war, eine Wahrheit werde«, sagt Fontanes Klaus Störtebeker. (V/883) Kommunismus wird als literarisches Motiv erprobt, wenn in einem dieser Entwürfe die Adligen aufgezählt werden, die sich den Vitalienbrüdern angeschlossen haben. Sie kamen aus Mecklenburg, aus Pommern oder der Mark: »Aber ihr Adel unterschied sie nicht. Die See, der Ton und die Teilungsform in der sie lebten, sorgte für Gleichheit. Sie waren Likedeeler und teilten alles, auch die Ehre.« (V/906) Daß Fontane die Genossenschaft so meint, nämlich kommunistisch, geht aus anderen Teilen der Vorarbeiten hervor: »Die Kolonie der ›Likedeeler‹ ganz kommunistisch eingerichtet, Barackenstil, Veteranen-Kolonie, Häuschen, Gärtchen, Fischfang, Angeln, Jagd.« (V/1093) Es wird sich daher um keine zufällige und unbewußte Anspielung an das *Kommunistische Manifest* handeln, wenn es an anderer Stelle des Fragments heißt: »Das Gespenst, das in Marienhafe umgeht. [...] Aber durch die Welt geht das Gespenst der Likedeeler.« [86] Noch im Juli 1895 war Fontane mit seinem Kommunistenroman befaßt; aber schon im Frühjahr war eine Schrift Ernst von Wolzogens erschienen, auf die er auch deshalb aufmerksam werden konnte, weil sie der Sohn im eigenen Verlag herausgebracht hatte. Es handelt sich um die Broschüre *Linksum kehrt, schwenkt – Trab!*, die ihr Verfasser als ein ernstes »Mahnwort an die herrschenden Klassen und den Adel insbesondere« verstanden sehen wollte. [87] Die polemisch abgefaßte Schrift steht im Zusammenhang der sogenannten Umsturzvorlage, die im Dezember 1894 im Reichstag eingebracht wurde. Fontane hatte sich mit seiner Unterschrift an einer Petition beteiligt, die sich für die Ablehnung der Vorlage einsetzte. Ein solches Hervortreten in der Öffentlichkeit war im allgemeinen nicht nach seinem Geschmack. Nun aber wird es ihm zu bunt: »Ich bin sonst nicht für Demonstrationen und Proteste, weiß auch recht gut, daß der Brei nicht so heiß gegessen wird, wie er gekocht wurde. Trotzdem ist die bloße Idee, das berühmte Volk der ›Dichter und Denker‹, das Volk Luthers, Lessings und Schillers mit solchem Blödsinn beglücken zu wollen, eine Ungeheuerlichkeit [...]«, schreibt er am 27. Februar 1895 an August von Heyden. Daß durch das rege gewordene Interesse am politischen Zeitgeschehen die Arbeit am historischen Roman der *Likedeeler* in den Hintergrund gedrängt wurde, wäre denkbar. Die Briefe, die im Spätherbst dieses Jahres mit Ernst von Wolzogen gewechselt wurden, scheinen dafür zu sprechen. In einem dieser Briefe (vom 3. November 1895) heißt es über die Stellung des Adels: »*Meine* Adligen gibt es auch, aber von denen, wie Sie hier schildern, gibt es noch mehr. Wenn man beide Gruppen zusammenfaßt und die Politiker und Synodalen mit zurechnet, so hat man so ziemlich die ostelbische Junkerschaft beisammen.« Die Likedeeler werden jedenfalls beiseite gelegt. *Der Stechlin* setzt sich durch; der Zeitroman bleibt gegenüber dem historischen Roman erfolgreich.

Der damit erledigte Stoff der Vitalienbrüder und der im Entstehen begriffene Roman haben die politischen Themen und Motive gemeinsam. Poli-

Der Stechlin 429

tische Gespräche sind in den Fragmenten der *Likedeeler* zahlreich. [88] Den werdenden *Stechlin* aber nennt sein Verfasser rundweg einen politischen Roman, und um eine beiläufige Äußerung handelt es sich dabei nicht. »Ich bin bei den zwei letzten Kapiteln eines kleinen politischen Romans«, läßt er den befreundeten Paul Schlenther in einem Brief (vom 21. Dezember 1895) wissen; ähnlich gegenüber Carl Robert Lessing, dem Haupteigentümer der ›Vossischen Zeitung‹: »Im Winter habe ich einen politischen Roman geschrieben [...] Dieser Roman heißt: ›Der Stechlin‹« (8. Juni 1896). Auch im Brief an Ernst Heilborn (vom 12. Mai 1897) wird der Terminus gebraucht: »Ich stecke so drin im Abschluß eines großen, noch dazu politischen (!!) und natürlich märkischen Romans, daß ich gar keine andern Gedanken habe und gegen alles andre auch gleichgültig bin.« [89] Fontane spricht von einem krankhaften Zustand, in dem er sich befinde und voraussichtlich noch für einige Monate befinden werde. In ganz ungewöhnlicher Weise hat ihn die Arbeit gefangen genommen; und so, wie es jetzt, beim Abschluß, der Fall ist, so war es schon im Spätherbst 1895 gewesen, als die erste Fassung, fast in einem Zuge, niedergeschrieben wurde: »Der Grund, warum ich Dir [es handelt sich um einen Brief an den Sohn Theodor] den zugesagten längeren Brief nicht stiftete, war einfach der, daß ich seit vier oder fünf Wochen wie toll gearbeitet und in dieser verhältnismäßig kurzen Zeit einen ganzen Roman niedergeschrieben habe. Ist man mal im Zuge, so darf man sich nicht unterbrechen.« [90] Daß er sich vom Alter gedrängt fühlte, ist anzunehmen. Aber nicht weniger hat ihn der Gegenstand fasziniert, die im Mittelpunkt stehende Figur eines märkischen Landedelmannes, einer echten Kunstfigur, mit der sich zugleich ein wenig versteckte Autobiographie verbinden ließ: Darbietung von Lebensweisheit, aber im Medium einer fiktionalen Figurenwelt, wie sich versteht. Einer der umfangreichsten Romane, die Fontane je geschrieben hat, ist auf diese Weise innerhalb kürzester Zeit entstanden. Das zum Abschluß gelangte Werk ist zugleich sein letztes Werk – eine Art Vermächtnis. Den Vorabdruck in der Zeitschrift ›Über Land und Meer‹, vom Oktober bis Dezember 1897, hat er noch erlebt. Auch von ersten Kritiken hat er Kenntnis erhalten. Unter denen, die sich vorbehaltlos für dieses so eigenwillige Erzählwerk aussprachen, ist Fritz Mauthner, der Verfasser einer radikalen Sprachkritik, vor anderen zu erwähnen. Dieser einflußreiche Sprachskeptiker hatte sich schon einmal für Fontane eingesetzt und *Stine* als Vorabdruck in einer von ihm herausgegebenen Zeitschrift untergebracht. Seine Würdigung des *Stechlin* im ›Berliner Tageblatt‹ vom 8. November 1898 ist eine der hellsichtigsten Deutungen des Romans, die es gibt. Es sei ein Werk ersten Ranges, führt Mauthner aus: »das ist nicht mehr und nicht weniger als das Testament Theodor Fontanes. Fontanes letzte Gedanken über Gott und die Welt, über Bismarck und den alten Fritz, über Preußen und die Mark Brandenburg, über die soziale Frage und über die Armee, über Mannesseelen und über Frauenherzen ... Und am Ende haben wir gar etwas wie den Abschluß seiner Selbstbiographie vor uns.« [91] Daß die Rezension sich nur allzu bald als ein vorweggenommener Nekrolog erweisen sollte, lag wohl in der »Natur der Dinge«. Das Erscheinen der Buchausgabe hat der inzwischen bald achtzigjährige Schriftsteller nicht mehr erlebt. Aber was ihm an Zustimmung zuteil werden konnte, ist ihm am Ende seiner Tage mit ein paar freundlichen Worten noch zuteil geworden. Die Redaktion der Zeitschrift ›Über Land und Meer‹, die den Vorabdruck übernommen hatte, bedankte sich bei dem Verfasser auf eine menschlich ansprechende Art. »Hochverehrter Herr Doktor«, telegraphierte sie nach Empfang des Manuskripts an den Ehrendoktor der Berliner Universität, »intensiv mit allen Ihren Menschen mitlebend, vor allem mit dem alten Freiherrn, am Schlusse im Innersten erschüttert, danken wir Ihnen dafür, daß ›Über Land und Meer‹ ein solches Werk veröffentlichen darf.« Sprache wie sie sein sollte! Fontane antwortete postwendend, auch er telegraphisch: »Ihr Telegramm hat mich sehr beglückt. ›Verweile doch, du bist so schön‹ — ich darf es sagen, denn ich sehe in den Sonnenuntergang. Herzlichen Dank.« [92] Was aber macht den Roman in Fontanes Auffassung zum politischen Roman?

Wir hätten uns mit dieser Bezeichnung nicht zu befassen, wenn damit lediglich zeitkritische Anspielungen gemeint wären, die es nahezu in jedem seiner Romane gibt; sie mögen sich auf Bismarck, auf den Antisemitismus, auf den Wagnerkult der Kaiserzeit oder auf anderes beziehen. Auch im *Stechlin* wird Gesellschaftskritik — als Komik, Karikatur oder Ironie — ganz so geübt wie in anderen Romanen auch; es wird kräftig »demokratisiert«, und keine der Klassen wird davon verschont. Der Erzähler sorgt dafür, daß alle in das Licht der Komik geraten, die es verdienen, ohne Unterschiede des Standes und der Person. Der Freiherr von der Nonne, die Witwe des Hagelversicherungssekretärs Schickedanz, der Kritiker Wrschowitz, der neureiche Mühlenbesitzer Gundermann sind solche Personen neben anderen. Es ist nicht nötig, daß man beschreibt, wie Fontane verfährt; es geschieht im letzten Roman nicht anders als im ersten. Wer schon um solcher Gesellschaftskritik willen von einem politischen Roman sprechen wollte, müßte sie alle so bezeichnen. Jetzt aber, mit den letzten Erzählungen, liegt etwas Besonderes vor, und die so gewählte Bezeichnung besteht zu Recht. Das Politische und Soziale haben nunmehr einen Vorrang erhalten, der alles übertrifft, was es nach dieser Seite hin bei Fontane gegeben hat. Das geht aus den zahlreichen Vorstufen und Entwürfen hervor. Sie lassen deutlich erkennen, was ihm wichtig war; und wichtig sind ihm die Wahlvorgänge gewesen. Auch im abgeschlossenen Roman ist ihre Bedeutung unverkennbar. Die Wahl zum neuen Landtag ist das wiederholte Gesprächsthema im Hause Stechlin. »Die Konservativen wollen mich haben und keinen andern«, läßt Dubslav seine Bekannten und Angehörigen wissen. (V/22) Spätere Kapitel sind eigens dem Wahlvorgang vorbehalten, und das Prickelnde solcher Ereignisse, das Auszählen der Stimmen, läßt sich Fontane nicht entgehen. Es macht ihm nichts aus, seinen sympathischen Ritterschaftsrat als Kandidaten der Konservativen durchfallen

Der Stechlin

zu lassen. Der märkische Junker – wie blamabel! – unterliegt einem Sozialdemokraten, dem Feilenhauer Torgelow. So war es zwar nicht von Anfang an vorgesehen. Es war zunächst daran gedacht, daß einem Fortschrittler der Sieg zufallen sollte. Daß dies geändert wurde, hatte persönliche Gründe, aber vielleicht solche nicht nur: denn so ansehnlich, so präsent war die Sozialdemokratie im Parteiengefüge der Monarchie inzwischen geworden, daß es Fontane wagen konnte, einen märkischen Junker an ihr scheitern zu lassen. [93] Die Absicht, die Fontane mit dieser Motivik verbindet, ist deutlich: es soll Herrschaft gezeigt werden, aber Herrschaft im Wandel, und dazu sind die Wahlen wie geschaffen.»Eine Reihe von Jahren war es selbstverständlich gewesen, daß der ›gnädige Herr‹ gewählt wurde. Bei den letzten zwei Wahlmännerwahlen aber war ein Fortschrittler gewählt worden, wie in Stechlin, so an vielen andern Orten, besonders in den Städten«, heißt es in einem der Entwürfe. [94] Mit der »Wahl in Rheinsberg-Wutz«, wie die Überschrift dieser Teile lautet, greift Fontane nicht nur auf ein brisantes Motiv seiner eigenen Jugend zurück, das die politische Geschichte des 19. Jahrhunderts begleitet. Er faßt damit mehr noch ein heißes Eisen der preußischen Geschichte an; und in alledem natürlich die Kernfrage einer jeden auf Demokratie sich gründenden Ordnung.

Ein nicht weniger brisantes Motiv, das durch die Geschichte dieses Jahrhunderts zu verfolgen ist, um seine Mitte einen gewissen Höhepunkt erreicht und im Fortgang zu einem »Weltmotiv« wird, ist die Revolution. Als »Weltrevolution« war sie um 1890 auch ein Thema der Literatur, wie der Titel eines Dramas von Friedrich Lienhard lautet. Von Erneuerungen gesellschaftlichen Lebens handelt nahezu jeder Roman Fontanes; mit *Vor dem Sturm* hatte es begonnen. Aber die radikale Veränderung, der Aufruhr, der Umsturz, die gänzliche Umkehr,»wo die ganze Gestalt der Dinge sich ändert«, um mit Hölderlin zu sprechen, kurz: die Revolution als politisches Thema und Motiv war in so ausgeprägter Art in keinen Roman Fontanes eingegangen, wie es im *Stechlin* der Fall ist. [95] Man muß nicht eigens belegen, wie und wo im *Stechlin* über Revolutionen gesprochen wird (und stets wird über sie»nur« gesprochen, weil der Roman vorwiegend aus Gesprächen besteht): es ist überall davon die Rede – so oft, daß sich das Revolutionsmotiv dem Leser bald als Leitmotiv des Romans einprägt. Die Septemberrevolution in Frankreich wird erwähnt; vom großen Stechlin als einem richtigen Revolutionär wird gesprochen; wir hören, daß ein revolutionärer Diskurs geführt wird, den der Pastor und die Gräfin Melusine bestreiten; und die Weltrevolution wird in einem der Gespräche, die über solche Dinge handeln, nicht ohne Humor als»Generalweltanbrennung« tituliert. Aber damit wird zunächst nach Fontanes eigener Aussage nur Inhaltliches berührt. Doch kann man über dieses Leitmotiv nicht sprechen, ohne darüber zu handeln, *wie* hier gesprochen wird.»Das Buch ist kein Roman und hat keinen Inhalt, das ›Wie‹ muß für das ›Was‹ eintreten«, so charakterisiert er in der Entstehungszeit seines letzten Romans die vorausgegangene Erzählung *Die Pog-*

genpuhls (14. Februar 1897). Diese Aussage mit der so plausiblen Betonung des »Wie« ist nicht nur auf den *Stechlin* im ganzen zu übertragen, sondern auf seine politischen Motive erst recht. Und dabei hat man möglicherweise nicht nur auf Zustimmung gefaßt zu sein. Wer es gewohnt ist, über Revolutionen so zu denken, wie Revolutionäre vielfach denken — radikal und ohne Rücksicht auf Verluste — der wird sich vielleicht für die etwas unernste Redeweise bedanken, deren sich Fontane hier »schuldig« macht. Und da es noch nicht gesagt worden ist, muß man ja endlich heraus damit: dieser politisch so versierte Autor, im Umgang mit Revolutionen nicht unerfahren, bringt es fertig, ein so ernstes, ein für viele so restlos erhabenes Thema humorvoll zu traktieren. Darf solches sein? Es wäre schlimm, wollte man der Literatur — wie der Kunst allgemein — in solchen Fragen Vorschriften machen, die sie ein für allemal binden. Sicher aber ist es dem Schriftsteller nicht erlaubt, die »Gesetze« der literarischen Form zu mißachten. Man kann es nämlich problematisch finden, wie Fontane im zweiten Teil seiner Autobiographie *Von Zwanzig bis Dreißig* die eigene Teilnahme an der Revolution von 1848 darstellt und der Lächerlichkeit preisgibt. Der Ernst, der den jungen Republikaner einstmals erfüllt hatte, wird damit verfälscht. Fontane wird dem historischen Ereignis nicht gerecht. Da der zweite Teil der Autobiographie aus der Zeit stammt, in der auch sein letzter Roman entstand, mochte es für ihn naheliegen, über die Revolution so zu sprechen, wie im Roman über sie gesprochen wird, nämlich humorvoll. Aber damit erhält der Kontext (in der Autobiographie) nicht das Recht, das ihm gebührt; und nur der Zusammenhang des Ganzen, nur der Strukturzusammenhang des Romans, macht es möglich, daß sich so »unmögliche« Dinge wie Revolution und Humor vertragen. Ein politisches Motiv aber bleibt die Revolution so oder so.

Schließlich die gleichfalls leitmotivisch einbezogene Sozialdemokratie! Im Roman Fontanes kann darüber so häufig gesprochen werden, weil von ihr in der Öffentlichkeit des Kaiserreiches so häufig zu sprechen war, besonders nach Bismarcks Entlassung. »Durch die Entwicklung der Sozialdemokratie zur stärksten Partei des Reiches, den Sturz Bismarcks, die Aufhebung des Sozialistengesetzes und die Politik des Neuen Kurses wurden eine Reihe von Problemen aufgeworfen, die die inneren Auseinandersetzungen der Arbeiterorganisation bis zur Revolution von 1918 beherrschten.« So charakterisiert Gerhard A. Ritter die Lage zu Beginn der Wilhelminischen Ära. [96] Sie hatte sich gegen Ende der neunziger Jahre beträchtlich verändert, vielfach zuungunsten der Arbeiterbewegung und ihrer Partei. Die Umsturzvorlage des Jahres 1894 war nicht gegen irgendjemand gerichtet, sondern gegen diejenigen vor allem, die sich über einen Umsturz in der Tat Gedanken machten: gegen die Arbeiterbewegung und ihre Führer. Solche und andere Restriktionen wurden um diese Zeit besonders von jenen unterstützt, die auf Erhaltung des status quo um jeden Preis gerichtet waren. Eine solche Stimmungslage im Für und Wider die Sozialdemokratie als eine potentielle »Umsturzpartei« gibt Fontanes Roman in einer Unmittelbarkeit wieder, die nicht ihresgleichen hat. August Bebel, Paul Göhre, Adolf Stöcker: Fontane bringt sie alle, wie es ihm gerade einfällt, in das Gespräch seines Romans. Die Erzählung der Wahl läßt denn auch an der »sozialdemokratischen Modernität« keine Zweifel. Hier wird unmittelbar wiedergegeben, wie es war und wie man unter einfachen Menschen in jenen Jahren dachte — von seiten des Erzählers sine ira et studio: »Die Wahlresultate lagen noch keineswegs sicher vor; es ließ sich aber schon ziemlich deutlich erkennen, daß viele Fortschrittlerstimmen auf den sozialdemokratischen Kandidaten, Feilenhauer Torgelow, übergehen würden, der, trotzdem er nicht persönlich zugegen war, die kleinen Leute hinter sich hatte. Hunderte seiner Parteigenossen standen in Gruppen auf dem Triangelplatz umher und unterhielten sich lachend über die Wahlreden, die während der letzten Tage teils in Rheinsberg und Wutz, teils auf dem platten Lande von Rednern der gegnerischen Parteien gehalten worden waren. Einer der mit unter den Bäumen Stehenden, ein Intimus Torgelows, war der Drechslergeselle Söderkopp, der sich schon lediglich in seiner Eigenschaft als Drechslergeselle eines großen Ansehns erfreute. Jeder dachte: der kann auch noch mal Bebel werden. ›Warum nicht? Bebel is alt, und dann haben wir den.‹ Aber Söderkopp verstand es auch wirklich, die Leute zu packen.« (V/189) Natürlich wußte jeder in der Zeitgeschichte einigermaßen bewanderte Leser, daß auch der Genosse Bebel einmal ein Drechslergeselle gewesen war. Daß an den eingeschriebenen Mitgliedern der Partei — am jungen Hirschfeld oder am Feilenhauer Torgelow selbst — nicht *alles* Gold ist, was glänzt, steht dann wieder auf einem anderen Blatt und gehört zu jenem Fragenkreis, über den sich Georg Lukács seine Gedanken machte: über Fontane als Schriftsteller nämlich, »der für keine der kämpfenden Klassen oder Parteien wirklich zuverlässig ist«. [97] Bei solchen Momentaufnahmen, wie sie eine Wahl mit sich bringt, beläßt es aber Fontane als Erzähler keineswegs. Er bringt das »Sozialdemokratische« in den verschiedensten Motiven und Personen zur Sprache und weitet es zu einer umfassenden Darstellung sozialer Fragen aus, immer in den Formen des Gesprächs, die für den Roman Fontanes charakteristisch sind. Von der Dienstbotenfrage ist wenigstens beiläufig die Rede. Man unterhält sich über die Industriearbeiter im benachbarten Globsow. Ein Linkskandidat, der als Wanderapostel durch die Lande zieht, macht auch die ländliche Bevölkerung mit der sozialen Frage vertraut. »Noch gefährlicher für die ganze Grafschaft war aber ein Wanderapostel aus Berlin, der von Dorf zu Dorf zog und die kleinen Leute dahin belehrte, daß es ein Unsinn sei, von Adel und Kirche was zu erwarten. Die vertrösteten immer bloß auf den Himmel. Achtstündiger Arbeitstag und Lohnerhöhung und Sonntagspartie nach Finkenkrug — das sei das Wahre.« (V/165)

Dennoch: Fontanes *Stechlin* ist kein Roman des vierten Standes. Das vielzitierte Wort aus dem Jahre 1878 — »Millionen von Arbeitern sind gerade so gescheit, so gebildet, so ehrenhaft wie Adel und Bürgerstand [...]« — steht nicht im Roman, sondern außerhalb seiner Sphäre. Man kann Annäherungen hier und da vermerken — thematisiert hat Fontane die Lage der arbeitenden Klasse in keinem seiner erzählenden Werke, und daß er es *nicht* getan hat, nimmt ihm gewiß nichts von seinem literarischen Rang. »Sozialdemokratische Modernität«, was immer darunter verstanden werden kann, ist dem *Stechlin* zuzuerkennen. Aber die soziale Lage des Arbeiters wird allenfalls am Rande erwähnt. Von den Wanderaposteln oder Landtagskandidaten dieser Partei wird gesprochen, weil über die Wahl zu sprechen ist: die Kandidaten des Ritterschaftsrats von Stechlin und die Glasbläser im benachbarten Industriewerk von Globsow können in das Figurenensemble einbezogen werden, weil sie im Blickfeld des märkischen Junkers angesiedelt sind. Alle politischen und sozialen Motive, die den Begriff eines politischen Romans rechtfertigen könnten, münden zuletzt ein in den »Roman vom märkischen Junker«, um den es in Wirklichkeit geht. [98] Diese Rückkehr zu den Lebenskreisen des ersten Romans, die gewisse Verwandtschaft Dubslavs von Stechlin mit dem Junker von Vitzewitz in *Vor dem Sturm*, könnte überraschen, wenn nicht gesehen würde, daß der märkische Adel nunmehr auf einer anderen Erzählebene erscheint als im ersten Roman. Der politische Roman, der er ist, wird dadurch nicht beeinträchtigt. Politische Motive wie Wahl, Revolution oder Sozialdemokratie sind alle auf den Adel bezogen; er ist derjenige »Gegenstand«, der die Erzählstruktur recht eigentlich legitimiert. Wie in den *Poggenpuhls* geht es um die Erzählung einer Zuständlichkeit, und die zu einem Nichts zusammengeschrumpfte Handlung hängt damit zusammen; wie in dem vorangegangenen Roman handelt es sich um den Zustand eines Wandels, um die Ablösung von Herrschaft und die Konstituierung neuer Herrschaftsformen. Abermals erweist sich der Adel als ein überaus dankbares Objekt, an dem eine im Wandel befindliche Herrschaft gezeigt werden kann. Ihre Vertreter sind hierzu wie geschaffen: als Kunstfiguren, die sich für das eine so gut eignen wie für das andere, zum Verfall ebenso wie zur Idealität. Der eine dieser Aspekte ist vergangenheitsbezogen, weil der Adel Vergangenheit zu werden im Begriff ist; der andere ist auf Zukunft gerichtet: auf Idee, Idealität oder Utopie. Im ersten Fall handelt es sich um einen sozialen und realhistorischen Tatbestand, der verändert in die Formen der Kunst eingehen kann; im zweiten um einen von vornherein poetischen Begriff — um die Beschreibung dessen, was nicht ist, aber jederzeit sein könnte oder sein sollte. Verfall und Idealität des Adels sind nur andere Erscheinungsformen dessen, was veraltet und eben deshalb der Erneuerung bedarf, wobei es einstweilen offenbleiben muß, ob das derart Neue — eines neuen Adels — nur gradweise Neues bedeutet oder im Neuen etwas grundsätzlich anderes zum Vorschein kommt. Diese Eignung des Adels zu Kunstfiguren des Romans erreicht im *Stechlin* eine Vollkommenheit, die alles andere in den Schatten stellt; und es sind vornehmlich diese beiden Aspekte, die Fontane meint, wenn er über der Arbeit an seinem Werk erläutert, was er hinsichtlich des Adels zu erzählen sich vorgenommen hat. Die Äußerung ist in einem Brief an Carl Robert Lessing (vom 8. Juni 1896) enthalten, und sie ist

Der Stechlin

eine der aufschlußreichsten überhaupt; mehr noch ist sie eine Schlüsselstelle, die uns nicht im Unklaren läßt, wie wir das Werk zu lesen und zu verstehen haben: »Im Winter habe ich einen politischen Roman geschrieben (Gegenüberstellung von Adel, wie er bei uns sein *sollte,* und wie er *ist*).« Über beides wird denn auch im Folgenden zu sprechen sein, und vielleicht sollte man die Reihenfolge umkehren und erst vom erzählten Adel handeln, wie er ist; danach dann von demjenigen, wie er sein sollte. Denn in der Hierarchie der Werte, die sich der Roman setzt, beansprucht der Adel, wie er sein sollte, zu seinem Verständnis von vornherein die höhere Reflexionsstufe.

Adel, wie er ist, schließt den Adel ein, wie er war: märkischen Adel im jederzeit vorhandenen Bewußtsein seiner ruhmreichen Geschichte. Nicht zufällig handelt es sich um eine Wahl im Wahlkreis Rheinsberg-Wutz. Damit bringt sich, was Rheinsberg betrifft, die Jugend des großen Preußenkönigs in Erinnerung. Wutz, dem Kloster Lindow nacherzählt, mit dem evangelischen Damenstift, in dem die Domina, Dubslavs Schwester, zu herrschen gewohnt ist, haben wir bereits als die andere Seite, als das alter ego preußischer Geschichte kennengelernt: es ist die evangelisch-lutherische Seite, und erst beide zusammen machen das Ganze der preußischen Geschichte und ihrer ersten Adelsfamilien aus, »wie es eigentlich war«. Als Angehörige märkischen Adels, wie er ist — oder wie er war — läßt sie Fontane alle aufmarschieren, wo immer sich in Gesellschaft, bei Ausflügen oder bei politischen Veranstaltungen die Gelegenheit bietet: die Rex und Czako, die Schmargendorf und die Thadden-Trieglaff; aber den neuen Adel, wie ihn der Mühlenbesitzer von Gundermann repräsentiert, nicht zu vergessen. Natürlich fehlt es nicht an Ausflügen in die Geschichte, und manchmal hat man den Eindruck, als sei mit Dubslav von Stechlin der Wanderer durch die Mark Brandenburg wiedergekehrt, wenn er bei alten Grabsteinen verweilt, sich in Anekdoten verliert und dabei wie von selbst auf Schloß Rheinsberg zu sprechen kommt: »Schade, daß Sie nur einen Tag für Stechlin festgesetzt haben«, so erläutert er seinem Gast die Sehenswürdigkeiten der nächsten Umgebung. »[. . .] Alles ganz eigentümlich und besonders auch ein Grabstein, unter dem eine uralte Dame von beinah neunzig Jahren begraben liegt, eine geborne von Zeuner, die sich in früher Jugend schon mit einem Emigranten am Rheinsberger Hof, mit dem Grafen La Roche-Aymon, vermählt hatte. Merkwürdige Frau, von der ich Ihnen erzähle, wenn ich Sie mal wiedersehe.« (V/42) Das ist der Plauderton der *Wanderungen,* den wir zu vernehmen meinen, aber doch nur auf der Ebene des Sprechers. In der Optik der Erzählung spüren wir die Distanz im zeichenhaften Verweis auf die Verbindung des Adels mit Vergangenheit und Grabsteinen. Hier wird etwas signalisiert, was dem Sprecher möglicherweise nicht bewußt ist - der Gedanke nämlich, daß der Adel in den überlieferten Lebensformen keine Zukunft mehr hat, wenn er sich dem Neuen verschließt. Solche zeichenhaften Verweise gilt es zu »entschlüsseln«, und besonders für die »älteren Herrschaften« des märkischen Adels trifft es zu. Der Erzähler des *Stechlin,* sieht man einmal von seinem »Helden«

ab, entwirft kein sehr schmeichelhaftes Bild von ihnen. Nun sind gewiß sehr alte Menschen in allen Schichten einer Gesellschaft und zu allen Zeiten nicht selten so, wie sie hier geschildert werden: Relikte einer Vergangenheit und Monumente ihrer selbst. Aber lediglich um ihres Alters willen werden sie im Figurenensemble des Romans nicht benötigt; als überlebte Exemplare eines überlebten und veralteten Standes weit mehr. Sie sind auch insofern Kunstfiguren, als mit ihrem Alter zeichenhaft auf das Veraltete märkischer Adelsherrschaft verwiesen wird. Unter den Parteifreunden, die den Ritterschaftsrat von Stechlin auf den Schild ihres konservativen Glaubens erheben, ist der Freiherr von der Nonne — nomen est omen! — eine solche Figur und eine komische zugleich: »Er trug eine hohe schwarze Krawatte, drauf ein kleiner vermickerter Kopf saß, und wenn er sprach, war es, wie wenn Mäuse pfeifen. Er war die komische Figur des Kreises [...].« (V/185) Hier dient Komik, wie auch sonst, zu kritischer Distanzierung gegenüber Gesellschaft und Geschichte, die keine Verbindung mehr zur Gegenwart haben. Wo das Leben stagniert, stellt sich Komik ein. Das Paradebeispiel einer in Verknöcherung übergegangenen Daseinsform ist die Domina des Klosters Wutz, Dubslavs Schwester mit dem bezeichnenden Namen Adelheid.

Die Verbindung des Lebensalters mit den veralteten Lebensformen des Adels ist in ihr vollkommen. Diese Dame, die dafür hält, daß es echten Adel nur in der Mark geben könne, denkt nicht nur so, wie sie denkt, weil sie alt geworden ist; sie denkt erst recht in den veralteten und überholten Auffassungen ihres Standes. Sie ist das Veraltete in Person, gleichsam ein Petrefakt. Der Erzähler des Romans ist völlig in seinem Element, wenn er beschreibt, wie die Vertreter dieser Klasse sind und wie sie immer waren. Man ist zu Besuch im Stift eingekehrt und begibt sich in den Salon, der als niedrig, verblakt und etwas altmodisch beschrieben wird. »Die Möbel, lauter Erbschaftsstücke, wirkten in dem niedrigen Raum beinahe grotesk, und die schwere Tischdecke, mit einer mächtigen, ziemlich modernen Astrallampe darauf, paßte schlecht zu dem Zeisigbauer am Fenster und noch schlechter zu dem über einem kleinen Klavier hängenden Schlachtenbilde: ›König Wilhelm auf der Höhe von Lipa.‹« (V/81) Als Gastgeberin war sie erfahren, und sie besaß, wie es heißt, »jene Direktoralaugen, die bei Tische soviel bedeuten [...]«. Dagegen vermißte man anderes an ihr. Ihr fehlte — bezeichnenderweise — die Gabe, das Gespräch, wie es sein sollte, zusammenzufassen: »So zerfiel denn die kleine Tafelrunde von Anfang an in drei Gruppen [...].« (V/90) Der Zusammenhang, wie er sein sollte, fehlt; statt dessen haben wir es mit jenem Adel zu tun, wie er ist: man bemerkt Zerfall. Und ein weiteres ist dieser Person eigentümlich. Die Domina des Klosters Wutz steht für alles Enge und Engstirnige. Sie ist eine Vertreterin jenes märkischen Adels, der sich im Provinziellen verliert: »Was aber [...] den Verkehr mit ihr so schwer machte, das war die tiefe Prosa ihrer Natur, das märkisch Enge, das Mißtrauen gegen alles, was die Welt der Schönheit oder gar der Freiheit auch nur streifte.« (V/82)

Ihr Bruder, der Ritterschaftsrat Dubslav von Stechlin, ist fast in allem anderen Sinnes. Ihre Lebensformen sind nicht die seinigen; und das Enge ihrer Denkweise erheitert ihn. Er behandelt sie überlegen, mit Nachsicht, Humor und, wenn es erforderlich wird, mit Ironie. Er ist in jeder Hinsicht das Gegenteil dieser in ihrer Altertümlichkeit schon komisch wirkenden Figur — und ist dennoch ihr Bruder; und das heißt, daß sie die Herkunft gemeinsam haben: die märkische Heimat, ihren Adel und ihre Geschichte. Nur daß im Falle dieses märkischen Junkers gegenüber der engstirnigen Klosterfrau das Pendel völlig nach der anderen Seite ausgeschlagen ist; denn bei ihm haben sich Umgänglichkeit, Geselligkeit und jenes heitere Darüberstehen ausgebildet, die ihn so liebenswert und liebenswürdig machen. Der Erzähler ist bemüht, daß wir uns mit diesem ungewöhnlichen Prachtexemplar befreunden, kaum daß es uns vorgestellt worden ist: »Dubslav von Stechlin, Major a. D. und schon ein gut Stück über Sechzig hinaus, war der Typus eines Märkischen von Adel, aber von der milderen Observanz, eines jener erquicklichen Originale, bei denen sich selbst die Schwächen in Vorzüge verwandeln.« (V/9) Schon diese Porträtskizze signalisiert die Besonderheit des Falles: daß in ihm Entgegengesetztes zusammenkommt, oder daß sich das eine, die Schwächen, in ihr Gegenteil, in Vorzüge, verkehrt. So auch hinsichtlich seiner individuellen Person. Er sei der Typus eines Märkischen vom Adel. Das scheint jeden individuellen Zuschnitt zu verhindern. Dennoch ist er ein Original, und mithin das Gegenteil eines Typus. Und so auch sieht es der eigene Sohn: er sei ein echter alter Junker — »aber doch auch wieder das volle Gegenteil davon.« (V/117) Das Selbstbewußtsein dieses Märkers ist ausgeprägt; aber er hegte es, heißt es, ganz im stillen, »und wenn es dennoch zum Ausdruck kam, so kleidete sich's in Humor, auch wohl in Selbstironie, weil er seinem ganzen Wesen nach überhaupt hinter alles ein Fragezeichen machte.« (V/9) Wie sich Humor in Verbindung mit märkischem Selbstgefühl äußert, wird an der Art und Weise erkennbar, mit der man über Bismarck spricht. Dem märkischen Junker Dubslav von Stechlin sagt man nach, daß er einen Bismarckkopf habe, und solche Vergleiche fordern sein humorvolles Selbstgefühl heraus: »Nun ja, ja, den hab' ich; ich soll ihm sogar ähnlich sehen. Aber die Leute sagen es immer so, als ob ich mich dafür bedanken müßte. Wenn ich nur wüßte, bei wem; vielleicht beim lieben Gott, oder am Ende gar bei Bismarck selbst. Die Stechline sind aber auch nicht von schlechten Eltern. Außerdem, ich für meine Person, ich habe bei den sechsten Kürassieren gestanden, und Bismarck bloß bei den siebenten, und die kleinere Zahl ist in Preußen bekanntlich immer die größere; — ich bin ihm also einen über.« (V/11) Es ist ein eigentümlicher Zug in der Erzählung Fontanes, die Personen seines Romans in einer Art Porträt vorzustellen. Ganze Porträtgalerien werden in seinem ersten Roman aneinandergereiht. Im *Stechlin* ist ihm solche Porträtierung auf eine Weise gelungen, die sich mit nichts sonst vergleichen läßt. Denn wo sonst würde uns noch ein derart sprechendes Bild einer Person mit weniger Strichen gezeichnet, für die wir so rasch Feuer fangen wie hier? — von den Anspielungen in nahezu jeder sprachlichen Wendung ganz zu schweigen! Wie nahe sich Figur und Erzähler in allen Fragen des Humors stehen, geht daraus hervor, daß der eine genau so humorvoll spricht wie der andere: sie nehmen sich in diesem Punkt nichts. Der Humor beider, des märkischen Junkers wie seines Schöpfers, ermöglicht es, entgegengesetzte Dinge zusammenzubringen oder einander anzunähern, so daß man sie um vieles leichter ertragen kann. Unanfechtbare Wahrheiten werden nicht anerkannt. Sie sind daher auch dem Wirkungsbereich des Humors nicht entzogen. Über Glaubensfragen kann demzufolge in einem betont lässigen Ton gesprochen werden, wie es der Redeweise eines Humoristen eben entspricht. Glaubensfragen beziehen sich auf das Unbedingte, das Absolute und auf das, was sich jedweder Relativierung widersetzt. Aber die Redeweise des Humoristen, des Junkers oder des Erzählers, relativiert alles und jedes. Daß er nach dem frühen Tode seiner Frau nicht erneut geheiratet hat, wird mit Berührung von Glaubensfragen in einem Plauderstil erklärt, den einzig der Humor entschuldigt. Halb aus Ordnungssinn und halb aus ästhetischer Rücksicht habe es ihm widerstanden, sich ein zweitesmal zu verheiraten; so teilt es uns der Erzähler mit, der es ja wissen muß; und seinem Helden das Wort in diesen höchstpersönlichen Fragen überlassend, erklärt dieser: »›Wir glauben doch alle mehr oder weniger an eine Auferstehung‹ (das heißt, er persönlich glaubte eigentlich nicht daran), ›und wenn ich dann oben ankomme mit einer rechts und einer links, so is das doch immer eine genierliche Sache.‹« (V/10) Derart gewagte Annäherungen im Zeichen des Humors, der schlechterdings vor nichts halt macht, betreffen gleichermaßen die Politik und diejenige in ihren extremsten Formen, die allem märkischen Junkertum diametral entgegengesetzt ist: Sozialdemokratie und Revolution, womöglich gar als Weltrevolution. Von der Globsower Retortenbläserei ist die Rede und von der Lage der Arbeiter in diesem sich entwickelnden Industriebereich. Darüber unterhalten sich Dubslav und Pastor Lorenzen auf ihre Weise. Der märkische Junker gelangt da an die Grenzen seines Verstehens. Was sich tut, gefällt ihm nicht; angebrannt und angeätzt: das seien die Zeichen der Zeit. Von der Weltrevolution spricht er munter als der großen »Generalweltanbrennung«; und über das, was ihm nicht gefällt, macht er sich seine Gedanken. Er nimmt an der Lage dieser Arbeiter teil und will, daß sie ein menschenwürdiges Dasein führen: »›Und ich muß Ihnen sagen, ich wollte, jeder kriegte lieber einen halben Morgen Land von Staats wegen und kaufte sich zu Ostern ein Ferkelchen, und zu Martini schlachteten sie ein Schwein und hätten den Winter über zwei Speckseiten, jeden Sonntag eine ordentliche Scheibe, und alltags Kartoffeln und Grieben.‹« Worauf Pastor Lorenzen repliziert: »›Aber Herr von Stechlin‹, [...] ›das ist ja die reine Neulandtheorie. Das wollen ja die Sozialdemokraten auch.‹« Das letzte Wort in dem beiläufig zustande gekommenen Gespräch hat der Humor, derjenige des märkischen Junkers: »›Ach was, Lorenzen, mit Ihnen ist nicht zu reden [...].‹« (V/69) In Wirklichkeit ist sehr gut zu reden mit dieser prachtvollen Theologengestalt. Die sozialdemokratische Modernität erweist sich dabei als etwas nicht nur Modernes; denn es ist nicht allein Neues in dieser Neulandtheorie enthalten, sondern auch das, was nicht veralten darf: die Sorge des Menschen für den Menschen, wie sie das Christentum versteht. Das Christliche und das Soziale werden einander angenähert. Aber zugleich treten märkisches Junkertum und Sozialdemokratie in Beziehung zueinander, so daß es heißen kann: »Und der alte Dubslav, nun, der hat dafür das im Leibe, was die richtigen Junker alle haben: ein Stück Sozialdemokratie. Wenn sie gereizt werden, bekennen sie sich selber dazu.« (V/207) Solche Gespräche zur Sache haben im Raum des Romans eine entsprechend sachliche, vorwiegend politische Bedeutung. Es sind die Motive des politischen Romans, die durch den Humor des Majors a. D. von Stechlin — oder des Erzählers — für den Leser gefällig dargeboten werden. Der so humorvoll von Gnaden des Erzählers spricht, gewinnt unsere Sympathie, indem er so spricht, wie wir es lesen. Er steht anschaulich und sozusagen plastisch vor uns. Der Reiz des Romans scheint nicht zum geringsten darin zu beruhen, daß Fontane individuelle Gestalten wie diese gelungen sind. »Es ist so hocherfreulich, einem Individuum zu begegnen und seiner Eigenart«: dieser 1881 geschriebene Satz in einem an Wilhelm Raabe gerichteten Brief scheint auf den »Helden« des *Stechlin*-Romans uneingeschränkt anwendbar zu sein. Es sieht ganz so aus, als trage das Individuelle über das Typische den Sieg davon; und daß dieser »Typus eines Märkischen von Adel« eine viel zu bewußte Figur ist, um eine bloß typische Figur zu sein, ist keine Frage.

Dennoch hat dieser Märkische von Adel in der Ökonomie des Romans noch etwas ganz anderes zu sein als bloß ein individueller Charakter. Das betrifft den Adel im allgemeinen: den sozialen Stand und damit das zentrale Thema des Romans. Diese vermeintlich so individuelle Figur — und das gilt letztlich für alle Personen — ist hier nun vollends zur Kunstfigur geworden, ganz so, wie Fontane die Adelsfrage in seinen späten Jahren aufgefaßt hat: »der ›Junker‹, unser eigentlichster Adelstypus, ist ungenießbar geworden. Als Kunstfigur bleibt er interessant« (an G. Friedlaender vom 14. Mai 1894). Und als Kunstfigur stattet Fontane seinen »Helden« mit Eigenschaften aus, die wir von einem märkischen Junker nicht unbedingt erwarten — von dem Umstand abgesehen, daß in diese Figur Biographisches (Züge des Vaters), Autobiographisches (eine Art Selbstporträt), Persönlich-Politisches mit Beziehung auf Bismarck und anderes mehr eingegangen ist. Schon diese Mischungen machen den vermeintlich so eigenwüchsigen Dubslav von Stechlin zu einer eminent »synthetischen« Figur, zu einer Kunstfigur mit Fontanes eigenen Worten. Das gilt in mehrfacher Hinsicht. Es mag sein, daß Fontane auf seinen Wanderungen Exemplare von der Art dieses Junkers angetroffen hat, menschlich gütige Personen, für die zutrifft, was eingangs gesagt wird: »Sein schönster Zug war eine tiefe, so recht aus dem Herzen kommende Humanität.« (V/9) Auch die Selbstironie, die ihm eigen ist, kann man mit dem Junkertum vereinbaren. Aber daß ein Märkischer von Adel wie dieser Dubslav von Stechlin ein so ausgeprägtes Sprachbewußtsein besitzt, das ihn in nichts von seinem Schöpfer unterscheidet; daß er über den Zitatenschatz des deutschen Volkes souverän verfügt und zu den geistreichsten Entstellungen von Zitaten jederzeit aufgelegt ist — kurz, daß diese Romanfigur das, was sie ist, durch die Sprache ist: das wurde keinem Märkischen von Adel je an seiner Wiege gesungen. [99] Das Sprachbewußtsein Dubslavs von Stechlin ist es zum ersten, was diese Figur zur Kunstfigur macht; und zu seinem Sprachbewußtsein gehört die Sprachskepsis als eine für ihn wie für Fontane unverwechselbare Denkart. Denn daß man Fontanes letzten Roman einen Roman der Sprache nennen kann (so Hans-Heinrich Reuter im Stechlin-Kapitel seiner Biographie), ist wesentlich der ganz ungewöhnlichen Sprachfähigkeit dieses märkischen Junkers zuzuschreiben. [100]

»Solche Personen kann ich bis zu einem gewissen Grade anerkennen, aber ich kann nicht mit ihnen leben. Personen, denen irgend etwas absolut feststeht, sind keine Genossen für mich«, schreibt Fontane am 7. November 1893 an den befreundeten Amtsgerichtsrat in Schmiedeberg. Damit scheiden für den nächsten Umgang so manche Zeitgenossen aus, Glaubensgenossen wie Parteigenossen, wenn sie sich ihres Glaubens oder ihrer Partei allzu sicher sind. Es sind die Doktrinäre, die für seinen Umgang nicht in Frage kommen; denn der dies schreibt, ist überzeugt, daß nichts eigentlich absolut feststeht und feststehen kann. Auch in diesem Punkt läßt Fontane den märkischen Junker sagen, was er selbst denkt: »Unanfechtbare Wahrheiten gibt es überhaupt nicht, und wenn es welche gibt, so sind sie langweilig.« (V/10) Aber Wahrheiten, anfechtbare oder unanfechtbare, werden durch Sprache vermittelt und mitgeteilt. Die Skepsis dieses Romans, die als ein Merkmal seiner Struktur erkennbar wird, ist in erster Linie eine Skepsis gegenüber der Sprache: ihrer gedankenlosen Rede, ihren Phrasen oder dem Prunk ihrer Zitate. Dieselbe Person, die den Roman der Sprache erst zu diesem Roman macht, ist ebenso plauderhaft wie sprachbewußt, und nach beiden Seiten hin äußert sich in ihrer Gestalt Sprache als Humanität. Aber den Roman würde man hoffnungslos verkennen — und keinem literaturkundigen Leser würde heutzutage eine solche Verkennung noch unterlaufen — wenn man sich einfallen ließe, ihn auf die gewisse Redseligkeit der Hauptgestalt hin zu interpretieren. Denn die ganz unerhörte Sensibilität für alles nicht ganz Wesentliche in der Sprache ist in Dubslav von Stechlin so über alle Maßen ausgeprägt, daß andere Sprachskurrilitäten als etwas durchaus Zweitrangiges anzusehen sind. Vom Standpunkt einer solchen Sprachskepsis als dem, worum es in der Sprachfähigkeit Dubslavs in erster Linie geht, erscheint jede feierliche Rede deplaciert. Ein vorwiegend unfeierlicher Ton wird daher von diesem Geistesverwandten Fontanes bevorzugt. Übertreibungen werden in keiner Weise geschätzt. Hier gilt weit mehr, was die Engländer als understatement bezeichnen — eine Sprachkultur von Anspruch und Rang! Dem entspricht, daß Dubslav mit der Sprache lässig umgeht, ohne nachlässig zu sein. Die Skepsis regt sich in jedem Fall, wo die Redeweise im Redensartlichen verflacht, wo die Phrase regiert und wo ein Ausdruck die Sache nicht mehr trifft, sondern allenfalls die Gedankenlosigkeit des Sprechenden enthüllt. Da kommt der heiratsfähige Sohn nach Hause, und der Vater erkundigt sich nebenher, wie es denn eigentlich mit dem Fortbestehen der Familie bestellt sei. Der Ton der Rede, mit der die Erkundigungen eingeholt werden, ist der eines märkischen Junkers von der edleren Art: ein wenig jägerhaft, ein wenig zum Militärischen tendierend, aber nicht zu sehr: »[...] liegst du mit was im Anschlag, hast du was auf dem Korn?« Worauf der Sohn in einer etwas steifen und konventionellen Gesellschaftssprache erwidert: »Mich beschäftigen diese Dinge.« Auf solche Redensartlichkeiten reagiert Dubslav etwas verärgert: »wenn es sich um Dinge wie Liebe handelt, so darf man nicht sagen, ›ich habe mich damit beschäftigt.‹ Liebe ist doch schließlich immer was Forsches, sonst kann sie sich ganz und gar begraben lassen [...].« (V/50) Die Sprachskepsis steht zum Plauderton — »hast du was auf dem Korn?« — scheinbar im Widerspruch. Aber Plauderei ist hier anders gemeint als jene Konversationen, die »alles Wirkliche verflachen«, wie es die kluge Helene Altenwyl in Hofmannsthals Lustspiel *Der Schwierige* formuliert. Die Causerie dieses märkischen Junkers hat ihre eigene Humanität. Sie beruht in den Zwischentönen und Nuancen, im Verzicht auf jene Feierlichkeit, die nur allzu oft die Wahrheit verstellt. Sie liegt in dem, was man nicht fixieren darf. Im Plauderton kann sich ein Wahrheitsgehalt eigener Art bezeugen: eine Verbindlichkeit im scheinbar Unverbindlichen der Rede. Um eine solche Wahrheit ist es Dubslav zu tun, wenn er bestimmten Redensarten mißtraut, indem er seine Sprachskepsis ins Spiel bringt. Skepsis in Dingen des Glaubens wie der Politik, vor allem aber Skepsis gegenüber der Sprache bei gleichzeitig vorhandener Hochschätzung der Sprache ist gewiß ein Zeichen des Übergangs, einer spätzeitlichen Kultur. Man denkt an Jakob Burckhardt, mit dem Fontane sich gedanklich berührt.

Eine Figur des Übergangs im Raum des Romans ist dieser Dubslav von Stechlin vor allem. Auch darin ist er eine Kunstfigur. Dabei geht es um seine Herkunft und um seinen märkischen Adel in erster Linie. Vor der Enge und Engstirnigkeit seiner Schwester, der Domina in Wutz, bleibt er durch die ihm eigene Liberalität bewahrt. Aber seine Skepsis hindert ihn zugleich, sich dem Neuen bedingungslos zu verschreiben. Obgleich er sich über zahlreiche Modernitäten nicht dezidiert ablehnend äußert, bleibt er im Alten verwurzelt, wie seine Kandidatur für die Konservativen beweist. Er sinniert nebenher über bessere Verhältnisse der benachbarten Industriearbeiter und ist dennoch unvermögend, die Verhältnisse, so wie sie sind, in ihrem Ausmaß zu begreifen. So kommt er mit der neuen Zeit und ihren Problemen nach der Seite des Sozialen hin nicht immer zurecht. Abermals ist davon im Gespräch mit Pastor Lorenzen die Rede. Dubslav bleibt der guten alten Zeit zugetan und denkt auf eine Friedlichkeit der Verhältnisse, die den Realitäten nicht eben entspricht: »Aber so viel noch von guter alter Zeit in dieser Welt zu finden ist, so viel findet sich hier, hier in unsrer lieben alten Grafschaft.

Und in dies Bild richtiger Gliederung, oder meinetwegen auch richtiger Unterordnung (denn ich erschrecke vor solchem Worte nicht), in dieses Bild des Friedens paßt mir diese ganze Globsower Retortenbläserei nicht hinein.« (V/68) Man könnte seine Rede unbedenklich ein wenig variieren und sagen: in ein solches Bild des Friedens passen weder Arbeiterfrage noch Sozialdemokratie noch Industriegesellschaft hinein. Hier zeichnen sich die Grenzen des märkischen Junkers ab, und man hat sich zu hüten, eine solche Rede für bare Münze zu nehmen. Der märkische Junker unseres Romans repräsentiert die besten Seiten des alten Adels; dennoch ist er unvermögend, das Neue in allen seinen Konsequenzen zu begreifen. Was an diesem »Prachtexemplar« überlieferswert ist, ist zu überliefern. Er selbst aber hat so, wie er ist und denkt, keine Zukunft mehr. Über kurz oder lang ist er an der Reihe zu sterben. Die Kunstfigur des Übergangs geht in die Sterbegeschichte ein, die der *Stechlin* in einem seiner Hauptteile fraglos ist. Von Anfang an ist er das, und auf die vermeintlich beiläufigsten Anspielungen hat man zu achten. Von der verstorbenen Frau war schon die Rede, desgleichen vom Grabstein der Frau von Zeuner, über den Dubslav mit seinen Gästen ins Gespräch kommt. Dem Botschaftsrat von Barby, Dubslavs Verwandten im Geist, ist es ähnlich ergangen, wie ihm auch: »die Frau starb plötzlich, und der Aufenthalt an der ihm so lieb gewordenen Stätte [in England] war ihm vergällt.« (V/124) Der Hippenmann wird früh in den Roman eingeführt, so daß der Leser schon mit den ersten Kapiteln an die Sterbegeschichte erinnert wird, um die es sich handelt — nicht nur um die des märkischen Junkers; auch andere Personen werden vorwiegend deshalb erwähnt, weil sie Verstorbene sind. Mit behaglicher Ausführlichkeit verweilt die Erzählung beim Tod des Hagelversicherungssekretärs Schickedanz — einer Figur, die der Leser lebend gar nicht kennengelernt hat. Nur als Verstorbener agiert er im Figurenensemble des Romans. Die nötigen Kenntnisse erhalten wir von seiner Witwe, die unaufhörlich von ihrem verstorbenen Mann spricht, wodurch ihr Sprechen einen Zug ins Komische erhält. In der Spiegelung Dubslavs aber erscheint das Bild des Todes vor allem. Wie er sich auf das Sterben vorbereitet, wie er sich mit dem Hippenmann zu stellen sucht, wie er ihm mit etwas Aberglauben vielleicht doch noch beizukommen glaubt: das alles wird ausführlich in den letzten Kapiteln des Romans dargestellt. Die ältere Schwester taucht in seinen letzten Tagen pflichtschuldig auf. Anfangs scheint es, als würde alles gut verlaufen. Aber die Nörgeleien der Domina lassen nicht lange auf sich warten. Vor allem hält sie mit ihrer Rechtgläubigkeit nicht zurück. So verwendet sie denn auch allen Eifer darauf, ihren Bruder auf den Weg des rechten Glaubens zurückzuführen — bis sich Dubslav zu einer köstlichen Intrige entschließt. Er bestellt sich die Enkelin der alten Buschen als Nachtwache ins Haus und erreicht damit, was beabsichtigt war: daß die rechtgläubige und standesbewußte Domina unverzüglich das Feld räumt. Sie wird vom eigenen Bruder, kurz vor dessen Tode, überlistet, der sich auf eine denkbar humorvolle Art von ihr befreit, um sich den bescheidenen Rest seiner Erdentage nicht durch ihre Anwesenheit zu verderben. Wenn der Erzähler eines Romans an das Lebensende seines Helden gelangt, so wird er sich gern die heiteren Töne verbieten; und wenn die epische Distanz unbekümmert vertan wird, kann Sentimentalität leicht die Folge sein. Fontane ist mit Erfolg dabei, sie zu umgehen, und er scheut sich nicht, mit einem humoristisch erzählten Kapitel auf den Tod seines Helden vorzubereiten. Auch die Grabrede des Pastors — »Er war kein Programmedelmann« — ist von jeder Sentimentalität frei. Welche Bewandtnis aber hat es mit dieser Sterbegeschichte, so wie sie uns erzählt wird? Wie in der vorangegangenen Erzählung *Die Poggenpuhls* sind Sterben und Tod »Allegorien«, und sie haben einen vorwiegend gesellschaftlichen Sinn. Er betrifft den Adel als eine am Ende des 19. Jahrhunderts noch durchaus herrschende Klasse. »Der Inhalt des Romans wird zu einer Apotheose des Sterbens«, hat man gesagt. [101] Aber damit wird die Gleichnisfunktion dieser Motive nicht erfaßt. Auch einen Roman vom sterbenden Adel hat Fontane nicht geschrieben, wohl aber eine Sterbegeschichte jenes Adels, den wir als überlebt anzusehen haben. Als Kunstfigur des Übergangs hat sich Dubslav von Stechlin ebenso überlebt, wie die besten Seiten seiner Art fortleben sollen: »Sah man ihn, so schien er ein Alter, auch in dem, wie er Zeit und Leben ansah; aber für die, die sein wahres Wesen kannten, war er kein Alter, freilich auch kein Neuer.« (V/377) Daß es sich um keine Apotheose des Sterbens handelt, geht schon daraus hervor, daß die Sterbegeschichte nur der eine Teil des Ganzen ist. Die Heiratsgeschichte ist der andere. Fontanes beiläufige Bemerkung trifft exakt das, was hier erzählt wird: »Zum Schluß stirbt ein Alter, und zwei Junge heiraten sich [...].«

Die Heiratsgeschichte des Romans wird der Sterbegeschichte analog erzählt; und wie jene wird sie von Anfang an leitmotivisch variiert. Das Gespräch zwischen Vater und Sohn über etwaige Heiratspläne haben wir erwähnt. Wenn dabei Dubslav bemerkt, Liebe sei etwas Forsches, sonst könne sie sich ganz und gar begraben lassen, so werden auch dabei Sterbegeschichte und Heiratsgeschichte anspielungsreich aufeinander bezogen. So geschieht es auch im Fortgang der Rede, wenn es um das Weiterleben der Stechline geht, um das Fortleben über den Tod hinaus — wozu es innerhalb der Familie nun eben nach überlieferter Ordnung der Heirat bedarf. Die Heiratspläne der Domina bestätigen ihre überlebte Denkart: »Die Domina liegt ihm seit Jahr und Tag [...] mit Heiratsplänen in den Ohren, mutmaßlich weil ihr die Vorstellung einer stechlinlosen Welt einfach ein Schrecknis ist.« (V/105) In solchen Vorstellungen erweist sie sich als die Vertreterin des überlebten Adels, dem sie angehört: »Heirate heimisch und heirate lutherisch [...].« Was zunächst noch lange Zeit ungewiß geblieben war — ob Woldemar eines Tages die schon geschiedene oder die noch unverheiratete Tochter der Barbys heiraten wird — findet in der Mitte des Buches seine Klärung: durch die Verlobung, die mit einer weihnachtlichen Reise nach Schloß Stechlin verbunden wird. Im 32. Kapitel gelangt die Heiratsgeschichte an ihr Ziel; die Hochzeit kann stattfinden. Mehrere Kapitel des Romans werden diesem »Allerweltsereignis«

vorbehalten, und was damit inhaltlich gewonnen wird, ist herzlich wenig. Man schreibt inzwischen Ende Februar. Danach findet die Trauung in dicht besetzter Kirche statt. Daß sich Fontane die Beschreibung eines Hochzeitsmahles nicht entgehen läßt, überrascht uns nicht; und während sich Dubslav noch angeregt unterhält, ist die siebente Stunde herangekommen. Um halb acht geht der Zug, mit dem das junge Paar die Hochzeitsreise antritt. Sie führt, wie meistens, über Dresden in den Süden. Aber noch ehe die Heiratsgeschichte mit der Rückkehr des Paares zum definitiven Abschluß gelangt, findet die Sterbegeschichte ihr Ende. Beide Geschichten überschneiden sich. Dabei sind wir uns als Leser darüber im klaren, daß es sich dem Inhalt nach um Trivialitätsgeschichten handelt. Denn Sterbefälle und Hochzeiten kommen überall und jederzeit vor; darin liegt nichts Ungewöhnliches. Aber die beiden Geschichten sind ihrerseits nur Zeichen. Sie stehen für etwas: für den Zusammenhang des Alten mit dem Neuen, der auf einer anderen Ebene, durch die Heiratsgeschichte veranlaßt, die beiden Lebenskreise des Adels in Beziehung zueinander bringt. Der Zusammenhang des Alten mit dem Neuen wird sichtbar in der Verbindung der beiden Kreise.

Durch deren Parallelität erhält der so plauderhaft erzählte Roman eine fast geometrische Ordung. Einesteils kehrt im Kreis der Barbys wieder, was es schon im Stechlin-Kreis gegeben hat; zum anderen ist der eine Kreis der Gegensatz des anderen. Am nächsten stehen sich die beiden Väter: wie Dubslav von Stechlin, so hat auch der Botschaftsrat Graf Barby einen Bismarckkopf. Hier wie dort dieselbe Humanität: »Und dazu der alte Graf! Wie ein Zwillingsbruder von Papa; derselbe Bismarckkopf, dasselbe humane Wesen [...].« (V/116) Aber auch die Unterschiede haben Gewicht: »Ein Botschaftsrat ist eben was andres als ein Ritterschaftsrat, und an der Themse wächst man sich anders aus als am ›Stechlin‹ [...]«, stellt Woldemar fest. (V/117) Damit ist der entscheidende Unterschied bezeichnet. Er heißt England und steht zu jeder Form von Enge im denkbar größten Gegensatz. Dorthin wurde der Graf versetzt, nachdem er vom Militärdienst in den diplomatischen Dienst übergetreten war: »Noch im selben Jahre ging er nach London, erst als Attaché, wurde dann Botschaftsrat und blieb in dieser Stellung zunächst bis in die Tage der Aufrichtung des Deutschen Reiches. Seine Beziehungen sowohl zu der heimisch-englischen wie zu der außerenglischen Aristokratie waren jederzeit die besten [...] Er hing sehr an London. Das englische Leben, an dem er manches, vor allem die geschraubte Kirchlichkeit, beanstandete, war ihm trotzdem außerordentlich sympathisch, und er hatte sich daran gewöhnt, sich als verwachsen damit anzusehen. Auch seine Familie, die Frau und die zwei Töchter [...] teilten des Vaters Vorliebe für England und englisches Leben.« (V/124) Es ist Fontanes letzte Huldigung gegenüber dem Inselreich und seinen Bewohnern, und man muß beachten, daß es sich dabei nicht bloß um persönliche Reminiszenzen handelt, um eine bloß private Vorliebe. Hier spielt Zeitgeschichte überdeutlich herein. Es konnte nicht ausbleiben, daß der zeitgenössische Leser die Englandfreundlichkeit des *Stechlin* so verstand, wie sie sich darstellt — und daß er sich dadurch mit dem Zeitgeschehen in Berührung gebracht sah. Seit Mitte der achtziger Jahre, seit Graf Hatzfeld als Botschafter in London tätig war, war es sporadisch zu deutsch-britischen Annäherungen gekommen, im Frühjahr 1898 waren sie in ein akutes Stadium getreten. Am 29. März fühlte Joseph Chamberlain, damals Kolonialminister, beim deutschen Botschafter vor. In dieser Zeit wurde das Bündnisangebot gemacht. Zwar ist der Vorabdruck des Romans noch vor diesen Sondierungen erschienen. Aber als die Buchausgabe nach Fontanes Tod ausgeliefert wurde, war England als politischer Gesprächsstoff aktuell, und Freundlicheres in Romanform kann kaum gesagt werden, als es hier, in den Schilderungen dieses Lebenskreises, gesagt wird. Denn dem sympathischen Ritterschaftsrat von Stechlin hat der Botschaftsrat Graf Barby nun doch noch einiges voraus: die Weltläufigkeit und die Weite des Blickes vor allem. Im Romanpersonal Fontanes ist er der Weltmann schlechthin, wie es bereits im frühen Fragment bezeichnet worden war: »Vielgereiste, sprachensprechende, kosmopolitisch geschulte Menschen, die sich von dem Engen des Lokalen und Nationalen von Dünkel und Vorurteilen freigemacht haben, Mut, Sicherheit, Wissen und freie Gesinnung haben. Das sind meine Lieblinge.« (V/663)

Doch handelt es sich um weit mehr als darum, daß eine Person des Romans eine gewisse Weltläufigkeit besitzt. Der Begriff Welt hat eine sehr viel weiter reichende Bedeutung. Die Semantik des Wortes ist höchst komplex: sie betrifft die Weltgeschichte und das Anpochen derartiger Weltereignisse«; die Weltordnung und die Weltpolitik. Es geht um Weltabgewandtheit oder Weltverbesserung, »Generalweltanbrennung«, und in allem: um die weite Welt, für die geographische Begriffe wie Island, Java oder Lissabon zeichenhaft stehen. Diese den Lebenskreis der Barbys charakterisierende Weltweite ist der märkischen Enge diametral entgegengesetzt, und das Neue, für das man sich in diesem Kreis so entschieden verwendet, hängt mit eben dieser Weltweite zusammen. Nichts ist dabei dem Geist des Romans mehr entgegengesetzt als alle Formen des Sichabschließens und Sicheinmauerns. Auch die christliche Lehre wird als etwas solchen Formen Entgegengesetztes interpretiert, wobei — in einem Gespräch mit Lorenzen — der Hofprediger Stöcker besser wegkommt, als er es verdient; und es ist einer der Freunde Woldemars, der den Weltbegriff des *Stechlin*-Romans mit beredten Worten verteidigt: »Denn wie sich der Herr Oberförster aus der Welt zurückgezogen hat, so wohl auch Sie [...] Dennoch wird es andre geben, die von einem solchen Sichzurückziehen aus der Welt nichts wissen wollen, die vielleicht umgekehrt, statt in einem Sichhingeben an den einzelnen, in der Beschäftigung mit einer Vielheit ihre Bestimmung finden [...] Sie stehen in der christlich-sozialen Bewegung. Aber nehmen Sie deren Schöpfer, der Ihnen persönlich vielleicht nahesteht, er und sein Tun sprechen doch recht eigentlich für mich; sein Feld ist nicht einzelne Seelsorge, nicht eine Landgemeinde, sondern eine Weltstadt [...].« (V/30) Weltstadt: das hat nichts mit imperialen Machtansprüchen zu tun. Es bedeutet im Gegenteil Hinwendung zur Welt im Sozialen; und dabei geht es um ein Neues im ganz konkreten Sinn, das Fontane am Ende seines Lebens erfaßt und in die Struktur seines Romans einzubringen weiß. Hier wird begriffen, daß ein neues Nachrichtenwesen ein sozusagen neues Weltgefühl mit sich bringt, eine neue Denkweise. »Es ist das mit dem Telegraphieren solche Sache, manches wird besser, aber manches wird auch schlechter [...].« (V/26) Und in einer für diese Gespräche charakteristischen Beiläufigkeit kann es heißen: »da haben Sie die Stelle, die, wenn's sein muß, mit Java telephoniert.« (V/57) Von Torpedobooten, vom Tunnel unter dem Meere (Bernhard Kellermann vorwegnehmend) oder von Luftballons ist die Rede. »Zusammenhang der Dinge« ist eine viel gebrauchte Wendung in der Gedankenwelt des 19. Jahrhunderts. Hier erhält sie eine durch die neue Nachrichtenvermittlung veränderte Bedeutung. Erst auf dem Hintergrund eines solcherart neuen »Weltbewußtseins«, das nichts mit Welteroberung oder blanker Weltmachtpolitik zu tun hat, wird verständlich, was Fontane seinen Botschaftsrat sagen läßt: »Die letzten Entscheidungen, von denen Sie sprechen, liegen heutzutage ganz woanders, und es sind bloß ein paar Ihrer Zeitungen, die nicht müde werden, der Welt das Gegenteil zu versichern. Alles bloße Nachklänge. Das moderne Leben räumt erbarmungslos mit all dem Überkommenen auf. Ob es glückt, ein Nilreich aufzurichten, ob Japan ein England im Stillen Ozean wird, ob China mit seinen vierhundert Millionen aus dem Schlaf erwacht und, seine Hand erhebend, uns und der Welt zuruft: ›Hier bin ich‹, allem vorauf aber, ob sich der vierte Stand etabliert und stabiliert (denn darauf läuft doch in ihrem vernünftigen Kern die ganze Sache hinaus) — das alles fällt ganz anders ins Gewicht als die Frage ›Quirinal oder Vatikan‹. Es hat sich überlebt [...].« (V/142) Welch visionäres Futur! Man könnte glauben, es bestätige sich noch einmal — aber anders als im Falle Stefan Georges — daß Dichter Seher sind.

Mit einer solchen Welt kommt der seiner märkischen Enge entwachsene Woldemar von Stechlin in Kontakt; mehr noch, er heiratet in diese »Welt« ein. Das ist schließlich der »Sinn« der erzählten Heiratsgeschichte. Zwischen beiden Töchtern des Grafen Barby hat er sich eines Tages zu entscheiden; und der etwas blaß geratene junge Stechlin (vielleicht soll er so sein) heiratet die gleichfalls blasse Armgard — nicht die Gräfin Melusine, die ohne Zweifel interessantere Figur. Ihr hat man in neuerer Zeit einige Studien gewidmet. [102] Sie ist in der Forschung zu hohem Ansehen gelangt; und das ist durchaus verständlich. Denn das Melusinenthema begleitet Fontane seit den Anfängen seiner Romankunst bis zum letzten Werk hin, in dem es mit allem Nachdruck die Aufmerksamkeit der Interpreten beansprucht. Diese von Ludwig Tieck in die deutsche Literatur wieder eingeführte Gestalt überragt an Bedeutung alle anderen Figuren in der Werkstatt der Fragmente. Als Hauptfigur eines Melusinen-Romans wurde sie konzipiert. Ihre Beziehung zum Elementaren ist zumeist das, was sie für Fontane interessant erscheinen ließ: »Das Mädchen ist eine Art *Wassernixe*, das Wasser ist ihr Element [...] Und *elementar* geht sie unter.« (V/627) Das Elementare ist auch in anderen Fragmenten das für Melusine charakteristische Moment. So vor allem in *Oceane von Parceval*, einer modernen Melusine, die Liebe habe, aber keine Trauer, und der Schmerz sei ihr fremd.»Es gibt Unglückliche, die statt des Gefühls nur die *Sehnsucht* nach dem Gefühl haben und diese Sehnsucht macht sie reizend und tragisch. Die Elementargeister sind als solche uns unsympathisch, die Nixe bleibt uns gleichgültig, von dem Augenblick an aber wo die Durchschnitts-Nixe zur exzeptionellen Melusine wird, wo sie sich einreihen möchte ins Schön-Menschliche und doch nicht *kann*, von diesem Augenblick an rührt sie uns [...]«, heißt es in diesem zweifellos wichtigsten aller Melusinen-Fragmente. (V/794) Die im Grunde tragische Konstellation, daß jemand statt des Gefühls nur die Sehnsucht nach dem Gefühl hat, bezeichnet die Lage der Effi Briest, wie sie von ihr in einem Selbstgespräch erkannt wird, von dem an anderer Stelle die Rede war. [103] Dennoch sieht man sich gewarnt, die Eigenschaften dieser Gestalten von den Vorstufen und Fragmenten her auf die Melusine unseres Romans unbesehen zu übertragen. Dieses vermeintlich romantische Relikt ist für Fontane eine offensichtlich für viele Zwecke geeignete Figur, und was vom früh konzipierten Melusinen-Roman über *Oceane von Parceval* bis zu *Melusine von Cadoudal*, einem um 1895 verfaßten Entwurf, reicht, ist nicht auf ein und dieselbe Gebrauchsfunktion festzulegen. [104] Doch gibt es wiederkehrende Züge, die Fontane offensichtlich wichtig gewesen sind. Ein wiederkehrender Zug dieser Motivik ist, wie schon betont, das Elementare, das sich auch gesellschaftskritisch verwenden läßt: als jener Elementarbereich, der gesellschaftlichen Ordnungen entgegensteht oder außerhalb solcher Ordnungen zu suchen ist. Ein zweiter Zug hängt eng damit zusammen: in fast allen Fragmenten wird auf den Adel der Gestalt angespielt: auf ihre Herkunft aus der Familie der Lusignans. So im frühen Fragment, wo es heißt: »das Element nahm sie zurück. Der Adlige überlebt es [...].« (V/628) Auch die Melusinengestalt im *Oceane*-Entwurf ist adliger Herkunft, wie schon der Name sagt. Die Beziehung zum Elementaren, zum Wasser, bestätigt sich auch hier. Zugleich verbindet sich das Adelsmotiv mit einem anderen Motiv, dem im *Stechlin* eine Schlüsselstellung zuerkannt wird: diese Gestalt des Elementarbereiches ist nach ihrer Volkszugehörigkeit ein betont kosmopolitisches Wesen. Ihre Mutter war auf der Insel Jersey zu Hause, wo sich Englisches mit Französischem trifft; sie selbst wurde in Dänemark geboren. »All das machte sich bei ihnen ganz natürlich, sie haben etwas Kosmopolitisches [...].« (V/796) Der kosmopolitische Zug, aller Enge widersprechend, kann dem Adel zugesprochen werden; denn zumal der europäische Hochadel ist so international verflochten wie später der vierte Stand, nur etwas anders. Diese gesellschaftliche »Sinngebung« einerseits, mit Betonung des Adels, und die Distanz von Gesellschaft und gesellschaftlichen Ordnungen im Elementaren zum andern ist das, was sich als höchst reizvolle Widersprüchlichkeit durch die Fragmente verfolgen läßt und sich im *Stechlin* zu vielfältigen Funktionen vereint. Aber es bleibt auch anzumerken, daß andere Züge des Motivs nicht wiederkehren, sondern sich offensichtlich erledigt haben: so die bezeichnete Konstellation, daß eine Person statt des Gefühls nur die Sehnsucht nach dem Gefühl besitzt, wie es für Effi Briest zutrifft. Eine solche Gestalt ist die Gräfin Melusine des *Stechlin*-Romans von vornherein nicht. Auch Distanz vom Menschlichen ist eigentlich nicht das, was sie charakterisiert.

Dagegen steht ihre Beziehung zum Elementarbereich außer Frage. Sie äußert sich stets enthusiastisch über den See, zu dem sie sich hingezogen fühlt, ehe sie ihn kennenlernt. Die merkwürdige Szene während des Ausflugs beweist es. Man will den mit einer Eisdecke überzogenen Stechlin aufbrechen, aber Melusine widersetzt sich spontan, ohne daß wir Genaueres über die Gründe ihres Widerstrebens erfahren: »Um Gottes Willen, nein. Ich bin sehr für solche Geschichten und bin glücklich, daß die Familie Stechlin diesen See hat. Aber ich bin zugleich auch abergläubisch und mag kein Eingreifen ins Elementare. Die Natur hat jetzt den See überdeckt, da werd' ich mich also hüten, irgendwas ändern zu wollen. Ich würde glauben, eine Hand führe heraus und packte mich.« (V/267) Zuviel geheimnisvolle Metaphysik wird man in diese humoristisch erzählte Szene nicht hineindeuten dürfen. Aber Achtung vor dem Elementaren, wofür dieses auch stehen mag, ist dennoch das, was hier ins Auge fällt. Solche Fühlung mit dem Elementarbereich bestätigt sich auch darin, daß ihre Ehe mit dem italienischen Grafen Ghiberti geschieden wurde, offensichtlich, weil sich das Elementare mit den gesellschaftlichen Ordnungen nicht vereinbaren ließ. Eine Gestalt wie Melusine ist nicht für Bindungen geschaffen, und es ist aus der Ökonomie des Romans heraus gedacht nur folgerichtig, wenn sich der junge Stechlin im richtigen Gefühl für die Schwester entscheidet, die der Erde näher ist und das »Christlich-Soziale« im Hier und Jetzt zu praktizieren verspricht — mit deren Bekenntnis: »Elisabeth von Thüringen ist mir lieber als Elisabeth von England. Andern leben und der Armut das Brot geben — darin allein ruht das Glück.« (V/244) Das sind zweifellos Bekenntnisse zum Sozialen im Fontaneton. Sie lassen die Verlobte Woldemars höchst liebenswert erscheinen. Aber ihre Schwester, die geschiedene Gräfin Ghiberti, wird deshalb nicht zurückgesetzt. Im Gegenteil! Sie ist dem Sozialen auf ihre Art zugewandt: in der Hinwendung zum Neuen, das über die gegebenen Ordnungen hinausverlangt. Nicht zufällig ist sie es, die das Kosmopolitische am reinsten verkörpert und die Fühlung mit der großen Welt zum alles beherrschenden Thema macht, aber nicht als Gesellschaftsdame, sondern als ein die neue Welt antizipierendes Elementarwesen — eine Welt, zu der nun einmal Torpedoboote, Tunnel unter dem Meer und Luftballons gehören. Es ist kein Zufall, daß das wohl am meisten zitierte Wort aus dem *Stechlin* nicht dem Pastor Lorenzen, auch nicht Dubslav von Stechlin oder dem Grafen Barby auszusprechen überlassen wird, sondern keiner Geringeren als ihr, der geschiedenen Gräfin Melusine: »Alles Alte, soweit es Anspruch darauf hat, sollen wir lieben, aber für das Neue sollen wir recht eigentlich leben.« (V/270) Sodann erfüllt die Melusine des Romans Aufgaben, die keine ihrer Verwandten im Romanwerk erfüllt: sie ist Erzieherin, und nicht von ungefähr ist sie das. In diesem Punkt zumal trifft sie sich mit Pastor Lorenzen, der die Verbindung der beiden Lebenskreise verbürgt.

In der Hierarchie des Personals steht er obenan. Er ist eine der wichtigsten Figuren des Romans und der geistig Überlegene dieser Lebenskreise schlechthin. Sein Alter hat wenig zu bedeuten. Den Freunden Woldemars, die sich über ihn unterhalten, erscheint er als einer der allerjüngsten. Zu den streng Kirchlichen hält er Distanz. Unter den Freunden des jungen Stechlin wird er entschieden verteidigt, und wie man sich dem Neuen gegenüber verhält, ist fast stets der Bezugspunkt aller Reden über ihn: »Das Überlieferte, was einem da so vor die Klinge kommt, namentlich wenn Sie sich die Menschen ansehen, wie sie nun mal sind, ist doch sehr reparaturbedürftig, und auf solche Reparatur ist ein Mann wie dieser Lorenzen eben aus.« (V/47) Wegen seiner sozialen Gesinnung nennt ihn Woldemar gelegentlich einen Sozialdemokraten, aber näher steht er in der zeitgeschichtlichen Fiktion des Romans der christlich-sozialen Bewegung des Hofpredigers Adolf Stöcker. Er war es gewohnt, »sich mit dem ebenso gefeierten wie befehdeten Hofprediger in Parallele gestellt zu sehen«, was zugleich heißt, daß wir nicht berechtigt sind, den Theologen unseres Romans für einen Parteigänger des Agitators und Antisemiten zu halten. Es geht weit mehr um das Christlich-Soziale als Gesinnung, weniger um die organisierte Partei und ihren Begründer. Diesem gegenüber bringt Lorenzen wiederholt seine Reserve zum Ausdruck: »Aber nicht minder empfand er dabei regelmäßig den tiefen Unterschied, der zwischen dem großen Agitator und seiner stillen Weise lag.« (V/30) Agitation wie eindeutige Parteinahme ist so wenig Lorenzens Sache, wie es die Sache Dubslavs ist. Auch Lorenzen hält es mit der Gleichberechtigung der Dinge und ist der bevorzugte Anwalt ihrer Ambivalenz — »sei's mit dem Alten, sei's mit dem Neuen«. Woldemar möchte es eindeutiger formuliert sehen: »Also mit dem Neuen«, sagt er. Aber sein Erzieher korrigiert: »Nicht so ganz unbedingt mit dem Neuen. Lieber mit dem Alten, soweit es irgend geht, und mit dem Neuen nur, soweit es muß.« (V/31) Die christlich-soziale Bewegung wird in der Person des Pastors ebenso wenig zur alleingültigen Lehre erklärt wie die Sozialdemokratische Partei August Bebels. Beide Parteien sind als Vorbilder gemeint. Sie sind Gegenstände des Gesprächs, der Anspielung, des gelegentlichen Bezugs; und mit beiden »Lehren« wird der Pastor unseres Romans in Beziehung gebracht. Das Soziale ist dabei das tertium comparationis. Wie das verstanden werden soll, erläutert ein Brief an den Philosophen Friedrich Paulsen aus der Entstehungszeit des *Stechlin:* »In Jahresfrist hoffe ich Ihnen einen Roman von beinah gleicher Dicke [...] überreichen zu können. Er ist auch patriotisch, aber schneidet die Wurst von der andern Seite an und neigt sich mehr einem veredelten Bebel- und Stöckertum, als einem alten Ziethen- und Blüchertum zu« (29. November 1897). Zuletzt sind weder

Stöcker noch Bebel Lorenzens Ideale. Der portugiesische Dichter João de Deus ist es.

Über diesen 1830 geborenen Poeten, über João de Deus Nogeira de Ramos, war gegen Ende des Jahrhunderts in deutschen Zeitschriften mancherlei zu lesen. [105] Eine Sammlung seiner Dichtungen ist 1893 auch in deutscher Sprache erschienen. Fontane hat sie vermutlich nicht gekannt. Aber eine Lebensbeschreibung im ›Magazin für Literatur‹ dürfte ihm nicht entgangen sein. Sie erschien kurz nach dem Tode des portugiesischen Dichters im Jahre 1896. Diese Lebensbeschreibung vermittelt uns ein anschauliches Bild seiner Wirksamkeit, das sich mühelos in die christlich-soziale Gedankenwelt einfügt, deren Repräsentant Pastor Lorenzen ist. In dem Gedenkartikel heißt es: »Arm ist er gestorben, wie er gelebt hat, und eine Begräbnisfeier ist ihm zuteil geworden, die nicht nur den Dichter, sondern auch das Volk ehrte, das er durch sein Leben und sein Schaffen so hoch geehrt hat.« Es wird deutlich, daß die Ehrung nicht in erster Linie dem Dichter galt. Wichtiger als der Poet war der Pädagoge, der Menschenfreund, der tätige Nächstenliebe übt. Seine soziale Gedankenwelt macht ihn zum Geistesverwandten des Stechliner Theologen. Daß sein Bild an die Ufer der märkischen Seen gelangen konnte, paßt vorzüglich zu den Weltbeziehungen dieses »Vornehmen«, wie der Stechlin gelegentlich bezeichnet wird. Auch im Bereich praktischer Nächstenliebe und christlich-sozialer Gesinnung reichen die Verbindungslinien von Lissabon bis an den märkischen See. Von diesem João de Deus als dem Vorbild des Pastors erzählt Woldemar im Kreis der Barbys und gibt dabei die Grundgedanken aus einer seiner Schriften wieder: daß unsere Gesellschaft auf dem Ich aufgebaut sei und daran zugrunde gehen müsse. Die Erneuerung tätiger Nächstenliebe im Sinne der Bergpredigt wird gefordert. Dies alles ist stets Geist vom Geist des Pastors Lorenzen. Die alte Wahrheit christlicher Demut wird eins im Neuen einer sozial veränderten Welt. In ihm, in diesem Pastor vor allem, kommen Altes und Neues zusammen; die Ambivalenz der Dinge bestätigt sich. In einem der letzten Gespräche, das Dubslav mit dem Pastor führt, ist auch davon die Rede. Es geht um Woldemar, und Stechlin hält dem Pastor vor: »Sie haben ihm in den Kopf gesetzt, daß etwas durchaus Neues kommen müsse. Sogar ein neues Christentum.« Worauf Lorenzen erwidert: »Ich weiß nicht, ob ich so gesprochen habe; aber wenn ich so sprach, dies neue Christentum ist gerade das alte.« (V/369)

Die Gestalt des Theologen, der so spricht und beides in sich vereint, verweist auf den See als das Zeichen für solche Ambivalenzen. Über beide, über diesen Pastor wie über den See, spricht man in höchsten Tönen, ohne dabei einer falschen Feierlichkeit anheimzufallen. Lorenzen, so wird gesagt, das sei eine »ganz gescheite Nummer.« (V/147) Melusine kann sich über ihn nicht genug wundern: »[...] wie kam ein Mann wie dieser Lorenzen in diese Gegenden?« fragt sie. (V/154) Über den Stechlin — gemeint ist der See — spricht man mit ähnlichem Respekt. Er wird die Sehenswürdigkeit der Gegend schlechthin genannt: »Er hat Weltbeziehungen, vornehme, geheimnisvolle Beziehungen [...] Er steht mit den höchsten und allerhöchsten Herrschaften, deren genealogischer Kalender noch über den Gothaischen hinauswächst, auf du und du«, und so fort. (V/135) So gut wie nichts von dem, was über diesen »Vornehmen« gesagt wird, kann man wörtlich nehmen. Der Ton macht die Musik, und es ist der humoristische Ton, der dabei angeschlagen wird. Das macht es schwer, vom Symbol des großen Stechlin zu sprechen, als handele es sich um Symbole wie eh und je. Aus der klassischen Dichtung ist uns dieser Begriff geläufig, und die Vorstellung ist uns von dorther vertraut, daß Symbole verbinden, daß sich Entgegengesetztes in einem Bild vereint. Vielfach liegen bestimmte Auffassungen über die Möglichkeit solcher Vereinigungen zugrunde – ein Naturglaube wohl auch, der sich dem Humor schon deshalb versagt, weil es ein Glaube ist. Man ist es daher gewohnt, über Symbole im ernsten und feierlichen Ton zu sprechen. Aber wo in diesem Roman vom großen Stechlin die Rede ist, mischt sich Humor zumeist in die Redeweise des Sprechers ein – und sei es dadurch, daß sich das Wörtlichnehmen verbietet. Dieser See wird ein Vornehmer genannt, der noch über dem Gothaischen Hofkalender steht; zugleich, so lesen wir, sei er ein richtiger Revolutionär – einer, »der gleich mitrumort, wenn irgendwo was los ist.« (V/54) Solche Vermenschlichung hat nicht das geringste mit Pantheismus zu tun. Alles Religiöse scheidet von vornherein aus. Der auf solche Weise in Vergleichen ausgezeichnete See bleibt das, was er sein soll: ein, sozusagen, gesellschaftliches Wesen. Er ist von Adel und ein Revolutionär gleichermaßen. Statt von einem Symbol sollte man auch hier lieber von einer Allegorie sprechen, falls nicht auch dieser Begriff mit Vorstellungen belastet ist, die uns den Blick für die künstlerische Verfahrensweise verstellen. Sprechen wir statt dessen abermals (mit Beziehung auf den Adel als eine Kunstfigur) vom Kunstgegenstand, dessen sich Fontane bedient, um mit ihm bestimmte Sinnbereiche erzählend zu erläutern! Einer dieser Bereiche ist die Ambivalenz der Dinge, in der zwei entgegengesetzte Seiten einer Sache das gleiche Recht haben und in einer Einheit zusammenwachsen. Für eine solche Vereinigung des Entgegengesetzten steht dieser See: für die Stille ebenso wie für die Revolution, für das Alte wie für das Neue, für die heimatliche Enge wie für weltweite Beziehung und so fort. Die geschichtliche Seite ist dem Wandel der Dinge zugekehrt, dem Neuen, das sein muß, wenn Leben sein soll. Der geologische Aspekt, das Naturhafte des Sees, deutet auf unveränderliches Sein. Derselbe See, dessen Stille betont wird, kündigt revolutionäre Erschütterungen an. Der Stechlin ist also ein Bewahrer und ein Revolutionär zugleich. Im Grunde bewahrt er, indem er von Zeit zu Zeit revolutioniert. Und zugleich bedeutet er als Zeichen die im Raum der Kunst herstellbare Einheit als Zusammenhang der Dinge. Auch diesem hat der See als Zeichen zu dienen: »Und vor allem sollen wir, wie der Stechlin uns lehrt, den großen Zusammenhang der Dinge nie vergessen. Sich abschließen, heißt sich einmauern, und sich einmauern ist Tod.« (V/271) Der Zusammenhang der Dinge ist das, was die Romanstruktur künstlerisch konstituiert, was sie sichtbar macht und erreicht — keine Weltanschauung, kein Weltbild und kein Glaube; vielmehr ein Zusammenhang neuer Art: ein Weltzusammenhang, der eine neue, allem Sicheinmauern abgekehrte Denkweise voraussetzt. Der Kunstgegenstand wird zum Zeichen neuen Denkens, und im Zeichen des Großen Stechlin wird zusammengeführt, vereinigt und verbunden. Darin vor allem beruht seine Funktion. Auch die beiden Lebenskreise, derjenige der Stechlins und derjenige der Barbys, treffen sich in seinem Namen, und erst mit dieser Vereinigung als dem Zielpunkt der Heiratsgeschichte ist das Ganze hergestellt, von dem aus sich die Teile erläutern. Keine der Figuren ist um ihrer selbst willen da. Das Ganze ist wichtiger als die Elemente. Die im Zeichen des Großen Stechlin zur Einheit gewordenen Lebenskreise sind die Idee, die sich nach einer Äußerung Fontanes »einkleidet«. Im Zusammenwirken aller Teile — aller Elemente — liegt der Sinn, der Zusammenhang, und das Elementare in der Gestalt der Gräfin Melusine hat auch diese Bedeutung: Element innerhalb eines Ganzen zu sein wie in *Oceane von Parceval*: »Elementar ist alles. Alles an und in uns ist Teil vom Ganzen und dieser Teil will ins Ganze zurück.« (V/805)

So sind denn auch die Redeformen als die eigentlichen Kunstmittel des Romans nicht zu isolieren. Causerie, Skepsis, Ironie oder Humor sind ihrerseits »Elementarteile«, die nur im Zusammenwirken des Ganzen zu verstehen sind, nicht einfach als sprachliche Eigentümlichkeit einer Person, die nun eben so spricht, wie sie spricht. Die Skepsis, die sich in der Redeweise des alten Stechlin äußert, ist nicht nur eine Eigenschaft dieser Figur, und der Humor ist nicht hinreichend beschrieben, wenn man ihn lediglich als Humor einer Person oder des Erzählers beschreibt. Alle diese Redeformen sind Teile zur Herstellung eines Ganzen, einer Einheit. Wo man jeder Skepsis mißtraut, können sich Fanatismus, Agitation und Parteigängerei entwickeln. Die Skepsis Dubslavs ist Bestandteil seiner konservativen Gesinnung, aber seinem Pastor ist sie nicht völlig fremd, wenn er seinen Schüler, den jungen Stechlin, entsprechend belehrt: »Lieber mit dem Alten, soweit es irgend geht, und mit dem Neuen nur, soweit es muß.« (V/31) So auch verhält es sich mit dem Humor. Er hat die Funktion, aller Einseitigkeit entgegenzuwirken; denn Einseitigkeit ist zuletzt Enge, Starrsinn und Tod. Allem Überlebten und Überholten ist nur mit rücksichtsloser Kritik, mit Karikatur, Komik oder Satire beizukommen. Aber wo solche Kräfte des Erzählens einseitig wirken, können sie ihrerseits in Dogmatismus umschlagen, den sie gerade außer Kraft setzen sollen. Der Musikexperte Wrschowitz hat sich einer solch einseitigen Kritik verschrieben. Sein gebrochenes Deutsch ist Symptom einer »Gebrochenheit« im ganzen. Als Kritiker ist er unerläßlich in einer Welt, in der es das Alte und Abgelebte zu beseitigen gilt. Aber die Einseitigkeit, mit der er es tut, macht ihn zur komischen Figur und damit auch das Neue zu einer Erscheinung des Komischen: »Frondeur ist Krittikk, und wo Guttes sein will, muß sein Krittikk. Deutsche Kunst viel Krittikk. Erst muß sein Kunst, gewiß, gewiß, aber gleich danach muß sein Krittikk. Krittikk ist wie große Revolution. Kopf ab aus Prinzipp. Kunst muß haben ein Prinzipp. Und wo Prinzipp is, is Kopf ab.« (V/132) Kritik wird ein Gegenstand der Kritik, eines kritischen Humors, der sich über Einseitigkeiten wie diese mit Recht lustig macht. Dies alles bei einem Thema, das keinen Humor zu vertragen scheint; denn von nichts mehr und von nichts weniger ist die Rede als von Revolution, und Revolutionen sind sehr ernste Dinge, über die zu scherzen sich diejenigen verbitten, die dafür tätig sind. Werden hier nicht Themen von sozusagen schicksalhafter Bedeutung — Themen wie soziale Frage, Sozialdemokratie oder eben Revolution — auf ungeheuerliche Weise verplaudert? Darf das sein, darf so leichtfertig darüber gesprochen werden? Die soziale Not ist schließlich eine Realität, die das heitere Darüberstehen eines Humoristen nicht erlaubt. Dieser Roman, der letzte in einer stattlichen Reihe, wurde wie andere in der Zeit des Naturalismus geschrieben. Verträgt sich diese Zeit mit Humor, oder verfehlt Fontane nicht gerade die Zeitlage dadurch, daß er am Humor des poetischen Realismus festhält, der sich überlebt zu haben scheint? In der ›Freien Bühne‹ hat Ernst von Wolzogen über dieses Thema, über *Humor und Naturalismus*, gehandelt und dabei Fontane mit Temperament verteidigt. [106] Er durfte der Zustimmung des Dichters gewiß sein: »Mir aus der Seele gesprochen auch alles, was Sie über den Humor und seine verklärende Macht sagen«, teilte er dem Verfasser des Aufsatzes mit (7. Januar 1891). Damit ist ein letztesmal das verklärende Prinzip einer Erzählkunst zur Sprache zu bringen, die gleichfalls eher der Vergangenheit anzugehören scheint, als daß sie der Gegenwart entspricht. Sieht man dagegen, wie Fontane alle diese Kunstmittel einsetzt, wie er den Humor als Bestandteil im Ganzen verwendet und rechtfertigt, so schwinden die Bedenken. Der Humor erweist sich — wie Skepsis, Kritik oder Ironie — als ein unerläßliches Element im »Zusammenhang der Dinge«, in dem Altes und Neues und Gegensätzliches jeder Art gegeneinander ausgespielt werden und auf solche Weise in eine Gleichgewichtslage des Menschlichen gelangen: als Politik, in der sich die Grundrechte der Humanität nicht erledigen, wohl aber neu zu definieren sind. [107] Das, was dies alles umschließt, heißt im *Stechlin* »Gesinnung«. Sie ist das, worauf es ankommt, so daß von dem verstorbenen Junker gesagt werden kann: »Er war kein Programmedelmann, kein Edelmann nach der Schablone, wohl aber ein Edelmann nach jenem alles Beste umschließenden Etwas, das Gesinnung heißt.« (V/377) Gesinnung — eben nicht als Weltanschauung, die ein Schriftsteller verkündet — sondern als ein Strukturelement des Romans, macht diesen zugleich zum politischen Roman. Denn es bedarf der rechten, der auf das Ganze gerichteten Gesinnung, damit Neues realisiert werden kann. Das ist nicht ohne Erziehung zu leisten, und hier ist nun in der Tat nicht zu verschweigen, daß Fontanes *Stechlin* unter bestimmten Gesichtspunkten ein Erziehungsroman geworden ist. Freilich nicht ein Erziehungsroman der Tradition, in der es vorwiegend um das Individuum und um seine Entfaltungsmöglichkeiten geht. Ein Erziehungsroman ist der *Stechlin* in dem Maße, in dem er in der Auffassung Fontanes ein politischer Roman ist — ein Roman der politischen Erziehung. Die Erzieher heißen Lorenzen und Melusine. Daß es sich dabei nicht um eine kunstlose Wiedergabe politischer Lehren und politischer Programme handelt, sondern um eine in die Totalität der Kunst überführte Politik, bestätigt jenes Kapitel, das einer der Gesprächspartner als »revolutionären Diskurs« bezeichnet und in dem sich — wagen wir einmal das Wort — das Vermächtnis Fontanes am herrlichsten artikuliert. Was ist gemeint?

Das 29. Kapitel steht zwischen den Kapitelgruppen Verlobung und Hochzeit. Hierhin gehört es in der Tat: ehe die Angehörigen zweier Lebenskreise miteinander verbunden werden, haben sich ihre Erzieher noch einmal auszusprechen. Und wie ungewöhnlich, daß es nicht die Eltern der beiden zukünftigen Ehepartner sind, die sich verständigen! Es sind zwei Ehelose, die sich treffen und sprechen, unverheiratet der eine, geschieden die andere: ein merkwürdiges »Paar«! An hierarchischer Ordnung fehlt es dabei nicht völlig. Sie kann nicht ausbleiben, wenn die einen die Erzieher sind, die anderen diejenigen, die erzogen werden sollen. Woldemar in Begleitung der Gräfin Melusine! Aber nur bis an den Vorgarten des Pfarrhauses begleitet er sie. Dann läßt er sie allein, damit sie über ihn mit Pastor Lorenzen, seinem Erzieher, sprechen kann. Der steht denn bereits am Fenster, ein wenig verlegen, wie gesagt wird, und man kann es verstehen; denn es ist nicht irgendjemand, der ihn aufzusuchen in Begriff steht. Es ist eine geistvolle, eine geistig souveräne Frau, die zu ihm kommt. Die versteckte und sublime Erotik dieses politischen Gesprächs, das uns als Leser erwartet, wolle man nur ja nicht übersehen! »Er war nun schon so lange jeder Damenunterhaltung entwöhnt, daß ihm ein Besuch wie der der Gräfin zunächst nur Verlegenheit schaffen konnte, wenn's denn aber durchaus sein mußte, so war ihm ein Tête-à-Tête mit ihr immer noch lieber als eine Plauderei zu dritt.« (V/268) Ein Besuch ist eine gesellschaftliche Angelegenheit, eine Angelegenheit der Gesellschaft. Man kommt seinem Gast entgegen; man ist ihm beim Ablegen des Mantels behilflich. Nichts von dem, was man erwarten darf, wird unterlassen. Aber mit dem Stichwort »Temperatur« ist man sogleich bei der Sache: bei der Gesellschaft, wie sie leider ist und wie sie keineswegs sein sollte. Die Temperatur also: »Gesellschaftlich ist sie beinah alles und dabei leider doch so selten. Ich kenne Häuser, wo, wenn Sie den Widersinn verzeihen wollen, der kalte Ofen gar nicht ausgeht.« (V/268) Das sind Sätze eines Schriftstellers, die man nicht interpretiert, sie interpretieren sich selbst. Wir sind auch nicht überrascht, daß man nach solchen »Menschlichkeiten« sehr bald auf das zu sprechen kommt, worum es menschlich eigentlich geht: auf Woldemar, den »Zögling« des Pastors, wie Melusine ohne Herablassung sagt. Und da dieser mit Liebe von seinem Mentor spricht, sieht die wunderbare Gräfin — schließlich ist sie eine Art Meerfrau — die Gelegenheit gekommen, solche Liebe zu übertragen: »Denn er sprach mit solcher Liebe von Ihnen, daß ich Sie von jenem Tag an auch herzlich liebe, was Sie sich schon gefallen lassen müssen.« (V/269) Bei solchen Temperaturen ist gut reden. Selbst über Revolutionen kann man sich da auf eine menschliche Art unterhalten. Und wem vertraute man ein so heikles Thema innerhalb unseres Romans lieber an als diesen beiden! Der hellhörige Pastor erkennt sofort, was so vielen Interpreten des Romans entgangen ist, daß man es nicht bloß mit einer liebenswürdigen Dame der Gesellschaft zu tun hat. (V/269) Melusine bringt das Gespräch auf die erste Liebe des Pastors, und sogleich bringt sie es auf seine letzte: auf den portugiesischen Dichter als den Anwalt der Armen. Die Verbindung zwischen beiden, zwischen erotischer und sozialer Liebe, ist sublim — wie die denkwürdige Unterredung im ganzen! Demut als unerläßlicher Bestandteil der Gesinnung, zu der erzogen werden soll, ist Voraussetzung unter denen, die doch eigentlich die Souveräne sein könnten, da sie die souveränen Erzieher sind. Duldsamkeit gesellt sich hinzu — eine schöne Gesellschaft: »Wer demütig ist, der ist duldsam, weil er weiß, wie sehr er selbst der Duldsamkeit bedarf; wer demütig ist, der sieht die Scheidewände fallen und erblickt den Menschen im Menschen.« (V/270) Das ist ein großes Wort, das Fontane seine Gräfin gelassen aussprechen läßt. Mehr noch ist es eine Utopie, die Idee einer klassenlosen Gesellschaft, auf die hier »angespielt« wird, obwohl es die Angehörige einer Klassengesellschaft ist, eine Gräfin, die das Wort in solchen Fragen führt. Die Idee — denn die ist gemeint — ist allen solchen Einwänden überlegen. Hier wird das Grundthema aller Romankunst Fontanes noch einmal und zum letztenmal auf seine künstlerischen Möglichkeiten hin befragt. Hier werden Gesellschaft und Menschlichkeit in den Formen der Kunst versöhnt, und das kann nicht anders geschehen als durch »Poetisierung« ihrer Gegenstände, Themen und Motive. So geht man aufeinander zu und spricht miteinander. »Ich habe keine Lehre, aber ich führe ein Gespräch«; dieses Wort Martin Bubers könnte man interpretierend dem 29. Kapitel voransetzen; denn darum recht eigentlich geht es. Man kommt sich näher, man bedient sich der Argumente seines Partners, um der herrlichen Übereinkunft willen, die das erklärte Ziel eines guten Gesprächs bleibt: Melusine, die Anwältin des Neuen, sucht dem Alten, der preußischen Kultur, gerecht zu werden, und Lorenzen, der es mit beiden hält, macht sich zu eigen, was eigentlich seine Partnerin aussprechen müßte: er macht das Neue, aber in ihrer Gegenwart, zu seiner Sache. Er redet einer neuen Zeit mit neuen Denkformen das Wort: »Der Hauptgegensatz alles Modernen gegen das Alte besteht darin, daß die Menschen nicht mehr durch ihre Geburt auf den von ihnen einzunehmenden Platz gestellt werden. Sie haben jetzt die Freiheit, ihre Fähigkeiten nach allen Seiten hin und auf jedem Gebiete zu betätigen.« (V/271) Das Schlüsselwort dieses Gesprächs heißt Demokratie. Der Gräfin kann das nichts Gleichgültiges sein. Schließlich ist sie eine Dame von Adel, und so fragt sie denn unverblümt zurück: »Sind Sie gegen den Adel? Stehen Sie gegen die ›alten Familien‹?« (V/273) Lorenzens Antwort ist kein direktes Nein. Aber sein Ja wird mit Einschränkungen von Gewicht versehen: »Unsre alten Familien kranken durchgängig an der Vorstellung, ›daß es ohne sie nicht gehe‹, was aber weit gefehlt ist, denn es geht sicher auch ohne sie; — sie sind nicht mehr die Säule, die das Ganze trägt [...]. Wohl möglich, daß aristokratische Tage mal wiederkehren, vorläufig, wohin wir sehen, stehen wir im Zeichen einer demokratischen Weltanschauung.« (V/274) Diese Rede wird seitens der Gräfin durch Handschlag »besiegelt«. Das Gespräch nennt sie einen revolutionären Diskurs. Der Roman hat erreicht, was er sich vorgenommen hat: den Adel nämlich zu zeigen, wie er sein sollte – den neuen Adel, der nicht an Geburt gebunden bleibt, sondern den Menschen im Menschen bezeichnet, den es in allen Schichten und Kreisen gibt. Der *Stechlin* steht für diese Kreise, für den Adel, wie er sein sollte; weshalb es nicht um die einzelnen Familien geht, sondern um das Beste in ihnen, das fortleben soll: »es ist nicht nötig, daß die Stechline weiterleben, aber es lebe *der Stechlin*.« (V/388) Dem Adel also, wie er sein sollte, bleibt die Gräfin zugewandt, wenn sie sich von ihrem Freund, dem gleichgesinnten Pastor Lorenzen, verabschiedet: »Und nun erlauben Sie mir, nach diesem unserm revolutionären Diskurse, zu den Hütten friedlicher Menschen zurückzukehren [...].« (V/274) Man ist versucht anzunehmen, Fontane habe nicht nur den Adel in seiner Idealität erfaßt, sondern die Revolution gleichermaßen, wie sie sein sollte, wenn sie sein muß. Das alles ist freilich so, wie wir es heute lesen und wie es sich nun darstellt, nicht mehr Erzählkunst des guten Alten, des »poetischen« Realismus. Hier kündigt sich eine neue, eine moderne Romankunst unüberhörbar an.

Schluß

1. Probleme des Realismus

In *Irrungen, Wirrungen* unterhalten sich Bothos Freunde darüber, wo man den Nachmittagskaffee einnehmen soll. Einer von ihnen — »der von dem herzukommenden Wedell als Serge Begrüßte« — schlägt vor, ihn auf der Terrasse servieren zu lassen. Die Begründung wird im Ton jener lässigen Redeform gegeben, wie sie für die erzählten Causerien Fontanes charakteristisch ist: »draußen haben wir freilich auch Lärm, aber doch anders, und hören statt des spitzen Klappertons das Poltern und Donnern unserer unterirdischen Kegelbahn, wobei wir uns einbilden können, am Vesuv oder Ätna zu sitzen. Und warum auch nicht? Alle Genüsse sind schließlich Einbildung, und wer die beste Phantasie hat, hat den größten Genuß. Nur das Unwirkliche macht den Wert und ist eigentlich das einzig Reale.« (II/360). Was gesagt wird, kommt uns beiläufig und belanglos vor. [1] Aber Beiläufigkeit ist ein Stilmerkmal Fontaneschen Erzählens; was zugleich heißt, daß sich in Wendungen wie diesen etwas unter der Oberfläche verbergen kann, das sich des Nachdenkens lohnt. Daß das Unwirkliche den Wert mache, ja, paradoxerweise das einzig Reale sei, hört sich wie ein humoristisches Plädoyer zugunsten des Poetischen an. Wir werden uns hüten, solche Beiläufigkeiten mit Bedeutung zu überfrachten. Aber daß damit gewisse Vorbehalte gegenüber dem Realen, der Realität oder dem Realismus angedeutet werden, wollen wir nicht ausschließen. In *Graf Petöfy* verwechselt der »Held« des Romans das Theater fortwährend mit dem Leben; es heißt: »und als letztes Resultat haben wir dann auch selbstverständlich ein mit Theater gesättigtes Leben und ein mit Leben gesättigtes Theater. Also Realismus!« (I/734) Das ist reinste Ironie, die auf den zurückfällt, der sie übt. Denn genau dies, was unser Romanheld für Realismus hält, ist Realismus nicht. Dieser ungarische Graf bringt Illusion und Wirklichkeit heillos durcheinander. Man geht nicht fehl, auch hier eine humorvolle Distanzierung herauszuhören. Und da es für Fontane beziehungsweise für seinen Schloßherrn auf Stechlin unanfechtbare Wahrheiten nicht gibt, lassen diese Sprachspiele vermuten, daß ihm vielleicht auch der Begriff »Realismus« keine unanfechtbare Wahrheit gewesen ist.

Der Vorwurf ist denkbar — und man kann ihn durch die angeführten Zitate erhärtet sehen — daß in diesem Buch von einem so achtbaren Begriff wie »Realismus« nicht immer mit dem Ernst gesprochen worden sei, der ihm gebühre. »Es geht um den Realismus«, so könnte mit einem Wort von Georg Lukács die Mahnung lauten, die man gegenüber solchen Sorglosigkeiten für angebracht hält. [2] Tatsächlich sind in der Auffassung des Verfassers zahlreiche Vorbehalte nicht zu leugnen. Denn der Begriff »Realismus« ist ein über die Maßen abgenutzter Begriff. Als poetischer, als kritischer oder als sozialistischer Realismus hat er so Verschiedenartiges zu bezeichnen, daß er allmählich nichts mehr bezeichnet. Die Bedeutungen sind schillernd geworden; der Erkenntniswert schwindet. [3] Und daß man weiß, was man meint, wenn man so selbstverständlich vom Realismus Fontanes spricht, wie es vielfach geschieht, wollen wir füglich bezweifeln. Der sicher schwerwiegendste Vorbehalt, der in diesem Zusammenhang geltend zu machen ist, betrifft den letztlich unhistorischen Sinn, der sich mit dem Begriff verbindet; und eine unhistorische Verwendung liegt vor, wenn man bestimmte Stilphänomene einer vergangenen Epoche als Maßstab setzt und auf andere Epochen überträgt — wenn man, mit anderen Worten, den ursprünglich historischen Begriff normativ gebraucht. Eben dies ist dem Begriff »Realismus« in der Geschichte der neueren Literaturwissenschaft widerfahren. [4] Er ist zum normativen Begriff geworden, an dem Früheres oder Späteres gemessen wird, und hat damit ein anderes Normensystem abgelöst: dasjenige der Klassik oder der klassischen Ästhetik. Der Begriff »Realismus« hat in solchen Verwendungen einen dogmatischen Sinn erhalten, den Theodor W. Adorno in »erpreßter Versöhnung« Georg Lukács zum Vorwurf macht: »Dogmatisch bleibt der Kern der Theorie. Die gesamte moderne Literatur, soweit auf sie nicht die Formel eines sei's kritischen, sei's sozialistischen Realismus paßt, ist verworfen, und es wird ihr ohne Zögern das Odium der Dekadenz angehängt [...].« [5] Zumal hier, in den Schriften von Lukács, wird offenkundig, daß klassizistische und realistische Ästhetik eine Einheit geworden sind, wie es auch sonst vielfach geschehen ist. [6] So beispielsweise im Denken Hans Mayers, wenn er in einer Studie über Goethe und Hegel feststellt: »Auch hier nämlich zeigt sich wieder, daß Goethes Begriff des ›Klassischen‹ genau dem entspricht, was wir heute als bürgerlichen Realismus zu bezeichnen pflegen.« [7] Klassische Ästhetik und bürgerlicher Realismus gehen in solchen Auffassungen ineinander über, während der Realismusbegriff Erich Auerbachs gerade im Kontrast zur klassischen Ästhetik gewonnen wurde: als Stilmischung des Realismus im Gegensatz zur Stiltrennung in klassizistischer Literatur. Aber normativ ist auch sein »System«, sein Begriff von Realismus, der dem Buch zugrunde liegt. [8] Doch verstellt jedes normative System den historischen Sinn des Systems, der gerade den Bewußtseinswandel zu erläutern hätte, auf den es uns ankommt; und zum unhistorischen Sinn gesellt sich zumeist die historisch ungenaue Verwendung.

Die Schwierigkeiten im Verständnis von »Realismus« sind mithin beträchtlich; und man muß sie erörtert haben, wenn man dem Begriff den Erkenntniswert zurückgewinnen will, der ihm weiterhin zukommen kann. Solche Schwierigkeiten liegen in der Sache. Realismus: das läßt an dargestellte Wirklichkeit denken, so daß sich die Vorstellung damit verbinden kann, als bliebe uns eine andere, nicht »realistische« Literatur die dargestellte Wirklichkeit schuldig. Der Begriff von Wirklichkeit, der dem Realismusbegriff zugrunde liegt, läßt die Vermutung aufkommen, als hätte es »idealistische«, »phantastische« oder »romantische« Literatur nicht ihrerseits mit darzustellender Wirklichkeit zu tun; und als sei es nicht Aufgabe der Kunst wie der Literatur zu jeder Zeit, Wirklichkeit so darzustellen, wie es sich dem schöpferischen Subjekt von der Bewußtseinslage seiner Zeit her darstellt. Wenn nur ein bestimmter Stil, als »realistischer Stil«, Wirklichkeit wiedergibt, muß sich der geschichtliche Sinn von Kunst erledigen, der gerade die Abfolge künstlerischer Stile voraussetzt. Eine solche Abfolge kommt unter anderem dadurch zustande, daß der Stil einer Epoche sich abnutzt, so daß uns realistisch dargestellte Verhältnisse eines Tages nicht mehr realistisch vorkommen sondern phantomhaft, unwirklich oder bloß »abstrakt«. Auf eine solche, jederzeit mögliche Bedeutung von »Realismus« zielt Roman Jakobson in einem wichtigen Beitrag über Realismus hin, wenn er zwischen einem realistischen Werk unerscheidet, »das von einem bestimmten Autor als wahrscheinlich konzipiert worden ist«, und einem anderen, gleichfalls realistischem Werk, »das ich kraft meines Urteilsvermögens als wahrscheinlich rezipiere«. [9] Diesen durch Wechsel der Perspektive bedingten Unterschied erläutert Jakobson an anderer Stelle desselben Beitrags in einer Weise, die keine Zweifel läßt, daß der Begriff das Entgegengesetzte bedeuten kann. Als realistisch kann einerseits die »progressive« Tendenz zur Deformierung eines künstlerischen Stils angesehen werden — »aufgefaßt als Annäherung an die Realität«; aber ebenso die konservative Tendenz »im Rahmen einer herrschenden Tradition, die als Wirklichkeitstreue aufgefaßt wird.« [10] In der lakonischen Sprache Brechts werden solche Redeweisen von Realismus entsprechend in Frage gestellt. So in einem aus den dreißiger Jahren stammenden Beitrag *Realistische Kritik,* der die folgende Frage aufwirft: »Was für einen Sinn soll alles Reden vom Realismus haben, wenn darin nichts Reales mehr auftaucht?« Und vieldeutig fügt er in Parenthese hinzu: »(Wie in gewissen Essays Lukács'.)« [11]

Damit wird eine weitere Schwierigkeit im Verständnis von Realismus erkennbar; und diese Schwierigkeit hat Folgen, wie sich in der Realismus-Diskussion der letzten Jahrzehnte wiederholt zeigte. Sie beruht darin, daß im Gebrauch dieses Begriffs eine vielfach eindimensionale Betrachtung zu beobachten ist; eine Betrachtung zugunsten der Objekte und des Objektiven bei gleichzeitiger Vernachlässigung der subjektiven Seite. Eine bekannte Definition — man könnte auch andere anführen — lautet wie folgt: »das Problem des literarischen Realismus ist die Erhebung der Wirklichkeit zu einem künstlerischen Bild, das aber ein Abbild der Welt und der Wirklichkeit bleibt. Die beiden Gegenpole zum literarischen Realismus sind der Naturalismus, der nur die Welt gibt, wie sie in ihrer Mannigfaltigkeit und Breite wirklich ist, und der Idealismus, der nur die Welt gestaltet, wie sie nach seiner Vorstellung und Überzeugung sein müßte.« [12] Das Dilemma einer Begriffsbestimmung wie dieser beruht zum ersten darin, daß aus der Wirklichkeit ein Spiegelbild abgeleitet wird, das zu Mißverständnissen Anlaß gibt. Die bereits aus der Literaturtheorie des 19. Jahrhunderts deduzierbare »Widerspiegelung« hängt damit zusammen — bekanntlich ein weites Feld. [13] Schon mit der Verwendung dieses Begriffs gerät in Vergessenheit, daß Kunst eine menschliche Tätigkeit ist, die, mit Brecht zu sprechen, nicht nur »geschichtsbedingt«, sondern auch »geschichtemachend« ist: »Der Unterschied liegt zwischen ›widerspiegeln‹ und ›den Spiegel vorhalten‹.« [14] Literarischer Realismus als realistischer Stil wird mit Begriffen wie Abbild oder Widerspiegelung verknüpft, die beide der Vorstellung entgegenkommen, als geschehe hier etwas wie von selbst: als bilde sich etwas ohne das Hinzutreten des Bewußtseins ab; und was sich widerspiegelt oder abbildet, wird als etwas in jedem Fall Objektives aufgefaßt, so daß man über ein tätiges Subjekt kaum noch sprechen muß. Man kann es vergessen. Abbildung und Widerspiegelung »regeln« sich gewissermaßen von selbst: die Welt ist, wie sie ist; und nur dort, wo man sie so darstellt, wie sie sein sollte — unter Idealisten, Utopisten oder Futuristen — ist Bewußtsein vonnöten. Im Zusammenhang eines solcherart eindimensionalen Denkens kommt dem Begriff »Objektivität« eine symptomatische Bedeutung zu. Daß es sich dabei um einen Begriff handelt, der im Selbstverständnis des 19. Jahrhunderts seinen festen Ort hat, setzen wir als bekannt voraus. [15] Dieses Selbstverständnis ist ein Kapitel für sich — ein historisches Kapitel. Die vielfach unkritische Übernahme des Begriffs ist anders zu beurteilen. Mit dem Begriff »Realismus« hat sich René Wellek wiederholt befaßt, und auch seine Definition kommt bezeichnenderweise ohne das denkende Subjekt aus. Wörtlich heißt es: »Wir wollen mit der einfachen Behauptung anfangen, daß der Realismus ›die objektive Darstellung der zeitgenössischen sozialen Wirklichkeit‹ ist [...].« [16] Der Akzent liegt auf Bestimmungen wie »objektiv« und »sozial«. Sie verweisen auf die äußere Welt — auf die Welt, »wie sie in ihrer Mannigfaltigkeit und Breite wirklich ist«. Das Innere des Menschen wird ausgespart; und da auch Bewußtsein an ein Inneres gebunden bleibt — an die Auffassungen, Vorstellungen und Überzeugungen eines Subjekts — taucht dieses in solchen Definitionen meistens nicht auf. Man denkt vorwiegend oder ausschließlich von der Objektseite her. Das Soziale kann in der »Eindimensionalität« des Denkens als das Objektive der äußeren Wirklichkeit schlechthin verstanden werden: als das eben, was man im eigentlichen Sinn »realistisch« nennt.

Es leuchtet ein, daß man sich in der komplex gewordenen Realismusdiskussion mit einer solchen Eindimensionalität nicht abzufinden vermochte. Das Subjekt machte seine Rechte geltend. Seine Einbeziehung ist auf vielfache Weise erfolgt: so beispielsweise in der Beschreibung des Humors als einer dichterischen Einbildungskraft, wie ihn Wolfgang Preisendanz verstanden hat. [17] Die Blickwendung von der objektiven Wirklichkeit zur »subjektiven« Darstellung dieser Wirklichkeit tritt schon im Titel seines Buches hervor. Erst recht hat Richard Brinkmann mit seiner Studie über *Wirklichkeit und Illusion* dem derart eindimensional gewordenen Verständnis von »Realismus« widersprochen. In seiner Vorstellung scheint alles und jedes in

Probleme des Realismus

Subjektivität zu münden, und es könnte wohl sein, daß da der Bogen ein wenig nach der anderen, der subjektiven Seite hin überspannt wurde. Die lebhafte Diskussion, die das Buch auslöste, hat zurechtgerückt, was allenfalls zu korrigieren war. Doch ist uns die Verknüpfung des Realismusbegriffs mit den Bewußtseinsformen des denkenden Subjekts wichtiger als der möglicherweise überspannte Bogen. In dieser Verknüpfung vorzüglich liegt Brinkmanns Verdienst. [18] Denn da eine solche Verknüpfung zum Verständnis eines jeden Epochenbegriffs unerläßlich ist, kann sie auch im Verständnis von »Realismus« nicht unterbleiben. Es ist unerläßlich, daß man in der Beschreibung eines künstlerischen Stils an beides denkt: an die Realität oder die Ausschnitte einer solchen und an das Subjekt, das diese Realität auffaßt und darstellt. Auch im Verständnis von »Realismus« bleibt Wirklichkeit gebunden an das Bewußtsein von Wirklichkeit, ohne daß damit einem unabsehbaren Subjektivismus Tür und Tor geöffnet werden müßte. Wenn der Wandel eines künstlerischen Stils, wenn Stilwandel auf Bewußtseinswandel basiert, dann müssen auch »Realismus« oder »realistischer Stil« auf einen Bewußtseinswandel zurückführbar sein, der die Verwendung des Begriffs erst eigentlich erklärt. Denn nur als Bewußtseinsfrage kann der Begriff »Realismus« – wie andere Epochenbegriffe – gerechtfertigt sein. Nur indem man ihn so verwendet, kann der historische Sinn zurückgewonnen werden. [19]

Von hier aus fällt noch einmal ein Licht auf den Begriff des Sozialen, wie er diesem Buch zugrunde liegt. Es ist üblich, ihn im Bereich der Realität zu fundieren und entsprechend im Umgang mit Literatur zu verwenden. Das Soziale wird demzufolge identisch mit der Objektivität der Wirklichkeit, wie sie ist. Aber da es keine dargestellte Wirklichkeit ohne Bewußtsein von Wirklichkeit geben kann, ist auch Soziales ohne Bewußtsein vom Sozialen nicht denkbar. In solchen Überlegungen verlieren die Begriffe »Objektivität« und »Subjektivität« ihren eindeutigen Sinn. Ihre Trennung stellt sich als eine Hilfskonstruktion heraus, mit der man eine Weile operieren kann, bis sich zeigt, daß wir gewohntermaßen trennen, was sich so genau gar nicht trennen läßt. Die Gleichsetzung der objektiven und sozialen Welt mit der äußeren Welt; und die Gleichsetzung der subjektiven Wahrnehmung mit der inneren Welt erweisen sich als problematisch. Das vermeintlich Objektive in seiner Ausschnitthaftigkeit oder Vereinzelung kann (mit Richard Brinkmann) unversehens als das Subjektive aufgefaßt und das vermeintlich nur Subjektive der Psyche im Verständnis moderner Psychologie kann als Reflex der sozialen Realität interpretiert werden, mithin als etwas Objektives innerhalb einer bestimmten Bewußtseinswelt. Die Begriffe werden in gewisser Weise auswechselbar. Soziales innerhalb eines solchen Bewußtseinswandels kann demzufolge verstanden werden als etwas, das die »äußere« Realität und das subjektive – aber nicht nur subjektive – Bewußtsein von ihr gleichermaßen angeht; und in der Tat ist der Begriff »Realismus« mit dem Hervortreten des Sozialen in der Fülle seiner Erscheinungen aufs engste verknüpft. Der daraus sich entwickelnde Stil, als Stil des Realismus, wäre zu beschreiben. [20]

Man sieht sich damit zugleich auf einen Begriff von »Realismus« verwiesen, der im 19. Jahrhundert aufkommt und auf dieses Jahrhundert auch beschränkt bleiben sollte, wenn er den historischen Sinn nicht verlieren soll, der seine Verwendung einzig legitimiert; und wenn man eine Epoche ihrem Stil nach als »realistisch« bezeichnet, so kann man nicht andere Epochen ebenso bezeichnen: wenn der Begriff vergeben ist, ist er vergeben — obschon spätere Epochen, der Naturalismus zum Beispiel, diese Bezeichnung womöglich mit größerem Recht verdienten. Nun haben es Kunst und Literatur jeder Epoche mit Wirklichkeit zu tun, die sie darstellen sollen. Warum aber dann gerade dieser Epoche einen Terminus vorbehalten, auf den auch andere Epochen Anspruch hätten? Rechtfertigt sich der Begriff »Realismus« einzig deshalb, weil er in dieser Zeit von den Wortführern der Epoche eingeführt und verwendet wurde? Tatsächlich rechtfertigt er sich, auch in heutiger Terminologie, vorwiegend aus diesem Grund. René Wellek hat die Geschichte des Begriffs reichhaltig belegt. Sie läßt sich bis in die Anfänge des 19. Jahrhunderts zurückverfolgen. Als eine Literatur des Wahren wird »Realismus« 1826 in einem Artikel des ›Merkur français‹ definiert. Dezidiertere Vorstellungen verbinden sich mit Bildern Courbets um die Mitte des Jahrhunderts, die das Wort bereits als einen eingeführten Begriff der Ästhetik und der Literaturtheorie ausweisen. [21] Als dieser bleibt er bis zum Ende des Jahrhunderts in Geltung, und daß sich zumal in Deutschland der Naturalismus als konsequenter Realismus versteht — im Gegensatz zum »bloß« poetischen Realismus — ist hier nicht auszuführen. Aber den Wortführern einer Theorie des Realismus in dieser Zeit hat sich das Wort nicht zufällig aufgedrängt. Es bot sich ihnen an in Anbetracht eines tiefgreifenden Wandels der Wirklichkeit. Der Einbruch von prosaischer, nüchterner und poesieloser Realität in eine sozusagen verträumte Welt konnte sich ihnen mit solcher Intensität einprägen, daß man alles — die ungeheure Empirie, die selbstbewußte Naturwissenschaft, die alles verändernde Technik — um vieles »wirklicher« erfahren hat als je zuvor. Im Anschluß an eine Münchner Ausstellung umschreibt Melchior Meyr, der Verfasser der *Erzählungen aus dem Ries,* den Stil des Realismus auf dem Hintergrund empirischer Forschung. In einem 1859 im ›Deutschen Museum‹ veröffentlichten Beitrag heißt es: »Vor allem ist die Förderung, welche die realistische Kunst von der Wissenschaft zu hoffen hat, in die Augen springend. Die empirische Forschung, welche Natur und Geschichte immer mehr in ihrer eigentlichen Beschaffenheit darlegt, arbeitet dem Künstler, der ihre Gaben zu nutzen versteht, aufs reichste in die Hände. Und diese empirische Forschung ist die Lieblingsthätigkeit der Zeit, dem Eifer der Forscher entspricht die Theilnahme der Nationen — an ihrem schwunghaften Fortbetrieb und an ihren weitern Erfolgen wird niemand zweifeln.« [22] Aus der neueren Naturwissenschaft sieht man die Ideen des Schönen und Erhabenen »mit viel größerer Fülle und Tiefe« hervorströmen, wie im »Programmrealismus« der ›Grenzboten‹ dargelegt wird. [23] Entsprechend versteht Friedrich Theodor Vischer sein poetisches Ideal als »das Wirkliche in seiner festen Ordnung, in klarem, gesetzmäßigem Verlaufe [...].« [24] Der Anteil der Naturwissenschaft an der Entwicklung der neueren Literatur kann wenigstens seit dem 18. Jahrhundert nicht hoch genug eingeschätzt werden. [25] Daß von Entwicklungen wie diesen auch die religiösen Bindungen betroffen sind, kann kaum überraschen. Die »Verweltlichung« der Welt und der Wirklichkeit, ihre Herauslösung aus allen metaphysischen Bezügen, vollzieht sich mit einer Rasanz, die alles »Unwirkliche« als nebensächlich erscheinen läßt. Das Nicht-Wirkliche, das Überirdische und Transzendente entschwinden mehr und mehr dem Blick. Der »Zusammenhang der Dinge« ist immer weniger gegeben; man muß ihn neu begründen. Dieser Wandel auf allen Gebieten des gesellschaftlichen Lebens, des Wissens und des Glaubens erklärt das veränderte Verständnis von Wirklichkeit. Sie wird so übermächtig erfahren, daß hierfür der Begriff »Realismus« zur Bezeichnung eines künstlerischen Stils in Gebrauch kommen kann. Aber damit ist noch wenig über die nationalen Unterschiede in seiner Verwendung wie über die Periodisierung gesagt. Schließlich handelt es sich um den Zeitraum eines halben Jahrhunderts, für den man in der Geschichte der europäischen Literatur diesen Begriff beansprucht. Dieses halbe Jahrhundert ist zugleich die Zeit, in der Fontane als Schriftsteller hervortritt, wirkt und sich wandelt. Es ist daher wenig sinnvoll, so verschiedene Werke wie die frühen Erzählungen aus den fünfziger Jahren und die Romane der späteren Zeit unter ein und demselben Begriff zu subsumieren. Eine derart undifferenzierte Verwendung ließe gerade den Stilwandel unberücksichtigt, der die interessanteren Fragen aufwirft. Über Fontanes »Realismus« sprechen, kann daher nur heißen, über den Wandel seines Stils und seiner Erzählart sprechen; und — damit zusammenhängend — über das, was man unbestimmt genug seinen Altersstil nennt. Hier wie sonst muß es darum gehen, sich die Begriffe beweglich zu halten, die man zur Beschreibung eines historischen Ablaufs braucht.

2. Stilwandel und Altersstil

Als poetischen oder bürgerlichen Realismus bezeichnet man in der Geschichte der deutschen Literatur üblicherweise den Zeitraum von der Mitte des 19. Jahrhunderts bis an dessen Ende. Einen Epochenbegriff im historisch genauen Sinn hat man damit nicht gewonnen. Man bleibt auf Unterteilungen des Zeitraums angewiesen. Vor allem die jüngste Realismus-Forschung ist an solchen Gliederungen der Epoche interessiert. [26] Zwei Phasen werden heute im allgemeinen unterschieden: eine erste, die von der Revolution der Jahrhundertmitte bis zur Reichsgründung reicht; und eine zweite, die mit der Reichsgründung beginnt und inzwischen meistens als »Gründerzeit« bezeichnet wird. [27] In dieser zweiten Phase formiert sich, vorwiegend in Berlin und München, der deutsche Naturalismus als eine literarische Bewegung von kurzer Dauer. In derselben Zeit veröffentlichen Raabe wie Fontane ihre bedeutenden Werke, und von beiden Schriftstellern wird damit ihr eigenes Frühwerk deutlich in den Schatten gestellt. Dieses Nebeneinander von Realismus und Naturalismus meint Erich Auerbach, wenn er mit Beziehung auf Fontane feststellt: »seine kluge und liebenswürdige Kunst gibt uns doch das beste Bild der Gesellschaft seiner Zeit, das wir besitzen; überdies kann man sie schon, trotz der Beschränkung auf Berlin und Ostelbien, als Übergang zu einem freieren, weniger eingesponnenen, weltläufigeren Realismus werten.« [28] Die Bemerkung, daß man um diese Zeit einen Teil der deutschen Romanliteratur »schon« als Realismus bezeichnen könnte, hört sich indessen merkwürdig an, wenn man bedenkt, daß sich die Wortführer des poetischen Realismus in Deutschland schon um 1850 eben so — als Realisten — verstanden haben; und wie poetisch oder realistisch dieser Realismus auch war: Tatsache ist, daß er um diese Zeit in Programmen und literaturtheoretischen Beiträgen zu entwickeln gesucht wird. Vom »Programmrealismus« vor allem der fünfziger Jahre hat man daher mit gutem Grund gesprochen. [29]

Dieser unmittelbar nach der Revolution in Programmen und Zeitschriften postulierte Realismus, wie er im Umkreis der ›Grenzboten‹ von Julian Schmidt und Gustav Freytag einerseits und der nachhegelschen Ästhetik, bei Friedrich Theodor Vischer oder Hermann Hettner, andererseits hervortritt, bestimmt maßgeblich das literarische Leben in den Jahrzehnten zwischen bürgerlicher Revolution und Reichsgründung. Zwar ist dieser Programmrealismus nur als ein partieller Realismus innerhalb einer größeren Einheit anzusehen, und die großen Epiker des Zeitalters standen ihm vielfach skeptisch gegenüber. Dennoch ist von diesen Programmen und Manifesten ein verhältnismäßig einheitliches Bild der Bestrebungen und Tendenzen zu gewinnen, die dem Verlauf der Literatur nach der gescheiterten Revolution die Richtung vorzeichnen. Im Bereich der epischen Dichtung wird der Roman gegenüber der Novelle noch häufig zurückgesetzt; Rudolf von Gottschall nennt ihn unbekümmert einen Plebejer von Geburt. [30] In dieser Zeit schließen sich Historismus und poetischer Realismus eng aneinander an. Historische Novellen, Chroniknovellen und kulturhistorische Erzählungen (wie diejenigen Riehls) finden ihr dankbares Publikum. Scheffels historischer Roman *Ekkehard* hat seine große Stunde. [31] Historismus und Realismus sind ihrerseits mit der Nationalidee aufs engste verbündet, wie wir einleitend ausgeführt haben. Die großen Romane des europäischen Realismus sind nicht unbedingt die Vorbilder, an denen man sich orientiert. Aber Shakespeare, dem Otto Ludwig beharrlich seine eigenwilligen Studien widmet, gilt vielen als Vollendung realistischer Kunst. Noch 1889 (in einem Brief an Friedrich Stephany vom 10. Oktober) äußert sich Fontane ganz in diesem Sinn: »Übrigens haben wir in Shakespeare längst die Vollendung des Realismus.« Eine Äußerung wie diese könnte gut und gern um zwanzig Jahre zurückdatiert werden. Sie läßt einen verhältnismäßig konstant gebliebenen Realismusbegriff vermuten, wo es um literaturtheoretische Fragen geht. Die Romanpraxis Fontanes vermittelt ein anderes Bild, wie zu zeigen war.

»Was unsere Zeit nach allen Seiten hin charakterisiert, das ist ihr *Realismus*«, schreibt Fontane in dem Aufsatz *Unsere lyrische und epische Poesie seit 1848*, in dem die konservativen Poeten aus den »Tunnel«-Tagen munter nacheinander aufmarschieren: Oskar von Redwitz, Christian Friedrich Scherenberg, Otto Roquette, Wilhelm von Merckel, Bernhard von Lepel, Paul Heyse und andere. (1/236) Sie alle sind in der Auffassung des frühen Fontane Realisten; und es ist keine Frage, daß er zumal in diesen Jahren und Jahrzehnten mit den Wortführern des sog. Programmrealismus vielfach übereinstimmt, wie ihn die »Grenzboten«-Redakteure propagieren. Zwar fehlt es bei Fontane nicht an Distanzierungen gegenüber Gustav Freytag und seiner kulturhistorischen Agitation. Aber der Roman *Soll und Haben* wird im ganzen doch nicht unfreundlich rezensiert, und Scheffels *Ekkehard* wird gelobt. Historismus und Realismus sind Brüder im Geist, und dies erst recht für den Verfasser der *Wanderungen durch die Mark Brandenburg*. Die historisierende Erzählkunst in Erzählungen wie *Grete Minde* und *Ellernklipp* bleibt noch unverkennbar diesem Realismus zugewandt, der sich in Deutschland weniger weltläufig als provinziell ausnimmt. Die Chroniknovellen Fontanes sind »realistisch« in diesem Sinn. Sie sind gepflegte Sprachkunst, und das Poetische ist ihrem Verfasser wichtiger als der Realismus einer Darstellung, die womöglich das Häßliche einbezieht. Das geschieht hier kaum. Der Briefwechsel mit Paul Heyse — vor allem dort, wo man noch übereinstimmt — ist ein getreues Spiegelbild dieser Phase. Wir haben es mit Nachklängen des poetischen Realismus zu tun, wie es im ersten Kapitel dieses Buches erläutert wurde. Zwar hält Fontane auch später noch an so manchem Programmpunkt des poetischen Realismus — wie Humor und Verklärung — fest, als sei ein Sinneswandel kaum eingetreten. Noch 1880 kann es in dem oben schon genannten Brief an Friedrich Stephany (vom 10. Oktober 1889) heißen: »Der Realismus wird ganz falsch aufgefaßt, wenn man von ihm annimmt, er sei mit der Häßlichkeit ein für allemal vermählt, er wird erst ganz echt sein, wenn er sich umgekehrt mit der Schönheit vermählt und das nebenherlaufende Häßliche, das nun mal zum Leben gehört, verklärt hat. Wie und wodurch? das ist seine Sache zu finden. Der beste Weg ist der des Humors.« Man sieht mit Äußerungen wie diesen den poetischen Realismus als erwiesen an. Die Frage ist nur, welchen Quellenwert man ihnen zuerkennen will, wenn man sie mit der Romanpraxis vergleicht. Und ist der Humor bei Fontane wirklich das alles organisierendes Prinzip? Das ist eine Frage der Interpretation. Er ist zweifellos ein Stilmerkmal von prägender Kraft. Aber Komik, Ironie und manchmal auch Satire sind es gleichermaßen. Den Humor als dichterische Einbildungskraft bestätigt der *Stechlin* noch einmal und eindrucksvoll. Aber man müßte ihn mit den Formen des Humors im frühen Realismus vergleichen, um den Stilwandel zu erfassen, wie er beispielsweise im Blick auf die *Preußenlieder* sichtbar wird. In diesen Liedern äußert er sich vorwiegend anekdotisch. Der Humor des *Stechlin* wagt sich buchstäblich an die letzten Dinge heran und stellt sich in den Dienst eines politischen Romans obendrein. Werke wie *Stine* und *Unwiederbringlich* kommen weithin ohne Humor aus, und man würde sie verfehlen, wenn man sie von den Programmpunkten des poetischen Realismus aus interpretieren wollte, zu welchen der späte Fontane noch einmal die Stichworte liefert. »Verklärung« ist und bleibt eines dieser mißverständlichen Stichworte bis ins hohe Alter hinein. [32] Die Praxis seiner Romankunst widerlegt, wovon die »Theorie« redet. Die Romane haben es mit sehr anderen Problemen zu tun, und auch die Abgrenzungen gegenüber dem Naturalismus fallen nicht unbedingt überzeugend aus. In einer Kritik an Ibsens *Wildente* beanstandet Fontane, daß das »Vorhandensein freundlicher Realitäten« übersehen werde. (2/775) Aber Erzählungen wie *Stine* und *Mathilde Möring* nähern sich dem zeitgenössischen Naturalismus insofern an, als sie ihrerseits die »freundlichen Realitäten« nahezu aussparen. [33]

Man erhielte ein einseitiges Bild, wenn man die zentralen Begriffe der Realismustheorie — Verklärung, Humor, Symbolik u. a. — auf das Spätwerk Fontanes unbesehen übertragen wollte. Die Betrachtung seiner Romane hat anderes erbracht, und wer das Etikett des bürgerlichen oder poetischen Realismus unbekümmert übernimmt, muß sich den Vorwurf gefallen lassen, daß er frühe und späte Phase, was den Stil des Erzählens betrifft, unterschiedslos behandelt und nivelliert. Da ist über allem das kritische Element, obgleich nicht die ultima ratio seines künstlerischen Verfahrens! Als Gesellschaftskritik, als Sprachkritik wie als Geschichtskritik nähert es sich vielfach den Denkformen Nietzsches an. Dessen Geschichtskritik ist mit derjenigen des späten Fontane gewiß nicht ohne weiteres vergleichbar. Aber sie ist auch nicht gänzlich unvergleichbar mit ihr. In nicht wenigen Romanen gewinnt sie ein künstlerisches Niveau, das sich mit der Geschichtskritik Wilhelm Raabes in Erzählungen wie *Das Odfeld* (1889) oder *Hastenbeck* (1899) auffällig berührt. Zur Kritik am Historischen gesellt sich die Kritik am borniert Nationalen, zu der die Erscheinungen im gesellschaftlichen Leben des neuen Reiches herausfordern. Schließlich der Wandel im Stil des Erzählens aufgrund der veränderten Einstellungen! Während sich der poetische Realismus zwischen Revolution und Reichsgründung noch gern der naiven Erzählfreude überläßt, vermittelt die Erzählkunst der späteren Zeit ein verändertes Bild; wenigstens für die Erzähler von Anspruch und Rang trifft es zu. Ein hochreflexives Sprach- und Erzählbewußtsein ist für Raabe seit *Pfisters Mühle* ebenso charakteristisch wie für das Spätwerk Fontanes. Es bezeugt sich in einer geschärften Sensibilität für Töne, Übergänge und Nuancen, die bereits in die Literatur der Jahrhundertwende hinüberweist. Zu einem Aufsatz Daudets merkt Fontane 1883 (in einem Brief an seine Frau vom 21. Juli) an: »Namentlich die Übergänge, in denen die eigentliche Kunst des Stils besteht, sind schwach.« In Romanen wie *L'Adultera*, *Cécile* oder *Unwiederbringlich* tragen sie entscheidend zur Motivierung und zum Aufbau der Handlung bei. Auf diese dem Impressionismus sich nähernde Nuancenkunst hat man wiederholt aufmerksam gemacht. [34] Peter Demetz erläutert sie am Roman *Unwiederbringlich*: »keine Gebärde, keine Geste, kein Blick, kein Wort, das nicht bedeutend wäre durch Nuance und Implikation.« [35] Der Stil dieser Nuancenkunst — bis hinein in die Lustspiele Hofmannsthals ist er zu verfolgen — ist wenigstens »spätrealistisch«, wenn er überhaupt noch realistisch ist. Auch in diesem Punkt verdient die Nähe Nietzsches, daß man sie erwähnt. Die Deutschen hätten keine Finger für Nuancen, heißt es in einem Kapitel der *Götzen-Dämmerung*. [36] Daß die Kunst der Nuance den besten Gewinn des Lebens ausmache, wird in *Jenseits von Gut und Böse* ausgeführt. [37] In den späten Schriften wird die Nuance zum Kennzeichen der Moderne schlechthin: »Der Sinn und die Lust an der *Nuance* (— die eigentliche Modernität), an dem, was *nicht* generell ist, läuft dem Triebe entgegen, welcher seine Lust und Kraft im Erfassen des Typischen hat [...]. [38] Die spätzeitliche Nuancenkunst Fontanes, die vor allem den Eheromanen zugute kommt und von einem »Symbolisten« wie Conrad Ferdinand Meyer wahrgenommen wird, bedeutet Verlagerung der Perspektivik vom Außen und Objektiven der im sozialen Wandel begriffenen Welt ins Innere der Personen und damit in das keineswegs nur Subjektive einer keineswegs nur individuellen Psychologie. Fontanes Aufmerksamkeit für nervöse Frauen, für Schwermut, Angst und Labilität ist vom poetischen Realismus der fünfziger Jahre her nicht zu erfassen. Für eine Natur wie Julian Schmidt sind das alles unerwünschte Dinge. Er ist gegen Krankengeschichten und lobt das Gesunde. [39] Das Unvermögen, den Wahnsinn in seinem Ausmaß wie in seiner Herkunft zu begreifen, ist für die Epoche im ganzen kennzeichnend. Der frühe Fontane, der sich über den Realismus in der Kunst seine Gedanken macht, denkt in solchen Fragen nicht grundsätzlich anders: »Unsere moderne Richtung [des Realismus] ist nichts als eine Rückkehr auf den einzig richtigen Weg, die Wiedergenesung eines Kranken, die nicht ausbleiben konnte, solange sein Organismus noch überhaupt ein lebensfähiger war.« (1/238) Dagegen die Krankheits- und Angstmotive in Romanen wie *Cécile*, *Unwiederbringlich* oder *Effi Briest*. Sie sind alles andere als lediglich stoffliche Erweiterungen. Hier geht es durchaus um Fragen des Stils und der Struktur. Fontanes Aufmerksamkeit für Erscheinungen wie diese macht ihn bei allen Unterschieden im Gewicht des Dargestellten zum Zeitgenossen Schnitzlers, Ibsens oder Nietzsches. Um Stilfragen handelt es sich insofern, als er erzählerisch zu beglaubigen vermag, was ihm die Psychologie der Zeit zuträgt. Es geschieht in einer Reduktion der erzählerischen Allwissenheit, die der Moderne näher steht als dem poetischen Realismus.

Auf sie alle, auf Gustav Freytag, Julian Schmidt, Otto Ludwig, Berthold Auerbach, aber auch auf Keller oder Storm, trifft zu, was man vom poetischen Realismus gesagt hat: daß es ein ganz und gar bürgerlicher Realismus gewesen sei. Deutsche Literatur im bürgerlichen Realismus — darf man Fontane, den Verfasser der *Stine* und des *Stechlin*, so unbesorgt diesem zuweisen? Was bürgerlich war und sein sollte, wußten Julian Schmidt oder Gustav Freytag nur zu gut. Sie wußten, wohin sie gehörten. Die bürgerliche Tüchtigkeit haben sie in einer Weise verklärt, die uns entsetzt. Grillparzers Novelle *Der arme Spielmann*, im Revolutionsjahr 1848 erschienen, ist auf der Gegenseite angesiedelt und nimmt Späteres vorweg. Zugleich stellt sie in Frage, was der Programmrealismus der fünfziger Jahre auf seine Fahnen geschrieben hat. Fontane — wie Raabe auch — stellt die so beschaffene und die so entwickelte Bürgerlichkeit ihrerseits in Frage. Das Interesse für die Außenseiter der Gesellschaft ist beiden gemeinsam. Dieses Interesse ist weit entfernt davon, ein Erbe des bürgerlichen Realismus zu sein. Für die Erfolglosen und für diejenigen, die scheitern, hat man im Spätrealismus dieser Autoren Verständnis und Sinn; und mehr noch hat man Sinn für jene, die abseits vom Rampenlicht der Tragödie mit der Welt nicht mehr zurechtkommen, wie sie geworden ist. Raabes Sympathie für eine Gestalt wie Velten Andres in den *Akten des Vogelsangs* ist dafür bezeichnend. Er stimmt auch darin mit Fontane überein. Außenseiter der Gesellschaft wie das Hoppenmarieken oder Lehnert Menz sind dem Erzähler nahestehende Personen. Die Frauengestalt in *Ellernklipp* bestätigt im Müden und Languissanten ihres Wesens abermals das Interesse an den Leidenden und denjenigen, denen wir Mitleid schulden. Es war zu zeigen, daß man sich mit Themen und Motiven dieser Art auf Schopenhauers Philosophie verwiesen sieht. Der frühe Realismus wie der Historismus Heinrich von Treitschkes ist auf diesen Philosophen nicht gut zu sprechen, den Nietzsche alsbald als einen Erzieher vorstellen wird. Den Verfasser der *Welt als Wille und Vorstellung* nannten die Realisten der deutschen Tüchtigkeit einen elenden Gesellen, und Rudolf Haym, der doch eigentlich zu Objektivität verpflichtet gewesen wäre, hat ihn als gemeingefährlich bezeichnet. Anders Jacob Burckhardt, der Schopenhauer das Verdienst zuspricht, »die seit 1830 dominierende Illusion des Fortschritts in wohltätiger Weise ad absurdum zu führen«. [41] Raabe wie Fontane zeigen in ihrem Spätwerk für Einstellungen wie diese Verständnis. Es gibt die Herabsetzungen nicht, wie man sie in Treitschkes Schriften noch in den achtziger Jahren finden kann. Dieser gewiß einflußreiche Philosoph ist am Ende so wenig bürgerlich, wie man die neue Arbeiterbewegung bürgerlich nennen kann. Die Frage ist zu stellen, welchen Sinn es noch haben kann, eine Literatur wie diesen Spätrealismus Raabes oder Fontanes mit dem Epitheton »bürgerlich« zu versehen. Fontane sucht als Schriftsteller des späten 19. Jahrhunderts seine »soziologische Identität« am wenigsten im Bürgertum; in einem idealen Adelstand oder in der Idealität einer Kleinbürgerwelt zwischen Bourgeoisie und Proletariat weit eher. Helmuth Widhammer ist daher im Recht, wenn er in seinem Buch über *Realismus und klassizistische Tradition* ausführt: »Raabes skeptische Innerlichkeit läßt sich tatsächlich nicht mit dem optimistischen Aktivismus vergleichen, wie er bei Julian Schmidt und Gustav Freytag, um nur sie zu nennen, so handgreiflich vorhanden ist. Sollten sich diese Thesen verifizieren lassen, wäre zumindest der Begriff eines ›bürgerlichen

Realismus‹ erschüttert. Denn der Begriff des ›Bürgerlichen‹ hat einen jeweils ganz verschiedenen Stellenwert: im programmatischen Realismus gewinnt gerade er eine Ersatzfunktion als Inbegriff der ›Ordnung‹, des ›Objektiven‹ und ›Allgemeinen‹, was sich schon kaum für Keller, um so weniger für Raabe und Fontane behaupten ließe.« [42]

Die Annahme, daß die beiden bedeutendsten Erzähler dieses Spätrealismus zusammengehören, ohne daß hier über beide zu handeln war, ist eine der Voraussetzungen dieses Buches. [43] Beide sind sie aus der Epoche des programmatischen, poetischen oder bürgerlichen Realismus hervorgegangen. Beide haben in dieser Zeit ihren eigenen Stil gefunden. Es entspricht den Auffassungen der bürgerlichen Realisten, daß die Kunst im Dienste der Lebenspraxis stehen soll und daß man folglich die Kunstleistung nicht über alles stellt, sondern den darzustellenden Inhalten den Vorrang zuerkennt. Den »Spätrealisten« Raabe und Fontane erscheint die Wirklichkeit so komplex, daß ihnen ihre Kunstmittel nichts Zweitrangiges sein können. Sie suchen sich im Gegenteil mit höchster Kunstbewußtheit gegenüber einer unübersichtlich werdenden Wirklichkeit zu behaupten. Diese erhöhte Kunstbewußtheit ist charakteristisch für das erzählerische Niveau beider Autoren. Sie zeigt sich u. a. im Gebrauch von Symbolen, die bei Raabe in einen eigentümlichen Symbolismus übergehen, wie man ihn nennen möchte. Bei Fontane sind es »Allegorisierungen«, die ihn von der Erzählkunst des poetischen Realismus entfernen und einem Werk wie der *Königlichen Hoheit* anzunähern scheinen. [44] Die bewußt eingesetzten »Symbole« werden zu »Kunst-Stücken«, die man entsprechend einzusetzen versteht. Die Verbindung solcher Symbole mit Humor — wie in Raabes *Schüdderump* oder in Fontanes *Effi Briest* — führt weit über das hinaus, was es an Symbolkunst in Klassik und Realismus gegeben hat. Geblieben ist bei Fontane der »Realismus« in der Beschreibung der Örtlichkeit, der Zeit und der Personen. Aber wie er mit solchen »Elementarteilen« umgeht und sie zu Versatzstücken verwendet! Hier geht es um Verfahrensweisen, die Thomas Mann wohl im Auge hat, wenn er feststellt, daß dies alles »in artistischer Beziehung [...] weit über allen bürgerlichen Realismus hinausführt«. [45] Solche Feststellungen sind auch auf den Adel zu beziehen, der in der Gesellschaftskritik der späten Jahre so kritisch gesehen wird, wie ihn Gustav Freytag aus der Position seines bürgerlichen Realismus gesehen hat. Dennoch kann er im spätesten der Romane Fontanes, im *Stechlin*, in die reinste Kunstfigurenwelt, in einen Adel, wie er sein sollte, überführt werden; und es ist vermutlich so schwer nicht einzusehen, daß dieser merkwürdige Landedelmann mit dem deutsch-wendischen Vornamen alles andere darstellt als eine nach dem Leben gezeichnete Figur. [46] Schließlich die veränderten Proportionen zwischen Inhalt und Form! Nach den Regeln klassischer Ästhetik hat es solche Veränderungen nicht zu geben; nach diesen Regeln soll Gleichgewicht sein. Im Spätwerk Raabes wie Fontanes wird dieses Gleichgewicht deutlich gestört, und zwar zuungunsten des Inhalts, dem Unterordnung zukommt. Das Wie muß für das Was stehen! Das sind nicht beiläufige Bemerkungen, die sich Fontane am Ende seiner schriftstellerischen Laufbahn erlaubt. Er war sich des erzählerisch Erreichten deutlich bewußt und blickte dabei voraus, nicht zurück. Der Brief an Georg Friedlaender aus dem Jahre 1897 (vom 4. Januar) ist eines der schönsten Zeugnisse solcher Voraussicht am Ende seines Lebens: »An den *Poggenpuhls* habe ich, über Erwarten, viel Freude. Daß man dies Nichts, das es ist, um seiner Form willen so liebenswürdig anerkennt, erfüllt mich mit großen Hoffnungen, nicht für mich, aber für unsre liter. Zukunft.«

Fontane führt mit seiner Romankunst an die Schwelle der Moderne heran und verläßt doch nicht den Traditionsraum, in dem er zum Schriftsteller geworden war. Diese Doppelstellung zeigt sich deutlich im Verhältnis zu Klassik und Klassizismus. Die neuere Realismusforschung hat dem Problem berechtigterweise ihre Aufmerksamkeit gewidmet und gezeigt, wie im Selbstverständnis der Realisten (um die Mitte des Jahrhunderts) Gedankengut der deutschen Klassik und ihrer ästhetischen Prämissen bewahrt und vielfach auch restauriert wird. Es handelt sich zweifellos um zentrale Probleme in der Geschichte der deutschen Literatur, und dieses Jahrhunderts nicht allein. Denn wir sind unsererseits Betroffene oder sind es bis vor kurzer Zeit gewesen: Abhängige von Voraussetzungen, die wir längst als geschichtlich hätten durchschauen müssen. Den Schriftstellern des 19. Jahrhunderts muß man die geschichtliche Nähe zur deutschen Klassik zugute halten. Man muß wissen, daß die Literatur überfordert wird, wenn man annimmt, daß sie möglichst von Jahr zu Jahr den Horizont ihrer Erwartungen kühn und rücksichtslos durchbricht. Das kann sie nicht. Was man Paradigmawechsel nennt, ist nicht das, was in kurzen Zeitabständen vor sich geht. [47] Wohl aber kann sich innerhalb eines Traditionsraumes Neues entwickeln. Zwischen Stilwandel innerhalb einer Tradition und »Traditionswechsel« hat man daher zu unterscheiden. So auch hat man Fontanes Eintreten für das Neue innerhalb eines Traditionsraumes zu sehen. Unter den Schriftstellern seiner Generation ist die Entfernung von diesem Raum vielleicht die weitreichendste, die man sich denken kann. Schon der frühe Fontane läßt es an Kritik in diesem Punkt nicht fehlen. »Es gibt neunmalweise Leute in Deutschland, die mit dem letzten Goetheschen Papierschnitzel unsere Literatur für geschlossen erklären«; so steht es in dem frühen Aufsatz aus dem Anfang der fünfziger Jahre. (1/236); und mit den Klassikern geht er auch später nicht immer respektvoll um. Sie selbst wie ihre Werke sind ihm nicht Denkmale sondern Gegenstände der Kritik, wenn sie gefordert wird. In *Frau Jenny Treibel* wird das Mißverhältnis zwischen Klassik und Gegenwart thematisiert. Das Ziel ist hier wie sonst deutlich: das Vollkommene im Bild des vollkommenen Menschen, des Helden alten Stils, wird gleichsam »hinterfragt«. Es wird, humorvoll und ironisch, desillusioniert. Noch Jahrzehnte nach Fontanes Tod wird unter den Gebildeten in Deutschland ein Bild der Klassik und des hohen Menschen tradiert, das man nur mit Verwunderung zur Kenntnis nehmen kann. Für den in seiner Wissenschaft so verdienstvollen Konrad Burdach ist Schiller »ein von allen Hüllen und Schlacken menschlicher Schwächen« befreites Vorbild; ein »Vorbild der Menschengröße und des Menschenadels«. [48] Einem solchen an deutscher Klassik abgelesenen Menschenbild verweigert der nüchtern denkende Fontane die Gefolgschaft. Er leuchtet dahinter und führt Menschengröße wie Menschenadel auf die Maße des Menschlichen zurück. Es handelt sich dabei um einen tiefgreifenden Wandel in unseren Vorstellungen vom Menschen, wie er sich zumal im Lebenswerk Sigmund Freuds bezeugt. Aber im literarischen Werk Thomas Manns nicht minder!»Denn wohltuend und tröstlich bis zur Erheiterung ist es, an einem großen Mann das Menschliche wahrzunehmen, ihm etwa auf kleine Schliche und Doubletten zu kommen, der Ökonomie gewahr zu werden, die auch in einem solchen für uns unübersehbaren geistigen Haushalt waltet.« [49] So steht es im Roman *Lotte in Weimar*. In der Geschichte solcher Wahrnehmungen und solchen Gewahrwerdens hat Fontane seinen Ort. »Ja, Luise, die Kreatur. Das ist ja, was ich immer sage. Es ist nicht so viel mit uns, wie wir glauben.« (IV/295)

Von der Skepsis Fontanes bleibt der »Dichterberuf« als ein Kernstück klassischer Ästhetik nicht verschont; und was in der frühen Phase noch als klassizistische Tradition nachwirkt, weicht in der Spätzeit nüchterner Betrachtung. Ganz im Stil seines konservativen Denkens kann es im Jahre 1862 (in einem Brief an seine Frau vom 10. Juni) heißen: »Das ist zwar wahr, daß ich mehr mit Adel und Bürgertum in Berührung bin, aber das ist teils eine Folge meines Metiers (Poet und ›Wanderungen‹-Schreiber), teils eine Folge meiner politischen Richtung. Poeten und Künstler haben zu allen Zeiten fast ausschließlich Verkehr mit Fürsten, Adel und Patriziat gehabt; es ist ja auch ganz natürlich.« Paul Heyse hätte es nicht besser zum Ausdruck bringen können. Wie Fontane in seiner Spätzeit über Amt und Aufgabe seines Berufs denkt, ist dem Beitrag über die gesellschaftliche Stellung des Schriftstellers zu entnehmen; und sehr im Gegensatz zu der oben angeführten Äußerung über die mit Fürsten verkehrenden Poeten liest man 1870 Sätze wie diese (in einem Brief an seine Frau vom 6. Mai): »Die ganze Bettelhaftigkeit unserer Zustände stand auf einem Schlag vor mir. *Ich* kann und darf so gehn. Wer bin ich? ein armer, titelloser Schriftsteller, den einige kennen und viele nicht kennen. Da ist von Repräsentation keine Rede.« [50] Der Dichter, das ist in der Auffassung des späten Fontane definitiv nicht mehr derjenige, dem es zukommt, mit dem König zu gehen, wie es im Drama Schillers zu lesen war. Ausgewirtschaftet hat nicht nur das Heldentum, sondern das Sehertum gleichermaßen – trotz Stefan George, der als Dichter fast ein Jahrzehnt lang Fontanes zeitgenössischer »Kollege« gewesen ist. Der Dichterruhm hat aufgehört, etwas Fragloses zu sein. Ein bewegendes Zeugnis solchen Denkens liegt in der Scherenberg-Studie vor. Nach dem Tod des »Tunnel«-Freundes (1881) geschrieben, wurde sie 1884 unter dem Titel *Christian Friedrich Scherenberg und das literarische Berlin von 1840 bis 1860* veröffentlicht. Von Beschönigungen keine Spur! Die Widersprüche des heute vergessenen Poeten, der mit dem Arbeiterführer Lassalle verkehrte und sich zeitweilig als Vorleser am preußischen Königshaus betätigte, werden nicht verschwiegen. Aber daß Fontane ein eigenes Buch über den schon zu Lebzeiten vergessenen Dichter schreibt, ist hier das, worauf es ankommt. Nicht was an seinem Werk unsterblich sein könnte, wird gefeiert. Das Vergängliche ist weit mehr der Anlaß der denkwürdigen Schrift. Anekdotisch wird es zu umschreiben gesucht in einem Abschnitt, der sich selbst erläutert. Fontane erzählt, wie er ein Jahr nach dem Tode des Dichters dessen Grab suchen muß, an dessen Beerdigung er doch teilgenommen hatte: »Den Sommer darauf ging ich hinaus, um mir die Stätte zu suchen, wo der Tote meiner Erinnerung nach liegen mußte. Gräber aber sind wie Wellen, von denen eine der anderen gleicht [...].« Eine Jätefrau wird gefragt, die es auch nicht weiß — bis das Grab schließlich gefunden wird. Fontane kommentiert den Vorfall auf seine Art und deutet damit auf die Vergänglichkeit allen Dichterruhmes hin: »Sein eigen Grab ist ohne Bild und Schmuck geblieben, vielleicht, weil ers so gewollt. Er war bis *dahin* gekommen, wo man bei jeglichem fragt: ›wozu?‹.« (1/733)

Oder handelt es sich hinsichtlich solcher Wandlungen lediglich um Erscheinungen des biologischen Alters, die man bald so und bald anders bewerten kann — negativ mit der Behauptung, die Schaffenskraft lasse nach; positiv im Nachweis eines eigenen weisheitsvollen Stils? Von Raabes Erzählung *Prinzessin Fisch* heißt es (in einem Aufsatz Fritz Martinis), daß an ihr sein Altersstil erkennbar sei: »Für die Formentwicklung des dichterischen Sprechens heißt dies, daß eine Objektivität der Distanz im Alter gewonnen wurde, die das Unruhige, Aufgelöste, Verwirrte, Sprunghafte und Sentimentale des jugendlich Subjektiven beschwichtigte, versachlichte und damit festere und gelassenere Formordnung ermöglichte.« [51] Kehrt Raabe damit zum Objektivitätsideal des poetischen Realismus zurück? Doch wohl nicht. In der Auffassung der Realisten um 1850 ist Leidenschaft ein Moment realistischen Stils. Man legt Wert auf die »Fähigkeit, menschliche Leidenschaft mit intensiver Kraft zu schildern«. [52] Die späten Romane Fontanes sind Romane der Leidenschaftslosigkeit. Aber sind sie es, weil es in der Natur des Menschen beschlossen liegt, im Alter leidenschaftslos zu werden? Was erklärt sich jeweils aus der literarischen Entwicklung und was ist dem Altersstil zuzuschreiben? Verwischung der Detailschärfe, Überwiegen der Reflexion und die Verbindung verschiedener Stile seien Merkmale seines Altersstils, meint Walter Jens. [53] Conrad Wandrey hat seinerzeit Ähnliches wahrgenommen, nur anders, nämlich negativ, bewertet: »›Der Stechlin‹ ist wohl Einheit in Hinsicht des Stils [...], aber nun verblassen die Farben, verschwimmen die Konturen [...]. Nicht eines dieser sechsundvierzig Kapitel ist aufs eigentlich Epische, Dingliche, Anschauliche, Plastische gestellt, man wendet Seiten um Seiten, ohne etwas anderes als Rede und Gegenrede, Frage und Antwort zu vernehmen [...].« [54] In solchen Gestalten bestätige sich das »Versagen der Gestaltungskraft«. Altersschwäche also, nicht Altersstil! Im Falle Raabes sind die »festeren Formordnungen« das Zeichen des Alters; im Falle Fontanes ist es umgekehrt: die Zeichen eines Altersstils werden hier in der Auflösung der Konturen gesehen. Man befindet sich auf schwankendem Boden, und die Frage danach, ob der Stil eines Spätwerks der Entwicklung des literarischen Lebens zuzuschreiben sei oder einfach dem biologischen Alter, gehört zu den schwierigsten und vielfach unentscheidbaren Fragen, die es in Dingen der Kunst gibt. Stilwandel bezieht sich dabei auf den individuellen Werdegang des Künstlers. Aber was sich innerhalb eines solchen Werdegangs als eigener und spezifischer Altersstil ausformt, hängt zu erkennen von zahlreichen Faktoren ab, auch von solchen der literarischen Gattung. Ein spezifischer Altersstil scheint zumal der Lyrik eigentümlich zu sein. In ihr noch am ehesten scheint es Erscheinungen zu geben, die wir als Stilmerkmale eines Altersstils wiedererkennen: die Verkürzungen des sprachlichen Ausdrucks in den späten Gedichten Goethes, Brechts oder Günter Eichs. [55] Es bleibt gewagt, bestimmte Stilmerkmale als Gesetze des Lebensalters unabhängig vom jeweiligen Epochenstil zu ermitteln. Doch zeichnet sich eine gewisse Gesetzmäßigkeit der Verläufe ab. Einem derart gesetzmäßigen Verlauf scheint es zu entsprechen, daß junge Künstler zunächst im Banne einer Konvention beginnen, bis der Durchbruch zum eigenen Stil erfolgt. Späterer Wandel erweist sich zumeist als ein Wandel auf der Grundlage dieses Stils. Es handelt sich um Fortführungen, Erweiterungen und Erneuerungen. Aber der Durchbruch zu einem neuen, Tradition bildenden Stil unterbleibt. Kaum je tritt der Altersstil eines Künstlers, wenn es ihn gibt, als Traditionsbruch in Erscheinung, was Theodor W. Adorno zu dem harten, fast unbarmherzigen Wort verleitet haben könnte, daß Spätwerke in der Geschichte der Kunst die Katastrophe seien. [56] Dem ist auf keinen Fall zuzustimmen. Die letzten Dornburger Gedichte Goethes sind späteste und herrlichste Alterslyrik, aber auf der Grundlage eines Stils, an dem man noch immer den Ton Goethescher Gedichte erkennt. Auf solche Weise kommen Überlagerungen zustande: eine Gleichzeitigkeit des Ungleichzeitigen, wie es sie in jeder Epoche gibt. Fontanes Spätwerk bestätigt solche Verläufe. Er begibt sich aus dem Traditionsraum nicht hinaus, in dem er zum Schriftsteller geworden ist. Aber innerhalb dieses Raumes hat er es an Erweiterungen nicht fehlen lassen. Es war ihm dabei nicht so wichtig, dieser oder jener neuen Richtung zu folgen, wenn es nur Neues war, für das er sich verwenden konnte. Präraffaelitentum, Realismus, Naturalismus, Impressionismus: alles das habe nur Wert, wenn es »etwas Neues, eine neue Anschauung des Äußerlichen oder Innerlichen, Erweiterung oder Vertiefung aufzuweisen hat.« [57] Über die Eigentümlichkeit solcher Stilverschiebungen handelt Klaus Günther Just in seiner Geschichte der deutschen Literatur *Von der Gründerzeit bis zur Gegenwart* und führt aus: »Fontane hebt mit seinem Spätwerk die gängigen literargeschichtlichen Kategorien aus den Angeln. Das ist vom Wandel des epochalen literarischen Bewußtseins her nicht zu fassen, sondern allenfalls als ein individuell determinierter, wenn auch nicht individuell begrenzter ›Mutationssprung‹ zu erklären.« [58] Aber daß dieser Wandel doch vielleicht zu fassen sei — als Stilwandel und als Bewußtseinswandel gleichermaßen — nehmen wir dennoch an.

Fragen des Altersstils stellen sich indessen im Spätwerk Fontanes noch in einem sehr konkreten Sinn. Zu den liebenswertesten Figuren im Personenensemble seiner Romane gehören neben den jungen Frauen die älteren Herren — die »großen alten Männer« von der Art des Präzeptors in Altenbrak, des Gymnasialprofessors Wilibald Schmidt, des Herrn von Briest oder Dubslavs von Stechlin. Mit der Familie Fontanes — Vater und Sohn — scheinen sie in verwandschaftlichen Beziehungen zu stehen. Das Porträt des eigenen Vaters meint man in einigen Zügen wiederzuerkennen, aber auch Züge eines Selbstporträts nimmt man wahr. Ein Brief aus den letzten Lebensjahren, an Ernst Heilborn vom 16. 1. 1897, deutet es an: »Es ist gewiß richtig, daß das Kolonistische, die Familie, die Sippe, der Clan in alles, was ich schreibe, hineinspielt, und es ist zweimal richtig, daß viele meiner Figuren nach dem Bilde meines Vaters — mit dem ich übrigens selbst viel Ähnlichkeit habe, nur daß er naiver war — gearbeitet sind.« Alle diese Personen stehen dem Erzähler in einer Weise nahe, daß man den Eindruck gewinnen kann, Figur und Erzähler seien ein und dieselbe Person. So wie sie sprechen, so spricht auch Fontane als biographische Person. Thomas Mann hat es beiläufig vermerkt; »daß man oft Dubslav von Stechlins und des alten Herrn von Briest eigene Stimme zu hören glaubt — zum Zeichen, wieviel ihr Autor diesen noblen alten Skeptikern von sich selbst gegeben hat.« [59] Die eigene Lebensart und die eigenen Redeformen werden den »noblen alten Skeptikern« im buchstäblichen Sinne des Wortes »angedichtet«. Ihr Humor ist der Humor des Erzählers nicht nur, sondern derjenige Fontanes. Was man Altersstil nennt, ist vornehmlich an den alten Herren der späten Romane zu erläutern. Auch diese Vorliebe hat Fontane mit Raabe gemeinsam, in dessen Spätwerk Personen von der Art Fritz Feyerabends (in *Altershausen*) so von sich und ihrem Leben reden, daß man gern hört, was sie erzählen. Im Spätwerk Fontanes sind sie beide, der Vater so gut wie der Sohn, zu noblen Skeptikern geworden, die über die Ambivalenz der Dinge Bescheid wissen. Bis in den autobiographischen Roman *Meine Kinderjahre* setzt es sich fort. So zumal in dem für jeden Leser unvergeßlichen Kapitel »Vierzig Jahre später«. Es wird erzählt, wie man sich im Hause des Vaters zum Mittagessen trifft. Das plauderhaft geführte Gespräch wendet sich der gewiß nicht weltbewegenden Frage zu, ob Kalbsbrust etwas Großes sei oder etwas Kleines — einer Frage, die der Sohn mit dem charakteristischen Ja und Nein seiner Redeform beantwortet. Er findet damit sogleich die Zustimmung des Alten: »Das ist recht. Daran erkenn' ich dich auch. Man kann nicht so ohne weiteres sagen, Kalbsbrust sei was Kleines. Und nun wollen wir anstoßen!« (4/155) Die Philosophie des Kleinen, der Wilibald Schmidt auf seine Art das Wort redet, bringt sich in Erinnerung: »Ja und Nein, Distelkamp. Das Nebensächliche, soviel ist richtig, gilt nichts, wenn es bloß nebensächlich ist, wenn nichts drin steckt. Steckt aber was drin, dann ist es die Hauptsache, denn es gibt einem dann immer das eigentlich Menschliche.« (IV/360) Es ist alles Fontanesche Causerie, Altersrede und Humoristenart. Vater und Sohn, Figur und Erzähler, sind in solchen Situationen kaum noch voneinander zu unterscheiden; und das alles ist nicht von ungefähr so, sondern Stil — Altersstil, in dem sich aus dem »wirklichen« und aus dem poetischen Bild eines Menschen ablesen läßt, worin das »Eigentliche« die dargestellte Menschlichkeit, beruht, auf die es Fontane ankommt. Diese Personen — in der Wirklichkeit wie im Roman — scheinen auswechselbar zu sein und sind dennoch unverwechselbare Geschöpfe einer Schriftstellerindividualität, die ihrerseits so ist, wie sie ist: ein unverwechselbarer Mensch. Was Fontane 1881, im Brief vom 13. Juli, an Raabe schreibt, darf — hier und sonst — auf ihn bezogen werden: »Es ist so hocherfreulich, einem Individuum zu begegnen und seiner Eigenart [...].« Im Versuch, sich über das Augenfällige dieser Eigenart näher zu erklären, sieht man sich auf die vielberufene Skepsis verwiesen; auf das, woran man ihn vor allem erkennt. Sie scheint eine »Grundlinie« seines Künstlertums wie seines Menschentums zu sein; und ein Element seines Altersstils obendrein. In dem wiederkehrenden Ja und Nein der Rede tritt sie hervor; und natürlich macht sie sich vor allem dort bemerkbar, wo es darum geht, sich eindeutigen Lösungen zu versagen. Alles deutet darauf hin, daß die Skepsis Fontanes zur Lebensform geworden ist. Dennoch ist sie nicht der letzte Bezugspunkt, die ultima ratio seines Verhaltens. Es fällt auf, daß man diese Skepsis zumeist mit einer positiven »Zutat« versieht, daß man ihr Begriffe zuordnet, die sie gleichsam »transzendieren«. Fontanes Skepsis ist als etwas Nobles geschätzt. Sie tritt in Verbindung mit anderen, durchweg schätzenswerten »Dingen« auf: als Skepsis und Glaube, als Skepsis und Güte oder als Skepsis und Festigkeit; so in einer Wendung Heinrich Manns, dem wir in neuerer Zeit die wohl ansprechendste Charakteristik Fontanes verdanken: »Was er sieht, ist bei allem, in jedem auch das andere, weshalb er abgelehnt wird, wo und wann fanatische Einseitigkeit die Macht antritt. Er war, in Skepsis wie in Festigkeit, der wahre Romancier, zu seinen Tagen der einzige seines Ranges.« [60]

3. Die Individualität des Schriftstellers

Was über Stilwandel und Altersstil, über das Unverwechselbare und die Eigenart einer Schriftstellerindividualität gesagt wurde, hat eine, sozusagen, methodische Seite, über die am Ende dieser Monographie noch ein Wort zu sagen bleibt — ohne die Absicht, sich in unabsehbaren Methodendiskussionen zu verlieren. Es geht zunächst um das, wovon bereits die Rede war: daß Fontane bestimmten Personen seiner Romane etwas von sich mitgibt, die Skepsis zum Beispiel. Es scheint sich dabei um einen Biographismus zu handeln, von dem die neuere Literaturwissenschaft mit Recht nicht viel hält. Die gerade Linie von der Wirklichkeit zum Werk ist als Soziologismus so suspekt, wie sie es als Biographismus ist. Aber darum geht es in Fragen wie diesen keineswegs. Vielmehr handelt es sich darum, daß uns, den Lesern, Literaturfreunden oder Erforschern der Literatur, die Person eines Schriftstellers nichts Nebensächliches ist und daß ein solches Interesse nicht voreilig als Indiskretion verdächtigt werden muß. Dichter, Schriftsteller, Poeten — oder wie man sie nennen will — sind keine Ausnahmemenschen und keine Übermenschen. Auch Seher und Propheten sind sie nicht. Sie sind, in vieler Hinsicht, Menschen wie wir. Aber etwas Besonderes, abgesehen von allen Gemeinsamkeiten, sind sie doch. Wenn ihre Literatur etwas wert ist, auch und gerade nach der menschlichen Seite hin, dann sollte angenommen werden, daß sie uns als Individuen etwas bedeuten. Wenn sie »Menschliches« darzustellen vermögen, das uns bewegt, dann sollte angenommen werden, daß sie selbst als Menschen etwas darstellen. Die Zusammenhänge sind kompliziert; keine Poetik, kein Handbuch gibt hierüber Auskünfte brauchbarer Art. Was in Frage steht, entzieht sich der Definition. Es bleibt aber anzumerken, daß Fontane seinerseits diesen Fragen wiederholt Beachtung schenkte. Sie sind ein Bestandteil seiner eigenen »Poetik«, wenn man das Wort einmal in einem generösen Sinn gelten läßt. Er äußert sich darüber oft. Zu den damals viel gelesenen Modeschriftstellern gehört der heute vergessene Julius Wolff. Über seine Qualitäten urteilt Fontane in einem Brief an Georg Friedlaender; in Anbetracht der Popularität dieses Autors habe er sich ständig fragen müssen: »bist du nicht zu weit gegangen? kannst du verantworten, was du gesagt?« Solchen Fragen an sich selbst folgt die Begründung, und sie ist bezeichnend für Fontanes »Theorie« der Kunst: »ich darf sagen: ich *kenn'* ihn, und weiß, daß er unsagbar unbedeutend ist. Ein unsagbar unbedeutender Mensch aber kann keine 2bändige große Dichtung schreiben [...].« (vom 5. Juli 1885) In einer Stellungnahme über den russischen Historienmaler Wereschtschagin, dessen Bilder 1882 in einer Berliner Ausstellung zu sehen waren, bringt Fontane das ihn beschäftigende Problem erneut zur Sprache; und hier auf eine höchst eindringliche Weise. Die Frage nach der Art des Menschentums in einem jeden Künstlertum wird deutlich und vernehmbar gestellt. Es handelt sich um einen Brief an Emil Dominik (vom 13. Februar 1882); Fontane schreibt: »Ich freue mich sehr, daß Ihnen die Wereschtschagin-Ausstellung auch ein solches Entzücken bereitet. Einfach stupend. Unsern Malern gereicht es zur Ehre, daß sie sich, soviel ich gehört habe, neidlos unterwerfen. Der eine oder andre vielleicht mit einem stillen ›Aber‹ im Herzen, mit einem ›Aber‹, das nicht notwendig in kleiner Gesinnung oder Laune wurzelt, sondern möglicherweise seine Legitimation beibringen kann. Über das kolossale Können herrscht kein Zweifel. Aber wie steht es mit dem innersten Leben, mit der Seele dieser Schöpfungen? Es ist jetzt Mode, derartige Fragen als albern abzulehnen, und doch sollt es mich nicht wundern, wenn eben diesen Fragen, unter der Pression des Augenblicks, gerade von denen wieder aufgenommen würden, die sich, solange sie die Siegreichen und auf ihrem eigenen Gebiete nicht Überholten waren, in der Verspottung solcher Themata gefielen. Sie werden sich jetzt wohl oder übel hinter die Frage flüchten: ist das vollendete Können alles, und ist es gleichgültig, ob ein Engel oder ein Teufel, ein Kluger oder ein Dummer, ein Feiner oder ein Grober den Pinsel führt? Ist aber die Frage mal gestellt und in ihrer Berechtigung zugegeben, so wird auch die seither gewaltsam zurückgedrängte Frage nach dem poetischen Wert der Kunstwerke wieder lebendig werden. Es gibt kein Kunstwerk ohne Poesie, wobei nur zu bemerken bleibt, daß die *vollendete Wiedergabe der Natur* auch allemal einen höchsten Grad poetischer Darstellung ausdrückt. Nichts ist seltener als dieser höchste Grad [...]. Die Regel ist, daß der Künstler in seinem Nachschaffen kein Gott, sondern ein Mensch, ein Ich ist und von diesem Ich in seine Schöpfung hineinträgt. Und von diesem Augenblick an, wo das geschieht, dreht sich alles um die Frage: ›Wie ist dies Ich?‹ Nach meinem unmaßgeblichen Dafürhalten ist das ›Ich‹ Wereschtschagins kein höchstes Ich. Etwas in ihm ist sonderbar. Es ruht etwas in seiner Seele, das nicht gesund ist. Daher sind alle seine Bilder mehr sensationell als poetisch.« [61] Wie ein Künstler-Ich beschaffen ist: das ist hier die Frage, und eigentlich ist es eine sehr radikale Frage, die Fontane stellt; wie anzunehmen, aus der Überzeugung heraus, daß uns die Individualität eines Künstlers etwas bedeuten kann, deren Werke uns beschäftigen. Es scheint sich um sehr altmodische Fragen zu handeln, was Fontane selbst zugibt. Er ist mit solchen Fragen, wie man meinen könnte, im Begriff, sich den Weg zur Moderne zu versperren. Denn gerade die rigorose Trennung zwischen Künstler und Mensch ist der modernen ars poetica gemäß. Ihre Theoretiker suchen die Trennung zu rechtfertigen, indem sie sich, wie Gottfried Benn, für eine Theorie des Doppellebens verwenden. »Es ist eine Erkenntnis, und es ergibt sich aus ihr, daß der Kunstträger in Person irgendwo hervortreten oder mitreden *nicht* solle, ›unter Menschen war er als Mensch unmöglich‹ — seltsames Wort von Nietzsche über Heraklit — das gilt für ihn.« [62] Solche Ansprüche sind ganz im Sinne Benns; doch liest man es gelegentlich auch anders. »Kein Satz, kein wirklicher Satz, kommt zustande, wenn nicht hinter ihm das ganze Pathos und das ganze innere Leiden der Persönlichkeit steht.« [63] Also doch! »Unter Menschen war er als Mensch unmöglich« — damit wird nicht widerlegt, was der Erörterung bedarf. Denn die Frage nach der Bedeutung einer Schriftstellerpersönlichkeit, nach dem, was sie uns noch bedeutet, ist nicht von moralischen Werturteilen her motiviert. An bürgerliche Tugendsysteme ist nicht gedacht. Doch gibt es auch politische Aspekte dieses Problems, die Max Frisch in seinem Tagebuch notiert: »Aber die Angst vor einer solchen Kunst, die das Höchste vorgibt und das Niederste duldet [...]. Diese Angst ist nicht aus der Luft gegriffen. Ich denke an Heydrich, der Mozart spielte; als Beispiel einer entscheidenden Erfahrung. Kunst in diesem Sinne, Kunst als sittliche Schizophrenie, wenn man so sagen darf, wäre jedenfalls das Gegenteil unsrer Aufgabe, und überhaupt bleibt es fraglich, ob sich die künstlerische und die menschliche Aufgabe trennen lassen.« [64] Hier wird mit Gewißheit nicht mehr im Sinne einer Theorie des Doppellebens gedacht; hier wird anders gedacht.

Gegenüber solchen Überlegungen bringt sich der Einwand von der Antiquiertheit des Individuums in Erinnerung. In der Weltgeschichte wie in der Literaturgeschichte geht die Entwicklung seit langem über den Einzelnen hinweg, und die Dichter werden von solchen Entwicklungen nicht verschont. Die Wissenschaft trägt dem Rechnung, wenigstens seit dem russischen Formalismus auch in methodischer Hinsicht. Man spricht von einer Dezentralisierung des Subjekts und beschreibt seine veränderte Stellung entsprechend: »Was für jede idealistische Philosophie eine Selbstverständlichkeit war: das Subjekt zum Ausgangspunkt zu nehmen, ist überwunden worden. [...]« [65] Vor allem der Strukturalismus in seinen verschiedenen Varianten ist an übergreifenden Ordnungen und Systemen interessiert, der russische Formalismus an literarischen Formen wie Märchen, Sage oder Volkslied: »Als Signum dafür gilt das Interesse für eine literarische Gattung, deren Subjekt nicht als forschendes Subjekt zu identifizieren ist.« [66] Inzwischen ist man aber im Begriff, den Bogen zu überspannen. Die Dezentralisierung des schöpferischen Subjekts, in gewissen Grenzen gerechtfertigt, rechtfertigt noch nicht seine Liquidierung, und es sieht ganz so aus, als habe man sie hier und da im Sinn. Der gesamte Rahmen müsse zerspringen; der Gegenstand müsse sich umkehren: »Der Literatur das Individuum amputieren!« So verkündet es der zu vergnüglicher Provokation allzeit aufgelegte Roland Barthes. [67] Es lag daher nahe, die Frage zu stellen, die den Literarhistorikern jüngst gestellt wurde: was sie denn noch berechtigen könne, sich mit einzelnen Autorengrößen zu befassen. »Sobald Literatur verstanden wird als gesellschaftlicher Prozeß, läßt sie sich kaum noch auflösen in biographische Nischen«, gibt Reinhard Baumgart zu bedenken. [68] Daß mit solchen Einwänden jeder unzeitgemäße Dichterkult in Frage gestellt wird, ist offenkundig und gut. Doch wollen wir bestreiten, daß sich damit die Individualität des Schriftstellers als wissenschaftlicher Gegenstand erledigt. Das Einzelwerk wie den personalen Stil kann man weiterhin erforschen, weil mit solchen Beschränkungen auf Individuelles die Erkenntnis an Schärfe gewinnt. Gleichwohl: jeder Literaturgeschichte ist zu mißtrauen, wenn sie Dichternamen wie Perlen zur Kette reiht, und daß eine »Beschreibung der Literatur, die einem schon sanktionierten Kanon folgt und Leben und Werk der Schriftsteller einfach in chronologischer Reihenfolge hintereinandersetzt«, noch keine Geschichte ergibt, macht Hans-Robert Jauß mit Fug und Recht geltend. [69] Nicht einmal als Biographie kann das Buch über einen individuellen Autor gerechtfertigt sein, wenn die Individualität seiner Person, seines Charakters oder seines Lebens das letzte Ziel aller Anstrengungen sein sollte. »Es handelt sich nicht darum, ›den Dichter kennen zu lernen‹, sondern die Welt und jene, mit denen zusammen er sie genießen und zu verändern sucht«, heißt es bei Brecht. [70] Auch die Fragestellung dieses Buches hat nicht in der Person, in der Individualität oder in der Biographie Fontanes ihr Ziel. »Kunst ist der Zweck der Kunst wie Liebe der Zweck der Liebe, und gar das Leben der Zweck des Lebens ist«, schreibt Heine 1838 an seinen Schriftstellerkollegen Karl Gutzkow. [71] Und der Zweck eines Buches über Literatur ist die Literatur, die stets den Horizont eines Einzelnen übersteigt: als Teilhabe am Bewußtseinswandel des Menschen, als Interesse an der condition humaine.

4. Gesellschaft und Menschlichkeit

Was Literatur soll, wozu sie dient und wem sie nützt, sind Fragen, die zu ihrer Beantwortung eine eigene und vermutlich umfangreiche Abhandlung erforderlich machten. Sie ist vom Schlußwort eines Buches nicht zu erwarten. Aber was Literatur in der Sicht Fontanes soll, wie er ihren Zweck in unserer von Zwecken bestimmten Gesellschaft gesehen hat, ist mit einigen Hinweisen noch zu erläutern, denen vielleicht Einsichten allgemeinerer Art zu entnehmen sind. Daß er sein Metier als eine Lebensaufgabe verstand und im Schreiben von Romanen mehr sah als unverbindliche Schreiberei zum Zweck der bloßen Unterhaltung, bestätigt die Berufskrise des Jahres 1876, seine definitive Entscheidung für den Schriftstellerberuf; und noch ehe der erste Roman erschienen war, hatte sich der als Romancier unbekannte Autor für diese höchst risikoreiche Existenz entschieden. Auch die Rechte der Kunst — seiner eigenen wie der Kunst allgemein — hat er stets entschlossen verteidigt, wo er meinte, daß ihr nicht die Achtung entgegengebracht werde, die ihr zukommt. Zumal in seinen Briefen fehlt es nicht an temperamentvollen Stellungnahmen zu ihren Gunsten. »In Anschauungen bin ich sehr tolerant, aber Kunst ist Kunst. Da versteh ich keinen Spaß. Wer nicht selber Künstler ist, dreht natürlich den Spieß um und betont Anschauung, Gesinnung, Tendenz«, schreibt er 1883 in einem Brief (vom 12. Juni) an seine Frau, in dem er einmal mehr sich mit Zola auseinandersetzt — hier mit dem Roman *L'assommoir*. Und welchen Zweck im besonderen der Roman haben kann, hat er in einer vielzitierten Passage der *Ahnen*-Rezension erörtert, in der es heißt: »*Was soll ein Roman?* Er soll uns, unter Vermeidung alles Übertriebenen und Häßlichen, eine Geschichte erzählen, an die wir *glauben*. Er soll zu unserer Phantasie und unserem Herzen sprechen, Anregung geben, ohne aufzuregen; er soll uns eine Welt der Fiktion auf Augenblicke als eine Welt der Wirklichkeit erscheinen, soll uns weinen und lachen, hoffen und fürchten, am Schluß aber empfinden lassen, teils unter lieben und angenehmen, teils unter charaktervollen und interessanten Menschen gelebt zu haben, deren Umgang uns schöne Stunden bereitete, uns förderte, klärte und belehrte.« (1/316) Das ist keine sehr anspruchsvolle Theorie, aber es ist eine dem Leser gegenüber menschenfreundliche Theorie, die es zuläßt, daß man Literatur nicht einseitig versteht und daß man sich mit ihren Werken wie mit den Autoren befreundet. [72] Dieser Textabschnitt enthält eine Zweckbestimmung des Romans (oder der Literatur allgemein), wie sie gewissen Erwartungen von Literatur wohl entspricht. Der Roman als Literatur wird nicht als etwas in jeder Hinsicht Nutzloses verstanden, sondern er hat seinen Nutzen durchaus: er fördert, klärt und belehrt. Bezieht man die Gesellschaft in die Zweckbestimmung ein, um deren Darstellungen es in diesen Romanen vornehmlich geht, so kann das »Nützliche« einer solchen Literatur dahingehend erläutert werden, daß wir ein lebendiges und anschauliches Bild der Gesellschaft erhalten und zur Kritik an ihr angeregt werden, weil eine solche Kritik eines seiner wesentlichen Stilmerkmale ist. Der gesellschaftliche Sinn, wenn man den Zweck der Literatur in erster Linie darin erkennen sollte, ist damit in einem vordergründigen Sinn gerechtfertigt. Aber den »eigentlichen« Zweck, wie er aus diesem Romanwerk herzuleiten ist, hat man damit nicht erfaßt; und wenn es, gewiß nicht unberechtigt, das Ziel aller Kritik ist, eine Veränderung der kritisierten Gesellschaft herbeizuführen, so kann wohl Enttäuschung nicht ausbleiben, weil sich am Ende nicht bestätigt, was man sich erhoffte. Der Roman Fontanes ruft nicht unmittelbar zu Veränderung auf und bietet keine Lösungen an. Er stellt sich in den Dienst keiner Gesellschaftstheorie. Seine Kritik ist gewissermaßen eine Kritik ad hoc, auf eigene Faust und ohne jedwede »Absicherung« durch politische Philosophien. Sie kommt gesellschaftspolitisch und politisch überhaupt nicht vom Fleck. Es ist wie im Drama Schillers: wenn die Tragödie zu Ende ist, kann alles von vorne beginnen. In einer Notiz zum Demetrius wird die »Struktur« dieser »Vergeblichkeit« formuliert, die indes sehr wohl auf den »eigentlichen« Zweck der Kunst verweist: »Dieser Monolog des zweiten Demetrius kann die Tragödie schließen, indem er in eine neue Reihe von Stürmen hineinblicken läßt und gleichsam das Alte von neuem beginnt.« [73] Die Struktur einer solcherart poetischen Vergeblichkeit ist die Struktur dessen, was sich im Kreise dreht. Die Ambivalenz, damit zusammenhängend, wird zum Ärgernis für alle diejenigen, die es ungeduldig zur »handgreiflichen« Veränderung, der Welt und der Menschen, drängt. Sie alle müßte dieser Schriftsteller enttäuschen, wenn sie sich mit einer derart vordergründigen »Sinngebung« zufrieden geben sollten. Denn natürlich wäre zu zeigen — und war zu zeigen — daß dort, wo sich ein Schriftsteller den Aktivisten aller Schattierungen versagt, die Kunst vielfach erst zu sich selber kommt und ihr Eigenrecht in einer Welt begreifen lernt, die solches Recht nicht unbedingt achtet. Man erwartet, daß sich auch diejenigen, die Literatur »machen« oder erforschen, zur Verfügung stellen; man schätzt die dienstbaren Geister.

Im Blick auf das Romanwerk Fontanes und seinen gesellschaftlichen Sinn müssen wir uns noch deutlicher erklären; und als eine Art Fazit kann gesagt werden, daß weder die Gesellschaft noch deren Veränderung recht eigentlich als der Fluchtpunkt aller interpretatorischen Erörterungen gelten kann. Es gibt Äußerungen, die das Neue so vorbehaltlos bejahen, daß man meinen sollte, jede Einschränkung erledige sich von selbst; und jedes Eintreten dafür heißt wünschen, daß es anders werde, daß Veränderung und Wandel sei. An Beispielen solchen Eintretens fehlt es nicht. Sie waren wiederholt zu zitieren. Es gibt die Betrachtung über moderne Kunstbestrebungen mit dem Votum, daß allen Richtungen und Strömungen ein Wert erst zukommt, wenn sie ein neues Element enthalten, »etwas Neues, eine neue Anschauung des Äußerlichen

Gesellschaft und Menschlichkeit 481

oder Innerlichen [...].« [74] Und es gibt die berühmte, schon mehrfach zitierte Wendung, die der Erzähler Fontane nicht zufällig »seine« Gräfin Melusine aussprechen läßt: »Alles Alte, soweit es Anspruch darauf hat, sollen wir lieben, aber für das Neue sollen wir recht eigentlich leben.« (V/270) Doch Rechtfertigungen des Neuen um jeden Preis sind es nicht. Denn so wenig der Status quo einer Gesellschaft bedingungslos verteidigt werden kann, so wenig kann, um des Menschen willen, die Veränderung um jeden Preis zur Aufgabe, zum Ziel und zum Zweck der Literatur gemacht werden. »Man ist nicht bloß ein einzelner Mensch« — das ist richtig. Es handelt sich um einen »Ausspruch« Fontanes, der seinen Sinn für »Sozialität« erneut bestätigen kann. Doch wieviele solcher Bestätigungen auch beigebracht werden: die Gesellschaft, so wie sie ist oder wie sie sein sollte, ist nicht das letzte Ziel seines Denkens. Aber die Menschlichkeit des Menschen ist es. Und dies in einem keineswegs nur individuellen, sondern in einem zugleich »menschheitlichen« Sinn; fast so, wie es Schiller in der Ankündigung der *Horen* erläutert und definiert: als Bedürfnis nämlich an dem, was »rein menschlich« ist. [75] Da trotz aller unbezweifelbar vorhandenen Kritik die Gesellschaft nicht als Ziel und »Zweck« seiner Romane anzusehen ist, hat man Grund, sich nach gleichsam »höheren« Zwecken umzusehen, von denen aus das Eintreten für Veränderungen durch Kritik ebenso gerechtfertigt erscheint wie die künstlerische Absicht, sich ihnen gegebenenfalls zu versagen.

Und der »höhere« Zweck: das ist zugleich der »eigentliche« Zweck; oder in der Sprache Fontanes — unbestimmt genug und oft genug zitiert — das »eigentlich Menschliche«, wie er es gern bezeichnet. Wir richten uns abschließend auf einen Brief aus dem Jahre 1891 und geben Fontane zum letztenmal das Wort — mit dem Hinweis, daß der Stil dieser Briefe, ihre Mühelosigkeit und lässige Prägnanz, ein eigenes Buch verdient hätte; denn sie sind nicht nur ein Bestandteil des literarischen Werkes, sondern ihrerseits Literatur, »Meisterwerke« ihrer Art. Ein Brief Fontanes also noch einmal und zum letztenmal! Er ist an den Freund Moritz Lazarus gerichtet und erwähnt beiläufig den Schriftsteller Leo Berg, einen Theoretiker des Naturalismus, den man heute im allgemeinen nur noch aus der Literaturgeschichte kennt. Von ihm heißt es in diesem Brief, daß er noch immer am sexuellen Problem »herumlöse«; und etwas apodiktisch fährt Fontane dazwischen: »All der Quatsch, der sich geriert, als läute er eine neue Weltperiode ein, wird binnen kurzem vergessen sein, während der Bauer, der noch lebend für einen Sechser rasiert werden will, weil es nachher zwei Groschen kostet, in Äonen nicht untergehen kann. So waren die Menschen immer, und so werden sie wohl auch bleiben. Und dies Menschliche zu lesen, entzückt mich um so mehr, je rarer es, nicht im Leben wohl, aber in der Literatur wird« (vom 1. Juli 1891). Der sich hier äußert, also Fontane, ist keineswegs abgeneigt, sogar einer neuen Weltperiode zu mißtrauen. Ob die Kritik am »sexuellen Problem« berechtigt ist, stehe dahin; es wäre denkbar, daß eine einläßlichere Befassung mit Fragen wie diesen seiner Romankunst nicht so schlecht bekommen wäre. Bedenkt man indessen, wie zentral gesellschaftliches und geschichtliches Denken sein schriftstellerisches Werk bestimmt, so könnte man meinen, man habe es in dieser Stellungnahme mit einer beiläufigen und zufälligen Bemerkung zu tun, mit einer Zurücknahme, die man am besten auf sich beruhen läßt. Denn alles Gesellschaftliche scheint hier vergessen zu sein; ebenso wie das Bewußtsein geschichtlichen Wandels. Es sieht ganz so aus, als sei Fontane nur noch am Überzeitlichen interessiert, an einer Humanitätsidee, wie es den Anschein hat, die über die Zeiten hinweg gilt. Aber so ist es ja nicht; denn natürlich wird hier der Mensch durchaus in seiner Zeitlichkeit gesehen, in den wirtschaftlichen Zwängen, die sein Verhalten motivieren; und daß der Blick auf einen Bauern fällt, der sich rasieren lassen will, ehe das Rasieren teurer wird, ist wenigstens eine sozialgeschichtliche Nuance in diesem keineswegs geschichtslosen Bild. Wie im Roman handelt es sich um eine Spannung zwischen dem, was in der Zeit ist und dem, was jederzeit so ist; und aus solchen Spannungen heraus, aus dem ihnen innewohnenden Antagonismus von Gesellschaft und Menschlichkeit, versteht sich das, was den Beobachter im Anschauen des Bildes so entzückt. An dieser Person, an dem Bauern unseres Briefes, wird ein Verhalten wahrgenommen; und wie es sich in das größere Bild eines Romans eingefügt hätte, können wir nur vermuten. Daß sich Fontane als Erzähler nicht mit der anekdotischen Wiedergabe des Bildes begnügt hätte, ist anzunehmen. Die Wiedergabe des Wahrgenommenen wäre vermutlich mit bestimmten »Einstellungen« verknüpft worden: mit Sympathien oder Distanzierungen, die hier das konstituieren, was als »dies Menschliche« bezeichnet wird. Damit ist nicht gemeint, daß nur der einzelne Mensch unverändert bleibt, wie er ist. Die »Jederzeitlichkeit« bezieht sich auf die Menschen überhaupt; der Plural besteht zu Recht: »So waren die Menschen immer und so werden sie wohl auch bleiben.« Daraus folgt, daß auch die Systeme, die Regierungssysteme, von Menschen gemacht und beherrscht, immer so sind und — bei allen Unterschieden und Veränderungen — »im Prinzip« so bleiben. Es ist der Mensch zu jeder Zeit, der in Gruppen, Parteien, Staaten und Gesellschaften den Menschen — nicht nur das Individuum! — bedrängt; oder wie es Schiller aus der Erfahrung seiner Zeit heraus formuliert: »in Spannung setzt, einengt und unterjocht«; und es ist in seiner Sicht die Aufgabe der Kunst, ihr vornehmster Zweck, ihn, den Menschen, »wieder in Freiheit zu setzen.« [75] Die Bedürfnisse der Gesellschaft, viel berufener Begriff der Zeit, und das Bedürfnis an dem, was »rein menschlich« ist und den Menschen als Menschen angeht, sind demnach nicht identisch. Sie divergieren. Der Roman Fontanes lebt in hohem Maße aus der Spannung solcher Divergenzen; und die eigene Stellung — zwischen Skepsis und Ambivalenz, zwischen Ordnung und »freier Herzensbestimmung«, sein Schwanken wie seine »Unzuverlässigkeit« — wird von hier aus noch einmal einsehbar und verständlich. Sie erklärt sich am wenigsten aus seinem Charakter, auch nicht als Widerspiegelung einer bestimmten Zeitlage. Der Widerspruch, diese durchgängige Divergenz, von

Gesellschaft und Menschlichkeit

der gesprochen wurde, liegt in der Sache selbst: im Wesen der Kunst, der Literatur und eigentlich aller Wissenschaften, die man Humanwissenschaften nennt. Er beruht in dem, worüber man zu bestimmten Zwecken verfügen kann, und dem, was in einem letzten Sinn nicht verfügbar ist. Damit werden Kunst und Wissenschaft gewiß nicht um ihrer selbst willen gerechtfertigt. »Ich halte dafür, daß das einzige Ziel der Wissenschaft darin besteht, die Mühseligkeit der menschlichen Existenz zu erleichtern. Wenn Wissenschaftler [...] sich damit begnügen, Wissen um des Wissens willen aufzuhäufen, kann die Wissenschaft zum Krüppel gemacht werden«, läßt Brecht seinen Galilei sagen, und solche Bestimmungen übernimmt man, was die Literatur betrifft, gern. [76] Der Weg zu solchen oder verwandten Zielen führt in jedem Fall über das Bewußtsein des Einzelnen — jedes Einzelnen —, der sich mit Literatur befaßt, den sie »erreicht« und in dem sie etwas bewirkt, so daß daraus eine Geschichte entstehen kann, eine Bewußtseinsgeschichte, als die sie hier verstanden wurde. Worin die Wirkungen beruhen und wie sie zu ermitteln sind, bleibt meistens offen, und keine noch so perfekte Rezeptionstheorie wird daran sehr viel ändern. Denn der Weg vom Bewußtsein zur Praxis der Gesellschaft ist kein direkter Weg. Hier ergeht es der Literatur wie jeder Theorie, und so, wie Adorno diesen Weg beschreibt, ist seine Beschreibung auch für unsere Zwecke zu gebrauchen: »Diejenige Theorie dürfte noch die meiste Hoffnung auf Verwirklichung haben, welche nicht als Anweisung auf ihre Verwirklichung gedacht ist.« [77] Man darf daher die Literatur hinsichtlich ihrer möglichen Wirkungen nicht überfordern; und die Humanwissenschaften befänden sich in derselben Lage, wollte man es tun. In solchen Wirkungen, die niemals direkt nachweisbar sind, beruht ihre relative Autonomie, ihr eigentlicher Sinn. Das ist eine Annahme, eine Hoffnung, und eigentlich ist es ein Glaube: daß nämlich mit solcher Tätigkeit etwas bewirkt werde und daß sie nicht folgenlos bleibe; oder, um es konkreter zu sagen, daß Literatur und Literaturwissenschaft mitwirken sollen »am stillen Bau besserer Begriffe [...] von dem zuletzt alle wahre Verbesserung des gesellschaftlichen Zustandes abhängt«. [78]

Anmerkungen

Die Frage, nach welcher Ausgabe Fontane zitiert werden soll, kommt einer Gewissensfrage gleich. Mehrere Ausgaben neueren und neuesten Datums stehen zur Verfügung. Jede hat ihre Vorzüge, aber jede läßt auch Wünsche offen. Es gibt jedenfalls diejenige Ausgabe nicht, nach der ein für allemal zu zitieren wäre. Es gibt keine historisch-kritische Edition, die alle Werke in einer durchweg zuverlässigen Textdarbietung umfaßt. Man muß sich mit mehreren Ausgaben behelfen. Die Ausgabe des Aufbau-Verlages in acht Bänden, von Gotthard Erler und seinen Mitarbeitern besorgt, ist an erster Stelle zu nennen. Sie ist inzwischen zweifellos zu der für die Romane und Erzählungen maßgeblichen Edition geworden, die wir besitzen. Doch sind in dieser Ausgabe nur die abgeschlossenen Werke enthalten, diese freilich mit reichhaltigen Materialien versehen: der Kommentarteil, mit den Dokumenten zur Wirkungsgeschichte, ist inzwischen längst unersetzbar geworden für jeden, der sich wissenschaftlich mit dem Werk Fontanes befaßt. Die zweifellos umfangreichste Ausgabe neueren Datums ist diejenige, die von der Nymphenburger Verlagshandlung veranstaltet wurde. In mehreren Teilen besitzt diese Ausgabe selbständigen editorischen Wert, vor allem dort, wo sie Unveröffentlichtes mitteilt. Die Ausgabe des Hanser-Verlages ist nicht in gleicher Weise vollständig. Die literaturkritischen Schriften werden nur in einer Auswahl geboten. Dennoch dürfte es sich vermutlich um die in der Bundesrepublik am meisten verbreitete Ausgabe handeln. Die Reihe der Romane und Erzählungen liegt inzwischen in zweiter Auflage vor; der Textrevision des Aufbau-Verlags wurde Rechnung getragen. Daher fiel die Entscheidung zu ihren Gunsten aus. Sofern die zitierten Textstellen Fontanes in ihr enthalten sind, werden sie im Darstellungsteil angeführt. Die Belege werden in runden Klammern gegeben, den Zitaten unmittelbar folgend. Es werden nur die Band- und Seitenzahlen genannt. Die Hanser-Ausgabe umfaßt drei verschiedene Abteilungen, von den Briefen abgesehen, die auswahlweise in einer neuen Edition vorgelegt werden sollen. In der Bezeichnung der drei Abteilungen wurden zwischen der ersten und zweiten einerseits und der dritten Abteilung zum andern unterschieden, wobei davon ausgegangen wird, daß die Textstellen der *Wanderungen* im Darstellungsteil mühelos als solche zu erkennen sind. Die römischen Ziffern vor dem Schrägstrich bezeichnen mithin die erste oder zweite Abteilung der Ausgabe (»Sämtliche Romane, Erzählungen, Gedichte, Nachgelassenes« / »Wanderungen durch die Mark Brandenburg«). Die arabischen Ziffern vor dem Schrägstrich beziehen sich auf die dritte Abteilung (»Aufsätze, Kritiken, Erinnerungen«). Wie die Werke werden auch die Briefe im Darstellungsteil belegt, wenn sie in den leicht zugänglichen Briefausgaben enthalten sind; sie werden jeweils mit dem Datum und den Empfängern der Briefe zitiert. Sie in den bekannten Briefausgaben aufzufinden, ist nicht schwer. Die bekannteste dieser Sammlungen ist die zweibändige, von Otto Pniower und Paul Schlenther herausgegebene Ausgabe von 1910. Eine gleichfalls zweibändige Ausgabe, 1963 erschienen, hat Christfried Coler zusammengestellt und mit einer instruktiven Einleitung über Stil und Eigenart der Briefe versehen. Die vorzügliche Sammlung der Briefe in zwei Bänden, die Gotthard Erler 1968 im Aufbau-Verlag herausgegeben hat, ist diejenige, nach der hier im allgemeinen zitiert wird. Die Familienbriefe werden nach der ersten Ausgabe zitiert, wenn sie in der neuen Edition des Propyläen-Verlages nicht enthalten sind. Alle benutzten und zitierten Ausgaben der Werke und Briefe sind im Literaturverzeichnis genannt. Vollständigkeit im Erfassen dessen, was alles im Zusammenhang dieses Buches über Fontane gelesen worden ist, war nicht beabsichtigt.

Einleitung

1 I/89. – Ähnlich im Band »Havelland« (II/152): »Die Frage bleibt noch übrig: haben die letzten hundert Jahre alles zerstört?«
2 Hans Gerhard Evers: Historismus, in: Historismus und bildende Kunst. Studien zur Kunst des 19. Jahrhunderts, Bd. 1, München 1965, dort S. 36.
3 Wilhelm *Lübke*: Lebenserinnerungen. Berlin 1891, S. 188 (im Verlag von F. Fontane). – Ähnlich hatte Paul Heyse schon Jahrzehnte zuvor geurteilt. Er finde es völlig unbegreiflich, schrieb er 1859 an seinen Verleger, wenn die Lyrik eine kühle Aufnahme finde: »Seine Balladen aber, seine ›Männer und Helden‹, seine Bearbeitung einzelner Sachen aus Percys Sammlung sind *meisterhaft* [...]« (Der Briefwechsel von Th. F. und Paul Heyse, hg. von E. *Petzet*. Berlin 1929, S. 74). Bei Adolf *Bartels* ist die stereotype Wendung vom ersten Balladendichter bereits in die Literaturgeschichte eingegangen: »Man kann ihn für die ganze Zeit schlechtweg als Balladendichter bezeichnen; als solcher nimmt er unter den Deutschen einen der ersten Plätze ein (Die deutsche Dichtung der Gegenwart. Leipzig 1900, S. 207).
4 Die Gesellschaft, Jg. 5, 1889, S. 1754.
5 Theodor *Fontane*: Briefe an Wilhelm und Hans Hertz 1859–1898, hg. von K. *Schreinert* und G. *Hay*. Stuttgart 1972, S. 320. Schon früh hatte sich Fontane – sehr im Gegensatz zu dieser Äußerung aus seiner späten Zeit – von der eigenen Lyrik distanziert. »Das Lyrische hab' ich aufgegeben, ich möchte sagen blutenden Herzens« (schrieb er am 10. November 1847 an Wilhelm Wolfsohn). »Ich liebe eigentlich nichts so sehr und innig wie ein schönes Lied und doch ward mir gerade die Gabe für das Lied versagt [...]« (Theodor Fontanes Briefwechsel mit Wilhelm Wolfsohn, hg. von Wilhelm *Wolters*, Berlin 1910, S. 30).
6 Linke Poot [Pseudonym Döblins]: Der deutsche Maskenball, 1921, jetzt in: Ausgewählte Werke, Bd. 10. Olten 1972, S. 83; zitiert in Robert *Minders* Beitrag: Über eine Randfigur bei Fontane, in: Dichter in der Gesellschaft. Erfahrungen mit deutscher und französischer Literatur, 1966, S. 147.
7 Alle Zitate sind dem Abschnitt »Fontane« entnommen, in: Gottfried *Benn*, Autobiographische und Vermischte Schriften (Gesammelte Werke, hg. von D. *Wellershoff*. IV, Wiesbaden 1961, S. 272/3.)
8 Ähnlich Gotthard *Erler* in seinem Vorwort zur neuen Ausgabe des Briefwechsel zwischen Theodor Fontane und Paul Heyse. Aufbau-Verlag, Berlin und Weimar, 1972, S.V.
9 Ernst *Howald*: Fontanes »Wanderungen durch die Mark Brandenburg«, in: Deutsch-Französisches Mosaik. Stuttgart 1962, S. 269.
10 Thomas *Mann*: Der alte Fontane, in: Gesammelte Werke. Bd. IX. Frankfurt 1960, S. 34.
11 Den Begriff im pejorativen Sinn gebraucht Georg *Lukács* in seinem Essay über Fontane: »Es ist ein Glück für Fontane, daß seine dichterische Darstellung des Lebens sich nicht immer, nicht durchweg auf der Linie seiner vielfach berechtigten Ibsen-Kritik bewegt. Wo dies der Fall ist, sinkt er auf das Niveau einer bloßen, wenn auch guten Belletristik herab [...]. Woher dieser Rückfall in die Belletristik [...]?« (Deutsche Realisten des 19. Jahrhunderts. Berlin 1953, S. 286/7).
12 Mommsen hatte die lateinische Übersetzung des Diploms besorgt. Er hatte die Absicht gehabt, sich an der Gratulationscour zu beteiligen, sah sich dann aber durch Unwohlsein daran gehindert. Fontane hatte allen Grund, eigens Theodor Mommsen in einem persönlichen Brief zu danken. Lothar *Wickert*, Mommsens Biograph, hat ihn vollständig veröffentlicht (L'illustre Maestro. Th. Mommsens Geburtstag. In: Deutschlands Erneuerung. XXVI, 1942, S. 531/2).
13 Mit ironischer Ambivalenz, aber eigentlich zustimmend handelt Thomas *Mann*

von solcher Unzuverlässigkeit: »Aber ebenso gewiß ist, daß er der Mann war, in dem beide Anschauungen, die konservative und die revolutionäre, nebeneinander bestehen konnten; denn seine politische Psyche war künstlerisch kompliziert, war in einem sublimen Sinn unzuverlässig [...]« (Der alte Fontane, ebda, S. 29).

14 Deutsche Realisten, S. 274.
15 Nymphenburger Verlagshandlung. München 1971, insgesamt 6 Bände.
16 Nymphenburger Ausgabe, Bd. XV, S. 210.
17 »Allerlei Glück.« — Daß die Vorliebe für »vielgereiste, sprachensprechende Menschen« der Auffassung Fontanes entspricht, ist keine Frage. An Mathilde von Rohr schreibt er 1870: »Da wir unsren Kindern sonst nichts hinterlassen können, so wollen wir wenigstens versuchen, ihnen eine innerliche Ausrüstung mit auf den Weg zu geben, die es ihnen möglich macht vorwärts zu kommen, und dazu gehört beispielsweise Sprachkenntniß. Die volle Kenntniß der Sprache ist wie ein Capital von dessen Zinsen man leben kann« (Theodor Fontane. Briefe III, hg. von K. Schreinert und Ch. Jolles, 1971, S. 90).
18 Das Gespräch ist seit langem als ein charakteristischer Bestandteil in Fontanes Romanen erkannt. Ihre Untersuchung über die »Sprache als Thema« leitet Ingrid Mittenzwei mit einem Kapitel über »Roman, Gespräch und ›conversation‹« ein, indem sie Lawrence Sterne zitiert: »Writing, when properly managed (as you may be sure I think mine is) is but a different name for conversation.« (Die Sprache als Thema. Untersuchungen zu Fontanes Gesellschaftsromanen. Homburg v. d. H., 1970, S. 9). Die grundlegende Arbeit zu diesem Gegenstand wird Mary-Enole Gilbert verdankt — eine Arbeit aus der »Fontane-Schule« Julius Petersens: Das Gespräch in Fontanes Gesellschaftsromanen, Leipzig 1930 (= Palaestra, 174).
19 Die Wendung vom heiteren Darüberstehen findet sich bereits in »Vor dem Sturm«, hier mit Beziehung auf den französischen König Heinrich den Vierten. »Er verschwieg nichts und persiflierte sich selbst in dem heiteren Darüberstehen eines Grandseigneurs« (III/178). Weitere Belege verzeichnet Katharina Mommsen: Theodor Fontanes ›Freies Darüberstehen‹ in: Dichter und Leser. Studien zur Literatur, hg. von F. van Ingen (u. a.), Groningen, 1972, S. 89/93. — Vgl. ferner Ingrid Mittenzwei: Die Sprache als Thema. Untersuchungen zu Fontanes Gesellschaftsromanen. Bad Homburg, 1970, S. 20. Gebraucht wurde die Wendung als Titel einer Briefsammlung: Heiteres Darüberstehen. Familienbriefe. Neue Folge. Hg. von F. Fontane, Berlin, 1937.
20 Hugo von Hofmannsthal: Der Schwierige, in: Lustspiele II. Frankfurt 1954, S. 216.
21 Hierüber Kurt Schreinert in der Einleitung zu dem von ihm besorgten Band: Theodor Fontane. Briefe an Georg Friedlaender. Heidelberg 1954, S. XVI.
22 An Friedlaender vom 8. November 1886 und vom 15. November 1886, ebda, S. 61 ff.   23 Ebda, S. 77.
24 Brief vom 8. Nov. 1886: »wie sonst der Katholizismus das Leben durchdrang [...] so jetzt der Militarismus. Ihr Fall ist ein schrecklicher Beleg dafür« (Ebda, S. 61); desgl. S. 71: »Und da sehen Sie sich nun mit Vorwürfen überhäuft, im Wesentlichen darüber, daß Sie gesund geblieben sind und nicht auch in des Militarismus Maien-Blüthe stehn.«
25 An Friedlaender, ebda, S. 62.   26 Ebda, S. 129.
27 Ebda, S. 133.   28 Ebda, S. 227.
29 Ebda, S. 70.
30 Vgl. an Lazarus vom 12. September 1891: »Ich persönlich bin sehr für Gestalten in der Kunst, die nicht bloß Typ und nicht bloß Individuum sind« (Briefe. Zweite Sammlung. II, S. 273).

Einleitung 487

31 Karl *Marx/*Friedrich *Engels:* Deutsche Ideologie, Werke, hg. von H. J. Lieber und P. Furth, Darmstadt 1971, II, S. 16.
32 Vgl. zum Fragenkreis im ganzen: Karl *Löwith,* Von Hegel zu Nietzsche. Der revolutionäre Bruch im Denken des neunzehnten Jahrhunderts. Marx und Kierkegaard. Stuttgart 1941.
33 Vgl. Gerhard *Masur* (Propheten von Gestern. Frankfurt 1961, S. 97): »Während Schopenhauer, Comte, Hegel, Marx und Darwin das Individuum in Allgemeinbegriffen wie Wille, Gesellschaft, Staat, Klasse und Arten untergehen ließen, erhob eine andere Gruppe von Denkern es hoch über jede gesellschaftliche Forderung, indem sie es zu seinem eigenen Gesetz machten: Stirner, Kierkegaard, Baudelaire, Bakunin und Nietzsche.«
34 Thomas *Mann:* Die Kunst des Romans (Ges. Wk. 1960, Bd. X, S. 360).
35 Ebda, S. 360. – Ähnlich Arnold *Hauser* (Sozialgeschichte der Kunst und Literatur 1969, S. 779): »Die großen literarischen Schöpfungen des 19. Jahrhunderts, die Werke Stendhals, Balzacs, Flauberts, Dickens', Tolstois und Dostojewskis, und noch die Werke Prousts und Joyces sind soziale Romane, welcher Kategorie immer sie auch sonst noch angehören.« – Pierre-Paul *Sagave* (Recherches sur le Roman Social en Allemagne. Aix 1960, S. 6): »Le ›Grand Siècle‹ du roman moderne va du lendemain de Waterloo au lendemain de la guerre de 1914 [...].«
36 Zur Definition des Sozialen vgl. Ernst *Troeltsch:* Die Soziallehren der christlichen Kirchen und Gruppen. (Gesammelte Schriften. Tübingen 1912. Bd. I, S. 6).
37 Arnold *Hauser:* Sozialgeschichte der Kunst und Literatur. München 1969, S. 783.
38 Vgl. L. H. Adolph *Geck:* Über das Eindringen des Wortes »sozial« in die deutsche Sprache, Göttingen 1963, S. 38.
39 Rudolf *Todt:* Der radikale deutsche Sozialismus und die christliche Gesellschaft. Wittenberg 1877, S. 40.
40 Den Begriff »Paradigmawechsel« gebraucht Thomas S. *Kuhn* in seinem Buch »The Structure of Scientific Revolution«, Chicago 1962; dt. Ausgabe in der Reihe »Theorie« des Suhrkamp Verlags: »Die Struktur wissenschaftlicher Revolutionen«, Frankfurt 1967. Paradigmata sind dieser Schrift zufolge Denkformen, »die für eine gewisse Zeit einer Gemeinschaft von Fachleuten Modelle und Lösungen liefern« (S. 11). Unnötig zu sagen, daß das Soziale als Initiator eines solchen Paradigmawechsels in seiner Bedeutung über jede Wissenschaftsgeschichte im engeren Sinn weit hinausreicht.
41 R. *Todt,* ebda, S. 41.
42 Werner *Conze:* Vom »Pöbel« zum »Proletariat«. In: Vierteljahresschrift für Sozial- und Wirtschaftsgeschichte, 41. Bd., 1954, S. 336.
43 Vgl. Waldemar *Zimmermann:* Das Soziale, in: Festschrift für Leopold von Wiese, 1948. Der Verfasser führt S. 177 aus: »Was unterhalb der ›Gesellschaft‹ lebte, das ›niedere Volk‹ [...] konnte sich erst allmählich in aufrührerischen Bewegungen politisch unangenehm bemerkbar machen.«
44 Erich von *Kahler:* Untergang und Übergang der epischen Kunstform. In: Untergang und Übergang. Essays. München, 1970, dtv Bd. 638. (Die erste Fassung dieses Beitrags ist 1953 in der ›Neuen Rundschau‹ erschienen.) Im Vorwort »Über dieses Buch« heißt es: »Literaturgeschichte« – und damit ist das Zentralthema Kahlerschen Denkens überhaupt umrissen – »wird hier betrachtet als eine Form von Geschichte des Bewußtseins.«
45 Georg *Lukács,* in: Literatursoziologie, hg. von P. *Ludz.* Soziologische Texte. Bd. 9, Neuwied, 1961, S. 71. Mit Berufung auf diesen Passus handelt darüber Viktor *Žmegač* in der lesenswerten Einleitung seiner Sammlung »Marxistische Literaturkritik«, Bad Homburg, 1970, S. 14.
46 Hermann *Hettner:* Das moderne Drama, hg. von P. A. *Merbach* 1924, S. V;

Anmerkungen

vgl. auch Fritz *Martinis* Ausführungen in: Deutsche Literatur im bürgerlichen Realismus, 1962, S. 124.

47 Friedrich Theodor *Vischer*: Aesthetik oder Wissenschaft des Schönen. Zweiter Teil, 2. Aufl., München 1922, S. 327.

48 Hierzu jetzt: Sickingen-Debatte. Hg. von W. *Hinderer*. Neuwied, 1974.

49 »Ich finde in der Menschennatur eine entsetzliche Gleichheit, in den menschlichen Verhältnissen eine unabwendbare Gewalt, allen und keinem verliehen. Der einzelne nur Schaum auf der Welle, die Größe ein bloßer Zufall, die Herrschaft des Genies ein bloßes Puppenspiel, [...].« (Brief vom Nov. 1833, in: Werke und Briefe, hg. von F. *Bergemann*. Leipzig o. J. 3. Aufl., S. 374).

50 Untergang und Übergang, S. 38. — Auf die Individualitätsprobleme im Drama geht Kahler S. 13 seiner Studie ein.

51 Auf die russische Literatur, auf die Verserzählungen Puschkins oder Lermontows, sei verwiesen. Für die deutsche Literatur in der ersten Jahrhunderthälfte vgl. jetzt: Friedrich *Sengle*: Biedermeierzeit, Bd. I, S. 255: »Das idyllische und bürgerliche Epos widerspricht äußerlich der klassizistischen Tradition des Heldengedichts und ist daher in der Poetik nicht überall anerkannt. *Aber nicht zuletzt durch derartige modernisierte Formen erhält sich der Klassizismus am Leben [...]. Die Tragödie sowohl wie das Epos gewinnen auch dadurch höhere Aktualität oder jedenfalls Lebenskraft, daß sie jeweils die Stoffe des eigenen Landes in sich aufnehmen.«

52 Vgl. Friedrich *Sengle*: Der Romanbegriff in der ersten Hälfte des 19. Jahrhunderts. In: Arbeiten zur deutschen Literatur. 1750–1850. Stuttgart, 1965, S. 175–196. S. 177 heißt es: »Man darf von einem Kampf um die Gattung des Romans sprechen, in dem Sinne, daß seine Anerkennung als vollgültige Form der Dichtung immer häufiger und mit immer weniger Einschränkungen ausgesprochen wird. Aber dieser Meinungswandel vollzieht sich äußerst langsam [...].« Reinhard *Wagner*: Die theoretische Vorarbeit für den Aufstieg des deutschen Romans im 19. Jhdt., in: ZfdPh, 1955, S. 353–63. — Daß Ian *Watt* den Aufstieg des Romans am Werken Defoes, Richardsons und Fieldings untersucht, ist sein gutes Recht (The Rise of the Novel. Studies in Defoe, Richardson und Fielding. Berkeley and Los Angeles, 1962 — jetzt deutsch: Suhrkamp Taschenbuch 78, 1974). Als erfolgreich und abgeschlossen erweist sich dieser Aufstieg um die Mitte des 19. Jahrhunderts auch in der englischen Literatur.

53 Vgl. Hugo *Friedrich*: Drei Klassiker des französischen Romans. Frankfurt, 1961, S. 11.

54 Erich *Auerbach*: Mimesis. Dargestellte Wirklichkeit in der abendländischen Literatur. Bern, 1946, S. 494.

55 Georg *Lukács*: Literatursoziologie. S. 347. — Zur Kritik am Realismus-Begriff, wie ihn Lukács am Beispiel Balzacs entwickelt, vgl. neuerdings Markus *Lakebrink*: Anmerkungen zu Lukács' Realismusauffassung, in: GRM, NF Bd. XXIII, 1973, S. 210. — Zum Typischen bei Balzac vgl. auch H. *Friedrich*: Drei Klassiker, S. 93: »Das Individuum ist Exemplar einer ›Art‹, eines Typus [...]«

56 George *Meredith*: Der Egoist. Deutsche Ausgabe, übersetzt von H. Reisiger. München, o. J., S. 5.

57 Peter *Demetz*: Formen des Realismus: Theodor Fontane. Kritische Untersuchungen. München, 1964, S. 116.

58 Zur Problematik des Begriffs vgl. I. *Mittenzwei*: Die Sprache als Thema, S. 17.

59 Anna Karenina. Ein Roman in acht Teilen von L. N. *Tolstoi*. Übertragen von H. Röhl. Insel-Verlag, Leipzig, o. J., Erster Band, S. 689.

60 Vgl. Robert *Minder*: Über eine Randfigur bei Fontane, in: Dichter in der Gellschaft, S. 140 ff. — Heide *Buscher*: Die Funktionen der Nebenfiguren in Fontanes Romanen. Diss. Bonn, 1969.

61 Mimesis, S. 399.

Einleitung 489

62 Hierzu auch Thomas *Mann*: »Wie kommt es, daß das alles europäisch nicht recht mitzählen will? [...] Wenn ich von der Fremdheit des Romans in Deutschland und der des deutschen Romans in der Welt rede, habe ich freilich das neunzehnte Jahrhundert im Auge [...].« (Ges. Wk. X, S. 361).

63 Lorenz von *Stein*: Der Socialismus und Communismus des heutigen Frankreichs. Ein Beitrag zur Zeitgeschichte. Leipzig 1842, S. VIII–IX. In einer Anmerkung zum oben angeführten Zitat heißt es: »Die einzige deutsche Schrift, die sich unseres Wissens mit den socialen Widersprüchen der Gegenwart beschäftigt zu einer selbständigen Ansicht erhoben hat, ist eine kleine Broschüre: Das Gütergleichgewicht. Von W. Obermüller [...].«

64 Zur verspäteten Nation vgl. Helmuth *Plessner*: Die verspätete Nation, 1960.

65 Hans-Heinrich *Reuter*: Fontane. München 1968, Bd. I, S. 27.

66 Licht unter dem Horizont. Tagebücher von 1942 bis 1946. München, 1967, S. 381.

67 Vgl. hierzu Hubert *Ohl*: Bild und Wirklichkeit. Studien zur Romankunst Raabes und Fontanes, Heidelberg, 1968: besonderes S. 37 ff.: »Zwischen Bildungsroman und Zeitroman.« – K. *Immermann*: Werke, hg. von H. Maync. Leipzig/Wien o. J., Bd. III, S. 136.

68 Der Briefwechsel zwischen Gottfried *Keller* und Hermann *Hettner*. Aufbau-Verlag, Berlin und Weimar, 1964, S. 46.

69 Ferdinand *Gregorovius*: Göthe's Wilhelm Meister in seinen sozialistischen Elementen entwickelt. Königsberg, 1849. (Eine zweite Auflage ist 1855 erschienen.)

70 F. Th. *Vischer*: Ästhetik, 6. Bd., München, 2. A., 1923, S. 184.

71 Ein Urteil über die »Geheimnisse von Paris«, in: Neue Anekdota. Hg. von K. *Grün*. Darmstadt, 1845. S. 144: »Der soziale Roman wird das neue Epos sein, das die verjüngte Menschheit an die Stelle der alten Kunstform setzt [...].«

72 Dr. *Meyer*: Der sociale Roman, in: Wigand's Vierteljahrsschrift. 1844. Bd. I, S. 132/63.

73 Vgl. Hartmut *Steinecke*: Die »zeitgemäße« Gattung, Neubewertung und Neubestimmung des Romans in der jungdeutschen Kritik. In: Untersuchungen zur Literatur als Geschichte. Festschrift für Benno von Wiese. Berlin, 1973, S. 325 ff.

74 Zeitung für die elegante Welt, Nr. 168 vom 29. August 1833, S. 669; zitiert von H. *Steinecke*, ebda, S. 325.

75 H. *Steinecke*, ebda, S. 333; hier mit Beziehung auf Th. Mundt.

76 Hallische Jahrbücher, 1839, S. 623/4.

77 Robert *Prutz*: Das Engelchen. Leipzig, 1851. 1. Teil, S. 128 f.; vgl. auch das Nachwort von Erich *Edler* zur Neuausgabe (Göttingen, 1970); ferner: F. *Sengle*, Biedermeierzeit, Bd. II, S. 890/1.

78 Fritz *Martini*: Deutsche Literatur im bürgerlichen Realismus, 1848–1898. Stuttgart 1962, S. 420.

79 Hierzu Hubert *Ohl*: Bild und Wirklichkeit. S. 63 (mit Beziehung auf die frühen Romane Raabes).

80 Hierzu das »Vorwort zum neuen Semester«, wohl von Julian *Schmidt*, in: Grenzboten, 11. Jg. 1852., Bd. III, S. 4/5: »In dem letzten Jahrzehend suchte man sich aus dem Gewühl des Tages in die enge, aber wenigstens in sich übereinstimmende Welt der Dorfgeschichten zurückzuziehen [...]. Sie war eine glückliche Reaction gegen die Phrasenhaftigkeit des herrschenden Liberalismus, aber ihr Inhalt war doch zu dürftig, um die gebildete Welt auf die Dauer zu beschäftigen. Berthold Auerbach hat sich zum socialen Roman zurückgewendet [...].«

81 Hierzu neuerdings: Der Literarische Vormärz. 1830 bis 1847. Hg. von Wolf-

gang W. *Behrens,* Gerhard *Bott,* Hans-Wolf *Jäger,* Ulrich *Schmid,* Johannes *Weber,* Peter *Werbick.* München, 1973. Ältere Literatur zum Thema S. 285 ff.
82 Die Wendung vom »rothen Republikaner« gebraucht Fontane selbstironisch in einem späteren Brief an Bernhard von Lepel: »Ich gelte [...] für einen rothen Republikaner und bin jetzt eigentlich ein Reactionair vom reinsten Wasser« Theodor *Fontane* und Bernhard von *Lepel.* Ein Freundschafts-Briefwechsel. Hg von J. *Petersen.* München, 1940, I, S. 253 (8. April 1850).
83 An B. von Lepel, ebda I, S. 126 f. (12. 10. 1848).
84 Karl *Gutzkow:* Götter, Helden, Don-Quixote. Abstimmungen zur Beurteilung der literarischen Epoche. Hamburg 1838.
85 Hierzu neuerdings der aufschlußreiche Beitrag von Christa *Schultze:* Fontanes ›Herwegh-Klub‹ und die studentische Progreßbewegung 1841/2 in Leipzig, in: Fontane-Blätter, Bd. 2, Heft 5 (1971), S. 327–339.
86 Über Blums Leipziger Tätigkeit vgl. Siegfried *Schmidt:* Robert Blum. Vom Leipziger Liberalen zum Märtyrer der Deutschen Demokratie. Weimar, 1971, S. 41–58.
87 Vgl. auch »Lied eines Ausgewanderten«, anläßlich der Auswanderung nach Amerika: ebda, S. 731. – Ferner C. *Schultze,* a.a.O. S. 334/5.
88 H.-H. *Reuter:* Fontane, Bd. I, S. 151. – Christa *Schultze:* Fontane und Wolfsohn. Unbekannte Materialen. In: Fontane-Blätter. Band 2, Heft 3 (1970), S. 151–171.
89 Hierzu Christa *Schultze:* Theodor Fontane und die russische Literatur. In: Fontane-Blätter, H. 2 (1965), S. 40-51.
90 Helmuth *Nürnberger:* Der frühe Fontane. Hamburg, 1967, S. 95. – Charlotte *Jolles:* Fontane und die Politik. Bernburg, 1936. S. 41. – Kenneth *Attwood* (Fontane und das Preußentum. Berlin 1970, S. 59):»Den Anstoß dazu erhielt er wahrscheinlich von einem im Dezember 1841 in der ›Eisenbahn‹ erschienenen Aufsatz seines Herwegh-Kreis-Kollegen, Ludwig Köhler [...].«
91 So auch H. *Nürnberger* (Der frühe Fontane), S. 95: »Die politische Poesie wurde von Fontane auch in Dresden fortgesetzt, bekam aber nun eine soziale Färbung [...].«
92 Lorenz von *Stein:* Der Socialismus und Communismus des heutigen Frankreichs. Ein Beitrag zur Zeitgeschichte. Berlin, 1842 (Vorwort).
93 »Wer sich in diesem Punkte [was den Sozialismus betrifft] zu belehren wünscht, dem bietet ›Stein's Werk über Sozialismus und Kommunismus‹ eine ebenso reichhaltige als interessante Quelle dar« (abgedruckt bei H. *Nürnberger,* ebda, S. 302).
94 Es ist ein Verdienst H. *Nürnbergers* neben anderen, daß er auf dieses bedeutende Dokument erneut aufmerksam gemacht hat; wie es ihm auch zu danken ist, daß man es nunmehr vollständig und leicht zugänglich lesen kann; vgl. Der frühe Fontane, S. 301–4.
95 Hierzu die Erläuterungen Jürgen *Kolbes.* (1/802)
96 Zum Fragenkreis »Fontane und England« ist auf die grundlegenden Arbeiten von Charlotte *Jolles* zu verweisen: Theodor Fontane and England. A critical study in Anglo-German relations in the nineteenth century. London, 1947; ferner auf die maschinenschriftliche Dissertation von Herbert *Knorr:* Theodor Fontane und England. Göttingen, 1961. H. *Nürnberger* bleibt beiden Untersuchungen verpflichtet. Aber beide Untersuchungen sind nicht veröffentlicht worden. Dadurch sind zahlreiche Einzelheiten aus diesem Lebensabschnitt Fontanes einem größeren Leserkreis erst durch H. Nürnbergers umsichtige und kenntnisreiche Darstellung bekannt geworden. In dieser Darstellung – in der Auswertung und Einordnung des vielfach Erforschten – beruht von allem ihr Verdienst.
97 H. *Nürnberger,* ebda, S. 301.

98 H. *Nürnberger*, ebda, S. 118. – Das dokumentarische Material ist zusammengetragen und verarbeitet in dem Buch von Ernst *Kohler*: Die Balladendichtung im Berliner »Tunnel über der Spree«. Germanische Studien, Heft 223, Berlin, 1940. Es handelt sich um eine der zahlreichen Arbeiten aus der Schule Julius Petersens, dem das Verdienst gebührt, eine von wissenschaftlichen Interessen bestimmte Fontane-Forschung in Gang gebracht zu haben. Daß einige dieser Arbeiten, wie die vorliegende, auch heute keineswegs als überholt anzusehen sind, bleibt anzumerken.
99 Mit der Auffassung Käte *Hamburgers* (Die Logik der Dichtung. Stuttgart, 1957, S. 216), daß die Ballade »eine museal gewordene Dichtungsart« sei, habe ich mich in der Einleitung zu dem von Ruprecht *Hirschenauer* und Albrecht *Weber* herausgegebenen Band auseinandergesetzt (Wege zum Gedicht II., München 1964, bes. S. 18).
100 Hugo *Bieber*: Der Kampf um die Tradition. Die deutsche Dichtung im europäischen Geistesleben 1830–1880. Stuttgart 1928, S. 435.
101 Die Wendung von der »Gütergemeinschaft der Illusion«: zitiert von H. M. Elster in der Einleitung zu der Ausgabe »Sämtliche Lieder und Balladen«. Berlin, 1912, S. XXXIX. – Zur aristokratischen Tendenz vgl. H. *Nürnberger*, Der frühe Fontane, S. 120.
102 E. *Kohler*: Die Balladendichtung, S. 143.
103 Zum Schriftstellerberuf in Verbindung mit journalistischer Tätigkeit vgl. Hans *Oelschläger*: Theodor Fontane. Sein Weg zum Berliner Gesellschaftsroman. Diss. Marburg 1954, S. 48. – Auf den Beitrag von Wolfgang *Preisendanz* (Der Funktionsübergang von Dichtung und Politik bei Heine, in: Poetik und Hermeneutik III, hg. von H. R. *Jauß*, München 1968, S. 343 ff.) ist zu verweisen.
104 »Ich bin gewiß eine dichterische Natur [...] aber ich bin keine *große* und keine *reiche* Dichternatur.« (An seine Frau vom 8. 1. 1857).
105 An Berhard von Lepel vom 30. Oktober 1851. Briefe I, S. 392.
106 Charlotte *Jolles*: Theodor Fontane und die Ära Manteuffel. Ein Jahrzehnt im Dienste der preußischen Regierung. In: Forschungen zur brandenburgischen und preußischen Geschichte. Bd. 49 (1937), S. 67.
107 H. *Nürnberger* spricht in diesem Zusammenhang von »halb verstandener [...] Ideologie« (Der frühe Fontane, S. 202).
108 Hierzu H. *Nürnberger*, ebda, S. 173.
109 Aus England und Schottland. Nymphenburger Ausg. Bd. XVII, S. 44.
110 Ebda, S. 177. – Vgl. D. *Barlow*, in: GLL, Bd. VI, 1952/3, S. 174.
111 »Vom Wanderer zum Romancier« überschreibt G. *Erler* als Herausgeber der Werke im Aufbau-Verlag einen Abschnitt seiner entstehungsgeschichtlichen Erläuterungen (II, S. 325).
112 Vgl. G. *Erler* in der Ausgabe des Aufbau-Verlags (I, S. 350): »Im heute verschollenen Tagebuch fand sich unter dem 25. Januar 1862 erstmals die Notiz: ›Vorarbeiten zum Roman‹ [...].«
113 *Storm/Fontane*, Briefe der Dichter und Erinnerungen von Theodor Fontane, hg. von E. *Gülzow*, Reinbek, 1948, S. 30. – Hierzu auch Paul Böckmann: Theodor Storm und Fontane. Ein Beitrag zur Funktion der Erinnerung in Storms Erzählkunst. In: Schriften der Theodor-Storm-Gesellschaft 17/1968, S. 88. – Peter *Goldammer*: Storms Werk und Persönlichkeit im Urteil Th. Fontanes. In: Fontane-Blätter, Bd. 1, Heft 6 (1968), S. 247–64.
114 Sämtliche Werke. Leipzig, 1920. Bd. VIII, S. 104.
115 So auch G. *Erler* in der Einleitung zum Briefwechsel zwischen Fontane und Heyse (Aufbau-Verlag. Berlin/Weimar, 1972, S. XVI).
116 Über die poetischen Tendenzen im ›Argo‹-Kreis vgl. H. *Nürnberger*, S. 196, mit dem Hinweis, daß die Erzählung »Der Frack des Herrn von Chergall« (= Gerlach) auf den preußischen Altkonservativen zu beziehen sei. Verfasser

dieser Erzählung war von Merckel, Fontanes »Tunnel«-Freund und Vorgesetzter im »Literarischen Club«; hierzu die Erläuterungen J. *Kolbes* (1/819).
117 P. *Heyse*: Jugenderinnerungen und Bekenntnisse, Berlin, 1900, S. 216.
118 Hierzu H. *Nürnberger*, S. 44/5; ferner Hans *Oelschläger*: Theodor Fontane. Sein Weg zum Berliner Gesellschaftsroman. Diss. Marburg (Masch.) 1954, bes. S. 148 mit der Aussage, daß seine Briefe die Zwiespältigkeit widerspiegeln; ähnlich S. 150: »die ganze Unentschlossenheit im Widerstreit zwischen Neigung und Zwang.«
119 Deutsche Realisten, S. 270.
120 Von »›catilinarischen‹ Existenzen« hatte Bismarck 1862 im preußischen Abgeordnetenhaus gesprochen (K. *Attwood*, S. 271). Auf die Wendung spielt Fontane in einem Brief vom 9. Dezember 1883 (an Friedrich Stephany) offensichtlich an: »[...] der letzte Steueroffiziant gilt im offiziellen Preußen mehr als wir, die wir einfach ›catilinarische Existenzen‹ sind [...].« (Letzte Auslese, 1943, S. 381). Es ist keine Frage, daß im Verhältnis Fontanes zu Bismarck, wenigstens seit dessen Kanzlerschaft, eine Erwartung unausgesprochen hineinspielt, auf die Kurt *Ihlenfeld* aufmerksam macht: »Mir scheint, daß in allen – oft widersprüchlichen – Äußerungen Fontanes zum Thema Bismarck auch dieses leise Werben um die Aufmerksamkeit – nicht ebenso um die Gunst – des Politikers mitschwingt« (Fontanes Umgang mit Bismarck, in: Neue deutsche Hefte, 20. Jg. 1973, S. 18).
121 Über Waldeck, hier als »ein Staatsmann« apostrophiert, führte Bismarck aus: »Es würde dahin kommen, daß ein Staatsmann recht behielte, der zur Zeit der aufgelösten Kammer an dieser Stelle saß und der am 31. Oktober in der bekannten vernagelten Sitzung den Antrag stellte, sofort der ungarischen Revolution zu Hilfe zu eilen [...].« (Otto von *Bismarck*: Werke in Auswahl. Stuttgart, 1962, I, S. 342/3). Und von Blum heißt es in derselben Rede: »Wir brauchen nicht so weit zurückzugehen, um in die geheimen Orgien der Demokratie einzudringen, von denen Preußen mit Beschämung hören muß, daß das Bildnis Robert Blums, mit den preußischen Farben, schwarz und weiß geschmückt, aufgestellt wird [...].« (Ebda, S. 343).
122 zit. nach Ch. *Jolles*: Fontanes Mitarbeit, Jb DSG V (1971), S. 351. – Vgl. ferner H. *Nürnberger*, Der frühe Fontane, S. 152.
123 Vgl. Die politischen Reden des Fürsten *Bismarck*. Hg. von *Kohl*, 1892 u. ff., I, S. 45/6. – Werke in Auswahl. Stuttgart 1962, Bd. I, S. 171.
124 Fritz *Behrend*: Theodor Fontane und die »Neue Ära«, in: Archiv für Politik und Geschichte. Jg. II, 1924, S. 475 ff. – Charlotte *Jolles*: Theodor Fontane und die Ära Manteuffel. Ein Jahrzehnt im Dienst der preußischen Regierung. In: Forschungen zur brandenburgischen und preußischen Geschichte. Bd. 49, 1937. – Wilhelm *Jürgensen*: Theodor Fontane im Wandel seiner politischen Anschauungen, in: Deutsche Rundschau, 84. Jg., 1958, S. 561/9. – Helmuth *Nürnberger*: Der frühe Fontane, S. 153/158. – K. *Attwood*: Fontane und das Preußentum, S. 93/8.
125 Vgl. den Brief, den Fontanes Frau in dieser Sache an Rudolf v. Decker, den Verleger der Kriegsbücher, am 18. November 1870 schrieb: »Gestern erhielt ich einen eigenhändigen, *deutschen*, höchst liebenswürdigen Brief Sr. Eminenz des Kardinals von Besançon, der einen Mr. Bial, Eskadronchef, interniert in Wiesbaden, zur Auswechselung vorschlägt. Ich habe sofort davon Anzeige gemacht und erfahren, daß unser großer *Bismarck* selbst sowie Herr General v. Werder (durch Ihre Güte) sich persönlich für die Befreiung meines Mannes verwandt hätten.« (Briefe, Zweite Sammlung I, S. 278). Hierzu auch Bernhard von *Lepel*. Ein Freundschaftsbriefwechsel, II, S. 344, mit Anmerkungen S. 426. – Briefwechsel zwischen *Storm* und *Eggers*, Berlin, 1911, S. 102; ferner Hermann *Fricke*: Emilie Fontane. Berlin 1937, S. 84.

Einleitung 493

126 Bismarcks Note an die französische Regierung ist abgedruckt in dem Beitrag von Günter *Jäckel:* Fontane und der Deutsch-Französische Krieg 1870/1, in: Fontane-Blätter, Band 2, H. 2 (1970), S. 100.
127 An Constanze Storm vom 27. Dezember 1864; vgl. G. *Jäckel,* in: Fontane-Blätter (1970), S. 95.
128 So auch Georg *Lukács:* »Bei aller späteren Kritik Fontanes an der Persönlichkeit Bismarcks, auf die wir noch ausführlicher zurückkommen, liegt hier die objektive, gesellschaftliche Quelle seiner dauernden Verehrung Bismarcks« (Deutsche Realisten, S. 266/7).
129 »Unzeitgemäße Betrachtungen«. (Friedrich Nietzsche: Werke in drei Bänden, hg. von K. *Schlechta.* München 1960. Bd. I, S. 137).
130 So G. *Jäckel* in: Theodor Fontane: Wanderungen durch Frankreich. Berlin 1970, S. 11.
131 So in der Begegnung Bismarcks mit dem Times-Korrespondenten William Russel, über die Fontane im zweiten Band seines Kriegsbuches handelt: »Bei allem Respekt vor dem Talent und Charakter W. Russells, bei aller Dankbarkeit, die wir aus den Tagen des Krim-Feldzuges und des indischen Krieges her gegen ihn empfinden, müssen wir doch eingestehen, daß der Graf und Kanzler auch in *dieser* Fehde als der alleinige Sieger hervorging [...].« (Der Krieg gegen Frankreich 1870–1871. II. Band. I. Halbband, 1875, S. 226).
132 An Wilhelm Hertz vom 11. Dezember 1894 (Briefe an Wilhelm und Hans Hertz, S. 355): »Besten Dank für ›Grevinde Holk‹, das zweite Buch von mir, das ich in einer fremden Sprache vor mir liegen sehe [...].« Das erste war »Kriegsgefangen.«
133 NA, Bd. XVI (1962), S. 104.
134 Ebda, S. 48. – Die Wendung, daß hinter dem Berge auch Leute wohnen, die jeder nationalen Überheblichkeit entgegenwirkt, hatte Fontane in ähnlichem Zusammenhang – diesmal mit Bezug auf England – schon 1854 gebraucht: »Hier hab' ich nun das Leben; die Dinge selbst, nicht mehr bloß ihre Beschreibung. Ihr Zeitungsschatten tritt an mich heran, und jede Stunde belehrt den armen Balladenmacher, daß jenseits des Berges auch Leute wohnen« (Briefe. Zweite Sammlung. I, S. 145/6). Hierzu auch K. *Attwood,* S. 120.
135 NA, Bd. XVI, S. 69.
136 An Maximilian Harden vom 4. März 1894. (Aus Briefen Fontanes an Maximilian Harden, hg. von H. *Pflug.* In: Merkur, X. Jg. 1956, S. 1094). Als der Schwefelgelbe wird Bismarck wegen der Uniform der Halberstädter Kürassiere bezeichnet, die er trug. Vgl. auch den Brief Fontanes an Julius Rodenberg: »Der bayrisch-katholische Abgeordnete Jörg, als er Bismarck zum ersten Mal in dem schwefelgelben Streifen seiner Kürassiere sah, soll, bei Bier und Reichshund, scherzhaft gesagt haben: ›Durchlaucht, ich weiß, wo dies Schwefelgelb herkommt‹. (Briefe an Julius Rodenberg, hg. von H.-H. *Reuter,* S. 34; Anmerkungen S. 206, mit Hinweis zugleich auf das 7. Kapitel in »Irrungen, Wirrungen«.) Vgl. auch Kurt *Ihlenfelds* Aufsatz »Fontanes Umgang mit Bismarck«, der noch auf einen anderen Schwefelgelben verweist: auf Mephistopheles in Goethes »Faust« (Neue deutsche Hefte, 20. Jg. 1973, S. 16).
137 In dem Kapitel »Eine Bekanntschaft«. NA, Bd. XVI, S. 168.
138 An Mathilde von Rohr vom 25. September 1872. – Hierzu auch K. H. *Höfele:* Theodor Fontanes Kritik am Bismarckreich, in: Geschichte in Wissenschaft und Unterricht. Jg. XIV (1963), S. 337.
139 An Otto Neumann-Hofer vom 24. März 1896 (Briefe. Zweite Sammlung, II, S. 384).
140 Georg *Lukács:* Über Preußentum, in Schicksalswende, Beiträge zu einer neuen deutschen Ideologie. Berlin 1948, S. 76.

141 Vgl. an Graf Philipp zu Eulenburg vom 12. März 1881: »So müssen wir für unsre Größe bezahlen und für die Größe des Kanzlers, der uns zu unsrer eignen Größe recht eigentlich erst verholfen hat [...].« (Briefe, Zweite Sammlung II, S. 35/6).

142 Vgl. den Brief an die Tochter vom 13. März 1888: »›Berlin in schwarz‹ interessirt mich gar nicht (alles Blech und Straßenkomödie), aber ›Bismarck in schwarz‹ und seine Politik auf dem Katafalk todt ausgestellt und mit Fingern darauf hingewiesen, – das interessirt mich.« (Briefe II, hg. von *Schreinert/Jolles*, S. 96).

143 »Politisch nichts wie Bismarcks große Rede vom 6. Februar, die von einem Pol zum andern klingt.« (Das Fontane-Buch. Hg. von Ernst *Heilborn*, Berlin 1921, S. 171). – Ferner Hermann *Fricke*: Emilie Fontane, 1937, S. 99).

144 Vgl. Das Fontane-Buch, S. 151: »Bismarck spricht an verschiedenen Tagen, mehr und glänzender denn je [...].«

145 Mitgeteilt von Kurt *Schreinert*, in: Jahrbuch der Deutschen Schillergesellschaft. IV. Jg. 1960, S. 398.

146 Der Kritik, die Hans Magnus *Enzensberger* in einem Aufsatz vorgebracht hat, muß man nicht folgen – so berechtigt sie gegenüber dem schon 1885 entstandenen Poem »*Jung-Bismarck*« sein mag (VI/248). Enzensberger schreibt: »Der unfreiwillige Humor dieser Strophen, der sich im Irgendwo der letzten Zeile geradewegs zu einem Friederike-Kempner-Effekt steigert, beweist die katastrophale Unmöglichkeit dessen, was Fontane sich, gewiß guten Glaubens, vorgesetzt hat: ein modernes Herrscherlob zu verfassen. Weniger glimpflich sind spätere Versuche verlaufen, die Gattung zu neuem Leben zu erwecken [...].« (Einzelheiten, Frankfurt 1962, S. 341). Mit Gattung ist hier das »Huldigungsgedicht an die Herrschenden« gemeint. Aber von einem solchen kann doch hier wohl nicht die Rede sein. Bismarck war, um genau zu sein, kein Herrschender mehr, als das Gedicht entstand. Er ist es gewesen, und dieser Unterschied entscheidet. Das letzte Bismarck-Gedicht Fontanes ist kein Huldigungsgedicht an die Herrschenden, sondern ein Totengedicht. Das Panegyrische kann durchaus zu den Stilmerkmalen beider »Gattungen« gezählt werden. Fontane macht davon wenig Gebrauch. Das gattungseigene Pathos solcher Gedichte wird eher zurückgenommen als betont. Die Sprache nähert sich der alltäglichen Rede an; und das »Irgendwo« am Ende dieser Verse ist ein Zeichen der gehobenen Redensartlichkeit, wie sie angestrebt wird. Das eigentlich Zwiespältige – in der Entstehung wie in der Gestalt des Gedichts – spricht nicht gegen die Wahrheit der Aussage, sondern bestätigt sie.

147 Vgl. Georg *Lukács*: Deutsche Realisten, S. 270 ff. – Maximilian Harden, mit dem Fontane einige Briefe gewechselt hat, konnte ihm sein zwiespältiges Verhältnis zu Bismarck nicht verzeihen; vgl. P. *Goldammer*, in: Fontane-Blätter, 1968, S. 249; ferner Thomas Mann im Brief an Harden vom 3. August 1910: »Gewiß, Sie thun Fontane Unrecht, wenn Sie sein Verhältnis zu Bismarck falsch und lügnerisch nennen. Er sprach wahr, wenn er sich einen von Jugend an gepflegten Sinn für Größe zuschrieb; er wußte, empfand genau, daß Bismarck zu den 4, 5 allergrößten Männern gehört, die die Erde getragen hat, und die Hymnen kamen ihm sicher aus dem Herzen. [...] Fontanes nur auf den ersten Blick zweideutiges Verhältnis zu Bismarck ist mir – seien Sie nicht böse – sympathisch.« (Thomas *Mann*: Briefe 1889–1936. Frankfurt/M. 1961. S. 85/6).

148 Mit so geringem Respekt spricht Fontane noch 1881 von Mehrheiten und damit von Demokratie. Einige Jahre später würde er es vermutlich schon etwas anders formuliert haben.

149 Mit Beziehung auf Bismarck in einer Glosse auf Langbehn, den »Rembrandtdeutschen« (NA 21/1, S. 484).

150 An Philipp Graf von Eulenburg vom 23. April 1881. (Briefe. Zweite Sammlung. II, S. 42) — Ähnlich an F. Witte vom 4. Januar 1891: »Dieser Riese hat was Kleines im Gemüt, und daß dies erkannt wurde, das hat ihn gestürzt« (Ebda, II, S. 256).
151 Erich *Eyck:* Bismarck. Leben und Werk. Erlenbach-Zürich 1941. Bd. I, S. 217.
152 In: Die Gegenwart, Bd. 47/48, 1895, S. 213/4. — Vollständiger Abdruck des Beitrags im Aufsatz des Vf.: Fontane und Bismarck, in: Nationalismus in Germanistik und Dichtung. Berlin 1967, S. 190/2.
153 Theodor *Schieder:* Nietzsche und Bismarck. Köln 1963, S. 17.
154 Die Bilanz der Moderne, Berlin 1904, S. 27.
155 Ähnlich Kurt *Ihlenfeld:* »Er wird schließlich zur Symbolgestalt für eine Epoche« (Fontanes Umgang mit Bismarck, S. 15).
156 An Leopold von Gerlach vom 2. März 1857 (Werke in Auswahl II, S. 142).
157 Zitiert bei Wilhelm *Mommsen:* Bismarck in Selbstzeugnissen und Bilddokumenten. Reinbek 1966, S. 35.
158 An August von Heyden vom 5. August 1893: »England steht in diesem Augenblick auf der denkbar niedrigsten Stufe, dank den Unsinnigkeiten of the great old man. Der richtige Prinzipienreiter!« (Briefe. Zweite Sammlung II, S. 305). Vgl. ferner: an G. Friedlaender vom 29. November 1893 (Briefe, S. 242); Fontane führt aus, daß man die Dinge nehmen müsse, wie sie sind: »Es erwächst einem aus diesem Sinn ein Trost [...]. Von diesem Sinn haben alle Prinzipienreiter keine Spur.«
159 Es ist mir nicht ganz verständlich, was K. *Attwood* an dieser wiederholt dargestellten Konstellation unverständlich findet. Er führt aus: »So verlockend eine mögliche Wechselbeziehung zwischen ›Prinzipienreiterei‹ und ›Prinzipienverachtung‹ klingen mag, so ist es doch nicht einzusehen, weshalb sie ›Erscheinungen derselben Zeit‹ sein sollen [...]« (S. 357). An Innstetten werden solche Widersprüche evident, worüber im Zusammenhang von »Effi Briest« noch zu sprechen ist. Hinter Feststellungen wie diesen stehen Beobachtungen zur dargestellten Figurenkonstellation im Roman Fontanes. Die Extreme Prinzipienreiter und Prinzipienverächter, Spieler und Sektierer sind solche Konstellationen, in denen die erwünschte »Mitte« »auf der Strecke bleibt«. Der Eheroman wird zum »Figurenroman«: zum Roman einer solcherart dargestellten Konstellation: Effi steht zwischen Innstetten und Crampas und wird zerrieben, und die Ehe der Holks muß scheitern, weil die Verbindung zwischen den Extremen nicht mehr herstellbar ist. Daß solche Konstellationen nicht einfach Phantasiegebilde sind, abstrakte Denkspiele, die keine Legitimation in der Realität haben, wird sich zeigen. Die hier aufgezeigten Zeiterfahrungen sind jedenfalls nicht beziehungslos zur Romanstruktur gemeint.
160 Ges. Wk. 1960, Bd. IX, S. 27.

I. Im Banne des Historismus

1 Rudolf *Kassner:* Umgang der Jahre. Erlenbach-Zürich 1949. S. 224.
2 Wolfdietrich *Rasch:* Döblins »Wallenstein« und die Geschichte. In: Zur deutschen Literatur seit der Jahrhundertwende, Stuttgart 1967. S. 235.
3 Karl *Reinhardt:* Von Werken und Formen. Vorträge und Aufsätze. Godesberg 1948. S. 424. — Vgl. auch H. *Plessner:* »In keinem anderen europäischen Land ist deshalb die Problematik des Historismus und die Kritik des Fortschritts mit solcher unerbittlichen Konsequenz entfaltet und zu Ende gedacht worden wie in Deutschland [...].« (Die verspätete Nation. Stuttgart 1960, S. 15).
4 Friedrich *Nietzsche:* Werke in drei Bänden, hg. von K. *Schlechta.* 2. Aufl. 1960. I, S. 228.

5 Eine ebenso umfassende wie kritische Darstellung der in Frage stehenden Probleme gibt Georg *Iggers*: Deutsche Geschichtswissenschaft. München 1971 (mit Lit.).
6 Hajo *Holborn*: Der deutsche Idealismus in sozialgeschichtlicher Bedeutung, in: HZ, Bd. 174 (1952), S. 365.
7 Vgl. Otto *Hintze*: Über individualistische und kollektivistische Geschichtsauffassung, in: HZ, Bd. 78 (1897) S. 61.
8 Friedrich *Meinecke*: Die Entstehung des Historismus. 2. Aufl., München 1946, S. 2. (Die erste Auflage ist 1936 erschienen). — Hierzu G. *Iggers*, S. 48.
9 Auf Widersprüche im Historismus macht Karl-Georg *Faber* in seinem Buch »Theorie der Geschichtswissenschaft«, München 1971, wiederholt aufmerksam.
10 Sämmtliche Werke. Bd. 49/50, S. 323.
11 Ebda. Bd. 33/4, Anhang S. 174.
12 Weltgeschichtliche Betrachtungen. Hg. und eingeleitet von R. *Stadelmann*. Tübingen 1949, S. 110. Neuerdings (aus anderer Sicht) J. *Emmrich*: Über die aesthetische Kategorie des Monumentalen, in: Weimarer Beiträge. Bd. XVII (1971) S. 155.
13 Hans-Ulrich *Wehler*: Bismarck und der Imperialismus. Köln 1969, S. 26. An anderer Stelle heißt es bei Wehler: »Der Historismus, von dem in Deutschland die anhaltendste Wirkung ausging, hat als Gegenstoß gegen Aufklärung und naturrechtliches Denken, zumal auch durch seine Verstehenslehre mit dem Individualitätsprinzip als zentraler Kategorie und der Betonung geschichtsimmanenter Maßstäbe, zu einer Auflösung allgemeiner Kriterien [...] beigetragen« (ebda, S. 14).
14 Auf das vorzügliche Kapitel über Carlyle bei Raymond *Williams*: Gesellschaftstheorie als Begriffsgeschichte. Dt. Übersetzung, München 1972, S. 100 ff. sei verwiesen.
15 Das Wort »Realpolitik« führt man im allgemeinen auf August Ludwig von *Rochau* zurück (Grundsätze der Realpolitik, angewendet auf die staatlichen Zustände Deutschlands. Stuttgart 1853). Die Schrift erschien anonym; der zweite Band anderthalb Jahrzehnte später, im Jahre 1869. Der Verfasser war als Teilnehmer am Frankfurter Waffensturm 1853 zu lebenslänglichem Zuchthaus verurteilt worden. Das Erscheinen des Buches bzw. seines ersten Bandes wurde von einem Historiker wie Treitschke enthusiastisch begrüßt: »Ich wüßte kein Buch, das vorgefaßte Illusionen mit schneidender Logik zerstörte.« (Briefe. Hg. von M. *Cornicelius*, I, 1912, S. 364). Vor allem seit dem Anfang der sechziger Jahre kam das Wort als Schlagwort in Gebrauch. Die Übereinstimmung mit dem Realismus, wie ihn Gustav Freytag versteht, ist evident; vgl. S. *Kaehler*: Realpolitik zur Zeit dem Krimkrieges — eine Säkularbetrachtung, in: HZ, Bd. 174 (1952) S. 422; und neuerdings: Karl-Georg *Faber*: Realpolitik als Ideologie, in: HZ, Bd. 203 (1966) S. 17.
16 Preußische Jahrbücher, Jg. I (1858) S. 319.
17 Die Behauptung stammt von Hans-Robert *Jauß*. In seiner Konstanzer Vorlesung »Literaturgeschichte als Provokation der Literaturwissenschaft« (Konstanz 1967, S. 14) heißt es: »Der Historismus hat in seiner Abkehr von der Geschichtsphilosophie der Aufklärung nicht nur die teleologische Konstruktion der Universalhistorie preisgegeben, sondern auch das methodische Prinzip, das nach Schiller den Universalhistoriker vor allen Verfahren allererst auszeichnet, nämlich: *das Vergangene mit dem Gegenwärtigen zu verknüpfen*.«
18 Friedrich Karl von *Savigny*: Ueber den Zweck dieser Zeitschrift, in: Zeitschrift für geschichtliche Rechtswissenschaft, Jg. I (1815) S. 9/10.
19 Deutsche Geschichte. Sämmtl. Werke. Bd. IV. S. 4.
20 Nikolaus *Pevsner*: Möglichkeiten und Aspekte des Historismus. Versuch einer

Frühgeschichte und Typologie des Historismus, in: Historismus und bildende Kunst. München 1965, S. 13.
21 Vgl. Erich *Rothacker*: Mensch und Geschichte. Bonn 1950, S. 13.
22 Sämmtliche Werke. Bd. XVIII, S. 486.
23 Der Gedanke, daß der Historismus seine eigenen Widersprüche nicht durchschaut habe, taucht wiederholt im neueren Schrifttum über diesen Gegenstand auf. Vgl. Heinz *Kimmerle* (Die Bedeutung der Geisteswissenschaften für die Gesellschaft. Stuttgart 1971, S. 32): »Gerade die politische Historie des 19. Jahrhunderts, die sich leidenschaftlich um Objektivität bemüht, unterstützt durch ihre Forschungsrichtung die restaurative Politik des bürgerlichen Nationalstaates, ohne diesen Sachverhalt selbst auf irgendeine Weise zu erkennen.« Ähnlich K. G. *Faber* an mehreren Stellen seiner schon genannten Schrift (Theorie der Geschichtswissenschaft, 1971).
24 In einer solchen, sehr allgemeinen Verwendung bei Rudolf *Vierhaus*: Ranke und die soziale Welt. Münster 1957. Aber die Feststellung wird damit nicht widerlegt, die G. *Iggers* in seiner kritischen Betrachtung des deutschen Historismus trifft: »wie wenig Ranke von der wirtschaftlichen Situation der arbeitenden Schichten wußte und daß er den sozialen Fragen seiner Zeit ziemlich fremd gegenüberstand« (Deutsche Geschichtswissenschaft, S. 117).
25 Wilhelm *Mommsen*: Stein/Ranke/Bismarck. Ein Beitrag zur politischen und sozialen Bewegung des 19. Jahrhunderts. München 1954, S. 112/5.
26 Heinrich von *Treitschke*: Der Socialismus und seine Gönner, in: Preußische Jahrbücher, 34. Bd. (1874), S. 82. — Es fällt auf, daß an diesem wohl militantesten Vertreter des deutschen Historismus ein für solche Fragen empfindlich gewordener Schriftsteller wie Theodor Fontane kaum je Anstoß nimmt. In einem Brief an Friedlaender — noch 1892 — ergreift er sogar für diesen Partei, der doch durch den Antisemitismusstreit hinreichend exponiert und diskreditiert war. Fontane ist empört, daß Treitschke in einer Streitsache ein »historischer Lump« genannt worden war — »ein Mann, dessen ›Verbrechen‹ darin besteht, uns aus der Zeit der verkauften 10,000 Landeskinder *mit*erlöst und eine deutsche Nation hergestellt zu haben« (Briefe an Georg Friedlaender, S. 169). – Über Treitschke, Fontane und den Antisemitismus im Kaiserreich, vgl. K. *Attwood*: Fontane und das Preußentum, S. 226. — Über Treitschke vgl. neuerdings (mit bibliographischen Hinweisen) den Beitrag von Georg *Iggers*, in: Deutsche Historiker II. Hg. von H.-U. *Wehler*. Göttingen 1971, S. 66–81.
27 Über die hier genannten Historiker vgl. die von H.-U. *Wehler* herausgegebenen Essays, Anm. 26. Hier ist — z. B. in dem Beitrag über Meinecke — nachzulesen, welchen Schwierigkeiten sich Karl Lamprecht aufgrund seiner Beobachtungsweise bei der »Zunft« gegenübersah. Aufschlußreich der Beitrag über Lorenz von Stein! Sein Verfasser (Dirk *Blasius*) läßt keine Zweifel, daß Stein — wie Otto Hintze auch — »eine Ausnahmeerscheinung war«. Aber so sehr auch dieser neue Wege ging: an der Geschichtsauffassung Steins nahm Hintze seinerseits Anstoß. Er habe zu einseitig die Spannung der sozialen Klassen gehandelt und die Gesellschaft anderer Staaten — also den Primat der Außenpolitik! — vernachlässigt. Was den genannten Verfasser des Beitrags über Lorenz von Stein zu der Feststellung veranlaßt: »Es ist bekannt, wieviel Otto Hintze für die Öffnung der Geschichte zur Soziologie hin getan hat. Doch weisen die eben zitierten Sätze auch darauf hin, wie schwer es selbst methodisch progressiven Historikern in Deutschland fiel, sich von der Tradition des deutschen Geschichtsdenkens zu lösen.« (Deutsche Historiker I, S. 30)
28 Theodor W. *Adorno*: Stichworte/Kritische Modelle II. Frankfurt 1969, S. 16: »Die Kraft des Denkens, nicht mit dem eigenen Strom zu schwimmen, ist die des Widerstands gegen das Vorgedachte.«
29 Georg *Lukács*: Der historische Roman. Berlin 1955, S. 193.

Anmerkungen

30 Vgl. Friedrich *Winterscheidt*, Deutsche Unterhaltungsliteratur der Jahre 1850–1860. Bonn 1970, S. 160/1; Hartmut *Eggert*: Studien zur Wirkungsgeschichte des deutschen historischen Romans 1850–1875. Frankfurt/M. 1971.

31 H. *Eggert*, S. 22. – Manfred *Lechner*: Joseph Victor von Scheffel. Eine Analyse seines Werkes und seines Publikums. Diss. München 1962.

32 Gesammelte Werke. 3. Aufl., 17. Bd. 1910; in der Widmung an S. Hirzel.

33 Deutschland's Balladen- und Romanzendichter. Von G. A. Bürger bis auf die neueste Zeit. 2. Aufl. Karlsruhe 1849, S. V.

34 Das deutsche Drama, seine Entwicklung und sein gegenwärtiger Stand (Ges. Werke, Bd. XVI), zitiert bei Friedrich *Sengle*: Das historische Drama in Deutschland. Geschichte eines literarischen Mythos. 2. Aufl. Stuttgart 1969, S. 238.

35 Fontane hat Ranke verhältnismäßig spät gelesen. Über die Lektüre gibt der Brief an G. Friedlaender vom 2. März 1886 Auskunft. Hierzu die Anmerkung Kurt *Schreinerts*, ebda, S. 335: »F. las damals Rankes Weltgeschichte, die ihn ›an ihren großen Stellen entzückt, im ganzen aber, namentlich als stilistische Leistung, wenig befriedigt‹«. – Hinsichtlich Mommsens kann von einem wahlverwandtschaftlichen Verhältnis gesprochen werden; vgl. den ersten Abschnitt der Einleitung und die Anmerkungen dort.

36 Briefwechsel mit Lepel. Bd. II, S. 179 f. (Mai 1857).

37 Ähnlich Hermann *Fricke*: »Alle frühen historisch-politischen Arbeiten Fontanes tragen eindeutigen Charakter: Sie dienen der *Politik*, der Vertretung von Fortschrittlertum und Radikalsozialismus, dem historischen Gedanken die Waffen leihen müssen.« (Fontanes Historik, in: Jahrbuch für brandenburgische Landesgeschichte. 5. Bd. 1954. S. 14).

38 Ausdruckswelt, S. 81; vgl. Anmerkungen zur Einleitung, 1. Abschnitt.

39 Briefwechsel *Fontane – Heyse*, S. 41/2.

40 Der Gedanke, daß eine Übersiedlung Fontanes nach München durchaus im Bereich des Möglichen lag, hat H. *Oelschläger* in seiner Dissertation erörtert (dort S. 152). Er führt in diesem Zusammenhang aus: »Die fiktive Frage, ob er auch dann noch den Weg zum realistischen Gesellschaftsroman gefunden hätte, oder ob es dann das Phänomen ›der späte Fontane‹ so wenig gegeben hätte, wie es in diesem Sinn den ›späten‹ Geibel, Heyse oder Scheffel gibt, diese Frage drängt sich auf [...].« – Ähnlich H. *Nürnberger*: Der frühe Fontane, S. 284 f.

41 »Seine bisherige Bücherleidenschaft für alles Historische erweist sich bei der Begegnung mit der englischen Geschichte [...] zum ersten Male als übermächtig.« (Der frühe Fontane, S. 114).

42 »Ein Sommer in London«, in: Aus England und Schottland, NA, XVII, S. 129. – Auch andernorts, so in den »Briefen über Shakespeare«, gedenkt Fontane dieser für ihn denkwürdigen Galerie: »Die ganze Vorstellung von der ähnliche Wirkung auf mich aus, wie meine ersten Besuche in der künstlerischmittelmäßigen, aber historisch unvergleichlichen Bildergalerie zu Hampton-Court. Ich fühlte mich damals wie durch Zauber wiederbelebte Zeit mitten hineinversetzt, und die Gestalten um mich her, Leben gewinnend, berührten mich mit einer unwiderstehlich poetischen Gewalt.« (I, 79).

43 Die Wendung über die »Mittelpunktsgestalt der preußischen Geschichte« ist eine Wendung Ingeborg *Schraders* (Das Geschichtsbild Fontanes und seine Bedeutung für die Maßstäbe der Zeitkritik in den Romanen. Limburg 1950, S. 21); ebda, S. 87.

44 Vgl. I. *Schrader*, S. 6/7: »Fontane hat ein sehr ausgeprägtes Gerechtigkeitsgefühl in historischen Dingen. Keine Erscheinung des geschichtlichen Lebens ist ihm an sich wert- oder sinnlos. Jede trägt ihren Grund und Sinn in sich [...].«

45 Daß Fontane gelegentlich auch mit dem Maßstab späterer Zeiten arbeite, wird

Im Banne des Historismus

von Fritz *Behrend* kritisch vermerkt (Theodor Fontane und die »Neue Ära«, in: Archiv für Politik und Geschichte. Jg. 2, Bd. 3, 1924, S. 477). – Vgl. auch K. *Attwood*, S. 165.
46 Die Belege für die Verbindung des Historischen mit dem Anekdotischen bei K. *Attwood*, S. 41.
47 Vgl. H. H. *Reuter* II, S. 586: »Das Experiment waren zwei historisierende Virtuosenstücke. Das erste ›*Grete Minde*‹ (1880) [...] wurde noch vor dem Erscheinen von ›Vor dem Sturm‹ entworfen.«
48 Hierzu neuerdings Cordula *Kahrmann*: Idyll im Roman: Theodor Fontane. München 1972, S. 77/84.
49 Zitiert nach der editio princeps, hg. von J. H. *Scholte*. Halle 1949, S. 11/2.
50 Vgl. hierzu »Kleists Aufsatz über das Marionettentheater«, hg. von H. *Sembdner*. Berlin 1967; darin – u. a. – der Beitrag von Benno von *Wiese*: Das verlorene und wieder zu findende Paradies, S. 196 ff.
51 Ausgabe des Aufbau-Verlages, hg. von G. *Erler*, Bd. III, S. 526.
52 Eine Art Theorie des Antimärchens hat Clemens *Lugowski* entwickelt: Wirklichkeit und Dichtung. Untersuchungen zur Wirklichkeitsauffassung Heinrich von Kleists, Frankfurt/M. 1936.
53 Über das hohe Ansehen, das die Idylle in der Zeit des Biedermeier noch genoß vgl. Friedrich *Sengle*: Formen des idyllischen Menschenbildes, jetzt in: Arbeiten zur deutschen Literatur, 1965, S. 212 ff. – Ferner die Dissertation seines Schülers Ulrich *Eisenbeiß*: Das Idyllische in der Novelle der Biedermeierzeit. Stuttgart 1973.
54 Die fehlende Liebe als Motiv der Novelle betont Otto *Pniower*: Grete Minde, in: Dichtungen und Dichter. Berlin 1912. S. 313.
55 Über Fontanes Kleiststudien hat H. H. *Reuter* interessantes Material beigebracht; jetzt in: Aufzeichnungen zur Literatur. Berlin und Weimar 1969, S. 35 ff.
56 Theodor Hermann *Pantenius* in: Velhagens & Klasings Monatsheften, 1893/4, S. 649 ff., zitiert bei G. *Erler*, III, S. 530.
57 Bilder aus der Altmark. Hg. von H. *Dietrichs* und L. *Parisius*. Hamburg 1883 (zitiert von G. *Erler*, Bd. III, S. 516).
58 Über die von Fontane benutzen Quellen und Chroniken orientiert O. *Pniower*: Grete Minde, in: Dichtungen und Dichter, Berlin 1912, S. 295 ff.
59 Sein lediglich subjektives Mißfallen bringt O. *Pniower* zum Ausdruck: »Ich muß freilich gestehn, daß mir persönlich diese altertümliche Färbung nicht zusagt [...].« (Ebda, S. 325).
60 An Goethe vom 19. Juli 1799 (Nationalausgabe Bd. XXX, S. 73).
61 Die Wendung »brillianten Stoff« gebraucht Fontane im Brief an P. Lindau vom 23. Oktober 1878.
62 Vgl. Briefwechsel Fontane/Heyse, bes. S. 467 ff.
63 Ähnlich Fritz *Martini*: Theodor Fontane. Die Brück' am Tay, in: Wege zum Gedicht. II. Interpretation von Balladen. Hg. von R. *Hirschenauer* und A. *Weber*, 1963, S. 377/92. – Gegen Ende der Untersuchung heißt es: »Das literarische Zitat wurde ein Mittel, das ›Poetische‹ herzustellen, das der moderne Stoff nicht mehr enthielt [...]. Damit wird die Zwischenlage zwischen Altem und Neuem [...] deutlich, in der sich diese Ballade befindet [...].« (Ebda, S. 392). Ähnlich Richard *Brinkmann* (ebda, S. 67): »Aber man kann nicht sagen, daß ihm der Versuch geschichtlich-balladenhafter Novellen geglückt ist.«
64 An Alfred Friedmann vom 19. Februar 1882 (Briefe, hg. von G. *Erler*, Bd. II, S. 61). Fontane erwähnt diese Äußerung Rodenbergs als Zitat.
65 »Fontane überträgt von seinen Heldenballaden die Technik des Knappen, Unvermittelten in der bloßen Nebeneinanderstellung von Situationen mit Ausschluß

des Verbindenden und Nebensächlichen wirksam auf die Prosa [...].« (Theodor Fontane, 1919, S. 141).
66 Hier mit Beziehung auf »James Monmouth«, die zuerst in der »Argo« veröffentlichte Erzählung. Sie sei nicht besser zu charakterisieren, »als wenn wir sie eine Fontanesche Ballade in Prosa nennen« (Sämtl. Werke. Insel-Verlag, 1924, Bd. VIII, S. 104). – Daß »Grete Minde« und »Ellernklipp« offenbar einiges vom Vorbild Theodor Storms empfangen haben, betont Richard *Brinkmann* (Theodor Fontane. Über die Verbindlichkeit des Unverbindlichen. München 1967, S. 66).
67 Veröffentlicht in Nr. 9 der Zeitschrift »Die Gegenwart« vom 4. März 1882, zitiert in: Aufbau-Verlag, Bd. III, S. 591/2.
68 Hierzu jetzt: Walter *Hinck*: Die deutsche Ballade von Bürger bis Brecht. Kritik und Versuch einer Neuorientierung. Göttingen 1968.
69 Vgl. Conrad *Wandrey*, Theodor Fontane, S. 137 ff.
70 Zitiert nach der Ausgabe des Aufbau-Verlags Bd. III, S. 578.
71 »Aber ich fürchte [...] sie kennt nicht Gut und nicht Bös [...].« (I/109); was später – im 4. Kapitel – wiederholt wird: »›Ein feines Kind; aber sie träumt bloß und kennt nicht gut und nicht böse.‹« (I/128).
72 An Gustav Karpeles vom 14. März 1880 (Briefe. Zweite Sammlung. II, S. 3/4). – Das Languissante der Gestalt hatte es Fontane offensichtlich angetan; auch im Text der Erzählung – vgl. das 14. Kapitel (I/190) – wird der Begriff gebraucht.
73 Der Beobachtung Ingrid *Mittenzweis* ist zuzustimmen, daß es weder bei Lene, Botho, Stine oder den Holks um einen absoluten Determinismus gehe (Theorie und Roman bei Theodor Fontane, in: Deutsche Romantheorien, hg. von R. *Grimm*, Frankfurt 1968, S. 245). Von »Ellernklipp« ist Ähnliches zu sagen. Dagegen scheint Heinz *Schlaffer* die Relativierung des »überlauten Leitspruchs« entgangen zu sein. Was einer Figur in den Mund gelegt wird, muß ja noch nicht mit der Optik der Erzählung identisch sein (Das Schicksalmodell... in: GRM, 1966, S. 396).
74 Als ein Terminus der Literaturwissenschaft von Hermann *Pongs* ergiebig gebraucht und auf deutsche Novellen des 19. Jahrhunderts angewandt (Das Bild in der Dichtung. Marburg 1939. Bd. II, S. 97/183).
75 Alfred *Friedmann* in: Das Magazin für Literatur des In- und Auslandes, Nr. 8 vom 18. Februar 1882, zitiert Aufbau-Verlag, Bd. III, S. 590.
76 Theophil *Zolling* in: Die Gegenwart, vom 25. Februar 1882, S. 119/21, zitiert Aufbau-Verlag (ebda, S. 591).
77 Die Rezension Otto *Brahms* erschien 1885 im 42. Band der »Deutschen Rundschau« (abgedr. in: Aufbau-Verlag III, S. 592). Daß die Nähe zu Storm gerade das Unfontanesche sei, das die Verbindung schaffe, merkt Conrad *Wandrey* in der Charakteristik dieser Erzählung an (Theodor Fontane, S. 154).
78 »Es war eigentlich nur eines, was ihn an ihr verdroß: ihre Müdigkeit. Sie war ihm zu lasch [...].« (I/128).
79 Vgl. an seine Frau vom 24. August 1891: »es hängt alles davon ab, ob jemand, auf Schmerzen hin angesehen, leidet oder nicht leidet. Daran hängt das Maß des Mitleids.« (Briefe an seine Familie II, S. 267).
80 Aufzeichnungen Fontanes über Schopenhauer hat H.-H. *Reuter* in Teilen zuerst in der Zeitschrift »Sinn und Form« mitgeteilt, das ganze Material zum Gegenstand ist enthalten in den von Reuter herausgegebenen »Aufzeichnungen zur Literatur. Ungedrucktes und Unbekanntes«, Aufbau-Verlag Berlin/Weimar 1969, S. 51/62; die Anmerkungen zu diesem Kapitel S. 277 ff. – Reuter legt größten Wert auf die Abgrenzung Fontanes gegenüber Schopenhauer, und es ist keine Frage, daß es in den Aufzeichnungen solche Abgrenzungen – vielfach mit kritischer Schärfe – gibt. Aber daß Fontane diesen Schriften einiges, im besten Sinne des Wortes, entnommen hat, daß er Schopen-

hauer mancherlei verdankte, sollte nicht weniger zweifelhaft sein. Eine Äußerung wie die oben zitierte über das Mitleid – »Schopenhauer hat ganz Recht« – mag eine beiläufige Äußerung sein; aber weder ist sie nebensächlich noch vereinzelt. Es gibt Kritisches in Fontanes Verhältnis zu Schopenhauer; und es gibt Zustimmung, aber diese doch eben auch; und es muß ein Gebot wissenschaftlicher Wahrheitsfindung bleiben, beide Seiten einer Sache anzuführen, wenn es beide Seiten dieser Sache gibt. Für Reuter ist Schopenhauer ein bloß bourgeoiser Schriftsteller, weil er im Aristokratischen verharrte und Hegel bekämpfte. Aber wenn ein Romancier wie Fontane der Philosophie Schopenhauers einiges entnimmt, so muß er damit gewiß nicht dessen Weltanschauung im ganzen übernehmen. Über Schopenhauers Verhältnis zum Sozialen ist nicht viel zu sagen, weil es ein solches Verhältnis kaum gibt. Ihn deswegen als »einen Hauptbestandteil der bürgerlichen Ideologie« abzutun, wie es im Kommentar geschieht, kommt mir bedenklich vor. Wörtlich heißt es bei *Reuter*: »Jede Konstruktion eines wie immer gearteten positiven ›Einflusses‹ von Schopenhauers Philosophie auf das Alterswerk Fontanes geht damit gründlich in die Irre [...].« (Aufzeichnungen, S. 288). Es folgen die Zurechtweisungen gegenüber Karl *Richter* und seiner Studie über die Resignation, in der es ein ganzes Kapitel über die Wirkung Schopenhauers gibt (Resignation. Eine Studie zum Werk Theodor Fontanes. Stuttgart 1966). Ich behaupte nun – ohne in die Irre zu gehen –, daß in die Hauptfigur unserer Erzählung »Einflüsse« Schopenhauers eingegangen sind, und mehr noch: daß man sie als positiv geartet aufzufassen hat.
81 In der angeführten Ausgabe des Hanser-Verlages (I/156) steht »brachte« statt »bracht«. Ich folge, abweichend davon, dem Wortlaut in der Ausgabe des Aufbau-Verlags, dort Bd. III, S. 311 f.

II. Zeitwende und Zeitkritik

1 Hans *Blumenberg*: Die Legitimität der Neuzeit. Frankfurt 1966.
2 Max *Weber*: Wissenschaft als Beruf. München 1921. Zitiert nach der 3. Aufl., S. 15.
3 Helmuth *Plessner*: Die verspätete Nation, S. 100.
4 Ebda, S. 101. – Ähnlich Hans Robert *Jauß*, der dem Historismus, sicher nicht unberechtigt, die Abkehr von der Geschichtsphilosophie der Aufklärung nachrechnet, indem er die Preisgabe des Fortschritts konstatiert (Literaturgeschichte als Provokation der Literaturwissenschaft. Konstanz 1967, S. 13/14).
5 Sämmtliche Werke. Bd. 33/», S. VII. – Vgl. hierzu die geistvollen Bemerkungen Otto *Voßlers* in dem Aufsatz »Rankes historisches Problem«, in: Geist und Geschichte. Von der Reformation bis zur Gegenwart. Gesammelte Aufsätze. München 1964, S. 187/8.
6 In seinem Aufsatz über »Die klassische Philologie und das Klassische« spricht Karl *Reinhardt* vom klassischen deutschen Humanismus, für den auf die Dauer die »Gewalt des Wechsels gefährlich werden mußte – des Wechsels, »in dem das historische Denken ihn abgelöst hat« (Von Werken und Formen. Vorträge und Aufsätze. Godesberg 1948, S. 423/4).
7 Bezeichnend für solche Auffassungen von Historismus ist das Denken eines Kunsthistorikers wie Nikolaus *Pevsner*, der in seinem Verständnis geschichtlichen Bewußtseins ohne das Neue auszukommen meint, wenn er feststellt: »Meine Definition ist, daß der Historismus die Haltung ist, in der die Betrachtung und die Benutzung der Geschichte wesentlicher ist als die Entdeckung und Entwicklung neuer Systeme, neuer Formen der eigenen Zeit« (Möglichkeiten

und Aspekte des Historismus, in: Historismus und bildende Kunst. München 1965, S. 13).

8 Vgl. das instruktive und weit ausgreifende Kapitel »Cusaner und Nolaner. Aspekte der Epochenschwelle« in dem oben genannten Buch Hans *Blumenbergs*: Die Legitimität der Neuzeit, S. 433 ff.

9 Vgl. August *Buck*: »Der Fortschrittsgedanke gab dem mit der Vorstellung der Wiedergeburt verbundenen Epochenbewußtsein weitere Nahrung.« (Zu Begriff und Problem der Renaissance, hg. von A. *Buck*, Darmstadt 1969, S. 9).

10 Hierzu Friedrich *Meinecke*: Die Idee der Staatsräson. 3. Aufl. 1929, S. 40: »Und da er aus Polybios die Lehre sich einprägte, daß alle Staatenschicksale sich im Kreislaufe wiederholten [...].« – Kurt *Kluxen*: Politik und menschliche Existenz bei Machiavelli, Stuttgart 1967.

11 Theodor E. *Mommsen*: Der Begriff des »Finsteren Zeitalters« bei Petrarca, in: Zu Begriff und Problem der Renaissance, S. 151 ff.

12 Gotthold Ephraim *Lessing*: Gesammelte Werke, hg. von P. Rilla. Berlin 1955. 4. Bd., S. 135.

13 Zum Verhältnis von Hermeneutik und Ideologiekritik in der Diskussion der Gegenwart vgl. den in der Theorie-Reihe des Suhrkamp-Verlags erschienenen Band: Hermeneutik und Ideologiekritik, Frankfurt 1971.

14 Georg *Lukács*: Der historische Roman. Aufbau-Verlag, Berlin 1955.

15 Hermann *Broch*: Dichten und Erkennen. Essays/Bd. I, Zürich 1955, S. 345.

16 Gegenüber Franz *Schonauers* Schrift (Deutsche Literatur im Dritten Reich. Olten/Freiburg 1961), der allzu sorglos mit der Kategorie der Flucht umgeht, sind mancherlei Einwände zugunsten einer besseren Differenzierung denkbar.

17 Willibald *Alexis*: Mein Chronikenstil, in: Zeitung für die elegante Welt. 1. Bd. (1843), H. 4, S. 96.

18 E. M. *Forster*: Ansichten des Romans. Berlin/Frankfurt 1949, S. 19: »Thematische Ordnung – noch alberner!« usw.

19 Willibald *Alexis*: Lord Byron's und Scott's Werke, in: Jahrbücher der Literatur. Bd XV, 1821, S. 139. – Vgl. Wolfgang *Gast*: Der deutsche Geschichtsroman im 19. Jahrhundert: Willibald Alexis. Untersuchungen zur Technik seiner »vaterländischen Romane«. Freiburg 1972, S. 16.

20 The Romances of Sir Walter Scott, in: Jahrbücher der Literatur Bd. XXII, 1823, S. 31.

21 Ebda, S. 31.

22 Der historische Roman, S. 26.

23 Karl *Löwith*: Weltgeschichte und Heilsgeschehen. 4. Aufl., Stuttgart 1961, S. 13.

24 Den hier in Frage stehenden Typus des historischen Romans hat Erwin *Wolff* überzeugend herausgearbeitet: Zwei Versionen des historischen Romans. Scotts »Waverley« und Thackerays »Henry Esmond«, in: Lebende Antike. Symposion für Rudolf Sühnel, hg. von H. *Meller* und H. J. *Zimmermann*. Berlin 1967, S. 348–369. – Vgl. auch Wolfgang *Iser*: Der implizite Leser. München 1972, S. 196 ff.

25 Hierzu Wolfdietrich *Rasch*: Döblins »Wallenstein« und die Geschichte. In: Zur deutschen Literatur seit der Jahrhundertwende. Gesammelte Aufsätze. Stuttgart 1967, S. 242.

26 Der historische Roman, S.30.

27 Willibald *Alexis*: The Romances of Sir Walter Scott, in: Jahrbücher der Literatur, Bd. XXII, Wien 1923, S. 34.

28 Daß die Romane von Willibald Alexis an der Miserabilität der märkisch-preußischen Geschichte leiden, wie Lukács meint, ist eine unkontrollierte Behauptung. Denn was heißt hier miserabel? Daß diese Geschichte es in der Tat war, sei es faktisch oder sei es, daß es von bestimmten Gesinnungen her so erscheint, muß

Zeitwende und Zeitkritik 503

ja noch nicht bedeuten, daß sie in solcher Miserabilität auch als erzählbarer Stoff miserabel ist!
29 Vgl. Ingeborg *Schrader*: Das Geschichtsbild Fontanes und seine Bedeutung für die Maßstäbe der Zeitkritik in den Romanen. Limburg 1950, S. 27.
30 Vgl. W. *Gast*, Der deutsche Geschichtsroman, S. 54. – Über die Romanfigur am Rande: ebda, S. 72.
31 Herbert *Roch*: Fontane, Berlin und das 19. Jahrhundert. Berlin 1962, S. 7.
32 Ebda, S. 9/10.
33 Von Theodor Fontane in einem seiner Artikel in der Dresdner Zeitung zitiert: 1/38; vgl. auch Fritz *Fischer*: Der deutsche Protestantismus und die Politik im 19. Jahrhundert, in: HZ, Bd. 171, 1951, S. 502.
34 So sehr ist das der Fall, daß F. *Fischer* in dem genannten Beitrag die kirchliche Entwicklung als einen einzigen Fehlschlag bezeichnet (ebda, S. 473).
35 An Friedrich Witte vom 19. März 1851 (Briefe. Zweite Sammlung I, S. 30). Vgl. hierzu den Brief des Freundes von Lepel an Fontane vom 19. September 1848 (Fontane–Lepel I, S. 107): »Wie ist es mit Deinem Barbarossa? Ich möchte wohl sehn, wie Du Mailand unter seinen Füßen knirschen u. wimmern läßt.« Fontanes Mitteilung an Witte, daß er die Pläne, ein solches Epos zu schreiben, aufgegeben habe, ist direkt eine Antwort auf Lepels Anfrage drei Jahre zuvor – und eine Absage an dessen Erwartungen zugleich. Distanzierungen vom zeitgerechten Konservatismus also mitten in dieser konservativen Zeit! Man hat allen Grund, auch hinsichtlich dieser Epoche in Fontanes Biographie mit Verallgemeinerungen und Etikettierungen vorsichtig zu sein. – Vgl. ferner die Erläuterungen J. *Kolbes* zu den Aufsätzen (I/744). – H. *Nürnberger*: Der frühe Fontane, S. 198.
36 Vgl. die rückblickende Äußerung über sein Verhältnis zu den »Helden« der preußischen Geschichte in der Autobiographie »Von Zwanzig bis Dreißig«: »[...] ich habe das *Menschliche* betont, was andeuten soll, ich bin an *Schwächen*, Sonderbarkeiten und selbst Ridikülismen nicht vorbei gegangen [...].« (4/329)
37 Heyse an Fontane vom 13. Dezember 1861 (Briefwechsel, hg. von G. *Erler*, S. 104). – Vgl. auch H. *Fricke*, Fontanes Historik, S. 16.
38 The Works, ed. Lady *Ritchie*. London, 1911. Bd. X, S. 2. – Hierzu Wolfgang *Iser*: Reduktionsformen der Subjektivität, in: Die nicht mehr schönen Künste, hg. von H. J. *Jauß*. München 1968, S. 435 ff. Jetzt in: W. *I.*: Der implizite Leser. München 1972, S. 194 ff. – E. *Wolff* (Lebende Antike, S. 360 ff.) versteht »Henry Esmond« als eine Art Parodie Scotts. Geschichte und Gegenwart werde Gegenstand des Romans, und dabei werde mitleidslos entmythologisiert. Der historische Roman übernimmt damit, so führt der Verfasser aus, eine Enthüllungsfunktion: »Die Historie entpuppt sich als ein riesiger Sektor des gleichen Jahrmarktes der Eitelkeiten [...]« (S. 364). Der Roman wird zum Korrektiv der nationalen Historiographie. Auch bei Thackeray finde sich der Gedanke: das Allgemeine der menschlichen Natur sei zu allen Zeiten gleich.
39 G. *Lukács*: Der historische Roman, S. 219.
40 W. *Iser*: Reduktionsformen, in: Die nicht mehr schönen Künste, S. 441.
41 Der historische Roman, S. 28; ähnlich S. 47. – Vgl. zur Nebensächlichkeit des Heroischen auch Peter *Demetz*: Formen des Realismus, S. 47.
42 Der historische Roman, S. 29.
43 Ähnlich H. *Oelschläger*, S. 172.
44 »Die Geschichte geht fast immer an dem vorüber, was sie vor allem festhalten sollte [...].« (IV/359).
45 Hierzu Karl *Löwith*: Nietzsches Wiederholung der Lehre von der ewigen Wiederkehr, in: Weltgeschichte und Heilsgeschehen, S. 196 ff. – Erwin *Wolff*: Sir Walter Scott und Dr. Dryasdust. Zum Problem der Entstehung des historischen

Romans im 19. Jahrhundert. In: Dargestellte Geschichte in der europäischen Literatur des 19. Jahrh., hg. von W. *Iser* und F. *Schalk*. Frankfurt 1970.
46 Vgl. Erwin *Wolff*, S. 21.
47 Die Welt als Wille und Vorstellung, in: Sämtliche Werke. Wiesbaden 1949, Bd. II, S. 215/6. 48 Vgl. ebda, Bd. VI, S. 310; S. 475 usw.
49 In dem Kapitel »Ueber Geschichte« (Wk. Bd. III, S. 505): »Von diesem Standpunkt aus erscheint uns der Stoff der Geschichte kaum noch als ein der ernsten und mühsamen Betrachtungen des Menschengeistes würdiger Gegenstand, des Menschengeistes, der, gerade weil er so vergänglich ist, das Unvergängliche zu seiner Betrachtung wählen sollte.« Es gibt freilich auch andere Standpunkte, Äußerungen und Einstellungen Schopenhauers, die ein positives Verhältnis vermuten lassen. Geschichte sei anzusehen »als die Vernunft« oder das »besonnene Bewußtseyn des menschlichen Geschlechts« (ebda, S. 509). Hier sind Annäherungen an die Denkschule des Historismus unverkennbar. Dies ist erst recht dort der Fall, wo sich Schopenhauer mit Nachdruck für die Rechte des Individuums verwendet; und wo er davon spricht, wird erkennbar, daß solches Eintreten auf einer betont individualisierenden Denkweise beruht, die er mit dem Historismus – unbeschadet aller Differenzen – gemeinsam hat. Vor allem gegenüber den Hegelianern insistiert Schopenhauer auf den Rechten der Individualität, vgl. besonders III, S. 506: »In Wahrheit hat nur der Lebenslauf jedes Einzelnen Einheit, Zusammenhang und wahre Bedeutsamkeit [...].«
50 Ähnlich Fritz *Martini* in seiner Literaturgeschichte des Realismus: »Er desillusionierte die Geschichte, die ihm zur Wiederkehr des immer Gleichen wurde.« (Deutsche Literatur im bürgerlichen Realismus. Stuttgart 1962, S. 34).
51 So vor allem in den »Weltgeschichtlichen Betrachtungen«; hierzu K. *Löwith* im Burckhardt-Kapitel seines mehrfach erwähnten Buches: Weltgeschichte, S. 27 ff.
52 Preußische Jahrbücher, 34. Jg. 1874, S. 68.
53 In einem Brief G. Freytags an S. Hirzel vom 27. Oktober 1872, in: Freytag an Hirzel, hg. von A. *Dove*, 1903, S. 200. – Über Einschätzung und Wirkung Schopenhauers im 19. Jahrhundert vgl. u. a. J. *Frauenstädt*: Briefe über die Schopenhauer'sche Philosophie. Leipzig 1854.
54 Aufzeichnungen zur Literatur, hg. von H. H. *Reuter*: die Bemerkung Reuters dort S. 287.
55 In der älteren Ausgabe (Briefe. Zweite Sammlung I, S. 312) steht »Haushaltungswörter«. Die Briefausgabe des Propyläen-Verlages, dort Bd. IV, S. 34, enthält die Korrektur: es muß »Haushaltwörter« heißen.
56 Vgl. Wilhelm *Lütgert*: Die Religion des deutschen Idealismus und ihr Ende. Gütersloh 1926. Dritter Teil, S. 307.
57 Vgl. die Anmerkungen zum Kapitel über »Ellernklipp«.
58 Fontane fährt an dieser Stelle fort: »Eine vielleicht zu weit gehende Vorstellung von der ungeheuren Bedeutung des Besitzes, ja mehr, ein Stück von Bourgeois und altmodischem Kleinkaufmann war ihm freilich geblieben [...].« Aus dem Passus geht hervor, wie Fontane selbst über das Verhältnis von Bourgeoisie und Schopenhauers Philosophie denkt. Er bemerkt die Divergenz. Die Einschränkung »freilich« besagt aber doch wohl, daß ihm nicht deshalb etwas vom Bourgeois geblieben war, weil, sondern obwohl Schopenhauers Philosophie über alles schätzte.
59 Über solche Formen der Koexistenz handelt Thomas S. *Kuhn* in seiner Schrift »The Structure of Scientific Revolution«. Er spricht von Denkeinheiten, die er Paradigmata nennt, und führt in diesem Zusammenhang aus: »es gibt Umstände [...] unter denen in der späteren Periode zwei Paradigmata friedlich koexistieren können.« (Die Struktur wissenschaftlicher Revolutionen. Deutsche Ausgabe. Frankfurt 1967, S. 12/3.)
60 Das Nebeneinander verschiedener Geschichtsbegriffe im Denken Thomas Manns

arbeitet vorzüglich heraus Winfried *Hellmann*: Das Geschichtsdenken des frühen Thomas Mann. Tübingen 1972.
61 Vgl. an Wilhelm von Merckel vom 20. September 1858: »Ich liebe nämlich das Land, in dem ich geboren wurde, mehr, aufrichtiger, selbstsuchtsloser als die Mehrzahl meiner hier lebenden Landsleute und fühle, bei meiner wachsenden Neigung, vaterländisches Leben künstlerisch zu gestalten, die Trennung vom Vaterlande allerdings empfindlicher als mancher andre [...].« (Briefe, hg. von G. *Erler*, I, S. 245).
62 Vgl. K. *Attwood*, S. 159; I. *Schrader*: Das Geschichtsbild, S. 9.
63 Vgl. E. *Kohler*: Die Balladendichtung, S. 207 ff.; C. *Wandrey*, S. 353. – Georg *Lukács* versteht sie als Zeugnisse konservativen Preußentums (Deutsche Realisten, S. 266), was sie zweifellos sind, aber nicht nur. Das Volkstümliche und Humorvolle dieser Lieder betont zutreffend K. *Attwood*, S. 69/70.
64 Hierzu H. *Nürnberger*, Der frühe Fontane, S. 71.
65 Zeitschrift für deutsche Wortforschung, Bd. VI, 1904/5, S. 56.
66 Brief vom 19. 4. 1849, zitiert von L. H. C. *Thomas*, in: MLR. Bd. 45, 1950, S. 207.
67 Vgl. F. *Winterscheidt*: Deutsche Unterhaltungsliteratur, S. 71. – H. *Eggert*, a.a.O. – H. A. *Korff*: Scott und Alexis, Heidelberg 1907; ferner A. S. *Shears*: The Influence of Walter Scott on the Novels of Theodor Fontane. New York 1922.
68 Es handelt sich um einen Brief Fontanes an seine Frau vom 24. Juni 1879. In der frühen, aber unzuverlässigen Ausgabe (Briefe an seine Familie, dort Bd. I, S. 282) steht der Passus in einem Brief vom 20. Juni. Ein Brief vom 24. Juni ist dort überhaupt nicht verzeichnet. Solche Ungenauigkeiten in der Bearbeitung sind in der ersten Ausgabe nicht Ausnahme sondern Regel. Der zitierte Wortlaut (wie auch sonst) nach der Ausgabe von K. *Schreinert*/Ch. *Jolles*: Bd. I, S. 100.
69 Vgl. hierzu: Wolfgang *Monecke* (Der historische Roman und Theodor Fontane, In: Festgabe für Ulrich Pretzel. Berlin 1963, S. 282). – Dann wiederum die gegenteiligen Äußerungen; so im Brief an Ludwig Pietsch vom 24. April 1880, in dem es heißt: »›Isegrimm‹ stelle ich *sehr* hoch. Ich halte es in der ersten Hälfte für das Beste und Bedeutendste was Willibald Alexis geschrieben hat, überhaupt für bedeutend und jedenfalls für viel bedeutender als Scott [...]« (Briefe, Zweite Sammlung II, S. 6). Hierüber Lionel *Thomas*: Theodor Fontane und Willibald Alexis, in: Fontane-Blätter, Bd. II, 1972, S. 430.
70 Deutsche Geschichte im 19. Jahrhundert. Leipzig 1894. V. Teil, S. 384/5. – Der These, Alexis habe den Historismus vorweggenommen, wie L. H. C. *Thomas* behauptet, kann nicht zugestimmt werden (Mod. Lang. Rev. 45, 1950, S. 196).
71 W. *Monecke*: Der historische Roman, S. 283.
72 Die verspätete Nation. S. 18.
73 J. G. *Droysen*: Zur Charakteristik der europäischen Krisis, in: Politische Schriften. Hg. von F. *Gilbert* 1933, S. 328.
74 »›Vor dem Sturm‹ weist allenthalben auf diese widerspruchsvolle Entstehungsgeschichte zurück. Ein künstlerisch geschlossenes Werk konnte der Roman nicht werden.« So Hans-Heinrich *Reuter* (Theodor Fontane II, S. 534).
75 Mangel an »epischer Souveränität«: H. H. *Reuter*, ebda, S. 535; Die ohne Frage verständnisvollste Betrachtung, die dem ersten Roman Fontanes seit seinem Erscheinen zuteil wurde, verdanken wir Peter *Demetz*. Die Kapitel über den historischen Roman, die Betrachtung über »Vor dem Sturm« eingeschlossen, sind so etwas wie ein Kabinettstück literar-historischen Denkens: geistreich souverän und voller Kombinatorik. Daß der Roman deswegen interpretatorisch noch nicht »erschöpft« sei, daß es an ihm noch immer einiges zu zeigen, zu sehen und zu erkennen gebe, ist sicher nicht zuviel behauptet.

76 Statt vieler Belege verweise ich auf einen Beitrag, der sich unglücklicherweise in einer Einführung in die Literaturwissenschaft findet. Sein Verfasser heißt Peter Schmidt. Es kommt aber gar nicht auf Namen an, man kann sie ersetzen. Man kann allenthalben die These — wie hier — vertreten finden, die sog. Werkanalyse sei eine Fluchtbewegung gewesen. Eine derart kurzsichtige und jeden historischen Bewußtseins bare Urteilsbildung ist in ihrem stereotypen Konformismus kaum noch zu überbieten. (Peter *Schmidt*: Historische Positionen der Literaturwissenschaft. In: Literaturwissenschaft. Ullstein-Taschenbuch, 1973, S. 60).

77 Aus dem Nachlasse Friedrich August Ludwig's von der *Marwitz* auf Friedersdorf, Königlich Preußischen General-Lieutnants a. D. Berlin 1852, 2 Bd. Berlin 1852. — »Schloß Friedersdorf«, in: Das Oderland (I/752).

78 Deutsche Realisten, S. 295/6.

79 Noch in der ersten Auflage stand statt Rückschrittsmann »Reaktionär«. Das wird später geändert; vgl. auch III/951.

80 P. *Demetz*, Formen des Realismus, S. 52.

81 Ebda, S. 58: »Es ist ein altertümliches Gesellschaftsbild mit deutlichen Wertakzenten; nur mit dem Landadel, der Bauernschaft und den im Geiste und in der tätigen Disziplin lebenden Menschen ist es dem Erzähler wahrhaft ernst [...].«

82 Zur polnischen Insurrektion vgl. das Kapitel in: »Meine Kinderjahre« (4/110); ferner: K. *Attwood*, S. 46/7.

83 Vgl. zu diesen Fragen Frido *Měts̆k*: Theodor Fontane und die Sorben, in: Fontanes Realismus. Potsdam 1972, S. 183 ff. — Ferner Eugène *Faucher*: Le Langage chiffré dans *Irrungen Wirrungen* de Fontane. I. Les Chiffres éthniques. Slavisme, Prussianisme, Britannisme, in: EG, 1969, S. 210 ff.; hierzu die Entgegnung von Dietrich *Gerhardt*: Slavische Irrungen und Wirrungen, in: Die Welt der Slaven, XV, 1970, S. 321 ff.

84 Vgl. das Gespräch zwischen Kathinka und Renate während der Silvester-Soirée auf Schloß Guse: »Renate schüttelte den Kopf [...] ›Nein, ich bleibe; und *du*, Kathinka, mußt die Rolle sprechen‹.« (III/281) Das ist beziehungsvoll gemeint; denn auch sonst wird Kathinka von Ladalinski dem »Sinnbereich« der Komik zugeordnet.

85 Der Aussage *Reuters* kann nicht zugestimmt werden. Er führt aus: »Der eigentliche Kreis der Helden des großen Romans [...] ist verbunden durch unbedingte Übereinstimmung in der Anerkennung eines Primates der Gesinnung. Und nur eine einzige Ausnahme gibt es: Dr. Faulstich, den Wortführer einer (›falschen‹) Romantik [...].« (Fontane, II, S. 564) Wie ausgeführt, ist der Privatdozent Faulstich einer unter vielen. Von Widerspruch ist dieser ebenso geprägt wie Othegraven; Berndt von Vitzewitz ebenso wie seine Schwester; der Geheimrat von Ladalinski so gut wie sein Sohn — und so fort. Gewiß haben alle diese Personen auch ihre Gesinnung. Nur sind sie nicht durch unbedingte Übereinstimmung verbunden, sondern im Fiktionsraum der Handlung durch Widerspruch getrennt. Die Gesinnung als Übereinstimmung vieler ist auf einer anderen Ebene zu ermitteln: auf derjenigen des Erzählers, es sei denn, daß man innerhalb des Handlungsraumes die am Schluß zustande kommende Verbindung zwischen Lewin und Marie so versteht.

86 Johann Gustav *Droysen*: Das Leben des Feldmarschalls Grafen Yorck von Wartenburg. 2. Bd. (hier zitiert nach der Ausgabe im Insel-Verlag. Leipzig 1913; die erste Auflage war bereits 1850 erschienen. — Über Droysens Monographie als einer Lieblingslektüre Fontanes vgl. H. *Fricke*: Fontanes Historik, S. 16. — Zur Übersendung des zweiten Bandes der »Wanderungen« an Droysen vgl. H. H. *Reuter* I, S. 358. — Ferner die aufschlußreiche Bemerkung im Brief an Hermann Pantenius, die den Historiker Fontane charakterisiert: »Am meisten Einfluß auf mich übten historische und biographische Sachen; Memoiren des Generals v. d. *Marwitz* (dies Buch ganz obenan). *Droysen, Leben Yorcks, Ma-*

caulay (Geschichte u. Essays), *Holbergs* dänische Geschichte, *Büchsels* ›Erinnerungen eines Landgeistlichen‹ und allerlei kleine von Pastoren und Dorfschulmeistern geschriebene Chroniken oder Auszüge daraus.« (14. August 1893).

87 *Kant:* Werke in sechs Bänden. Hg. von W. *Weischedel.* 1970. Bd. IV, S. 439/40. — Vgl. zum Fragenkreis Herbert von *Borch:* Obrigkeit und Widerstand. Zur politischen Soziologie des Beamtentums. Tübingen 1954, bes. S. 198.

88 Mit Beziehung auf solche Selbstgespräche spricht Peter *Demetz* von einer »Diktatur der unvollkommenen Psychologie« (Formen des Realismus, S. 25). Ob solchen unbegründeten Urteilen nicht ein sehr enger Begriff von Realismus zugrunde liegen könnte? Wir nehmen als Leser nicht Anstoß an Selbstgesprächen dieser Art — im Gegenteil! Im übrigen sind sie etwas dem realistischen Roman durchaus Geläufiges. Auch bei Alexis finden sie sich oft; vgl. W. *Gast:* Der deutsche Geschichtsroman, S. 77. Historisch denken heißt auch, ein literarisches Werk nicht an den Errungenschaften einer späteren Epoche zu messen. Zu solchen »Errungenschaften« zählt ohne Frage der innere Monolog. Nur kann dieser niemals der Maßstab für Früheres sein.

89 Die Technik der Vorausdeutung hat die ältere wie die jüngere Fontaneforschung beschäftigt. H. *Waffenschmidt* handelt darüber in seinem Buch über die Symbolik bei Fontane, 1931. — Walter *Wagner* hat dem Gegenstand eine eigene Schrift gewidmet, die sich auf den Roman »Vor dem Sturm« beschränkt. (Die Technik der Vorausdeutung in Fontanes ›Vor dem Sturm‹. Marburg 1966. Im Sinne einer fast weltanschaulichen Determination versteht H. *Schlaffer* die Omina, Symbole und Verweise (GRM 1966, S. 396).

90 Vgl. G. *Erler:* Aufbau-Verlag I, S. 354; ebda, S. 334, wo es heißt: »Auch Lewin von Vitzewitz, der lange Zeit als Titelheld vorgesehen war, geht in der ursprünglichen Konzeption auf einen Marwitz zurück [...].«

91 Es leuchtet ein, welche zentrale Stellung den Nebenfiguren bei Fontane zukommt, genauer: welche Bedeutung sie als Nebenfiguren in seinem Roman erhalten; vgl. Robert *Minder:* Über eine Randfigur bei Fontane, in: Dichter in der Gesellschaft, Frankfurt 1966, S 140 ff. — Ferner Heide *Buscher:* Die Funktion der Nebenfiguren in Fontanes Romanen. Diss. Bonn 1969.

92 Aesthetik VI, S. 184.

93 Zitiert von G. *Erler:* Werke, Aufbau-Verlag, I, S. 368. — Das wurde 1878 geschrieben. Vierzig Jahre später hat sich daran so gut wie nichts geändert. Es ist noch immer derselbe Geschichtsbegriff, dem man folgt, wenn es in *Wandreys* Fontane-Monographie heißt: »Hier kommt endlich das Historische [...] zu einem scheinbaren Recht [...]. Die Überrumpelung der französischen Garnison [...] wird als einzige kriegerische Aktion vorgeführt [...].« (S. 124/5.). Historie als kriegerische Aktion: dies genau ist der Begriff von Geschichte, den Fontane nicht meint!

94 Aufbau-Verlag, ebda, S. 367.

95 Fontane und die Gesellschaft, in: Festschrift für Benno von Wiese, 1963, S. 236. — Der Verfasser dieses bemerkenswerten Beitrags ist einer der wenigen, der das Historische dieses historischen Romans erfaßt. — Dagegen P. *Demetz:* Formen des Realismus, S. 53: »und nur eine naive Stoffhuberei wird darauf bestehen, dieses Werk dogmatisch einen historischen Roman nennen zu wollen [...].«

96 Aus dem Nachlasse Friedrich August Ludwig's von der *Marwitz* ... Erster Band. Lebensbeschreibung. Berlin 1852, S. 41.

97 Die Quellen führt G. *Erler* in seiner stets zuverlässigen Ausgabe an: Bd. III, S. 603 ff.; vgl. auch: Schach von Wuthenow. Deutung und Dokumentation von

Pierre-Paul *Sagave*. Berlin 1966 (Ullstein-Bücher »Dichtung und Wirklichkeit«).
98 Hierüber Eduard *Berend*: Die historische Grundlage von Theodor Fontanes Erzählung ›Schach von Wuthenow‹ in: Deutsche Rundschau, Jg. 50, 1924, S. 174.
99 G. *Erler* Bd. III, S. 600: »Allerdings gewann der Stoff erst mit der Umdatierung von 1815 auf 1805/6 historische und kritische Zeitnähe.«
100 »Ich finde, je mehr ich über mein eigenes Geschäft und über die Behandlungs-Art der Tragödie bei den Griechen nachdenke, daß der ganze *Cardo rei* in der Kunst liegt, eine poetische Fabel zu erfinden.« (*Schillers* Briefe, hg. von F. *Jonas*, vom 4. April 1797; Bd. V, S. 167).
101 An Goethe vom 5. Januar 1798 (ebda, S. 316).
102 Sophie von *Schwerin*: Vor hundert Jahren. Ein Lebensbild, 1863, hg. von A. von *Romberg*. (Nachdruck Berlin 1909).
103 An seine Frau vom 25. Juni 1883 (Briefe I, hg. von K. *Schreinert*/Ch. *Jolles*, S. 210/11): »Graf Schack ist ein ganz feiner Dichter, Schule Platen, alles tüchtig, durchdacht, gefeilt, korrekt, wirklicher Künstler, — es fehlt ihm nur eins: Kraft, und weil er keine Kraft hat, ist alles nur gemacht, aber nicht gezeugt. Nichts hat Originalität [...].« — Eine Frau von Schack war die Tante des Freundes Richard von Lepel: Briefwechsel mit Lepel I, S. 154.
104 Vgl. auch an seine Frau vom 28. August 1868 (Briefe an seine Familie I, S. 156). Fontane rühmt hier Walter Scott: »Welch wunderbares Talent für ›Einleitungen‹; — das, woran sonst die Besten scheitern, gibt sich hier [...] mit so viel Grazie und Humor, daß es einem das Geplauder mit einem geliebten und geistreichen Menschen ersetzt.« — Vgl. zum Problem der Romananfänge Norbert *Miller*: Romananfänge. Versuch zu einer Poetik des Romans. Berlin, Lit. Colloquium, 1965).
105 Die Absage an Preußisches, bemerkt H. *Lübbe*, werde an Schärfe von keiner späteren Äußerung Fontanes übertroffen. Das ist richtig, was den Grad der Schärfe angeht. Aber fast durchweg ist es Bülow, der sich so äußert, nicht Fontane! (Fontane und die Gesellschaft, S. 245). — Über Fontanes »Knacks« in der Preußenbegeisterung: G. *Erler*, Bd. III, S. 600.
106 Vgl. Mary-Enole *Gilbert*: Das Gespräch in Fontanes Gesellschaftsromanen. Leipzig 1930, S. 8. Die Verfasserin verweist auf spätere Schriftsteller wie Kretzer oder Bleibtreu.
107 Über Bülow als »historische Figur« vgl. P.-P. *Savage*: Schach von Wuthenow, S. 131/2; Bülow wird hier mit den Vornamen Heinrich Dietrich genannt, der Herausgeber der Ausgabe im Hanser-Verlag (W. *Keitel*) nennt ihn Adam Heinrich. (Romane I, S. 971). Unterschiedliche Angaben auch über die Lebenszeit: bei Keitel (in der 2. Auflage von 1970) ist angegeben: 1751–1807; Sagave gibt statt dessen 1757–1807 an. Daß eine seiner Hauptschriften — »Geist des neueren Kriegssystems«, 1799 — »bedeutend« sei, wird in beiden Kommentaren vermerkt. — Ausführlich mit der Gestalt Dietrich Heinrich von Bülows (mit diesen Vornamen!) hat sich neuerdings I. M. *Lange* in einer Dissertation beschäftigt, auf die in einem Aufsatz desselben Verfassers aufmerksam gemacht wird. Dieser Aufsatz weist mit Nachdruck auf einen anderen Kritiker und Reformer der »preußischen Idee« hin: auf Georg Heinrich von Berenhorst. Vf. führt aus, daß dieser der eigentliche Lehrmeister Bülows gewesen sei; und er findet es merkwürdig, daß Fontane diesen offensichtlich nicht gekannt hat. Derselbe Beitrag beginnt mit einer ebenso unnötigen wie unverständlichen Polemik gegenüber der sogenanten bürgerlichen Literaturwissenschaft: »Während die bürgerliche Literaturgeschichte ihre Quellen zu Fontanes Novellen und Erzählungen aus dem Anekdotenschatz der bürgerlichen Gesellschaft und ihrer Skandale entnimmt, [...] war Georg Lukács mindestens der erste, der insbesondere für

Zeitwende und Zeitkritik 509

›Schach von Wuthenow‹ die politische Problematik der Novelle in den Vordergrund rückte.« Als ob es nicht allererst Fontane wäre, der seine Quellen der bürgerlichen Gesellschaft und ihrer Skandale entnimmt – was natürlich das Politische nicht beeinträchtigen muß! Im übrigen ist Lukács in diesem Punkt, was die Erkenntnis des Historischen und Politischen angeht, nicht der erste gewesen. Da wäre denn Eduard Berend auch noch zu nennen! So unbeholfen sollte man seine Polemik nicht anbringen, wie es hier geschieht – bei allen Verdiensten der Entdeckung sonst! (Fontane-Blätter, Bd. 2, Heft 4 [1971]: S. 252: »Georg Heinrich von Berenhorst und Dietrich Heinrich von Bülow – Paralipomena zu Fontanes ›Schach von Wuthenow‹«).
108 Vgl. »Deutsche Realisten«, S. 299/300, wo es heißt: »Bülow kommentiert nun die allgemeine Bedeutung des sich hier ausdrückenden falschen Ehrbegriffs in der friderizianischen Armee [...] Was Fontane hier dichterisch entdeckt, ist die Gebrechlichkeit der Menschen und des Gesellschaftssystems, deren Moral sich auf eine solche falsche Ehre gründet [...].« – Vom Standpunkt einer nicht unbedingt Fontaneschen Moralkritik urteilt Klaus *Lazarowicz* ähnlich: »Durch die Wahl des Datums, die Bülows Kritik historisch ins Recht setzt, bezeugt Fontane, daß er sich hinter die Gestalt des von Schach als *unpatriotisch* bezeichneten *Warners* stellt.« (Moral- und Gesellschaftskritik in Th. Fontanes erzählerischem Werk, in: Unterscheidung und Bewahrung. Festschrift für Hermann Kunisch. Berlin 1961. S. 224.) Das heißt in beiden Fällen die doppelte Optik der beiden Briefe verkennen – eine Optik, die sich mit der Eindeutigkeit einer Moralkritik wie dieser gerade nicht verträgt.
109 Ähnlich Ingrid *Mittenzwei*: »doch die Festigkeit, in die er sich hineinredet, ist labil und trügerisch und selbst nur ein leeres Wort.« (Die Sprache als Thema..., S. 59).
110 An seinen Verleger schreibt Fontane am 5. November 1882, und er meint damit den »Schach von Wuthenow«: »Namentlich dies Element der Anmaßlichkeit, nicht der persönlichen, sondern der Zeitanmaßlichkeit möcht ich vor allem vermeiden.« (Briefe. Zweite Sammlung II, S. 78).
111 Vgl. K. *Attwood*: Fontane und das Preußentum, S. 171.
112 Vgl. dagegen P.-P. *Sagave*, der eine »klare Überzeugung Fontanes« vermißt. »Der Autor überläßt es seinen Lesern, nicht Ausgesprochenes herauszufinden. Diese Unentschiedenheit [...] zeigt sich im *Schach* sowohl auf sozialgeschichtlichem Gebiet als auch in der Deutung psychologischer Vorgänge.« (Ebda, S. 150). Dem ist nicht so zuzustimmen – weder hinsichtlich der Sozialgeschichte noch hinsichtlich der psychologischen Vorgänge!
113 P.-P. *Sagave* spricht im letzten seiner Beiträge über den »Schach von Wuthenow« schon im Titel von einem politischen Roman. (Fontanes Realismus. Berlin 1972, S. 87).
114 An Theodor Storm vom 19. 3. 1853 (Briefe. Zweite Sammlung I, S. 62); ähnlich an Stephany vom 31. 7. 1887 hinsichtlich »Irrungen, Wirrungen« (Letzte Auslese, S. 420). – Zum Schwanken in der Bezeichnung vgl. ferner Ingrid *Mittenzwei*: Theorie und Roman bei Theodor Fontane, in: Deutsche Romantheorien, hg. von R. *Grimm*, S. 233.
115 Das Schwache an Schach hat Fontane selbst hervorgehoben im Brief an G. Karpeles vom 14. März 1880. – Über Schach als halben Helden sind sich die Interpreten weithin einig; vgl. F. *Martini* (Deutsche Literatur im bürgerlichen Realismus, S. 777): »beides führt in die halbe Existenz« (hier vor allem mit Bezug auf Botho von Rienäcker). Vom halben Helden handelt auch Benno von *Wiese*: Die deutsche Novelle von Goethe bis Kafka. Düsseldorf 1962, I, S. 245; hier mit dem Hinweis, daß damit eine für das Jahrhundertende typische Figur vorweggenommen werde. An Schnitzler, auch an Ibsen hat man zu denken; vgl. Werner *Mahrholz* (Deutsche Literatur der Gegenwart. Berlin 1929, S. 51):

»Hjalmar Ekdal, der halbe Held, ist eine symbolische Figur der Weltliteratur geworden.«
116 Hermann *Conradi*: Gesammelte Schriften. Hg. von P. *Ssymank*. München/Leipzig 1911. Bd. II, S. 188.
117 Hamburger Ausgabe, Bd. VII, S. 610.
118 Adalbert *Stifter*: Der Nachsommer, hg. von M. *Stefl*. Augsburg 1954, S. 838.
119 Weltgeschichtliche Betrachtungen, hg. von R. *Stadelmann*. Tübingen 1949, S. 303.
120 Ebda, S. 313.
121 Vgl.: Die Welt als Wille und Vorstellung, Bd. I, S. 108.
122 Die Wendung von der »Jagd nach dem Glück« könnte auf ein 1870 entstandenes Gemälde von Rudolf Henneberg zurückführen. Es ist bei *Hamann/Hermand* (Deutsche Kunst und Kultur der Gründerzeit, 1965, S. 24) wiedergegeben.

III. Frauenporträts

1 Thomas S. *Kuhn*: The Structure of Scientific Revolutions. Dt. Ausgabe in der Theorie-Reihe des Suhrkamp-Verlages unter dem Titel »Die Struktur wissenschaftlicher Revolutionen«. Frankfurt 1967.
2 Die Hörigkeit der Frau. Aus dem Englischen übersetzt von Jenny *Hirsch*. Berlin 1869.
3 Ebda, S. 29.
4 Ebda, S. 35.
5 Ebda, S. 52.
6 Gesammelte Werke. 12. Bd. Leipzig 1880, S. 21. – Wieweit seine verstorbene Frau an der Verfasserschaft des Beitrags beteiligt ist, muß offen bleiben. In der deutschen Ausgabe der »Gesammelten Werke« heißt es – dort S. 1 – »Der Verfasser hat dem Wiederabdruck des Aufsatzes ein kurzes Vorwort vorausgeschickt, in dem er erklärt, daß derselbe zum weitaus größten Theile das Werk seiner seither (1858) verstorbenen [...] Gemahlin ist.«
7 Ebda, S. 7.
8 Ebda, S. 7/8.
9 Er schreibt sich hier mit »ie« statt wie später mit »i« im Vornamen. Der Band ist 1880 erschienen; Freud war damals 24 Jahre alt. Der Herausgeber – Theodor *Gomperz* – merkt im Nachwort des Bandes an: »An die Stelle unseres allzu früh hingeschiedenen Freundes und Mitarbeiters Eduard Wessel ist bei der Uebersetzung dieses Bandes Hr. Siegmund Freud getreten.« (Ebda, S. 228).
10 Die Grenzboten, 1869, 28. Jg./II, S. 504.
11 Robert *König*: Zur Charakteristik der Frauenfrage. In: Daheim. Bd. VI, 1870, S. 376/9.
12 Fanny *Lewald*: Für und wider die Frauen. Vierzehn Briefe. Berlin 1870; Widmung an J. St. Mill.
13 Ebda, S. 30.
14 Ebda, S. 24.
15 Ebda, S. 53. Das nachfolgend angeführte Zitat: ebda, S. 125.
16 »Erinnerungen von Ludolf Ursleu dem Jüngeren«, Eingang des 10. Kapitels. – (Ges. Werke. Köln 1966, Bd. I, S. 173/4.).
17 Helene *Lange*: Die Höhere Mädchenschule und ihre Bestimmung. Berlin 1888, S. 5.
18 Ilse *Reicke*: Die Frauenbewegung. Reclams Universalbibliothek, o. J.; dort vor allem S. 7.
19 August *Bebel*: Die Frau und der Sozialismus; zitiert nach der Jubiläums-Ausgabe, der 25. Auflage, Stuttgart 1895.

20 Brockhaus Enzyklopädie. Bd. II. Wiesbaden 1967, S. 433. – Mit berechtigter Genugtuung kann August *Bebel* im Vorwort zur zitierten Jubiläumsausgabe bemerken: »Neben dem, daß es zweimal ins Englische übersetzt wurde [...] wurde es ins Französische, Italienische, Schwedische, Dänische, Polnische, Vlämische, Griechische, Bulgarische, Rumänische, Ungarische und Czechische übersetzt. Auf diesen Erfolg meines ›durch und durch unwissenschaftlichen Buches‹ kann ich also stolz sein.«
21 Die Frau und der Sozialismus, S. VII.
22 Vgl. neuerdings zum »Frauenroman« (mit entsprechenden Literaturhinweisen) Gabriele *Strecker:* Frauenträume, Frauentränen. Über den deutschen Frauenroman. Weilheim 1969.
23 Zum Figurenroman: W. *Kayser* (Das sprachliche Kunstwerk, 2. Aufl. 1951, S. 363), wo es heißt: »Der *Figuren*roman unterscheidet sich strukturell vom Geschehnisroman schon durch die eine Hauptfigur.«
24 Zitiert bei Wolfgang *Martens:* Die Botschaft der Tugend. Stuttgart 1968, S. 524.
25 Vorrede S. IX: »aber meine *Leser* werden mich alsdann beurteilen – noch mehr, ich werde am Puztisch, und allenthalben, wo die Schönen Zeit haben, unbemerkt Urteile anhören, die, wenn meine Richterinnen nur *genie* haben, entscheiden sollen [...].«
26 Guy de *Maupassant:* Préface zu »Histoire de Manon Lescaut et de Chevaliers des Grieux«. Paris 1889, S. XIV.
27 Mimesis, S. 354; vgl. ferner Hugo *Friedrich:* Abbé Prévost in Deutschland. Heidelberg 1929.
28 Über Catherine Grace Gore vgl. H. *Nürnberger,* Der frühe Fontane, S. 158 ff. – Der Verfasser hat das Verdienst, für diese in Deutschland wenig bekannte Schriftstellerin, die ihr zukommende Bedeutung im Werk Fontanes erkannt und bezeichnet zu haben. »Women as They Are« ist offensichtlich der Titel späterer Auflagen. Die erste mir zugänglich gewesene Ausgabe des Britischen Museums trägt noch den Titel »The Manners of the Day«.
29 Wilhelm *Dilthey:* Das Erlebnis und die Dichtung, Göttingen, 12. Aufl. 1921, S. 249.
30 Dr. *Meyer* in: Wigand's Viertelj. Schr. 1844, I, S. 140.
31 Werke. 2. Bd., S. 228 (Erstes Buch, 11. Kap.).
32 Die zitierte Wendung über Frauenemanzipation in *Gutzkows* »Vergangenheit und Gegenwart« (Werke, 3. Bd. S. 185); vgl. Helmut *Koopmann:* Das junge Deutschland. Analyse seines Selbstverständnisses. Stuttgart 1970, S. 19.
33 Hierzu Hans-Heinrich *Reuter:* Fontane II, S. 643.
34 Theodor *Fontane:* Briefwechsel mit Wilhelm Wolfsohn, S. 74.
35 Hierzu die erhellenden Ausführungen Helmuth *Nürnbergers,* die einer Entdeckung gleichkommen. (Der frühe Fontane, S. 158 ff.).
36 Vgl. H. *Nürnberger,* S. 164.
37 Sämtliche Werke, Bd. VI, S. 650.
38 Aufzeichnungen zur Literatur, hg. von H. H. *Reuter.* S. 56/7.
39 Ebda, S. 58.
40 Sämtliche Werke, Bd. VI, S. 655.
41 Über die Vorlage, der Fontane die Fabel verdankt, vgl. den Brief an Widmann vom 27. 4. 1894; sowie H. *Nürnberger,* Der frühe Fontane, S. 228, mit dem Hinweis auf eine Begegnung mit Louis Ravené in einer Londoner Gesellschaft. Ferner Gotthard *Erler,* Bd. III, S. 538 ff.
42 Goethes Werke. Hamburger Ausgabe. 1951 Bd. VI, S. 416. – Vgl. Jürgen *Kolbe,* Goethes ›Wahlverwandtschaften‹ und der Roman des 19. Jh., Stuttgart 1968, S. 163.

43 Klaus *Rittland:* Unter Palmen. Roman aus dem modernen Aegypten. 1892, S. 51. − Zum Pseudonym vgl. Lit. Echo, 1912/3, Sp. 645.
44 Bd. IV/4 (1889), S. 1756. − Vgl. zur Wirkungsgeschichte die Belege in der Ausgabe des Aufbau-Verlags, Bd. III, S. 559 ff.
45 Vorsichtig äußert es Herman *Meyer* (Das Zitat in der Erzählkunst, Stuttgart 1961, S. 160): »Auf ›L'Adultera‹ ist die literarische Kritik im allgemeinen ziemlich schlecht zu sprechen, und man darf ihr darin nicht in jeder Hinsicht unrecht geben.« − Peter *Demetz* (Formen des Realismus, S. 154/5) wirft Fontane Unzulänglichkeiten und Inkonsequenzen vor: Unwahrscheinlichkeit und Sentimentalität seien ins fast Unerträgliche gesteigert. Ähnlich Fritz *Martini* (Deutsche Literatur im bürgerlichen Realismus, S. 747): wenig Geschick u. a. − Eine Übersicht über die zumeist kritischen Urteile findet sich bei Ingrid *Mittenzwei:* Die Sprache als Thema, S. 29/30.
46 Über sein Interesse an historischen Bildern und Porträts vgl. Helmuth *Nürnberger,* Der frühe Fontane, S. 235.
47 Aus England und Schottland. Berlin 1900, S. 76/7. − NA, Bd. XVII, S. 65.
48 Heinz Otto *Burger:* Renaissance, Humanismus, Reformation. Deutsche Literatur im europäischen Kontext. Bad Homburg 1969, S. 23.
49 Emil *Waldmann:* Tintoretto. Berlin 1921, S. 7. − Vgl. auch Propyläen-Kunstgeschichte, Berlin 1970. Bd. VIII, S. 177.
50 Erich von *Kahler:* Untergang und Übergang, S. 37.
51 Hierzu Dieter *Metzler:* Porträt und Gesellschaft. Über die Entstehung des griechischen Porträts in der Klassik. Berlin 1971.
52 Auf diese Gegensätzlichkeit weist auch Hermann *Lübbe* in seinem erhellenden Beitrag (Fontane und die Gesellschaft, in: Literatur und Gesellschaft vom 19. ins 20. Jh. Hg. von H.-J. *Schrimpf.* Festgabe für Benno von Wiese. Bonn 1963, S. 229/273) hin. Er meint freilich, daß die erzählte Geschichte trotz ihrer unverzeihlichen Individualität ein typisches Ereignis darstelle. Das mag wohl sein. Aber ob damit die für Fontane charakteristische Spannung zwischen Typik und Individualität nicht verdeckt wird? − Conrad *Wandrey* spricht von typischen Einzelfällen (Fontane, S. 170).
53 Vgl. I. *Mittenzwei:* Die Sprache als Thema, S. 78 ff. (hier mit Beziehung auf »Cécile«). − Peter *Wessels* (Konvention und Konversation. Zu Fontanes »L'Adultera«, in: Dichter und Leser, Groningen 1973, S. 163/176) geht auf diesen Zusammenhang nicht ein, obwohl er eingehend bei dem Tintoretto-Gemälde als einem Symbol verweilt. Außer durch Lübbes Aufsatz hätte er auch durch K. *Wölfels* Untersuchung (»Man ist nicht bloß ein einzelner Mensch.« Zum Figurenentwurf in Fontanes Gesellschaftsroman, in: ZfdtPh. 82, 1963, S. 152/171) auf diesen Zusammenhang aufmerksam werden können. Erst recht durch den Beitrag von Gerhard *Friedrich,* der sich ausschließlich mit »L'Adultera« befaßt. (Das Glück der Melanie van der Straaten. Zur Interpretation von Th. Fontanes »L'Adultera«, in: Jahrbuch der Deutschen Schillergesellschaft, 12. Jg. 1968, S. 359/382).
54 Hierzu H. *Meyer:* Das Zitat in der Erzählkunst, Stuttgart 1961, S. 155 ff.
55 K. *Wölfel:* »Man ist nicht bloß ein einzelner Mensch«, S. 163.
56 Von »penetranten Vorausdeutungen« spricht Richard *Brinkmann:* Theodor Fontane. München 1967, S. 135. − Die Poetik der Vorausdeutungen berührt − hier wie sonst − das »Schicksalsmodell« wie es Heinz *Schlaffer* erläutert hat (GRM, 1966, S. 392/409). Aber man kann bei Fontane nicht über »Schicksal« sprechen − ein Wort, das er verhältnismäßig selten gebraucht − ohne über Gesellschaft zu sprechen. Dieser Zusammenhang wird in dem erwähnten Aufsatz von P. *Wessels* nicht erkannt. (Konvention und Konversation, S. 167).
57 Paul *Böckmann:* Der Zeitroman Fontanes. In: Der Deutschunterricht, 11

Frauenporträts 513

58 (1959), Heft 5, S. 59/81; ferner Peter *Hasubek*: Der Zeitroman. Ein Romantypus des 19. Jahrhunderts. In: ZfdtPh. 87, 1968, S. 225.
58 An Adolf Glaser vom 25. April 1885 [?], im Fontane-Archiv Potsdam, mitgeteilt in: Dichter über ihre Dichtungen, hg. von R. *Brinkmann* München 1973, II, S. 349.
59 Zur Komposition der Erzählung und zum 15. Kapitel als dem Zentrum des Romans vgl. Gerhard *Friedrich*: Die Schuldfrage in Fontanes »Cécile«. In: Jahrbuch der dt. Schillergesellschaft. 14. Jg. (1970), S. 520/545, hier S. 526.
60 Vgl. an Friedlaender vom 6. Januar 1886 und an G. Karpeles vom 18. 8. 1880: »Das erste Kapitel ist immer die Hauptsache [...].« (Briefe. Zweite Sammlung. II, S. 17). — Auf Romananfänge in der Literatur der Jahrhundertwende und bei Thomas Mann macht aufmerksam Wolfdietrich *Rasch*: Eine Beobachtung zur Form der Erzählung um 1900. In: Stil- und Formprobleme in der Literatur. Hg. von P. *Böckmann*. Heidelberg 1959, S. 448 ff.
61 Über die Einzelheiten handelt Kurt *Schreinert* in seinem Nachwort (Exempla Classica 29, 1961, S. 173 f.); ferner G. *Erler* in der Ausgabe des Aufbau-Verlags, dort Bd. IV, S. 563.
62 Deutsche Wortgeschichte, hg. von F. *Maurer* und F. *Stroh*. 1959, Bd. II, S. 346.
63 Vgl. den Bericht aus der Sommerfrische in Thale vom 18. Juni 1884 (an F. Stephany): »Die Durchschnitts-Table d'hôte ist von altersher mein Schrecken. Trifft man's aber gut, so kann es reizend sein. Sechs Mann hoch bilden wir hier eine scharfe Ecke [...].« (Briefe Theodor Fontanes. Zweite Sammlung II, S. 91).
64 »St. Arnaud applaudierte der Malerin, und selbst Cécile [...] hatte sich, als ihr das harmlos Unbeabsichtigte dieser kleinen Pikanterien zur Gewißheit geworden war, ihrer allerbesten Laune rückhaltlos hingegeben.« (II/166)
65 Vossische Zeitung vom 18. Juni 1887, zitiert von Gotthard *Erler* in der Ausgabe des Aufbau-Verlags, dort Bd. IV, S. 580.
66 Fritz *Martini* spricht von der Sensibilität Fontanes für Zwischentöne, für das Atmosphärische und für die Sprache der Dinge und Gebärden. (Deutsche Literatur, S. 774).
67 Das hat seinerzeit auch Conrad *Wandrey* bemerkt: »Was im ›Schach‹ mißlang, glückt in ›Cécile‹. Mit einer Feinheit innerer Tiefenschürfung, einem Gefühl für das Bezeichnende kleinster Gesten und leisester seelischer Ausschlagwinkel, die an Arthur Schnitzler denken läßt, weiß Fontane die komplizierte Gestalt zu bannen. Wie reif und ausgebildet sind die Kunstmittel dichterischen Realismus!« (Theodor Fontane, S. 192). Zum »Stilzusammenhang des Impressionismus« vgl. auch Klaus *Matthias*: Theodor Fontane — Skepsis und Güte. In: JbFdtH (1973), S. 412; ferner Jost *Schillemeit*: Theodor Fontane, Zürich 1961, S. 41. Desgleichen F. *Martini* (Deutsche Literatur im bürgerlichen Realismus, S. 774): »Die Erzählmethode des Impressionismus wird vorbereitet [...].«
68 Im Zusammenhang eines bestimmten Problems — des Unterschiedes zwischen ›legitimer‹ Verinnerung und ›illegitimer‹ Innerlichkeit — bin ich in einem 1970 in Princeton gehaltenen Vortrag auf Schnitzlers Erzählung eingegangen: Literatur und Ideologie. Zur Situation des deutschen Romans um 1900. In: Dichtung, Sprache, Gesellschaft. Akten des IV. Internationalen Germanisten-Kongresses 1970 in Princeton. Hg. von Victor *Lange* und Hans-Gert *Roloff*. Frankfurt 1971, S. 593/602.
69 Den Perspektivismus — als Polyperspektivismus — stellt R. *Brinkmann* am Vielheitsroman »Vor dem Sturm« fest. (Theodor Fontane, S. 66). Vgl. auch H. *Nürnberger* (Theodor Fontane. Rowohlts Monographien, S. 13); ferner Hubert *Ohl* mit Beziehung auf den »Schach von Wuthenow«: »An ihm läßt sich, wie an einem Modell, besonders eindrucksvoll zeigen, wie das Gesetz der Perspektivierung den Aufbau eines Romanes im ganzen wie im einzelnen bestimmen kann.« (Bild und Wirklichkeit. Studien zur Romankunst Raabes und

Fontanes. Heidelberg 1968, S. 162); — F. *Martini* (Deutsche Literatur im bürgerlichen Realismus S. 773).

70 Daß der Buchtitel »Mutmaßungen über Jakob« (von Uwe Johnson) kein zufälliger Titel ist, versteht sich von selbst. Ingrid *Mittenzwei* spielt darauf an und bezeichnet das Verfahren Fontanes durchaus zutreffend, wenn sie ihre Interpretation des Romans mit »Mutmaßungen über Cécile« überschreibt (Die Sprache als Thema, S. 78): »Der Roman setzt ein vor verschwiegenem Hintergrund mit Meinungen und Mutmaßungen (H II/149) — Fontane hätte ihn ›Mutmaßungen über Cécile‹ nennen können.« — Vgl. auch Peter Uwe *Hohendahl*: Theodor Fontane: Cécile. Zum Problem der Mehrdeutigkeit, in: GRM, 1968, S. 381/405.

71 Tagebuch-Notiz Fontanes, mitgeteilt von Gotthard *Erler* im Kommentar zur Ausgabe des Aufbau-Verlags, Bd. IV, S. 563.

72 Über das in »Allerlei Glück« erwähnte Beispiel einer Mätressen-Stelle äußert sich H. H. *Reuter:* II, S. 656/7; mit Hinweis auf das Orsina-Motiv bei Lessing in der Einleitung zu dem Band »Märkische Romane. Frauenerzählungen«. Berlin 1964, S. 11. — Näher liegt es wohl, auf das Beispiel der Julie von Voß, der Geliebten Friedrich Wilhelms II., zu verweisen, über die Fontane in den »Wanderungen« handelt. Vgl. Bd. II, S. 616/626.

73 Wie Fontane über Kleist dachte, ist einem gelegentlichen Vergleich mit Wildenbruch zu entnehmen: »und dieser Mann behauptet, der wiedererstandene Heinrich von Kleist zu sein. Wenn Kleist nieste, fiel im Verhältnis zu W. ein himmlischer Regen auf die Erde [...].« (An G. Friedlaender vom 26. Juni 1885). — Aufzeichnungen Fontanes über Kleist hat zuerst H. H. *Reuter* veröffentlicht, jetzt in: Aufzeichnungen zur Literatur. Berlin/Weimar 1969, S. 35 ff.

74 Heinrich von *Kleist*. Werke, hg. von G. *Minde-Pouet.* Bd. VI, S. 43.

75 Hierzu G. *Friedrich:* Die Schuldfrage, S. 520 ff.

76 Eberhard Wilhelm *Schulz:* Wort und Zeit. Neumünster 1968, S. 74.

77 F. *Martini:* Deutsche Literatur, S. 774.

78 G. *Friedrich,* ebda. S. 521: »Es ist nicht zu bezweifeln, daß Fontane Céciles Schritt in die Schuld als ein schuldloses Schuldigwerden verstanden hat [...].«

IV. Verbrechen und Strafe

1 Den Begriff »intellektuelles Kräftefeld« (in der Übersetzung aus dem Französischen) verwendet Pierre *Bourdieu* in seiner Schrift »Zur Soziologie der symbolischen Formen«; dort im III. Kapitel »Künstlerische Konzeption und intellektuelles Kräftefeld«. Frankfurt 1970, S. 75—124.

2 In Deutschland begann sie im Jahre 1882. -- Vgl. A.-J. *Rangol:* Gliederung und Terminologie der Strafrechtspflegestatistik, in: Monatsschrift f. Kriminologie. Bd. 47 (1964) S. 186/212.

3 Gustav *Radbruch*/Heinrich *Gwinner:* Geschichte des Verbrechens. Versuch einer historischen Kriminologie. Stuttgart 1951, S. 85 (hier das IX. Kapitel: »Fahrendes Volk«).

4 Vgl. hierzu Eric J. *Hobsbawm*: Die Banditen. Suhrkamp-Taschenbuch 66. 1972; die englische Ausgabe erschien 1969.

5 Vgl. ebda, S. 21: »Sie sind *en masse* denn auch kaum mehr als Symptome der Krisen und Spannungen ihrer Gesellschaft, welche von Hunger, Krieg, Seuchen oder anderen Katastrophen zerrissen wird [...]«

6 *Radbruch/Gwinner,* S. 154.

7 Michel *Foucault*: Wahnsinn und Gesellschaft. Eine Geschichte des Wahns im Zeitalter der Vernunft. Dt. Ausgabe, Frankfurt 1969, S. 106/7.

8 Solche schuldhaften Anrechnungen sind in der Geschichte seiner Rezeption

Verbrechen und Strafe 515

mehrfach bezeugt. In einer in Aussicht genommenen Untersuchung soll es demnächst belegt werden.

9 Geschichte des Verbrechens, S. 5.
10 Paul *Bockelmann*: Schuld und Sühne. Göttingen 1958. S. 5/6.
11 Bezeichnenderweise verstehen Gustav *Radbruch* und Heinrich *Gwinner* ihre Geschichte des Verbrechens als ein Teilgebiet der Kulturgeschichte. Das ist freilich ein undeutlicher Begriff, der nicht deutlicher dadurch wird, daß man sich dabei (wie hier) auf Gustav Freytags »unvergängliches Werk ›Bilder aus der deutschen Vergangenheit‹« beruft (ebda, S. 5).
12 Vgl. den oben genannten Vortrag Paul *Bockelmanns*, der dies zu erweisen sucht.
13 Harald *Weinrich*: Mythologie der Ehre. In: Merkur. Jg. XXIII (1969), S. 224/39. – Vgl. *ders.:* Literatur für Leser. Stuttgart 1971; dort S. 164 ff.: »Die fast vergessene Ehre.«
14 Deutsches Adelsblatt, 5. Jg. (1887) Nr. 1, S. 23.
15 Konrad *Alberti*: Der moderne Realismus in der deutschen Literatur. 1889, S. 5. – Zitiert von R. *Hamann/J. Hermand*: Naturalismus. Berlin 1968, S. 54. Der Vorgang wird in dem Kapitel »Entlarvung des Genialen« aufzählend beschrieben. Hier wie sonst bestimmt die Sprachfigur des »Anstatt...« Darbietung und Diktion. So gleich zu Eingang des Kapitels: »Die Entthronung der gründerzeitlichen Heroen vollzieht sich jedoch nicht nur im Bereich des Kaufmännischen, sondern greift auch auf das Künstlerische und Wissenschaftliche über.« Diesem ersten Satz folgt sogleich der zweite als einer jener zahlreichen Sätze, die stets mit »anstatt« beginnen: »Anstatt sich für den Sonderfall, den Ausnahmemenschen zu interessieren, beschäftigt man sich mit dem Durchschnittstyp [...]« Und so fort! (Ebda, S. 51). Hier wird kritische Geschichtsschreibung, wie mir scheint, durch Voreingenommenheit getrübt. Es wird alles und jedes kritisiert. Wieso muß man sich unbedingt für den Sonderfall interessieren? Wer schreibt das vor? Und was berechtigt den Verfasser, das Durchschnittliche so pauschal zu diskreditieren, wie es hier geschieht? Daß im Denken Lombrosos noch immer Bedenkenswertes enthalten ist, kann ja nicht zweifelhaft sein.
16 Vgl. Eberhard *Schmidt*: Einführung in die Geschichte der deutschen Strafrechtspflege. Göttingen 1965. 3. Aufl. S. 212/46.
17 E. C. *Wieland*: Geist der peinlichen Gesetze. Leipzig 1783. Theil I, S. 360.
18 Ebda, S. 420; 346.
19 Erik *Wolf*: Vom Wesen des Rechts in deutscher Dichtung. Frankfurt 1946, S. 246.
20 Anselm Ritter von Feuerbach's Leben und Wirken aus seinen ungedruckten Briefen und Tagebüchern, Vorträgen und Denkschriften. Veröffentlicht von seinem Sohn Ludwig *Feuerbach*. Leipzig 1852. I, S. 129.
21 Ebda, S. 130.
22 Ebda, S. 138.
23 Lorenz von Stein war Jurist, er ist nicht der einzige unter den deutschen Historikern des 19. Jahrhunderts. In Wien war er einer der Lehrer Liszts gewesen, worauf Gustav *Radbruch* aufmerksam macht: Franz Liszt – Anlage und Umwelt, in: Elegantiae Juris Criminalis. Vierzehn Studien zur Geschichte des Strafrechts. 2. Aufl. Basel 1950, S. 215. Hier heißt es: »Lorenz von Stein mag ihm Anregungen gesellschaftstheoretischer und wirtschaftspolitischer Art, vielleicht den ersten Blick auf soziale Fragen und sozialistische Lehren vermittelt haben.«
24 Ebda, S. 224.
25 Franz von *Liszt*: Strafrechtliche Aufsätze und Vorträge. Bd. I, 1905, S. 302.

26 Ebda, S. 306.
27 Ebda, S. 307.
28 Franz von *Liszt*: Das Verbrechen als sozial-pathologische Erscheinung, in: Jahrbuch der Gehe-Stiftung IV (1899), S. 8.
29 Aufsätze und Vorträge, 1905, I, S. 130.
30 Vgl. Gustav *Radbruch*, Elegantiae, S. 223: »Er hat diese neue Staatsauffassung durch zwei Tendenzen gekennzeichnet: Schutz der Schwachen gegen die Starken und Vorrang der Gesamtheit vor den Interessen der Einzelnen – Sozialismus und Überindividualismus im Sinne seiner eigenen Terminologie.«
31 Fritz *Heine*: Sociale Rechtswissenschaft und das Strafrecht, in: Freie Bühne, I, 1890, S. 193.
32 Lothar *Schmidt*: Die Willensunfreiheit und das Strafrecht, in: Freie Bühne, II, 1891, S. 237 f.
33 Der Wille zur Macht. Kröners Taschenausgabe. Bd. 78, Leipzig 1930, S. 670.
34 Vgl. Gunter *Martens*: Vitalismus und Expressionismus. Stuttgart 1971, S. 44: »Schuld und Sühne sind für Nietzsche diejenigen Begriffe, die eine Verachtung aller Natürlichkeit der Empfindungen, eine Geringschätzung des Leibes [...] bewirkten.«
35 Vgl. Fritz *Wölcken*: Der literarische Mord. Eine Untersuchung über die englische und amerikanische Detektivliteratur. Nürnberg 1953.
36 Richard *Alewyn*: Das Rätsel des Detektivromans, in: Definitionen. Essays zur Literatur, hg. von A. Frisé. Frankfurt 1963, S. 119.
37 Ludwig *Pietsch* in der Beilage zur »Vossischen Zeitung« vom 23. Dezember 1885 (zit. von G. *Erler* in der Ausgabe des Aufbau-Verlags, Bd. IV, S. 552/3).
38 Vgl. Kurt von *Fritz*: Tragische Schuld und poetische Gerechtigkeit in der griechischen Tragödie. In: Studium Generale. 8. Jg. 1955, S. 194–218; S. 219–237.
39 Friedrich Theodor *Vischer*: Aesthetik oder Wissenschaft des Schönen. München 1922. ²I. S. 305.
40 Ebda, S. 330.
41 Ebda, S. 299.
42 Moriz *Carriere*: Die Poesie. Ihr Wesen und ihre Formen mit Grundzügen der vergleichenden Literaturgeschichte. Leipzig 1884. 2. Aufl., S. 488.
43 Ebda, S. 504.
44 Ebda, S. 504. – In einer 1892 erschienenen Schrift (Materialismus und Aesthetik. Stuttgart, S. 36) geht Carriere erneut mit solchen Leugnern ins Gericht: »Die poetische Gerechtigkeit wird von der materialistischen Aesthetik verworfen, von Schuld und Sühne soll nicht mehr die Rede sein.«
45 Johannes *Holthusen*: Prinzipien der Komposition und des Erzählens bei Dostojewski. Arbeitsgemeinschaft für Forschung des Landes Nordrhein-Westfalen, 1969, H. 154, S. 27.
46 Paul *Bockelmann*: Das Problem der Kriminalstrafe in der deutschen Dichtung. Juristische Studiengesellschaft Karlsruhe. H. 79, Karlsruhe 1967, S. 3.
47 Vom Wesen des Rechts, S. 271.
48 Ebda, S. 258.
49 Ebda, S. 252.
50 Annette von *Droste-Hülshoff*: Sämtliche Werke. Leipzig 1939, S. 253.
51 Auf das Schulbeispiel eines Notstandes weist Erik *Wolf* in seiner eindringenden Erläuterung der Ballade hin (Vom Wesen des Rechts, S. 278/9).
52 So auch deutet es Reinhold *Schneider*: Zur Zeit der Scheide zwischen Tag und Nacht. Der Lebenskampf der Droste. 1940, S. 19. – Joachim *Müller* (Natur und Wirklichkeit in der Dichtung der Annette von Droste-Hülshoff. 1941, S. 64) versteht den Zusammenhang von Untat und Vergeltung nicht als Ausdruck ei-

Verbrechen und Strafe 517

ner höheren Gerechtigkeit, sondern als im Charakter der Wirklichkeit selbst begründet; vgl. dagegen E. *Wolf:* ebda, S. 351. Den Zusammenhang von Mord und Sühne, von Untat und Vergeltung bestätigt auch er. Dies geschieht gleichermaßen in der Deutung Benno von *Wieses*, wenn er ausführt: »Nicht eine ›Moral‹ soll an einem Beispiel kasuistisch demonstriert werden, sondern eine rätselhafte Verkettung von Ereignissen in ihrer zwingenden Folge [...]« (Der Mensch in der Dichtung. Düsseldorf 1958, S. 238). Aber gerade diese vermeintlich rätselhafte Verkettung ergibt die Moral, die B. von Wiese als Zeichen des unbegreiflichen Gerichtes Gottes interpretiert. Was ist daran aber unbegreiflich, da doch alles so zu sein hat, wie es ist?

53 Mit Bezug auf Ausführungen Erik *Wolfs:* »Die Idee der Dike als einer rächenden und strafenden, streng zuteilenden und gerecht austeilenden Gottheit ist im Grunde dem neutestamentlich-christlichen Fühlen Annettes fremd« (ebda, S. 285). Es ist sehr die Frage, ob es sich tatsächlich so verhält – schließlich wird das alttestamentarische Denken in der »Judenbuche« nicht widerlegt sondern bestätigt. »Was wir aus dem Wort der Drosteschen Dichtung über das Wesen der Vergeltung erfahren, ist ihre Nichtigkeit«, schreibt Wolf. Das mag für die Vergeltung durch irdische Richter zutreffen, aber nicht für die Vergeltung überhaupt. Hier bleibt die Droste »befangen«. Das muß man sehen – wie sehr sie auch sonst, und zum Teil in derselben Dichtung, der »Judenbuche«, das Denkschema ihrer Zeit und ihrer Zeitgenossen durchbricht.
54 Vgl. E. *Wolf,* ebda, S. 246: »In dieser Blickwendung von der Tat auf den Täter, die mit Schillers ›Verbrecher aus verlorener Ehre‹ begonnen hat [...]«
55 Helfrich Peter *Sturz:* Schriften, I. Sammlung. Leipzig 1779, S. 145.
56 Nationalausgabe, 22. Bd. Vermischte Schriften. Weimar 1958, S. 118.
57 Sämtl. Werke, hg. von H. *Göpfert.* München 1962, V, S. 865.
58 Max *Kommerell:* Schiller als Psychologe. In: Geist und Buchstabe der Dichtung. Frankfurt 1944, S. 240.
59 Nationalausgabe. 16. Bd. Hg. von H. H. *Borcherdt,* Weimar 1954, S. 7.
60 Ebda, S. 10.
61 Ebda, S. 11/2.
62 Vgl. Klaus *Oettinger:* Schillers Erzählung »Der Verbrecher aus Infamie«. In: Jahrbuch der dt. Schillerges. Jg. XVI (1972), S. 274.
63 Benno von *Wiese:* Friedrich Schiller. Stuttgart 1959, S. 329.
64 Vgl. Rainer F. *Schönhaar:* Novelle und Kriminalschema. Ein Strukturmodell deutscher Erzählkunst um 1800. Bad Homburg 1969, S. 66.
65 L. H. C. *Thomas:* The Literary Reputation of Willibald Alexis as an Historian Novelist. In: Mod. Lang. Rev. Vol. XLV. 1950, S. 209.
66 Vgl. H. H. *Reuter* in dem von ihm hg. Band: Theodor *Fontane.* Briefe an Julius Rodenberg. Berlin/Weimar 1969, S. 146/7. – Hier auch ist der Brief Vollerts abgedruckt, den dieser im Anschluß an Fontanes Alexis-Essay an den Redakteur der »Deutschen Rundschau« gerichtet hatte.
67 Vgl. F. *Winterscheidt:* Deutsche Unterhaltungsliteratur. Bonn 1970, S. 166/77; das Zitat von Alexis ebda, S. 172; über Gutzkow, S. 174.
68 Georg *Büchner:* Woyzeck. Dichtung und Wirklichkeit. Hg. von H. *Mayer,* Berlin 1963.
69 Theodor Hermann *Pantenius:* Theodor Fontane. In: Velhagen & Klasings Monatshefte. VIII. Jg. 1893/4, S. 655.
70 Heinz *Schlaffer:* Das Schicksalsmodell in Fontanes Romanwerk, in: GRM, NF 1966, S. 393.
71 Ebda, S. 395.
72 Zur Bezeichnung des Ortes Tschechin vgl. die Erläuterungen (I/942): »Name, der auf die Abkunft vieler der im Oderbruch angesiedelten Kolonisten aus Böhmen hindeutet [...]«

73 Woran das fünfte Kapitel erinnert: »[...] ›kennt ihr denn schon das neue Polenlied, das sie jetzt singen?‹ [...] Und nun sang Szulski [...]« (I/480).
74 Vgl. Hans-Heinrich *Reuter*, II, S. 633: »Die Handlung spielt unmittelbar nach der polnischen Revolution des Jahres 1830 [...] also abermals fast ›sixty years ago‹.«
75 Vgl. die bezeichnende Formulierung im Kommentar W. *Keitels*: »Ebenso wie in den anderen in diesem Bande gesammelten Romanen und Novellen gestaltete Fontane auch in ›Unterm Birnbaum‹ eine in ihrem Kern historische Begebenheit [...].« (I/938). – Daß H. H. *Reuter* »Unterm Birnbaum« den historischen Erzählungen klar und deutlich zuordnet, sei angemerkt. Es wird ihr zum Vorteil angerechnet, daß alle geschichtliche Patina – siehe »Grete Minde« – getilgt sei; und zugleich wird gesagt, daß als Gegenwart empfunden werde, was der Erzähler an Analysen vorträgt (ebda, S. 633). Da bliebe wohl, was die Historie und was die Gegenwart angeht, noch einiges zu klären.
76 H. *Spremberg*: Fontanes »Unterm Birnbaum«, in: Brandenburg. Zeitschrift für Heimatkunde. Jg. 6 (1928), H. 2, S. 26 ff. – G. *Erler* druckt im Kommentar seiner Ausgabe die wesentlichsten Teile dieses Beitrags ab: Aufbau-Verlag, Bd. IV, S. 541/2. Die Örtlichkeiten von Tschechin-Letschin beschreibt eingehend W. *Rost*: Örtlichkeit und Schauplatz, S. 11/4.
77 »Detektivroman ohne Detektiv«, die Wendung von Ernst *Bloch*: Verfremdungen I. Frankfurt 1962, S. 54. (Bibliothek Suhrkamp). Rainer *Schönhaar* zitiert sie, indem er auf Fontanes »Unterm Birnbaum« in seiner Untersuchung über »Novelle und Kriminalschema« verweist. Er stellt – zutreffend – fest, wie »wenig verbindlich für das Schema die Detektivgestalt« sei, und führt aus: »sie [die Erzählung »Unterm Birnbaum«] läßt sich mit Blochs ›Detektivroman ohne Detektiv‹ sehr treffend kennzeichnen, denn Gewißheit darüber, daß Abel Hradscheck mit Hilfe seiner Frau den Mord an dem Reisenden Szulski verübt hat, erhält der Leser [...] erst zum Schluß des Werkes« (Novelle und Kriminalschema. Ein Strukturmodell deutscher Erzählkunst um 1800. Bad Homburg/Berlin/Zürich 1969, S. 49).
78 Richard *Alewyn*: Das Rätsel des Detektivromans, in: Definitionen. Essays zur Literatur. Hg. von A. Frisé. Frankfurt 1963, S. 119. – Hierzu R. *Schönhaar*, S. 33.
79 Vossische Zeitung vom 29. Dezember 1889 (anläßlich des 70. Geburtstags Fontanes), abgedruckt in der Ausgabe des Aufbau-Verlages, Bd. IV, S. 554.
80 H.-H. *Reuter*, Bd. II, S. 633.
81 Zur Ironie bei Fontane vgl. Pierre *Bange*: Ironie et dialogisme dans les romans de Theodor Fontane. Grenoble 1974.
82 Fontane bestätigt dies in einem Brief an G. Friedlaender vom 16. November 1885: »Daß keine schöne, herzquickliche Gestalt darin ist, wer dies auch gesagt haben mag, ist richtig [...].«
83 Chamissos Werke. Hg. von M. *Sydow* o. J. I, S. 160/2.
84 Alle Belege: Aufbau-Verlag, Bd. IV, S. 546; ferner: Dichter über ihre Dichtungen. Theodor Fontane, hg. von R. *Brinkmann*. München 1974. Bd. II, S. 335 ff.
85 Hierzu P. *Demetz*, der ähnlich urteilt. Im Anschluß an eine Betrachtung über »Quitt« führt er aus, was für die Erzählung »Unterm Birnbaum« gleichermaßen gelten kann: »Die Wiederkehr des Gleichen in Schuld und Sühne deutet auf einen unmenschlichen Fatalismus, der sogleich (hier liegt das Problem) mit der rationalen und humanen Welt der Fontaneschen Kriminalgeschichte in unlösbaren Konflikt gerät. Der strukturelle Kreis sichert die wünschenswerte aesthetische Kontur, schafft aber zugleich eine ideologische Bürde, der sich der Erzähler nicht mehr zu entledigen vermag« (Formen des Realismus, S. 87). Dem ist wohl zuzustimmen; nur daß man deswegen nicht die Erzählung im ganzen als erledigt ansehen muß!

Einfache Lebenskreise 519

86 An Georg Friedlaender vom 9. April 1886: »Was macht das Notizbuch von Förster *Frey*? Diesen Sommer will ich nun ernstlich anfangen und die Geschichte niederschreiben [...].« (Briefe an F., S. 32). Der Brief an Friedlaenders Frau ist vom 26. März 1885: »Bei den Plaudereien, die dann, Gott sei Dank, in Sicht stehen, wird mir auch der Förster- und Wilddieb-Stoff in all seinen Details bekannt werden [...].« (Ebda, S. 6).

87 Das hat Fontane in der Zeit der ersten Ausarbeitung niedergeschrieben. In einem Brief an die Redaktion der »Gartenlaube« (vom 15. November 1889) wird gesagt, daß sowohl Lehnert wie der Kommunarde L'Hermite sich einen Mord auf die Seele geladen haben (I/918) Aber es kann kein Zweifel sein, wie Fontane denkt, wenn er über den Begriff selbst nachzudenken beginnt. Es ist eben nicht ohne weiteres ein Mord, wie der oben zitierte Brief ausspricht. Dafür spricht auch die Sympathie, die der Erzähler seinem idealisierten Helden entgegenbringt.

88 Conrad *Wandrey*, S. 322/23.

89 H. H. *Reuter* II, S. 691. – Die Wendung vom ersten deutschen Exilroman führen W. *Keitel* und H. *Nürnberger* in ihrem Kommentar ohne Angabe der Belegstelle an: (I/912). – Für eine Aufwertung des Romans hat sich *Reuter* wiederholt ausgesprochen. So in den Erläuterungen zu dem Band »Aufzeichnungen zur Literatur«, der u.a. die Amerikaliteratur zum »Quitt«-Roman behandelt; vgl. besonders S. 368 ff. So ferner in den Briefen an Rodenberg, hier mit Beziehung auf Wilhelm Bölsche, der sich sehr zustimmend über »Quitt« geäußert hatte – mit der Bemerkung: »Bölsches Rezension gehört in der Tat zu den geistig hochstehendsten Würdigungen, die ein Werk Fontanes zu seinen Lebzeiten erfahren hat« (Briefe an Julius Rodenberg. Eine Dokumentation. Berlin/Weimar 1969, S. 231).

90 Zitiert von Gotthard *Erler* in: Ausgabe des Aufbau-Verlages, Bd. V, S. 625; vgl. auch S. 628 mit Hinweisen auf eine Rezension Wilhelm Bölsches. Sie erschien in der Juli-Nummer der »Deutschen Rundschau«, 1891.

91 Ebda, S. 626.

92 Ebda, S. 629.

V. Einfache Lebenskreise

1 Paul *Hazard*: Die Krise des europäischen Geistes 1680–1715. Dt. Ausgabe, Hamburg 1939, S. 29.

2 Ebda, S. 31.

3 Vgl. hierzu Max *Wundt*: Goethes Wilhelm Meister und die Entwicklung des modernen Lebensideals. 2. Aufl. Berlin 1932, S. 40 ff: »Der Reiseroman«.

4 Hamburger Ausgabe, Bd. VII, S. 495.

5 Vgl. Lothar *Pikulik*: »Bürgerliches Trauerspiel« und Empfindsamkeit, Köln 1966. – Richard *Daunicht*: Die Entstehung des bürgerlichen Trauerspiels in Deutschland. Berlin 1963. – Ferner: Karl S. *Guthke*: Das deutsche bürgerliche Trauerspiel. Stuttgart 1972.

6 Bekenntnisse. Dt. Ausgabe übersetzt von E. *Hardt*. Leipzig 1959, S. 7.

7 »Discours qui a remporté le prix à l'Academie de Dijon. En l'année. 1750, sur cette question proposée par la même académie: ›Sie le rétablissement des sciences et des arts a contribué à épurer les moeurs.‹« Genf 1750 (= Paris 1751), zitiert nach: Kurt *Weigand* (Hg.): Schriften zur Kulturkritik, Hamburg 1971, S. 5/41.

8 Ebda, S. 41.

9 H. *Plessner*: Die verspätete Nation. 5. Aufl. 1969, S. 69.

10 Nationalausgabe. Bd. XX, S. 419: »In beyden Fällen aber, beym Naiven der Überraschung wie bey dem der Gesinnung muß die Natur Recht, die Kunst aber Unrecht haben.«

11 Ebda, S. 431.
12 Ebda, S. 438.
13 »Frage dich wohl, wenn die Kunst dich anekelt und die Mißbräuche in der Gesellschaft dich zu der leblosen Natur in die Einsamkeit treiben [...]« (Ebda, S. 428).
14 Vgl. S. 428: »allen Übeln der Kultur mußt du mit freyer Resignation dich unterwerfen [...]«
15 Ebda, S. 427.
16 Den Begriff »edle Einfalt« gebrauchte Schiller natürlich nicht zufällig: »ob wir die Einfältigkeit belachen oder die edle Einfalt hochschätzen sollen [...]« (Ebda, S. 422).
17 Friedrich *Sengle*: Wunschbild Land und Schreckbild Stadt. Zu einem zentralen Thema der neueren deutschen Literatur. In: Studium Generale. Jg. XVI, (1963), S. 623.
18 Das »verlorene Glück der Natur«, S. 428; zum Paradies vgl. ebda, S. 468.
19 Ebda, S. 472.
20 Ebda, S. 438.
21 Ebda, S. 452.
22 *Hölderlin:* Sämtliche Werke. Hg. von A. *Beck*, Stuttgart 1954, VI/1, S. 413/14.
23 Ebda, S. 416/17.
24 Sämtl. Werke. Hg. von F. *Beißner*, Bd. III, Stuttgart 1957, S. 537.
25 Nationalausgabe, Bd. XX, S. 427.
26 Ebda, S. 426.
27 Vgl. Karl *Schmid* in der Einleitung zum Briefwechsel zwischen Goethe und Schiller (Artemis-Gedenkausgabe, XX. Bd., Zürich 1950, S. 1011): »Gleichsam archetypisch steht Schiller vor und in allen Nachfahren, die an der Amfortas-Wunde des Intellektes leiden: der Reihe von Hölderlin und Kleist und Hebbel über Dostojewskij, Ibsen, C. F. Meyer und viele andere bis hinauf in unsern Tagen, zu Thomas Mann.«
28 E. T. A. *Hoffmann:* Poetische Werke. Berlin 1962. Bd. XII, S. 174.
29 Vgl. Friedrich *Altvater:* Wesen und Form der deutschen Dorfgeschichte im neunzehnten Jahrhundert. Berlin 1930, S. 13.
30 Ebda, S. 147/8.
31 Friedrich *Sengle* spricht hinsichtlich der Dorfgeschichte von der »legitimsten Fortbildung der Idylle« (Biedermeierzeit. Stuttgart 1971, Bd. I, S. 134).
32 Ludwig *Anzengruber:* Schlußwort zum Roman »Der Sternsteinhof«, in: Gesammelte Werke. Leipzig o. J., Bd. I, S. 254/5.
33 Heinrich *Sohnrey:* Die hinter den Bergen. 10. Aufl. o. J., S. 105.
34 Otto *Ludwig:* Nachlaßschriften. Hg. von M. *Heydrich.* Leipzig 1874, I, S. 98.
35 Gustav *Schmoller:* Die Arbeiterfrage, in: Preußische Jahrbücher. Jg. XV (1865), S. 63.
36 Zitiert von Heide *Buscher:* Die Funktion der Nebenfiguren. Diss. Bonn 1969, S. 51. (Handschrift in Marbach; vgl. ebda, S. 263).
37 Vgl. Richard *Brinkmann:* (Th. F. München 1967, S. 19).
38 Theodor *Fontane:* Briefe I, hg. von Kurt *Schreinert* und Charlotte *Jolles.* S. 164; vgl. Wolfgang *Preisendanz*, der sein Buch »Humor als dichterische Einbildungskraft« mit dem Kapitel »Die verklärende Macht des Humors im Zeitroman Theodor Fontanes« damit einleitet, daß er diesen Brief vom Sommer 1881 zitiert; dort S. 214 ff.
39 Vgl. zur Druckgeschichte: Ausgabe des Aufbau-Verlages, Bd. V, S. 540 ff.; dort auch sind die Fortsetzungsteile verzeichnet, wie sie in der »Vossischen Zeitung« vom 24, Juli bis 23. August 1887 nacheinander erschienen. — Der literarische Rang, zumal gegenüber den vorausgegangenen Erzählungen, darf als

Einfache Lebenskreise 521

unbestritten gelten; vgl. u. a. I. *Mittenzwei* gegen Ende ihrer wie stets an Beobachtungen reichen Analyse (dort S. 110): Der Roman »Irrungen, Wirrungen« erweise sich — vor allem durch seine Sprachbewußtheit — als »Fontanes bislang kritisch-unerbittlichster« Roman.

40 Unter den wohlwollenden Rezensenten aus dem Umkreis des Naturalismus befinden sich Paul Schlenther und Otto Brahm. Über die zustimmende Aufnahme im Kreis der »Zwanglosen«, dem u. a. Brahm, Schlenther, Mauthner und Fontanes Söhne angehörten, vgl. G. *Erler* im Kommentar der Ausgabe des Aufbau-Verlags, dort S. 548.

41 Das Verhältnis Fontanes zum Naturalismus wurde in der älteren Forschung zuerst Anfang der zwanziger Jahre untersucht, zunächst in einem Aufsatz von Hanna *Geffken* (Aesthetische Probleme bei Th. F. und im Naturalismus, in: GRM, VIII, 1920, S. 345-53), danach in der Arbeit von E. *Aegerter* (F. und der französischen Naturalismus, 1922.) Das Problem wurde in den sechziger Jahren erneut aufgegriffen und in einigen eindringenden Studien geklärt; von französischer Seite durch Pierre *Bange*. (F. et le naturalisme. Une critique inédite des Rougon-Macquart, in: EG, XIX, 1964, S. 142-64); sodann in der Münchner Dissertation von Rainer *Bachmann*: Th. F. und die deutschen Naturalisten, 1968. Über das Verhältnis von »Irrungen, Wirrungen« zum deutschen Naturalismus vgl. J. *Schillemeit*: Th. F. Geist und Kunst seines Alterswerkes. 1961, S. 24 ff.

42 Aufb.-Verl. Bd. V, S. 544; vgl. ferner: an den Sohn Theodor vom 8. September 1887.

43 Helmut *Böhme*: Prolegomena zu einer Sozial- und Wirtschaftsgeschichte Deutschlands im 19. und 20. Jahrhundert. Frankfurt 1968, S. 13.

44 Über die von Max *Weber* vorgenommene Unterscheidung zwischen Klasse und Stand vgl. Pierre *Bourdieu*: Zur Soziologie der symbolischen Formen. Frankfurt 1970, S. 58 ff.

45 Frankfurter Zeitung vom 20. April 1888; zitiert von G. Erler, in: AA, V, S. 552.

46 Robert *Musil*: Tagebücher, Aphorismen, Essays. Hamburg 1955, S. 776.

47 Vgl. die Szene am offenen Fenster gegen Ende des 4. Kapitels (II/340): »Aber Frau Dörr wollte davon nichts wissen und behauptete: ›was die feinen Leute wären, die wären alle für frische Luft [...]‹.«

48 Über die Funktion der Namen im Zeitroman (mit Hinweisen auf weitere Literatur) vgl. Horst *Schmidt-Brümmer*: Formen des perspektivischen Erzählens: Fontanes ›Irrungen, Wirrungen‹. München 1971.

49 Alfred *Döblin*: Hamlet oder Die lange Nacht nimmt ein Ende. 1966, S. 47.

50 Vgl. Erwin *Wolff*, in: Festschrift für R. Sühnel, S. 366.

51 Gotthard *Erler* weist im Kommentar seiner Ausgabe mit Recht darauf hin, daß diese Einseitigkeit als ein Mißverständnis auch auf die Fontane gewogenen Rezensenten zurückgeht. Was Botho im Augenblick der zur Mittagspause gelagerten Arbeiter vor sich hin sagt — »Denn Ordnung ist viel und mitunter alles [...] Ordnung ist Ehe« — ist auf keinen Fall zu verallgemeinern. Nicht einmal mit Beziehung auf Botho selbst ist eine solche Verallgemeinerung zulässig. So aber immer wieder hat man dessen beiläufige Äußerung verstanden — und wie gesagt: schon unter den mit Fontane befreundeten Kritikern. »Auf ein Glück verzichten zu können, um des Anspruches willen, den das Allgemeine an das Besondere erheben muß, damit die bestehende Weltordnung im Gefüge bleibt — das ist die große ethische Tendenz, die aus den Vorgängen dieser Berliner ›Alltagsgeschichte‹ und ihrer realistischen Symbolik hervorleuchtet.« So Paul *Schlenther* (zit. V, S. 551). Ähnlich Maximilian *Harden*: »Muß man ein prächtiges Geschöpfchen wirklich lassen aus Standes- und Standesamtsvorurteilen? Fontane ist konservativ, und mit einem kleinen Seufzer antwortet er: Es muß wohl so sein [...]« (Ebda, S. 554). Conrad *Wandrey* hat das alles gehor-

sam übernommen, und vor allem durch ihn hat eines der folgenreichsten Mißverständnisse seine Verbreitung gefunden. Für Wandrey steht fest, daß Fontane so denkt, wie Botho zeitweilig denkt: »Fontanes Weltanschauung deckt sich in ihren sittlichen Grundlagen mit den Anschauungen, die er in der Welt vorfindet, deren Ausdruck er ist.« (Ebda, S. 51) Welche Hermeneutik, kann man da nur sagen! Aber dieser Deutung ist selbst ein so moderner Interpret wie Peter *Demetz* nicht gänzlich abgeneigt: »Im Grunde wird die Erzählstruktur zum Ausdruck einer mächtigen Ordnung menschlichen Beisammenseins [...]« (Formen des Realismus, S. 142). Ähnlich Joachim *Ernst:* »Fontanes Denken ist überall auf die Erhaltung, auf den Zustand, auf die gegebene Ordnung gerichtet [...]«; und an anderer Stelle dieses Beitrags: »So ist Fontanes Welt gleichzusetzen mit Ordnungswelt: Welt unter dem Gesetz.« (ZfRGGesch. III, 1953, S. 222-24) Dagegen Heinz *Schlaffer* (GRM 1966, S. 392), der solche Auffassungen im Sinne der hier vorgetragenen Deutung zurückweist. Jost *Schillemeit* sieht es ähnlich: »Deshalb wird das Problem des Standesunterschiedes, wie er zwischen Botho und Lene besteht, nicht allgemeingültig entschieden.« (Th. F. S. 25.).

52 Ähnlich Heinz *Schlaffer* (GRM 1966, S. 394). Er spricht von der durchgängigen Struktur des Konflikts im Roman Fontanes und bezeichnet die beiden gegeneinander streitenden Seiten als »Gegensatz von allgemeiner Ordnung und ungehorsamem Ich.« — Daß es weder allein auf Ordnung noch allein auf freie Herzensbestimmung ankommen kann, hat als einer der ersten Interpreten Gerhard *Friedrich* klar erkannt. (Die Frage nach dem Glück in Fontanes ›Irrungen, Wirrungen‹, in: DU, XI, 1959, bes. S. 78). Übereinstimmend damit auch I. *Mittenzwei*: Die Sprache als Thema, S. 107.

53 Fritz *Martini* spricht hinsichtlich solcher Selbstgespräche von typischen Situationen bei Fontane (Bürgerlicher Realismus, S. 777). Vgl. zum Selbstgespräch in »Irrungen, Wirrungen«: I. *Mittenzwei*, S. 106; K. *Wölfel*, ZfdPh 1963, S. 159.

54 Hierzu H. *Schmidt-Brümmer*, S. 56: »In der Zwiespältigkeit seines Verhaltens begegnet die soziale Umbruchssituation in der ihr eigenen Ambivalenz.« Ob der Text diese »Lesart« zwingend nahelegt, stehe dahin.

55 I. *Mittenzwei* (Die Sprache, S. 107) sieht diese Klärung Bothos allzu problemlos als gelungen an. In diesem Punkt ist ihr m. E. nicht zu folgen. Gute Bemerkungen zur Arbeitsszene bei C. *Kahrmann:* Idyll im Roman, S. 155/6.

56 Daß man die Entscheidung Bothos nicht eindeutig zu verstehen habe, hat zutreffend Kurt *Wölfel* betont (a.a.O. S. 152).   57 H. *Lübbe*, a.a.O. S. 233.

58 Vgl. G. *Friedrich*, S. 86: »Die Situation läßt sich nicht harmonisieren.«

59 G. *Lukács:* Deutsche Realisten, S. 302/3. — Ähnlich G. *Erler* im Kommentar seiner Ausgabe V, S. 558: »Daß Fontane [...] Lene [...] auf die Seite der Proletarier rückt, ist Mehring entgangen.« Aber ist eine Plätterin schon eine Angehörige des vierten Standes? Es kann doch kaum fraglich sein, daß das kleinbürgerliche Milieu weit mehr den Kontext dieses Textes darstellt — nicht die Arbeitswelt einer modernen Industriegesellschaft.

60 Vgl. H. *Schmidt-Brümmer*, S. 47: »Damit erweist sich der Rückgang auf eine gewissermaßen gesellschaftlich unvermittelte Menschlichkeit als ebenso problematisch wie jene gesellschaftlichen Kategorien selbst [...]«

61 Vgl. M. E. *Gilbert*: Weddings and funerals, in: Deutung und Bedeutung. Studies in German... presented to K.-W. Maurer. The Hague 1973, S. 198.

62 Charlotte *Jolles* hält ihn für Fontanes »vollkommsten Romanschluß«, weil er den aesthetischen und sittlichen Sinn des Lesers gleichermaßen befriedige. (»Gideon ist besser als Botho«, in: Festschrift für Werner *Neuse*. Berlin 1967, S. 82).

63 Vgl. dagegen Walther *Killy* (Wirklichkeit und Kunstcharakter. München 1963, S. 206): »Der tragische Vorgang ist also verflacht, aber er ist nicht geschwunden.«

64 Hierzu Karl *Richter*: Resignation. Eine Studie zum Werk Theodor Fontanes. Stuttgart 1966.
65 Die ersten Notizen gehen in das Jahr 1881 zurück; G. *Erler* verzeichnet sie in Bd. V der Ausgabe des Aufbau-Verlags, S. 577/8: Bereits 1882 wird über den Abdruck verhandelt: ebda, S. 578. — Hier auch — S. 580 — die Berichtigung der Angaben W. *Keitels* über ein Fragment zu »Stine«, das dieser für 1884/5 anzusetzen geneigt ist (V/1073).
66 Diese Auffassung, daß Fontane mit »Stine« die in »Irrungen, Wirrungen« erreichten Positionen wieder aufgebe, vertritt I. *Mittenzwei*: Die Sprache als Thema, S. 111.
67 »Die muntere Stachelrede des prächtigen Wanderplauderers läßt wohl Ausnahmen gelten und gibt die Notwendigkeit der Blutauffrischung zu; in den besonderen, den ›intrikaten‹ Fällen aber, die ihn allein reizen, siegt immer eine etwas altfränkisch konservative Moral.« (Maximilian *Harden* in: »Die Nation«, Nr. 45 vom August 1890; von G. *Erler*, Bd. V, S. 592/3 zitiert).
68 Vgl. VI/326; hier mit dem von G. *Erler* gerügten Fehler, daß die beiden Schlußverse (»Was auch deine Fehler sind...«) seit dem Erscheinen des von J. *Ettlinger* hg. Nachlaßbandes dem bekannten Widmungsgedicht zugeschlagen werden. »Die beiden Verse haben ihre eigene Geschichte, die ein Schulbeispiel für den Zustand der Fontane-Philologie ist.« (V/589). Die hier zitierten Verse sind von diesem »Zustand« aber nicht unmittelbar betroffen.
69 Vgl. Walter *Henzen*: Deutsche Wortbildung. 3. Aufl. Tübingen 1965, S. 152, der neben den angeführten Redensarten auch auf Kellers Diminutivbildungen verweist. Daß die Mundarten in Fällen wie diesen viel weiter gehen, wird ausdrücklich vermerkt.
70 Gerhard *Friedrich*: Die Witwe Pittelkow. In: Fontane-Blätter. Bd. 3, Heft 2, 1974, S. 118.
71 Gustav *Landauer* (1870–1919) wurde 1919 bei der Niederwerfung des Münchner Räteaufstandes ermordet. Seine 1903 veröffentlichte Schrift »Skepsis und Mystik« bleibt Mauthner verpflichtet. Diese hier, um 1900, sich äußernde Skepsis ist als Sprachskepsis vor allem der Hofmannsthal-Forschung ein vertrauter Begriff. Fritz Mauthner ist einer ihrer Wortführer, aber Fontane steht ihr nicht völlig fern. Die Publikation von »Stine« in einer von Mauthner herausgegebenen Zeitschrift hat man daher nicht als einen reinen Zufall anzusehen.

VI. Besitz und Bildung

1 Hierzu Bernhard *Groethuysen*: Die Enstehung der bürgerlichen Welt- und Lebensanschauung in Frankreich. Halle 1927/30.
2 In so aphoristisch zugespitzter Formulierung zu hochschulpolitischen Zwecken gebraucht von Wolfgang *Iser*: Überlegungen zu einem literaturwissenschaftlichen Studienmodell. In: Ansichten einer künftigen Germanistik. Hg. von J. *Kolbe*. München 1969, dort S. 195: »Literaturwissenschaft aber ist eine Wissenschaft von Texten und nicht von Nationen [...]«
3 Karl-August *Ott*: Das französische Bildungsideal, in: Abendländisches Bildungsideal. Stuttgart 1948, S. 37. — Zur Geschichte des Begriffs und seiner Bedeutung ist zu verweisen auf den reichhaltig mit Belegen ausgestatteten Artikel (von E. *Lichtenstein*) in: Historisches Wörterbuch der Philosophie. Hg. von J. *Ritter*. Bd. I (1971), Sp. 921/37.
4 Vgl. Ralf *Dahrendorf*: Bildung ist Bürgerrecht. Plädoyer für eine aktive Bildungspolitik. Hamburg 1965; hier auch (S. 13 ff.) über den »gesinnungsmäßig« verwandten Begriff der »Bildungskatastrophe«, wie ihn Georg Picht seinerzeit einführte. In beiden Fällen wird das Wort — wie auch sonst — ausschließlich funktionell gebraucht. Eine Definition wird nicht mitgeliefert. Inwieweit die

Problematik dieses Plädoyers mit den unterbliebenen Definitionen zusammenhängen könnte, ist eine interessante Frage.
5 Wörterbuch der Philosophie I, Sp. 921/2. – Hierzu die grundlegende Schrift von Ernst Ludwig *Stahl*: Die religiöse und die humanitäts-philosophische Bildungsidee und die Entstehung des deutschen Bildungsromans im 18. Jahrhundert. Bern 1934.
6 Johann Friedrich *Blumenbach*: Über den Bildungstrieb und das Zeugungsgeschäft. Göttingen 1781. – Über diesen: A. *Kleinschmidt* in: NDB II (1955), S. 329/30; ferner Goethe-Handbuch, hg. von A. *Zastrau*. 2. Aufl. I (1955), Sp. 1286/7; hier auch – Sp. 1209/10 – über »Bildung« bei Goethe. – Über das Verhältnis von Naturforschung und deutscher Klassik habe ich in einem Beitrag der Festschrift für Benno von *Wiese* gehandelt: Untersuchungen zur Literatur als Geschichte. Berlin 1973, S. 61/78.
7 Zum Begriff der Stufe in Goethes Roman vgl. Jürgen *Rausch*: Lebensstufen in Goethes »Wilhelm Meister«, in: DVjS, 20 (1942), S. 65–114.
8 Sämmtliche Werke. Hg. von B. *Suphan*. Berlin 1881, Bd. XVII, S. 138.
9 Vgl. Dietrich *Harth*: Romane und ihre Leser. (GRM, 1970, S. 171): »Deutlicher als Gellert macht der Verfasser des ›Versuchs‹ [Blanckenburg] mit diesen Worten die Bildung der Menschheit zur Gesellschaft [...] dem Dichter zur Norm.«
10 Briefe. Hg. von A. *Beck* (Stuttgarter Ausgabe VI/1, S. 93). Im Fortgang des Briefes heißt es: »Und nun, Herzensbruder! jenes Ziel, *Bildung, Besserung des Menschengeschlechts* [...] jenes Ziel, mein Karl! lebt, ich weiß es, vielleicht nur nicht so klar, auch in Deiner Seele.« Über eine »philosophisch politische Bildung« handelt der große Neujahrsbrief an den Bruder (vom 1. Januar 1799; ebda, S. 306), über Bildung und Bildungstrieb – »Diß führte mich zum Nachdenken über Bildung und Bildungstrieb [...].« Der Brief an Schelling aus dem Jahre 1799 (ebda, S. 346). – Der naturwissenschaftliche Sinn ist bei Hölderlin neben anderen Bedeutungen ebenso ausgeprägt wie bei Goethe. Auch im »Hyperion«-Roman ist es der Fall.
11 Kritische Ausgabe. Hg. von E. *Behler*. Darmstadt 1966. Bd. VII, S. 5. Vgl. auch Clemens *Menze*: Der Bildungsbegriff des jungen Schlegel. Ratingen 1964.
12 Vgl. hierzu Heinrich *Weinstock* (Arbeit und Bildung. Die Rolle der Arbeit im Prozeß um unsere Menschwerdung. 4. Aufl. Heidelberg 1964, S. 10): »Aber in der Mesalliance von Besitz und Bildung innerhalb der bürgerlichen Gesellschaft des 19. Jahrhunderts [...] hatte sich das Ganze bereits immer lächerlicher und schließlich unhaltbar gemacht.«
13 Karl *Löwith*: Das Problem der Arbeit, in: Von Hegel zu Nietzsche. Der revolutionäre Bruch im Denken des neunzehnten Jahrhunderts. Stuttgart 1968. (4. Aufl.), S. 284.
14 G. W. F. *Hegel*: Jenenser Realphilosophie, hg. von J. *Hoffmeister*. Leipzig 1923, I, 239; hierzu K. *Löwith*, ebda, S. 288.
15 G. W. F. *Hegel*: Sämtl. Werke. 4. Aufl. Hamburg 1955, Bd. XII, S. 173.
16 K. *Löwith*, a.a.O., S. 291. – Vgl. auch H. *Weinstock*, S. 37 ff.
17 Karl *Marx*: Nationalökonomie und Philosophie, hg. von E. *Thier*. Köln/Berlin 1950, S. 243.
18 H. *Weinstock*: Arbeit und Bildung, S. 26; hier mit Verweis auf das temperamentvolle und umstrittene Buch desselben Verfassers: Die Tragödie des Humanismus. Wahrheit und Trug im abendländischen Menschenbild. Heidelberg 1953, S. 233.
19 Wilhelm Heinrich *Riehl*: Die deutsche Arbeit. Stuttgart 1861, S. 225/6.
20 Hermann *Schulze-Delitzsch*: Capitel zu einem deutschen Arbeiterkatechismus. Sechs Vorträge vor den Berliner Arbeiterverein. Leipzig 1863, S. 115.
21 Ebda, S. 71.
22 Ebda, S. 170.

Besitz und Bildung 525

23 Vgl. Wörterbuch der Philosophie. Sp. 927: »Das in seinem Kern vom Gräzismus unabhängige Ideal der ›allgemeinen B[ildung]‹, zur Humboldtzeit auf die ›harmonische Ausbildung aller Fähigkeiten‹ [...] und die ›geistige Individualität‹ [...] bezogen, aber nicht auf die Breite des Wissens, wird im Verlauf des 19. Jh. als stoffliches Prinzip der ›Allgemeinen-Bildung‹ ideologisch [...].«
24 Heinrich von *Treitschke*: Der Socialismus und seine Gönner. In: Preußische Jahrbücher, 34. Bd. 1874, S. 82; das vorausgegangene Zitat: S. 74.
25 Ebda, S. 109.
26 Golo *Mann*: Deutsche Geschichte des neunzehnten und zwanzigsten Jahrhunderts. Frankfurt 1958, S. 404.
27 Hans *Mayer*: Das Geschehen und das Schweigen. Aspekte der Literatur. Frankfurt 1969, S. 81.
28 K. *Marx*/F. *Engels*: Werke. Berlin 1962, Bd. XXI, S. 296/7.
29 Max *Stirner*: Der Einzige und sein Eigentum und andere Schriften. Hg. von H. G. *Helms*. München 1968, S. 16.
30 Friedrich *Nietzsche*: Werke. Hg. von K. *Schlechta*. München 1960, I, S. 137.
31 Ebda, I, S. 300.
32 Ebda, S. 334/5.
33 Ebda, S. 331.
34 Gustav *Radbruch*: Wilhelm Meisters sozialpolitische Sendung. In: Logos, Bd. VIII, 1919, S. 152/62. Mit verändertem Titel (»Wilhelm Meisters sozialistische Sendung«) in: G. R.: Gestalten und Gedanken. Leipzig 1944, S. 93/127.
35 Hierzu Walter *Bußmann*: Zur Geschichte des deutschen Liberalismus im 19. Jahrhundert (jetzt in: Wandel und Kontinuität in Politik und Geschichte. Ausgewählte Aufsätze zum 60. Geburtstag. Boppard 1973, S. 121): »Indem Freytag die deutsche Schule, das Gymnasium, so hoch einschätzte und überschätzte, setzte er nur jene deutsche Neigung fort, die voller Stolz ›jede Leistung des Volkes und der Jugend der deutschen Schule zuschrieb‹ und die sich bis zu der Meinung vergrößerte, die Schlacht von Königgrätz sei eigentlich vom deutschen Schulmeister gewonnen worden.« (Das Zitat im Zitat verweist auf W. *Lütgert*: Das Ende des Idealismus im Zeitalter Bismarcks. Gütersloh 1930, S. 152). Der Verfasser (W. Bußmann) fährt fort: »Dem naiv-idealistischen Bild mag das skeptisch-realistische Urteil *Fontanes* gegenübergestellt werden [...]«
36 E. T. A. *Hoffmann*: Poetische Werke. Berlin 1960, Bd. IX, S. 13.
37 Ebda, S. 62.
38 Auf die Parodien der Bildungsidee in E. T. A. Hoffmanns Roman habe ich zuerst im Nachwort der Ausgabe des Winkler-Verlags aufmerksam gemacht (München 1961, S. 688). H. *Singer* hat diese Hinweise aufgenommen und in seiner Interpretation verdeutlicht: »ganz offensichtlich will er [Kater Murr] einen Bildungsroman schreiben, einen zweiten ›Wilhelm Meister‹ [...]. Damit aber wird die Perspektive zum Zerrspiegel, und die Lebensansichten werden zur Groteske. Murrs Bildungsroman ist eine unfreiwillige Parodie, ein Anti-Meister.« (Der deutsche Roman. Vom Barock bis zur Gegenwart. Struktur und Geschichte. Hg. von Benno von *Wiese*. Düsseldorf 1963, I, S. 303/4.) Solche Deutungen des Romans hat Jürgen *Jacobs* in seiner Geschichte des deutschen Bildungsromans erhärtet: »Wo indessen die reale Unmöglichkeit der romantisch konzipierten Erlösung bewußt wurde und gleichwohl ein Bildungsroman geschrieben werden sollte, da mußte eine Parodie entstehen [...]. E. Th. A. Hoffmann war es, der mit seinem *Kater Murr* die Tradition des Bildungsromans auf solche Weise fortsetzte.« (Wilhelm Meister und seine Brüder. Untersuchungen zum deutschen Bildungsroman. München 1972, S. 147.) — Vgl. ferner Hubert *Ohl*: »Das Individuelle und das Allgemeine: Der Bildungsgedanke« in dessen Buch: Bild und Wirklichkeit. Heidelberg 1968, S. 46 ff.
39 Der Hungerpastor, Sämtliche Werke, hg. von K. *Hoppe*. Freiburg/Braunschweig

1953, Bd. VI, S. 19. — J. *Jacobs* geht in seinen oben angeführten Untersuchungen zum deutschen Bildungsroman auf den »Hungerpastor« nur am Rande ein. Er scheint nur sozialen Aufstieg einerseits und Rückzug in die Idylle andererseits wahrzunehmen — mit dem Ergebnis obendrein, daß der Ansatz zu einem Bildungsroman nicht durchgeführt sei. Der diesem Roman mitgegebenen Bildungskritik und dem Roman im ganzen (bei allen Schwächen) wird J. mit dieser kursorischen Erwähnung nicht gerecht.

40 Vgl. W. *Bußmann* (Zur Geschichte des deutschen Liberalismus, ebda, S. 124): »[...] diese Äußerung weckt die Erinnerung an das Lebensbild, das Gottfried Keller von seinem Vater, einem Züricher Drechslermeister, gezeichnet hat [...].« Auf R. *Stadelmann* und W. *Fischer* (Die Bildungswelt des deutschen Handwerkers um 1800. Berlin 1955) wird hingewiesen.

41 Gottfried *Keller:* Der grüne Heinrich. Sämtl. Werke hg. von J. *Fränkel.* Zürich/München, Bd. III, 1926, S. 3/4.

42 Erich *Auerbach*: Mimesis. Bern 1946. S. 399.

43 Werke III, S. 11.

44 Ebda, S. 15/6.

45 Die vorzügliche Interpretation von Wolfgang *Preisendanz* geht auf den Bewußtseinswandel Kellers gegenüber der Goethezeit ein, indem sie den Brief an Hettner anführt und erörtert. Auch das Goethekapitel des Romans wird eingehend interpretiert. Über die Gestalt des Vaters und die damit verbundene Auffassung von Bildung, wird so gut wie nichts gesagt (Der Deutsche Roman, hg. von B. von *Wiese*, II, S. 76/127.) G. *Lukács* berührt den sozialen Wandel der Bildungsidee vor allem in dem Kapitel »Volkstümlichkeit« seines bekannten Keller-Essays (Deutsche Realisten, S. 176 ff.). — J. *Jacobs* führt über das in der Literatur Gesagte nicht hinaus. Hinsichtlich der Zuordnung zum Bildungsroman bekommt man Merkwürdiges zu lesen. Da heißt es allen Ernstes: »Diese Resignation ist es auch, die daran hindert, den *Grünen Heinrich* vorbehaltlos als Bildungsroman zu rubrizieren.« (Wilhelm Meister und seine Brüder, S. 187) Lassen wir es dahin gestellt, ob es Aufgabe des Literaturhistorikers ist zu rubrizieren. Bedenklich erst recht kommt einem die erwartete Vorbehaltlosigkeit vor. Einer solchen dürften die Epigonen — Cäsar Flaischlen, Otto Ernst und andere — am ehesten entsprechen. Wo es sich in der Geschichte einer Gattung um Literatur von Rang handelt, wird das Vorbild der Gattung niemals vorbehaltlos »erfüllt«, sondern, so oder so, verändert — es wäre denn keine *Geschichte* der Gattung, sondern ein zeitloses System von Regeln, das man über die Zeiten hinweg zu befolgen hat.

46 Adalbert *Stifter:* Der Nachsommer. Eine Erzählung. Hg. von M. *Stefl.* Augsburg 1954, S. 211. — Über die Funktion der Naturwissenschaft bei Stifter vgl. die im Druck befindliche Konstanzer Dissertation von Manfred *Selge.*

47 Brief Stifters vom 2. Januar 1855; zitiert bei Walther *Rehm:* Nachsommer. Zur Deutung von Stifters Dichtung. München 1951, S. 32.

48 W. *Rehm* (Ebda, S. 45) macht auf die Züge der Idylle, der Bukolik und des Arkadischen aufmerksam; an späterer Stelle kommt er auf die Utopie expressis verbis zu sprechen und schreibt: »Das grenzt den Roman aus dem übrigen poetischen Realismus heraus [...] und rückt ihn in die Nähe der Utopie.« (ebda, S. 81) Die »Ausgrenzung« ist nicht einzusehen, und die Utopie muß dem »poetischen Realismus« nicht widersprechen — was immer dieser auch sei!

49 Über Annäherungen zum und Entfernungen vom Entwicklungsroman, was die »Buddenbrooks« angeht, vgl. E. *Lämmert,* in: Der deutsche Roman, II, S. 200.

50 Vgl. E. *Lämmert* (ebd, S. 200): »Hier entsteht er [der Entwicklungsroman] [...] durch einen Autor aufs neue, der sich zehn Jahre später rühmen kann, die perfekte Parodie des Entwicklungsromans mit seinem ›Felix Krull‹

Besitz und Bildung 527

entworfen zu haben.« — Zum Problemkomplex in seinem ganzen Umfang ist auf die eindringende Untersuchung von Jürgen *Scharfschwerdt* zu verweisen: Thomas Mann und der deutsche Bildungsroman. Eine Untersuchung zu den Problemen einer literarischen Tradition. Stuttgart 1967.

51 Besonders Julius *Petersen* — dem die Fontaneforschung im übrigen nicht wenig verdankt — war an einer solchen Zuordnung hier und da interessiert; vgl. den Beitrag in den Sitzungsberichten der Preußischen Akademie der Wissenschaften (Fontanes erster Berliner Gesellschaftsroman, 1929, S. 16/7 und andernorts). Es ist aber anzumerken, daß *Petersen* die dominierende Bedeutung anderer Romanformen (Gesellschaftsroman, Roman des Nebeneinander usw.) keineswegs verkennt. — In seinen Stechlin-Studien kommt er auf gewisse Relikte des Bildungsromans erneut zu sprechen (Euph. 29. Bd., 1928).

52 In einem der Fragmente Fontanes mit der Überschrift »Johann der muntre Seifensieder« äußert sich eine Person dieses Fragments über Nietzsche wie folgt: »Nietzsche hat das Wort ›Umwertung‹ erfunden. Ich könnte ihm die Hand dafür küssen. Es muß alles ›umgewertet‹ werden, und von dem Augenblick an, wo dies geschehen sein wird, wird zwar nicht das Unglück aus der Welt geschafft sein, aber die Menge des Glücks, die Zahl der Glücklichen wird unendlich gewachsen sein. Alles läuft darauf hinaus, sich von der Vorstellung frei zu machen: Geld sei Glück.« (Zwei gesellschaftskritische Entwürfe. Hg. und kommentiert von Joachim *Krueger*, in: Fontane-Blätter Bd. 3, Heft 4, 1974, S. 242.) In einem Abschnitt dieses Kommentars entfernt der Herausgeber des Fragments Fontane von Nietzsche, wie es sich aus seiner Sicht gebührt. Daß man mit solchen Pauschalurteilen ohne jede Differenzierung der komplexen Geistigkeit Nietzsches und ihrer womöglich noch komplexeren Wirkung gerecht würde, ist nicht zu erwarten. Denn natürlich erreicht Nietzsche in der Geschichte des menschlichen Bewußtseins Positionen, die weit entfernt sind, etwas Rückschrittliches zu sein. Um solcher Positionen willen ist er für Fontane interessant, und es paßt in jeder Hinsicht ins Bild, daß es die Umwertung der Werte ist, die diesen elektrisiert. — Vgl. zum Thema den Beitrag von Israel S. *Stamm*: Goethe-Nietzsche-Fontane, in: Germ. Rev. Vol. XIII, 1938, S. 252/58.

53 Kriegsgefangen. Erlebtes 1870. Aus den Tagen der Okkupation. Nymphenburger Ausgabe. München 1962, XVI, S. 104.

54 Ebda, S. 48.

55 Ebda, S. 48.

56 Ein früher Entwurf ist überschrieben: »Frau Kommerzienrätin oder ›Wo sich Herz zum Herzen findt‹.« Ein noch früherer Entwurf aus dem Anfang der achtziger Jahre trägt den Titel: »Die Frau Bourgeoise oder ›Wo nur Herz und Seele spricht‹.« Der oben genannte Titel wird während der Entstehungszeit beibehalten und noch mit dem Abschluß der ersten Niederschrift wird er im Mai 1888 in einem Brief an den Sohn Theodor erwähnt, hier mit dem Zusatz: »Dies ist die Schlußzeile eines sentimentalen Lieblingsliedes, das die 50jährige Kommerzienrätin im engeren Zirkel beständig singt [...]« (Brief vom 9. Mai 1888.) Im Tagebuch von 1891 heißt der Roman nunmehr »Frau Jenny Treibel«. In den Verhandlungen mit Julius Rodenberg werden Titel und Untertitel erneut erwogen. Der Roman soll heißen »Frau Jenny Treibel oder wo sich Herz zu Herzen findt«, obwohl Frau und Tochter gegen die Verwendung des Untertitels plädieren. Aber schon einen Tag später — am 25. November 1891 — wird die »Bekehrung der Familienangehörigen in der Titelfrage festgestellt: »Also ›Frau Jenny Treibel‹ und Doppeltitel; ich halte es auch für das Bessere. Auch Frau u. Tochter haben sich bekehrt [...]« (Briefe an Julius Rodenberg. S. 52). Mit diesem Titel ist der Roman in der ersten Buchausgabe erschienen; vgl. hierzu das Kapitel »Erste Konzeptionen« in der Ausgabe des Aufbau-Verlags, dort Bd. VI, S. 519/26 ff.

57 Daß es in »Frau Jenny Treibel« um »die Gegensätze zwischen Besitz und Bildung« gehe, bemerkt Paul *Böckmann:* Der Zeitroman Fontanes. In: DU Jg. XI, Heft 5, 1959, S. 78. — Vgl. E. *Kohn-Bramstedt:* Marriage and Mesalliance in Thackeray and Fontane. In: GLL III (1938/9), S. 285/97.

58 Hans-Friedrich *Rosenfeld:* Zur Entstehung Fontanescher Romane. Groningen/Den Haag 1926, S. 33 ff.; zitiert: Aufbau-Verlag VI, S. 511. Vgl. ferner Wolfgang E. *Rost:* Örtlichkeit und Schauplatz, S. 124/5. Danach war Fontane der Stoff durch Frau Justizrat Kette vermittelt worden. Mit der Familie eines bekannten Großindustriellen habe Fontane einige Jahre im gesellschaftlichem Verkehr gestanden. Ihr gehörten zwei Villen in der Schlesischen Straße. Der Verfasser stellt im Jahre 1931 fest: »Eine der beiden Villen steht heute noch; sie diente Fontane als Vorbild für das Treibelsche Haus.«

59 Hugo von *Hofmannsthal:* Ad me ipsum (Aufzeichnungen. Ges. Werke, 1959, S. 226); das vielzitierte Wort lautet: »Das erreichte Soziale: die Komödien.« Vgl. hierzu Richard *Alewyn* (Über Hugo von Hofmannsthal. Göttingen 1958, S. 80).

60 Hierüber gute Beobachtungen bei Ingrid *Mittenzwei,* Die Sprache als Thema, bes. S. 149.

61 Hierzu die aufschlußreichen Zeugnisse in Band XVIII der von Wilhelm *Treue* herausgegebenen Quellensammlung zur Kulturgeschichte. Karl Heinrich *Höfele* hat diesen Band zusammengestellt und mit einer instruktiven Einleitung versehen: Geist und Gesellschaft der Bismarckzeit 1870-1890. Göttingen 1967; dort S. 194-215: Leben in der Schule.

62 Über Thackerays »Book of Snobs« (1846/7) vgl. u. a. Ulrich *Broich:* Ironie im Prosawerk W. M. Thackerays. Bonn 1958, bes. S. 52 ff.

63 Hinsichtlich der Familienbriefe ist in diesem Punkt Vorsicht geboten. Offensichtlich haben die Herausgeber dieser Korrespondenz nach eigenem Gutdünken retuschiert. In der alten Ausgabe der Familienbriefe ist unter dem Datum des 22. Juli 1883 der folgende Passus zu lesen: »Die reichen, dicken Bourgeois, die hier herumlaufen, sehen alle sehr wohl aus. Und gar erst die Bourgeoisen! Sie platzen fast und quietschen vor Vergnügen.« W. *Keitel* führt diese Briefstelle in seinen Erläuterungen zum Bourgeois aus der Sicht Fontanes an (IV/718, 1.Aufl.) Inzwischen liegt der authentische Text vor; und darin liest man's ein wenig anders: »Die reichen, dicken Juden, die hier herumlaufen, sehen alle sehr wohl aus. Und nun gar erst die Jüdinnen!« (Theodor Fontane. Briefe I. hg. von K. *Schreinert.* Zu Ende geführt und mit einem Nachwort versehen von Charlotte *Jolles.* Berlin 1968, S. 224). Das muß man deswegen noch nicht als handfesten Antisemitismus registrieren. Eines solchen hat sich Fontane nicht schuldig gemacht, und daß Wendungen wie die angeführten mit dem Bourgeois unter den jüdischen Bürgern in Verbindung zu bringen sind, den es zweifellos gegeben hat, wäre denkbar. Wie dem auch sei: bei Fontane steht es anders da, als man's bisher las, und die Ängstlichkeit der Familie ist bezeichnend.

64 So im Brief an die Frau vom 23. Juni 1883, wo es heißt: »Habe morgen in unserm Bourgeoishause einen möglichst angenehmen Tag und erkälte Dich nicht auf dem zugigen Balkon.« (Briefe I. S. 209/10).

65 An der Familie der Schwester scheint Fontane das Bourgeoishafte der neuen Lebensweise besonders deutlich geworden zu sein; vgl. G. *Erler* im Kommentar zur Ausgabe des Aufbau-Verlages (VI, S. 514): »Die sozialen und psychologischen Umrisse seines Bourgeois-Begriffs stammen zu erheblichen Teilen von Hermann und Jenny Sommerfeldt.«

66 Herman *Meyer:* Das Zitat in der Erzählkunst. Stuttgart 1962 (2. Aufl. 1967), S. 172.

67 »Steinbruch« — es handelt sich um einen Begriff, den Julius *Petersen* in seiner für die Fontaneforschung maßgeblichen Akademieabhandlung gebraucht: Fontanes

Besitz und Bildung 529

erster Berliner Gesellschaftsroman. Sitzungsberichte der Preußischen Akademie der Wissenschaften, Berlin 1929. — Hierzu H. *Meyer:* Das Zitat in der Erzählkunst. 2. Aufl. 1967, S. 157.

68 Zitiert von H. *Meyer,* ebda, S. 158. — Über entstellte Zitate vgl. ferner Emil *Staiger,* in: Die Kunst der Interpretation. Studien zur deutschen Literaturgeschichte. Zürich 1955, S. 161/79.

69 Die Art, wie Fontane differenziert — der gute Treibel, seine guten Geistes- und Herzensanlagen, sein politisches Gastspiel — will beachtet sein. Treibel ist zwar ein Bourgeois, aber doch einer von der »milderen Sorte«. Solche Differenzierungen sind ein Charakteristikum Fontaneschen Erzählens. Es übersehen, heißt, die Hierarchie im Personenensemble übersehen, die es in jeder seiner Erzählungen gibt. Am Sinn für solche Nuancen und Differenzierungen läßt es der Beitrag von Dieter *Kafitz* leider fehlen. Hier wird alles — der Besitzbürger wie der Bildungsbürger — über den Leisten einer denunzierten Bürgerlichkeit geschlagen — als ob dies die Meinung des bürgerlichen Schriftstellers Fontane gewesen sei. Folglich wird zwischen den »Sieben Waisen« und Wilibald Schmidt so wenig ein Unterschied gemacht, wie zwischen diesem und dem Kommerzienrat Treibel. (Die Kritik am Bildungsbürgertum in Fontanes Roman »Frau Jenny Treibel«, in: ZsfdtPh, 92. Bd. 1973, Sonderheft, S. 96). Daß es Fontane auf eine gewisse Geistesverwandtschaft zwischen Treibel und Schmidt abgesehen hat, ist nicht zu bestreiten. Aber es handelt sich um eine relativ sympathische Spielart des Bourgeois und damit um dessen Annäherung an diesen, nicht aber um eine Identität.

70 Arbeiten über sentimentale Literatur oder Sentimentalität in der Literatur liegen nur vereinzelt vor. Die ältere Studie von Erwin *Wendt* (Sentimentales in der deutschen Epik des 13. Jahrhunderts. Borna-Leipzig 1930) ist weithin als überholt anzusehen; Max *Wieser* (Der sentimentale Mensch, gesehen aus der Welt holländischer und deutscher Mystiker im 18. Jhdt. Gotha/Stuttgart 1924) bleibt der Literatur verhältnismäßig fern. Zur Romanliteratur des 18. Jahrhunderts, die das Phänomen von ihrem Gegenstand her ausführlich behandelt, liegen mehrere Arbeiten vor: von Rudolf *Haferkorn* (Zum Begriff des Sentimentalen. Bemerkungen zu Jane Austen's »Sense and Sensibility«. Festschrift für M. *Deutschbein,* Leipzig 1936, S. 109/20); von Hugo *Friedrich* (Abbé Prévost in Deutschland. Ein Beitrag zur Geschichte der Empfindsamkeit. Heidelberg 1929); von Peter *Bürger* (Die Attitüde des Erzählers in Prévosts ›Manon Lescaut‹, in: Studien zur franz. Frühaufklärung. Frankfurt 1972, S. 69/94); von Norbert *Miller* (Der empfindsame Erzähler. Untersuchungen zu Romananfängen des 18. Jahrhunderts. München 1968). Einen wichtigen Beitrag zum Thema stellt die Untersuchung von Gottfried *Just* dar: Ironie und Sentimentalität in den erzählenden Dichtungen Arthur Schnitzlers. Berlin 1968. Vgl. zu dem in Frage stehenden Thema fernerhin Ilka *Büschen:* Sentimentalität. Überlegungen zur Theorie und Untersuchungen an mittelhochdeutschen Epen. Stuttgart 1974; dort vor allem Kap. III, S. 59 ff. (mit weiterer Literatur).

71 Daniel *Sanders:* Wörterbuch der deutschen Sprache. 2. Bd. Leipzig 1860-65, I, S. 247; angeführt bei Georg *Jäger:* Empfindsamkeit und Roman. Stuttgart 1969, S. 24, der über den Bedeutungswandel des Wortes gut orientiert.

72 Brockhaus Enzyklopädie. Wiesbaden 1973, XVII, S. 314.

73 I. *Büschen,* mit Beziehung auf R. *Haferkorns* Studie über Jane Austen: ebda, S. 75.

74 In seinem Handwörterbuch deutscher Synonymen (2. Aufl. 1838) geht Friedrich Wilhelm *Genthe* noch auf die Unterscheidungen des 18. Jahrhunderts zurück, wenn er die Empfindelei als etwas definiert, das »dem Gegenstande [...] nicht angemessen« ist. (S. 103) Diese Kennzeichnung der Unangemessenheit kann, der Wortgeschichte entsprechend, auf die Sentimentalität übertragen werden.

75 Helmuth *Plessner:* Lachen und Weinen. München 1961, S. 172 (3. Aufl.).
76 Die Welt als Wille und Vorstellung. Sämtl. Werke. II. Bd. Wiesbaden 1949, S. 469/71. — Über die Geschichtlichkeit der Phänomene vgl. Karl *Richter:* Resignation. Eine Studie zum Werk Theodor Fontanes. Stuttgart 1966, bes. S. 156 ff.
77 Vgl. F. *Martini* (Bürgerlicher Realismus, S. 638): »wo im verdeckten Pathos des Lyrisch-Sentimentalen, im Selbstgenuß des trauernden und entsagenden Fühlens [...] rasch die Grenze dieses Stils deutlich wird.« Hier wird häufig — und gewiß nicht unberechtigt — von Storms Schwermut (oder von Schwermut bei Storm) gesprochen. Auf Abgrenzungen zwischen dieser und der Sentimentalität käme es an.
78 Hubert *Ohl:* Bild und Wirklichkeit, Heidelberg 1968, S. 56/57.
79 Wilhelm *Emrich:* Franz Kafka. 3. Aufl. Frankfurt 1964, S. 28 (von H. Ohl S. 61 seines Buches zitiert).
80 Barker *Fairley:* Wilhelm Raabe. Eine Deutung seiner Romane. Dt. Ausgabe. München 1961: »es ist fraglich, ob er je mit größerer Kunst als hier geschrieben hat. Jedenfalls hat er seine Kunst nie mit größerem Geschick verborgen«, heißt es gegen Schluß des Kapitels (S. 47).
81 Vollständiger Abdruck des Gedichts in der historisch-kritischen Ausgabe der Werke Wilhelm *Raabes* (Bd. XVI, S. 536/7).
82 Hierzu Hugo *Aust* (»Anstößige Versöhnung?« In: ZfdtPh: 92. Bd. Sonderheft, 1973, S. 116) mit Beziehung auf meinen Beitrag in dem Band »Fontanes Realismus« und mit dem Bemerken, ich berücksichtigte nicht, »daß der ›falsche Ton‹ nicht von vornherein im Lied angelegt ist, sondern erst durch den Zusammenhang mit Jenny entsteht.« Ich berücksichtige sehr wohl und bin weiterhin der Auffassung, daß es nicht einfach und ausschließlich um eine rezeptionsästhetische Frage geht. Wenn Vf. zutreffend sagt, daß das ganze Gedicht »eine naive Summe und Ernte vertrauter Bilder und Motive Schillers, Goethes, Eichendorffs und Mörikes« sei, so ist eben damit gesagt, was das Gedicht aufgrund seiner epigonalen Züge zur Sentimentalität prädestiniert.
83 Das meint auch *Heine,* wenn er im vierten Brief »Über die französische Bühne« die Sentimentalität als ein Produkt des Materialismus bezeichnet: »Der Materialist trägt nämlich in der Seele das dämmernde Bewußtsein, daß dennoch in der Welt nicht alles Materie ist [...].« (Sämtliche Schriften. Hg. von K. Pörnbacher, München 1971. Bd. III, S. 304.)
84 Reinhard *Bentmann,* Michael *Müller:* Die Villa als Herrschaftsarchitektur. Versuch einer kunst- und sozialgeschichtlichen Analyse. Edition Suhrkamp. Frankfurt 1970, S. 125/7. — Mit dem Roman selbst hat man sich nur flüchtig vertraut gemacht. Er sei »kurz nach 1874« geschrieben worden. Aber was heißt »kurz«? Die ersten Aufzeichnungen sind für die Jahre 1887/8 anzusetzen, veröffentlicht wurde er zuerst 1892. Von der Kommerzienrätin wird gesagt, sie sei aus dem proletarischen Stande ins Großbürgertum aufgestiegen. Bekanntlich war sie in einem Apfelsinenladen tätig, ehe sie Karriere machte. Ist man damit schon Proletarierin?
85 Wie man dies in seiner Aussagekraft so unmißverständliche Schliemann-Motiv verdrehen kann, zeigt die schon erwähnte Interpretation von Dieter *Kafitz.* Es geht ihm darum zu beweisen, daß es das Bürgertum überhaupt nichts sei. Besitzbürgertum und Bildungsbürgertum, also Jenny Treibel und Wilibald Schmidt, gehören für unseren Interpreten in einen Topf und werden entsprechend traktiert. Die Nuancen im Strukturprinzip der Entsprechung haben nichts zu bedeuten. Das nimmt man im Wortlaut wie folgt aus: »Die Archäologie wird zum sinnakzentuierten Leitmotiv des Gelehrtenstandes, wie auf der Gegenseite Jennys sentimentales Lied.« (Die Kritik am Bildungsbürgertum, S. 80) Grotesker geht es kaum. Daß da nun doch einiges für Archäologie und Schliemann gesagt

Besitz und Bildung 531

zu sein scheint, kann auch K. nicht leugnen. Aber zuletzt ist die »fortschrittliche Einstellung« Schmidts nun doch etwas Nebensächliches gegenüber der Tatsache, daß es sich um einen Professor, um einen Gelehrten handelt. Und Gelehrte, so ist unser Interpret überzeugt, sind bei Fontane immer das Schlimmste vom Schlimmen. In einer Fußnote wird auf das Askanierhobby des Privatdozenten Eginhard Aus dem Grunde in *Cécile* hingewiesen. Wieder eine Gleichsetzung, die etwas voreilig vorgenommen wird. Zwischen der unmißverständlichen Karikatur dort und dem liebenswürdigen Gelehrtenporträt hier (mit allen seinen Schwächen) werden keine Unterschiede wahrgenommen. Da ist einfach guter Rat teuer. Man könnte solche Verfehlungen auf sich beruhen lassen, wenn man im Sinne neuerer Rezeptionstheoretiker nach dem nicht mehr fragt, was denn der Dichter selbst gemeint haben könnte. Aber der Verfasser des Aufsatzes über die Kritik am Bildungsbürgertum ist allen Ernstes der Meinung, er treffe damit die Meinung Fontanes.
86 Freie Bühne für modernes Leben. III. Jg. 1891, S. 13/5.
87 Ausgabe des Aufbau-Verlages Bd. VI, S. 519.
88 Der Freude am Kleinen hat Fontane in seinen Briefen wie in seinen veröffentlichten Werken wiederholt Ausdruck gegeben. Seine mit den Jahren sich entwickelnde Geschichtskritik ist davon nicht zu trennen. Indirekt spricht sich darin eine Kritik am monumentalen Stil des eigenen, des kaiserlichen Zeitalters, aus. Daß D. *Kafitz* (ebda, S. 82) auch dieses Motiv »umfunktioniert«, entspricht der deutlich erkennbaren Tendenz, den Professor des Romans wie die Kommerzienrätin abzutun, als seien sie Zwillingsgeschwister, die sich letztlich in nichts voneinander unterscheiden.
89 Vgl. dagegen D. *Kafitz*, S. 89: »Das Leitmotiv Schmidts als Zeichen seiner Wirklichkeitsfremdheit steht in Struktur und Aussagegehalt in einer Abhängigkeit zu Jennys Leitmotiv.«
90 Über Belletristik als ein rangminderndes Charakteristikum der Romane Fontanes handelt *Lukács* in seinem bekannten und an Beobachtungen reichen Essay. Von unserem Roman heißt es: »Ein solches allzu weit geführtes, allzu gemütliches ›Alles verstehen, ist alles verzeihen‹ nähert trotz glänzender Beobachtungen, trotz ausgezeichneter satirischer Einzelheiten ›Frau Jenny Treibel‹ doch der bloßen Belletristik an.« (Deutsche Realisten, S. 290.)
91 Der Begriff »erzählte Komödie« ist der E. T. A. Hoffmann-Forschung vertraut. Carl Georg von *Maassen* sagt von der Erzählung »Signor Formica«: »Ganz wie ein erzähltes Lustspiel.« (Bd. VIII, S. XI); ähnlich Winfried *Sdun* in seiner Freiburger Dissertation (1961) mit Bezug auf die »Prinzessin Brambilla«: sie sei eine »erzählte Komödie« (dort S. 75). Hinsichtlich der »Frau Jenny Treibel« hat in der älteren Forschung schon Gottfried *Kricker* den »leichten Lustspielton« betont (Th. F. Von seiner Art und epischen Technik. Berlin 1912, S. 80). Fritz Martini spricht in seiner Literaturgeschichte des bürgerlichen Realismus von einer »erzählerischen Komödienform« (ebda, S. 788), während es Ingrid *Mittenzwei* vor allem darum geht, »die Abhängigkeit dieser Komödie von der Sprache, die Sprachkomödie, herauszustellen« (Die Sprache als Thema, S. 47).
92 An Clara von Stockhausen vom 10. September 1878 (Handschrift in Marbach). — Über den Anteil der Tochter am Roman »Frau Jenny Treibel« und deren Porträt vgl. den ausführlichen Kommentar G. *Erlers* (Bd. VI, S. 512/4).
93 Es ist bezeichnend, daß die allzu sehr an einem heiteren und versöhnlichen Sinn interessierte Deutung des Romans, die H. *Aust* in seinem bereits erwähnten Beitrag entwickelt, eben diesen Ausspruch Corinnas übergeht und die Skepsis nicht wahrhaben will, die in seinen sämtlichen Sätzen enthalten ist; vgl. besonders Anm. 94 des genannten Aufsatzes, dort S. 121.
94 Vgl. zum Humor und zu den Funktionen seiner Vermittlung Wolfgang *Preisendanz*: Humor als dichterische Einbildungskraft, S. 214 ff. — G. *Erler* führt im

Kommentar seiner Ausgabe (Bd. VI, S. 530) eine zeitgenössische Rezension an, in der »Frau Jenny Treibel« als ein humoristischer Roman im ganzen verstanden wurde: »Nicht einzelne humoristische Streiflichter machen diesen Roman zu einem humoristischen, sondern seine Grundstimmung stempelt ihn dazu.«

95 Hermann *Lübbe* (Fontane und die Gesellschaft, S. 235) bezeichnet Jenny Treibel und Mathilde Möhring gemeinsam als Figuren, die sich ihrer gesellschaftlichen Welt einfügen. — Teile dieses Kapitels wurden in anderem Zusammenhang vorgetragen und veröffentlicht: in dem Beitrag »Literatur und Ideologie«, in: Dichtung, Sprache, Gesellschaft, hg. von V. *Lange* und H.-G. *Roloff*. Frankfurt 1971, S. 595/6. Das hier in Frage stehende Kapitel war bereits abgeschlossen, als Werner *Hoffmeisters* vorzügliche Analyse der oft verkannten Erzählung erschien (Theodor Fontanes »Mathilde Möhring«, in: ZfdtPh, 92. Bd., 1973. Sonderheft, S. 126/49). Zahlreiche Berührungen sind offenkundig; die Bezugnahme auf diesen Beitrag wurde nachträglich eingearbeitet.

96 In welchem Maße »Frau Jenny Treibel« und »Mathilde Möhring« auch entstehungsgeschichtlich zusammengehören, belegt G. *Erler* (Bd. VII, S. 617 ff.); vgl. die von ihm zitierte Tagebucheintragung vom Herbst 1891.

97 W. *Hoffmeister* bezeichnet im ersten Teil seines Beitrags die Mesalliance als das bestimmende Thema der Erzählung. Daß damit keinerlei Konflikte verbunden sind, wird festgestellt. Erst im zweiten Teil wird der soziale Aufstieg als der Vorgang erläutert, auf den es in erster Linie ankommt. Doch handelt es sich m. E. um eine Themenverlagerung mitnichten, und die Motive der Mesalliance stehen von Anfang an im Dienste des sozialen Aufstiegs, um den sich alles dreht. Die Feststellung, daß innerhalb der bürgerlichen Schicht Standesgrenzen und Standesgegensätze sichtbar werden (Vgl. ebda, S. 138), ist für das Werk Fontanes nichts Neues. In »Irrungen, Wirrungen« sind solche Gegensätze ausgeprägt, wie ausgeführt wurde.

98 »Wilhelm Meisters Lehrjahre«, 5. Buch, 3. Kap. (HA, VII, S. 290).

99 Ebda, 2. Buch, 4. Kap. (HA, VII, S. 101/2).

100 In den älteren Ausgaben — und so noch in der ersten Auflage der Sämtlichen Werke im Hanser-Verlag — fehlt der letzte Satz (»Rebecca hat sich verheiratet«), von den sonstigen Abweichungen abgesehen. Der vollständige und authentische Text zuerst in der Ausgabe des Aufbau-Verlags: Bd. VII, S. 521/2.

101 Hierzu W. *Hoffmeister*, ebda, S. 143: »Als Vertreter bürgerlichen Verfalls gehört Hugo zu jenem literarischen Figurentypus, den der junge Thomas Mann sehr bald in mannigfachen Abwandlungen darstellen sollte.«

102 Conrad *Wandrey*, ebda, S. 249/50.

103 H. H. *Reuter* II, S. 697. — Die Intention Reuters wird von W. Hoffmeister doch wohl verkannt, wenn er meint, der Biograph Fontanes fühle sich offensichtlich von dieser Gestalt abgestoßen (ebda, S. 130). Aber davon kann keine Rede sein. Zwar wird vermerkt, was alles diesen Charakter einzuschränken scheint. Aber danach heißt es: »Die Gestochenheit ihres Porträts litt nicht darunter. Im Gegenteil.« (*Reuter*, II, S. 698). Ebenso ist an der positiv gemeinten Emanzipation dieser Deutung zu zweifeln: »Die veränderte Konstellation entsprach dem Versuch, die Gleichberechtigung der Frau poetisch durchzuführen.« (ebda, S. 697)

104 Vgl. Maria *Lypp* im Nachwort zur Erzählung (Reclams Universal Bibliothek 9487/8, S. 141): »In dem Schlußsatz kristallisiert sich auf ganz beiläufige, lapidare Art [...] noch einmal das Kernstück der Erzählung: Mathilde macht es anders.«

105 Gottfried *Benn*: Gesammelte Werke. Wiesbaden 1958. Bd. II, S. 156.

106 Robert *Musil*: Der Mann ohne Eigenschaften. Hamburg 1960, S. 265.

107 Karl Markus *Michel*: Die Utopie der Sprache, in: Akzente I/1, 1954, S. 23/25. — Auf den klärenden Beitrag von Herbert *Seidler*, der diese und andere Zitate ent-

Die Säkularisierung der Ehe 533

hält, sei verwiesen: Der Ambivalenzbegriff in der Literaturwissenschaft. Österreich. Akademie der Wiss., Wien 1969.

VII. *Die Säkularisierung der Ehe*

1 Vgl. hierzu Helmut *Möller*: Die kleinbürgerliche Familie im 18. Jahrhundert. Verhalten und Gruppenkultur. Berlin 1969, S. 69.
2 Die Religion in Geschichte und Gegenwart. 3. Aufl. Tübingen 1958. Bd. II, Sp. 320 ff. (mit weiterer Literatur).
3 Darauf hat Franz *Arnold* in seinem Beitrag »Sinnlichkeit und Sexualität im Lichte von Theologie und Seelsorge« aufmerksam gemacht; in: Beiträge zur Sexualforschung. H. 1 (1952), S. 5.
4 Zur katholischen Dogmatik vgl. Michael *Schmaus*: Katholische Dogmatik IV/1, 6. Aufl. 1964, S. 797.
5 Weimarer Ausgabe Bd. 30/3, S. 205.
6 Vgl. Reinhold *Seeberg*: Luthers Anschauung von dem Geschlechtsleben und der Ehe und ihre geschichtliche Stellung, in: Jahrbuch der Luther-Gesellschaft, Jg. VII (1925), S. 77-122; daß sich Luther in Fragen der Sexualität zum Teil recht freizügig geäußert hat, wird von R. Seeberg reichhaltig belegt, vgl. besonders S. 105 ff.
7 Die Soziallehren der christlichen Kirchen und Gruppen. Ges. Schriften. 1. Bd. Tübingen 1912, S. 558.
8 Emil *Friedberg*: Das Recht der Eheschließung in seiner geschichtlichen Entwicklung. Leipzig 1865, S. 192. — Vgl. auch Marianne *Weber*: Ehefrau und Mutter in der Rechtsentwicklung. Tübingen 1907. S. 286.
9 Vgl. H. *Möller*: ebda, S. 75 ff.
10 Allgemeines Landrecht für die Preußischen Staaten von 1794 (Wiederabdruck der Textausgabe). Mit einer Einführung von H Hattenhauer. Frankfurt/M.- Berlin 1970: Zweyter Theil. Erster Titel. Von der Ehe, S. 345 ff.
11 Johann Bernhard *Basedows* Practische Philosophie für alle Stände. Ein weltbürgerlich Buch. Zwevter Theil. 2. Aufl. Dessau 1777, S. 5.
12 Jakob von *Mauvillon*: Mann und Weib nach ihren gegenseitigen Verhältnissen geschildert. Leipzig 1791, S. 328.
13 Metaphysik der Sitten. Werke in 6 Bd., hg. von W. *Weischedel*. Frankfurt/M. 1956, IV, S. 389.
14 Auf das in Anspruch und Resultat beachtenswerte Buch von Hans *Blumenberg* ist zu verweisen: Die Legitimität der Neuzeit. Frankfurt 1966. Der erste Teil ist bezeichnenderweise überschrieben: »Säkularisierung — Kritik einer Kategorie des geschichtlichen Unrechts«. Über die vielfach vagen Anwendungen des Begriffs »Säkularisierung« vgl. besonders S. 18 ff.
15 Vgl. Emil *Friedberg*: Das Recht der Eheschließung ... S. 165: »Wenn wir aber hier nur ein Motiv zur Säcularisierung der Ehe gefunden haben [. . .] so können wir im Gegensatz dazu für die von Luther so oft versuchte Heiligstellung der Ehe mehrere Gründe beibringen, die überall durchschlagen.« M. *Weber*: ebda, S. 313: »Ehe wir aber an die Betrachtung einzelner Rechte herantreten, muß jener allgemeinen Tendenz [. . .] gedacht werden, welche man als Säkularisation der Ehe bezeichnen kann.«
16 Werke, IV, S. 391/2, (Frankfurt/M. 1956).
17 Karl Heinrich *Heydenreich*: Vesta. Kleine Schriften zur Philosophie des Lebens besonders des häuslichen. Leipzig 1800. Bd. II, S. 27. — Vgl. auch die Schrift desselben Verfassers, in der Fichtes Eheauffassungen angegriffen worden waren: Mann und Weib, ein Beytrag zur Philosophie über die Geschlechter. Leipzig 1798.

18 Ebda, II, S. 270. – In seinem Buch »Die Auffassung der Liebe« (3. Aufl. 1966) geht Paul Kluckhohn auf die Schriften Heydenreichs ein; zur Kritik an Fichte vgl. S. 332.
19 Mann und Weib, S. 179.
20 Hierzu H.-W. Jäger, in: NDB,Bd. IX (1972), S. 202/3.
21 Über die Ehe. Fünfte durchaus verb. Aufl. Berlin 1793, S. 239/40.
22 Ebda, S. 260.
23 Ebda, S. 12.
24 Jakob von Mauvillon: Mann und Weib nach ihren gegenseitigen Verhältnissen geschildert. Leipzig 1791.
25 Ebda, S. 490.
26 Ebda, S. 471.
27 Zitiert von H. Eichner in der Einleitung zu Bd. V der Schlegel-Ausgabe. München 1962, S. XXIV.
28 F. H. Jacobi an W. von Humboldt vom 2. Sept. 1794, in: Fr. H. Jacobis Auserlesenem Briefwechsel, Leipzig 1827. Bd. II, S. 175.
29 Friedrich Schlegel: Kritische Schriften. Hg. von W. Rasch. München 1956, S. 185.
30 Ebda, S. 184.
31 Schlegel-Ausgabe, Bd. V, S. XXX.
32 Ebda, S. 11.
33 Schleiermachers Vertraute Briefe über die Lucinde. Mit einer Vorrede von Karl Gutzkow. Hamburg 1835, S. 14. – Der Erstausgabe von 1800 und derjenigen von K. Gutzkow folgt die Ausgabe in der Insel-Bücherei (mit modernisierter Orthographie), nach der hier zitiert wird: Insel-Verlag. Frankfurt/M. 1964, S. 97/8.
34 Athenäum-Fragment, zitiert von H. Eichner in Bd. V, S. XXX.
35 J. G. Fichte: Werke, hg. von H. Fichte. Bd. III, S. 336; zitiert von P. Kluckhohn, Die Auffassung, S. 327. (Gesamtausgabe, hg. von R. Lauth und H. Gliwitzky. Bd. V/4. Stuttgart 1970, S. 127 ff.). Vgl. ferner Marianne Weber: Ehefrau und Mutter, S. 309.
36 Achim von Arnim und die ihm nahestanden. Hg. von R. Steig und H. Grimm. Stuttgart 1913. Bd. II, S. 349.
37 Martin Greiner: Die Entstehung der modernen Unterhaltungsliteratur. Studien zum Trivialroman des 18. Jahrhunderts. Reinbek 1964, S. 31.
38 Von der Idee der Schönheit. Kritische Ausgabe. Hg. von W. Schröder und W. Siebert. Neuwied 1967. Bd. II, S. 96: »Die schöne Ehe [...] führt den meinen verehrungswürdigen Zuhörern gewiß verständlichen Namen: Lehre vom Gegensatz!«
39 Ebda, S. 34/5.
40 Vgl. S. 96: »[...] kommt, unter den gewaltigsten Bewegungen noch hörbaren Schritten, die Zeit der sich selbst bewußten Liebe, der Ehe heran [...].«
41 Zum Synthesestreben bei Arnim (mit Beziehung auf Adam Müllers »Lehre vom Gegensatz« und Gotthilf Heinrich Schuberts »Symbolik des Traumes«) ist auf die eindringliche Untersuchung zu verweisen, die Ernst-Ludwig Offermanns dem Roman Arnims gewidmet hat: »Der universale Gegenwartsroman Achim von Arnims.« Diss. Köln 1959, besonders S. 23/4.
42 An Joseph Stanislaus Zauper (zitiert HA, Bd. VI, S. 625).
43 Varnhagen von Ense: Tagebuch vom 28. Juni 1843 (zitiert HA, Bd. VI, S. 623).
44 HA Bd. VI, S. 620.
45 Hierzu Paul Böckmann: Naturgesetz und Symbolik in Goethes »Wahlverwandtschaften«, in: Jahrbuch des Freien Deutschen Hochstifts. 1968, S. 176: »Im Roman kann es sich nur noch darum handeln, die Macht beider Bereiche vor Augen zu führen und auf ein mögliches Gleichgewicht zu verweisen, das einer

Die Säkularisierung der Ehe 535

überwirklichen Sphäre des ›Heiligen‹ entspricht«. Vgl. zur Sphäre des Heiligen Paul *Stöcklein*: Wege zum späten Goethe. Hamburg 1949. S. 33 ff.
46 Arthur *Henkel*: Entsagung. Eine Studie über Goethes Altersroman. Tübingen 1954.
47 HA Bd. VI, S. 460 (Zweiter Teil. Vierzehntes Kapitel).
48 Morgenblatt für gebildete Stände vom 20.–24. Januar 1810, zitiert in: HA Bd. VI, S. 627/8.
49 Undatierter Brief *Solgers*, aus dessen nachgelassenen Schriften, zitiert HA Bd. VI, S. 635. – Über die Wahlverwandtschaften als einen tragischen Roman hat eingehend Kurt *May* gehandelt, in: Jahrbuch des Freien Deutschen Hochstifts. 1936/40, S. 139/58. – Daß an einem solchen Verständnis festzuhalten sei, betont Benno von *Wiese* gegenüber Walter *Benjamin*: »Die ›Wahlverwandtschaften‹ sind – das haben schon frühzeitig die besten Kenner des Romans erkannt – bereits Abeken, Solger und Hebbel gehören dazu – ein tragischer Roman. Das muß auch gegen Benjamin festgehalten werden.« (Der Mensch in der Dichtung. Studien zur deutschen und europäischen Literatur. Düsseldorf 1958, S. 119).
50 Vgl. hierzu den letzten Satz in dem genannten Aufsatz von P. *Böckmann*: »Die Symbolik der sozialen Verhältnisse weist auf einen Erfahrungsbereich, der nicht nur in den ›Privatgeschichten‹ sondern auch in den ›Weltbegebenheiten‹ beachtet sein will.« (Ebda, S. 190).
51 Artemis-Gedenkausgabe Bd. XX, S. 885.
52 Martin *Sommerfeld*: Goethes Wahlverwandtschaften im 19. Jahrhundert, in: Jahrbuch des Freien Deutschen Hochstifts. 1926, S. 203/50.
53 Hierzu die grundlegende Arbeit von Jürgen *Kolbe*: Goethes »Wahlverwandtschaften« und der Roman des 19. Jahrhunderts. Stuttgart 1968.
54 Hallische Jahrbücher. Jg. 1839, Nr. 78, Sp. 623/4.
55 Carl J. *Burckhardt*: Erinnerungen an Hofmannsthal und Briefe des Dichters. München 1948, S. 95.
56 Das Fontane-Buch. Hg. von E. *Heilborn*. Berlin 1921, S. 165.
57 Die Handschrift der Notizen befindet sich im Goethe-Museum der Stadt Düsseldorf; sie sind abgedruckt in der Ausgabe des Hanser-Verlags (I/471); vgl. hierzu J. *Kolbe*, ebda, S. 137 ff.
58 »Erbarmungslos überliefert er die ganze Gotteswelt seinem Keller-Ton.« (1/502). – Thomas *Mann* über den eigentümlichen Fontaneton in: Der alte Fontane (Ges. Wk. IX, S. 22). Dagegen Katharina *Mommsen*, die von einem Fehlurteil Thomas Manns spricht (Gesellschaftskritik bei Fontane und Thomas Mann, Heidelberg 1973, S. 43). Er dürfte dennoch recht behalten; denn natürlich werden die Sprachnuancierungen zwischen Gebildeten und Ungebildeten niemals zu leugnen sein. Aber auch trotz solcher Unterschiede gibt es merkwürdige Gemeinsamkeiten: eben solche eines spezifischen Fontanetones.
59 Zitiert von M.-E. *Gilbert*: Fontanes »Effi Briest«, in: DU, Jg. XI (1959) Heft 4, S. 63.
60 Hans Werner *Seiffert* (unter Mitarbeit von Christel *Laufer*): Fontanes »Effi Briest« und Spielhagens »Zum Zeitvertreib« – Zeugnisse und Materialien. In: Studien zur neueren deutschen Literatur. Hg. von H. W. Seiffert. Berlin 1964 (Akademie-Verlag). S. 255/300.
61 Hans Werner *Seiffert*: Zu Fontanes »Effi Briest«. In: Th. F's Werk in unserer Zeit. Potsdam 1966, S. 84.
62 Wilhelm *Beckmann*: Im Wandel der Zeiten. Berlin 1930, S. 87; zitiert: H. W. *Seiffert*, Studien, S. 263.
63 Zitiert von H. W. *Seiffert*, ebda, S. 265.
64 Berliner Tageblatt, 1886, Nr. 614 v. 3. 12. (Beiblatt S. 4).
65 H. W. *Seiffert* in: Th. Fontanes Werk, S. 87.

66 Vgl. Harald *Weinrich*: »Mythologie der Ehre«, in Jg. XXIII der Zeitschrift »Merkur« (1969); verändert unter dem Titel »Die fast vergessene Ehre«, in: Literatur für Leser. Stuttgart 1971, S. 164 ff.
67 Die Duelldebatten im Reichsttag, in: Die Frau. 19. Jg., 1912, Heft 9, S. 517/8.
68 Vgl. H. W. *Seiffert*, in: Th. F's Werk, S. 87; hier wird auf eine Stellungnahme der Bonner Volkszeitung vom 5. XII. 1886 verwiesen, in der Hartwichs Tod ein mörderischer Hingang durch die Duellbarbarei genannt wird.
69 Die Duellfrage im Reichstag, in: Die Nation. Bd. IV (1886/7), Nr. 12 v. 12. XII. 1886, S. 172.
70 Ebda, S. 173.
71 *Schultheß*: Europäischer Geschichtskalender. NF Bd. XIII, 1897.
72 Vgl. H. W. *Seiffert*, Studien, S. 259.
73 »Zum Zeitvertreib«. Berlin 1897; nach der 7. Aufl. in Bd. III von Spielhagens Romanen — 12. Kap. S. 114 — zitiert; das unten angeführte Zitat ebda, S. 261.
74 Hugo *Friedrich*: Drei Klassiker des französischen Romans. Frankfurt 1961, S. 26 (zuerst Leipzig 1939). — Vgl. zum Zeitroman die klärende Studie von Peter *Hasubek* (Der Zeitroman, in: ZfdtPh, Bd. 87, 1968, S. 218/45), der auf das Buch H. Friedrichs gebührend verweist.
75 Hierzu Hubert *Ohl*: Bild und Wirklichkeit, bes S. 200 ff.; ferner Vincent J. *Günther*: Das Symbol im erzählerischen Werk Fontanes, Bonn 1967.
76 Aesthetik, hg. von F. *Bassenge*. Frankfurt 1965, Bd. I, S. 298.
77 Hierzu Wolfgang *Preisendanz*: Humor als dichterische Einbildungskraft. Studien zur Erzählkunst des poetischen Realismus. München 1963.
78 Zum Psychographen und zur Verwendung des Wortes bei Fontane auch im übertragenen Sinn vgl. die Erläuterungen W. *Keitels* in: IV/735.
79 Ähnlich (wie ich nachträglich feststelle) Ulrich *Greiner*, auf dessen vorzügliche Betrachtung in diesem Zusammenhang verwiesen sei (FAZ vom 26. Okt. 1974).
80 Vgl. an C. R. Lessing vom 8. Juni 1896; der Brief wird auch von H. *Ohl* (Bild und Wirklichkeit, S. 234) zitiert; desgleichen V. J. *Günther*, Symbol, S. 16 und 37.
81 Bis in die achtziger Jahre hatte der Amtsrichter Hartwich Gelegenheit, die Frau seines Rivalen im Rheinland zu treffen. Erst am 1. Oktober 1884 ist die Versetzung Ardennes ins Kriegsministerium nach Berlin erfolgt. In den Mitteilungen *Seifferts* heißt es hierzu: »Zwischen Hartwich und der Baronin wurde nun der freundschaftliche Briefwechsel fortgesetzt, den sie schon in Benrath begonnen hatten« (Studien, S. 269). Schloß Benrath hatte das Ehepaar im Jahre 1881 bezogen. Es war bezüglich der Briefe mithin eine frische »Tat«, auf der Ardenne seine Frau ertappte.
82 I. *Mittenzwei*, Die Sprache als Thema, S. 144.
83 So M.-E. *Gilbert*: Das Gespräch, S. 71; diese Aussage korrigiert I. *Mittenzwei*, ebda, S. 134.
84 Vgl. hierzu abermals die vorzüglichen Beobachtungen I. *Mittenzweis* (ebda, S. 133/4); ferner F. *Martini*: Deutsche Literatur im bürgerlichen Realismus, S. 769.
85 Zur positiven — und neuerdings allzu positiven — Einschätzung vgl. Klaus *Matthias* (Th. F. — Skepsis und Güte, in: Jahrbuch des Freien Deutschen Hochstifts, 1973, S. 409). Eine in ihren positiven Akzenten so kaum zu rechtfertigende Charakteristik findet sich bei J. *Schillemeit*, bes. S. 86. Den richtigen Ton trifft Karl *Richter* mit der Feststellung: »Recht und Fragwürdigkeit stehen sich auf beiden Seiten gegenüber« (Resignation, S. 46).
86 Vgl. zum Selbstgespräch abermals K. *Wölfel*: »Hinzu kommt noch, was der Bemerkung M.-E. Gilberts auch ihre sachliche Stichhaltigkeit nimmt, daß ›der Mensch vor dem Spiegel‹ im kritischen Selbstgespräch [...] eine für Fontane typische Situation‹ ist« (ZfdtPh, Bd. 82, 1963, S. 157); das Zitat im Zitat verweist auf die schon erwähnte Bemerkung F. *Martinis*, Deutsche Lit. S. 777.

87 P. *Wessels* benutzt das beiläufige Zitat aus dem Brief des Majors von Crampas zum Beleg seiner Schicksalsthese, ohne den Kontext zu beachten, auf den es ankäme. Der Zusammenhang von »Schicksal« und Gesellschaft jedenfalls wird nicht erkannt (Dichter und Leser. Studien zur Literatur, hg. von F. v. Ingen. Groningen 1972, S. 167).

88 Arthur *Schnitzler:* Die dramatischen Werke. Frankfurt/Main 1962. Bd. I, S. 219.

89 »Zum Zeitvertreib«, 9. Kap. S. 91.

90 Max *Rychner* hat die dargestellte Leidenschaft bei Stendhal mit dem Begriff der Energie zusammengebracht: »*Energie* ist ein Wort, das zu Stendhal in besonderer Beziehung steht, namentlich Energie in der Form leidenschaftlicher Liebe« (Propyläen Weltgeschichte 1960. VIII, S. 357). Ob man bei Flaubert überhaupt und berechtigterweise von einem Leidenschaftsroman sprechen kann, was »Madame Bovary« angeht, ist aber sehr die Frage; vgl. hierzu J. P. M. *Stern:* Effi Briest, Madame Bovary, Anna Karenina, in: Mod. Lang. Rev. 52 (1957), S. 363/75.

91 Roy *Pascal:* The German Novel. Studies. Manchester 1956, besonders S. 201/2: »Her sin is the outcome not of passion, as with Anna Karenina, but of frivolity, almost nonchalance; and unlike Madame Bovary she is not driven by some desperate craving and finds it easy to return to conventional proprieties. Lack of passion characterises most of Fontane's heroines, and sometimes his incapacity to express feeling is a serious failing.« — Daß Leidenschaft in Fontanes Romanen überhaupt fehle, hatte übrigens schon Adolf *Bartels* um die Jahrhundertwende tadelnd festgestellt: »Man findet alles bei ihm, nur nicht ›Leidenschaft‹ [...]. Dennoch wird zuletzt nicht zu leugnen sein, daß sich die leidenschaftslose Lebensdarstellung [...] aus einem Manco der Dichterpersönlichkeit erklärt«. Es folgt der törichte Satz: »eins fehlt ihm eben, was die besten Modernen auszuzeichnen pflegt, das fortreißende Sozialgefühl [...].« (Die deutsche Dichtung der Gegenwart. Die Alten und die Jungen. 3. Aufl. Leipzig 1900, S. 210.)

92 Max *Rychner:* Vom deutschen Roman. In: Merkur X (1956), S. 1160.

93 Vgl. Fritz *Martini* (Deutsche Literatur. S. 790): »Diese Sentimentalität beeinträchtigt den Rang des Romans.« Auch Curt *Hohoff* macht auf »sentimentale Strecken« aufmerksam. Der gegenwärtige Fontane, in: Merkur Jg. 20, 1966, S. 277; ähnlich K. *Matthias.* S. 411. — Dagegen H. H. *Reuter* in seiner Biographie: »Dennoch sollte man sich bedenken deshalb — mit dem Blick auf den Schlußkapitel — von ›Sentimentalität‹ zu sprechen. Der Dichter hat genau den Ton getroffen, der der Art des allmählichen Verlöschens seiner Heldin entspricht.« (Bd. II, S. 684).

94 Gottfried *Keller:* Sämtliche Werke. Hg. von J. *Fränkel.* Zürich 1926. Bd. XIX, S. 329.

95 Arthur *Schnitzler:* Die Erzählenden Schriften. Frankfurt 1961. Bd. I, S. 175.

96 In seinem so überaus lesenswerten Beitrag, in dem die drei Verfilmungen des Romans miteinander verglichen werden, kommt es Ulrich *Greiner* auf die Bitterkeit Fontanes an, die sich im Hinweis auf die Kreatur bezeuge. Auch in die Überschrift ist das Wort eingegangen, und man ist sich gewiß im klaren: die Rede des alten Briest, das ist weiterhin was, Fontane so oder ähnlich auch gesagt haben könnte. Ich glaube nicht, daß Bitterkeit der angemessene Begriff ist, den vieldeutigen Sinn solchen Redens zu bezeichnen. Es entspricht der »Poetik« Fontanes durchaus, bei so etwas wie Bitterkeit nicht zu verharren. Daß die Mitleidsphilosophie des zeitgenössischen Naturalismus mitspricht, ist unverkennbar — trotz des beneideten »Instinktes«, und schon das Mitleid mit der Kreatur entfernt uns von Bitterkeit. (Fontanes Bitterkeit oder Angstapparat aus Kalkül, FAZ v. 26. X. 74).

97 Zur Vorlage mit Verweis auf die durch die Geheimrätin Brunnemann vermittelte Ehegeschichte des Barons Plessen-Ivenack auf Schloß Ivenack in Strelitz vgl.

den Brief an Rodenberg vom 21. November 1888; die Entschlüsselung dieser Lebensgeschichte als derjenigen des Freiherrn Karl Hans Friedrich von Maltzahn hat Hans-Friedrich *Rosenfeld* in seinen entstehungsgeschichtlichen Untersuchungen mit Spürsinn dargelegt (Zur Entstehung Fontanescher Romane. Groningen/ Den Haag 1926, S. 25 ff.). Die Zusammenhänge sind wie stets mit Umsicht in den Erläuterungen der Ausgabe des Aufbau-Verlages zusammengestellt, für den vorliegenden Roman von Peter *Goldammer.* Vgl. Bd. VI, S. 463 ff.
98 Zur Verlegung der Schauplätze in nicht-märkische Bereiche vgl. das, was Charlotte *Jolles* in ihrer kurzen Charakteristik des Romans »Unwiederbringlich« sagt. (Th. F. Sammlung Metzler. S. 75). Man kann aber auch auf Georg *Lukács* verweisen, der Rückfälle in die Belletristik ausdrücklich solchen Umständen zuschreibt: »Wichtiger ist, daß Fontane auf fremdem Boden die notwendige Verallgemeinerung nicht im konkreten Schicksal seiner Helden verankern kann.« (Deutsche Realisten, S. 294). »Unwiederbringlich« wird ausdrücklich solcher Schwächen geziehen. Fritz *Martini,* der sich mit Fontanes »dänischem« Roman nicht befreunden kann, deutet es an: »der gesellschaftlich-politische Hintergrund blieb mehr illustrativ und anekdotisch« (Deutsche Literatur, S. 783). Auf die »ethnographische Basis« als Basis des Gelingens legt auch Conrad *Wandrey* in seinen Romananalysen größten Wert. Dennoch ist er von dem Vorwurf freizusprechen, er habe »Unwiederbringlich« aus diesem Grunde verkannt und unter die epischen Nebenwerke eingestuft. Die Transponierung des Stoffes wird im Gegenteil als geglückt bezeichnet: »[...] als Umwelt kam es prachtvoll heraus und ist sowohl im Städtischen als im Landschaftlichen fesselnd genug« (Th. F., S. 327). Die konventionellen Urteile, die sich vielfach als Vorurteile erweisen, kehrt Peter *Demetz* ohne Bedenken in ihr Gegenteil um; der Roman ist deshalb gelungen, weil er dem lokalpatriotischen Interesse durch die Distanzierung nach Norddeutschland und Dänemark enthoben ist (Formen des Realismus, S. 165).
99 Vgl. das gerade in diesen Punkten aufschlußreiche Nachwort zu »Unwiederbringlich« von Sven-Aage *Jørgensen,* in: Reclams Universalbibliothek, Nr. 9320/3, bes. S. 290.
100 Vgl. an Rodenberg vom 25. Nov. 1888: »Ich melde mich erst wieder im Januar oder Februar, und zwar mit der Bitte um eine Empfehlung an Prof. Georg Brandes in Kopenhagen...« Hierzu P. *Goldammer* (Ebda, S. 476): »Ein Zeugnis dafür, daß Rodenberg (oder Fontane selbst) mit dem bekannten dänischen Literarhistoriker (1847–1927) in Verbindung getreten ist, gibt es nicht.«
101 Georg *Brandes:* Søren Kierkegaard. En kritisk fremdsilling i Grundrids. Kopenhagen 1877. Deutsch: S. K. Literarisches Charakterbild. Leipzig 1879. – Die Bücher von Carl *Koch* und P. A. *Rosenberg* erschienen beide im Jahre 1898, beide in Kopenhagen. Die »Sturmflut« der Kierkegaard-Literatur vor dem ersten Weltkrieg in Deutschland verzeichnet mit mehreren Titeln Peter P. *Rohde* in der Bibliographie seines Bandes in: Rowohlts Monographien. Reinbek 1959.
102 Hierauf Fontane am 14. April 1891: »Ein süßerer Happen, Biskuit mit Schweizerhonig, ist mir noch nicht in den Mund gesteckt worden.« (Briefe an Julius Rodenberg, hg. von H. H. *Reuter,* S. 45); über Briefe C. F. Meyers und dessen Verbindung zur »Deutschen Rundschau« vgl. ebda, S. 228.
103 Deutsche Literatur im bürgerlichen Realismus, S. 783.
104 Peter *Demetz,* ebda, S. 166. – Ähnlich vor ihm H. F. *Rosenfeld,* der von sicherer Führung der Handlung und einem reifen Kunstwerk spricht (Zur Entstehung... 1926, S. 23). Vgl. auch H. *Nürnberger:* Th. F. Rowohlts Monographien. Reinbek 1968, S. 139. – Ähnlich K. *Wölfel* im Nachwort zu »Effi Briest« (Reclams Universalbibl. Nr. 6961/3a, S. 340): »Was in den bisher vollkommensten Werken, *Irrungen, Wirrungen* oder *Unwiederbringlich,* bereits meisterhaft

Lebensformen des Adels 539

geübt wurde [...].« Vgl. dagegen H. H. *Reuter* (hier vor allem mit Beziehung auf den Schluß des Romans): II, S. 560; er sei in »Unwiederbringlich« am bedauerlichsten ausgefallen.

104 Der Konflikt wird in neueren Beiträgen zu Fontanes Roman allzu sehr in den Charakteren gesucht; vgl. J. P. M. *Stern* (Idylls and Realism. Studies in Nineteenth-Century German. London 1971, S. 190); ferner E. *Sagarra* (Tradition and Revolution. German Literature and Society 1830-1890. London 1971. S. 276), die von einer »incompatibility of temperaments« spricht. Mit Charakterdeutung und »polaren Charakteren« hat es auch der Beitrag von E. R. *McDonald* zu tun: Charakterdarstellung in Theodor Fontanes »Unwiederbringlich«, in: WB XVII/1, 1971, S. 197/205. Aber die Frage nach den Hauptcharakteren ist im Grunde eine irrelevante Frage. C. *Kahrmann* (Idyll im Roman, S. 197) legt darauf Wert, »daß Holk, nicht Christine, die Hauptperson des Romans ist [...]«. Dagegen betont P. *Demetz* (Formen des Realismus, S. 176), daß es nicht auf eine einzelne Figur ankomme.

105 Über Bismarcks Ethos vgl. Otto *Voßler*: Geist und Geschichte. Von der Reformation bis zur Gegenwart. Gesammelte Aufsätze. München 1964, S. 235/61. — Hier auch über Bismarcks protestantische Gesinnung und seine Auffassung vom Staatsdienst als Gottesdienst: ebda, S. 254.

106 Thomas *Mann*: Einführung in den »Zauberberg«, in: Ges. Werke. Frankfurt 1960, Bd. XI, S. 611/2.

107 S.-A. *Jørgensen* im Nachwort der Reclam-Ausgabe, dort S. 299.

108 Vgl. hierzu S.-A. *Jørgensen*, ebda, S. 295: »Er ist weder, wie in der Fontane-Literatur oft angedeutet wird, national unzuverlässig, noch ist er, wie Lukács schreibt, Separatist. Er ist für das Bestehende, für das alte Dänemark [...] d. h. Holk ist für den übernationalen Gesamtstaat, der sich überlebt hat.«

109 Zu Holks Halbheit im Politischen wie im Privaten vgl. C. Kahrmann, S. 144.

110 »Freie Bühne für modernes Leben« vom 2. Dezember 1891; zitiert (in Auszügen) Aufbau-Vlg. hg. von P. Goldammer. Bd. VI, S. 486.

111 An Julius Rodenberg vom 9. Juni 1889 (Briefe an J. R.; S. 36). Vgl. auch die Erläuterungen *Keitels* in VI/909.

112 Das Kapitel lag bereits ausgedruckt vor, als mir der Beitrag von Stefan *Blessin* (Unwiederbringlich — ein historisch politischer Roman?, in: DVjS, 48. Jg. 1974, S. 672/703) bekannt wurde. Die Untersuchung hat ihr Verdienst in der Verdeutlichung des politisch-historischen Hintergrunds. Damit wird die These verbunden, daß die Integration der privaten Ehegeschichte in den politischen Roman nicht gelungen sei. Diese These ist weder neu, noch ist sie überzeugend. In der mangelhaften Symbolisierung wird es zu beweisen gesucht. Es ist aber sehr die Frage, ob hier von einer Symbolik noch gesprochen werden darf; besonders wichtig ist sie Fontane nicht. Daß Privatsphäre und Politik keine getrennten Bereiche sind, wurde am Motiv vom Wandel der Dinge zu zeigen gesucht. Auf diese Zeitstruktur, fast wie später im »Zauberberg«, geht der Vf. des genannten Beitrags nirgends ein.

VIII. Lebensformen des Adels

1 Heinz *Gollwitzer*: Die Standesherren. Die politische und gesellschaftliche Stellung der Mediatisierten 1815–1918. Ein Beitrag zur Sozialgeschichte. Stuttgart 1957, S. 9.

2 Vgl. H. *Gollwitzer*, ebda, S. 10: »Zwar bestreitet theoretisch niemand, daß der Gegenstand der Sozialgeschichte vorwiegend mit dem Problemkreis der ›Sozia-

len Frage‹ in dem eingeschränkten Sinn zu tun hat, der diesem Terminus seit seiner Entstehung anhaftet.«

3 »Der Adel vor der Revolution. Zur sozialen und politischen Funktion des Adels im vorrevolutionären Europa.« Hg. von R. *Vierhaus.* Göttingen 1971: als eine »sehr viel buntscheckigere Gestalt« bezeichnet Günther *Birtsch* den preußisch-deutschen Adel gegenüber der französischen und englischen Adelsgesellschaft, ebda, S. 78.

4 Otto *Brunner:* Adeliges Landleben und europäischer Geist. Leben und Werk Wolf Helmhards von Hohberg 1612-1688. Salzburg 1949, S. 219.

5 Joseph von *Eichendorff:* Werke in zwei Bänden, Leipzig 1941, Bd. II, S. 726.

6 Ebda, S. 729/731.

7 O. *Brunner,* ebda, S. 238.

8 W. H. von *Hohberg* (»Adeliges Landleben«) zitiert nach O. *Brunner,* ebda, S. 57/8.

9 Ebda, S. 196.

10 Vgl. O. *Brunner,* ebda, S. 321, mit Beziehung auf den Grafen Hoyos in Niederösterreich: »In ihm [...] lebt doch noch die echte, altadelige Idee der Schutzpflicht des Herrn für seine Untertanen.«

11 Ebda, S. 46.

12 Wk. II, S. 733.

13 Hans *Rosenberg:* Die Pseudodemokratisierung der Rittergutsbesitzerklasse. Zuerst erschienen in der Festschrift für Hans Herzfeld. Berlin 1958. Wieder abgedruckt in: Moderne deutsche Sozialgeschichte. Hg. von H. U. Wehler. Köln 1968, dort S. 296. Bezüglich der Agrarromantik merkt Vf. in den Fußnoten an: »Das betont mit aller Schärfe auch ein so ausgezeichneter Sachkenner wie Theodor Frhr v. d. Goltz, *Die ländliche Arbeiterklasse und der preußische Staat,* Jena 1893, S. 190 ff.«

14 Apologie des Adels. Gegen den Verfasser der sogenannten Untersuchungen über den Geburtsadel von Hans Albert Freiherrn von S***. Berlin 1807, S. 21; zitiert von H. *Rosenberg,* ebda, S. 289.

15 Apologie des Adels, S. 45/6. – Der Verfasser ist von giftiger Polemik gegenüber dem Bürgertum erfüllt. Völlig selbstverständlich spricht er es aus, daß es nur einen Stand gebe – den Adel. Zur Wahrung seiner Besitzrechte ist es notwendig, daß die Aufklärung in den Dörfern nicht zu sehr einreiße. Hinsichtlich der Analphabeten, die noch immer zahlreich sind, wird ganz munter erklärt: »Und so ists recht!« (ebda, S. 44). Überdies seien die Bürgerlichen ohnehin weggelaufene Leibeigene, weshalb sie bloß zu arbeiten, aber nicht zu regieren verstehen – und so fort.

16 Elard von *Oldenburg-Januschau:* Erinnerungen. Leipzig 1936, S. 44. – Zitiert von H. *Rosenberg,* S. 520/1.

17 Allgemeines Preußisches Landrecht, § 227. Vgl. Kap. VII, Anm. 10.

18 Moritz Graf *Strachwitz:* Sämtliche Lieder und Balladen. Mit einem Lebensbilde des Dichters und Anmerkungen hg. von Hanns Martin *Elster.* Berlin 1912, S. XLIII. Vgl. zum schlesischen Adel Johannes *Ziekursch:* Hundert Jahre schlesische Agrargeschichte, 2. Aufl. Breslau 1927.

19 Aloysius *Biernacki,* in: Annalen des Ackerbaues, hg. von A. *Thaer.* Bd. IV (1808), S. 367; zitiert von H. *Rosenberg,* ebda, S. 520.

20 Ebda, S. 296.

21 Hier und da wirkte die Beamtenschaft im Geiste der Reformen noch eine Zeitlang fort, bis auch ihre Bestrebungen allmählich in »Beamtenherrschaft« übergingen; vgl. Werner *Conze:* Das Spannungsfeld von Staat und Gesellschaft im Vormärz, in: Staat und Gesellschaft im deutschen Vormärz 1815-1848. Hg. von W. *Conze.* Stuttgart 1962, S. 245/6.

22 Zitiert bei H. *Rosenberg*, S. 300, der sich auf das Buch von Gerhard Schilfert bezieht: »Sieg und Niederlage des demokratischen Wahlrechts in der deutschen Revolution 1848/9.« Berlin 1952, S. 70. 23 Ebda, S. 300.
24 Die Pseudodemokratisierung, S. 294; dem Beitrag sind auch die vorausgehenden Feststellungen entnommen.
25 August Wilhelm von *Rehberg*: Ueber den deutschen Adel, Göttingen 1803, S. 258/9.
26 Wk, Bd. II, S. 751/2.
27 Vgl. Wolfgang *Beutin*: Königtum und Adel in den historischen Romanen von Willibald Alexis. Berlin 1966, bes. S. 66 ff.
28 Willibald *Alexis*: Wiener Bilder. Leipzig 1833, S. 411.
29 Von Adelsromantik spricht Fritz *Martiny* in seiner Studie über die Adelsfrage in Preußen; sie sei bis weit ins 19. Jahrhundert hinein zu verfolgen. (Die Adelsfrage in Preußen vor 1806 als politisches und soziales Problem. Erläutert am Beispiel des kurmärkischen Adels. Stuttgart/Berlin 1938).
30 Hierzu Heinz Otto *Burger*: Europäisches Adelsideal und dt. Klassik, in: Dasein heißt eine Rolle spielen. München 1963, S. 211/32.
31 W. H. *Bruford*: Die gesellschaftlichen Grundlagen der Goethezeit. Weimar 1936, S. 326.
32 Wilhelm Meisters Lehrjahre, 5. Buch, 3. Kap. (HA VII, S. 290/1).
33 W. H. *Bruford*; ebda, S. 73.
34 Briefe über die aesthetische Erziehung des Menschen (NA. Bd. XX, S. 359).
35 Historisch-kritische Ausgabe. Hg. von H. *Meyer*, Stuttgart 1967, Bd. III, S. 11.
36 Ludwig *Tieck's* Schriften. 28. Bd. Berlin 1854.
37 Hierzu Werner *Oberle*: Der adelige Mensch in der Dichtung. Basel 1950, S. 76.
38 Sämtl. Werke, hg. von A. Sauer u. a. Prag 1901 ff. Bd. VIII, S. 197.
39 Vgl. F. *Martini*: Deutsche Literatur im bürgerlichen Realismus, S. 12.
40 Vgl. hierzu auch den Abschnitt in O. *Brunners* Darstellung adeligen Landlebens: es handele sich um ein Werk, das nicht als »Abbild einer Wirklichkeit« verstanden werden dürfe (ebda, S. 335).
41 Vgl. Benno von *Wiese*: Karl Immermann. Sein Werk und sein Leben. Bad Homburg 1969, S. 192.
42 Vgl. G. *Birtsch*: Zur sozialen und politischen Rolle, ebda, S. 80/1.
43 J. H. G. *Justi*: Abhandlung von dem Wesen des Adels und dessen Verhältniß gegen die Commerzien, in: J. H. G. *Justi*, Der handelnde Adel, dem der kriegerische Adel entgegengesetzt wird. 1756, S. 251; zitiert bei G. *Birtsch*, S. 80.
44 Werke in sechs Bänden. Hg. von W. *Weischedel*. Bd. IV, S. 450.
45 Ernst Martin von *Schlieffen*: Nachricht von einigen Häusern der von Schlieffen. Cassel 1784, S. 471.
46 Werke Bd. II, S. 726.
47 Ebda, S. 752. — Vgl. Walther *Rehm*: Prinz Rokoko im alten Garten. Eine Eichendorff-Studie. Jetzt in: W. R.: Späte Studien. Bern/München 1964, S. 123/4.
48 Werke, ebda, II, S. 752.
49 Isegrimm. Berlin 1854, S. 383/5.
50 Die Grenzboten 1858, S. 161/72; zitiert: A. Stifter, Sämmtl. Werke, 19. Bd. 2. Aufl. 1929, S. 316.
51 Julian *Schmidt*: Geschichte der Romantik in dem Zeitalter der Reformation und der Revolution. Leipzig 1848, Bd. II, S. 381 f.
52 Adelig und Bürgerlich, in: Ges. Werke. 15. Bd. Leipzig 1910, S. 96/7; die Antithese von arbeitendem Bürger und genießendem Adel ebda, S. 97: »Und so, gnädige Frau, lassen Sie uns das Ende unserer Krisis abwarten, und dann auf anderem Kampfplatz dem glatten Parquet, erproben, ob der arbeitende Bürger oder der genießende Adel geistige Freiheit und sicheres Selbstgefühl in höherem Grade besitzen wird.«

53 Ebda, Bd. IV, S. 402.
54 Vgl. über G. Freytag und die Maßstäbe seiner Zeitkritik den vorzüglich orientierenden Beitrag Walter Bußmanns, in Wandel und Kontinuität. Boppard 1974, S. 135 ff. 55 Sämmtl. Wk. VII, S. 243.
56 Friedrich *Sengle*: Biedermeierzeit, Bd. II, S. 813; ähnlich H. *Schlaffer* in seinem Aufsatz über Fontanes Schicksalsmodell (GRM S. 400): »Für Fontanes Roman ist der Adel so sehr Garant der aesthetisch-formalen Ordnung, wie dieser sich als Garant der politisch-sozialen Ordnung im preußisch-deutschen Staat verstanden hatte.«
57 Die deutsche Literatur des 19. Jahrhunderts, gesellschaftsgeschichtlich gesehen. In: Literatur/Sprache/Gesellschaft, hg. von K. *Rüdinger*. München 1969, S. 85.
58 Joachim *Krueger* in einer Rezension des Buches von Katharina Mommsen, in: Fontane-Blätter, Heft 19 der Gesamtreihe, 1974, S. 224.
59 Eine vorzügliche Übersicht zum Thema, unter Einschluß der Romane, bietet K. *Attwood*: Fontane und das Preußentum, dort über den Adel S. 200–217. In den Anmerkungen (S. 359/60) ist die reichhaltige Literatur zum Thema aufgeführt.
60 Clemens *Brentano*: Werke. München 1965, Bd. III, S. 617.
61 Ebda, Bd. III, S. 532; hierzu der Kommentar, S. 1098: »einerseits eine kunstvoll angefertigte Figur, andererseits eine künstliche, d. h. erfundene, fiktive Gestalt.«
62 C. *Wandrey*: Theodor Fontane, S. 313.
63 F. *Martini*: Deutsche Literatur im bürgerlichen Realismus, S. 745.
64 P. *Demetz*: Formen des Realismus, S. 164.
65 In Übereinstimmung mit I. *Mittenzwei*, S. 64 ff., die sich tapfer für eine Aufwertung dieses verkannten Romans einsetzt – und dies auch zu begründen vermag. Dieser Abschnitt ihres Buches enthält vorzüglich Beobachtungen zur Struktur Fontanescher Romane. Ihrem Thema kommt »Graf Petöfy« auch in besonderer Weise entgegen.
66 Deutsche Literaturzeitung vom 10. Januar 1885, zitiert von G. *Erler*, in: Aufbau-Verlag, Bd. IV, S. 521/2.
67 Magazin für die Literatur des In- und Auslandes vom 14. März 1885, zit. G. *Erler*, ebda, S. 522.
68 Ebda, S. 523.
69 Briefe an seine Familie (vom 15. Juni 1883), dort Bd. I, S. 37; der revidierte Text in der Ausgabe von *Schreinert/Jolles*, Bd. I, S. 200/2.
70 Hierzu Frances *Subiotto*: Aspects of the theatre in Fontane's novels. In: Forum for Mod. Lang. Studies, Jg. VI, 1970, S. 149/68.
71 Hierzu I. *Mittenzwei*: Die Sprache als Thema, S. 70.
72 Vgl. Ausgabe des Aufbau-Verlags, Bd. IV, S. 506.
73 Zitiert nach der Briefausgabe von G. *Erler*, dort Bd. I, S. 66. In der früheren Briefausgabe steht »Karkbeny« statt »Kertbeny«.
74 Ebda, S. 506; über Fontane und Ungarn vgl. den älteren Beitrag von Robert *Gragger*: Ungarische Einflüsse auf Theodor Fontane, in: Ungarische Rundschau für historische und soziale Wissenschaften, hg. von G. *Heinrich*. 1. Jg. 1912, S. 220 ff.
75 Die Wendung von der »Lebensalternative« für verarmte Adelige findet sich im Kommentar der Ausgabe des Aufbau-Verlags, dort Bd. VII, S. 639.
76 Vgl. das Nachwort zur Ausgabe der Theaterkritiken von Karl *Richter* (2/1043).
77 G. *Erler* nennt die Passage mit gutem Grund ein Schlüsselwort; und ein solches ist es in der Tat (Aufbau-Verlag, Bd. VII, S.585).
78 Erläuterungen zu »Mathilde Möhring« mit Verweis auf den Leutnant von Klessentin in »Die Poggenpuhls« (VII, S. 639); vgl. auch S. 582: »Das Theater [. . .] als Lebensalternative junger Adliger [. . .].«

79 Vgl. H.-H. *Reuter*: Die Poggenpuhls. Zu Gehalt und Struktur des Gesellschaftsromans bei Theodor Fontane, in: EG, 1965, S. 354. »Das Schicksal der Poggenpuhls wird dem Dichter zum Gleichnis, das weit über sich selbst hinausweist.«
80 Ebda, S. 356.
81 Vgl. hierzu Diethelm *Brüggemann*: Fontanes Allegorien, in: NRs, 1971, S. 290 ff.; Fortsetzung: ebda, 1971, S. 486 ff. Zum allegorischen Erzählverfahren Thomas Manns ist zu verweisen auf die Arbeit von Gunter *Reiß*: Allegorisierung und moderne Erzählkunst. Eine Studie zum Werk Thomas Manns. München, 1970. – Hierzu der aufschlußreiche Brief Thomas Mann an Hugo von Hofmannsthal vom 25. Juli 1909: »Sie brauchten auch das Wort Allegorie, und dieses Wort ist ja ästhetisch recht sehr in Verruf. Mir scheint trotzdem die poetische Allegorie von großen Maßen eine hohe Form zu sein [...].« (Briefe 1889–1936. Frankfurt, 1961, S. 76).
82 So vor allem in dem Aufsatz von H. *Lübbe* (Fontane und die Gesellschaft); ähnlich H. *Schlaffer* (Fontanes Schicksalsmodell, in: GRM, 1966, S. 392 ff.).
83 Jürgen *Habermas*: Strukturwandel der Öffentlichkeit. Untersuchungen zu einer Kategorie der bürgerlichen Gesellschaft. Neuwied 1965 (4. Aufl.), S. 23/4.
84 Hierzu Frances *Subiotto*: The Function of Letters in Fontane's »Unwiederbringlich«, in: Mod. Lang. Rev. Vol. 65, 1970, S. 306 ff.
85 E. M. *Forster*: Aspects of the Novel. Dt. Ausgabe: Ansichten des Romans. Frankfurt, 1949, S. 34/5.
86 G. *Erler* (Aufbau-Verlag Bd. VIII, S. 424) läßt offen, ob wir es »mit bewußtem oder unbewußtem Anklang« zu tun haben. Die dort anderslautende Wendung ist nicht belegt; hier zitiert nach V/1097.
87 Die Gesellschaftskritik in Wolzogens Roman »Ecce ego – Erst komme ich!« zielt in dieselbe Richtung. Fontane hatte das Buch im Herbst 1895 gelesen und äußerte sich hierüber im Brief vom 3. November, ausführlich am 19. November. Am Schluß heißt es: »Als Roman in seinem letzten Drittel hier und da vielleicht anfechtbar, als berlinisch-priegnitzische Gesellschaftsschilderung aus dem Jahre 1895 wundervoll. Das ganze ist wie der Beleg zu Ihrer Broschüre: Linksum kehrt, schwenkt usw.« – Zur Umsturzvorlage und zu Wolzogens Schrift vgl. H. H. *Reuter*, II, S. 834, der auf dessen spätere höchst unerquickliche Entwicklung aufmerksam macht (»und der zum borniertem Fanatiker gewordene Ernst von Wolzogen ...«, ebda, S. 743).
88 So V/886: »Ten Bröke sprach ihm das aus und vergaß in dem politischen Gespräch einen Teil des Unmutes«; desgl. V/888: »Das politische Gespräch über die Häuptlinge *kommt erst in Kapitel 2* [...]« usw.
89 Zum »Stechlin« als politischem Roman vgl. den Abschnitt in dem Beitrag des Vf. in: Der deutsche Roman, hg. von B. v. Wiese. Düsseldorf 1963, S. 153/62. Ausführlich handelt darüber auch H. H. *Reuter* in dem »Stechlin«-Kapitel seiner Biographie, besonders S. 842 ff.; ferner G. *Erler*, der einen Abschnitt seiner entstehungsgeschichtlichen Erläuterungen so überschreibt: Bd. VIII, S. 423/8. – Auch R. *Minder* hat Fontanes letzten Roman so gewürdigt: »Begnügen wir uns damit, im ›Stechlin‹, der so oft als altersschwach sich verzettelndes Werk beiseite geschoben wurde, einen großen und verschwiegenen politischen Roman zu erkennen« (Dichter in der Gesellschaft. Erfahrungen mit deutscher und französischer Literatur. Frankfurt 1966, S. 152).
90 Der Brief ist vom 25. Dezember 1895; hierzu G. *Erler*, Bd. VIII, S. 444.
91 Abgedruckt in der Zeitschrift »Über Land und Meer«, Bd. I, 1898, S. 381 f. – G. *Erler* hat diese von der Fontaneforschung unbeachtet gebliebene Korrespondenz dankenswerterweise wieder zugänglich gemacht. Vgl. Bd. VIII, S. 455.
92 Ebda, S. 448.
93 Es war Fontanes Absicht gewesen, daß der Fortschrittler Katzenstein aus Gransee die Wahl gewinnen sollte. Als der Dichter erfuhr, daß im Kreis Ruppin-

Templin tatsächlich ein Fortschrittler die Wahl gewonnen hatte und überdies der Sohn des ihm nahestehenden Carl Robert Lessing, Haupteigentümer der »Vossischen Zeitung«, entschloß er sich zur Änderung, um Mißverständnissen vorzubeugen. Der Brief vom 8. Juni 1896 (an C. R. Lessing) gibt darüber Auskunft; vgl. G. *Erler* (Bd. VIII, S. 435/6), der den Vorgang eingehend kommentiert.
94 Zitiert ebda: VIII, S. 437.
95 Hölderlins Anmerkungen zur »Antigonä«, die über solche Umkehr als »Umkehr aller Vorstellungsarten und Formen« handeln, in: Sämtl. Wk. hg. von F. *Beißner*, Stuttgart 1952. V, S. 271.
96 Gerhard A. *Ritter*: Die Arbeiterbewegung im Wilhelminischen Reich. 1959, S. 12.
97 Deutsche Realisten, S. 274.
98 Dies ist der Titel einer in ihren Voraussetzungen, Zielsetzungen und Ergebnissen überholten Dissertation von Hans-Gerhard *Wegner*: Theodor Fontane und der Roman vom märkischen Junker. Berlin, 1938.
99 Zum Zitat vgl. H. *Meyer*: Das Zitat in der Erzählkunst; ferner: W. *Preisendanz*: Humor als dichterische Einbildungskraft. München 1963, S. 231.
100 Über den Roman der Sprache vgl. H. H. *Reuter* II, S. 859. Über Dubslavs Umgang mit der Sprache: I. *Mittenzwei*: Die Sprache als Thema, S. 172 ff. – Zur Skepsis vgl. K. *Matthias*, in: Jahrbuch des Freien dt. Hochstifts, 1973, S. 371; ferner Gustav *Radbruch*: Theodor Fontane oder Skepsis und Glaube. Leipzig 1945.
101 Erich *Behrend*: Th. Fontanes Roman »Der Stechlin«, in: Beiträge zur Literaturwissenschaft 34, Marburg, 1929, S. 64.
102 Die umfassendste Untersuchung dieser Motive verdankt die Fontane-Forschung Renate *Schäfer*. In einer ungewöhnlich ertragreichen Studie verfolgt sie das Melusinen-Motiv in alle Verästelungen des Fontaneschen Romanwerks hinein und ist dabei im Aufspüren bisher kaum wahrgenommener Zusammenhänge überaus erfolgreich. (Fontanes Melusine-Motiv, in: Euph. 1962, S. 69 ff.). Inzwischen sind jüngere Interpreten diesen Motivverflechtungen nachgegangen, indem sie eben diesen Motivbereich auch in ausgeführten Romanen aufzeigten: P. U. *Hohendahl* für »Cécile« und D. *Weber* für »Effi Briest«; vgl. die Bibliographie am Schluß des Buches.
103 Vgl. D. *Weber*: »Effi Briest«, bes. S. 458.
104 Über »Melusine von Cadoudal« vgl. R. *Schäfer*, ebda S. 71; auf das Fragment hat zuerst J. *Petersen* (Euph. 1928, S. 60 ff.) verwiesen. Zum Melusine-Motiv, unter Einschluß der Novelle »Melusine von Cadoudal« vgl. auch G. *Erler*, in: Bd. VIII, S. 420.
105 Vgl. hierüber J. *Petersen* in: Euph. S. 45 ff., mit Erwähnung der Zeitschriften, die darüber berichtet hatten.
106 Ernst von *Wolzogen*: Humor und Naturalismus, in: Freie Bühne, Jg. I, 1890, S. 1244/50.
107 Ähnlich W. *Preisendanz* (Humor als Einbildungskraft, S. 234): »So zeigt schon der Eingang des ‚Stechlin', wie alle diese Gespräche zu Spiegeln einer Totalbestimmung des Menschlichen werden.«

Schluß

1 Daß sich in diesen Worten des Offiziers ein entstelltes Zitat verbergen könnte, wie H. *Nürnberger* und W. *Keitel* annehmen, wäre denkbar; vgl. deren Erläute-

Schluß

rungen dort: »Verballhorntes Zitat, evtl. Schopenhauer, dem Tonfall Serges karikierend angepaßt?« (II/934)

2 So der Titel eines Beitrags von Georg *Lukács*, den dieser 1938 in der Zeitschrift »Das Wort« veröffentlicht hat, dort im 6. Jg. S. 112/38.

3 Hierzu Zdenko *Škreb*, der die Beeinträchtigung des Erkenntniswertes in einem bedenkenswerten Beitrag erörtert und mit Entschiedenheit bestreitet, alle große Kunst hätte realistisch zu sein: »Diese Auffassung mag als affektisch getönter Kampfschrei in einer ideologischen Polemik ihre Berechtigung haben, als Erkenntnisurteil ist sie sinnleer [...]« (Die Bedeutung der Lehre von den zwei Wirklichkeiten in der Literaturwissenschaft, in: Marxistische Literaturkritik, hg. von V. *Žmegač*. Bad Homburg 1970, S. 103).

4 Hierzu die reichhaltige Dokumentation, die Richard *Brinkmann* zusammengestellt und mit einem eigenen Beitrag »Zum Stand der Diskussion« versehen hat: Begriffsbestimmung des literarischen Realismus. Wege der Forschung Bd. CCXII, Darmstadt 1969.

5 Erpreßte Versöhnung, in: Noten zur Literatur II. Frankfurt 1961, S. 152/87; hier zitiert nach: Begriffsbestimmung, S. 197.

6 Vgl. hierzu die damaligen und noch heute lesenswerten Ausführungen Ernst *Blochs*, die am Klassizismus solcher Realismusbegriffe keine Zweifel lassen: »Dauernder Neuklassizismus oder der Glaube, daß alles, was nach Homeros und Goethe hervorgebracht wurde, unrespektabel sei, ist allerdings keine Warte, um die Kunst der vorletzten Avantgarde zu beurteilen und ihr nach dem Rechten zu sehen.« (Diskussionen über Expressionismus, jetzt in: Die Expressionismusdebatte. Materialien zu einer marxistischen Realismuskonzeption, hg. von H.-J. *Schmitt*. Frankfurt 1973, S. 184).

7 Hans *Mayer*: Goethe und Hegel, in der Aufsatzsammlung des Vf: Von Lessing bis Thomas Mann. Wandlungen der bürgerlichen Literatur in Deutschland. Pfullingen 1959, S. 191.

8 Zur Auseinandersetzung Richard *Brinkmanns* mit diesem Begriff ist auf sein Buch »Wirklichkeit und Illusion« zu verweisen (Tübingen 1957. 1. Aufl., S. 68 ff.).

9 Roman *Jakobson*: Über den Realismus in der Kunst, in: Texte der russischen Formalisten, hg. von J. *Striedter*. München 1969. Bd. I, S. 375.

10 Ebda, S. 381.

11 Bertolt *Brecht*: Realistische Kritik, hier zitiert nach B. B.: Über Lyrik. Edition Suhrkamp. Frankfurt 1964, S. 58/9.

12 Clemens *Heselhaus*: Das Realismusproblem, in: Begriffsbestimmung, S. 341.

13 Vgl. hierzu die neueren Arbeiten aus dem Kreis des Prager Strukturalismus: von Karel *Kosík* (Dialektik des Konkreten. Frankfurt 1970, bes. 26 ff.) und von Vladimir *Karbusicki* (Widerspiegelungstheorie und Strukturalismus. München 1973).

14 Über Lyrik, S. 73.

15 Vgl. Helmuth *Widhammer*: Realismus und klassizistische Tradition. Zur Theorie der Literatur in Deutschland 1848–1860. Tübingen 1972, S. 7; ferner Werner *Hahl*: Reflexion und Erzählung. Ein Problem der Romantheorie von der Spätaufklärung bis zum programmatischen Realismus. Stuttgart 1971; hier das Kapitel »Das Objektivitätsideal der realistischen Programms«, S. 200 ff.

16 René *Wellek*: Der Realismusbegriff in der Literaturwissenschaft, in: R. W. Grundbegriffe der Literaturkritik. Stuttgart 1963, S. 172.

17 Wolfgang *Preisendanz*: Humor als dichterische Einbildungskraft. Studien zur Erzählkunst des poetischen Realismus. München 1963, S. 8/9.

18 Vgl. hierzu das Nachwort zur dritten Auflage des Buches »Deutsche Literatur im bürgerlichen Realismus« von Fritz *Martini*. Stuttgart 1974, S. 912 ff.

19 Vgl. zu Bewußtseinswandel, der häufig neue Mittel der Darstellung erforder-

Anmerkungen

lich macht, die aufschlußreichen Bemerkungen bei Bertolt *Brecht: Über Lyrik*, S. 58/9.
20 Vgl. besonders Gerhard *Kaiser:* Um eine Neubegründung des Realismusbegriffs (Begriffsbestimmung, S. 257): »Weil er ein Kunststil ist, möchte ich den Realismus des 19. Jahrhunderts nicht von seiner puren Entsprechung zu den Tendenzen des Subjektivismus, sondern von dessen Ausbalancierung in der Gestaltung her definieren [...].« C. *Heselhaus,* ebda, S. 341: »Mit dem neuen Begriff [...] ist nicht mehr der empirische Realismus des 18. Jahrhundert gemeint [...], sondern ein literarischer Realismus als Stil und Kunstform.«
21 René *Wellek:* Der Realismusbegriff, S. 161/82.
22 Melchior *Meyr:* Die deutsche Kunst in der Münchner Ausstellung, in: Deutsches Museum 9/1 (1859), S. 897 ff., zitiert nach: Realismus und Gründerzeit. Manifeste und Dokumente zur deutschen Literatur. 1848–1880. Bd. 2, hg. von M. *Bucher,* W. *Hahl,* G. *Jäger* und R. *Wittmann.* Stuttgart 1975, S. 47.
23 Der Geist der Natur, in: Grenzboten, 1858/III, S. 338; zitiert bei H. *Widhammer,* Realismus, S. 60.
24 Es handelt sich um einen Brief vom 1. 4. 1838 (F. Th. *Vischer:* Briefwechsel mit Eduard *Mörike,* hg. von R. *Vischer,* 1926), zitiert von H. *Widhammer,* ebda, S. 84.
25 Hierzu Karl *Richter:* Literatur und Naturwissenschaft. Eine Studie zur Lyrik der Aufklärung. München 1972.
26 Vgl. F. *Martini:* Nachwort, S. 929 ff.
27 So bereits bei Richard *Hamann* / Jost *Hermand:* Gründerzeit. Berlin 1965; neuerdings in dem von M. *Bucher* u. a. hg. Band der Manifeste und Dokumente (Anm. 20 dieses Kapitels).
28 Zitiert nach der von R. *Brinkmann* hg. Aufsatzsammlung: Begriffsbestimmung, S. 24.
29 Vgl. die oben unter Anmerkung 15 genannte Arbeit von H. *Widhammer.* Das in der Zielrichtung verwandte Buch von Hermann *Kinder* (Poesie als Synthese. Ausbreitung eines deutschen Realismus-Verständnisses in der Mitte des 19. Jahrhunderts. Frankfurt 1973) erschien nur ein Jahr später.
30 Die Gegenwart. Jg. IX, S. 210 (zitiert von H. *Widhammer,* S. 153).
31 Vgl. Hartmut *Eggert:* Studien zur Wirkungsgeschichte des deutschen historischen Romans 1850–1875. Frankfurt 1971.
32 Hierzu W. *Preisendanz:* Humor als dichterische Einbildungskraft, S. 217; H. *Widhammer:* Realismus, S. 132; Josef *Thanner:* Die Stilistik Theodor Fontanes. Untersuchungen zur Erhellung des Begriffes ›Realismus‹ in der Literatur. Den Haag/Paris 1967, S. 74.
33 Vgl. über Fontanes Verhältnis zum Naturalismus den wichtigen Beitrag von P. *Bange,* in: EG, 1964, S. 142/64.
34 I. *Mittenzwei:* Die Sprache als Thema, S. 129.
35 P. *Demetz:* Formen des Realismus, S. 170.
36 Friedrich *Nietzsche:* Werke in drei Bänden, hg. von K. *Schlechta.* München 1958. Bd. I, S. 988.
37 Ebda, Bd. I, S. 596.
38 Der Wille zur Macht, hier zitiert nach: Kröners Taschenausgabe. Stuttgart 1930, S. 552.
39 Zitiert von H. *Widhammer,* S. 42.
40 Hierzu H. *Widhammer,* S. 57.
41 Karl *Löwith:* Jacob Burckhardt. Der Mensch inmitten der Geschichte, Stuttgart 1966, S. 78 f.
42 H. *Widhammer:* Realismus, S. 6/7.
43 Insofern übereinstimmend mit Hubert *Ohl:* Bild und Wirklichkeit. Studien zur

Schluß

Romankunst Raabes und Fontanes. Heidelberg 1968. Der Kritik Heinz *Schlaffers* an dem bei H. Ohl angeblich überschätzten Raabe folge ich nicht. Im Gegenteil! Vgl. die Besprechung Schlaffers in: ZfdPh 89, 1970, S. 287 ff.
44 Vgl. D. *Brüggemann*: Fontanes Allegorien, in: NRs, 1971.
45 Thomas *Mann*: Gesammelte Werke. Frankfurt 1960, Bd. X, S. 582.
46 Vgl. G. *Erler* im Kommentar seiner Ausgabe (Bd. VIII, S. 426): »Den Rittergutsbesitzer Dubslav von Stechlin dürfte Fontane kaum — wie er sonst zu tun pflegte — ›nach dem Leben gezeichnet‹ haben.«
47 Im Sinne des Buches von Thomas S. *Kuhn*: Die Struktur der wissenschaftlichen Revolutionen, Frankfurt 1967.
48 Eberhard *Lämmert*: Der Dichterfürst, in: Dichtung/Sprache/Gesellschaft, hg. von V. *Lange* und H.-G. *Roloff*. Frankfurt 1971, S. 449.
49 Gesammelte Werke. Bd. II, S. 429.
50 Veröffentlicht in Fontane-Blätter, Bd. 2, H. 2, 1970, S. 78/9.
51 Fritz *Martini*: Wilhelm Raabes »Prinzessin Fisch«. Wirklichkeit und Dichtung im erzählerischen Realismus des 19. Jahrhunderts, in: Begriffsbestimmung, S. 305/6.
52 »Grenzboten« 1854/I, S. 401/5.
53 In einer Besprechung des »Stechlin« als Fernsehspiel, in: Die Zeit vom 4. April 1975.
54 Conrad *Wandrey*, S. 300/1.
55 Vgl. zum Altersstil in Goethes Lyrik den bedenkenswerten Artikel von Erich *Trunz* in: Goethe-Handbuch, hg. von A. *Zastrau*. Stuttgart ²1955. 2. Lfg. Sp. 178/88.
56 Theodor W. *Adorno*: Moments musicaux. Frankfurt 1964, S. 17.
57 Aufzeichnungen zur Literatur, hg. von H.-H. *Reuter*. Berlin/Weimar 1969, S. 172.
58 Klaus Günther *Just*: Von der Gründerzeit bis zur Gegenwart. Die deutsche Literatur der letzten hundert Jahre [. . .]. Bern 1973, S. 30.
59 Gesammelte Werke. Frankfurt 1960. Bd. IX, S. 818.
60 Heinrich *Mann*: Briefe an Karl Lemke und Klaus Pinkus. Hamburg o. J. , S. 175 f.
61 Vgl. zum Künstler-Ich bei Fontane den Abschnitt in J. *Thanners* Buch, dort S. 102 ff.: Die Bedeutung des Psychologischen und das Künstler-Ich.
62 Gottfried *Benn*: Lebensweg eines Intellektuellen, in: Gesammelte Werke, hg. von D. *Wellershoff*. Wiesbaden 1961. Bd. IV, S. 53.
63 Gottfried *Benn*: Ausgewählte Briefe. Wiesbaden 1957, S. 161.
64 Max *Frisch*: Tagebuch 1946–1949. Frankfurt 1958, S. 115.
65 Jan M. *Broekman*: Strukturalismus. Moskau/Prag/Paris. Freiburg 1971, S. 64.
66 Ebda, S. 66.
67 Roland *Barthes*: Literatur oder Geschichte. Frankfurt 1969, S. 23. — Zur Kritik an der Eliminierung des Subjekts vgl. auch Alfred *Schmidts* Gegenposition: Geschichte und Struktur. Fragen einer marxistischen Historik. München 1971.
68 Reinhard *Baumgart*: Was soll Germanistik heute? Vorschläge zu einer Reform, in: Ansichten einer künftigen Germanistik, hg. von J. *Kolbe*. München 1969, S. 14.
69 Hans-Robert *Jauß*: Literaturgeschichte als Provokation. Frankfurt 1970, S. 146.
70 Brief an den Herausgeber des Auswahlbandes »Hundert Gedichte«, in: Über Lyrik, S. 116.
71 Heinrich *Heine*: Briefe, hg. von *Hirth*. Mainz/Berlin 1949/50. Bd. II, S. 278.
72 Ingrid *Mittenzwei*: Theorie und Roman bei Theodor Fontane, in: Deutsche Romantheorien, hg. von R. *Grimm*. Frankfurt 1968, S. 237.
73 *Schillers* Sämtliche Werke. Säkular-Ausgabe, hg. von G. *Kettner*. Stutgart/Berlin

o. J. Bd. VIII, S. 85.
74 Aufzeichnungen zur Literatur, S. 172.
75 *Schillers* Werke. Nationalausgabe, hg. von H. *Meyer.* Bd. XXII. Weimar 1958, S. 106.
76 Bertolt *Brecht:* Stücke VIII. Frankfurt 1962, S. 186.
77 Theodor W. *Adorno:* Marginalien zu Theorie und Praxis, in: Stichworte. Kritische Modelle. Frankfurt 1969, S. 170.
78 Nationalausgabe Bd. XXII, S. 106/7.

Literaturverzeichnis

1. Werke und Briefe Fontanes

Theodor Fontane: Werke, Schriften und Briefe [zuerst: Sämtliche Werke]. Hg. von Walter *Keitel* und Helmuth *Nürnberger*. München 1962 ff. (= Hanser-Ausgabe). Abt. I, Bd. 1–6: Romane, Erzählungen, Gedichte; [Revidierte] 2. Aufl.: Sämtliche Romane, Erzählungen, Gedichte, Nachgelassenes. 1970 ff. [bisher erschienen Bd. 1–4]. Abt. II, Bd. 1–3: Wanderungen durch die Mark Brandenburg. Abt. III, Bd. 1–5: Aufsätze, Kritiken, Erinnerungen [Bisher erschienen Bd. 1, 2, 4].

Theodor Fontane: Der Schleswig-Holsteinsche Krieg im Jahre 1864. Berlin 1866. (Faksimile-Ausgabe. München 1971).

Theodor Fontane: Der deutsche Krieg von 1866. 3 Bde. (Faksimile-Ausgabe. München 1971).

Theodor Fontane: Der Krieg gegen Frankreich 1870–1871. 2 Bde. Berlin 1873–1875. (Faksimile-Ausgabe. München 1971).

Theodor Fontane: Sämtliche Werke. Hg. von Edgar *Gross*, Kurt *Schreinert*, Rainer *Bachmann*, Charlotte *Jolles*, Jutta *Neuendorff-Fürstenau*. München 1959 ff. (= Nymphenburger Ausgabe).

Theodor Fontane: Romane und Erzählungen. 8 Bde. Hg. von Peter *Goldammer*, Gotthard *Erler*, Anita *Golz* und Jürgen *Jahn*. Berlin/Weimar 1969. (= Aufbau-Ausgabe)

Aus dem Nachlaß von Theodor Fontane. Hg. von Josef *Ettlinger*. Berlin ³1908.

Das Fontane-Buch. Beiträge zu seiner Charakteristik. Unveröffentlichtes aus seinem Nachlaß. Das Tagebuch aus seinen letzten Lebensjahren. Hg. von Ernst *Heilborn*. Berlin 1919.

Theodor Fontanes engere Welt. Aus dem Nachlaß. Hg. von Mario *Krammer*. Berlin 1920.

Fontanes erster Berliner Gesellschaftsroman [»Allerlei Glück«]. Hg. von Julius *Petersen*. Berlin 1929 (=Sonderausgabe aus den Sitzungsberichten der preußischen Akademie der Wissenschaften. Phil. hist. Klasse. 1929, Nr. 24, S. 520/562).

Theodor Fontane: Aus meiner Werkstatt. Unbekanntes und Unveröffentlichtes. Hg. von Albrecht *Gaertner*. Berlin 1950.

Theodor Fontane: Schriften zur Literatur. Hg. von Hans-Heinrich *Reuter*. Berlin 1960.

»Wolsey«. Ein unbekanntes episches Fragment von Theodor Fontane. In: Jahrbuch des Freien Deutschen Hochstifts (1965), S. 400/78.

Theodor Fontane: Aufzeichnungen zur Literatur. Ungedrucktes und Unbekanntes. Hg. von Hans-Heinrich *Reuter*. Berlin und Weimar 1969.

Der junge Fontane. Dichtung. Briefe. Publizistik. Hg. von Helmut *Richter*. Berlin und Weimar 1969.

Theodor Fontane: Wanderungen durch Frankreich. Erlebtes 1870–1871. Kriegsgefangen / Aus den Tagen der Okkupation / Briefe. Mit einer Einleitung von Günter *Jäckel*. Berlin 1970.

Dichter über ihre Dichtungen. Bd. 12/1. Theodor Fontane. Hg. von Richard *Brinkmann* in Zusammenarbeit mit Waltraud *Wiethölter*. 2 Bde. München 1973.

Theodor Fontanes Briefe an seine Familie. Hg. von K. E. O. *Fritsch*. 2 Bde. Berlin 1905. (= Ges. Werke, Serie 2, Bd. 6/7).

Briefe Theodor Fontanes. Zweite Sammlung. Hg. von Otto *Pniower* und Paul *Schlenther.* 2 Bde. Berlin 1910.
Theodor Fontanes Briefwechsel mit Wilhelm Wolfsohn. Hg. von Wilhelm *Wolters.* Berlin 1910.
Theodor Fontane an Paul Lindau. Hg. von Paul Alfred *Merbach.* In: Deutsche Rundschau Jg. 53/210 (1927), S. 239/246; Jg. 53/211, S. 56/64.
Der Briefwechsel von Theodor Fontane und Paul Heyse 1850–1897. Hg. von Erich *Petzet.* Berlin 1929.
Neunundzwanzig bisher ungedruckte Briefe und Handschriften von Theodor Fontane. Hg. und mit Anmerkungen versehen von Richard von *Kehler.* Berlin 1936.
Heiteres Darüberstehen. Familienbriefe. Neue Folge. Hg. von Friedrich Fontane. Mit einer Einführung von Hanns Martin *Elster.* Berlin 1937.
Theodor Fontane und Bernhard von Lepel. Ein Freundschafts-Briefwechsel. Hg. von Julius *Petersen.* 2 Bde. München 1940.
Briefe an die Freunde. Letzte Auslese. Hg. von Friedrich *Fontane* und Hermann *Fricke.* 2 Bde. Berlin 1943.
Storm-Fontane. Briefe der Dichter und Erinnerungen von Theodor Fontane. Hg. von Erich *Gülzow.* Reinbek bei Hamburg 1948.
Theodor Fontane: Briefe an Friedrich Paulsen. Bern 1949.
Theodor Fontane: Briefe an Georg Friedlaender. Hg. und erläutert von Kurt *Schreinert.* Heidelberg 1954.
Aus Briefen Fontanes an Maximilian Harden. Bisher ungedruckte Briefe aus dem Nachlaß der Tochter Maximilian Hardens. Mitgeteilt von Hans *Pflug.* In: Merkur. Jg. 10 (1956), S. 1091/8.
Briefe Theodor Fontanes an Friedrich Wilhelm Holtze. Mitgeteilt von Jutta *Neuendorff-Fürstenau.* In: Jahrbuch der deutschen Schillergesellschaft IV (1960), S. 358/76.
Allerlei Ungedrucktes über und von Theodor Fontane. Mitgeteilt von Kurt *Schreinert.* In: Jahrbuch der deutschen Schillergesellschaft IV (1960), S. 377/99.
Theodor Fontane und München. Briefe und Berichte. Hg. von Werner *Pleister.* München 1962.
Theodor Fontane: Briefe. Eine Auswahl. Hg. von Christfried *Coler.* 2 Bde. Berlin 1963.
Fontanes Briefe in zwei Bänden. Hg. von Gotthard *Erler.* Berlin und Weimar 1968.
Theodor Fontane: Briefe. 4 Bde. Hg. von Kurt *Schreinert* und Charlotte *Jolles.* Berlin 1968/71.
Bd. 1: An den Vater, die Mutter und die Frau;
Bd. 2: An die Tochter und an die Schwester;
Bd. 3: An Mathilde von Rohr;
Bd. 4: An Karl und Emilie Zöllner und andere Freunde.
Theodor Fontane: Briefe an Hermann Kletke. Hg. von Helmuth *Nürnberger.* München 1969.
Theodor Fontane: Briefe an Julius Rodenberg. Eine Dokumentation. Hg. von Hans-Heinrich *Reuter.* Berlin und Weimar 1969.
Der Briefwechsel zwischen Theodor Fontane und Paul Heyse. Hg. von Gotthard *Erler.* Berlin und Weimar 1972.
Theodor Fontane: Briefe an Wilhelm und Hans Hertz 1859–1898. Hg. von Kurt *Schreinert* und Gerhard *Hay.* Stuttgart 1972.

2. Fontane-Literatur

Aegerter, Emil: Theodor Fontane und der französische Naturalismus. Heidelberg 1922.

Literaturverzeichnis

Aschaffenburg, Hans: Der Kritiker Theodor Fontane. Ein Beitrag zur Frage des kritischen Wesens und Wirkens. Diss. Köln 1930.
Attwood, Kenneth: Fontane und das Preußentum. Berlin 1970.
Aust, Hugo: »Anstößige Versöhnung?« Zum Begriff der Versöhnung in Fontanes »Frau Jenny Treibel«. In: ZfdPh 92 (1973), Sonderheft, S. 101/26.
Bachmann, Rainer: Theodor Fontane und die deutschen Naturalisten. Diss. München 1968.
Bange, Pierre: Fontane et le naturalisme. Une critique inédite des Rougon-Macquart. In: Études Germaniques XIX (1964), S. 142/64.
Bange, Pierre: Humor und Ironie in »Effi Briest«. In: Fontanes Realismus. Berlin 1972, S. 143/8.
Bange, Pierre: Ironie et dialogisme dans les romans de Theodor Fontane. Grenoble 1974.
Barlow, Derrick: Fontane's English Journeys. In: German Life and Letters VI (1953), S. 169/77.
Barlow, Derrick: Fontane and the Aristocracy. In: German Life and Letters. VIII (1954/5), S. 182/91.
Barlow, Derrick: Symbolism in Fontane's Der Stechlin. In: German Life and Letters XII (1958/9), S. 282/6.
Behrend, Erich: Theodor Fontanes Roman »Der Stechlin«. Marburg 1929.
Behrend, Fritz: Theodor Fontane und die »Neue Aera«. In: Archiv für Politik und Geschichte. Jg. 2, Bd. 3 (1924), S. 475/97.
Berend, Eduard: Die historische Grundlage von Theodor Fontanes Erzählung »Schach von Wuthenow«. In: Deutsche Rundschau 50 (1924), S. 168/82.
Blessin, Stephan: »Unwiederbringlich« – ein historisch-politischer Roman? Bemerkungen zu Fontanes Symbolkunst. In: DVjS 48. Jg. (1974), S. 672/703.
Böckmann, Paul: Der Zeitroman Fontanes. In: DU XI (1959), S. 59/81.
Böckmann, Paul: Theodor Storm und Fontane. Ein Beitrag zur Funktion der Erinnerung in Storms Erzählkunst. In: Schriften der Theodor-Storm-Gesellschaft 17 (1968), S. 85/93.
Bonwit, Marianne: »Effi Briest« und ihre Vorgängerinnen Emma Bovary und Nora Helmer. In: Monatshefte (Wisconsin). Jg. XL (1948), S. 445/56.
Boßhart, Adelheid: Theodor Fontanes historische Romane. Diss. Zürich 1957. Winterthur 1957.
Brinkmann, Richard: Theodor Fontane. Über die Verbindlichkeit des Unverbindlichen. München 1967.
Brüggemann, Diethelm: Fontanes Allegorien. In: NRs 82 (1971), S. 290/310; 486/505.
Buscher, Heide: Die Funktion der Nebenfiguren in Fontanes Roman unter besonderer Berücksichtigung von »Vor dem Sturm« und »Der Stechlin«. Diss. Bonn 1969.
Croner, Else: Fontanes Frauengestalten. Berlin 1906.
David, Claude: Theodor Fontane ou la crise du réalisme. In: Critique. Révue Générale des Publications Françaises et Ertrangères. Jg. XI (1957), S. 1001/28.
Demetz, Peter: Über Fontanes Realismus. In: Orbis Litterarum. Bd. XV (1961), S. 34/47.
Demetz, Peter: Formen des Realismus: Theodor Fontane. Kritische Untersuchungen München 1964.
Erler, Gotthard: »Mathilde Möhring«. In: Fontanes Realismus. Berlin 1972, S. 149/56.
Ernst, Joachim: Gesetz und Schuld im Werk Fontanes. In: Zeitschrift für Religions- und Geistesgeschichte. Bd. III (1953), S. 220/9.
Faucher, Eugène: Le language chiffré dans »Irrungen, Wirrungen« de Fontane. In: Études Germaniques. (1969) XXIV, S. 210/22.

Fricke, Hermann: Emilie Fontane. Mit unveröffentlichten Gedichten und Briefen von Theodor und Emilie Fontane. Berlin 1937.
Fricke, Hermann: Fontanes Historik. In: Jahrbuch für brandenburgische Landesgeschichte 5 (1954), S. 13/22.
Friedrich, Gerhard: Die Frage nach dem Glück in Fontanes »Irrungen, Wirrungen«. In: DU XI (1959), S. 76/87.
Friedrich, Gerhard: Das Glück der Melanie van der Straaten. Zur Interpretation von Th. Fontanes »L'Adultera«. In: Jahrbuch der deutschen Schillergesellschaft XII (1968), S. 359/82.
Friedrich, Gerhard: Die Schuldfrage in Fontanes »Cécile«. In: Jahrbuch der deutschen Schillergesellschaft XIV (1970), S. 520/45.
Friedrich, Gerhard: Die Witwe Pittelkow. In: Fontane-Blätter. Bd. 3 (1974), S. 109/24.
Fürstenau, Jutta: Fontane und die märkische Heimat. Berlin 1941 (= Germanische Studien, H. 232).
Geffcken, Hanna: Ästhetische Probleme bei Th. Fontane und im Naturalismus. In: GRM VIII (1920), S. 345/53.
Geffcken, Hanna: »Effi Briest« und »Madame Bovary«. In: Das lit. Echo. Jg. XXII (1921), S. 523/7.
Gerhardt, Dietrich: Slavische Irrungen und Wirrungen. In: Die Welt der Slaven XV (1970), S. 321/34.
Gilbert, Mary-Enole: Das Gespräch in Fontanes Gesellschaftsromanen. Leipzig 1930 (= Palaestra 174).
Gilbert, Mary-Enole: Fontanes »Effi Briest«. In: DU XI (1959), S. 63/75.
Gilbert, Mary-Enole: Weddings and funerals. In: Deutung und Bedeutung. Studies in German ... presented to K.-W. Maurer. The Hague, 1973, S. 192/209.
Goldammer, Peter: Storms Werk und Persönlichkeit im Urteil Th. Fontanes. In: Fontane-Blätter. Bd. 1 (1968), S. 247/64.
Gragger, Robert: Ungarische Einflüsse auf Theodor Fontane. In: Ungarische Rundschau für historische und soziale Wissenschaften. Hg. von H. Heinrich. I (1912), S. 220/4.
Grappin, Pierre: Theodor Fontane et la révolution de 1848. In: Études Germaniques XIII (1958), S. 18/31.
Greiner, Ulrich: Fontanes Bitterkeit oder Angstapparat aus Kalkül. In: FAZ, 26. 10. 1974.
Greter, Heinz Eugen: Fontanes Poetik. Bern/Frankfurt 1973.
Günther, Vincent Joachim: Das Symbol im erzählerischen Werk Fontanes. Bonn 1967.
Hahn, Anselm: Theodor Fontanes »Wanderungen durch die Mark Brandenburg« und ihre Bedeutung für das Romanwerk des Dichters. Diss. Breslau 1935.
Hayens, Kenneth: Theodor Fontane. A Critical Study. London 1920.
Herding, Gertrud: Die neuere Fontane-Literatur. Zu den geistesgeschichtlichen Grundlagen des Fontanebildes. In: Universitas IV (1949), S. 285/90.
Herrmann, Helene: Theodor Fontanes »Effi Briest«. In: Die Frau. (1912), S. 543/54; 610/25; 677/94.
Hildebrandt, Bruno: Fontanes Altersstil in seinem Roman »Der Stechlin«. In: German Quartely. Bd. 38 (1965), S. 139/56.
Hildebrandt, Bruno: Mensch und Raum im Roman. Studien zu Keller, Stifter, Fontane. München 1971.
Höfele, Karl-Heinrich: Theodor Fontanes Kritik am Bismarckreich. In: Geschichte in Wissenschaft und Unterricht 14 (1963), S. 337/42.
Hoffmeister, Werner: Theodor Fontanes »Mathilde Möhring«. In: ZfdPh 92 (1973), Sonderheft, S. 126/49.

Hofmiller, Josef: »Stechlin«-Probleme. In: Deutsche Beiträge II (1948), S. 462/7. Wieder abgedruckt in J. H.: Die Bücher und wir. München 1950, S. 65/75.
Hohendahl, Peter Uwe: Theodor Fontane: Cécile. Zum Problem der Mehrdeutigkeit. In: GRM XVIII (1968), S. 381/405.
Hohoff, Curt: Der gegenwärtige Fontane. In: Merkur XX (1966), S. 274/80.
Howald, Ernst: Fontanes »Wanderungen durch die Mark Brandenburg«. In: E. H.: Deutsch-Französisches Mosaik. Stuttgart 1962, S. 269/89.
Ihlenfeld, Kurt: Fontanes Umgang mit Bismarck. In: Neue deutsche Hefte 20 (1973), S. 15/49.
Jäckel, Günter: Fontane und der Deutsch-Französische Krieg 1870/71. In: Fontane-Blätter, Bd. 2. (1970), S. 93/115.
Jørgensen, Sven-Aage: Nachwort zu Th. Fontane: Unwiederbringlich. Stuttgart 1971, S. 287/309 (= Reclam UB 9320/3).
Jolles, Charlotte: Fontane und die Politik. Ein Beitrag zur Wesensbestimmung Theodor Fontanes. Bernburg 1936.
Jolles, Charlotte: Theodor Fontane und die Ära Manteuffel. Ein Jahrzehnt im Dienste der preußischen Regierung. In: Forschungen zur brandenburgischen und preußischen Geschichte 49 (1937), S. 57/114; 50 (1938), S. 60/85.
Jolles, Charlotte: Theodor Fontane and England. A Critical study in Anglo-German Literary Relations in the Nineteenth Century. M. A. Thesis. London 1947 (Masch. Ms.).
Jolles, Charlotte: Fontanes Mitarbeit an der Dresdner Zeitung. In: Jahrbuch der deutschen Schillergesellschaft V (1961), S. 345/75.
Jolles, Charlotte: »Gideon ist besser als Botho.« Zur Struktur des Erzählschlusses bei Fontane. In: Festschrift für Werner Neuse. Berlin 1967, S. 76 ff.
Jolles, Charlotte: Fontanes Studien über England. In: Fontanes Realismus. Berlin 1972. S. 95/104.
Jolles, Charlotte: Theodor Fontane. Stuttgart 1972 (= Sammlung Metzler 114).
Jürgensen, Wilhelm: Theodor Fontane im Wandel seiner politischen Anschauungen. In: Deutsche Rundschau 84 (1958), S. 561/9.
Kafitz, Dieter: Die Kritik am Bildungsbürgertum in Fontanes Roman »Frau Jenny Treibel«. In: ZfdPh 92 (1973), Sonderheft, S. 74/101.
Kahrmann, Cordula: Idyll im Roman: Theodor Fontane. München 1972.
Killy, Walther: Abschied vom Jahrhundert. Fontane: »Irrungen, Wirrungen«. In: W. K.: Wirklichkeit und Kunstcharakter. München 1963, S. 193/211; 232/3.
Knorr, Herbert: Theodor Fontane und England. Diss. Göttingen 1961 (Masch. Ms.).
Kohler, Ernst: Die Balladendichtung im Berliner »Tunnel über der Spree«. Berlin 1940 (= Germanistische Studien, H. 223).
Kohn-Bramstedt, Elisabeth: Marriage and Mesalliance in Thackeray and Fontane. In: German Life and Letters III (1938/39), S. 285/97.
Krammer, Mario: Theodor Fontane. Berlin 1922.
Kricker, Gottfried: Theodor Fontane. Von seiner Art und epischen Technik. Berlin 1912 (= Bonner Forschungen. NF Bd. 4).
Kuczynski, Jürgen: Fontanes »Schach von Wuthenow« und die Wandlung der deutschen Gesellschaft um die Wende der 70er Jahre. In: J. K.: Studien über schöne Literatur und politische Ökonomie. Berlin 1954, S. 84/96.
Lange, Hans I. M.: Georg Heinrich von Berenhorst und Dietrich Heinrich von Bülow — Paralipomena zu Fontanes »Schach von Wuthenow«. In: Fontane-Blätter. Bd. 2 (1971), S. 252/9.
Lazarowicz, Klaus: Moral- und Gesellschaftskritik in Theodor Fontanes erzählerischem Werk. In: Unterscheidung und Bewahrung. Festschrift für Hermann Kunisch. Berlin 1961, S. 218/31.
Lübbe, Hermann: Fontane und die Gesellschaft. In: Festgabe für Benno von Wiese.

Bonn 1963. S. 229/73. Jetzt in: Theodor Fontane. Hg. von Wolfgang Preisendanz. Wege der Forschung. Bd. CCCLXXXI. Darmstadt 1973, S. 354/400.
Lukács, Georg: Der alte Fontane. In: G. L.: Deutsche Realisten des 19. Jahrhunderts. Berlin 1952, S. 262/307.
Lypp, Maria: Nachwort zu »Mathilde Möhring«. Stuttgart 1973, S. 131/41 (= Reclams Universal-Bibl. 9487/8).
Mann, Thomas: Der alte Fontane. Gesammelte Werke. Bd. IX. Frankfurt 1960, S. 9/34.
Martini, Fritz: Theodor Fontane. Die Brück' am Tay. In: Wege zum Gedicht. II. Interpretation von Balladen. Hg. von R. Hirschenauer und A. Weber. München und Zürich 1963, S. 377/92.
Martini, Fritz: Deutsche Literatur im bürgerlichen Realismus 1848–1898 Stuttgart 1962. ³1974, S. 737/800 (= Epochen d. dt. Lit. 5,2).
Matthias, Klaus: Theodor Fontane – Skepsis und Güte. In: Jahrbuch des Freien Deutschen Hochstifts (1973), S. 371/439.
McDonald, Edward R.: Charakterdarstellung in Theodor Fontanes »Unwiederbringlich«. In: Weimarer Beiträge XVII (1971), S. 197/205.
Mětšk, Frido: Theodor Fontane und die Sorben. In: Fontanes Realismus. Berlin 1972, S. 183/90.
Meyer, Herman: Theodor Fontane »L'Adultera« und »Der Stechlin«. In: H. M.: Das Zitat in der Erzählkunst. Stuttgart 1961, S. 155/85.
Minder, Robert: Über eine Randfigur bei Fontane. In: R. M.: Dichter in der Gesellschaft. Erfahrungen mit deutscher und französischer Literatur. Frankfurt 1966, S. 140/54.
Mittenzwei, Ingrid: Theorie und Roman bei Theodor Fontane. In: Deutsche Romantheorien. Hg. von Reinhold Grimm. Frankfurt 1968, S. 233/50.
Mittenzwei, Ingrid: Die Sprache als Thema. Untersuchungen zu Fontanes Gesellschaftsromanen. Bad Homburg v. d. H. 1970 (= Frankfurter Beiträge zur Germ. 12).
Moltmann-Wendel, Elisabeth: Hoffnung – jenseits von Glaube und Skepsis. Theodor Fontane und die bürgerliche Welt. München 1964.
Mommsen, Katharina: Theodor Fontanes »Freies Darüberstehen«. In: Dichter und Leser. Studien zur Literatur. Hg. von Ferdinand van Ingen (u. a.). Groningen 1972, S. 89/93.
Mommsen, Katharina: Gesellschaftskritik bei Fontane und Thomas Mann. Heidelberg 1973.
Monecke, Wolfgang: Der historische Roman und Theodor Fontane. In: Festgabe für Ulrich Pretzel. Berlin 1963, S. 278/88.
Müller-Seidel, Walter: Fontane, »Der Stechlin«. In: Der deutsche Roman vom Barock bis zur Gegenwart. Struktur und Geschichte. Hg. von Benno von Wiese. Bd. 2. Düsseldorf 1963, S. 146/89; 430/4.
Müller-Seidel, Walter: Der Fall des Schach von Wuthenow. In: Theodor Fontanes Werk in unserer Zeit. Potsdam 1966, S. 53/66.
Müller-Seidel, Walter: Fontane und Bismarck. In: Nationalismus in Germanistik und Dichtung. Hg. von Benno von Wiese und Rudolf Henß. Berlin 1967, S. 170/201.
Müller-Seidel: Fontanes »Effi Briest«. Zur Tradition des Eheromans. In: Wissenschaft als Dialog. Stuttgart 1969, S. 30/58.
Müller-Seidel, Walter: Fontanes Autobiographik. In: Jahrbuch der deutschen Schillergesellschaft XIII (1969), S. 397/418.
Müller-Seidel, Walter: Besitz und Bildung. Über Fontanes Roman »Frau Jenny Treibel«. In: Fontanes Realismus. Berlin 1972, S. 129/42.

Nürnberger, Helmuth: Der frühe Fontane. Politik — Poesie — Geschichte. 1840–1860. Hamburg 1967.
Nürnberger, Helmuth: Theodor Fontane in Selbstzeugnissen und Bilddokumenten. Reinbek bei Hamburg 1968 (= rowohlts monographien 145).
Oelschläger, Hans: Theodor Fontane. Sein Weg zum Berliner Gesellschaftsroman. Diss. Marburg 1954 (Masch. Ms.).
Ohl, Hubert: Bild und Wirklichkeit. Studien zur Romankunst Raabes und Fontanes. Heidelberg 1968.
Osiander, Renate: Der Realismus in den Zeitromanen Theodor Fontanes. Eine vergleichende Gegenüberstellung mit dem französischen Zeitroman. Diss. Göttingen 1952 (Masch. Ms.).
Park, Rosemary: Theodor Fontane's Unheroic Heroes. In: Germ. Rev. XIV/XV (1939/40), S. 32/44.
Pascal, Roy: The German novel. Studies. Manchester 1956, S. 178/214.
Peters, Konrad: Theodor Fontane und der Roman des 19. Jahrhunderts. Emsdetten 1932 [Diss. Münster].
Petersen, Julius: Fontanes Altersroman. In: Euphorion 29 (1928) S. 1/74
Pniower, Otto: Zu Theodor Fontane. Grete Minde. Irrungen, Wirrungen. Fritz Kratzfuß. In: Dichtungen und Dichter. Berlin 1912, S. 286/350
Preisendanz, Wolfgang: Humor als dichterische Einbildungskraft. Studien zur Erzählkunst des poetischen Realismus. München 1963, S. 214/70.
Radbruch, Gustav: Theodor Fontane oder Skepsis und Glaube. 2. Aufl. Leipzig 1948.
Reuter, Hans-Heinrich: Die Poggenpuhls. Zu Gehalt und Struktur des Gesellschaftsromans bei Theodor Fontane. In: Études Germaniques Bd. XX (1965), S. 346/59.
Reuter, Hans-Heinrich: Entwurf eines kritischen Überblicks über den Stand und die Perspektiven der gegenwärtigen Fontane-Forschung anläßlich des Fontane-Symposions in Potsdam. In: Weimarer Beiträge XII (1966), S. 674/99.
Reuter, Hans-Heinrich: Grundpositionen der »historischen« Autobiographie Theodor Fontanes. In: Theodor Fontane in unserer Zeit. Potsdam 1966, S. 14/36.
Reuter, Hans-Heinrich: »Die Weihe der Kraft.« Ein Dialog zwischen Goethe und Zelter und seine Wiederaufnahme bei Fontane. In: Studien zur Goethezeit. Festschrift für Lieselotte Blumenthal. Weimar 1968, S. 357/75.
Reuter, Hans-Heinrich: Fontane. 2 Bde. Berlin 1968.
Reuter, Hans-Heinrich: Fontanes Realismus. In: Fontanes Realismus. Wissenschaftliche Konferenz zum 150. Geburtstag Theodor Fontanes in Potsdam. Berlin 1972, S. 25/64.
Richter, Karl: Resignation. Eine Studie zum Werk Theodor Fontanes. München 1966 (= Studien zur Poetik und Geschichte der Literatur 1).
Ritscher, Helga: Die Entwicklung der politischen Anschauungen Th. Fontanes. Diss. Göttingen 1951 (Masch. Ms.).
Roch, Herbert: Fontane, Berlin und das 19. Jahrhundert. Berlin 1962.
Rosenfeld, Hans-Friedrich: Zur Entstehung Fontanescher Romane. Groningen/Den Haag 1926.
Rost, Wolfgang: Örtlichkeit und Schauplatz in Fontanes Werken. Berlin/Leipzig 1931.
Rychner, Max: »Effi Briest«. In: M. R.: Welt im Wort. Zürich 1949, S. 249/66.
Rychner, Max: Fontanes »Stechlin«. In: Neue Schweizer Rundschau. NF XVI (1948/49), S. 168/78.
Rychner, Max: Fontanes »Unwiederbringlich«. In: Neue Schweizer Rundschau. Nf XIX (1966), S. 237/50.
Sagarra, Eda: Two Novelists of the Empire: Fontane and Raabe. In: E. S.: Tradition and Revolution. German Literature and Society 1830–1890. London 1971, S. 224/50.

Sagave, Pierre-Paul: Recherches sur le Roman social en Allemagne. Aix-en-Provence 1960, S. 67/86.
Sagave, Pierre-Paul: Theodor Fontane, Schach von Wuthenow. Text und Dokumentation. Frankfurt/Main, Berlin 1966. (= Ullstein-Taschenbücher »Dichtung und Wirklichkeit«).
Sagave, Pierre-Paul: »Schach von Wuthenow« als politischer Roman. In: Fontanes Realismus. Berlin 1972, S. 87/94
Sasse, Hans-Christopher: Theodor Fontane. An Introduction to the Novels and Novellen. Oxford 1968.
Schäfer, Renate: Fontanes Melusine-Motiv. In: Euphorion 56 (1962), S. 69/104.
Schillemeit, Jost: Theodor Fontane. Geist und Kunst seines Alterswerkes. Zürich 1961.
Schlaffer, Heinz: Das Schicksalsmodell in Fontanes Romanwerk. In: GRM NF XVI (1966), S. 392/409.
Schmidt-Brümmer, Horst: Formen des perspektivischen Erzählens: Fontanes »Irrungen, Wirrungen«. München 1971.
Schrader, Ingeborg: Das Geschichtsbild Fontanes und seine Bedeutung für die Maßstäbe der Zeitkritik in den Romanen. Limburg 1950.
Schreinert, Kurt: Allerlei Ungedrucktes über und von Theodor Fontane. In: Jahrbuch der deutschen Schillergesellschaft IV (1960), S. 377/99.
Schultze, Christa: Theodor Fontane und die russische Literatur. In: Fontane-Blätter. Bd. 1 (1965), S. 40/51
Schultze, Christa: Fontane und Wolfsohn. Unbekannte Materialien. In: Fontane-Blätter. Bd. 2 (1970), S. 151/71.
Schultze, Christa: Fontanes »Herwegh-Klub« und die studentische Progreßbewegung 1841/2 in Leipzig. In: Fontane-Blätter. Bd. 2 (1971) S. 327/39.
Schulz, Eberhard Wilhelm: Wort und Zeit. Aufsätze und Vorträge zur Literaturgeschichte. Neumünster 1968, S. 60/83.
Seiffert, Hans Werner (unter Mitarbeit von Christel Laufer): Fontanes »Effi Briest« und Spielhagens »Zum Zeitvertreib«. Zeugnisse und Materialien. In: Studien zur neueren deutschen Literatur. Hg. von H. W. Seiffert. Berlin 1964, S. 255/300.
Seiffert, Hans Werner: Zu Fontanes »Effi Briest«. In: Theodor Fontanes Werk in unserer Zeit. Potsdam 1966, S. 81/94.
Shears, Lambert Armour: The Influence of Walter Scott on the Novels of Theodor Fontane. New York. 1922.
Sieper, Clara: Der historische Roman und die historische Novelle bei Raabe und Fontane. Berlin 1930.
Sommer, Dietrich: Prädestination und soziale Determination in Fontanes Romanen. In: Theodor Fontanes Werk in unserer Zeit. Potsdam 1966, S. 37/52.
Sommer, Dietrich: Probleme der Typisierung im Spätwerk Theodor Fontanes (»Der Stechlin«). In: Fontanes Realismus. Berlin 1972, S. 105/20.
Spiero, Heinrich: Fontane. Wittenberg 1928. (=Geisteshelden Bd. 75).
Spremberg, Heinrich: Fontanes »Unterm Birnbaum«. Nach mündlicher Überlieferung und handschriftlichen Aufzeichnungen. In: Brandenburgische Zs. für Heimatkunde und Heimatpflege 6 (1928), H. 2, S. 26/7.
Stamm, Israel S.: Goethe – Nietzsche – Fontane. In: Germ. Review XIII (1938), S. 252/58.
Stern, Josef Peter M.: Effi Briest, Madame Bovary, Anna Karenina. In: MLR (1957), S. 363/75.
Stern, Josef Peter M.: Theodor Fontane. The Realism of Assessment. In: J.P.M.S.: Idylls and Realities. Studies in Nineteenth-Century German Literature. London 1971, S. 163/78.

Strech, Heiko: Theodor Fontane: Die Synthese von Alt und Neu. »Der Stechlin« als Summe des Gesamtwerks. Berlin 1970 (= Philol. Studien und Quellen. 54).

Subiotto, Frances M.: The function of letters in Fontanes »Unwiederbringlich«. In: Mod. Lang Review 65 (1970), S. 306/18.

Subiotto, Frances M.: Aspects of the theatre in Fontane's novels. In: Forum for Mod. Lang. Studies VI (1970), S. 149/68.

Thanner, Josef Sigmund Maria: Symbol and Function of the Symbol in Theodor Fontane's »Effi Briest«. In: Monatshefte (Wisconsin). 57. Bd. (1965), S. 187/92.

Thanner, Josef Sigmund Maria: Die Stilistik Theodor Fontanes. Untersuchungen zur Erhellung des Begriffes ‚Realismus' in der Literatur. Den Haag/Paris 1967.

Thomas, Lionel: Fontanes »Unterm Birnbaum«. In: German Life and Letters. Jg. XXIII (1970), S. 193/205.

Thomas, Lionel: Theodor Fontane und Willibald Alexis. In: Fontane-Blätter. Bd. 2 (1972), S. 425/435.

Turk, Horst: Realismus in Fontanes Gesellschaftsroman. Zur Romantheorie und zur epischen Integration. In: Jahrbuch der Wittheit zu Bremen. Bd. XI (1965), S. 407/56.

Vaget, Hans Rudolf: Schach in Wuthenow: »Psychographie« und »Spiegelung« im 14. Kapitel zu Fontanes »Schach von Wuthenow«. In: Monatshefte (Wisconsin). Jg. 61 (1969), S. 1/14.

Vincenz, Guido: Fontanes Welt. Eine Interpretation des »Stechlin«. Diss. Zürich 1966.

Waffenschmidt, Heinrich: Symbolische Kunst in den Romanen Theodor Fontanes. Gelnhausen 1932.

Wagner, Walter: Die Technik der Vorausdeutung in Fontanes »Vor dem Sturm« und ihre Bedeutung im Zusammenhang des Werkes. Marburg 1966 (= Marburger Beiträge zur Germanistik).

Wandel, Christiane: Die typische Menschendarstellung in Theodor Fontanes Erzählungen. Weida 1938 [Diss. Berlin].

Wandrey, Conrad: Theodor Fontane. München 1919.

Weber, Dietrich: »Effi Briest« – »Auch ein Schicksal«. Über den Andeutungsstil bei Fontane. In: Jahrbuch des Freien Deutschen Hochstifts (1966), S. 457/74.

Wegner, Hans-Gerhard: Fontane und der Roman vom märkischen Junker. Gräfenhainichen 1938. [Diss. Berlin].

Wessels, Peter: Konvention und Konversation. Zu Fontanes »L'Adultera«. In: Dichter und Leser. Hg. von Ferdinand van Ingen. Groningen 1973, S. 163/76.

Wiese, Benno von: Theodor Fontane, Schach von Wuthenow. In: B. v. W.: Die deutsche Novelle von Goethe bis Kafka. Bd. 2. Düsseldorf 1962, S. 236/60.

Wölfel, Kurt: »Man ist nicht bloß ein einzelner Mensch.« Zum Figurenentwurf in Fontanes Gesellschaftsromanen. In: ZfdPh 82 (1963), S. 152/71.

Wölfel, Kurt: Nachwort zu »Effi Briest«. Stuttgart 1969, S. 339/49 (= Reclams UB. 6961/63a).

Wruck, Peter: Zum Zeitgeschichtsverständnis in Theodor Fontanes Roman »Vor dem Sturm«. In: Fontane-Blätter. Bd. 1 (1965), S. 1/9.

Register
zusammengestellt von Christian Kreuzer

Die kursiv gesetzten Zahlen beziehen sich auf die Seitenzahlen der Anmerkungen; Kursivdruck im Werkregister bedeutet, daß der Titel nicht auf Fontane zurückgeht. Die Namen im Literaturverzeichnis wurden nicht aufgenommen; auch die Namen von Herausgebern sind nicht erfaßt.

1. Fontanes Werke, Fragmente und Pläne

Admiral Herluf Trolles Begräbnis 392
Allerlei Glück 5, 149, 268, 297, 298, 304, 413, *486*, *514*
An Hermann Kriege 27
An Herwegh 26
Arme Leute 248, *520*
Aus den Tagen der Occupation 44, 48, *493*, *527*
Aus der Dresdner Zeitung 98, *503*
Aus England. Studien und Briefe über Londoner Theater, Kunst und Presse 35, 68, *491*, *498*, *512*

Briefe über Shakespeare 170, *498*

Cécile 83, 162, 166, 181–196, 383, 385, 466, 467, 474, *513*, *514*, *531*
Christian Friedrich Scherenberg und das literarische Berlin von 1840 bis 1860 *471* f.

Der deutsche Krieg von 1866 4, *43*
Der Krieg gegen Frankreich 1870–1871 4, *43*, 46, *493*
Der Schleswig-Holsteinsche Krieg im Jahre 1864 4, *40*, *43*, 45, 378
Der Stechlin 4, 5, 8, 9, 54, 55, 56, 162, 180, 297, 299, 315, 321, 390, 426–456, 465, 466, 467, 469, 472, *543*, *544*
Der Tag von Düppel 44, *493*
Der Trinker 28 f., 32
Die Brück' am Tay 79, *499*
Die gesellschaftliche Stellung der Schriftsteller 6, *471*
Die goldene Hochzeit 36
Die Likedeeler 47, 49, 55, 427, 428, 429, *543*
Die Poggenpuhls 162, 299, 331, 417, 418–426, 431 f., *434*, *443*, 470, *542*, *543*
Die preußische Idee 106, 107

Die Vergeltung. Gedichte 216

Effi Briest 8, 10, 132, 162, 177, 327, 328, 351–377, 379, 382, 385, 427, 467, 469, 474, *495*, *535*–*537*
Ein Stück Autokritik 80
Ellernklipp 71, 78, 80, 81–88, 132, 162, 216, 226, 236, 465, 468, *500*, *501*, *504*

Frau Jenny Treibel 102, 162, 300–319, 320, 322, 470, 474, *503*, *527*–*532*
Frühlingsklage 26

Gedichte 2
Geschwisterliebe 38
Graf Petöfy 331, 350, 378, 411, 412–418, 457, *542*
Grete Minde 71, 72–81, 85, 88, 132, 162, 216, 465, *499*, *500*, *518*
Irrungen, Wirrungen 102, 162, 250, 252 –270, 271, 272, 273, 274, 276, 280, 282, 284, 318, 320, 321, 325, 326, 457, *493*, *500*, *506*, *509*, *521*, *522*, *523*, *532*, *538*, *544*, *545*

James Monmouth 36, 37 f., 71, *500*
Johann der muntre Seifensieder *527*
John Prince 28, *490*
Jung-Bismarck *494*

Karl Stuart 33, 66
Kopenhagen 378
Kriegsgefangen 44, 47, *527*

L'Adultera 54, 162, 166–181, 186, 187, 299, 325, 350, 383, 385, 416, 466, *512*

Männer und Helden. Acht Preußenlieder 99, 465
Mathilde Möhring 16, 319–331, 417, 418, 466, *542*
Meine Kinderjahre 474, *506*

Register

Melusine von Cadoudal 447, 544

Nordische Königsnamen 392, 592

Oceane von Parceval 447, 452

Preußens Zukunft 105

Quitt 75, 81, 162, 215, 228–238, 249, 251, 378, 519

Schach von Wuthenow 118, 132–151, 162, 181, 217, 221, 229, 231, 418, 507, 508, 509, 513

Stine 162, 250, 252, 256, 270–284, 320, 325, 326, 418, 429, 466, 467, 500, 523

Tuch und Locke 36, 38

Unsere lyrische und epische Poesie seit 1848 36, 96, 465, 470

Unterm Birnbaum 81, 162, 215, 216–228, 248, 517, 518

Unwiederbringlich 54, 162, 170, 350, 377, 378–393, 466, 467, 500, 537–539

Von der schönen Rosamunde 33

Von Zwanzig bis Dreißig 302, 432, 503

Vor dem Sturm 3, 5, 40, 41, 66, 69, 71, 72, 88, 99, 109, 111–132, 162, 216, 217, 248, 250, 252, 264, 270, 350, 357, 378, 426, 431, 434, 486, 499, 505, 506, 513

Wanderungen durch die Mark Brandenburg 1, 2, 3, 5, 36, 69, 70, 85, 99, 102, 104, 109, 111, 112, 113, 116, 126, 131, 133, 136, 391, 408, 410, 427, 435, 465, 470, 471, 485, 512, 513

Wo Bismarck liegen soll 50, 494

2. Personenverzeichnis

Abeken, Rudolf 344, 535
Adorno, Theodor W. 64, 458, 473, 483, 497, 545, 547, 548
Aegerter, Emil 521
Aeschylos 208
Alberti, Konrad 1, 2, 168, 202, 515
Alewyn, Richard 206, 220, 516, 518, 528
Alexis, Willibald 9, 23, 93, 94, 96, 97, 101, 107, 108, 109, 112, 129, 213, 214, 401, 405, 406, 407, 427, 502, 505, 507, 517, 541
Altvater, Friedrich 520
Anzengruber, Ludwig 246, 520
Arany, János 416
Ardenne, Armand Leon von 352 f., 354, 355, 361, 365, 366, 536
Ardenne, Elisabeth von (geb. Freiin von Plotho) 352 f., 354, 355, 361, 365, 366, 373
Aristophanes 16
Arnim, Achim von 96, 339, 340, 342 f., 344, 346, 402, 534
Arnim, Bettina von 339, 342
Arnold, Franz 533
Attwood, Kenneth 490, 492, 493, 495, 497, 499, 505, 506, 509, 542
Auerbach, Berthold 15, 19 f., 246, 269, 467, 489
Auerbach, Erich 15, 19, 159, 295, 373, 458, 464, 469, 488, 511, 516
Aust, Hugo 530, 531

Austen, Jane 529

Bachmann, Rainer 521
Bachofen, Johann Jakob 156
Bakunin, Michail Alexandrowitsch 10, 487
Balzac, Honoré de 10, 15, 19, 119, 159, 285, 292, 302, 316, 488
Bange, Pierre 518, 521, 546
Barlow Derrick 491
Bartels, Adolf 485, 537
Barthes, Roland 478, 547
Basedow, Johann Bernhard 333, 533
Baudelaire, Charles 10
Bäumler, Johann Michael 81
Baumgart, Reinhard 478, 547
Bebel, August 156, 157, 433, 449, 450, 510, 511
Beccaria, Cesare 202, 203
Beckmann, Wilhelm 252 f., 535
Behrend, Erich 443, 544
Behrend, Fritz 492, 499
Belinskij, Wissarion Grigorjewitsch 101
Benjamin, Walter 535
Benn, Gottfried 2, 54, 66, 329, 477, 485, 498, 532, 547
Bentmann, Reinhard 530
Berend, Eduard 508, 509
Berenhorst, Georg Heinrich von 498 f.
Berg, Leo 481
Bergson, Henri 145

Beutin, Wolfgang *541*
Bieber, Hugo 31, *491*
Biernacki, Aloysius *540*
Binder, Robert 27
Birtsch, Günther *540, 541*
Bismarck, Otto von 24, 41, 42–56, 98, 107, 174, 175–176, 182, 189, 230, 253, 261, 290, 306, 349, 350, 357, 358, 359, 360, 364, 385, 391, 399, 400, 429, 430, 432, 437, 439, 444, 492, 493, 494, 495, 496, 497, 528, 529, 539
Blanckenburg, Friedrich von *524*
Blasius, Dirk *497*
Bleibtreu, Karl 140, *508*
Blessin, Stefan *539*
Bloch, Ernst *518, 545*
Blücher, Gebhard Leberecht, Fürst von Wahlstatt 107, *449*
Blum, Robert 26, 42, *490, 492*
Blumenbach, Johann Friedrich 286, *524*
Blumenberg, Hans *501, 502, 533*
Bockelmann, Paul 200, 208, *515, 516*
Böckmann, Paul *491, 512, 527, 528, 534* f.
Böhme, Helmut 253, *521*
Böhmer, Johann Franz Wilhelm 338
Bölsche, Wilhelm 238, 313, 314, *519, 531*
Borch, Herbert von *507*
Bourdieu, Pierre *514, 521*
Brahm, Otto 82, 195, 255, 391, 412, *500, 521*
Brandes, Georg 378 f., *538*
Bräunlin, Marie Eleonore Heinrike 243
Brecht, Bertolt 459, 460, 473, 478, *500, 545, 546, 547, 548*
Brentano, Clemens 66, 77, 78, 79, 243, 339, 340, 342, 411, *542*
Brinkmann, Richard 460, 461, *499, 500, 512, 513, 520, 545, 546*
Broch, Hermann 92 f., *502*
Broekman, Jan M. 478, *547*
Broich, Ulrich *528*
Brüggemann, Diethelm *543, 547*
Brühl, Karl Graf 420
Bruford, Walter Horace 402, 403, *541*
Brunner, Otto 394, 396, 397, *540, 541*
Buber, Martin 455
Buck, August *502*
Büchmann, Georg 173
Büchner, Georg 13, 14, 95, 214, 215, 223, 224, 233, *488, 517*
Büchsel, Karl *507*
Bülow, Dietrich Heinrich von 142, *508, 509*

Bürger, Gottfried August *500*
Bürger, Peter *529*
Büschen, Ilka *529*
Burckhardt, Carl J. *346, 535*
Burckhardt, Jacob 60, 103, 151, 441, 468, *496, 504, 510, 546*
Burdach, Konrad 470
Burger, Heinz Otto 171, *512, 541*
Burgsdorff, Wilhelm von 404
Buscher, Heide *488, 507, 520*
Buska, Johanna 413
Bußmann, Walter *525, 526, 542*
Byron, George Gordon Noel Lord *502*

Carlyle, Thomas 60, *496*
Carriere, Moriz 207, 208, *516*
Chamberlain, Joseph 445
Chamisso, Adelbert von 226, *518*
Clarus, Johann Christian August 214
Clouet, Jean 171
Comte, Auguste 89, *487*
Conradi, Hermann 149, *510*
Conze, Werner 12, *487, 540*
Cooper, James Fenimore 37
Courbet, Gustave 462
Cray(e)n, Victoire von 134, 137
Cromwell, Oliver 60, 129
Cues, Nikolaus von *502*

Dahn, Felix 92
Dahrendorf, Ralf *523*
Dalberg, Wolfgang Heribert Freiherr von 420
Darwin, Charles 152, 153, 290, *487*
Daudet, Alphonse 466
Daunicht, Richard *519*
Decker, Rudolf von 46 f., *492*
Defoe, Daniel *488*
Demetz, Peter 16, 114, 166, 379, *467, 488, 503, 505, 506, 507, 512, 518, 519, 522, 538, 539, 542, 546*
Devrient, Ludwig 364,
Deus Nogueira Ramos, João de *450, 455*
Deutschbein, Max *529*
Dickens, Charles 10, 37, 128, 140, 246 f.
Diebitsch-Zabalkanskij, Iwan Iwanowitsch Graf 217, 222
Dilthey, Wilhelm 160, 292, 297, *511*
Dietrichs, Hermann *499*
Döblin, Alfred 2, 54, 95, 96, 260, *485, 495, 502, 521*
Dominik, Emil 271, 276, 476
Dostojewskij, Fjodor 10, 18, 208, 210, 215, 225, 235, 236, 237, *520*

Register

Dove, Alfred 100
Droste-Hülshoff, Annette von 82, 208, 209 f., 215, 216, 227, 402, 516, 517
Droysen, Johann Gustav 59, 63, 66, 90, 109, 122, 505, 506
Dürer, Albrecht 171

Edler, Erich 489
Eggers, Friedrich 492
Eggert, Hartmut 498, 505, 546
Eich, Günter 473
Eichner, Hans 534
Eichendorff, Joseph von 26, 395, 397, 401, 402, 405, 520, 530, 531, 540, 541
Einstein, Albert 152
Eisenbeiß, Ulrich 499
Elisabeth I., Königin von England 448
Elisabeth von Thüringen 448
Elliott, Ebenezer 28
Elster, Hanns Martin 398, 491, 540
Emmrich, Irma 496
Emrich, Wilhelm 308, 530
Engels, Friedrich 27, 291, 487, 525
Enzensberger, Hans Magnus 494
Erler, Gotthard 416, 420, 484, 485, 491, 499, 507, 508, 511, 513, 518, 519, 521, 522, 523, 531 f., 542, 543, 544, 547
Ernst, Joachim 522
Ernst, Otto 526
Ernst, Paul 149, 251
Ettlinger, Josef 523
Eugen, Prinz von Savoyen 129
Eulenburg, Philipp Graf zu 49, 51, 182, 191, 494, 495
Evers, Hans Gerhard 1, 62, 485
Eyck, Erich 51, 495

Faber, Karl-Georg 496, 497
Fairley, Barker 309, 530
Faucher, Eugène 506
Ferdinand, Erzherzog von Österreich 131
Feuchtersleben, Ernst von 402
Feuerbach, Anselm von 202, 203, 515
Fichte, Johann Gottlieb 21, 123, 204, 335, 336, 337, 338, 533, 534
Ficker, Julius von 61
Fielding, Henry 488
Finckenstein, Karl von 404
Fischer, Fritz 503
Fischer, Wolfram 526
Fitting (Gasthofsbesitzer in Letschin) 218
Flaischlen, Cäsar 526

Flaubert, Gustave 17, 39, 159, 292, 342, 371, 372, 537
Fontane, Emilie (geb. Labry) 45–46, 67, 505, 508
Fontane, Emilie (geb. Rouanet) 45, 68, 116, 135, 249, 250, 298, 303, 378, 466, 471, 479, 491, 492, 508, 527, 528
Fontane, Friedrich 283, 521
Fontane, Louis Henri 71, 116, 218, 439
Fontane, Martha (Mete) 50, 51, 53, 70, 78, 84, 229, 298, 299, 303, 317, 359, 494, 527
Fontane, Theodor (jun.) 191, 217, 254 f., 256, 283, 310, 427, 429, 521, 527
Forster, Edward Morgan 93, 425, 502, 543
Forster, Georg 338
Foucault, Michel 199, 514
Frauenstädt, Julius 504
Freiligrath, Ferdinand 26
Frenssen, Gustav 180, 251, 329
Freud, Sigmund 153, 364, 471, 510
Frey, Wilhelm 228, 229, 519
Freytag, Gustav 37, 65, 85, 93, 103, 106, 108, 113, 153, 154, 180, 216, 292, 293, 406, 407, 408, 427, 464, 465, 467, 468, 469, 479, 496, 498, 504, 515, 525, 541, 542
Fricke, Hermann 492, 494, 498, 503, 506
Friedberg, Emil 333, 533
Friedlaender, Elisabeth 228, 519
Friedlaender, Georg 6 f., 8, 49, 51, 53, 70, 100, 106, 151, 226, 228, 347, 367, 376, 408, 409, 411, 424, 425, 439, 440, 470, 476, 486, 493, 495, 497, 498, 513, 514, 518, 519
Friedmann, Alfred 82, 499, 500
Friedrich, Gerhard 281, 512, 513, 514, 522, 523
Friedrich, Hugo 357, 488, 491, 529, 536
Friedrich, Wilhelm 25, 136, 509
Friedrich I. von Hohenstaufen 65
Friedrich II. von Hohenstaufen 65, 99, 503
Friedrich I. von Preußen 132, 133
Friedrich II. von Preußen 1, 60, 69, 84, 96, 97, 129, 429, 435, 498
Friedrich Wilhelm, Kurfürst von Brandenburg (Großer Kurfürst) 96, 97, 106, 320
Friedrich Wilhelm I. von Preußen 69
Friedrich Wilhelm II. von Preußen 514
Friedrich Wilhelm IV. von Preußen 25, 35, 98, 190

Frisch, Max 477, 547
Fritz, Kurt von 516

Galilei, Galileo 483
Garborg, Arne 186
Gast, Wolfgang 502, 503, 507
Geck, L. H. Adolph von 487
Geffcken, Hanna 521
Geibel, Emanuel 3, 68, 498
Gellert, Christian Fürchtegott 341, 343, 524
Genthe, Friedrich Wilhelm 529
Gentz, Friedrich von 342
George, Stefan 446, 471
Gerhardt, Dietrich 506
Gerlach, Ernst Ludwig von 359
Gerlach, Leopold von 30, 40, 43, 53, 98, 359, 400, 491, 495
Gero, Markgraf 192
Gerson, Hermann 304, 311
Geßner, Salomon 246
Gilbert, Mary-Enole 486, 508, 522, 535, 536
Gladstone, William 53, 359, 495
Glaser, Adolf 513
Gneisenau, August Graf von 112, 122, 407, 408
Göhre, Paul 433
Goethe, Johann Wolfgang von 12, 14 f., 20, 21, 22, 31, 45 f., 79, 81, 82, 97, 98, 136, 150, 151, 160, 168, 177, 178, 203, 207, 211, 239, 241, 245, 255, 268, 269, 286, 288, 293, 294, 295, 297, 300, 311, 314, 322, 323, 339, 342, 343, 344, 345, 346, 350, 351, 356, 362, 372, 373, 380, 386, 402, 403, 404, 412, 417, 424, 458, 470, 473, 489, 493, 499, 508, 509, 510, 511, 519, 520, 524, 525, 526, 527, 530, 532, 535, 541, 547
Gogol, Nikolai 27
Goldammer, Peter 491, 494, 538
Gollwitzer, Heinz 394, 539 f.
Goltz, Theodor Freiherr von der 540
Gomperz, Theodor 510
Gore, Catherine Grace 159, 163, 511
Gotthelf, Jeremias (Albert Bitzius) 20, 246, 263
Gottschall, Rudolf von 464
Gottsched, Johann Christoph 92
Gragger, Robert 542
Grass, Günter 362
Gregorovius, Ferdinand 22, 293, 489
Greiner, Martin 341, 534
Greiner, Ulrich 536, 537

Grillparzer, Franz 468
Grimm, Herman 35, 57
Grimm, Jacob 61
Grimm, Wilhelm 61
Grimmelshausen, Hans Jakob Christof von 73, 499
Groethuysen, Bernhard 523
Grün Anastasius (Anton Alexander Graf Auersperg) 402
Grün, Karl 22
Grundtvig, Nikolai Fredrik Severin 378
Günther, Vincent J. 536
Guthke, Karl S. 519
Gutzkow, Karl 23, 25, 161, 214, 478, 490, 511, 517, 534
Gwinner, Heinrich 197, 198, 199 f., 514, 515

Habermas, Jürgen 424, 543
Haferkorn, Rudolf 529
Hahl, Werner 545
Hamann, Richard 510, 515, 546
Hamburger, Käte 491
Hamilton, George Herzog von 364
Hannibal 129
Harden, Maximilian 48, 273, 493, 494, 521, 523
Hardenberg, Karl August Fürst von 97, 122, 399
Harnack, Adolf von 57
Harth, Dietrich 524
Hartmann, Eduard von 204
Hartwich, Emil 353 f., 357, 536
Hasubek, Peter 513, 536
Hattenhauer, Hans 533
Hatzfeld, Paul Graf von 445
Hauptmann, Gerhart 83, 104, 279
Hausenstein, Wilhelm 20, 489
Hauser, Arnold 10, 11, 487
Hauser, Kaspar 203
Haym, Rudolf 60, 468
Hazard, Paul 239, 519
Hebbel, Friedrich 14, 20, 82, 160, 520, 534
Hegel, Georg Wilhelm Friedrich 13, 147, 204, 207, 245, 288, 290, 362, 458, 487, 501, 524, 536
Heilborn, Ernst 429, 474
Heine, Fritz 205, 516
Heine, Heinrich, 26, 217, 233, 402, 478, 490, 530, 547
Heinrich der Löwe 129
Hellmann, Winfried 505
Henkel, Arthur 535

Henneberg, Rudolf 510
Henzen, Walter 523
Herbart, Johann Friedrich 204
Herder, Johann Gottfried von 31, 59, 62, 239, 287, 524
Hermand, Jost 510, 515, 546
Hermes, Johann Timotheus 158, 239, 511
Hertz, Hans 47, 49, 427, 485, 493
Hertz, Wilhelm 2, 40, 43, 45, 48, 79, 99, 112, 113, 117, 128, 129, 130, 248, 426, 427, 485, 493, 509
Herwegh, Georg 26, 27, 34, 106, 306, 311, 490
Hesekiel, George 408
Heselhaus, Clemens 545, 546
Hesse, Hermann 301, 415
Hettner, Hermann 13, 21, 295, 296, 464, 487, 489, 526
Heyden, August von 49, 359, 428, 495
Heydenreich, Karl Heinrich 335 f. 533 f.
Heydrich, Reinhard 477
Heyse, Paul 3, 32, 39, 50, 66 f., 68, 79, 100, 114, 128, 130, 137, 252, 283, 465, 471, 485, 491, 492, 498, 499, 503
Hinck, Walter 500
Hindenburg, Paul von 398
Hintze, Otto 63, 496, 497
Hippel, Theodor Gottlieb von 336, 534
Hirzel, Salomo 498, 504
Hitler, Adolf 124, 372
Hitzig, Julius Eduard 213, 364
Hobsbawm, Eric J. 514
Höfele, Karl Heinrich 493, 528
Hölderlin, Friedrich 4, 160, 199, 242, 243, 287, 291, 431, 520, 524, 541, 544, 547, 551
Hölderlin, Karl 287
Hoffmann, Adolf 426
Hoffmann E. T. A. 20, 97, 213, 244, 245, 248, 293 f., 299, 364, 404, 426, 520, 525, 531
Hoffmeister, Werner 532
Hofmannsthal, Hugo von 6, 186, 301, 346, 441, 467, 486, 523, 528, 535, 543
Hohberg, Wolf Helmhard von 396, 397, 540
Hohendahl, Peter Uwe 514, 544
Hohlbaum, Robert 129
Hohoff, Curt 537
Holbein, Hans 171
Holberg, Ludvig 507
Holborn, Hajo 496
Holle, Karl 312
Holthusen, Johannes 208, 516

Holtze, Friedrich Wilhelm 55, 113, 427
Homer 545
Hood, Robin 198
Howald, Ernst 3, 485
Hub, Ignaz 65, 498
Huch, Ricarda 155, 510
Hugo, Victor 14
Humboldt, Alexander von 100 f.
Humboldt, Wilhelm von 59, 97, 100 f., 194, 289, 300, 337, 534
Hume, David 241

Ibsen, Henrik 120, 161 f., 167, 168, 177, 178, 179, 180, 186, 188, 256, 261, 346 f., 348, 349, 364, 466, 467, 485, 509 f., 520
Iggers, Georg 63, 496, 497
Ihlenfeld, Kurt 492, 493, 495
Immermann, Karl Leberecht 21, 213, 346, 404 f., 489, 541
Iser, Wolfgang 100, 502, 503, 523

Jacobi, Friedrich Heinrich 337, 534
Jacobs, Jürgen 525, 526
Jäckel, Günter 493
Jäger, Georg 529
Jäger, Hans-Wolf 534
Jakobson, Roman 459, 545
Jauß, Hans-Robert 478, 496, 501, 547
Jean Paul 20, 110
Jelusich, Mirko 129
Jens, Walter 472
Johnson, Uwe 188, 514
Jolles, Charlotte 484, 490, 491, 492, 522, 538
Jørgensen, Sven-Aage 538, 539
Joseph von Arimathia 319
Jürgensen, Wilhelm 492
Just, Gottfried 529
Just, Klaus Günther 473, 547
Justi, Johann Heinrich Gottlob von 541

Kaehler, Siegfried A. 496
Kafitz, Dieter 529, 530 f.
Kafka, Franz 235, 238, 509
Kahler, Erich von 12, 13, 14, 171, 487, 488, 512
Kahrmann, Cordula 499, 522, 539
Kaiser, Gerhard 546
Kant, Immanuel 87, 123, 204, 333, 335, 336, 405, 507, 533, 541
Karbusicki, Vladimir 545
Karl der Große 60, 192

Karpeles, Gustav 51, 78, 149, 500, 509, 513
Kassner, Rudolf 57, 495
Katte, Hans Hermann von 69
Kayser, Wolfgang 511
Keitel, Walter (508, 518, 519, 523, 528, 536, 539, 544
Keller, Gottfried 21 f., 23, 48, 160, 180, 280, 295, 296, 308, 352, 373 f., 404, 467, 469, 489, 523, 526, 534, 535, 537
Kellermann, Bernhard 446
Kertbeny, Karl Maria 416, 507, 542
Kette, Frau Justizrat 528
Keyserling, Eduard Graf 187
Kierkegaard, Søren 9, 10, 364, 378, 379, 487, 538
Killy, Walther 522
Kinder, Hermann 546
Kintore, Gräfin 169
Kimmerle, Heinz 497
Kleinschmidt, Adolf 524
Kleist, Ewald von 97
Kleist, Heinrich von 72, 73, 76, 79, 124, 195, 221, 291, 342, 369, 402, 499, 514, 520
Klopstock, Friedrich Gottlieb 190
Kluckhohn, Paul 534
Kluxen, Kurt 502
Knorr, Herbert 490
Koch, Carl 538
Köhler, Ludwig 27, 490
König, Robert 154, 510
Königsmarck, Aurora Gräfin von 190, 191
Kohler, Ernst 491, 505
Kohn-Bramstedt, Elisabeth 528
Kolbe, Jürgen 490, 492, 503, 511, 535
Kommerell, Max 212, 517
Koopmann, Helmut 511
Kopernikus, Nikolaus 152
Koreff, David Ferdinand 364
Korff, Hermann August 505
Kosík, Karel 545
Kreittmayr, Wigulaeus von 203
Kretzer, Max 140, 508
Kricker, Gottfried 531
Kriege, Hermann 27
Kröner, Adolf 228
Krueger, Joachim 527, 542
Kubin, Alfred 362
Kugler, Franz 39
Kuhn, Thomas S. 152, 487, 504, 510, 547
Kunisch, Hermann 509

Lämmert, Eberhard 526, 547

La Fayette, Marie-Madeleine de 159
Lagarde, Paul de 290
Lakebrink, Markus 488
Lamprecht, Karl 63, 497
Landauer, Christian 243
Landauer, Gustav 283, 523
Langbehn, Julius 290 f., 494
Lange, Hans J. M. 508 f.
Lange, Helene 155, 354, 510
La Roche, Marie Sophie von 158
Lassalle, Ferdinand 13, 27, 290, 354, 471, 488
Laube, Heinrich 22
Laufer, Christel 535
Lazarowicz, Klaus 509
Lazarus, Moritz 481, 486
Lechner, Manfred 498
Leibniz, Gottfried Wilhelm von 59, 287
Lemcke, C. 412, 542
Lemke, Karl 547
Lenau, Nikolaus 26, 116, 402, 416
Leo XIII. (Papst) 57
Lepel, Bernhard von 25, 34, 43, 105, 349, 408, 465, 490, 491, 492, 498, 503, 508
Lepel, Hedwig von 349
Lermontov, Michail 27, 488
Lessing, Carl Robert 355, 429, 434, 439, 536, 544
Lessing, Emma 355
Lessing, Gotthold Ephraim 92, 160, 206, 316, 428, 502, 514, 545
Lewald, Fanny 154 f., 510
Lichtenstein, Ernst 286, 523, 525
Lienhard, Friedrich 431
Lindau, Paul 75, 76, 499
Lingg, Hermann 68
List, Friedrich 129
Liszt, Franz von 204, 205, 221, 515
Löwith, Karl 95, 288, 487, 502, 503, 504, 524, 546
Lombroso, Cesare 201, 204, 205, 515, 516
Lublinski, Samuel 53, 495
Ludwig, Otto 246 f., 464, 467, 520
Ludwig der Bayer 67
Lübbe, Hermann 131, 266, 507, 508, 512, 522, 532, 543
Lübke, Wilhelm 1, 2, 485
Lütgert, Wilhelm 505, 525
Lugowski, Clemens 499
Lukács, Georg 4, 13, 15, 24, 41, 50, 64, 92, 94, 96, 100, 101, 112, 113, 142 f., 266, 316, 433, 457, 458, 459, 485, 487, 488, 492, 493, 494, 497, 502, 503, 505,

506, 508 f., 522, 526, 531, 538, 539, 544, 545
Luther, Martin 61, 78, 123, 124, 129, 139, 140, 332, 362, 418, 428, 533
Lypp, Maria 532

Maaßen, Carl Georg von 531
Macaulay, Thomas Babington, Lord of Rothley 100, 507
Machiavelli, Niccolò 59, 91, 502
Mahrholz, Werner 509
Maltzahn, Karl Hans Friedrich Freiherr von 538
Mann, Golo 291, 525
Mann, Heinrich 316, 330, 475, 510, 547
Mann, Thomas 3, 8, 10, 19, 20, 23, 53, 78, 105, 140, 148, 213, 297, 305, 330, 352, 385, 422, 469, 471, 474, 485 f., 487, 489, 494, 495, 496, 504 f., 510, 513, 520, 526, 527, 532, 535, 539, 543, 547
Manteuffel, Otto Freiherr von 34, 43, 491, 492
Marlitt, Eugenie 161
Martens, Gunter 516
Martens, Wolfgang 511
Martini, Fritz 196, 379, 472, 488, 489, 499, 504, 509, 512, 513, 514, 522, 530, 531, 536, 537, 538, 542, 545, 546, 547
Martiny, Fritz 541
Marwitz, Friedrich August Ludwig von der 109 f., 111, 112, 113, 114, 122, 126 f., 132, 506, 507
Marx, Karl 9, 12, 27, 248, 288 f., 291, 428, 487, 524, 525
Masur, Gerhard 487
Matthias, Klaus 513, 536, 537, 544
Maupassant, Guy de 159, 511
Mauthner, Fritz 283, 429, 521, 523
Mauvillon, Jakob von 333, 336, 533, 534
Maximilian II. Joseph von Bayern 67
May, Kurt 535
Mayer, Hans 291, 458, 525, 545
McDonald, Edward R. 539
Meinecke, Friedrich 59, 165, 496, 497, 502
Meinhold, Wilhelm 66, 93
Meister Eckhart 286
Mendelssohn, Moses 339
Menze, Clemens 524
Merckel, Wilhelm von 465, 492, 505
Mereau, Sophie 339
Meredith, George 15, 16, 119, 302, 316, 488

Mětšk, Frido 506
Metternich, Klemens Fürst von 24
Metzler, Dieter 512
Meyer, Conrad Ferdinand 66, 94, 379, 467, 510, 520, 538
Meyer, Dr. 489, 511
Meyer, Herman 304, 512, 528, 529, 544
Meyr, Melchior 246, 462, 546
Meyrink, Gustav 362
Michel, Karl Markus 532
Mill, John Stuart 152 f., 154, 155, 156, 160, 162, 510
Miller, Norbert 508, 529
Minder, Robert 485, 488, 507, 543
Mirabeau, Honoré-Gabriel-Victor Comte de 144, 147
Mittenzwei, Ingrid 367, 486, 488, 500, 509, 512, 514, 521, 522, 528, 531, 533, 536, 542, 544, 546, 547
Möller, Helmut 533
Mörike, Eduard 295, 346, 403, 530, 546
Molière, Jean Baptiste 15
Molo, Walter von 129
Mommsen, Katharina 486, 535, 542
Mommsen, Theodor 3, 57, 66, 485, 498
Mommsen, Theodor E. 502
Mommsen, Wilhelm 468, 495, 497
Monecke, Wolfgang 109, 505
Montesquieu, Charles de Secondat Baron de 241
Montez, Lola 190
Montgelas, Maximilian Graf von 203
Moritz, Karl Philipp 160, 330
Morris, James 46, 48, 55, 249
Mozart, Wolfgang Amadeus 477
Müller, Adam 342, 534
Müller, Joachim 516 f.
Müller, Max 34
Müller, Michael 530
Müller-Seidel, Walter 495, 513, 524, 525, 532, 543
Mundt, Theodor 161, 489, 490
Musil, Robert 150, 251, 329, 521, 532

Napoleon I., Bonaparte 62, 97, 123, 129, 130, 142, 217, 334, 345, 358, 399
Neumann-Hofer, Otto 493
Neuse, Werner 522
Newton, Isaac 152
Nicoll, Robert 28
Nietzsche, Friedrich 10, 46, 53 f., 58, 61, 65, 91, 103, 186, 205, 288, 291, 292, 297, 298, 299, 387, 466, 467, 468, 487,

493, 495, 503, 516, 517, 524, 525, 527, 546
Nikolaus I. Zar von Rußland 217
Novalis (Friedrich von Hardenberg) 243, 293, 295, 402
Nürnberger, Helmuth 68, 163, 490, 491, 492, 498, 503, 505, 511, 512, 513, 519, 538, 544

Oberle, Werner 541
Oelschläger, Hans 491, 492, 498, 503
Oettinger, Klaus 517
Offermanns, Ernst-Ludwig 534
Ohl, Hubert 308, 489, 513, 525, 530, 536, 547
Oldenburg-Januschau, Elard von 398, 540
Ott, Karl-August 285, 523
Otto der Große 60
Otto, Luise 154

Pantenius, Theodor Hermann 215, 499, 506, 517
Parisius, Ludwig 77, 499
Pascal, Roy 372, 537
Paskewitsch, Iwan Fedorowitsch Graf von Eriwan 217
Paulsen, Friedrich 57, 449
Paulus 332
Pawlow, Iwan 27
Percy, Thomas 31, 38
Petersen, Julius 486, 491, 527, 528, 544
Petöfi, Sandor 416
Petrarca, Francesco 502
Pevsner, Nikolaus 1, 496, 501 f.
Picht, Georg 523
Pietsch, Ludwig 206, 505, 516
Pikulik, Lothar 519
Pinkus, Klaus 547
Pitaval, François Gayot de 197, 212, 213
Platen-Hallermünde, August Graf von 116, 217, 402, 508
Platon 103
Plessen-Ivenack, Baron (von) 537
Plessner, Helmuth 89, 90, 109, 241, 307, 489, 495, 501, 505, 519, 530
Plutarch 211
Pniower, Otto 499
Pongs, Hermann 500
Preisendanz, Wolfgang 460, 491, 520, 526, 531, 536, 544, 545, 546
Pretzel, Ulrich 505
Prévost, Antoine-François (Abbé Prévost) 159, 511, 529

Prince, John Critchley 28, 30, 163
Proust, Marcel 10, 19
Prutz, Robert 23, 489
Pückler-Muskau, Hermann Fürst von 402
Pufendorf, Samuel 405
Puschkin, Alexander 27, 488

Quitzow (Brandenburgisches Adelsgeschlecht) 69

Raabe, Wilhelm 9, 20 f., 24, 160, 182, 228, 294 f., 308, 309, 329, 439, 464, 466, 468, 469, 472, 474, 475, 489, 513, 525, 530, 547
Rabou, Charles 47
Radbruch, Gustav 197, 198, 199 f., 204, 293, 514, 515, 516, 525, 544
Raffaël (Raffaelo Santi) 68
Ramler, Karl Wilhelm 97
Rangol, Alfred-Johannes 514
Ranke, Leopold von 59, 60, 61, 63, 66, 90, 108, 496, 497, 498, 501
Rasch, Wolfdietrich 495, 502, 513
Raumer, Friedrich von 69
Rausch, Jürgen 524
Ravené, Louis 511
Redwitz, Oskar von 465
Rehberg, August Wilhelm 401, 541
Rehm, Walther 526, 541
Reicke, Ilse 156, 510
Reinhardt, Karl 58, 495, 501
Reiß, Gunter 543
Reuter, Hans-Heinrich 20, 232 f., 325 f., 421, 440, 489, 490, 499, 500, 501, 504, 505, 506, 511, 514, 517, 518, 519, 532, 537, 538, 543, 544
Ricardo, David 152
Richardson, Samuel 488
Richter, Karl 501, 523, 530, 536, 542, 546
Riedel, Adolf Friedrich 69
Riehl, Wilhelm Heinrich 73, 93, 133, 289, 291, 464, 524
Riemer, Friedrich Wilhelm 343
Ritter, Gerhard A. 432, 544
Rittland, Klaus (Elisabeth Heinroth) 168, 512
Roch, Herbert 97, 503
Rochau, August Ludwig von 496
Rodenberg, Julius 80, 351, 379 392, 493, 499, 517, 519, 527, 537, 538, 539
Rohde, Peter P. 538
Rohr, Mathilde von 40 f., 44, 45, 79 f., 133, 137, 138, 141, 299, 349, 486, 493

Register

Romberg, Amalie von 133, 137
Roon, Albrecht Graf von 43 f.
Roquette, Otto 465
Rose, Wilhelm 302, 304
Rosenberg, Hans 397, 540, 541
Rosenberg, P. A. 538
Rosenfeld, Hans-Friedrich 300, 528, 538
Rost, Wolfgang E. 518, 528
Rothacker, Erich 497
Rousseau, Jean-Jacques 16, 211, 240, 241, 242, 247, 274, 277, 299, 333, 334, 341, 342, 343, 519
Rühle von Lilienstern, Otto August 343
Russel, William 493
Rychner, Max 372, 537

Sagarra, Eda 539
Sagave, Pierre-Paul 487, 508, 509
Saint-Simon, Claude Henri de Rouvroy Graf von 89
Sand, George 22, 159, 160
Sanders, Daniel 307, 529
Sarraute, Nathalie 188
Savigny, Friedrich Karl von 61, 496
Schack, Adolf Friedrich Graf von 137, 508
Schack, Otto Friedrich Ludwig 133, 134, 137
Schäfer, Renate 544
Scharfschwerdt, Jürgen 527
Scharnhorst, Gerhard Johann David von 112, 129
Scheffel, Joseph Victor von 65, 68, 70, 93, 165, 427, 464, 465, 498
Schelling, Caroline 339
Schelling, Friedrich Wilhelm Joseph 339, 348
Scherenberg, Christian Friedrich 32, 465, 471
Schieder, Theodor 53, 495
Schill, Ferdinand von 125, 131
Schillemeit, Jost 513, 521, 522, 536
Schiller, Friedrich von 26, 78, 79, 80, 87, 95, 123, 129, 136, 138, 158, 179, 206, 211, 212 f., 215, 223, 241, 242, 243, 244, 267, 277, 282, 304, 311, 321, 345, 373, 403, 428, 470, 471, 480, 481, 496, 499, 508, 517, 519, 520, 530, 541, 548
Schlaffer, Heinz 211, 500, 507, 512, 517, 522, 542, 543, 547
Schlegel, August Wilhelm 339
Schlegel, Dorothea (geb. Mendelssohn) 339
Schlegel, Friedrich 21, 79, 160, 287, 335, 337, 338, 339, 342, 343, 348, 524, 534
Schleiermacher, Friedrich 335, 338, 339, 348, 534
Schlenther, Paul 162, 221, 275, 276, 280, 283, 429, 521
Schlenther, Paula 162
Schlieffen, Ernst Martin von 405, 544
Schliemann, Heinrich 312 f., 314, 530
Schmaus, Michael 533
Schmid, Karl 520
Schmidt, Alfred 547
Schmidt, Eberhard 515
Schmidt, Julian 103, 406, 464, 467, 468, 489, 541
Schmidt, Lothar 205, 516
Schmidt, Peter 506
Schmidt, Siegfried 490
Schmidt-Brümmer, Horst 521, 522
Schmoller, Gustav von 63, 247, 520
Schneider, Reinhold 516
Schnezler, Friedrich Alexander 309
Schnitzler, Arthur 146, 176, 186, 256, 356, 371, 372, 373, 374, 467, 509, 513, 529, 537
Schönhaar, Rainer F. 517, 518
Schonauer, Franz 502
Schopenhauer, Arthur 83 f., 102, 103, 104, 151, 163 f., 166, 174, 204, 209, 269, 291, 307 f., 468, 487, 500 f., 504, 510, 511, 530, 545
Schott, Siegmund 426
Schottländer, Salo 169
Schrader, Ingeborg 498, 503, 505
Schreinert, Kurt 484, 486, 494, 498, 513
Schubert, Gotthilf Heinrich 534
Schultze, Christa 490
Schulz, Eberhard Wilhelm 514
Schulze-Delitzsch, Hermann 289, 290, 524
Schwerin, Kurt Christoph Graf von 407, 408
Schwerin, Sophie Gräfin von 133, 137, 508
Scott, Walter 94, 96, 101, 103, 108, 129, 137, 165, 213, 217, 389, 502, 503, 505, 508
Sdun, Winfried 531
Seeberg, Reinhold 533
Seidler, Herbert 532
Seiffert, Hans Werner 535, 536
Selge, Manfred 526
Sengle, Friedrich 65, 241 f., 407, 408, 488, 489, 498, 499, 520, 541, 542
Shakespeare, William 1, 50, 170, 206, 208, 330, 464

Shears, Lambert A. 505
Sickingen, Franz von 488
Sienkiewicz, Henryk 51, 52
Singer, Herbert 525
Škreb, Zdenko 545
Sohnrey, Heinrich 246, 520
Solger, Karl Wilhelm Ferdinand 345, 535
Sommerfeld, Martin 535
Sommerfeldt, Hermann 303, 528
Sommerfeldt, Jenny 301, 303, 528
Spielhagen, Friedrich 175, 346, 351, 352, 355, 356, 365, 371, 372, 375, 410, 536, 537
Spremberg, Heinrich 518
Stadelmann, Rudolf 496, 526
Stahl, Ernst Ludwig 524
Stahl, Friedrich Julius 42
Staiger, Emil 529
Stamm, Israel S. 527
Stein, Karl Freiherr vom 97, 122, 129, 399, 497
Stein, Lorenz von 20, 22, 27 f., 55, 61, 63, 204, 489, 515
Steinecke, Hartmut 489
Stendhal (Marie-Henri Beyle) 15, 17, 19, 292, 342, 371, 537
Stephany, Friedrich 50, 51, 70, 162, 250, 261, 464, 465, 492, 509, 513, 515
Stern, Josef Peter M. 537, 539
Sterne, Lawrence 306
Sternfeld, Richard 43
Stifter, Adalbert 20, 23, 66, 68, 135, 150, 160, 165, 293, 296 f., 308, 330, 404, 406, 407, 408, 411, 510, 526, 541, 542
Stirner, Max 10, 291, 487, 525
Stockhausen, Clara von 531
Stöcker, Adolf 433, 445, 449, 450
Stöcklein, Paul 535
Störtebeker, Klaus 49, 55, 198, 428
Storm, Constanze 44, 493
Storm, Theodor 5, 20, 34, 37, 38, 44, 65, 66, 70, 80, 82 f., 88, 106, 149, 308, 467, 491, 492, 500, 509, 530
Strachwitz, Moritz Graf 32, 66, 99, 398, 408, 491, 540
Stramm, August 141
Strauß, David Friedrich 291, 346, 387
Strauß, Emil 301, 329
Strauß, Richard 373
Strecker, Gabriele 511
Struve, Gustav 27
Sturz, Helfrich Peter 211, 517
Sue, Eugène 18, 22, 489
Sybel, Heinrich von 61

Szendrö, Nikolaus Török Graf von 413
Subiotto, Frances 542, 543
Sühnel, Rudolf 502, 521

Telmann, Konrad 412, 542
Thackeray, William Makepeace 10, 15, 16, 19, 37, 95, 96, 100, 119, 260, 285, 302, 316 f., 502, 503, 528
Thadden-Trieglaff Adolf von 400
Thaer, Albrecht 399
Thanner, Josef 546, 547
Thomas von Aquin 332
Thomas, Lionel 505, 517
Thümmel, Moritz August von 239
Tieck, Ludwig 66, 96, 160, 346, 403, 404, 446, 541
Tintoretto (Jakopo Robusti) 167, 169, 171, 172, 173, 175, 512
Tizian (Tiziano Vecelli) 171
Todt, Rudolf 11 f. 487
Tolstoi, Leo N. 10, 16, 17, 159, 285, 342, 371, 372, 488, 534
Treitschke, Heinrich von 57, 61, 63, 103, 108, 290, 468, 496, 497, 504, 505, 525
Treue, Wilhelm 528
Troeltsch, Ernst 332, 487, 533
Trunz, Erich 547
Turgenjew, Iwan 249, 250

Uhland, Ludwig 1, 391

Varnhagen von Ense, Karl August 343, 402, 534
Veit, Simon 339
Velasquez, Diego Rodrigo 171
Vergil 396
Veronese, Paolo 172
Vierhaus, Rudolf 497, 540
Vischer, Friedrich Theodor 13, 22, 48, 129, 207, 346, 463, 464, 488, 489, 507, 516, 546
Vollert, Anton 214, 517
Voltaire, François-Marie (Arouet) 241
Voß, Julie von 514
Voß, Julius von 107
Voßler, Otto 501, 539
Waffenschmidt, Heinrich 507
Wagner, Adolf 57
Wagner, Heinrich Leopold 211
Wagner, Reinhard 488
Wagner, Richard 179, 358, 430
Wagner, Walter 507
Waiblinger, Wilhelm 381
Waldeck, Benedikt 33, 42, 492

Waldmann, Emil 512
Wallenstein, Albrecht Eusebius Wenzel von 59, 217
Wandrey Conrad 80, 232, 325, 412, 416, 472, 499 f., 505, 507, 512, 513, 519, 521, 522, 532, 538, 542, 547
Watt, Jan 488
Weber, Dietrich 544
Weber, Marianne 533, 534
Weber, Max 64, 89, 501, 521
Wegner, Hans-Gerhard 544
Wehler, Hans-Ulrich 60, 496, 497
Weinrich, Harald 515, 536
Weinstock, Heinrich 289, 524
Wellek, René 460, 462, 545, 546
Wendt, Erwin 529
Wereschtschagin, Wassilij 476, 477
Werner, Zacharias 140, 418
Wessel, Eduard 510
Wessels, Peter 512, 537
Westphalen, Ferdinand Otto Wilhelm Henning Graf von 34
Wichert, Ernst 371
Wickert, Lothar 485
Widhammer, Helmuth 468 f., 545, 546
Widmann, Joseph Viktor 362, 511
Wieland, Christoph Martin 21, 160
Wieland, E. C. 202, 515
Wiese, Benno von 489, 499, 509, 512, 516, 517, 535, 541
Wiese, Leopold von 487
Wieser, Max 529
Wiesike, Karl Ferdinand 104

Wildenbruch, Ernst von 65, 179, 301, 419, 420, 421, 498, 514
Wilhelm I. von Preußen 55, 350, 436
Wilhelm II. von Preußen 345, 353
Wille, Bruno 237
Williams, Raymond 496
Winckelmann, Johann Joachim 79
Winterscheidt, Friedrich 498, 505, 517
Witte, Friedrich 416, 495, 503
Wölcken, Fritz 516
Wölfel, Kurt 512, 522, 536, 538
Wolf, Erik 202, 208, 515, 516, 517
Wolff, Erwin 502, 503, 504, 521
Wolff, Julius 476
Wolff, Theodor 270
Wolfsohn, Wilhelm 27, 36, 105, 163, 485, 511
Wolzogen, Ernst von 428, 453, 543, 544
Woyzeck, Johann Christian 214
Wundt, Max 519

York von Wartenburg, Ludwig Graf 59, 66, 122, 123, 407, 408, 506

Zauper, Joseph Stanislaus 534
Ziekursch, Johannes 540
Ziethen, Hans Joachim von 449
Zimmermann, Waldemar 487
Zmegač, Viktor 487
Zöllner, Emilie 104, 151, 303
Zöllner, Karl 104, 151, 350
Zola, Emile 10, 19, 135, 249, 250, 412, 413, 479, 521
Zolling, Theophil 500

S. 445 Seitenfehler

101 sowohl Innereitheilen bei der Humboldts

356 Spielergns Roman zum Thema Effi: Belangeos

357 „Effi Brief" – Symptomatische Roman

359 Innstetten weist auf die Widersprüche des Lebens hin
     u. S. sieht ihn (I.) als Prinzipienreiter, Crampas
     als Prinzipienverächter – wirso oft sind solche
     gegen uns oberflächlich, I. tarnt sich damit
     kann nur raffinierter als dieselben.
     Schema: Gegensätze

361 Der Altersunterschied von I. angegeben auf 20 J. –
     was hat denn I. Krumll in den 20 J. gemacht

→ 1,107 der Verbehr der Prinzipientreighert ist voll
         „Prinzipien" = gesellschafts gerecht, an des I.
         Artikel nicht glaubt, der Karriere wegen
         aber mitheult.

415 die bloße Causerie redss nicht.
415 Immerhin gibt sich Graf Petö fig den Tod aber
     nicht, dass er Frauzosen das Leben verenstält

254ff. die „Verhältnisse" zwischen Effi u. Crammell: freie
        Liebesverhältnisse / 256 Stoffen in Geschichte
260   Alle gibt – Effi muss sich schmähn lassen.
        Es fehlt aber in E.B. die „Natürlichkeit" wie in
261   I.W. / 263 Botho reflektiert ähnlich wie Innstetten
264   Lene spricht einfach, Effi immer gespielt, immer
        auf der Hut, Sendbestimmt. Wir allem: der Ber-
        reichton der Boute – z.B. i.N. zum pom. Adel
        in Kessin